中国石油石化计量交流论文集
2024

中国计量协会石油石化专业委员会　组织编写

中国石化出版社
·北京·

图书在版编目（CIP）数据

中国石油石化计量交流论文集．2024 / 中国计量协会石油石化专业委员会组织编写．-- 北京：中国石化出版社，2025. 5. -- ISBN 978-7-5114-7967-9

Ⅰ. TE863.1-53

中国国家版本馆 CIP 数据核字第 20257YC044 号

中国石化出版社出版发行

地址：北京市东城区安定门外大街 58 号

邮编：100011　电话：(010) 57512500

发行部电话：(010) 57512575

http：//www.sinopec-press.com

E-mail：press@sinopec.com

北京鑫益晖印刷有限公司印刷

全国各地新华书店经销

*

880 毫米 ×1230 毫米 16 开本 35 印张 1016 千字

2025 年 5 月第 1 版　2025 年 5 月第 1 次印刷

定价：198.00 元

《中国石油石化计量交流论文集2024》

编 委 会

前　　言

计量技术作为现代工业的“眼睛”和“标尺”，在石油石化行业中发挥着不可替代的关键作用。从油气勘探开发到加工、运输、储存和销售的各个环节，精准的计量是确保生产运营高效、安全的基石。它不仅关乎企业的经济效益，更是国家能源战略实施和能源市场稳定的重要支撑。

为贯彻落实国家《计量发展规划（2021—2035年）》，推动我国油气计量技术创新发展，由中国计量协会石油石化专业委员会主办、国家管网集团西气东输公司承办的2024年石油石化计量交流大会于2024年11月14日在南京隆重召开。本次大会以“计量科技创新，促进石油石化行业可持续发展”为主题，汇聚了来自国内石油石化行业计量领域的100余位专家学者及获奖论文作者，共同探讨提升计量服务油气全产业链高质量发展的路径与方法，为我国能源行业高质量发展提供智力支持。

本次活动得到了中国石油天然气集团有限公司、中国石油化工集团有限公司、中国海洋石油集团有限公司、国家石油天然气管网集团有限公司计量主管部门及所属企业的大力支持，并获得了高校、科研院所及石油石化计量工作者的积极响应。本次论文征集活动共收到投稿433篇，经委员会秘书处组织联合评审，最终评选出110篇优秀论文，包括一等奖6篇、二等奖12篇、三等奖16篇，集中展现了中国石油石化计量领域在2024年度的最新研究进展与创新成果。

所收录论文涵盖了石油石化计量的各个关键领域，深入探讨了计量技术在石油石化行业发展和国家能源战略安全中的支撑与保障作用，全面剖析了国内外油气计量技术创新与发展趋势。论文系统研究了油气勘探、开发、加工、储运、销售各环节的计量技术，着力解决实际生产中的技术难题，重点开展了计量器具量值溯源和在线检定（校准）技术研究，确保计量数据的准确可靠。同时，论文集中展示了计量器具创新技术研究与应用的最新成果，深入解析了油气计量新标准新规程。

在此，我们向获奖论文作者表示热烈祝贺，并向组织论文征集的单位和投稿作者致以衷心感谢。限于时间和水平，本书编审中难免存在疏漏之处，恳请各位读者不吝指正。

编委会

2025年3月

前言

[illegible]

目 录

一等奖

二等奖

三等奖

优秀奖

湿天然气流量计在页岩气井口的应用研究

张 强[1,2,3] 刘丁发[1,2,3] 周 芳[1,2,3]

（1. 中国石油天然气股份有限公司西南油气田分公司天然气研究院；2. 国家市场监管重点实验室（天然气质量控制和能量计量）；3. 国家石油天然气大流量计量站成都分站）

摘 要：湿天然气不分离测量技术的推广和应用对于降低油气田的投资和运行成本，提高油气田的生产效率和科学管理水平都具有重要意义。与传统的分离计量技术相比，湿天然气不分离计量技术可极大的简化天然气井口地面工艺流程，据估算总体可降低10%～30%的井口地面建设成本，在技术经济性和运行管理上都具有显著的优势。随着近年来页岩气和致密气等非常规天然气开发对湿天然气测量技术的需求，近年来湿天然气在线测量技术得到了较大的发展，出现了多种不同测量原理的湿天然气流量计，并开始在油气田生产现场开始了小规模的工业应用。文章对某气田区块应用的40余套湿天然气流量计进行了数据统计，研究分析了现有湿天然气流量计在现场的应用情况，为油气田湿天然气测量方案的优化和测量技术的发展提供参考。

关键词：湿气流量计；不分离测量；湿气测量

1 湿天然气测量概述

湿气是气液两相流动的一种特殊形态，通常认为在气液两相流动中，气相的体积含量不断增加，液相的体积含量不断减少，直到气相为连续相，液相为离散相时的流动状态即为湿气。在天然气工业中，未经过脱水、净化和轻烃回收处理的气田采出的天然气，由于含液量较高，通常称之为湿气，其主要成分为天然气、水和轻质烃类。国内一般将湿气定义为气体体积分数大于90%的流体。国际上则定义为Lockhart Martineli数不大于0.3的天然气，目前这一界定为国内外大多数研究工作者所认同[1~4]。

从我国天然气计量发展情况来看，湿气计量工作开展较早，如气田早期的单井试采计量、集气站单井计量或集气站外输计量，均为湿气计量，而随着我国页岩气大规模勘探开发，湿气的计量需求越来越迫切。目前，页岩气湿气计量是湿气计量技术应用最为广泛的工业场景。从我国天然气计量技术现状来看，由于湿气介质本身的复杂性，其计量技术研究及发展应用较为滞后，尤其是对于井口湿气计量。目前，井口天然气湿气计量主要参考GB 50350—2015《油气集输设计规范》，但由于该规范非专业技术标准，对于湿气计量仪表选型、测试、使用及维护等缺乏有效的技术指导，因此对于气田井口的直接原产出物还缺少有效的直接测量手段[5~6]。

2 页岩气井口湿气计量工艺流程分析

当前，页岩气大都采用平台化的丛式井组方式进行开采，在平台进行气液分离后再通过集气管线输至集气增压站或大型集气处理中心。在地面计量工艺方面，主要有单井连续计量和多井轮换计量两种设计方式，工艺流程分别如图1和图2所示，其中单井连续计量即每个气井都配置有气水分离和计量工艺，可对单个气井的生产动态进行实时监控，及时优化开采控制措施，且现场人员操作工作量小，但投入成本高，占地面的大；相比而言，采用多井共用计量流程的轮换计量方式，可在一定程度上简化地面工艺设施、降低建设成本，但根据平台井组数量不同，轮换周期通常为4～6天，无法实现单井连续计量，在气水波动较大的生产过程中难以全面反映非计量时间内的真实情况，影响气井产能动态分析和生产措施制定，另一方面轮换过程现场操作工作量大，也不利于井场安全[7~8]。

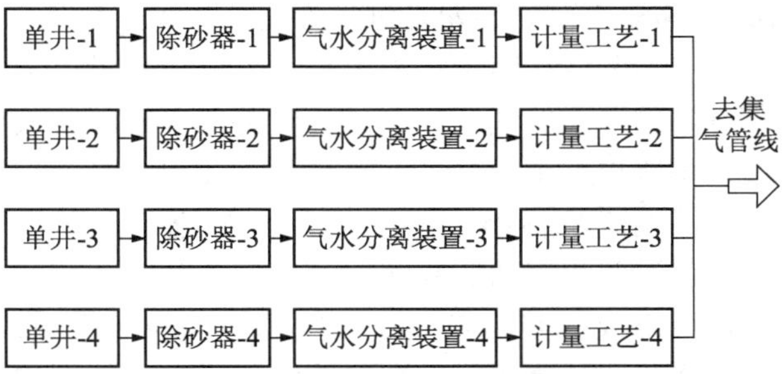

图1 页岩气生产平台单井连续计量工艺示意图

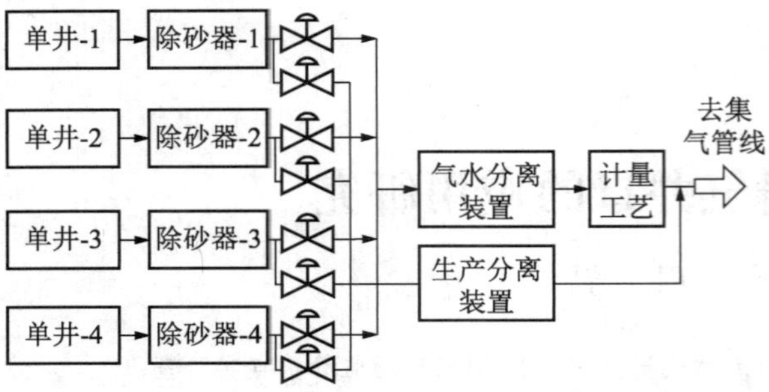

图2　页岩气生产平台井口轮换计量工艺示意图

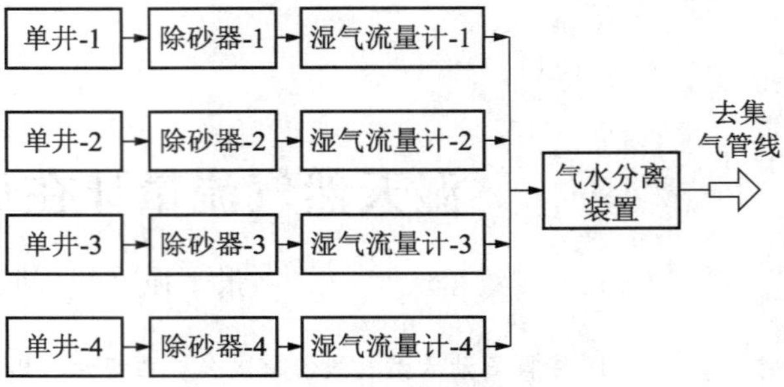

图3　页岩气生产平台井口湿气流量计工艺流程示意

由于页岩气井口湿气计量在油气田的开采中的重要性越来越突出，油气田的生产过程对湿气的在线计量提出了迫切的需求。同时，湿天然气在线不分离计量技术与传统的基于分离器的计量技术相比，在技术上、经济上以及综合效应上都具有较大的优势。在页岩气生产平台单井采用湿气流量计进行气水不分离计量的方式，并在完成单井计量后共用一套气水分离工艺的计量模式，不仅可实现地面建设成本的降低，同时还可实现单井生产动态的实时监控，从而降低油气田上游开发成本和运行管理费用，如果不分离湿气计量技术在计量准确度方面可满足页岩气勘探开发的需求，大规模的推广应用将是湿天然气最为理想的计量方式，达到优化页岩气平台计量工艺流程，提高页岩气井口计量技术水平的目标[9~11]。采用湿气流量计进行计量的工艺流程如图3所示。

3　湿气流量计实验室测试

湿气流量计主要是指无需任何分离装置对气液两相的流量、含率实时测量的技术。与传统的分离计量技术相比，仪表体积小，安装方便，极大地提高了计量效率以及油气田的生产管理及调度水平，同时也大大降低了油气田开发的管道建设成本，对于降低油田的开发和运行成本，以及提高油气田的生产效率和科学管理水平都有较大的优势，是未来油气田开发的大趋势，也是目前湿气计量研究的难点和热点。通过市场调研及技术交流，共了解到8个生产厂家的湿气流量计现状并进行实验室测试评价，技术原理和宣称的性能参数分别如表1所示。

表1　国内主要湿气流量计原理和宣称性能参数

流　量　计	技术原理类型	宣称气相性能	宣称液相性能
A厂家“三差压双比值”湿气流量计	长喉颈文丘里嘴＋多级差压	±5%	±10%
B厂家差压式气液两相流量计	文丘里喷嘴＋多级差压	±5%	±10%
C厂家井口湿气气液两相流量计	超声＋节流件	±(5~8)%	±(10~15)%
D厂家“节流涡街式”气液两相流量计	涡街＋锥型孔板	±5%	±10%
E厂家“两相流流量计”	质量流量计＋差压	±5%	±10%
F厂家“差压式湿气两相流量计”	文丘里＋伽玛射线	±7%	±10%
G厂家“内文丘里流量计”	节流装置＋多级差压	±(1.5~4)%	±(3~8)%
H厂家“光量子两相流量计”	光量子＋差压	±3.5%	±5%

3.1　实验室测试装置及测试方法

实验测试在国家石油天然气大流量计量站成都分站的湿天然气流量测试评价装置上进行，实验装置流程见图4。该装置主要由气相流量标准表、液相流量标准表、液相泵注及流量调节系统、气液两相流动实验测试段、气液分离系统几大部分组成。实验来气经过气相标准表计量后，进入实验测试流程段，在实验流程段向天然气中定量的加液，形成实验测试用湿天然气流，实验测试后的天然气分离后经出站系统排出，液相经分离后循环使用。装置采用的测试介质为天然气和水，装置设计压力6.3MPa，根据气源情况，运行压力1.5~4.0MPa，气相流量测试范围8~650m^3/h，液相流量测试范围0.05~8m^3/h，可完成DN50、DN80、DN100、DN150四种口径湿气流量计的测试。

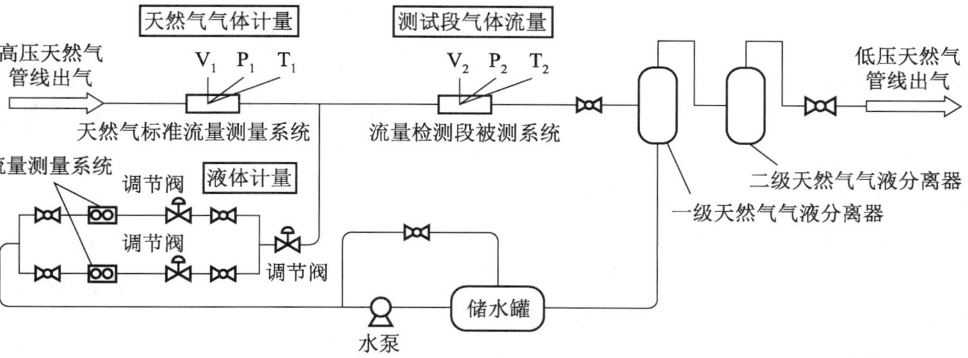

图4　湿天然气流量测试装置工艺流程

湿气流量计的性能与流量、气体中液相含率、流体工况压力、测试介质的特性，以及流量计的结构设计等因素相关，因此对于湿气流量计的实验测试需要考虑压力、气相流量、液相流量三个参数的影响，且由于测试介质特性对流量计的测量性能有一定的影响，因此天然气工业用湿气流量计的测试应采用天然气实流进行测试，以确保其在现场的计量准确度。综合湿气流量计影响因素和JJG 640—2016差压式流量计检定规程的分析，湿气流量计的测试采用压力、气流量、液流量三参数正交实验布点的方式进行设置，确定湿气流量计的测试选择3个实验压力点以分析工况压力对湿气流量计的影响；确定气相流量点的布置参考JJG 640—2016差压式流量计检定规程的布置，即在湿气流量计标称的气相测量范围内均匀布置3个气相流量测试点，q_{min}、$0.5q_{max}$、q_{max}，在每个气相流量测试点根据仪表标称的液相含率测量范围选取0、$0.1L_{fmax}$、$0.5L_{fmax}$、L_{fmax}为液相含率测试点，其中液相含率为0的测试点为单相气体流量测试点，具体实验测试实验点设置见表2，目前在这一实验评价方法的基础上已形成了GB/T 35065.2《湿天然气流量测量　第2部分：湿气流量计测试和评价方法》。

表2　湿天然气流量计流量测试评价测试点控制

气相流量	压力	液相含率			
q_{min}	P_1	0	$0.1L_{fmax}$	$0.5L_{fmax}$	L_{fmax}
$0.5q_{max}$	P_2	0	$0.1L_{fmax}$	$0.5L_{fmax}$	L_{fmax}
q_{max}	P_3	0	$0.1L_{fmax}$	$0.5L_{fmax}$	L_{fmax}

3.2　实验室测试结果分析

按照实验测试方法，对8个厂家的湿气流量计进行了实验测试，总体测试数据及结果如表3所示。

表3　湿气流量计实验室测试结果汇总

流量计	技术原理类型	气相性能	液相性能
A厂家“三差压双比值”湿气流量计	长喉颈文丘里嘴+多级差压	(-9.76~9.20)%	(-94.12~41.46)%
B厂家差压式气液两相流量计	文丘里喷嘴+多级差压	(-2.80~4.43)%	(-27.94~20.37)%
C厂家井口湿气气液两相流量计	超声+节流件	(-0.88~12.41)%	(2979.38~34704.11)%
D厂家“节流涡街式”气液两相流量计	涡街+锥型孔板	(-89.99~1.71)%	(-18.91~34.22)%
E厂家“两相流流量计”	质量流量计+差压	(-95.62~0.13)%	(-4.74~-77.09)%
F厂家“差压式湿气两相流量计”	文丘里+伽玛射线	(-24.87~17.22)%	(-100.00~69.83)%
G厂家“内文丘里流量计”	节流装置+多级差压	(-6.57~40.39)%	(326.56~9120.50)%
H厂家“光量子两相流量计”	光量子+差压	(-17.11~12.36)%	(-5.10~72.39)%

对比表1和表3，8种湿气流量计厂家宣称指标和实验室测试结果，可以看出所有厂家的湿气流量计实验室测试评价结果与宣称的技术指标都有较大差异，部分厂家结果偏差异常偏大，且各厂家示值偏差与气液流量变化特征并不显著。其中A厂家“三差压双比值”湿气流量计和B厂家差压式气液两相流量计气相可以满足页岩气生产气相偏差±10%，液相部分超差，在被测试的8种湿气流量计中性能相对较优。因此，选择A厂家和B厂家的湿气流量计进行现场推广应用实验。同时也可以看出，所有厂家的湿气流量计实验室测试评价结果与宣称的技术指标都有较大差异，部分厂家评价结果偏差异常偏大，因此可以看出湿气流量计现场推广应用选型时加强对湿气

流量计的实验室性能评价是非常必要的。

4　现场应用跟踪分析

在实验室测试评价的基础上，选择实验室测试结果相对较优的湿气流量计开展了现场推广应用试点，现场的井口气液两相流经两级降压后进入湿气流量计，实现单井气液不分离计量。多口湿天然气流汇集进入除砂器集中旋流除砂，砂砾暂存除砂器下部集砂罐，定期排出。脱除砂砾后的气液两相进入卧式分离器，气相外输至下游平台，液相通过采出液管线去采出液池。通过湿气流量计测量结果与后端分离计量的结果对比，对湿气流量计的现场适应性进行评价，其工艺流程如图 1 所示。

表 4 给出了 9 个页岩气平台，40 余台两相流量计现场应用气相流量对比分析的情况，通过 9 个平台两相流量计累计 637 天气相测数据的统计分析，共出现超差数据 125 天，总共 80.4% 的数据偏差小于 ±10%，且大部分数据偏差较大的数据均出现在产量低于两相流量计测量范围的工况，可以看出两相流量计现场应用的气相测试结果总体满足暂定指标的要求，其气相测量结果可以反映井口气相产能的变化情况，图 5 为某平台气相测量结果与分离后孔板计量结果的对比分析。同时，也可以看出，当湿气流量计超出其测量范围时，其测量结果会出现较大的偏差，对于湿气流量计的使用应严格的限定其测量范围。

表 4　湿气流量计现场应用情况统计分析

生产平台两相流量计数量	数据统计时间	气相偏差超 10% 时间	气相偏差小于 10% 数据比例	备　注
8 台	61 天	2 天	96.7%	
6 台	61 天	34 天	42.6%	需进一步核实
6 台	61 天	4 天	93.4%	
2 台	61 天	25 天	59.1%	产量低于两相流量计及孔板下限
4 台	40 天	24 天	40%	产量低于两相流量计及孔板下限
4 台	47 天	0 天	100%	
6 台	61 天	8 天	86.9%	
4 台	169 天	24 天	85.7%	
4 台	76 天	4 天	94.7%	

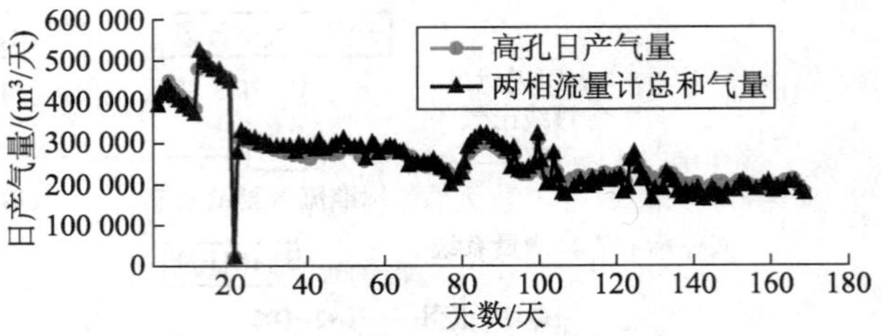

图 5　某平台湿气流量计气相测量结果与分离计量结果对比

另一方面，从各平台湿气流量计现场液相测量结果的对比分析来看，湿气流量计液相测量结果与分离后的液相测量结果还存在较大的偏差，且未表现出规律性，图 6 为某平台湿气流量计液相测量结果与分离后计量结果的对比。

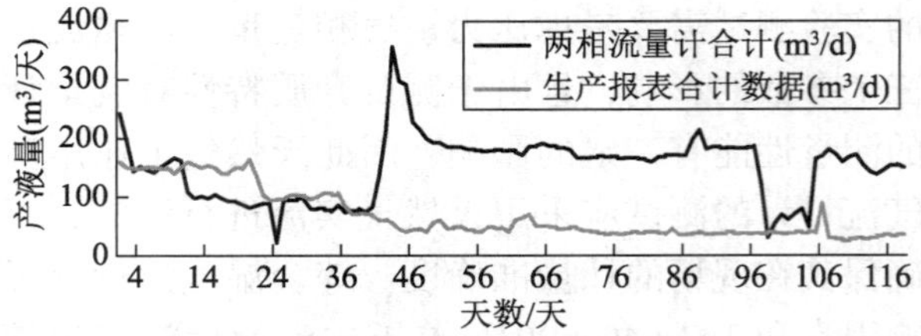

图 6　某平台湿气流量计液相测量结果与分离计量结果对比

5　总结与建议

在过去的十年中，湿气的在线不分离测量技术得到了较快的发展，出现了多种不同测量原理的湿气流量计，一些湿气流量计也都步入了实用阶段。然而总体上，湿气在线计量技术还处于起步阶段，从实验情况分析来看，经实验室优选的两相流量计在页岩气生产平台进行气液不分离计量时，气相计量数据偏差大多数在 10% 以内，可以满足相对页岩气稳产期、递减期生产需求，液相计量相对偏差较大，目前仅满足部分要求，还需要进一步优化，并持续开展评价工作。

湿气流量计设备选型时应根据气藏预测合理选择量程范围，且页岩气单井产量变化较快，当两相计量装置测量范围不适应实际工况时，应更换适宜量程的两相计量装置。

湿气流量计属于新技术、新产品，技术提升需根据生产现场大量且多工况的数据进行积累、修正和完善其性能是湿气流量计技术研发的主要技术方向。

参考文献

[1] 张强，宋彬，刘丁发. 湿气流量计现场使用技术难点分析[J]. 石油与天然气化工，2018(4)：83.

[2] 张强，王清平，晁宏州，等. 湿天然气交接计量准确

度浅析[J]. 石油与天然气化工，2016(6)：75.
[3]STEVENR. Wet gas flow definition[C]// Proceedings of the 25th international North Sea Flow Measurement worshop. Red Hook，NY：Curran Associates，Inc.，2007.
[4]张强，刘丁发，王辉. 页岩气井口湿气计量技术适应性研究[J]. 工业计量，2018(5)：67.
[5]王辉，周柳玲，陈晓科. 高含硫原料天然气贸易交接计量方法研究[J]. 工业计量，2023(3)：10.
[6]黄和，朱明高. 我国天然气计量标准体系的建立和完善[J]. 工业计量，2012(S1)：7.
[7]Zhang Q，Liu D. Study on application of wet gas metering technology in shale gas measurement[J]. Flow Measurement and Instrumentation，August 2020(74)：101777.
[8]刘丁发，张强，王辉. 页岩气井口湿气流量计现场使用性能评价研究[J]. 石油与天然气化工，2022(2)：94.
[9]王念榕，骆成松，巴玺立，等. 在线不分离湿气计量技术在页岩气中的应用[J]. 天然气与石油，2020(4)：43.
[10]许晓英，赵庆凯，陈丰波，等. 多相流量计在国内市场的应用及发展趋势[J]. 石油与天然气化工，2017(2)：99.
[11]Steven R，Hall A. Orifice Plate Meter Wet Gas Flow Performance[J]. Flow Measurement and Instrumentation，2009(4-5)：141.

井斜仪校准装置高精度光学校准方法

袁晓波[1,2] 刘海涛[1,2] 王江波[1,2] 郭广鎏[1,2] 刘 青[1,2] 陈建华[1,2]

(1. 中国石油集团测井有限公司；2. 石油工业测井计量站)

摘 要：井斜仪校准装置是石油钻井、测井以及科研生产必不可少的专用测试设备，其计量性能的准确性直接影响井斜方位仪器测值的准确性。文章分析了石油行业对该装置现行校准方法的局限性，介绍了应用高精度光学校准方法对该装置井斜角、方位角的校准原理和方法，建立了数学模型，对校准结果进行了不确定度分析评定及验证。高精度光学校准方法可以实现整圆周角度范围内的测量，实验结果表明，该方法测量误差较小，测量准确度更高。

关键词：井斜仪校准装置；井斜角；方位角；高精度光学校准方法；不确定度

井斜、方位是确定物体在空间倾斜和倾向的重要参数，广泛应用于各种工程建设和地质勘探中。在石油行业，井斜方位仪器是寻找地下石油资源必不可少的工具，通过其在井下测量井斜角、方位角等工程参数来确定井眼轨迹，它的测量准确性直接影响着井眼轨迹的精度[1-2]。并且，随着大斜度定向井、水平井和丛式井的施工作业数量不断增长，钻井工程对井眼轨迹的要求越来越高，因此，如何保证测量数据的准确性成为了工作重点。

井斜仪校准装置是石油钻井、测井领域校准井斜方位仪器的专用测试设备，该设备可实现三轴方向上角度的精确测量，既是制造单位在仪器出厂前的统调测试设备，也是使用单位定期校验、检修及入厂验收的检测设备，其计量性能的准确性将直接影响仪器测值的准确性。因此，对井斜仪校准装置的校准非常重要。

1 现行校准方法

井斜仪校准装置通过调节、设置自身的不同状态，给定井斜角、方位角和工具面角的标准值，来实现井斜方位仪器各参数的测量。该装置主要由井斜角调整部分、方位角调整部分和工具面角调节轴组成。SY/T 6704《井斜仪校准装置校准方法》中对井斜仪校准装置井斜角、方位角的校准方法做了阐述[3]，其校准原理主要采用直接比较测量法计算该装置的示值误差，井斜角的校准使用光学倾斜仪进行量值传递，方位角的校准使用磁方位仪进行量值传递。

1.1 井斜角校准原理

井斜角的校准是将光学倾斜仪、标准圆棒作为测量标准，主要工作原理是：标准圆棒固定在井斜仪校准装置装夹面上，在方位角为0°时，转动井斜角调整轴至不同校准位置(30°、60°、90°、120°)，将井斜仪校准装置井斜角示值及当前位置下光学倾斜仪测量标准圆棒的倾角角度进行比较，计算示值误差。校准方法如图1所示。优点：操作简单，直观且快速；缺点：(1)光学倾斜仪的瞄准受人为因素影响，其读数差异性和不确定性较大；(2)光学倾斜仪的测量范围(0～±120°)受限，无法满足更宽范围的校准需求。

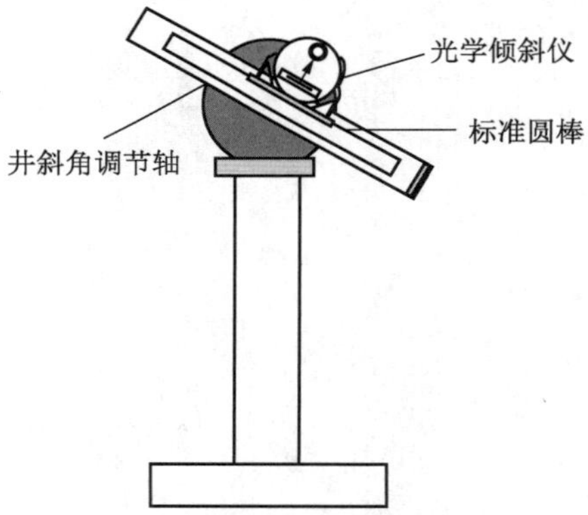

图1 井斜角校准方法示意图

1.2 方位角校准原理

方位角的校准是将磁方位仪作为测量标准，主要工作原理是：将磁方位仪使用固定工装安装在井斜仪校准装置水平基面上，在井斜角为90°时，转动方位角调整轴至不同校准位置(90°、270°)，将不同位置时井斜仪校准装置方位角示值与磁方位仪示值进行比较，计算示值误差。校准方法如图2所示。优点：测量原理简单，数据读取直观；缺点：(1)磁方位仪转盘零位与井斜仪校准装置方位角零位对准误差大，两者读数差值偏大；(2)为了实现磁方位仪与井斜仪校准装置方位角调节轴同轴，固定工装需按照校准装置的结构特点定制，该工装具有唯一性，无法适用于不同厂家的设备；(3)磁方位仪更加适用于磁性仪器的直接测量。

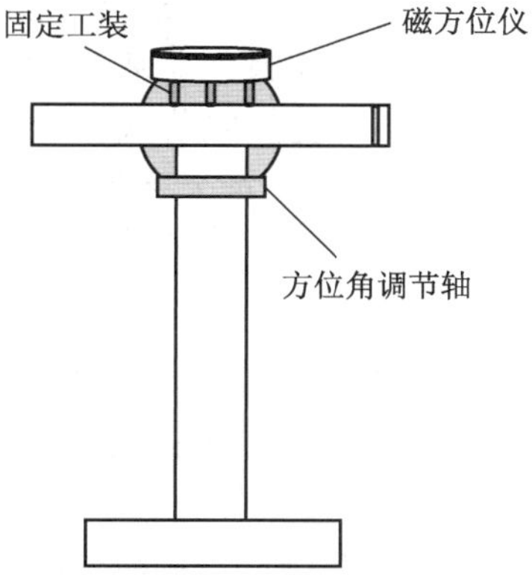

图2　方位角校准方法示意图

2　高精度光学校准方法

井斜仪校准装置是一种具有三轴特性的转台，该类型装置作为各类传感器的专用测试设备，已渗透到航空航天等科研生产的诸多领域。近年来，光学测角技术是高精度角度动态测量的一种有效方法，在航空航天、军工业领域的应用越来越广泛[4]，具有非接触式、高准确度、高灵敏度的优势[5]。多面棱体法作为常用的光学测角技术，可提供高精度角度定位基准，是工程实践中作为角位置误差校准技术较为完善和成熟的方法[6]，在实际中使用较多。

2.1　校准原理

多面棱体法一般将多面棱体和自准直仪组合使用。多面棱体是具有准确夹角的正棱柱形量规，依据现行校准方法的校准位置，相邻工作面角为15°的24面正多面棱体既能满足行业需要又能适应更高的角度要求，故选用其作为角度测量主要标准器，利用光电自准直仪光学自准直原理定位整圆周角度[7-9]。

具体工作原理是：正多面棱体通过调整卡具固定在井斜仪校准装置的转轴基面上，光电自准直仪发射平行光瞄准正多面棱体，以正多面棱体在井斜仪校准装置不同位置时转动的角度作为标准角度，与井斜仪校准装置的示值进行比较，得出示值误差。其校准方法如图3所示。优点：光电自准直仪和正多面棱体是高精度角度测量仪，其测量准确度高，操作简单，同时适用于井斜仪校准装置井斜角和方位角的校准。

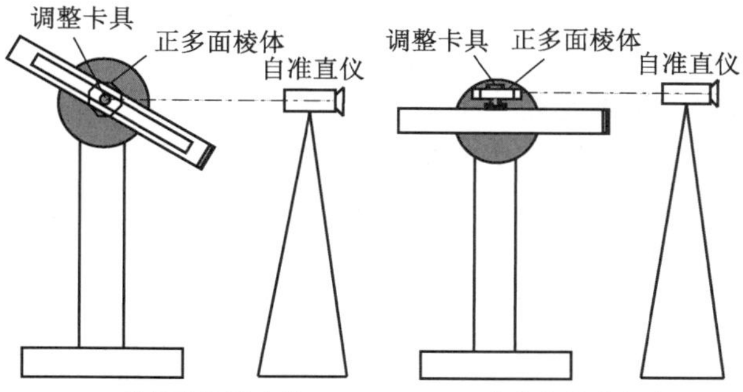

(a) 井斜角校准方法　　(b) 方位角校准方法

图3　高精度光学校准方法示意图

校准前标准器的安装需注意的是：(1)棱体工作面应保持清洁；(2)棱体应安全可靠地安装在调整卡具上保证其与校准装置转轴同心；(3)应保证棱体工作面与自准直仪光轴垂直[10-11]。

2.2　使用标准

根据校准原理，测量标准器及校准设备见表1。

表1　测量标准器及校准设备

设备名称	测量范围	不确定度或准确度等级或最大允许误差
光电自准直仪	−900″～+900″	±1″
正多面棱体(24面)	0°～360°	四等
井斜仪校准装置	井斜角：0°～180° 方位角：0°～360° 工具面角：0°～360°	井斜角：±0.03° 方位角：±0.3° 工具面角：±0.3°

2.3　测量模型

由于校准方法是对角度值的直接测量，故其示值误差测量模型为：

$$\theta_i = \gamma_i - \varphi_i \tag{1}$$

式中　θ_i——井斜仪校准装置某校准位置的示值误差，(°)；

γ_i——井斜仪校准装置的示值，(°)；

φ_i——测量标准器的标准值，(°)。

依据式(1)所示的数学模型，γ_i 和 φ_i 彼此相互独立不相关，可得方差公式为：

$$u_c^2(\theta_i) = [c_1 u_1(\gamma_i)]^2 + [c_2 u_2(\phi_i)]^2 \tag{2}$$

式中　$u_c(\theta_i)$——井斜仪校准装置示值误差的合成标准不确定度，(°)；

$u_1(\gamma_i)$——井斜仪校准装置的示值引入的不确定度，(°)；

$u_2(\varphi_i)$——测量标准器引入的不确定度，(°)；

c_1——井斜仪校准装置的示值引入的不确定度分量的灵敏度系数；

c_2——测量标准器引入的不确定度分量的灵敏度系数。

2.4 不确定度分析

2.4.1 不确定度来源分析

根据式(2)可知，影响测量结果的不确定度来源主要有：

(1)输入量 γ_i 的不确定度即井斜仪校准装置引入的不确定度 $u_1(\gamma_i)$：测量重复性引入的不确定度分量、分辨力引入的不确定度分量；

(2)输入量 ϕ_i 的不确定度即测量标准器引入的不确定度 $u_2(\phi_i)$：光电自准直仪的瞄准误差引入的不确定度分量、正多面棱体的检定极限误差引入的不确定度分量[12]。

2.4.2 井斜仪校准装置引入的不确定度 $u_1(\gamma_i)$

(1)测量重复性引入的不确定度分量 u_{11}

以井斜角的校准为例，按A类方法评定，将正多面棱体安装完成后，光电自准直仪对准井斜仪校准装置的井斜角零位，然后转动井斜仪校准装置井斜角调节轴使井斜角标准值为30°位置，连续测量10次，测量数据为29.982°、29.982°、30.000°、29.982°、29.982°、29.982°、30.000°、29.982°、29.982°、29.982°。

则单次实验标准偏差为：

$$s = \sqrt{\frac{\sum_{i=1}^{n}(x_i - \bar{x}_i)^2}{n-1}} = 0.0076° \qquad (3)$$

故：$u_{11} = s = 0.0076°$。

(2)分辨力引入的不确定度分量 u_{12}

井斜仪校准装置的分辨率为0.018°，故其半宽度 $e = 0.009°$，按均匀分布，$k=\sqrt{3}$，则由分辨力引入的不确定度分量为：$u_{12} = e/k = 0.0052°$。

由于井斜仪校准装置测量重复性引入的不确定度包含了分辨力引入的不确定度，为了避免重复计算，将测量重复性引入的不确定度分量 u_{11} 和分辨力引入的不确定度分量 u_{12} 进行比较，两者取其大。即：$u_1(\gamma_i) = u_{11} = 0.0076°$。

2.4.3 测量标准器引入的不确定度 $u_2(\phi_i)$

(1)光电自准直仪的瞄准误差引入的不确定度分量 u_{21}

测量时，将正多面棱体安装完成后，光电自准直仪对准正多面棱体工作面，对于分辨率为1″的光电自准直仪，瞄准的示值变动性不大于2″，故其半宽度 $e = 1''$，按均匀分布，$k=\sqrt{3}$，则 $u_{21} = e/k = 1''/\sqrt{3} = 0.6'' = 0.0002°$。

(2)正多面棱体的检定极限误差引入的不确定度分量 u_{22}

根据检定规程，四等多面棱体的工作角测量不确定度为 $U = 1.0''$，按级使用，不修正工作角偏差，按两点分布，$k=1$，则 $u_{22} = U/k = 1''/1 = 1'' = 0.0003°$。

由于输入量 ϕ_i 的不确定引入量之间相互独立不相关，故 $u_2(\phi_i) = \sqrt{u_{21}^2 + u_{22}^2} = 0.0004°$

2.4.4 合成标准不确定度及扩展不确定度

合成标准不确定度按照公式(2)计算，由于输入量相互独立不相关，故 $c_1 = \partial\theta_i/\partial\gamma_i = 1, c_2 = \partial\theta_i/\partial\phi_i = -1$。因此，井斜仪校准装置井斜角的合成标准不确定度为：

$$\begin{aligned} u_c(\theta_i) &= \sqrt{[c_1 u_1(\gamma_i)]^2 + [c_2 u_2(\phi_i)]^2} \\ &= \sqrt{(0.0076°)^2 + (0.0004°)^2} \\ &= 0.0076° \end{aligned}$$

取包含因子 $k=2$，则井斜仪校准装置井斜角的扩展不确定度为：$U_1 = k \times u_c(\theta_i) = 0.015°$。

井斜仪校准装置方位角的不确定度来源和评定过程与井斜角一致，在井斜仪校准装置方位角标准值为90°时，连续测量数据为89.928°、89.928°、89.946°、89.928°、89.910°、89.910°、89.928°、89.946°、89.928°、89.928°，则由井斜仪校准装置方位角测量重复性引入的标准不确定度为0.012°，其最终扩展不确定度 $U_2 = 0.024°$。

2.5 不确定度验证

采用传递比较法对测量结果进行验证，选取高一级的计量标准—正多面棱体(三等)对井斜仪校准装置的井斜角(30°)和方位角(90°)进行测量，测量结果为 y_0，扩展不确定度为 U_0。本次实验测量结果记为 y，扩展不确定度为 U，结果应满足公式(4)，则表明通过传递比较法的验证。比对实验数据如表2所示。

$$|y - y_0| \leq \sqrt{U^2 + U_0^2} \qquad (4)$$

表2 比对数据 (°)

井斜仪校准装置	测量结果 y	测量结果 y_0	扩展不确定度 U	扩展不确定度 U_0
井斜角(30°)	29.982	30.000	0.015($k=2$)	0.011($k=2$)
方位角(90°)	89.928	89.910	0.024($k=2$)	0.016($k=2$)

经计算，$|y - y_0| < \sqrt{U^2 + U_0^2}$，故该装置井斜角、方位角的不确定度通过验证。

3 实验结果比较

分别采用现行校准方法和高精度光学校准方

法对井斜仪校准装置井斜角、方位角进行测量，实验结果如表3所示。结果表明，高精度光学校准方法测量误差较小，其测量准确性更高。相较于现行校准方法，其井斜角测量误差减小至少10%，方位角测量误差减小至少60%。

表3　实验数据比对　(°)

项目	校准位置	现行校准方法			高精度光学校准方法		
		示值	标准值	误差	示值	标准值	误差
井斜角	30	30	30.029	−0.029	29.982	30	−0.018
	60	60	60.025	−0.025	60	60	0
	90	90	90.015	−0.015	89.982	90	−0.018
	120	120	120.021	−0.021	120.018	120	0.018
方位角	90	90	89.80	0.200	89.936	90	0.064
	270	270	270.25	−0.25	269.918	270	−0.082

4　结论

本文将光学测角技术应用到石油行业井斜仪校准装置的计量校准中，通过对高精度光学校准方法的校准原理、测量模型、不确定度分析，验证了该方法的可行性。该方法在航空航天、军工业领域应用广泛，同时适用于井斜仪校准装置井斜角、方位角的校准，其扩展不确定度分别为0.015°和0.024°；测量范围为全圆周角度测量，能满足更宽范围的校准需求；采用高精度角度测量标准器，其测量准确性更高，实验结果表明，相较于现行校准方法，该方法测量误差小，其井斜角、方位角测量误差分别减小至少10%和60%，为该装置的校准提供了一种新的思路，同时也为井斜方位仪器的校准提供了更加可靠的支撑保障。

参考文献

[1]王丽媛．定向井井眼轨道优化技术分析[J]．西部探矿工程，2023(9)：34.

[2]崔登云．定向井井场优选与井身轨迹优化分析[J]．西部探矿工程，2021(12)：73.

[3]国家能源局．井斜仪校准装置校准方法：SY/T 6704—2019[S]．北京：石油工业出版社，2019.

[4]浦昭邦，陶卫，张琢．角度测量的光学方法[J]．光学技术，2002(2)：168.

[5]李昕愉，史建华，刘盼．非接触式测量技术在几何量检测中的应用[J]．工业计量，2024(1)：41.

[6]杨华晖，冯伟利，刘福．转台角位置误差校准技术[J]．火力与指挥控制，2017(1)：159.

[7]王韵竹．光电自准直仪光学系统设计与技术研究[D]．电子科技大学，2020.

[8]王冕，包金平．大型转台精度标定方法研究与实现[J]．工业计量，2014(1)：31.

[9]唐松，方明，何光武．一种光学自准直仪快速对准读数的新方法[J]．计测技术，2013(1)：32.

[10]曹利波，侯俊刚．校准转台角位置误差时应注意的几个问题[J]．测控技术，2012(3)：357.

[11]国家质量监督检验检疫总局．正多面棱体检定规程：JJG 283—2007[S]．北京：中国质检出版社，2007.

[12]杨海云，仇召辉，孙俊，等．一种三轴转台检定方法研究[J]．宇航计测技术，2022(6)：8.

文丘里＋豁免源三相计量在油井多相流工况的应用

孙 翼 程 军 李 剑

（中石化胜利油田）

摘 要：文章旨在初步探讨文丘里＋豁免源三相计量在油井多相流工况中的应用。首先介绍了常用的油井多相流计量手段，三相流测量的现状以及功图计产的现状。然后探讨了多相流计量的难点，详细地阐释了三相计量的原理，包括其在油井多相流工况中的应用。在数据分析部分，对某管区进行了测量资料处理和解读，并用24h的测量数据来验证规律总结。最后，根据研究结果进行结论总结。

关键词：文丘里＋豁免源；三相计量；油井多相流

1 油井多相流说明

油井多相流是指在油井生产过程中，油、水和气体等多种相态的流体混合一起流动的情况。在油井中，原油、水和天然气等流体以不同的比例和形态存在，这种多相流的特点在油井生产中非常常见。在油气井开采过程中，准确的多相流计量可以帮助油田管理者了解油井的产能、优化生产过程、评估油田的开发潜力，并对油田的经济效益进行合理评估，此外，还有助于提高油井生产的效率和可持续性，减少资源浪费和环境影响。

总之，油井多相流计量是油气田单井油、气、水流量计量，是油藏管理和生产优化的重要方式。

1.1 传统井口多相流测量现状

首先，不同相态的流体在流动中会发生相互作用和相分离的现象，导致流体组分的变化和流量的不稳定性。其次，多相流中的流体密度、黏度、相态比例等参数随着时间和位置的变化而变化，使得计量难以准确获取。此外，多相流中气液分离和液液分离等现象也增加了计量的复杂性。无论稠油还是稀油油井，产液量、含水在测量期间均有较大幅度的波动，单点数据代表性差，连续测量是提高数据准确度，降低输差的重要措施。

目前常用的计量方式为功图法计量和分离器计量，其中功图法计量是一种通过连续采集、计算油井示功图面积来积算液量的方法。作为油田数智化管理应用的核心内容，能够帮助油田管理者更好地了解油井的工作状态，优化生产管理。目前胜利油田已在有杆泵油井全面推广。

分离器计量主要采用两种方式：容积式计量分离器（定容积所需时长）或称重式计量分离器（定时长连续称重），配套计量阀组、人工切换流程，含水需要人工采集、化验，自动化计量方式未普及前，一直使用该方式计量。近年来随着胜利油田“大地面”流程优化，该计量方式已逐步被功图法计量所替代，仅作为前者比对使用。但随着油田不断开发，原油物性越来越复杂，传统的分离器量油也越来越不能满足现状。

1.2 单井核产现状

抽油机井示功图产液量计算分为有效冲程法和有效面积法计产。功图计产技术是基于油气生产信息化基础之上的一种用于抽油机井自动计量液量的方法。它既是油田现场日常管理的一种手段，也是改变现场劳动组织形式、大幅降低生产成本的有效工具。但功图计产也存在一定的弊端，按照技术要求，功图计产的采集系统需要每30min采集一次数据，该系统的延时误差将对计量数据产生直接影响。同时，如果某油井的产液量较低，功图计产有可能无法反应该井的真实生产状态，导致计量数据误差较大。通常采用其他计量方式进行核产，确定计产系数。

目前，常用的多相流计量手段大体包括：(1)液量计量模式：体积法（传统计量分离器）、质量法（质量流量计、称重式分离器）、文丘里法（测量喉管前后压差计算）；(2)含水测量模式：电导率法、微波吸收反射率法、射线吸收反射率法、密度差异法，根据由和水物理性质的不同，测量出相关指标差异，计算出液量中的相分率（含水），受溶解气/游离气影响导致偏差。其中液量计量的技术手段分为气液预分离、混相计量以及功图计产等方式。

这些方法各有优缺点，综合考虑原油物性、计量精度、适用场景等因素，自2022年起胜利油田引进了“文丘里 + 豁免源三相计量”技术，展开了探索。

2 多相流计量的难点

2.1 受温度、压力等干扰

在多相流中，涉及到不同相态的流体，例如气体、液体和固体颗粒等。相态的变化会对流体的性质和行为产生显著影响，如气液两相流中的气泡形成和消失、液固两相流中的颗粒悬浮和沉降等。这些相态变化往往伴随着物质的相变、传质和能量交换，使得流体的组分和性质发生变化。相态变化的复杂性使得多相流计量变得困难，需要考虑相态变化对流体流动、传热和传质等过程的影响，以及相变和组分变化对计量结果的影响。以某直属单位为例，油井功图计产计算数值与核产数值存在倍数级的偏差，由于功图计产每30min采集一次数据，有可能无法反应该井的真实生产状态，导致计量数据误差较大。

另外，多相流中流体组分的不稳定性也是一个挑战。不同相态的流体组分可能存在分布不均匀、浓度梯度大、相互作用复杂等问题。

综上所述，相态变化和流体组分的不稳定性是多相流计量中的难点。为了克服这些难点，需要深入理解多相流的物理特性和行为，开发适用的计量技术和方法，并进行精确的数据处理和分析，以确保多相流计量的准确性和可靠性。

2.2 受气体因素干扰

在多相流中，气液分离和液液分离是常见的现象，对计量带来了一定的挑战。

首先，气液分离是指气体和液体在流体中分离的现象。在气液两相流中，由于气体的轻度和液体的重度，它们往往会在流体中出现分层现象，导致气相和液相分离。这种分离现象会导致流体中不同相态的分离，使得计量变得复杂。准确计量气相和液相的流量比例和变化趋势对于油井生产的管理和优化至关重要。

气液分离和液液分离现象的存在给多相流计量带来了挑战。为了克服这些挑战，需要采用适当的流体分离技术和设备，如分离器和沉降器，以实现相态的分离和组分的准确计量。此外，对于气液分离和液液分离的现象，还需要进行流体力学和传热传质等方面的研究，以深入理解其机理和影响因素，为计量提供可靠的基础。

2.3 受测量设备及测量手段干扰

在多相流计量中，选择适合的测量设备和方法是至关重要的。不同的多相流计量方法具有各自的优缺点，需要根据具体情况选择合适的设备和方法。

常用的多相流计量方法是使用三相移动标产装置，将在下节中详细说明；另一种常用的方法是使用传感器进行直接测量。例如，通过安装压力传感器、温度传感器、流速传感器等来测量多相流中的压力、温度和流速等参数。这种方法不需要额外的设备，但在多相流的复杂环境中，传感器的选择和安装位置会对测量结果产生影响，需要仔细考虑。

此外，油井核产受时间制约不能完整反映一个生产周期内液量的波动情况，数据依靠人工采集上传。

综上所述，选择适合的测量设备和方法对于多相流计量至关重要。需要权衡不同方法的优缺点，并根据具体情况选择合适的设备和方法。同时，针对油井多相流的复杂性和不确定性，需要对测量设备进行适应性改进，以提高计量的准确性和可靠性。

3 文丘里 + 豁免源三相计量的原理

文丘里 + 豁免源三相计量方式是利用文丘里原理测量油井多相流的总液量，利用豁免级伽马射线源测量流体相分率。该方式解决了低液量、高含气、间歇出油的计量问题，实现了对油井多相流的连续不间断精确计量，单井核产更加准确、快捷，进一步提升油藏经营管理水平。

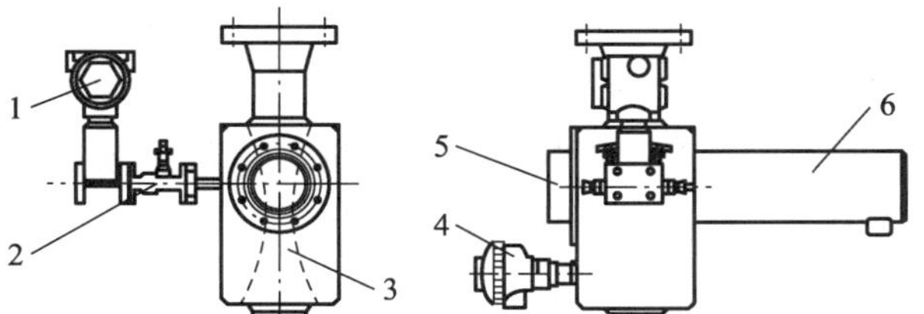

图1 计量装置结构简图

1—多参量仪表；2—五阀组；3—文丘里；4—温度传感器；5—放射源，（4、5类及豁免级）；6—射线探头

其测试原理：当液体流经文丘里管道内的节流件时，流速在文丘里流量计节流件处形成局部收缩，流速增加，静压力降低，在文丘里流量计节流件前后产生压差。液体流量越大，产生的压差越大，依据压差大小来计算出流量的大小。同时，具有一定初始强度的γ射线穿过油气水三相

混合介质，通过探测器分别在其透射方向测出透射计数和散射计数，根据预先测得的纯净原油(含水为零)密度特性和建立的数学模型，综合计算出混合介质的气液体积比和油、水在液相中体积比，从而得到含气率、含水率和含油率。结合多参量仪表内温度、压力传感器测量流体的温度和压力，通过计算得到各单相液体的流量。

豁免源射线技术的多相流量计的基本测量原理如下。

文丘里测量两相湿气流体的总流量 Q_t；伽马传感器测量流体的含气率(*GVF*)和含水率(*WLR*)；温度、压力传感器测量流体的温度和压力；差压传感器用来测量文丘里流量装置的实时差压；软件实时计算 PVT 参数以进行工标况流量转换。根据得到的总体积流量和相分率，可以依据式(1)~(4)得到各单相流体的流量：

气体流量：

$$Q_{\text{gas}} = Q_t \times GVF \tag{1}$$

液体流量：

$$Q_{\text{liquid}} = Q_t \times (1 - GVF) \tag{2}$$

油量：

$$Q_{\text{oil}} = Q_{\text{liquid}} \times (1 - WLR) \tag{3}$$

水量：

$$Q_{\text{water}} = Q_{\text{liquid}} \times WLR \tag{4}$$

式中　Q_t——多相介质总体积流量，m^3/h；

GVF——多项流体含气率,%；

WLR——液相的含水率,%。

4　多相流测产数据解读

4.1　测产数据图形化

采用文丘里+豁免源三相计量的方式获取了某口井油、气、水等生产参数，将获取的数据通过标准化处理，可绘制出该井油气水三相变化曲线图(如图2所示)。可以看出，某口井3h内的测产数据可观察到气量、液量、含水明显变化。其中含水波动超50%。

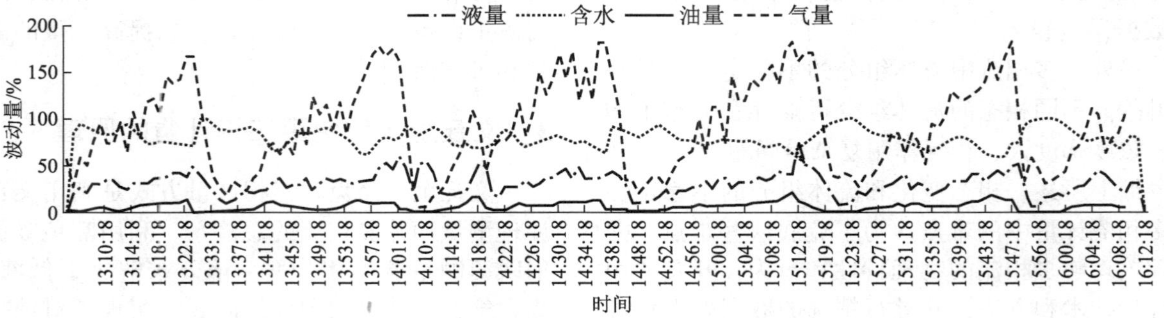

图2　某井油气水三相变化曲线

4.2　测产数据清洗及处理

正常工况下测试的三相计量更能反映油井的生产状态，数据更为准确，测试初期，由于油压、回压、油温不稳定，导致含水、液量数据波动很大，存在部分异常数据值。

如何选取测产数据的分析起点，通过图形观察(三相流量和相分率是关注的重点不宜作为起始点)，温度较压力更能反映油井何时进入正常生产工况，因此把温度曲线进入平缓区作为资料分析的起始点。

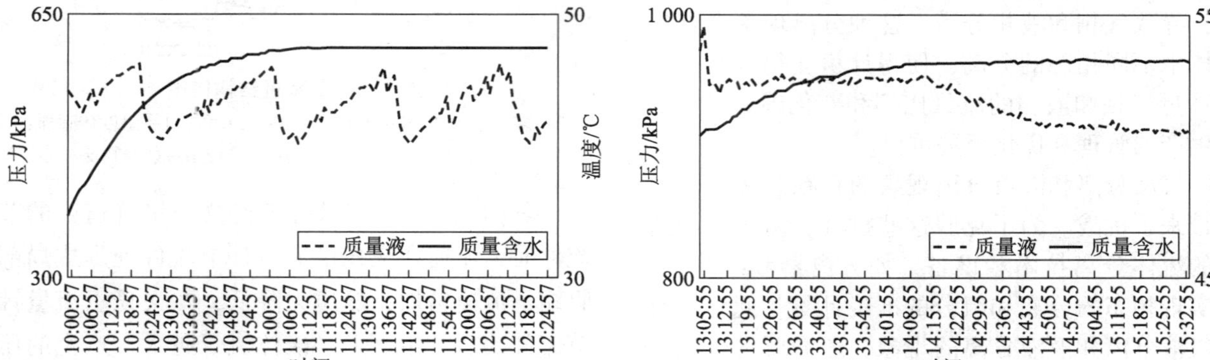

图3　典型油井温度和压力变化曲线

4.3 典型图形归集

应用文丘里 + 豁免源三相计量方式对油井单井进行核产后，对测产数据进行归纳分析，归纳为四种比较典型的液量 – 含水图形。(1)液量 – 含水较稳定图形(图4)，主要出现在供液情况较好的断块油藏油井。

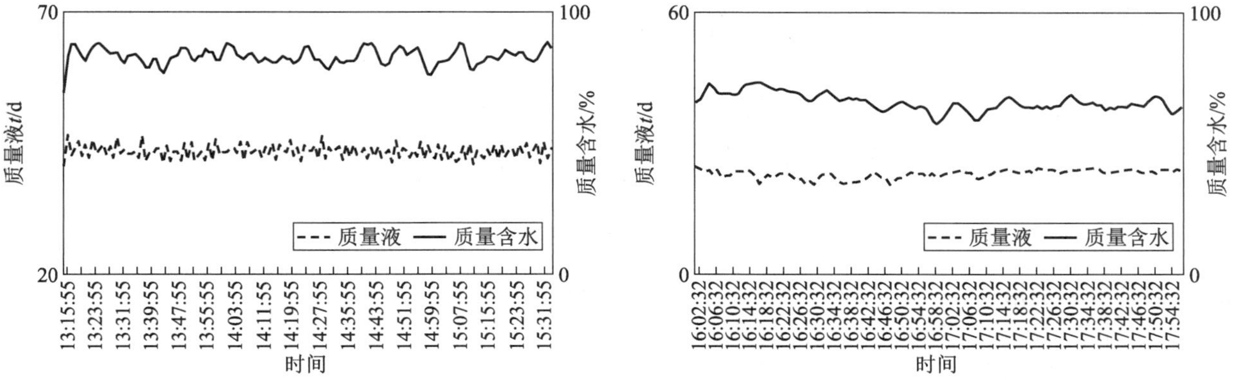

图4 液量 – 含水较稳定图形

(2)液量 – 含水无规律图形(图5)，测量时段内图形变化没有明显规律，为确保液量 – 含水的客观性及准确性，需要适当延长测量时间，寻找液量 – 含水的变化规律。这种图形一般出现在供液情况不足的低渗透岩性油藏。

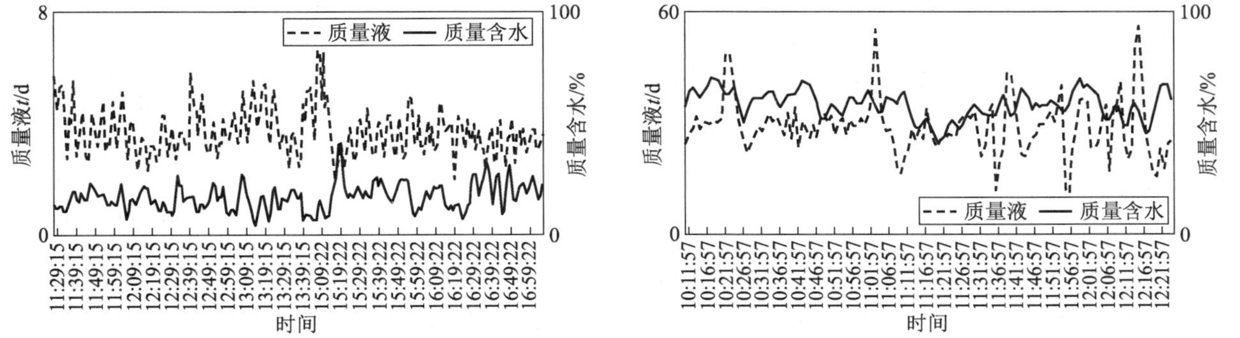

图5 液量 – 含水无规律图形

(3)特超稠油图形(图6)：图形较为不规律、周期不固定、显著的液量 – 含水波动，例如采用蒸汽吞吐方式开发的稠油油藏，表现为较为剧烈的液量 – 含水双重波动。

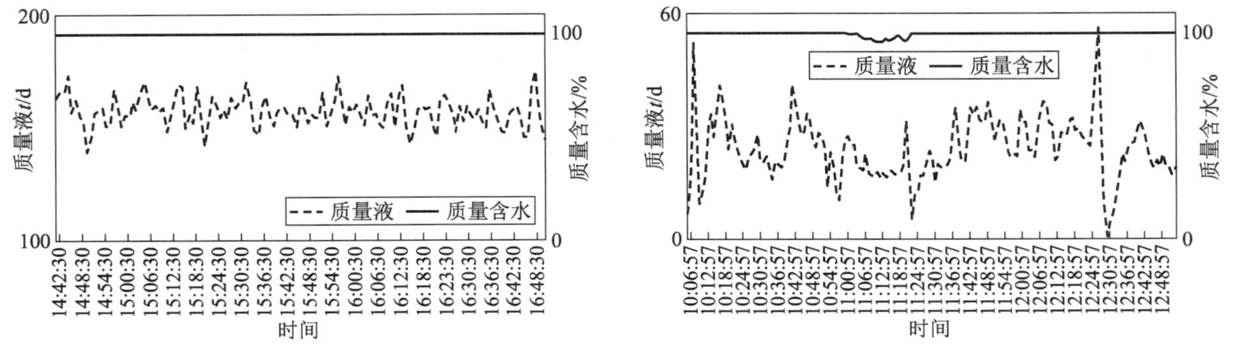

图6 特超稠油图形

(4)周期性图形(图7)：液量呈现周期性波动，结合压力图形分析，可能与地层供液能力、泵的抽汲速度有关。

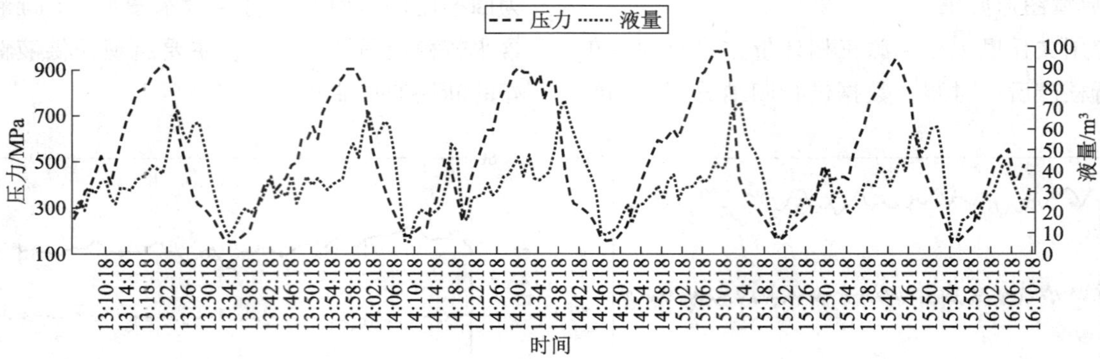

图 7　周期性图形

4.4　测产数据应用

为了验证得出的以上结论，以某口井 24h 的三相计量数据来分析。取一个完整的周期，对其进行计算。运用曲线面积积分公式：

$$S = \int[a,b]f(x)\mathrm{d}x$$

式中　a、b——选取的时间点；

$f(x)$——计算机拟合公式。

以某井为例，采用功图计量液量为 21.28t/d，采用积分计算液量 21.09t/d，采用分离器计量液量为 21.12t/d，三者计量数据相比，数据一致性较好。

5　结论

在油井多相流工况中，文丘里 + 豁免源计量方法的应用初探显示出潜力和前景。采用文丘里 + 豁免源三相计量方式测量流体的相分率，精准计量介质多相流（油、水、气）流量，提升计量数据可靠性。运用计量数据绘制三相（液量 – 含水）变化等图形，真实反映油井生产状态，为更好分析油井动态提供了有力的技术指导和数据支撑。采用积分算法计量数据，辅助功图法计量方式，能更好评估和监测油井真实生产状况，提供更精确的数据依据，提升技术管理水平。

但由于油井多相流的复杂性和不确定性，仍需要进一步研究和改进计量方法来提高计量的准确性和可靠性。

参考文献

[1]余海，贺公安．多相流计量装置在油井计量中的应用[J]．化工管理，2021(24)：189.

[2]张紫琴，檀朝东，吴浩达，等．基于数据融合的油井多相流分相在线计量模型及应用[C]//西安石油大学，陕西省石油学会．2019 油气田勘探与开发国际会议论文集，2019.

[3]张丝雨，Henry Miao，吴浩达，等．油井多相流计量技术研究进展[J]．数码设计，2017(2)：21.

[4]吴浩达，项勇，张丝雨，等．油井多相流在线计量装置实验研究[J]．数码设计，2016(3)：35.

[5]邵文，刘骏，檀朝銮，等．油井微差压多相流在线计量系统的研究及应用[J]．中国石油和化工，2016(1)：50.

[6]门虎，许立平，马卫东．多相流计量装置在油井计量中的应用[J]．自动化应用，2014(1)：14.

[7]张永胜，张毅治，赵伯涛．文丘里流量计测量脉动流量导数项误差分析[J]．工业计量，2019(6)：4.

[8]肖展．文丘里流量计测量天然气误差的技术分析及解决方案[J]．工业计量，2017(6)：5.

[9]庞振力，季鹏，张小玲，等．豁免源多相流量计在多井合采混输单井计量中的应用[J]．油气井测试，2022(4)：31.

[10]孟亮，黄博，王俊丽，等．基于双能伽马传感器的多相流计量技术的研究与应用[J]．石油化工自动化，2023(59)：69.

国产化智能数采系统的构建与应用

陈 曦

（中石化（天津）石油化工有限公司化验计量部）

摘 要：2024 年天津石化成功进行国产化智能数采系统开发及应用，实现数据采集、计量统计、仪表运行等计量工作的智能化提升。优化了仪表总线及网络架构，解决了原来数据采集稳定性差的问题，通过互联网技术构建新一代智能数采系统平台，加强计量业务的全方位、全过程、立体化管控和应用，大幅缩短了工作周期，提高了生产信息传递效率与工作效率，有效地降低了运行成本，具有较好的应用前景。

关键词：国产化智能数采系统；数据综合展示；报警中心；智能诊断；流程图监测

天津分公司未升级改造前的计量仪表数采系统是基于 GE 公司 IFIX 组态软件于 2006 建成并投用。系统由分布在各作业部及行管区域偏远角落数采间内数采站、采集服务器、客户端组成。该系统为公司实时数据库、MES 系统、化验计量部计量管理信息系统提供基础数据源，为计量结算、公司生产运行监控提供基础保障。

天津分公司原计量仪表数采系统存在的问题包括以下几点：

（1）使用年限长，硬件老化，稳定性差，部分站点或仪表采集经常出现中断、数据不连续或不刷新等情况，影响生产运行监控、MES 报送与计量结算。如仪表异常未及时发现，会造成贸易交接损失。

（2）网络架构结构不合理，缺乏整体科学规划，已不满足数字化建设发展要求。存在信息安全隐患，不能满足信息安全防护等级保护要求。如重要数据被攻击窃取或修改，容易导致计量纠纷或交接损失。

（3）不满足今后中石化对软件国产化要求。

（4）目前系统只具备数据采集、历史数据查询等简单功能，不具备远程智能化监测诊断、预警报警等功能，分析判断还需人工操作，不能满足智能化建设发展要求。

（5）存在计量人员配备少与计量业务量不断增加矛盾问题。随着炼化企业向智能化工厂发展，构建基于测量设备数字化采集、智能化监控与应用的全过程服务体系，迫切需要借助云计量、大数据、人工智能等互联网技术打造新一代计量管控模式，解决人员配备不足的问题，加强计量业务的全方位、全过程、立体化管控和应用，实现精准计量，减少因异常情况造成的损失。

1 新系统构建

1.1 设计思路

为降低项目的建设风险，确保项目得以成功实施，在系统开发和实施路线中，需要在数据集成与集中、应用模块的统一规划、系统实施方法论驱动等方面进行重点考虑，选取合适的设计思路。系统具体设计思路如图 1 所示。

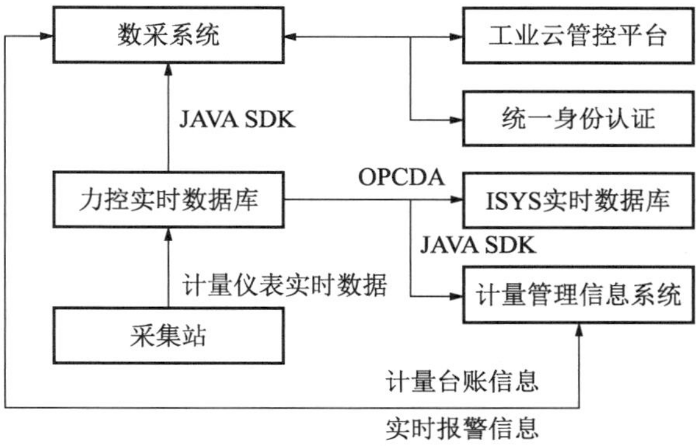

图 1 系统设计思路

系统架构可划分为：接口层、数据层、应用层。接口层负责将过程控制系统中的实时数据采集到系统中，数据层为实时/历史数据库，负责长期保存过程点信息，应用层将过程点信息进行汇总、计算，形成多项应用，并以友好的界面呈现给系统用户。

1.2 系统网络结构

1.2.1 计量数采专网

计量数采专网部署采集站：炼油 1 站、炼油 2 站、热电 1 站、热电 2 站、化工 1 站、化工 2 站、烯烃站、水务站、无线站、中沙接口机、二号库码头本地采集站，通过采集站将数据汇总到力控实时数据库，为数采系统提供生产运行的基本数据。5 台 CS 客户端部署在计量数采专网，方便计量站操作人员查看计量仪表运行状况。基于力控实时数据库的标准化输出接口或数据共享接口，为上位系统提供数据集成服务，包括计量系统从力控实时数据库获取化验计量部计量仪表实时数据，以及 ISYS 实时数据库从力控实时数据库获取化验计量部计量仪表实时数据等。

1.2.2　公司办公网

2 台云资源服务器部署在公司办公网，关系数据库服务器负责部署应用服务器所需的关系库服务器，Web 应用服务器负责部署数采系统。4 台 BS 客户端部署在公司办公网，方便计量站操作人员查看数采系统平台。系统网络拓扑图见图 2。

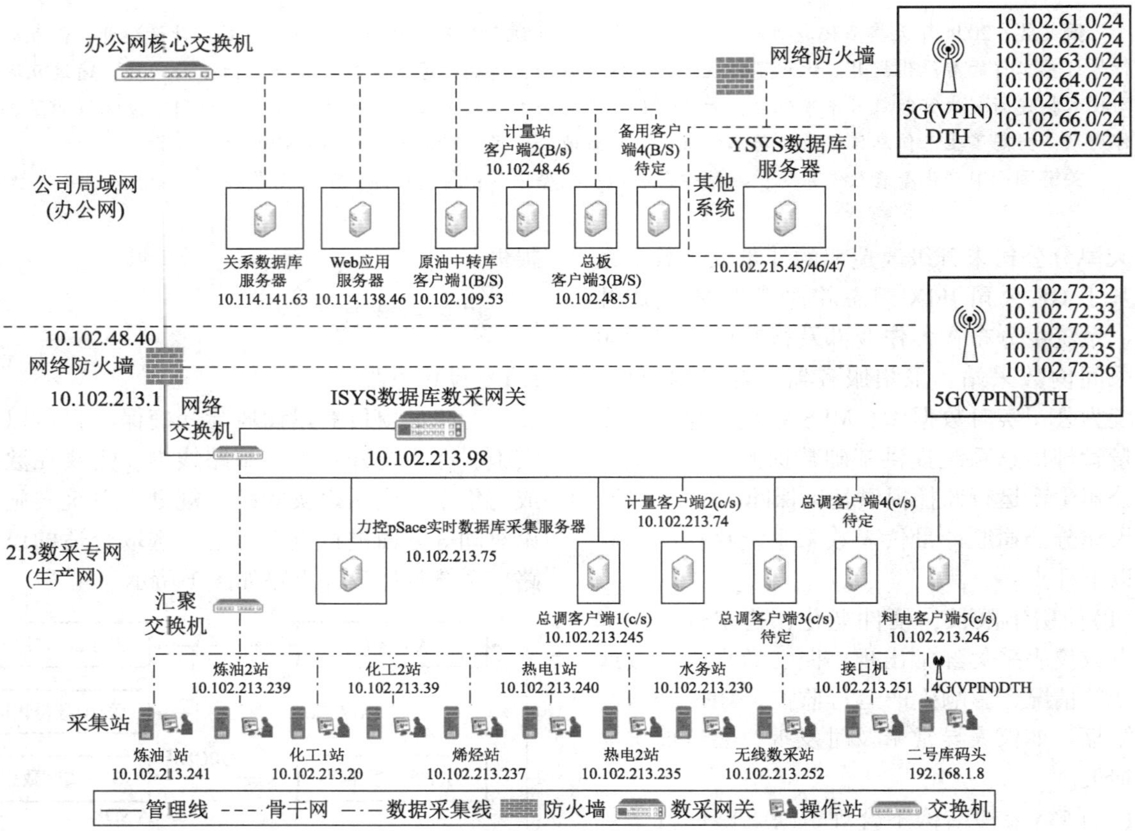

图 2　系统网络拓扑图

1.3　主要建设内容

1.3.1　优化通讯总线

优化现场 RS485 总线采集结构，消除现场仪表种类繁多、分散、通信协议不兼容，数据采集速率慢等问题；基于 4G、5G VPDN 技术实现二号库码头、机场航煤等远程站点计量仪表采集，确保安全稳定传输。

1.3.2　优化系统网络

工业现场各系统构成的复杂性，组网的多样性，以及等级保护对象划分的灵活性，给网络安全带来了风险。系统增加核心交换机、防火墙等网络安全设备，以便提升系统安全能力。

1.3.3　诊断模型设计

开发上层监测诊断系统，按照不同仪表类型建立不同模型的监测诊断模型，实现计量仪表智能化（流速、声速、信号强度、驱动增益、电压、零点等）监测诊断，满足计量行业智能化发展要求。

1.3.4　数据采集

自动采集瞬时流量、累计流量、密度、温度、压力、差压、诊断参数等多参量计量相关数据。

1.3.5　数据分析应用

丰富上层应用系统，建设和开发辅助决策和统计分析展示平台，包括：计量数据流图监控：上下游计量管网监测。智能数据实时统计分析：能耗/物耗等原料和产品进出厂分析；关键指标计算、仪表盘等多种展示方式；在线曲线及图表实时数据、历史数据追溯分析；丰富的信息分析方式。

1.3.6　响应信创要求

遵照中国石化信创国产化要求，对服务器、

操作系统、数据库、系统软件进行国产化适配。

1.3.7　部署国产实时数据库

实现化验计量部计量仪表全数据的接入，满足智能数采系统数据分析应用需求，为我公司实时数据库及计量系统提供实时数据。

1.3.8　权限配置与应用统计

实现用户通过中石化统一账户登录，再根据不同权限实现访问不同功能模块。完成系统用户登录率统计、在线率及僵尸账号统计等功能。

2　系统功能

2.1　大屏综合展示

大屏信息展示分为六大模块：仪表实时投用状态模块、计量仪表报警信息模块、日主辅比对统计及实时主辅比对统计模块、能源物料完好率模块、日能源检测率及实时能源监测率模块、地图模块，数据综合展示。大屏综合展示页面是智能数采系统首页，综合展示重要的各项计量数据，包括：仪表实时投用状态、计量仪表报警信息、主辅比对统计、能源检测率实时/日/月统计、计量设备完好率、地图模块。用户可以清晰、直观地掌握生产运行情况。每个模块都具有穿透功能，可以进入二级菜单进行下一步操作。地图模块为公司卫星图，属于深度应用场景，可以显示全厂区所覆盖的各仪表位置和状态，报警后仪表点显示为红色。具有穿透功能，其二级地图显示各厂站仪表信息。

2.2　报警中心

报警中心按报警类型分为：限值报警、增量差率报警和条件报警，均具备报警的查询、确认、处理、搁置、详情(查看更改)曲线等操作功能。根据工艺参数，可设定每个计量点的高限与底限，并对报警重要程度进行低、中、高、紧急分级。可根据不同能源物料指标不同，进行增量差率报警设置，实现物料主辅比对和能源检测率报警功能。针对个别计量点，可编辑逻辑条件进行报警设置，满足不同预警需要，实时报警功能。

报警中心可进行专家意见维护和历时报警查询。把生产运行中仪表、设备可能发生的问题情况和原因分析维护进系统中。在后续报警产生时，操作人员可根据报警状况，进行对应的判断。所有已恢复的报警都进入历时报警中，方便查询和经验总结。

报警中心同样可对全部报警信息进行统计分析。例如，高频报警点统计分析，报警分类、分等级统计分析和高频报警时间段统计分析。报警中心承担重要任务，通过对数据和设备的实时监控和预警，从而有效预防和降低生产运行中的异常。

2.3　智能诊断

智能诊断可实现仪表在线自诊断。可通过智能诊断分析仪表运行实时状态，获得仪表内部的工况信息参数，操作人员不必到现场即可远程获取每台仪表参数数据，进行仪表智能自校验。应用大数据分析，智能诊断模块可以对仪表设备报警信息进行详情展示，具体到可能发生故障的原因判断，当好操作人员的“千里眼”和“手术刀”。

2.4　仪表实时监测

仪表实时监测分为仪表在线统计和仪表台账，覆盖所有运行中的仪表，提供多种查询方式例如按站点，按名称、供需方等。其中在线统计模块可展示所有仪表实时参数和曲线，仪表台账模块按站点分类，展示所有仪表的设备信息如生产厂家、出厂编号、位号、等级等，并支持信息导出。

2.5　数据比对监测

系统支持从大屏展示中主辅比对数据和能源检测率数据的直接穿透，分类展示所有主辅比对和能源检测率的详细数据信息和曲线。根据预设的指标对主辅比对情况和检测率情况作出判断，并突出显示问题点。同时关联历时曲线，方便操作人员进行详细分析。

2.6　流程图检测

根据化验计量部负责的仪表绘制计量网络图，流程图分为能源和物料两大类别，细分为进出厂物料、部际互供物料、氢气管网、蒸汽管网、氮气管网、石脑油等 36 个画面。每张图中供需方之间连接的管道采用动态流向方式展示。仪表显示对应的温度、压力、流量等参数，并可穿透进入历史曲线查询,。

2.7　系统日志

系统可根据账号的登录次数、月度用户登录排名、月度用户活跃度排名进行统计分析。按作业部级组织机构展示当前登录人员，用户登录日志可查看登录人员姓名、所属角色、登陆时间、登录 IP，并支持模糊查询，及多种条件检索，方便用户，查找所需信息，并可进行数据导出。

操作日志可查看操作人员姓名、所属角色、操作模块类型、操作对象、操作时间、操作类型、操作时间、登录 IP，并支持模糊查询，及多种条件检索。

3 系统特点

3.1 稳定

通过对现场仪表总线、采集站、网络设备、服务器、客户端进行整体改造，规范仪表总线与网络架构，提升采集能力与稳定性，消除信息孤岛与安全隐患，为智能化监测诊断提供基础保障。

3.2 安全

按照中国石化信创工作要求，对服务器、操作系统、数据库、系统软件进行全面国产化适配。按照国家及中国石化等级保护一级要求，从网络、主机、数据、应用、物理等方面进行系统安全建设与加固，满足信息安全防护要求。

3.3 智能

通过运用大数据、人工智能等先进技术和设计理念，根据业务需求，实现数据全面采集，数据智能诊断、实时报警、创新建设“数据 + 平台 + 应用场景”模式，在计量领域突出人工智能、“机器代人”等应用模式。

3.4 人性化

系统界面友好，大屏综合展示按照重点工作与全面覆盖相结合方式进行企业个性化定制，符合各级用户的需求；例如查询功能支持多种查找条件，支持综合展示大屏直接穿透到对应详情页，历史曲线坐标可以自适应的同时还可以单独设定倍率，人性化的操作体验，使系统使用体验大幅提升。

4 应用效果

系统可以实现数据的自动采集、汇总和分析，减少人工操作和报表生成，利用大屏综合展示，实现信息可视化，能够全面、实时监控生产运行状态和仪表设备状态，使问题一目了然，改变以往需要人工逐个计量点进行网络巡检，才能发现问题的情况。可提高工作效率和准确性。

建立计量仪表监测诊断模型，实现仪表实时健康体检；结合大数据算法，实现计量指标实时运算，公司级能源管网检测率实时/日/月数据监测诊断，物料主辅数据实时/日比对分析等，改变以往需要每天人工统计计算，费时费力的情况。降低人工成本，为生产经营提供更加及时精准计量数据，避免经济效益损失。

通过创建报警中心模块，岗位人员更及时发现异常状况，结合仪表拆检工艺流程变化等信息，让每天报警确认的工作都能够在系统中完成。工作也更有针对性。有效提高设备或系统的运行效率。

5 结语

国产化智能数采系统有效解决了老系统稳定性、安全性等问题，通过系统智能诊断功能开发，融合大数据分析技术，仪表远程实时在线“体检”，有效提升数据和仪表的监控效果，实现系统智能提升目标，进一步提升智能计量工作模式。

参考文献

[1]王云博．基于实时数据库的煤化工生产监测系统设计与实现[D]．电子科技大学，2013.
[2]孙旭杨，刘滨．基于4G网络的视频监控系统研究[J]．电脑知识与技术，2019(4)：51.
[3]张成挺，徐培富．基于IFIX组态软件下烟草行业自动物流监控系统的建设[J]．自动化与仪器仪表，2017(8)：94.
[4]崔广伟．质量流量计远程智能诊断系统的开发与应用[J]．石油化工自动化，2018(6)：59.
[5]戴靓，张礼敬，陶刚．石油化工设备智能预警系统研究[J]．科技和产业，2014(8)：150.
[6]杨婕，谢天天，朱瑞苗．智能仪表设备管理系统的应用[J]．石油化工自动化，2020(6)：62.
[7]朱彦兴，王志鹏，韩景秋．浅谈智能仪表的应用与分析[J]．仪器仪表标准化与计量，2018(3)：18.
[8]张振林．智能计量仪表监控管理系统结构及应用[J]．工业计量，2023(5)：79.
[9]苗壮．基于工业锅炉的远程物联网监测数据采集终端分析[J]．工业加热，2019(4)：56.
[10]邹芳云，杨瑞峰．智能仪表管理系统的设计与应用[J]．自动化仪表，2013(10)：5.

双法兰液位变送器常见故障及计量性能确认方法

孙小东　张翼飞　姜春霞　宋桂彬

（海洋石油工程股份有限公司/中国海洋石油集团有限公司计量检测中心）

摘　要：从双法兰液位变送器的测量原理、安装及使用出发，详细论述了双法兰液位变送器的现场安装、调试及注意事项。重点阐述了双法兰液位变送器现场安装注意事项，安装后如何进行内部参数设置及现场调试。

关键词：双法兰；液位变送器；安装；调试

海洋石油平台中在测量罐体(特别是带压罐体)液位时使用了较多的双法兰液位变送器，双法兰液位变送器主要用于解决带压罐体液位的过程测量，其安装方便体积较小。一般双法兰液位变送器现场安装后需进行安装检查，内部参数设置以及整体调试等工作，此项工作也尤为重要。

双法兰液位变送器的测量原理：双法兰液位变送器是工业过程测量和控制系统中用以指示和控制液位的一类仪表。双法兰液位变送器属于差压式压力变送器，其通过测量介质差压值再按照帕斯卡定律得到液位高度，主要用于测量带压容器内液体高度[1-3]。

1　双法兰液位变送器的常见故障及原因

1.1　双法兰液位变送器的结构类型及安装方式

双法兰液位变送器的结构形式一般分为两种，安装方式1是变送器表头与下法兰相对固定，安装方式2是两个法兰及变送器表头均分离。双法兰液位变送器的感压元件是膜片式，一般正压腔外侧标注“H”，负压腔外侧标注“L”，无论是哪种结构方式，通过毛细管与正压腔连接的法兰上标注“+”，通过毛细管与负压腔连接的法兰上标注“-”。

1.2　双法兰液位变送器安装后读数异常

双法兰液位变送器在安装前均在实验室按照相关规程进行了检定并确认合格，但是在现场安装后的调试过程中经常出现示值偏差较大现象[4]。

1.2.1　安装方式1毛细管中液压油对双法兰液位变送器的影响

毛细管中充满了液压油，用以传导压力。当双法兰液位变送器安装好后，由于两个法兰存在高度差，毛细管中的液压油产生的静压力会对双法兰液位变送器产生影响从而影响其输出。

对于安装方式1只有负压侧有毛细管，毛细管内液压油对双法兰液位变送器负压腔产生的静压力为：

$$P=\rho gH \tag{1}$$

式中　P——毛细管内液压油对双法兰液位变送器产生的静压力；

ρ——毛细管中液压油的密度；

g——重力加速度；

H——双法兰液位变送器两法兰安装后的垂直高度。

1.2.2　安装方式2毛细管中液压油对双法兰液位变送器的影响

对于安装方式2中，根据双法兰液位变送器的表头具体安装位置进行详细分析。

情况一表头安装在两个法兰之间，如图1所示，此时负压侧毛细管中的液压油产生的静压力为：

$$P_1=\rho gH_1 \tag{2}$$

式中　P_1——负压侧毛细管中的液压油产生的静压力；

ρ——毛细管中液压油的密度；

g——重力加速度；

H_1——上法兰到表头的垂直高度。

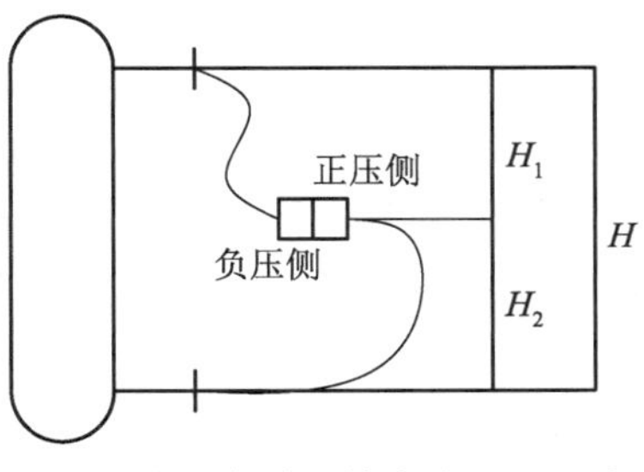

图1　双法兰液位变送器的表头位于两法兰之间

此时该静压力使双法兰液位变送器膜片向正

压测产生形变。

正压侧毛细管中的液压油产生的静压力为：

$$P_2 = \rho g H_2 \quad (3)$$

式中　P_2——负压侧毛细管中的液压油产生的静压力；

H_2——下法兰到表头的垂直高度。

此时该静压力使双法兰液位变送器膜片也向正压测产生形变。

因此，正压测毛细管中介质与负压侧毛细管中介质对双法兰液位变送器产生的总静压力为 $P = P_1 + P_2$，该总静压力使双法兰液位变送器膜片向正压测产生形变。如图 1 所示 $H = H_1 + H_2$，由此可以得出正负压侧毛细管中液压油对双法兰液位变送器的总静压力为 $P = \rho g H$。

情况二表头安装在两个法兰下侧，如图 2 所示，此时负压侧毛细管中的液压油产生的静压力为：

$$P_1 = \rho g H_3 \quad (4)$$

式中　P_1——负压侧毛细管中的液压油产生的静压力；

H_3——上法兰到表头的垂直高度。

此时该静压力使双法兰液位变送器膜片向正压测产生形变。

正压侧毛细管中的液压油产生的静压力为：

$$P_2 = \rho g H_4 \quad (5)$$

式中　P_2——负压侧毛细管中的液压油产生的静压力；

H_4——下法兰到表头的垂直高度。

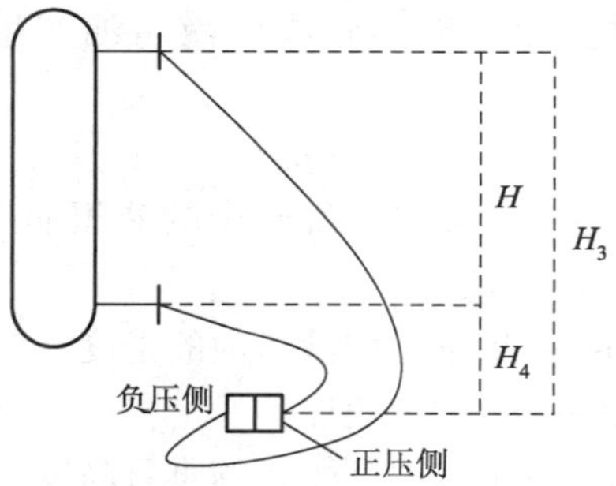

图 2　双法兰液位变送器的表头位于两法兰下侧

此时该静压力使双法兰液位变送器膜片也向负压测产生形变。

此时正压测毛细管内液压油与负压侧毛细管内液压油对双法兰液位变送器产生的静压力方向相反，因此其合力为 $P = P_1 - P_2$。如图 2 所示，由此可以得出正负压侧毛细管中液压油对双法兰液位变送器的静压力为 $P = \rho g H$。

因此，安装方式 1 还是安装方式 2 毛细管中液压油的静压力对双法兰液位变送器产生的影响均一致。

综上，双法兰液位变送器出现读数异常原因可先排除安装工况的影响。

1.3　双法兰液位变送器安装法兰腐蚀严重

双法兰液位变送器在储存、安装或者使用不当会出现腐蚀现象，甚至腐蚀穿孔漏液，因此在安装前必须检查膜片的材质是否正确。

一般情况下，常规油品或水等无腐蚀介质使用 316 不锈钢，低浓度碱性介质采用哈氏体合金 C，硫酸介质采用哈氏合金 B 或哈氏合金 C 等。总之，膜片的材质一定要和测量介质的物理化学特性相匹配。

1.4　双法兰液位变送器输出不随液位高低变化

当罐体内液位发生变化，而双法兰液位变送器输出或显示无变化时，还应考虑毛细管硅油型号是否适合介质温度及环境温度。硅油一般分低温硅油和高温硅油，低温硅油使用的温度范围为 −45～205℃，高温硅油使用的温度范围为 0～315℃。如果硅油选择不匹配造成低温凝固，会导致双法兰液位变送器输出值停滞，可以采取更换硅油或加保温等措施解决[5]。

2　双法兰液位变送器的计量性能确认

双法兰液位变送器在使用前应按照 JJG 971—2019 液位计检定规程进行检定。以双法兰液位变送器的输出是 4～20mA 为例，首先检查其量程等参数是否正确。一般采取两种情况进行检定，一种情况是安装前双法兰液位变送器离线检定时其两个法兰是在同一水平面上，第二种情况是安装前双法兰液位变送器检定时模拟了现场安装状态[6]。

2.1　第一种情况

如果双法兰液位变送器检定时其两个法兰是在同一水平面上，其安装方式与实际不同，现场安装后需要进行计量性能再次确认。根据第 1.2 节分析，双法兰液位变送器安装后毛细管中的液压油会对其产生静压力，因此双法兰液位变送器安装后内部参数需要修改。例如安装前检定量程下限 LRV 为 0kPa，量程上限 URV 为 10kPa，即 0～10kPa 对应输出 4～20mA。安装后双法兰液位变送器毛细管中的液压油产生的静压力 2kPa，方向指向负压侧，则双法兰液位变送器安装后液晶显示为 −2kPa，输出值将小于 4mA。此时需要对其量程调整为 −2～8kPa（即量程向下迁移了 2kPa），保证理论输出值为 4～20mA。

由于法兰安装后应力会对法兰膜片产生微小形变，因此还需对其进行调零。调零前必须保证罐内无介质并将双法兰液位变送器的两个法兰连接的截止阀打开，使两个法兰在同一气压下。或将双法兰液位变送器的两个法兰连接的截止阀关闭，打开法兰与截止阀之间的泄压阀使法兰膜片通大气，调零后变送器量程仍设置为 0 ~ 10kPa。必须先进行传感器调零然后进行输出调零，如果直接进行输出调零可能会造成输出电流与显示压力不一致的情况。

2.2 第二种情况

如果安装前双法兰液位变送器检定时模拟了现场安装状态，安装后无需再做调试工作。但是由于安装时法兰应力等因素，其输出可能存在微小差异。此时只要将其量程进行微小迁移即可，或进行调零处理。

2.3 双法兰液位变送器的在线检定

如果安装后进行检定则在变送器安装后按照 2.1 中描述的方法先进行调零。也可以选择不调零，如不调零双法兰液位变送器上电后显示压力 P_C，即可将此压力设置为量程下限 LRV 值。根据帕斯卡定律可以计算出双法兰液位变送器所测介质满量程时的压力为 P_h，则双法兰液位变送器内部参数量程上限为($P_C + P_h$)。参数设置完成后，按照 JJG 971—2019 液位计检定规程进行检定。主要技术参数是误差，误差在允许范围内即合格，否则不合格。

3 小结

综上所述，双法兰液位变送器的安装问题应正确认识，计量性能的确认及现场调试时更应该注意其量程问题。只有解决了这两个复杂的问题，我们才能很好地使用双法兰液位变送器。

参考文献

[1]李良贸，张以民．温度、压力、流量、液位常用测量仪表实用指南[M]．北京：中国计量出版社，1988.

[2]刘敬文．双法兰差压液位变送器液位测量校验全面解析[J]．石油化工自动化，2006(2)：82.

[3]国家市场监督管理总局．液位计检定规程：JJG 971—2019[S]．北京：中国标准出版社，2019.

[4]王凯．在用储罐新增导波雷达液位变送器所遇异常的分析与处理[J]．天津化工，2024(6)：119.

[5]胡健，沙海亮．隔膜式差压液位变送器的选型应用[J]．石油化工自动化，2023(6)：80.

[6]张海薇．双法兰液位计应用及工程实例分析[J]．石油化工自动化，2023(6)：91.

壁面污垢对临界流文丘里喷嘴流出系数的影响

蔡浩晖[1,2]

（1. 国家管网集团西部管道公司；2. 新疆多介质管道安全输送重点实验室）

摘　要： 针对天然气检定站的喷嘴流量标准装置因壁面结垢导致测量值偏大的问题，从理论推导和 CFD 仿真两个方面对壁面粗糙度对喷嘴流出系数的影响规律进行了研究，影响规律与实际相符，并提出了保证喷嘴流量标准装置准确测量的数据监测和喷嘴清洗方案，对拥有喷嘴流量标准装置的天然气检定站有一定的指导作用。

关键词： 喷嘴；流出系数；边界层；CFD 仿真

临界流文丘里喷嘴（以下简称喷嘴）由于结构简单、工作原理清晰、重复性好、长期稳定性好等特点[1]，广泛作为气体流量标准装置的标准表使用[2]，目前国内已建成负压或正压喷嘴法气体流量标准装置已超过百套，主要用于检定/校准天然气、空气、蒸汽等介质的流量计。国内某天然气高压实流检定站采用 12 支喷嘴组成次级流量标准装置，在一次期间核查的过程中，发现次级流量标准装置的测量值偏大 0.2% 左右，具体数据见表 1。

表 1　次级流量标准装置期间核查数据

喷嘴组合	流量/(m^3/h)	4 月误差/%	7 月误差/%	10 月误差/%	4 月 ~7 月/%	10 月 ~7 月/%
6 +7 +8 +9 +11 +12	823	-0.22	-0.19	-0.41	0.03	-0.23
1 +5	820	-0.26	-0.21	-0.36	0.05	-0.15
2 +4	820	-0.21	-0.24	-0.44	-0.03	-0.20
3 +9 +10	494	-0.23	-0.16	-0.42	0.06	-0.26
7 +8 +9 +11 +12	413	-0.17	-0.22	-0.51	-0.05	-0.28
9 +10 +11 +12	105	-0.14	-0.19	-0.45	-0.05	-0.26

该检定站期间核查采用不同喷嘴组合校准同一台 DN150 涡轮流量计的方式，该涡轮流量计初次校准的平均示值误差为 -0.21%，从表 1 可以看出 4 月和 7 月的核查结果接近，且与初次的校准结果很接近，可以认为没有问题，而 10 月的核查结果明显偏小 0.2% 左右，即次流量级标准装置的测量值偏大 0.2% 左右，这个偏差对于不确定度为 0.23%（$k=2$）的标准装置来说是不可承受的，为此展开了全面的排查工作，在确定核查流量计的流量、温度、压力，以及天然气组分等参数测量结果没有问题后，取出喷嘴查看，发现 12 支喷嘴的壁面均附着不同面积的污垢，这是管输天然气中的水、烃、粉尘等杂质经过喷嘴后，逐渐沉积在喷嘴壁面的结果。

该检定站的喷嘴的壁面粗糙度设计是 $1\times10^{-5}\times$喉径（即约 0.3～2.5μm），应该是比较光滑的，推测这些污垢是造成次级标准装置的测量值偏大 0.2% 左右的主要原因，清洗壁面污垢后，再用次级标准装置校准同一台 DN150 涡轮流量计，平均示值误差为 -0.19%，证明次级标准装置恢复正常。天然气检定站一般均依托天然气长输管道的气源建设，喷嘴法气体流量标准装置不可避免会受到天然气中杂质的影响，尤其是新投产的检定站因管道内杂质多，受影响最大，已运行的检定站或多或少会受到影响，这是普遍现象，有必要进行深入研究，找出影响规律，并制定应对措施。

1　喷嘴流出系数研究现状

目前广泛应用的是喇叭形喉部文丘里喷嘴，喷嘴的形状见图 1，在临界状态下通过喷嘴的质量流量只与喷嘴的滞止压力和滞止温度有关，而不受下游的工况变化的影响，临界流文丘里喷嘴的工作原理本文不再赘述。

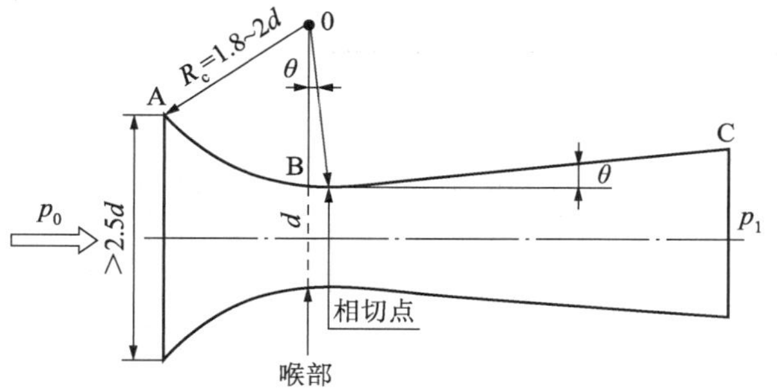

图 1 喇叭形喉部文丘里喷嘴结构图

喷嘴流出系数(以下简称 C_d)表征喷嘴中复杂实流与理想流之间的差异性，是喷嘴最关键的计量特性参数，C_d 会受到入口曲率半径[3-5]、喉部直径、壁面粗糙度[6]、滞止压力[7]、雷诺数、内流场、喉部温降[8-9]和组分等众多因素的影响，各因素的影响错综复杂，本文将重点研究污垢引起喷嘴壁面粗糙度变化从而造成 C_d 变化的原理和应对措施。

C_d 计算公式通常是将 Geropp 等[10]提出的层流边界层黏性模型或 Stratford 等[11]提出的湍流边界层黏性模型，与 Hall 等[12]和 Kliegel 等[13]的无粘核心模型相结合来确定的。国际标准 ISO-9300-2005[14]考虑黏性边界层和核心区流场的影响，将音速喷嘴的黏性流出系数和无黏流出系数合并，并在日本国家计量院(NMIJ)大量的实验数据[15-16]的基础上，提出雷诺数与精加工和普通加工喷嘴的流出系数之间半理论半经验公式，见公式(1)。

$$C_d = a - bRe^{-0.5} \tag{1}$$

式中 a——核心区流场影响的无黏参数；

b——受黏性边界层影响的黏性参数；

Re——喉部雷诺数。

Gibson 和 Stewart[17]研究发现，喷嘴 C_d 不仅与喉部雷诺数有关，而且与壁面粗糙度有关。Alper[18]通过采用 CFD 仿真方法研究了不同相对粗糙度下的喷嘴 C_d，指出随着壁面粗糙度的增大将导致喷嘴 C_d 明显减小。Mickan 等人[19]研究表明，由于壁面粗糙度的存在，引起音速喷嘴流量测量的误差达 0.6%。赵雅坤[7]通过 CFD 仿真和进化算法的逐步回归研究，指出壁面粗糙度影响规律与真实气体的壁面曲率和实际等熵指数相关。Wang 和 Ding[20-22]发现湍流边界层中表面粗糙度的影响大于层流边界层，并提出了在考虑不同粗糙区的流出系数计算公式时，可采用相对当量粗糙度作为参数。但目前还没有成熟的粗糙度影响喷嘴 C_d 的理论研究结论，而且基本上是针对喷嘴壁面的加工粗糙度进行研究的，没有针对使用过程中壁面沉积污垢引起粗糙度变化的研究。

2 喷嘴 C_d 数学模型推导和 CFD 仿真

2.1 喷嘴 C_d 数学模型推导

边界层是流体黏性流动中固体壁面附近黏性起主导作用的一个薄层流体层，流体介质流过喷嘴的壁面，在壁面至中心形成的速度场如图 2 所示。在喷嘴固体壁面的边界层中，由于流体流速受到壁面的阻滞作用而减小，相当于边界层的固体壁面向内移动了 δ^* 距离后理想流体流动所通过的流量，这个距离 δ^* 称为边界层位移厚度[23]，可以理解为由于边界层的存在，使得喷嘴的流通面积减小，实际流量小于理想流量，即喷嘴的流出系数小于 1。

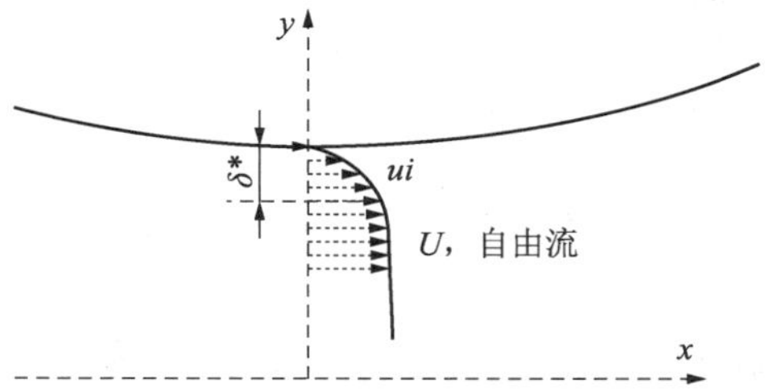

图 2 喷嘴壁面边界层位移厚度

根据流过喷嘴流体介质雷诺数的多少，喷嘴内的流态分为层流、转捩和湍流三种流态，Mikcan 等[19]选用 6 支不同喉径的喷嘴在不同介质(干空气、湿空气、天然气和氮气等)下进行喷嘴 C_d 的实验研究，他发现喉部雷诺数在 1.0×10^6 以下时，喷嘴内是层流，大于此雷诺数时，喷嘴内的流动由层流逐渐转为湍流。表 2 为某天然气检定站配置的 12 支喷嘴在滞止条件下对应的雷诺数，由于天然气检定站使用的音速喷嘴的滞止条件下的雷诺数均大于 2.0×10^6，故本文仅对湍流状态下的音速喷嘴进行研究。

表 2 各喷嘴工况雷诺数

喷嘴喉径/mm	喷嘴编号	标称流量/(m^3/h)	5MPa 喉部雷诺数/($\times10^7$)	9MPa 喉部雷诺数/($\times10^7$)
25.1314	PZ-501J	410	1.8532	3.1375
25.1311	PZ-502J	410	1.85318	3.13746

续表

喷嘴喉径/mm	喷嘴编号	标称流量/(m^3/h)	5MPa 喉部雷诺数/($\times 10^7$)	9MPa 喉部雷诺数/($\times 10^7$)
25.1131	PZ-503J	410	1.8518	3.13512
25.1242	PZ-504J	410	1.85265	3.13656
25.1443	PZ-505J	410	1.8542	3.13918
25.1171	PZ-506J	410	1.8521	3.13564
18.5732	PZ-507J	224	1.42586	2.4143
13.1494	PZ-508J	112	1.00923	1.70898
9.2824	PZ-509J	56	0.712301	1.20623
6.5573	PZ-510J	28	0.503085	0.851979
4.6356	PZ-511J	14	0.355567	0.602189
3.2923	PZ-512J	7	0.252462	0.427598

通过前面的分析，计算喷嘴的 C_d 需要边界层位移厚度 δ^* 的数据，Stratford 等[11]提供了湍流边界层位移厚度 δ^* 的计算公式，见式(2)。

$$\frac{\delta^*}{d}=\frac{0.054}{(60)^{\frac{2}{5}}}\left(\frac{r}{d}\right)^{2/5}Re^{-1/5} \tag{2}$$

由于 δ^* 远小于喷嘴喉径 d，故因 δ^* 影响使喷嘴喉部缩小的流通面积可由式(3)计算。

$$S_\delta=\pi d\delta^* \tag{3}$$

δ^* 影响 C_d 的黏性参数 C_d^* 可由式(4)计算。

$$C_d^*=\frac{\pi d\delta^*}{\pi\left(\frac{d}{2}\right)^2}=4\frac{\delta^*}{d} \tag{4}$$

结合公式(3)，可得黏性参数 C_d^* 的计算公式。

$$C_d^*=4\frac{\delta^*}{d}=4\frac{0.054}{(60)^{\frac{2}{5}}}\left(\frac{r}{d}\right)^{\frac{2}{5}}Re^{-\frac{1}{5}}$$

$$=0.042\left(\frac{r}{d}\right)^{2/5}Re^{-1/5} \tag{5}$$

C_d 中的采用 ISO 9300 中的喇叭形喉部喷嘴的无黏参数 0.9959，黏性参数采用式(5)计算，C_d 计算见式(6)。

$$C_d=9959+0.042\left(\frac{r}{d}\right)^{2/5}Re^{-1/5} \tag{6}$$

图 3 为经验公式(6)计算的与 ISO 9300 结果之间的比较图。

从图 3 可以看出，使用式(6)计算的 C_d 值与 ISO 9300 的公式计算值相差 ±0.05% 左右，而主要差距是因为 ISO 9300 公式的雷诺数指数项直接使用了层流边界层理论值(−0.5)，公式(6)中的雷诺数指数项是湍流边界层的理论值(−0.2)，因此两个公式的计算结果有一些小的差距。但说明喷嘴 C_d 确实与喷嘴壁面的边界层相关，喷嘴喉部雷诺数越大，边界层厚度越小，对 C_d 的影响越小，反之亦然，公式(6)推导的 C_d 基本符合实际。

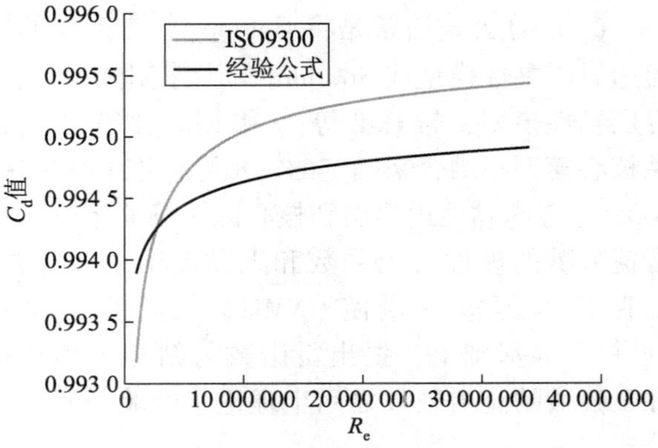

图 3 经验公式 6 与 ISO 9300 的 C_d 比较

2.2 CFD 仿真

除了喷嘴加工精度造成的壁面粗糙度外，检定站使用的管输天然气中的水、烃、粉尘等杂质经过喷嘴后，逐渐沉积在喷嘴壁面，也会改变壁面粗糙度，以 K_s 表示喷嘴壁面粗糙度，以 δ 表示边界层厚度，见图 4。

当 $K_s<\delta$ 时，壁面粗糙粒完全淹没在边界层中，此时为水力光滑区，流体流速分布和阻力规律只取决于雷诺数，壁面粗糙度对流动没有影响，这种情况只有在壁面较为光滑或雷诺数较小的情况下才有可能；而当 $K_s>\delta$ 时，壁面粗糙粒暴露在边界层以外，加剧了湍流的能量损耗及强度变化，粗糙度对湍流产生不可忽略的影响，此时为湍流过渡区，流体流速分布和阻力规律受雷诺数和粗糙度的双重影响；雷诺数达到一定程度后，壁面粗糙粒完全暴露在边界层以外，此时为水力粗糙区，流体流速分布和阻力规律只与粗糙度有关而与雷诺数无关。

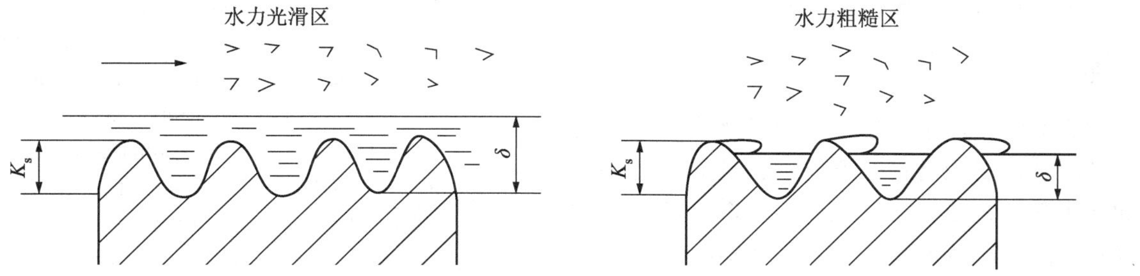

图4　水力光滑区和水力粗糙区

水力光滑区的边界层厚度与雷诺数之间的影响规律已研究较为成熟，天然气检定站喷嘴壁面的粗糙度 $<\delta$ 时，喷嘴可以视为运行在为水力光滑区，但喷嘴壁面粗糙度会使壁面剪切应力变化，导致喷嘴边界层厚度 δ 发生变化，影响机理复杂，目前的理论研究和实流试验均无法确定湍流过渡区和水力粗糙区对喷嘴 C_d 的影响规律，利用 CFD 仿真可以较好地确定粗糙度对流出系数的影响规律。

使用 ANSYS FLUENT 软件进行 CFD 仿真，由于喷嘴为对称旋转体，将其流场简化为二维流场，仅对其一半进行仿真即可，可以减少网格数，提高仿真效率。喷嘴扩散角均为4°，入口截面直径为2.5d，扩散段长度 L 为2d。喷嘴入口收缩段的曲率 R_c 为2d；采用结构型四边形进行网格划分，壁面边界层网格加密，以保证近壁边界区的仿真精度。

CFD 仿真的湍流模型采用标准 k-ε 模型和壁面函数法相结合的形式，边界条件为压力入口和压力出口，设置不同的入口压力来仿真不同雷诺数条件，通过设置出口压力，使喷嘴的背压比在0.1以下，以保证流体流动在临界状态，仿真的流体介质选用与天然气相似的甲烷，壁面设置为绝热条件，设置不同的粗糙度进行仿真。图5是喉径为25mm 喷嘴在不同粗糙度条件下 C_d 的 CFD 仿真结果与喷嘴光滑壁面条件下 C_d 的偏差，与赵雅坤[7]的仿真结果相近。

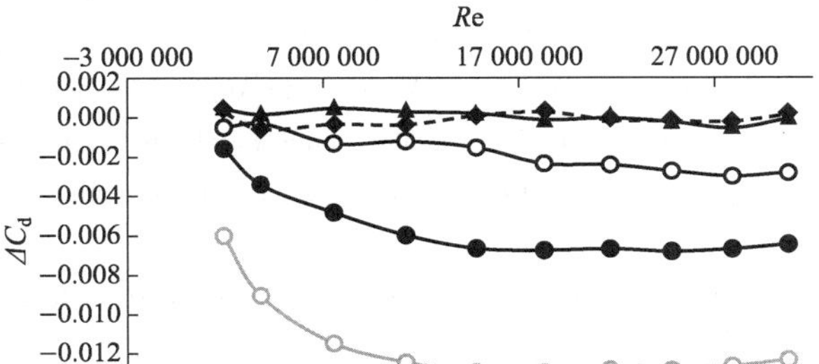

图5　25mm 喉径喷嘴不同粗糙度仿真结果偏差

根据图5中的数据可以总结如下规律：

(1)喷嘴壁面粗糙度 <0.0001d 时，喷嘴运行在水力光滑区，C_d 只与喉部雷诺数有关，C_d 偏差基本为零。

(2)在湍流过渡区，C_d 偏差绝对值随喉部雷诺数的增大而增大。同一喉部雷诺数下，粗糙度越大，C_d 偏差绝对值越大。

(3)在水力粗糙区，C_d 偏差基本不再随喉部雷诺数发生变化。同一喉部雷诺数下，粗糙度越大，C_d 偏差绝对值越大。

3　处理方法

从前文总结的规律可以看出喷嘴壁面积累一定程度的污垢后，喷嘴壁面的流场变成水力粗糙区，C_d 基本不再随喉部雷诺数发生变化，而是与喷嘴的壁面粗糙度相关，壁面粗糙度越大，实际的 C_d 越小，而检定系统中设置的 C_d 是正常状态下的，明显偏大，导致喷嘴标准装置的标准值偏大，造成被检流量计的校准结果偏小，这就解释了第1章中该检定站核查结果明显偏小0.2%左右的原因。因此，喷嘴壁面情况需要密切关注，由于喷嘴安装在管线内，拆装不便，日常不能使用目测法来确定喷嘴壁面是否有污垢，需要利用能测试的参数来监测喷嘴壁面，如果发现监测数据异常，就需要拆卸喷嘴确认壁面并清洗，根据这个思路制定如下处理方法：

(1)以喷嘴流量标准装置期间核查为主要监测手段，根据核查数据定期分析喷嘴 C_d 是否发生变化；

(2)不定期用喷嘴流量标准装置在不同压力条件下校准被测流量计的同一流量点，根据不同压力条件下(即不同雷诺数条件下)的流量计示值误差的差异来判断喷嘴壁面情况；

(3)每年定期拆卸喷嘴并清洗；发现监测数据异常也要拆卸喷嘴确认壁面情况并清洗；

(4)为确保喷嘴壁面不受伤，建议超声波清洗器配无水乙醇对喷嘴壁面的污垢进行无接触式清洗，不能直接擦拭喷嘴壁面。

4 结语

在天然气检定站的喷嘴使用过程中，天然气中的杂质会逐渐积沉在喷嘴壁面，从而改变喷嘴壁面的粗糙度，随着喷嘴壁面污垢的增加，喷嘴的实际 C_d 减小，将导致喷嘴流量标准装置的测量值偏大，被测流量计的示值误差偏小，喷嘴的校准周期是5年，如果不及时发现和处理，会造成实验室质量事故，尤其是依托天然气中杂质较多或新投产的检定站一定要注意这个问题，定期监测喷嘴的测试数据，发现异常及时清洗喷嘴，以保证喷嘴流量标准装置的量值准确。

参考文献

[1]李春辉．国际流量测量技术和仪表的发展趋势[C]．2008年全国流量计量学术交流会论文集，中国计量测试学会，2008.

[2]梁国伟，周宁宁，李长五．临界流文丘里喷嘴流量计的原理与应用[J]．中国计量学院学报 2004(2)：125.

[3]CH Li，XF Peng，C Wang. Influence of diffuser angle on discharge coefficient of sonic nozzles for flow-rate measurements [J]. Flow Measurement and Instrumentation，2010(4)：531.

[4]CH Li，XF Peng，C Wang. The characteristics of discharge coefficient of nozzles with throat diameter decreasing [C]. ASME 2008 First International Conference on Micro/Nanoscale Heat Transfer. American Society of Mechanical Engineers，2008：1105－1111.

[5]李春辉，王池．音速喷嘴扩散段形状对流出系数的影响[J]．计量学报，2008(5)：423.

[6]赵雅坤．壁面粗糙度对临界流音速喷嘴的流动特性影响[D]．天津大学，2014.

[7]曹培娟．滞止压力对音速喷嘴流出系数的影响研究[D]．河北大学，2025.

[8]王超，王刚，丁红兵．小喉径音速喷嘴热效应对流量影响的热边界层分析[J]．机械工程学报，2015(16)：164.

[9]王超，王孝通，丁红兵，等．基于音速喷嘴固体内部温度分布的“热效应”分析[J]．天津大学学报：自然科学与工程技术版，2018(8)：777.

[10]D Geropp. Grenzschichten in überschalldilsen [Z]. Deutsche Luft und Raumfahrt Forschungsbericht，1987，11.

[11]BS Stratford. The calculation of the discharge coefficient of profiled choked nozzles and the optimum profile for absolute air flow measurement [J]. Journal of the Royal Aeronautical Society，1964(640)：237.

[12]IM Hall. Transonic flow in two-dimensional and axially-symmetric nozzles [J]. Quarterly Journal of Mechanics and Applied Mathematics，1962(4)：487.

[13]JR Kliegel，and JN Levine. Transonic flow in small throat radius of curvature nozzles [C]. AIAA J.，1969(7)：1375.

[14]ISO 9300. Measurement of gas flow by means of critical flow venturi nozzles [S]. 2005.

[15]M Ishibashi，M Takamoto. Theoretical discharge coefficient of a critical circular-arc nozzle with laminar boundary layer and its verification by measurements using super-accurate nozzles [J]. Flow Measurement and Instrumentation，2000(4)：305.

[16]M Ishibashi. Discharge coefficient of critical nozzles machined by super-accurate lathes [J]. Bulletin of NRLM，1999(48)：61.

[17]J Gibson，D Stewart，N Barton. Considerations for ISO 9300：The effects of roughness and form on the discharge coefficient of toroidal-throat sonic nozzles [C]. ASME/JSME 4th Joint Fluids Summer Engineering Conference. American Society of Mechanical Engineers，2003：57－63.

[18]AA Ozalp. Numerical analysis of choked converging nozzle flows with surface roughness and heat flux conditions [J]. Sadhana，2006(1)：31.

[19]B Mickan，R Kramer. Experiences with sonic nozzles used for different gases and wide range of pressure and temperature conditions [C]. Proceedings of 7th International Symposium on Fluid Flow Measurement，Anchorage，Alaska. 2009.

[20]C Wang，H Ding，Y Zhao. Influence of wall roughness on discharge coefficient of sonic nozzles [J]. Flow Measurement and Instrumentation，2014(35)：55.

[21]H Ding，C Wang，Y Zhao. Surface roughness effect on flow measurement of real gas in a critical nozzle [J]. Measurement，2015(68)：82.

[22]H Ding，C Wang，G Wang. Approximate solution for discharge coefficient of the sonic nozzle with surface roughness [J]. Flow Measurement and Instrumentation，2016(52)：227.

[23]章梓熊，董曾南．黏性流体力学[M]．2版．北京：清华大学出版社，2011.

基于仿真技术的天然气管网发热量赋值研究

董静雅[1,2] 张 强[1,2] 袁晓云[1,2]

(1. 中国石油天然气股份有限公司西南油气田分公司天然气研究院;
2. 国家市场监管重点实验室(天然气质量控制和能量计量))

摘 要: 天然气发热量是贸易交接时需要严格控制的重要气质参数之一。按标准规定, A 级站配备气相色谱仪进行发热量间接计算, 其他场站的天然气发热量测量问题有待进一步研究。文章基于仿真技术, 首先进行管网拓扑建模; 随后针对压缩机进行特性参数拟合, 并将拟合结果带入管网仿真模型中; 最后利用仿真模型完成发热量赋值。得到结论: 管网仿真可以进行发热量赋值, 单日内发热量赋值误差为 -0.11%; 使用压缩机实际能头 H-流量 Q 曲线为输入边界条件后, 水力计算误差仅为 0.45%; 区域内发热量波动越小, 赋值准确性越高。综上, 仿真技术能够应用于天然气发热量的赋值。

关键词: 天然气; 管网; 发热量赋值; 仿真; 水力计算

天然气贸易交接中, 需要对天然气质量进行控制, 而天然气发热量则是其中最为重要的气质参数之一[1-2]。尤其是在复杂气源情况下的贸易交接过程中, 以及进一步推进落实天然气能量计量后, 该参数更是关系到贸易双方公平性的重要因素。

天然气发热量的测定分为直接测定法和间接测定法。其中, 直接测定主要指基于 Rossini 原理, 进行天然气的直接燃烧后测定其发热量。从 1930 年开始, 美国、德国等发达国家已先后建成 ISO 15971: 2008 规定的不确定度为 0 级的发热量测试装置, 形成较完备的发热量直接测定溯源链[3,4]。中国石油西南油气田分公司建立的 Cutler-Hammer 热值测定装置不确定度为 0.17% ($k=2$), 达到 ISO15971: 2008 规定的不确定度为 1 级的水平。发热量的间接测定[5]为气相色谱法, 该方法对天然气组分进行准确检测后进行发热量的计算和赋值。其中, 间接测定法需要用到气体标准物质。美国、荷兰等发达国家生产的基准气体标准物质不确定度往往优于 0.1%, 我国生产的以及气体标准物质 GBW06340 的发热量扩展不确定度优于 0.5% ($k=2$)。直接测定大多在实验室完成, 间接测定需要配备气相色谱仪, 依据 GB 18603 规定[6], A 级计量站必须要配备气相色谱仪。

除了以上两类方法, 发热量的测定还可以使用赋值的方法获取。吕海舟等[7]针对局部天然气管网, 建立发热量赋值算法, 将发热量预测值与测量值误差控制在 1.844%; 徐孝轩等[8]针对双气源管网进行状态重构, 实现发热量准确赋值, 误差不超过 0.5%; 王雁冰[9]通过编写多气源天然气管网发热量赋值软件, 并进行了发热量赋值计算。经验证, 发热量的模拟数值与实测结果的误差在 0.36% 之内; 黄维和等[10]利用 TGNET 软件进行发热量赋值仿真, 结果与历史记录值的偏差在 0.3% 以内; 周靖[11]利用机器学习完成天然气发热量的赋值; Jolanta Szoplik & Paulina Muchel[12]利用神经网络实现对天然气组分的预测, 从而完成发热量赋值。

通过以上分析可以知道, 现在的发热量赋值计算主要涵盖单/多气源的天然气管网和不同结构类型天然气管网, 对管网内可能存在的非管道元件, 例如天然气压缩机等, 以及正、反输这一类比较复杂的水力工况并没有进行深入探讨。因此, 本文在天然气管网水力仿真的基础上, 首先深入考虑了压缩机的实际运行情况对管道运行情况的影响, 在准确拟合天然气压缩机运行曲线的基础上, 带入天然气管网仿真计算模型; 其次, 利用综合考虑水力计算和压缩机运行曲线的仿真模型完成天然气管网的准确水力计算; 最后, 在此基础上实现复杂工况下的天然气发热量赋值。

1 方法建立

1.1 总体设计

天然气发热量赋值是基于水力仿真计算结果而定的。仿真计算的准确性关系到发热量赋值的准确性, 基于仿真技术的发热量赋值方法总体路线如图 1 所示。

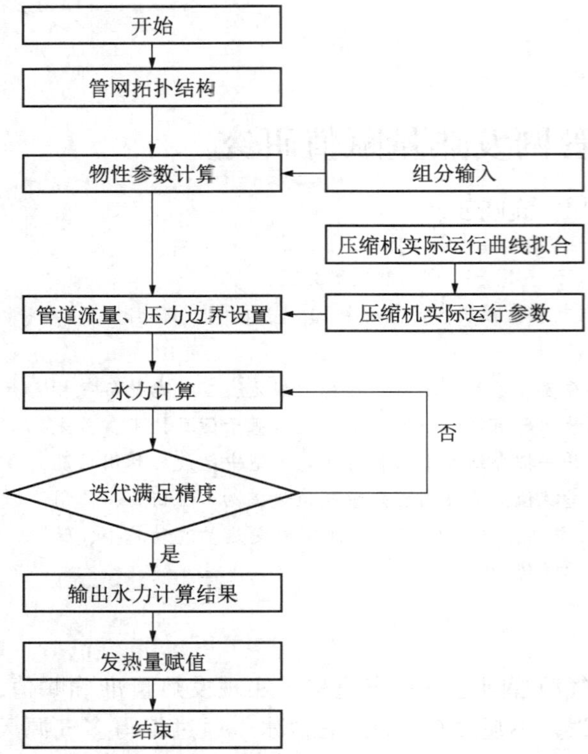

图1　基于仿真技术的天然气发热量赋值流程图

从图1可以看出，基于仿真计算的发热量赋值步骤为：(1)管网拓扑图建立，输入管网设计参数；(2)输入天然气组分，从而计算得到物性参数；(3)完成压缩机实际运行多项方程 H-Q 的拟合，并按照实际拟合曲线输入压缩机边界条件；(4)建立管网仿真模型并输入流量、压力边界条件；(5)开始水力计算迭代直到收敛；(6)输出水力计算结果；(7)利用建立好的仿真模型完成天然气发热量赋值。

1.2　仿真计算模型

根据系统仿真的需要，可以认为输气管道是由许多元件组合在一起组成而形成的。按照元件类型，又可分为管道元件和非管元件。管道元件即输气管道，非管元件则包括输气管道中除去管道以外的所有元件，包括压缩机、仪表等。

1.2.1　管道元件计算模型

天然气输气管道系统的管道单元模型可以由在气体在管道内稳态流动的连续性方程，运动方程和能量方程来表示，公式如下：

$$\frac{v}{\rho}\left(\frac{\partial\rho}{\partial T}\right)_{\mathrm{P}}\frac{\mathrm{d}T}{\mathrm{d}x}+\frac{v}{\rho}\left(\frac{\partial\rho}{\partial P}\right)_{\mathrm{T}}\frac{\mathrm{d}P}{\mathrm{d}x}+\frac{\mathrm{d}v}{\mathrm{d}x}=0 \tag{1}$$

$$\frac{1}{\rho}\frac{\mathrm{d}P}{\mathrm{d}x}+v\frac{\mathrm{d}v}{\mathrm{d}x}=-\frac{\lambda}{D}\frac{v^2}{2}-g\sin\theta \tag{2}$$

$$\left(\frac{\partial h}{\partial T}\right)_{\mathrm{P}}\frac{\mathrm{d}T}{\mathrm{d}x}+\left(\frac{\partial h}{\partial P}\right)_{\mathrm{T}}\frac{\mathrm{d}P}{\mathrm{d}x}+v\frac{\mathrm{d}v}{\mathrm{d}x}=-\frac{4K(T-T_0)}{\rho vD}-g\sin\theta \tag{3}$$

式中　v——气体流速，m/s；
P——气体压力，Pa；
T——气体温度，K；
h——气体的焓，J/kg；
ρ——气体密度，kg/m^3；
λ——管道的摩阻系数，无量纲；
g——重力加速度，m/s^2；
D——管道的内径，m；
T_0——管道埋深处土壤的温度，K；
K——管道的总传热系数，$W/(m^2.K)$；
θ——管道与水平面之间的倾角，rad；
x——管长坐标，m。

1.2.2　压缩机计算模型

管道系统中的非管元件包括压缩机、阀门和一些局部阻力装置，其数学模型可由元件入口处压力 P_{in}、出口处压力 P_{out}、流经该装置的体积流量，以及天然气密度来描述，其一般形式表示如下：

$$F_3(P_{in},P_{out},M)=0 \tag{4}$$

式中　M——天然气流量，kg/s。

若压缩机的进口工况条件保持不变，仅改变压缩机的转速，其特性曲线的形状以及具体位置会随之发生规律性变化[13-14]。采用二次拟合的方法进行压缩机工况多变能头 H-流量 Q 的拟合，拟合时采用水力计算准确度更高的相似准则，过程如图2所示。

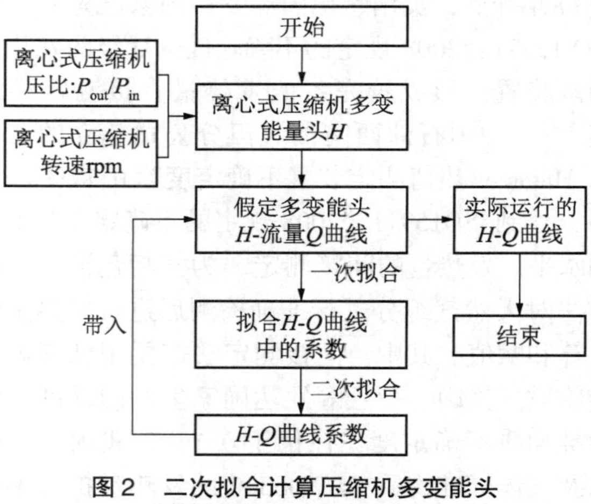

图2　二次拟合计算压缩机多变能头 H-流量 Q 曲线步骤

依据图2可以知道：(1)通过压比和转速得到离心式压缩机多变能头；(2)使用最小二乘法对离心式压缩机等转速线上的工况点进行拟合，得出不同转速线的多变能头 H-流量 Q 多项式方程；(3)基于该多项方程系数的渐进特点，二次拟合 H-流量 Q 多项式方程系数；(4)将第二步得到的系数与转速多项拟合方程带入第一步 H-Q 的方程中，得到压缩机实际特性曲线方程。

1.3　物性参数计算

在进行水力计算时，需要同时进行流体密度、压缩因子的计算，选择 BWRS 方程进行计算。该方程为 12 参数热力计算模型，精度优于 SRK 状态方程、PR 状态方程等 3 参数状态方程：

$$p=\rho RT+\left(B_0RT-A_0-\frac{C_0}{T^2}+\frac{D_0}{T^3}-\frac{E_0}{T^4}\right)\rho^2+\left(bRT-a-\frac{d}{T}\right)\rho^3+\alpha\left(a+\frac{d}{T}\right)\rho^6+\frac{c\rho^3}{T^2}(1+\gamma\rho^2)\exp(-\gamma\rho^2) \quad (5)$$

式中　ρ——气体密度，kg/m^3；

T——气体温度，K；

A_0、B_0、C_0、D_0、E_0、a、b、c、d、α、γ——状态参数。

2　仿真计算与发热量赋值

2.1　数据采集

实例分析中采用 X 公司实际数据完成。该区域位于四川盆地中部，管道直径 813mm，设计压力 6.3MPa，区域内管网包含气源 1 和气源 2，互为补充气源；区域内管网包含用户 T、用户 Y、用户 J，其中，用户 T 和用户 J 为直接与下游用户进行贸易交接，用户 Y 为内部分输站，一部分天然气与用户贸易交接，一部分天然气在 X 公司往下游分输；用户 T 含 3 台并联的压缩机。该区域管网拓扑图如图 3 所示，区域内管网设计与运行情况如表 1 所示，天然气组分情况如表 2 所示。

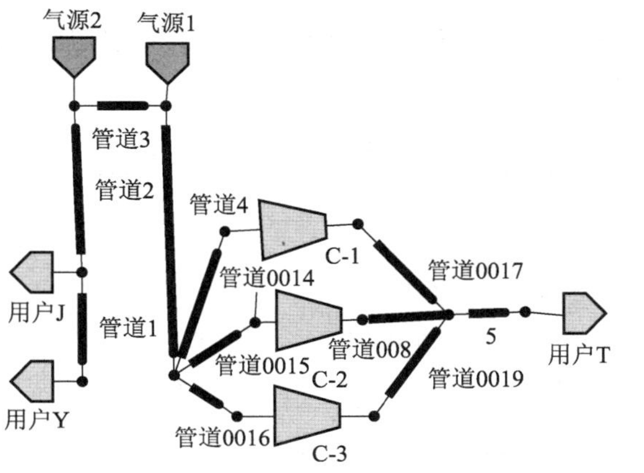

图 3　区域内管网拓扑图

表 1　管网设计与运行情况

元件	参　数
管道	直径：813mm；壁厚：8.8mm；设计压力：6.3MPa
气源	气源 1：输气量 $3000\times10^4m^3/d$； 气源 2：输气量 $1200\times10^4m^3/d$
用户	用户 Y：$(700\sim1000)\times10^4m^3/d$； 用户 T：$1800\times10^4m^3/d$； 用户 J：$12\times10^4m^3/d$
离心式压缩机	额定流量：$4118Nm^3/min$；进口压力：3.98MPa；出口压力：9.05MPa；额定转速：12362r/min

表 2　区域内天然气组分与发热量统计

项　目		CH_4/%	C_2H_6/%	C_3H_8/%	N_2/%	CO_2/%	发热量/(MJ/m^3)	相对密度
用户 T	最小值	97.8113	0.1166	0.0000	0.6659	1.3581	36.3780	0.6882
	最大值	97.8542	0.1192	0.0002	0.6883	1.4006	36.3949	0.6885
用户 Y	最小值	97.0682	0.0512	0.0000	0.6722	1.9963	36.0580	0.577064
	最大值	97.275	0.0601	0.0004	0.6805	2.2048	36.1355	0.579075

从表 2 可以看出：单日内用户 Y 发热量波动为 $0.0775MJ/m^3$，用户 T 发热量波动为 $0.0169MJ/m^3$，用户 Y 处发热量波动高于用户 T 处。此外，此区域色谱布置在下游用户处，而组分输入时需要在上游完成。依据现场实际情况，水力分析结果，以及推算的混气情况对上游天然气组分进行还原，还原时依据加权分析的方法进行上游组分还原，方法如下：

$$m_{i,t}=\frac{w_1m_{i,t-1}+w_2m_{i,t-1}}{\sum w} \quad (6)$$

式中　$m_{i,j}$——组分 i 在时间 t 时的值；

w——气源输量的权重。

2.2　边界条件分析

2.2.1　水力计算仿真边界

天然气管网水力计算需要对入口和出口的边界条件进行设置后方能进行计算。边界条件的设置方法主要包括：输量边界和压力边界。边界条件设置方案如表 3 所示。

从表 2 可以看出：由于气源 1 和气源 2 互为补充气源，因此，在进行边界条件设置时可以设置输量边界，也可以设置压力边界；用户 T 和用户 J 为直接与用户进行天然气贸易交接的输气站，基于贸易公平性原则，输量边界应设置为参比条件下的输量。设置为输量边界条件；用户 Y 为油气田内部的中间分输站，并不会将天然气完全进行销售，而是有一部分天然气将继续输送给下游用户，因此设置为压力边界。

表 3　入口边界与出口边界设置方案

节点名称	方案一	方案二	方案三
气源 1	压力边界	输量边界	输量边界
气源 2	输量边界	输量边界	压力边界
用户 J	输量边界	输量边界	输量边界
用户 Y	压力边界	压力边界	压力边界
用户 T	输量边界	输量边界	输量边界

2.2.2　压缩机仿真边界

依据前文步骤，拟合压缩机实际运行曲线，建立压缩机运行曲线如下：

$$H = aQ^3 + bQ^2 + cQ + d \tag{7}$$

式中　H——压缩机能头，m；

Q——流量，m^3/d；

参数 a、b、c、d——待拟合参数。

根据已知的数据点，利用最小二乘法拟合出来 6 条等转速曲线的系数见表 4。

表 4　多变能头 *H*-流量 *Q* 拟合系数表

转速/rpm	a	b	c	d
8036	-1.115×10^{-10}	-4.12×10^{-5}	0.1343	2928.92
8654	-1.012×10^{-10}	-4.11×10^{-5}	0.1501	3742.88
9890	-9.573×10^{-11}	-4.15×10^{-5}	0.1478	2645.98
11126	-8.960×10^{-11}	-4.15×10^{-5}	0.1544	4092.82
12362	-8.234×10^{-11}	-4.12×10^{-5}	0.1822	4736.22
12891	-7.684×10^{-11}	-4.11×10^{-5}	0.1647	5032.22

随后，将第一步拟合出的系数与转速进行二次拟合。设系数关于转速的方程为：

$$a = a_0n^2 + a_1n + a_2 \tag{8}$$

$$b = b_0n^2 + b_1n + b_2 \tag{9}$$

$$c = c_0n^2 + c_1n + c_2 \tag{10}$$

$$d = d_0n^2 + d_1n + d_2 \tag{11}$$

再次使用最小二乘法进行拟合，得出的系数如表 5。

表 5　二次拟合系数与转速拟合的系数表

i	0	1	2
a	-1.29×10^{-15}	3.19×10^{-12}	-3.64×10^{-6}
c	5.33×10^{-10}	4.24×10^{-5}	-0.06367
d	7.62×10^{-4}	-7.55×10^{-1}	796.00254

在试算过程中，b 的多项式使用 sin 函数精度更高，重新拟合如下：

$$b = -0.0000423381 + 0.000000434575 \times \sin\left(\pi \times \frac{n-66.2944}{28.1834}\right) \tag{12}$$

最终，带入第一步方程得到实际运行曲线的多变能头 H-流量 Q 曲线：

$$H = (-1.29\times10^{-15}n^2 + 3.19\times10^{-12}n - 3.63\times10^{-6})Q^3 + \left[-0.0000423381 + 0.000000434575\times\sin\left(\pi\times\frac{n-66.2944}{28.1834}\right)\right]Q^2 + (5.33\times10^{-10}n^2 + 4.24\times10^{-5}n - 0.06367)Q + (7.62\times10^{-4}n^2 - 7.55\times10^{-1}n + 796.00254) \tag{13}$$

对模型进行线性回归后，评价回归模型系数拟合优度，$R^2 = 1 - \frac{SSE}{SST} = 0.9995$。以秋季典型工况，计算得到用户 T 的离心式压缩机多变能头，与实际情况进行对比结果如表 6。

表 6　多变能头计算值与实际值的对比

工况流量 Q/(m^3/h)	转速 rpm/(r/min)	实际能头 H/m	计算能头 H/m	误差/%
912.39	8036	1343.92	1344.02	0.01
1137.07	8654	2247.32	2234.23	-0.58
1608.91	9890	2890.00	2899.82	0.34
2125.58	11126	3428.13	3426.21	-0.06
2642.04	12362	4987.76	4998.21	0.21
2934.04	12891	5765.59	5772.43	0.12

从 6 中可以看出，计算结果符合现场实际要求，因此，可以将拟合得到的实际能头作为边界条件带入管网的水力仿真模型，得到水力计算误差仅为 0.45%，可以满足工程实际需求。

2.3　发热量赋值分析

在完成水力计算的基础上，实现组分的迭代与发热量赋值，将用户 Y、用户 T 天然气发热量按照组分迭代计算后的结果与现场实际测量结果进行对比并计算相对误差，结果如图 4、图 5 所示。

从图 4、图 5 可以看出：用户 T 比用户 Y 热值波动范围更小，拟合得到的结果对此变化不敏感，这是由于拟合时候为了减小计算内存，从而导致的拟合值对发热量的微小波动不明显。

计算用户 Y 最大相对误差和平均相对误差如表 7 所示。

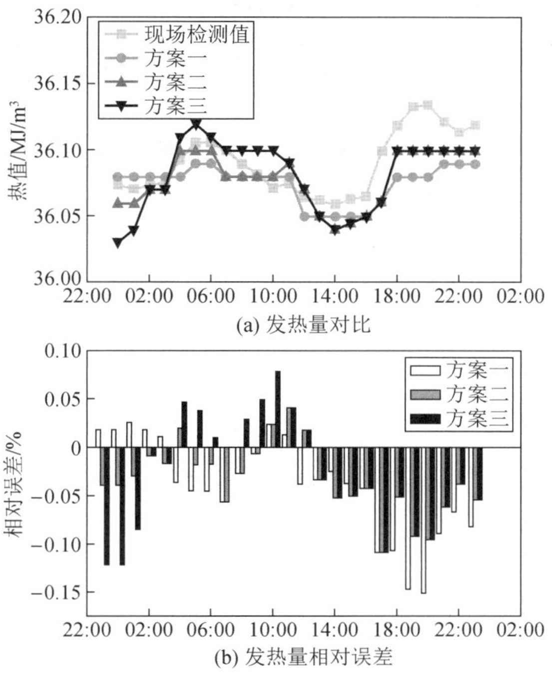

图 4 用户 Y 发热量计算值与实际值对比图

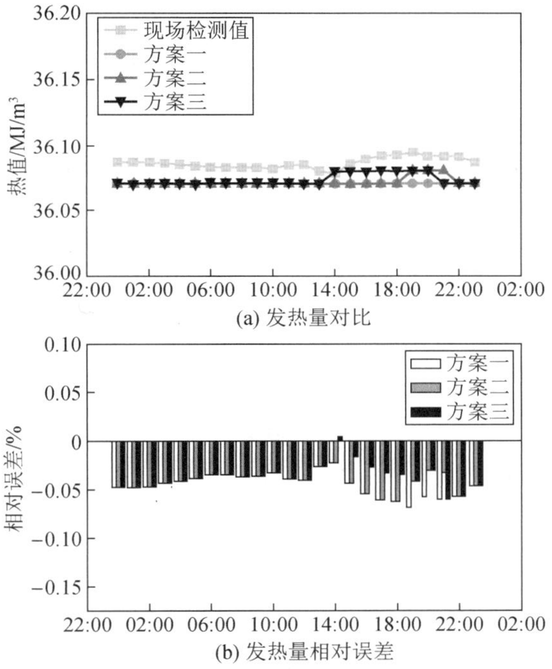

图 5 用户 T 发热量计算值与实际值对比图

表 7 发热量赋值最大相对误差和平均相对误差计算表

站名	最大相对误差/%			平均相对误差/%		
	方案一	方案二	方案三	方案一	方案二	方案三
用户 Y	-0.15	-0.11	-0.12	-0.043	-0.033	-0.035
用户 T	-0.069	-0.062	-0.060	-0.045	-0.041	-0.037

从表 7 可以知道：

(1)用户 Y 发热量赋值最大相对误差计算结果最好为方案二，该值为 -0.11%；用户 T 发热量赋值最大相对误差计算结果最好为方案三，该值为 -0.60%。

(2)用户 Y 处发热量波动 0.0775MJ/m^3 高于用户 T 处发热量波动 0.0169MJ/m^3，计算结果用户(3)总体看来，在天然气发热量波动较小的情况下，三个方案的赋值误差差距较小。

3 结论与建议

本文得到结论如下：(1)针对区域管网的仿真计算，可以有效进行发热量赋值，本例中，单日内发热量赋值误差仅为 -0.11%。

(2)在进行天然气管网仿真计算时，需要充分考虑非管道元件对仿真准确性的影响，本例中，用户 T 由于存在压缩机，在使用了实际的能头 H-流量 Q 曲线后，水力计算误差仅为 0.45%。

(3)区域管网发热量的波动将影响到赋值的准确性，区域内发热量波动越小，赋值准确性也越高。

建议：(1)非管元件，例如压缩机、节流阀等会影响管网水力计算准确性，应当在仿真时给予充分考虑，提高仿真的准确性。

(2)对不同结构类型的管网在进行仿真计算时，单独进行建模也有利于提升仿真准确性。

参考文献

[1]Zhaoming Yang, Zhe Liu, Jing Zhou, 等. A graph neural network (GNN) method for assigning gas calorific values to natural gas pipeline networks[J]. Energy, 2023(278): 127875.
[2]黄维和，段继芹，常宏岗，等. 中国天然气能量计量体系建设探讨[J]. 天然气工业，2021(8)：186.
[3]屈宏强，邢静芳，郑雪晶，等. 基于燃烧法的天然气发热量直接测量不确定度评估[J]. 石油与天然气化工，2023(1)：103.
[4]ISO15971：2008 Natural gas-Measurement of properties-Calorific value and Wobbe index[S].
[5]陈勇，李克，王晓琴. 天然气发热量测定方式比较[J]. 工业计量，2020(5)：21.
[6]GB/T 18603—2023 天然气计量系统技术要求[S].
[7]吕海舟，杨敬东，刘婉莹，等. 基于局部管网的天然气能量计量赋值算法[J]. 计量学报，2023(1)：80.
[8]徐孝轩，李奇，荆栋. 多气源天然气输配管网的能量计量方法[J]. 天然气工业，2018(1)：116.
[9]王雁冰. 多气源天然气管网发热量动态赋值方法研究[J]. 计量学报，2023(6)：899.
[10]黄维和，常宏岗，李姗姗，等. 基于运行仿真的多

气源环状管网能量计量方法研究[J]. 石油与天然气化工，2022(5)：117.
[11]周靖，基于机器学习的混合气源天然气管网气体发热量赋值方法研究[D]. 2022.
[12]Szoplik，J. P. Muchel，Using an artificial neural network model for natural gas compositions forecasting[J]. Energy，2023(263)：126001.
[13]廖志文，吴振宙，赵恺锋，等. 离心式压缩机性能曲线预测与运行优化研究[J]. 石油和化工设备，2023(4)：5.
[14]郝熙欢. 最小二乘法在压缩机选型中的应用[J]. 制冷与空调，2008(6)：39.

一种轻便绿色环保自然伽马刻度器研制

郭广鎏[1,2] 王江波[1,2] 刘海涛[1,2] 刘君华[1] 肖文杰[1,2] 魏 龙[1,2]

(1. 中国石油集团测井有限公司；2. 石油工业测井计量站)

摘 要：为了减少自然伽马量值传递过程中因为刻度器含有放射源造成的人员和环境照射、避免自然伽马刻度器使用过程中的复杂流程、减小自然伽马刻度器的重量、增加伽马刻度器的适配性，通过更换传统自然伽马刻度器的填充材料、设计独特的包布外形，研制出了一种轻便绿色环保自然伽马刻度器。该刻度器具有材料豁免、轻便易携带、操作方便、适配性强的特点，有利于自然伽马刻度器的标准化。经从自然伽马最高标准井量值传递，该伽马刻度器稳定性、标称值与测量不确定度满足行业标准对自然伽马刻度器的计量特性要求。

关键词：绿色环保；轻便；伽马刻度器

石油专用计量是油气勘探开发必不可少的环节，要取得准确的自然伽马测井资料，必须对自然伽马测量仪器进行正确的刻度。自然伽马刻度就是要把仪器读数与地层参数建立起响应关系并给出一个统一的计量标准。这样，自然伽马测井曲线就能进行区域地层对比、定量解释，曲线才更有价值。随着油气勘探开发工作中现场校准和环境保护的要求提高，石油测井专用计量器具的准确性、一致性、溯源性、稳定性、便携性、绿色环保等性能也有了更高的要求。石油测井计量标准器具按照准确度等级由高到低分为：行业最高标准井、工作标准井、刻度器。石油测井计量标准器具的主要计量特性是测量范围和准确度等级。行业最高标准井和工作标准井一般为实体模型井，它的量值不因测量方法或测量仪器的不同而改变。刻度器是一种量值模拟器，它的量值可能因测量方法或测量仪器的不同而改变[1]。

1 自然伽马刻度器现状

自然伽马测井通过量值传递(或溯源)，把自然伽马最高标准井、工作标准井、刻度器和测井仪有机地、科学地联系在一起，形成自然伽马刻度体系[2]，达到统一自然伽马量值的目的，见图1。自然伽马标准井建立在充满淡水的井坑中，不可移动。自然伽马测井仪现场刻度使用伽马刻度器。刻度器可移动，准确度等级较低，适于现场校准使用。不同系列、不同型号的测井仪使用的刻度器不同，一般情况下，用户购置测井仪需要同时购置相应的刻度器，这造成现场使用的自然伽马刻度器种类既多、数量又大。而这些刻度器含的放射源对人员和环境辐射较强，使用时审批手续复杂，导致效率低下。有的刻度器由于太过笨重，携带和使用不方便。

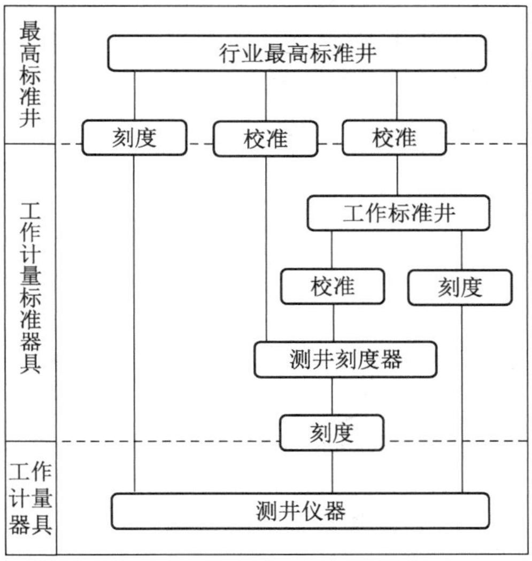

图 1 自然伽马量值传递与溯源

自然伽马刻度器种类较多，常用的有瓦片刻度器、框架刻度器、刻度筒等。这些刻度器不论外形如何，内部填充物都是放射性同位素。虽然这些同位素在满足伽马刻度量值要求的情况下放射性活度不大，但在我国仍属于非豁免源。因为不同厂家设计理念不同，框架刻度器和有些刻度筒体积与重量比较大。

2 轻便绿色环保自然伽马刻度器研制

为了解决上述问题，研制了一种轻便绿色环保自然伽马刻度器。研究内容主要包括放射材料选择、外形结构设计和刻度器适配性三个方面。

2.1 放射材料选择

经过调研和多次测试，选用了一种工业通用材料，它能稳定发射出一定的自然伽马射线，可以作为刻度器的核心组成材料。

(1)材料是民用非放射性管控的通用材料。核物理中辐射源的强弱是用活度来表征的，单位质量放射源的活度叫比活度，法定单位是贝克勒尔每千克，记作 Bq/kg[3]。经专业检测机构检测，所用材料放射性比活度为 119.6Bq/kg，依据国家标准 GB 6566—2010，判定使用范围不受限制，可以作为普通工具使用。环境检测机构检测结果表明：材料各监测点位均满足《电离辐射防护与放射源安全基本标准》(GB 18871—2002)附录 A2.1 中"正常运行操作条件下，在距设备的任何可达表面 0.1m 处所引起的周围剂量当量率或定向剂量当量率不超过 1μSv/h"的标准限值要求。

(2)材料满足自然伽马仪器刻度要求。用谱分析仪采集到的材料能量谱如图 2 所示。谱能量分析结果表明材料以钍为主，钍系元素在衰变过程中会稳定发射伽马射线，半衰期可达 140 亿年，材料稳定性可以保证。

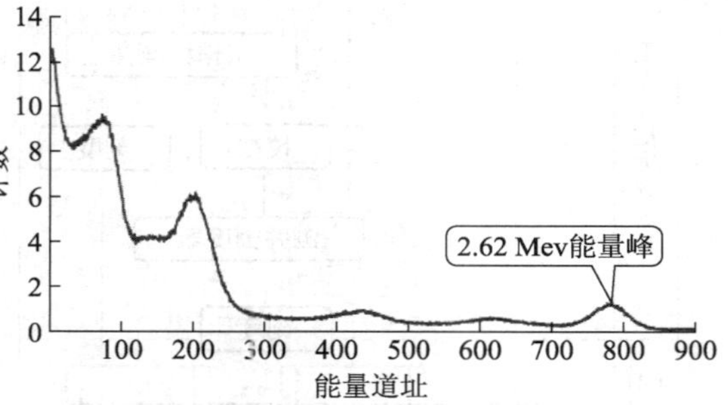

图2　材料能谱图

使用量值传递仪器对材料初步测试的数据表面，材料的 *API* 值 170API 左右，量值满足制作伽马刻度器的要求。

2.2 外形结构设计

瓦片刻度器、框架刻度器或者刻度筒类自然伽马刻度器是将含有放射性同位素的矿粉均匀调和、粘结压制成块状、条状或者饼状，内嵌在盛放槽(器)中，外面包以外壳，一般重量都较大。一种新颖的设计是将材料安装在环状支架上，镂空如同笼子一样。这种设计使得刻度器质量比较轻。

通过对常用刻度器进行测试，分析各种刻度器的优缺点，在此基础上先后设计测试了刻度筒、绿包布、环状刻度器 3 类、共 6 种刻度器。在满足计量特性的情况下，最终确定了绿包布刻度器。

绿包布是选用四层防水、防腐蚀的耐磨无纺布作为包裹材料，分为内外两层对压缝制。将所用的材料均匀布置，每一条材料各自单独缝制在内层中紧固。选择绿包布的原因：一是可卷可折叠，携带方便；二是质量轻，其他刻度器质量都在 2.5kg 以上，而绿包布刻度器质量不大于 0.6kg。

2.3 刻度器适配性

因为使用场所和测井深度不同，自然伽马测井仪有多种外径尺寸，常用的电缆自然伽马测井仪外径在 50～90mm 之间。为了兼顾各种尺寸自然伽马仪器，将绿包布刻度器的尺寸设计为 450mm×250mm，可将外径在上述区间的不同粗细自然伽马仪器包裹。外径不同，缠裹的层数就不同，标称值随之不同。如此制成的绿包布刻度器可用于自然伽马测井仪车间刻度、井场刻度、量值传递与溯源，也可做现场核查器使用。

3 伽马刻度器计量特性验证

3.1 量值

API 单位是石油行业独有的，其值不能用物理化学方法直接确定，也不能通过模块放射性元素铀、钍、钾含量计算得到，而只能通过仪器实测求得，必须进行量值传递。新生产的标准刻度器应经最高计量标准装置传递[6]。文中用量值传递标准仪器对绿包布伽马刻度器进行了测试。

对采集到的计数率进行了 *API* 值转换。用自然伽马量值传递标准仪器采集到的刻度器的计数率平均值 81.646，其 API 计算值 148.53。计算结果表明 API 量值满足行业标准伽马刻度器 120API～200API 的要求。

3.2 稳定性核查

对绿包布刻度器进行周期性检测，每隔 1 个月做一组测量，共做 6 组，每组采集 11 次，取每组算术平均值为该组的测得值。依据 JJF 1033《计量标准考核规范》[7]，求取稳定性。测量数据处理结果表明，刻度器的测量值最大相对误差小于 2%，稳定性满足要求，见表 1，得组最大值为 148.54777API，组最小值为 147.0077API，最大相对误差为 1.05%。

表 1　刻度器稳定性统计表

序号	API 值/API					
	1	2	3	4	5	6
1	147.0848	146.8896	146.8969	147.2873	148.4705	147.7923
2	146.8189	147.7411	147.0312	147.2288	148.4608	148.1680
3	146.7847	147.4751	146.8433	148.2461	148.0485	148.2022
4	147.4239	147.4069	148.2876	148.0729	147.9143	149.0048
5	147.1190	146.9994	147.1629	148.2168	147.5825	148.6096
6	146.9824	147.1653	147.3361	147.4751	148.0460	148.5608
7	146.7978	146.9946	146.8628	147.9119	148.0680	148.4169
8	146.9622	146.9832	147.1254	147.6741	148.3057	148.8393
9	147.1713	147.2791	147.2066	148.2429	147.7184	148.1508
10	146.9035	147.5157	147.3785	147.6790	148.5160	148.6531
11	147.0360	147.4020	147.4361	148.3071	148.7219	149.6269
平均值	147.0077	147.2593	147.2334	147.8493	148.1684	148.5477

3.3　标称值与不确定度

按照行业标准对绿包布伽马刻度器 *API* 值校准及不确定度进行评定[8-11]，校准结果表明刻度器 *API* 值和相对扩展不确定度满足标准要求，见表 2。

表 2　刻度器校准

本底计数率/cps	刻度器计数率/cps	净计数率/cps	校准值/API	扩展不确定度/API
79.6045	280.9164	201.3118	147.35	2.94($k=2$)

4　结论

轻便绿色自然伽马刻度器是一种用于自然伽马测井仪车间刻度或者井场刻度的三级刻度器。这种伽马刻度器材料豁免、不被特殊管理；体积小、重量轻，适配性强、规格型号统一，计量特性满足行业标准。

刻度器具有绿色环保、携带与使用方便、使用时效高的特点。经测试该刻度器能有效保证自然伽马测井仪现场刻度精度，实现自然伽马测井仪器标准化。使用该刻度器对现用的伽马刻度器替代可以节约成本、提高时效。

参考文献

[1] 国家能源局．石油核测井仪器刻度规范：SY/T 6582—2019[S]. 北京：石油工业出版社，2019.
[2] 邱益香，陈志常．自然伽马标准刻度井及其应用[C]. 全国核测井第三次学术交流会，1996.
[3] 建筑材料放射性核素限量：GB 6566—2010[S]. 北京：中国标准出版社，2010.
[4] 黄隆基. 核测井原理[M]. 中国石油大学出版社，2008.
[5] 国家质量监督检验检疫总局．电离辐射防护与放射源安全基本标准：GB 18871—2002[S]. 北京：中国标准出版社，2002.
[6] 国家石油和化学工业局．核测井仪器量值传递规程：SY/T 6493—2000[S]. 北京：石油工业出版社，2000.1.
[7] 国家市场监督管理总局．计量标准考核规范：JJF 1033—2023[S]. 北京：中国标准出版社，2003.
[8] 国家能源局．自然伽马刻度器校准方法：SY/T 7077—2016[S]. 北京：石油工业出版社，2016.1.
[9] JJF 1059.1—2012　测量不确定度评定与表示[S].
[10] 王江波，任晓荣，邱益香．自然伽马刻度器量值传递测量不确定度评定方法[S]. 石油工业技术监督，2016(6)：55.
[11] 蔡晓波，郭嗣杰，范广军，等．自然伽马刻度器标称值的不确定度评定[J]. 舰船科学技术，2010(12)：111.

炼化企业一体化智能计量数据系统创建及应用

姜　波

（中国石油大连石化公司）

摘　要：“数字中国”是中国重点支持的战略性新兴产业发展方向，“十四五”期间中国将重点发展产业互联网。多年来某炼化企业计量工作结合实际、坚持“量出一门、数出一家“及“数据与设备一体、管理与操作一体”新型计量管控模式，全力构建一体化智能计量数据系统，实现了自动采集生产各类能源、物料和贸易计量数据、实时监控计量设备运行趋势、自动出具各类计量数据报表等功能。文章从系统创建方案、架构等进行阐述，从应用效果看基本达到投资省、操作安全性强、集成开发容易和经济效益显著等目标。

关键词：一体化；智能计量；数据采集；架构；趋势图

随着数字经济快速发展，“数字化企业、智能化工厂”建设已愈来愈得到各石油石化企业重视，同样作为支撑企业生产经营、成本核算、节能降耗和安全环保的基础数据－计量数据管理如何达到这一信息化目标，这是计量专业工作者必须考虑和实施的任务之一。目前各炼化企业已依据自身业务发展特点和信息化建设定位创建了各种信息化应用系统，由于行业内计量数据信息化管理没有统一标准，计量数据信息化建设也受制于管理理念、资金、技术条件等影响，再是历年增上单机版计量应用系统多且互不兼容难以整合等，为此炼化企业计量数据系统建设发展始终处于不均衡发展状态。就某炼化企业而言，其计量数据管理系统也经历了三个典型阶段。

(1)2000 年前后，主要基于纸质计量报表电子化管理，陆续增上单机版的能源物料贸易及计量器具人工录入系统。

(2)2005 年前后，随着生产装置自动化率提高和信息网络的日臻完善，搭建了计量实时数据库(IP21)和关系数据库(CIMS)，生产装置的能源、物料计量数据 60% 以上实现了远程数采。

(3)2020 年提出了“数字化企业、智能化炼厂”建设目标，计量专业也提出建设了《一体化智能计量数据采集系统建设》信息化目标，并利用生产装置联检机会，全面完善和升级了数采和网络等软硬件建设，并于当年建设完成并顺利投用。

1　系统创建方案

依托企业信息规划、网络系统架构和计量业务发展定位，按照统一技术架构、统一数据模型、统一集中采集处理计算、功能按需扩展等原则开展计量数据系统建设，同时坚持计量数据管理“数据与设备一体、管理与操作一体”新型计量管控模式，构建一体化智能计量数据系统(以下简称数据系统)，实现了自动采集生产各类能源、物料和贸易计量数据、自动修正计算所有计量数据、实时监控计量设备运行趋势、自动出具各类计量数据报表等功能。

1.1　流量及液位仪表数据采集方案

对原有人工采集的流量仪表全部更新为智能远传流量计，流量、温度、液位等计量信号就近联入 DCS 或 PLC；对部分 DCS 或 PLC 等数采系统进行升级改造，PLC 尚未接入就近 DCS，增加通讯卡件通讯至 DCS；DCS 控制系统在现有系统基础上扩容，增加 OPC 软件及通信等，使生产装置计量数据全部上传至 MES2.0 系统；同时铺设光缆，并通过光缆传送至厂内各汇聚层交换机处，并通过 MES2.0 公用工程模块(含淡水、海水、循环水、软化水、蒸汽、氮气、净化风等公用工程类介质)、物料平衡模块(收率监控、日平衡)和贸易计量管理、计量器具管理等应用终端汇总集成各类计量数据。

1.2　电能计量表数据采集方案

考虑到电能计量数据进入生产装置 DCS 系统的安全性，故对电能计量表数采采取了专网建设方案，即将现场非智能电度表全部更换为智能数采电度表，将每个子站内的电能计量表都通过单独屏蔽双绞线，敷设并上传到各子站内相应的电量通讯管理屏(内设通讯管理装置、OPC 服务器、光电转换装置等)光电转换装置上，将各子站电能信息传送到 OPC 通信接口，再经网络上传至公司 MES2.0 系统中的公用工程模块。

1.3　网络系统建设方案

针对部分偏远地或辅助生产单位无网络传输设备区域，搭建完善区域网络交换设备单元，包括在各数采交换单元 OPC 通信接口处设置网络机柜(内含工业用工控机、网络交换机及安全隔离网闸等网络设备)，同时铺设光缆，并通过光缆传送至厂内各汇聚层交换机处，以实现偏远区域计量数据联入公司 MES 2.0 系统。

整体数据系统共搭建或完善 56 套 BUFFIER 机，其中新增设电气专业 13 套基站 OPC 通信接口及自控专业 26 套控制系统的 OPC 接口接入公司 MES2.0 系统，实现了公司所有计量数据信号实时上传到 MES2.0PHD 实时数据库中。

1.4　数据系统平台建设方案

遵循企业信息化和系统架构，按照一体技术架构、一体数据归类模型、一站式集中管理、全面取消人工采集或计算等开发建设了数据系统，即一个网络(公司信息局域网)、一个实时数据库(PHD)、一个数采系统平台(MES2.0)、三个内置调用算量系统(储罐罐容处理系统、油品自动算量系统和 VCF 修正表)和三个计量应用终端(贸易计量管理、能耗物耗模块、计量器具管理 2.0 系统等)。

搭建完善公司 MES2.0 系统，增点扩项能源、生产装置物料、储罐罐存(含液位、温度、压力、密度)、贸易计量点，实现能源贸易物料储罐计量数据网络实时传输、平台自动一键提取和平衡、计量仪表运行实时监控和历史趋势分析、计量工艺流程动态监控，其中公用工程模块和生产装置物料模块预留接口与生产平衡、节能统计无缝衔接，贸易计量系统与海运、陆运等调运计划系统、财务核算 ERP 及销售公司计划和 ERP 实现无缝链接。

2　总体技术架构

因考虑到计量数据管控的特殊性和保密性，平台数采坚持一个平台，应用系统以 C/S 和 B/S 架构结合方式进行设计，其中业务操作软件为 C/S 模式，在独立客户端进行操作，查询和展示部分为 B/S 模式，可通过浏览器方式进行访问。

2.1　软件架构设计

根据软件的应用分类，数据系统软件包括：操作系统、数据库软件、数据处理和应用场景，如图 1 所示。

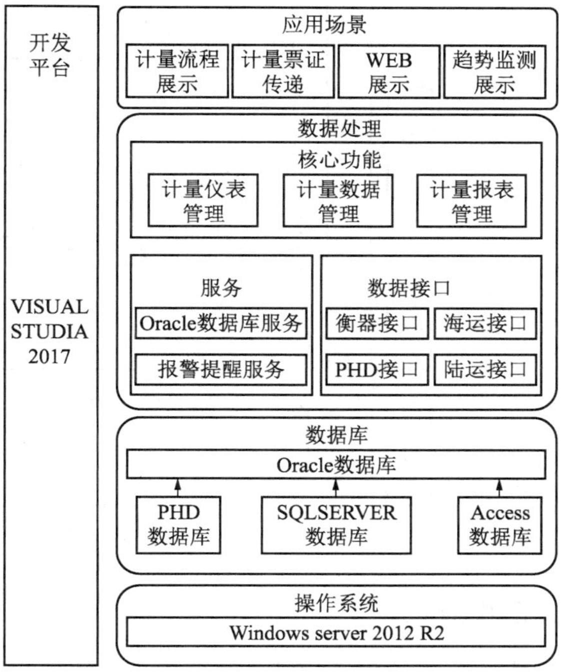

图 1　系统软件架构图

2.2　技术架构设计

系统技术架构主要由基础层、数据层、应用层和显示层构成。

基础层：服务器采用 VMware 软件进行系统虚拟化环境搭建，服务器操作系统为 Windows Server 2012，为系统运行提供了基础条件。

数据层：包含 Oracle 数据库、PHD 实时数据库、SQL Server 数据库、Access 数据库。以 Oracle 数据库为贸易计量主数据库；SQL Server 数据库和 Access 数据库为公路运输的汽车衡和轨道衡称重数据库，通过数据接口将数据上传到贸易计量主数据库；PHD 实时数据库主要是用于读取生产装置、动力装置和储运罐区的流量、液位、温度和电能的实时数据，并提供标准化接口提供访问。

应用层：主要包括组件和服务，组件包括 UI 组件、.Net 组件等；服务包括 IE 展示后台 WCF 服务、故障报警平台服务、Oracle 数据库 WCF 服务、PHD 实时数据库服务、海运、陆运数据 WCF 服务支撑整个应用层的各功能模块的应用和数据之间的传递和调用。

显示层：WEB 展示支持 IE 和谷歌等主流的浏览器，采用主流 HTML5、CSS、JQuery、JavaScript 等技术；客户端使用 TX.Framework.windowUI、SunnyUI 等，如图 2 所示。

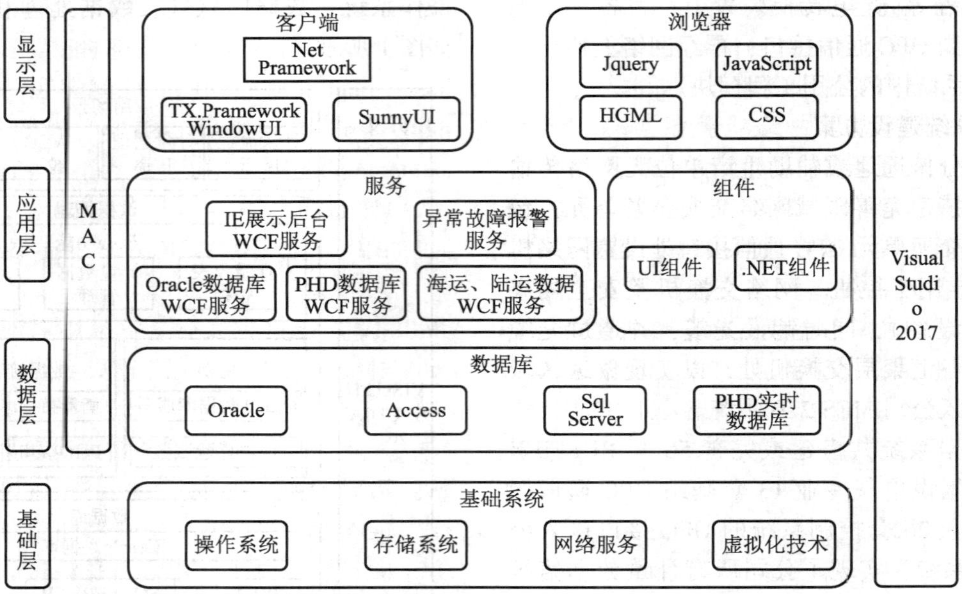

图 2　系统技术架构图

3　应用效果

数据系统项目实施完成后，各业务功能达到了预期目标。生产装置计量数据数采率达到100%、计量设备实现了异常报警和趋势监测、计量流程实现全过程管控、计量数据信息源实现了一站式集中管控、计量各类报表实现了网络浏览和即时传递、能耗物耗实现了动态平衡统计分析等，大大提升了企业科学运营管控能力、计量数据采集时效性和工作效率，能源综合平衡数据和计量损失逐步降低。

3.1　实现网络一体数采和数据处理

生产装置计量数据100%实现网络一体数采和数据处理。目前生产装置(含辅助罐区和海运、铁路、陆运、管输等贸易计量点)共计1600余点计量数据都实现了网络数采；装置物料算量和储罐罐存实现网络自动计算；339点电能计量数据专网自动采集；能源水、电、蒸汽、燃料、氮气、循环水等实现一键平衡；物料计量数据实现了自动补偿及收率计算平衡等。

3.2　实现运行参数动态监控和故障提醒

通过网络实时采集计量设备运行参数，综合研判计量设备历史运行趋势，准确断定计量仪表运行是否异常。异常原因究其是设备自身还是工艺因素引起，通过设置报警参数，以报警声音、屏幕闪亮和故障报警记录提醒判断计量设备运行是否超程、链路层中断、系统断电等异常信息。另计量器具管理系统中也实现到期器具和计划执行提示等功能。

3.3　动态显示计量流程实现计量全过程管控

通过设置计量流程管理实现了贸易的船运、铁路、公路和管输四种贸易计量业务流程管理功能，实现了24h实时动态监控轮船、铁路、公路、管输作业进度。以船运计量流程管理为例，可动态展示“储罐”—“货船”油品船运进出厂流程，展示储油罐的液位、温度、罐量等信息；装船泊位、船舶去向和产品等信息；流量计的瞬时流量、累积量、计划量、装卸船进度等信息。

3.4　计量业务实现一站式集中管控

计量涵盖的所有业务如计量数据采集、计量数据集成及应用、计量设备(流量仪表和罐区液位、平均温度计等)监控、计量器具管理等采取一站式集中管控，数据采集、数据集成、计量报表、计量设备、量传计划、检测数据、计量标识、不确定度评定等信息集中汇交、集成处理、数据网络共享、报表网络传递和计量趋势监测、数据分析挖掘等实现一站式管理，大大提高工作成效。

3.5　计量信息实现网页 Web 展示和查询

系统设计开发B/S模式网页端展示页面。主要展示包括“船运大屏幕”、“铁路出厂计量”和“计量数据查询”等页面。实现效果如下所示。

4　结语

一体化智能计量数据系统建设为企业实现“数字化企业、智能化炼厂”建设目标打下了坚实的基础，实际运用中也取得了良好效果，未来将继续在计量大数据应用、计量设备预维护管理和移动应用上拓展完善。

参考文献

[1]崔伟群．数字计量—数字时代、数字中国、数字质量的先行者[J]．中国计量，2022(5)：7.

[2]陈锴．基于 SCADA 平台的能源计量仪表数据采集与数据展示[J]．昆钢科技，2020(4)：50.

[3]孙景亭，徐永，朱怡，等．浅谈计量管理信息系统设计[J]．计量信息化与管理，2018(增刊)：198.

[4]徐英华，杨有涛．流量及分析仪表[M]．北京：中国计量出版社，2008.

[5]江宁川，杨佳，王振国，等．基于数据采集的能源计量信息系统设计与架构综述[J]．应用能源技术，2017(6)：4.

[6]李凡．智慧计量为企业降本增效提供精准数据[J]．工业计量，2023(S1)：73.

[7]许勇．计量数据采集与管理系统[J]．工业计量，2002(S1)：73.

[8]董恩康．大数据的计量数据采集与应用分析[J]．网络安装技术与应用，2020(11)：75.

[9]陶梅．能源计量数据采集平台的建设[J]．工业计量，2014(2)：67.

[10]徐惠华．浅谈企业能源计量数据管理[J]．计量与测试技术，2006(3)：43.

[11]蒋成勇．基于现场总线和 Ethernet 的计量数据网络管理系统[J]．仪器仪表用户，2002(3)：28.

原油矿场计量与量值溯源技术革新探讨

韩春红　陈　亮　刘　博　贾雨桐

（1. 大庆油田设计院有限公司；2. 大庆油田有限责任公司）

摘　要： 油气计量工作一直都是油气开发项目的一项主要内容。原油矿场计量一直在追求油田开发生产的精细化管理，在油井计量、含水油计量和净化油计量等重要生产环节中，不断改进原油矿场自动化计量方法，攻关研究验证适应于各油田不同物性、不同工况条件的智能化仪表，加强计量器具量值溯源体系建设与技术提升，保障生产计量数据的准确、可靠，为推动油田数智化转型提供技术保障。

关键词： 原油矿场计量；原油含水率；多相流量测量；量值溯源

原油矿场计量作为油田生产的重要环节，涵盖了油田油井计量、转油站含水油计量和联合站净化油计量等多个方面，与贸易计量不同，这类计量主要用于油田生产过程中的油井产量计算，储量控制和生产管理。单井油气混输进入计量间多路阀选井计量后，输送至转油站或转油放水站进行三相分离后，再将气相、液相输送至集中处理站/联合站，各油田根据不同的油品物性及输送距离，选择适应的地面集输系统的工艺流程、站和管网的布局形式，共同确保了原油产量的准确计量和生产的顺利进行。

自国家能源安全战略实施以来，中国石油在原油的勘探开发、生产加工、储运流转、贸易销售过程中，着力原油计量关键技术攻关，在油气计量技术应用研究过程中找出提高计量准确度，改进计量仪表性能，延长仪表使用寿命，确保安全使用和提高经济效益的计量新技术，借鉴国内外油田先进的油气计量管理经验，制定统一规范的各级计量标准，不断完善油田内部的各级计量系统，加强计量管理，使得原油矿场计量技术得到提高，量值溯源能力不断增强，为推动油田数智化转型提供技术保障[1]。

1　原油矿场计量技术现状

1.1　油井计量

国内各油田普遍采用的油井计量方式包括玻璃管手动量油分离器计量、磁翻板手动量油分离器计量、U 型管自动量油分离器计量、翻斗（称重式）计量分离器计量、有杆泵抽油系统示功图量油等[2]。低产井产液量计量多采用多相流量计连续计量装置。对于稠油低产油井和边远油井，也可采用多功能移动计量车计量。油井产量计量应满足生产动态分析要求，配套仪表的准确度应满足 GB 50350《油田油气集输设计规范》的规定，并应符合油井产量的计量条件和被测介质性质的要求，计量准确度的最大允许误差应在 ±10% 以内；低产井采用软件计量时，最大允许误差宜在 ±15% 以内。

随着技术的不断进步，计量方法也在不断发展和改进。目前胜利油田创新研发双路回油装置，采用豁免源系列三相移动标产装置，能够在不停井状态下连接单井井口，并在油、气、水三相不分离的状态下完成对单井的标产。

1.2　含水油计量

井组、计量间来液经过分离、沉降、加热后的含水油，由变频控制系统自动调节外输泵排量，经流量计计量后外输。

含水油的生产计量属于三级计量，采用准确度为 1.0 级的流量计测量含水油体积，其计量系统的最大允许误差应为 ±5.0% 以内。含水油计量主要采用刮板流量计、腰轮流量计、防砂腰轮流量计、螺旋转子流量计和质量流量计，容积式流量计是应用最多的流量计类型。

容积式流量计是一种精度较高的流量仪表，优点是流量计前不需要直管段；能用于高黏度、低雷诺数流体的测量；具有较宽的测量范围；可选直读式仪表，无需外部能源（也可采用锂电池供电）；可直接获得累积流量，清晰明了，操作简单。缺点是结构复杂，体积较大；对被测介质种类、洁净度和相态要求较高；不适用于高温和低温工况；噪声和振动较大。

1.3　净化油计量

净化原油或稳定原油的生产计量属于二级计量，其计量系统的最大允许误差应为 ±1.0% 以内。净化油计量通常包括以下五种方法：(1)流量计计量法是通过流量计测量净化油的体积流量，结合密度等参数计算出油的质量；(2)密度计量法是测量净化油的密度，再根据体积计算出油的质量；(3)含水分析仪计量法是检测净化油中的水分含量，以确定油的纯度和质量；(4)大罐交接计量法将净化油装入大型储罐，通过测量储罐的液位、界面、含水等参数，判断储罐中净化油的状态(进油、出油、放底水等)，根据不同状态下的计量公式，计算出当前储罐净化油的体积量；(5)在线计量交接法是利用特定的计量设备，实时测量流体的流量、密度、温度等参数，经综合计算和处理，得出准确的净化油体积量或质量。

2 原油矿场计量技术革新与推广应用

2.1 螺旋转子流量计的应用

油田进入高含水采油期，采出液含有聚合物、三元化合物、泥沙等，造成的自润滑特性下降、密封不严、腐蚀严重，漏失量增多，从而影响原油计量准确性和使用寿命。螺旋转子流量计作为国内目前较为理想的容积式流量计之一，在精度和稳定性方面表现出色。它具有较强的适应性，能应对含聚合物、硫、胶质和砂等杂质介质，价格仅为同口径刮板流量计的1/3，经济效益较好，故障率低，在线运行周期长，在高含水原油计量中优于传统的刮板流量计[3]。螺旋流量计专为测量高含水原油较宽的黏度范围流体而设计，主要用于高含砂、高含水原油、含油污水等高精度流量计量[4]。在低导电性或非导电介质测量中表现优异，具备替代容积式流量计计量高含水原油和三元复合驱采出液的潜力。在转油站高含水原油计量领域得到广泛应用，代表了未来流量计技术发展的趋势。

2.2 质量流量计在原油生产计量中的应用

随着油田开发进入中高含水期，综合含水率逐年递增，油田开发难度加大，如何确保油田各区块产量稳定，油田开发数据便成为了关注的重点。原油含水率的在线精确测量成为分作业区计量含水原油的难点和重点，直接关系到每个油区的经济利益。各大油田含水原油交接计量都采用了质量流量计，通过质量流量计测量含水原油总流量、混液体积量、密度等参数计算得到流体的含水率和净油交接量。矿场原油的密度及含水变化大、物性复杂，通过定期零点校正和含水、密度比对方法，保证其测量准确度[5]。

近年来，随着质量流量计市场应用的成熟、生产技术的成熟、产品性能的成熟，质量流量计在原油管输计量、含水原油分区计量、稳定轻烃计量等油气、石化领域的应用份额进一步提升。同时，随着各大油田数字化、智能化建设的加速推进，质量流量计作为功能强大的智能性仪表，未来将在油田数智化转型中具有更加广阔的应用前景。

2.3 原油含水率在线测量技术的应用

油井含水率的在线准确计量对于确定油井出水、出油层位、估计原油产量、预测油井的开发寿命、油井的产量质量控制、油井状态检测、数字化油田建设等具有重要意义[6]。目前，常见的含水率在线测量方法包括：

(1)电学特性法原油含水分析仪，主要有电容法、阻抗法、微波法和射频法等，根据油、气、水的介电常数或电阻率不同或微波能级变化进行测量。

(2)密度法测量原油含水率的仪表如振动管式仪表、同位素仪表等，具有连续计量、结构简单、功能价格比低等优点，该方法是间接测量方法，通过检测频率来得到混合液体的密度，再根据纯油密度和纯水密度计算得到原油含水率[7]。

(3)射线法原油含水分析仪利用油、气、水对射线吸收能力差异测量原油含水率，放射法原油含水分析仪具有含水率测量量程宽、含气率适用范围广、运行稳定性好、定期维护简单等特点[8]。

便携式原油含水分析仪可以进行纯油纯水的零点和满量程标定，解决了高含水原油取样代表性差、实验室分析样品难以均化处理等问题，可为探井、重点试验井、班站及作业区化验室的实时数据监测方面提供数据支持，具有较好的市场推广应用价值[9]。

豁免源含水分析仪采用双能伽玛技术，实现了在含气条件下原油含水率的在线测量，且不易受油水乳化或结蜡等干扰影响，进一步提高了测量准确度。这些技术手段和设备的应用为油田生产计量领域带来了更高效、精准的原油含水率监测方案。

随着含水率测量技术的不断提升，采用多种信息技术对原油含水率进行测量，使测量仪器的体积越来越小，成本和维护费用越来越低，降低了工人操作仪器的难度。测量方法向高精度、快速化、智能化、综合自动化方向发展[10]，将为油田数智化转型中油井、计量站的高含水原油计量提供技术支撑。

2.4 多相流量测量技术的发展与应用

近年来，多相流量测量技术在改变传统计量分离器方法，实现油藏的精细化管理、生产分配优化和降低开发成本等方面的技术优势，逐步得到各大油田的重视和认可。多相流量计的问世使得井口采出液在未经过稳定、分离及全工艺处理等过程前便可在线完成油气水流量和含水率的测量，最大限度地减少人为因素的影响，成为沙漠油气田、海上平台、边际油田等恶劣环境中油井生产计量首选的计量技术[11]。

豁免源型多相流量计具有无辐射危害、小型化、智能化、准确度高、可靠性高、通用性和安全性高等特点，可安装在单井井口或计量站，对油气水各相流量和关键过程参数，如含水率、含气率、温度、压力等进行在线、实时测量，同时满足小体积、高强度、长寿命的要求[12]，在国内高产油田、海洋油气平台得到越来越广泛的应用，随着多相流量测量技术的逐步成熟以及数智化油田建设的加速推进，未来油气行业对多相流量计的需求将逐年增长。

3 原油矿场计量量值溯源体系建设与提升

3.1 水流量标准装置

流量标准装置按照标准器的型式可分为质量法、容积法和标准表法，在石油计量中，流量标准装置主要有以下四类：以体积管为主标准器的体积管流量标准装置；以秤为主标准器的静态质量法流量标准装置；以标准量器为主标准器的容积法流量标准装置；以标准流量计为主标准器的标准表法流量标准装置。原油矿场计量中应用较多的容积式流量计、质量流量计等，多利用水流量标准装置实现量值溯源。

3.2 密度参数校准装置

在大庆国家站原油及成品油重点实验室，建设了在线振动式液体密度计检定装置，创新采用标准密度计与高准确度等级台式密度仪动静态相结合的计量方法，模拟仪表现场工况使用条件，设计3个被检台位，提高检定效率，采用恒温箱、恒温水浴和橡塑PPR管道绝热处理相结合，提高校准装置的温控水平。装置于2022年4月通过了社会公用标准建标考核，成为石油石化行业唯一全国授权的密度参数校准装置，装置测量不确定度水平行业领先，扩展不确定度为0.09kg/m^3($k=2$)，实现了测量范围为750～1000kg/m^{3}的密度仪表的校准。测试服务能力从服务于油田矿场计量用质量流量计密度参数校准，拓展到原油贸易计量用振动管密度计的校准。

3.3 原油含水分析仪检定/校准装置

国内原油、成品油贸易交接计量只有少数站场配置了原油低含水分析仪，交接配备的低含水分析仪只用于含水率的监测，参与计算的含水率值仍然依靠取样后人工化验。目前，国内仅大庆油田建有模拟介质(即变压器油、水)含水分析仪实验室校准装置，该装置定位于在油、水两相条件下评价含水分析仪的基本示值，已获得国家市场监督管理总局颁发的计量授权证书，在矿场计量技术研究领域取得了新的突破。

对于高含水原油的矿场计量，因油井产液量不稳定、物性差异大、含水率变化大等问题，使得油井含水率测量难度增大。为解决油田高含水分析仪量值溯源问题，研制了高含水分析仪现场测试评价装置，可实现应用于油井、计量间等含气条件下的高含水分析仪的实液测试。

3.4 油气水多相流量计实液测试评价装置

油气水多相流量计实液测试评价装置，作为多相混输技术领域的标志性成果，不仅是国内唯一获得国际互认的多相流量计实液测试实验室，更是推动国内油气多相计量技术发展的关键力量。该装置利用原油、水和天然气作为实液测试介质，能够精确模拟各种比例的油气水混合流态，开展相关的地面工程技术开发和油气田自动化及计量技术的研究试验，自装置建成以来已为Schlumberger、Agar、Emerson、Pietro Fiorentini、兰州海默、威海海和等国内外众多专业公司和研究机构提供高质量的仪表性能测试服务。利用该装置取得的研究成果不仅促进了多相流混输技术、多相流流型产生技术、多相流流态识别技术和多相流持液率测试技术的进步，还成功转化为多项国家、行业标准，进一步证明了其专业性、权威性。作为API标准中认可的七个多相流量计测试装置之一，该装置持续引领着国际多相流技术的创新与发展方向。

4 结束语

经过深入研究和实践，国内原油矿场计量技术已取得显著进步。计量器具的智能化发展，计量方式及技术的持续优化创新，以及量值溯源体系的日益完善，共同确保了原油产量的准确计量和生产的高效运行。这些技术提升不仅为油田的数字化转型升级提供了坚实的技术支撑，更对推动油田的高质量发展、实现持续提质增效具有至关重要的意义。

在原油矿场计量工作中，由于涉及流程复杂，相关工作人员需全面统筹规划、科学部署，不断优化自动采集和远传技术，加快推进自动化计量系统建设，以进一步提升矿场计量的智能化水平。这一过程充分展现了科技创新在工业生产中的巨大潜力和价值，为未来油田的高效、智能发展奠定了坚实基础。

参考文献

[1]朱益飞，潘道兰．油田内部油气计量技术现状与发展趋势分析[J]．中国计量，2007(1)：51.

[2]贺晓斌．油气计量的现状及计量方式的选择[J]．中文科技期刊数据库(全文版)工程技术－能源化工，2021(9)：185.

[3]鲁世君，王宏亮，李克松．螺旋流量计与刮板流量计的应用比较[J]．中国石油和化工标准与质量，2016(17)：29.

[4]韩伟，李冬辉，王永武．螺旋流量计高含水计量可行性探讨[J]．石油工业技术监督，2008(9)：11.

[5]龚云涛，龚中伟．质量流量计在油田矿场计量中的应用[J]．石油工业技术监督，2022(6)：28.

[6]张紫琴，檀朝东，吴浩达，等．油井含水在线测量技术的研究进展[J]．数字工业与应用，2019(2)：99.

[7]于海丽．原油含水测量中含水分析仪的应用研究[J]．物流工程与技术，2016(2)：52.

[8]冷润熙，郑朝新，刘文琴．新疆油田原油含水在线监测技术应用跟踪评价[J]．石化技术，2016(8)：80.

[9]李欢，丁雅勤，王小琳，等．影响便携式原油含水分析仪准确性的研究[J]．分析仪器，2021(4)：119.

[10]张国军，申龙涉，齐瑞，等．原油含水率测量技术现状与发展[J]．当代化工，2012(1)：59.

[11]苏启龙．油气井多相流量计的应用现状与技术分析[J]．环球市场信息导报(理论)，2012(7)：62.

[12]郑永峻，刘健，季磊，等．短节式多相流量计在海洋工程中的应用研究[J]．现代工业经济和信息化，2023(10)：129.

环道式天然气流量检定装置稳态系统技术研究

刘明亮　孙丽敏　路　双

（中国石化天然气分公司）

摘　要：环道式天然气流量检定技术因其不依赖于上下游管网工况、检定压力可自由切换等优势，已成为当今国际流量计量领域的发展趋势。文章探讨了天然气环道检定装置稳态系统的选型及设计，建立了数据模型并对检定过程中温度、压力变化情况进行了模拟。结果表明：在检定压力为 5.0MPa、流量为 $3200m^3/h$ 的流量点，检定过程中天然气的压力波动不超过 ±0.2%；检定压力为 5.0MPa 下，当环道内的检定流量增加到 $3200m^3/h$ 时，检定介质温度在 16min 内趋于稳定，且检定过程中的温度变化可控制在 ±0.2℃ 范围内；外置电机磁耦合风机优势显著，是未来环道检定技术的发展方向。

关键词：环道；风机；温控系统；压力模拟；温度模拟

在我国“碳达峰、碳中和”战略目标的指引下，天然气工业持续保持高速发展态势。流量计是天然气贸易的关键仪表，其计量准确度直接关系到贸易交接的公平、公正[1]。目前，直排式流量检定技术是我国天然气流量标准装置的主要方式，但由于其必须依托输气管网的气源开展流量计量仪表的检定/校准工作，仅适用于气源条件充足、排气便利的条件。环道式流量检定技术不依赖于上下游管网工况，检定压力可灵活切换，在检定站选址、检定压力范围、流量范围等方面都具有很大的优势，已成为当今国际流量计量领域的主流发展趋势[2-4]，但该技术在我国天然气计量领域的应用并不多见。

2023 年 7 月，国家市场监督管理总局同意筹建国家石油天然气大流量计量站济南分站，作为法定计量检定机构承担检定压力范围为 2.5～5.5MPa 的天然气流量计量仪表的检定、校准和测试任务。济南分站工作级标准装置拟采用环道检定技术，设计压力 6.3MPa，检定流量范围 13～$8000m^3/h$。本研究根据济南分站的设计建设规模及工艺流程，探讨天然气环道检定装置核心设备稳态系统的选型，明确关键技术指标，搭建稳态系统工艺模型并进行数据模拟。

1　济南分站环道检定装置

环道检定装置主要由循环风机、换热器、冷却装置，以及标准装置、检定台位组成。其中，由循环风机、换热器、冷却装置组成的稳态系统，是环道检定装置与直排检定装置的重要区别，也是环道检定装置的核心关键设备，直接影响检定效率和检定结果准确性[5]。

济南分站工艺流程图如图 1 所示。检定气源取自中国石化某输气管线，气源压力为 3.6～4.7MPa。当气源压力及流量满足被检流量计的要求时，采用直排检定工艺开展流量计检定工作；当气源压力及流量不能满足被检流量计的要求时，采用环道检定工艺开展流量计检定工作。

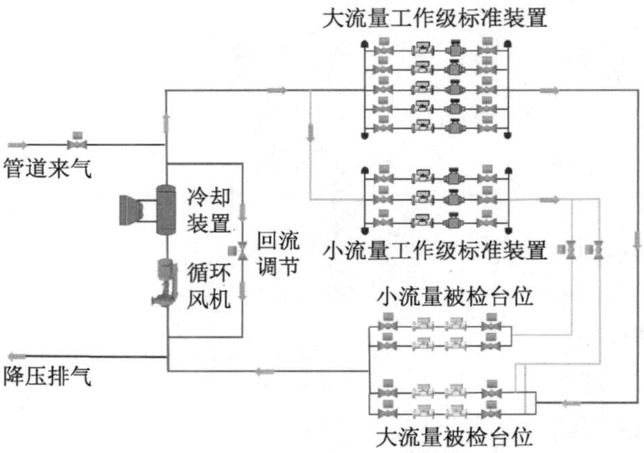

图 1　济南分站检定工艺流程图

济南分站工作级标准装置设计为小流量工作标准和大流量工作标准。小流量工作标准分别设置 1 路 DN80 腰轮流量计（检定流量下限可达 $13m^3/h$）、1 路 DN100 及 1 路 DN200 涡轮流量计共计 3 条标准管路，满足对 DN50～DN150 口径流量计的检定需求；大流量工作标准设置 5 路 DN200 涡轮流量计标准管路，最大检定流量为 $8000m^3/h$，满足对 DN200～DN300 口径流量计的检定需求。每条标准管路均配置了超声流量计进行一对一核查。被检表区域设置 4 条检定支路，包括小流量检定支路以及大流量检定支路。小流量检定支路设置 DN100 和 DN150 两条管线，大流量检定支路设置 DN200 和 DN300 两条管线。为了减少检定过程中的管容影响，采用小流量标准装置对检定台位的小口径流量计进行检定。同时，为了提高检定效率，将每条检定支路的长度设计为可对 2 台相同口径和相同种类的流量计进行串联检定。

检定过程中，循环风机提供不同工况的稳定流量，风机出口的天然气升温，由换热器对其热量进行平衡。天然气流量的变化会引起温度的变化，流量和温度的变化会引起天然气环道内压力的变化，需要及时调整换热器的换热量以达到环道系统的温度平衡[6]。实际生产运行过程中，温度、压力、流量的测量与控制具有一定的滞后性，在各个参数不断变化的情况下，如何严格控制温度、压力、流量的变化幅度在要求的范围内，对环道检定装置稳态控制系统的精确性、及时性都提出了极高的要求[7]。

2 环道检定装置稳态系统设计

2.1 外置电机磁耦合风机

循环风机作为环道检定装置的“心脏”部分，其作用主要有三个方面：(1) 为检定用气在环道中的循环流动提供动力，以弥补气体在环道内流动的摩阻损失和流体通过各个设备的压力损失；(2) 为环道提供一定的工况检定流量；(3) 满足各个压力、流量条件下的不同压比。因此，环道检定装置中的循环风机具有压力范围与流量调节范围均较宽的特点。目前常用的高压循环风机有内置电机传统轴承风机、外置电机磁耦合风机两种。

内置电机传统轴承风机采用夹套式冷却方式，在高压空气及天然气环道检定站成功应用 8 年以上。该类型风机将电机内置于环道中，利用环道内介质的流动对电机进行冷却，但尺寸大、重量大、需要配套较大管路的热交换器。如果采用水作为冷却介质，冷却系统存在漏水风险。

与传统轴承风机相比，外置电机磁耦合风机是近年来环道装置风机的新技术，采用外置高转速电机，磁耦合传动方式。该风机具有尺寸小、能耗低、效率高、调节量程比宽、维护便利等优点，但是价格相对较高，目前只在高压空气及氢气环道装置应用 4 年以上，尚无高压天然气环道应用案例。该类型风机的结构如图 2 所示。

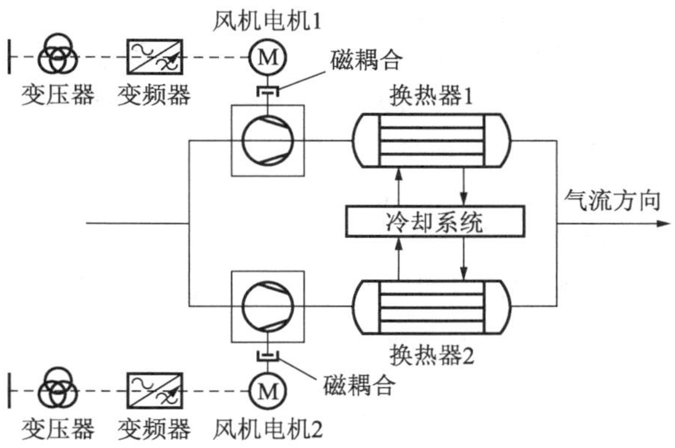

图 2　外置电机磁耦合风机结构图

2.2 温控系统

温控系统由制冷系统、热交换器、水泵、阀门及其他管路组成，实现对环道系统内天然气温度的精准控制。热交换器采用列管式热交换器，制冷系统常用的冷却形式有水冷和空冷 2 种方式。其中，空冷方式换热的控制精度较低，约为 ±1.5℃；水冷方式控制精度优于 ±0.2℃，是环道检定装置温控系统的首选方式。

水冷方式制冷系统包括制冷机组系统橇、冷却水准备系统箱体以及其他辅助设备，如图 3 所示。首先，制冷机组对冷却水进行冷却，并将其注入到冷却水准备系统中的冷水罐内。冷水罐出口的冷却水泵 2、冷却水泵 3 和电动调节阀组根据热交换器管程中天然气介质的流量、压力、温度测量值控制进入热交换器壳程的冷却水量。冷却水循环流动，对换热器中的天然气进行换热。冷却水流经热交换器的壳程，与换热管束完成换热后返回到冷水罐内。冷却水泵 1 将冷水罐中升温后的冷却水返回至制冷机组系统内，由制冷机组系统对冷却水再次进行冷却降温，回注到冷水罐内。

为了更加精准的控制进入热交换器内冷却水的温度，在冷却水准备系统内还设置了 1 台小型电加热器，其作用为将尚未进入热交换器，过低温度的冷却水进行适当的加热升温，即在冷却过程中既有大量冷却水换热冷却过程，又有少量的冷却水加热换热过程。

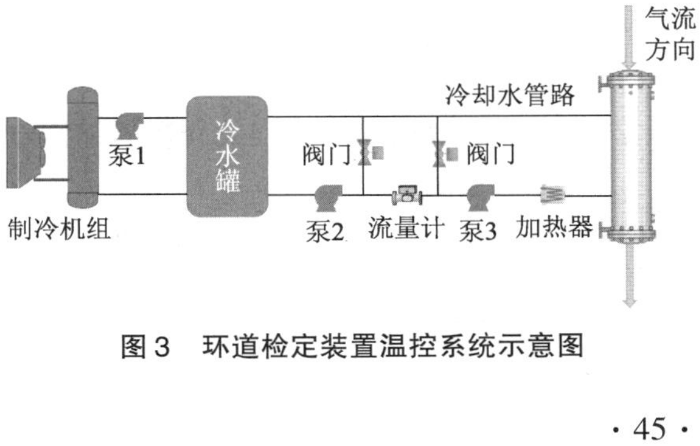

图 3　环道检定装置温控系统示意图

2.3　稳态控制系统

经过研究分析，济南分站环道检定装置的设计方案为：配置2台并联的外置电机磁耦合风机及配套热交换器、水冷制冷系统。当检定天然气流量在13～4000m^3/h时，仅使用1台循环风机和1台热交换器；当天然气流量在4001～8000m^3/h时，启动另外1台循环风机和热交换器(即2台热交换器并联使用)。温控系统对循环风机出口升温的天然气介质，在流经单台热交换器或者2台并联热交换器后进行实时的在线换热冷却降温，确保由于循环风机增压驱动而逐渐升温的天然气介质进行冷却降温，以达到制冷系统设定的冷却温度值。

济南分站稳态系统的设计指标为：

循环风机设计压力：10.0MPa，操作压力：2.5～5.5MPa，进出口压差：500kPa，压力波动范围：5～11kPa，单台风机的流量范围：20～4000m^3/h。

流经热交换器内的天然气介质工况流量13～8000m^3/h、工作压力2.5～5.5MPa、工作温度10～30℃。根据天然气介质物性参数以及济南地区一年四季的环境条件等因素，设计制冷系统的冷却水出口预设温度≤+7.0℃，冷却水回水预设温度≤+13.0℃，温控系统制冷量：850kW，换热量：550kW，消耗电功率：500kW。

3　数据模拟

依据JJG 2064—2017[8]及相应检定规程，为了检定天然气输气场站准确度等级为1.0级的流量计，济南分站环道检定装置的预期不确定度为0.27%(k=2)。根据体积流量的计算公式，建立环道检定装置测量不确定度的评估模型，如式(1)所示。

$$E=\frac{N_m K_s T_s p_m Z_s}{N_s K_m T_m p_s Z_m}-1 \tag{1}$$

式中　E——标准表与被检表的相对示值误差；

K_s，K_m——标准表和被检表的仪表系数；

p_s，p_m——标准表处和被检表处介质压力测量值，MPa；

T_s，T_m——标准表处和被检表处介质温度测量值，K；

Z_s，Z_m——标准表处和被检表处介质压缩因子，无量纲；

N_s，N_m——标准表和被检表发出的脉冲。

从公式(1)可以看出，影响不确定度的因素有5类，分别为仪表系数、压力、温度、压缩因子和脉冲，根据济南分站的设计参数，预估的不确定度分量分别为：0.12%、0.04%、0.04%、0.03%、0.02%。

由仪表系数、压缩因子和脉冲引入的不确定度分量取决于济南分站的关键设备配置。为了控制上述3个不确定度分量，济南分站选用0.2级标准涡轮流量计，并计划溯源至国家石油天然气大流量计量站成都分站的次级喷嘴装置。其余2个由温度、压力引入的不确定度分量取决于测量设备的准确度等级，以及对检定过程中温度、压力波动的控制。为了实现预估不确定度，济南分站选用0.05级压力变送器和最大允许误差优于±0.1℃的温度变送器，并严格控制检定过程中的温度、压力波动。依据JJG 1030[9]《超声流量计检定规程》以及JJG 1037[10]《涡轮流量计检定规程》等的规定，检定过程中压力波动不应超过±0.5%，温度波动不应超过±0.5℃。济南分站的环道检定装置依靠稳态系统控制检定过程中的温度、压力，为了测试检定装置的温度、压力控制策略，利用Aspen HYSYS软件对稳态系统模型进行数据模拟。

3.1　压力模拟

压力模拟基于济南分站环道检定装置的工艺流程设计(图1)。当检定压力在5.0MPa下，检定流量为3200m^3/h时，检定过程中被检表处的压力变化曲线如图4所示。从图4可以看出，在对该流量点进行检定时，被检表处15min内的压力变化为4.910～4.919MPa，压力波动为0.18%，满足“检定过程中压力波动不超过±0.5%”的要求，表明压力变化引入的不确定度满足济南分站预估不确定度要求。

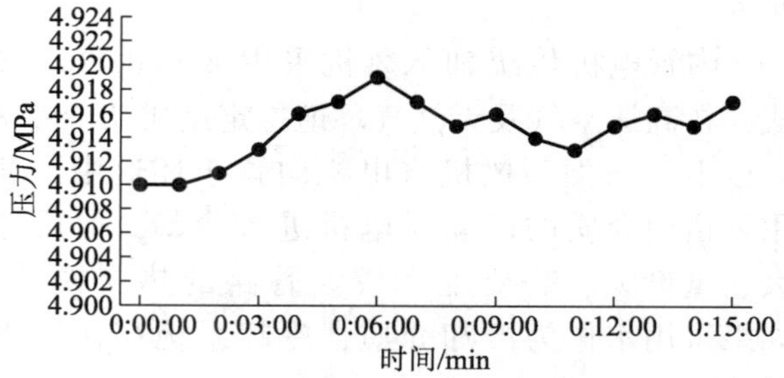

图4　检定流量点(5.0MPa，3200m^3/h)时被检表处压力变化曲线

3.2　温度模拟

温度模拟基于环道检定装置自起始流量调节至达到检定流量后的温度变化。当检定压力为5.0MPa，检定流量调节至3200m^3/h时，热交换器处、被检表处以及室温的温度变化情况如图5

所示。从图5可以看出，在环道内气体流量调节至3200m³/h的过程中，热交换器处、被检表处的温度出现显著波动，但是在4min后趋于稳定。在接下来的12min内，热交换器处、被检表处的温度逐渐减小至室温，并最终达到稳定。

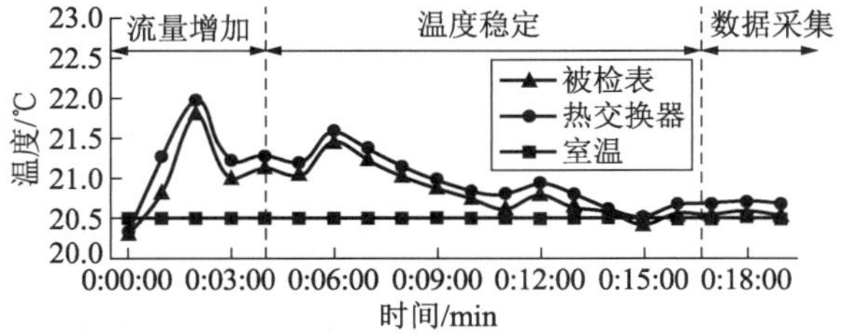

图5　检定流量点(5.0MPa，3200m³/h)的温度变化曲线

检定压力在5.0MPa下，检定流量为3200m³/h时，被检表处的温度变化曲线如图6所示。从图6可以看出，温度稳定后，被检表处15min内的温度变化为20.47～20.59℃，温度波动为0.12℃，满足“检定过程中温度波动不应超过±0.5℃”的要求，表明温度变化引入的不确定度满足济南分站预估不确定度要求。

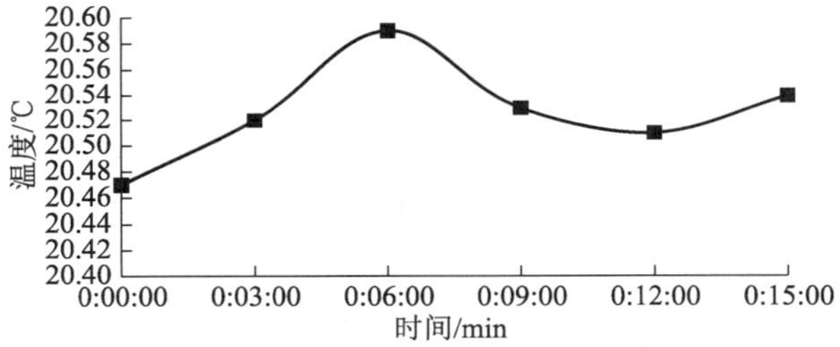

图6　检定流量点(5.0MPa，3200m³/h)被检表处的温度变化曲线

4　结论

通过对当前国际范围内环道检定装置的循环风机、换热器、冷却装置应用现状分析研究，给出了济南分站环道检定装置稳态系统选型配置及技术指标，建立了环道检定装置测量不确定度的评估模型，并对稳态系统的温度和压力变化进行了数据模拟。结论及建议如下：

(1)与内置电机传统轴承风机相比，外置电机磁耦合风机具有尺寸小、能耗低、效率高、维护便利等优点，可适应掺氢天然气计量检定需求，是未来环道检定技术的发展趋势。考虑到将来的业务拓展和新能源技术研究，济南分站采用外置电机磁耦合风机，配套热交换器和水冷制冷装置的温控系统。

(2)济南分站环道检定装置的目标不确定度为0.27%($k=2$)，根据体积流量的计算公式，影响不确定度的因素主要包括仪表系数、温度、压力、压缩因子和脉冲。为了控制不确定度分量，济南分站选用0.2级标准涡轮流量计、0.05级压力变送器和最大允许误差优于±0.1℃的温度变送器。

(3)对济南分站环道检定装置稳态系统模型进行了数据模拟。结果显示，当压力为5.0MPa、流量为3200m³/h时，检定过程中压力波动为0.18%，温度波动为0.12℃，表明济南分站环道检定装置的稳态系统可以有效控制检定过程中的温度、压力波动，由温度、压力引入的不确定度分量满足济南分站预期不确定度要求。

参考文献

[1]段继芹，任佳，陈荟宇．国内外天然气计量技术比较与分析[J]．计测技术，2013(S2)：20.
[2]张翰，李春辉，崔骊水，等．高压环道气体流量标准装置[J]．中国计量，2017(3)：324.
[3]王池，李春辉，徐明，等．高压环道气体流量标准装置[A]．Flomeko，Lisbon，2019.
[4]杨文川，余汉成，黄和，等．天然气流量计量环道检测技术[J]．天然气与石油，2011(3)：72.
[5]彭利果，王强，段继芹，等．天然气流量环道检测装置影响因素分析[J]．石油与天然气化工，2016(5)：80.
[6]龚磊，王硕，詹娇．基于环道技术的高压气体流量装置研究[J]．自动化与仪器仪表，2017(5)：214.
[7]李春辉，王池，崔骊水．气体流量量值传递体系的建立及关键技术研究[J]．中国计量，2019(7)：81.
[8]国家质量监督检验检疫总局．气体流量计量器具：JJG 2064—2017[S]．北京：中国质检出版社，2017.
[9]国家质量监督检验检疫总局．超声流量计检定规程：JJG 1030—2007[S]．北京：中国标准出版社，2007.
[10]国家质量监督检验检疫总局．涡轮流量计检定规程：JJG 1037—2008[S]．北京：中国计量出版社，2008.

云计量管控技术在炼化企业的探索与实践

林立根　谷民星

（中国石化青岛炼油化工有限责任公司）

摘　要： 传统计量模式下，企业计量信息系统没有实现平台化开发，存在着信息孤岛，智能化技术应用不足，无法实现工艺操作、环境条件、设备运行对计量数据影响的预警与分析，计量业务不能得到全方位整合，普遍存在着计量数据过程管理分散、计量设备运行状态跟踪不及时、数据采集与应用时效性不强以及防范计量风险难度大等问题。在此背景下，运用新一代信息化技术研发并构建计量云平台，创新计量模式，实现业务云操作、设备云巡检和故障云诊断一体化远程“云”管控，对于加强企业计量业务的全方位、全过程、立体化管控，构建绿色、智慧、效益、和谐计量，实现计量管理的数字化转型，促进企业高质量发展和数字化转型有重大意义。

关键词： 云计量；技术；创新；实践

随着数字化转型成为国家发展战略重点，数据资产化已成为企业共识，计量专业的重要性得以突显。作为流程行业典型代表的炼化企业，计量业务涵盖进出厂计量、生产装置计量、罐区计量、公用工程、能源计量等方面，计量方式有衡器、流量计和手工检尺等，具有点多、面广、分散等特点。进出厂业务流程包括计划下达、进厂收发货、计量、销售结算等环节，涉及跨部门、跨岗位、跨专业的协同工作，上下游业务衔接尚不流畅，手续繁琐，效率低下，以及传统的人工单点操作和现场管理直接带来潜在的计量风险。

近几年随着计量专业人员的老龄化趋势，企业面临着自然减员，计量人员配备不足与计量业务量大、管理要求高以及计量风险防范之间的矛盾日益凸显，传统的计量管理模式已不能满足现企业的高效化管理要求，如何采用适合企业现状的计量管理系统，实现计量业务的全方位、全过程、全覆盖、全天候的立体化管控，成为当前亟待研究的重要课题。在此背景下，青岛炼化公司运用新一代信息化技术研发并构建计量云平台，创新计量模式，实现业务云操作、设备云巡检和故障云诊断一体化“云”管控，对于加强企业计量业务的全方位、全过程、立体化管控，构建绿色、智慧、效益、和谐计量，实现计量管理的数字化转型，促进企业高质量发展和数字化转型有重大意义。

1　云计量管控技术思路

将工业互联网信息技术应用到计量操作和计量管理中，对物流系统、计量管理系统、ERP 系统、发货控制系统、衡器称重系统、仪表状态监测系统、门禁系统等深度集成和数据交互应用，实现计量业务的平台化管理，建立操作与管理，监督与比对、设备与数据，统计与分析、应用与服务等计量业务的数智化模块，实现计量业务的流程化、可视化和信息化，提高企业计量工作效率，优化人员用工，强化风险管控，赋能生产经营。

2　具体做法

以企业现有的进出厂物流、计量管理信息系统等为基础开发云计量管控平台（以下简称云平台），基于计划管理、发运及卸货管理、物流服务、供应商管理、移动端应用、计量设备管理、统计报表开发以及系统管理等功能模块，优化物流管理系统、计量智能控制系统和信息系统的集成深度，实现数据多向传递，构建起汽运、船运、铁运、管输、定量包装等涉及的全部产品从计划、作业、车出厂、结算和归档的全方位、立体化管理，同时配套建设云计量综合信息展示平台，为其他专业数据应用提供基础。

2.1　开发云计量管控平台

2.1.1　设计平台架构

按照“数据 + 平台 + 应用”架构理念设计云计量管控平台，包括业务架构、数据架构和技术架构，具备模块化计量业务，微服务架构，插拔部署，可任意组合，灵活组态，资源可自由调度、低代码平台架构。将所有和计量相关的业务数据集成汇总进入企业云平台，实现数据的集中统一管理，并为其他业务系统提供数据支撑，用开放式结构进行设计，为其他系统提供向上集成的丰富接口，能够通过多种方式集成其他子系统，具有极好的扩展性和可靠性，最大限度实现数据共享。

2.1.2　优化系统集成

将已有的计量管理信息系统、门禁系统、衡器称重系统、装车发货系统、ERP、MES、实时数据库以及相关专业公司的提货系统加以完善、优化、集成，实现了系统间数据流和信息流的实时共享、数据交互。在此基础上，汽车衡和流量计数据实时推送到云计量平台，计量数据执行自动审核后实时推送给 ERP、门禁系统和计量管理系统，供销售结算、出厂安检和计量管理系统比对，多点数据确认一致后，计量管理系统将数据推送给 MES 供生产统计使用，进出厂业务的整个信息链和数据链做到信息化、流程化和自动化推送和获取，计量人员通过云平台可以实时确认衡器称重系统和装车发货系统计量结果的准确性，以及系统之间数据交互的一致性。

2.2　建立业务智能控制

云计量管控平台具备智能收发货控制和业务监测功能，对进出厂物料管理使用智能收发货和智能流程控制，实现从订单预约到订单结束的全周期自动化智能管理。

2.2.1　智能收发货控制

智能收发货控制包括衡器智能发货控制和流量计定量装车发货控制。

衡器智能发货控制包含现场无人值守和远程集中管控模式，实现数据采集交互、操作控制、称重测量、视频监测、语音对讲、异常提醒等功能；控制范围包括汽车衡智能发货控制、轨道衡智能发货控制和皮带秤智能发货控制；衡器智能发货控制内容包括车辆车号(刷卡)识别、红外限位、闸机控制、称重计量、大屏显示、数据发布、人机交互和自助打印等。

流量计定量装车发货控制包含无人值守定量装车发货控制与集中定量装车发货控制。无人值守定量装车系统可通过现场自助刷卡下达批量实现智能发货控制；集中发货控制可以通过装车批量控制器或远程设定批量进行智能发货控制，监控整个装车过程。流量计定量装车发货控制系统具有检测控制、数据通信、趋势查询、报表打印、报警提示、安全联锁、事件记录、操作日志、数据发布等功能。

2.2.2　智能流程控制

云平台具备智能流程控制功能，实现业务预约、承运商管理、安全检查、数据审核、票据打印传递和客户评价等流程化。

客户通过移动端绑定身份信息在云计量管控平台上进行提送货预约申请，企业相关部门做好预约业务的审核确认，自动生成提送货计划，推送至云计量管控平台。企业通过提送货物流系统对承运商资质、运输资源、基础档案、车船信誉度等进行合规性审查，对检查中发现的异常车(船)进行处理。

企业的安保部门或装卸车发货部门在厂门/装船泊位/停车场通过移动端对装运的车(船)按照企业安全管理要求进行安全检查，检查结果反馈提送货物流系统。车(船)进入装卸区域后，按照企业生产经营管理的要求，作业所属部门对装运过程进行检查，检查结果反馈到提送货物流系统。

客户通过移动端对计量数据签字确认，企业相关人员对数据进行审核，推送给相关系统结算打印。审核确认的计量数据生成 pdf 电子版计量票据，供客户下载和打印，云计量管控平台具备将电子版计量票据推送至客户微信端功能。

2.3　开展业务过程监测

云平台具备计量业务过程监测功能，实现销售计划的跟踪、计量业务的监测、计量结果的应用等过程可视化管控，确保现场计量业务进程符合预定的操作流程和规范，防止出现操作失误或作弊行为。

计量业务的监测实现公路装车场车辆预约、排队、装车、出厂以及作业计量点的监测，跟踪统计油品的种类、车次和数量，实现水运/管输收付油品各作业流程计量点的监测，跟踪船名、油品种类、作业进度、作业时间、计量时间和结算时间，实时监测作业过程的温度、压力、密度、流量、零位、驱动增益等参数变化趋势和历史曲线。根据实际需求建立中央计量控制室，中央计量控制室具备监控现场每个计量点作业、计量操作视频、语音对讲、计量参数曲线、批量发货数据等功能，控制室与各现场计量点应具备良好的通讯功能，设置视频监控墙对整个计量过程进行视频监测。

2.4　实现计量仪表状态监测

云计量管控平台应具备计量仪表状态监测功能，防范计量风险，主要包括流量计状态监测、衡器状态监测、储罐液位计监测等内容，企业可以结合自己的实际情况和管理需求规范状态监测方法和内容。

2.4.1 流量计状态监测

流量计状态监测在现场仪表数采的基础上，获取现场仪表的运行参数、关键报警以及异常故障等进行响应、处理、统计、分析和归档，实现智能型计量仪表的预防性维护，降低计量风险。通过数字通讯方式实时获取现场智能型计量仪表的运行状态、参数和故障信息，当检测到某个参数超过预设阈值或出现异常状态时，自动触发报警事件。

计量仪表的报警信息分级推送给仪表技术人员和计量管理人员；相关人员及时对报警进行确认和处理，形成故障处置记录，确保报警响应处理的有效性。云计量管控平台根据报警所在的单位和区域、报警类型、报警数量、报警确认处理时长、报警排名等多维度对报警的发生进行分类统计，形成报警事件的报表。根据报警事件的记录进行原因分析和采取措施，形成报警诊断报告，生成案例库，从管理和技术上作出改进决策。

2.4.2 衡器状态监测

云计量管控平台具备汽车衡、轨道衡、皮带秤等衡器状态监测管理功能，可远程在线查看衡器的设备型号、传感器内码值和电压、衡器连接状态和超载等相关运行状态信息，并结合视频监控开展衡器的诊断和问题处理。监测衡器数字传感器与数据采集系统之间的数据传输是否连续、稳定，确保没有数据丢失或错误。

实施监测衡器传感器的工作状态，衡器传感器内码值、电压等异常时分级推送给仪表技术人员和计量管理人员；相关人员应及时查看报警详情，对报警进行确认和处理，形成故障处置记录，确保报警响应处理的有效性；相关人员根据报警事件的记录进行原因分析和采取措施，形成报警诊断报告，生成案例库，从管理和技术上作出改进决策。

2.4.3 储罐液位计监测

云计量平台建立用于监测储罐内液位、温度、密度等关键参数，确保储罐安全运行和物料准确计量的智能化系统，实现储罐计量数据的自动采集、比对、分析、监控和处理。系统能够根据采集到的数据进行处理、分析和存储，根据业务需求进行自动计量和算量，将数据传输至云计量管控平台，同时根据业务需求对数据进行统计分析，生成报表和图表。系统具备故障报警方式，包括邮件提醒和石化通预警等，确保设备故障或参数异常时能够及时通知相关人员进行处理。

2.5 做好异常情况处置

云计量管控平台具备异常处置的功能，包括计量数据的争议和纠纷处置，计量器具的异常处置和业务应急处置等，通过标准化流程，实现异常处置的闭环管理。

2.5.1 计量数据的争议/纠纷处置

对于计量操作、设备运行、工艺条件等异常影响计量结果经分析确认的争议/纠纷，建立按职责权限审批计量争议/纠纷调查处理意见或变更计量方式的流程和方法。根据计量争议/纠纷的投诉受理、调查分析、审批处理等过程，形成计量技术分析报告，反馈处置意见，生成计量争议/纠纷案例库。

2.5.2 计量器具的异常处置

企业制定流程，做好流量计、衡器、储罐等计量仪表以及配套的称重软件/软件、通讯光纤和控制柜等计量器具异常情况下的处置响应。故障处理期间，应通过切换远程和就地操作、更换备用计量器具等措施保障计量环节正常开展，进出厂业务正常运行。

2.5.3 计量业务的应急处置

云计量管控平台设置应急处置模块，对操作失误、雷电气候、供电中断、网络中断、服务器故障等异常影响业务运行时，企业通过应急处置模块维持业务按流程正常运行，对于提送货业务客户在预约、安全管理、自助操作等出现的违规行为或采用不正当手段，云计量管控平台中应实现黑名单管理。

2.6 设置综合展示

企业根据不同专业管理的需要设置综合展示，包括测量目标的完成展示、进出厂计量数据跟踪展示、能源监控展示、计量仪表的状态监测展示等。通过云计量管控平台将数据、报表、工艺流程和计量网络等有机地关联，采用图表导航方式，实现计量数据纵向穿透，层层展示计量数据、比对数据，状态监测数据，通过计量数据溯源到现场计量器具，跟踪计量器具运行状态，查询历史报警信息和检定校准信息，满足相关部门对计量数据的应用。

2.6.1 测量目标的完成展示

展示企业的年度测量目标计划，按月度跟踪展示测量目标完成情况，目标包含计量器具配备率、周检率、完好率等，通过测量目标关联器具台账，追溯计量器具的计量属性、管理类别、超期漏检等信息。

2.6.2 进出厂计量数据的跟踪展示

按照进出厂物料种类、统计周期展示进出厂计量报表，查询各计量点相应的供收关系确定供应量、消耗量、损耗量和损耗率，实现计量数据之间的深度链接，运用图表方式对进出厂计量数据和损失深入分析，对异常数据显示报警。

2.6.3 能源消耗数据的监控展示

按照能源种类、统计周期展示能源计量报表，根据计量节点的设置以及相应的供收关系确定供应量、消耗量、损耗量和损耗率，实现计量数据之间的深度链接，运用图表方式对装置能源和系统管网能源计量数据和损失深入分析。

2.6.4 计量仪表的状态监测展示

企业按计量仪表所在单位和计量区域，建立计量器具全生命周期状态监测展示，通过云平台分级分类展示计量器具的投用率、报警率和完好率等信息，对计量仪表的故障预警、处置响应以及周期检定/校准等待办事项进行图形化统计和动态展示。

3 实践案例

3.1 实现出口成品油“零待时”通关

青岛炼化公司出口成品油将现场自动化计量和远程“云计量鹰眼”管控模式相结合，实现出口成品油的远程“云监管”，海关一键操作完成计量数据的访问，无接触、零待时提高了出口贸易油品的通关速度，双方打造的《出口成品油“云计重”快速鉴定新模式》项目成功入选山东省自贸试验区首批最佳实践创新创效案例。

3.2 实现产品进出厂“一证式”自助服务

客户关注企业移动端公众号，按照提示完成提卸货预约，凭借身份证实现提(送)货业务网上预约、车辆进厂安检、装卸、称重、订单结算、单据打印和车辆出厂信息确认等全部工作，结束了计量员手工称重操作和计量单打印，司机排队等候的现状；水运和管输油品、化工(炼销)产品作业结束后，双方计量员通过数据的“云确认”完成签单，在线生成电子计量凭证，凭身份证打印计量单据。

3.3 实现全景式“云平台”在线管控

依托云计量鹰眼管控平台，汽运、水运、管输等产品的计量信息、作业分布、作业进度、数据传递节点和数据综合统计等得以全景化实时展示和计算，实现计量信息采集、处理、统计、预警等全过程平台化管控，确保计量数据“量出一门，数出一家”，单笔产品订单结算时间由原来的1~2天缩短至零待时。

3.4 实现电子化计量单据和报表管理

个性化开发计量电子凭证在线传递、财务凭证电子化归档溯源、运输订单数据自动校准等个性化功能，数据在线传递，单据自动归档，计量更加高效，服务更加便捷，构建起计量业务的一站式互通，充分发挥出计量数据全方位服务作用。电子计量单“云”确认减少了数据确认和计量签单往返时间，为“推进流程优化向业务端延伸，提高信息化和自动化水平提供了计量保证。

3.5 构建起多维度立体化自动计量

现场流量计、汽车衡和定量装车系统实现自动计量，计量人员通过计量看板对业务的进出厂计划、预约信息、业务过程、计量数据全过程的远程监管进行浏览，随时与现场语音对讲、远程控制处理，开展无接触式远程“云”管控，搭建起远程和现场的立体化管控，构建起“可视化、流程化、集约化、平台化”等特色的计量管理。

3.6 实现“本质安全”的计量风险管控

计量员采取远程监管模式可以杜绝发生计量异常问题，有效防控司机作弊和岗位人员的廉洁风险，解决单据造假和单据传递错误等问题，提高计量数据的可靠性。与此同时，集中控制室的模式彻底改善计量人员的工作环境，消除现场的安全隐患和风险，阳光计量，强化管理。

3.7 实现计量器具智能监测运维

应用汽车衡和流量计等测量设备智能状态监测，通过“云巡检”“云诊断”保证高效运维，建立云平台数据管控中心，进一步强化进出厂计量、装置物料能源计量和罐区计量的数据集成和交互应用，构建不同区域计量业务的一站式互通。

4 取得效益

4.1 经济效益

云计量管控技术应用带来的经济效益主要表现在以下三个方面：

一是节约财务管理费用，进出厂业务各环节更为流畅，水运和管输等业务实现了电子“云确认”，加快了计量数据的应用和财务结算速度，全年可节省财务费用数百万元。二是节省印刷管理费用，提货单和计量单等由纸质转为电子形式，每年可节省纸张印刷费用50余万元，同时满足企业绿色低碳的计量管理需求。三是降低人工成本费用，云计量管控技术的应用优化了用工模式，精简操作用工20余人不仅解决了计量用工不规范的问题，每年可节约人工成本数百万元。

4.2 管理效益

通过“自动计量、远程监控、集中管理”等技术，实现了“物流线下走，数据网上流，用户少跑腿，经营更优化”，建立了计量数据共享机制和全生命周期管理，充分发挥了计量数据在企业生产经营中的内在活力与效能。推动了传统计量向创新计量、人工计量向智能计量、分散计量向集中计量的转变，将大数据、人工智能、互联网+等信息技术应用于计量业务，实现了计量数字化、应用集成化、感知实时化，为企业生产经营提质降本增效发挥了作用。原物料储运损失控制在合理的误差限范围内，连续12年获得国家石油化工行业联合会“能效领跑者”炼油第一名的荣誉称号。

4.3 社会效益

通过云计量管控模式应用，汽运单车计量时间由原先的5分钟下降到现在的零待时，提高了车辆的运输能力和运输费用。水运和管输业务通过远程计量和云数据确认，结算时间由原来的2小时下降到现在的零待时，省去了与客户面签的奔波，缩短了计量结算签单时间，加快了船只离靠泊和油品通关速度，云计量管控模式得到了码头港方和海关等相关方的高度认可，展示出务实高效、服务客户的央企形象，营造出良好的生产经营氛围。

5 结论

云计量管控技术在炼化计量领域的探索与实践，显著提升了企业的智能化与自动化水平，有力促进了企业管理优化和技术革新。该系统优化了企业的通关与物流流程，实现了“零待时”高效通关及“一站式”便捷服务，极大地增强了客户满意度并提升了运营效率。依托数据驱动决策，平台化管理提供实时、精准的支持，有效降低了决策风险，进一步提升了企业的市场竞争力；经济效益方面，每年节约费用千万余元，显著降低了运营成本，增强了企业的盈利能力和可持续发展潜力。综上所述，云计量管控技术的实践成果丰硕，实现了技术、流程、经济、管理及社会效益的全面共赢，为企业可持续发展奠定了坚实的基础，同时也为整个行业提供了宝贵的借鉴经验。

参考文献

[1]佚名．用能单位能源计量器具配备和管理通则[J]．江苏现代计量，2006(5)：4.

[2]肖素琴．成品油计量员读本[M]．北京：中国石化出版社，2016.

[3]王猛，刘胜军．炼化企业汽车衡远程集中智能计量系统设计[J]．工业计量，2018(5)：89.

[4]张长山．计量技术和计量管理在化工企业中的应用[J]．中国石油和化工标准与质量，2012(12)：175.

[5]徐顺福．成品油计量与管理[M]．北京：中国石化出版社，2016.

[6]刘胜军．质量流量计智能诊断系统模型设计[J]．计量技术，2017(5)：41.

[7]董绍华，张河苇．基于大数据的全生命周期智能管网解决方案[J]．油气储运，2017(1)：28.

[8]许方平，曹剑秋，梁秋凡．计量器具数据采集可视化系统设计与实现[J]．计量技术，2019(1)：16.

[9]林永波．面向新兴产业计量服务体系的网络平台建设[J]．上海计量测试，2016(5)：64.

[10]冉勇，赵新明，马宁．计量管理信息系统构建[J]．中国计量，2021(2)：102.

基于智能监测技术的流量计在线监控系统国产化创新研发

丁 帅

（中国石化扬子石油化工有限公司）

摘 要：某石化企业当前采用质量流量计作为主流的流量计量器具。但流量计的安装方式、工艺操作、环境条件等变化会对质量流量计的准确计量与正常运行产生一定的影响，由此引起的计量纠纷会直接影响企业的经济效益与社会效益。由于没有计量仪表运行状态与故障远程诊断平台的技术支撑，导致需要大量的人员进行日常巡检与维护，工作量大、故障发现与处置响应的及时性也得不到保障。为解决上述难题，文章阐述了一种基于智能监测技术的流量计在线监控系统国产化创新研发方案。

关键词：流量计；在线监控；信息化；智能化

目前，对计量仪表的监控诊断系统不够成熟，没有从计量角度研发的监控系统，DCS 监控数据参数不足，部分企业使用进口系统，但系统成本高，只兼容自己厂家的仪表界面不友好[1]。某石化企业根据现状，与国内某公司合作研发流量计在线监控系统，以计量视角，采集更多数据，使用国产化技术，打破了国外企业“卡脖子”的现状[2]。

流量计数据在线监控系统是计量仪表运行监控、数据采集、状态数据统计分析、故障报警管理等为一体的信息化管理平台，利用信息化智能监测技术(对报警自动判断、智能诊断)，实现计量仪表故障自诊断、形成诊断案例库；当发现故障仪表或发生贸易纠纷时，可对该系统采集的数据进行分析，了解故障仪表或贸易纠纷的事前、事中、事后的运行情况，能够提供更为数据化的分析和处理能力；对计量仪表重要系数进行管控，能够做到预防问题发生、问题及时处理、过程及时追溯；收集丰富的底层数据，对数据进行整理、转换，最大化数据利用率，提高管理决策能力；构建企业级智能计量仪表监控中心，对计量仪表进行集中管控。消除信息孤岛，打破信息系统间壁垒，计量仪表智能监控管理系统还提供丰富的数据接口、实时数据库，与其他工业系统实现数据共享，为以后打造工业元宇宙提供真实、可靠、透明、可溯源的基础数据支撑。

1 系统实现

1.1 建设目标

通过计量仪表智能监控管理系统项目的实施，实现全公司 238 台主要计量仪表的智能监控管理，具备计量仪表以下功能：各类数据的分类管理、分类采集和监控功能；运行状态信息的综合监控；故障诊断管理功能；监控总览、状态分析、表故障汇总和点数采异常页面；以及数据维护、日常管理、系统管理和专家案例库等功能[3]。通过该系统建设，实时掌握计量仪表的运行状况，并据此判断计量仪表数据的准确性和可靠性，提高管理及维保人员的工作效率，逐步推广到对所有进出公司、厂际间及装置间计量交接仪表进行智能监控管理[4]。

1.2 硬件改造

某石化企业根据现场情况和网络安全要求，对现场通讯方式进行改造，把原来 485 总线接入总线控制器，然后分出一路 485 信号给原有 DCS 或其他系统使用，分出一路网口信号给流量计在线监控系统使用，网口信号进入数采网络，进入交换机通过防火墙，再通过办公网进入服务器，用户可通过办公网访问该系统[5]。

1.3 数据采集

系统兼容所有智能仪表，支持 Modbus RTU、Modbus TCP、OPC DA、OPC UA、实时数据库、web API 等多种方式进行数据采集，采集频率最快 3s，用户可自由组态添加设备、参数及采集频率[6]。目前某石化企业采集仪表有爱默生质量流量计、科隆质量流量计、E + H 质量流量计、丹尼尔气体超声波等[7]。以爱默生质量流量计为例，包含过程数据、仪表参数、运行参数、诊断数据、报警五大类，共约 50 个参数[8]。

1.4 系统功能

1.4.1 设备监控看板

可以多维度统计设备状态，实时动态监控收

发油设备状态及参数信息，统计区域流量计状态信息，报警及时推送。

1.4.2 现场总览

以地图的方式显示区域流量计的状态信息，以颜色进行区分，对一个区域的状态信息进行统计。显示流量计所在的地理位置，同时显示区域的实时信息和报警数据，并提供卡片式的展示方式，让用户可以直观地看见区域内流量计状态。

1.4.3 作业区流量计

对一个区域内所有流量计的实时信息及状态进行展示。

1.4.4 流量计信息

按照不同的仪表类型，以图形化的形式展示出当前仪表的实时状态及信息。

1.4.5 流量计数据对比

选中流量计的多个参数，获取对应参数的历史数据，用趋势图的形式进行历史数据的多参数对比，并且可以选择不同时间段的数值来计算同种参数的差值。

1.4.6 报警专家库

用户根据现场情况，对设备报警、系数变化、超出可控范围的报警规则进行自由设置，系统获取所有仪表对应参数的实时数据，对数据进行分析，分析是否有报警，显示出单个流量计的实时报警，历史报警和报警 top5 信息。当设备发生报警事件时，监控系统可通过局域网及时向环境管理人员的电脑发送报警信息，便于管理人员及时处理报警信息。

此时管理人员可打开浏览器查看报警设备的具体参数和状态，从而做出相应的决定。

在报警时，系统同时提供专家处理意见，如果发生故障，而维护人员又不能及时赶到处理故障，则为了最大程度减少客户的损失，在发生报警的同时提供专家处理意见，将用户的损失减小到最少。

1.4.7 其他功能

本系统还包括其他功能：获取所有仪表对应参数的实时数据，对数据进行分析，分析是否有报警，把当前所有正在报警的流量计显示出来；获取对应仪表对应参数的实时数据，在一个页面内展示流量计的实时报警、流量计基本信息、状态图示、实时数据曲线、所有点位当前值；获取对应仪表对应参数的历史数据，计算出此段时间内所选参数的平均值；获取对应仪表对应参数的历史数据，画出历史趋势图，设置范围，确保该参数在可控范围以内；按照权限分配此功能，对具备条件的仪表进行远程调零，记录调零过程日志，可追溯调零信息；重要事件以短信或邮件的形式推送到相关人员。

2 具体成效

2.1 降低维修成本

质量流量计故障处理一般要经历巡检发现、分析、制定方案、维修、替换、拆卸安装等一系列的工作流程，系统对于质量流量计的全生命周期的管理与监控，一旦质量流量计故障可以主动推送到相关负责人，发生故障时还能够给出建议的处理方式，能够做到故障及时发现及时处理。简单以发货台流量计为例，每减少一天的停工事件，至少可以每天增加 100 吨物料发货量，按每吨 30 元发货费用计算，一天可以增加 3000 元收益。

2.2 提高社会效益

在贸易交接过程中，计量的准确与否是发生贸易纠纷的基本源头，只有把控好贸易交接中的计量关，采取事先预防措施，把计量隐患控制在发生之前，就可在很大程度上降低计量纠纷的发生率，从而减少为解决纠纷而投入的社会资源，提高了社会效益。

2.3 质量流量计故障风险管控

当质量流量计发生故障时（未满管等情况），如果该流程还在收发物料，会导致计量准确度的偏差很大，质量流量计运行诊断分析系统对报警信息监控，此类严重故障发生后及时推送到对应人员，及时处理，减小损失[9]。

如果风险没有得到及时处理，产生了不良后果，还可以通过系统的历史数据查看这次计量的情况，追溯原因。

2.4 积累数据，帮助决策

计量信息化，可以积累计量仪表的大量数据，掌握计量仪表的状态变化，以及仪表所处的生命周期，为计量决策提供了有力的帮助。仪表状态通过数据说话，从而大大减少人为的认定，避免了无效的仪表更换和维护。也避免了确实需要更换维护的仪表得不到维护，利于做出正确决策。

2.5 计量数字化推进

国家计量发展规划明确提出加强量子计量、量值传递扁平化和计量数字化转型技术研究，推动跨行业、跨领域计量数据融合、共享与应用，建设计量数据中心，加强计量数据统计、分析和利用，强化计量数据的溯源性、可信度和安全性。

本系统正是在这种大环境下孕育而生的，流量计远程诊断系统将流量计计量过程数字化，对流量计计量数据进行统计、分析和利用，进而诊断流量计状态，为保证计量精度而服务。

同时流量计远程诊断系统采集企业数据平台数据，数据统一由计量平台管理，并由各类 APP 展示使用，适应了国家发展计量事业的需要。

3 项目创新点

3.1 兼容性

流量计在线监控系统兼容所有智能仪表，某石化企业应用中有爱默生质量流量计、E + H 质量流量计、科隆质量流量计、丹尼尔气体超声波流量计，也支持各种其他带通讯的衡器、电表、水表等计量设备。

3.2 专家案例库

流量计在线监控系统针对不同品牌的仪表报警信息进行解析，根据专家案例库，对不同的报警，提供对应的处理建议，为仪表维护人员提供参考，提高个工作效率。

3.3 报警规则

流量计在线监控系统对设备报警解析，重要参数变化及参数超范围进行监控，用户可根据现场情况自由设置对应报警规则，当仪表发生报警或异常数据时，系统根据报警规则自动推送到相关人员。

3.4 一体化

流量计在线监控系统对散落在各个区域的仪表进行统一管理，建立一体化管理系统，方便计量人员、维护人员对设备情况的了解，提高工作效率。

3.5 跨平台

系统支持 Windows、Linux、银河麒麟操作系统部署及使用，同时也支持 IOS、安卓、鸿蒙等手机系统安装 APP，可以随时随地的查看仪表现况及追溯历史数据。

3.6 数据共享

流量计在线监控系统可通过授权后，以 WEB API、数据库、OPC Server 的方式对第三方系统提供数据支持。

4 总结

流量计在线监控系统的建成，实现了公司主要计量仪表的智能诊断与远程监控管理，降低管理、技术和维保人员的工作量，提高管理和维护效率：操作全过程记录，系统有助于管理人员对维保行为进行监管和考核，减少现场巡检工作量；仪表运行状态全方位监控，故障实时报警并具有可追溯性，确保计量仪表数据的真实性和可靠性；系统能通过对运行状态信息的采集和趋势分析，具有对计量仪表故障和数采异常进行识别的能力。充分利用新一代信息技术，建设方便、快捷、高效、实时的计量仪表运行监控平台和管理平台，为管理层、作业层提供仪表状态智能分析，为决策者提供真实、有效的数据支撑，成为全面加快信息化进程的重要一环。

参考文献

[1]张伟，李华．基于物联网技术的流量计远程监控系统设计与实现[J]．物联网技术，2024(3)：123.

[2]王明．流量计在线监控系统的研究与实现[D]．浙江大学，2023.

[3]刘强，赵雷．工业物联网技术与应用[M]．北京：清华大学出版社，2022.

[4]国家工业信息安全发展研究中心．中国工业物联网发展报告(2023)[R]．北京：国家工业信息安全发展研究中心，2023.

[5]工业物联网技术网．流量计远程监控系统概述[EB/OL]．(2024 - 01 - 10)[2024 - 08 - 09].

[6]张仕伦．HART 通讯协议及应用．自动化与仪器仪表，1999(5)：3.

[7]陈慧．Modbus 协议简析[J]．市场周刊·理论版，2020(74)：0163.

[8]OPC 技术介绍(九)．自动化博览，2003(5)：62.

[9]艾默生质量流量计变送器新增中文显示选项[J]．石油化工自动化，2013(3)：67.

[10]徐峰．质量流量计的应用和维护[J]．中华纸业，2014(12)：44.

丙烷罐的气相部分算量方法探讨

王慧珠

（中石化镇海炼化分公司，浙江 宁波 315207）

摘　要： E 常丙烷在油罐中是以气相和液相同时存在，为了准确计量油罐中的丙烷质量，需要同时计量气相和液相丙烷质量。因目前相关国家行业标准中没有明确规定算量方法，所以参考石油化工产品市场上目前采用的液化石油气算量方法，提出丙烷气相算量方法供大家共同学习探讨。

关键词： 理想气体方程；丙烷；液化石油气

丙烷为无色、易燃且易爆的气体，在标准状况下呈现为气态。但处于运输和储存的便利性考虑，丙烷常被压缩成液态。作为液化石油气和制冷剂的重要组分、裂解制乙烯重要原料，丙烷在石油化工生产以及天然气加工等领域有着广泛应用。

在储罐中，丙烷由于其物理特性，通常以气态和液态两种形式共存。这种气液共存的状态要求我们在进行丙烷储量计算时，需要关注气相部分的量，这对于准确计算油罐内丙烷质量、确保储罐的安全运行至关重要。因此探讨丙烷气相量计算方法具有实用价值。

1　丙烷气相算量存在的困难

按气体石油化工产品常规算量方法，需要知道丙烷气相密度，但在实际生产中，丙烷气相受到罐内温度、压力、流速等参数影响；同时样品的采集、前处理、进样等环节都可能引入误差，因此实际密度很难准确获得。

中国石化2005 年出版了 Q/SH 4《液体化工产品数量计算方法》，在方法的附录中发布了 55 种液体化工产品的密度温度系数、体积温度系数和20℃的标准密度，但在目录中没有包括丙烷。所以不能采用该方法计算。

2　丙烷气相计算方法

在日常使用中，丙烷往往作为液化石油气的主要组成部分，所以目前石油化工品交易市场上通常采用商检或知名检测部门的通常方法，参照液化石油气的气相量计算方法。

油罐内的丙烷由液相和气相两部分组成，气液两相处于动态平衡状态，假设丙烷气相为理想气体。但严格讲各种实际气体，不完全符合理想气体方程 $PV = nRT$ 的关系，只有本身不易被液化的气体，其性质很近似理想气体，其中最接近理想气体的是氢气和氦气，所以要精准计量，需进一步对方程按实际情况加以修正。

但为了简化问题，使丙烷气相量计算方便实用，把丙烷气相状态假设成理想气体，用理想气体状态方程计算罐内气相量。油罐内丙烷气相和液相质量分开计算，各自计算公式如下。

（1）液相质量 t 计算为：

$$t = V \times k \times (\rho_{15} - 0.0011) \tag{1}$$

式中　V——丙烷的查表体积，m^3；

K——温度对体积修正系数（根据 ρ_{15} 和液相温度查温度对体积修正系数表）；

ρ_{15}——15℃时液相丙烷密度，g/cm^3；

0.0011——石油密度（$0.6500 \sim 1.0100 g/cm^3$）的空气浮力修正值，$g/cm^3$。

（2）气相质量 m 计算为：

$$m = 273/(273 + t) \times (P + 1.033)/1.033 \times M/22.4 \times (\rho_{15} - 0.0011)/\rho_{15} \times 1/1000 \times V \tag{2}$$

式中　t——气相丙烷的温度，℃；

P——气相丙烷的压力，kgf/cm^2；

M——气体分子量（通过 ρ_{15} 查液化石油气分子量表可得）；

V——气相丙烷的体积，m^3；

ρ_{15}——15℃时气相丙烷的密度，g/cm^3。

3　计算实例

以某石化企业球罐 0304-T01A 为例，介绍丙烷气相部分质量计算方法。（因丙烷液相部分计算相对简单，本文不再介绍。）

（1）确定球罐 0304-T01A 的液相容量。丙烷储存罐一般为球罐，因球罐结构和罐内介质的易燃易爆特性，采用人工测量液位存在安全性、精度、效率低和实时性差等困难，所以对于球罐的液位测量往往采用雷达液位计、伺服液位计等，同时结合球罐算量软件(直接将液相算量方法写进算量软件)，一般可以直接显示液相容量。如查伺服液位计显示，液相容量：772.783m^3。

(2)计算球罐 0304-T01A 罐气相容量。检定部门根据球罐设计尺寸和参数测量出具容积表，每台球罐对应一份容积表。查 0304-T01A 罐容积表得出总容量：3116.912m^3。气相容量等于总容量减去液相容量等于2344.129m^3。

(3)查出球罐 0304-T01A 罐内气相压力和温度。考虑到安全性和准确度，球罐的温度和压力测量往往使用安装在罐内的热电偶或热电阻进行测量温度，使用压力传感器或变送器测量压力，通过信号转换成标准信号输出，在球罐日常操作系统中进行显示。查到球罐 0304-T01A 罐内气相压力和温度分别为 968.7kPa、15.13℃。

(4)根据气相温度查丙烷 ρ_{15} 表。石油化工产品密度的测定结果要注明测定温度，用 ρ_t 表示，其中 ρ 为测得的密度值，t 为测定时的温度。ρ_{20}、ρ_{15} 就是表示石油化工产品在 20℃ 和 15℃ 时的密度。我国规定测定石油化工产品的标准温度为 20℃，因此一般标准密度采用 ρ_{20}，而国外采用 ρ_{15} 为多。本文之前提到，因本次的丙烷气相质量计算参考液化气算量方法，所以采用 ρ_{15}。根据球罐 0304-T01A 罐内气相温度 15.13℃，查丙烷温度—ρ_{15} 对照表，通过内插法，得到密度：0.5070g/cm^3。

(5)根据丙烷 ρ_{15} 查表得出分子量。密度是物质的质量与体积之比，而分子量是指一摩尔物质的质量。分子量和密度之间存在一定的关系，它们之间的关系可以通过一些实验和理论计算得到。考虑到丙烷是液化气的主要成分，所以利用液化石油气的 ρ_{15}—分子量表，根据 ρ_{15}：0.5070g/cm^3，查表得到分子量 44.1。

(6)将取得的所有基础数据填入计算公式(2)，为直观，将各基础数据填入表 1，形成丙烷气相部分质量计算表。

表 1　丙烷气相量计算表

项　目	符号	计量单位	0304-T01A 气
密度(15℃)	ρ	g/cm^3	0.5070
分子量	M	—	44.1
气相容积	V_Q	m^3	2344.13
气相平均温度 t_Q	t_Q	℃	15.13
管压	P	kPa	968.7
压力转换系数	J	—	10.56509197
温度转换系数	I	—	0.947488981
分子量转换系数	K	—	1.96875
密度转换系数	L	—	0.997830375
气相重量，空气中	m_q	t	46.097

4　结论

随着我国石油化工行业发展，进出企业的化工产品品种会越来越多，如何实现石油化工产品的准确计量，体现计量的公平公正，是每个计量人面临的课题。行之有效的方法是学习各种国家、行业和地方标准，结合生产经营实际情况，不断探索准确有效的计量方法，服务企业计量工作。经过上述探讨，对上述方法进行总结如下：

(1)因受球罐结构所限，往往采用伺服液位计或雷达液位计代替人工检尺，直接得出丙烷液位，但伺服液位计会受悬挂浮子钢丝的收缩应力、雷达液位计受遮挡物影响而使液位测量出现偏差，应进行适当的补偿。

(2)由于球罐内部气相温度分布不均匀，以及受到环境温度等因素的影响，同时球罐内部测量点数量不足，单一的温度测量点很难全面反映球罐内部的气相温度情况，所以使用常规的温度测量方法如热电偶、热电阻等，其测量准确度往往受到限制。

(3)石油化工企业生产的液化石油气主要组分为丙烷、丙烯、丁烷、丁烯中的一种或者两种，而且其还掺杂着少量戊烷、戊烯和微量的硫化物杂质。一般丙烷加丁烷百分之比超过百分之六十才可以被称为液化石油气，但并不是所有的标准都是一样的。所以根据丙烷的 ρ_{15} 参考液化石油气的 ρ_{15}—分子量表，只能近似得出丙烷的分子量，实际分子量是多少，目前没有丙烷的 ρ_{15}—分子量表，无法估计。

参考文献

[1]滕志芳，许坤仙．浅析低温乙烯静态计量方法[J]．计量技术，2015(7)：48.
[2]中国石化．液体化工产品数量计算方法：Q/SH 4—2006[S]．北京：中国石化出版社，2006.
[3]国家质量监督检验检疫总局．石油和液体石油产品油量计算　静态计量：GB/T 19779—2005[S]．北京：中国标准出版社，2005.

[4]国家质量监督检验检疫总局．石油和液体石油产品温度测量　手工法：GB/T 8927—2008[S]．北京：中国标准出版社，2008.
[5]国家质量监督检验检疫总局．石油和液体石油产品动态计量　第 5 部分：油量计算：GB/T 9109.5—2017[S]．北京：中国标准出版社，2017.
[6]蔡秋菊．探讨分析低温环境下液化气储罐盘库亏损的原因[J]．化工管理，2018(11)：155.
[7]王佩广，魏勇，张涛．等．液化天然气(LNG)产业中的贸易计量[J]．石化技术，2016(11)：17.
[8]张超培．油罐计量误差分析[J]．工业计量，2003(S1)：206.
[9]黄鸣岐．油罐计量系统研究与探讨[J]．科技创新与应用，2013(22)：294.
[10]王劲松，邬家强．球罐液化气质量计量方法的探讨[J]．工业计量，2014(4)：18.

智能仪表管理模式的创新与实践

吴红光

（中海石油（中国）有限公司　海南分公司）

摘　要： 随着数字化、智能化的发展，传统计量管理模式弊端日益突出，一定程度上影响到企业生产效率、运行稳定性及生产成本；文章从传统计量管理模式的问题出发，阐述基于hart的数智化转型计量管理模式，介绍系统架构、原理和系统功能，并详细讲解了管理系统建设的内容、方案的选择等实践内容，并取得的成效。

关键词： 数智化；智能仪表；远程组态；无人驻守平台

计量管理在石油石化行业中非常普遍，同时也极其重要。商业计量误差大导致商业纠纷，工艺过程计量不准确，导致产品质量不合格，计量失效导致意外关停或无法关停、导致人员判断和决策错误，等等。因此，计量的准确性、重复性、稳定性等参数，是石油石化人关注的重点。

传统计量管理模式，通常采用人工操作、手工记录等，容易出错，效率太低，无法实现实时性，故障较难发现，维护难度较高，已不满足当前高效率、高质量发展的需求[1-2]。

因此，本文从智能化建设后，稳定运行5年的数字化计量管理系统出发，介绍计量管理新模式，并阐述实践方法，以供参考。

1　传统计量管理模式及问题

1.1　计量管理内容

计量管理是确保被测量的对象准确性和可靠性的系统性工作。它包括了计量法规与标准的遵循、计量器具管理、计量数据管理、计量人员培训、计量风险等方面的内容。

1.2　传统计量管理模式

1.2.1　某些情境下其适用性和优势

（1）传统计量管理操作维护方便。对于小型企业的操作人员来说，读数和抄表都非常方便，不需要额外的培训；对于维修人员来说，没有高处空间、野外环境、海上无人驻守的井口平台等的限制，没有复杂的系统，没有智能仪表，带上工具即可检修。

（2）传统计量管理有深厚的底蕴，一直被传承，成熟稳定，对于小型企业和单一环境等特定情境的地方，有一定的优势，不需要做改变。

（3）一次投入成本低，计量设备仅需要现场可读或远传功能，没有智能化功能，仪表成本低。

1.2.2　缺点

（1）效率较低，一是现场直读式仪表，需要到现场进行抄写，花费大量人工时，容易造成高价值人才从事低价值工作的局面；二是对于远传仪表，维护效率低，维修人员必须到现场进行检查，才能发现问题；特别对于远方仪表、高处仪表的判断，检查和工具准备都需要大量时间。

（2）缺乏实时性，井口平台到中心平台、场站到处理厂等的数据，无法及时监测；或已有远程计量仪表，但仪表状态无法实时监视，需要人员到现场去查看。

（3）成本较高，操作、维护等需要大量人员，人员成本居高不下；特别对于野外、海上井口平台，人员需要乘坐车、船等交通工具，交通成本高。

（4）信息管理难，计量设备的更新、换型、校验、维护等记录，需要线下记录，需要人员实时更新，查询也较困难。

（5）不易形成片区化管理，实时和静态数据分散各地，无法形成区域数据，为换型、更换等决策做依据。

2　数智化管理模式及实践

传统计量管理模式在特定情况下仍有其适用性和优势，但对于数字化、智能化快速发展的需求，对于日益增长的数据量和对高质量发展的需求，其局限性日益凸显，必然促使各行业向数智化转型发展。

数智化创新计量管理模式[3-4]，可以通过多种方式实现：一是基于工艺仿真机理的在线仪表管理系统，这种方式是不增加现场仪表，采用的是虚拟仪表[5]，根据工艺仿真情况，建立机理模式，通过物料平衡、能量平衡等方法，计算相应位置的工艺数据，实时显示和形成数据记录，以满足计量管理要求。二是基于 HART 的智能仪表管理系统[6]，本文以该模式展开阐述。

2.1　基于 HART 的智能仪表管理模式介绍

该管理模式，基础在于采用智能仪表，采用 HART 技术建立通讯架构，架构分三层，由管理平台、采集器和智能仪表组成。采集器实现桥梁功能，对多个智能仪表数据进行数据采集或指令发送，并与智能仪表管理平台进行数据交互；智能仪表管理平台，与采集器进行数据交互，实现对所辖所有采集器数据进行汇总，并发出指令，同时具有数据集中、图形化等显示功能，实现对计量仪表的实时巡检和远程组态，各区域的仪表静态数据、校验数据等的集中管理。

其中，基于 HART 的智能仪表，基本是使用 HART 协议进行通讯，是采用了微处理器技术，具有数据处理、自诊断、通讯功能的仪表[7]。

2.2　基于 HART 的智能仪表管理模式的架构和原理

2.2.1　HART 通信原理

HART 技术，HART(Highway Addressable Remote Transducer)，可寻址远程传感器高速通道的开放通信协议，HART 协议采用基于 Bell202 标准的 FSK 频移键控信号，在低频的 4～20mA 模拟信号上叠加幅度为 0.5mA 的音频数字信号进行双向数字通讯，数据传输率为 1.2kbps。由于 FSK 信号的平均值为 0，不影响传送给控制系统模拟信号的大小，保证了与现有模拟系统的兼容性。

在 HART 协议通信中：主要的变量和控制信息由 4～20mA 传送，另外的测量、过程参数、设备组态、校准、诊断信息通过 HART 协议访问[8]。

2.2.2　HART 通讯架构

整个智能仪表管理模式架构：

HART 功能的仪表，主要作用是采集工艺数据，通过信号线将过程数据(4～20mA)和仪表状态数据(HART 协议)传输到采集器，同时接收采集器指令，完成相关动作。

HART 采集器，连接多个 HART 协议采集智能仪表的数据，并转换成 modbus 信号[9]传出去，同时对智能仪表发送指令。

协议转换器，将多个 HART 采集器的数据转换成 TCP/IP 协议；同时传输指令到对应采集器。

HART 管理平台，将多个协议转换器或同品牌的 CPU 采集过滤的数据进行采集和指令发送。

2.2.3　HART 智能仪表管理平台

智能仪表管理平台，采集智能仪表丰富的信息，包含设备本身的运行数据、设备制造数据、过程事件、过程报警以及大量的设备诊断故障数据等；通过这些数据，在设备档案管理、设备巡检、报警管理分析和预防性维护等方面发挥更大的作用。

主要有如下功能：

仪表组态：对比原有组态内容和新设置内容，在管理平台上就可以进行组态下装工作；

设备巡检：所有仪表的过程信息、状态信息都可以实时在管理平台显示，包括厂家信息、协议、设备位号等，以及报警信息、历史操作记录；

诊断标定：通过回传的现场仪表状态信号，平台会内置模块进行信号诊断，提出诊断信息；同时能够将校准数值录入系统，可以逐次或逐年进行对比。

维护日志：具有日志功能，可以对校验、标定、组态等数据进行记录，方便对追溯历史记录。

回路测试：具有在线回路测试功能，实时查看仪表回路驱动电流是否正常。

台账报表：收集所有智能仪表，按照厂家品牌、报警情况、设备区域等，实时统计，以柱形图等进行展示。

2.3　基于 HART 的智能仪表管理模式的实践

某平台按照以上内容进行方案，进行部署。

2.3.1　仪表部署

因设备不仅要进行过程信号传输(如 4～20mA)，还需要进行状态信息传输(数字信号)，对于老平台来说，在不改变电缆方式的情况下，选用 4～20mA + HART 的仪表，满足信号传输的要求。

如压力变送器，该平台选择某品牌 3051 系列带 HART 的设备。安装与不带 HART 的设备安装完全一样，仅需要将设备正负极 2 根线与电缆连接即可。

2.3.2　采集器和协议转换器的部署

数据采集有 2 种方式，根据智能仪表管理平台品牌和中控系统品牌的一致情况，选择不同的采集方式。

(1)智能仪表管理平台品牌和中控系统品牌一致且系统 AI/AO 带 HART 功能的情况：

某平台采用的是中控技术品牌的中控系统和仪表管理平台，选用带 HART 功能的 AI/AO 卡件和 CPU 卡件。其中，带 HART 功能的 AI/AO 卡件具有采集器的功能，CPU 卡件具有协议转换器的功能。

现场仪表的正极和负极对应的信号线，直接接入 AI/AO 卡件通道的正负极即可。该方式无需额外设备，节点少，但成本高。

(2)智能仪表管理平台品牌和中控系统品牌一致但系统 AI/AO 不带 hart 功能，或智能仪表管理平台品牌和中控系统品牌不一致的情况：

如品牌不一致，则对于采集器，可选择 HART-MUX、P+F 卡件等设备。如果采用带 hart 功能的 AI/AO，则需要有将 AI/AO 全部更换，需要有合适的停产时间，且成本非常高，不建议采用。

这些采集器大部分能够带至少 16 路现场仪表传回来的信号，采集后统一由一路 485 端口进行输出。

但需要注意的是，每个变送器/传感器仅有一对信号线到中控机柜，此时，应增加分线器，将 1 路的模拟量信号转换为 2 路信号输出，一个进入中控，一个进入采集器，如图 1 所示。

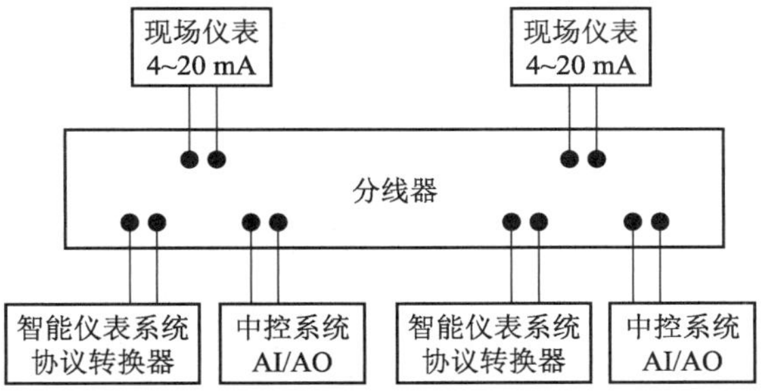

图 1　分线器接法

采集器的数据，由协议转换器进行收集，并转换成 TCP/IP 信号传入管理平台。

协议转换器，有 MOX 品牌的 485 转 TCP/IP 的设备，将多路的采集器的 485 信号进行汇集，统一由 TCP/IP 进行输出到管理平台。

(3)智能仪表管理平台品牌和中控系统品牌部分一致的情况：

如果在一个装置，一些信号接入同品牌的中控系统，一些系统为接入同品牌的中控系统的情况，则可以采用以上 2 种方式并行，最终接入一个交换机，一张网内运行，如图 2 所示。

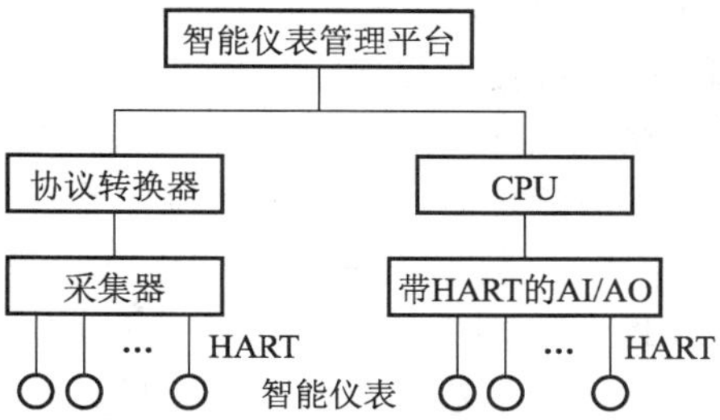

图 2　2 种方式并行架构

2.3.3　管理平台部署

管理平台是一台服务器，服务器安装有管理平台软件。国内外有各种品牌，国产品牌如中控技术的 SAMS 系统。

平台需要设置 IP 地址与协议转换器的 IP 地址在同一网段，如 192.168.1.＊。

2.4　基于 HART 的智能仪表管理模式的效果

从现场多年的使用经验来看，仪表管理模式具有以下优势：

(1)仪表数据统计快捷。打开统计表，就可以统计仪表品牌和型号等，对于仪表资料查询，是非常方便的；即使更换仪表后，也能够自动更新数据。

(2)日常难于达到的位置仪表状态维护方便，节约成本。如对于日常不能攀爬的高塔，或无人值守的平台/装置，要巡查仪表是否有正常状态或远程进行组态查看、组态修改、更换后组态下装、报警确认、数据统计等操作，这个是有非常巨大的优势的。否则只能是等待停产期间才能攀爬操作，或申请车、船、飞机才能到达平台、装置去查看。有利于日常稳定运行，或减少人员、交通费用。

(3)提高效率。以往手操器[10]的作业，开好工单，得到签发后，带上手操器，去到现场作业；整个流程时间长，到达地方多，对于维护人员工作量大。现在不需要开具任何工单，在管理平台打开仪表管理平台即可操作。

(4)仪表现场维护安全性高。以往仪表维护，都是在危险区域打开仪表接线端盖，连接手操器，查看或修改参数，存在较大的风险。管理平台是在中控，安全区域，随时可以打开仪表组态进行查看和修改。

3　总结与提升

数智化建设是社会发展的趋势，数字赋能促进了人员效率提升、管理效率提升，倒逼传统计量管理模式进行改革；从改造本身来说，基于 hart 的仪表管理平台模式中，对于老装置的改造，

是可以采用采集器 + 协议转换器的方式进行改造；如中控系统需要更换或新建装置来说，则建议直接采购带 hart 功能的 AI/AO 模式，减少中间环节，减少故障环节。从效果来说，管理平台具有一定的意义，数据准确性、全面性、集中性，操作安全性，维护方便性，维护过程成本节约，都有一定的作用，基本上也能够满足计量管理中计量仪表全生命周期管理的要求。但同时也应该看到，系统刷新速度、诊断技术、各仪表 DD 文件的支持能力还需要不断完善，还需要从仪表状态推断出更多的预警预测信息，提升计量管理数智化转型的进程。

参考文献

[1]国家质量监督检验检疫总局．测量管理体系测量过程和测量设备的要求：GB/T 19022—2003[S]．北京：中国计量出版社，2003.

[2]GB/T 29919.2—2013　工业通信网络现场总线规范类型 20：HART 规范　第 2 部分：HART 有线网络数据链路层服务定义和协议规范[S].

[3]曹屹立，罗希军，徐天彤，等．工业智能化仪表的应用与发展[J]．工业计量，2016(3)：74.

[4]中海石油(中国)有限公司．海上无人驻守井口平台设计规定[Z]. 2023.

[5]王其兴．基于虚拟仪器的热工仪器仪表计量检定方法[J]．轻工标准与质量，2024(1)：90.

[6]魏鑫，金文军，马有峰，等．智能仪表的组态信息管理方法和组态信息管理系统[P]．北京市：CN117528286a，2024-02-06.

[7]工业和信息化部．智能仪表可靠性设计方法：JB/T 10390—2014[S]．北京：机械工业出版社，2014.

[8]王晓龙，陈凯，赵洪娟，等．基于 HART 多路采集技术实现自控仪表的远程监控[J]．电气防爆，2024(5)：1.

[9]国家质量监督检验检疫总局．基于 Modbus 协议的工业自动化网络规范　第 1 部分：Modbus 应用协议：GB/T 19582.1—2008[S]．北京：中国标准出版社，2008.1.

[10]胡林红，孔令敏，李涛．基于 HART 协议的 475 手操器在智能仪表中的应用[J]．炼油与化工，2020(4)：59.

海洋石油安全仪表系统检验技术研究

张海鹏　刘　宇　涂迎新

（中海石油技术检测有限公司，天津 300452）

摘　要：文章旨在探讨海洋石油安全仪表系统的检验技术，以提高海洋石油开采的安全性和可靠性。通过对现有检验技术的深入分析，结合海洋石油作业的特殊环境要求，提出创新性的技术方案，并探讨落地实施的可行性。研究不仅对保障海洋石油平台的安全运行，降低环境风险，保障人员安全和经济效益具有重要意义，同时也为相关技术的发展提供了理论依据和实践指导。

关键词：安全仪表系统；检验技术；危险失效概率；分段检验

安全仪表系统（Safety Instrumented Systems，SIS）用于实现一个或多个安全仪表功能的系统，它通过监测过程参数并在必要时采取行动来预防或减轻事故，安全仪表系统在不同领域有不同的术语名称，如安全联锁系统、应急关断系统、安全停车系统等，主要由输入测量单元、输出执行单元、逻辑控制单元及配套软件等组成。海洋石油安全仪表系统通过监测海洋石油生产设施的关键参数、触发报警和联锁、过程安全保护、紧急停车等功能在预防事故发生、提高系统可靠性、自诊断功能、快速响应、安全生命周期管理、降低风险以及广泛应用等方面作为独立的保护层为海洋石油的生产安全发挥着至关重要的作用，因此对安全仪表系统开展定期检验对于系统安全管理来说是非常必要的。

1　安全仪表系统检验的法理支撑

国家法律法规针对安全仪表系统提出了一系列要求，根据 GB/T 50770—2013《石油化工安全仪表系统设计规范要求》中规定：“安全仪表系统的运行维护功能测试间隔应按安全仪表系统技术要求确定，按测试程序进行功能测试。建立检验测试程序，并按照安全仪表系统安全技术要求的检验间隔进行功能检验。”根据应急管理部发布的安监总管三〔2014〕116 号中规定：“按照符合安全完整性要求的检验测试周期，对安全仪表功能进行定期全面检验测试，并详细记录测试过程和结果。”针对以上要求，中国海洋石油集团有限公司也出台相应企业标准 Q/HS 9070—2020《安全仪表系统安全完整性等级评估实施指南》并提出要求：“安全仪表系统应定期检验测试，并详细记录测试过程和结果。”

应急管理部为规范和加强海洋石油专业设备（其中包括安全仪表系统）管理，提高海洋石油专业设备安全运行水平，2023 年发布并实施了《专业设备海洋石油专业设备目录（试行）》，目前已发布《海洋石油专业设备检验通则》征求意见稿，随着应急管理部针对海洋石油专业设备强制检验要求的日益提高，现亟需结合海洋石油作业的特殊环境要求开展海洋石油安全仪表系统检验技术的研究，提出创新性的技术方案，并探讨落地实施的可行性。

根据 GB/T 20438《电气/电子/可编程电子安全相关系统的功能安全》、GB/T 21109—2023《过程工业领域安全仪表系统的功能安全》等标准要求，安全仪表系统的危险失效概率 PFD_{avg} 会随着运行时间的增加逐渐增大，超过标称 SIL 等级所对应的最大 PFD_{avg} 值后，其安全完整性等级（SIL 等级）也会随之降低。检验是安全仪表系统在线故障诊断措施的必要补充，开展全面检验测试后，危险失效概率 PFD_{avg} 将大幅降低至标称 SIL 等级要求范围内，因此定期检验是保证其安全完整性水平的有效手段。安全仪表系统执行周期性检验后危险失效概率 PFD_{avg} 随服役时间的变化曲线如图 1 所示。

安全仪表系统的检验是通过触发安全动作条件从而引起安全仪表系统报警并动作导向安全状态，以此来验证其安全保护机制是否有效。检验的目的是检测无法通过安全仪表系统在线故障诊断功能无法检测到的危险失效，这些危险失效往往是导致安全仪表系统误动或拒动的主要原因。定期进行检验测试可周期性降低随着安全仪表系统运行而不断累积的风险，并确保安全仪表系统在服役生命周期内具备安全完整性能力。

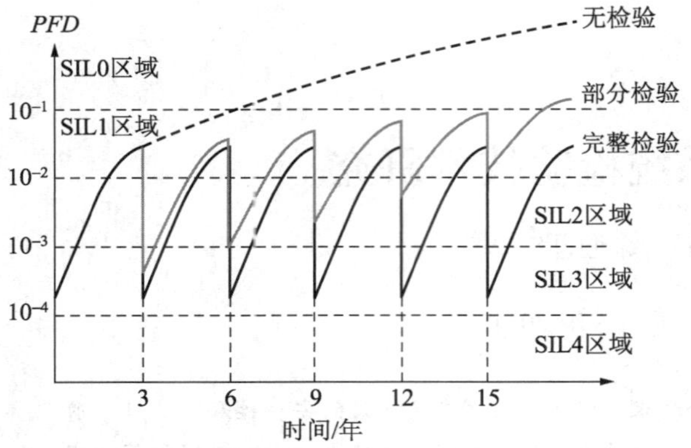

图1　危险失效概率 PFD_{avg} 变化曲线

2　安全仪表系统检验方法

GB/T 21109—2023《过程工业领域安全仪表系统的功能安全》中提出了两种安全仪表系统检验的解决方案，包括安全仪表功能(Safety Instrumented Function，SIF)端对端(即全回路)检验和安全仪表功能分段检验两种方法，具体检验方法如图2、图3所示。针对海洋石油的现状，结合无定期停产检修的特点，宜将安全仪表功能回路分成输入单元、输出单元及逻辑控制单元三部分，采用分段方法进行安全仪表系统检验。

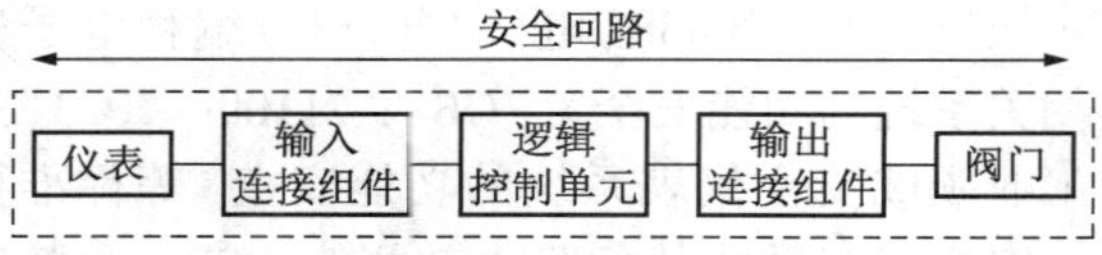

图2　安全仪表系统端到端检验方法

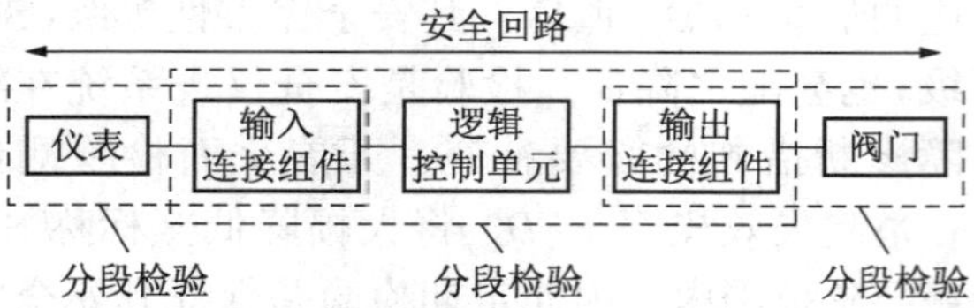

图3　安全仪表系统分段检验方法

2.1　输入测量单元检验

安全仪表系统输入测量单元主要包括压力仪表、温度仪表、液位仪表等，通过系统设置将输入单元从系统中旁通，通过在线检验方式给予标准信号进行检验，考察被检设备、输入信号等的性能准确性。检验内容主要包括外观及安装符合性检查、接地及防爆符合性检查、示值误差检验、回差检验、报警动作值检验、仪表回路试验等内容。典型输入单元(压力变送器)检验方法如图4所示。

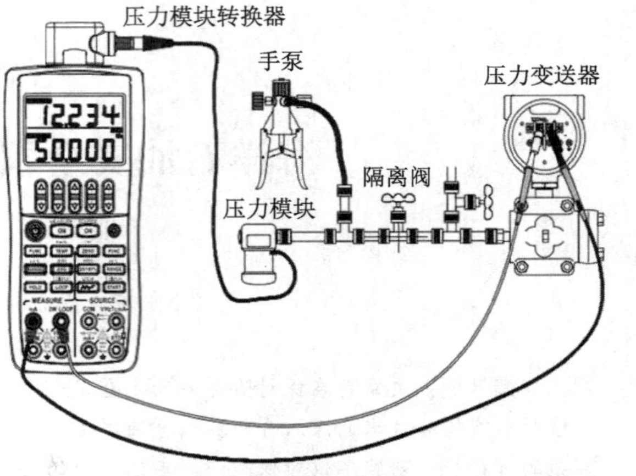

图4　压力变送器现场检验方法

2.2　输出执行单元检验

安全仪表系统输出执行单元主要包括关断阀、调节阀等，通过系统设置输出单元从系统中旁通，进行外观、接地及防爆符合性检查、阀门形成反馈检查、部分行程功能测试，其他功能无法在停产的状态完成全部功能，在风险评估与SIL验证过程中将影响检验覆盖率。

2.3　逻辑控制单元检验

逻辑控制单元检验主要针对安全仪表系统的逻辑控制器及其配套设备进行检验，包括通讯网路检验、操作站/含工程师站检验、系统运行环境检验、主控单元检验、冗余功能检验、I/O卡件性能检验等内容。

2.3.1　通讯网路检验

结合网络测试、系统诊断、在线诊断等软件，对通信网络开展以下检验：

(1)检查控制网络通信冗余情况、网线连接是否正常、操作站及工程师站IP地址及掩码设置是否正确。

(2)检查处理器端口通信是否正常、检查交换机各端口工作是否正常，检查操作站网络流控制等是否正确规范设置。

(3)检查网络通信协议、分析网络病毒存在可能，检查操作员站/工程师站、控制器等网络节点当前通讯及连接状况并分析当前网络负荷、数据包流量、丢包情况等，并分析网络结构、节点通讯数据，生成网络检验报告。

2.3.2　操作员站/工程师站检验

依据当前安全仪表系统维护和使用手册，对操作站及工程师站开展以下检验：

(1)检查操作员站及工程师站软件及驱动程序安装情况，检查是否有防范病毒措施并进行病毒查杀，检查操作系统版本及补丁是否符合规范，检查操作站系统负荷率是否符合要求。

(2)检查上位机运行情况包括流程画面、历史趋势、报警、操作记录运行等；检查并分析监控故障诊断记录是否正常，检查显示属性是否符合规范。

(3)检查电源管理是否符合规范，检查组态文件放置位置是否符合规范，检查监控软件时钟同步功能，检查处理器内部时钟是否同步。

(4)检查 SOE 服务器功能，确认 SOE 记录可以正常查看，位号名及时间标签正常；检查处理器的 SOE 记录可以正常保存与读取；并对已有 SOE 事件记录分析。

2.3.3　系统运行环境检验

包括系统接地检验、温湿度及腐蚀检验、系统供电检验、布线及电磁场强度检验等。

(1)系统接地检验

利用数字万用表、钳形接地电阻测试仪等专用工具，结合与客户交流、询问等方式，对系统接地进行检验，主要检验多点接地情况、系统接地总干线径、系统接地电阻、系统漏电流、操作员站/工程师站接地电阻、系统机架与汇流铜条连接电阻等，检查系统接地形式、系统接地与电气接地之间距离、操作台外壳是否采取绝缘措施、交换机是否可靠接地等。

(2)温湿度及腐蚀检验

利用温湿度计及配套软件，结合目视等方式检验系统控制室温度/湿度，检查控制室布局设计和温控设备工作情况、部件腐蚀情况、机柜等系统部件的落灰情况等。

(3)系统供电检验

利用电能质量分析仪、示波器等专用工具，结合目视检验系统输入电压、电源输出电压、系统供电质量(谐波、畸变、电源频率、波动等)、系统供电冗余功能、电源输出冗余功能等，检查电源线是否完好，有无老化、锈蚀、松动、脱落等现象，检查电源线接地情况，检查机柜内部供电线路电源线直径是否符合规范要求并查看 UPS 是否工作正常。

(4)布线及电磁场强度检验

利用电磁辐射检测仪、磁场测试仪等专用工具，结合目视方式检验控制室内电磁场强度、控制室外部强电磁设备环境电磁场强度、操作室电磁场强度等内容，检查控制柜内部布线、控制柜内部信号线标示、控制柜内部线鼻使用情况、控制柜屏蔽层接地情况，以及控制柜信号电缆、动力电缆、通讯线缆布线规范和隐患等内容。

2.3.4　主控单元检验

主控单元作为安全仪表系统最重要的控制中枢，在可以停产的情况下应开展以下检验：

(1)记录主控单元槽位、地址、序列号、是否正常等信息。

(2)通过诊断软件读取主控单元内存数据，分析主控单元工作状态。

(3)通过诊断软件读取实时故障诊断信息、诊断组态运行状态、主要运行参数。

(4)检查主控单元电池使用情况，查询主控单元最大历史负荷及最大内存使用量，检查主控单元是否存在过报警等信息。

2.3.5　冗余功能检验

包括主控单元、通讯及 I/O 卡件的冗余功能检验，冗余功能作为安全仪表系统的重要保障安全的措施，在可以停产的情况下应开展以下检验：

(1)对主控单元、通讯及 I/O 卡件进行冗余功能检验：对于冗余配置的主控单元卡件，依次插拔其中一块，检查 HMI 画面上可否正常输入/输出，检验 SOE、报警是否正常。

(2)对通讯网线进行冗余功能检验：对于冗余配置的通讯网线，分别拔出 1 根网线，检查 HMI 画面上可否正常输入/输出，SOE、报警是否正常。

(3)对电源模块进行冗余功能检验：对于冗余配置的电源，分别切断 1 路电源，保持 UPS/市电单路供电状态，检查 HMI 画面上可否正常输入/输出，SOE、报警是否正常。

(4)对交换机模块进行冗余功能检验：对于冗余配置的交换机，分别切断交换机 1 路电源，检查组态软件画面上可否正常输入/输出，SOE、报警是否正常。

2.3.6　I/O 卡件性能检验

I/O 卡件作为安全仪表系统的输入输出接口设备，在可以停产的情况下应开展以下检验：

(1)检查外观、腐蚀情况等，利用系统诊断软件对各类 I/O 卡件进行诊断测试，记录被测卡件槽位、序列号等信息。

(2)模拟量输入卡件精度检验：根据信号的量程选取至少三个(宜为 0%、50%、100%)仿真信号值，通过比较输入的标准信号值与显示值的方法检验模拟量输入卡件精度满足情况。

(3)开关量输入卡件检验：在输入端子侧分别模拟“开”和“关”两种状态，在组态软件上读取控制系统状态变化。

(4)开关量输出卡件检验：在组态软件上设置输出值(“开”和“关”两种状态)，测量信号输出情况是否稳定可靠。

(5)通道检验过程中，同步检验断线故障报警情况，断线时观察HMI画面上的故障码显示情况，确认处理功能正常，根据测试结果分析提出维护建议。

3 结论

目前，国际标准、国家标准、行业标准及相关企业均对安全仪表系统定期开展检验工作提出明确的要求，但受限于功能安全技术在中国起步发展较晚，检验相关经验较少，严重阻碍了海洋石油安全仪表系统运行维护能力的提升，有鉴于此，经过本技术的研究，提出并建立了海洋石油安全仪表系统检验技术体系，包含输入单元、输出单元及逻辑控制单元等的分段检验方法和要求，其能够有效指导海洋石油行业开展安全仪表系统检验工作，进一步提升海洋石油安全仪表系统的风险管控能力。

参考文献

[1]姜秋实，张伟华，陈志新．储罐高高液位联锁安全应用探讨[J]．云南化工，2022(9)：114.

[2]高彦飞，王汉辉，俞文光．化工安全仪表系统检验测试[J]．工业控制计算机，2020(11)：50.

[3]庞欣然，朱杰，宋晓鹏，等．一种检验测试覆盖率的定义方法及其马尔可夫验证[J]．石油化工自动化，2023(1)：13.

[4]李超．LNG接收站安全仪表系统的管理实践—以福建LNG接收站为例[J]．能源与环境，2019(5)：102.

[5]朱杰，张则立，俞文光，等．安全仪表系统检验测试程序完整性研究[J]．自动化仪表，2023(5)：14.

[6]刘彦昌．青岛炼化硫磺回收装置安全仪表系统SIL定级和验证[D]．中国石油大学(华东)，2020.

[7]国家安全监管总局．关于加强化工安全仪表系统管理的指导意见：安监总管三〔2014〕116号[S]．北京，2014.

[8]刘瑶，朱明露．工业互联网风险分析技术[J]．仪器仪表标准化与计量，2022(4)：4.

[9]王志国，储天舒，田静，等．控制系统性能评估技术发展综述[J]．自动化仪表，2023(11)：1.

[10]金光海，黄玖来．安全仪表系统构建与安监总局2014年116号文件解读[C]．第四届CCPS中国过程安全会议论文集青岛，2016.

HPPP 天然气流量标准装置内漏实验及分析

付顺康　王柯栩　陈曦宇　刘博韬　侯　阳　杨　阔

（国家石油天然气管网集团有限公司西气东输分公司武汉计量研究中心）

摘　要：武汉分站高压活塞体积管法原级标准装置，通过测量活塞在体积管内运动的时间和体积管的体积可直接复现天然气体积流量。然而长期使用会造成活塞密封逐渐失效，活塞运动时天然气内漏，导致运动时间过长影响测量结果。文章通过分析高压活塞体积管法原级标准装置的工作原理，采用临界流文丘里喷嘴开展体积管泄漏量测量实验，并给出了实验用喷嘴选型的计算方法。最后，采用负压空气驱动、正压天然气驱动两种方式开展现场实验，验证了实验方法的可行性。

关键词：HPPP 原级标准装置；泄漏量测试；临界流文丘里喷嘴；活塞密封

随着我国高压天然气管网的加速建设，天然气贸易量和使用量逐年攀升。天然气工业快速发展带动了流量计检定需求量的急剧增长。为保证贸易交接中公平公正，天然气量值的准确性尤为重要。

天然气原级标准装置作为量值传递链的源头，备受国际关注。迄今为止，国际上只有我国在内少数几个国家建有高压天然气流量原级标准装置；中国的高压实流天然气原级标准装置包括质量时间法(mt)[1]原级标准装置和高压活塞体积管法(High Pressure Piston Prover，以下简称 HPPP)原级标准装置[2-4]。

HPPP 原级标准装置以高压体积管为主标准器，内置测量用活塞，配套有拉线位移传感器、内径标准器、通用频率计数器、差压变送器、压力变送器、温度变送器、气相色谱分析仪等辅助测量设备，结合检定控制系统实现测量过程的精确控制和测量数据的高精度采集[2]。体积管内部活塞用于测量流入体积管内的气体体积流量，天然气推动其在管内做匀速直线运动，利用测量段容积除以匀速运动时间即可得到体积流量，因此活塞匀速运动过程的确保与否与计量准确性高度相关。然而，长期使用会导致活塞密封圈、垫片等磨损，动态密封效果受到影响，天然气从活塞密封处向运动方向泄漏，造成推动活塞运动的天然气体积与计量体积不一致。活塞与体积管之间的密封性能对计量精度的影响很大，尤其是小流量点时，测量时间较长会显著影响实际量值，因此精准的把控活塞与体积管之间的密封性能是一项关键技术[3-6]。本文针对武汉分站 HPPP 原级标准装置提供了体积管内漏量实验方案，并给出了内漏测试用喷嘴的选型计算方法，为 HPPP 原级标准装置的维保提供了参考。

1　实验设备

1.1　HPPP 原级标准装置

HPPP 原级标准装置采用容积—时间法原理，根据活塞通过的有效体积与活塞通过体积的测量时间可计算气体通过活塞时的体积流量，然后与传递级流量计所测体积流量进行比较即可得到传递级流量计的误差，完成量值传递过程。体积管 a1、a2、a3、a4、a5 位置安装有 5 组位置触发开关，a2、a3、a4 处，每个截面上各安装有 3 个位置开关，测量的时间为 3 个位置开关测量结果的平均值。a3 位置位于 a2 和 a4 的中间位置，用于核验确认活塞运动速度是否匀速运动，工作原理图如图 1 所示。

如图 1 所示，a1 至 a2 段为活塞运动的加速稳定段，长约 2m，活塞加速运动并达到稳定；a2 至 a4 为测量段，长度为 3000.535mm，直径为 250.126mm，用于检定的置换体积 147.4374dm^3，活塞在从 a2 到 a4 过程中匀速运动，推出稳定的标准体积天然气；a4 至 a5 为活塞运动的缓冲段，长约 1m，活塞运动速度下降停止在体积管出口端。

工作时，天然气经过滤、压力、温度调节后进入 HPPP 工艺流程，通过阀门切换，经过以下 3 个阶段完成测量。

（1）准备阶段（预热阶段）：测量开始前（如图 1（b）所示），气体依次通过阀组、体积管和传递流量计，返回高压管道，此时活塞静止。

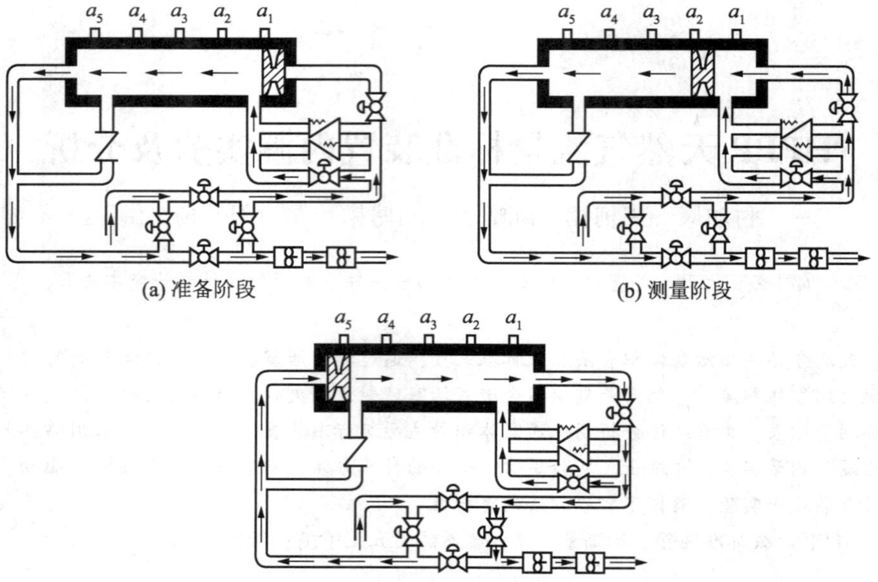

(a) 准备阶段　(b) 测量阶段　(c) 复位阶段

图1　HPPP原级标准装置工作原理

(2)测量阶段：该阶段为测量核心阶段[7]。当流体条件(温度、压力和流量)稳定后，气体推动活塞运动。活塞通过a1位置(图1(b))，位置开关记录活塞开始运动；活塞通过a2位置，位置开关触发计时器开始计时；活塞通过a4位置，位置开关触发计时器停止计时，测量结束。活塞移动至末端后，气体将通过旁路和单向止回阀回到下游。

(3)复位阶段：工作结束后，通过切换四通阀组改变气流方向将活塞推回至原始位置，如图(c)所示。

1.2　活塞

武汉分站的HPPP原级标准装置其高压体积管内部的活塞材质为AlMgSi0.5。测量时，活塞经加速-匀速-减速三段运动过程，推动活塞运动的天然气体积在测量段被计算。活塞结构如图2所示，其核心为裙部部分，呈两凸台圆柱形，两侧分别采用密封圈、垫片、滑环做动态密封。

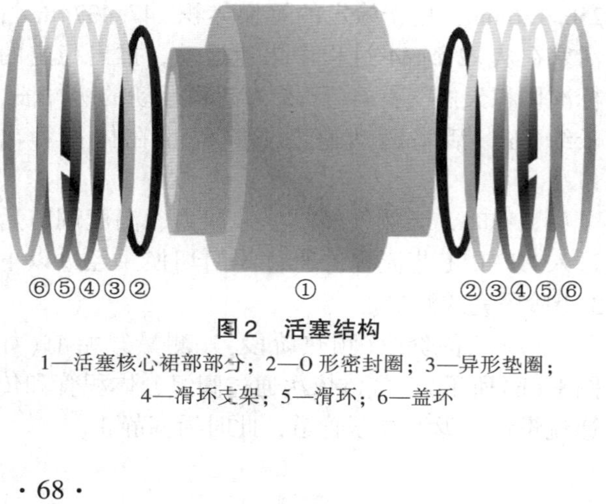

图2　活塞结构

1—活塞核心裙部部分；2—O形密封圈；3—异形垫圈；4—滑环支架；5—滑环；6—盖环

2　实验方案

2.1　体积管泄漏测试方法

2.1.1　测量原理

如果系统存在泄漏，即部分天然气未作用于活塞运动，而是从活塞密封处向活塞运动方向漏出，则实际运行时间 t_1 会长于理论运行时间 t_0，经过体积管的天然气体积流量理论值应大于实际流量测量值。为确保获取准确的理论流量值，可选取临界流文丘里喷嘴作为气体流量标准表使用。临界流文丘里喷嘴以其结构简单、稳定性好、准确度高、无可动部件、维护方便、检定周期长等特点，被作为气体流量标准表、次级标准使用[5-11]。当背压比达到临界压力比时，气体在喉部的速度即等于当地音速，流过临界流文丘里喷嘴的气体流量达到最大。

活塞在体积管内的理论运动时间计算如(1)式所示：

$$t_0 = \frac{V_0}{Q_0} \times 3600 \tag{1}$$

式中　t_0——活塞理论运行时间，s；

Q_0——理论流量，测试喷嘴体积流量，m^3/h；

V_0——测量段体积，0.147187m^3。

体积管泄漏量计算公式如(2)式所示：

$$Q_{泄漏} = Q_0 - Q = \frac{V_0}{t_0}\left(\frac{t-t_0}{t}\right) = Q_0\left(1-\frac{t_0}{t}\right) \tag{2}$$

式中　$Q_{泄漏}$——泄漏量，m^3/h；

Q——体积流量测量值，m^3/h；t 为活塞实际运动时间，s。

由(2)式可知，若选取较大设计流量喷嘴，由于天然气驱动力更大，活塞运动时间较短，理论运动时间 t_0 和实际运动时间 t 差别较小，则计算泄漏量趋于0，无法得到泄漏量测量值。因此，应选取小流量喷嘴开展测试。

2.1.2 测量条件

测试采用空气、天然气两种介质分别开展，实验测试工况条件如表1所示。

表1 体积管内漏测试实验工况条件

实验方式	测试介质	测试压力/MPa	测试温度/℃	测试用喷嘴设计流量/(m^3/h)	阀门内漏判定条件
负压空气驱动	空气	常压	20±2	0.33	示数稳定后10min变化大于5Pa
正压天然气驱动	天然气	6~7.2		0.22	

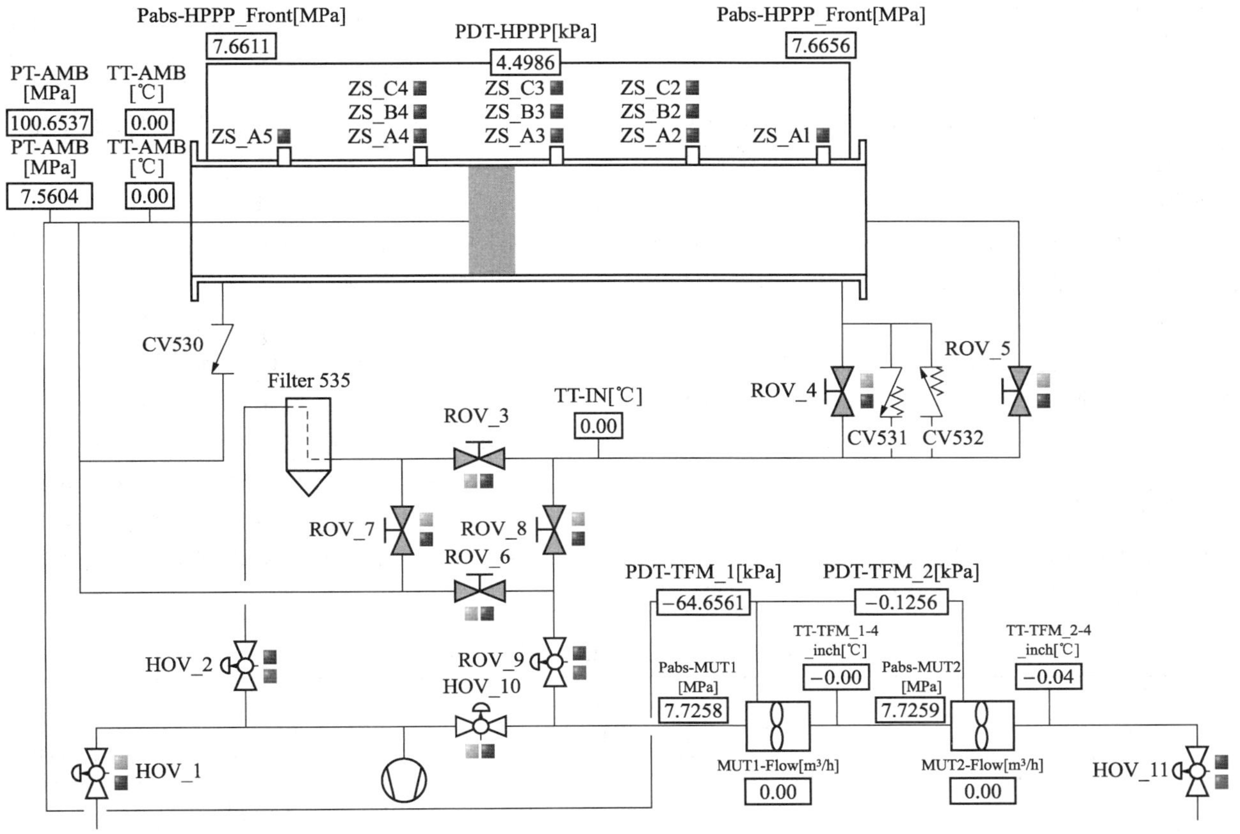

图3 负压空气驱动法

2.1.3 负压空气驱动法

负压空气驱动法的原理是外接临界流文丘里喷嘴，安装于原级标准装置的球阀HOV-10旁通处。实验开始时，体积管入口处球阀打开，通过真空泵将体积管内部抽真空，外界大气压高于体积管内部压力，喷嘴处达到临界背压比，以负压空气驱动活塞运动，如图3所示。利用测距仪记录活塞的起始位置和终止位置，记录活塞从起始位置位置移动到终止位置的时间，通过活塞移动的距离计算体积，体积和时间计算出测量流量；通过无泄漏时的理论流量值对比测试结果，验证泄漏量大小。

测试采用的临界流文丘里喷嘴即采用负压空气驱动方式校准，保证泄漏测试实验与喷嘴校准时的状态一致，确保泄漏量测量结果的准确性。

2.1.4 正压天然气驱动法

工程应用中，HPPP原级标准装置常用于高压天然气工况下，此时体积管由于内部承压可能会发生形变，影响测量段体积，因此正压天然气驱动法更适用于现场工况。正压天然气驱动法的原理是将临界流文丘里喷嘴安装于原级标准装置下游被检台位。实验开始时，体积管入口处球阀打开，通过压力调节使喷嘴处达到临界背压比，天然气推动活塞在体积管内运动，操作过程中活塞前后压差控制在7~11kPa。检测开关记录活塞在测量段运动的时间，通过比较无泄漏时的理论流量计算值和实际测试结果，验证泄漏量大小。

2.2 阀门内漏测试

为确保体积管内漏测试实验结果准确，泄漏量实验开展前应首先进行球阀内漏测试，排除球阀关闭状态下天然气内漏对测试结果的影响。

(1)关闭原级标准装置进气球阀 HOV-1。

(2)关闭下游球阀 HOV-9、HOV-10、HOV-11，放空球阀阀腔内压力及管段之间压力后稳定10min，采用多功能信号校验仪观察上游压力变化，示数稳定后 10 分钟内管线压力波动不超过 5Pa 即视为无泄漏。经实验，HOV-9、HOV-10、HOV-11 及该段管线无泄漏，从 HOV-9、HOV-10、HOV-11 之间管路到喷嘴的测试体积约为 $0.15m^3$。红色管线表示该阶段放空、检测区域管线，确认无泄漏后采用 HOV-10 的旁通平衡阀进行平压。

(3)关闭球阀 ROV-6、ROV-8，放空球阀阀腔内压力，观察压力变化，测试 ROV-6、ROV-8 及之后管线无泄漏。

(4)关闭球阀 ROV-3、ROV-7，放空球阀阀腔内压力，观察压力变化，测试 ROV-3、ROV-7 无泄漏。

3 结果与分析

3.1 临界流文丘里喷嘴选型

对于活塞式天然气计量标准装置，其理论最大泄漏量计算式如式(3)：

$$Q_{泄漏}^{max} = k \cdot u_0 \cdot Q_{min} \tag{3}$$

式中 $Q_{泄漏}^{max}$——标准装置最大泄漏量，m^3/h；

k——泄漏量系数，通常取 1/5 ~ 1/10；

u_0——原级标准装置的扩展不确定度,%；

Q_{min}——标准装置测量下限，m^3/h。

泄漏量测试用喷嘴的误差流量应小于装置的实际泄漏量，否则无法得到泄漏量值，如式(4)：

$$\dot{Q}_0 \cdot u_Q \leqslant Q_{泄漏}^{max} \cdot \alpha \tag{4}$$

即：

$$\dot{Q}_0 \leqslant \frac{\alpha}{u_Q} \cdot Q_{泄漏}^{max} \tag{5}$$

上式中 $\dot{Q}_0$——泄漏量喷嘴设计流量，m^3/h；

u_Q——泄露测试用喷嘴的最大允许误差,%；

α——允许比例系数。

用于体积管泄漏量测试的喷嘴理论设计流量计算结果如表 2 所示。表 2 计算结果表明，选取喷嘴的最大允许误差越小，选用喷嘴的设计流量越大。泄漏量系数 k 和允许比例系数 α 越小，对喷嘴的选用要求越高。通常情况下，α 取 1/3，k 取 1/5 即可满足现场要求。此外，喷嘴喉径过小可能会造成测试时间过长，导致杂质堵塞或冰堵从而影响实验结果。综合考虑采用 $0.3m^3/h$ 左右设计流量的临界流文丘里喷嘴开展体积管内漏测试实验。

表 2 体积管内漏测试喷嘴设计流量理论计算值

α	u_Q	$\dot{Q}_0$($Q_{min}=20m^3/h$ 时)/(m^3/h)			$\dot{Q}_0$($Q_{min}=8m^3/h$ 时)/(m^3/h)		
		$k=1$	$k=1/5$	$k=1/10$	$k=1$	$k=1/5$	$k=1/10$
$\alpha=1$	$u_Q=0.1\%$	10.000	2.000	1.000	5.600	1.120	0.560
$\alpha=1/3$		3.333	0.667	0.333	1.867	0.373	0.187
$\alpha=1/5$		2.000	0.400	0.200	1.120	0.224	0.112
$\alpha=1$	$u_Q=0.2\%$	5.000	1.000	0.500	2.800	0.560	0.280
$\alpha=1/3$		1.667	0.333	0.167	0.933	0.187	0.093
$\alpha=1/5$		1.000	0.200	0.100	0.560	0.112	0.056

3.2 负压空气驱动法体积管内漏量计算

采用负压空气驱动活塞运动开展测试。体积管测量段为 a2 至 a4 段，体积为 $0.147187m^3$，选取 $0.3349m^3/h$ 的临界流文丘里喷嘴开展测试，需约 1586s(26.41min)完全置换出测量段内天然气。实际测量时间为 1633.6s，流量测量值为 $0.3249m^3/h$，即有少部分天然气未推动活塞运动而是从活塞密封处泄露至活塞后方。考虑体积管管容影响，原级标准装置流量测量值为 $0.333m^3/h$，则原级标准装置泄漏量为 $0.0019m^3/h$，即该条件下测量得到的泄漏量小于 $0.002m^3/h$，泄漏量仅装置流量测量下限的 0.02%。

3.3 实流天然气驱动法验证

采用 $0.2899m^3/h$ 的临界流文丘里喷嘴在实流天然气条件下再次开展泄漏量测试以对比两种方法结果。实际测试后需约 1831.8s(30.53min)

完全置换出测量段内天然气。实际测量时间为1831.5s，原级标准装置流量测量值为0.2893m^3/h，泄漏量为0.0006m^3/h，泄漏量仅装置流量测量下限的0.0075%，可忽略不计。

4 结论

本文对武汉分站高压活塞体积管（HPPP）原级标准装置的活塞泄漏情况进行了分析，结论如下：

（1）提出了两种泄漏量测量方法，并提供了内漏测试用临界流文丘里喷嘴的选型计算方法，为体积管活塞运动状态的监测、密封组件的维保提供了参考。

（2）依据选取的小喉径临界流文丘里喷嘴，采用负压空气驱动法开展泄漏量测试，并在更换密封组件后采用正压天然气驱动法进行了验证。

（3）负压空气法测量处泄漏量为0.0019m^3/h，采用正压实流天然气法测量的泄漏量可忽略不计，即体积管在高压天然气下运行时泄漏量更小。实验结果验证了两种体积管泄漏量测试方案的可行性。

参考文献

[1]国明昌，杨博．质量－时间法高压天然气流量标准装置应用研究[C]．2012年中国油气计量技术论坛论文集．2012.

[2]闫海明，李国祥，张辉，等．HPPP法原级标准装置测控系统设计[J]．计量与测试技术，2020(17)：20.

[3]闫文灿，徐明，侯阳，等．基于HPPP法标准装置检定音速喷嘴的方法研究[J]．计量与测试技术，2019(11)：24.

[4]李占鹏，涂程旭，包福兵，等．活塞式标准体积管发展现状[J]．机床与液压，2023(8)：150.

[5]夏馨卉．正压法音速喷嘴气体小流量标准装置的建立和影响因素研究[D]．河北大学，2024.

[6]权亚强，侯雪丹．临界流文丘里喷嘴式燃气表检定装置泄漏分析[J]．煤气与热力，2022(12)：10030.

[7]殷图源，魏大盛，索双富．往复密封摩擦力测试技术探讨[J]．润滑与密封，2021(9)：143.

[8]华陈权，郑金吾．音速喷嘴气体流量标准装置的误差分析[J]．自动化仪表，2003(10)：46.

[9]Yang Peng. Simple Analyzing about the Research Status on the Sonic Nozzle[J]. Metrology & Measurement Technique，2013(40)：8.

[10]陶鹏宇．临界流文丘里喷嘴法气体流量标准装置质量控制技术研究[D]．中国石油大学(北京)，2022.

[11]邢静芳，范玉成，陈丽弘，等．临界流文丘利喷嘴法气体流量标准装置概述[J]．工业计量，2022(1)：23.

基于数据模型和机理模型的天然气管网在线发热量跟踪技术

刘　喆[1,2]　孙成威[1]　张瑛琦[2]　左丽丽[1]　金钟翔[2]　苏　怀[1]　焦丁禹[1]

(1. 中国石油大学(北京)机械与油气储运学院；2. 国家石油天然气管网集团有限公司西气东输分公司南京计量研究中心)

摘　要：全球能源市场一体化的宏观背景下，尽管国际上多采用能量计量方式，但国内仍采取体积计量，迫切需要转变贸易计量方式。文章介绍了一种结合深度学习神经网络与仿真机理模型的在线发热量跟踪技术，自主研发编译了天然气在线发热量跟踪系统，通过机理模型与大数据模型嵌套互补，精准感知管道运行实时数据并输出天然气的组分及发热量等关键参数。该系统已部署在长输管道计量站场，基于在线系统的计算结果，可以实现配备在线色谱分析仪的实时核查及未配备在线色谱分析仪站场的赋值，为复杂长输天然气管网能量计量推广实施提供了有力保障。

关键词：天然气管网；计量系统；数据驱动；仿真模型；在线发热量跟踪

目前，按能量计量和结算已经是国际上常用的天然气贸易和结算方式，管输费和天然气终端消费同样采用能量结算费用。欧美国家以及南美、中东、亚洲的大多数国家均以天然气能量进行结算，但国内尚普遍采用以体积流量作为天然气贸易结算的依据。随着“全国一张网”的初步建成，针对未配置在线色谱仪的计量站，开发准确可靠的天然气发热量赋值方法，实现多气源格局下的发热量跟踪，对推广天然气能量计量、实现天然气供销的国际接轨、保障贸易公平公正意义重大。

MJ Ryan 等人[1]于 1986 年研究求解描述气体质量(分解、比重、发热量等)运动的传输方程。Peter 等人 2014 年开发的气体质量跟踪方法结合标准负荷曲线(SLP)确定出口处体积流量、使用 Monte-Carlo 模拟法[2](MCM)评定气质跟踪方法的不确定度来确定不同气源的天然气发热量计算及其准确性。E. ON 团队根据此方法开发了 Smartsim 软件。GUANDALINIG[3]于 2017 年采用能量流量代替流速，建立天然气管道瞬态模型，来跟踪研究注入 H_2 对天然气管网输量和发热量的变化。Maciej 和 Chaczykowski[4] 2017 年研究了两种跟踪气体组成的方法，一种是使用批次跟踪方法，另一种是使用隐式后向差分方法求解对流方程，并将这些方法应用于波兰和挪威的气体传输管网中，应用效果良好。Fan Di 等人[5] 2021 年提出了一种天然气管网瞬态组分跟踪方法，将所有相邻的管道连接在一起进行划分网格，以此方法实时预测管网中的气体成分，并考虑其对物性参数计算的影响。Bermúdez Alfredo 等人[6] 2022 年介绍了一种跟踪管网中气体成分的方法，即在粗网格上的流动方程选择二阶有限元方法，在细网格上的组分方程选择一阶特征线方法。李克[7] 2013 年针对天然气管道运输中压力分布、流速、时间进行了研究，建立了天然气发热量的赋值数学模型。潘国君[8] 2015 年在气质瞬变模型的基础上建立了质换型天然气混输管网的仿真模型，模拟了某管网在气质变换过程中下游各节点的发热量变化情况，为下游工商业用户提供参考。刘琦[10] 2017 年利用 CFD 方法[9]，优化了对双气源混合分输站内的体积计量和发热量测定的工艺流程，提高了分输站内能量计量的准确性。童睿康[11] 2021 年将线性化、水热力去耦和代数方程迭代求解等方法应用于多气源天然气管网稳态仿真中，开发高效的多气混输稳态仿真求解技术，计算速度具有明显加速效果。王雁冰[12] 2023 年耦合了混输节点流量分配求解方法和发热量动态赋值方法，编写了发热量赋值计算软件，经验证，发热量的模拟数值与实测结果的误差在 0.36%之内。

天然气发热量赋值方法有固定赋值、可变赋值和质量跟踪 3 种方法，固定赋值和可变赋值只适用于拓扑结构简单的输气管网，复杂得多气源管网可以使用质量跟踪来确定发热量。质量跟踪是指通过某种途径再现被计量气体在计量界面的状态，用于描述该状态的参数包括气体的组成、温度、压力、流量、发热量等。因此，开发一套具有气质跟踪和发热量赋值功能的高效稳定的天然气发热量跟踪技术对推广能量计量非常有意义。

1 发热量跟踪机理介绍

1.1 仿真机理方程

1.1.1 管道控制方程

元件是天然气管网的主要组成部分，主要包括管道、调压阀、压缩机和其他类型的设备。元件数学模型是描述部件设备内流体流动状态的控制方程，包括连续性方程、动量方程和能量方程。本文主要介绍了管道控制方程，而其他元件则需要根据实际设备属性进行建模。

（1）水力模型

基于质量守恒和动量守恒原理，推导了天然气管道模拟的水力模型。质量方程的理论基础是质量守恒定律，该定律指出，在管道中的气体流动过程中，系统的质量保持守恒。动量方程的理论基础是牛顿第二定律，该定律指出，控制体积内流体动量的变化等于作用在该流体上的所有力的冲量之和。

$$\frac{\partial(\rho A)}{\partial t}+\frac{\partial(\rho A w)}{\partial x}=0 \tag{1}$$

$$\frac{\partial(\rho w)}{\partial t}+\frac{\partial(\rho w^2)}{\partial x}+\frac{\partial p}{\partial x}+\frac{\lambda}{d}\frac{\rho w^2}{2}+\rho g\sin\theta=0 \tag{2}$$

式中 ρ——气体密度，kg/m^3；

A——管道横截面积，m^3；

w——流速，m/s；

t——时间，s；

x——管长位置，m；

g——重力加速度，m/s^2；

θ——管道横截面阿吉，m^3；

λ——水力摩阻系数；

d——管道内径，m；

p——压强，Pa。

（2）热力学模型

能量方程的理论基础源于能量守恒定律，该定律指出能量可以从一种形式转换为另一种形式，但总能量保持守恒。

$$-\frac{\partial Q_e}{\partial x}=\frac{\partial}{\partial t}\left[\rho A\left(u+\frac{w^2}{2}+gs\right)\right]+\frac{\partial}{\partial x}\left[(\rho A w)\left(h+\frac{w^2}{2}+gs\right)\right] \tag{3}$$

式中 Q——单位质量气体向外界放出的热量，J/kg；

u——气体内能，J/kg；

h——气体的焓，J/kg；

s——管道高度，m。

（3）组分连续性方程

组分连续性方程用于确定各个组分在管网运移中如何变化。

$$\frac{\partial c_i}{\partial t}+\frac{\partial(c_i\omega)}{\partial x}=0 \tag{4}$$

式中 c_i——气体 i 组分摩尔百分比。

1.1.2 节点平衡方程

节点既包括管网内的首站、末站、压力站、配气站、阀室等具体连接点，也包括压缩机进出口和调压阀的人为划分的连接点，在连接点处有平衡约束。

（1）节点质量平衡方程

$$\sum_{i=1}^{N_{in}}M_{\text{in},i}+\sum_{i=1}^{N_s}m_{\text{in},i}=\sum_{i=1}^{N_{out}}M_{\text{out},i}+\sum_{i=1}^{N_c}m_{\text{out},i} \tag{5}$$

式中 M、m——管网内部流动的质量流量及进出管网的质量流量；

下标 in/out——进出节点；

i——第 i 根管道；

N_s——气源数量；

N_c 表示供气用户数量，kg/s。

（2）节点压力平衡方程

$$p_{\text{in},1}=p_{\text{in},2}=p_{\text{in},3}=\cdots=p_{\text{in},\text{Nin}}=p_{\text{out},1}=p_{\text{out},2}=p_{\text{out},3}=\cdots=p_{\text{out},\text{Nout}} \tag{6}$$

式中 p 为压强，Pa；下标分别表示进出节点及节点的序号。

（3）节点温度平衡方程

$$T_j=\frac{\sum_{i=1}^{N_{in}}M_{\text{in},i}T_{\text{in},i}+\sum_{i=1}^{N_s}m_{\text{in},i}T_{\text{in},i}}{\sum_{i=1}^{N_{in}}M_{\text{in},i}+\sum_{i=1}^{N_s}m_{\text{in},i}} \tag{7}$$

式中 T——温度，K；下标与前述相同。

（4）节点组分平衡方程

$$c_j=\frac{\sum_{i=1}^{N_{in}}M_{\text{in},i}c_{\text{in},i}+\sum_{i=1}^{N_s}m_{\text{in},i}c_{\text{in},i}}{\sum_{i=1}^{N_{in}}M_{\text{in},i}+\sum_{i=1}^{N_s}m_{\text{in},i}} \tag{8}$$

式中 c_i——气体 i 组分摩尔百分比，即节点处完全掺混后的组分浓度。

1.2 时域卷积网络（TCN）

TCN 作为 CNN 架构的先进变体，在处理大规模时间序列数据时展现出显著优势，其核心在于融合膨胀因果卷积与残差模块。膨胀因果卷积独特设计使模型能在当前层捕获未来信息，全面理解时间序列动态。残差模块则通过促进梯度传播，有效缓解深度网络中的梯度消失问题，提升训练效率和稳定性。这种结合赋予 TCN 在处理时间序列数据时卓越性能，为相关领域研究与应用提供强大技术支持。

1.2.1　膨胀因果卷积

在传统神经网络架构中，全连接神经元模式虽促进信息层间自由流通，但处理时序数据时，因违反时间顺序规则，易致信息泄露。为应对此挑战，因果卷积采用精心掩膜策略，仅保留前向连接，确保时序处理严格遵循时间依赖。然而，因果卷积对历史信息覆盖有限，增加层数虽可扩大捕捉范围，却加剧训练难度。为解决此局限，膨胀因果卷积应运而生，通过扩展神经元感受野，有效捕获更广泛历史信息，无需过多增加层数。此设计不仅增强时序处理能力，还减轻计算负担，促进网络训练与优化。

对于一个一维序列输入 $X=(x_0, x_1, \cdots, x_t, \cdots, x_T)$ 和一个卷积核 f，序列的元素 T 的卷积操作 H 定义如下：

$$H(T)=X*f(T)=\sum_{i=0}^{n-1}f(i)\cdot x_{T-d\cdot i} \quad (9)$$

式中　n——卷积核尺寸；

d——膨胀参数。

1.2.2　残差模块

为了应对深度和复杂模型的挑战，TCN 使用残差网络连接来代替层之间的简单连接。通过使用残余网络连接，TCN 能够跨层传递信息，从而避免在深层条件下丢失信息。残差模块能够将历史信息和转换后信息合并作为当前的输入，在网络层数较深时保证训练效果。

$$o=Activation(x+\chi(x)) \quad (10)$$

式中　o——残差模块输出；

Activation——激活函数；

x——之前的信息；

$\chi(x)$——转化后的信息。

1.3　基于数据与机理的复合发热量跟踪技术

为解决在线仿真数据传输信号质量受工况切换等复杂条件影响导致的稳定计算难题，本文构建了融合仿真计算模型与数据预测模型的框架，发展了基于“数据＋机理”双驱动机制的发热量追踪在线仿真技术。该技术采用 SCADA（Supervisory Control And Data Acquisition）数据作为初始输入条件，仿真计算引擎依据物理机理方程进行输出计算，而数据驱动引擎则运用深度学习算法对运行数据进行实时预测，并通过优化选择算法筛选出最优预测结果，确保在线发热量追踪系统的持续稳定运行。机理模型与数据模型的逻辑架构如图 1 所示。

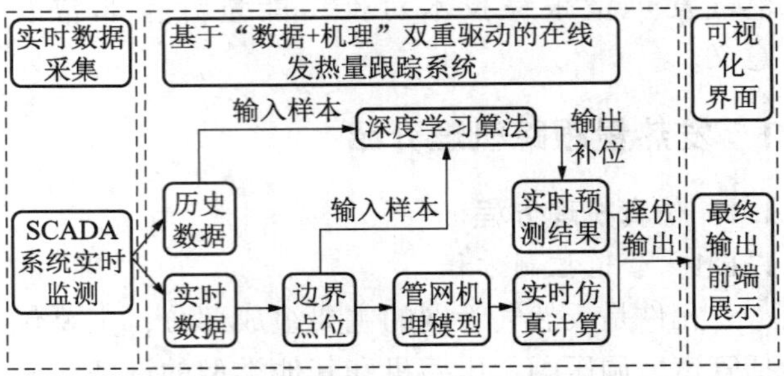

图 1　机理模型与数据模型的逻辑原理图 1

2　数据采集与在线发热量跟踪系统

基于天然气管网在线热量追踪的业务需求，结合现场动态计量数据特性，定制开发了 BS 架构的天然气管网在线仿真热量追踪软件系统。该系统集工艺计算、数据管理、可视化展示于一体，分为前端 Web 界面、中间数据库连接层、后台内核算法处理层。前端集成视图与交互组件，实现界面定制与数据直观展示；中间层确保数据完整性、一致性与实时性，支撑前后端交互；后台集成先进工艺模型与算法，高效处理管网建模与仿真任务。系统功能涵盖数据采集、数据库构建、仿真接口设计、Web 服务设计，其中 Web 服务设计聚焦于 HTML5 前端交互页面、echarts 地图界面、数据可视化与清洗工具开发、API 与数据库接口设计、综合能流图与数据看板界面设计等。整体系统通过层次紧密协作，实现高效工艺计算、便捷数据管理与直观可视化展示，为生产业务研究提供技术支持。

3　案例测试

系统集成了实时数据采集与处理功能，能够接入天然气流量、温度、压力等关键参数的实时数据流，并据此开发了高效动态适应的发热量追踪算法。该算法智能分析实时数据流，动态调整仿真参数，精准捕捉天然气发热量变化，显著提升模拟结果的精确度和时效性。

本文内核算法以国内某区域复杂多线输气管网为测试案例，该管网由 135 个元件、107 个站场构成，包含多环多支线、长距离、大管径、高压力等特征，具有一定参考价值。测试覆盖主干管网、站场、节点、压缩机及阀门等，并考虑沿线气源及分输用户。通过对比实际工况运行数据与融合模型输出数据，本文重点分析了长输管道计量站场的发热量与组分数据，旨在实现天然气管网在线发热量的准确跟踪。

3.1 工况平缓波动结果比对

选择某区域管网的干线输气站场在夏季工况5月份长周期(连续72h)内流量较为平缓波动的运行数据作为对比分析的参照组，以该区域的上游、中游、下游多个分输站场的计算数据作为对照组，其发热量及甲烷组分的对比结果可见图2所示。

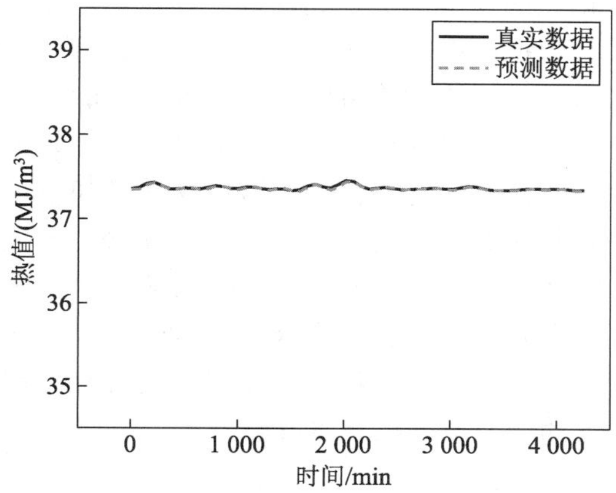

(a) A站场的发热量计算结果对比图

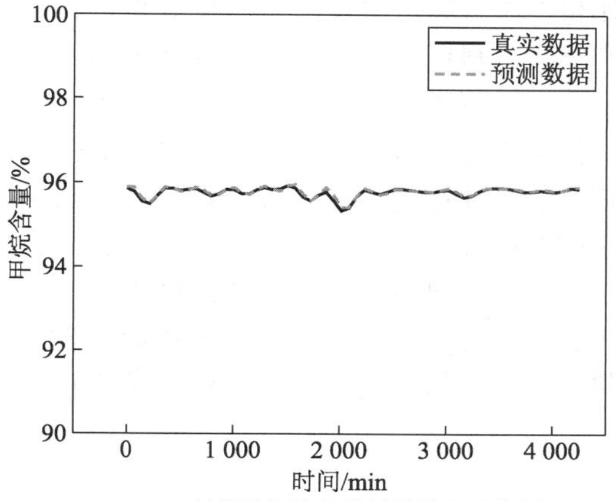

(b) A站场的甲烷组分计算结果对比图

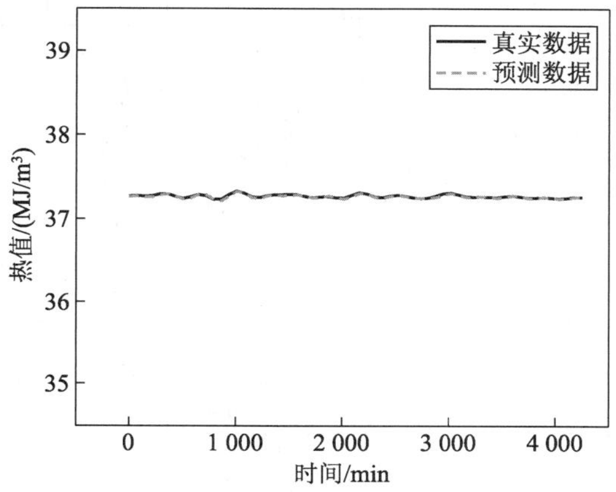

(c) B站场的发热量计算结果对比图

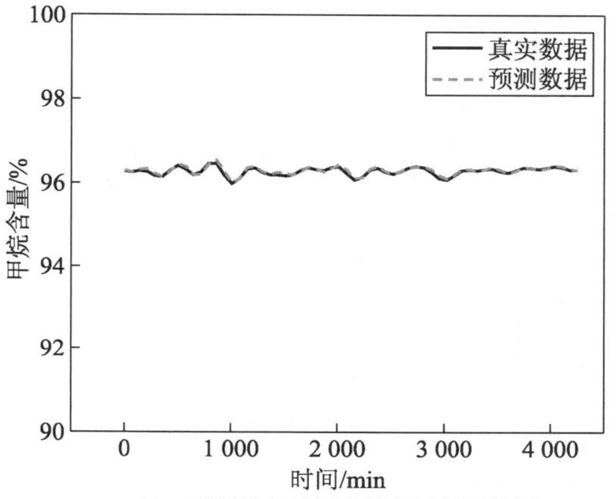

(d) B站场的甲烷组分计算结果对比图

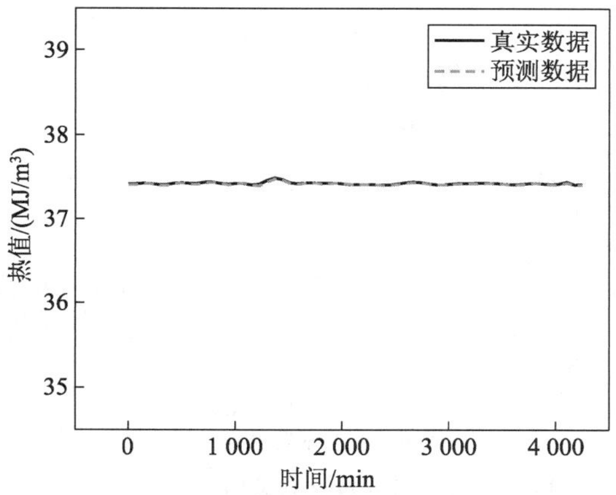

(e) C站场的发热量计算结果对比图

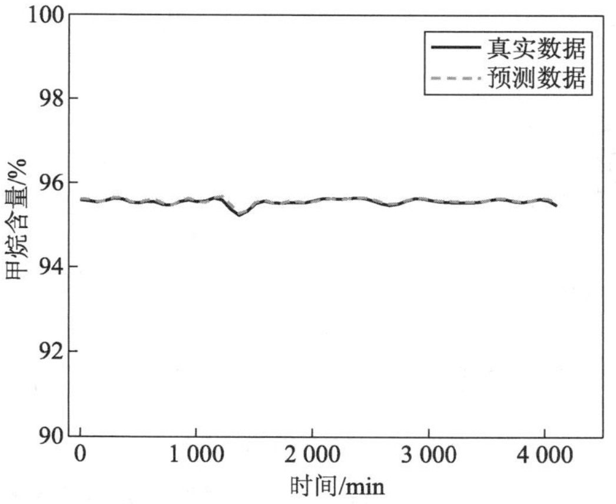

(f) C站场的甲烷组分计算结果对比图

图2 工况平缓波动条件下计量站场发热量及甲烷组分对比结果图

在图2中，沿管网流向展示了A、B、C三个关键站场的发热量及甲烷组分对比结果。实际运行数据以蓝色曲线呈现，仿真模型计算结果则以橙色曲线表示。计算数据的边界条件基于局域管网干线实测运行数据(包括温度、压力、流量等)，该工况近似平缓波动。各站场内部配备气相色谱以提供对比数据。结果显示，仿真模型在A、B、C站场的性能评估显示，A站场的发热量与甲烷组分模拟相对偏差分别为0.10%和0.02%，B站场同样为0.10%和0.02%，C站场的发热量模拟相对偏差为0.12%，甲烷组分相对偏差为0.01%。对该区域多个站场的验证结果表明，所开发的天然气管网仿真模型内核算法在正常工况下表现出色，发热量最大计算偏差为 0.12%，甲烷组分最大计算偏差为 0.03%。

3.2 工况波动明显结果比对

利用机器学习算法对发热量历史数据进行深度分析和学习，得以预测并实时估计当下的发热量及组分，有效解决了仿真计算模型在工况波动时收敛不佳的难题，有助于保证核心输出数据的连续稳定。仿真计算模型的表现往往高度依赖于边界条件的精准设置与模型方程的完整性，而在某些情况下，如工况波动剧烈或特定原因造成计算延迟，机器学习算法的预测结果便成为关键补充，确保系统在任何情况下都能提供连续且稳定的输出。

在图 3 中，沿管网流向展示了 D 站场和 E 站场两个站场的发热量及甲烷组分对比结果。实际运行数据以黑色曲线表示，而基于机器学习算法的数据预测模型计算结果则以红色曲线呈现。数据预测模型采用站场内部气相色谱装置的实测运行数据(包括发热量及所有组分数据等)作为输入，包括该站的历史发热量数据，能够精确输出各站的实时发热量数据预测结果。结果显示，在剧烈波动工况下，D 站场的发热量和甲烷组分计算相对偏差分别为 0.02% 和 0.02%，E 站场则分别为 0.06% 和 0.03%。数据预测模型在发热量及组分预测方面展现出极高准确性，为遭遇剧烈波动工况时计量站场实时发热量的计算输出，提供了可靠且高效的技术支持。

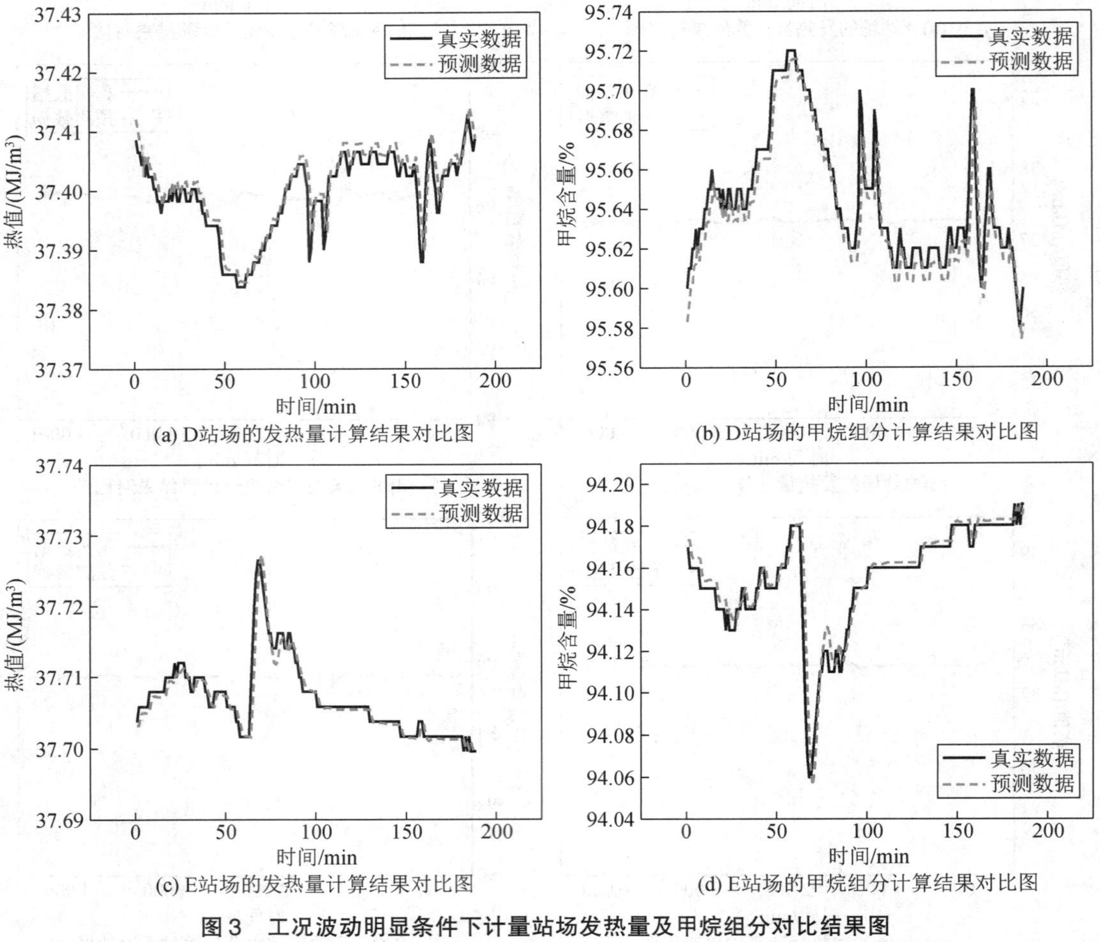

(a) D站场的发热量计算结果对比图
(b) D站场的甲烷组分计算结果对比图
(c) E站场的发热量计算结果对比图
(d) E站场的甲烷组分计算结果对比图

图 3　工况波动明显条件下计量站场发热量及甲烷组分对比结果图

4 结论

本文开发的基于数据模型和机理模型的融合模型及天然气管网在线热量跟踪技术，成功应用于长输管道全线运行参数计算，显著增强了发热量跟踪模型的精度与鲁棒性，为天然气发热量的持续、准确监测奠定了坚实的理论基础与技术支撑。通过构建"数据 + 机理"双轮驱动的发热量跟踪机制，有效整合了实时数据流的动态反馈与物理机理的深刻理解，确保了系统在复杂多变的运行环境下仍能保持稳定运行，从而保障了天然气输送的安全性与效率。通过一系列覆盖多种工况的案例测试，充分验证了该融合技术方案在天然气发热量及组分跟踪方面的卓越性能。本文的研究成果不仅是对天然气管网在线监测技术的一次重要探索与实践，更为未来智慧能源系统的发展提供了可借鉴的技术路径与宝贵经验。

参考文献

[1]Ryan M J, Mailloux R L. Methods for performing composition tracking for pipeline networks[C]//PSIG Annual Meeting. PSIG, 1986.

[2]Fiebig C, Hielscher A, Span R, et al. Gas quality tracking in distribution grids with smartsim application in complex and meshed grids[C]//International Gas Union Research Conference-IGRC. 2014.

[3]Guandalini G, Colbertaldo P, Campanari S. Dynamic modeling of natural gas quality within transport pipelines in presence of hydrogen injections[J]. Applied Energy, 2017(185): 1712.

[4]Chaczykowski M, Zarodkiewicz P. Simulation of natural gas quality distribution for pipeline systems[J]. Energy, 2017(134): 681.

[5]Di F, Jing G, Shengnan Z, et al. A transient composition tracking method for natural gas pipe networks[J]. Energy, 2021(215): 1016.

[6]Alfredo B, Mohsen S. Numerical simulation of gas composition tracking in a gas transportation network[J]. Energy, 2022(247): 131.

[7]李克，潘春锋，张宇，等．天然气发热量直接测量及赋值技术[J]．石油与天然气化工，2013(3)：297.

[8]潘国君，郭开华，王冠培，等．天然气混输管网发热量波动过程模拟[J]．化工学报，2015(s2)：360.

[9]刘琦．基于 CFD 的双气源分输站能量计量关键技术研究[D]．西南石油大学，2017.

[10]徐孝轩，李奇，荆栋．多气源天然气输配管网的能量计量方法[J]．天然气工业，2018(1)：116.

[11]童睿康．多气源混输条件下复杂天然气管网稳态仿真研究[D]．长江大学，2021.

[12]王雁冰．多气源天然气管网发热量动态赋值方法研究[J]．计量学报，2023(6)：899.

中子寿命标准物质俘获截面定值分析与研究

秦晓红[1,2] 肖文杰[1,2] 陈建华[1,2] 魏 龙[1,2] 刘 青[1,2] 徐 涛[1,2] 王增平[1]

(1. 中国石油集团测井有限公司；2. 石油工业测井计量站)

摘 要： 中子寿命仪器刻度是保障测井数据准确度的重要环节，而标准刻度井内的标准物质俘获截面(∑)值的精确度为相关测井仪器的测量数据统一化和比对提供了有力支撑。文章从定值参数选择、测试方法的选择、定值数据的统计处理、中子俘获截面∑的计算方法等几个方面详细分析了中子寿命标准物质的定值方法，为标准刻度井的定值分析及量值溯源提供了参考和依据。

关键词： 标准刻度井；定值；参数选择；测试方法；中子俘获截面(∑)计算

中子寿命测井也叫热中子衰减时间测井。其原理是用脉冲中子源向地层发射能量为14MeV的中子，测量经地层慢化而又返回井眼内的热中子或俘获 r 射线。根据计数率随时间的衰减，算出地层的热中子俘获截面(∑)。在常遇储集层中，∑主要与含氯量有关。当岩石骨架中不包含热中子俘获截面大的矿物，地层水矿化度高且稳定时，利用这一测井方法，可在裸眼井特别是套管井中求出地层的含水饱和度[1]。

石油工业测井计量站内建造有中子寿命标准井群，使用白云岩、砂岩、淡水、淡盐水、浓盐水5种标准物质，并模拟裸眼井、套管井共建造10口中子寿命标准井，为中子寿命测井仪的刻度提供了高水准的量值传递体系，在这个体系中，标准物质定值的精确度则是关键环节，关系到是否能客观、准确地反映目标地层的岩性、饱和度等信息，是测井质量的保障。

本文以不同矿化度的标准井液为研究对象，从参数选择、测试方法、数据处理、稳定性说明等几个方面分析研究了俘获截面∑值的测定方法以及参数定值方法。采用多家、多种的分析方法共同定值，以确保其准确可靠。

1 标准井井液测试方法的选择

1.1 定值参数的选择

1.1.1 定值参数的选择依据

样品分析是作为最后定值的依据，因为∑值是指1cm^{3}均匀物质所含全部原子的热中子微观俘获截面之总和，这就要求做样品的全分析，尤其对宏观俘获截面贡献比较大的元素则要重点分析。根据全分析结果确定要分析的内容为：K、Si、Na、B、Ca、Gd、Mg、Eu、Cl、Mn、Fe、Pb、Li、Sm、SO_4^{2-}、密度。

1.1.2 定值参数选择的验证

为了确信定值参数的选择是可靠的，对所有样品中的全部元素进行离子色谱、发射光谱和等离子质谱测量，检出物质见表1，结果证明1.1.1要分析的内容具有代表性。Sm、Eu、Gd虽检出值很小，但是因为它们的微观俘获截面σ非常大，可能会对最终的宏观俘获截面∑有所贡献，所以最终也被选定。

表1 检出物质分析结果

样品名称	测试结果/(μg/L)(*单位为mg/L)											
	Li	Pb	B	Mn	Fe	Si	Na*	K*	Mg*	Ca*	Cl⁻*	SO_4^{2-}*	Sm Eu Gd
标准井液1	54.9	2.87	38.3	26.5	116	4750	28255	6.48	4.88	55.3	41165	420	未检出
标准井液2	219	7.70	99.2	239	48.9	3610	101398	18.2	12	182	151751	1762	未检出

1.2 液体密度的测定方法

1.2.1 密度瓶比重法

密度瓶法是测量液体密度的经典方法，其测量原理是在同一温度下，分别测定充满同一密度瓶水及试样的质量，由水的质量和密度确定密度瓶的容积，即试样的体积，根据试样的质量和体积计算出试样的密度ρ，计算公式(1)。

样品的密度ρ，数值以“g/mL”表示，按式(1)计算：

$$\rho = \frac{m_1}{m_2} \times \rho_0 \quad (1)$$

式中 m_1——充满密度瓶所需样品的表观质量，g；

m_2——充满密度瓶所需水的表观质量，g；

ρ_0——20℃时水的密度为：0.9982g/mL。

1.2.2 玻美氏比重计测量法

玻美氏比重计法的工作原理是依据阿基米德定律，当比重计浸入液体中时，受到浮力的作用，该浮力等于比重计所排开液体的重量，当比重计在液体中处于平衡状态，垂直漂浮于液体中，此时液面所对应比重计分度表的玻美分度值Bh，经计算即可获得液体密度值ρ，计算公式(2)。

$$\rho = 144.3/(144.3 - Bh) \quad (2)$$

式中 Bh——波美度；

ρ——液体的密度，g/mL。

根据中子俘获截面Σ的计算公式要求对标准井液1、标准井液2进行比重测定，测试结果见表2，表3。

表2 称量法

样品名称	1mL/g	1mL/g	1mL/g	1mL/g	密度平均值/(g/cm^3)
超纯水	1.0002	0.9992	0.9996	0.9997	1.058
标准井液1	1.0591	1.0584	1.0595	1.0593	
超纯水	1.0021	0.9998	0.9996	0.9997	1.170
标准井液2	1.179	1.1695	1.1689	1.1715	

表3 玻美比重法

样品名称	玻美氏度	比重密度/(g/mL)	密度平均值/(g/cm^3)
标准井液1	7.8	1.0573	1.058
	7.9	1.0580	
	7.9	1.0580	
	7.8	1.0573	
标准井液2	21	1.1707	1.170
	21	1.1688	
	20.8	1.1688	
	20.9	1.1698	

1.3 阳离子K、Na、Ca、Mg的测定方法

1.3.1 离子色谱法

由于钾、钠、钙、镁四种元素的阳离子结构不同，对低交换容量的阳离子交换树脂的亲和力也不相同，因此，它们在淋洗液和交换树脂之间的分配系数存在着差异。当水样注入仪器后在淋洗液的携带下，流经阳离子分离柱，最后按顺序依次被分离，然后流过阳离子抑制柱以降低淋洗液的背景电导，最后通过电导检测器，依次对它们进行测量并记录峰高(或峰面积)，离子浓度与峰高(或峰面积)呈线性关系，以相对保留时间和峰高(或峰面积)进行定性和定量测定[8]。

1.3.2 电感耦合等离子体发射光谱法(ICP-AES)

盐水样品经过硝酸酸化，经过雾化由载气(氩气)导入电感耦合等离子体光谱仪的ICP炬焰中，经过蒸发、解离、原子化和离子化等过程，发出被测元素的特征谱线，其谱线的信号强度与待测物浓度成正比，通过测量各元素的特征谱线的信号强度来计算样品溶液中的元素含量[7]。

1.4 氯的测定方法

1.4.1 银量滴定法

在中性或弱碱性溶液中，以铬酸钾为指示剂，用标定好已知浓度硝酸银滴定氯化物时，由于氯化银的溶解度小于铬酸银，氯离子首先被完全沉淀后，铬酸根才以铬酸银形式沉淀出来，产生砖红色物质，指示氯离子滴定的终点。沉淀滴定反应如下：

$$Ag^+ + Cl^- \rightarrow AgCl\downarrow \text{(白色)} \quad (1)$$

$$2Ag^+ + CrO_4^{2-} \rightarrow Ag_2CrO_4\downarrow \text{(砖红色)} \quad (2)$$

铬酸根离子的浓度与沉淀形成的快慢有关，必须加入足量的指示剂。且由于有稍过量的硝酸银与铬酸钾形成铬酸银沉淀的终点较难判断，所以需要以蒸馏水作空白滴定，以作对照判断(使终点色调一致)[10]。

1.4.2 离子色谱法

交换柱选用阴离子交换柱，其他同1.3.1所述。

1.5 电感耦合等离子体质谱法(ICP-MS)

盐水样品经过硝酸酸化，样品溶液经过雾化由载气(氩气)导入ICP炬焰中，经过蒸发、解离、原子化和离子化等过程，大部分转化为带正电荷的离子，经离子采集系统进入质谱仪，质谱

仪根据质子与电荷比（质荷比）进行分离。对于一定的质荷比，质谱的信号强度与进入质谱仪的离子数成正比，即样品中待测物质量浓度与质谱信号强度成正比。通过测量各同位素质谱的信号强度来计算样品溶液中元素的质量浓度[9]。

1.6　定值元素的测定方法选择

根据各种元素特性的不同，选择合适的测定方法，确定定值元素最终测定方法，见表4。

表4　样品测试方法

测试项目	检测方法和依据	测定方法代码
Li	DZ/T 0064.80—2021	ICP-MS
	DZ/T 0064.28—2021	IC 离子色谱法
Sm、Eu、Gd、Pb、B	DZ/T 0064.80—2021	ICP-MS
Mn、Fe、Si	DZ/T 0064.42—2021	ICP-AES
	DZ/T 0064.80—2021	ICP-MS
K、Mg、Ca	DZ/T 0064.42—2021	ICP-AES
	DZ/T 0064.28—2021	IC 离子色谱法
SO_4^{2-}	DZ/T 0064.80—2021	ICP-MS
	GB/T 5750.5—2023 6.2	IC 离子色谱法
Na	DZ/T 0064.28—2021	IC 离子色谱法
	DZ/T 0064.42—2021	ICP-AES
Cl	GB/T 5750.5—2023 6.2	IC 离子色谱法
	GB/T 17378.4—2007	VOL 滴定法

2　定值数据的统计处理

对每个实验室的一组数据，可用格拉布斯（Grubbs）法或狄克逊（Dixon）法从统计上剔除可疑值。

汇总全部原始数据，考察全部测量数据分布的正态性，在正态分布或近似正态分布的情况下，将每个实验室的所测数据的平均值视为单次测量值，构成一组新的测量数据。用夏皮罗－威尔克法（Shapiro—Wilk）或格拉布斯法从统计上剔除可疑值。

用科克伦（Cochran）法检查各组数据之间是否等精度，当数据是等精度时，计算出总平均值和标准偏差，总平均值即为定值结果。

2.1　数据分析

为了便于统计方便，对实验室进行编号，分别为1#、2#、3#实验室。标准井液1、标准井液2送上述实验室进行分析测试，对定值实验室报出的所有原始数据，首先进行了审核，其主要内容：

（1）检查分析方法是否符合要求，方法有缺陷的数据组予以剔除。

（2）剔除粗大误差的数据及测试精度差的数据组。

（3）复核有明显系统偏倚的数据组，查找原因，并据实际情况进行处理。

将三个实验室的测试数据汇总，并计算平均值分别用 $\overline{\overline{X}}_1$、$\overline{\overline{X}}_2$、$\overline{\overline{X}}_3$ 表示。

2.2　定值数据筛查可疑值处理

对每个实验室的一组数据，可用格拉布斯（Grubbs）法从统计上剔除可疑值。在给定的包含置信概率为99%或95%，也就是显著性水平为 $\alpha=0.01$ 或者 0.05 时，如果统计量 $G_n > G_{1-\alpha}(n)$，则可以判定 G_n 为离群值，也叫可疑值，予以剔除。格拉布斯检验法临界值 $G_{1-\alpha}(n)$ 由参考文献[6]查表得知，已知 $n=6$，$G_{95\%}(6)=1.887$，$G_{99\%}(6)=1.973$。应用格拉布斯法检验数据的结果表明：每个实验室对标准井液1、标准井液2的测试数据全部符合要求，予以保留，用于定值数据计算。

2.3　定值数据的正态分布判断

参与定值的实验室共3家，每家各测量6次，共计测量18次，根据 n 的测定次数判断：中子寿命标准井液的各元素的测量次数 $n=18\leqslant 50$。应采用夏皮罗－威尔克（Shapiro—Wilk）法检验数据正态性，从参考文献[2]中查 $W(n,p)$ 表得出 $W(18,0.99)=0.858$，$W(18,0.95)=0.897$，测定数据计算的 W 值均大于临界值 $W(n,p)$，服从正态分布。

汇总标准井液1、标准井液2全部测试原始数据，计算了全部测量数据分布的正态性，结果表明：所有测试的数据符合正态分布特征。

2.4　实验室测试数据的等精度判断

在实际测量中，各实验室采用的分析方法不同，首先要判断在各自精度范围内彼此是否符合。采用科克伦（Cochran）法检查各组数据之间是否等精度。本文采用3家实验室共同分析测试，每家测试6组数据，根据科克伦（Cochran）法准则，若计算出的 $C\leqslant C(\alpha,m,n)$，则无可疑数据组；若 $C>C(\alpha,m,n)$，则最大方差组数据应作为可疑值剔除。当选显著性水平 $\alpha=0.01$ 或者 0.05 时，从参考文献[2]中查科克伦检验临界值表得出 $C(0.01,3,6)=0.7606$，$C(0.05,3,6)=0.6771$，测定数据计算的 C 值均小于临界值 C

(α,m,n)，判定所有数据是等精度的。

2.5 总平均值($\overline{\overline{X}}$)以及总不确定度(ΔX)和标准偏差($S_{\overline{\overline{X}}}$)的计算

当数据是等精度时，计算出总平均值和标准偏差，总平均值即为定值结果。

等精度测量时 $\overline{\overline{X}}$、$S_{\overline{\overline{X}}}$及 ΔX 计算公式

$$\overline{\overline{X}} = \frac{1}{P}\sum_{i=1}^{p}\overline{X_i} \tag{3}$$

$$S_{\overline{\overline{X}}} = \sqrt{\frac{1}{P-1}\sum_{i=1}^{p}(\overline{\overline{X}} - \overline{X}_i)^2} \tag{4}$$

$$\Delta X = \pm t_{\alpha(p-1)} S_{\overline{\overline{X}}} \tag{5}$$

式中 P——参加定值分析的实验室数；

$\overline{X}_i$——各实验室单个元素的平均值；

$\overline{\overline{X}}$——总平均值；

$S_{\overline{\overline{X}}}$——标准偏差；

ΔX——总不确定度。

当 $P=3$，$a=0.05$ 时，查表得知修正因子 $t_{a(p-1)}=4.3$。

由于三家实验室的测量精度很接近，以等精度测量为计算依据，计算中子寿命井中标准井液1、标准井液2 的测试数据平均值 $\overline{\overline{X}}$、标准偏差 $S_{\overline{\overline{X}}}$、总不确定度 ΔX。

3 中子俘获截面∑的计算

岩石的骨架和孔隙流体都不是纯化合物，而是多种化合物的混合物。计算此类混合物的∑值按下面两种方法进行。

(1)已知混合物的矿物成分，则根据各种矿物的∑和体积含量求出总的宏观俘获截面；单一化合物热中子宏观俘获截面。

$$\sum = \rho\frac{602}{M}\sum_{i=1}^{n} c_i\sigma_i \tag{6}$$

式中 ∑——宏观俘获截面，c. u.；

ρ——该物质的密度，g/cm^3；

M——分子的摩尔质量，即克分子量，g/mol；

C_i——化合物分子中第 i 种原子的个数；

σ_i——第 i 种原子核的微观俘获截面，$10^{-24}cm^2$；

n——该物质的分子是由 n 种原子核组成的。

(2)已知每立方厘米体积中各元素的含量，则根据各种核素的宏观俘获截面求∑值。

4 中子寿命标准井井液稳定性说明

根据 JJF 1006—1994《一级标准物质技术规范》要求，标准物质应在规定的储存或使用条件下，定期的进行待定特征量值的稳定性检验。设计一年 4 次采样定制分析，2023 年中子寿命标准井井液稳定性检验数据见表5。

表5 2023 年中子寿命标准井井液稳定性检验数据汇总表 (c. u.)

检验项目	标准值	一季度	二季度	三季度	四季度
标准井液1∑	50.07	49.95	50.06	50.13	49.92
绝对误差	—	-0.12	-0.01	0.06	-0.15
标准井液2∑	128.3	127.1	128.1	128.9	127.2
绝对误差	—	-1.2	-0.2	0.6	-1.1

从表5 数据可以看出，2023 年4 次采样数据，标准井液1、标准井液2 绝对误差都在 ±0.53c. u.、±1.7c. u. 范围内，说明标准井井液稳定性符合要求。一季度和四季度误差稍大，尤其是密度比较高的标准井液2，分析原因是一季度和四季度正值寒冬，井液里的氯化钠因为低温会析出沉淀，导致井液密度降低所致。根据数据分析结果，今后应加强标准井大厅温度管理与监测，需定时对井液进行充分搅拌，避免氯化钠析出沉淀，以确保样品的稳定性。总体检验结果符合稳定性要求。

中子寿命标准井井液最终定值见表6。

表6 中子寿命标准井井液最终定值

定值项目	标准井液1/(c. u.)	标准井液2/(c. u.)
∑(宏观俘获截面)	50.07	128.3
Δ∑	0.53	1.7

5 结论

(1)中子寿命标准井按国家技术监督局一级标准物质计量技术规范要求制作，在实施中严格遵循多个实验室用准确方法、协作定值的要求，其均匀性符合要求。

(2)参加定值分析的各实验室的标准溶液均以国家基准物质或国家批准的一级标准溶液为标

准，利用此标准溶液作为定值的量值溯源依据。

(3)中子寿命标准井井液的∑值分析结果是用国家基准作量值依据并采用国家一级标准物质严格监控下获得的，置信度高，因而∑的定值结果是可靠的，制备的中子寿命标准井系列∑值标准符合国家一级标准物质的要求。此标准井群为国内新研发的脉冲中子全谱仪器、中子寿命仪器、氘氚中子仪器以及同类型的仪器研制提供了全面的计量标准，为相关测井仪器的测量数据统一化和比对提供了有力支撑，对于保证测井数据的可靠性和一致性发挥了关键作用。

参考文献

[1]黄隆基，核测井原理[M]. 北京：中国石油大学出版社，2008.

[2]全浩，韩永志．标准物质及其应用技术[M]. 2版．北京：中国标准出版社，2003.

[3]邓勃．数理统计方法在分析测试中的应用[M]. 北京：化学工业出版社，1984.

[4]林景星，陈丹英．计量基础知识[M]. 北京：中国质检出版社/中国标准出版社，2015.

[5]韩永志，标准物质手册[M]. 北京：中国计量出版社，1998.

[6]国家技术监督局．一级标准物质技术规范：JJF 1006—1994[S]. 北京：中国标准出版社，1994.

[7]自然资源部．地下水质分析方法第42部分：DZ/T 0064. 42—2021[S]. 北京：化学工业出版社，2021.

[8]自然资源部．地下水质分析方法第28部分：DZ/T 0064. 28—2021[S]. 北京：化学工业出版社，2021.

[9]自然资源部．地下水质分析方法第80部分：DZ/T 0064. 80—2021[S]. 北京：化学工业出版社，2021.

[10]国家质量监督检验检疫总局．海洋监测规范第4部分：GB 17378. 4—2007[S]. 北京：中国标准出版社，2007.

关于石油螺纹量规校准方法的探讨

余　志[1,2,3]　石　凯[4]　白小亮[1,2,3,5]

(1. 中国石油集团工程材料研究院有限公司；2. 国家石油管材质量检验检测中心；3. 国家市场监管重点实验室（石油管及装备质量安全)；4. 四川长宁天然气开发有限责任公司；5. 西南石油大学机电工程学院)

摘　要：文章提出了一种基于三维测量点云的石油螺纹量规偏差校准新方法，旨在解决传统校准方法不能全面反映量规在使用过程中可能出现的偏差问题。新方法采用高精度三维扫描设备全面捕获螺纹量规的几何信息，并通过特定数据处理技术优化点云数据质量。精确提取关键特征参数后进行偏差分析，根据分析结果对量规进行精确校准。该方法有效提升了石油螺纹量规的校准准确度，对提高石油行业螺纹连接部件的质量和安全性具有重要意义。

关键词：三维测量点云；石油螺纹量规；校准

石油专用管螺纹量规这种专用工具用于校验和保证石油螺纹是否符合要求。通过校对量规与工作量规之间，以及工作量规与产品之间的旋合检验，检测螺纹的紧密距确保每一次连接的可靠性和安全性。由于量规在频繁使用中可能会出现局部磨损或变形，旋合检验是一种检测螺纹连接质量的有效方法，一旦发现偏差，就需要立即进行调整或更换，避免量值传递的过程产生偏差。

目前，石油专用管螺纹量规的偏差确定主要通过测量量规的各单项参数值和配对紧密距值来实现。文献[1]采用6种不同规格光面圆柱量规对其径向测量示值误差进行校准，建立测量模型，对其不确定度进行评定。文献[2]提出“三点”测量螺纹量规中径的方法，然后对其不确定度进行评定。文献[3]提出一种基于坐标测量机的圆锥量规的锥度测量方法，并对测量过程分析及数据结果的验证，确定其测量方法科学性及适用性。文献[4]通过测针沿被测螺纹轴向剖面轮廓进行二维接触扫描，获取被测螺纹轴向剖面轮廓的二维坐标信息，由计算软件算出被测螺纹各参数的测得值，建立测量模型。文献[5]建立了基于三针法原理利用高精度三坐标测量机进行测量的数学模型。以上校准方法均是通过一维或二维测量仪器进行校准，这种方法存在两个主要问题：

(1)单项参数测量的局限性：单项参数的测量通常只能反映量规某个截面或几个截面的参数，无法全面反映量规的整体情况。这种局限性可能会影响到检测结果的准确性和全面性，不能真实地反映量规的实际状况。

(2)工作量规与校对量规配对紧密距的误区：存在这种情况，即工作量规局部尺寸可能已经超出允许范围，但与校对量规的配对紧密距却仍然合格。这表明，即便是在紧密距值合格的情况下，也无法保证工作量规的整体参数符合要求，导致偏差测量结果的准确性低。

针对现有螺纹量规偏差确定方法存在的精度低和准确性低的问题，本文提出一种基于三维测量点云的石油螺纹量规偏差校准方法。

1　校准流程

本方法是一种利用高精度三维扫描技术对石油螺纹量规进行精确测量和偏差校准的方法。通过获取量规的三维点云数据[6]，结合先进的数据处理技术和精确的几何分析[7]，有效地评估和校正量规的尺寸偏差，保证量规的精准度和可靠性[8]，分为如下5个步骤。

1.1　三维扫描获取点云数据

首先，选择合适的高精度三维扫描仪是整个过程的关键一步。扫描仪的选择应依据量规的尺寸、复杂程度以及材质特性等因素进行综合考量。在扫描过程中，确保操作环境的稳定性至关重要。任何诸如振动、温度波动或光照变化等外部因素，都会对扫描结果产生负面影响。因此，需要对环境进行严格控制，以确保扫描过程的顺利进行。接下来，对石油螺纹量规进行全面、细致的扫描，包括各个角度和侧面的数据采集，获取高密度、高精度的三维点云数据[9]。

1.2　点云数据处理

在获取到初始的三维点云数据后，需要对这些数据进行细致的处理。首先，通过专用的数据处理软件对扫描数据进行去噪操作，清除掉由于扫描仪本身的局限性或环境干扰所产生的噪声点和无关信息，从而提升数据的纯净度。如果量规由于体积较大或结构过于复杂，需要分段进行扫描，那么在这一阶段，必须将不同扫描段的数据精确拼接在一起，确保点云数据的完整性和连续性。接下来，对点云数据进行进一步的平滑处理和优化操作。这一步骤的目的是减少数据中的不规则性和误差，从而提升数据的可用性，使其更适合后续的几何特征提取与分析。这些数据处理步骤确保了最终生成的点云数据既具备高精度，又保留了足够的几何细节[10]。

1.3　几何特征提取与分析

在点云数据处理完成后，下一步就是利用三维建模软件或自主研发的算法，从点云数据中提取出量规的几何特征。几何特征提取的核心任务是确定量规的关键尺寸参数，例如中径、螺距、螺纹半角、螺纹高度等。这些尺寸对量规的功能和性能至关重要，因此，提取过程必须精确无误。在提取出这些几何特征后，接下来要将其与量规的设计值或行业标准进行详细的对比。通过这一对比分析，可以明确识别出量规在生产和使用过程中可能出现的各类尺寸偏差[11]，并对这些偏差进行定量分析。这种精细的分析能够帮助技术人员准确地掌握量规的实际状态，从而为后续的校准提供可靠依据。

1.4　偏差校准与修正

根据前一步的几何特征分析结果，制定详细的偏差校准方案是关键所在。校准方案的制定需要综合考虑多种因素，包括偏差的大小、量规的实际使用环境以及修正的难度等。在确定校准优先级后，可以采用多种校准方法进行修正，例如物理矫正、调整生产加工参数，甚至在必要时重新制造量规。校准过程需要精确执行，以确保修正后的量规能够完全符合设计规范。校准完成后，需再次对量规进行三维扫描和偏差分析，以验证校准的效果。这一重复验证步骤至关重要，因为它能够确保校准后的量规达到了设计要求，并且在实际应用中具备高度的可靠性和稳定性。最终，经过校准的量规将能够在石油生产中发挥最佳性能，减少由于尺寸偏差导致的潜在风险。

1.5　文档记录与反馈

在整个校准过程的最后一步，详细的文档记录是不可或缺的。所有的校准数据、分析结果、修正方案及其执行过程，都需要形成完整的文档。这些文档不仅可以作为未来质量审查的依据，还能为后续的生产工艺优化和质量改进提供有价值的数据支持。特别是在大规模生产环境中，这种文档记录能够帮助管理者跟踪每个量规的质量状况，及时发现并解决可能出现的问题。此外，校准结果还应及时反馈给相关部门，如生产线管理、质量控制和研发团队等。这种反馈机制有助于不断改进生产工艺和质量控制流程，确保每一件量规都能符合高标准要求，从而推动整个行业的技术进步和质量提升。

2　实例

本文基于雷尼绍的五轴坐标测量机对 NC40 型石油螺纹塞规进行了详细的偏差校准。五轴坐标测量机凭借其先进的曲面摆动扫描测量功能，能够通过高精度的扫描功能捕捉锥管螺纹的全貌，从而获得全面的三维点云数据。这些数据为螺纹特性的精确分析提供了基础，确保了测量的精度和可靠性。在校准过程中，重点对 NC40 型石油螺纹塞规基准面进行了详细测量。该螺纹塞规的基准面中径为 103.429mm，这是一个至关重要的尺寸参数，直接影响螺纹的紧密度和连接性能。此外，螺距名义值为 6.35mm，这一参数决定了螺纹的间距和旋合过程中的匹配程度。螺纹的半角则为 30°。

2.1　测量点云的获取

针对锥管螺纹的测量需求，建立了专门的测量程序模块，并精确确定了沿螺纹母线扫描的测量方式。这个测量程序模块不仅具备高度的灵活性，还能根据不同量规的规格，灵活地选择和调整母线的数量，满足各种测量需求。在具体操作中，该程序模块能够智能地选择最佳的母线条数，确保在扫描过程中能够充分捕捉到螺纹的各项关键几何特征。这种沿螺纹母线的扫描方式可以有效地反映螺纹表面的微小变化，包括螺距、螺纹角度、以及螺纹中径等重要参数的精确测量。考虑到不同规格量规的复杂性和多样性，使其能够适应从小规格到大规格的各种螺纹量规的测量任务。通过对母线条数的灵活选择，测量人员可以根据实际需求，调整测量的精细度和覆盖范围，从而提高测量的准确性和效率。

2.2　数据预处理

2.2.1　数据分组

点云数据按照螺纹母线进行数据分组，每条螺纹母线可完整反应扫描路径上螺纹牙形表面轮廓信息，以便进行后续处理。

2.2.2　数据滤波

螺纹母线数据必须进行预处理滤除出异常数

据点。螺纹母线的边缘转角处通常易形成噪声数据点，本文采用高斯滤波法进行数据预处理。

一维高斯函数：

$$f(x)=\frac{1}{\sqrt{2\pi}\sigma}\exp\left(-\frac{(x-\mu)^2}{2\sigma^2}\right) \tag{1}$$

式中 μ——均值；

σ——标准差。

这个函数描述了在给定均值周围如何根据距离(差异)权重数据点。

在三维空间中使用基于高斯权重的点云滤波方法，每个点 P_i 的新位置通过考虑搜索半径 R 范围内点 P_j 的位置以及这些点与 P_i 之间的距离来加权平均计算得出。权重由高斯函数决定，其中距离 d_{ij}(即点 P_i 和 P_j 之间的距离)代替了高斯函数中的 x。对于点 P_i，经过滤波处理后其新位置 P_i' 可以用下面的公式计算：

$$P'=\frac{\sum_j w_{ij}P_j}{\sum_j w_{ij}} \tag{2}$$

其中权重 w_{ij} 由高斯函数给出：

$$w_{ij}=\exp\left(-\frac{d_{ij}^2}{2\sigma^2}\right) \tag{3}$$

应用中确定合适的搜索半径 R 与标准差 σ 来实现对螺纹母线的滤波去噪。

2.2.3 轴线拟合

在螺纹测量中，螺纹轴线的准确测定对螺纹的后续测量至关重要。螺纹轴线受多种单项参数综合影响，它的精确测定是决定螺纹三维测量结果是否准确的重要因素之一。轴线的倾斜、偏移会对工件坐标系的建立、螺纹的三维重构、参数检验等测量操作引入误差。

将多条中径线在 Z 向上均匀分为 10 层，每层拟合最小二乘圆得出圆心。

最小二乘法拟合圆曲线：

$$(x-A)^2+(y-B)^2=R^2 \tag{9}$$

将上述方程扩展成一个线性形式，如下所示：

$$x^2+y^2+ax+by+c=0 \tag{10}$$

其中，$a=-2A$，$b=-2B$，$c=A^2+B^2-R^2$，通过对数据进行最小二乘来求解参数 A，B，C，再根据求解出的参数，可以重新计算该层上圆的圆心坐标(A, B)和半径 R。

将各层圆心坐标点作为参与轴线拟合的数据点，使用最小二乘法得到轴线。

2.3 关键参数的提取和分析

本文选择螺纹中径进行提取和分析，选择牙侧处上的数据点进行最小二乘法拟合，确定出螺纹牙侧线。在三维空间中使用最小二乘法拟合直线利用投影法在两个不同二维平面(XY 平面与 XZ 平面)中找到参与拟合点的投影，并在两平面内分别进行拟合得出最小二乘直线，然后再在三维空间中合成为一条空间直线。在 XY 平面直线为：

$$y=ax+b \tag{4}$$

使用最小二乘法求解 a 与 b：

$$a=\frac{\sum(x_i-\bar{x})(y_i-\bar{y})}{\sum(x_i-\bar{x})^2} \tag{5}$$

$$b=\bar{y}-a\bar{x} \tag{6}$$

在 XZ 平面重复上述步骤，得出此投影面的直线：

$$z=cx+d \tag{7}$$

由此两投影面确定的直线，可确定三维空间中唯一一条直线，直线的参数方程如下：

$$\begin{cases}x=t\\ y=at+b\\ z=ct+d\end{cases} \tag{8}$$

根据螺纹中径定义，一个假想圆锥的直径，该圆锥的母线通过牙型上沟槽和凸起宽度相等的地方，确定牙侧线上符合沟槽和凸起宽度相等的点，选择符合条件的点进行按照上述拟合牙侧线的方法拟合得出该条螺纹母线的中径线。

2.4 偏差校准

本文将中径线、螺距、螺纹半角的数据与量规的设计值进行比较，数据如表 1 所示。

表 1 结果比对

参数	测得值	理论值	绝对误差 Δ_1	相对误差/‰
基准面处的中径	103.433mm	103.429mm	0.004mm	0.04
螺距	6.349mm	6.350mm	0.001mm	0.15
螺纹半角	29.985°	30°	0.015°	0.5

由表 1 可知，各项参数误差均位于微小误差范围内，且相对误差均为千分级，可不考虑其影响，因此判断所设计的螺纹量规相关参数测量算法可用。

3 结论

本文提出了一种基于三维测量点云的石油螺纹量规偏差校准新方法。该方法采用高精度三维扫描设备，全面捕捉螺纹量规的三维几何信息。数据采集后，通过先进的数据处理技术优化点云数据的质量，确保其精度和可靠性。接着，精确提取螺纹的关键几何参数，如中径、螺距、牙侧角度等。最后，将这些参数与原始设计或标准螺纹进行对比，精确识别出量规使用中可能出现的任何偏差。基于分析结果，可以对量规进行针对性的修正或报废，修正那些可能影响量值传递的关键偏差。

通过实施这一新方法，石油螺纹量规的校准精度得以显著提升，从而增强螺纹连接部件的质量可靠性，减少因螺纹失效引发的安全事故。此外，该方法具备高度的精确性和自动化水平，显著降低了校准作业的时间和成本，为石油行业提供了一种切实可行的技术解决方案，能够应对日益复杂的工业挑战。随着这种技术的广泛应用，石油行业的整体技术水平和安全标准有望进一步提升。

参考文献

[1]王荣峰，曹迪，文浩，等．螺纹量规扫描测量仪径向测量示值误差不确定度分析[J]．机电工程技术，2022(12)：314.

[2]刘兴富．螺纹量规中径“三点”测量方法[J]．摩托车技术，2022(2)：48.

[3]蒋正，廖丽珍．一种基于坐标测量机的圆锥量规的锥角测量方法[J]．仪器仪表标准化与计量，2020(5)：35.

[4]马琳．接触扫描法测量圆柱螺纹量规中径的测量不确定度评定[J]．计量与测试技术，2020(3)：111.

[5]艾裕丰，白小亮，冯娜，等．钻具螺纹校对量规基面中径测量不确定度评定[J]．工业计量，2018(5)：125.

[6]白小亮，樊治海，张田云等．五轴测量技术在石油管螺纹测量中的应用[J]．工具技术，2022(3)：118.

[7]谢张宁，姜志华，朱惠臣等．基于三维点云螺纹中轴线的拟合方法研究[J]．计量学报，2020(8)：918.

[8]张俐，郭超朋，刘京亮．CMM测量中基于确定采样策略的圆锥面拟合方法[J]．测试技术学报，2018(1)：1.

[9]王伟锋，温耐．空间直线拟合研究[J]．许昌学院学报，2010(5)：37.

[10]邹乐强．最小二乘法原理及其简单应用[J]．科技信息，2010(23)：282.

[11]李昕愉．螺纹量规的数字化检测方法[J]．工具技术，2020(3)：85.

一种基于蓝光测距的井径规校准方法

肖文杰　秦晓红　陈建华　辛守涛　郭广鎏　袁晓波

(中国石油集团测井有限公司质量安全监督中心)

摘　要： 井径曲线是石油测井中的一条重要工程质量曲线，而井径规作为为井径仪器进行刻度的重要工具，其校准的精度直接影响到测井数据的准确性。针对传统井径规校准方法精度低、效率慢的现状，提出了一种基于蓝光测距技术进行数字化采集，再使用自动化数字化技术来进行处理的井径规的校准方法，通过设计专用的校准装置，实现井径规的自动测量以及批量检测，并能出具符合行标的校准证书，最终达到井径规的精确校准的目的。

关键词： 井径规；激光；校准；数字化；自动化；处理

井径曲线是石油测井中的一条重要工程质量曲线，它用于测量井筒的内径，为判断井筒质量，辅助测井曲线解释[1]，以及估算固井水泥用量等都有着重要的作用。井径规是用来给井径仪器做现场刻度的计量工具，因此，井径规是否符合标准直接关系到井径曲线的测量是否准确。根据行业标准，建议用于校准裸眼井井径仪的井径规每隔 24 个月，用于校准套管井井径仪的井径规每隔 12 个月需要校准一次[2]。然而，传统的井径规校准方法在精度和效率上存在局限性。为了克服这些局限性，本文提出了一种基于蓝光测距技术的数字化自动校准方法，旨在提高井径规校准的精度和效率。

1　现用的井径规校准方法

井径规在校准的时候，需要采集的数据有：外观、材质和硬度、表面粗糙度、井径规内径并计算其圆度和圆柱度/同轴度[2]，其中，外观、材质和硬度，表面粗糙度这三个数据通过观察、磁铁、布氏硬度计以及表面粗糙度比较样块都能很容易获得，但在井径规的关键数据：内径、圆度、圆柱度/同轴度的获得上，现有的传统方法存在一定的局限性。

2　激光测距技术

按照测量原理，非接触式测量技术包括光学、电磁学和声学，可分为七类测量方法：结构光法、激光测距法、干涉法、视觉测量法、工业 CT 法、磁共振成像法、超声波测距法。通过对几种测量方式在精度、细节重建度、适应性以及受影响因素等几个方面的对比，激光测距是一种更适合作为井径规校准的测量方法。激光测距是利用射向目标的激光脉冲或连续波激光束来测量目标距离，目前已经广泛应用于工程测量、地质勘探、建筑施工、军事作战等领域。激光测距法通过移动激光和接收器，就可以得到被测物体的外形扫描数据[3]。

激光三维扫描法，由于激光单色线性好，能量集中等特点，对被扫描物体的边缘、细节重建精度高，可轻松扫描黑色、反光材料物体，对室外自然光环境适应性好，可实现高速的便携三维扫描。其中，蓝色激光作为一种波长为 450nm 的激光，其相机的景深一般在 250mm，适合扫描近距离的物体，是作为井径规测量的一种理想的技术方式。

3　蓝光井径规校准装置

设计的蓝光井径规校准装置主要由工作站，扫描探头，自动旋转平台，多角度支撑臂以及相应的处理软件等部分组成，如图 1 所示。

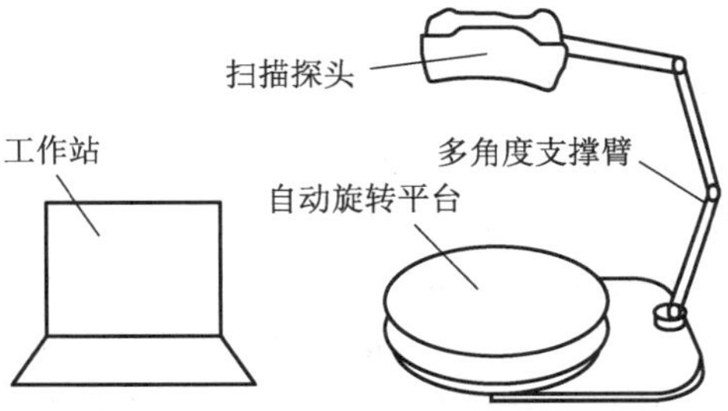

图 1　蓝光井径规校准装置

3.1　数据采集

要进行井径规三维数据的采集时，将待校准

的井径规放置于旋转平台上，调节多角度支撑臂让探头处于适当的位置，在工作站上打开软件，点击开始进行扫描，让旋转平台开始自动旋转，这时，井径规的三维数据开始在电脑上呈现。当井径规的内部三维数据全部扫描完成后，在电脑上点击完成，软件会完成井径规三维数据的自动提取。

3.2　数据处理

井径规三维数据的采集完成后，需用软件对数据进行处理。软件会对井径规数据进行自动识别，判断井径规的构造，识别其平面位置及直径位置，并根据设计的程序读取相关的直径数据，计算相关结果。

3.3　报告出具

在软件的参数栏内输入基本的参数，如井径规的送检单位、规格型号以及环境条件等，选择相应的校准报告模板，以及要进行处理的井径规数据文件夹，点击应用，软件就会进行批量处理，并形成校准报告。

4　井径规数据的处理

4.1　井径规数据读取的方式

井径规检测平台能够自动识别及精准抽取内圆柱体，平台自动计算每一条直线的沿线和扫描轮廓线的交点，实际上也是每一条直线和实际扫描模型的相交点，内径两端实际相交点之间的距离就是内径测量值，如图 2 所示。

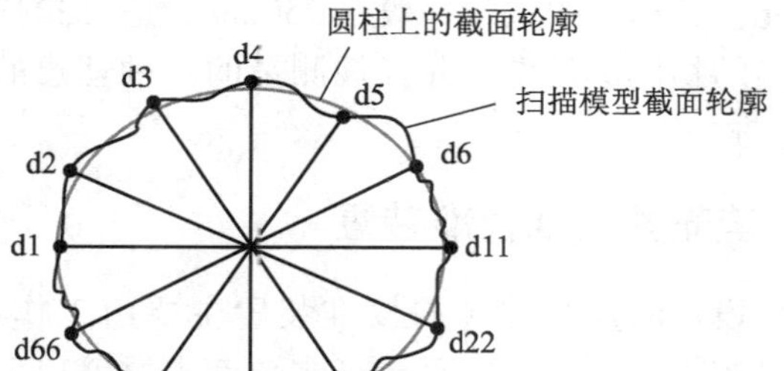

图 2　直径读取示意图

在传统的井径规校准方法中，在井径规的一个平面内，在相互垂直的两个方向（x，y）上测出井径规的直径，为了避免因为人为误差造成的不准确，每条直径分别测量三次。由于数字测量与传统方法不同，数字测量的两个点之间的距离是固定不变的，为能取得有效合理的内径值，来计算井径规的圆度、圆柱度/同轴度等参数，软件设计了一个数值自动读取的方案。

具体方案内容为：沿着圆柱轴线，布置一定间隔的截平面，每个平面上再布置三个不同角度的十字划线。截平面：沿着轴线布置 6 个截面 *S*1/*S*2/*S*3/*S*4/*S*5/*S*6（如图 3 所示）。十字划线：一套十字划线由两条垂直直线组成（如 *d*1/*d*4，*d*2/*d*5，*d*3/*d*6），每个截面上布置三个不同角度的十字划线：如图 4 所示，有三个十字划线 *d*1/*d*4、*d*2/*d*5、*d*3/*d*6，系统内部按间隔 30 度布置（如 *d*1/*d*2 间隔为 30 度）。

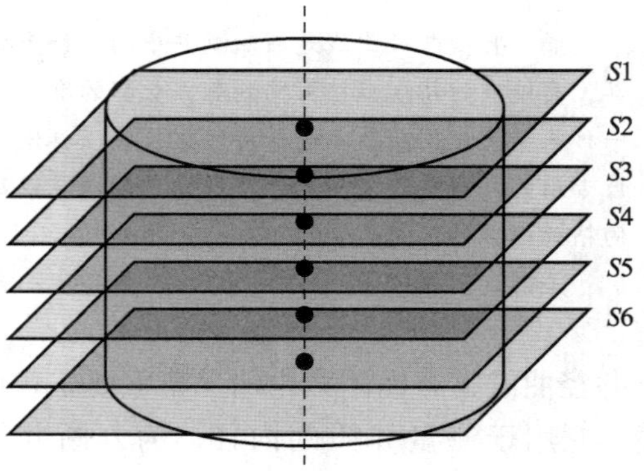

图 3　平面截取示意图

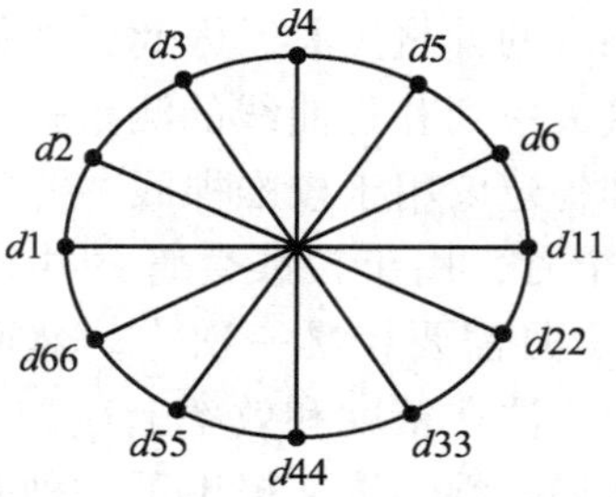

图 4　截面十字划线示意图

如图 4 所示，每一个截面共计算出 6 个内径测量值，*d*1/*d*11、*d*2/*d*22、*d*3/*d*33、*d*4/*d*44、*d*5/*d*55、*d*6/*d*66。每一个扫描件会截取 6 个截面，因此，每个扫描件平台会计算出共 36 个内径测量值。

4.2　井径规参数的计算

4.2.1　井径规的内径

把井径规所有截面上获得的总共 36 个内径依次记为 φ_{11}、φ_{12}、φ_{13}、φ_{14}、φ_{15}……φ_{64}、φ_{65}、φ_{66}。因此，井径规的内径为：

$$\overline{\varphi} = \frac{1}{36} \times \left(\sum_{i=1}^{6} \sum_{j=1}^{6} \varphi_{ij} \right) \tag{1}$$

式中　$\overline{\varphi}$——井径规的内径平均值，mm；

φ_{ij}——井径规上第 i 个截面，第 j 次测量的内径值，mm。

4.2.2　井径规的圆度

在每个截面上面测量的内径，其中 φ_{11} 和 φ_{14}，φ_{12} 和 φ_{15}，φ_{13} 和 φ_{16} 分别相互垂直，按照公式（2）计算每个截面的圆度。

$$c_i = \frac{1}{6}(|\varphi_{i1} - \varphi_{i4}| + |\varphi_{i2} - \varphi_{i5}| + |\varphi_{i3} - \varphi_{i6}|) \tag{2}$$

式中 c_i——井径规第 i 个截面的圆度，mm；

φ_{ij}——井径规上第 i 个截面上，测量的第 j 条直径，mm。

当上下两端的圆度值分别为最大值时，取中间最小的圆度为井径规的圆度，当上下两端只有一个圆度值为最大值时，取大的圆度值为井径规的圆度值。

4.2.3 井径规的圆柱度

测得每个截面的圆度后，取全部测量值中的最大值与最小值的差的一半为圆柱度，按公式(3)计算井径规的圆柱度。

$$C_y = \frac{C_{max} - C_{min}}{2} \tag{3}$$

式中 C_y——井径规的圆柱度，mm；

C_{max}——井径规所有截面测得的最大值，mm；

C_{min}——井径规所有截面测得的最小值，mm。

4.3 井径规测量结果的不确定度评定

4.3.1 软件示值误差的不确定度分项 $u(\varphi_{H1})$ 的评定

根据德国物理研究院(PTB)对本软件平台的精度进行评定后认证，软件的示值数据最大允许误差为 0.1μm，因此半宽 α 为 0.0001mm，认为服从均匀分布，因此 k 取$\sqrt{3}$，则：

$$u(\varphi_{H1}) = \alpha/\sqrt{3} = 0.00006\text{mm}$$

4.3.2 井径规线膨胀系数，当温度偏离标准温度 20℃ 时引起的标准不确定度分项 $u(\varphi_{H2})$ 的评定

由于井径规的线膨胀系数在 $(11.5 \pm 1) \times 10^{-6}$/℃和 $(11.8 \pm 1) \times 10^{-6}$/℃的范围内均匀分布，两者的线膨胀系数之差 $\Delta\lambda$ 应在 $(0.3 \pm 2) \times 10^{-6}$/℃范围内服从三角分布，该三角分布半宽 2×10^{-6}/℃，包含因子 k 取$\sqrt{6}$，L 以 500mm 带入，Δt 以 2℃带入，得：

$$u(\varphi_{H2}) = L \times \Delta t \times \alpha/\sqrt{6} = 0.00082\text{mm}$$

4.3.3 井径规由温差引起的标准不确定度分项 $u(\varphi_{H3})$ 的评定

测量前将井径规充分恒温，控制器温差在 ±0.2℃范围内，服从均匀分布，则该分布半宽为 0.2℃，包含因子 k 取$\sqrt{3}$，L 以 500mm 代入，λ 以 11.8×10^{-6}/℃代入，得：

$$u(\varphi_{H3}) = L \times \lambda \times \alpha/\sqrt{3} = 0.00068\text{mm}$$

4.3.4 输入量的标准不确定度的评定

因此，输入量的标准不确定度为：

$$u(\varphi_H) \approx \sqrt{u^2(\varphi_{H1}) + u^2(\varphi_{H2}) + u^2(\varphi_{H3})} = 0.00107\text{mm}$$

4.3.5 其他输入量的标准不确定度评定

软件总共读取了 36 条井径，每条井径的标准不确定度 $u(\varphi_X)$ 与 $u(\varphi_H)$ 相等，则：

$$u(\varphi_X) = u(\varphi_H) = 0.00107\text{mm}$$

4.3.6 输入量的灵敏度系数

根据公式(1)可知，输入量的灵敏度系数为：

$$G_{ij} = \frac{\partial\overline{\varphi}}{\partial\varphi_{iJ}} = \frac{1}{36}$$

4.3.7 合成标准不确定度和扩展不确定度

忽略两分量的相关性，故当井径规标称尺寸为 500mm 时，合成不确定度为：

$$u_c(\varphi) \approx \sqrt{\sum_{j=1}^{6}\sum_{i=1}^{6} G_{ij}^2 u^2(\varphi_{ij})} = 0.00018\text{mm}$$

取包含因子 $k=2$，则扩展不确定度为：

$$U = k \times u_c(\varphi) = 0.00036\text{mm}$$

4.3.8 测量不确定度报告

井径规 $\varphi = 500$mm 时，测量结果的扩展不确定度为：

$$U = 0.00036\text{mm}, k = 2$$

5 结论

经过性能对比测试后，验证了该方法的可行性和有效性。这一新的校准方法不仅提高了井径规校准的精度和效率，同时也为石油测井行业的数字化转型提供了新的思路，是测井通用计量从传统计量方式向数字化、自动化及智能化迈出的重要一步。

参考文献

[1]伊鹏. 井径异常对测井曲线的影响[J]. 化工管理，2019(7)：46.

[2]国家能源局. 井径规校准方法：SY/T 6976—2014[S]. 北京：石油工业出版社，2014.

[3]李昕愉，史建华，刘盼. 非接触式测量技术在几何量检测中的应用[J]. 工业计量，2024(1)：41.

[4]Smith S D, et al. Application of laser scanning technology for wellbore imaging and measurement while drilling[J]. SPE Drilling & Completion, 2009(2)：168.

[5]Johnson K L, et al. Development of a non-contact measurement system for wellbore tool diameter calibration[J]. Measurement Science and Technology, 2012(5)：055001.

[6]Li Z, et al. Calibration of well logging tools using a structured-light-based 3D scanner[J]. Measurement, 2018(113)：186.

[7]Wang Y, et al. Design and implementation of a portable well diameter measurement system based on structured

light[J]. Measurement Science and Technology, 2020(5): 055002.
[8]鲁猛, 激光测距传感器关键技术研究[D], 华中科技大学, 2022.
[9]阳宇, 龙明亮, 丁洁, 等. 远距离高精度激光调频连续波测量技术研究进展[J/OL]. 激光与光电子学进展, 1-15[2024-05-21].
[10]王艺娟. 一种圆度测量仪的研究及应用[J]. 化工装备技术, 2024(2): 48.
[11]曹宝栋, 方明. 三维激光扫描装备与技术在地铁测量中的应用[J]. 现代制造技术与装备, 2023(S1): 22.
[12]潘映伶, 纪荣祎, 祁勤, 等. 高速高精度实时相位式激光测距系统[J]. 光学精密工程, 2023(16): 2343.
[13]付永杰, 周明磊. 激光测距仪校准技术研究[J]. 计量与测试技术, 2023(7): 72.

多臂仪器量值转换原理及影响因素分析

陈 显 罗 兵 王洪军 张学山 刘元成 杨 成

（中国石油大港油田分公司测试公司）

摘 要：多臂井径仪器具有较高的测量精度（±1mm），在对井下管柱损坏情况进行检测时，多臂井径仪器起到重要的作用。在现场进行多臂井径测试时，影响测量准确性的因素多种多样，如注聚井结垢、高黏度流体、套管变形结构、温度校正、人为操作等；从众多影响因素中分析，温度、测臂磨损、现场刻度情况或者调取的仪器与温补文件不一致是影响测量精度的主要原因。文章剖析了多臂仪器的精度计算方法，深入分析温补和现场刻度对多臂测量精度的影响关系，开展了低温度和刻度情况下对测量值影响分析，最后提出了现场测试指导意见，指导现场施工，提高现场多臂测试资料品控质量。

关键词：多臂井径；补偿；刻度；精度

国内多个油田多臂井径的应用和测量影响因素进行了分析。基于电磁感应原理的电磁探伤测井仪器，可以检测油套管的损伤、变形等信息，测试结果受探测精度和解释方面的不确定性较大[1-4]。美国 DHV 国际公司鹰眼Ⅱ代井下视像系统，利用电缆将井下摄像仪所摄制的单帧灰度图像通过处理后显示在监视器上，用于套管内壁检测、探测落鱼形态等，但现场应用局限性较大，难以规模化应用[5]。多臂井径仪器主要是用于测量井下管柱内径变化情况，油田经过一定程度的开发后，油、水井均不同程度地出现了套管损坏现象[6]。对套管损坏情况进行检测时，多臂井径仪器起到重要的作用[7]。

王凯[8]指出多臂井径具有测量精度高、测量结果直观等优势；从机械结构和现场操作出发，对多臂井径仪测量准确性影响因素分析进行了分析。赵红军[9]指出多臂井径测井仪已在油田中得到广泛的应用，对多臂井径仪故障分析及排除进行了阐述。虞桐等指出[10-11]大港油田使用的多臂井径成像测井多臂井径仪有不同型号测量范围由 45～210mm，测量误差 ±0.5mm。可以测量记录多条井径曲线，通过立体和平面展开图，可直观有效识别腐蚀、变形、错断、套破等套管损坏情况，利用多臂结果采取补救措施，延长套管使用寿命，延长油气井开采年限[12]。李恒等[13]指出多臂井径测井满足不同径向范围的井筒内径检测需求，现场应用较为广泛。乔贺堂等[14]指出综合对比测井精度、现场实施条件、成本及应用效果等因素，多臂井径成像测井技术在井筒优化治理工程中配套应用最佳，在井筒工程状况检测中的应用更成熟，易于规模化实施。基于油田近千口井的测试数据统计分析，现场刻度和温补是影响准确性和精度主要的原因，因此，对多臂仪器的温补和刻度机理进行深入研究分析，指导现场施工，对控制多臂井径仪器现场测试资料的准确性和精度是十分必要的。

1 多臂井径仪器测量原理和量值计算方法

多臂井径仪利用机械与电结合方法，通过多个独立测量臂来实现检查管柱断裂、孔眼、内壁腐蚀、弯曲变形等情况[15]。通过多个测臂紧贴管柱内壁，将接触的管柱变化情况转为测臂的径向位移，通过燕尾组件等变为推杆的垂直位移，位移传感器将推杆的垂直位移变化转换成电信号[16-18]。仪器内部电机通过传动杆带动测臂和扶正臂的收拢，井径仪须在居中情况下进行测量。如图 1 所示，仪器的测量臂由燕尾组件上压缩弹簧支撑，当仪器由电缆沿管柱内壁上提时，测量臂随套管内径变化而变化[19]，燕尾组件将径向位移转化为轴向位移，紧接着通过传感器对轴向位移量加以测量，最后将测量得出的位移实际量加以处理、编码以及数据发送至地面[18]。

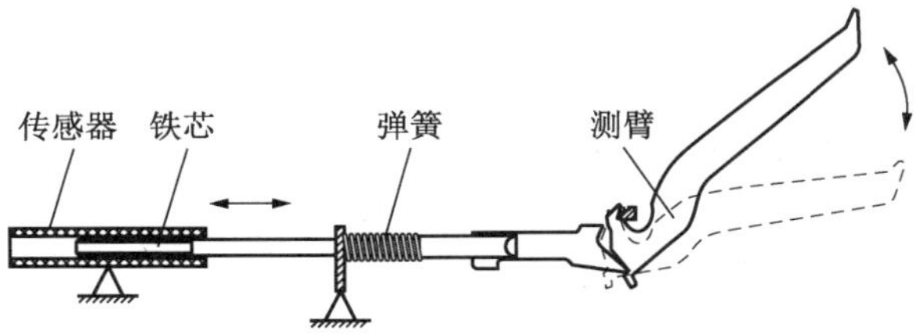

图 1 多臂井径测量原理

多臂井径仪是一种高精度测量仪器。多臂井径刻度是通过标准计量装置来建立测井仪器的测量值，并将这一测量值和相对应的装置中的已知量值所对应的关系进行比对整理的整体过程，其主要是有主刻度和现场刻度两个过程。

1.1 主刻度

主刻度主要是记录仪器在不同的温度和标准刻度环规下的各个测量臂的原始计数，并形成温补文件(如，通过温补文件进行矩阵拟合，可实现校正温度对仪器各个测量臂的原始计数的影响，并将频率值转化原始计数的测量值。

多臂仪器温补数据响应是频率值的三次多项式，并同时与测量条件下的温度有关，R_n 是基于多臂频率值和温度的三阶多项式,表示公式为：

$$
\begin{gathered}
R_n(R_f, T) = G + HR_f + IR_f^2 + JR_f^3 \\
G = G_0 + G_1 T + G_2 T^2 + G_3 T^3 \\
H = H_0 + H_1 T + H_2 T^2 + H_3 T^3 \\
I = I_0 + I_1 T + I_2 T^2 + I_3 T^3 \\
J = J_0 + J_1 T + J_2 T^2 + J_3 T^3 \qquad (1)
\end{gathered}
$$

式中 R_n——温补后的井径半径值，mm；

R_f——测臂输出频率值，H_2；

T——绝对温度,℃；

$G_0 \sim G_3$，$H_0 \sim H_3$，$I_0 \sim I_3$，$J_0 \sim J_3$——在温补刻度过程中利用最小二乘法计算得到的16个刻度系数。

1.1.1 温补刻度计量方法

根据测量原理，多臂仪器信号是由差动位移传感器输出的电压信号转换为频率值。每支测量臂都有特定直径与温度、频率值关系特性，每一支测臂在进行主刻度时独立生成一个16组刻度系数，单个测臂由7个刻度值和13个温度段(30、50、70℃…175℃)组成数组，对数组进行曲线拟合，这种由线拟合程序温度和频率值均采用了3次多项式方程，生成用于从频率值和给定温度读数计算出来的16组刻度系数。

1.1.2 量值转换处理方法

由于多臂有多个测量臂，且每个臂都有不同刻度值情况下13个温度刻度点，数据量较大。从中随机选取4个温度点数据进行分析，且以单个测臂为例，不同温度、不同标准情况的测臂响应频率值数据见表1。

表1　不同温度、不同标准情况下的测臂响应频率值

标准直径值/mm	响应频率值/Hz			
	30℃	70℃	120℃	175℃
80.1	1040	990	949	918
101.6	1429	1404	1380	1358
127	1903	1907	1906	1897
139.7	2146	2167	2180	2178
177.8	2896	2960	3007	3021
190.5	3148	3224	3285	3308
210.1	3525	3618	3696	3730

1.1.3 多臂输出频率值与温度之间关系

从表1的可以看出，以80.1mm标准值为例，随着温度的变化，测臂响应频率值从1040Hz变化至918Hz，温度影响测臂原始频率值发生，因此，多臂仪器需要通过温补对仪器进行校正，才能满足精度要求。

1.1.4 多臂输出频率值与标准值之间关系

由表1可以得到，单个测臂温度、频率值与刻度值之间的关系，见图2所示。

依据10组(表2)不同温度下的输出频率值与刻度值之间不是呈现线性关系，因此，要得到的不同温度和测量值的准确情况下，需要对仪器进行温补校正。

1.1.5 单个测臂温补校正方法

对仪器进行温补刻度，以单个测臂为例，30～175℃全温度段输出频率值与刻度值之间的关系(表2)，通过计算得到该测臂的16组刻度系数(表3)，当已知井下温度 T 和频率值 R_f 后，代入到 $R_n(R_f, T)$方程，就可以求取不同温度和频率值情况下的直径值。

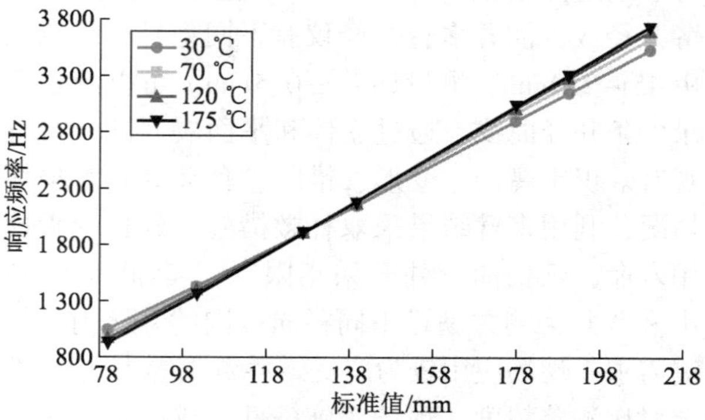

图2　多臂传感器输出频率值、温度与标准值关系

表 2　单个测臂标准值与不同温度情况下的响应值关系

刻度值/mm	不同温度下的频率值/Hz									
	30℃	50℃	70℃	90℃	100℃	120℃	140℃	150℃	160℃	175℃
80.1	1040	1009	990	972	962	949	938	933	926	918
101.6	1429	1414	1404	1393	1388	1380	1374	1371	1365	1358
127	1903	1906	1907	1906	1905	1906	1906	1905	1901	1897
139.7	2146	2161	2167	2172	2175	2180	2183	2182	2181	2178
177.8	2896	2940	2960	2981	2990	3007	3020	3023	3026	3021
190.5	3148	3198	3224	3252	3262	3285	3304	3308	3309	3308
210.1	3525	3584	3618	3653	3669	3696	3720	3728	3733	3730

表 3　单个测臂刻度系数

项目	0	1	2	3
G	4.1136E+00	1.4494E−01	−7.0956E−04	1.4428E−06
H	3.5938E−02	−8.1279E−05	3.0133E−07	−4.3104E−10
I	−3.1476E−06	−1.0216E−09	8.4054E−11	−2.8900E−13
J	3.5223E−10	1.7076E−12	−2.6512E−14	8.2834E−17

1.1.6　不同温度点测量值误差分析

为了分析计算误差，在测臂完整的情况下，将利用式(1)和表 3 刻度系数进行验证。验证计算值与实际值之间的误差大小，结果见表 4，从表中误差可以看出，仪器的误差控制在 0.5mm 以内，能满足工程测试要求。

表 4　温补值与刻度值之间的对比关系

标准值/mm	计算值/mm	温度值/℃	频率值/Hz	误差
40.05	40.04	30.00	1040.00	0.01
50.80	50.86	50.00	1414.00	0.06
63.5	63.42	100.00	1905.00	0.08
69.85	69.79	90.00	2172.00	0.06
88.90	88.90	140.00	3020.00	0
95.25	95.33	160.00	3309.00	0.08
105.10	104.95	175.00	3730.00	0.06
40.05	40.02	110.00	956.00	0.03
69.85	69.85	130.00	2182.00	0.01

1.2　现场刻度

现场刻度由测井小队实施，每次测井前进行多点刻度，测井软件记录多个测量值，并同相对应的装置中已知量值进行线性拟合，形成线性函数，测井时根据频率值转化原始计数的测量值的大小，由软件选择调用其相对应的线性函数进行校准，在现场测试过程中，由于测臂的合金探头与管柱的摩擦，导致测臂磨损，仪器下井前，需对仪器进行多点刻度，其主要用于校正测量臂的磨损带来的误差，保证测试资料的准确性。

2　多臂刻度和温补对测试数据的影响分析

2.1　仪器刻度点的选取对测量值的影响分析

多臂井径仪采用专用刻度环的方式进行刻度，一般刻度环共计有 7 次标准刻度点，分别为 79.4、101.6、127.0、152.4、177.8、190.5、210.0mm。现场测试时，常规选取其中 5 点进行刻度，没有一个选取原则，因此进行了 2 组不同刻度值情况下检验实验。

第一次选取 79.4、101.6、152.4、177.8、210.1mm 共计 5 点进行刻度时，在常温情况下，将标准内径值 127、203mm 作为被测量对象进行验证，得出主刻度和现场刻度值终值的关系（表 5）。

表 5　主刻度和现场刻度值

被测值半径/mm	出厂原始频率值/Hz	频率值/Hz	主刻度值/mm	现场刻度终值/mm	误差/mm
79.4	1040	1146	85.74	80.3	0.9
101.6	1429	1507	105.96	101.6	0

续表

被测值半径/mm	出厂原始频率值/Hz	频率值/Hz	主刻度值/mm	现场刻度终值/mm	误差/mm
152.4	—	2387	151.84	152.5	0.1
177.8	2896	2850	175.3	178	0.2
210.1	3525	3427	204.78	209.7	-0.4
127	1903	1932	128.46	127.1	0.1
203	—	3324	199.46	204.3	1.3

第二次选取 101.6、127.0、139.7、177.8、210.0mm 共计 5 点进行刻度，127mm 和 203mm 作为被测量值，得出与之对应的工程值如表 6 所示。

表 6　主刻度和现场刻度值

被测值半径/mm	出厂原始频率值/Hz	频率值/Hz	主刻度值/mm	现场刻度半径值/mm	误差/mm
101.6	1429	1511	106.18	100.6	-1
152.4	—	2382	151.58	152.5	0.1
177.8	2896	2849	175.26	178	0.2
190.5	3148	3100	188	190.4	-0.1
210.1	3525	3432	205.04	209.7	-0.4
127	1903	1941	128.92	127.3	0.3
203	—	3334	199.98	204.5	1.5

表 5 和表 6 数据对比分析可以看出，选取的不同刻度点，对测试数据的影响不大；从表 5 和表 6 数据可以看出测量值在 2 个刻度值中间位置时，误差最小。

2.2　低温刻度对测试数据的影响情况

多臂仪器温度补偿范围为 30～175℃，在实际测试过程中，存在温度低于 30℃情况进行仪器刻度，为了验证低温环境情况下，仪器测试的精度，对仪器在 -5℃进行刻度，得出仪器在 -5℃与 30℃条件下频率值与刻度值之间的关系（见表 7）。从表 7 的数据看出，-5℃时刻度值比 30℃时刻度值误差大，但是误差在 1mm 精度范围之内。

表 7　-5℃与 30℃误差计算　　mm

标准值	-5℃直径值	-5℃时误差	30℃直径值	30℃时误差
79.4	79.1	-0.3	79.4	0
101.6	101.5	-0.1	101.6	0
127	127.2	0.2	127	0
152.4	152.1	-0.3	152.5	0.1
177.8	177.9	0.1	177.8	0
210.1	209.5	-0.6	210.2	0.1

3　结论

(1)研究结果表明，通过主刻度温补数据，多臂仪器每一个测臂都得到 16 组刻度系数；依据现场温度和频率值，先形成一个温补后的主刻度半径值，即将温度和频率值进行拟合计算出现场测量值。

(2)现场刻度的作用是将刻度值与主刻度的半径值进行拟合，形成线性关系，消除测臂磨损带来的数据偏差等问题。

(3)进行了多臂磨损后的对比试验，提出了仪器何时需要进行温补提出了明确指导建议，当主刻度值的半径值与刻度值的误差超过 3mm 时，建议对仪器进行重新温补。

(4)进行了 -5°与 30℃进行测量误差分析，-5°情况误差比 30°情况下误差大，但是都在仪器出厂精度范围之内。在冬季施工，-5℃以上的情况下，不影响测量结果；受条件影响，对于低于 -5°以下温度对测量结果的影响，还需要进一步验证。

参考文献

[1]陆大卫，刘兴斌，谢进庄．大庆油田全周期动态监测技术施策研究[J]．测井技术，2019(1)：1.

[2]宋汐瑾，党瑞荣，董昭．套管井电磁测井技术及套管影响规律研究[J]．测井技术，2010(2)：143.

[3]谢荣华，刘继生，张月秋，等．检查套管损坏的电磁探伤测井方法及应用[J]．测井技术，2003(3)：242.

[4]李强，许庆英，刘东明，等．MID-K 电磁探伤成像测

井仪在长庆油田的应用[J]. 测井技术，2007(4)：373.
[5]戴恩汉，范建玲，向绪金，等. 鹰眼电视测井仪及其应用[J]. 石油仪器，2001(5)：35.
[6]王成荣，李文彬，秦小虹，等. 多臂井径成像测井技术[J]. 石油仪器，2006(2)：45.
[7]夏竹君，薛明霞，王亚芬，等. 套管损坏状况检测方法在中原油田的应用[J]. 石油仪器，2005(2)：74.
[8]王凯. 影响多臂井径仪测井的因素及维修措施探讨[J]. 科学管理，2019(4)：312.
[9]赵红军，李小平，刘宏伟，等. MAC-40 多臂井径仪故障分析及排除[J]. 石油仪器，2013(27)：95.
[10]虞桐，杨旭东. 多臂井径测井准确性影响因素分析[J]. 石油管材与仪器，2015(4)：77.
[11]姚志中. 四十臂井径成像测井在普光气田的应用[J]. 断块油气田，2012(5)：678.
[12]中国石油学会测井专业委员会. 测井在石油工程中的应用论文集[M]. 北京：石油工业出版社，1997.
[13]李恒，郭海敏，石耀，等. 四十臂井径测井处理方法改进及软件实现[J]. 测井技术，2014(6)：708.
[14]乔贺堂. 生产测井原理及资料解释[M]. 北京：石油工业出版社，1992.
[15]柴德民. 四十臂井径成像测井在井筒优化工程中的应用[J]. 测井技术，2020(4)：415.
[16]姜岳庆. MIT 多臂成像测井仪及其应用效果分析[J]. 石油仪器，2002(4)：27.
[17]王伟，宋桂芳，石勇，等. 临南油田油水井套损分析及治理对策[J]. 大庆石油地质与开发，2009(3)：93.
[18]西安集成石油仪器有限公司. DDS73F-20B 四十臂井径仪使用说明书[Z]. 2007.
[19]刘玉凤，杨波，胡素萍. 多臂井径技术评价与应用[J]. 测井技术，2004(3)：221.

检波器测试中阻尼振荡曲线的处理分析

吴　迪　张亚梅　胡必波　田　磊

（东方地球物理公司装备服务中心）

摘　要：在动圈式检波器测试中，通常利用检波器的阻尼振荡曲线计算其阻尼系数、自然频率和灵敏度三项参数。文章通过对测试仪在测试过程中阻尼衰减振荡信号的信号特点，在此基础上给出了检波器测试、测试仪设计、应用及校准中对振荡信号的采集以及参数计算的方法以及其中需要注意的问题。

关键词：检波器；检波器测试仪；阻尼衰减曲线；阻尼系数；自然频率；灵敏度

地震检波器是一种把地面震动信号转换为电信号的传感器，其对于地震勘探质量的重要性不言而喻。因此在检波器生产出厂检验、地震队出工前后、检波器维修后都需要逐道逐个严格检测，只有质量合格方可投入野外采集生产[1]。

目前地震勘探中动圈式检波器仍然占据绝对主流的位置。根据石油地震检波器标准，动圈式检波器在现场测试时要重点测试阻尼系数、自然频率、灵敏度、失真度、直流电阻、极性以及漏电等多项指标[2]。其现场质量检测方法主要是用直流电激励测试方法[3-4]。直流电激励法的基础的检波器的等效运动模型[5]，其中阻尼系数、自然频率、灵敏度三项参数(下文无特殊说明简称三项参数)就是据此测试和计算得到的。

检波器各项指标的物理模型、计算方法各不相同，但指标间又存在关联关系。其中阻尼系数、自然频率、灵敏度三项参数(下文无特殊说明简称三项参数)之间相互依赖，是根据同一个阻尼振荡曲线数据计算而得。同时由于检波器中永磁体和线圈等效电感效应的存在，处理不当会对测试结果造成影响。因此，分析三项参数测试阻尼衰减曲线以及测试信号的时序对检波器和测试仪的计量校准具有重要意义。

1　检波器模型及测试方法

1.1　检波器等效模型及测试原理

动圈式检波器的结构以及等效电路图如图1所示，主要由永磁体(磁钢)、线圈(动圈)以及悬浮弹簧组成，线圈通过悬浮弹簧或弹簧片与检波器外壳相连，位于磁铁与外壳间的磁场中，构成与永久磁铁、外壳作相对运动的惯性体，外壳与大地接触耦合。当地面存在上下机械振动时，线圈相对于磁铁运动而切割磁力线，根据电磁感应原理，线圈中产生感应电动势，感应电动势大小随检波器外壳振动变化，振动幅度越大，感应电动势越大，反之亦然。在输出端输出相应的电信号，传输给地震仪器。动圈式检波器直流电激励测试法是基于检波器磁钢和动圈存在的磁电效应和电动力效应设计的。其磁电效应是指当检波器动圈相对于磁钢运动时会切割磁力线产生感生电动势，电动势与磁场、运动速度、线圈匝数相关；电动力效应指处在磁钢磁场中的动圈中有电流通过时，会产生电动力的作用驱动线圈偏离平衡位置，平衡位置、力的大小与磁场、电流及线圈匝数等相关[6]。

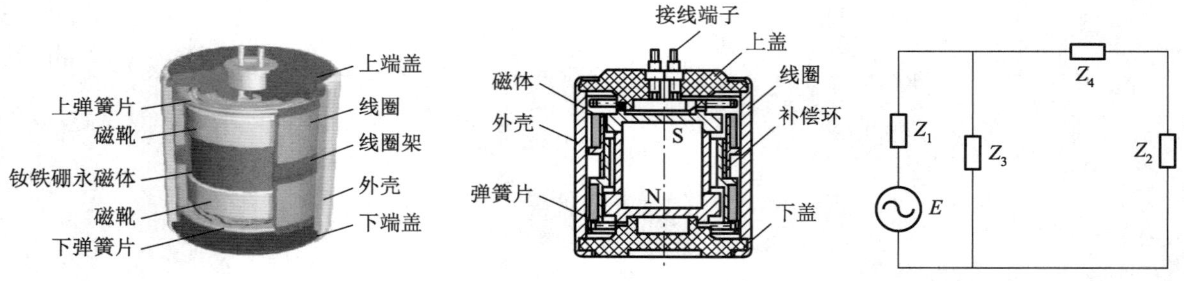

(a) 检波器实物图　(b) 检波器结构　(c) 检波器等效电路图

图1　动圈式检波器图

地震检波器可以简化为由动圈、弹簧和阻尼构成的单自由度振动系统，如图2所示。外壳运动距离为ζ，质量为m的质量体由于惯性而落后于外壳的运动，并且此刻运动距离为x_m，k为弹性系数。

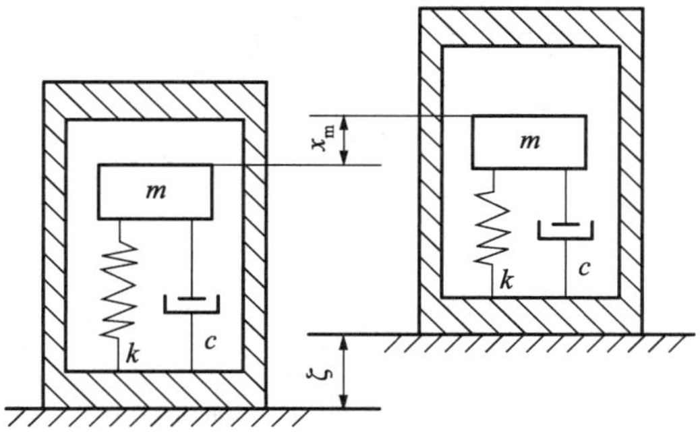

图2 检波器的运动模型

根据运动模型可推出微分方程[3]如式(1)，阶跃响应如式(2)。

$$m\frac{d^2x}{dt^2}+c\frac{dx}{dt}+kx=-m\frac{d^2\zeta}{dt^2} \quad (1)$$

$$u(t)=-\frac{G^2I_0}{m}\cdot\frac{e^{-w_0B_tt}}{w_0\sqrt{1-B_t^2}}\sin(w_0t\sqrt{1-B_t^2}) \quad (2)$$

其中 G——灵敏度；

w_0——自然频率，Hz；

I_0——线圈通过初始电流，A；

m——动体质量，克；

B_t——阻尼系数；

T——时间，s。

可以看出，该响应的表达式是一个三参数模型，检波器最重要的三个参数灵敏度、阻尼比和自然频率够完全地描述出这一函数。从式(2)中可以看出，$u(t)$是一个正弦衰减信号，也叫作阻尼震荡曲线，其衰减程度与阻尼系数B_t有关，且阻尼系数B_t越大，其衰减越明显。

1.2 阻尼自然频率和灵敏度计算方法

从前面的分析可知，阻尼系数、自然频率和灵敏度这三项参数决定了检波器阶跃响应，因此也可以基于动圈式检波器在脉冲电流激励下的阻尼响应特征计算的，在一个测试过程中完成。

1.2.1 测试方法

由上述分析，这三项参数测试方法就是测试检波器的阶跃响应曲线可得。具体测试办法是先给检波器的线圈加一个直流电流，使线圈偏离平衡位置，保持直流电压稳定，线圈通过电流稳定，线圈就稳定在一个固定的偏移位置；当断开线圈电源时，电流降为0，线圈自然就失去了维持其偏移的电动力，回归平衡位置。由于永磁体磁钢的磁场存在，线圈移动自然会切割磁力线，同时产生反向的感生电动势。如此一来，线圈会以平衡位置为中心反复振荡。由于实际上阻尼的存在，线圈最终会回归并稳定在平衡位置。检波器输出电压$u(t)$见公式(1)，响应曲线如图3所示[7]。

$$u(t)=-Ae^{-Bt}\sin(wt)\,(t\geqslant 0) \quad (3)$$

式中 t——时间，以电源断开的瞬间为0，s；

A——阻尼振荡振幅，V；

B——阻尼系数；

w——振荡频率，rad。

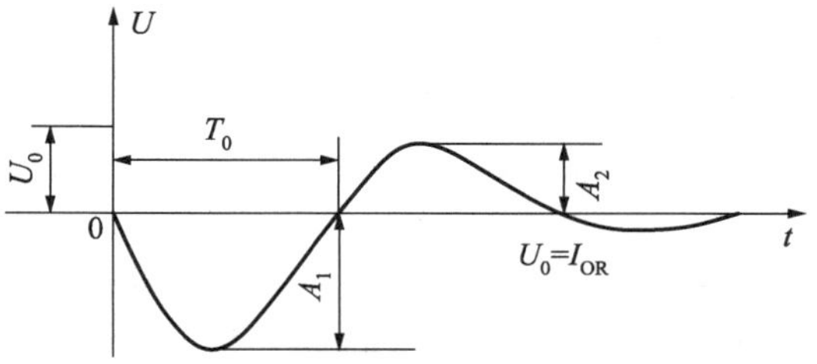

图3 检波器的阻尼震荡响应曲线

由式(1)可见，该阻尼振荡曲线的振动幅度逐渐衰减，其衰减的速度由阻尼系数B_t决定。为避免其尾端的振荡信号影响后续测量，应等待其信号衰减为零再开始后续测量。但实际上由于电路本身的噪音存在，输出的电压信号不可能为零，因此当衰减到接近于噪音的平均电平即可。

1.2.2 阻尼系数计算方法

结合公式(2)、(3)，阻尼系数的计算公式[5]见式(4)。

$$B_t=\frac{\ln\frac{A_1}{A_2}}{\sqrt{\pi^2+\left(\ln\frac{A_1}{A_2}\right)^2}} \quad (4)$$

式中 B_t——检波器阻尼系数；

A_1——检波器响应电压信号波形第一个峰值电压，V；

A_2——检波器响应电压信号波形第二个峰值电压，V(与第一个峰值反向最大值)。

1.2.3 自然频率计算

自然频率的计算公式(5)：

$$f_0=\frac{1}{2T\sqrt{1-B_t^2}} \quad (5)$$

式中 f_0——检波器自然频率，Hz；

T——检波器响应信号波形第一个半周期，s；

B_t——检波器阻尼系数。

1.2.4　灵敏度计算

灵敏度公式如式(6)

$$S=\sqrt{\frac{2\pi F_0 M A_1}{I_0}\exp\left(\frac{\operatorname{arctg}\frac{\sqrt{1-B_t^2}}{B_t}}{\frac{\sqrt{1-B_t^2}}{B_t}}\right)} \tag{6}$$

式中　S——检波器灵敏度，V/(cm·s^{-1})；

M——检波器线圈质量，kg；

I_0——通过检波器线圈的直流电流，A；

A_1——检波器响应信号波形第一个峰值电压，V；

F_0——检波器自然频率，Hz；

B_t——检波器阻尼系数。

2　三项参数测试流程

在直流电激励测试方法中，阻尼系数、自然频率和灵敏度这三项参数的模型都是基于动圈式检波器在脉冲电流激励下的阻尼响应特征计算的，该三项参数是根据响应曲线的最大值、最小值和过零点时间等参数依次计算出的[8]。

2.1　检波器测试流程

通常测试三项参数、失真度和电阻等参数并无特殊的顺序要求，可以单独测试，也可以按照指定顺序测试[9]，测试流程图如图4。

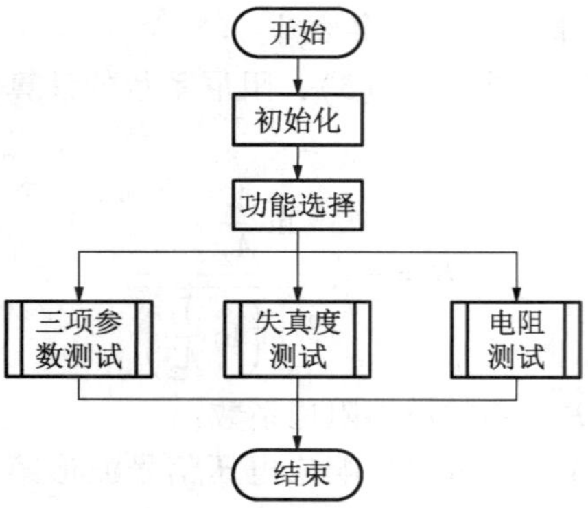

图4　测试流程图

2.2　测试时序分析

测试时序分析从两个方面进行，第一是三项参数测试的时序，第二是各个测试功能的顺序及其时序。

在测试三项参数时，断开线圈上的偏置电流后线圈产生输出电压 $u(t)$ 见公式(3)，以一个负指数的振荡衰减曲线形态衰减。在此公式中可以看出，其包络线即是 $e^{-\omega_0 B_t t}$，影响曲线衰减快慢的主要参数是阻尼系数 B_t。图5是阻尼系数 B_t = 0.2、0.5、0.8 时的衰减曲线对比，从中可以看出阻尼系数 B_t = 0.2 时，10s 后其振幅 13% 左右，而 B_t = 0.5 时 5s 就衰减到 <10%，而 B_t = 0.8 时只需要 3s 就衰减到 9%。由此可以看出，在测试三项参数时必须根据 B_t 选择延迟时间以及同下一测试的间隔。

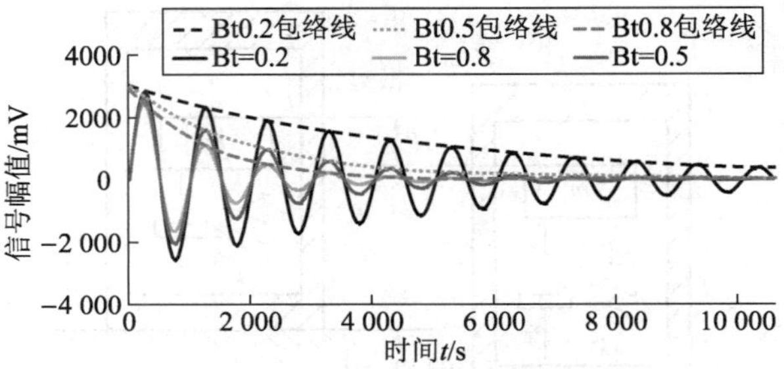

图5　不同阻尼系数的信号幅值对比

阻尼系数是检波器的固有特性。对一检波器而言，其阻尼系数是确定的，测量信号使其产生的振荡信号的衰减速度也是确定的，衰减频率也是固定的，只需要考虑信号幅值差异，测试信号越大其产生的阻尼振荡信号越大，衰减延迟的时间自然随之增长。

阻尼系数、自然频率和灵敏度三项参数的计算需要准确采集到完整的阻尼振荡曲线。完整的过程由对检波器断电开始，经过一个至少一个周期。

在实际测试中，为提高测试效率，经常选择按照某个顺序一次性完成三项参数、失真度以及电阻、极性等内容。在这种工作模式下就需要注意，各种测试见相互干扰。由于检波器动圈匝数很多，又处在永磁体的强磁场中，其等效电感很大，在测试的激励信号撤去后会残留有较长时间的振荡。如果不加以注意，测给下一功能测试留有足够的时间间隔，会对下一测量造成干扰。

3　测试实例分析

不失一般性，下面根据在勘探中常用的 A 型号的检波器和测试仪进行分析，其分析方法可以推广到其他同类的检波器以及测试仪。

图6为 A 型号检波器测试仪的实际测试信号。被测检波器是 A 低频高灵敏度检波器。用示波器在测试端捕捉到测试仪输出信号和检波器输出信号变化。

结合测试仪操作手册，得知其首先测试直流电阻，这是因为直流电阻值会在后面其他测试项目中用作测试计算的参数。随后依次是三项参数和失真度测试。

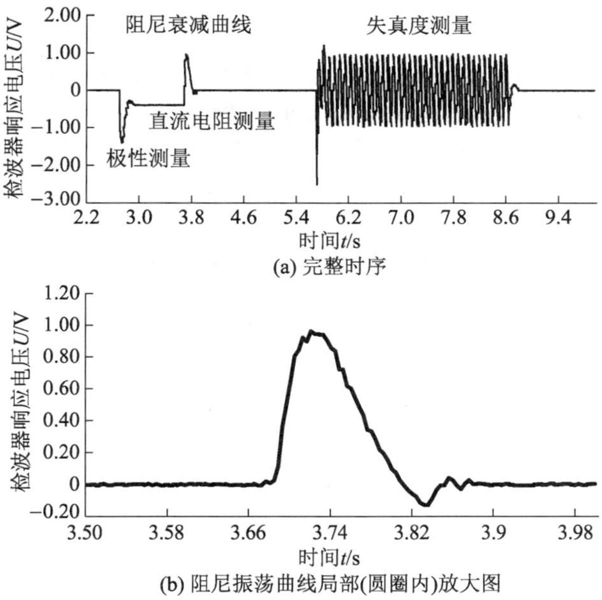

(a) 完整时序

(b) 阻尼振荡曲线局部(圆圈内)放大图

图6　某型号测试仪的实测时序图

从前面对三项参数的计算以及对A型号检波器的测试信号可知，计算三项参数需要从该曲线中获取峰值 A_1、峰值 A_2、第一个半周期 T 等数据。其中的关键之处有以下三个。

(1)半周期 T 的获取。T 的时长是从零时刻(断电时刻)到第一个过零点的时长，其中零时刻即是触发的时刻，容易得到该中断。想要得到准确的 T 时长，就必须准确获得零时刻和第一个过零点的时刻。由于电路噪音、环境电磁场噪音的存在，会大大干扰零时刻以及过零点的判断。因此在设计中必须尽可能降低电路噪音，并采取电磁屏蔽措施。但是对于零时刻的判断，还要采取适当的滤波措施以去除噪音的干扰。如果采用手动调节方式触发电平和延时，则要根据测试结果反复调节才能选择正确的零时刻，得到准确的结果，测试效率很低。采用自动触发方式就需要做好对信号的滤波和处理，才能得到准确结果。

(2)欲获取准确的 A_1、A_2 和半周期长 T，还要用过采样方式采集响应电压，在得到足够密集的响应曲线采样值，才能保证获得信号更接近真实的峰值和过零点。

还有，从采集到的响应信号上可以看出两个峰值 A_1、A_2 的幅值差距很大，这就要求采集电路必须有足够大的动态范围和够低的噪音。尤其是在大阻尼系数的检波器中，第二个峰值 A_2 已经衰减很低，很可能其幅度已经接近于噪音水平。

由于检波器的响应时间很短，采集到的数据需要马上计算处理，对实时性要求高，在设计时需要着重考虑实时性的问题，可以通过应用高速处理器或者FPGA等实现快速实时处理数据。另外，系统选择也要考虑实时性较好的系统。

从测试仪的时序可以看出，由于线圈的电感以及寄生电容的存在，在电压信号突然变化的瞬间会产生明显的脉冲信号，其特点是脉冲的幅度大、脉宽较小。因此在测试时候需要去除该脉冲的干扰。

其次由于电路噪音、电磁干扰的存在，阻尼振荡衰减曲线不会衰减到零。后续的测试需要等待衰减，但是不必等信号衰减到零，只需要衰减到噪音水平即可。

4　结论

本文通过对检波器测试中的阻尼振荡响应曲线实际测试时序信号分析，可以得到如下结论：

(1)检波器测试中产生的阻尼振荡信号很小，尤其是第二个峰值 A_2，和第一个峰值 A_1 相比，差别很大，因此在采集电路设计中需要有足够大的动态范围和灵敏度度。同时，对触发启动的零时刻信号来说，需要高采样率以便能够准确拾取到零时刻的信息。

(2)检波器线圈的电感以及寄生电容，会给测试信号带来意外的脉冲、振荡等干扰，这样的干扰会对测试计量造成误判。例如，在三项参数测试中，该干扰信号可能造成信号零时刻的误触发，从而造成时间测量错误，影响测量结果。

(3)检波器测试过程中测试顺序及其中的时间间隔也是必须重视的问题，以避免后续测量被前步测量影响。例如，在三项参数和交流阻抗、失真度、直流电阻等测试时，都要考虑到测试电流在检波器线圈中的衰减速度和衰减时间，保证足够大的时间间隔，以确保信号衰减到足够小，不会对后续测量项产生干扰[10]。

(4)由于检波器测试校准中有效信号微弱，噪音等影响因素多，在检波器及检波器测试仪的设计和测试校准中，通过对测试信号分析，科学设计测试参数确保精准采集，确保测试准确可靠，提升勘探质量水平[11]。

参考文献

[1]国家市场监督管理总局．石油地震检波器：GB/T 24260—2020[S]．北京：中国标准出版社，2020.

[2]张改慧，胡时岳．正弦扫频电激励法测量与识别地震检波器特性参数[J]．西安交通大学学报，2004(7)：722.

[3]刘鑫．地震检波器测试方法研究[D]．西安：西安石

油大学，2014.
[4]付小宁，石金成，冯旭东，等．直流激励法测量检波器灵敏度的量值溯源[J]．石油仪器，1998(8)：43.
[5]丁伟，张家田．地震勘探检波器的理论与应用[M]．西安：陕西科技出版社，2006.
[6]丁伟，张家田．地震勘探检波器的理论与应用[M]．西安：陕西科技出版社，2006.
[7]刘鑫．地震检波器测试方法研究[D]．西安：西安石油大学，2014.
[8]付小宁，石金成，冯旭东，等．直流激励法测量检波器灵敏度的量值溯源[J]．石油仪器，1998(8)：43.
[9]李辉．地震检波器测试仪的测试参数算法研究及实现[D]．天津：天津科技大学，2015.
[10]SY/T 6639—2012　检波器测试仪校准方法［S].
[11]易碧金，袁宗军，仲明惟，等．石油勘探模拟地震检波器标准化研究[J]．物探装备．2020(2)：71.

基于热流耦合仿真的全容式 LNG 储罐罐存精准计量方法

柳　智　牛淑昊　张　岩

（中国石油化工股份有限公司天然气分公司）

摘　要：LNG 接收站一般依据《GB/T 24962—2010 冷冻烃类流体静态测量计算方法》对 LNG 储罐进行静态计量，但该方法忽略了热泄漏导致罐内 LNG 温度场分布不均的现象，导致罐存计算存在较大误差。文章以 16 万方全容式 LNG 储罐为例，基于 Fluent 软件对储罐内 LNG 温度场分布进行了模拟，分析分布规律，结合 LTD（液位－温度－密度计）所测 LNG 温度与密度，建立 LNG 温度修正公式及密度修正公式。基于上述修正公式，提出了一种全容式 LNG 储罐罐存修正分层计量方法，并验证了其可靠性，有效提高 LNG 储罐罐存计算精度，解决了因热泄漏造成的罐存计算误差较大的难题。

关键词：LNG 储罐；全容式；罐存修正；温度修正

在双碳目标下，天然气作为一种高效、清洁的能源，正逐步取代煤炭、石油等高二氧化碳排放能源[1]。作为 LNG 远洋贸易的终端设施，LNG 接收站承担着接收从基本负荷型天然气液化工厂船运来的液化天然气，并储存、再气化后供给用户的责任。对于 LNG 接收站运行管理而言，减少 LNG 接收站各环节计量误差对保障接收站正常运营具有十分重要的指导意义。

在 LNG 接收站日常经营过程中，主要依据 Q/SY 1675—2014《液化天然气接收站质量盘库方法》和 GB/T 24962—2010《冷冻烃类流体静态测量计算方法》对接收站内的 LNG 进行盘库计量[2]。在 LNG 日常储存中，环境温度与罐内液体温差引起的热泄漏会导致罐内 LNG 温度分布不均。LNG 储罐静态罐存计量一般依据 LTD（Level, Temperature and Density）所测温度、密度进行计算[3-4]，但 LTD 所在位置靠近罐壁，上述计算方法忽略了 LNG 存在过冷区域，导致实际计算温度偏高、密度偏低，LNG 质量偏小。目前未有对罐内 LTD 测量温度进行修正的方法，在储罐静态计量过程将造成较大的计算误差，导致 LNG 接收站出现较大的盈亏波动，不利于掌握接收站真实的运营损耗情况。因此，针对 LNG 储罐温度场分布不均，导致 LNG 储罐罐存计算出现较大误差的问题，本文提出了一种全容式 LNG 储罐罐存分层计修正方法。

1　16 万方 LNG 储罐建模与模拟结果分析

1.1　LNG 储罐建模

1.1.1　物理建模

16 万方 LNG 储罐选用全包容式预应力钢筋混凝土地上储罐，由预应力钢筋混凝土外罐、9Ni 钢内罐及铝吊顶构成，其主要设计参数如下：9Ni 钢内罐内径：80m、混凝土外罐内径:82m、内罐壁高度：36.1m、外罐壁高度：39.0m（总高度：50.386m）。储罐保温材料主要有泡沫玻璃（罐底）、玻璃棉（罐顶、环隙空间）及膨胀珍珠岩（环隙空间）[5]。

由于储罐体积过大，若采用三维模型进行模拟，网格数量将达到千万级别，导致运算速度十分缓慢，甚至超出计算机内存限制。因此，通过计算出罐顶、罐壁、罐底的热流密度，将储罐模型简化为二维模型，以提高运算速度[6]。在模拟中，主要采用两种 LNG 组分进行模拟，其物质组成参数见表 1，罐顶、罐壁、罐底热流密度（环境温度 303K）分别为：7.22、8.30、14.76W/m^2。

表 1　LNG 组分参数

组分	CH_4	C_2H_6	C_3H_8	i-C_4H_{10}	n-C_4H_{10}	i-C_5H_{12}	n-C_5H_{12}	C_6H_{14}
LNG-1	91.27	5.49	2.24	0.43	0.50	0.05	0.02	0.00
LNG-2	86.56	8.59	3.41	0.61	0.70	0.09	0.04	0.00

1.1.2　数值建模

由于 LNG 温度场模拟主要关注液相流体区的温度分布，而 LNG 液体属于不可压缩流体[7]，因此采用压力基求解器进行模拟的求解，求解算法为压力耦合方程的半隐式方法，即 SIMPLE 算法。对于 Pressure 项的空间离散选择 Body Force Weighted，梯度项离散选择 Least Squares Cell Based，能量方程、动能方程均采用 First Order Upwind 离散，多相流模型选用 VOF(Volume of Fluid)模型，湍流模型选择 k-ε 模型的标准形式，相变模型选择能够和 VOF 模型一起使用的 Lee 模型[8]。

对于初始模拟条件，充装高度设置为 30m，气液区域初始温度设置为 111.97K，初始压力设置 101.325kPa。

1.2 LNG 温度场模拟结果分析

当储罐模拟进行到 2.75h 左右时，储罐内部已出现较为稳定的热分层，其结果已基本可以对储罐温度分布进行分析。由于不同工况下的 LNG 温度分布规律相似，因此仅以 LNG-1 为例，对 LNG 储罐内 LNG 温度场分布规律进行分析。

1.2.1 储罐 YZ 平面矢量图

从图 1 可以看到，由于热量持续泄漏，靠近罐壁处的 LNG 密度减小，中心处密度较高的过冷 LNG 由于重力作用发生沉降[9]，罐壁处的 LNG 在浮升力的驱动下向上流动，密度梯度导致 LNG 在罐内自然对流。同时，漏热也导致 LNG 出现了表面蒸发及热分层现象。由于自然对流，进入液体的热量向上输送并在液体表面积聚，大部分液体在储存压力下仍保持过冷状态，而上层 LNG 受热并在气液界面处蒸发。蒸汽气体处于过热状态，沿储罐高度形成温度分层，流体热分层现象见图 2。

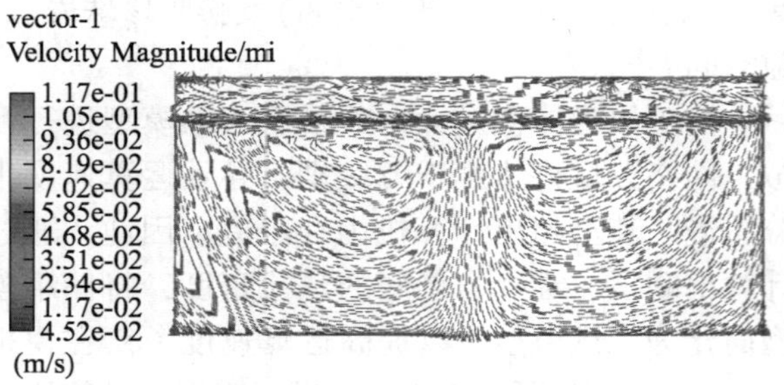

图 1　储罐 YZ 平面矢量图

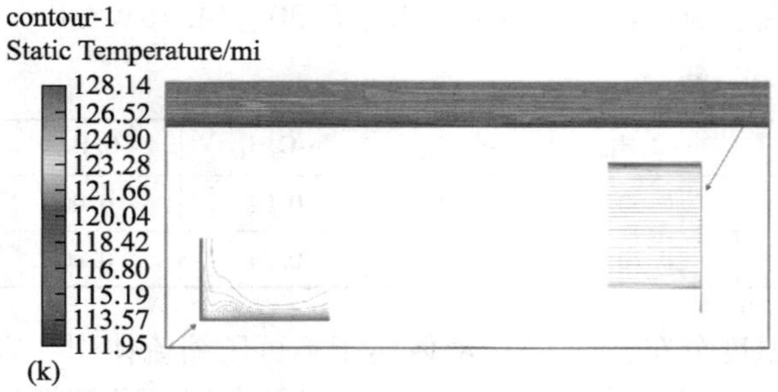

图 2　储罐内 LNG 热分层现象

1.2.2 储罐内 LNG 瞬时温度场分布

在低温液体储存过程中，尽管储罐的罐壁进行了较好的隔热处理，但温度较高的外部环境仍然不可避免地与储罐内低温液体发生热量交换[10]。对于一般的低温储罐系统来说，储罐外罐壁主要通过热对流与储罐外部空气交换热量；环境漏热在绝热层内通过导热传递，而内罐壁与储罐内流体主要通过热对流的方式传热。在模拟中，设置储罐全域初始温度为 111.97K，设置空气以来流温度 303K 与储罐外壁面进行对流传热，设置罐底环境温度以 276.15K 与储罐底部进行导热。

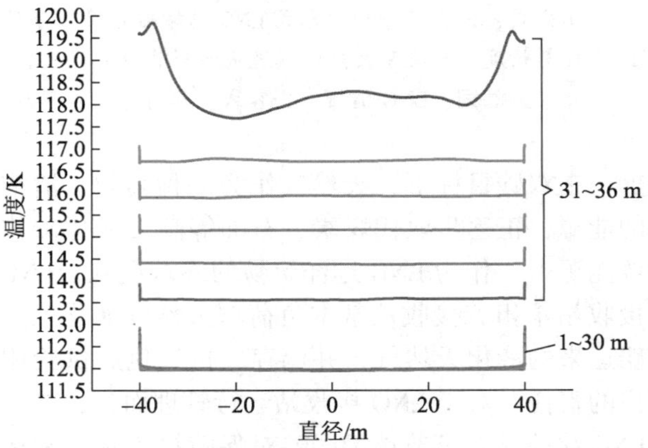

图 3　LNG 温度分布图

通过每隔 1m 建立储罐各高度下的直径线，得到各截面温度分布数据。温度分布如图 3 所示。从图中可以看到，在液相区域，靠近储罐内壁面的液体温度较之于中间液体，温度较高。在横截面上，靠近罐壁处的温度最大，沿着半径向储罐中心方向迅速减小，在液体过冷区域，温度基本保持在 111.97K 左右，变化幅度极小。在气相区域，温度在横截面上的温度变化规律与液相区相同，但其温度分层较为明显，大约以 0.75K/m 的温度梯度上升，温度范围为 113.5～120K。

1.2.3 温度修正公式的建立与应用分析

基于 LNG 温度模拟数据，考虑储罐内 LNG 温度在纵向以及横向上的变化，可建立关于储罐半径、液位高度以及 LTD 所测温度值的三元温度修正公式，公式形式为：

$$T_{真} = T_{LTD} * (a + b * (1/(1 + (x/40/c)) - d) + e * (1/(1 + (y/40/f)) - g)) \quad (1)$$

式中　$T_{真}$——LNG 修正后的温度，K；

T_{LTD}——距 LNG 储罐内壁面 1m 的 LTD 所测温度值，K；

a,b,c,d,e,f,g——常数，分别取值为 0.999927，

2.388662 × 10^{-6}，1.009283，0.008858，3.949144 × 10^{-6}，0.784282，1.966847；

x——储罐半径，范围为[-40，0]，m；

y——液位高度，范围为[0，30]m；

T_{LTD}——距 LNG 储罐内壁面 1m 的 LTD 所测温度值，K。

为验证公式的适用性，以某 LNG 接收站 LNG 储罐运营数据为例，在四种不同工况条件下对 LNG 储罐内液体温度场进行模拟。模拟边界条件见表 2。

表 2 模拟边界条件

工况	环境温度/K	组分	初始压力/kPa	充装高度/m
1	303	LNG1	101.325	30
2	303	LNG1	119.325	25
3	303	LNG2	101.325	30
4	313	LNG1	101.325	30

根据 LTD 所在位置处的模拟数据，利用温度修正公式对储罐内的液体温度进行预测，将预测结果与其他模拟数据进行对比，并评价该修正公式的预测精度，计算结果见图 4。

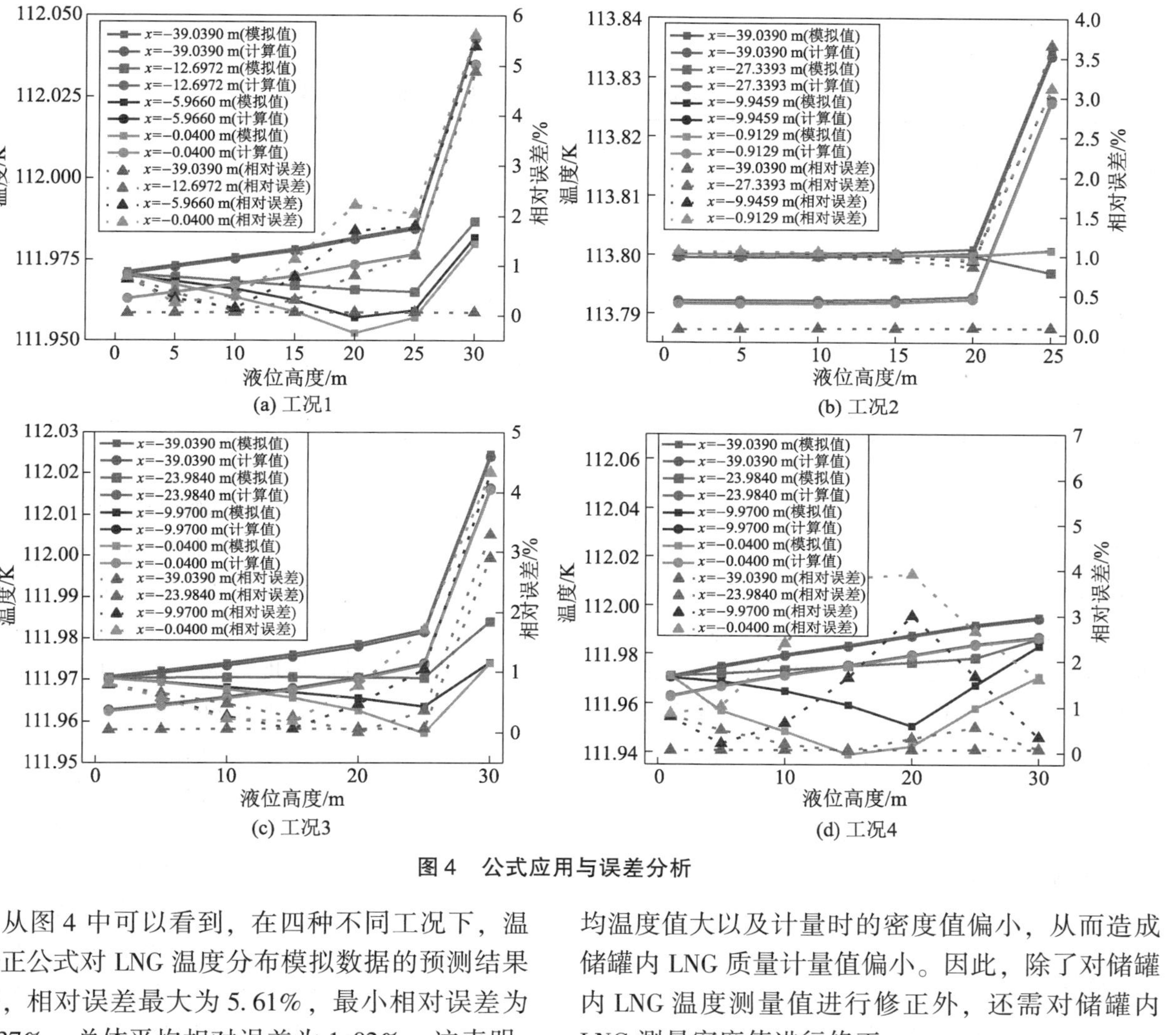

图 4 公式应用与误差分析

从图 4 中可以看到，在四种不同工况下，温度修正公式对 LNG 温度分布模拟数据的预测结果良好，相对误差最大为 5.61%，最小相对误差为 0.0037%，总体平均相对误差为 1.02%。这表明，温度修正公式预测精度较高，可用于不同工况的 LNG 温度场预测以及罐存计量时的温度修正计算。

2 罐存修正方法的建立与应用

在进行 LNG 储罐罐存计算时，一般根据液相平均温度来计算 LNG 质量，但该平均温度因为测量点的局限性，导致该平均温度值比液相实际平均温度值大以及计量时的密度值偏小，从而造成储罐内 LNG 质量计量值偏小。因此，除了对储罐内 LNG 温度测量值进行修正外，还需对储罐内 LNG 测量密度值进行修正。

在 LNG 储罐液位相同处，压力相等。同时因为罐壁温度与储罐中心温度相差不大，压缩因子近似相等，因此根据状态方程 $P = Z\rho RT$，基于温度修正公式，可得 LNG 密度修正公式形式为 $\rho_{真} T_{真} = \rho_{LTD} T_{LTD}$，即：

$$\rho_{真} = \rho_{LTD}/a + b*(1/(1+(x/40/c)) - d) + e*(1/(1+(y/40/f)) - g) \quad (2)$$

式中　$\rho_{真}$——LNG 修正后的密度，kg/m³；

ρ_{LTD}——距 LNG 储罐内壁面 1m 的 LTD 所测密度，kg/m³。

为减小使用一个平均温度值带来的计量误差，根据 LTD 所测数据值，对储罐内 LNG 质量进行分层计量，即采用 LNG 密度修正公式及 LTD 所测密度值，计算处每层 LNG 沿半径分布的多点位密度值，将所有点位的密度值求平均得到所述层的平均密度，最后以所述平均密度作为分层密度修正值，并通过分层质量计算公式求得 LNG 储罐的罐存。分层质量计算公式形式为：

$$M = \sum_{i=1}^{n} \rho_i h_i \pi R^2 \tag{3}$$

式中　M——LNG 液体质量，kg；

n——层数，即 LTD 所测密度值的数量；

ρ_i——第 i 层的平均密度；

h_i——第 i 层的分层高度，m；

R——储罐半径，m。

将密度修正公式计算的 LTD 测量密度值与实际 LTD 测量密度值进行对比，从而对密度修正公式计算精度进行分析，计算结果见表 3。同时，沿半径方向，每隔 1m 计算一次 LNG 温度，并对该 41 个计算温度值求平均。再以上述平均密度作为修正后的 LNG 分层密度进行 LNG 储罐分层质量计算，并将计算结果与未修正密度的 LNG 储罐罐存进行比较，计算结果如表 3 所示。

表 3　LNG 密度修正结果与 LNG 分层质量计算结果

液位高度/m	LTD 实测值/(kg·m⁻³)	计算值/(kg·m⁻³)	相对误差/%	x=0m 密度计算值/(kg·m⁻³)	…	x=−40m 密度计算值/(kg·m⁻³)	平均密度计算值/(kg·m⁻³)	分层高度/m	LNG 质量/t	修正密度后的 LNG 质量/t
0.5	450.3	450.3020	0.678	450.3336	…	450.2177	450.3278	1	2262.3072	2262.4469
1.5	450.3	450.3021	0.696	450.3336	…	450.2178	450.3278	1	2262.3072	2262.4469
2.5	450.2	450.2021	1.069	450.2337	…	450.1178	450.2278	1	2261.8048	2261.9445
…	…	…	…	…	…	…	…	…	…	…
28.5	450.0	450.0029	0.280	450.0344	…	449.9186	450.0286	0.5	1130.4000	1130.4718

注：修正密度前后的 LNG 分层质量总计分别为 64453.398、64457.439t。

由表 3 可知，在 LNG 密度计算中，29 组实测值与公式计算值的相对误差在 0.28%～2.803%内，平均相对偏差仅为 1.53%，表明密度修正公式精度较高，可用于 LNG 温度修正中。同时可知，根据 LTD 所测密度值与密度修正公式对 LNG 分层密度进行修正后，LNG 质量较密度未修正时多出 4.041t，这表明，热泄漏确实会导致储罐计量时出现较大误差，若 LNG 接收站内储罐较多，则每日盘库误差将进一步增大。因此对 LNG 储罐罐存计量方法进行修正是十分有必要的。

3　结论

当前 LNG 储罐罐存计量方法中，未考虑热泄漏造成的 LNG 储罐密度分布不均现象，导致罐存计量误差较大，不利于接收站掌握真实的运行损耗情况，无法及时发现运行过程中的异常。基于此，本文以 16 万方 LNG 储罐为例，分析其温度分布规律，建立 LNG 温度及分层密度修正公式，对 LTD 仪表测量出的储罐内 LNG 温度与密度进行修正，并提出了一种全容式 LNG 储罐罐存分层计量方法，有效提高 LNG 罐存计量精度。

(1)基于 Fluent 软件对储罐内部温度进行模拟，结果表明，在液相区域，靠近储罐内壁面的液体温度较之于中间液体，温度较高。在横截面上，靠近罐壁处的温度最大，沿着半径向储罐中心方向迅速减小，在液体过冷区域，温度基本保持在 111.97K 左右，变化幅度极小。在气相区域，温度在横截面上的温度变化规律与液相区相同，但其温度分层较为明显，大约以 0.75K/m 的温度梯度上升，温度范围为 113.5K～120K。

(2)基于上述分布规律，建立温度修正公式，在四种不同工况下，对 LNG 温度分布模拟数据的预测结果良好，相对误差最大为 5.61%，最小相对误差为 0.0037%，总体平均相对误差为 1.02%，表明温度修正公式预测精度较高，可用于不同工况的 LNG 温度场预测以及罐存计量时的温度修正计算。

(3)建立 LNG 分层密度修正公式，并基于 29 组实际数据进行公式验证，结果表明，实测值与公式计算值的相对误差在 0.28%～2.803%内，平均相对偏差仅为 1.53%，表明密度修正公式精度较高，可用于 LNG 温度修正，且当罐存高度在 28.5m，密度约 450kg/m^3 时，修正后的 LNG 质量较未修正前多 4.041t，若 LNG 接收站内储罐较多，则每日盘库误差将进一步增大。同时，证明分层计量方法能够有效提高 LNG 储罐罐存计量精度，有助于损耗的精细化管理，且计算流程清晰、可操作性强，便于本技术领域人员使用。

参考文献

[1]杨恩源．低碳经济对中国天然气行业的影响[J]．能源研究与信息，2011(2)：63.

[2]赵金睿，吴仲昆，张大伟，等．储罐内液化天然气密度计算方法研究[J]．计量学报，2021(1)：72.

[3]王继光，杨春慧，毛伟．LNG 储罐仪表监测系统和调试问题分析探讨[J]．自动化仪表，2017(5)：95.

[4]韩明，翟恒涛，张天亮，等．LNG 加气机计量检定超差的原因及解决方案[J]．工业计量，2023(2)：30.

[5]樊宏伟，陈成建．全容式 LNG 储罐罐内保冷工程防水防潮系统应用[J]．石油化工建设，2019(6)：45.

[6]宋存永．火灾工况下大型 LNG 储罐的蒸发特性研究[D]．青岛：中国石油大学(华东)，2020.

[7]李娇扬．大型储罐内 LNG 蒸发及翻滚影响因素的模拟研究[D]．大庆：东北石油大学，2023.

[8]Zhongdi Duan，Yifeng Zhu，Chenbiao Wang，Yuchao Yuan，Hongxiang Xue，Wenyong Tang. Numerical and theoretical prediction of the thermodynamic response in marine LNG fuel tanks under sloshing conditions [J]. Energy，2023(270)：126935.

[9]匡以武，耑锐，王文，等．液化天然气储罐预冷过程温度场数值模拟[J]．化工学报，2015(S2)：138.

[10]侯衍鹏．大型 LNG 储罐结构优化及研究[D]．青岛：青岛科技大学，2015.

浅析贸易交接质量流量计的比对核查方法

冯胜权　郭锦文

(中国石化茂名分公司生产管理部)

摘　要：质量流量计的比对核查是石油产品计量管理中普遍采用的一种技术手段，其核心在于通过对质量流量计与其他计量器具或不同流量计之间的测量结果进行横向比较，以确保同一批次的管输石油产品的精确测量。通过执行比对核查的操作，能够评估并确保质量流量计在测量准确性、数据一致性以及计量要求符合性方面的性能表现。

关键词：质量流量计；比对核查；交接计量

质量流量计具有测量准确度高、可靠性好、适用介质种类多等特点，在石油化工贸易交接计量中发挥着至关重要的作用，已成为石油产品管输流量计计量的首选器具。然而，质量流量计在连续生产运行中往往受到工艺调整和环境变化的影响，从而产生系统误差或随机误差。若这些误差未能被及时识别和纠正，可能会引发严重的计量偏差，进而影响贸易的公平性和经济利益。为了确保贸易交接质量流量计测量结果的准确性并减少因误差所引发的计量风险，可通过质量流量计与其他计量器具之间或不同流量计之间，对同一批次管输石油产品的测量结果进行比对核查，识别出误差并进行调整，从而提升贸易交接计量数据的准确性和信任度。

1　比对核查的准备

1.1　确认比对计量器具的技术状态

制造商在生产质量流量计时，会依据客户所提供的工艺参数和测量要求，精确计算流量计参数并匹配合适的传感器型号。然而，在流量计投入使用后，由于多种因素，如工艺调整或环境变化，流量计参数或工艺参数可能会发生变动，进而影响流量计测量的准确性。因此，对质量流量计的当前工作参数进行检查，以确认流量计技术状态满足贸易交接的计量要求，显得尤为重要。

比对核查是不同计量器具对同一被测量之间的量值相互比较。质量流量计准确度等级 0.2，与储罐、铁路罐车、油船舱、衡器等计量器具相比，其测量准确度是最高的，可作为比对的核查标准。在执行比对核查操作之前，必须对质量流量计的量程范围、流量系数、流量单位、质量系数，以及小流量切除值、压力与温度补偿设置等进行检查，以确认基准流量计的参数设置正确无误。同时，对作为比对参考的其他计量器具的技术状态和参数设置也要进行检查确认，以确保比对计量器具的可靠性和一致性。

1.2　检查质量流量计的零位

质量流量计在运行过程中受环境温度、工况等影响，零位会发生漂移，从而叠加到实际流量上，增大测量误差。在执行比对核查操作之前，要对质量流量计零位进行检查，必要时进行在线调零。这里以 EMERSON 高准 ELITE 科里奥利质量流量计为例。

1.2.1　检查调零

(1)确保传感器测量管充满介质并处于静止状态。

(2)在管输作业半小时后进行，可确保调零时测量管内的压力、温度与输送时相同。

(3)先关流量计下游阀，再关上游阀及泵(也可以不关泵，介质从旁路流通)，直到测量管内介质静止后方可调零。

(4)建议连续调零三次，以比较三次“Zero Offset(零点偏置值)”，如果最后两次的偏置值很接近，说明已捕捉到了一个好的零点。

1.2.2　检查“Live Zero”(活零点)

在调零状态下，进入 ProLink 菜单的“Diagnostic information(诊断信息)”界面，检查“Live Zero”，如“Live Zero”变化范围较小，说明零位较稳定。

1.2.3　检查“Std dev”(标准偏差)值

在调零状态下，进入 ProLink 菜单，点击“Zero Calibration(零点标定)”检查 Std 值，正常情况下应满足 Std < 10。若 Std 值偏高，其原因一是系统绝缘性能降低，可能是接线盒有潮湿、9

芯电缆绝缘降低或破皮；二是安装不规范或工况偏离质量流量计工作条件。

1.2.4 计算零位漂移变化量

通过调零前后的零位变化情况可以判断质量流量计的误差变化趋势，也可计算出此次调零对流量计准确度的影响程度。具体如下：从“Zero Calibration(零点标定)”菜单分别记录调零前和调零后的零位值，并计算出它们的差值 Δt，即可通过以下公式计算出流量计调零前与调零后的流量测量差量：

$$\Delta f = k \times \Delta t$$

式中 Δf——流量计调零前后的流量测量差量，kg/h；

k——流量计标定系数，(g/s)/μs；

Δt——流量计调零前后的零位差值，μs。

举例：某质量流量计调零前零位值 -0.1109μs，调零后零位值 -0.0959μs，k 系数 4646.6(g/s)/μs，则根据差量公式计算如下：

$$\Delta f = k \times \Delta t = 4646.6 \times \frac{3600}{1000} \times [-0.1109 - (-0.0959)] = -251(\mathrm{kg/h})$$

从计算结果可知，该质量流量计调零后要比调零前的测量值偏小 251kg/h。若管输工况平均流量为 150t/h，则由零位引起的流量误差为：

$$0.251\mathrm{t/h} \div 150\mathrm{t/h} \times 100\% = 0.17\%$$

1.2.5 判别传感器是否挂壁

质量流量计传感器一旦出现挂壁现象就会导致传感器的质量发生变化，影响零位，并直接影响流量计测量准确度。判别传感器是否挂壁，只能在流量标准装置上检定时，通过比较传感器振动管在空气状态下的振动周期和出厂的振动周期 K1 数据来判别。

先将流量计拆下，冲洗并吹干传感器振动管，水平放置。进入 ProLink 菜单的“Diagnostic information(诊断信息)”，读取“Tube Freq.(测量管振动频率)”值。随后记录传感器铭牌的“TC(流量温度修正系数)”“K1(出厂振动周期)”的值。依次输入“Tube Freq.”“TC”“K1”值，查看“Error”计算结果。如“Error ≤ 0.25%”，说明传感器没有挂壁；如“Error > 0.25%”，说明传感器有挂壁现象，则应对流量计振动管进行机械或化学清洗，彻底清除管道内壁的附着物。

2 比对核查的方法

2.1 储罐与质量流量计的比对

经检定合格并在有效期内使用的储罐，具有已知测量不确定度。采用其收(付)油量与质量流量计收(付)量比对，是常用的核查方法，以储罐收油为例，比对可分三步骤进行：

(1)比对时分别测量储罐收油前和收油后的液位、温度，同时采样分析收油前和收油后罐内油品的密度，从而计算出储罐净收油重量。

(2)同步记录质量流量计的前后累计量，并将流量计的累计量增量换算为空气中的质量。

(3)将储罐的净收油重量与质量流量计所计量的质量进行对比。

在执行储罐与质量流量计的比对核查操作中，应注意以下几点：

(1)比对时间尽可能长，保持流量稳定，并减少开启关闭阀门对流量测量的影响。

(2)收(付)油前，检查工艺流程、管线及阀门等，以确保处于合理且可靠的状态，确认油品不窜线，流量计瞬时量为零。收(付)油完毕后，确认阀门关闭，质量流量计瞬时量为零。

(3)储罐液位的高度差应尽可能大，以减小液位测量误差。

(4)对于浮顶罐，要确保付油后液位处于不可计量区间的上限。

铁路槽车、油船舱等与质量流量计的比对均适用于此类对比核查。

2.2 串联质量流量计的比对

质量流量计的串联比对，与流量标准表校准的方法相类似。在同一管线上串联安装一台或多台相同准确度等级的质量流量计，以贸易交接质量流量计作为核查标准，另一台流量计作为比对参考。按批次管输开始至结束时间内，对流量计累计流量的相对误差进行比较。作为比对参考的质量流量计与核查标准的质量流量计之间连接管段的容积尽可能小，特别是在气体测量中这一点尤为重要。必要时，还需要同时对流量计测量管道内油品的温度和压力进行补偿。温度和压力的测量误差所引起的流量修正误差，应控制在流量计基本误差的三分之一以内。

质量流量计串联比对核查期间，应同步进行流量计数据采集和记录，至少采集 10 组数据，并分别计算其平均值 Q_0、Q_1，然后，根据以下公式进行比对结果的计算：

$$E = \frac{(Q_1 - Q_0)}{Q_0} \times 100\%$$

式中 E——比对核查的基本误差；

Q_0——核查标准流量计测量数据平均值；

Q_1——比对参考流量计测量数据平均值；

U_0——核查标准流量计的基本误差；

U_1——比对参考流量计的基本误差。

当 $E \leqslant \sqrt[2]{U_0^2 + U_1^2}$ 时，则认为两台质量流量计的测量数据可信，通过验证。

2.3 衡器与质量流量计的比对

被测介质是液态流体的质量流量计，测量结果可用汽车衡或静态轨道衡进行称重比对，即介质通过质量流量计装车后过衡或在衡器上直接流量计批控装车称量。

以装车过汽车衡为例，比对核查操作比较简单。首先，在车辆过衡称皮重后，通过质量流量计装车，记录质量流量计累计质量增量，同时换算成空气中的质量增量；然后，重车过衡称毛重，求出过衡车辆的介质净重；最后比较质量流量计质量增量与车载介质净重量，做好比对记录。

3 应用效果

3.1 大宗物料计量过程监督有效

某企业大宗物料进出厂均以质量流量计计量交接，根据每种物料的计量流程，每月按批次安排贸易交接流量计分别与储罐或串联流量计进行比对核查，以验证计量过程受控，计量数据准确，如表 1 所示。

表 1　2023 年大宗物料进出厂比对核查情况

序号	名称	交接量/t	比对量/t	比对差量/t	比对差率/%	比对核查方式
1	成品油管输出厂	4562292.741	4562080.1	-212.641	-0.005	串联流量计比对
2	液化气管输出厂	358323.748	357680.592	-643.156	-0.179	串联流量计比对
3	基础油管输出厂	150279.911	150553.283	273.372	0.182	罐与流量计比对
4	外购石脑泊进厂	212233.898	212324.077	90.179	0.042	串联流量计比对
5	外购渣油管输进厂	38341.03	38348.875	7.845	0.020	串联流量计比对
6	外购油浆管输进厂	75707.214	75603.415	-103.799	-0.137	罐与流量计比对
7	外购蜡油管输进厂	16393.567	16368.543	-25.024	-0.153	罐与流量计比对
合计		5413572.109	5412958.885	-613.224	-0.011	

3.2 铁路罐车抽检核查客户满意

某企业成品油铁路罐车出厂以批控装车质量流量计计量交接，每月安排罐车人工检尺与流量计抽检比对核查，以确保装车流量计计量准确。2023 年共执行比对核查 894 车次，比对差率控制平稳，全年在 -0.001% ~0.137% 内，批控装车流量计计量准确，为计量争议处理提供详实的数据支撑，促进客户提升信任度，如图 1 所示。

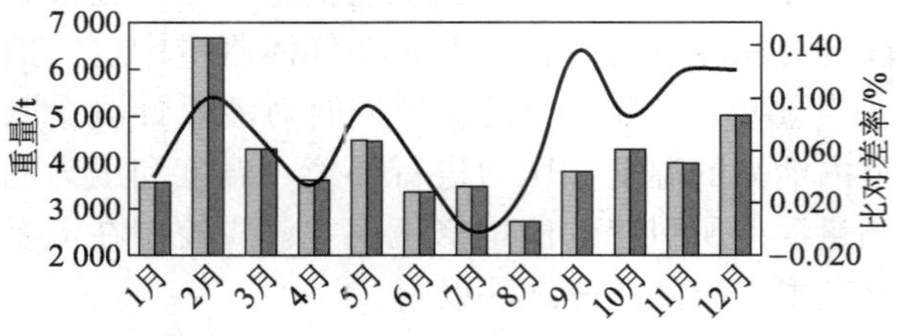

图 1　铁路罐车人工检尺与流量计抽检比对核查情况

3.3 优化基础油计量操作为基层减负

某企业加氢基础油罐区管理长期采用每批次输送人工检罐的方式复核输送量，导致岗位工作量大，效率低下。2022 年 4 月通过组织输送罐与贸易交接质量流量计比对核查 55 批次，平均比对差率 0.027%，确认交接计量过程受控，计量数据准确。经优化计量操作，将人工检罐频次由原来每批次输送均检罐调整为每月首批次输送检罐，全年可减少 107 个油罐的检尺计量，为基层减负 69% 的工作量。

4 结论

通过质量流量计与储罐比对、串联流量计比对以及衡器比对等多种方法，对贸易交接质量流量计的测量结果进行核查，不仅有效地验证了流量计的性能，还有助于识别那些可能影响测量精度的关键因素。每种方法都具有其独到之处，可以根据具体的测量环境和计量需求灵活选择，从而为实际生产应用提供有力的指导。然而，现有比对核查方法仍有改进提升的空间。未来可以探索开发自动化的核查技术，对质量流量计的测量结果进行定期核查和在线比对，以减少人为误差，提高核查工作的效率和精确度，确保贸易交接计量过程的准确性和可控性，避免计量风险。

参考文献

[1] 冯胜权，林海安．扩容《石油计量表》提高催化油浆罐量计算准确性[J]．工业计量，2023(3)：23.

[2] 国明昌，候庆强．流量核查技术在天然气流量计检定中的应用[J]．计量技术，2019(3)：2.

[3]袁杰，张俊．质量流量计在成品油贸易交接计量中的应用探讨[J]．河南化工，2017(34)：47.
[4]王春娟．CMF 在某成品油管线中的应用研究[J]．机电信息，2015(15)：48.
[5]黄芳．科里奥利质量流量计工作原理及影响因素[J]．中国化工贸易，2015(15)：206.
[6]陈文莹．质量流量计在铁路装车贸易交接中的应用[J]．中国计量，2011(10)：114.
[7]肖素琴．企业能源计量常见难题解析及对策[M]．北京：中国石化出版社，2017.
[8]徐顺福．成品油计量与管理[M]．北京：中国石化出版社，2016.
[9]傅青喜．铁路罐车容积检定与计量[M]．北京：中国计量出版社，2005.
[10]《能源计量器具应用技术指南》编委会．能源计量器具(流量)应用技术指南[M]．北京：中国石化出版社，2012.

基于加氢机需求的科里奥利质量流量计技术改进

柯　立　郑国永

（中国石化销售股份有限公司浙江石油分公司）

摘　要：流量计是加氢机的关键计量设备，一般采用科里奥利质量流量计。经过调研发现，加氢站使用的流量计存在质量流量测量精度不高、功能单一、无密度测量或密度测量准确度低等问题。针对以上问题，研发了一种主要应用于35MPa加氢机的科里奥利质量流量计。通过改进传感器结构，优化数字变送器算法，添加自诊断、自校验等功能，添加高精度的密度测量功能，提高流量计的计量精度、稳定性和智能化水平。经过法定计量技术机构校准和现场试用，氢气环境下的计量精度可以达到±0.35%，领先于市场上的大部分同类产品。

关键词：科里奥利质量流量计；加氢机；高精度；智能化

加氢机是燃料电池汽车加注氢燃料的核心设备，基本功能是安全、快速加氢和精确计量，即在保障对车载储氢罐进行安全、快速加注氢气的同时，要准确计量加氢量、金额等。目前主要有35MPa和70MPa两种。加氢机上配有加氢枪、压力传感器、温度传感器、氢流量计、加注控制装置、安全装置、软管等，其中加氢机流量计是加氢机的关键计量设备，其计量精度直接影响到加氢站效益和用户满意度。加氢机流量计一般采用科里奥利质量流量计，但由于氢气密度低，而加注压力又很高，实现加注过程中的精确计量并不容易。德国RHEONIK超高压氢气质量流量计标准产品的液体质量计量精度为±0.2%，气体质量计量精度为±0.5%，密度计量精度为±10kg/m^3（增强型为±5kg/m^3）。美国艾默生和日本OVAl也推出了可应用于加氢机的超高压科里奥利质量流量计，氢气质量计量精度均为±0.5%。

现有的质量流量计测量精度不高，自诊断功能并不完善，缺少密度测量或测量精度低，导致使用中存在一些问题。比如：

（1）无法精确计量质量流量，导致计量不准，会造成超装或者少装，影响工作效率，甚至出现安全事故；

（2）由于缺少线圈回路检测、缺少自动零点诊断、缺少腐蚀磨损等检测功能，不能及时发现和提醒设备性能下降、安全性下降或设备异常。

（3）无法通过精确的密度测量反映出氢气品质的变化，不能在氢气品质发生变化时发出预警。

1　研究内容

1.1　技术目标

针对现有的加氢机质量流量计质量流量测量精度不高，自诊断、自校验功能不完善，缺少密度测量，或密度测量精度低的问题，通过改进传感器结构，优化数字化变送器算法，添加自诊断、自校验等功能，添加高精度的密度测量功能，提高流量计的计量精度、稳定性和智能化水平，实现准确、安全、高效的氢气加注作业[1-3]。

1.2　技术内容

（1）加氢机质量流量计的质量流量测量精度提升。查找加氢机质量流量计影响质量流量计量精度的制约点，改进传感器结构，优化数字化变送器算法，使流量计满足计量高精度以及长期稳定性要求。

（2）加氢机质量流量计智能化水平提升。添加质量流量计的自诊断、自校验等功能；通过实时测量传感器刚性参数，检测传感器测量管是否存在挂壁、腐蚀、磨损等异常，通过当前零点、流量系数、密度系数与出厂时相关系数对比，判断质量流量计运行状态，实时监测传感器结构完整性，保证质量流量计计量精度处于规定要求以内。

（3）加氢机质量流量计的密度测量功能添加和密度测量精度提升。通过传感器工艺改进，优化温度、压力、流速等补偿系数和算法，使流量计能够准确计量密度，监测氢气的品质，辅助提示流量计的工作状态[4-6]。

1.3 技术指标

（1）计量技术指标如表1所示。

表1 技术指标

项目	指标
额定工作压力	(35/70)MPa
工作温度	-40～+70℃
质量流量精度(液体、气体)	±0.1%、±0.35%
质量流量重复性(液体、气体)	0.05%、0.2%
密度精度(液体、气体)	$\pm 0.5kg/m^3$、$\pm 1kg/m^3$
密度重复性(液体、气体)	$0.25kg/m^3$、$0.5kg/m^3$

（2）具备完善的自诊断、自校验等功能，确保在质量流量计工作异常时能及时发现和提醒。

（3）具备氢防爆构造。

（4）维护周期10年以上。

2 技术实现过程

2.1 制作原型机

2.1.1 测量管选型

可以应用于临氢管道的金属材料有若干种，例如316L、904L。本设计选择了哈氏合金C-276，一种镍基耐腐蚀合金，其镍含量≥52%，优于316L(镍当量≥28.5%)。此外，C-276的许用应力约为316L的1.25倍。意味着按照同一压力、同一内径计算壁厚时，C-276材质的测量管壁厚会更薄，作为流量计的灵敏度也会提升。

依据GB 50516—2010《加氢站技术规范(2021局部修订)》6.5.1中对采用奥氏体不锈钢材料时，镍含量应大于12%，镍当量不应小于28.5%的相关要求，核算采用材质的镍含量是否符合要求。

依据《ASME压力管道规范B31.3工艺管道》中对管道直管段所需壁厚的公式计算，壁厚需要达到0.624mm。

由于氢气的密度很小，为了提高小流量时的灵敏度，需要缩小测量管的内径，同时要防止流量计由于超音速流动而阻塞。为满足设计的最大流速5kg/min，计算得出内径为3mm。最终确定选用材质为哈氏合金C-276，规格为5×1(mm)的测量管。

加氢站使用的高压氢气温度为-10～10℃，在一年中的大多数时间介质温度是低于环境温度的，所以流量计在使用过程中会反复经历升温降温的过程。为了保证流量计长期使用的安全性和稳定性，对使用的测量管材质进行温度疲劳性测试。

根据GB/T 2054—2013和ASTM B31.3标准要求，HC276材质抗拉强度不小于690MPa，屈服强度不小于283MPa，断后伸长率不小于40%。经检测机构监测，材料在老化实验前后，屈服强度分别为407MPa和400MPa，抗拉强度分别为799MPa和790MPa，断后伸长率分别为63.0%和64.5%，3项指标均满足标准要求。且老化实验后，3项实验结果减小率不超过2%，屈服强度减小率1.72%，抗拉强度减小率1.12%，断后伸长率未出现减小。

2.1.2 结构设计

为了避免传感器振动频率过高或落在工频倍频上，使用ANSYS有限元分析软件对测量管结构模型进行仿真实验。

2.1.3 生产工艺

测量管采用冷弯工艺，要求弯弧均匀没有褶皱，两根测量管的尺寸具有高度一致性。其他零部件为机加工制作而成，其中分流器采用和测量管相同的材质哈氏合金C-276，工艺结构如图1所示。

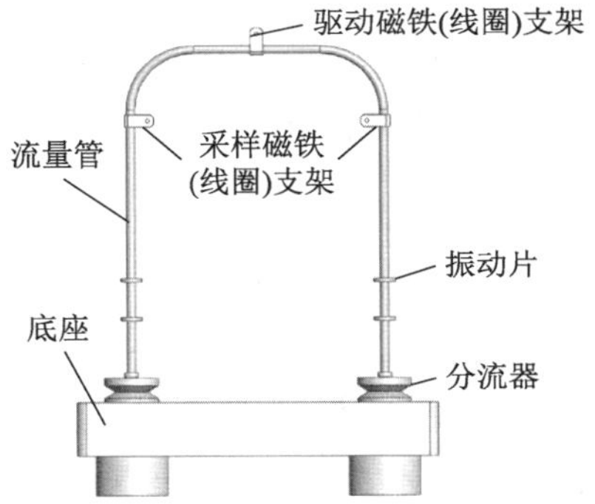

图1 样机工艺结构

样机组装采用了氩弧焊和钎焊两种工艺。氩弧焊部位均采用C276专用焊丝ERNiCrMo-4进行填充。钎焊部位使用的是镍基钎焊膏，钎焊温度：1010～1177℃。

2.1.4 外形尺寸设计

由于加氢机内部空间有限，流量计的体积应该尽量小。依照现场对加氢机内部尺寸的考量调整了测量管结构和整体尺寸。相较于现场加氢机使用的流量计，本项目改进的流量计在尺寸上更有优势，提高了现场适用性。

2.2 优化软件功能

2.2.1 添加诊断、报警功能

功能上添加各种诊断、报警功能，当设备出现工作异常时能及时发现和报警。用户可以借助显示面板上的 LED 指示灯和 OLED 显示器来判断。其中，LED 指示灯的不同颜色代表流量计不同的工作状态，利于用户查看；OLED 显示器能显示变送器自诊断的报警信息，利于用户进行判断并判定故障原因。也可以通过信号传输至中控室进行报警提示。

2.2.2　添加压力补偿

压力的变化会影响流量计的计量精度和密度精度，所以需要添加补偿措施以确保测量的准确性。压力对流量计的影响分为直接影响和间接影响两种。直接影响指的是压力对流量计的计量部件直接造成的影响，例如挠度变化和变形损坏等现象。间接影响指的是压力对介质密度和粘度等参数所造成的影响，从而会改变介质流动的性质。

为了研究压力变化对流量计密度测量精度的影响，使用增压泵、压力变送器和开发的加氢机流量计进行试验。流量计在恒定温度，同一安装状态下，取 0.1～35MPa 之间的 8 个不同压力点进行挂机，每个压力点挂机时间 24h，记录挂机数据，找出零点/密度和压力之间的关系。由实验数据可以看出，密度误差会随着压力升高而变大，35MPa 时密度误差达到了 15kg/m³。经过压力补偿后的密度精度可以达到 ±1.0kg/m³，极大地提高了密度测量的准确性。

3　研究成果验证

3.1　液体压力测试

依据 GB 50516—2010《加氢站技术规范(2021 局部修订)》中对加氢机的压力等级的要求，35MPa 加氢机的最大允许工作压力为 48.1MPa，所以实验样机的设计压力为 48.1MPa。采用介质为水，量程为 0～60MPa 地超高压打压机，参考 GB 50184—2011《工业金属管道工程施工质量验收规范》中的压力试验流程：压力试验时，应缓慢升压，待达到试验压力后，稳压 10min，再将试验压力降至设计压力，稳压 30min。实验结果表明：稳压过程压力表压力没有下降，流量计壳体所有部位无渗漏现象，无可见变形，结果合格。

3.2　零点稳定性试验

使样机在空管状态下连续工作 24h 以上，使用上位机实时采集裸管样机的振动状态，包括频率、温度、相位差、左右路线圈电压等参数，通过对数据的分析，评估裸管样机的零点稳定性。相位差折线图如图 2 所示。

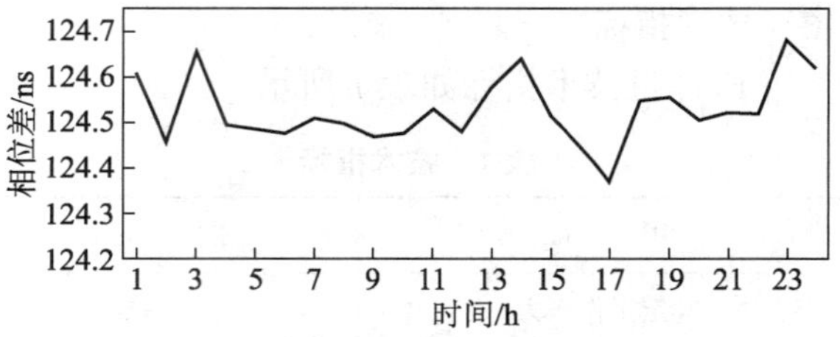

图 2　零点稳定性测试数据

试验结果表明：

(1)裸管样机的零点整体比较，没有出现上升或下降的趋势；

(2)样机的 24h 的零点波动范围在 ±0.15ns，样机在最小流速时的精度理论可以达到 ±0.1%，达到了液体环境下质量流量精度 ±0.1% 的要求。

(3)对现场常用流速范围影响量级在 ±0.1% 以内。

3.3　液体精度测试

经过压力损失实验与计算，样机的液体最大流量为 400kg/h，依据 JJG 1038—2008《科里奥利质量流量计检定规程》对样机进行液体环境的质量流量测试。由检定数据可以看出，样机在 40 : 1 量程范围内的质量流量精度为 ±0.01%，重复性为 0.01%，优于目标。

3.4　气体精度测试

由法定计量检定机构在气体条件下，依据 JJG 1038—2008《科里奥利质量流量计检定规程》对样机进行校准，在气体流量 1～5kg/min 的量程范围内，选取三个不同流量点，测得质量流量精度为 ±0.28%，重复性为 0.05%，满足规程要求。

3.5　液体密度测试

在液体条件下，对样机进行密度测试，在 5～25℃ 范围内选取 5 个不同温度点，通过比较测量数据和标准密度得出，样机的密度精度为 ±0.4kg/m³，重复性为 0.12kg/m³。满足预定目标。

3.6　气体密度测试

在气体条件下，对样机进行介质为空气的密度测试，在 -10～20℃ 的温度范围内选取 5 个温度点，通过比较测量数据和标准密度得出，样机的密度精度为 ±0.7kg/m³，重复性为 0.2kg/m³。达到目标。

3.7　现场应用测试

在加氢站现场搭建实验装置，模拟加注氢气的实际过程进行实验。由实验数据可以看出，实际试验区间为 4～24MPa，质量总变化量为 0.624581kg。由电子天平读取到的称重质量为

0.6223kg，计算误差为0.36%。电子天平受现场振动和风力影响的波动为0.0001～0.0002kg，考虑到这部分误差，样机的质量流量精度范围是0.33%～0.40%，基本达到设计指标。

4 结语

本文研制了一种应用于加氢机的科里奥利质量流量计，其创新性在于：

（1）基于科里奥利力原理，针对氢气密度低、加注压力高的特点，选择合适的测量管材质，改进传感器结构，优化数字化变送器算法，使质量流量计计量性能满足高精度以及长期稳定性要求。

（2）基于质量流量计刚性、出厂零点、流量系数、密度系数等参数，开发流量计自诊断功能，判断质量流量计运行状态，实时监测传感器结构完整性，保证质量流量计计量精度和工作状态处于规定要求以内。

（3）添加准确的密度测量功能，实现通过密度测量来检测氢气品质，同时也可以辅助提示流量计的工作状态。

通过提升加氢机质量流量计的性能，实现加氢机关键设备及零部件国产化，帮助我国突破大容量、高安全、高智能化、快速氢气加注的技术难题，进一步推动35MPA和70MPa加氢机的商业化应用，对促进我国氢能产业高质量发展具有重要意义。

参考文献

[1]孙尚峰，李剑，李紧强，等．富氢气流量的测量与纯氢流量的计算[J]．石油化工自动化，2019(3)：83.

[2]刘顺．氮气、氢气流量测量应注意的问题[J]．建材世界，2008(6)：56.

[3]高本正树，孙延祚．将来环境与能源技术中的流量测量[J]．工业计量，2005(3)：20.

[4]安丰媛．气体流量计检定结果的影响因素探讨[J]．中国设备工程，2021(2)：93.

[5]陈哲，钟骁，宁扬忠，等．加氢机计量溯源探讨[J]．工业计量，2021(5)：21.

[6]朱旺．高压低温氢气流动特性研究[R]．北京：中国运载火箭技术研究院，2020.

提高固井用密度小于 1.0g/cm³ 类减轻剂密度检测准确率

李韶利　孙　悦

（中石化中原石油工程有限公司固井公司）

摘　要：减轻剂在固井低密度水泥浆中发挥着重要作用，这类材料质量的好坏对固井质量的影响较大，严格其质量检测是把好固井质量的重要因素之一。密度作为减轻剂的主要指标，其测定准确率至关重要，在目前执行的检验标准中，密度小于 1.0g/cm³ 类减轻剂的密度测定方法存在一些问题，操作性差，检验准确率低，不利于产品质量的控制。通过研究，改进了此类产品用李氏密度瓶测量密度的方法，设计两种挡塞，一种是滤网挡塞，一种是海绵挡塞，有效提高了这类减轻剂密度测定的准确率，对材料质量控制起到重要作用。

关键词：减轻剂；固井质量；密度；方法；滤网挡塞；海绵挡塞；准确率

1　现用密度检测方法

企业建立测量管理体系的目的是为了确保测量设备和测量过程能够满足预期用途，要达到这个目的，计量确认是最重要的环节[1]，因此，为了保证计量准确性，设计工具改进测量方法势在必行。低密度水泥浆是固井中的重要水泥浆体系之一，在保持压力平衡固井及易漏失地层固井中发挥着重要作用。密度小于 1.0g/cm³ 类减轻剂在低密度水泥浆中占据着重要地位，这类材料质量的好坏对固井质量的影响较大，因此，严格密度小于 1.0g/cm³ 类减轻剂的质量检测是把好固井质量的重要因素之一。密度是减轻剂的主要指标之一，目前，此类材料密度测定方法文献有方兴安等，多种方法测定密度小于水的固体材料密度[2]，凌振宝和王君发明专利，一种固体密度测量方法[3]，但都较为复杂。中石化执行标准为 Q/SHCG 0207—2023[4]，该标准中密度小于 1.0g/cm³ 类减轻剂密度检测方法及公式计算方法与油井水泥减轻剂行标 SY/T 5504.6—2009[5]中规定的方法一致，即："向李氏密度瓶中加入蒸馏水，水面至满刻度线，称其质量 m_1。倒出蒸馏水，用电子天平称取 20g（精确到 0.01g）样品，加入密度瓶中。加入蒸馏水至满刻度线，称其质量 m_2，密度按式（1）计算"。

$$\rho = \frac{20\rho_w}{m_1 - m_2 + 20} \tag{1}$$

式中　ρ——样品密度，g/cm³；

m_1——李氏密度瓶与试验用水质量之和，g；

m_2——李氏密度瓶、试验用水及样品质量之和，g；

ρ_w——蒸馏水密度，g/cm³。

由于该类减轻剂的密度比水的密度低，检测时样品漂浮在水面上，加上一些杂质成分，加入样品后再加水的环节较难控制，一不小心就加过了刻度线，或者加量不够，很难判断加水后是否到达满刻度线，该检测方法的可操作性差，误差大。

2　改进后密度检测方法

目前，油井水泥减轻剂行标已经修订并实施，即：SY/T 5504.6—2022 油井水泥外加剂评价方法[6]　第6 部分：减轻剂。它替代了 SY/T 5504.6—2009，于 2022 年 11 月 4 日发布，2023 年 5 月 4 日实施，新修订的行准其中一条就是更改了密度测定方法和测定公式。新测定方法规定"用 140μm 的筛网制作一个过滤塞"，这样可以压住上浮的减轻剂，读数更加准确，但其中过滤塞的应用细节没有进行规定。从标准的测量步骤中看出：测量密度小于 1.0g/cm³ 类固井用减轻剂，主要利用加入样品前后的液体体积相等，从而测出样品密度，因此，要想准确测量出密度，加入样品前后必须保持液面一致，设计工具，防止减轻剂上浮，准确加入试验水后至原来的液面是保证测量密度的关键。根据这一思想，设计了滤网挡塞和海绵挡塞，完善了其测定方法，检验准确率大大提高。

2.1　设计滤网挡塞及测定方法

2.1.1　滤网挡塞的设计

用失水仪废弃滤网（325 目），剪成内径比李氏密度瓶内径略大0.5～1mm的圆形，中间穿入废弃的笔芯，制作成挡塞，阻挡样品上浮。

2.1.2 滤网挡塞的测定方法

测量步骤：首先称取20.0g减轻剂样品；然后向李氏密度瓶中加水至瓶颈弯液面以上刻度线位置，放入挡塞并记录挡塞的位置，加蒸馏水至满刻度线，称质量为 m_1；最后取出挡塞，倒出一部分蒸馏水，加入样品后，再加入蒸馏水至李氏密度瓶球形面之上，加入挡塞至其原来的位置，继续缓慢加入蒸馏水至密度瓶满刻度，加的过程中稍微按压挡塞，挡着样品上浮的同时排空气泡，称质量为 m_2，按照公式(1)计算样品密度，密度为0.718g/cm³。

此方法的优点：挡住了减轻剂的上浮，能保证加入样品后，蒸馏水的液面与原液面一致，测量准确率大大提高。缺点：挡塞是金属滤网制成，放入密度瓶时不宜放居中，与瓶颈有空隙时漂珠还是会飘上来，影响最终液面的读数，且人员在操作时，要记录挡塞位置、漂珠加入前后的液面刻度等，容易出现人为读数误差，测定准确率也会受到影响。但总体来说，细致操作，能够保证密度测定的准确性，这一方法也被新行标所采用。为了消除人为误差，我们继续设计了海绵挡塞，克服了滤网挡塞的弊端。

2.2 海绵挡塞测定方法

2.2.1 海绵挡塞的设计

用厚度约1cm的海绵，剪成圆形，直径略大与李氏密度瓶上端刻度处的瓶颈，中间穿上提拉的线绳，加入后能完全挡住样品上浮。

2.2.2 海绵挡塞的测定方法

测定步骤：首先，称取20.0g减轻剂样品；然后，将海绵挡塞放入盛有试验水的烧杯，充分润湿，向李氏密度瓶中加水至球形液面以上，放入海绵挡塞，继续试验水至溢出，盖上瓶塞，将多余水分擦拭干净，称其质量 m_1；最后，取出海绵挡塞放入盛有试验水的烧杯，倒出一部分试验水，向瓶中加入样品后，继续加入试验水至球形液面以上刻度线(18～24ml都可以)，放入海绵挡塞，挡住样品上浮，继续加满试验水，盖上瓶塞，擦拭多余水分，称其质量 m_2，按照公式(1)计算样品密度。

用上述方法测定密度小于1.0g/cm³ 类减轻剂密度，同一个人检测样品多次，m_1 的值几乎相同，从密度瓶漏斗处加水，样品被全部冲进去，海绵挡塞能完全挡住上浮的样品，水能完全加满密度瓶，因此，人为误差、漂珠粘壁所产生的误差以及漂珠上浮造成的误差均已消除，保证了检测密度的准确率，且与滤网挡塞方法对比，更易操作。

3 实施应用

3.1 实施例对比

3.1.1 实施例1

同一个实验人员分别采用滤网挡塞和海绵挡塞，测定减轻剂密度三次，测定结果见表1。

表1 改进后测量样品密度与现用标准中测量方法对比结果 g/cm³

测量次数	滤网挡塞法测样品密度	海绵挡塞法测样品密度
1次	0.698	0.692
2次	0.696	0.692
3次	0.700	0.693
误差	0.004	0.001

结果表明：同一个人,滤网挡塞法测样品密度误差为0.004g/cm³,海绵挡塞法误差为0.001g/cm³,都不超过0.01g/cm³,海绵挡塞重复性强,更加精确。

3.1.2 实施例2

同一样品，三个不同人员采用两种方法测定密度的结果，见表2。

表2 不同人员测量同一样品密度结果 g/cm³

人员	滤网挡塞法测样品密度	海绵挡塞方法测样品密度度
甲	0.698	0.692
乙	0.694	0.693
丙	0.695	0.692
误差	0.004	0.001

结果表明：不同人员测量同一样品的密度，测量误差都在0.005g/cm³ 之内，海绵挡塞法的误差明显小于滤网挡塞的方法，仅为0.001g/cm³，人为误差几乎为零，准确率更高。

3.2 应用效果

2022年10月至2024年07月，中原固井公司科研所化验室使用海绵挡塞方法检测密度小于1.0g/cm³ 减轻剂样品14批次，检测准确率达100%，见表3。

表3 2022—2024年对减轻剂进货样测定密度统计表

日期	进样量/t	检测密度/(g/cm³)	准确率/%
2022-10	78.56	0.721	100
2022-11	89.56	0.719	100

续表

日期	进样量/t	检测密度/(g/cm³)	准确率/%
2023-01	18.36	0.721	100
2023-04	14.44	0.713	100
2023-05	14.44	0.710	100
2023-06	18.08	0.715	100
2023-07	24.24	0.720	100
2023-08	24.14	0.721	100
2023-09	18.18	0.716	100
2023-10	24.48	0.721	100
2024-04	18.16	0.705	100
2024-05	24.05	0.716	100
2024-06	37.80	0.700	100
2024-07	10.00	0.480	100

4 结论及建议

(1)在与标准思想一致的前提下，设计滤网挡塞和海绵挡塞，能有效挡住密度小于1.0g/cm³类减轻剂的上浮，制定了测定方法，克服了人为误差及漂珠漂浮造成的读数误差，密度检测准确率大幅度提高，为固井质量的控制奠定了基础。

(2)海绵挡塞可就地取材，生活中快递包装用的海绵都可用，建议海绵挡塞发硬时及时更换。

(3)建议检测此类减轻剂时严执行新方法，保证实验准确率及固井质量稳定。

参考文献

[1]上官鹏飞．浅谈计量确认的理解与管理[J]．工业计量，2024(S1)：104.

[2]方兴安．多种方法测定密度小于水的固体材料密度[J]．大学物理实验，2003(1)：10.

[3]凌振宝 王君．一种固体密度测量方法[P]．中国专利：CN101078677A. 2007. 11. 29.

[4]国家能源局．油井水泥减轻剂技术要求：Q/SH CG0207—2023[S]．北京：中国石化出版社，2023. 1.

[5]国家能源局．油井水泥外加剂评价方法　第6部分：减轻剂：SY/T 5504. 6—2009[S]．北京：石油工业出版社，2009.

[6]国家能源局．油井水泥外加剂评价方法　第6部分 减轻剂：SY/T 5504. 6—2022[S]．北京：石油工业出版社，2022.

自动轨道衡在线校准的应用与研究

江　洋

（中国石油化工股份有限公司安庆分公司）

摘　要： 不少炼化企业都建有动态自动轨道衡用于日常贸易结算和计量比对使用，其检定周期一般都在1年。在两次检定期间为保证动态轨道衡日常计量的准确，可以采用自动轨道衡在线校准的方法对动态轨道衡的准确度进行验证，从而，避免因传感器波动、信号传输故障等问题导致衡器计量性能不稳定，影响计量结果准确性，确保其在生命周期内使用正常、量值准确可靠。

关键词： 轨道衡；在线校准；应用

由于轨道衡的称量方式、秤体结构、硬件组成、软件实现等诸多因素多会影响计量结果的精度，其稳定性也会收到各种因素的干扰，又由于计量工作具有确保公平的法制要求，轨道衡做为计量器具必须具有可溯源性，在轨道衡检定的周期内必须采取有效的手段，对轨道衡的运行精度加以保障。企业的贸易结算轨道衡受国家轨道衡检定方式的制约，不可能在轨道衡出现可疑状况时随时调用国家的标准检衡车进行轨道衡的检定工作，这样势必影响轨道衡的正常计量工作，给企业造成物流不通畅，影响正常的生产经营，经济上遭受损失。因此应用轨道衡的企业都想有一套方便可行的在线校准方法，保证所用的轨道衡稳定运行在最大允许误差范围内，减少商贸等各种领域的纠纷，从而使贸易双方公平交易。中国石油化工股份有限公司化工事业部和中国计量协会能源计控工作委员会组织计量专家编写的《计量仪表在线校准规范》指明了方向。可以参照该书中“自动轨道衡在线校准规范”的内容实施动态自动轨道衡的在线校准工作，确保其在生命周期内的量值准确可靠，减少计量误差。

1　在线校准方案设计

现以某企业贸易计量用的动态自动轨道衡为例。该衡器为三台面动态自动轨道衡，型号为ZGU-100-TGY，准确度等级为1级，称重计量范围为18～100吨，并且经过多年的优化应用，该轨道衡的实际准确度等级已优于1级。依据“自动轨道衡在线校准规范”设计该衡器的在线校准方案，既能满足动态轨道衡的日常期间核查确认需要，又具备便于实施、便于操作的特性。

1.1　校准标准值的确认

依据“自动轨道衡在线校准规范”应选用自动轨道衡静态称重计量值做为校准的标准值，但某企业因其自动轨道衡在室外使用以及其他场地因素难以实现罐车静态称重。经多方讨论，采用质量流量计装车数据做为在线校准的标准值。做为主要标准器应选择稳定性较好的进口质量流量计，准确度等级不低于0.15级。

为保证在线校准标准值的准确可靠，需采用另一种计量方式进行验证确认。采用对校准用罐车人工检尺的计量方式进行验证，即将每节罐车的人工检尺计量数值 m_1 与质量流量计装车计量数值 m_0（标准值），按照式（1）计算，进行标准值的可靠性验证。当比对误差 δ 不大于 ±0.2% 时，则该标准值可靠。

$$\delta = \frac{m_0 - m_1}{m_1} \times 100\% \tag{1}$$

式中　δ——比对误差，%；

m_0——质量流量计装车计量值（标准值），kg；

m_1——人工检尺计量值，kg。

1.2　校准条件和准备工作

（1）参照国家标准（或生产厂家的企业标准）、自动轨道衡说明书，对现场被校自动轨道衡符合性进行确认，并对系统设置的衡器参数、机械及传感器信号、接地电阻、轨缝隙、报警信息等进行检查，确认自动轨道衡运行正常，同时确认衡器已经检定合格且在有效期内。

（2）选择质量流量计装车计量作为标准值时，对编组罐车要求应尽量选择不易汽化的成品油，如柴油、重油等，易于控制装车重量，确保准备车辆的运行平稳。综合多方因素我们选用柴油进行装车计量。对于被校准的车辆选择，选择10

节合适罐车（其车号分别为 6608564、6500275、6604748、6604969、6610654、6601283、6603933、6604844、6500140、6500032）进行编组，每节罐车重量控制在 76 吨左右。在线校准的时间选择晴朗且风力较小的天气，减少外界环境对于校准数据的影响。

1.3 车辆称量

因采用质量流量计装车计量为标准值，编组罐车需要在空车和重车时，分别称重计量。选取 10 节合适罐车进行编组，在空车时进行轨道衡称重。称重结束后进行质量流量计充装计量，并组织人员对充装好的车辆进行人工检尺计量充装量。充装全部完成后，在重车是进行轨道衡二次称重。

车辆在空车和重车称重期间，在轨道衡动态称量时编组罐车速度应控制在 5～15km/h 范围内（速度太高造成冲击，速度太低所有车辆无法完全通过，实际现场车速控制在 8km/h 左右），编组罐车低速度上衡后滑行（不加减速，与成品有计量交接管理规范要求的匀速不一致，主要考虑避免机头的牵引力影响）往返计量共 5 次，按照进厂和出厂方向分别计算每节罐车的动态称重质量。

1.4 称量结果判定

1.4.1 标准值计算

自动轨道衡在线校准使用的每节罐车净重量按照式（2）计算。

$$I_0 = I - \bar{I}_1 \tag{2}$$

式中 I_0——轨道衡称量每节罐车净重量，kg；

I——轨道衡称量每节罐车重车示值，kg；

$\bar{I}_1$——轨道衡称量每节罐车同方向空车 5 次平均值，kg。

1.4.2 示值误差计算

自动轨道衡称量结果误差的按照式（3）计算。

$$E = I_0 - m_0 \tag{3}$$

式中 E 为轨道衡称量的示值误差，kg；I_0 为轨道衡称量每节罐车净重量，kg；m_0 为罐车净重量的标准值，kg。

1.4.3 结果判定方法

根据表 1 准确度等级计算车辆的最大允许误差，按照 GB/T 8170《数值修约规则与极限数值的表示和判定》中的进舍规则修约为整数，获得修约后的最大允许误差。

联挂车辆动态称量的最大允许误差按照表 1 进行计算修约为整数，其中 90%（按每个编组中的各个称量点进行计算）的称量值不得超过修约后的最大允许误差值，不超过 10%（按每个编组中的各个称量点进行计算）的称量值可以超过修约后的最大允许误差值，但不得超过该误差的 2 倍。负荷上述要求的则判定该轨道衡校准符合使用要求。

表 1 动态称量最大允许误差（*MPE*）

准确度等级	最大允许误差（在使用中检查，以车辆及列车的质量分数表示）
0.2	±0.20%
0.5	±0.50%
1	±1.00%
2	±2.00%

2 在线校准结果判定

2.1 校准数据处理

2.1.1 标准值验证

使用编组的 10 节罐车人工检尺数据对质量流量计计量的标准值可靠性按照式（1）进行验证，对验证的情况以表 2 表示。

表 2 标准值可靠性的验证

车号	标准值（流量计）/kg	比对值（人工检尺）/kg	差率/%	备注
6608564	54750	54702	0.088	符合要求
6500275	52625	52663	−0.072	符合要求
6604748	54844	54805	0.071	符合要求
6604969	54781	54815	−0.062	符合要求
6610654	54875	54909	−0.062	符合要求
6601283	54750	54809	−0.108	符合要求
6603933	54843	54885	−0.077	符合要求
6604844	54875	54835	0.073	符合要求
6500140	52000	51965	0.067	符合要求
6500032	52718	52705	0.025	符合要求

由表 2 数据可以看出 10 组数据的比对误差 δ 均小于 ±0.2%，则可以判定该次校准的 10 组质量流量计数值可靠性满足要求，可以作为标准值使用。

2.1.2 车辆净重量计算

按进厂和出厂两个方向，分别收集罐车在自动轨道衡计量的五次空车和重车数据，计算每节罐车净重数据。首先将两个方向罐车空车的轨道衡计量数据进行分别汇总计算。表 3 记录了该次校准 10 节罐车空车计算的平均重量 $\bar{I}_1$。

表 3　空车过衡平均重量

车辆车号	进厂方向平均重量/kg	出厂方向平均重量/kg
6608564	22930	22884
6500275	20398	20286
6604748	23548	23376
6604969	23414	23362
6610654	23230	23200
6601283	23264	23040
6603933	23494	23370
6604844	22922	22910
6500140	19978	19848
6500032	20254	20190

然后，根据式(2)计算每节罐车每次称重的净重量 I_0，即用每节罐车每次重车轨道衡计量数据减去该车同方向的空车平均重量。例如车号为 6608564 的罐车进厂第一次称重的净重计算方法为该车进厂第一次重车重量减去其进厂空车平均重量，即 77690kg − 22930kg = 54760kg，该车进厂第一次称重的净重为 54760kg。按次方法依次计算得出 10 节罐车五次往返的净重量，这些净重数据进行误差计算和结果判定。

2.2　校准结果判定

根据表 1 准确度等级计算车辆的最大允许误差，对在线校准的自动轨道衡准确度等级为 1 级，按照车号 6608564 的罐车计算其最大允许误差 *MPE* 为 54750kg × (±1.00%) = ±547.5kg，修约后的 *MPE* 为 ±548kg，两倍误差为 ±1096kg。

按照式(3)计算 10 节罐车每次轨道衡称量结果的误差，得出每节罐车每次称重的误差值，见表 4 所示。

表 4　车辆误差数据

车辆车号	标准值/kg	*MPE*/kg	误差/kg									
6608564	54750	±548	10	−240	−330	−330	320	−124	−164	−54	−94	−124
6500275	52625	±526	−143	−203	−443	−443	37	−451	−401	−491	−261	−421
6604748	54844	±548	−282	−112	−102	−102	−1072	−180	−80	−150	−190	−180
6604969	54781	±548	−195	−275	−165	−165	−25	−313	−173	−303	−293	−283
6610654	54875	±549	−225	−265	−365	−365	−205	−165	−175	−265	−225	−195
6601283	54750	±548	−64	−224	−184	−184	−384	−210	−150	−270	−230	−330
6603933	54843	±548	−497	−87	−207	−207	−307	−213	−153	−193	−153	−223
6604844	54875	±549	−197	133	43	43	−147	−205	−25	−245	95	−5
6500140	52000	±520	122	42	−78	−78	−318	−228	−228	−208	−68	−38
6500032	52718	±527	−522	−512	−512	−512	−382	−488	−448	−388	−398	−428

由表 4 中可以看出 10 节罐车中车号 6604748 的罐车 10 个净重值在一倍误差内为 9 个，一倍误差外两倍误差内的为 1 个；其余罐车的 10 个净重值中均没有超过一倍误差意外的数据，因此可以根据此次校准结果判定该动态自动轨道衡符合 1 级使用要求。

3　在线校准应用与研究

轨道衡因组成复杂且在户外使用，长期受外界环境因素影响，在检定周期内因使用频繁难免会引起传感器波动、信号传输故障以及非预期情况的发生等问题，从而导致轨道衡的准确度下降甚至失真，因此对轨道衡进行定期在线校准能有效控制衡器的准确度，及时发现问题并处理，确保其在生命周期内使用正常，量值准确可靠。

石化石油企业应用轨道衡进行大宗煤炭及成品油的运输与进厂采购，年进出产品价值金额巨大，轨道衡的误差数据对贸易交接成本及利润有着一定影响，定期进行期间核查，判断轨道衡误差数据是否在准确度范围之内，是保证企业经济利益的重要计量手段。采用质量流量计为质量基准，在线核验方法成熟可行，计算数据简单直接，判断结果方便明了，能够为企业日常计量管理要求提供能力保证，是探索自动轨道衡可靠计量的一种在线校准方法，为在石油石化行业计量领域的技术创新与能力提升提供一种思路与实践。

参考文献

[1]国家质量监督检验检疫总局．自动轨道衡检定规程：JJG 234—2012[S]．北京：中国计量出版社，2012.
[2]中国石油化工股份有限公司化工事业部，中国计量协会能源计控工作委员会．计量仪表在线校准规范[M]．北京．中国石化出版社，2022.
[3]姜会增．三台面动态轨道衡检定方法的探讨[J]．衡器，2004(3)：30.
[4]王亮，邹渊，王贤春，等．动态轨道衡运行状态在线监测系统的实现与应用[J]．工业计量,2013(6):36.
[5]郭涛慧．轨道衡称量和人工检尺两种计量方式的比对[J]．化工管理，2021(7)：46.
[6]何小菊，徐峰．动态轨道衡检定数据的处理[J]．铁道技术监督，2003(9)：42.
[7]罗旭．动态电子轨道衡称重系统改造[J]．工业计量，2015(2)：54.
[8]周用贵，李世林．轨道衡检测数据评判的设计实现[J]．中国计量，2019(9)：99.
[9]王立峰．动态轨道衡称重误差的分析[J]．电子技术与软件工程，2019(15)：67.

进口 LNG 能量计量的探讨

马希斐[1]　陈国峰[2]　何　伟[1]

（1. 广东大鹏液化天然气有限公司；2. 深圳海关工业品检测中心）

摘　要： LNG 作为绿色能源，被中国进口应用于发电和城市燃气，随着国内 LNG 接收站的不断兴建，对 LNG 进口需求也越来越多。国内 LNG 进口单位与更多的气源地签订贸易合同，而不同气源地或不同进口方使用的计量条款也不同。由于 LNG 进口以能量计量作为贸易交接依据，计量中引用数据多，变量多，微小的变化即会导致计量结果不同。文章通过研究不同的计量条款，以及返回船舱气体的计算，以期探讨 LNG 贸易交接计量的科学方法。

关键词： 液化天然气；卸载计量；计量标准；BOG 组分

液化天然气（Liquefied Natural Gas，简称 LNG）经过净化处理后，加压超低温深冷到 -162℃后体积只有气态的 1/625，可将其储存于绝热保温 LNG 船舱中，通过海上运输到中国沿海各 LNG 接收站。不同来源地的天然气中甲烷、乙烷等含量不同，即使是同一来源地，若是不同气井中开采的天然气组分也不相同。表 1 是两个不同来源地的天然气组成和热值对比。

从表中看出组分不同，质量与能量也不同，且 LNG 在运输和储存过程中体积和密度随着温度变化发生气化，所以无法用体积法计量。公司与国际接轨，不论是 LNG 离岸交易或是到岸交易[1]，均采用目前国际 LNG 贸易结算中通用的能量计量法，计算天然气组分中产生能量的组分在标准参比条件下的能量[2]。随着天然气全球消耗量攀升以及价格的上涨，公平且科学的能量计量法[3]，得到贸易双方的一致认可和重视，笔者就能量计量中影响因素和让计量更精确的方法展开探讨。

表 1　不同来源地的天然气组成和热值

组　分	澳洲	卡塔尔	相差
甲烷/% mol	88.70	93.40	-4.7
乙烷/% mol	8.92	6.38	2.54
丙烷/% mol	1.50	0.04	1.46
异丁烷/% mol	0.23	0.00	0.23
正丁烷/% mol	0.33	0.00	0.33
异戊烷/% mol	0.02	0.00	0.02
正戊烷/% mol	0.01	0.00	0.01
己烷/% mol	0.00	0.00	—
氮气/% mol	0.29	0.18	0.11
二氧化碳/% mol	0.00	0.00	—
密度/（kg/m³）（-160℃）	458.42	439.62	18.8
质量能量/（MJ/m³）（15℃，101.325kPa）	41.4750	39.4718	2.0032

1　能量计量方法

LNG 的能量计量是一个复杂的计量过程，包括卸载前、后船舱计量，卸载全速阶段对 LNG 取样气化后的组分分析，以及数据的综合计算[4]。具体能量计量的流程如图 1 所示。

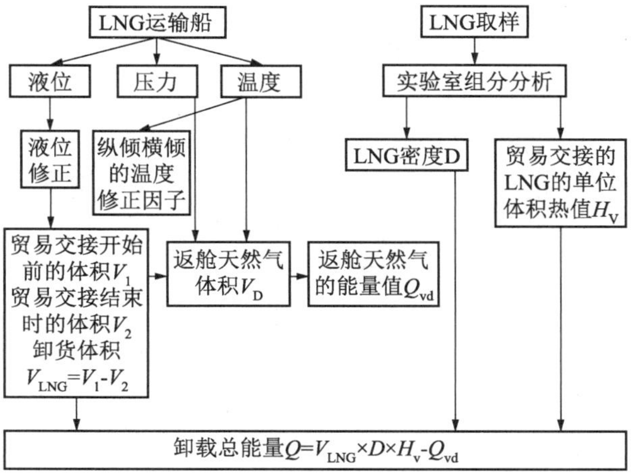

图 1　LNG 能量计量方法和流程示意图

1.1　卸载 LNG 的船舱计量

LNG 船一般有 4～5 个隔热保冷船舱，装载量在 14～21 万立方米，最大的 Q-Max 船甚至能达到 26 万立方米，船舱内配有精密的计量仪器，包含雷达液位计和浮子液位计，气相液相温度计，压力计，横纵倾仪。在 LNG 卸载前及卸载后计量人员需上船检查船上计量设备的校准证书，从船上 CTMS（贸易交接计量系统）读出数据后，根据舱容表上横纵倾修正 LNG 液位，再核对液位高度对应的 LNG 体积完成船上计量。

1.2 取样分析

LNG 中烷烃组分是计算热值的依据，组分存在 1% 的偏差时，气体的热值会出现 0.3% 的偏差，因此取得具有代表性样品并准确分析是非常重要的环节。根据 ISO8943[5] 全速卸载时组分波动小，只在这个阶段取样。安装取样探头的位置是在 LNG 船舱到接收站储罐的卸载主管道上，探头取样口面向液体流动的方向，保持与主管线的轴心线垂直[6]，取得的 LNG 通过隔热真空套管进入足够大功率的汽化器瞬间气化以避免 LNG 分馏。

实验室离线色谱及取样小屋里的在线色谱仪在分析样品前均要校准，分析方法目前大多采用 GPA2261。

1.3 能量计算

LNG 是多组分混合液体且易挥发，因此密度不是测量值而是采用 Klosek-McKinley 方法用混合液体的质量体积比来计算，见式(1)：

$$D = \frac{\sum (X_i \times M_i)}{\sum (X_i \times V_i) - \left\{ \left[K_1 + \frac{(K_2 - K_1) \times X_n}{0.0425} \right] \times X_m \right\}} \tag{1}$$

式中 D——卸载 LNG 的密度，kg/m^3；

X_i——组分 i 的摩尔分数，由气相色谱分析得出各烷烃组分结果；

M_i——组分 i 的摩尔质量，kg/kmol；

V_i——组分 i 的摩尔体积，m^3/kmol；

K_1 和 K_2——液相温度下的体积修正值，对氮气和甲烷液体体积做修正，m^3/kmol；

X_n——氮气的摩尔分数；

X_m——甲烷的摩尔分数。

根据取样分析的结果可以算出卸载 LNG 的质量热值，其中参数的引用标准由贸易双方约定，见式(2)：

$$H_m = \frac{\sum (X_i \times M_i \times H_{mi})}{\sum (X_i \times M_i)} \tag{2}$$

式中 H_m——混合气体质量热值，MJ/kg；

H_{mi}——组分 i 的质量热值，MJ/kg。

卸载过程中为了保持船舱的压力平衡，接收站向船舱返回了气态天然气即 BOG，返回船舱的 BOG 体积与卸载的 LNG 体积相等，将其换算成标准气体体积后在计算净卸载能量时扣除这部分能量，见式(3)：

$$Q_{返回} = V_{lng} \times \left[\frac{288.15}{273.15 + T_V} \times \frac{P_v}{101.325} \times 37.707 \right] \tag{3}$$

式中 $Q_{返回}$——返回 BOG 的能量，MJ；

V_{lng}——卸载 LNG 的体积，m^3；

T_V——船舱内气相温度，℃；

P_V——船舱内气相压力，kPa；

37.707——默认 BOG 中为 100% 甲烷的体积热值，MJ/m^3。

根据 LNG 密度、体积、质量热值计算出能量，再扣除返回的 BOG 能量就是净卸载 LNG 能量，见式(4)：

$$Q = [V_{lng} \times D \times H_m - Q_{返回}] \tag{4}$$

式中 Q——净卸载 LNG 的能量，MJ。

2 计量条款对结果的影响因素

2.1 引用标准对计量结果的影响

LNG 贸易合同中的附件之一是计量条款，对计量全流程作出约定。能量计量过程中采用了国际上通用的几种标准，这些标准和参数引用有细微差异，经过计算后差异体现在最终 LNG 能量结果上。笔者所在单位接收了全球气源的 LNG，产地包含澳大利亚、卡塔尔、马来西亚、俄罗斯等，也接受不同股东方的代加工委托，不同委托合同中计量附件条款不同[7]，对标准和参数引用以及小数位数保留位数的约定均有一些差异，具体见表 2。

表 2 不同合同引用标准

项目	采用标准
能量	GIIGNL 2010，GIIGNL 2001（LNG CUSTODY TRANSFERD HANDBOOK）
密度	ISO 6578-2017（冷烃液 静态计量计算方法），NBS 1030（National Bureau of Standards Interagency Report）
分子量	ISO 6976-2016（天然气发热量．密度．相对密度和沃泊指数的计算方法），GPA2145SI-03（碳氢化合物和其他化合物的物理性质表）

以表 3 中组分、体积、温度、压力数据为例，根据不同的计量条款计算能量。密度、热值、能量计算结果见表 4。

表 4 可看出在能量计算环节，根据计量合同引用不同标准计算出的密度、热值、能量结果不同，因此在计量过程中要格外留意参数、四舍五

入位数等细节，细微的差异都会影响到最终计量结果。

表 3 组分和其他卸载数据

组分/mol%	卸载数据	
N2：0.04	卸载前体积	142087.483m³
C1：89.41	卸载后体积	4834.081m³
C2：7.21	净卸载体积	137253.402m³
C3：2.52	卸载前液体温度	-158.9℃
iC4：0.31	卸载后气相温度	-148.5℃
nC4：0.47	卸载后气相压力	113.0kPa
iC5：0.03	—	—
nC5：0.01	—	—

表 4 不同合同计算能量结果对比表

合同	卸载体积 V/m^3	密度 D/(kg/m^3)	单位质量热值 H_m/(MJ/kg)	能量 Q/MMBTU
A	137253	458.06	54.6245	3242393
B	137253	458.21	54.624	3243235
C	137253	458.15	54.6239	3242800
D	137253	458.04	54.6256	3242110
E	137253	458.103944	54.623884	3285549

2.2 返回气计算对计量结果的影响

靠泊在接收站码头的 LNG 船由输送泵通过卸料臂和卸载集管将船舱中的 LNG 输送到站内 LNG 储罐，为了保持船舱中压力平衡，接收站码头会通过回气管路和气相回流臂返回 LNG 船舱气态天然气，返回的天然气来自接收站 LNG 储罐顶部的蒸发气体。在计量中要扣除返回气的能量得到净卸载能量。

国际上通用的计算方式是默认返回气组分全部为甲烷，但近两年随着国际市场上天然气现货价格不断上涨，出现了不同于此的计量方式，有天然气供方要求在计量合同中约定返回气组分按照 10% 氮气，90% 甲烷来计算热值。根据气体的物化性质氮气在燃烧中是不发热的，若按照 10% 氮气来计算，同样体积的返回气能量小于纯甲烷能量，要判断这样的组分约定是否代表真实的返回气则需要对其取样进行组分分析。

笔者在提供船舱返回气的 BOG 管道多次进行手动气体取样，以得出客观的有代表性的组分数据，见表 5。

表 5 BOG 管道返回气组分手动取样分析结果

序号	样品组分/mol%			
	N2	C1	C2	C3
1	1.74	98.24	0.02	0.00
2	0.94	98.96	0.07	0.03
3	2.21	97.73	0.05	0.01
4	1.69	98.27	0.03	0.01
5	2.03	97.86	0.09	0.02
6	1.13	98.82	0.04	0.01
7	1.72	98.23	0.05	0.00
8	2.89	97.08	0.03	0.00
9	1.13	98.86	0.01	0.00
10	2.93	97.01	0.06	0.00
平均值	1.84	98.11	0.05	0.01

通过不同时间段多次对 BOG 手动取样分析，结果显示 BOG 中甲烷含量在 97 ~ 99mol% 之间，因为 LNG 中甲烷的沸点为 -161.5℃，极易挥发，所以 BOG 中组分大部分为甲烷，分析结果也符合 LNG 的物化性质。

对于在 BOG 管道上装有自动取样分析系统的，一般每 4 ~ 7min 会由在线色谱仪自动分析出一个组分数据，在卸载过程中会取得 100 多个组分数据。

按式(5)计算返回 BOG 的体积热值和净卸载能量，式(6)计算净卸载质量，结果见表 6。

$$Q = \left[V \times D \times H_m - V \times \frac{288.15}{273.15 + T_V} \times \frac{P_v}{101.325} \times H_{v返} \right] \tag{5}$$

式中 $H_{v返}$——返回 BOG 体积热值，MJ/m^3。

$$M = \frac{Q}{H_m} \tag{6}$$

表 6 不同 BOG 组分计算卸载 LNG 能量及质量结果

项 目	体积热值 H_v/(MJ/m^3)	返回气能量/MJ	净卸载能量/MJ	净卸载能量/MMBTU	净卸载质量/kg	差值/MMBTU	差值/kg
10% 氮气 90% 甲烷	33.94	12007646	3422531366	3243935	62656324	—	—
BOG 手动取样平均值	37.04	13103496	3421435516	3242896	62636256	-1039	-20068
BOG 自动取样平均值	36.99	13090050	3421448962	3242909	62636507	-1026	-19817

由表 6 数据可知按照 10% 氮气 90% 甲烷模拟返回 BOG 组分计算出的结果与返回气管道实测 BOG 组分算出的卸载 LNG 能量有一定偏差。

3 小结

LNG 计量过程中液位、温度、压力测量、取样、分析、计算每一个步骤都会影响计量结果，因此工作中要严格按照计量合同标准执行，并进行结果复核，保证每一个环节计量结果的可靠性和可追溯性，实现 LNG 计量结果准确无误[8]。

按照 10% 氮气 90% 甲烷计算返回 BOG 的热值相比起管道 BOG 的真实热值偏差较大，按照纯甲烷计算 BOG 热值偏差小一些，若是 LNG 供方要求按照组分含氮气的方式计量，建议接收站在建设时于 BOG 返回船舱的管道上设计安装在线分析系统，以获得真实的 BOG 组分含量和热值，得到更精确更公平的计量结果。

国内经济蓬勃发展，LNG 使用量和进口量逐年攀升，国际市场 LNG 价格也保持高位，LNG 供方对卸载 LNG 数据的精确度要求和关注度越来越高，能量计量是一个复杂的船舱测量、组分分析和能量计算过程，如何在每一个环节做到精确是计量从业者需要不断考虑和优化的课题。

参考文献

[1] 吴健宏，刘冰，邢楠. LNG 低温计量检定技术[J]. 工业计量，2018(5)：71.

[2] 周理，陈辰，张镨. 天然气能量计量技术现状及展望[J]. 工业计量，2023(3)：84.

[3] 陈勇，李克，王晓琴. 天然气发热量测定方式比较[J]. 工业计量，2020(5)：21.

[4] 马希斐，陈国峰，叶锐钧. 进口 LNG 计量方法及影响计量精度的因素和提高精度措施[J]. 广东化工，2019(24)：34.

[5] ISO 8943—2007　冷冻轻质烃液. 液化天然气的取样. 连续法和间歇法[S].

[6] 吴丹，时晟楠，罗再扬. 液化天然气贸易交接计量分析[J]. 石油石化节能与计量，2024(2)：49.

[7] 罗怡凯. 关于进口 LNG 计量条款的思考和建议[J]. 石化技术，2022(3)：17.

[8] 陈国峰，张庆新，乐鸣雁，等. 进口液化天然气(LNG)贸易交接中的能量计算[J]. 广东化工，2020(17)：43.

《海洋仪器环境试验方法》在水下电气模块测试中的应用研究

杨伟旗　孙小东

（海洋石油工程股份有限公司/中国海洋石油集团有限公司计量检测中心）

摘　要：文章基于国家标准 GB/T 32065《海洋仪器环境试验方法》总则部分的要求，分析水下电气模块测试应进行的项目，并针对其中的关键测试项目进行研究，设置测试条件、设计测试程序并据此开展研究性测试，得出测试结果，提出应用推荐建议，为制定水下电气模块测试程序奠定技术基础。

关键词：水下电气模块（SEM）；测试项目；振动测试

在新时代海洋强国战略的指引下，中国海洋石油装备制造发起进军深水号角，继攻克 300m 级深水技术难关后，我国中国海洋石油装备制造业已经发起向 1500m 级水深挺进。目前 1000m 级深水技术均被国外垄断并对我国进行技术封锁，水下电气模块（以下简称“SEM”）是水下控制系统（SCS）的核心部件，主要功能体现在两个方面，一是接收来自生产控制中心（MCS）的控制指令，并执行输出；二是将监测到的各仪表（主要有压力变送器、流量计、浸水检测仪等）数据发送至生产控制中心（MCS）。SEM 是水下设备设施神经中枢，但是长期依赖国外制造商，在建造工程、产能提升和维护成本等方面已经成为“卡脖子”的难题。为攻克这个技术壁垒，我国海洋工程技术开展 SEM 技术研究和国产化工作，本文参考国家标准《海洋仪器环境试验方法》（GB/T 32065）各部分要求，对 SEM 应当进行的测试项目进行分析、针对振动测试（关键测试项目）进行测试条件设置、测试程序设计和研究性测试，得出测试结果并提出适用性建议，助推我国深水设备设施测试技术规范的制订，以填补 SEM 测试技术空白。

1　测试项目分析

GB/T 32065 在总则部分中对海洋仪器进行了分类，其中水下用仪器类包括在海水中使用的海洋仪器或传感器，SEM 安装在拖曳体或者海床基上，在服役期内通常要承受水压、高温、低温、温度变化、振动、冲击、碰撞和倾斜摇摆等，并需要长时间（超过 30 天）进行使用，可能存在水生物附着生长的影响，因此应采用 C 类 2 组推荐的试验项目要求进行测试，目的是为了提供标准化的程序。测试项目及其测试顺序和测试要求与合格标准见表 1。

表 1　测试项目与测试顺序、测试要求与合格标准

测试项目		测试顺序	测　试　要　求	合格标准
低温贮存	○	1	（－40 ±3）℃，达到稳定温度后至少持续 8h 或者满足相关要求	①无脆化、结冰、收缩、开裂等现象，无绝缘损坏、机械故障、密封失效等故障
低温	◎	2	（－20 ±3）℃，达到稳定温度后至少持续 2h 并满足相关要求	
高温贮存	○	3	（55 ±2）℃，达到稳定温度后至少持续 8h 或者满足相关要求	②无老化、软化、膨胀等现象，无绝缘损坏、机械故障、润滑失效等故障
高温	◎	4	（70 ±2）℃，达到稳定温度后至少持续 2h 并满足相关要求	
温度变化	◎	5	低温（－20 ±3）℃，低温持续时间 8h，高温（55 ±2）℃，高温持续时间 8h，温度变化速率不小于 5℃/min	①+②

续表

测试项目		测试顺序	测试要求	合格标准
振动	●	6、7、8、9(此四项测试顺序可进行先后互换)	频率、振幅(包括位移和加速度)、持续时间及循环次数满足相关要求	无结构疲劳、机械磨损、强电气噪声、松动等现象，无电气故障、密封失效、机械故障、元器件功能损坏等故障
冲击	●		规定的冲击峰值加速度、脉冲持续时间、测试波形和速度变化量，三个垂直轴线的每一个正反方向各3次，共计18次	无零件间摩擦力变化或者相互干涉、机械变形或断裂、液体泄漏等现象，无模块失效、机械故障、电气故障等
碰撞	●		规定的冲击峰值加速度、脉冲持续时间、测试波形和速度变化量，垂直与台面方向1000次	
倾斜和摇摆	○		倾斜方向、倾斜角和持续时间满足要求，摇摆方向、幅值、周期和持续时间满足要求	
交变湿热	◎	10	常温(25±2)℃，高温(55±2)℃，相对湿度(常温阶段95%～100%，高温阶段90%～96%)、一个交变周期为24h(包括升温阶段约3h，高温高湿阶段约9h，降温阶段3～6h，常温高湿阶段保持到24h本周期结束，升温降温速率满足测试要求)，测试周期(即循环次数)满足相关要求	无脆化、收缩、膨胀、机械强度降低、化学反应、电导率增大、磨损增大等现象，无物理性损坏、绝缘损坏、机械故障、开裂等故障
水静压力	◎	11、12(此两项可根据实际情况决定试验顺序)	淡水，水温：5℃～35℃，水温与样品温差不超过±5℃，恒定压力、交变压力、升降压速率以及持续时间和循环次数满足相关要求	无压缩、形变、开裂、破碎、泄漏等现象，无机械结构损坏、密封受损等故障
盐雾	◎		盐溶液、测试温度、测试湿度及盐雾沉降率等满足要求，一个标准测试循环24h(其中先进行8h喷雾，然后进行16h湿热贮存)，循环次数满足相关要求	无化学反应(腐蚀、电蚀)、表面劣化、电导率增加、接触电阻增大、磨损增大等现象，无机械故障、电气故障等

注：“●”表示关键测试项目，“◎”表示重要测试项目，“○”表示常规测试项目。“高温贮存”的测试温度按照我国海域条件选取。满足要求是指满足GB/T 32065相应部分规定的要求，满足相关要求是指满足相关的测试大纲、测试合同或者与客户约定等要求。

2　测试条件

2.1　环境条件

SEM振动测试应当在标准大气条件进行，测试环境条件如下，并在测试期间环境条件变化量保持最小。温度：15～35℃；相对湿度：25%～75%；大气压力：860～1060hPa。

2.2　设备条件

SEM振动测试设备采用电动振动试验系统，由功率发达器、激振器、夹具、样品和控制系统等组成，具备《海洋仪器环境试验方法》规定的试验条件的能力，组成如图1所示。

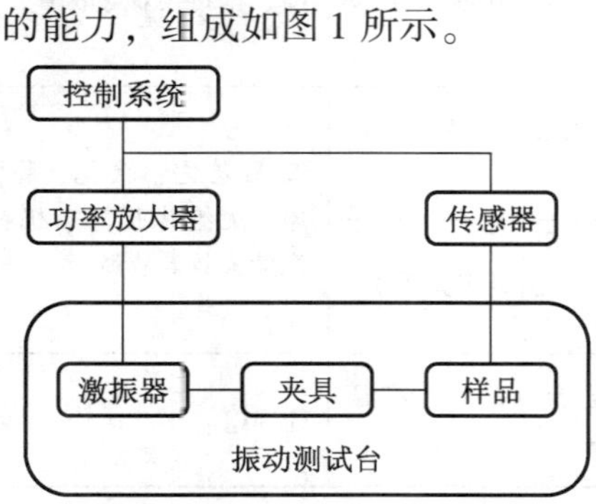

图1　振动测试设备组成

2.3　技术条件

(1)在进行振动测试前，SEM应完成各项功能测试，工作正常。

(2)一般情况下SEM应进行整体测试，在特殊要求下可以对其具有独立功能的主要部件进行单独测试。

(3)应尽可能按SEM实际使用工况进行安装，并根据需要连接相应的配套设备或仪表，用于监测测试期间SEM的工作情况。

(4)夹具必须按照其在使用环境中最不利的安装状态进行设计，并且保证SEM能刚性固定在振动测试台上。

(5)振动测试台以及传感器应通过合法计量技术机构检定合格或校准，且在有效期内。

3　测试程序设计

3.1　一般要求

(1)在测试前应确认SEM内部接线检查完毕，电源正常，各部件无损坏或者松动现象。

(2)在测试的各阶段应有记录。

(3)不满足测试要求的参数或其他情况也需

记录。

(4)测试用设备的型号、校准日期需记录。

3.2 测试方案

3.2.1 测试模型建立

SEM 振动测试要求对其 X、Y、Z 三轴进行振动试验、冲击试验，建立的测试模型如图 2 所示。

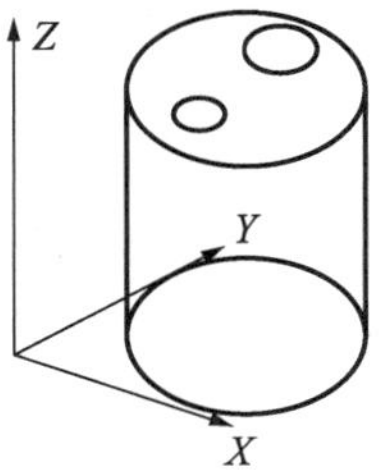

图2 SEM 振动测试模型

3.2.2 测试顺序

SEM 振动测试应按照图 3 所示顺序进行。

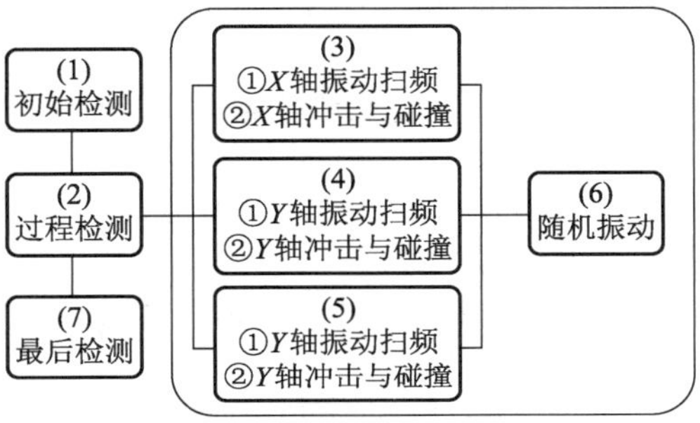

图 3 SEM 振动测试顺序

图 3 中第(1)、(2)、(7)是为了确认在振动测试全过程 SEM 均处于正常工作状态。第(3)、(4)、(5)可以根据实际情况进行调整。第(6)应在振动扫频完成后，在经测试确定的灵敏度最高(放大因数最大)的轴向上进行。

3.2.3 振动扫频测试要求

(1)扫描速度：每分钟一个倍频程。

(2)振动频率：5～25Hz，位移幅值：2.5mm；25～1000Hz，加速度幅值：$50m/s^2$。

(3)应执行从 5Hz 到 1000Hz 并返回 5Hz 的扫描：1)观察机械放大因数值；2)机械放大因数值不大于 10，SEM 振动测试通过；3)扫频测试循环次数：2 次；4)定频测试持续时间：10min；5)测试期间应进行 SEM 电气功能连续性检测。

(4)测试完成后，确认 SEM 主要电气功能工作正常，无可见损坏。

3.2.4 冲击与碰撞测试要求

(1)SEM 冲击与碰撞测试的严酷等级见表 2，脉冲形式为半正弦波。

(2)SEM 连接的外部电缆、软管等，应具有足够的长度，不得妨碍测试中的弹跳冲击现象。

(3)测试期间，SEM 应处于工作状态。

(4)测试完成后，确认 SEM 主要电气功能工作正常，无松动、无可见损坏。

表 2 冲击与碰撞测试严酷等级

峰值加速度/(m/s^2)		脉冲持续时间/ms		测试次数	
冲击	碰撞	冲击	碰撞	冲击	碰撞
300	50	11	16	三个垂直轴线每一个正反方向各 3 次，合计 18 次	竖直与台面方向 1000 次

3.2.5 随机振动测试要求

(1)随机振动测试频率范围为 20～2000Hz：20～80Hz 以 3B/oct 增加，80～350Hz 功率谱密度为 $0.04g^2/Hz$，350Hz～2000Hz 以 3B/oct 减少，如图 4 所示。

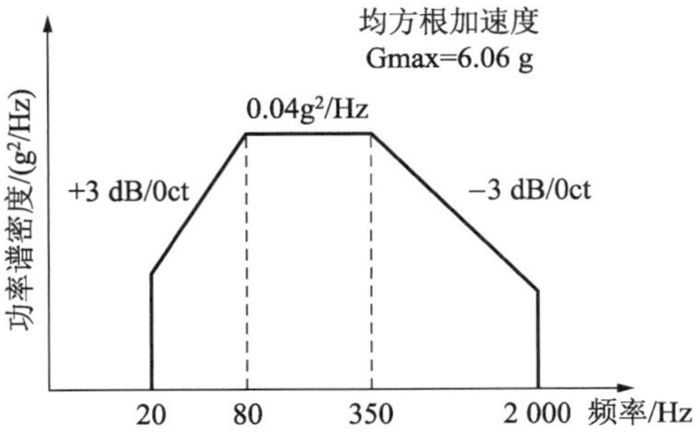

图 4 SEM 随机振动测试功率谱密度

(2)随机振动施加方向：扫频测试确定的灵敏度最高的轴向。

(3)随机振动持续时间：2h。

(4)激励源等级：应维持 6g-rms。

(5)测试期间，SEM 应处于工作状态。

(6)测试完成后，确认 SEM 主要电气功能工作正常，无松动、无可见损坏。

3.2.6 测试记录

测试记录要求详实、完整记录各项测试过程中的检测结果、测量数据、观察发现等内容以及出现的其他异常情况等。

3.3 恢复

(1)在环境测试完成后，在最后检测之前，SEM 应在测试前的环境条件下进行恢复。

(2)恢复时间以达到与初始检测前的环境条

件相同为要求。

(3)对 SEM 进行最后检测(包括外观检查、电性能、机械性能以及其他性能等)，并与初始检测数据进行比较。

4 研究性测试结果

根据前述 SEM 测试程序，在符合要求测试环境条件下，采用满足测试要求振动测试设备，对 SEM 进行了扫频测试(包括 *X*、*Y* 和 *Z* 三个轴线)、冲击测试(*X* 轴线正反方向、*Y* 轴线正反方向和 *Z* 轴线正反方向各 3 次，总共 18 次)、随机测试(在放大系数最大方向 *Y* 轴线)。

4.1 扫频阶段测试结果

(1)初始检测正常。

(2)最大放大因数值为 2.4，SEM 经扫频测试合格。

(3)扫频阶段 SEM 工作正常，各部件完好，无损坏、无松动现象。

4.2 冲击测试结果

(1)初始检测正常。

(2)在规定的脉冲持续时间内，基本脉冲波形均在容差限内，经冲击测试合格。

(3)冲击阶段 SEM 工作正常，各部件完好，无损坏、无松动现象。

4.3 随机测试结果

(1)初始检测正常。

(2)随机振动测试持续时间内，脉冲波形始终在目标谱范围内，SEM 经随机测试合格。

(3)随机测试阶段 SEM 工作正常，各部件完好，无损坏、无松动现象。

5 应用建议

本文中提出的 SEM 测试项目仅限于《海洋仪器环境试验方法》总则中要求的测试内容，实践中要根据具体海域情况(包括水深、潮汐、洋流等)开展有针对性的测试。

本文在进行 SEM 振动测试应用研究中，不仅满足《海洋仪器环境试验方法》总则部分的要求，而且满足各相关部分的要求。但是在一些具体的参数设置时，鉴于 SEM 使用环境的特殊性，设置了更为严酷的试验条件，虽然通过测试合格，但是受限于试验设备性能和测试经验，可能存在部分欠缺，需要持续改进和提高。

此外本文中所研究的国家标准及其相关联计量技术规范与 ISO、API、MIL 和 ASM 等国际标准存在一定的差距，需要我们加大计量测量仪器设备研究制造，进而为提高计量标准水平提供技术支撑。

参考文献

[1]殷祥超．振动理论与测试技术[M]．徐州：中国矿业大学出版社，2015.

[2]陈忠．振动测试理论与实践[M]．北京：科学出版社，2023.

[3]孔维轩，刘宁，张强．构建海洋仪器环境工程体系探讨[J]．环境技术，2022(4)：171.

[4]吴美怡，孔维轩．海洋仪器设备环境试验[J]．海洋技术，2011(3)：115.

[5]贾小冬．浅谈振动环境试验可靠性的提升[J]．工业计量，2023(5)：105.

[6]李延．振动试验台加速度幅值测量结果的不确定度评定[J]．中国计量，2013(8)：96.

[7]国家质量监督检验检疫总局．海洋仪器环境试验方法　第 1 部分：总则：GB/T 32065-1—2015[S]．北京：中国标准出版社，2015.

[8]国家质量监督检验检疫总局．海洋仪器环境试验方法　第 11 部分：冲击与碰撞试验：GB/T 32065-11—2021[S]．北京：中国标准出版社，2021.

[9]国家质量监督检验检疫总局．海洋仪器环境试验方法　第 14 部分：振动试验：GB/T 32065-14—2019[S]．北京：中国标准出版社，2019.

[10]国家质量监督检验检疫总局．电动振动试验系统检定规程：JJG 948—2018[S]．北京：中国质检出版社，2018.

关于海洋石油平台碳计量技术的探讨

刘 宇 张海鹏

(中海石油技术检测有限公司)

摘 要：随着全球对气候变化的关注日益增强，海洋石油平台的碳排放控制成为重要议题。文章探讨了当前海洋石油平台中应用的碳计量技术。介绍了碳排放计量的基本方法和技术，给出了海洋石油平台的运营特点及其碳排放源特征，并对海洋石油开采和生产过程中碳排放的测量、监测和管理技术发展方向进行了展望。

关键词：海洋石油平台；碳排放；碳计量技术；测量；监测

在双碳背景下，即在全球努力实现碳达峰(Carbon Peak)和碳中和(Carbon Neutrality)的大环境中，海洋石油平台作为能源产业的一部分，对碳计量的需求变得尤为重要[1]。海洋石油平台需要对其运行过程中产生的二氧化碳(CO_2)以及其他温室气体(如甲烷CH_4、氧化亚氮N_2O等)的排放量进行精确测量，从而对自身碳排放水平有所了解。要求企业减少温室气体排放的环保法规在各国政府和国际组织中日趋严格。海洋石油平台需要通过精确的碳计量来确保符合这些法规要求。海洋石油平台通过碳计量，以碳计量数据为基础，设定自己的减排目标，通过识别低效率环节、推动技术革新和工艺优化等方式，对降低能耗、降低碳排放、促进技术革新的措施进行效果评估[2-3]。

1 碳计量的方法和技术

碳计量是一个多维度的过程，涉及到多种技术和方法。选择合适的方法和技术对于确保数据的准确性和满足监管要求至关重要。随着全球对气候变化问题的关注加深，碳计量的方法和技术也在不断进步和完善，以适应不断变化的需求[4]。

1.1 直接测量法

直接测量法是通过安装监测设备，直接测量排放气体中的CO_2浓度和流速，从而测算出排放总量。直接测量法适用于那些排放源相对集中且易于监控的场合，如电厂的烟囱或其他工业过程中的CO_2排放点，可以提供实时的数据，减少了依赖估算或平均值带来的不确定性，从而提高了数据的准确性。直接测量法也存在一些局限性，例如需要专业设备和技术的支持，以及在初期可能需要较大的投资，对于那些分布广泛或难以直接监测的小型排放源，直接测量可能不是最经济有效的方式。

1.2 间接测量法

间接测量法是利用数据和排放因子(即每单位能源或原材料消耗产生的CO_2排放量)，通过测量能源消耗(如电力、燃油等)和原材料消耗(如石灰石、水泥等)，进而估算CO_2排放量的方法。排放因子可以通过国家法规、行业标准或科学研究获得，数据的准确性直接影响最终排放量的估算准确性，若数据收集和管理不当，可能导致较大的误差。对于难以直接测量的小型或分散排放源，间接测量法可以提供一种成本效益较高的碳计量方案，是目前行业应用最多的碳计量方法。

1.3 物料平衡法

这种方法适用于那些化学反应过程相对简单且易于监控的系统。通过跟踪物料输入和输出的含碳量，可以计算出过程中CO_2的排放量。物料平衡法基于质量守恒定律，即在一个封闭系统中，物质的输入和输出之间存在平衡关系，可以用于单个设备或整个工艺过程的碳计量。是对数据收集和管理要求更高的碳排放计算，需要精确测量原料和产品的化学成分变化，这样才能更适合化工等工艺流程行业。

2 海洋石油平台的碳排放特征

要实现对海洋石油平台碳排放的精准计量，需要分析海洋石油平台生产工艺各环节的碳排放特征[5]。

2.1 化石燃料燃烧排放

海洋石油平台作为海上油气开采的重要设

施，其能源需求主要依赖于现场发电。这些发电设施通常使用化石燃料，如柴油或天然气，来产生电力和热能，以支持平台的正常运行。由于化石燃料燃烧时会产生 CO_2 等温室气体，因此这一过程成为了海洋石油平台的主要碳排放源。具体包括：

(1)发电设施：平台自备的发电机组在燃烧燃料过程中产生的二氧化碳是主要的排放物。这些发电机为平台提供动力和照明，以及驱动各种机械设备。

(2)供热系统：为了维持生产作业和人员生活需要，供热系统也会燃烧燃料，产生热能的同时伴随碳排放。

(3)压缩机：在油气生产过程中，压缩机用于压缩天然气或驱油，这些设备同样依赖于燃烧化石燃料来提供能量。

2.2　火炬燃烧排放

在油气生产过程中，由于处理能力和储运能力的限制，过剩的天然气可能会通过火炬燃烧的方式释放，这也会产生一定的碳排放。火炬燃烧是石化行业的一种常见做法，主要用于处理无法利用或存储的过剩气体，这些气体在火炬燃烧时与氧气反应，生成二氧化碳(CO_2)和水蒸气等排放物。火炬燃烧产生的 CO_2 排放量取决于燃烧的气体量和气体中碳的含量，火炬燃烧还可能产生其他污染物，如挥发性有机化合物(VOCs)和臭氧生成潜势(OFP)，这些物质也对大气环境和人体健康有害。

2.3　高含碳天然气脱碳

在天然气处理过程中，为了去除其中的二氧化碳和其他杂质，会进行脱碳作业，这个过程中也会有碳排放发生。脱碳过程可能涉及到物理或化学吸收技术，这些技术使用溶剂或其他介质来捕获 CO_2。在某些情况下，捕获的 CO_2 会被输送到其他设施进行处理或封存，而不是直接释放到大气中。然而，这个过程可能会涉及额外的能源消耗和设备排放，从而产生间接的碳排放。

3　海洋石油平台的碳计量技术

3.1　透平发电碳排放计量

透平发电机通过燃烧燃料产生的高温高压气体推动涡轮旋转，进而驱动发电机产生电能。在海上石油平台上，这种发电方式因其高效率和可靠性而被广泛采用[6]。透平发电机组在燃烧燃料过程中直接产生的碳排放量，可以通过实时记录各类型机组的燃料消耗情况或发电烟气排放数据来计算：

(1)确定燃料类型：首先，需要知道燃气透平发电机组所使用的燃料类型，因为不同的燃料具有不同的碳含量，常见的燃料为海洋石油开采过程中的伴生天然气，需要对燃料气的组分进行分析。

(2)计算燃料消耗量：通过测量或记录燃气透平发电机组在特定时间段内的燃料消耗量，可以得出其总的能量输入。这通常以千瓦时(kWh)或焦耳(J)为单位。

(3)确定碳排放因子：每种燃料都有一个特定的碳排放因子，表示每单位能量释放的二氧化碳数量。这些数据可以从国家数据库、国际能源机构或其他权威机构获取。

(4)燃气透平发电过程中可能会有一些能量损失，如热损失、不完全燃烧等。这些因素需要纳入计算中，以确保结果的准确性。

结合以上信息，可以使用以下基本公式来计算燃气透平发电机组的碳排放：

$$E_{燃烧} = AD \times EF \tag{1}$$

式中　$E_{燃烧}$为化石燃料燃烧产生的二氧化碳排放量；AD 为化石燃料的活动水平；EF 为化石燃料的二氧化碳排放因子。

活动水平的测算公式为：

$$AD = NCV \times FC \tag{2}$$

式中　NCV 为化石燃料的平均低位发热；FC 为化石燃料的消耗量。

3.2　岸电碳排放计量

海洋石油平台使用岸电技术，就是从陆地向海上设施输送电力，以替代或减少在平台上使用发电机组生产电力。通过集中的陆上电力生成，可以采用更高效和更经济的发电方式。由于规模经济，建设大型陆上电厂比在海上多个平台上运行发电机成本更低。使用岸电代替在海上石油平台上燃烧化石燃料来发电，在进行碳排放量核算时仍要考虑岸电生产和输电过程的碳排放量，主要参考供电电网的平均碳排放指数进行核算[7]。

3.3　火炬燃烧碳排放计量

对于海上油田的开发，火炬系统的燃烧量较大，具体数量由油田不能回收的伴生气的实际数量确定，大部分气田的伴生气年燃烧量约为 10 万 m^3。对火炬燃烧碳排放计量主要取决对火炬燃烧系统中的输入和输出的气体量进行测量，不仅包括对气体体积或质量的测量，还涉及到对气体成分、温度、压力等参数的监测[8]。

3.4 油气分离流程的碳排放计量

在海上平台油气分离流程中，碳排核算单元包括：加热器、冷却器、泵和管道等。其中，泵的碳排放核算根据泵进出口压力和流量计算的泵功率计算得到；管道的碳排放核算只计算逸散排放，根据管道输送的物料量和物料对应的排放因子计算得到。而对于加热器和冷却器，加热器的碳排放核算根据进出口温度和流量计算的加热器功率计算得到，冷却器同理。基于能量衡算原理建立分离器和换热器的传热模型，并进行关键节点温度参数的计算，是开展海上平台油气分离流程碳排放核算的重要内容[9]。

4 碳计量技术发展趋势和要求

碳计量是实现碳中和与碳达峰目标的核心工具，海洋石油行业碳计量技术的发展趋势和要求包括以下几个方面。

4.1 国家政策和标准建设

中国已将建立健全碳达峰碳中和标准计量体系作为重点任务，在《计量发展规划(2021—2035年)》中强调了完善碳排放计量体系的重要性。《建立健全碳达峰碳中和标准计量体系实施方案》在提升计量技术规范及国家标准制定方面制定了明确的要求：到2025年基本建立碳达峰碳中和标准计量体系。目前已批准的11项碳排放相关国家计量基准，为碳计量提供了标准化的参照，确保了全国范围内碳计量的统一性和准确性。

4.2 关键计量测试技术的研究与应用

碳计量的首要要求是数据的准确性。这要求从数据采集、处理到报告的每一个环节都必须严格控制，确保数据的真实性和可靠性。

(1)直接计量测试技术：直接测量是保障碳计量准确、高效的最直接方式，但目前在国内的应用还十分有限，主要受限于监测仪器设备的灵敏度和计量精度，连续监测设备的计量溯源目前也受限于相关计量基准和计量标准。碳排放直接计量技术的研究要点包括：高精度火炬放空流量计计量及在线溯源技术、基于光腔衰荡原理的烟气组分测量技术、用于无组织排放监测的差分吸收激光雷达技术等等。

(2)间接计量核算技术：碳排放因子的科学测算是实现准确碳核算的基础，它涉及到一系列复杂的计算过程和多种测算方法，目前国内碳排放因子的科学测算还有待进一步统一。

4.3 数字化平台建设

随着信息技术的快速发展，将数字技术应用于碳计量，如使用大数据、云计算等技术来处理和分析碳计量数据，已成为提高效率和精度的重要手段[10]。开发能够实时监测、动态调整的碳计量数字化平台，可以更有效地响应碳排放的实时变化，优化资源配置和减排策略。

5 结束语

海洋石油平台碳排放计量技术是一个复杂而重要的领域，需要通过不断的研究和创新，提高碳计量的准确性和效率，为环境保护和可持续发展做出更大贡献。

参考文献

[1]韩齐恒，李韬，杨雪，等．推进“双碳”战略，浅谈“碳汇计量”[J]．工业计量，2024(2)：107.
[2]鲜青龙，马君刚．计量与工业深度融合发展对策研究[J]．工业计量，2024(5)：76.
[3]武文晶，关武．能耗大数据分析与碳计量应用研究[J]．工业计量，2024(3)：110.
[4]周枫然，舒慧，杨扬仲夫，等．应对双碳目标的降碳与计量技术研究进展[J]．计量科学与技术，2023(9)：15.
[5]姜国兴．某海上井口平台开发项目温室气体排放核算及建议[J]．资源节约与环保，2023(5)：125.
[6]李强．海洋石油平台电站方案的研究[J]．石油和化工设备，2019(22)：58.
[7]苏阳，丛星亮，马大卫，等．燃煤发电机组碳排放计算与碳减排技术分析[J]．锅炉技术，2024(2)：74.
[8]刘景亮．海上油田火炬“碳排放”综合治理实践及决策树模型分析[J]．天津科技，2023(10)：40.
[9]李宸轩．基于能量衡算的某海上平台油气分离流程碳排放核算[D]．中国石油大学(北京)，2023.
[10]梁竹．智慧能源云平台在企业降本增效中的应用研究[D]．西南石油大学，2019.

压力测量方法优化对临界流文丘里喷嘴法气体流量标准装置量传能力提升的研究

韩 巍 刘译文 韩 旭 郭 涛 郭 哲 黄冠文 岳 陶 许潘文

(国家石油天然气管网集团有限公司西气东输分公司南京计量研究中心)

摘 要：临界流文丘里喷嘴气体流量标准装置是保证流量计校准精度的关键装置，其不确定度水平的提高对于提高整个计量系统的精度至关重要。文章对临界流文丘里喷嘴气体流量标准装置中的压力测量方法进行了优化研究，即采用“绝对压力＋差压”测量方法替代传统的单一绝对压力测量方法，有效降低了压力因素引入的不确定度成分。研究结果表明，该优化方案能够显著提高装置的整体不确定度水平，为天然气计量提供更加准确可靠的技术支撑。

关键词：天然气；临界流文丘里喷嘴；气体流量标准装置；压力测量；不确定度

作为清洁能源，天然气在能源结构中占据着越来越重要的地位。随着天然气贸易量的不断增加，保证天然气计量的准确性和可靠性对于维护市场秩序、促进经济发展具有重要意义[1]。临界流文丘里喷嘴气体流量标准装置在天然气测量中起着核心作用，其不确定度水平直接影响流量计的校准结果[2]。同时，随着天然气能量计量的推广，天然气能量计量技术规范也明确了 1.0 级站场的技术要求[3]，即所有类型的测量仪器都需要满足特定的精度水平。例如，温度测量的精度要求为 0.5℃，压力测量的精度要求为 0.2%，工况下体积流量的精度要求为 0.7% 等，其中 0.7% 的体积流量精度对标准设备的级别提出了更高的要求。因此，本文对影响装置不确定度的各种因素进行了深入研究，提出了有效的优化措施，对于提高天然气计量整体水平具有重要价值。

1 装置概述

临界流文丘里喷嘴法是一种基于文丘里喷嘴的气体流量测量方法：在临界流条件下，通过文丘里喷嘴的气体流量仅与上游压力和温度有关，而与下游压力无关。这一特性使得临界流文丘里喷嘴成为校准流量计的理想选择。然而，为了保证测量结果的准确性，必须对影响装置性能的各种因素进行精确的测量和控制。

为了研究影响临界流文丘里喷嘴测量的因素，提高临界流文丘里喷嘴的测量精度，华陈权等人[4]对临界流文丘里喷嘴的工作原理和误差来源进行了分析，得出了流出系数、临界流量函数、摩尔质量、喷嘴喉部截面积、滞止压力和滞止温度引起的质量流量误差。刘辰魁[5]等人对大喷嘴和小喷嘴背压比的设置提出了建议，指出特别是在检定小音速喷嘴时，校准证书应给出每个喷嘴的最大背压比和雷诺数，或者至少给出校准时的背压比和雷诺数，以保证用户使用喷嘴时能处在临界状态或校准状态，保证气体流量量值传递的准确性和统一性。吕运朋[6]等人进一步研究了喷嘴的背压比，指出喷嘴的几何参数对背压比有影响。宋德星[7]列出了理想条件和实际条件下临界流量和喷嘴流出系数不确定度的测量模型，评估了校准过程中喷嘴流出系数的相对扩展不确定度，并分析了各因素的来源。熊诗明[8]对国家标准和国际标准中喷嘴形状和精度要求进行了精确解读。陈立[9]研究了预防时间对消除管容量的影响。周晓亮[10]等人定义了湿度的影响因素，发现在校准过程中环境湿度应尽可能小。

综上所述，以往对临界流文丘里喷嘴的改进研究主要集中在喷嘴的相关测量因素上，没有对压力测量的影响因素进行系统分析以及压力测量系统的优化。

2 不确定性影响因素分析

某计量站次级标准装置为一套临界流文丘里喷嘴法气体流量标准装置。该装置由并联安装的 12 个临界流文丘里喷嘴组成，包括前后直管段、管束整流器、膨胀节、压力变送器、温度变送器、前后汇管、色谱分析仪、数据采集处理系统、控制系统和其他配套组件。安装在喷嘴上游的温度变送器和压力变送器用于测量转换为被测流量计工况的压力和温度值。安装在喷嘴下游的压力变送器用于监测喷嘴喉部是否出现临界流动状况。强制密封球阀安装在每个临界流量文丘里喷嘴的下游，并连接到前后汇管。

根据JJG 620，流经喷嘴的理想质量流量计算公式如式(1)所示。在临界流文丘里喷嘴气体流量标准装置中，压力、温度、流量计、流态、气体组分、密度和压缩系数等因素都会影响测量结果。

$$q_m = \frac{AC_* p_0}{\sqrt{(R/M)T_0}} \tag{1}$$

式中 q_m——流经喷嘴的理想质量流量；

A——喷嘴喉部面积；

C_*——临界流函数；

p_0——喷嘴上游入口处的滞止压力；

R——通用气体常数；

M——天然气的分子量；

T_0——喷嘴上游入口处的滞止温度。

对式(1)进行换算推导后，得到流经被测流量计的体积流量计算公式，如式(2)所示。对式(2)的各分量进行分析发现，压力会对不确定度结果产生较大的影响。

$$Q_{V,MUT} = \frac{Q_m}{\rho_{MUT}} = \frac{A_* C_* C_d}{\sqrt{\frac{R}{M}T_0}} \cdot \frac{RT_{MUT}}{MZ_{MUT}} \cdot \frac{p_0}{p_{MUT}} \tag{2}$$

式中 $Q_{V,MUT}$——流经被测流量计的体积流量；

$Q_{V,MUT}$——流经被测流量计的体积流量；

ρ_{MUT}——被测流量计处的天然气密度；

T_{MUT}——被测流量计的温度；

p_{MUT}——被测流量计的压力；

Z_{MUT}——被测流量计的压缩系数；

A_*——流量计内径；

C_d——流出系数。

3 测量方法的优化及不确定度评定结果

通过分析可知压力测量是影响装置不确定度的重要因素之一。因此，本文设计了“绝压＋差压”的测量方法，通过高精度绝压表与差压变送器的组合，实现更精确的压力测量。该方法的测量原理即采用高精度绝压变送器和差压变送器测量滞止压力和被测仪表处的压力，如式(3)、式(4)所示。根据式(2)～式(4)可推导式(5)。实际运行情况下，$p_{abs} >> \Delta p_0$，$p_{abs} >> \Delta p_{MUT}$，因此式(5)可以简化。

$$p_0 = p_{abs} + \Delta p_0 \tag{3}$$

$$p_{MUT} = p_{abs} + \Delta p_{MUT} \tag{4}$$

$$Q_{V,MUT} = \sqrt{R}A_* C_d \cdot \frac{C_*}{\sqrt{MZ_{MUT}}} \cdot \frac{T_{MUT}}{\sqrt{T_0}} \cdot \frac{p_{abs} + \Delta p_0}{p_{abs} + \Delta p_{MUT}} \tag{5}$$

式中 p_{abs}——绝对压力；

Δp_0——喷嘴入口和出口之间的压力差；

Δp_{MUT}——被测流量计入口与出口之间的压差。

根据式(5)开展临界流文丘里喷嘴装置的不确定度评定，着重分析压力引入不确定度的影响。

(1)滞止压力与被检流量计的压力差值的相对标准不确定度

为了减小不确定度分量，引入滞止压力和差压不确定分量。次级撬差压变送器量程为0～150kPa，p_{MUT}取被检表压力值5.5MPa，则：

$$\frac{\Delta p_0}{p_{MUT} + \Delta p_0} = \frac{0.15}{5.5 + 0.15} = 0.027 \tag{6}$$

$$u_r(\Delta p_0) = \frac{0.05}{\sqrt{3}} \times 100\% = 0.03\% \tag{7}$$

(2)被检流量计的压力的相对标准不确定度

次级撬差压变送器量程为0～150kPa，p_{MUT}取被检表压力值5.5MPa，则：

$$\frac{\Delta p_0}{p_{MUT} + \Delta p_0} = \frac{0.15}{5.5 + 0.15} = 0.027 \tag{8}$$

$$u_r(p_{MUT}) = \frac{0.05}{\sqrt{3}} \times 100\% = 0.03\% \tag{9}$$

(3)综合计算影响临界流文丘里喷嘴的各因素不确定度，标准装置的体积流量测量合成扩展不确定度为：

$$U_r(q_v) = k \times u_r(q_v) = 0.1596\%, k = 2$$

从计算结果可以看出，本文提出的方法有效降低了压力因素引入的不确定性成分，使装置的不确定性从0.22%降低到0.16%。

4 优化效果对比

通过对压力测量方法的优化，对临界流文丘里喷嘴气体流量标准装置进行了测试和验证，测试结果如表1所示。将原始绝对压力测量结果与使用绝对压力＋差压的测量结果进行比较，结果表明，两种压力测量方法的测量结果偏差均在理想范围内。同时，优化后的压力测量方法可以显著降低装置的不确定度水平，提高天然气测量的准确性和可靠性。

表1　两种压力测量方法的比较

次级绝压测试结果			次级差压测试结果			偏差/%
流量点/(m^3/h)	示值误差/%	重复性/%	流量点/(m^3/h)	示值误差/%	重复性/%	
644.42	-0.32	0.005	644.59	-0.34	0.009	-0.016
322.62	-0.38	0.004	322.71	-0.41	0.005	-0.028
164.95	-0.31	0.005	164.92	-0.31	0.000	-0.006

5　结束语

本文对临界流文丘里喷嘴气体流量标准装置中的压力测量方法进行了优化研究，提出“绝对压力+差压”测量方法，并验证其有效性。该优化方案对于提高天然气计量的准确性和可靠性具有重要意义，为天然气贸易提供更加坚实的技术支撑。

参考文献

[1]何金蓬，彭利果，张明鑫，等．储气库井口天然气计量影响特性研究[J]．石油与天然气化工，2022(3)：117.
[2]秦云松，张吉军，林媛媛．天然气流量计量标准装置的工艺流程优化[J]．天然气工业，2017(8)：102.
[3]梁国伟，周宁宁，李长武．临界流文丘里喷嘴流量计的原理与应用[J]．中国计量学院学报，2004(3)：186.
[4]华陈权，郑金吾．音速喷嘴气体流量标准装置的误差分析[J]．自动化仪表，2003(10)：44.
[5]刘辰魁，李同波，张红刚，等．低雷诺数下临界流文丘里喷嘴背压比测试[J]．计量技术，2008(7)：6.
[6]吕运朋，曹爱菊．低雷诺数下临界流文丘里喷嘴的背压比研究[J]．现代电子技术，2011(9)：40.
[7]宋德星．临界流文丘里喷嘴测量不确定度分析[J]．工业计量，2014(1)：40.
[8]熊智淳，凌彦萃，陈旭，等．环境试验设备温度远程无线测试系统的应用与比较[J]．工业计量，2014(1)：13.
[9]熊诗明，王晓禹，胡韶奕．临界流文丘里喷嘴精度与加工工艺解读[J]．计量与测试技术，2015(10)：54.
[10]陈立．临界流文丘里喷嘴标准装置的预热时间试验[J]．油气田地面工程，2015(2)：54.
[11]周晓亮，张立谦，刘错，等．临界流文丘里喷嘴湿度修正因子的研究[J]．计量技术，2019(4)：15.

HPPP 天然气流量标准装置体积管直径测量技术研究

薛永鑫[1]　徐　明[1]　魏　娜[2]　裴勇涛[1]　王柯栩[1]

(1. 国家石油天然气管网集团有限公司西气东输分公司武汉计量研究中心;
2. 国家石油天然气管网集团有限公司西气东输分公司)

摘　要：为了实现大长径比内孔直径的在线测量，研制了一套高精度的直径测量系统。系统采用自标定的比较测量方法。旋转臂上的两位移传感器以一定步距角旋转一周，得到的位移数据采用最小二乘法拟合圆，获得被测直径。利用研制的直径测量系统，对内径250mm，长度6m的体积管进行了现场测量实验。获得了沿体积管轴线的直径分布，求取其积分平均值作为直径测量结果。实验结果及不确定度分析表明直径测量不确定度为6μm。

关键词：计量学；直径测量；大长径比；比较测量；体积管

轴孔类零件内孔直径的高精度测量一直是长度测量中的一项难点。对于一般孔类零件的测量，可以借助一些常用孔径测量工具来获得直径参数。随着大长径比(孔长与孔直径比≥5)孔类零件在工业中的应用越来越多，例如军事工业中的火炮炮管、石油化工工业中的大型输油管道和各类体积管等。对于这类大长径比内孔直径的测量，传统的测微器、千分尺、钢带尺等接触式测量仪器无法满足测量要求。

国内外学者对于孔类零件内孔直径的测量进行了大量研究。如非接触扫描式测量系统，管道机器人的自动直径测量方法等[1-3]。根据测量时探头与被测孔是否接触，可分为非接触式测量方法和接触式测量方法[4-7]。根据探头种类的不同，可以分为机械式测量方法、电感法、电容法、光学方法、机器视觉法等。根据获取直径结果方式的不同，可以分为相对比较测量法和绝对直接测量法。非接触测量法受被测件粗糙度的影响较大，通常来说接触测量法的测量精度一般高于非接触测量法。对于具有较大内孔直径的高精度测量，由于测量时温度的影响。若采用绝对直接测量法很难获得较高的测量精度，因此高精度直径测量多采用相对比较测量法[8-11]。比较测量原理一般是将位移传感器固定在测量壁上，测量壁带动位移传感器进行旋转扫描测量，但现有测量方法需事先标定测量臂，得到其真实长度。

为克服现有测量方法的不足，满足大长径比内孔直径的高精度在线自动，无需测量前标定的测量需要。研究了一种自标定的在线高精度直径测量技术，可用于孔直径200～800mm，孔长度到12m的大长径比直径的高精度在线自动测量。

1　测量原理

系统采用比较测量原理，在旋转臂上安装两个位移传感器，采用一个与被测内径具有相同名义尺寸的长度标准器对传感器置零，旋转臂在被测孔内以一定步距角度旋转测量一圈，获得的位移读数采用最小二乘法拟合圆，得到被测孔直径。

1.1　旋转臂自标定

两位移传感器分别安装在旋转臂的两端，测量开始前通过长度标准器对位移传感器进行置零，见图1(a)所示。图中旋转臂由旋转中心分成两部分，两部分旋转臂长度分别由 L_1 和 L_2 表示，已校准的标准器尺寸为 L_0。设定比例系数 k 为 L_1/L_0，得到以下公式：

$$L_1 = k \cdot L_0 \tag{1}$$

$$L_2 = (1-k) \cdot L_0 \tag{2}$$

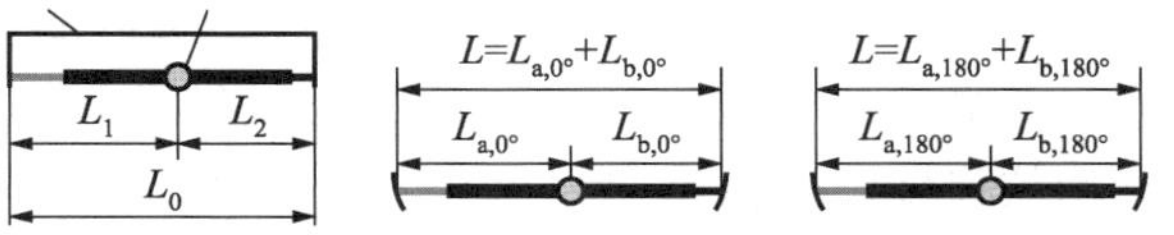

(a) 位移传感器置零示意图　(b) 测量时旋转臂旋转角度0°时示意图　(c) 测量时旋转臂旋转角度180°时示意图

图1　位移传感器置零，旋转0°和180°测量示意图

将旋转臂系统移到被测孔位置上，如图1(b)所示。开始测量时旋转臂的旋转角度＝0°。在此位置两部分旋转臂的长度分别由 $L_{a,0°}$ 和 $L_{b,0°}$ 表示。两传感器显示出相对置零点的读数，分别记为 $\Delta l_{1,0°}$ 和 $\Delta l_{2,0°}$，得到以下公式：

$$L_{a,0°} = L_1 + \Delta l_{1,0°} \tag{3}$$

$$L_{b,0°} = L_2 + \Delta l_{2,0°} \tag{4}$$

旋转臂旋转 180°后，得到图 1(c)所示状态。位移传感器分别得到读数 $\Delta l_{1,180°}$ 和 $\Delta l_{2,180°}$。两部分旋转臂的长度分别由 $L_{a,180°}$ 和 $L_{b,180°}$ 表示，同理得到公式：

$$L_{a,180°} = L_2 + \Delta l_{2,180°} \tag{5}$$

$$L_{b,180°} = L_1 + \Delta l_{1,180°} \tag{6}$$

由以上各式得到比例系数 k，从而得到位移传感器在置零时的 L_1 和 L_2。

1.2 直径圆拟合

旋转臂在测量位置以一定的步距角度进行测量，当旋转臂旋转一圈后，获得一系列的位移传感器读数 Δl_1 和 Δl_2，通过计算可得到一系列的 L_a 和 L_b。

由 L_a 和 L_b 利用最小二乘法拟合圆，可得到被测内孔的直径和旋转点相对于被测圆圆心的坐标。图 2 所示为测量数据拟合圆示意图。

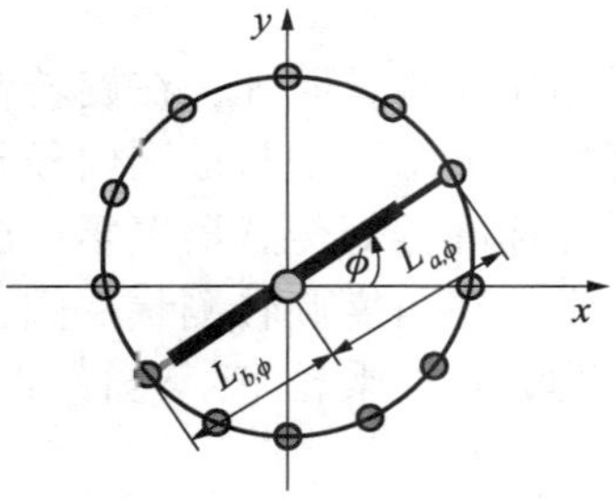

图 2 测量数据拟合圆

2 测量系统

直径测量系统示意图如图 3 所示，本测量系统由测量主轴、步进电机和滑动轴组成，所有部件由一个基座支撑，能够在被测内孔内滑动完成全部长度内不同位置直径的测量。在测量主轴的一端安装有一个可以旋转的测量臂，测量臂上有两个气动驱动的位移传感器。当基座处于被测孔某一位置测量时，测量主轴和步进电机可以驱动测量臂沿体积管轴向移动。测量臂旋转测量时，气动位移传感器通过伸缩与孔内壁相接触，位移传感器测量标准器与被测孔的相对位移值。

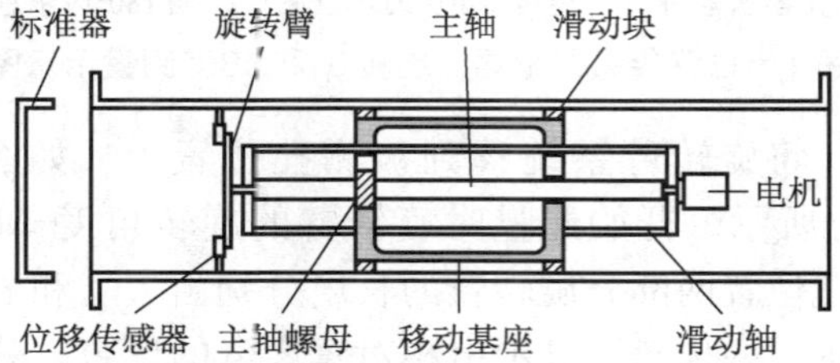

图 3 直径测量系统示意图

测量系统设计为测量和行进两种工作模式，测量时两种工作模式交替运行。

(1)测量模式，如图 4(a)所示为测量模式示意图。测量臂相对测量主轴固定不动。主轴带动测量臂旋转位移传感器，测量位移传感器的相对位移变化量。测量臂旋转一周完成对内孔一整圈的测量。主轴旋转一周，旋转臂平移 5mm。在测量模式下，测量程序可以设定测量臂的旋转步距角。

(2)行进模式，如图 4(b)所示为行进模式示意图。测量臂相对于基座和被测孔固定不动，测量主轴驱动测量臂在孔内移动到下一段测量位置后，可以转变为测量模式开始测量。

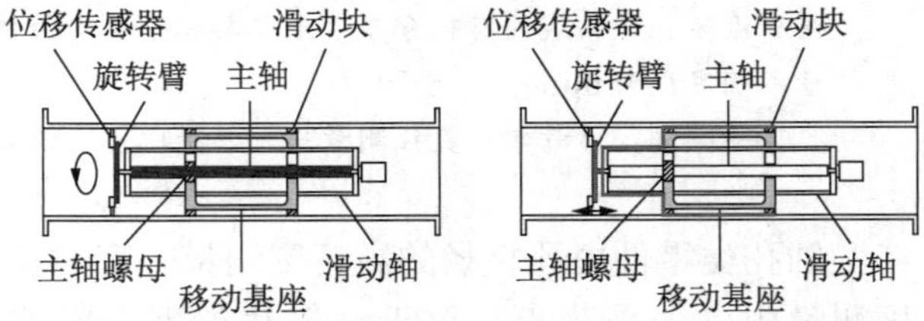

(a) 测量模式示意图 (b) 行进模式示意图

图 4 测量系统测量和行进模式示意图

直径测量系统在测量程序的控制下，实现自动测量和数据处理。测量完成后，系统根据获得的原始数据，计算得到被测孔在其长度方向上的直径分布图，将全部局部直径在总测量长度内的积分平均值作为被测孔的直径值。

3 试验测试

高压活塞体积管法(High Pressure Piston Prover，HPPP)原级标准装置直接复现天然气体积流量量值[12-13]。其中高压体积管为 HPPP 法原级标准的主标准器，体积管的内径为 250mm，长度 6m。体积管的内孔经过精密研磨，具有极高的精度。需要精确测量体积管在 20℃下的体积值，用于计算天然气的体积流量值。因此体积管几何尺寸中直径的高精度测量是关键。采用研制的直径测量系统对 HPPP 体积管 250mm 内孔直径进行了在线测量。

3.1 现场测量

被测体积管长度 6m，其中中间 3m 长范围的直径为有效测量段。将直径测量系统推入体积管内，安装激光位移传感器，用于监测测量系统的位移传感器在体积管内的轴向位置。长度标准器与体积管等温后开始测量。

直径测量系统交替工作在测量模式和行进模式。利用长度标准器对位移传感器进行置零后，直径测量系统在测量模式下开始测量。本测量行程测量完毕后，直径测量系统在行进模式下移动到下一个测量行程。重复以上测量步骤，直到体积管全长范围内的内孔直径测量完成。

由于体积管尺寸比较大，在现场测量中，温度是影响测量精度的主要因素。整个测量过程中在体积管内外布置了温度传感器，用于监测测量过程中体积管的内外温度。测试过程中环境温度要求：(20±2)℃。

3.2 测量结果

图5所示为体积管温度测量结果，测量过程中体积管内外壁温度的测量结果显示测量起始和终止时体积管温度变化了约0.8℃，体积管内外温差约为1℃，体积管温度偏离20℃约为1.6℃。体积管温度变化和偏离20℃对测量结果的影响均在测量不确定度分析中予以考虑。

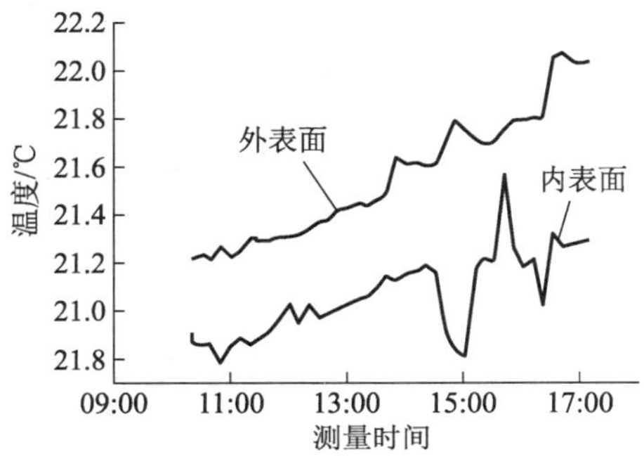

图5 HPPP体积管温度测量结果

位移传感器与长度标准器开始置零操作后，测量过程中其零点的稳定性是影响直径测量精度的因素之一。图6所示为零位校验测量数据，位移传感器与长度标准器回零校验数据显示置零的最大偏差为4μm，此数据用于测量不确定度分析。

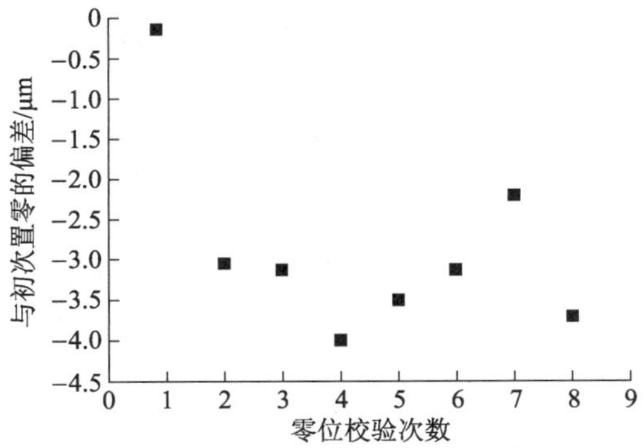

图6 零位校验测量数据

体积管沿轴线的直径测量结果如图7所示，图中显示了体积管轴向1～5m范围的直径分布。体积管轴向1.5～4.5m为其有效工作范围，此范围内的全部测量数据的积分平均值作为体积管直径的测量结果，计算体积管在20℃的直径为250.126mm。

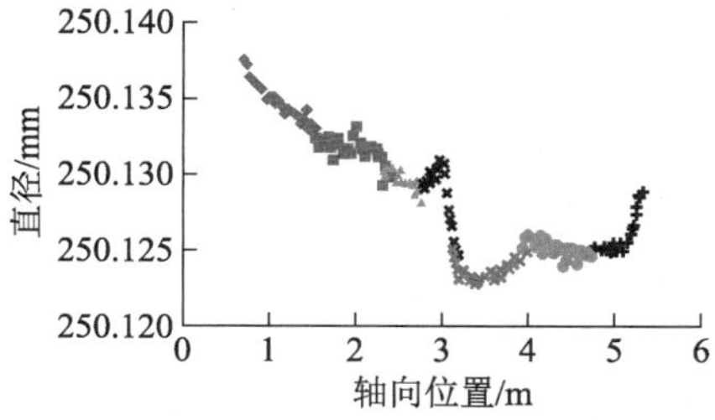

图7 HPPP体积管沿轴线的直径测量结果

4 不确定度分析

不锈钢材质的热膨胀系数为，测量时的房间温度在20℃附近(±2K)。假定热膨胀系数的标准不确定度为其值的10%。分析采用直径测量系统测量HPPP体积管直径的测量不确定度[14-17]，其测量结果的不确定度来源主要包括：长度标准器、零点稳定性、标准器和体积管膨胀系数、体积管和长度标准器的温度等。

参考直径D_{ref}是局部直径D_{local}在体积管总长度内的积分的平均值，积分的起点和终点为圆柱体的位置$Z_{cyl,1}$和$Z_{cyl,2}$。计算公式如下：

$$D_{ref} = \frac{1}{z_{cyl,2} - z_{cyl,1}} \int_{z_{cyl,1}}^{z_{cyl,2}} D_{local} dz \qquad (7)$$

分析直径测量不确定度来源如下：

(1)标准卡规直径L_0的不确定度，此项由校准证书直接给出。

(2)位移传感器的示值误差(包括线性误差)，此项由校准证书直接给出(置零的重复测量过程中的一个特殊的线性测试)。

(3)位移传感器置零的稳定性，此项由两位移传感器在标准卡规上置零后，多次读数的数据变化范围获得。

(4)L_1和L_2或参数k的影响，此项由测量数据的统计分析得出。

(5)最小二乘法拟合圆计算局部直径D_{local}的不确定度影响。

(6)体积管横截面(圆形)测量欠采样引入的测量误差。

(7)对齐误差：

1)置零时，旋转臂轴线与标准环规轴线不平行，此项误差需要从设备的结构设计来估算；

2)测量时，旋转臂轴线与被测圆柱体轴线不平行，此项误差的上限值的估算方法是：在行程长度(900mm)内，旋转点位置坐标相对圆柱体轴线的最大变化量。

(8)测量的复现性，不同行程测量的重合部分的一致(匹配)性来估算。

(9)体积管内行程位置误差。行程的绝对位置即圆柱体的标准体积的位置是由一个不确定度为±10mm测量得到。其对于最终D_{ref}的影响由给出，但由于局部直径D_{local}与局部位置Z_{cyl}的弱相关性，所以其值比较小。

(10)测量结集修正到参考温度(20℃)。不锈钢材质的热膨胀系数为$\alpha_{L,T}=2\cdot10^{-5}/K$，测量时的房间温度在20℃附近(±2K)。假定热膨胀系数的标准不确定度为其值的10%。

表1为体积管直径测量不确定度汇总表，列出了各不确定度影响量及其大小，计算得到其合成标准不确定度为6μm。

表1 HPPP体积管直径测量不确定度汇总表

影响量	标准不确定度分量/μm($k=1$)
长度标准器	2
位移传感器示值误差	1
直径拟合圆误差	1
测量截面采样误差	0.5
零位误差	2.3
旋转臂与体积管轴线对齐误差	1
测量复现误差	1.5
轴向定位误差	0.5
标准器膨胀系数误差	0.46
标准器与体积管温差	4.6
标准器与体积管膨胀系数差值	0.33
体积管温度测量误差	0.05

从表1中各不确定度分量可以得出：测量不确定度的最大来源主要包括两部分：一个为测量过程中标准器与被测体积管的温度不一致，由于膨胀系数引起的体积管尺寸变化所引入的测量误差；另一个为零位误差。通过保持标准器与被测体积管的温度尽量一致、保持测量过程中温度的稳定、测量时温度尽量接近20℃和增加测量过程中的置零次数等措施可进一步显著减小测量不确定度。

5 结论

开展了旋转臂自标定的大长径比直径测量技术研究。研制了大长径比直径在线测量系统，测量系统通过测量和行进模式实现了全长范围的自动测量。直径测量系统可适用于不同直径，不同长度的大长径比直径的高精度在线自动测量。

采用直径测量系统对HPPP体积管的直径进行了测量，获得了体积管全长范围内的直径分布和直径的积分平均值。不确定度分析表明直径的测量不确定度可以达到6μm。通过控制测量过程中温度的变化和零位校验次数等措施可进一步获得更高的测量精度。

参考文献

[1]赵士磊．大尺寸内径自动测量机器人的研制[D]．天津：天津大学，2011.

[2]Zhang X，Ma Z，Hu Y，et al. A novel robot system for surface inspection and diameter measurement of large size pipes[C]，2008 6th IEEE International Conference on Industrial Informatics.

[3]刘红轩，曲兴华，邢书剑，等．基于激光三角法的大内径测量系统[J]．计算机测量与控制，2011(3)：506.

[4]王蔚晨，朱小平，杨自本．基于移相干涉技术的高精度活塞内径测量方法研究及测量系统研制[J]．计量学报，2010(z2)：112.

[5]张连存，张亚婷，张国玉，等．一种内径尺寸光电非接触测量方法[J]．电子科技大学学报，2006(5)：829.

[6]李晓罡．光学式深孔几何尺寸的测量[D]．黑龙江：哈尔滨理工大学，2016.

[7]崔唯佳．高精度内径测量系统的研究与设计[D]．山西：中北大学，2013.

[8]丁正龙，徐月同，傅建中．深孔内径的在线精密测量原理及系统[J]．西安交通大学学报,2015(1):65.

[9]郑亦隆．大长径比深孔零件几何参数检测系统[D]．安徽：合肥工业大学，2017.

[10]邢书剑，曲兴华，王晟，等．采用高精度自动定心机构的大尺寸内径测量[J]．仪器仪表学报，2012(8)：3.

[11]张东翼，王帼媛，路伟光，等．大长径比零件内孔测量方法研究[J]．航空精密制造技术，2021(3)：51.

[12]闫文灿，徐明，陆玉城．高压活塞体积管法天然气流量原级标准装置的建立[C]．中国油气计量技术论坛论文集，2016.

[13]万翠蓉，杨宁．基于HPPP法的天然气流量计量原级检定技术的不确定度研究[J]．化工自动化及仪表，2012(4)：547.

[14]国家质量监督检验检疫总局．测量不确定度评定与表示：JJF 1059.1—2012[S]．北京：中国质检出版社，2012.

[15]赵前程，陆长友，罗晓莉．大直径在线高精度测量不确定度分析[J]．机械科学与技术，2008(9)：1247.

[16]屈玉福，王中宇，左思然，等．圆柱体体积测量不确定度计算的探究[J]．计量学报,2018(z1):53.

[17]夏玉国，彭友志，刘正华，等．线性回归拟合的测量不确定度评定[J]．计量学报，2023(4)：664.

槽道式流量计应用于天然气流量测量的性能研究

赵永辉　张　岩　王　佳

（国家管网集团北京管道有限公司，北京 110000）

摘　要： 槽道式流量计从设计上满足了运动学相似。经过优化的纺锤体节流件是良好的流线体，避免了流动分离，阻力小，流动十分稳定。实验室标定结果和实际使用证明，槽道流量计具有极好的精确度和极强的适应性。文章就槽道式流量计工作原理、解决的相似性问题、尾流的流态、实流校准的结果等做一阐述与介绍，为槽道式流量计应用与天然气流量测量提供基础性的研究参考。

关键词： 槽道式流量计；运动相似性；流出系数；尾流

某公司在用贸易交接流量计共300余台，强制检定周期为2年，每年在流量计送检上耗费大量人力、物力、财力，大量的管线打开作业也增加了安全风险。如果通过使用稳定的核查标准进行比对，能够反应出这些流量计真实的计量性能特性。

目前，公司输气站场已建的计量比对流程，均是把其中一台超声流量计作为核查标准，其他各支路流量计分别与其进行比对测试，最终计算出误差。但由于超声流量计本身的计量特性受流态、工艺条件、安装状况等影响较大，自身本就存在不确定性的偏差，在实际使用中并不能确定核查标准是否能够准确复现检定工况条件下的量值。另外，根据体系文件要求，计量比对是一项周期性的工作，对核查标准缺少实时的监控措施，无法及时发现计量隐患，如若出现计量偏差，只能被动的进行事后处理。

为了准确地进行天然气流量计量，流量计在流量标准装置上标定的数据应用到实际测量中时，标准装置的流动与实际测量的流动必须相同或相似，即满足相似性原则，否则会产生误差。生产实际应用环境千变万化，难以保证流动的相似性，由此产生的误差难以消除。

槽道式流量计从管流流动控制出发，设计节流件——纺锤体，从而满足了运动学相似。经过优化的纺锤体节流件是良好的流线体，避免了流动分离，阻力小，流动十分稳定。实验室标定结果和实际使用证明，槽道流量计具有极好的精确度和极强的适应性。

本文就槽道式流量计工作原理、解决的相似性问题、尾流的流态、实流校准的结果等做一阐述与介绍，为槽道式流量计应用与天然气流量测量提供基础性的研究参考。

1　槽道式流量计的测量原理

流动相似的前提是控制方程必须相同，在此基础上要求定解条件成比例。

目前，全世界对差压式流量计采用的流量计算公式是：

$$q_m = \frac{C \cdot \varepsilon}{\sqrt{1-\beta^4}} \frac{\pi d^2}{4} \sqrt{2\Delta p \rho_1} \tag{1}$$

式中　q_m——质量流量，kg/s；

C——流量系数；

ε——气体可膨胀性系数[5]；

β——节流元件开孔直径 d 与管道内径 D 的比值；

Δp——差压，Pa；

ρ——气体密度，kg/m^3。

它是依据伯努利方程推导出来的。伯努利方程应用的对象是定常无旋涡的理想流体，它不同于准确描述实际流动的 N-S 方程，因此从根本上存在着流动相似性问题。

伯努利方程不能用于管道流动，实践中添加了两个修正系数 C 和 ε 分别称为流出系数和可膨胀因子。但是流出系数 C 和可膨胀因子 ε 的物理意义并不清晰。

如果用量纲分析的方法，可得到如下表达式：

$$f_1(\Delta p, \rho_1, p_1, v_1, D, d_s, \mu) = 0$$

$$q_m = f(Re, \beta, \gamma M^2) \frac{\pi D^2}{4} \sqrt{2\rho_1 \Delta p} \tag{2}$$

式中　β——节流比；

Re 和 M——雷诺数和马赫数，即分别考虑粘性影响和压缩性影响，它们是彼此独立的量。

流出系数 C 只与雷诺数有关。可膨胀因子 ε 只与马赫数有关。

比较上面两式，流出系数 C 只与雷诺数有关，而可膨胀因子 ε 反应了马赫数(压缩性)的影响。标定试验的目的就是要确定流出系数 C 与雷诺数的关系。

流量测量一直存在着标定的数据与现场测量数据之间的偏差，以及不同应用场合之间的偏差。这种偏差是系统误差，很难从根本上消除。这一问题的本质是同一台流量计面临着不同的流动环境(流场)，而不同的流动环境之间的运动相似性没有得到保证。

此外，在气体流量测量中，即使流速很低，压缩性所导致的误差也是不能忽略的。

槽道式流量计创新性的解决了上述问题。图1为槽道式流量计的结构。

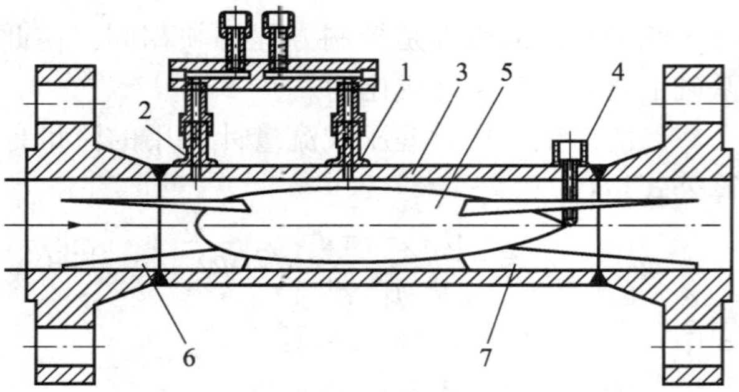

图1　槽道式流量计结构

1—低压取压点；2—高压取压点；3—测量管；4—温度测量；5—纺锤体节流件；6—前支撑片；7—后支撑片

流量测量所用的压力差是由一个安装在管道中心的纺锤体节流件产生的。在纺锤体中间部分和壳体之间形成一个环形通道。数值模拟表明，纺锤体节流件将上游不同的流动状态调整成一个环形槽道流。

纺锤体能够调整流量计上游的不同的来流特性，即使在不同的工业应用环境中，也能够得到一个非常稳定的，可重复的环形槽道流动。纺锤体的外形经过遗传算法优化，流动不发生分离，在保持低阻力的情况下，仍然产生很高的差压值。

槽道式流量计的流量公式为差压型流量计通用公式(1)，其中：

$$\varepsilon = 1 - A\frac{\Delta p}{\kappa \cdot p_1} \tag{3}$$

$$\rho = \rho_n \frac{p}{p_n}\frac{T_n}{T} \tag{4}$$

式中　A——实标常数；

κ——气体的等熵指数，$\kappa = C_P/C_v$，对于天然气一般取 1.4；

p_1——纺锤体头部处的压力，Pa；

Δp——通过纺锤体的差压，Pa；

ρ——气体密度，kg/m^3；

ρ_n——标准状态下(293.15K，101.325kPa)天然气的密度，kg/m^3；

p_n，p——标准状态和工作状态下气体的绝对压力，Pa；

T_n，T——标准状态和工作状态下气体的热力学温度，K。

由式(1)，只要通过实验求出流量系数 C，就可按测得的差压 Δp 和密度 ρ，计算出质量流量 q_m。

用计算流体力学(CFD)方法进行的数值模拟结果表明，槽道式流量计具有良好的流动特性。

数值模拟结果表明来流经过纺锤体时，原来的管流特性已经改变，两侧的边界层重新开始形成。在两侧边界层之间是均匀的流动，随着雷诺数的增加(流量的增加)边界层厚度将变薄，因此流出系数可以保持常数。

为研究纺锤体对于流量计上游来流的调节能力，假设了一个任意的速度分布，如图2所示。数值模拟结果表明，当任意速度分布接近纺锤体时，速度分布变得规整，最终在中部的环形槽道内，获得了与图2相似的均匀流动。

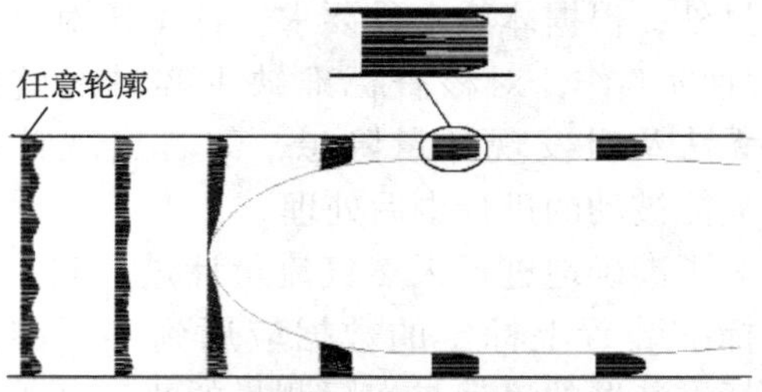

图2　任意速度分布的来流的演变

图3是数值模拟得到的槽道流量计内部的压力分布。从图3可以看出，纺锤体能产生很大的差压信号，而产生很小的永久性压力损失。这是因为流线型的纺锤体避免了流动分离，流动经过纺锤体后，大部分压力下降得以恢复。

当槽道流量计直接连接到管道弯头时，弯头所产生的紊乱流动，经过纺锤体时，变得对称而规整。同时，它所产生的尾流很短。这一特性说明，槽道式流量计对于下游的设备产生的影响很小。在有些场合，这一特点是很重要的。

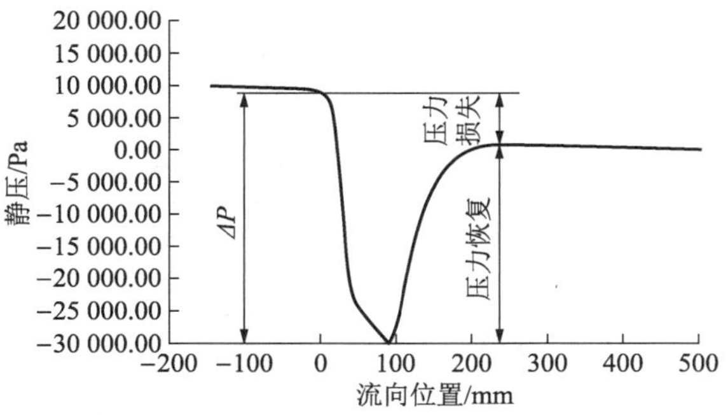

图 3　槽道流量计内部的压力分布

2　槽道流量计的校准

槽道流量计已经在国内外不同校准设备上进行了校准。图 4 是在中国计量科学研究院的 DN50 水装置上校准的结果。正如所期待的那样，当雷诺数大于 10^5 后，流出系数成为常数。即使在雷诺数小于 10^5 的情况下，流出系数虽然不是常数，但是其重复性仍然非常好。

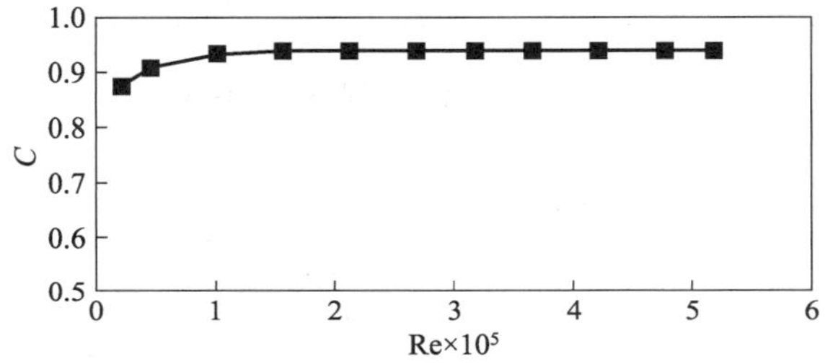

图 4　槽道流量计在水装置上的校准结果

同一个 DN80 的槽道流量计分别在德国的 PTB 的气体流量标准装置上和美国 CEESI 气体流量标准装置上进行了校准，当雷诺数大于 10^5 后，流出系数成为常数。

尽管在德国 PTB 的校准和在美国 CEESI 的校准是完全独立的，但是可以看出三者之间非常一致。表 1 比较了两者的流出系数和标准差。

表 1　流出系数的比较（$Re>10^5$）

项目	*PTB*	*CEESI-1bar*	*CEESI-3bar*
$C(Re>10^5)$	0.8705	0.8679	0.8671
标准偏差	0.053%	0.025%	0.020%

综合以上测试情况，结合自身的测试设备，开展 DN80 和 DN300 的槽道式流量计的不确定度进行测试与研究。

2.1　不确定度分析的数学模型

对于数学模型，在 $X_i = x_i$ 时，定义灵敏系数为：$c_i = \partial y / \partial x_i$。在流量计量中，常使用相对不确定度的概念，此时采用相对灵敏系数 c_{ri}，它定义为：$c_{ri} = (x_i / y) / (\partial f / \partial x_i)$。在计算灵敏系数时，如数学式较复杂，可采用数值方法进行计算，即：用 x_i 计算出 y，然后再用 $x_i + \Delta$ 计算出 $y + \Delta y$，其中 Δx 相对于 x_i 是一个很小的增量，则 c_i 和 c_{ri} 可分别表示为：$c_i \approx \Delta y / \Delta x_i$ 和 $c_{ri} \approx (\Delta y / \Delta x_i)(x_i / y) = c_i (x_i / y)$。当全部输入量是彼此独立或互不相关时，合成标准不确定度由下式得到：$u_c^2(y) = \sum_{i=1}^{N} u_i^2(y) = \sum_{i=1}^{N} c_i^2 u^2(x_i)$ 和 $u_{cr}^2(y) = \sum_{i=1}^{N} u_{ri}^2(y) = \sum_{i=1}^{N} c_{ri}^2 u_r^2(x_i)$。

2.2　测试结果

通过 DN80 直管段安装条件下进行测试，环境压力：101kPa；环境温度：25.88 ~ 27.53℃；环境湿度：53 ~ 58、% RH。结果见表 2、表 3。

表 2　DN80 在直管段安装条件下的测试结果

流量点/(m^3/h)	标准表号	检/校时间/s	流量计压力/MPa	流量计温度/℃	标准表压力/MPa	标准表温度/℃	标准表流量/m^3	流量计流量/m^3	标准流量/m^3	示值误差/%	误差平均值/%	重复性/%
478.04	标准表 2	60.00	7.430	18.30	7.514	18.42	7.8707	7.9766	7.9534	0.29	0.26	0.03
		60.00	7.429	18.08	7.513	18.20	7.8636	7.9645	7.9464	0.23		
		60.00	7.428	17.89	7.512	18.00	7.8582	7.9612	7.9411	0.25		
355.68	标准表 2	60.00	7.467	17.72	7.512	17.49	5.9006	5.9309	5.9431	−0.21	−0.19	0.02
		60.00	7.467	17.67	7.512	17.44	5.8959	5.9279	5.9380	−0.17		
		60.00	7.464	17.60	7.511	17.40	5.8931	5.9252	5.9362	−0.19		
234.55	标准表 2	60.00	7.497	17.89	7.514	17.39	3.8949	3.9156	3.9134	0.06	0.05	0.01
		60.00	7.497	17.89	7.514	17.40	3.8869	3，9065	3，9050	0.04		
		60.00	7.497	17.89	7.513	17.41	3.8856	3.9057	3.9036	0.05		
158.63	标准表 2	60.00	7.508	18.17	7.513	17.57	2.6384	2.6450	2.6481	−0.12	−0.12	0.02
		60.00	7.508	18.19	7.513	17.60	2.6363	2.6430	2.6458	−0.11		
		60.00	7.506	18.21	7.512	17.62	2.6376	2.6435	2.6473	−0.14		

续表

流量点/(m^3/h)	标准表号	检/校时间/s	流量计压力/MPa	流量计温度/℃	标准表压力/MPa	标准表温度/℃	标准表流量/m^3	流量计流量/m^3	标准流量/m^3	示值误差/%	误差平均值/%	重复性/%
61.32	标准表1	60.00	7.503	18.91	7.503	18.20	1.0221	1.0228	1.0254	-0.25	-0.28	0.07
		60.00	7.503	18.92	7.502	18.23	1.0238	1.0233	1.0269	-0.36		
		60，00	7.502	18.94	7.502	18.27	1.0193	1.0201	1.0225	-0.23		
29.08	标准表1	60.00	7.539	21.45	7.535	20.75	0.4837	0.4850	0.4853	-0.07	-0.06	0.07
		60.00	7.539	21.50	7.535	20.78	0.4830	0.4847	0.4846	0.01		
		60.00	7.539	21.55	7.535	20.81	0.4831	0.4843	0.4840	-0.12		

注：最大误差 $E=-0.28\%$；重复性 $Er=0.07\%$。

表3　DN80 在直管段安装条件下的流出系数结果

检定次数	单次流出系数 C_i	平均流出系数 C	误差%
直管段1#	0.971	0.978	-0.701
直管段2#	0.974	0.978	-0.394
直管段3#	0.978	0.978	0.015
直管段4#	0.983	0.978	0.526

通过 DN300 直管段安装条件下进行测试，环境压力：101kPa；环境温度：21.11 ~ 23.05℃；环境湿度：31 ~38,%RH，结果见表4、表5。

表4　DN300 在直管段安装条件下的测试结果

流量点/m^3/h	标准表号	检/校时间/s	流量计压力/MPa	流量计温度/℃	标准表压力/MPa	标准表温度/℃	标准表流量/m^3	流量计流量/m^3	标准流量/m^3	示值误差/%	误差平均值/%	重复性/%
4038.04	标准表4 标准表5	60.00	6.565	12.74	6.617	12.63	66.8837	67.3295	67.4072	-0.12	-0.12	0.01
		60.00	6.564	12.70	6.616	12.60	66.8698	67.2960	67.3859	-0.13		
		60.00	6.564	12.66	6.615	12.58	66.8544	67.2775	67.3614	-0.12		
3219.76	标准表4 标准表5	60.00	6.646	13.08	6.679	12.90	53.4392	53.6520	53.7324	-0.15	-0.12	0.03
		60.00	6.648	13.10	6.680	12.92	53.4293	53，6805	53.7241	-0.08		
		60.00	6.647	13.11	6.680	12.94	53，4249	53.6560	53.7214	-0.12		
2318.76	标准表4	60.00	6.687	13.42	6.723	13.24	38.5565	38.6290	38.6967	-0.17	-0.15	0.02
		60.00	6.692	13.47	6.727	13.28	38.5676	38.6540	38.7040	-0.13		
		60.00	6.692	13.52	6.728	13.30	38，5719	38，6560	38.7148	-0.15		
1501.50	标准表4	60.00	6.768	13.86	6.781	13.61	24.9705	25.0250	25.0234	0.01	0.00	0.01
		60.00	6.770	13.96	6.783	13.69	24.9672	25.0230	25.0257	-0.01		
		60.00	6.771	14.03	6.785	13.75	24.9691	25.0280	25.0295	-0.01		
807.81	标准表2	60.00	6.786	14.67	6.808	14.40	13.4117	13.4605	13.4342	0.20	0.20	0.01
		60.00	6.787	14.74	6.809	14.47	13.4154	13.4620	13.4376	0.18		
		60.00	6.789	14.80	6.811	14.56	13.4198	13.4690	13.4408	0.21		
253.39	标准表2	60.00	6.859	15.43	6.857	15.21	4.2302	4.2255	4.2331	-0.18	-0.22	0.04
		60.00	6.861	15.52	6.860	15.31	4.2292	4.2220	4.2322	-0.24		
		60.00	6.863	15.61	6.863	15.42	4.2298	4.2225	4.2329	-0.25		

注：最大误差 $E=0.20\%$；重复性 $Er=0.03\%$。

表 5　DN300 在直管段安装条件下的流出系数结果

检定次数	单次流出系数 Ci	平均流出系数 C	误差/%
直管段 1#	0.9126	0.913	-0.066
直管段 2#	0.9136	0.913	0.044
直管段 3#	0.9134	0.913	0.022

2.3　结论分析

通过对槽道式流量计在不同压力条件下的测试，综合分析系数误差，可以得到以下结论：

(1)槽道流量计在同一介质不同工况条件下，无论前后是否有直管段，流出系数 C 在拐点流量（$Re < 1 \times 10^5$）以上基本保持不变。

(2)槽道式流量计具有较好的重复性；

(3)通过在流量计算机中增加雷诺数和流出系数的修正，以及拐点以下流出系数的系数修正，可以保证量程段各流量点示值误差在 0.3% 以内。

3　流量计上游干扰的影响

在德国 PTB 的试验中，还对上游各种干扰条件下的流出系数进行了测试。试验中在流量计的上游不同的周向方位，安装了各种弯头，包括单弯头和双弯头。

试验结果如图 5 所示。所有情况下的偏差都在 ±1% 之内。雷诺数大于 10^5 后，误差带大约在 -0.4% 到 0.6% 之间。仔细分析实验数据可以发现，只要适当地调整取压点的周向位置，可以将偏差控制在 ±0.5% 之内。

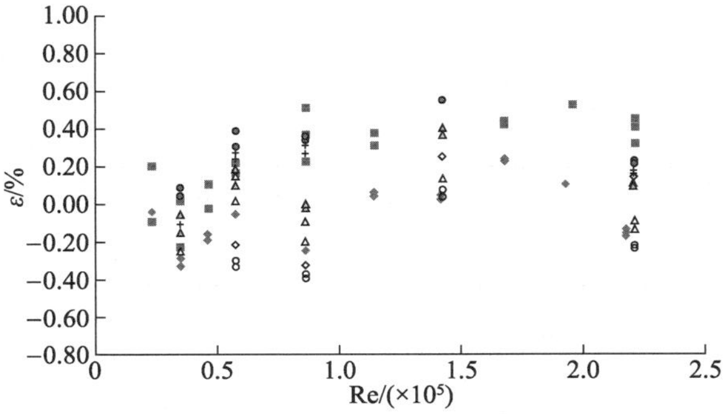

图 5　不同的上游安装条件产生的误差

某检定站结合 PTB 测试情况，结合自身的测试设备，开展 DN80 的槽道式流量计的性能测试。

3.1　测试结果

通过 DN80 前后 90°弯头安装条件下进行测试，环境压力：101kPa；环境温度：22.42 ~ 23.64℃；环境湿度：(35 ~ 40)% RH。结果见表 6、表 7。

3.2　结论分析

通过对 DN80 槽道式流量计在直管段安装条件和前后 90°弯头安装条件下不同压力条件下的测试，综合分析系数误差，可以得到以下结论。

表 6　DN80 在前后 90°弯头安装条件下的测试结果

流量点/ m³/h	标准表号	检/校时间/ s	流量计压力/ MPa	流量计温度/ ℃	标准表压力/ MPa	标准表温度/ ℃	标准表流量/ m³	流量计流量/ m³	标准流量/ m³	示值误差/ %	误差平均值/ %	重复性/ %
482.16	标准表 2	60.00	6.798	14.88	6.885	15.24	7.8918	8.0375	7.9808	0.71	0.71	0.02
		60.00	6.798	14.88	6.884	15.30	7.8922	8.0362	7.9780	0.73		
		60.00	6.798	14.90	6.884	15.35	7.8951	8.0346	7.9790	0.70		
354.36	标准表 2	60.00	6.845	15.48	6.893	15.62	5.8967	5.9119	5.9348	-0.39	-0.37	0.02
		60.00	6.848	15.53	6.894	15.67	5.8891	5.9043	5.9251	-0.35		
		60.00	6.849	15.58	6.895	15.72	5.8879	5.9021	5.9242	-0.37		
233.50	标准表 2	60.00	6.887	16.18	6.904	16.06	3，8971	3.8940	3.9098	-0.40	-0.40	0.01
		60.00	6.887	16.23	6.904	16.11	3.8940	3.8915	3.9067	-0.39		
		60.00	6.888	16.29	6.905	16.16	3.8918	3.8895	3.9051	-0.40		
161.76	标准表 2	60.00	6.906	16.73	6.912	16.50	2.7145	2.7029	2.7204	-0.64	-0.61	0.03
		60.00	6.907	16.77	6.912	16.56	2.7028	2.6926	2.7082	-0.58		
		60.00	6.909	16.83	6.914	16.61	2.7040	2.692	2.7095	-0.62		

续表

流量点/m^3/h	标准表号	检/校时间/s	流量计压力/MPa	流量计温度/℃	标准表压力/MPa	标准表温度/℃	标准表流量/m^3	流量计流量/m^3	标准流量/m^3	示值误差/%	误差平均值/%	重复性/%
62.01	标准表1	60.00	6.918	17.47	6.918	16.98	1.0412	1.0424	1.0431	−0.07	−0.14	0.07
		60.00	6.920	17.47	6.921	17.00	1.0294	1.0297	1.0318	−0.21		
		60.00	6.920	17.48	6.921	17.05	1.0275	1.0283	1.0298	−0.15		
29.31	标准表1	60.00	6.930	17.69	6.927	17.27	0.4843	0.4859	0.4853	0.12	0.19	0.09
		60.00	6.934	17.79	6.930	17.36	0.4883	0.4901	0.4893	0.17		
		60.00	6.934	17.82	6.930	17.40	0.4870	0.489	0.4880	0.29		

注：最大误差 $E=0.71\%$；重复性 $Br=0.07\%$。

表7　DN80在前后90°弯头安装条件下的流出系数结果

检定次数	单次流出系数 Ci	平均流出系数 C	误差/%
弯头1#	0.979	0.978	0.117
弯头2#	0.981	0.978	0.321
弯头3#	0.979	0.978	0.117

(1)槽道流量计在同一介质不同工况条件下，无论前后是否有直管段，流出系数 C 在拐点流量($Re<1\times10^5$)以上基本保持不变。

(2)槽道式流量计具有较好的重复性。

(3)槽道流量计前后加双90°弯头，对流量计精度和重复性影响很小。很好的证明了槽道流量计使用无直管段要求。

4　槽道流量计的尾流特性

槽道式流量计由于特殊的流场控制技术，使用总压耙技术对其尾流特性测试。

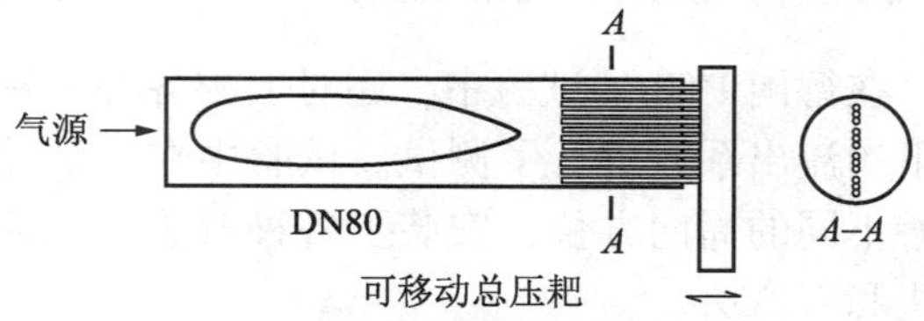

图6　总压耙测试槽道式流量计尾流特性

4.1　测试结果

通过DN80槽道式流量计总压耙进行测试，结果见表8。

表8　DN80槽道式流量计总压耙的测试结果

R/mm	总压/kPa						
	DN60	DN80	DN100	DN120	DN140	DN160	DN180
−30	1.8681	1.6811	1.65544	1.5621	1.4714	1.3433	1.254
−20	1.5045	1.336	1.404	1.3702	1.3556	1.301	1.2445
−10	0.9802	1.0234	0.9742	1.0281	1.077	1.1282	1.1598
0	0.5635	0.7031	0.7281	0.8696	0.964	1.0477	1.0868
10	0.5671	0.7887	0.8807	0.994	1.0858	1.1623	1.2303
20	1.1486	1.1799	1.2822	1.3182	1.3316	1.3	1.3045
30	1.8406	1.7067	1.5615	1.4587	1.3977	1.3793	1.3355

4.2　结论分析

通过测试，槽道式流量计具有流场稳定，尾流短的技术特性。

5　结论

槽道流量计具有很强的流动调节能力，对不同的复杂来流在流量计内部实现了运动相似；节流件具有良好的流线型，避免了流动分离，流动十分稳定，保证了测量的高精度；槽道式流量计具有良好的重复性，经校准具有较高的不确定度；同时，槽道式节流件尾流短，阻力小(压力损失小)对流量计下游的设备影响很小。

槽道式流量计由于生产实践使用时间较短，下一步开展的长周期运行比对，会提供关于其长期运行的性能状况，对于槽道式流量计用于天然气流量测量提供全面的技术参考。

参考文献

[1]王东，郭淑梅，白岩，等．差压式孔板流量计的误差来源与控制对策[J]．天然气工业，2004(10)：132.

[2]穆剑，段继芹，何敏，等．不同压力和介质下流量计计量性能的差异探究[J]．中国计量，2012(7)：77.

[3]黄和，游明定．天然气流量计量[M].3 版．北京：石油工业出版社，2005.

[4]王池，李芳．测量不确定度在流量领域的应用．全国流量计量学术交流会，2002.

[5]GB/T 18603—2014　天然气计量系统技术要求[S].

[6]GB/T 18604—2014　用气体超声波流量计测量天然气流量[S].

[7]SY/T 7551—2019　用槽道式流量计测量天然气流量[S].

[8]白亚磊，明晓．槽道式气体流量计及其不确定度分析[J]．计量学报，2008(5)：441.

[9]张伟，陈文义．流体力学[M]．天津：天津大学出版社，2018.

[10]American Gas Association. Orifice Metering of Natural Gas and Other Related，Hydrocarbon Fluids：AGA Report No. 3[C]. Third Edition Oct. 1990.

高含气率油井产出液数字计量应用

刘洪飞　李　庆　王　坤

（中国石油规划总院）

摘　要： 融合油嘴节流压差波动特征与温差信号提出了实现油气井口计量的新方法，推导建立了油嘴节流流量机理方程，以节流水力热力特征变化参数构建深度神经网络，通过数据驱动实现含气率的反演预测。在真实油嘴气液两相流环道开展实验测试，结果表明流量计量方程其含气率适应范围0%～100%，且不受流型、气液流速、系统压力变化等影响，含气率及流量计量误差均低于≤±10%。所提出的计量方法无需额外测量仪表投入，具有广阔的推广应用前景。

关键词： 油嘴；气液两相流；流量计量；差压；温差；深度神经网络

1　前言

油井产量计量是油藏动态分析和生产管理中的一项重要工作，油井产量的准确、及时的计量对掌握油藏状况、优化制定生产方案具有重要的指导意义，进而直接影响到油田开发部署和经济效益[1]。现有的单井计量方式主要有三种：计量分离器气液分离计量[2]、多相流量计气液混相计量[3-5]以及软件数字计量[6,7]。随着油田优化简化和数字化建设的不断推进，迫切需要一种能够简化地面集输流程、运营成本低、能够实现产量连续、实时计量的低成本多相计量技术。

数字计量无需实体流量计量装置，利用生产系统采集的工艺信号，如压力、温度、流量控制阀开启度等通过推理模型反演获得流量值，并且可根据周期检定数据对模型进行参数更新，其具有成本低、工作可靠性高、测量范围宽、量程比大等优点[8,9]。基于数据驱动的数字计量方式主要依赖数据训练，建立传感器输入特征参数和输出流量值之间的映射关系，然而当现场实际生产工况超过提供训练的数据范围时，机器学习模型的输出结果可能不再真实。机理模型计量通过对目标管道建立水力、热力多相流模型，将采集的生产数据作为特征输入向量来实现流量的预测，目前建立过程复杂，需要的监测参数多，实施难度和计算成本大。

油嘴为油气田开发典型节流设备，用于产量调节和控制。对于带有油嘴的生产井，气液混合物通过油嘴节流后将产生压降和温降，其压降和温降变化规律与气液两相流的流量和含气率密切相关。因此，通过建立压降、温降特征与总质量流量及含气率间的映射关系，预先求解含气率，继而实现油气流量的虚拟反演。本文将以油井井口油嘴为研究对象，利用气液两相流实验环道开展气液两相流通过油嘴的水力、热力特性测试，建立总质量流量与节流差压及含气率耦合关系式，提取差压波动信息和温差信息，利用深度神经网络预测相分率，形成气液流量的数字计量模型，并对模型预测效果进行分析评价。

2　油嘴节流气液两相流量计量原理

2.1　气液两相流混合质量模型

与常规孔板相比，节流油嘴喉部通道长度较长，可视为多个孔板沿流动方向的叠加，因此可以借鉴孔板节流公式。气液两相孔板节流公式包括 Murdock 公式，Bizon 公式、林氏公式等，其中林氏公式以分相流模型理论为理论基础，假设气液相流体介质在同一个节流装置中流出系数相同，并提出采用气液密度进行差压校正，覆盖气液密度比范围为 0.01157～0.18632，适用范围广，预测精度高，应用最为广泛[10]。

如图1为节流油嘴结构示意图，油嘴直径为 d，管道直径为 D，油嘴长度为 L。气液两相流通过油嘴时，其差压和流量关系可以采用林氏经典公式描述：

$$(\Delta P_{TP}/\Delta P_{o})^{\frac{1}{2}} = \theta + X((\rho_L/\rho_G)^{\frac{1}{2}} - \theta) \quad (1)$$

式中　ΔP_{TP}——两相流通过油嘴产生的差压，Pa；

X——通过油嘴的两相流质量含气率，无量纲；

ρ_L——液相密度，kg/m^3；

ρ_G——气相密度，kg/m^3；

ΔP_0——质量流量为 M_{TP} 的液相流过油嘴时的压降，Pa；

θ——修正系数，与气液相密度比有关。

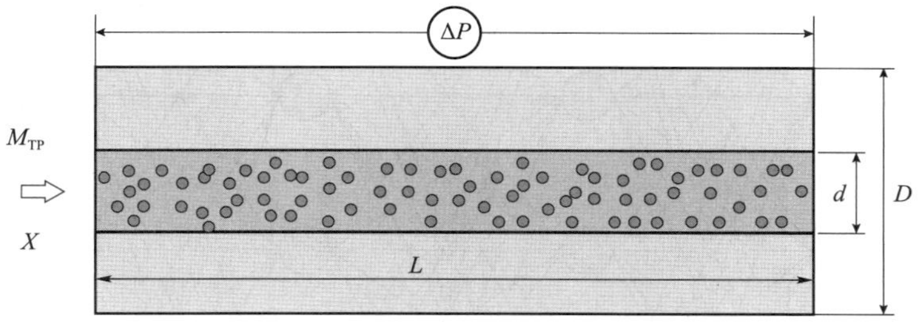

图1　油嘴流量计量示意图

假设与气液两相质量流量相等的全部液相流过油嘴，全液相流体节流产生压差的算术平方根与质量流量存在线性关系，可根据下式计算：

$$(\Delta P_0)^{\frac{1}{2}} = \frac{M_{TP}(1-\beta^4)^{\frac{1}{2}}}{\psi C A_h (2\rho_L)^{\frac{1}{2}}} \tag{2}$$

式中　M_{TP}——通过油嘴的气液混合物总流量，kg/s；

C——流量系数，无量纲；

β——节流比，无量纲；

ψ——被测单相流体的膨胀系数，无量纲；

A_h——节流装置截面积，m^2。

将公式(2)带入公式(1)中，可得：

$$(\Delta P_{TP})^{\frac{1}{2}} = M_{TP}\frac{(1-\beta^4)^{\frac{1}{2}}}{\psi C A_h (2\rho_L)^{\frac{1}{2}}}[\theta + X((\rho_L/\rho_G)^{\frac{1}{2}} - \theta)] \tag{3}$$

公式(3)中，气相密度是温度压力函数，其影响不能忽略，需加以考虑。为考虑气液密度的影响，将方程(3)两边同时乘以 $\sqrt{\frac{\rho_G}{\rho_L}}$，可得修正后油嘴节流模型：

$$\left(\Delta P_{TP}\frac{\rho_G}{\rho_L}\right)^{\frac{1}{2}} = M_{TP}\frac{(1-\beta^4)^{\frac{1}{2}}}{\psi C A_h (2\rho_L)^{\frac{1}{2}}}\left[\theta\cdot\left(\frac{\rho_G}{\rho_L}\right)^{\frac{1}{2}} + X\left(1-\theta\cdot\left(\frac{\rho_G}{\rho_L}\right)^{\frac{1}{2}}\right)\right] \tag{4}$$

定义：

$$A = \frac{(1-\beta^4)^{\frac{1}{2}}}{\psi C A_h (2\rho_L)^{\frac{1}{2}}}\theta\left(\frac{\rho_G}{\rho_L}\right)^{\frac{1}{2}} \tag{5}$$

$$B = \frac{(1-\beta^4)^{\frac{1}{2}}}{\psi C A_h (2\rho_L)^{\frac{1}{2}}}\left(1-\theta\left(\frac{\rho_G}{\rho_L}\right)^{\frac{1}{2}}\right) \tag{6}$$

式中　A、B——两相计量体系的节流物理方程系数，$Pa^{0.5}\cdot s/kg$。

A、B 主要与节流油嘴结构以及气液相物性有关，实际应用中可以通过实验标定确定。

从而方程(4)可以简化为：

$$\left(\Delta P_{TP}\frac{\rho_G}{\rho_L}\right)^{\frac{1}{2}} = M_{TP}(A+BX) \tag{7}$$

2.2　质量含气率深度神经网络预测模型

气液两相流通过油嘴时，其差压和温降蕴含着丰富的含气率信息。通过建立差压波动、温降与含气率之间的映射关系，有望实现含气率的预测。但差压波动及温差随着含气率变化关系复杂，并非单一线性关系。而深度神经网络具有预测多维非线性系统的能力，为此本文深入挖掘差压波动、温降信息等敏感参数作为深度神经网络输入，从而实现含气率的准确反演。

如图2所示为质量含气率预测深度神经网络结构，采用FNN神经网络架构，其由输入层、输出层以及隐含层组成。输入层有10个神经元，其中1个为节流温降，另9个为提取的节流差压波动特征，分别为压差均值(ΔP_{TP})、标准差($\sigma_{\Delta P}$)、峰度(κ)、偏斜度(γ)、信息熵(H)、中位数(M)、极差(R)、四位分距(IQR)和波动系数(FCP)，其中波动系数 FCP 值计算公式见式(9)。输出层有一个神经元，代表质量含气率(X)。

$$FCP = \frac{\sigma_{\Delta P}}{\Delta P_{TP}} \tag{8}$$

式中　FCP——油嘴节流差压变化波动系数，无量纲；

$\sigma_{\Delta P}$——油嘴节流差压变化标准差，Pa；

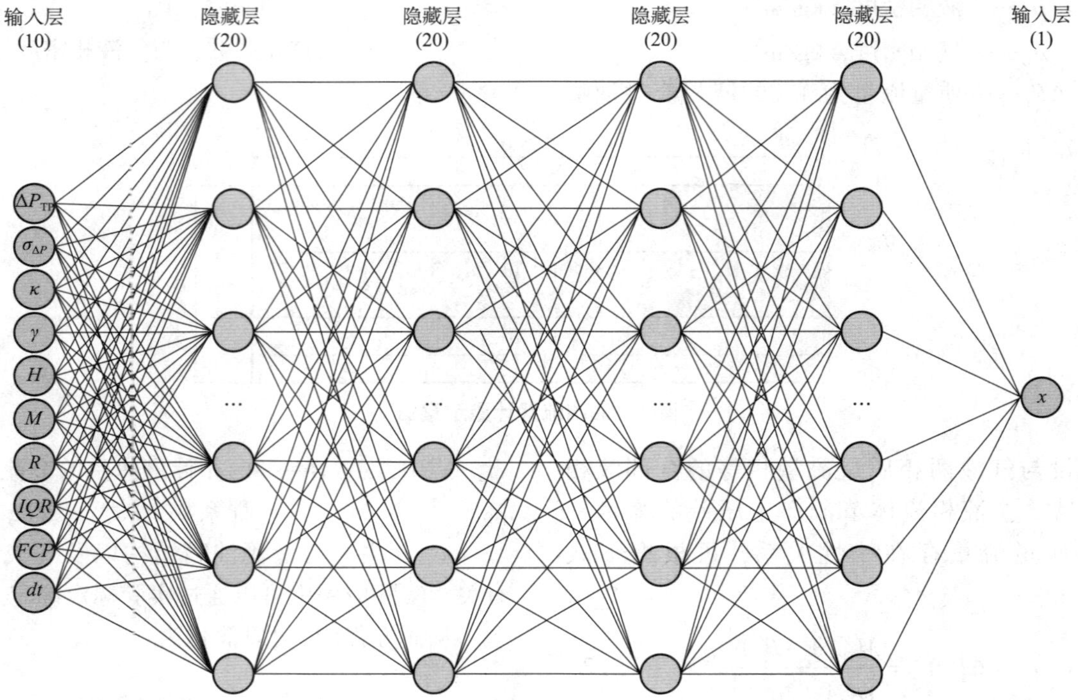

图2　质量含气率预测神经网络模型

3　油嘴测试实验系统

3.1　气液两相流实验环道

本实验于构建的气液两相流节流测试平台上进行，如图3所示，实验系统主要包括气液循环系统、调节计量系统、数据采集系统。实验环道内径32mm，实验介质分别采用空气和水。单相气、液分别计量流量后在混合器中混合，随后进入气液两相管路。混合器出口距离测试段150倍管径，以保障流动充分发展。实验所采用的油嘴装置水平安装于测试段，其上游及下游均设置有透明有机玻璃管用于观察流型。气液混合物流出实验管段后进入气液分离器中分离，分离出的气体排入大气，水则返回水箱。

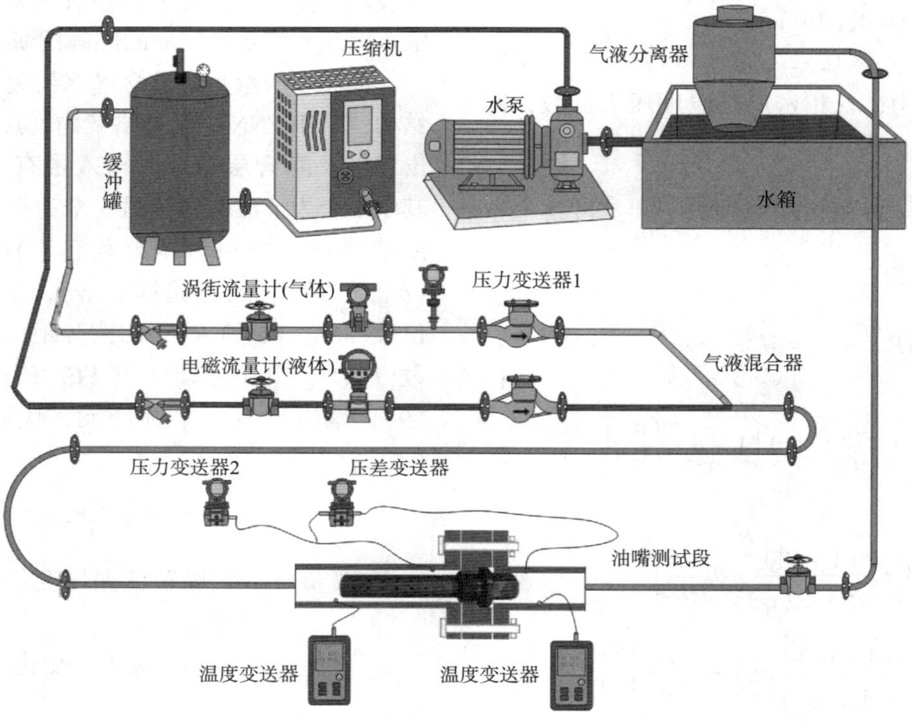

图3　实验系统

3.2 实验油嘴结构及计量设备

实验油嘴来自现场真实节流原件，其孔径为10mm，油嘴上游安装有筛管。油嘴通过油管套安装在实验管路测试段，测试段上传感器布局如图4所示，其中压力测量采用横河压力传感器，用于记录油嘴入口压力和差压波动。温度测量采用T型电偶，标定后测量精度±0.5℃。

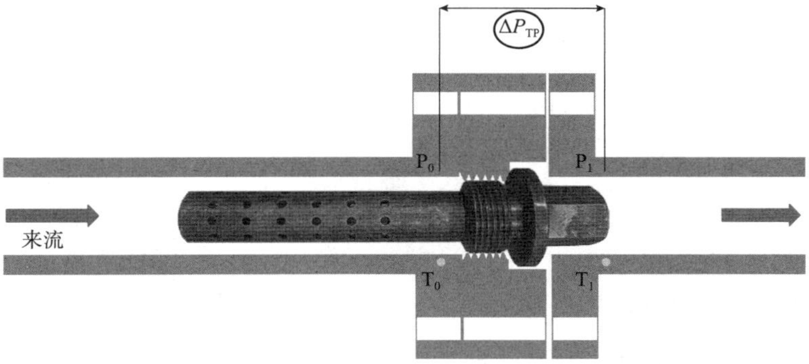

图4 压力温度测点布局示意图

3.3 实验工况设计

实验布置气相折算速度范围1.73~12.09m/s，液相折算速度范围0.03~0.35m/s，对应气相体积流量范围为$(1.4\sim9.7)\times10^{-3}m^3/s$，液相体积流量范围为$(2.4\sim28.1)\times10^{-5}m^3/s$，实验工况覆盖分层流、波浪流、段塞流以及环状流，实验数据点在Mandhane流型图上的分布如图5所示。

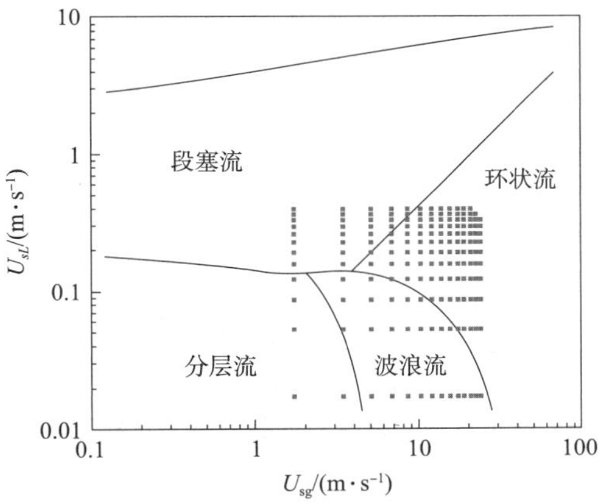

图5 实验点在Mandhane流型图上的分布

4 气液两相油嘴节流函数建立

对公式(7)进行变形得公式(9)，可视为变量$\left(\Delta P_{TP}\frac{\rho_G}{\rho_L}\right)^{\frac{1}{2}}/M_{TP}\frac{\sqrt{\Delta P_{TP}}}{M_{TP}}\sqrt{\frac{\rho_G}{\rho_L}}$与质量含气率$X$之间油嘴节流函数。

$$\left(\Delta P_{TP}\frac{\rho_G}{\rho_L}\right)^{\frac{1}{2}}/M_{TP}=A+BX \tag{9}$$

将函数记为公式(10)：

$$\left(\Delta P_{TP}\frac{\rho_G}{\rho_L}\right)^{\frac{1}{2}}/M_{TP}=f(X) \tag{10}$$

图6中(a)、(b)、(c)分别展示了不同气相折算速度、不同液相折算速度以及不同流型下实测节流函数$f(X)\frac{\sqrt{\Delta P_{TP}}}{M_{TP}}\sqrt{\frac{\rho_G}{\rho_L}}$。从图中可以观察到，不同气相折算速度、液相折算速度以及不同流型下的试验点均落在同一曲线上，说明油嘴差压($\Delta P_{TP}\Delta P_{TP}$)、气液总质量流量($M_{TP}$)，以及质量含气率($X$)三者之间耦合关系不受入口流量以及气、液折算速度影响，符合计量函数(10)描述特征，可以用于流量测量。

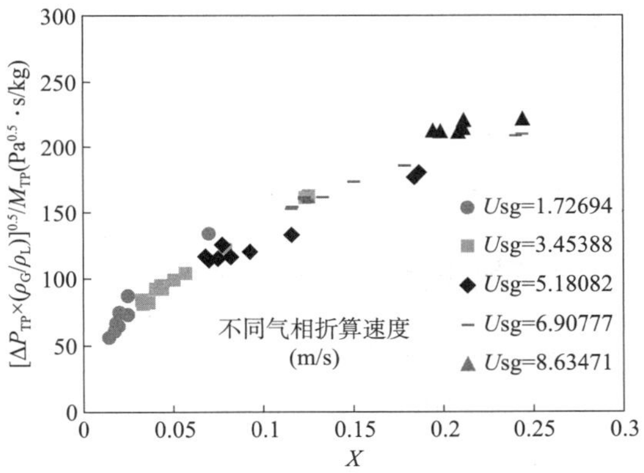

(a)不同气相折算速度下油嘴节流关系变化特征

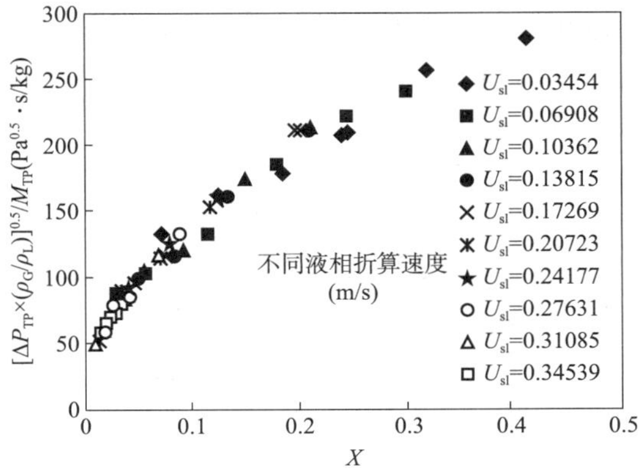

(b)不同液相折算速度下油嘴节流关系变化特征

图6 气液两相油嘴节流关系变化特征

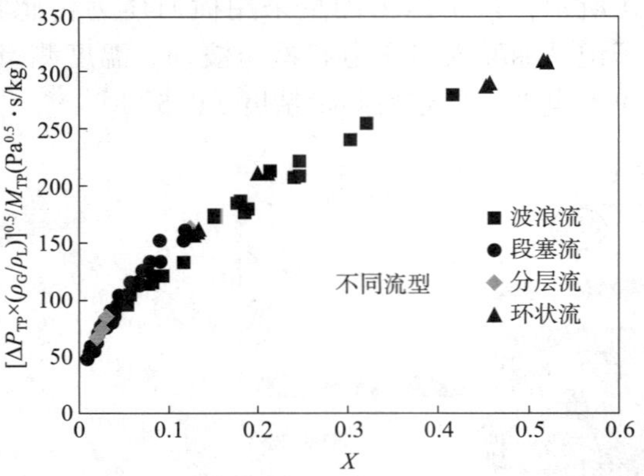

(c)不同流型下油嘴节流关系变化特征

图6　气液两相油嘴节流关系变化特征(续)

此外，实测节流函数 $f(X)$ 并非完整的线性关系，主要公式(6)中系数 B 受气液相密度影响所致。质量含气率 X 为 0.1 处所对应斜率变化 $\left(\left(\Delta P_{TP}\frac{\rho_G}{\rho_L}\right)^{\frac{1}{2}}/M_{TP}\text{随}X\text{变化}\right)$ 最显著，根据实验曲线特征，采用分段拟合，以 $X=0.1$ 为分界点，对实验数据进行分段处理，构建油嘴节流物理约束方程，结果见表1。

表1　10mm 油嘴流体节流物理方程

质量含气率范围	10mm 油嘴多相流体节流物理方程
$X<0.1$	$\frac{\sqrt{\Delta P_{TP}}}{M_{TP}}\sqrt{\frac{\rho_G}{\rho_L}}=974.87X+46.131$
$X\geqslant0.1$	$\frac{\sqrt{\Delta P_{TP}}}{M_{TP}}\sqrt{\frac{\rho_G}{\rho_L}}=464.28X+100.99$

5　气液流量测量结果及分析

5.1　质量含气率预测结果

选取 97 组 10mm 直径油嘴的节流实验数据作为数据集，其中 80% 的数据作为神经网络训练集，20% 的数据作为测试集并于每次训练开始前重新随机分配以校验模型泛化能力。数据集涵盖分层流、波浪流、段塞流、环状流四种流型，实验数据具有一定代表性。

图7为气液相分率真实值和测量值关系，可见二者吻合良好。通过数据分析表明经过融合油嘴节流水力、热力特征的深度神经网络智能算法预测质量含气率的误差低于 ±10%，能够在宽广的含气率下工作，具有较强的适应性。

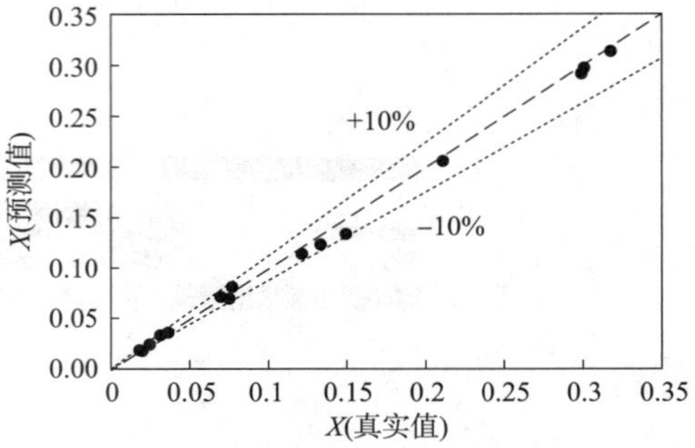

图7　神经网络预测油嘴质量含气率与真实值对比

5.2　质量流量测量结果

根据差压、温差特征预测出质量含气率后，将预测的质量含气率 X 以及平均差压 ΔP_{TP} 代入表1中公式即可获得气液混合物总质量流量。图8为测量的气液混合物质量流量和真实值对比图，可见总质量流量计量结果与真实值吻合良好，计量误差在 ±10% 以内。

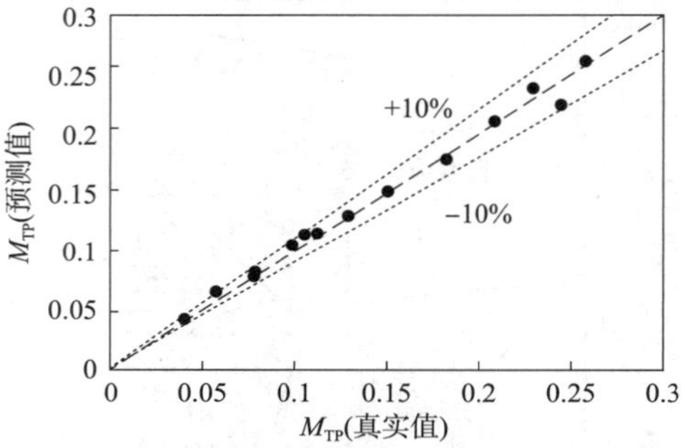

图8　测量气液混合物总质量流量与真实流量对比

6　计量模型对油气工质节流特征适应性分析及油气井产量计量应用建议

在油气井产量计量实际应用中，工质体系发生变化，所建立计量模型对油气工质节流差压折算及产量计量应用流程图详见图9。

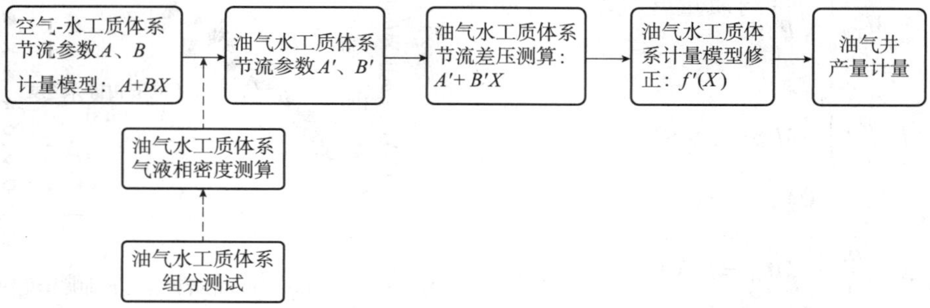

图9　空气－水工质体系计量模型折算适用于油气工质体系计量流程图

具体地，需采集实际油井采出物组分进行分析，折算至实验条件工况对采出物气液相密度进行计算，其中油相和水相均视为液相工况。按照建立的参数 A、B 值与密度函数关系，对建立的数字计量模型参数值 A、B 进行折算修正，建立每个油气工质工况点的参数值集合(见式 11 和式 12)。

$$A' = A\frac{\rho_w}{\rho_o}\sqrt{\frac{\rho_g}{\rho_a}} \tag{11}$$

$$B' = B\sqrt{\frac{\rho_w}{\rho_o}} \tag{12}$$

式中 A'、B'——油气工质两相计量体系的节流物理方程系数，$Pa^{0.5}\cdot s/kg$；

ρ_w——水相密度，kg/m^3；

ρ_o——油相密度，kg/m^3；

ρ_a——空气相密度，kg/m^3；

ρ_g——油气工质气相密度，kg/m^3。

根据修正后的参数值集合，进行前期差压、流量和相分率数据库生成，通过数据学习建立相分率计算模型和修正至油气工质体系的计量模型。将相分率模型代入修正后计量函数中，实现实际油井采出介质数字计量。

7 主要结论

(1)建立了耦合气液总质量流量与节流压降、质量含气率的数字计量流量关系式，不受流型、气液流速，以及系统压力变化等影响，适用含气率范围 0% ~100%。

(2)融合油嘴节流水力和热力特征，筛选差压波动、温差等多个质量含气率敏感参数，构建深度神经网络，实现了气液两相流体质量含气率的准确预测，其计量误差在 ±10% 内。

(3)提出了物理和数据融合气液流量测量方法，通过油嘴压差、温差时间序列数据特征提取测量质量含气率，应用节流模型预测气液总质量流量。其优势在于利用井口现有的温度和压力仪表，无需额外装置投入，测量精度高、适用范围广，具有广阔的应用前景。

参考文献

[1] TROMP R, CERIONI L. Multiphase flow regime characterization and liquid flow measurement using low - field magnetic resonance imaging[J]. Molecules(Basel, Switzerland), 2021, 26(11): 3349.

[2] KOLLA S S, MOHAN R S, SHOHAM O. Numerical analysis of flow behavior in gas - liquid cylindrical cyclone separators with inlet design modifications[J]. Journal of Energy Resources Technology, 2021, 9: 143.

[3] KHAYAT O, AFARIDEH H. Design and simulation of a multienergy gamma ray absorptiometry system for multiphase flow metering with accurate void fraction and water - liquid ratio approximation[J]. Nukleonika, 2019, 64(1): 19 - 29.

[4] PAN Y, LI C, MA Y, HUANG S, WANG D. Gas flow rate measurement in low - quality multiphase flows using Venturi and gamma ray[J]. Experimental Thermal and Fluid Science, 2019, 100: 319 - 327.

[5] 田顺佳，戚有龙，冯春辉，张金亚，李振林．不同整流器对超声波流量计计量的影响[J]. 油气储运，2021, 40(07): 780 - 790.

[6] TIAN S J, QI YL, FENG C H, ZHANG J Y, LI Z L. Influence law of different rectifiers on measurement of ultrasonic flowmeters[J]. Oil & Gas Storage and Transportation, 2021, 40(07): 780 - 790.

[7] 唐圣来，闫正和，杨鹏，秦峰，罗睿乔，沐峻丞，欧阳进杰．基于混合模型的井虚拟计量方法与应用[J]. 油气储运，2023, 42(05): 592 - 600.

[8] TANG SL, YAN Z H, YANG P, QIN F, LUO R Q, MU J C, OUYANG J J. Well virtual metering method based on hybrid model and its application[J]. Oil & Gas Storage and Transportation, 2023, 42(05): 592 - 600.

[9] GONG J, KANG Q, WU H H, LI X P, SHI B H, SONG S F. Application and prospects of multi - phase pipeline simulation technology in empowering the intelligent oil and gas fields[J]. Journal of Pipeline Science and Engineering, 2023, 3: 100127.

[10] LIANG F, SUN Y, YANG G Y, SONG L. Gas - liquid two - phase flow rate measurement with a multi - nozzle sampling method[J]. Experimental Thermal & Fluid Science, 2015, 68: 82 - 88.

录井数据采集信号智能校准装置的研制

任忠宏　孙合辉　颜崇安

（中国石油渤海钻探第一录井公司，天津市滨海新区大港油田渤海钻探第一录井公司）

摘　要： 录井仪出厂校准及使用过程中的周期检定，录井数据采集系统是至关重要的核心部分。而采集信号的准确性，信号校准则是关键所在。为了适应录井仪器的发展需求，实现校准系统的智能化、自动化，通过利用标准信号源发生电路及数据采集电路，研制出了录井数据采集信号智能校准装置。该装置能够实现录井采集信号的快速、精确、智能校准，具有计量的可溯源性及可传递性，结果符合行业标准的要求。这一技术在录井数据采集信号校准中得到了创新应用，应用表明，创新技术智能程度高，人为干预因素少，误差小，功能强大，实现了录井行业数据采集信号的精确校准。

关键词： 校准；数据采集系统；信号源发生电路；可溯源性；可传递性

0　引言

录井数据采集信号智能校准装置在录井仪器的出厂验收、周期检定以及特殊条件下的校准中是不可或缺的校准设备。在录井仪器的生产和使用过程中，其各项性能指标至关重要。只有充分了解录井仪器各个环节的性能指标，才能为优质高效地完成录井施工作业任务奠定坚实基础。随着国内各油气田勘探开发进入后期，为了满足生产需求，不断提高油气采出比，录井施工作业变得尤为重要。录井仪器是提供优质服务的基础，而录井仪器数据采集精度是否符合标准要求，录井数据采集信号智能校准装置是关键。

然而，传统的数据采集信号校准方式受录井仪器类型、计量器具等因素影响，存在操作繁琐、费时费力等缺陷，容易受到人为因素和环境因素的影响，不但存在安全隐患，而且效率低。随着计量技术的不断发展，相关技术日益成熟，数据采集信号校准工作变得方便快捷，自动化程度高的录井数据采集信号智能校准装置成为现实。随着油气勘探的加速，所需录井仪器越来越多，为了满足生产需要，确保录井仪器性能，为顾客提供优质的录井技术服务，必须加快设备制造的出厂验收及周期检定工作[1]。

1　现状分析

在石油勘探开发录井施工作业过程中，确保施工作业过程中油气显示的及时发现及井控安全至关重要。各录井业务企业为了能够及时了解录井仪器的性能，对仪器进行了相应的校准。

目前国内市场的录井仪器校准，未配置有功能强、性能优、便携式的录井仪器多功能信号校准装置，在市场上无有针对性的录井仪器多功能信号校准装置在销售。国内录井仪器生产厂家或仪器使用单位，主要采用相应型号传感器，通过接线箱、信号线和采集系统相连接，逐一通道进行数据采集信号的校准。这些方法操作起来比较复杂，而且准确度不高，是一种不连续的检测方法，弊端如下：

校准频次高，费时费力。新生产的录井仪必须校准后才能出厂使用；企业标准规定，在用录井仪每 12 个月要进行一次周期检定；每次维修或者更换元件后需要重新校准。校准通道多：录井仪的硬通道是数据采集系统的关键，录井仪的通道多达几十个，每一个通道信号都需要逐一反复校准；软通道是数据采集的路径，每一个软通道都要和硬通道一一对应。校准过程繁琐：通道信号校准时，绞车、泵冲等数字量通道都需要接入相对应型号的传感器，手动触发信号进行校准，仅仅知道有信号，而且精度无法保证；模拟量通道校准需要接入标准信号源，手动操作，模拟各种输出信号，进行一一校准，操作繁琐，效率低。数据存储手工记录各种原始数据，效率低；各种通道信号误差需要人工计算，无法一目了然。

国外工程技术服务公司，像 Schlumberger、Datalog、Glog 录井仪器校准主要采用单一的校准装置进行关键参数的校准，即可输出 4～20mA 标准模拟信号及无源信号的信号源，结合标准数字量信号源，逐一进行相应的校准。没有针对录井仪器设计制造方便快捷的、智能程度高的信号校准装置，校准方式及流程还处于相对稳定的原始阶段，在信号校准方面尚无创新式设备在应用。

计量校准技术作为录井公司在用录井仪的支撑技术，录井仪的准确与否直接影响着在用录井仪各种参数的准确度，间接影响录井公司现场录井技术服务的最终成果——油气层解释符合率。国内录井公司计量校准技术发展相对缓慢，发展相对较好的代表有大庆钻探录井公司计量业务、西部钻探录井公司计量业务。在计量先进技术研究和应用上，几乎停步不前，像集成的智能信号源供给装置这样的设备，目前在国内尚是空白。为了进一步提升作业现场录井服务质量，提高录井作业现场数据的采集精度，研制一套录井数据采集信号智能校准装置是大势所趋。

2　录井数据采集信号智能校准装置的研制

录井数据采集信号智能校准装置包含硬件系统和软件系统两大部分。硬件系统中，有模拟信号发生单元、泵冲信号发生单元、转盘信号发生单元、绞车信号发生单元、无源信号发生单元以及信号线接口等。软件系统则由自动校准软件控制、单一通道模拟信号控制、单一通道绞车信号控制、单一通道泵冲及转盘信号控制、报告输出打印控制等部分组成，且采用了模块化设计和处理，能够实现数据采集、标准信号输出、数据存储、数据传输等功能。

2.1　录井数据采集信号智能校准装置的研制

2.1.1　硬件设计方案

录井数据采集信号智能校准装置以一个工程级平板电脑的信号校准箱体为主体形式，具有诸多优点。该装置整体尺寸较小，重量较轻，便于携带，智能化程度高，操作起来方便快捷。它主要由模拟信号发生单元、泵冲信号发生单元、转盘信号发生单元、绞车信号发生单元、无源信号发生单元、自动校准软件控制单元、报告输出打印单元、箱体、电源、信号线接口等部分构成，各部分相互协作，共同实现信号校准的功能[2-3]，如图 1 所示。

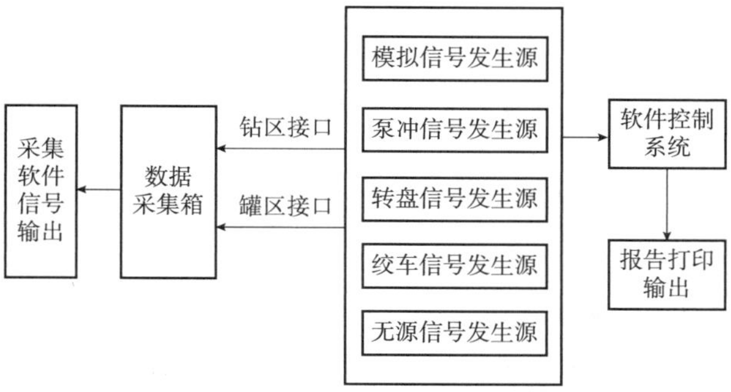

图 1　硬件设计

2.1.2　校准装置外观布局设计

该装置改观如下图，工程级塑料箱体，方便快捷；工程级平板电脑，人机交互模式，由 10.8 寸触摸屏、固态硬盘、RJ45 网口、3 个 USB、WIN10 操作系统组成，如图 2 所示。

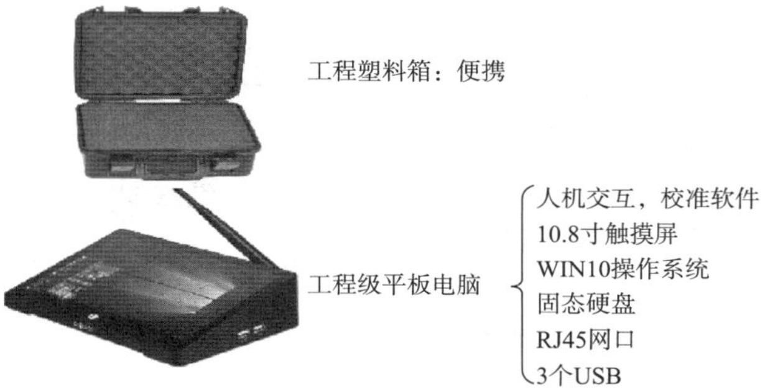

图 2　外观布局设计

2.1.3　校准装置结构

该装置硬件的核心是信号源发生电路板，可根据上位机指令动态生成所需信号，支持多通道信号，如图 3 所示。主控芯片为 STM32 的 ARM 芯片，具有多种特点，如特定内核、存储器、时钟复位和电源管理、低功耗模式、调试模式、DMA、外设支持等。其中包括多个 A/D 转换器、D/A 转换器、I/O 端口、定时器和通信接口。数模转换芯片采用 AD5755，多通道并发工作，是一款四通道、16 位、串行输入、(4～20)mA 和电压输出 DAC，并具备动态电源控制和 HART 连接功能。同时，STM32F103xx 系列微控制器采用 ECOPACK 封装形式[5-7]。

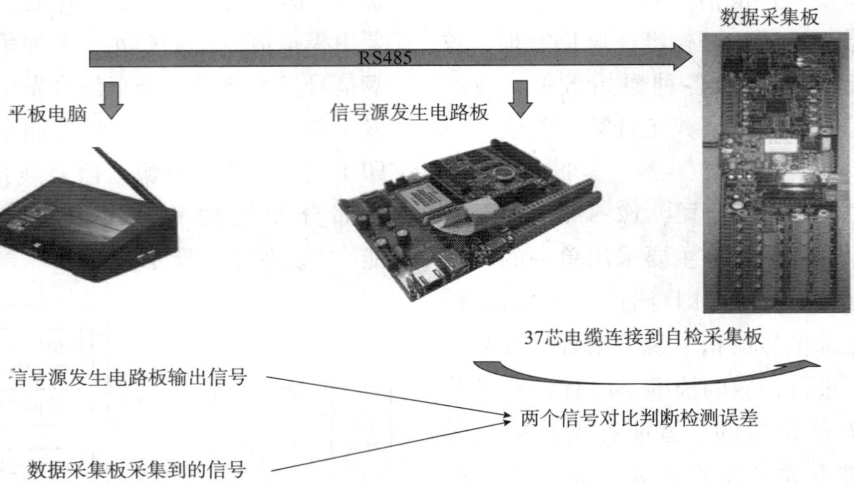

图 3　装置结构

2.1.4　内部关系

平板电脑借助网线和交换机，与信号源发生电路板实现双向通信。同时，数据采集箱通过三十七芯电缆与信号源发生电路板进行通讯，而采集箱端子板则通过网络及交换机与平板电脑进行通讯，如图 4 所示。

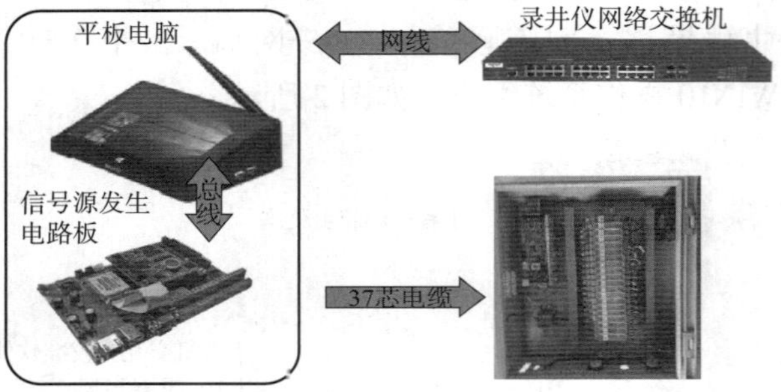

图 4　内部关系

2.1.5　校准软件设计

该软件具备多种功能，能够进行校准设备记录、设备自我校准、程序校准、对单一模拟信号传感器的校准、对单一泵冲传感器的校准以及对单一通道绞车传感器的校准，如图 5 所示。

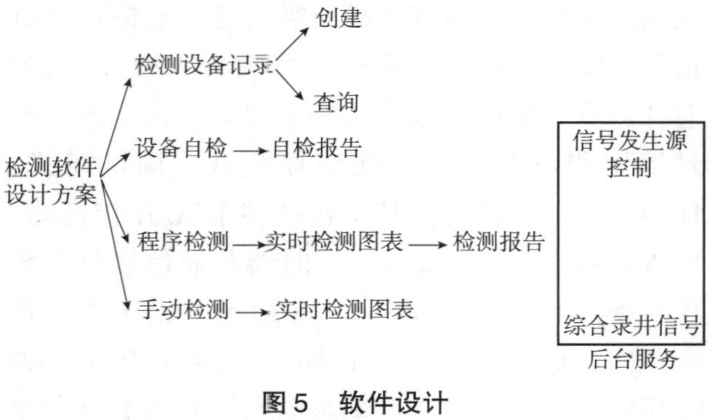

图 5　软件设计

2.1.6　校准原理

录井仪器信号采集模块，配置为实时采集录井仪器测量信号；异常检测模块，配置为基于测量信号，计算测量信号与标准参照信号的相对误差，当相对误差大于预设的误差接受阈值时，设定原始信号为异常信号；仪器维护模块，配置为基于异常信号，搜索设备异常区域，对设备异常区域进行设备维护直至所述相对误差小于预设的误差阈值，录井仪器正常采集信号。

异常检测模块包括：设备自检单元、通道检测单元和传感器检测单元；设备自检单元，配置为预先通过设置在装置内的信号发生电路获取录井仪器整体的标准参照信号；将信号发生电路连接至信号检测板，计算录井仪器整体的测量信号与标准参照信号的相对误差，若存在信号发生电路产生的信号预信号检测板信号数不一致，或相对误差大于预设的误差阈值，则判定存在异常信号；设备自检单元，配置为预先通过设置在装置内的信号发生电路获取录井仪器整体的标准参照信号；将信号发生电路连接至信号检测板，计算录井仪器整体的测量信号与标准参照信号的相对误差，若存在信号发生电路产生的信号预信号检测板信号数不一致，或相对误差大于预设的误差阈值，则判定存在异常信号；所述通道检测单元，配置为预先通过设置在装置内的信号发生电路获取单通道标准参照信号；将输出区的总线连接至录井仪器，将单个通道的测量信号与对应的标准信号进行误差分析，获得相对误差；当相对误差大于预设的误差接受阈值时，设定该单个通道的数据采集信号为异常信号，生成异常信号报告；传感器检测单元，配置为通过转动绞车，用金属片接触泵冲传感器或对传感器施加模拟量进而改变传感器的输出信号，计算传感器的输出信号与标准参照信号的相对误差，若存在相对误差大于预设的误差阈值，则判定传感器信号为异常信号。

搜索设备异常区域包括：基于异常信号，检测对应的信号发生电路产生的所有单个通道信号的数据采集信号是否为异常信号，若数据采集信号为异常信号，则设定为信号发生电路为设备异常区域，否则判断为信号发生电路正常；若信号发生电路正常，逐个检测对应通道上各个节点的节点信号是否为标准参照信号，搜索异常信号所在异常区域。

逐个检测对应通道上各个节点的节点信号是否为标准参照信号，对于各个节点的测量信号，将输出区的总线连接到录井仪上，若存在某一节点的测量信号为异常信号，则该节点对应的区域为设备异常区域。

在一些实施方式中，对于各个节点的测量信号，可通过手动进行单通道信号发生电路触发的方式确认设备异常区域。在一些实施方式中，计算测量信号与标准参照信号的相对误差，$L_{相}$ 具体为：

$$L_{相} = \frac{(E_{测} - E_{标})}{E_{标}} \times \xi \times 100\% \qquad (1)$$

式中，$L_{相}$ 表示相对误差，$E_{测}$ 表示测量信号，$E_{标}$ 表示标准参照信号，ξ 表示干扰系数，取决于电路波形的稳定性。

标准参照信号包括模拟信号、数字信号、无源信号、电压信号。实时采集录井仪器测量信号，基于测量信号预设的标准信号，计算测量信号与标准参照信号的相对误差，当所述相对误差大于预设的误差接受阈值时，设定原始数据采集信号为异常信号；基于异常信号，搜索设备异常区域，对设备异常区域进行设备维护直至所述相对误差小于预设的误差阈值，录井仪器正常采集信号。

录井仪器数据采集信号校准装置包括嵌入式计算机、信号发生电路、采集电路、人机交互界面、数据采集板卡。嵌入式计算机用于判断录井仪器内的信号发生电路工作是否正常，信号发生电路用于生成初始信号，采集电路通过相对应的模块、相对应的通道和相对应的采集电路板获得测量信号，人机交互界界面用于输入控制指令，数据采集板卡用于采集测量信号。

信号发生电路采用 RS485 接口与数据采集板连接；信号发生电路还可用于模拟信号发生源、泵冲信号发生源、转盘信号发生源、绞车信号发生源、无源信号发生源。

2.1.7 校准软件实现

软件主界面系统包含了丰富的功能模块，如设备自检、手动校准、传感器校准、程序校准、报告、系统配置和退出菜单等。它专为触摸屏操作设计，具有简单、易用且可靠性强的特点。用户可以通过这些菜单方便地进行各种校准操作，并获取相关报告，同时还能对系统进行配置，满足不同的需求，如图 6 所示。

图 6 主界面

软件系统配置要实现串口号 COM1 与信号发生板与自检板 485 信号通信，需要进行以下步骤：①确认信号发生板和自检板的 485 通信接口是否与串口号 COM1 连接正确。②设置综合录井 IP，确保其与信号发生板和自检板在同一网络中，以便进行通信。③在软件中配置串口号 COM1，并设置相应的通信参数，如波特率、数据位、停止位等。④启动信号发生板和自检板，使其处于工作状态。⑤通过软件发送指令或数据到信号发生板，观察是否能正确接收和响应。⑥对自检板进行校准，确保其功能正常。⑦根据实际需求，进行进一步的通信和数据处理操作。在设置综合录井 IP 时，需要考虑网络拓扑结构和设备的连接方式。一般来说，可以通过以下步骤进行设置：①确定综合录井仪所在的网络段和子网掩码。②为综合录井仪分配一个唯一的 IP 地址，确保该地址在网络段内且不与其他设备冲突。③在综合录井仪的设置界面中，输入分配的 IP 地址、子网掩码和网关等信息。④保存设置并重启综合录井仪，使新的 IP 地址生效，如图 7 所示。

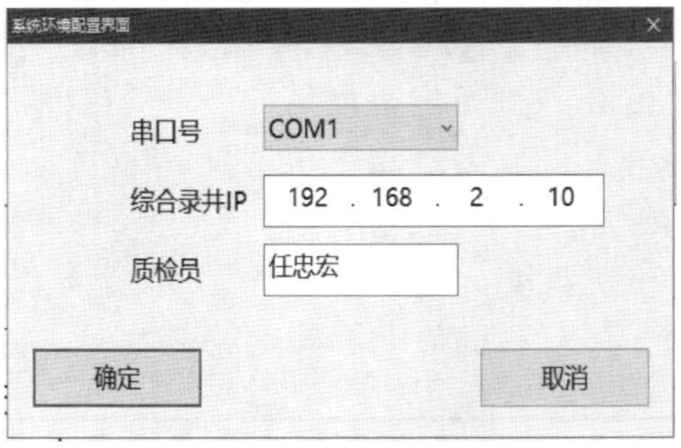

图 7 软件系统配置界面

软件自检通过发送特定命令让信号发生板开始工作，同时利用内部的信号采集板来校准信号，这样能够有效地判断信号发生板是否存在故障。此外，还能够实现两根总线的自动切换，增加了校准的灵活性和便利性，如图 8 所示。

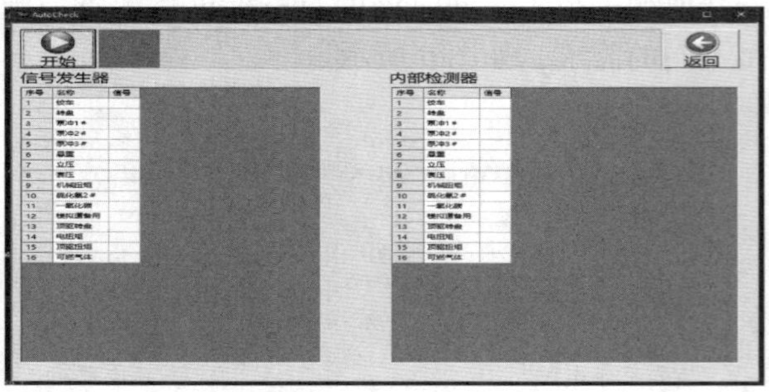

图 8　软件自检界面

在手动校准中，能够通过滑动调节的方式来自动设置所需的信号，这一功能可用于对综合录井仪单通道信号的校准。该功能还可以模拟绞车、转盘转速、三个泵冲以及任意两个模拟量通道的输出，具备较强的实用性和灵活性，如图 9 所示。

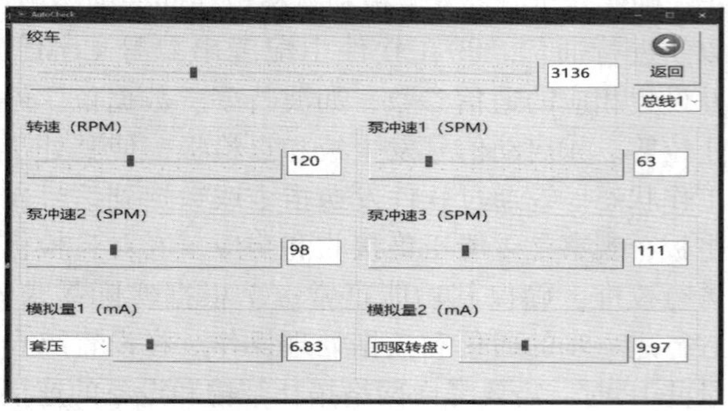

图 9　手动校准界面

装置不仅具备校准录井仪数据采集信号的能力，还能够对传感器进行校准，包括绞车、转速以及模拟量信号传感器等。这样的设计大大扩展了其应用范围，使其在多种场景下都能发挥重要作用，如图 10 所示。

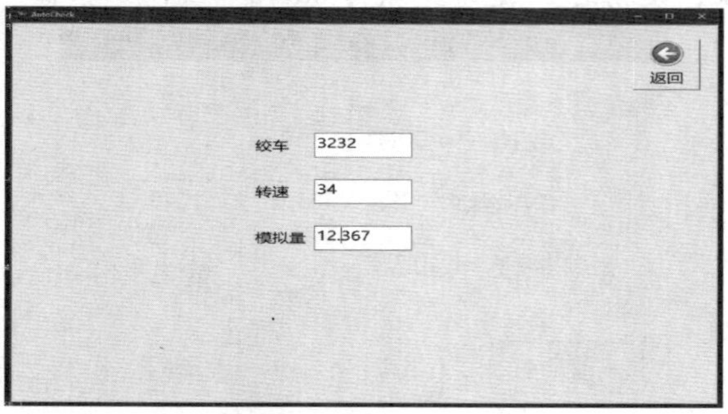

图 10　传感器校准界面

自动校准界面通过软件自动从最小到最大来设置信号，同时与通过网线连接的综合录井仪采集板相连接。然后，将校准到的信号与信号发生器的信号进行对比，以此能够自动获知各通道的性能状况，并自动生成校准报告。这一功能使得校准过程更加高效、便捷和准确，如图 11 所示。

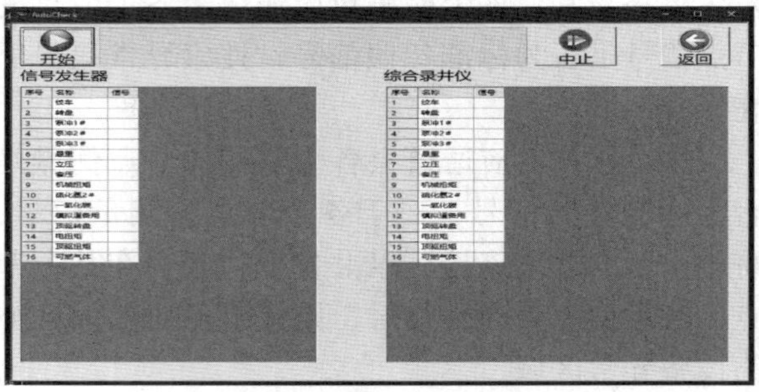

图 11　自动校准界面

报告输出系统具有查询以往校准报告的功能，用户可以对这些报告进行浏览，深入了解之前的校准情况，也可以将其打印出来，以便进一步分析和存档。这为用户提供了极大的便利，使校准数据的管理和利用更加灵活，如图 12 所示。

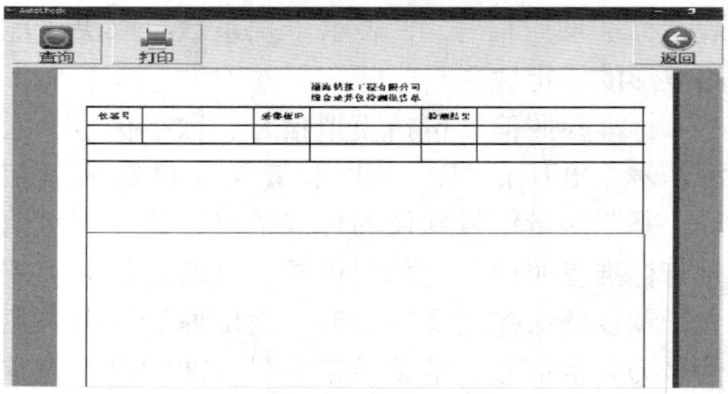

图 12　报告输出界面

3　应用效果

传统数据采集信号校准方法的详细描述：通过信号线将其与采集箱连接起来，然后将绞车传感器与对应的通道相连接。手动顺时针转动绞车一圈，再逆时针转动一圈，查看采集系统相应通道的前后信号是否一致。泵冲传感器则是与对应通道进行连接，给传感器一个信号，查看采集系统相应通道是否有信号显示。对于模拟量信号，需要采用相应的传感器逐一进行测试，同样要查看采集系统相应通道的信号情况[8]。

根据渤海钻探企业标准 QSYBHZ 0465—2023《DML 产品检验规范》的要求，录井数据采集信号智能校准装置需要符合以下标准：①泵冲传感器、转盘转速传感器、绞车传感器信号通道测量误差：±0.2%。②(4～20)mA 标准信号通道测量误差：±0.3%。③按照要求，我们对多套录井仪器进行了校准，校准结果均符合上述要求。以下以其中一套仪器的数据为例进行说明，从测试数据可以看出，脉冲信号的误差为零，完全符合标准要求；模拟信号的通道误差最大为0.27%，最小为－0.07%，也都在标准要求范围内，具体数据见表1。

表1　录井数据采集信号

脉冲信号					
	数字通道	标准值	测量值	误差(%)	结果
	泵冲1#	300	300	0.00	符合
	泵冲2#	300	300	0.00	符合
	转盘转速	300	300	0.00	符合
	绞车	600	600	0.00	符合
	绞车	600	600	0.00	符合
模拟信号					
通道	输入信号(mA)	理论显示值	实际显示值	误差(%)	结果
CH3	4	1000	1002	0.20	符合
	12	3000	3002		
	20	5000	5006		
CH4	4	1000	1002	0.23	符合
	12	3000	3007		
	20	5000	5000		
CH5	4	1000	999	－0.10	符合
	12	3000	3002		
	20	5000	5000		
CH6	4	1000	1002	－0.22	符合
	12	3000	3004		
	20	5000	4989		
CH7	4	1000	1001	－0.20	符合
	12	3000	2994		
	20	5000	4991		
CH8	4	1000	1001	－0.18	符合
	12	3000	2996		
	20	5000	4991		
CH9	4	1000	1001	－0.23	符合
	12	3000	2993		
	20	5000	5003		
CH10	4	1000	1000	－0.07	符合
	12	3000	2998		
	20	5000	4999		
CH11	4	1000	999	0.26	符合
	12	3000	2999		
	20	5000	5013		

续表

模拟信号					
通道	输入信号(mA)	理论显示值	实际显示值	误差(%)	结果
CH12	4	1000	1000	0.24	符合
	12	3000	3007		
	20	5000	5012		
CH13	4	1000	1001	0.10	符合
	12	3000	3001		
	20	5000	5004		
CH14	4	1000	998	0.27	符合
	12	3000	3008		
	20	5000	4998		
CH15	4	1000	999	0.22	符合
	12	3000	3000		
	20	5000	5011		
CH16	4	1000	1002	0.23	符合
	12	3000	3007		
	20	5000	4991		
CH17	4	1000	1000	0.27	符合
	12	3000	3008		
	20	5000	5013		
CH18	4	1000	998	-0.20	符合
	12	3000	2994		
	20	5000	4991		
CH19	4	1000	1000	-0.16	符合
	12	3000	2996		
	20	5000	4992		
CH20	4	1000	1001	-0.14	符合
	12	3000	3000		
	20	5000	4993		
CH21	4	1000	999	0.27	符合
	12	3000	3008		
	20	5000	5012		
CH22	4	1000	1001	0.23	符合
	12	3000	3007		
	20	5000	5007		
CH27	4	1000	1000	0.22	符合
	12	3000	3005		
	20	5000	5011		
CH28	4	1000	998	0.24	符合
	12	3000	2995		
	20	5000	5012		

续表

模拟信号					
通道	输入信号(mA)	理论显示值	实际显示值	误差(%)	结果
CH29	4	1000	1001	-0.17	符合
	12	3000	2995		
	20	5000	4993		
CH30	4	1000	998	0.22	符合
	12	3000	3006		
	20	5000	5011		
CH31	4	1000	998	0.20	符合
	12	3000	3006		
	20	5000	5006		
CH32	4	1000	999	-0.12	符合
	12	3000	3002		
	20	5000	4994		
CH33	4	1000	999	-0.13	符合
	12	3000	2996		
	20	5000	4995		
CH34	4	1000	1000	0.27	符合
	12	3000	3008		
	20	5000	4998		
CH35	4	1000	1000	-0.27	符合
	12	3000	2992		
	20	5000	4990		
CH36	4	1000	1000	0.22	符合
	12	3000	2995		
	20	5000	5011		
CH37	4	1000	998	-0.22	符合
	12	3000	2994		
	20	5000	4989		
CH38	4	1000	998	-0.20	符合
	12	3000	3004		
	20	5000	5006		
CH39	4	1000	999	0.20	符合
	12	3000	2997		
	20	5000	5010		
CH40	4	1000	1002	0.20	符合
	12	3000	2997		
	20	5000	5003		
CH41	4	1000	998	-0.20	符合
	12	3000	2999		
	20	5000	5005		

续表

模拟信号					
通道	输入信号(mA)	理论显示值	实际显示值	误差(%)	结果
CH42	4	1000	999	0.20	符合
	12	3000	3006		
	20	5000	4998		
CH43	4	1000	998	0.23	符合
	12	3000	3007		
	20	5000	4992		
CH44	4	1000	999	0.24	符合
	12	3000	2993		
	20	5000	5012		
CH45	4	1000	999	-0.10	符合
	12	3000	3001		
	20	5000	5001		
CH46	4	1000	1001	-0.20	符合
	12	3000	2999		
	20	5000	4990		

和传统方法比较，运用录井数据采集信号智能校准装置来进行录井仪数据采集信号校准，展现出了众多突出优势。其智能程度极高，能够实现精准校准，且操作简便迅速，使理论值、实测值、误差及结果清晰可见。不仅能够定性地判别各通道信号的情况，还能够定量地确定各通道信号误差是否符合标准要求。同时，装置能够生成特定格式的校准报告，既节约了人力、物力资源，又具备量值的传递性与可溯源性。这充分彰显了其在录井仪数据采集信号校准领域的领先性与实用性。

4 结论

专业计量部门应紧密结合自身实际状况与行业特性，全力攻克制约各行业发展的难点与痛点问题，积极推动计量专业领域的科技创新。构建并健全一套与本专业工作实际高度契合的计量科技创新机制，加强对录井专业专用计量器具科技创新项目的深入研究与广泛应用，大力开展石油录井专业专用计量器具的研发与试制工作。本文重点阐述了录井数据采集信号智能校准装置的设计与研发工作。成功研制出在录井行业中具有较高智能程度的录井数据采集信号智能校准装置，突破了传统校准方法繁琐且不可溯源的局限。校准装置操作简便，实用性强，自动化程度高，既节省时间又节省人力，为石油录井专业专用计量技术的创新与发展作出了重要贡献。

参考文献

[1]王虑远．SLXL－2 型录井仪数据采集系统[J]．录井工程，2005，2：62－65.

[2]刘全盛，童子权．函数发生器的脉冲信号发生电路设计[J]．哈尔滨理工大学学报，2004(03).

[3]刘修善，苏义脑．钻井液脉冲信号的传输特性分析[J]．石油钻采工艺，2000，22(4).

[4]张大彪．电子测量技术与仪器[M]．北京：电子工业出版社，2008.

[5]王鹤林等．集成电路芯片温度依赖的 PbSe 量子点 PL 光谱研究[J]．光谱学与光谱分析．2015，5：1169－1172.

[6]叶靖等．“存储＋逻辑”3D 集成电路的硅通孔可测试性设计[J]．计算机辅助设计与图形学学报，2014，1.

[7]吴功宜．计算机网络[M]．北京：清华大学出版社，2003：114.

[8]邵晟，张琦．一种基于数字化技术的多通道副载波调制直波模拟信号源[J]．制导与引信，2012(04).

车载液位仪系统在油品运输管理中的实践

杨谨毓　张　皓　马伟东

（中国石油昆仑物流有限公司）

摘　要：油罐车运输分为装载、运输、卸载三个环节，运输过程中的损耗来自哪个环节也是行业内尚未解决的难题。油品因其货物价值较高，运输过程中存在油品数质量异常损耗、油品置换等行为，这些异常行为引发的货物泄漏、货物变质等问题轻则造成经济损失、重则造成人身伤亡及环境污染。为了解决油罐车运输过程中的货物安全管理，定位损耗问题，防止油品数质量异常损耗引起的社会及环境问题，昆仑物流运用了一种技术及产品解决方案"车载液位仪系统"作为管理工具助力运输管理过程，使油罐车运输过程更加安全、高效、环保、智能。本文主要阐述了昆仑物流将车载液位仪系统引入管理过程中的管理创新和实践，客观分析了使用效果，并综合从产品投入、试用效果等方面提出了油品运输过程的管理模式创新意见。

关键词：油罐车；油品数质量；油品置换；损耗；车载液位仪系统

引言

油罐车是具有特殊用途的车辆，在中国危险货物液体运输车的数量在16万辆左右，其中油罐车的数量5万~6万台。油罐车主要用于油品的公路运输，其在运输过程中如果出现事故，不但会产生重大经济损失，还会威胁人身安全、危害社会环境，对社会产生重大不良影响。因此，对运输类专用车进行"事故预防"管理具有非常重要的社会及经济意义。

1　油罐车运输中存在的安全事故

运输过程中因司机忽视安全违规操作导致事故频发，事故发生后，轻则造成经济损失，重则威胁人身安全，污染环境，社会影响恶劣。如2018年7月22日东莞洪梅一辆核载质量33.5吨的运油车非法卸油时出现失误，从而导致起火并出现爆炸声，归为非法盗取油品导致运油车泄露起火[1]。油罐车运输中还存在因人员非法操作导致的安全事故。如2018年"山东劣质油事件"，事件发生之后政府部门从监管层面进行了整治。2022年同一车队里8名油罐车司机、押运员被捕，一个盗窃汽油的团伙11人全部落网，2023年年初，法院以盗窃罪对11人分别判罪定刑。2023年据徐某交代，他们对车辆进行改装后，以水代替柴油称重，然后再将偷盗的柴油以低于市场价卖给其他货车司机。目前，犯罪嫌疑人徐某因涉嫌盗窃罪被警方依法采取刑事强制措施。由此可见，无论是人员安全还是货物安全，目前能做的仿佛就是事后追责，这种事后的追责机制虽然有一定的效果及影响力，但是损失已无法挽回[2]，需要寻找一种切实有效的智能化管理模式去进行日常监督管理、规范专用车行业，进一步提高管理者或者政府部门的监管力度，预防违规、违法操作带来的事故。

2　油罐车智能化管理现状

2.1　昆仑物流管理现状

近几年，随着物联网的发展，国家政策开始将专用车的管理向智能化方向推进。基本措施是以行车记录仪为定位及数据上传的中心，行车记录仪一方面连接智能传感器收集相关数据，另一方面向管理平台进行数据传输。管理者通过对数据的实时查看及分析实现远程智能管理。昆仑物流的危化品管理已经开始引入智能化模式，但是依旧存在智能化过程管理的缺失，智能化管理具体分为：其一，车辆管理的智能化，通过先进的设备，危化品运输车辆已经实现政府要求的智能化，可以通过车载终端设备、车载视频设备，实时回传车速、定位及视频画面，为智能化分析提供了数据支持；其二，人员管理的智能化，学习、了解、熟知车载信息化设备的工作原理、工作方式，能够通过数据进行分析，优化设置限速、风险预警、超速预警、报警提示等，切实运用智能化手段管理车辆运行[3]；其三，货物管理的智能化，在车辆敏感区域加装车载摄像机，调整安装角度，进行全程的视频监控，并通过车载液位仪系统对罐内货物体积，实时状态进行确认。

2.2 管理升级的长远意义

目前，油罐车运输智能化技术的应用普遍停留在对超速、驾驶时间和物理定位的监管上，主要监控管理驾驶员的驾驶行为，对于货物泄漏、货物偷盗、货物变质等监测并未涉及，侧面反应目前油罐车的智能化管理是不全面的、不完善的。中油昆仑物流试用的“车载液位仪系统”提供的是人、车、货全面的智能化管理方案，消除管理死角，推动油罐车智能化管理，最终形成国家认可的相关制度标准，使油品运输管理走向更安全、更高效、更环保、更智能的方向，不断向国际领先管理靠近，推动行业的全面升级。液位仪系统产品的引入，让中油昆仑物流在管理创新和实践方面取得了良好的效果，通过加强系统的管理与应用，运输在途损益显著降低，进一步提升了运输的安全性和效率。力争全面推广，社会化运用。未来整合全局资源，共享数据，连通库、车、站的数据，全面实现数据全链条管理，形成完美的闭环管理，助力国家能源的安全管控。制定标准化的运输管理制度，提高管理水平，降低管理成本。

3 车载液位仪系统的适用性确定

3.1 产品技术选型

随着技术的发展，智能化管理已经成为企业或者组织提升竞争力，优化运营效率的关键手段，越来越多的石油公司、承运商开始将先进的工具引入到运输管理中，如额外安装高清摄像机，对车辆敏感区域进行视频监控 + 管理平台；API 阀门后端及人孔盖上加装电子锁 + 管理平台；车载液位仪系统 + 管理平台；电子铅封 + 视频监控 + 管理平台；车载液位仪系统 + 电子铅封 + 视频监控 + 管理平台等。货物管理，应用较多的产品是电子铅封，通过监测/锁阀门的形式间接监测运输过程中的油品状态，而对于装载完后货物情况、货物实时状态、卸载之前货物状态、是否卸净这些数据都是缺失的，而这些数据对于整个运输过程中的损耗定位极其重要。中油昆仑物流针对目前行业内运输管理存在的问题，引入了“车载液位仪系统”，内部管理流程结合此套方案将运输管理提升到一个新的台阶。车载液位仪系统由车载液位仪系统、智能阀门及排空检测系统组成，车载液位仪系统用于实时计量罐车内的油高、体积，智能阀门用于实时监测车辆运行过程中阀门的开关状态，排空检测系统用于检测卸载过程中油品是否全部卸净[4]，系统运用先进的技术将车辆上的传感器进行有效集成，对运输过程的人和货全面监管，彻底消除管理死角。

3.2 产品功能描述

车载液位仪系统由车载液位仪系统、电子铅封(智能阀)、排空检测仪、测水传感器、数据采集器及“人、货管理平台”组成，各个模块有机结合，进行数据交互，可以和视频监控进行联动，为运输管理提供多角度的综合解决方案。车载液位仪系统自动计量罐内油品高度和温度，无需登高开盖，实现与油库发油数据对比；自动对比油库端数量及油站端数量，形成运输损溢，可形成逻辑闭环；动态监测运输过程液位，结合停车、阀门开关、视频监控等获取全方位货物实时信息；计量数据可以打印并上传到管理平台，无需人员操作，减少误差，提高效率。电子铅封内置于阀门的传感器实时监控人孔盖、海底阀、API 阀的状态，阀门有异常开启主动报警并拍照，同时可以将报警前后的短视频进行上传，让运输更加安全、环保，也具备预防油品偷盗及置换的预警功能。运输过程阀门状态的实时监测可以保证密闭运输，防止阀门异常开启造成货物泄露污染环境。

排空检测集成了海底阀未关闭报警功能保证了运输过程车辆及货物的安全性；排空检测功能可以检测罐内油品是否全部卸净，防止多仓混油及余油偷盗等。在管道处安装传感器，装油/卸油环节后可判断是否含水，保证油品品质，结合车载液位仪系统和电子铅封的状态，出现开盖等状态变化时触发拍照，支持状态改变前后短视频上传，帮助管理人员进行损益分析。实时查看车辆位置、车辆视频(包括人和货)；实时监测罐内油品状态及阀门状态；异常液位及阀门开关实时报警；异常开关阀门等一键统计；集成 ADAS 进行人员安全驾驶管理；对超速、车道偏离等影响安全的驾驶行为进行统计等。此外，平台可支持功能定制，融合升级。系统对运输过程油品液位异常变化、阀门异常开启及卸油未卸净等异常情况进行报警，同时可以联动视频监控进行视频抓取。系统综合各类传感器信息进行诊断，生成疑似偷油、疑似换油、疑似偷底油等异常提醒。

油罐车智能监控硬件的车载液位仪，如图1所示，符合油罐车使用环境、集成倾角传感器的设计，精度高。

图1 车载液位仪

油罐车智能监控硬件的电子封签部分与机械阀门(入孔盖、API阀、海底阀)采用一体化设计，即青岛澳科智控提供的是含有电子封签传感器、干湿传感器的阀门，防破解，如图2所示。

图2 定位模块

油罐车智能监控硬件的车载控制台和通信控制器，一套设备便集成了车载液位仪和电子铅封的监控，可将数据上传至远程服务器，如图3所示。

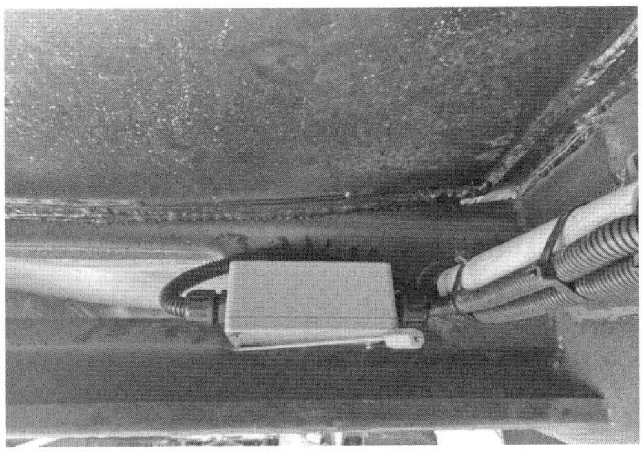

图3 传感器

在车载视频监控和GPS定位等方面，均采用符合特定油罐车使用环境要求的设计，如图4所示。

图4 智能API阀

3.3 产品应用效果

3.3.1 智能化技术的深度融合

随着中油昆仑物流对车载液位仪系统的深入应用，我们意识到智能化管理的潜力远不止于此。因此，我们计划将更多前沿技术融入现有系统，如AI图像识别、物联网(IoT)技术、大数据分析等，以实现更加精准、高效的货物管理。例如，利用AI图像识别技术，对视频监控中的异常行为进行智能分析，进一步提升对货物偷盗、泄漏等事件的预警能力；通过IoT技术，将更多车辆及货物相关的传感器数据接入平台，形成全面的数据网络，实现远程监控与实时调度；利用大数据分析，对运输过程中的各类数据进行深度挖掘，发现潜在的管理问题，优化运输路线与策略，提升整体运营效率。

3.3.2 确保油品数量与质量的准确性

目前中油昆仑物流的车载液位仪系统已经在全国范围内安装了3200余套，经过2年的产品熟悉，目前管理模式已经从单纯依靠视频监控进行过程管理转变为依靠车载液位仪系统联合视频监控系统进行全面管理的管理模式。车载液位仪系统作为油品运输过程中的关键技术，旨在通过高精度的实时监控来确保油品数量与质量的准确性，有效管理运输过程中的损耗、防止货物被非法替换，以及保证运输安全。该系统的核心功能包括实时监测油品的数量，并自动生成运输中的损溢数据；监控装卸阀门的开关状态，确保运输过程中的安全性；通过分析油品数量的变化趋势和阀门状态，识别可能的偷油或替换行为，保障运输过程中油品的数量和质量。此外，系统还能进行加油站卸油时的排空检测，以防止油品未完全卸净，确保每次卸油后罐内及管道的清洁。车载液位仪系统的数据还可以与油库的装油数据及加油站的卸油量进行比对，通过长期的数据统计反推并识别出油量报告不准确的油库或加油站[5]。

3.3.3 通过损益数据分析潜在的串罐风险

车载液位仪系统还可以通过损溢数据分析潜在的串罐风险，降低油品质量事故的发生概率，该系统还可以作为标准的测量工具，用于核对油库和油站的数据，为超出正常损耗的运输提供仲裁依据。通过这些功能，车载液位仪系统助力油品运输过程损耗的精确定位，将运输过程细分为装油、运输及卸油三个阶段。系统通过液位仪生成的数据，确保罐车内油品能够完全卸净，定位损耗发生的具体阶段，并通过标准罐或大量数据来识别和定位油库和加油站的异常情况。具体情况见表1。

表1 7月份车载液位仪报警情况

序号	单位	未排空报警		未稳油报警		区域外开关报警		含水检测报警		总报警(个)	占比(%)
		数量(个)	占比(%)	数量(个)	占比(%)	数量(个)	占比(%)	数量(个)	占比(%)		
1	河北	155	1.80	177	3.80	844	1.70	22	0.80	1198	1.80
2	宁夏	61	0.70	94	2.00	1051	2.10	7	0.30	1213	1.80
3	江西	53	0.60	14	0.30	531	1.10	11	0.40	609	0.90
4	西藏	26	0.30	49	1.10	698	1.40	48	1.70	821	1.20
5	浙江	100	1.20	280	6.10	960	1.90	43	1.60	1383	2.10
6	内蒙古	405	4.80	355	7.70	2507	5.00	12	0.40	3279	5.00
7	福建	90	1.10	86	1.90	2862	5.70	19	0.70	3057	4.60
8	北京	101	1.20	53	1.20	566	1.10	6	0.20	726	1.10
9	黑龙江	826	9.80	892	19.40	9806	19.60	100	3.60	11624	17.70
10	广东	272	3.20	59	1.30	1621	3.20	274	9.90	2226	3.40
11	陕西	94	1.10	42	0.90	1948	3.90	116	4.20	2200	3.30
12	贵州	32	0.40	25	0.50	2098	4.20	55	2.00	2210	3.40
13	海南	112	1.30	43	0.90	567	1.10	6	0.20	728	1.10
14	安徽	8	0.10	1	0.00	102	0.20	3	0.10	114	0.20
15	上海	667	7.90	947	20.60	727	1.50	18	0.70	2359	3.60
16	云南	113	1.30	180	3.90	920	1.80	163	5.90	1376	2.10
17	吉林	1183	4.10	371	8.10	1602	3.20	1332	48.10	4488	6.80
18	四川	10	0.10	1	0.00	19	0.00	0	0.00	30	0.00
19	山西	77	0.90	21	0.50	664	1.30	60	2.20	822	1.20
20	新疆	240	2.90	15	0.30	1272	2.50	0	0.00	1527	2.30
21	江苏	340	4.10	163	3.50	334	0.70	25	0.90	862	1.30
22	湖南	153	1.80	31	0.70	883	1.80	10	0.40	1077	1.60
23	甘肃	323	3.80	52	1.10	0	0.00	0	0.00	375	0.60
24	辽宁	2410	28.70	544	11.80	15278	30.50	423	5.30	18655	28.30
25	重庆	527	6.30	96	2.10	1483	3.00	2	0.10	2108	3.20
26	青海	12	0.10	15	0.30	733	1.50	12	0.40	772	1.20
合计(个)		8390		4606		50076		2767		65839	
占比(%)		12.70		7.00		76.10		4.20			
环比量(个)		−1258		8		2356		848		1954	
环比率(%)		−13.00		0.20		4.90		44.20		3.10	

7月份26家单位共计产生报警65839条，较6月份上涨了1954条，上涨3.1%。其中：未排空报警：8390条。占总报警比：12.7%。较6月份下降了13%。未稳油报警：4606条。占总报

警比：7.0%。较6月份上涨了0.2%。区域外开关报警：50076条。占总报警比：76.1%。较6月份上涨了4.9%。含水检测报警：2767条。占总报警比：4.2%。较6月份上涨了44.2%。

3.3.4　提升品质管理

车载液位仪系统在提升油品运输过程中的品质管理方面也发挥着至关重要的作用。通过实时监控结合阀门状态，该系统能够有效预防运输过程中可能出现的异常损耗以及货物被非法更换的现象，从而确保油品的完整性和一致性。在安全及环保管理方面，车载液位仪系统能够实时监测各个阀门的状态，有效预防因阀门泄露可能引起的安全事故和环境污染事件。这种实时监控和预防措施使得车载液位仪系统成为油品运输过程中不可或缺的重要部分。它不仅提高了运输效率，还显著增强了运输过程的安全性和环境保护能力。通过这种先进的监控技术，运输企业能够更好地管理其油品运输车队，确保每一滴油品都能安全、高效地送达目的地，同时最大限度地减少对环境的影响。车载液位仪系统的应用，使得油品运输变得更加智能和可靠，为整个行业的可持续发展提供了强有力的技术支持。

4　给予油品运输行业的建议

随着科技进步，运输委托方对运输配送管理水平提升的需求随之提升，对相应的承运方的管理和车辆配置等也提出了更高要求。承运方已经逐渐意识到通过加强车辆智能化管理来提升自身竞争力的重要性。部分承运方配置具有智能传感器的车辆，并通过人员培训提升员工的素质，以提高待遇或者其他激励等方式提升员工收入，逐渐让其职业危险性和其职业待遇匹配，提高了违规的机会成本，减少违规带来的风险事故。此外，对于生产专用车的行业也开始树立社会安全意识，可见油罐车的智能化是行业发展的趋势，针对油品运输车提出以下几点建议：其一，专用车智能化管理系统及传感器可以在新车上进行前装，一方面会提高产品的集成性，另一方面可以降低成本；其二，和供应商联合改善行车载信息化设备的集成度，改善一辆车上安装两到三台行车记录仪设备的行业通病。希望行业内越来越多的管理者能用好智能化、数字化工具，提高行业整体管理水平，助力企业安全、高效、高质量运行，助力社会绿色发展。

结　语

车载液位仪系统满足了中油昆仑物流对于管理创新和实践的需求。车载液位仪系统软硬件配合提供全面有效的数据，为平时管理、车辆诊断、数据统计及事后查询提供有力支撑，同时开放通信接口，兼容性良好，支持接入其他软件平台，软件平台也支持其他硬件的接入，可以全面实现系统融合，能够利用原有系统，在此基础上提供整体解决方案。通过车载液位仪系统的应用，可以有效识别并防止异常数质量损耗情况的发生、可以有效识别驾驶过程是否存在安全隐患、给油罐车自身安装“一把尺”，与油库发油及加油站卸油量进行核对、定位油品损耗发生的阶段，使整个运输过程的数质量及安全管理有效提升。

参考文献

[1]赵强，赵翔．油品储运常见安全管理问题及其规避措施[J]．冶金管理，2020，(13)：114－115.

[2]贺雪婷，曹政，刘宏军，等．车载液位仪系统非法行为监控与视频联动研究[J]．专用汽车，2024，(02)：40－41＋44.

[3]张新光．成品油运输过程罐中罐非法偷盗的识别和诊断[J]．专用汽车，2024，(01)：80－82.

[4]李虎林，高兆祥．关于车载液位补偿式标准金属量器加装液位仪技术的研究[J]．石油化工自动化，2023，59(S1)：43－46.

水基压裂液检测实验室间比对结果分析与探讨

李　雅[1,2]　严印强[1,2]　郭晟豪[1,2]

（1. 新疆页岩油勘探开发重点实验室；2. 中国石油新疆油田分公司实验检测研究院）

摘　要：组织5家中国石油、中国石化所属新疆压裂液检测中心以及同行业具备相关检测资质的单位开展了水基压裂液性能评价实验室间比对实验。结合经典统计法、稳健统计法两种数据统计方法对水基压裂液的基液pH值、基液表观黏度、交联时间及耐温耐剪切性等4项性能参数检测数据进行综合分析。实验结果表明：采用稳健统计法在分析可疑数据时较经典法敏感性强；5家实验室检测结果总体是比较满意的，具备准确可靠分析上述4项参数分析检测的能力，但部分项目已经存在结果偏离的趋向，应引起足够重视，质量管理工作仍需加强。

关键词：水基压裂液；比对；经典统计法；稳健统计法

1　概述

水基压裂液在水力压裂改造油气层过程发挥着一个重要的作用，例如形成水力裂缝、携带支撑剂进入裂缝等[1]。因此，其性能的好坏对油井的压裂效果及生产能力有着巨大的影响。实验室间比对实验是用来提升实验室检测质量以及验证所出具数据的准确性的重要手段[2,3]。通过比对实验，不仅能够提高实验操作人员的检测水平，使各实验室的检测质量得到控制，保证检测的数据一致性，而且还能对各实验室检测能力做出客观科学的评价，以便有针对性提出改进方法和纠正措施。因此，开展实验室间比对实验具有重要的意义。

在实验室间比对实验实际操作过程中，因检测结果有时不能严格意义地遵循正态分布的要求，经常会出现拖尾或者离群现象，但中间部分数据一般较好地能满足正态分布，为使检测结果统计及评价过程建立在客观科学的基础上，通常采用两种统计方法进行处理[4]。本文采用经典统计法和稳健统计法对比对实验结果进行综合评价分析，结合 *ZB* 分数来评价参与比对的各实验室间的检测能力，从而避免单纯采用一种统计方法造成误判或者脱离实际的分析结论，从而获取更为准确客观科学地评价结果[5]。

2　比对实验情况介绍

为了提高水基压裂液实验室检测能力，加强实验室质量控制。此次参加比对实验总共有5家同行业且具备相关资质的水基压裂液实验室。比对实验用水基压裂液原料由新疆油田公司实验检测研究院提供，依据CNAS－GL03—2018《能力验证样品均匀性和稳定性评价指南》[6]对样品进行均匀性和稳定性检验。通过测试筛余量发现，提供样品原料均匀性质稳定。本次实验室比对项目参数涉及水基压裂液的pH值、表观黏度、交联时间、耐温耐剪切性4项参数。样品制备及比对参数测定严格遵照SY/T 5107—2016《水基压裂液性能评价方法》[7]进行，本文将参与此次比对的实验室均以代码表示。

3　实验结果评价方法

3.1　经典统计法

本文首先采用Dixon检验法判断和剔除离群值，随后采用经典统计法进行统计分析。经典统计法需要任一检测数据都参与计算，各自所占比重一样，是比较全面表征比对实验结果的分布特征[8]。该方法以平均值$\overline{\chi}$作为指定值，将标准偏差 *S* 作为能力评定标准差，用来判断数据的离散程度，用变异系数 *CV* 判断各实验室间数据的波动性。具体统计分析方法及评价原则如下式所示：

$$\overline{\chi} = \frac{\sum_{i=1}^{n}\chi_i}{n} \tag{1}$$

$$S = \sqrt{\frac{\sum_{i=1}^{n}(\chi_i - \chi)^2}{n-1}} \tag{2}$$

$$CV = \frac{S}{\overline{\chi}} \times 100\% \tag{3}$$

$$ZB_{JD} = \frac{\chi - \overline{\chi}}{S} \quad (4)$$

式中 χ 为实验室检测结果；$\overline{\chi}$为平均值（指定值）；S 为标准偏差；CV 为变异系数；ZB_{JD} 为经典统计 Z 比分数。

具体评价原则为：$|ZB_{JD}| \leqslant 2$，满意结果；$2 < |ZB_{JD}| < 3$，数据可疑；$|ZB_{JD}| \geqslant 3$，数据不满意或者离群，$|ZB_{JD}|$越大，说明偏离指定值越远。

3.2 稳健统计法

稳健统计法是一种较为常用来评价各实验室间的检测能力的验证方法，可将异常数据对统计结果造成的影响降为最低[9]。该方法是将中位值 M 作为指定值，将标准化四分位间距 $NIQR$ 作为能力评定标准差，判断检测结果的离散程度，而数据的波动程度用 RCV 表征。具体的统计原理[10]如下：

首先是将实验数据列按升序排列，计算出中位值；

$$\text{当 } n \text{ 为奇数时，} M = \frac{\chi_{n+1}}{2} \quad (5)$$

$$\text{当 } n \text{ 为偶数时，} M = \frac{\chi_{\frac{n}{2}} + \chi_{\frac{n}{2}+1}}{2} \quad (6)$$

随后计算标准化四分位间距 $NIQR$，设 $A = \frac{(n+1)}{4}$，$B = \frac{3(n+1)}{4}$，用[ ]表示整数部分，则：

下四分位：

$$Q_1 = \chi\{[A]\} + (A - [A])(\chi\{[A]+2\} - \chi\{[A]\} + 1) \quad (7)$$

上四分位：

$$Q_3 = \chi\{[B]\} + (B - [B])(\chi\{[B]+2\} - \chi\{[B]\} + 1) \quad (8)$$

$$NIQR = 0.7413 \times IQR = 0.7413 \times (Q_3 - Q_1) \quad (9)$$

$$RCV = \frac{NIQR}{M} \times 100\% \quad (10)$$

$$ZB_{WJ} = \frac{\chi_i - M}{NIQR} \quad (11)$$

式中 χ 为实验室检测结果；M 为中位值（指定值）；A 为下四分位次序量；B 为下四分位次序量；$NIQR$ 为标准化四分位距；RCV 为稳健变异系数；ZB_{WJ}为稳健统计 Z 比分数。

具体评价原则与经典统计法一致，即：具体评价原则为：$|ZB_{WJ}| \leqslant 2$，满意结果；$2 < |ZB_{WJ}| < 3$，数据可疑；$|ZB_{WJ}| \geqslant 3$，数据不满意或者离群，$|ZB_{WJ}|$越大，说明偏离中位值越远。

据文献报道[10,11]，中位值 M、IQR 和 $NIQR$ 均可采用 Excel 中的 QUARTILE（array，quart）函数求得，故本文采用此方法进行计算。

4 比对实验结果分析及讨论

4.1 比对实验结果分析

通过采用 Dixon 检验法进行检验发现，参加此次比对实验的 5 家水基压裂液评价实验室提供实验数据结果不存在离群值，在使用经典统计法时无离群值可剔除。5 家水基压裂液评价实验室参与比对项目的检测与评价结果如表 1 所示。

从表 1 可以看出，采用经典统计法分析时，5 家单位水基压裂液评价实验室对基液 pH 值、基液表观黏度、交联时间、耐温耐剪切性这 4 项参数的 Z 值均小于 2，表明测试结果均为满意，满意结果比例为 100%。而采用稳健统计法进行计算发现 1005 实验室基液表观黏度数据可疑，1002 实验室交联时间数据可疑，需要查找系统误差的原因在哪里，且二者满意结果比例仅为 80%，故 1002、1005 实验室需要把好基液表观黏度及交联时间的检测质量。同时说明稳健统计法比经典法较为敏感，可分析出经典统计法无法统计检出的可疑数据。从图 2 中可以看出，在这 4 项水基压裂液相关参数的比对实验中，两种统计方法均显示 1003 实验室检测能力较为优秀，而 1005 实验室则相对较低，检测水平需进一步提高。

表 1 两种能力验证统计方法计算结果比较

样品编号	基液 pH 值			基液表观黏度		
	测量值	ZB_{JD}	ZB_{WJ}	测量值（mPa · s）	ZB_{JD}	ZB_{WJ}
1001	6	-0.73	0.00	30.8	0.37	0.00
1002	6.5	1.10	1.35	29.8	-0.43	-0.96
1003	6	-0.73	0.00	31.2	0.68	0.39
1004	6	-0.73	0.00	31.5	0.92	0.67
1005	6.5	1.10	1.35	28.4	-1.54	-2.31 *

续表

样品编号	交联时间			耐温耐剪切性		
	测量值(s)	ZB_{JD}	ZB_{WJ}	测量值(mPa·s)	ZB_{JD}	ZB_{WJ}
1001	48	-0.62	-0.67	308.3	1.43	1.64
1002	52	1.46	2.02 *	287.0	-1.00	-0.84
1003	50	0.42	0.67	300.5	0.54	0.73
1004	49	-0.10	0.00	294.2	-0.18	0.00
1005	47	-1.14	-1.35	288.9	-0.79	-0.62

注：“*”表示数据可疑。

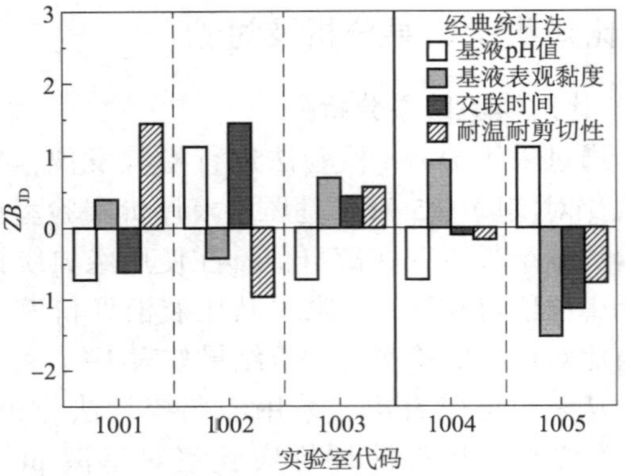

图 1　经典统计方法 Z 比分数分布图

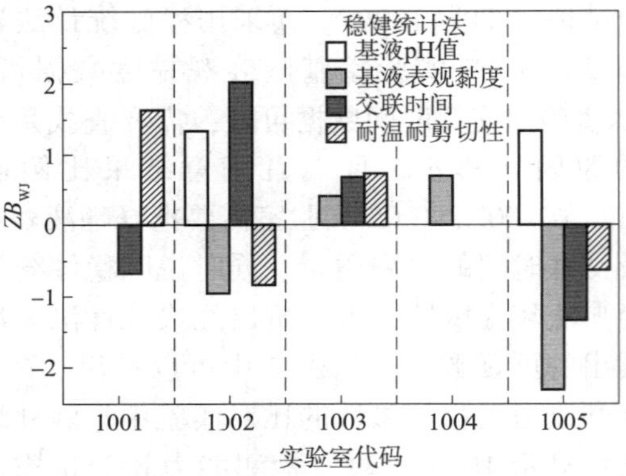

图 2　统计方法 Z 比分数分布图

采用不同的统计方法，指定值也各不相同。本文中经典统计法和稳健统计法采用的指定值相差不大，但是采用不同的计算公式，能力评定标准偏差及变异性不同。通过对比两种统计方法的统计参数发现：除基液 pH 值外，标准化四分位距 NIQR、稳健变异系数 RCV 均小于于标准差 S、变异系数 CV，再次说明稳健统计法敏感性高于稳健统计法。通过经典统计法的 S 和 CV，发现耐温耐剪切检测数据离散度最大，而基液 pH 值得检测数据波动性最大，从稳健统计法的数据进一步证明了这个现象。

表 2　实验间比对检测结果统计量汇总

比对参数	经典统计法			稳健统计法		
	$\overline{X}$	S	CV(%)	M	NIQR	RCV(%)
基液 pH 值	6.2	0.27	4.42	6.0	0.37	6.18
基液表观黏度	30.3	1.26	4.15	30.8	1.04	3.37
交联时间	49.2	1.92	3.91	49.0	1.48	3.03
耐温耐剪切性	295.8	8.74	2.96	294.2	8.58	2.92

在本次开展的水基压裂液比对实验中，运用经典统计法计算过程比较简洁，通过 ZB_{JD} 分数可以清晰、全面地展现出比对数据的分布特征。而运用较为严格、敏感的稳健统计法可判断出经典统计法无法判断出的可疑数据，但是通过计算 ZB_{WJ} 分数，出现了 0 的情况，无法全面反映出其分布特征。所以无论采用哪种统计评价方法都具有一定的局限性[12]。在实际开展实验室进行比对实验时，可采用多种方法进行综合分析、相互印证，同时结合比对专家的分析对参与比对实验室实验检测能力客观科学的评价，保证实验室能力验证评价结果的可靠性、科学性和可比性。

4.2　比对实验结果影响因素分析

检测过程中环境条件、检测用仪器设备、操作人员的技术水平，以及实验室日常管理中的误区和疏忽，对检测结果都有非常大的影响。根据此次比对实验结果，对各实验室间产生系统误差的原因进行分析：

①在检测基液 pH 值时，标准中规定使用精密 pH 试纸，由于实验人员进行 pH 测试时肉眼的识别差异，存在 pH 值读数 ±0.5 的差异。

②基液表观黏度：标准中仅规定使用同轴圆筒式黏度计，不同实验室同轴圆筒式黏度计的生产厂家及仪器设备规格型号不同，导致实验样品量略有差异，对实验的最终结果造成了影响。

③交联时间：标准中仅对仪器和方法进行了要求，而实际实验操作过程中，各实验室进行实

验时的环境温度存在差异，最终影响交联时间和测定结果。

④耐温耐剪切性：压裂液交联后，在高温剪切过程中，存在剪切变稀、交联恢复两种过程形态，使得耐温耐剪切结果存在一定程度的波动性。同时由于标准中只规定使用同轴圆筒式黏度计，不同实验室使用不同厂家、不同型号的同轴圆筒式黏度计，最终导致各实验检测结果存在一定的差异性。

5 总结

通过此次实验室间检测结果的比对活动，发现了各实验室在水基压裂液评价过程中的一些问题。通过分析让各实验室了解下一步改进的方向，以便更好地提升实验室检测能力，提高整体水基压裂液行业的检测水平。同时也能进一步加强实验室的质量保证和质量控制工作，保证检测数据的科学性、准确性和可靠性。

参考文献

[1]姜瑞忠，蒋廷学，汪永利．水力压裂技术的近期发展及展望[J]．石油钻采工艺，2004，26(004)：52－57.

[2]宋时权．关于压裂支撑剂实验室比对结果的分析与探讨[J]．计量与测试技术，2015，000(011)：36－37.

[3]杨威，周怡，刘翠微，等．钻井液用重晶石粉质量检测实验室间比对分析[J]．石油工业技术监督，2018，34(12)：40－44.

[4]顾涛，周帆，浦中梁，等．2种能力验证结果评价方法比较研究[J]．中国卫生检验杂志，2015，25(3)：450－451，454.

[5]李骏，舒华英，戴映云．滚筒式制动试验台检验能力的比对试验及评价[J]．中国安全生产科学技术，2012，08(3)：129－134.

[6]中国合格评定国家认可委员会．CNAS－GL003 能力验证结果的统计处理和能力评价指南附录[Z]．北京：中国标准出版社，20182－5.

[7]国家能源局．SY/T 5107—2016 水基压裂液性能评价方法[S]．石油标准．

[8]郭晓俊，朱岭峰，徐翀，等．传统统计法与稳健统计法评价医学检验实验室能力验证结果比较[J]．检验医学，2017，32(5)：435－439.

[9]符颖操，罗茜．实验室间比对结果分析统计方法的探讨[J]．理化检验(物理分册)，2006，42(006)：295－299.

[10]赵新玥，陈华．药品检验领域能力验证统计方法研究[J]．中国药学杂志，2017，52(004)：319－322.

[11]倪峰，蔡涛．利用 Excel 进行能力验证结果统计[J]．现代测量与实验室管理，2013，21(05)：63－64.

[12]宿宇婷，张书芬．两种统计方法在实验室比对结果评价中的比较[J]．食品安全导刊，2017(12)：141－142.

关于超声波井下流量计刻度方程的研究

张秋平

（大庆油田测试技术服务分公司）

摘　要： 为了提高超声波井下流量计校准的精度，选择刻度方程模型至关重要。本文通过理论分析和 $30m^3/d$ 以下加密流量点校准实验，研究超声波井下流量计的刻度方程的模型。分析和实验结果表明，由于过渡流的影响，超声波井下流量计刻度方程采用全量程线性拟合不合格，以紊流临界点为分界点进行二分段线性拟合合格，既能够满足准确等级要求，也能提高校准效率。

关键词： 准确度；刻度方程；刻度；雷诺数；层流；紊流

1　前言

超声波井下流量计[1]被广泛应用于流量试井[2]、测调[3]、吸水剖面[4]。目前超声波井下流量计使用全程线性刻度方程[5]，但在实际使用中，全程线性刻度方程[6]不能满足测试需求，特别是外围油田低注入井，流量示值误差超过 2%，甚至达到 10% 以上，造成这一现象的原因是什么？通过调研，参考文献[7]结论表明：模拟井筒井身结构是影响校准结果精度的主要因素，其次为流量点设置顺序、流量保持时间、停泵时间、放空、扶正器等鉴定工艺细节；参考文献[8-10]结论表明：由于受层流、过渡流、紊流的影响，注入剖面井下流量计的校准曲线在层流临界流量附近存在拐点，井下超声波流量计在拐点以下，刻度曲线符合多项式规律，拐点以上符合线性规律[10]，同时模拟井筒井身结构和深度主要影响校准介质的流型的转化和流型的稳定性[9]。因此，研究适合超声波井下流量计的刻度方程有利于超声波井下流量计量值有效传递和计量标准统一，提高超声波井下流量计精度有着至关重要的作用。

2　流态转换和稳定距离计算

2.1　流态转换计算

研究表明：流态的转化主要与雷诺数有关，通过调研，层流、紊流的临界雷诺数标准不同[11-13]，在内径 $2\frac{7}{8}$in 的油管中放置外径 38mm 的超声波井下流量计，水的黏度 $\mu=1.01\times10^{-3}$mPa·s，密度 $\rho=1\times10^3 kg/m^3$，油管直径 $D=0.0625$m，仪器外径 $d=0.038$m，依据雷诺数计算公式(1)推导临界流量计算公式，层流临界流量和紊流临界流量计算结果如表 1 所示，本文层流临界流量取15.60 m^3/d，紊流临界流量取 $27.54m^3/d$，当流量小于 $15.83m^3/d$ 属于层流；当流量大于 $15.83m^3/d$ 小于 $27.13m^3/d$ 属于过渡流；当流量大于 $27.54m^3/d$ 属于紊流，因此超声波井下流量计全量程内绝大多数流量校准点属于紊流范围[9、10]。

$$Re=\frac{4\rho Q}{3.14\mu(D+d)} \quad [9,10] \tag{1}$$

式中　Re——雷诺数；

ρ——流体密度，kg/m^3；

Q——流量，m^3/s；

μ——流体黏度，mPa·s；

D——油管内径，m；

d——仪器外径，m。

计算示例：

当层流雷诺数取 2300 时，层流临界流量 Q 计算如下：

$$Q=\frac{3.14Re\mu(D+d)}{4\rho}$$

$$Q=\frac{3.14\times2300\times1.01\times10^{-3}\times(0.0625+0.038)}{4\times1\times10^3}$$

$$=1.832672775\times10^{-4}m^3/s$$

$$=15.83m^3/d$$

表 1　临界流量计算结果[10]

雷诺数	水力直径(m)	临界流量 Q(m^3/d)
2000	0.024	13.77
2100	0.024	14.46
2300	0.024	15.83
4000	0.024	27.54

2.2 流态稳定距离计算

研究表明流态的稳定距离符合经验式[9,10,14] (2)和式(3)。式(2)为层流稳定距离经验公式；式(3)为紊流稳定距离经验公式。因此水从模拟井筒井口进入层流状态下需要3.5m的距离才能稳定[9,10,14]；紊流状态下至少需要1.9m[9,10,14]，本文取40*D*即2.24m。参考文献[11]中表明，如果条件允许，模拟井的深度越深越好，同时参考文献[14,15]也验证了这一结论。目前井下流量计模拟井筒稳定距离能够满足上述要求。

$$\frac{l}{D}=0.028Re \qquad (2)$$

$$\frac{l}{D}=30\sim40 \qquad (3)$$

式中 Re——雷诺数，无量纲；

l——稳定距离，m；

D——油管直径，m。

通过以上理论分析可知，超声波井下流量计由于过渡流的影响，刻度方程不符合线性规律，层流区、过渡流区、紊流区的线性刻度方程是三条不同的直线方程。

3 现场校准实验

3.1 实验设计

由前面计算可知紊流临界流量27.13m³/d，故流量加密点在30m³/d以下进行加密校准点。模拟井筒选择内径62.5mm光油管模拟井筒，井筒深度10m。选择1支存储式井下超声波井下流量计STD0022和1支直读式井下超声波井下流量计0873，准确度等级均为2级。

3.2 实验数据分析

3.2.1 *存储式超声波井下流量计*

表2、3为存储式超声波井下流量计STD0022加密校准数据，从图1可知全量程线性拟合曲线的拐点为10m³/d，17个校准点中有11个校准点引用误差不符合准确度等级2级，不合格；以紊流临界点分段线性拟合(图2、图3)，30m³/d以上紊流区线性拟合，30m³/d以下过渡流区和层流区线性拟合，最大引用误差-1.06%，符合准确度等级2级，合格；以层流临界点分段线性拟合，14.01m³/d以上过渡流区和紊流区线性拟合，14.01m³/d以下层流区线性拟合，最大引用误差-3.70%，不符合准确度等级2级，不合格；以拐点10m³/d分段线性拟合，10m³/d以上部分层流区、紊流区线性拟合，10m³/d以下部分层流区线性拟合，最大引用误差4.00%，不符合准确度等级2级，不合格；采用4次多项式拟合(图4)，尽管R平方值接近1，但回归引用误差9个不符合准确度等级2级，不合格。由表3可知，存储式超声波井下流量计STD0022刻度方程采用全量程线性拟合、层流临界点分段线性拟合、拐点分段线性拟合、4次多项式拟合不合格；采用紊流临界点分段线性拟合合格。同时说明过渡流区流态更接近于层流。

表2　STD0022存储式超声波井下流量计

序号	标准流量(m³/d)	相位差(°)	全量程线性拟合误差(%)	紊流临界点分段线性拟合误差(%)	层流临界点分段线性拟合误差(%)	拐点分段线性拟合误差(%)	多项式拟合误差(%)
1	100.00	79.11	2.73	-0.60	1.14	1.14	-21.71
2	89.85	73.63	1.92	-0.11	0.89	0.89	-17.52
3	79.94	68.64	1.86	1.00	1.33	1.33	-12.98
4	69.88	62.78	0.19	0.72	0.28	0.28	-9.27
5	60.02	56.64	-2.23	-0.25	-1.51	-1.51	-6.45
6	50.01	50.60	-4.29	-0.89	-2.96	-2.96	-4.33
7	39.99	44.93	-5.62	-0.87	-3.70	-3.70	-3.28
8	30.00	40.34	-4.81	1.02/1.03	-2.41	-2.41	-2.24
9	19.99	36.36	-2.76	-0.68	0.04	0.04	-1.65
10	16.99	35.21	-2.05	-1.06	0.86	0.86	-1.72
11	14.01	34.26	-0.98	-0.87	2.04/-0.62	2.04	-1.40
12	10.02	33.19	0.87	-0.03	0.05	4.00/-0.37	-0.56
13	8.02	32.44	1.37	-0.24	-0.27	-0.54	-0.87

续表

序号	标准流量 (m^3/d)	相位差 (°)	全量程线性拟合误差(%)	紊流临界点分段线性拟合误差(%)	层流临界点分段线性拟合误差(%)	拐点分段线性拟合误差(%)	多项式拟合误差(%)
14	6.02	32.06	2.61	0.64	0.55	0.36	-0.07
15	4.01	31.50	3.51	1.00	0.83	0.75	0.14
16	2.00	30.73	3.98	0.75	0.46	0.53	-0.42
17	0.00	29.61	3.74	-0.55	-1.01	-0.71	-2.32

表 3　STD0022 存储式超声波井下流量计不同拟合方式

序号	拟合方式	拟合方程	R 平方	最大引用误差(%)	结论
1	全量程线型拟合	$Q=2F-55.489$	0.9912	-5.62	不合格
2	以紊流临界点分段线性拟合	下：$Q=2.9425F-87.675$	0.9926	1.02	合格
		上：$Q=1.7638F-40.132$	0.9989	-1.06	
3	以层流临界点分段线性拟合	下：$Q=3.0969F-92.712$	0.9807	-3.70	不合格
		上：$Q=1.8971F-48.944$	0.9949	-1.01	
4	以拐点分段线性拟合	下：$Q=2.8939F-86.402$	0.9729	-0.71	不合格
		上：$Q=1.8971F-48.944$	0.9949	-3.70	
5	4 次多项式	如图 4	0.9997	-21.71	不合格

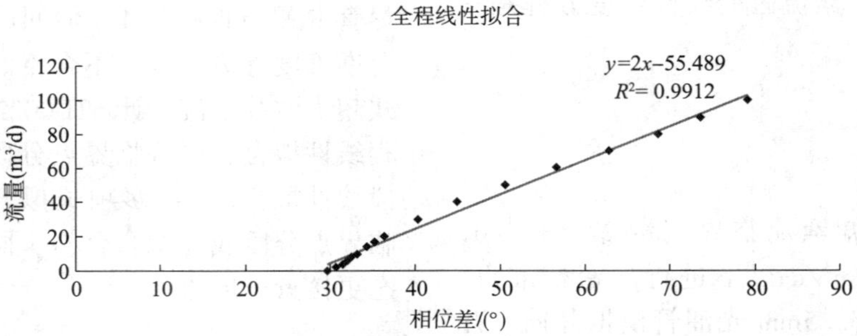

图 1　STD0022 存储式超声波井下流量计线性拟合曲线

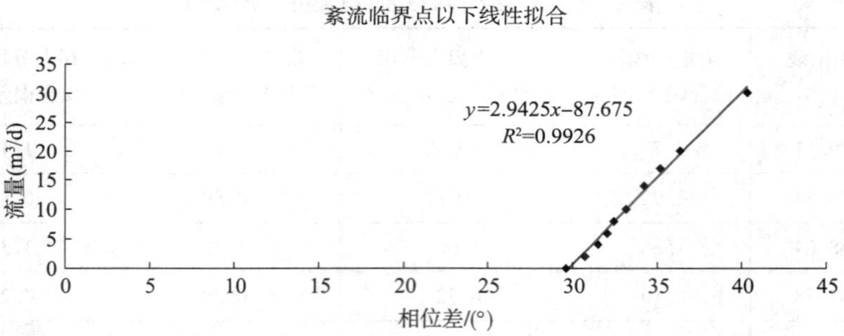

图 2　STD0022 存储式超声波井下流量计紊流临界点以下线性拟合曲线

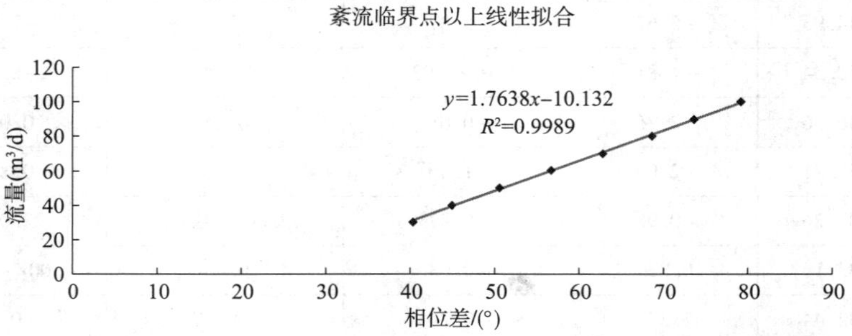

图 3　STD0022 存储式超声波井下流量计紊流临界点以上线性拟合曲线

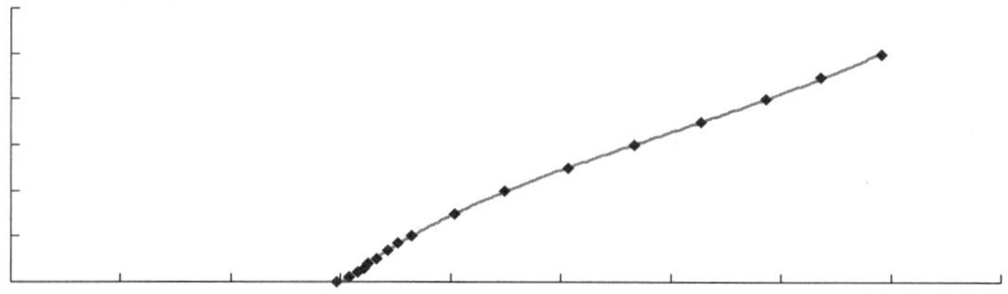

图 4 STD0022 存储式超声波井下流量计 4 次多项式拟合曲线

3.2.2 直读式超声波井下流量计

表 4、表 5 为直读式超声波井下流量计 0873 加密校准数据，从图 5 可知全量程线性拟合曲线的拐点为 12.015m³/d，23 个校准点中有 11 个校准点引用误差不符合准确度等级 2 级，不合格；以紊流临界点分段线性拟合（图 6、图 7），25.990m³/d 以上紊流区线性拟合，25.990m³/d 以下过渡流区和层流区线性拟合，最大引用误差 ±1.95%，符合准确度等级 2 级，合格；以层流临界点分段线性拟合，15.011m³/d 以上过渡流区和紊流区线性拟合，15.011m³/d 以下层流区线性拟合，最大引用误差 -2.21%，不符合准确度等级 2 级，不合格；以拐点 12.015m³/d 分段线性拟合，12.015m³/d 以上部分层流区、紊流区线性拟合，12.015m³/d 以下部分层流区线性拟合，最大引用误差 3.23%，不符合准确度等级 2 级，不合格；采用 4 次多项式拟合（图 8），尽管 R 平方值接近 1，但回归引用误差均不符合准确度等级 2 级，不合格。因此，直读式超声波井下流量计 0873 刻度方程采用紊流临界点分段拟合合格，采用全量程线性拟合、层流临界点分段线性拟合、拐点分段线性拟合和 4 次多项式拟合不合格。

表 4 0873 直读式超声波井下流量计

序号	标准流量（m³/d）	频率（Hz）	全量程线性拟合误差（%）	紊流临界点分段线性拟合误差（%）	层流临界点分段线性拟合误差（%）	拐点分段线性拟合误差（%）	多项式拟合误差（%）
1	99.95	12041.08	0.42	-1.16	-0.09	-0.63	-886.24
2	89.854	11298.83	1.16	-0.05	0.87	0.49	-767.11
3	79.927	10495.81	0.97	0.16	0.92	0.70	-650.48
4	69.904	9622.76	-0.01	-0.38	0.21	0.16	-536.66
5	60.066	8772.09	-0.89	-0.84	-0.42	-0.30	-437.16
6	50.088	7944.11	-1.34	-0.88	-0.63	-0.34	-350.41
7	39.986	7248.40	-0.01	0.81	0.92	1.34	-283.80
8	36.001	6910.04	-0.28	0.70	0.74	1.24	-255.01
9	32.004	6520.80	-1.19	-0.01	-0.05	0.52	-224.72
10	28.008	6138.37	-2.01	-0.65	-0.76	-0.11	-197.27
11	25.990	5924.86	-2.69	-1.21/1.95	-1.36	-0.67	-183.22
12	24.008	5720.02	-3.28	0.29	-1.90	-1.17	-170.43
13	22.007	5549.00	-3.44	-0.76	-2.00	-1.24	-159.96
14	20.007	5369.34	-3.70	-1.95	-2.21	-1.41	-149.63
15	18.011	5262.81	-3.05	-1.85	-1.53	-0.71	-142.97
16	15.011	5109.29	-1.98	-1.59	-0.42/-1.88	0.44	-133.62
17	12.015	5092.36	0.80	1.11	0.82	3.23/-0.25	-129.95
18	10.017	4972.60	1.29	0.97	0.75	-0.12	-123.34
19	8.025	4874.54	2.05	1.22	1.04	0.34	-117.77
20	5.02	4713.92	3.03	1.37	1.27	0.84	-109.31

续表

序号	标准流量(m^3/d)	频率(Hz)	全量程线性拟合误差(%)	紊流临界点分段线性拟合误差(%)	层流临界点分段线性拟合误差(%)	拐点分段线性拟合误差(%)	多项式拟合误差(%)
21	3.001	4562.77	3.14	0.69	0.67	0.51	-102.63
22	1.001	4389.13	2.95	-0.40	-0.33	-0.20	-95.84
23	0	4324.17	3.14	-0.55	-0.45	-0.22	-93.20

表 4　0873 直读式超声波井下流量计不同拟合方式

序号	拟和方式	拟合方程	R^2	最大引用误差(%)	结论
1	全量程线型拟合	$Q=0.0126F-51.349$	0.9941	-3.70	不合格
2	以紊流临界点分段线性拟合	下：$Q=0.0178F-77.522$	0.9784	±1.95	合格
		上：$Q=0.0121F-46.912$	0.9993	-1.21	
3	以层流临界点分段线性拟合	下：$Q=0.0173F-75.2622$	0.9618	-1.88	不合格
		上：$Q=0.0123F-48.250$	0.9949	-2.21	
4	以拐点分段线性拟合	下：$Q=0.0156F-67.673$	0.9910	0.84	不合格
		上：$Q=0.0121F-46.375$	0.9983	3.23	
5	4 次多项式	如图 8	0.9981	-886.24	不合格

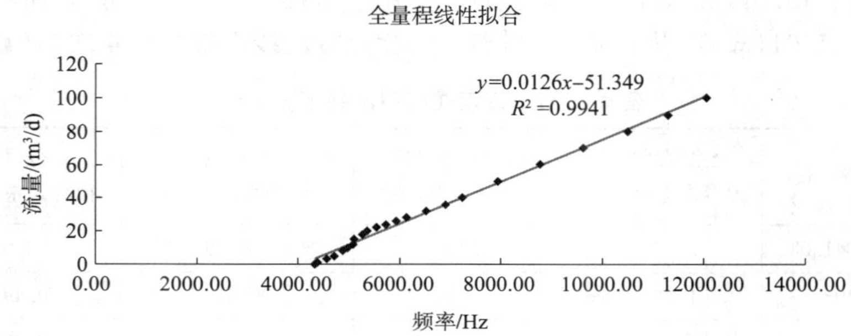

图 5　0873 直读式超声波井下流量计全量程线性拟合曲线

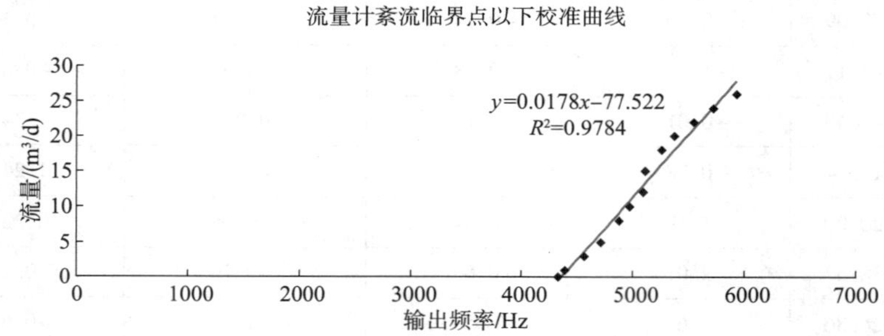

图 6　0873 直读式超声波井下流量计紊流临界点以上拟合曲线

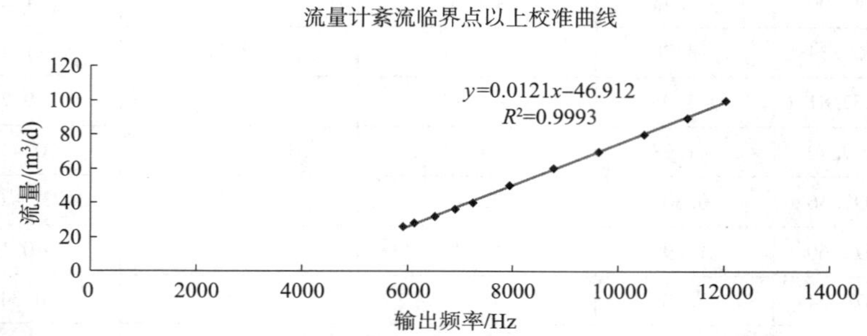

图 7　0873 直读式超声波井下流量计紊流临界点以下拟合曲线

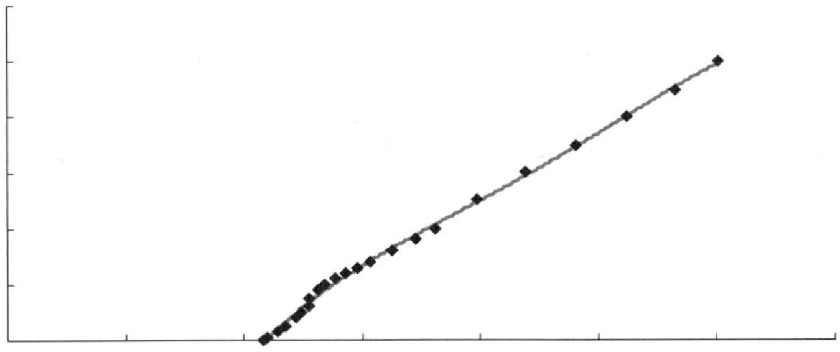

图 8　0873 直读式超声波井下流量计 4 次多项式拟合曲线

从超声波井下流量计全量程线性刻度曲线可知层流临近点附近存在明显拐点，紊流临界点附近的拐点不明显。理论上以层流临界点和紊流临界点分为三段线性拟合或每两个校准流量点分段的多段式线性拟合校准精度最高，但这样效率会降低，由于过渡区的流态更接近层流区，因此以紊流临界流量为分界点分段进行二段式线性拟合既能够满足准确等级要求，也能提高校准效率。

4　结论

（1）超声波井下流量计校准全量程内存在层流区、过渡流区和紊流区，全量程线性刻度曲线层流临界点附近存在明显拐点，不符合线性规律。

（2）超声波井下流量计过渡流区的流态更接近层流区，以紊流临界点分为二段式分段线性拟合校准，既能够满足准确等级要求，也能提高校准效率。

参考文献

[1]高振涛，张亚明，杨君久等．油田井下超声波流量计的研制[J]．计量技术，2012，000(009)：41－43.
[2]孙劳武，夏竹君，潘克静等．超声波流量计在注水剖面中的应用[J]．石油仪器，2011，025(001)：80－82.
[3]王静，郑庆龙，高振涛等．新型分层注水测调一体化系统的研制与应用[J]．石油仪器，2011，004(003)：18－21.
[4]孙劳武，夏竹君，潘克静等．超声波流量计在注水剖面中的应用[J]．石油仪器，2011，025(001)：80－82.
[5]张秋平，许彦勇．卡光杆综合测试仪载荷刻度方程探讨及影响因素分析[J]. 2021 油气田勘探与开发国际会议. 2021 油气田勘探与开发国际会议(IFEDC2021)论文集．青岛：中国科学技术信息研究所，2021：1－8.
[6]张秋平．新型压力计数据处理方法研究[J]．大庆师范学院学报，2012 年增刊，P67－70.
[7]张秋平．边测边调井下流量计检定影响因素[J]．石油化工应用，2012，31(6)：42－46.
[8]张秋平．边测边调井下流量计校准装置模拟井筒标准化的探讨[J]．石油工业技术监督，2014，30(7)：24－27.
[9]王海鹏．分层流量实时测调仪校准模拟井筒深度的研究[J]．石油管材与仪器，2019，005(004)：41－44.
[10]张秋平．注入剖面井下流量计校准曲线拐点研究[J]．石油管材与仪器，2019，005(003)：24－27.
[11]Saleh J M. 流体流动手册[M]．邓敦夏，译．北京：中国石化出版社，2004：55.
[12]袁恩熙．工程流体力学[M]．北京：石油工业出版社，2000：90.
[13]黄逸仁．非牛顿流体流动及流变测量[M]．成都：成都科技大学出版社，1993：142.
[14]朱振国，陆广玉，金东丽，等．关于井下流量计检定模拟井建立的探讨[J]．计量技术，2006，(9)：53－55.
[15]张扬洋．稳定距离对井下存储流量计校准结果的影响[J]．石油管材与仪器，2018，004(005)：64－70.

节能型平衡流量计在能源计量中的应用

李景平　陈　曦　赵　锋

（中国石油兰州石化公司质检计量中心）

摘　要：流量计永久压力损失所引起的动力损耗问题，是能源计量中必须考虑的一个重要因素。文章对节能型平衡流量计的测量原理、独特性能优势进行了阐述，并以 A + K 平衡流量计在炼化生产蒸汽计量中的应用为实例，通过对蒸汽计量仪表改造前后流量计运行成本、装置节能效果的对比分析，认为在炼化生产能源计量仪表的优化配置中，可适当采用节能型平衡流量计，在提高计量准确度的同时，减少管网损失，降低计量成本，达到节能计量效果。

关键词：压力损失；节能计量；平衡流量计；孔板流量计

1　引言

流量是炼化生产中一项非常重要的工艺参数。在流量测量过程中，由流量计永久压力损失所引起的动力损耗问题，是流量计选型必须考虑的一个重要因素。在当前节能降碳的大背景下，企业愈发重视选用节能型计量仪表。目前公司蒸汽、氮气、空气和水系统公用工程管网的能源计量仪表，仍大量采用以孔板流量计、喷嘴流量计为代表的传统差压式流量计，存在永久压力损失大的缺点，使得公用工程系统管网压力损失大，能源计量成本偏高。公司不断探索优化能源计量仪表配置，尽可能采用低压损、高精度、节能型计量仪表来降低能源计量成本，近年来特别是在蒸汽计量实践中，通过选用节能型平衡流量计，替换标准孔板流量计，减少了流量计压力损失，明显降低了蒸汽管网的压损和能耗，提高了蒸汽载能工质的利用效率，在实际应用中取得了较好的节能效果。

2　节能型平衡流量计的测量原理和特点

2.1　测量原理

平衡流量计（BFM）是根据优化原理设计，对传统节流装置进行改进，集节流式孔板与整流器于一体。其节流原理由边缘节流改为平衡节流，是一种优化设计的差压式流量仪表。平衡流量传感器结构如图 1 所示。

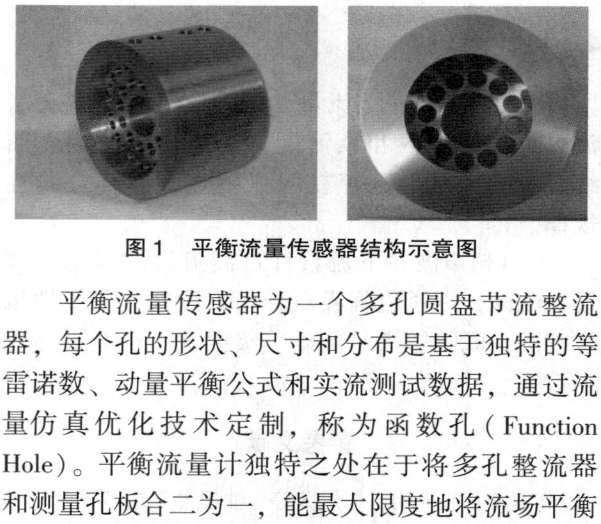

图 1　平衡流量传感器结构示意图

平衡流量传感器为一个多孔圆盘节流整流器，每个孔的形状、尺寸和分布是基于独特的等雷诺数、动量平衡公式和实流测试数据，通过流量仿真优化技术定制，称为函数孔（Function Hole）。平衡流量计独特之处在于将多孔整流器和测量孔板合二为一，能最大限度地将流场平衡调整成理想状态，巧妙实现流体平衡测量，明显减少涡流的形成，降低死区效应，减少流体动能损失，降低涡流引起的取压点信号波动，从而将差压式流量计的优势发挥到极致[1]。平衡流量计流场分布如图 2 所示。

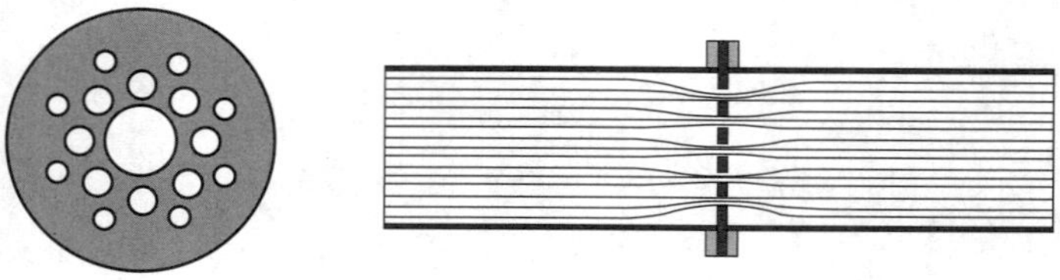

图 2　平衡流量计流场分布示意图

流量检测时，当流体穿过多孔圆盘节流整流器的函数孔时，流体将被平衡调整，涡流被最小化，形成流速分布有一定规律的充分发展的紊流，通过取压装置可获得稳定的差压信号，与配套的压力、差压、温度仪表组成测量系统，根据伯努利方程计算出体积流量、质量流量来实现对流体的流量测量[1]。

2.2 性能优势

测量准确度高。平衡流量传感器具有对称多孔结构，降低涡流、振动和信号噪声，流场稳定性大大提高。将传统取压对夹法兰改为精密加工管段和专用取压装置，使得传感器现场安装使用的测量准确度比传统节流装置提升了5～10倍。

直管段要求低。平衡流量传感器能将流场平衡、调整稳定，且压力恢复比传统孔板节流装置快两倍，大大缩短了对直管段的要求。典型应用表明，上游2D下游2D的管线配置，就已经能够适应各种上、下游管件的安装，并保证其流量测量精度。

永久压力损失低。平衡流量计的多孔对称的平衡设计，减少了涡流的形成和紊流摩擦，降低了动能损失，在相同工况、不降低差压值的情况下，与传统节流装置相比，降低了1/2～1/3的永久压力损失[2]。图3是标准孔板和平衡流量计流场分布及压力损失的对比。

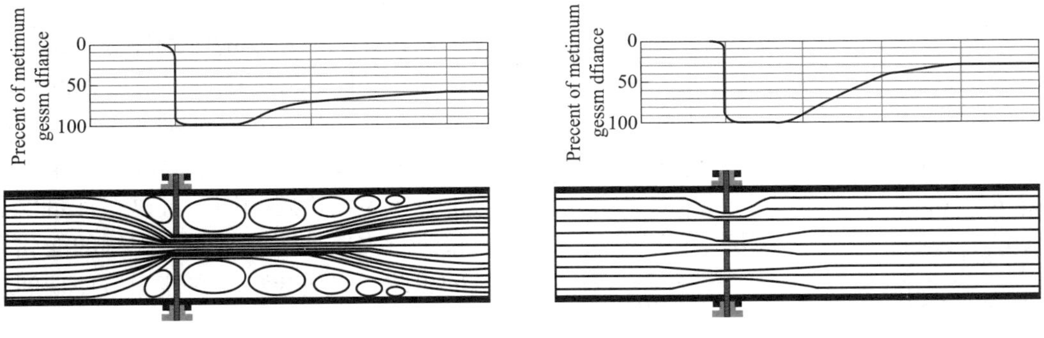

标准孔板流量计　　平衡流量计

图3　标准孔板和平衡流量计流场分布和压力损失对比图[3]

量程比宽。平衡流量计突破了传统节流装置的局限，极大提高了测量量程比，可以满足用户多种需要。雷诺数大于5×10^4时，选择合适的孔径参数，可以做到10∶1或更高[4]。

适用范围广。平衡流量计多孔对称的平衡设计，减少了紊流剪切力和涡流的形成，从而大大降低了滞留死区的形成，保证脏污介质顺利通过多个孔，减少了流体孔被堵塞的机会，可实现脏污、浆料等介质的测量。结构安全可靠，不仅适用于高温高压工况条件，也可在低温和其他苛刻工况条件下运行。适合易气化液体的测量，由于能巧妙实现流体平衡测量，减少涡流形成和紊流摩擦，降低压力损失，能有效防止液体汽化，测量效果佳。平衡流量计左右完全对称，还可十分方便地测量双向流。

2.3 计量性能对比

平衡流量计与传统标准孔板流量计性能对比如表1所列。

表1　平衡流量计与标准孔板流量计性能对比表

名称	平衡流量计	标准孔板流量计
节流原理	平衡节流	边缘节流
测量介质	气体、液体、蒸汽	气体、液体、蒸汽
适用管径	15mm≤DN≤3000mm	50mm≤DN≤1000mm
直管段要求	前2D后2D	前44D后7D
最大允许误差	±0.5%（实流标定可达±0.3%）	±1%～±2%
长期稳定性	优	差
量程比	>10∶1	3∶1
压力损失	(10%～30%)DP	(60%～100%)DP
耐脏防堵性能	好	差
雷诺数范围	$2\times10^2\sim1\times10^7$	$>5\times10^3$
使用寿命	长	短

平衡流量计在结构及技术上很好地避免了传统的差压式流量计的缺陷，具有直管段短、永久压损小、测量准确度高、长期稳定好等独特优势，其独特的性能特点与较高的、稳定的测量准确度的优越性逐渐显现，特别是在短距离管道流量测量、节省管道敷设投入成本、降低流体压力能耗损失方面，有着难以取代的优势[5]。

3 平衡流量计的节能应用实例

公司计量人员在常减压装置日常计量工作中发现，装置界区蒸汽管网存在较大压损，蒸汽瞬时流量测量数据不稳定、误差大，装置蒸汽单耗与同类装置相比较高，不利于节能降耗、成本核算和计量管理工作开展。为了降低装置蒸汽能耗，更有效地进行蒸汽流量测量，决定实施利用低压损的平衡流量计替换孔板流量计的蒸汽计量仪表节能改造，以提高装置蒸汽计量准确性和能源利用效率。

3.1 流量计选型分析

以下是公司500万吨/年常减压装置界区蒸汽总管计量点工艺参数。

表2 常减压装置蒸汽计量点工艺参数表

名称	工艺参数
流量计位号	FE-6155
测量介质	过热蒸汽
管道公称直径（mm)	DN250
操作压力(MPa)	1.0
操作温度(℃)	220
操作密度(kg/m³)	5.021303
动力黏度(mPa·s)	0.016
最大流量(kg/h)	30000
常用流量(kg/h)	10000
最小流量(kg/h)	3000

在以上同等工艺流量条件下，选用标准孔板流量计和A+K平衡流量计测量蒸汽流量时两种节流装置计算结果见表3。

表3 同等工艺条件下流量计选型参数计算结果对比

流量计选型参数对比	标准孔板流量计	A+K平衡流量计
满刻度流量(kg/h)	30000	30000
满刻度差压(kPa)	47.2751	50.05609
雷诺数 Re	2470172	2471270
流出系数 C	0.60546	0.6109
永久压力损失(kPa)	29.329	12.86295
等效直径比 β	0.6005	0.60061
直管段长度(前/后)	44D/7D	2D/2D

从表3看，在获得相同流量测量差压时，A+K平衡流量计压力损失更小，较孔板流量计压力损失降低56%，A+K平衡流量计的压力损失特性明显优于同规格的孔板流量计，在保证准确测量差压的情况下能大大降低管网压损，在保证稳定测量前提下能降低运行能耗。同时A+K平衡流量计极大地缩短了前后直管段，能够适应装置界区狭小空间受限的安装条件，可有效避免因在装置界区蒸汽管道安装流量计所需直管段不足影响测量精度问题，在短直管段长度条件下仍能保证测量精度要求。

综合考虑流量仪表的计量性能、合理性和节能性，常减压装置界区蒸汽流量计改造选用A+K平衡流量计，既能满足计量准确度要求，又能减少流量计运行成本，既能满足生产需要，又可将能耗控制至最低，能够达到整体的经济性和实用性。

3.2 流量计现场安装

一体化A+K平衡流量计蒸汽结构如图4所示。A+K平衡流量计表体采用特制的精密管道和专用取压装置，没有活动的部件，与孔板具有相同的使用方法和外形，其安装、维护和使用与标准差压节流装置相同，可以在计量仪表改造中直接进行更换，不需要任何配管的变化和相关仪表的更改，很适合装置在停工检修期间进行抢装投用。

平衡流量计现场安装采用双法兰水平管道安装方式，为保证测量管路内有稳定的冷凝液，取压口应在管道水平中心线以上呈0~45°夹角内，流量计现场安装如图5所示。

图4 一体化A+K平衡流量计蒸汽结构示意图

图5 A+K平衡流量计用于蒸汽测量现场安装图

4 应用效果评价

4.1 改造前后流量计运行成本对比

流量计作为一个测量元件，本身也是一个耗能元件。永久压力损失是流量计能耗的主要指标，仪表永久压力损失降低，可减少介质输送过程消耗的能量，有利于降低供能设备的供能，降低介质输送成本。蒸汽管网中流量计压损所造成的动力损耗，即流量计能耗可用下式来计算[6]：

$$W=\frac{Q_m}{\rho}\times\frac{1}{3600}\times\frac{\delta P}{\eta} \tag{1}$$

式中 W——流量计能耗值，W；

Q_m——质量流量，kg/h；

ρ——流体密度，kg/m^3；

δP——压力损失，Pa；

η——电机和泵的效率，一般取常数0.8。

按照同等工况条件：管道内径 $D=250$mm，在常用流量10t/h，压力1.08431MPa，温度220℃，等效径比 $\beta=0.6107$，雷诺数 $Re_D=823756$，工况密度 $\rho=5.021303$kg/m^3。

依据式(1)流量计能耗计算公式，分别计算出改造前采用孔板流量计和改造后采用A+K平衡流量计测量时的流量计能耗值(即压力损失引起的动力损耗)，并测算出改造前后两种流量计各自的年能耗费(即流量计运行成本)，见表4。

表4 改造前后流量计压力损失及动力损耗对比

改造前后对比	改造前（标准孔板流量计）	改造后（A+K平衡流量计）
常用流量 Q_m(kg/h)	10000	10000
差压值 ΔP(kPa)	5.241	5.256
永久压力损失 δP(Pa)	3252	1412
流量计能耗 W(kW)	2.25	0.98
年能耗费(元/年)	13198	5731

表4中，流量计能耗(即压力损失引起的动力损耗)和流量计年能耗费(即流量计运行成本)计算方法为：流量计能耗按照式(1)计算；流量计年能耗费=流量计能耗(功率损失)×年运行时间×用电单价。年运行时间是按照装置一年长周期稳定运行8760h计算，电价按照公司内部单位工业电价0.67元/kWh计算。

改造前后两种不同流量计的年能耗费对比结果显示，在同等工艺条件下，在管道中蒸汽流量为常用流量10t/h情况下，改造前标准孔板测量蒸汽时流量计年能耗费(流量计运行成本)为13198元，改造后A+K平衡流量计测量蒸汽时流量计年能耗费(流量计运行成本)为5731元。

改造后的平衡流量计与原孔板流量计相比，因流量计压损降低，节能效果提高了56.6%，按照一年长周期运行计算，可直接节省流量计运行成本13198元－5731元=7467元。若以最大流量30t/h测算，每年可降低流量计运行成本20万元。

装置蒸汽流量仪表改造为A+K平衡流量计这一优化配置，降低了仪表永久压力损失，减少流体动能损失，大幅降低了流量计运行能量成本，节能降本效果明显。

4.2 改造前后装置节能评价

计量表改造前后装置能源计量数据统计及蒸汽单耗对比见表5。

表5 常减压装置蒸汽计量表改造前后装置蒸汽单耗对比

项目	改造前	改造后
装置原油加工量(t/年)	4439994	4317785
装置蒸汽消耗量(t/年)	64253	56806
装置蒸汽单耗(t/t)	0.014471	0.013156
改造后年节约蒸汽量(t)	5678	
改造后年节能效益(万元)	97	

表5中，改造后年节约蒸汽量和年节能效益计算方法为：年节约蒸汽量=(改造前装置蒸汽单耗－改造后装置蒸汽单耗)×改造后装置原油加工量；年节能效益=年节约蒸汽量×蒸汽单价，蒸汽单价按照公司内部蒸汽170.81元/吨计算。

常减压装置蒸汽线A+K平衡流量计改造投用后，提高了蒸汽测量过程控制精确性和蒸汽流量计量精度，装置蒸汽单耗降低了9%，年节约蒸汽量(0.014471－0.013156)t/t×4317785t=5678t，降低动力能源消耗成本97万元，节能降耗和经济效益明显。

A+K平衡流量计在公司常减压装置蒸汽计量中的工业应用情况表明，即使在改造后装置年原油加工量同比改造前略增2.73%的情况下，蒸汽单耗比改造前降低了19%，目前装置蒸汽单耗指标连续多年持续稳定并略有降低，这从某种程度上印证了A+K平衡流量计用于蒸汽测量，具有很好的节能效果。

5 结束语

优化能源计量仪表配置，合理选用节能型计量仪表，正成为企业节能增效的重要措施之一。

平衡流量计是一种既继承了标准孔板流量计的优点，又克服了其固有缺陷的流量计量仪表，与目前炼化行业广泛使用的传统标准孔板流量计相比，其在降低流体压力损失方面，有独特的性能优势，平衡流量计是典型的节能型计量仪表。

A+K平衡流量计目前在公司常减压装置蒸汽总线、重油催化裂化装置外排中压蒸汽总线、化工区外接电厂4.5MPa蒸汽总线、化工区动力锅炉3.8MPa自产蒸汽总线、化工区动力锅炉4.1MPa自产蒸汽总线等多个能源计量点上进行了优化应用，并通过综合运用一体化引压、多参量测量组态、智能化运算实时补偿、HART通讯、集成化设计安装等新技术，在满足炼化生产安全稳定运行中流量测量与调节控制需求的基础上，进一步提高流量测量、控制精度，有效减少计量仪表的压力损失，降低流量计的运行能耗，降低系统管网压力损失，在实现准确计量的同时实现绿色低碳节能计量。

工业实践应用表明，节能型平衡流量计在炼化行业能源计量中的节能应用效果明显。企业通过优化能源计量仪表配置，在提高流量测量精度、改善物料和能量平衡的同时，还可以通过降低流量计永久压力损失，减少流量计运行能耗，追求准确计量、低能耗计量，向每个计量点要效益。

参考文献

[1]于杰，俞旭波．多孔平衡节流装置设计选用[J]．石油化工自动化，2009(1)：20－22.

[2]周人．A+K平衡流量计的独特性能和典型应用[C]．上海：2011中国石油化工重大工程仪表自控技术高峰论坛论文集，2011.

[3]王强，崔焕新．A+K平衡流量计的独特性能和典型应用[J]．山东化工，2013(11)：110－115.

[4]张乾庆，和岩，张磊．平衡流量计与标准孔板在蒸汽测量中的优劣[J]．计量技术，2011(9)：43－45.

[5]王艳．多孔平衡流量计的优化性能与应用[J]．仪器仪表用户，2016(3)：94－95.

[6]陆德民，张振基，黄步余．石油化工自动控制设计手册[M]．北京：化学工业出版社，2000：50.

基于多参数的成品油储罐液位测量系统搭建与应用

李　哲　徐振宁　张玉洁

（中国石油天然气股份有限公司东北销售广州分公司）

摘　要：为实现储罐中成品油的准确计量和油品质量的准确评估，设计了一种基于压力监测的多参数成品油液位测量系统，该系统可对储罐中的空气高度、油气界面、油水界面、介质密度以及温度等参数进行测量，整个系统具有高性能、低功耗、低电压的特点。对压力传感器进行了精度检定，压力传感器精度随着液位高度增大而逐渐提升，测量的平均相对误差率仅为0.49%；对系统开展了空罐测量、水层高度测量以及油水界面测量实验，在油气水同时存在时，界面高度测量平均相对误差均控制在5%以内，测量的温度和通过测量计算得到的密度相对稳定，与实际相符，表明本系统具备可实施性。

关键词：储罐计量；界面高度；密度；温度；相对误差

中图分类号：TH816　　　**文献标识码**：A

0　引言

石油是现代工业社会经济发展必不可少的一种能源物质，在我国能源消费中占据着重要地位。据不完全统计，我国80%的石油需要依赖于国外进口，高度对外依赖性对于我国能源安全性构成重大挑战，因此必须加大国家战略石油储备建设，通过多年努力，我国的战略石油储备量可以达到100d以上，但与欧美发达国家相比，还存在很大的差距[1-2]。

石油储备基地最常用的就是采用储罐进行存储，为了准确计量储罐中的石油总量，并对石油品质做出精准判断，需要对储罐中的空气高度、油气界面、油水界面、介质密度以及温度等多种参数进行测量。当前，很多地区仍采用单一测量方式对这些参数进行测量，需要用到众多的设备，操作十分不便，而且受人为因素影响，测量精度也有待提升[3-4]。油水界面检测是储罐测量的一项重要内容[5]，常规油水界面检测包括人工检尺式、浮子式、电容式、超声波式、磁致伸缩式、射频导纳式等多种方式，但每一种方法均存在自身的缺陷与不足，要么是抗干扰能力不足，检测精度欠佳，要么是耐腐蚀性能不好，影响灵敏度，抑或是检测成本过高，无法大规模推广应用[6-9]。

鉴于现有储罐油水界面检测存在的问题，本文设计了一种基于压力检测的多参数成品油液位测量系统，并对系统性能进行了测试，以期能为石油战略储备建设提供帮助。

1　系统总体架构及测量原理

1.1　总体架构

系统总体架构示意见图1。系统由检测模块（浮子）、主控芯片、触摸屏、电机驱动电路、步进电机、传动装置、光电编码器、无线模块、上位机等组成。检测模块将压力和温度检测数据通过RS485总线传递给主控芯片，主控芯片将数据处理后传输给上位机和触摸屏来完成数据的实时显示。

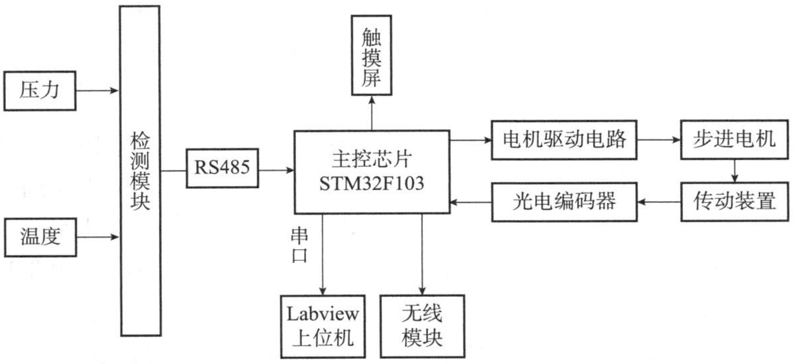

图1　系统总体架构

1.2 测量原理

储罐在静置一段时间后，受介质密度差异的影响，会分为空气层、油层和水层的分层结构，因此系统主要针对储罐三层界面高度以及介质密度、温度进行测量，测量示意见图2。首先，步进电机工作时会带动绕线轮和旋转编码器进行旋转运行，从而达到控制浮子升起和降落的目的，浮子内置可以同时检测温度和压力的数字式传感器，当浮子进入罐中后，会检测周围介质的温度和密度，并将这些数据通过RS485总线传输给主控系统；然后，当浮子离开基准面之后，光电编码器开始检测步进机转过的角度，利用脉冲计数实现对浮子下降或者上升距离的测量；接着，当浮子在空气中时，会将当前空气温度、密度和脉冲计数传递给主控系统，当依次进入到油层、水层中时，也会将当前空气温度、密度和脉冲计数传递给主控系统，通过脉冲计数换算成每一层的高度(空气层H1、油层H3、水层H4)；最后，主控系统在计算得到界面高度、介质密度以及温度后，将结构显示到触摸屏上或者通过上位机、无线模块等传递给其他远程平台。

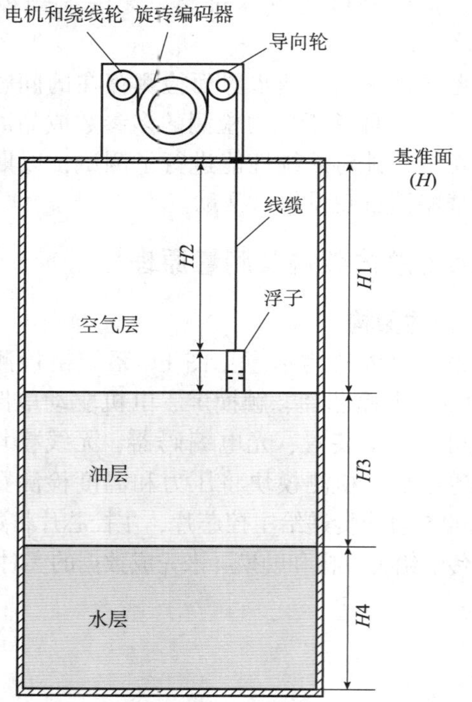

图2　系统测量原理示意

2 系统设备选型设计

系统硬件设备主要包括：主控芯片、压力传感器、电源模块、步进电机、光电编码器、RS485通信电路、嵌入式触摸屏、无线传输模块、微动开关等。

主控芯片：选用STM32F103芯片，拥有丰富的外设资源，具有高性能、低功耗、低电压特性，包括10个各类型定时器，IIC接口、USART接口以及SPI接口分别为2个、5各和3个，CAN接口和USB接口各1个，3个ADC和12路通用DMA，每个ADC可共用21个外部通道。STM32F103通过IIC接口来控制压力传感器，通过定时器来控制步进电机，通过USART接口来控制上位机，最高工作频率可达72MHz。

压力传感器：采用MS5805高分辨率数字式绝对气压传感器，压力测量范围为(10～2000)mbar，分别率为0.35/0.19/0.11/0.06/0.03/0.02mbar，转换时间为0.5/1.1/2.1/4.1/8.22/16.44ms，温度测量范围为(－40～＋85)℃，温度测量分辨率<0.01℃。压力传感器通过IIC接口与外界进行通信连接，每个压力传感器均进行独立的校准，校准包括压力灵敏度、压力偏移、压敏温度系数、压力偏移温度系数、参考温度、温度的温度系数等6个系数。并将这些数据保存至112bit的只读存储器中。

电源模块：系统的主控芯片和压力传感器工作电压为3.3V直流电源，而步进电机的工作电压为24V直流电压，光电编码器和RS485通信电路的工作电压为5V隔离电源。系统直接供入24V直流电，可供步进电机使用，然后通过MP2456GJ降压转换器将24V转换为5V直流电压，供光电编码器和RS485通信电路适用，最后再通过高效率AMS1117－3.3将5V电压降为3.3V，供主控芯片和压力传感器适用。

步进电机：选用SS1703A15D永磁式刹车步进电机(42mm系列)，驱动器选用DM2422，具有低噪音和低发热特性，最高细分步数为2.5万步/转，精度和可靠性高。

光电编码器：选用E6B2－CWZ6C增量式编码器，该型号编码器的分辨率为2000脉冲/旋转，在编码器中设计了逆接、短路两种保护功能，可大大提升编码器的使用可靠性。

RS485通信电路：最大传输速率为10Mbps，最大传输距离为1200m，采用反向和非反向大差分信号方式进行信号传输，可以消除噪声的干扰和减小噪声辐射。RS485通信电路的主芯片采用ADM2483，最大传输速率为500Kbps。

嵌入式触摸屏：采用TPC7072GI嵌入式触摸屏，电源为24VDC，分辨率为800＊480，主频采用核1GHz，通信口为RS232、RS485或者LAN网口，存储大小为4G。

无线传输模块：常用的无线通信方式包括Bluetooth、ZigBee、WiFi、NB－IOT、LORA等，不同通信方式对比见表1。从表1中可知：Bluetooth、ZigBee、WiFi三种术语短距离传输方式，而NB－IOT、LORA属于长距离传输方式；相较而言，LORA传输方式运行功耗低，采用了低功率广域网络技术，具有低成本优势。因此本系统选用RAK4200作为无线通信芯片，网关则选用RAK7258，在无线通信芯片中内置了STM32L071和SX1276Lo Ra芯片，在睡眠模式下的最低功耗为1.5μA，在工作模式下的最大传输功率达到19dbm。

表1 不同通信方式性能参数对比

参数	Bluetooth	Lo Ra	NB－Io T	WiFi	Zig Bee
灵敏度	－106dBm	－142dBm	－128dBm	－92dBm	－100dBm
通信范围	10m	3－15km	35km	30－150m	30－170m
速率	1Mbps	0.2－37.5kbps	250kbps	6－11Mbps	20－250kbps
发送电流	300mA	120mA	220mA	350mA	35mA
接受电流	20mA	10mA	40mA	70mA	26mA
频段	2.4GHz	2.4GHz	2.4GHz	<1GHz	<1GHz

微动开关：选用欧姆龙超小型密封开关，安全防护等级达到IP67，工作电源为3.3V，具有完全密封性，能够防止油或者水进入开关中。

3 实验与应用分析

3.1 实验装置

采用环氧树脂进行3D打印，制作直径为7cm、高度为4.5cm的浮子，模拟罐体为直径0.22m，高度1.9m的透明亚克力管，亚克力管外侧有刻度，精度为mm，可对液位进行读数；将传感器进行密封后放入浮子中，按照上文所述构建成品油液位测量系统。在正式实验前，利用PTX1830压力变送器作为检定标准器，对压力传感器进行精度检定，结果见图3。从图3中可知：标准压力值与系统压力传感器测量压力值基本一致，误差值均控制在1.5%以内，且随着液位高度的增大，误差逐渐减小，当液位高度为497mm时，相对误差仅为0.1%，5个液位高度下，系统压力测量的平均相对误差仅为0.49%，系统测量误差满足正常使用要求。

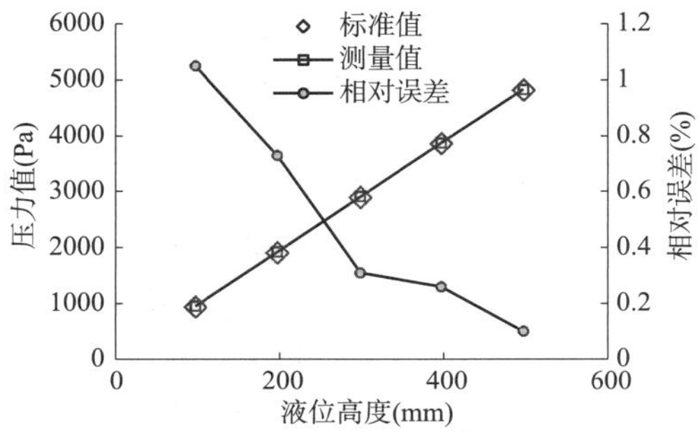

图3 系统压力传感器检定结果

3.2 空罐测量实验

空罐测量即亚克力管中无任何介质，然后利用系统进行空气层高度测量。因浮子高度为45mm，而亚克力管长度为1900mm，那么实测的理论空罐高度应为1900－45＝1855mm。将浮子放入管中6次，对空气层高度进行6次测量，结果见图4。从图4中可以看出：空罐实验中，测量空气层高度均略高于理论空气层高度，系统检测到的高度与实际理论高度的相对误差均控制在0.5%以内，平均误差仅为0.16%，表明系统可以很好地测量空气层高度。

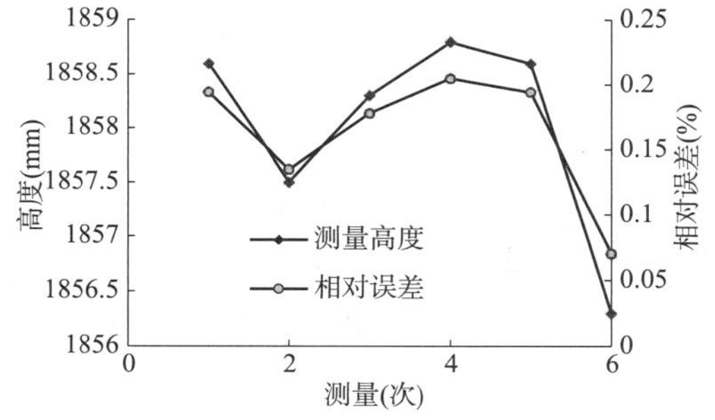

图4 空罐测量实验结果

3.3 水层高度测量实验

水层高度测量即以水层高度测量为试验对象，在顶部进行注水，在底部进行排水，从而控制管中水的液面高度(保持1000mm高度不变)，缓缓将浮子放下，从空气层放入水中，重复测量6次，测量结果见表2。从表2中可知：水层测量高度在960mm左右，与实际1000mm高度相比，存在一定差距，但误差均控制在5%以内，平均误差仅为3.955%；空气层测量高度误差与实际值也存在一定误差，但误差也是在5%以内，平均误差仅为3.455%。测量得到的水层平均密度为1037kg/m^3，平均水温为21.55℃，密度和水温变化幅度较小，密度和水温测量的稳定性、准确定性均较好。在水层高度测量中，由于存在水的影响，因而导致测量精度有所降低，但在可控范围内。

表2 水层高度测量实验结果

测量次数	水层测量高度(mm)	相对误差(%)	空气层测量高度(mm)	相对误差(%)	水层密度(kg/m^3)	温度(℃)
1	953.6	4.14	898.4	3.50	1036	21.58
2	953.5	4.15	899.8	3.67	1037	21.75
3	954.9	4.51	903.1	4.05	1035	21.44
4	965.3	3.47	894.2	3.02	1038	21.54
5	963.9	3.61	895.3	3.15	1038	21.45
6	961.5	3.85	897.1	3.34	1037	21.54

3.4 油水界面测量实验

油水界面测量是在管中同时存在空气层、油层和水层情况时进行测量实验，测量对象为空气层厚度 855mm，油层厚度 100mm，水层厚度 900mm，反复测量 6 次，测量实验结果见表 3。从表 3 中可知：水层和空气层的测量相对误差相对较小，均能控制在 3% 以内，水层测量平均相对误差为 2.1%，空气层测量平均相对误差为 1.75%，而油层测量的相对平均误差和为 4.13%；测量得到的油层平均密度为 944kg/m^3，测量变化范围为 6kg/m^3；测量得到的水层平均密度为 1042kg/m^3，测量变化范围为 13kg/m^3，测量得到的平均温度为 23.66℃，测量变化范围为 1.27℃，测量结果相对还是比较准确和稳定的。

表3 油水界面测量实验结果

测量次数	水层相对误差(%)	油层相对误差(%)	空气层相对误差(%)	水层密度(kg/m^3)	油层密度(kg/m^3)	温度(℃)
1	2.36	4.99	1.26	1037	946	24.53
2	2.61	3.10	2.13	1041	938	24.02
3	2.08	2.60	1.50	1044	942	23.54
4	1.31	3.87	1.36	1043	949	23.26
5	1.76	5.14	2.85	1043	939	23.31
6	1.99	3.25	1.39	1042	951	23.32

4 结语

(1)构建起一种基于多参数的成品油液位测量系统，系统通过浮子中的压力传感器对温度和压力进行测试，通过脉冲计数换算成每一层的高度，从而计算得到对应介质的密度，通过 RS485 总线进行数据传输，选用 LORA 进行无线传输，通过 STM32F103 来实现主控，具有高性能、低功耗、低电压的特性。

(2)对系统压力传感器进行了精度检定，显示系统精度随着液位高度增大而逐渐提升，测量的平均相对误差率仅为 0.49%。

(3)通过空罐测量、水层高度测量以及油水界面测量三种类型实验，验证了本系统可以较为准确地测量出空气层、油层和水层的界面高度，测量的温度和通过测量计算得到的密度相对稳定，精度可控，可在储罐计量中予以合理应用。

参考文献

[1]何盛宝，黄格省．中国石油发展新能源与新材料战略对策[J]．石化技术与应用，2022，40(05)：297－301.

[2]杨雪琴，崔忻．国际大石油公司战略目标与组织架构调整分析及启示[J]．国际石油经济，2024，32(01)：72－78.

[3]魏来．原油成品油对储罐常用材料腐蚀机理研究[J]．全面腐蚀控制，2024，38(01)：21－36.

[4]苗勃．基于红外图像增强算法的石油储罐内油品温度过高风险自动识别方法[J]．化工自动化及仪表，2023，50(06)：900－904.

[5]商永刚．原油储罐油水界面检测技术的应用[J]．内蒙古石油化工，2021，47(10)：76－77.

[6]宋震，吕忠蕾，麦洋．基于平面电容的油水多界面检测方法研究[J]．电子测量与仪器学报，2022，36(02)：178－187.

[7]于忠宁，张宁．石油储备基地储油罐腐蚀的激光超声检测[J]．无损检测，2024，46(04)：64－68.

[8]刘闯，张照，彭正辉，等．电容式油水界面仪的设计与应用[J]．石油化工自动化，2021，57(05)：63－65.

[9]季建华，陈贤雷，徐占锋，等．储罐内油温多点平均温度及油水界面测量方案应用研究[J]．中国计量，2021(09)：117－119.

贸易计量系统指导装船数据异常的案例分析

孙振宇

（中国石油大连石化公司）

摘　要：公司船运出厂产品贸易交接全部采用质量流量计计量数据出具结算。因此，质量流量计运行状态的稳定性，数据传输的可靠性显得尤为重要。本文对码头船运柴油出厂装船时，通过贸易计量系统发现数据出现异常情况的案例剖析，抽丝剥茧，层层推进，全面分析了典型数据异常情况下的非典型原因查找方式与结论，为日后贸易质量流量计的运行异常，数据异常故障的排查与避免，提出了很好的分析借鉴作用。

关键词：贸易计量系统（科里奥利）质量流量计；数据异常；准确度

1　引言

质量流量计在以质量为单位的油品贸易交接计量中得到广泛应用，对于以质量为单位的流量计量，质量流量计具备了高准确性和高稳定性、直接测量质量流量等特点，避免了传统体积流量测量方法因为受到温度、压力、黏度、密度等因素的影响而难以真正达到所标称的测量准确度，改变了传统高准确度流量计依靠机械转动和传动来实现流量传递的方法。公司在船运，铁路槽车，发油站公路槽车出厂产品贸易交接全部采用质量流量计计量数据出具结算。因此，质量流量计运行状态的稳定性，数据传输的可靠性显得尤为重要。

2　贸易计量系统的建立使用

2.1　贸易计量系统的目的

建立贸易计量系统的最初目的是，将公司贸易出厂质量流量计实现数字化，智能化集中管理，同时形成电子化出厂数据报表。后期为了提升公司自动化、数字化、集成化、可视化、模型化、智能化智能炼厂建设水平，系统先后进行了两次升级。

先期主要有出厂管理、进厂管理和系统管理三大部分，其中出厂管理包含船运出厂、铁路槽车出厂、陆运出厂和数据管理等模块；进厂管理包含船运进厂和陆运进厂等模块；系统管理包含关于基础数据管理的诸多模块。计量管理人员通过系统实现对船舶、流量计、岸罐、槽车等计量数据，计量信息管理。

2.2　贸易计量系统的升级

贸易计量系统（见图1）的升级在原有系统功能基础上，搭建集操作与管理、远程与本地、自动与手动、流程与报表、设备与数据管理等一体的贸易计量操作管理专用平台，完善和增加现有的

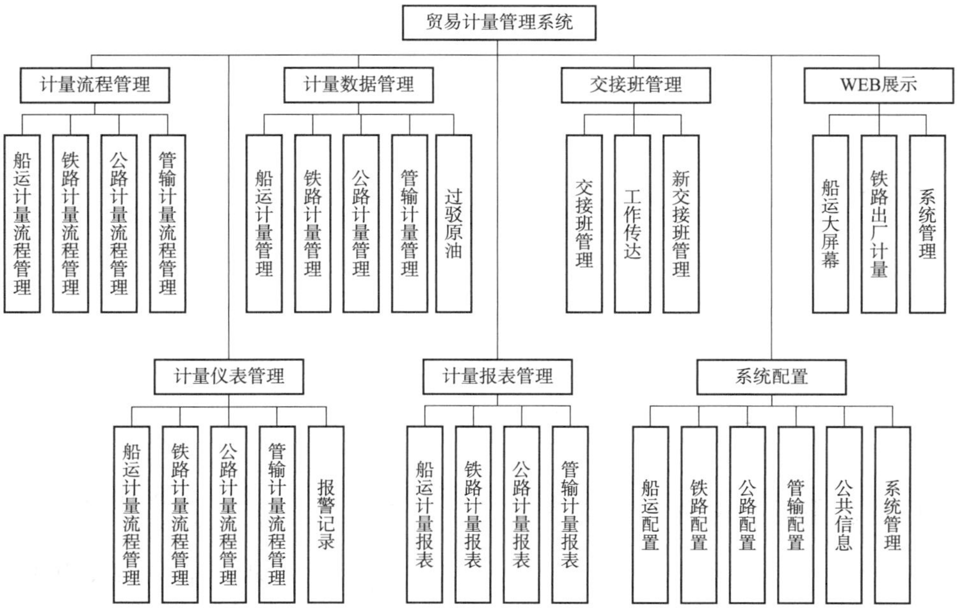

图1　贸易计量系统功能结构图

系统计量信息，提升操作便捷性，丰富计量信息管理手段，实现对全厂贸易计量工作全覆盖管理。主要实现了如下目标：

①实现计量流程可视化展示；

②实现计量设备（流量计、油罐、汽车衡等）统一管理，可查看数据运行趋势，并对异常数据进行报警提示；

③实现计量业务集中管理；

④实现计量报表集中管理，具有动态配置打印表格列功能；

⑤实现船运计划、贸易储罐和仪表状态等信息的动态配置功能；

⑥实现计量仪表数据与转运车间和 MES 系统的集成；

⑦实现自动调用转运车间的港务管理系统船运信息和机务装车车号等信息。

2.3 计量仪表管理模块下的功能实现

建立计量仪表管理模块，实现如下功能：计量设备实时监控；实时查看流量计信息，包括温度、密度、瞬时流量、累积量、动态零点；查看流量计趋势图，显示信息包括瞬时流量、累积量、密度、温度；报警提示，包括超程、链路层中断、计量设施断电等故障，以报警声音和屏幕闪亮提示；流量计的报警记录，如流量计有故障会添加到流量计报警记录内。具体见图 2 ~ 图 3。

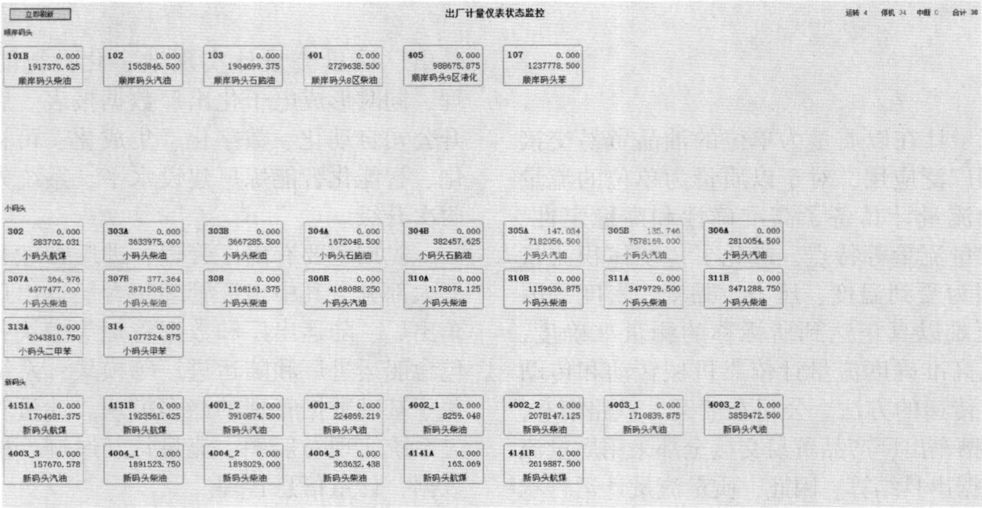

图 2 船运出厂计量仪表状态监控

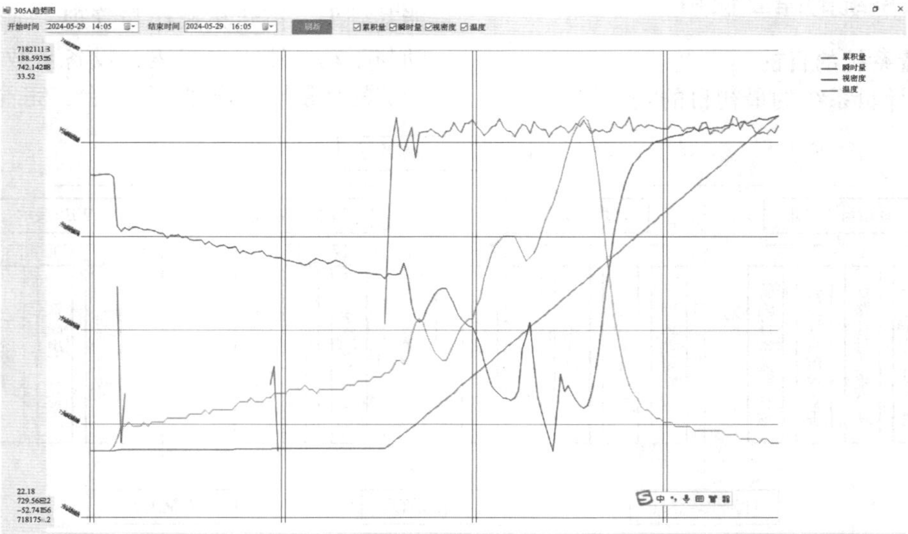

图 3 流量计装船趋势图

3 贸易装船质量流量计数据异常分析总结

3.1 瞬时流量曲线运行异常的判断

流量计瞬时量的变化不得超过其量程范围，当流量计瞬时流量超过量程范围一定时间（10 分钟以上）时，其数据可能失准。

3.2 累计流量曲线运行异常的判断

装船过程中流量计累计流量在 MES 监测界面

上应显示出一条较稳定的斜直线。流量计运行异常的情况在累计流量曲线上也能够体现出来。

(1)网络平台故障及其他非流量计自身原因导致的累计流量曲线“断线”。

累计流量曲线发生断线是较常见的现象，多数情况下是由于公司网络故障以及流量计伺服设备故障等非流量计自身原因造成的，在这种情况下质量流量计本身仍然正常运行，且数据准确，故障排除后会出现“断线”现象。判断这种非流量计自身原因导致“断线”的基本方法是：“断线”后当累计流量值再度出现时，与断线之时的累计流量值之间会有一定的增加，且增加值与未发生“断线”时相同时段内的增加值基本相当。另外，如果是网络故障，该码头其他流量计的所有曲线都会同时出现“断线”现象。

(2)流量计停止运行导致的累计流量曲线“断线”。

这种情况下，曲线再次恢复时的累计流量值与“断线”之时的累计流量值是相同的，没有增加。而且单块流量计停止运行仅可造成该表本身曲线的“断线”。如查看相同码头其他流量计的曲线均应正常。如果出现这种情况，可以判断流量计数据已经失准。

(3)瞬时流量大幅变化导致的累计流量曲线变化。

装船过程中增加或者减少装船泵，会导致瞬时流量的大幅变化，此时累计流量曲线的斜率(倾斜角度)会发生明显的变化。但如果变化后的瞬时流量没有超过允许的量程范围，就不会造成流量计的失准。

3.3 密度曲线运行异常的判断

装船过程中 MES 系统监测下的密度值出现大幅变化时，表明管线内介质状态发生了改变，这种改变有时会影响流量计的准确性。常见的情况如下：

(1)密度曲线突然大幅升高。

如果密度曲线突然上升则说明装船管线内可能有水。水的出现有两种方式，一种是一段管线内完全是水，此时 MES 界面显示出来的密度为 1000kg/m^3 或者接近该值；另外一种也是较常见的一种则是水与介质混合出现的，此时的显示值较小却比介质的正常密度大很多。一般情况下管线少量存水不影响流量计的准确性。

(2)密度曲线突然大幅下降。

密度曲线如果突然下降则可能出现空线及半空线状态，到目前为止这种情况仅见于液化气。

液化气是在常温状态下高压储存的介质，储存压力低于其饱和蒸气压就会出现气化现象。气化现象一般出现液化气装船开泵之初或切换装船罐之时。装船管线空线(半空)是导致流量计失准的一个主要原因。

3.4 温度监测数据

质量流量计量安装于装船管线末端，MES 系统可以对流经流量计的介质温度进行监测，形成一个随时间而连续变化的曲线。

(1)验证船舱及装船罐检测温度的准确性。

船舱、装船罐内的介质温度通过各自的检测工具检测出来并用于计量。但是，由于一些因素的影响，部分温度数据可能失准，此时流量计监测出来的介质温度可以起到很好的参照作用。此项作用对液化气船运出厂计量十分重要。

由于液化气常温高压储存的特性，造成温度计量器具的安装、拆卸非常危险和费时。检定和维护很难到位，其计量准确性会打上折扣。通过质量流量计对介质温度的监测可以有效地掌握装船液化气的实际温度，对于船舱计量准确性有很大的帮助。

(2)通过对温度曲线的变化判断出装船工艺流程的变化。

公司产品往往由多个贮罐装船，介质储存温度各不相同。切换装船罐后，经过质量流量计的介质温度就会发生变化。此时，温度监测曲线就会出现显著的台阶式的变化，这种变化本身不会对计量数据准确有什么影响。但它指出了切换装船罐的确切时间，对于判断该过程工艺流程对流量计准确性的影响有较好的指示作用。

3.5 密度监测数据

与温度的监测类似，密度数据也会形成一个随时间连续变化的曲线。其作用主要也体现在对装船密度的验证以及判断装船工艺上。

(1)验证船舱及装船罐密度的准确性。

船舱、装船罐内的介质密度通过各自的检测工具检测出来并用于计量，同样由于一些因素的影响也可能失准，此时流量计监测出来的介质密度可以起到很好的参照作用。

(2)通过对密度曲线的变化判断出装船工艺流程的变化。

公司产品往往由多个贮罐装船，介质储存温度各不相同。切换装船罐以后，经过流量计的介质密度就会发生变化。此时，密度监测曲线就会出现显著的台阶式的变化，这种变化本身不会对计量数据准确有什么影响。但它指出了切换装船罐的确切时间，对于判断该过程工艺流程对流量计准确性的影响有较好的指示作用。

4 柴油流量计装船数据异常的典型案例实例分析

4.1 案例经过

2023 年某日，当班贸易计量员发现码头 FT401 质量流量计在装柴油船过程中，瞬时量显示正常，而累积量却没有跟随增加，跟随时间变化，现象亦如此，如图 4 所示。判断 FT401 流量计数据运行状态出现异常。

工位号	瞬时值	累计值	视密度	标准密度	温度	零点	时间
401	0.0000	2650154.750	833.3798	839.48	28.7	0.0	2023/8/31 17:24:00
401	185.7741	2650154.750	822.3563	828.888	29.2	0.0	2023/8/31 17:25:00
401	307.1818	2650154.750	830.9799	838.08	30.2	0.0	2023/8/31 17:26:00
401	379.7816	2650154.750	831.4514	839.051	30.9	0.0	2023/8/31 17:27:00
401	404.8264	2650154.750	831.5140	839.514	31.4	0.0	2023/8/31 17:28:00
401	402.8328	2650154.750	831.3270	839.427	31.7	0.0	2023/8/31 17:29:00
401	401.2390	2650154.750	830.8214	839.321	32.3	0.0	2023/8/31 17:30:00
401	402.3111	2650154.750	830.4961	839.296	32.8	0.0	2023/8/31 17:31:00
401	401.4231	2650154.750	829.4945	838.294	32.8	0.0	2023/8/31 17:32:00
401	402.3387	2650154.750	830.8666	839.573	32.4	0.0	2023/8/31 17:33:00
401	402.3849	2650154.750	830.9218	839.626	32.5	0.0	2023/8/31 17:34:00
401	402.3378	2650154.750	830.5216	839.322	32.8	0.0	2023/8/31 17:35:00
401	401.4745	2650154.750	830.3271	839.327	33.0	0.0	2023/8/31 17:36:00
401	402.2122	2650154.750	830.2149	839.515	33.5	0.0	2023/8/31 17:37:00

图 4　FT401 流量计累积量数据运行状态异常

4.2 原因分析

出现此现象的原因分析，有以下几种可能：

①MES 数据库和《贸易计量信息管理系统》数据传输过程中，出现中断异常故障。

②现场流量计自身运行异常。

③流量计数据传输组态异常。

4.3 采取措施

根据以上原因分析，逐项排查如下：

①组织计量站当班贸易计量员检查《贸易计量信息管理系统》中同时运行的其他流量计数据通信状态。经检查除 FT401 流量计之外，其他流量计运行或静止状态均正常，数据通信无异常。说明 MES 数据库和《贸易计量信息管理系统》数据传输正常，排除此原因。

②通知仪表维护人员，检查 FT401 柴油流量计现场数据运行状态。经检查，现场流量计状态指示灯，绿灯闪烁，说明运行状态正常。进一步通过现场变送器指示检查，瞬时量，温度，密度三个常规参数数据正常，而累积量同远传数据一样，并未随瞬时量的变化指示而增加，说明异常现象系流量计数据传输组态出现紊态。因此时现场流量计处于装船过程中，无法做进一步处理，等装船结束，管内介质稳定后，再做进一步组态检查。

③装船结束后，指导仪表维护人员检查 FT401 流量计组态，将运行流向组态由原来的 reverse（反向）改成 forward（正向）。同时待下一装船时，关注累积量变化值是否恢复正常。次日，FT401 流量计装在一柴油船上，关注流量计现场状态及远传数据运行情况，均无异常。如图 5 所示，累积量随瞬时量的变化而累积增加，装船计量数据无差量，说明组态更改正确，异常原因分析及采取的措施正确。

工位号	瞬时值	累计值	视密度	标准密度	温度	零点	时间
401	0.0000	2650155.250	833.4465	839.147	28.2	0.0	2023/9/5 22:17:00
401	184.8505	2650155.500	830.3091	836.009	28.2	0.0	2023/9/5 22:18:00
401	313.7026	2650159.250	833.6910	839.591	28.6	0.0	2023/9/5 22:19:00
401	325.2862	2650165.500	833.8533	839.553	28.3	0.0	2023/9/5 22:20:00
401	367.1718	2650170.000	833.3634	839.963	29.6	0.0	2023/9/5 22:21:00
401	367.6716	2650177.000	831.2950	838.08	29.7	0.0	2023/9/5 22:22:00
401	368.0312	2650184.000	830.7211	838.021	30.6	0.0	2023/9/5 22:23:00
401	367.6660	2650188.750	830.8123	838.112	30.5	0.0	2023/9/5 22:24:00
401	377.2039	2650196.000	830.5717	837.972	30.8	0.0	2023/9/5 22:25:00
401	376.7184	2650200.750	830.3354	837.935	31.0	0.0	2023/9/5 22:26:00
401	374.3642	2650208.000	829.5165	837.816	32.1	0.0	2023/9/5 22:27:00
401	373.4636	2650215.500	829.0079	837.808	32.8	0.0	2023/9/5 22:28:00

图 5　FT401 流量计累积量数据运行状态恢复正常

经进一步追溯，柴油流量计 FT401 前期有周期送检作业。为了提高提运效率，优化贸易流量计送检时间窗口，缩短工期，拆下传感器送检同时，将已检定完毕的替用传感器直接安装。观察传感器电源灯正常，变送器上显示温度，密度，瞬时量，累积量和动态零点均正常，流量计更换完毕，数据远传显示正常，因尚未装船，累积量变化值无法判断。接着夜间装船作业，发现 FT401 流量计累积量未累计。后经查当时替换安装的传感器为原卸船用流量计，流向参数设置于传感器的核心处理器中，导致流量计测量的方向设定与实际流体方向不一致，以至于实际装船时上传的数据温度，密度，瞬时量均正常，但是无累积量。

5 结论

流向参数设定错误是导致本次柴油质量流量计装船过程中，瞬时量正常，累积量不累加的根本原因。要求在流量计拆检安装过程中，追溯替换传感器的上一周期的来源，同时应强调仪表维护人员，在流量计更换作业时，不但检查变送器的通讯组态，同时应逐项检查核心处理器各参数的正确状态，才能确保质量流量计运行状态稳定，数据传输可靠。同时，通过贸易计量系统，能够在第一时间发现计量设备的运行异常，及时处理。贸易计量系统为公司建立“数字化工厂，信息化企业”，构建智能化基础，为智能炼厂建立打下坚实基础。

参考文献

[1]孙景亭等．浅谈计量管理信息系统设计[J]．计测技术，2018. 38(S1)：198－200.
[2]刘晓敏，张艳丽．基于．NET 的企业信息管理系统设计与开发[J]．中外企业家，2017，(23)：138＋140.

电子签章技术在汽车衡计量系统中的应用

崔俊辉　薛红梅　傅智慧

（中国石油兰州石化公司质检计量中心）

摘　要：随着信息化的不断发展，信息化技术已广泛应用在石化行业的不同专业、不同领域，推进了企业数字化转型步伐。本研究主要探讨利用电子签章技术对石化行业汽车衡系统进行优化实践。通过引入电子签章技术，实现汽车衡计量数据的安全、高效管理与传输，为企业电子化交接提供有力支持。

关键词：电子签章；汽车衡；称重管理系统；计量数据

1　引言

石油化工行业是国民经济的重要基础，其生产中的一项重要活动是大量的物料流通和转运。在该活动中，汽车衡称重计量系统在车辆过衡称重时发挥着极为重要的作用。在企业内各个汽车衡计量点利用计量设备进行计量操作后，其系统每日都会生成大量的计量数据，这些数据对于企业的贸易交易、生产转运、成本核算及物资比对等方面发挥着关键作用。然而，传统的车辆称重系统在使用过程中存在一些弊端，如单据出具效率不高、易发生违规行为、存在数据安全性等问题。为了克服这些难题，将电子签名技术整合到称重计量系统中显得尤为有效。

兰州石化公司是一家大型的炼化一体生产加工企业，每年公路进出厂物资量巨大，而企业原有的汽车衡计量凭证出具方式采用的是五联单，需要人工在窗口盖章后再分发不同的协作单位。传递方式落后，传递效率低下，且单据的准确性、有效性不能完全保障。虽然汽车衡计量数据已经实现了网上同步上传和流转，但仍存在数据被篡改和伪造的风险，数据的安全性、真实性并不能完全得到保障。

电子签章技术作为一种创新的解决方案，主要是通过一种数字认证和加密技术对电子文件进行签名的方法，它能保障电子文件的真实性和数据的完整性，防止未授权的修改和假冒。这种技术具有法律认可的效力，并且已经在电子商务、政府文件、企业内控等多个领域得到了广泛应用。通过引入电子签名技术，可以有效提升称重计量系统的效率和安全性，确保企业运作的顺畅和合规。

本文旨在探讨电子签章技术在石油化工行业汽车衡计量系统中的实际运用和操作实践。

2　功能需求规划

充分利用现有的汽车衡操作系统及现场硬件设施，并根据石油化工企业的汽车衡称重计量业务特点和应用，在意愿认证方式上采用账户密码认证和 UKey 认证。同时在计量凭证的出具和称重计量数据流转方面，提出主要开发功能需求。

2.1　称重管理系统嵌入电子签章程序

在汽车衡管理系统中融合电子签章程序，通过服务器端用户印章和 EKEY 权限系统，来精细分配用户的签章权限。给称重管理系统嵌入电子签章程序，并在操作端构建简洁易用的弹窗界面，每当计量人员在称重管理系统中完成一笔计量操作后，就会生成相应的计量业务凭证，操作人员对凭证审核签章时，可实现电子签章的意愿认证和调用，完成计量单的一键签章和签名。

2.2　增强汽车衡称重计量单的防更改能力

依靠电子签名技术，在称重计量单上增加可信特征，生成的可信电子签章、签名，如果文档被修改，电子签章会通过界面的变化(变灰)来提示用户文档不可信，使称重计量单不可篡改、伪造。

2.3　汽车衡称重计量数据可安全传输

计量数据在经过交接计量员的审核确认后进行网上传输，与远程电子化交接系统充分融合，为企业的相关业务的数据应用提供便利条件。服务器端的电子印章日志可记录所有操作过程，方便事件溯源、倒查和审计。

2.4　在远程操控系统中嵌入电子签章程序

在无人值守汽车衡本地端和远程端的计算机

操控系统中，分别添加电子签章程序，可方便对无人值守汽车衡计量数据进行现场和远端的审核签章、签署操作。同时还可进行批量签章，极大提升数据签章效率。

3 系统配置和硬件优化

3.1 电子签章软件构建

在软件层面，主要采用Java作为后端开发语言，前端则使用JavaScript技术配合MySQL数据库，以确保系统的稳定性和可靠性。此外，为了加强数据安全，我们采用了公钥基础设施(PKI)体系结构和RSA 2048位加密算法。权限控制方面，采用Spring Security框架，该框架确保了签章身份的验证和授权的准确性，防止了签章的否认和抵赖。在开发过程中必须保持代码的可读性和可维护性，便于后续的维护和升级。

3.2 硬件系统主要配置

硬件方面，主要部署性能更强的服务器设备，以应对大量数据处理的需求。在现有的各计量点服务器和中心存储服务器的基础上，再新增加一台32+1T，16核CPU的电子签章基础服务器；一台8G+200G，2核CPU的电子签章文档转换服务器。通过这些设施来提升电子签章管理系统的运行效率和数据处理能力。在服务器中安装电子签章管理系统，以便进行签章文档、证书、印章、用户等管理。增加的服务器通过专用的网络线路及端口与中心服务器实现无缝对接，确保数据的有效传输和备份。

4 系统总体架构

为了实现计量数据的实时交互审核和签章功能，通过办公网络将汽车衡各计量点的现场工作服务器与签章基础服务器相连。当计量过程中的称重计量数据进行即时的数据审核和签章操作后，在通信交互中数据同步上传到签章基础服务器。此外，数据也将由签章基础服务器被上传至中心数据库存储备份，便于管理人员在客户端调取数据进行查询、分析和审核。

在各计量点现场的汽车衡操作计算机上，将配备安全的电子签章Ukey。这些密钥采用先进的加密技术，确保签章过程的安全性和数据的完整性。Ukey内存储着通过CA机构申请的数字证书，在签章时，需要由数字证书对签章身份进行验证，然后才能将加密签名信息嵌入到计量凭证中。

通过电子印章系统与计量管理系统的集成，让计量数据业务流程与车辆过衡审批操作完美融合，利用电子印章系统丰富的API及配套的控件，实现计量管理平台中签章审核合格称重数据的安全提报，成为公司电子化交接系统中可信赖的计量数据的组成。

系统功能拓扑图如图1所示。

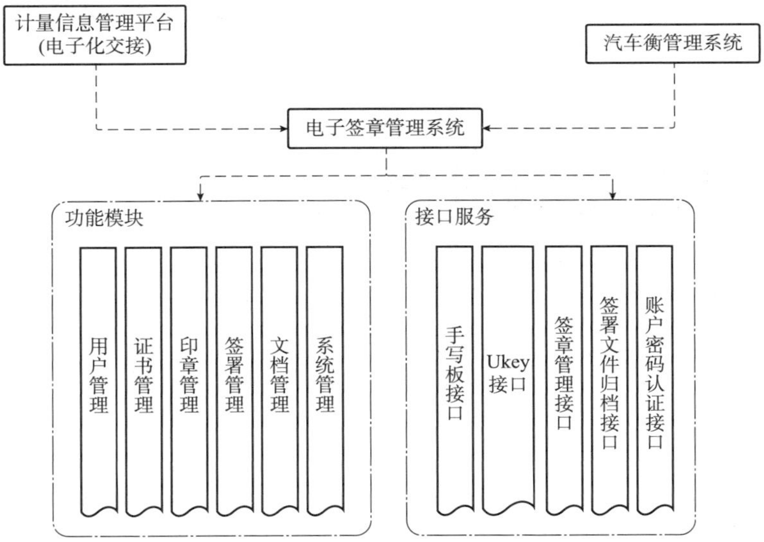

图1 系统功能拓扑

5 汽车衡的电子印章制作步骤

5.1 采集印模

由技术人员按照给定的印模采集表格和操作指引，对岗位员工进行采集指导，以便规范地收集到的汽车衡计量专用章和个人手写签名。采集物理印章的印模还需要根据公司政策完成必要的合规性审查。这一步骤对于确保印章的真实性和法律效力至关重要。

5.2　制作和合规审批

技术人员根据采集到的印模图片制作印章。在此过程中需严格遵守公司关于印模收集和制作的规范和说明文件，按照制度要求进行审批和报备，确保印章的合规性和业务协同单位的认可。

5.3　权限控制方面

根据用户的权限和需求，将印章签署人员信息在签章管理系统中进行添加。在添加时，需再次核对人员信息的 Ukey 权限，确保无误。当人员发生变动时，需要及时根据使用方需求进行相应的人员信息的新增或删除管理。

5.4　安全性保障

为了确保印章的安全性，发放的印章与用户的证书紧密绑定。只有持有相应 USB KEY 的用户才能取得和使用印章。这种绑定方式有效防止了未经授权的使用，从而保证了印章制发的安全性。

6　汽车衡电子签章操作流程

在汽车衡系统中加入电子签章程序，对岗位员工的称重计量操作也带来了改变，需要对原有的操作规程进行修订和变更，并对员工进行操作培训，方能使员工正确使用优化后的汽车衡计量系统。电子签章的具体操作步骤通常包括以下几个环节。

6.1　用户登录

操作人员首先需要在汽车衡系统的用户界面上进行登录，输入正确的用户名和密码。操作人员在车辆过衡操作中，须在汽车衡系统中准确完成称重车辆信息、货物信息、收发货单位等计量信息的录入，这些数据将直接影响到电子签章的有效性。

6.2　现场签章

岗位计量人员在完成车辆的二次计量后，当对计量凭证进行打印时，就会在系统界面出现选择审核人窗口，在下拉菜单点选完毕并确认，将会出现输入密码框，待输入密码正确后，系统将自动将签章信息与录入的数据关联，并生成签章凭证。签章人在查看签章信息无误后进行确认操作，确认操作完成后，签章凭证将被打印、保存和上传。

6.3　远程签章

在无人值守汽车衡现场端，当客户完成自助称重过程后，生成的数据将会同步到汽车衡远程控制系统。在有人值守计量点，工作人员可以通过远程控制系统对数据进行实时审核。审核通过后，即可利用电子签章程序进行远程签章操作，此时程序将自动调取的签章 Ukey，进行身份验证，确保了签章行为者是签章者本人的真实意愿表达。

6.4　签章查询

操作人员可以通过称重数据来查询自己的签章记录，包括签章日期、签章人、签章内容等信息。同时，管理员可以查询各计量点所有操作人员的签章记录，可以随时进行审核和统计。

汽车衡系统电子签章过程及效果如图2、图3。

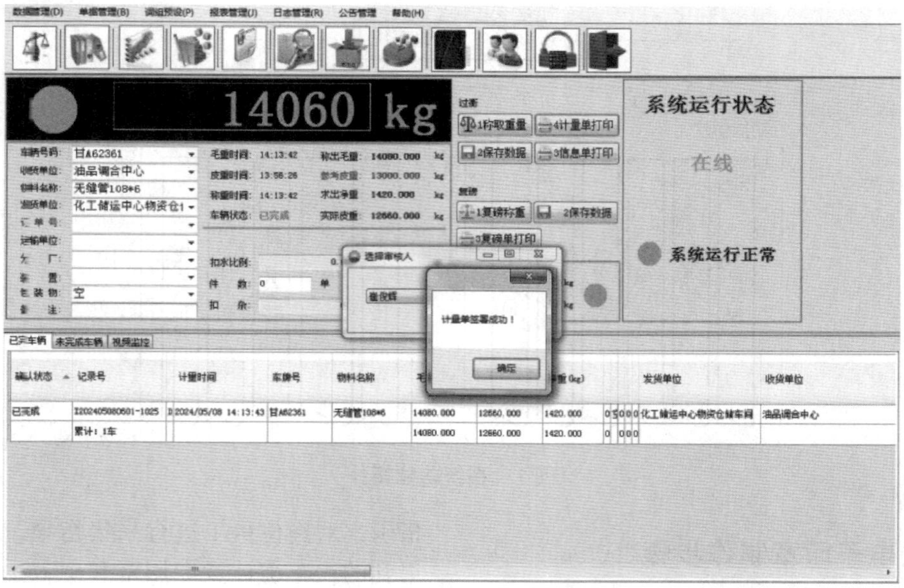

图2　车衡操作系统签章界面

兰州石化公司(汽车衡)计量单

NO. D202405080601-1023

质检计量中心仓储中心汽车衡　日期：2024年05月08日　计量单位：吨　R76.16-28/B

发货单位	化工储运中心物资仓储车间	收货单位	油品调合中心			
品名		毛重	皮重	净重	备注	扣杂
无缝管108*6		14.080	12.660	1.420	0.000	0.000
车牌号	订单号	实际余额	过衡时间		扣水比例(%)	件数
甘A62361		0.000	空车:2024年05月08日 13:56:26 重车:2024年05月08日 14:13:42		0.000	0

计量员：　　复核人：

重要说明：此计量单不允许任何方式的修改或备注，一经修改或备注视为作废！

图3　签章完成计量单效果

7　实施后效果

相比较传统的人工盖章方式，采用电子签章方式，现出具一份计量单的时间，由平均66s下降为平均31s，提高了出具计量单效率。同时，由于生产、销售、采购全面采用电子计量单，改变了人工开票和取送计量单的传统模式，仅此一项，每年可减少纸张浪费几十万张，大大降低了资源浪费和环境污染。此外，通过密码和加密技术确保签署数据的安全性，避免了传统签署方式可能出现的文件篡改或假冒的风险。

8　结论与展望

把电子签章技术融入汽车衡管理系统中，使得计量业务流程与计量数据审批操作更加紧密了。它不仅提高了计量数据的准确性和安全性，还极大地优化了岗位人员的过衡计量操作，提升了工作效率，也为企业实现贸易的电子化交接夯实了数据基础。随着衡器计量技术的进步和发展，今后无人值守汽车衡系统将逐渐取代传统称重系统，衡器也将逐步迈入远程控制集中管理的先进方式，而电子签章技术在计量系统数字化和智能化的发展方面，必将发挥更大的作用。

参考文献

[1]胡洁．计量业务管理平台升级改造的探讨[J]．仪器仪表标准化与计量，2023，(04)：19－21.

[2]王凤伟．电子签章在计量管理平台中的应用[J]．计算机与网络，2021，47(20)：70－72.

[3]卜云帆．电子印章系统的设计及应用[J]．电子技术与软件工程，2018，(06)：86－87.

[4]严凡．基于PKI体系的电子签章系统解析[J]．信息与电脑，2011，(10)：62－63.

[5]宁子岚．网络电子印章系统安全解决方案[J]．软件导刊，013，12(02)：89－90.

ASTM 倾点测试方法在乍得某管道中的应用和改进

罗　见　宫雅胜　冯建录　陈泳何　任学东　孙　阳　赵　祥

（中国石油乍得公司）

摘　要：乍得某原油管道通过管道末站与乍得—喀麦隆管道连接，将原油输送至国际市场进行外销。双方协议要求，每隔十天进行一次计量交接，并按照美国 ASTM 标准对该十天内在线的外输油样进行倾点测试。乍得－喀麦隆管道规定管内原油倾点不得高于 24℃，因此该管道输送的高倾点原油需掺混其他产油方低倾点原油进行外输。本文针对原油倾点高而限制外输的情况，剖析倾点测试标准，分析原油物性，根据标准里对高溶蜡点原油未做出特殊说明的情况，改进测试方法，以获得更准确的测试结果。

关键词：计量交接；ASTM 标准；倾点测试；高溶蜡点；改进

0　前言

原油在应用传输过程中，车辆运输以及管道运输为常用的两类方式。其中传输量较大，距离较远的则多利用管道进行输送。一方面能够节省成本，另一方面也能降低原油的损耗[1]。乍得某原油管道借助乍得—喀麦隆管道（以下简称乍喀管道），将从乍得开采出来的原油输送至喀麦隆 Kribi 港进行外销。双方协议要求，每次十天进行一次计量交接，按照美国标准 ASTM D 5853[2]对该十天内自动取样系统所取在线外输油样进行倾点测试，原油倾点不得高于 24℃，但该管道原油倾点较高，前期进行了多种降凝剂的筛选，未能够将原油倾点稳定地控制在 24℃以下，因此只能采取与乍喀管道其他产油方低倾点原油混合输送的方式，以达到乍喀管道要求，混合比例根据该管道外输原油的倾点情况以及其他生产方低倾点原油的产量确定。随着新油田的开发，原油产量增加，倾点问题严重限制了中方管道原油输量，如何迅速降低倾点成为亟待解决的难题。

1　背景

1.1　管道简介

乍喀管道起于乍得 Kome 市，横穿喀麦隆，终点位于大西洋沿岸的喀麦隆 Kribi 港，全长 1077km，管径 750mm，设计压力 12MPa，设计输量 1.2×10^{6}t/a[3]。该输油管道将 3 家上游石油公司开采的乍得原油，输往喀麦隆的大西洋沿岸，解决了乍得的原油出口问题。乍得石油公司（TPC）从乍喀管道首站（PS1）进油，本管道从距首站 9.5km 处进油，法国 Perenco 公司从距首站 50km 处进油，乍得原油输送至 Kribi 港后，通过近岸 11km 处的单点系泊上船销往国际市场。

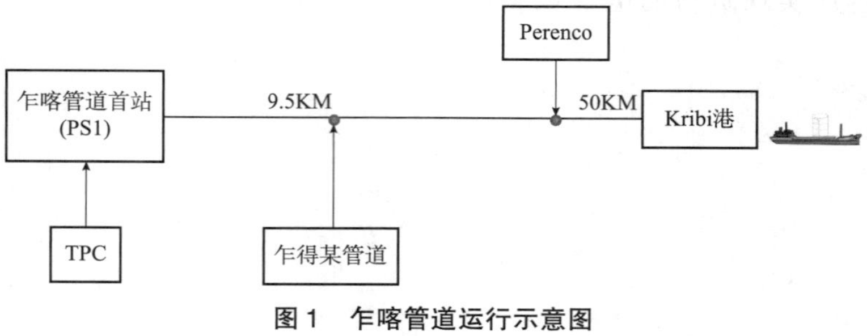

图 1　乍喀管道运行示意图

乍得某原油管道通过管道末站与乍喀管道连接，借助该管道将原油输送至喀麦隆 Kribi 港销往国际市场。管道末站设有原油计量装置和原油物性实验室，用于确定注入乍喀管道的油量和油品物性数据。计量装置包括计量撬、体积管撬、质量监测撬及控制系统，能够实现原油体积量动态计量、流量计系数在线标定、成比例（输油量比例）自动取样、在线监控原油含水、密度等参数的功能，末站实验室具有原油倾点、黏度、密度、含水量、沉淀物含量测定功能和降凝剂筛选评价功能。

1.2 管道运行情况

经统计，整条乍喀管线最低地温为24℃，根据计量交接手册，每隔十天进行一次计量交接，按照美国标准 ASTM D 5853 对该十天内自动取样系统所取在线外输油样进行倾点测试，倾点结果不得高于24℃，以保障停输期间管道内原油仍保持流动状态。该管道输送原油属于高倾点高含蜡高黏度的“三高”原油，前期通过对国内外多个国际知名厂家如贝克休斯、斯伦贝谢、阿克玛等的数百种降凝剂的评价，未能筛选出能将原油倾点稳定降低至24℃以下的有效降凝剂，所以采取与乍喀管道其他产油方低倾点原油混合输送的方式，以达到乍喀管道管输混合原油倾点低于24℃的要求。

在乍喀管道的3个输油方中，上游 TPC 公司的外输原油倾点为 -6℃，该管道输送原油倾点高于24℃，下游法国 Perenco 公司原油倾点为12℃。倾点不合格原油想要外输，需通过混合配比，乍喀管道通过对该管道输送原油倾点的测试和对 TPC、Perenco 两个生产方产量的统计，确定按照一定比例掺混输送该管道原油。随着原油产量增加，该输送比例已经不能满足公司该管道的生产输送需求。

2 倾点测试现状

2.1 现行倾点测试步骤

乍喀管道规定原油倾点测试完全遵循美国标准 ASTM D 5853，仪器使用英国 STANHOPE - SETA 的手动倾点测试仪，型号为 94100 - 3，具体测试步骤如下：

①准备样品，按照要求将样品加热到至少高于预计倾点20℃，但不应高于60℃；

②立即用带有倾点温度计的软木塞盖紧试管，且温度计与试管同轴，并保证温度计的液泡与毛细管起点处浸没到试样表面以下 3mm 的深度；

③将装有试样的试管在室温下(18 ~ 24℃)放置至少24h；

④该管道原油预计倾点低于36℃，保持水浴温度为(48 ± 1)℃，将试样加热到(45 ± 1)℃；

⑤温度满足要求后，软木塞打开，用搅拌棒轻轻搅拌试样，恢复后，试管放入温度保持在21℃的第一个冷浴中的套管内并开始观察。不可将试管直接放在冷却介质中；

⑥当试样温度达到预计倾点9℃以上开始检查试样。从套管中取出试管，倾斜试管到可以看出试管中的试样是否发生流动。当观察到有流动发生时，立即将试管放回；

⑦以后每下降3℃观察一次，直至试管在某一温度下水平放置5s而液面未发生移动，此温度类似凝点，再加3℃即为油样的倾点；

⑧如果试样的温度达到30℃时仍未停止流动，将试管转置到下一级温度更低的冷浴；

⑨当倾斜试管试样不发生流动，用秒表计时，将试管保持水平状态5s，并仔细观察。

2.2 原油物性分析

鉴于该管道输送原油高含蜡、高倾点的特性，展开原油物性化验。

公司委托第三方机构对该管道输送原油进行析蜡点、溶蜡点等原油物性进行分析。结果显示，所输送原油析蜡点超50℃，溶蜡点超70℃。

2.3 测试标准分析

蜡是影响原油倾点、凝点的最主要原因，也是影响原油流变性的主要原因之一，含蜡原油结构的形成伴随着晶核形成、蜡晶生长及蜡晶颗粒连接的全过程。[4]

准备样品时，需将原油进行预热处理。油品在加热过程中，随着温度的升高，分子链变得更加伸展，链段也更容易运动，油品的低温流动性能得到改善。[5] ASTM D 5853 标准中原油预热到至少高于预计倾点20℃，但不高于60℃的目的是使原油中的蜡完全溶解，追溯标准的原文内容：

①在低于蜡浊点(析蜡点)下储存的原油将在容器的壁上出现蜡沉积。先从溶液中出来的蜡是高溶点蜡，这种蜡对倾点具有最显著的影响，也是原油中难以再溶解或分散的蜡。对原油样品进行的正确处理，完全溶解这种蜡对获得可靠的原油倾点结果至关重要；

②为实现蜡的完全溶解，将样品加热至高于溶蜡点的温度(该温度值由于各地区原油油品性质不同，需要单独测定)。作为经验，高于预期倾点20℃的温度通常将满足溶蜡点要求，但也存在一些例外；

③为防止油品挥发，不能将样品加热超过60℃或者泡点(始沸点)温度以上。

通过分析上述标准中的内容可知：预处理加热温度过高会导致油样中的轻组分挥发，从而导致倾点测试结果偏大，但预热处理时蜡是否完全溶解对倾点测试结果至关重要。在实际操作中，将油样放置在密闭样品瓶中，使用密闭加热的方法预热，基本不存在挥发轻组分的情况。

蜡晶的析出过程及析出的蜡晶形态都对含蜡原油输送过程中管道结蜡有重要影响，也影响着含蜡原油的低温流变性。[6-9] 该管道输送原油的溶蜡点超 70℃，其中所含大部分蜡晶，在 ASTM 标准的 60℃预热下，难以充分溶解，蜡晶分子之间还存在交联结合，这些微小蜡晶在降温过程中先析出，改变了蜡晶结合形成三维网状结构的过程，影响倾点测结果。庞敏在炼油与化工发表的文章也指出：一定范围内，随着石油产品的预热温度降低，测定的倾点结果逐渐升高，石油产品在逐渐升温的过程中，其分子呈现自由无序状态，分子链段更易运动，石油产品的流动性将会极大地改观。[10]

综上，在 60℃的预热处理温度下进行测试，无法体现该管道输送原油的真实值倾点，不适用于该管道，应考虑将预处理温度提升至高于所输原油溶蜡点的温度进行测试。

3 测试方法改进及效果评价

3.1 测试方法改进

通过对该管道输送原油物性和现行测试方法的分析可知，美国标准 ASTM D 5853 中不高于 60℃的预热温度未能将原油中的蜡完全溶解，严重影响了倾点测试结果的真实性，因此将原油预热温度改进至高于溶蜡点，即预热温度为 80℃，仪器同样使用英国 STANHOPE - SETA 的 94100 - 3 手动倾点测试仪，其他测试步骤不变。

3.2 改进后的效果评价

测试方法改进后，观察不同温度预热后原油静态模拟实验的流动状态，并测试其倾点。

将原油油样放置在密闭的试剂瓶中，用恒温水浴进行不同温度的预热处理后，转移至恒温水浴中进行静置，观察样品的流动性，结果如下：

表 1 乍得某管道输送原油热处理静置对比测试

静置(h)	原油预热处理温度(℃)					
	未预热	60	65	70	75	80
12	L	S	S	S	L	L
24	L	S	S	S	L	L
48	L	S	S	S	L	L
96	L	S	S	S	L	L
144	L	S	S	S	L	L

* 表中的 S 表示为固态，L 表示为液态。

由表 1 可以看出，该管道所输送原油不做预热处理直接在恒温水浴中静置，油样放置 144h 为液体，原油预处理温度为 60 ~ 70℃时，油样在相同的环境温度下放置 12h 后凝固，预处理温度为 75 ~ 80℃时，油样放置 144h 为液体。恒温水浴静置下，低预热温度的原油流动性与实际管道内原油（未预热）流动性不一致，预热温度的提升对原油的流动性产生了影响。

用恒温水浴对油样进行不同温度的预热处理后，按照改进后的倾点测试步骤进行测试。结果表明，采用提高预处理温度的方法，将样品预热温度由 60℃提升至 80℃，原油倾点测试结果显著降低。

结合对倾点测试标准的分析和上面实验的结果可以得出：因该管道输送原油溶蜡点超 70℃，按照 ASTM 标准的一般经验将原油预处理加热至 60℃，不能使原油中的蜡充分溶解，在降温过程未溶解的蜡先析出形成更稳定的结构，导致倾点测试结果偏大；提高油样预处理温度至 80℃（高于溶蜡点）后，原油中的蜡完全溶解，改善了原油在降温时蜡晶的形成过程，得到更低、更可靠的倾点测试结果。

经过与乍喀管道沟通，TOTCO（乍喀管道乍得境内公司）取该管道原油和乍喀管道混油送往美国休斯敦实验室进行试验分析，最终认可预处理温度应为 80℃，形成新的倾点测试程序文件，并在倾点测试程序文件的热处理条款做了详细的标注：预热时确保样品加热到比预期的蜡溶解温度（WDT）高至少 3℃的温度。如果 WDT 未知，则假设 80℃。该标注明确了对 ASTM 倾点测试标准中热处理温度的改进的认可。

4 结束语

本文针对乍得某管道输送原油倾点高而限制外输量的情况，根据所输原油高溶蜡点的特殊物性，深入剖析 ASTM D5853 倾点测试标准，分析出标准里对高溶蜡点原油的预热处理温度未作出特殊说明，因此在满足规范的前提下，改进倾点测试方法，将测试倾点过程中原油的预热温度从不高于 60℃提高至高于原油溶蜡点的 80℃，使该管道输送原油倾点结果显著降低，经美国休斯敦实验室验证，测试结果更真实、可靠，形成了乍喀管道各方均认可的新版倾点测试文件，并推广应用。最终实现，在其他托运人输油比例不变的情况下，该管道原油外输比例较之前提升 30%。

改进和创新是发展进步的关键，成果的稳固也不可或缺。下一步计划与 TOTCO 及各方托运人建立长效的沟通机制，通过改进后的测试操作互相学习、遇到的问题难点相互共享、测试结果对比分析等方式，实现改进测试方法的标准化应用，以巩固改进成果。

本次对美国 ASTM D 5853 原油倾点测试方法在该管道的应用和改进，提高了公司在乍得的影响力和声誉，为后续的业务拓展打下基础，同时为其他地区在开采和运输高倾点高含蜡原油时，将溶蜡点作为管道输油管理的重要指标，提高管道的可靠性和经济效益起到指导示范作用，对突破瓶颈、打破国际标准的限制具有借鉴意义。

参考文献

[1]李海生．管输原油交接计量影响因素及对策分析[J]．中国石油和化工标准与质量，2017，37(03)：8－9.

[2]ASTM D 5853—2011 Standard Test Method for Pour Point of Crude Oils.

[3]丁延鹏，祝宝利，韩海彬．乍喀原油管道的计量交接模式[J]．油气储运，2017，36(05)：537－542.

[4]付美龙，陈刚，唐善法，等．油田化学原理[M]．北京，石油工业出版社，2015.

[5]张浩，张正东，张波等．试验条件对油品倾点测试结果的影响[J]．天然气与石油，2014，32(05)：33－36＋9.

[6]罗海静，唐海忠，陈锋，等．环庆原油黏温曲线测定研究[J]．油气田地面工程．2022，41(01)：1－6.

[7]李岩鹏，张永坤，尹金丹，侯冬梅，陈羽，韩凤阳，黄国辉，范振忠．差示扫描量热法分析原油析蜡点及其影响因素[J]．精细与专用化学品，2021，29(01)：16－19.

[8]王丹．降温速率对原油析蜡点及析蜡热焓值的影响—差示扫描量热法[J]．化学工程与装备，2021，(01)：3－4.

[9]聂岚，袁宗明，周子誉，等．热处理作用对含蜡原油流变性的影响[J]．石油化工应用，2014，33(01)：74－79.

[10]庞敏．影响石油产品倾点测定结果的因素分析[J]．炼油与化工，2020，31(01)：70－72.

油井数智化转型计量管理模式创新与实践

——以华北油田柳泉 X 断块应用为例

杨　飞　汤天磊　田小川

（中国石油天然气股份有限公司华北油田分公司第四采油厂）

摘　要：本文以华北油田柳泉 X 断块 105 口生产油井应用为例。首先，对断块每口生产油井安装载荷仪、井口压力温度变送器、电压和电流采集和控制启停装置，实现数据采集，并通过网络传输至控制机房，将数据存储在存储介质内。其次，用油井生产过程中所获取的载荷数据由软件直接绘出地面示功图。最后，利用地面示功图中最大载荷、最小载荷以及载荷差等数据统计分析研究，掌握油井井下载荷变化情况与油井清防蜡关系，实现油井和设备生产运行参数实时监控。在油井清防蜡管理应用效果较好，为油井数智化转型计量管理模式的创建和创新管理实践提供可靠数据和理论支持。

关键词：油井；生产参数；计量；清防蜡；远程启停；变频控制

1　引言

随着科技进步，油井应用智能化、数字化计量实现了质的突破，但是计量数据如何共享应用和管理还在进一步摸索、实践中。为了保障国家能源安全，把能源的饭碗牢牢端在自己手里，解决油气为核心的需求和保供将是我们面临的重要任务。断块高效、平稳、精准开发离不开创新，尤其在油井数智化转型计量管理模式下离不开创新摸索和实践。油井清防蜡是油气田开发过程中重要环节工作，对其井筒、油藏、地面管理至关重要。本文以华北油田柳泉 X 断块 105 口生产油井应用为例，对断块每口生产油井安装载荷仪、井口压力温度变送器、电压和电流采集和控制启停装置，实现数据采集，并通过网络传输至控制机房，将数据存储在存储介质内。以每口生产油井为基本研究对象，用数学物理模型建立油井杆管运动受力分析，计算出抽油机悬绳器处在某时刻状态下井下载荷，形成关于一个冲程内油井井下载荷变化情况曲线图，即油井地面示功图。利用实时示功图的形状和载荷数值判断油井生产情况，进一步指导油井技术管理。利用井口采集传输的数据进行印证油井井况，指导油井清防蜡管理。通过井口温度、压力和示功图形状载荷数据人工和智能调整抽油机控制柜运行参数和电加热运行制度，并监控油井生产情况和电机等设备运转实况，为进一步油井技术治理和发现油井异常提供数据参考。

2　油井数智化转型计量管理模式创新与实践

面对异常严峻的石油市场形势，采油厂要生存和发展，就只能靠自己。在以原油为主的一线生产单位，省时省力、不依不靠，加强人员管理，严控成本，最大获得效益，精细管理尤为重要，油井数智化转型计量管理为绿色、和谐、有效、可持续发展贡献每一个人的石油智慧和力量。

基于“电加热杆井智慧化系统和油井智能化系统”构建和创新管理，是确定一个集监测、巡检、记录、储存数据、数据分析、控制的一体化管理平台，也是油井尤其电加热杆井核心技术管理、日常管理维护的指挥平台。该平台将油井、电加热、生产参数、运行实况等数据化、透明化、标准化、一体化。每个数据信息和控制信息互补，从生产解决了停电后电加热起始不能加热、运行“峰谷平”全部错乱问题，对工程师及时发现、排查油井故障提供理论支持，对油井和清防蜡制度运行情况进行监测、监督，延长油井检泵周期和电缆使用寿命具有积极促进作用。采取一日一查看、一周一分析、一旬一总结、一月一检查的“四细化”管理方法，实现了“日、周、旬、月”电量计划和实际用电量同步运行。对设备和油井实时运行提供精准的数据支持，探索数智化管理模式。该平台登录后可以查看数据方便工程师各抒己见，形成自己的管理思路和模式，促进油井和电加热杆井计量数据管理的资源共享，提高油井计量管理水平。

2.1 油井数智化转型计量参数

对断块每口生产油井安装载荷仪、井口压力温度变送器、电压和电流采集和控制启停装置，采集计量参数为冲程(m)、最小载荷(N)、最大载荷(N)、产液量(kg)、泵效、电压(V)、电流(A)、冲次等参数，为计量方便将部分量进行了单位换算。通过现场人员巡检、查看、记录、物联网传输信息，实现自动采集、巡检、查看、记录、存储。采样间隔由人工每天4次变成每2分钟一个采样点，采样间隔可以根据实际需求进行调整，大大缩减用工数量，减轻了员工工作量，探索油井从数字化向智慧化转变。采样数据实时监测，通过设定阈值实现报警功能，自动巡检识别报警，在安全前提下可实现智能控制和远程控制，提高计量参数获取效率。

对于油井产量计量算产，华北油田高鹏等人完成了抽油机井地面示功图直接计算油井产量[1]、人工举升智能控制系统[2]和现场抽油机柔性控制装置[3]，可以通过地面示功图有效计算油井产量，实现了抽油机变速运行远程智能控制和产量计量数字化、油井智能变频控制，同时可以降低抽油机井的运行能耗，延长检泵周期，提高抽油机井的智能化管理水平。

2.2 油井数智化转型计量参数模型建立

研究目标华北油田柳泉X断块平均凝固点41.7℃，含蜡量31.9%，胶质沥青含量11.6%，含硫量0.096%，初馏点123.7℃，属于高凝油复杂断块；其中采油井数为54口，开井44口，电加热杆生产42口，产量占总产量68%，开井占81.5%。电加热杆井加热设备功率为50kW，和抽油机30kW相比是采油大功率耗电设备。在油井压力监测、温度监测、载荷监测、抽油机电机、电加热杆控制柜运行方面对油井数智化转型建立参数模型，形成了油井远程监控系统和电加热杆油井远程实时监控系统，利用采集的数据进行数据分析，实现清防蜡、油井管理方面提质增效。本文主要分析根据建立数字化采集设备和智慧化系统完成油井清防蜡管理和油井技术管理，其他油井计量算产和计量功图如何绘制，抽油机变频控制在此不再描述，在上文引用的高鹏等人研究成果中体现。

利用载荷仪采集游梁式抽油机井不同运行时态井下载荷。在抽油机运行一个有效冲程周期内每个位置的载荷变化情况和对应位置，可得到数据并生成图像。研究过程中以井下抽油杆某一点为出发点，建立物体运动受力物理模型，分析油井最大最小载荷和结蜡程度关系。

上冲程悬绳器处显示最大悬点载荷[4,5] F_{max}受力主要为：

$$F_{max}=\sum_{i=1}^{m}\left\{(G_{ug}+G_{uy})\cos\theta+fG_{ug}\sin\theta+(G_{ug}+G_{uy})\cos\theta\times\frac{Sn^2}{1790}\right\}-\frac{0.258\times10^{-3}\eta LnS}{K_g-1}\tag{1}$$

下冲程悬绳器处显示最小载荷[4,5] F_{min}受力主要为：

$$F_{min}=\sum_{i=1}^{m}\left\{(G_{dg}+G_{dy})\cos\theta+fG_{dg}\sin\theta+(G_{dg}+G_{dy})\cos\theta\times\frac{Sn^2}{1790}\right\}-\frac{0.335\times10^{-3}\eta LnS}{K_g-1}\tag{2}$$

式中 G_{ug}——单元抽油杆重力，kN；
G_{uy}——柱塞以上单元液量重力，kN；
G_{dg}——单元抽油杆重力，kN；
G_{dy}——柱塞以上单元液量重力，kN；
θ——井斜角，(°)；
f——扶正器、杆管摩擦系数，一般取0.05-1；
S——抽油机运行冲程参数，m；
n——抽油机运行冲次参数，min^{-1}；
η——井内液体平均动力黏度，mPa·s；
L——抽油泵深度，m；
K_g——油管内径和抽油杆直径之比的系数。

在油井正常生产过程中最大载荷发生在上冲程上死点，最小载荷发生在下冲程下死点，在井结蜡严重、异常如蜡卡，最大载荷就对应卡点处最大载荷值。根据研究思路，我们定义：

$$F_j=MIN\{F_{jr}\}=MAX\{F_{max}-F_{min}\}\tag{3}$$

$$F_t=MAX\{F_{tr}\}=MAX\{F_{max}-F_{min}\}\tag{4}$$

$$F'=F_j-F_t\tag{5}$$

式中 F_{jr}——电加热加热期间载荷差值，kN；
F_{tr}——停加热期间载荷差值，kN；
F_j——加热运行期间最小值，kN；
F_t——停加热期间最大值，kN；
F'——停加热期间和加热期间变化最大载荷，kN。

对悬点载荷简化为静载荷，可以依靠停井位置进行计算得到。根据高凝油电加热油井2年生产数据分析、拟合，影响结蜡程度制约的是摩擦载荷、动载荷，随着结蜡程度级别增大，结蜡后使得运动过程中摩擦载荷增大，动载荷变小，直到完全停止运动。

油井远程监控系统主要有：YCK－3 井场 RTU、GTCY－3 示功图测试单元(简称载荷仪)、MCCY－1 电机测控单元(简称电参模块)等三部分构成。YCK－3 井场 RTU 用来处理数据的远程终端控制系统，载荷部分用于功图测试，MCCY－1 电机测控单元主要测试电机运行参数。如图 1 所示。

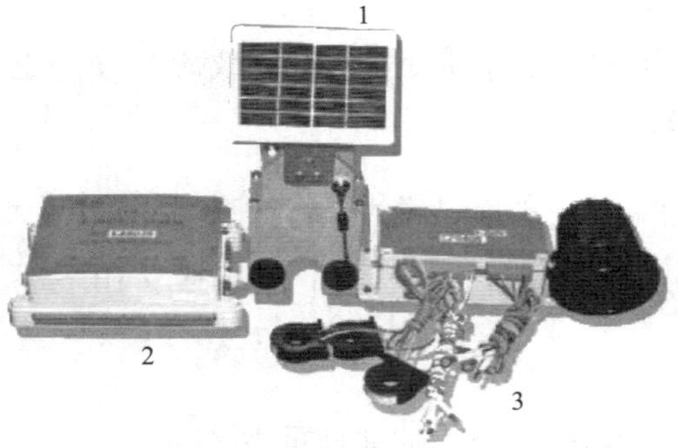

图 1　油井远程监控系统

1—载荷仪；2—RTU；3—电参模块

载荷部分由无线示功图传感器、太阳能电池板和天线三部分组成，用于功图测试。太阳能电池板为载荷仪内的可充电电池充电，是夜晚和阴雨天气情况下的连续供电保障；采用无线通信方式，接收井场 RTU 发送的示功图测试命令，功图数据通过无线网络方式传送给井场 RTU；载荷仪加速度传感器，测量抽油机的冲程和冲次；载荷仪形状为马蹄形结构传感器，安装在抽油机的悬绳器上，测量抽油机悬点载荷。如图 2 所示。

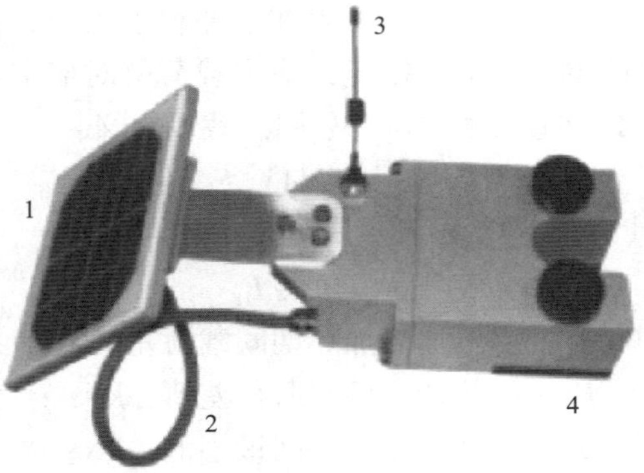

图 2　示功图测试载荷计量工具

1—太阳能电池板；2—供电线路；3—天线；4—功图传感器

电参部分有：电机测控单元、电流互感器、天线和喇叭，以及连接的导线部分组成。GPRS 无线数据传输终端(简称：DTU)。如图 3～图 4 所示。

图 3　油井、电加热电参部分

1—电机测控单元；2—导线；3—电流互感器

图 4　载荷仪安装现场图片

1—光杆方卡子；2—拉杆；3—载荷仪

2.3　油井数智化转型计量参数应用和实践

2.3.1　油井计量参数创新应用

以实心杆、空心抽油杆等强度和承受能力数据为基础，结蜡程度根据停止加热运行期间最大值 F_t 分为 3 个级别，分别为 A 级别 0－3kN，轻微结蜡；B 级别 4－10kN，中度结蜡；C 级别 11－15kN，严重结蜡。

对油井结蜡期间载荷差用计算公式进行现场控制分析，为方便应用，油井结蜡期间进行控制，控制电加热停止加热期间结蜡载荷差最大值和加热期间最小载荷差之间的差值在 15kN 以内，最佳控制在 A、B 级别内，对非电加热杆井利用洗井和化防加药控制载荷差在 A 级别内。如图 5 所示。

电参量与功图数据是报警系统判断一口油井是否正常生产的主要依据。报警系统目前主要实现的功能就是判断 DTU、RTU 是否在线、启停井、皮带断、电参及功图采集录取情况等。如表 1 所示。

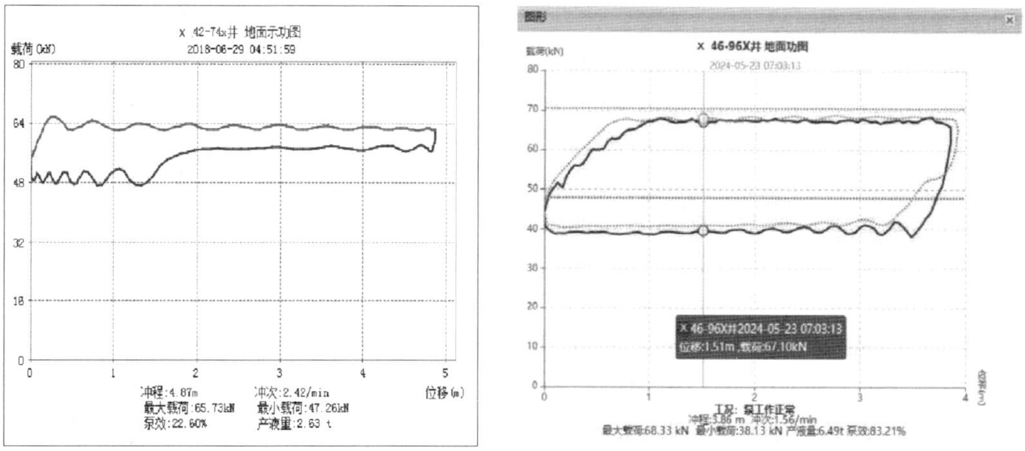

图5　油井智慧化计量探索过程不同版本地面示功图

表1　抽油机状态报警部分计量数据情况统计表

抽油机状态	电参量数据		功图数据		
	三相电压	三相电流	冲程	冲次	载荷
停井现象	0	0	无	无	正常
皮带断现象	有电压，波动比较小	有电流，波动很小	无	无	正常

依据油井井口油温、产液量、含水、结合功图、电流、原油物性、对应水井注水等生产参数，结合远程监测控制平台、油田数字化数据管理系统平台、智能油井平台制定摸索电加热制度，达到实时监测传输数据，及时发现故障、及时调整油井生产制度、监测峰谷平和电加热工作制度，减少人力、物力，使电加热管理数字化、自动化、效率化、智能化、精细化。如图6所示。

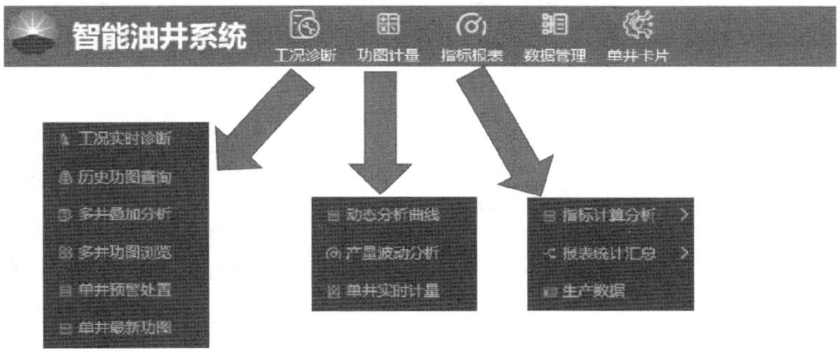

图6　智能油井系统功能模块

2.3.2　油井计量参数管理创新

根据油井原油物性、生产动态数据，结合油田数字化、智能化管理平台监测油温、压力、电流和载荷数据，利用电加热实时监测系统，在不影响正常生产秩序，对电加热改变加热制度，优化用电制度，得到最优"峰谷平"运行制度，非电加热井，及时调整加药制度和洗井周期，发现油井异常情况，精细管理，达到提质增效。电加热井远程实时监测，实现电加热运行参数380V电压、三相电流的实时监测和控制。结合电加热远程实时监测和控制系统印证了"电加热峰谷平制度"，及时掌握生产运行状态，排查整改、解决故障、消除安全隐患。如图7所示。

电缆三通和软电缆安全隐患整改　　电加热控制柜安全隐患整改　　时间继电器加停标准化整改

图7　应用电加热杆井智慧化系统排查整改情况图

2.3.3 油井计量参数实践

大部分电加热杆井电缆使用寿命到期导致电缆坏(出厂电缆使用寿命周期为3年)，平均寿命由37个月延长至39.2个月。创新管理后延长了电缆使用寿命，平均延长66天。

由于X断块具有出砂、结垢、结蜡的管理难点，考虑到电加热杆井因为地面参数不合理导致空心杆偏磨漏进油损坏电缆，以及砂卡、垢卡作业频繁起下电缆损坏电缆，摸索合理清防蜡制度，调整生产运行参数。空心杆漏捞电缆的检泵周期从862天延长到1094天，延长232天。

对长时间停电后来电，部分油井不能直接加热影响开井时率，和厂家沟通，在控制柜改进，安装设备，统一为来电后就可加热，从只能员工专门巡检进行手动加热后启井改进成自动启动。利用构建的智慧化系统平台可以很好实现来电后电加热起始加热不一致问题，保证第一时间加热，进而保证油井开井率，为正常生产提供计量保障。

2.4 油井数智化转型计量未来展望

电加热杆井、油井数智化计量转型可以实现提质增效目标。但是要想在管理上要效益、精细管理，提高管理水平，还需要努力，需要挖掘数字化数据的潜在效益。智慧化油井系统和电加热杆井智慧化系统只是摸索实践出来的初期产物，还需要更多创新管理方法，后面任务艰巨，任重而道远。对未来做了规划和展望，方便下步实施，为提质增效做出更多、更大贡献而不懈努力。如图8所示。

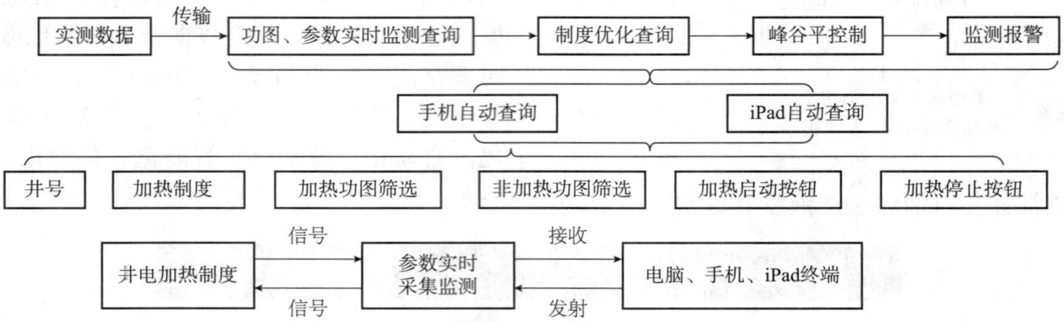

图8 电加热杆油井数智化转型计量管理模式创新未来展望

3 油井数智化转型计量管理模式创新实践效果

3.1 实施效果

(1)实现油井生产、监测、控制一体化。

智慧化系统的构建使得管理得到提升，方便精细化管理。平台的创建应用把所有生产制度工作集中在一个平台，创建了自动巡检、发现问题的管理模块，建立了电加热管理的数据库，方便技术人员和管理人员查看、分析，进而得出更多、更新认识。对电加热工作情况中加热时间和停止时间进行统计和汇总，生成报表，方便数据分析和记录，避免了纸质文件资料的丢失，大大提高了运行效率和监测。平台监测、控制等一体化的生产应用，使管理运行质量明显提高，生产管理得到了很大改善，员工劳动强度大大降低，员工工作效率显著提高。

(2)实现油井生产工作标准化。

油井的创新管理，建立了完整的工作程序，弥补了从发现、处理、填写等方面的不足。从数据录取、监测、控制等每一个环节都可以做到标准化管理。通过计算机记录每一个环节，并在数字化平台显示，为电加热油井管理指明方向。

(3)实现油井日常管理透明化。

该平台的应用使得油井管理透明化，每口井的工作制度和电加热设备信息都较好地体现出来，使得管理制度透明化、制度化、规范化、准确化、精确化。实现了生产油井的制度透明化，实现制度全覆盖，目前班组巡检记录作为结合互补，后期可以取消该项工作，真正实现无人值守，正常生产、计量，大大降低管理成本和用工成本。在实施过程中根据三相工作电流信息及时发现异常，避免了安全、环保事件发生，为和谐、绿色、可持续发展做出巨大贡献。

(4)实现油井数据录取、处理快捷化。

该系统实施后，发现、处理平均时间由原来6.5小时降低到1.8小时，大大避免因为设备问题影响生产。录取资料快速化，由原来65分钟降低到5分钟，资料录取从纸质化转向电子化，数据处理、分析便捷化，在电路检修或是停电来电期间，该平台做出较大贡献，减少了停井占产，提高了开井时率。

(5)实现油井管理精细化。

在油气生产单位，采油用电是油气田生产的耗电大户。开展油水井用电量分析会，把“产量任务、安全生产、提质增效”作为技术工作的挖掘点，建立油井智慧化系统平台，细化单井生产参数，精细油井管理，实现自动化运行和人工管理相结合的节电管理模式。采取一日一查看、一周一分析、一旬一总结、一月一检查的“四细化”管理方法，实现了“日、周、旬、月”电量计划和实际用电量同步运行。同时，每月对各基层用电情况进行统计分析，采用预警方法，严格执行月度预算，将使用情况通报，严格控制用电量，在油井生产方面节能降耗，低碳生产。

3.2 经济效益

电加热远程实时监测、控制系统和油井数字化管理等数智化系统的应用，为油井精细管理、提质增效提供可靠的保障。我们依托数字化平台，创新数智化计量管理探索，摸索合理的电加热制度、执行用电“峰谷平”等各项工作，节约用电成本约59.3万元，节约电价差异费用10.82万元，节约电缆和电加热杆井各种维修费用共34.9万元，减少洗井车、吊车等零散运费16万元，减少作业、故障占产36.3万元，减少药剂费用21.92万元，利用单项因素直接测定法计算合计节约成本约173.84万元，直接创效166.56万元，延长电缆使用寿命66天，延长空心杆漏捞电缆的检泵延长232天。

得益于公司提出了智慧油田建设提质增效的工作要求，从单井的管理入手，应用了抽油机井数据采集技术，共计105口。由于X42断块为生产主力断块，且原油物性不好，多为电加热杆井，研发了电加热远程实时监测和控制系统完善了油井智慧化系统功能。应用油田数字化数据管理系统、电加热杆井远程实时监测和控制系统、远程视频实时监控平台辅助采油生产管理，促进了油井的管理水平。

3.3 社会效益

自从该系统构建、创新管理后，提高了管理中的资料录取准确性。《电加热制度摸索和峰谷平制度摸索》荣获“我为提质增效献一策”金点子征集活动“华北油田分公司二等奖”；发表创新管理文章2篇，撰写取得国家发明专利1项；创新计量应用后减轻员工劳动强度，精细油井管理，提高管理水平。

随着智慧化油田建设的速度逐步加快，数字油田、智慧油田必将取代现有的油田开发管理模式，如何有效利用数智化转型计量和计量数据获取更多有价值的信息，提高油井精细管理水平，实现提质增效，将是一个重要的研究课题。

参考文献

[1]高鹏，陈佳乐，金学锋，等．抽油机井地面示功图直接算产技术研究[J]．信息系统工程，2021，(09)：132－134.

[2]李雪，张战敏，朱丽萍，等．抽油机井人工举升智能控制系统的应用[J]．石油化工自动化．2021，(01)：12－16.

[3]常鹏刚，高鹏，张胜利，等．抽油机变速运行智能控制技术深化研究与应用[J]．石油化工自动化．2020，(03)：31－35.

[4]刘卓钧，李文方．斜直井抽油机的悬点载荷[J]．石油矿场机械，1994：36－37.

[5]张佩．油井生产杆管系统优化研究[D]．武汉：长江大学，2015：19－27.

国产多相流计量研究进展及在乍得数智化油田中的应用前景

耿　捷

（中国石油乍得公司）

摘　要：在油田开发领域，多相流介质混相计量一直是热点和难点问题。本文总结了国内外多相流在线计量发展现状，介绍了近年来我国多相流在线计量的新型装备和方法，并在分析乍得油田生产计量现状的基础上，提出了乍得油田生产计量系统国产化、数智化的措施和途径，为助力油气多相流计量领域的中国技术、中国装备、中国方案“走出去”提供思路。

关键词：多相流；乍得油田；国产化；数智化

1　引言

多相流普遍存在于油田开发生产领域，主要成分包括油、气、水、砂等。在原油开采与生产过程中，为了准确了解各油井气的产量，需要对油井产出液中各组分的体积流量或质量流量进行计量，并提供实时计量数据，以支持生产参数改进、提高原油采收率[1]。我国陆上油田逐渐步入高含水期开发阶段，油田科研部门一直致力于研发并应用测量工艺简单、抗干扰能力强、可适应低温极寒或高湿高腐蚀等复杂环境且能够实时反映油井生产动态的国产流量测量装置。而在海外中方作业者油气田开发生产过程中，大多使用国外生产的计量装置，然而计量装置通常需要定期进行精度标定和运行维护，且软件不开源，程序不可调，整个计量系统的国产化，数智化程度低。生产计量数据甚至还有外泄风险，因此，研究多相流检测技术，并开展计量装备自主攻关，具有重要的经济和工程价值及战略意义[2]。

近年来，国内外专家学者对复杂多相流介质计量方法进行了大量研究。研究方向可大致分为分离式计量和不分离计量两类[3]，分离式计量指多相流介质依靠旋离分流等技术分离后进行单相计量，该技术已经受到了大量的关注，我国清华大学，天津大学等[4]也先后进行了研究，并取得了一定成果。不分离计量是指采出的多相流不分离，使用多相流量计直接测量流量，常用方法有微波衰减测量法、电解质特性测量法及 γ－射线法等[5]。

2　多相流计量方法

多相流计量主要可以分为流量计量和相含率计量。多相流流量计量主要使用质量流量和体积流量进行计量，常用方法有容积法、差压法、质量流量法等[6-8]。相含率是指多相流中单相介质的含率，通常有体积相含率和质量相含率两大指标，相含率测量是多相流计量的难点所在，如何准确计量采集表征多相流介质流动的关键参数，国内外学者已做了大量的研究，常用的方法有光学法、射线法、电学法、热学法等[9-11]。针对以上方法，相应制造了不同类型的流量计，具体可分为体积流量计、有源质量流量计、无源质量流量计三类。其中，体积流量计由于无法直接测量质量流量导致其在多相流计量领域的精度较低。而有源质量流量计常见类型有核磁共振流量计和射线类流量计两种，其优缺点如表1所示。

表1　有源质量流量计表

有源质量流量计	射线类流量计	精度较高	优点：可根据油和水对射线的吸收不同来测量相分率，测量范围较宽，且在线化程度较高； 缺点：有潜在的电离辐射安全威胁，需定期标定。
	核磁共振流量计	精度较高	优点：性能稳定； 缺点：价格昂贵，标定难度大，计量范围略窄。

有源流量计通常具有辐射导致环境污染，并且安装麻烦，后期维护复杂，因此无源质量流量计成为研究的主流和趋势。常用的无源质量流量计类型有科里奥利力质量流量计和谐振流量计，其技术优缺点如表2所示。

表2　无源质量流量计表

无源流量计	科里奥利流量计	精度中等	优点：计量过程稳定性较高； 缺点：需要定期标定，对含气混相流测量精度低，弯管式计量部件需要有一定的质量累计才能起振计量，实时性差。
	谐振流量计	精度较高	优点：根据不同谐振激励频率来测量流体参数，测量范围宽，在线化计量程度高，无前后直管段要求； 缺点：对于气液固三相流介质测量精度不高

为适应复杂多变的多相流测量需求，多相流计量新的测量技术和方法也在不断涌现，不同的方法具有不同的优势和局限性，通常根据具体的应用场景和测量需求来选择合适的技术。国内如洋湃公司所研制的光量子测量方法已在现场应用，并取得一定进展，目前国内外主流多相流计量产品特点如表3所示。

表3　多相流计量产品特点对比表

测量原理	差压式（文丘里）+光量子测量	差压式（文丘里）+取样测量+伽马衰减测量	差压式（文丘里）+伽马衰减测量	差压式（文丘里）+伽马衰减测量+电阻抗测量（EIT）+互相关法
产品特点	一体化、集成化设计	非侵入式、可靠（伽马探测）	一体化、集成化设计	一体化、集成化设计
	非侵入式、可靠（光量子测量）	双能伽马测量技术 单能伽马测量技术	非侵入式、可靠（伽马探测）	可靠（伽马探测），不同型号GVF适应范围不同
	多能豁免光量子测量技术	不同伽马型号，GVF适应范围不同	多能伽马测量技术 适应0%～100% GVF	硬件简单、快速成像（电阻抗测量）
	数据采集频次高	数据采集频次高	数据采集频次高	不同模式切换和选型较复杂

目前国际油、气、水混相计量产品普遍采用节流法+射线技术；射线技术门槛高，世界混相计量及深海水下油气生产计量技术主要被OneSubsea/Cameron/SLB、FMC/MPM、Emerson/Roxar、Weatherford这几大公司所垄断。国内多相流计量的发展也已取得一定进展，例如兰州海默公司的MFM2000型和西安交大的TFM－500型，并已进入应用阶段，本文后续将详细讲述国内多相流技术的发展现状及应用情况。

3　新型多相流监测装置

3.1　低能射线法多相流计量技术

燕山大学提出一种相含率循环测量装置[12]，该装置采用低能射线的方法对多相流介质相含率进行计量，该方法利用238_{Pu}和241_{Am}同位素作为放射源，利用双能射线方法探究了探测位置与射线能量分布关系，并建立油成分和温度的补偿算法，并构建了RBF神经网络对γ射线投射法的相含率进行预测，并与双能射线模型近似求解对比，提高多相流介质相含率计量精度。图1为相含率测量装置结构图。

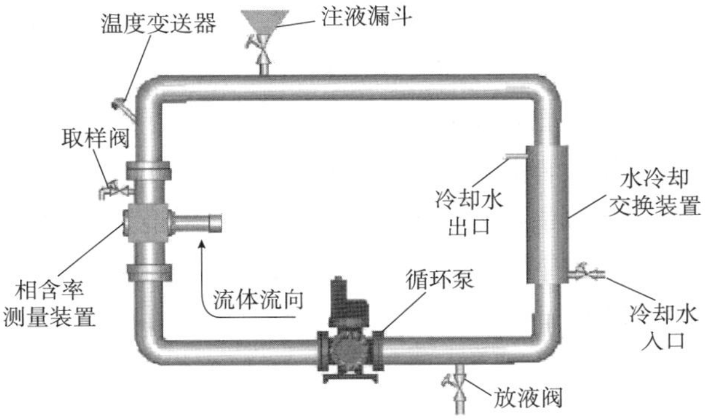

图1　相含率测量装置[12]

实验结果表明，双能射线多相流介质测量方法的水相含率最大测量误差小于0.01，RBF预测模型最大测量误差小于0.02，双能射线方法经过温度和油成分算法补偿模型后的水相含率最大误差仅有0.002。图2是相含率计量结果的展示。

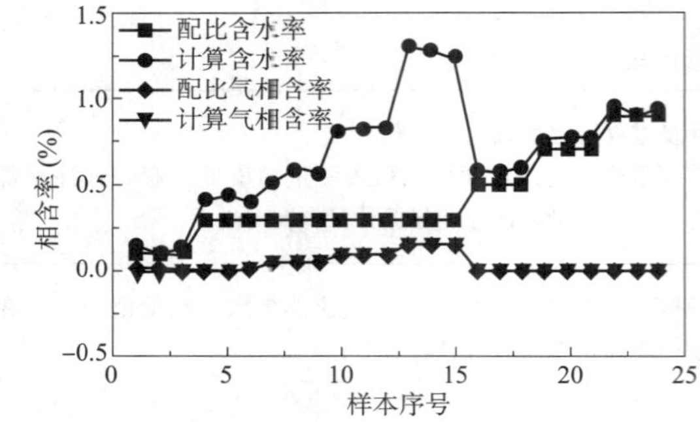

图2　相含率计量结果[12]

3.2　谐振流量计多相流计量方法

谐振流量计通过振动原理来实现流体的测量，该流量计由两部分组成，一部分是由振动管，振动驱动器，信号检测器，支撑结构等组成，这部分又被称为一次仪表，主要是代表测量流体物理量的机械机构部分。其中振动管为流体流经的测量管道；信号检测器为测量振动管位移量的传感器；振动驱动器为激励振动管以固定频率振动的器件。第二部分是由驱动模块，信号放大模块，显示模块等组成。图3是谐振流量计结构示意图。

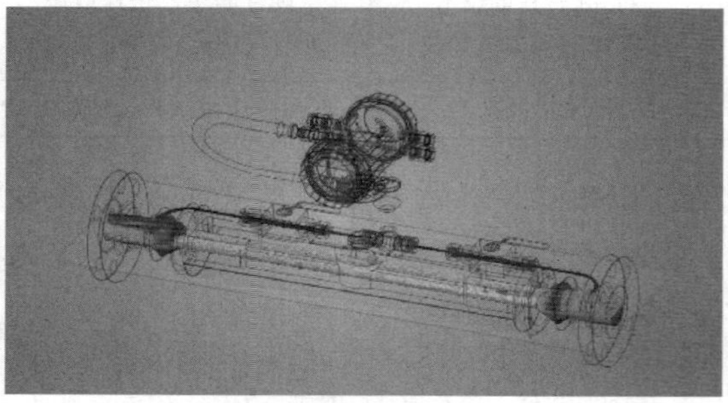

图3　谐振流量计[13]

新型国产谐振流量计多相流测量装置[13]，是通过测量谐振频率的变化来测量介质的混合密度，从而得到气、液两相相分率。用谐振法测量系统的固有频率就可以获得系统的总质量信息，扣除管道部分的质量(为常数)，即可得到介质密度。

该流量计围绕油田生产，采用了混相测量方法，根据所测得多介质混合密度结合工况密度值推算出质量相分率，并采用差压值对质量流量计量精度进行补偿，利用修正流量值和相分率计算出多相介质的质量流量。图4是谐振流量计的现场装置应用图。

图4　谐振流量计现场装置图[13]

3.3　磁共振多相流在线计量方法

由中石油勘探院所研发的磁共振多相流在线计量装置采用静态相含率结合动态流速的方法进行多相流介质测量[14]，利用氢原子磁共振特性实现相含率计算，该技术具有计量准确、零漏磁、无辐射等优势，实现了高频率数据采集，以及无人值守等新型研究趋势。图5是磁共振流量计实物。

该设备现场实验表明，该设备最大气相误差仅为4.8%，液相计量最大误差仅为2.95%，性能明显优于传统的三相分离器，真正实现了多相流在线计量，未来该设备将从增设取暖设备和电源优化两个方面进行改进，成为油气多相流现场计量的主流装备。

图5　磁共振流量计[14]

3.4　多传感器机器学习多相流实时计量技术

南方石油勘探公司联合清华大学针对油田生产过程的多相流介质在线测量问题提出了一种多传感器结合机器学习的检测方法[15]。该方法采用文丘里流量计和微波检测法对多相流关键参数进行测量，并基于SVR支持向量回归网络构建了测量模型和评价。

该方法所构建的多相流测量模型的样本信息，记录管道压力、流体温度、文丘里管前后管道压差以及微波测量的幅值与相位等数据，以10HZ的采集频率，针对油气水三相完成了500组实验数据收集、归一化处理和缺失数据补齐等数据预处理工作后，验证了测量模型的有效性。图6展示了气相测量结果，图7展示了液相测量结果，图8展示了含水率测量结果。

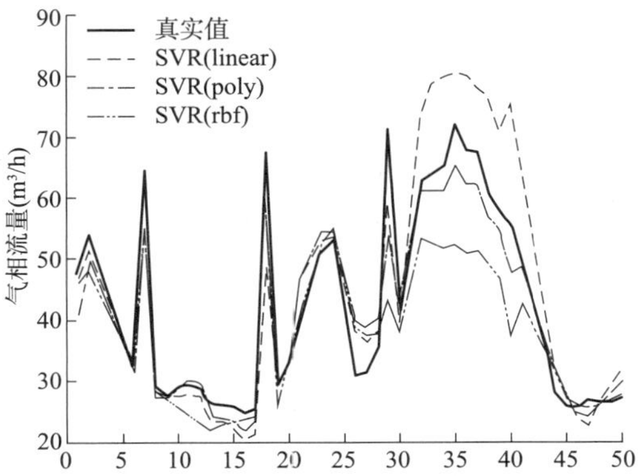

图6 气相测量结果[15]

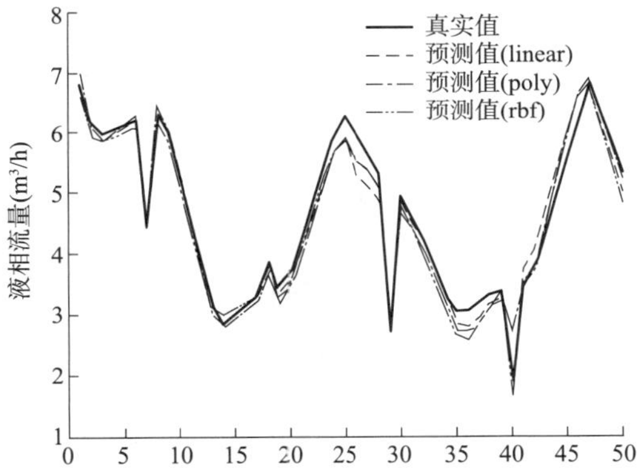

图7 液相测量结果[15]

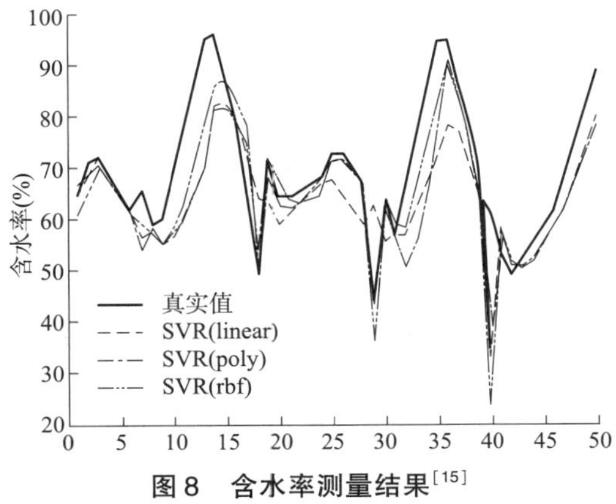

图8 含水率测量结果[15]

实验结果表明，该模型测量误差满足油气生产测量误差小于10%的计量要求，并通过构建不同的核函数作为模型对比，印证了RBF核函数的泛化效果优于linear和ploy两种核函数，为我国油气水多线介质在线监测提供了一种新的技术方案和解决思路。

3.5 实时在线三相流量计倒井一体化装置

该装置通过控制柜与倒井装置进行数据交互，利用多源数据融合技术，采用不分离计量方式评估产量变化，并采用人工智能技术对关键数据进行动态采集与分析，可为现场生产提供辅助级决策，该三相流量计主要采用双差压文丘里流量计进行气液两相测量结合电学层析成像技术和微波测量技术进行流态判断和含水率计算，最后通过核心后端算法软件对数据进行分析处理[16]。具体装置示意图和工作流程图如图9和图10所示。

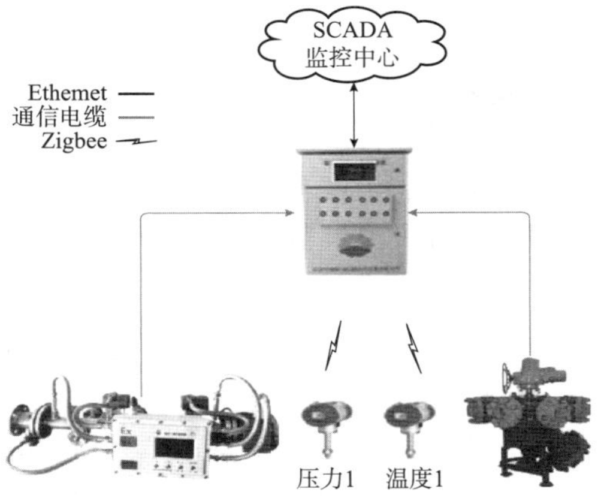

图9 装置示意图[16]

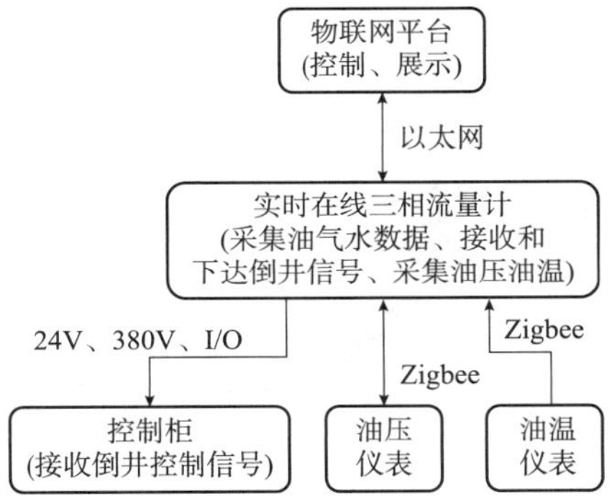

图10 工作流程图[16]

3.6 喷嘴节流在线计量装置

基于压差多相流介质测量模型和喷嘴节流原件研究了一种在线计量装置。该装置具有结构紧凑，电子器件不易损坏，维护便利等优点，并且设备智能化程度较高，建立了油气水三相的单相管道可适应不同工况下的工作环境[17]。其具体结构装置如图11所示。

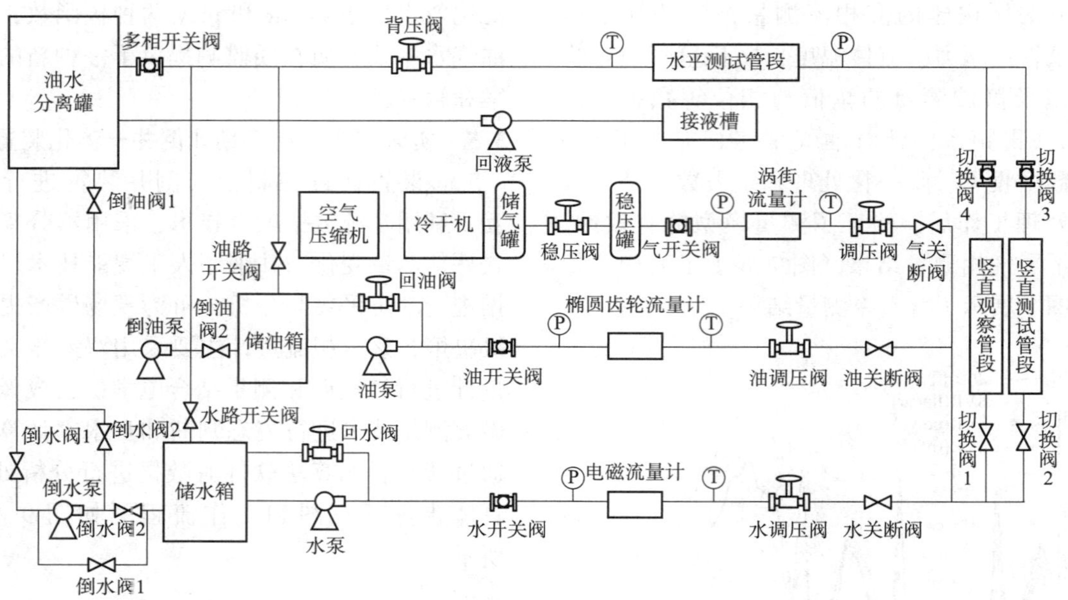

图 11　喷嘴装置结构图[17]

该装置采用标准差 δ 处理的方式来表征特征值与气液两相的物性参数，通过实验验证了压差波动与液相流量、干度、气相体积含率之间的关系，并且针对湿气流过节流原件所产生的压差偏高现象建立了虚高拟合修正模型，实验结果表明修正后的计算模型误差为 8.7%，结果较为可靠，满足作业现场计量需求，具体实验结果如图 12 所示。

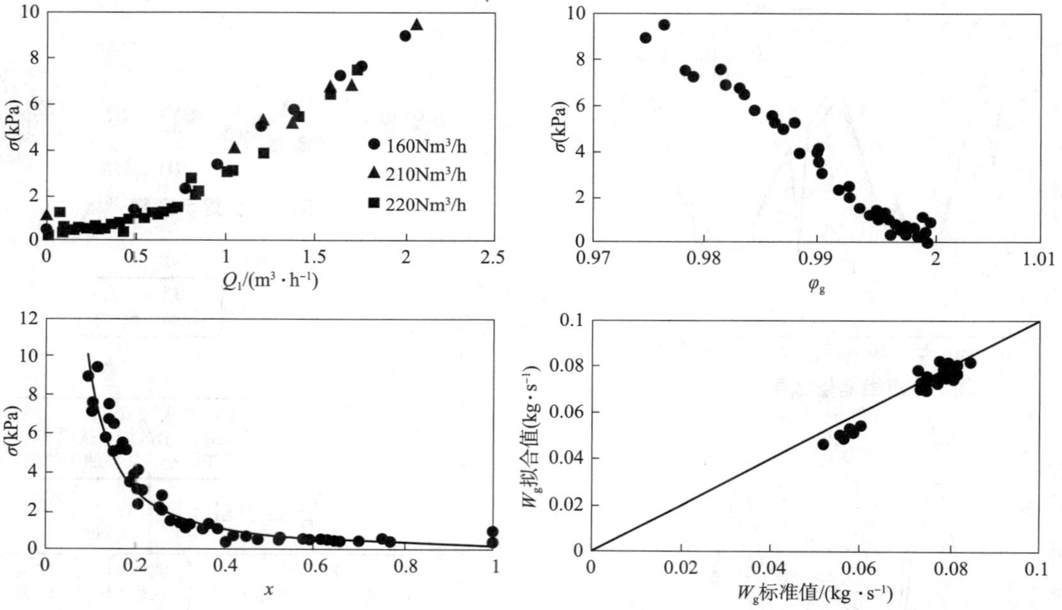

图 12　实验结果图[17]

4　乍得油田生产计量系统现状及国产化与数智化途径

目前，中国石油乍得项目油田所有井口流量计，均使用国外科里奥利力质量流量计作为多相流计量装备，整个计量系统运行状态良好、运行过程稳定，未发生任何宕机工况。但存在以下缺点：一是科氏力质量流量计需要累积多相流质量才能进行计量工作，计量时效性较差；二是科氏力流量计程序不开源、不可调，无法在设备端进行软件开发，设备可重构程度较低；三是科氏力流量计不支持远端系统软件标定，人工标定依赖程度较高，在线化程度低。

相比乍得油田存量使用的德国科隆和美国艾默生科氏力质量流量计，新型国产谐振流量计也可实现质量流量计量，已实现完全数字化、智能化、国产化，并具有三大优点：其一，克服科氏力流量计需要累积多相流质量才能起振计量的理论和技术缺点，国产新型谐振流量计采用直管设计，无需累积待测多相流质量，流量计可随时起振、随时计量、计量时效性高；其二，克服科氏力流量计程序不开源技术缺点，国产新型谐振流量计程序开源，能在设备端加载计量精度补偿算法，可实现高精度的多相流质量计量参数输出；其三，克服科氏力流量计不支持远端软件标定的技术缺点，新型国产谐振流量计在线化程度高，支持远端系统的软件标定作业，降低人工标定依赖程度，可大幅提高乍得油田计量系统数字化程度。并且谐振流量计对于多相流测量的适应范围优于其他类型流量计，各类流量计对比如表 4 所示。

表 4　多相流量计特点对比表

电容式流量计	电容电导	含水率低于 40%	根据油和水对电容数值的影响不同来测量含水率
微波类流量计	微波/射频	含水率低于 25%	根据微波传输衰减的不同来测量含水率
振动类流量计	谐振	工况截面含液率低于 20% 或大于 80%	根据谐振激励频率的不同来测量含水率
电磁类流量计	电磁	含水率不低于 15%	要求被测液体必须是导电的，且电导率不能低于阈值

新型国产谐振流量计已对相关功能和性能进行了严格测试，采用谐振原理，根据介质流过情况等信息分辨出气、液两种介质含量。现场测试结果如图 13 所示，井口 12 月份的流量计测量的气产量约 32194m^3/d，总累计气产量 869241.9347m^3。孔板单相测量的气产量约 33397m^3/d，总累计气产量 901710m^3，累计偏差仅为 -3.6%。由此可见：仪表能在复杂的工况条件下稳定运行，并可追踪切井，调产等实际工况变化，实时计量井况和产量变化，记录气井的实际生产连续性，该实验可充分说明谐振流量计具有较高的灵敏度和计量准确性。

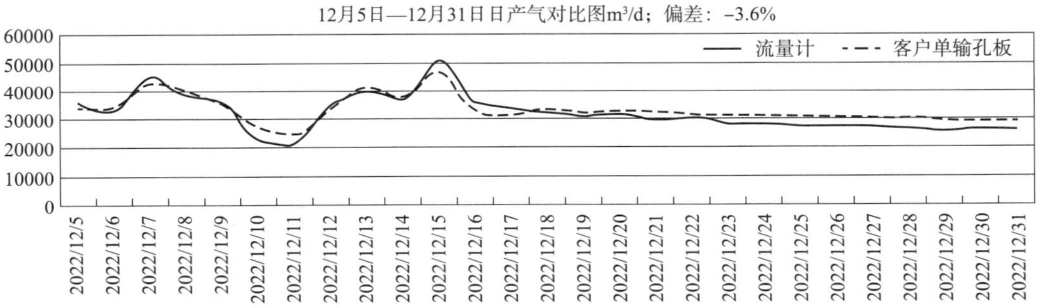

图 13　谐振流量计测量结果图

乍得油田生产计量系统数智化过程中，最具代表性的两点：其一是落实含水率计量精度补偿，它实现了对存量科氏力质量流量计的数智化升级，最大限度地节约生产成本，并提高油田经济效益；其二是实现在远端诊断仪表工作状态，它实现了将单井仪表装备、单井计量作业，在远程进行集中化控制。此外更换谐振流量计，实现国产化计量，标定程序开源可调，提高计量精度，保障数据安全也是乍得油田实现智能化途径的关键一步。

综上所述，多相流介质在线计量技术还有广阔的发展空间和前景，未来会有更多的技术与装备应用到油气领域，为油田高效、绿色、经济开发提供助力。

参考文献

[1]纪红，宋磊，张彦林．油井多相流计量技术[J]．石油规划设计，2008，(5)：44-46，52.

[2]钟荣强．多相流计量装置的研究与应用[D]．西南石油大学，2017.

[3]梁世英．油田单井多相流计量技术研究[D]．中国石油大学(华东)，2018.

[4]凌王翔．油气水多相流测量技术的研究[D]．浙江大学，2008.

[5]乔建宇．油气水三相流测量技术研究[D]．西安石油大学，2022.

[6]郑志航．提升管内射流与多相流混合过程的压力特性研究[D]．中国石油大学(北京)，2023.

[7]史雪薇．油气水多相流流速超声多普勒测量方法研究[D]．天津大学，2021.

[8]董旎霄．超声电学双模态油气水多相流流速检测[D]．天津大学，2017.

[9]刘晓敏．电容层析成像算法及其在两相流检测中的应用[D]．西北师范大学，2023.

[10]张丝雨，Miao Henry，吴浩达，等．油井多相流计量

技术研究进展[J]. 数码设计，2017，6(2)：21－27.
[11]毕权. 多相流计量综述[J]. 辽宁化工，2015，44(12)：1462－1465.
[12]景春国. 低能射线法油水气相含率测量研究[D]. 燕山大学，2009.
[13]谢利江. 谐振湿气流量计在涪陵页岩气开发中的首次应用[J]. 江汉石油职工大学学报，2023，36(04)，28－31.
[14]刘超，李志群，冻冠宏，等. 磁共振多相流在线计量装置现场试验分析[J]. 机械工程师，2023，(4)：32－33，37.
[15]申洪源，马亮，张雅楠，等. 基于多传感器和 SVR 算法的油田多相流实时计量技术研究[J]. 仪器仪表用户，2019，26(10)：15－19.
[16]陈冰，闵利昆，张雅楠，等. 基于实时在线三相流量计的倒井一体化装置[J]. 仪器仪表用户，2020，27(12)：5－7.
[17]魏方方，张倩，吴浩达，等. 基于喷嘴虚高的气液两相在线计量模型的实验方法[J]. 油气井测试，2022，31(5)：12－16.

检定结果影响因素分析与探讨

陈　琦

（中国石油天然气股份有限公司西南油气田分公司天然气研究院）

摘　要： 压力、温度、气体组分的测量、流量计的安装是否符合规范以及小流量的波动等因素会对流量计的性能评定结果产生影响，本文就这些影响因素在实际操作实践中的控制进行了分析和探讨，并基于正确的检定结果提出系数调整量与偏移量的关联适用条件的建议，以期为计量检定工作中质量控制方面提供解决思路和帮助。

关键词： 计量检定；影响因素；控制方法；小流量波动；偏移量；正确的测量结果

0　引言

气体流量计计量检定工作是判定流量计计量性能是否符合法定要求的程序，每次检定都是一个科学严谨的测量过程，我们通过测量的结果进行合格判定以及判定其计量性能符合某一等级，因此出具的证书具有法律效力。检定的依据是检定规程，其中计量性能检定项中规定了流量布点、温度压力稳定要求以及误差及重复性的计算方法。需要的测量数据由标准器工况流量、被检流量计工况流量以及温度、压力、气体组分组成。而标准器在评定考核建标完成及获取社公标证书时已经过严格数据测试，按照特定方法及适用条件使用，结果是可靠的。压力、温度、气体组分的相关设备满足规定要求进行量值溯源并在有效期内使用，其测量结果也可以认为是可靠的，被检流量计工况流量是其计量性能的体现，似乎亦是真实可靠的，独立看都是可靠的，但是由标准器、被检表以及配套压力、温度、组分分析组合起来成为一个系统。这个系统运行涉及多个环节，各个参数的获取与各个环节的质量控制是相互关联又相互影响的。只有将这些影响控制在一定的范围内，才能保证数据结果的真实性，不真实或不准确的数据会影响结果的判定甚至导致误判，下面我就结合现场的实践经验与大家一起来分析与探讨这些影响因素的形成及控制方法，以期为流量计检定工作的顺利开展带来帮助。

1　影响因素及控制

1.1　流量计安装的影响

大多数流量计的标准规范有安装要求，上下游直管段长度，流动调整器以及安装台阶允许范围等。由于用户送检大多只送流量计本体，计量检定站需要用自备管段去连接，相同压力等级的管段与流量计法兰可以连接，但不同流量计厂家生产的流量计内径都不相同，选择不合适则入口台阶高度会超出标准规范要求，部分超声流量计对于台阶影响并不大，但也有一些超声流量计影响就十分明显，更比如孔板流量计则必须要求使用配套直管段并按规定加装流动调整器，除此之外，安装轴线同轴性、径向应力消除不符合要求也会造成安装噪声干扰，对于有的流量计也是会产生难以预料的影响，所以最初的安装工作必须符合规范，而这又是现场工作最容易忽略的地方，需要引起大家的足够重视。

1.2　温度场是否稳定的影响

检定规程中一般规定一次采集周期中，温度的波动不超过0.5℃，但实际操作过程中，为保证检定的准确性，温度的控制质量要求往往更高。在整个检定系统中，由于各站标准装置区与测试段之间均存在空间距离，因为需要尽可能地消除偏流、漩涡的影响，流量计往往装在测试段末端，因此标准器和被检表间存在一定管容，温度在流量调节过程中会发生波动，管容较大时，各温度采集点的温度场可能没有达到稳定状态，根据气体体积流量计算公式温度采集每偏差0.3℃约带来1‰的流量偏差，温度对结果的影响显而易见。实际工作中需要满足流场稳定才能进行温度采集，如果采用临界流文丘里喷嘴检定，当切换使用不同临界流文丘里喷嘴时，我们通过观察新启用临界流文丘里喷嘴滞止温度是否与其他启用临界流文丘里喷嘴滞止温度波动方向和幅度大体一致来判断是否实现温度场稳定，满足条件方可开始流量数据采集。当采用直排涡轮标准装置时，我们可以找到核查标准、标准器和被检流量计三个点位的温度进行观察，流量开始调节时，三个点位的温度升降趋势方向总是不尽相同，刷新变化幅度也是不一样的，当流量调节趋于稳定时，三个点位的温度升降方向将趋于一致但升降刷新幅度变化仍不相同，这时需要继续等待，当3个点位的温度刷新幅度变化大体一致时，我们才可认为系统温度场达到稳定状态，这样的条件下才能保证温度采集的准确性。

1.3 压力波动的影响

检定规程中一般规定一次采集周期内，压力的波动不超过0.5%，压力的波动对不同厂家被检流量计的影响也是不同的，按照基本要求执行，有些厂家的流量计检定时流量偏差变化会显著体现，重复性也会变得很差。在低压检定时，管容导致的压力采集偏差对流量的影响也是比较大的，所以压力控制质量也很关键。压力的影响分为导压管取压口部分堵塞引起的压力反应迟滞影响，检定站自身调压装置的压力控制波动影响，以及干线进出口上下游压力波动影响。多数直排系统采用一二级调压后接标准器再接被检流量计测试段，最后经三级调压出站的工艺流程，我们针对压力影响采取了一些措施加以削减或消除。①对于导压管取压口部分堵塞引起的压力反应迟滞影响，我们需要经常检查取压口垫片突入情况(如采用软管取压，垫片密封，反复使用后，可能造成垫片突入取压口造成压力采集失真)，压力变化时，当发现该点位压力变化相较其他点位出现迟滞时应及时查看并排除。②当检定站自身调压装置的压力控制波动时，我们会发现被检表压力点位的压力时上时下，来回跳跃，标准器流量随之波动，压力跃变幅度越大流量波动幅度也会越大，我们可以采用更换大中小调压开度或更换调压装置(如一级调压改二级调压或二级调压改一级调压)，直到被检压力点位压力上下跃变消失，呈现单边缓慢上升或下降，抑或上下小幅波动时，我们会发现标准器流量波动幅度会变小，标志着我们的调压装置控制达到稳定状态才可采集检定数据。③当干线进出口上下游压力波动时，被检表流量偏差变化可能加大，重复性变差，这时可以将出站三级调压阀门关小，使被检表处压力整体抬高，高于出站压力约15kPa以上，使其正向流动趋势更为明显，这样能有效减小上下游压力波动对流量计性能产生的影响，提高检定效率。

1.4 气体组分的影响

对于涡轮标准器直排检定系统而言，根据气体体积流量计算公式气体组分的变化会造成压缩因子发生变化从而引起流量测量偏差。虽然我们引用的组分数据来源于进站分析取样点(该取样点与标准器间存在较大管容)，但由于标准器与被检流量计之间管容较小，组分变化引起的压缩因子变化较小，组分数据的变化对于标准器与被检表的数据结果影响也较小，组分影响可忽略。但当使用临界流文丘里喷嘴作为标准器进行流量计检定时，由于临界流文丘里喷嘴计量的是质量流量，密度、压缩因子、滞止压力、滞止温度等直接参与体积流量换算，进口天然气组分发生明显变化时，计算采用即时组分数据，在工况压力温度稳定情况下，当流经被检流量计的实际工况气体组分与进站组分存在较大差异时，被检流量计工况流量变化并不明显，而临界流文丘里喷嘴计算的流量却随组分变化而发生明显变化，导致数据结果比较偏离真实情况，重复性随之变差，在工作中发现因组分影响造成的计算偏差可以达到5‰左右，这种情况只有等待组分数据持续稳定，且气体置换完全才能实现其测量计算的准确性，这也是标准器实验稳定性数据发生偏移的可能性原因之一。如果我们将分析取样点设置于靠近测试段与临界流文丘里喷嘴标准器的位置，气体组分变化的影响可以减小到最小，在站场设计或整改升级可以加以考虑，但同时应尽量避免因分析取样引入新的不确定度分量。

1.5 流量计小流量不稳定的影响

当小流量调节稳定后，不同厂家的流量计小流量点的稳定性能是不同的，有的流量计能够在较短时间达到流量稳定，波动较小，且测量重复性较好。但有的流量计流量会沿着类似于正弦波形状进行上下波动，长的周期可能达到10分钟，这与我们采样时间一般定为100秒每次不适应。在不提高最小流量进行检定的前提下，需要等待的时间很久(可以达到半个小时以上)，对于这种流量计应尽可能采取集中采集正弦波轴线位置附近数据作为结果，尽量减小修正量，这样才能降低风险并实现验证点的数据符合预期。当最小流量确实不能满足准确度等级要求尤其是重复性较差时，这时候往往需要提高最小流量(即缩小量程范围使用)，通过现场经验积累发现，绝大多数超声流量计当流体流速达到1m/s时(许多超声流量计出厂铭牌最小流量流体流速很小，甚至只有0.4m/s)能够保证计量性能的稳定，可以直接参照提高到 1m/s 进行检定，如果开展更多相关实验，那么可以据此对厂家以及规程或标准最小流量提出具体要求或建议。

2 检定结果系数调整量与偏移量的关联适用条件

基于正确的检定结果，我们得到流量计修正系数、置入并验证，根据本次置入的修正系数与上周期证书中检定的修正系数进行比较，得到调整量，以判断周期间的量值偏移水平，当这个偏移量大于 2% 时，往往会引起更大的关注，甚至可以要求用户缩短检定周期。但不同技术机构标准器的数据比对尚存在差异，检定介质不同以及不同的流量选定，插值所得到的结果简单地拿到一起进行比较，也许会产生更多数据上的偏移大于 2%，这种不管适用条件，单看绝对数据就下结论是缺乏公正性和科学性的，所以个人认为偏移量应该参考同一适用条件即：同一技术机构，同样的介质，同样的流量，这样的适用条件为前提得出的结论才更有分析价值及指导意义。

3 结论与建议

综上所述，计量检定系统中采集的各个变量都存在相互关联和影响的关系，我们只有在检定过程中严把各个关键质量环节，控制好各个环节的影响因素，才能够得到正确的测量结果，当这个结果产生，我们再通过与上次检定周期的系数进行科学对比，最终作出正确的判定，才能正确履行检定站的社会职责，避免质量事故的发生。

在线色谱仪测定天然气热值影响因素研究

郭　亮　高军会　沈晓燕

（中石油西南油气田分公司川西北气矿计量和环境监测站）

摘　要： 天然气计量包括体积计量、质量计量和能量计量。天然气能量计量依托体积计量体系和热值测定体系。国内天然气热值主要由人工离线测定，对天然气热值在线监测的研究较少，在线监测产生的误差时有发生。通过对部分天然气热值在线监测系统现状进行分析，从运行环境、硬件配置、计算方法方面研究天然气热值在线监测的影响因素，并提出相应的改进建议。

关键词： 天然气；热值；能量计量；色谱分析

1　概述

天然气计量包括体积计量、质量计量和能量计量。早期天然气通过体积计量，并长期作为天然气贸易的主要计量方式。经过对天然气不断系统研究，发现各产区天然气的成分并非完全相同，因此近年来世界大部分地区采用能量计量作为贸易计量方式。我国各油气田产区天然气热值特征差异较大，与国际进口天然气热值特征也不相同，不同气源高位热值范围为（33.23 ~ 44.92）MJ/m^3，热值最大相差可达 35% 以上[1]。能量计量可直接反映天然气的质量，体现天然气的热值特征。

能量计量通过天然气单位体积和热值特征进行计算，计算得出天然气的能量值。热值特征分析设备包括体积计量仪、在线气相色谱仪、计量软件平台等[2]，其中热值特征分析的核心设备为在线气相色谱仪。我国对天然气热值在线监测设备研发较晚，尤其在线气相色谱仪大部分依赖进口。天然气计量人员对热值测定设备了解较少在线监测产生的误差时有发生。通过对部分天然气热值在线监测系统现状进行分析，研究天然气热值在线监测的影响因素。本文对影响天然气热值在线监测的因素进行分析，并对影响因素提出相应的改进建议。

2　在线色谱仪测定天然气热值影响因素

天然气热值在线分析通常采用间接测量法，通过分析天然气组成，然后计算得出单位体积（国内为 1 标准立方米）天然气的发热值[3]。常见的天然气场站能量计量包括两个系统：体积计量系统和天然气热值分析系统，因此天然气能量计量是体积计量的延伸，其基本原理如图 1 所示。能量计量方式能直接反映天然气的品质特征，并以此为依据区分不同品质天然气的价格。

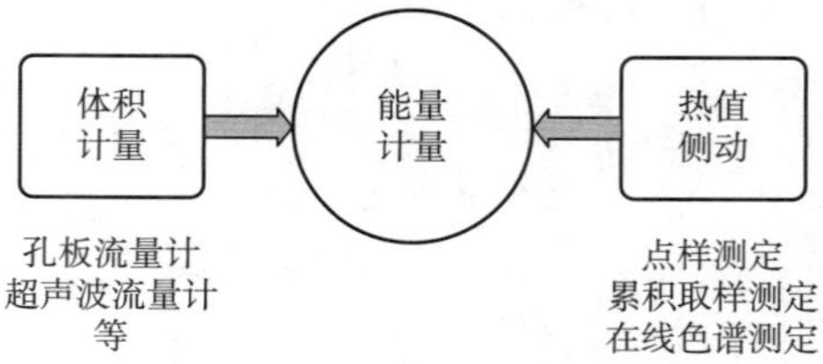

图 1　天然气能量计量原理

天然气热值在线分析的核心设备为在线气相色谱仪，其主要分析过程有三个阶段：①样品气通过进样口进入定量环；②由载气推送将样品气带入色谱柱进行组分分离；③分离出的组分通过检测器分析得出相应组分数据，并由色谱仪工作站计算出天然气组分结果。按照在线气相色谱仪分析样品的三个步骤，其影响因素包括：定量环进样量的重复性、色谱柱柱分离效果。

2.1　定量环进样量的重复性影响因素

进样时必须保证由载气送入色谱柱的样品气得到精确定量，这个过程涉及影响因素较多，包括：进样气的温度、压力、流速、气源压力波动（以及振动）[4]。这些影响因素均可能对定量环中的样品量产生影响。

由于在线气相色谱仪结构紧凑、体积小等特点，预处理系统不能对样品气的温度进行控制。部分场站在线监测系统安装时间较早，或因安装位置特殊导致条件受限等原因，场站内的取样管线完全呈裸露状态，甚至将取样管线安装在被阳光直晒的位置，如图 2。此情况下，受外界环境的影响，取样管线内的样品天然气温度将出现较大幅度的变化，该影响以夏季和冬季尤其突出，一个昼夜的天气有可能出现较大的温差。特别是夏季晴天出现阵雨，管线受烈日暴晒时温度较高，样品气的温度也随之升高；但受雨淋后取样管线的温度短时间内出现较大幅度的下降，此时取样管线内的样品气温度在短时间内出现大幅度的温差，导致在线气相色谱仪监测结果有较大的波动。

图2　露天且未伴热处理的取样管线

某天然气场站夏季平均温度为18～28℃，即夏季平均温差为10℃，如白天阳光直晒取样管线，则管线温度将进一步上升，可达35℃以上。该场站冬季平均温度为10～17℃，平均温差为7℃左右(数据来源于中国气象网)，部分地方冬季凌晨可能有霜冻现象，管线温度将进一步降低。按照夏季平均温差10℃计算，天然气样品进样量的偏差达3.43%，如果夏季阳光直晒取样管线的温度计算，则天然气样品进样量的偏差可达5.84%。根据温差结果进行计算，得出在天然气热值偏差如表1所示。

通过统计，可以发现热值较低的天然气，受温差影响在线气相色谱仪测试得出的天然气热值偏差略小；热值较高的天然气，受温差影响在线气相色谱仪测试得出的天然气热值偏差较大。且环境温差越大，对天然气热值在线监测的影响越大。

表1　温差带来的热值偏差

站点编号	热值 MJ(m³)						
	无温差	温差10℃			温差17℃		
	热值	热值	偏差(℃)	偏差比例(%)	热值	偏差(℃)	偏差比例(%)
1号	36.40	36.43	0.03	0.08	36.44	0.04	0.11
2号	38.05	38.02	-0.03	-0.08	38.00	-0.05	-0.13
3号	36.77	36.78	0.01	0.03	36.78	0.01	0.03
4号	39.23	39.15	-0.08	-0.20	39.12	-0.11	-0.28
5号	41.57	41.44	-0.13	-0.31	41.31	-0.26	-0.63

2.2　色谱柱和检测器的影响因素

在线气相色谱仪运行时，分析组分数量等因素条件，对分析结果有一定的影响。

天然气是一种组分数可能多达10个以上的复杂气体[5]，不同场站的在线气相色谱仪分析的天然气组分数目可能存在一定的差异。目前在线气相色谱通常分析的组分数量与人工离线气相色谱基本相同，但部分在线气相色谱仪缺少氦气、氢气、一氧化碳等组分。这些热值较低的组分，通过差减法计入热值较高的甲烷组分中(外标法则等同于按比例计入所有组分)导致这部分在线气相色谱仪分析的天然气热值略高。

以某场站为例，按照人工离线计算方式，测出天然气中氦氢成分(体积百分比)为：氦0.03%，氢0.01%，天然气热值为39.915MJ/m³。若将氦氢等组分划归甲烷，则天然气热值为39.930MJ/m³。两种计算方式得出的天然气热值相差0.015MJ/m³，差值比例为0.038%。尽管差值比例较小，但对于气量交接较大的场站经长期累计，仍有较大的能量计量偏差。[6]如以西南地区某厂每日24.4万方用气计算，每天热值相差3.60×10^3MJ，一年累计热值相差将达到1.31×10^6MJ。

将上述两个影响因素进行整合，对在线色谱仪进行热值监测的整体偏差为：-0.86%～0.41%。

2.3　天然气中重烃组成定量方式影响因素

部分天然气中含有己烷、庚烷、辛烷等重烃组分，目前对重烃测定主要采用反吹分析—戊烷架桥法进行计算[7]，也有部分情况采用延伸分析——外标法进行计算。

反吹分析即天然气烃类组成在色谱柱内进行分离，在色谱仪系统某时刻设置改变流动相的事件，将重烃组分合并为一个峰，通常命名为“C_{6+}”。然后该峰通过戊烷架桥法进行定量，即对比样品中C_{6+}和正戊烷、异戊烷的峰面积进行计算[8]，计算按式(1)进行。

$$y(C_{6+})=\frac{y(C_5)A(C_{6+})M(C_5)}{A(C_5)M(C_{6+})} \tag{1}$$

式中　$y(C_{6+})$——C_{6+}摩尔分数，%；

$y(C_5)$——正戊烷和异戊烷摩尔分数之和，%；

$A(C_{6+})$——C_{6+}峰面积；

$A(C_5)$——正戊烷和异戊烷峰面积之和；

$M(C_5)$——戊烷分子量，取值为 72；

$M(C_6)$——己烷戊烷分子量，取值为 86。

由于庚烷等更高碳数分子量超过 86，因此计算的数值较实际含量偏低，从而导致计算出的天然气热值偏低。当重烃含量较低时，该值影响很小可忽略不计。包括伴生气、油田气和致密气等在内的天然气，其组分中通常含有较高的重烃物质，己烷及以上重烃组分的摩尔分数可能超过 0.1%。以两条不同气源的输气管线为例，采用两种计算方式，数据如表 2 所示。当重烃含量较低时，两种计算方式热值偏差仅 0.0041%，而重烃含量较高时，两种计算方式热值偏差达到 0.0216%。

表 2　天然气不同重烃计算方式的高位热质量

样品来源	C_{6+}组分（摩尔百分比）	高位热值（MJ/m^3）		热值偏差（%）
		延伸分析	反吹分析 C_{6+}	
A 输气管线	0.0183	38.9795	38.9779	0.0041
B 输气管线	0.0919	42.1449	42.1358	0.0216

备注：天然气计量和燃烧参比条件为 101.325kPa，20℃。

3　天然气热值在线测定模式优化

3.1　在线气相色谱仪运行环境优化

通过对在线气相色谱仪进样系统进行研究，可以发现取样管线外部环境温度的变化对样品气温度有较大的影响。随昼夜交替，地面空气温度变化较大，而地下（50～80）cm 的土壤温度变化远小于地面空气，且埋地处理还能对取样管线起到保护作用。通过对取样管线电伴热处理和埋地铺管等措施（如图 3 所示），对样品天然气的温度波动具有良好的抑制效果。在线气相色谱仪需远离震源，以减小环境振动带来的不利影响。建议将在线气相色谱仪分析小屋安装在远离震源的坚固地面，应避免选择天然气管道钢架平台、防噪声墙等作为安装位置。另外如对数据及时性要求较高的场站，取样管线的长度应予以考虑。如安装位置距取样口较远，则长取样管线将出现样品数据及时性变差的情况。10 米长的 1/4 英寸取样管线，样品数据及时性将滞后 15min～20min，即分析出的数据属于经过取样点管道 15min～20min 以前的天然气。

图 3　带伴热处理并埋地的取样管线

3.2　在线气相色谱仪升级优化

因设备的色谱柱、阀系统等硬件配置不同，部分在线气相色谱仪不具备分析天然气中氦、氢、一氧化碳等微量组分的能力。通过人工离线测定，可以判定这部分低热值组分的含量。当天然气中此类微量组分值很低时，热值测定的偏差较小，可以通过人工离线测定组分含量，并录入在线气相色谱系统，以此作为修正方式。如这些低热值的微量组分含量较高且变化较大，则需要更换具备分析这类组分的高等级在线气相色谱仪。

对于气源复杂、不同取样点的气质差异较大的场站，单独一套天然气热值在线监测设备无法满足监测需要[9]。如对每个取样点安装一套在线监测设备，不仅投资较高，且后期维护工作量和运行成本也随之增加。可以通过加装配套预处理系统、电子切换阀和通信模块，可实现天然气热值在线监测设备的多点监测能力。

3.3　天然气中重烃测定方式优化

天然气中重烃含量对测定的热值有一定的影响，重烃含量越高，对测定结果的影响越大。根据天然气在线气相色谱仪的技术要求[10]，重烃含量较低时产生的影响远小于高位发热量一致性限值，因此可忽略不计。当重烃含量较高时，则需对其定量方式进行优化。

由于在线色谱仪具有短进样周期运行的特征，因此难以进行延伸分析。对于含重烃较高的天然气，可对工作站程序进行优化，更改反吹设置时间，以获得更高组分的反吹。如将反吹峰由己烷更改为壬烷，提高重烃热值测定的准确性的同时，对应的进样周期仅延长 2min，不会对能量计量系统产生较大的影响。另外 C_{6+}按戊烷架桥法获得结果后，可以参考 GPA 2172—2014 对其采用一定比例分割法[11]（C_6 ：C_7 ：C_8 按 60% ：30% ：10%）进行定量。

4 结论

天然气热值在线监测为能量计量提供重要的计算参数，直接关系到天然气用户与供气方的合法权益。由于硬件配置、运行环境和气源参数等因素，导致监测结果可能存在较大的偏差。因此需要加强对天然气计量人员技能培训[12]，及时分析可能存在的影响因素。对设备采取埋地、电伴热等措施，减小取样管线外部环境温差，提高进入在线分析设备的样品气进样量的重复性；通过对天然气热值在线监测设备升级改造增加微量组分的分析项目，以及对重烃测定方式进行优化，可降低分析误差，对气质变化大、气源复杂的输气场站具有较好的推广价值。

参考文献

[1]李克，罗勤，王宏莉，等．天然气能量计量方式探讨[J]．石油工业技术监督．2019．35(8)：26－28.

[2]林立根，李佳，工矿企业天然气能量计量方案的探讨[J]．工业计量．2021．31(5)：52－54.

[3]陈赓良，天然气的能量计量及其标准化[J]．石油工业技术监督．2001．17(5)：1－7.

[4]沈超，天然气能量测量不确定度评定[J]．计量与测试技术．2021．48(11)：115－118.

[5]彭颜，组成分析对混输天然气的能量计量影响探讨[J]．中国检验检测．2021．5(11)：29－32.

[6]刘琦，孙冲，徐赫男，天然气能量计量误差影响因素分析[J]．化工管理．2021．34(12)：27－28＋49.

[7]曾文平，王伟杰，王晓琴，等．天然气中 C6⁺组成不同定量方式对发热量计算结果的影响[J]．石油与天然气化工．2020．49(4)：95－100.

[8]国家市场化监督管理总局．国家标准化管理委员会，天然气的组成分析 气相色谱法：GB/T 13610—2020[S]．北京：中国标准出版社，2020.

[9]国家能源局．天然气 在线气相色谱仪性能评价：SY/T 7658—2021[S]，北京：中国标准出版社，2021.

[10]贾晓林，黄杨挺，吴凯骐，等．天然气能量计量设计关键技术研究，天然气与石油[J]，2021．2(4)：11－17.

[11]American Petroleum Institute. Calculation of Gross Heating Value，Relative Density，Compressibility and Theoretical Hydrocarbon Liquid Content for Natural Gas Mixtures for Custody Transfer：GPA 2172—2014[S]，American Petroleum Institute，2014.

[12]王丽萍，基于天然气能量计量的关键技术分析[J]．中国石油和化工标准与质量．2021．16(8)：167－168.

基于简单分离法的多相计量技术研究

黄纯金　朱西柱　郭小凡

（长庆油田分公司第十采油厂）

摘　要：为提高多相计量技术的准确性，降低生产成本，通过各种工艺对比，采用基于简单分离的多相计量方法，利用 CFD 仿真模拟优化分离器结构，将分离效率控制在 6% 以内，优化 PID 控制程序，提升控制系统响应速度和消除静差，对比各项单相计量技术，优选出气相、液相及含水的计量方式，并结合室内实验验证多相计量装置准确性。经过验证，使用旋流分离器 + 涡街计量 + 文丘里管计量 + 微波监测等技术方案，可实现多相计量误差均保持 5% 以内，满足现场生产需求，该研究对多相计量技术的发展具有一定指导意义。

关键词：旋流分离；仿真模拟；PID；多相流体；微波衰减

在油气田开发与管理中，准确的多相流体计量提供了数据支撑，降低了生产投入，提高了油气田的经济效益；此外多相流体在管道中流型的复杂性还影响着流速、压力分布，准确的多相流体计量有助于调整操作参数，保持管道的稳定运行，减少能耗，预防输送事故。因此，如何精确计量油气田中复杂的多相流体，成了提升资源利用效率、降低成本投入和环境可持续性的关键措施。

多相计量技术目前形成了多种技术路线并行发展的格局。首先，基于分离原理的技术仍占主导，包括全分离法和部分分离法。其次，非分离技术逐渐兴起，如多相流量计直接计量技术，利用电磁、声学、核磁共振、放射性示踪等多种物理原理，直接测量混合状态下各相的体积或质量流量，减少分离步骤，提高测量效率。此外，随着计算流体力学（CFD）和机器学习技术的发展，基于模型的间接计量技术也获得了新的突破。

针对油田开发现状，部分分离计量技术通过简单分离后，利用改进的组合仪表计量各相流体，实现油气水三相流体的精准计量。本文主要通过优化简单分离多相计量技术工艺、结构及计量领域成熟的计量策略组合，建立和完善基于简单分离法的多相流体流动模型，深入理解不同流型下各相流体的相互作用机理，验证并评估所提出的计量技术在实际油气田开发过程中的应用效果，解决现场计量难题，提升生产效率和经济性，为系统设计提供理论支撑。

1　分离器的选型及结构设计

1.1　分离器的选型

油气分离主要包含重力分离技术、加热分离技术、旋流分离技术、膜分离技术等，重力分离是利用油、气、水三相密度的差异，在静置或缓慢流动状态下实现自然分离[1]。重力分离器通常设计有较大的储液空间，基于重力作用进行油水分离，该技术具有操作简单，维护成本低，但分离效率受流体性质、压力、温度和设备尺寸的影响较大，适合于初步分离；加热分离是通过加热混合物流，降低原油的黏度，促进其中的水分和气体析出；旋流分离是利用高速旋转产生的离心力场，将不同密度的气体和液体或固体颗粒分离，技术适用于气液分离；膜分离是利用半透膜的选择透过性，实现气体混合物中不同组分的分离。在油气行业中，主要用于天然气的净化，如脱除 CO_2、H_2S 等杂质，其特点是能耗低，分离效率高，但膜材料成本较高，且需定期更换。因此结合现场生产需求，选用旋流分离技术进行设计研究[2]。

1.2　旋流分离技术的模拟设计

1.2.1　建立几何模型

旋流分离器几何模型按照经典锥形模型设计[3]，如图 1 所示，其中分离器直径为 D，气相出口直径为 d_1，液相出口直径为 d_2，多相流体入口直径为 d_3，分离器圆柱体高度为 h_1，入口安装高度为 h_2，锥形底部锥角为 α，多相流进口流速为 ν。

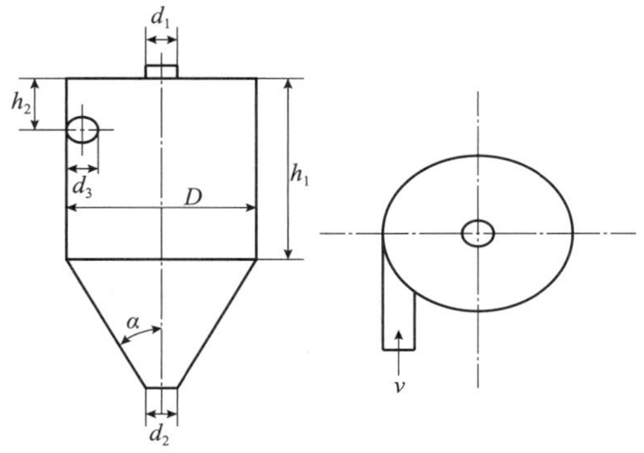

图 1　旋流分离器结构示意图

1.2.2　边界条件设定

流型判断：经对流体检测化验，现场流体密度为 831kg/m^3，流体流速 0.1 ~ 1.5m/s，入口管线直径 0.08m，流体黏度 0.8 ~ 1.2mPa · s。根据雷诺数计算公式：

$$Re = \frac{\rho \cdot v \cdot L}{\mu} \tag{1}$$

式中：ρ 是流体的密度(kg/m^3)；v 是流体的特征速度(m/s)，通常取流体相对于固体边界的平均速度或最大速度；L 是管线直径(m)；μ 是流体的动力黏度(Pa · s)。

经计算流体最小雷诺数为5540，$Re > 4000$ 流体流型为湍流状态。

模型选择：在 CFD 中流体模型选用 RNG k—ε 模型，该模型是湍流模拟中一种较为常用的 RANS 闭合模型。该模型是对标准 k—ε 模型的一种改进，旨在更好地处理近壁流动、旋转流和分离流等复杂湍流现象[4]。

边界条件：①假设流体流动过程中流体瞬时的角动量守恒；②假设在分离过程中能量和质量守恒，不存在与环境热量与质量交换；③假设入口流体流量保持稳定；④默认关闭粗糙度为 0.5[5]。

1.2.3　仿真结果分析

通过 Fluent 数值模拟计算，重点研究了不同的锥形底部锥角和不同的入口流速与气相出口含液率的变化规律[6]。

根据被测流体物性，设定流体流速为 1.0m/s，模拟调整底部锥角 α 为 15°、30°、45°、60°时，分析气相含液率变化规律，如图 2 所示。

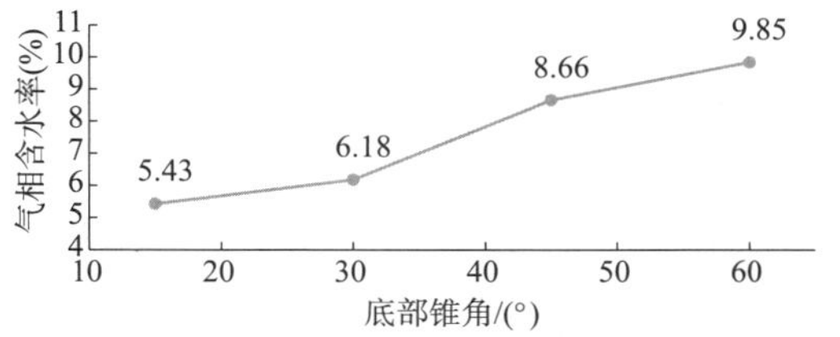

图 2　旋流分离器底部锥角与气相含液率的管线

从图 2 可以看出，底部锥角 α 在 15° ~ 30° 时，气相含液率保持比较较低水平，随着底部锥角 α 的增加，气相含液率逐步上升。其主要原因是随着底部锥角 α 增大，旋流分离器中受罐壁摩阻和离心力的影响，多相流体流速下降，离心分离作用减弱，导致部分气液分离不彻底[7]。

设定旋流分离器底部锥角为 30°，调整流体流速为 0.1m/s、0.5m/s、1.0m/s、1.2m/s、1.5m/s，分析气相含液率变化规律，如图 3 所示。

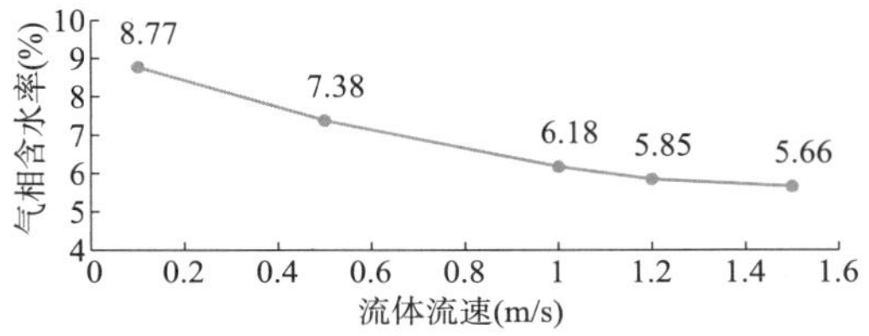

图 3　旋流分离器流体流速与气相含液率的管线

从图 3 可以看出，流体流速在 1.0m/s ~ 1.5m/s 时，气相含液率比较稳定，液体流速低于 1.0m/s 时，分离效果较差。

综上所述，旋流分离器要求底部锥角控制在 30°、流体流速控制在 1.0m/s 以上，整体分离效果较好。

2　基于简单分离法的多相计量系统设计

2.1　计量工艺的选型

2.1.1　气体计量工艺

气体计量是一个综合考量多个因素的过程，主要考虑因素包括气体类型、流量范围、压力、温度、流体特性、安装环境等，工艺对比如表 1 所示。

表 1　气体计量工艺对比表

计量工艺	原理	适用场景	设备特点
孔板流量计	通过在管道中安装一块标准孔板产生差压，差压值与流速成正比	广泛应用于气体的大流量计量	结构简单、稳定可靠、维护方便，但可能会有较大压损
涡轮流量计	流体通过涡轮叶片旋转，转速与流速成正比	适用于清洁、单相气体的高精度测量	高精度、响应快，但对流体清洁度要求高

续表

计量工艺	原理	适用场景	设备特点
涡街流量计	当流体流经旋涡发生体产生旋涡，旋涡释放的频率与流体平均速度成正比	适合于测量大口径管道中的气体和低黏度液体	压力损失小、量程范围大、精度高、稳定性好、适用温度范围
超声波流量计	利用超声波在流体中的传播时间差或频率变化来测量流速	应用于各种气体的非接触式测量，特别适合腐蚀性、高温、高压环境	无移动部件，维护少，可用于多相流测量，但价格相对较高
科里奥利流量计	流体通过振动管时会产生科里奥利力，引起管壁两侧的相位差，该相位差与质量流量成正比	适合于高精度、宽量程的气体流量测量	直接测量质量流量、精度高，但成本高，对安装要求严格

油田伴生气计量具有流量波动范围大，油气分离不彻底，现场安装环境差等诸多因素，选取涡街流量计作为气体流量计使用，涡街流量计采用非侵入式测量，具有压力损失小、量程范围大、精度高、稳定性好、适用温度范围、输出信号多样、抗震性和抗干扰能力强等特点，且市场上 Emerson、Siemens、Yokogawa 等厂商涡街流量计应用也较为广泛[8]。

2.1.2 液体计量工艺

液体计量主要分为体积流量和质量流量，在油田开发方面主要采用体积流量，体积流量计量主要分为压差式、电磁式、机械式、超声波、容积式等，表 2 中对几种常用的计量方式进行了分析。

表 2 液体计量工艺对比表

计量工艺	原理	适用场景	设备特点
涡轮流量计	涡轮叶片受流体冲击而旋转，转速与流体体积流量成正比	适用于清洁、低黏度液体的流量测量	结构简单、价格适中、测量精度较高，但易受流体物性变化的影响
电磁流量计	当导电液体在磁场中作切割磁力线运动时，导体中产生感应电势	适用于导电液体的流量测量及宽流量范围的测量	测量精度高、稳定性好，但对流体温度和压力的变化不敏感
文丘里管流量计	利用节流件使流体产生差压，通过测量差压与流量的关系来推算流量	适用于多种流体介质，特别适用于高压、高温环境	适用范围广，结构可靠，价格相对较低
超声波流量计	利用超声波在液体中的传播特性来测量流量	适用于非接触式测量，适用于腐蚀性、高黏度的流量测量	非接触式测量，对流体无污染，安装维护方便

根据多相流简单分离液相计量流体含溶解气、液体中杂质含量高、易析蜡结蜡、介质含水变化大等特点，选用文丘里管流量计。文丘里管流量计具有测量条件宽、结构简单、价格相对较低等特点，国内江苏安科仪表有限公司等厂商生产的文丘里管流量计市场应用范围较广[9]。

2.1.3 含水率测量工艺

液相计量无法实现对水量、油量的单独计量，为更准确地计量液相中水量和油量，需要对液相含水率进行测量，针对含水率的测试技术主要有电学法、射线吸收法以及微波衰减法等几种，工艺对比如表 3 所示。

表 3 含水率检测工艺对比表

计量工艺	原理	适用场景	设备特点
电学法	原油含水率的变化会导致介质介电常数的改变，从而引起电容值的变化，电容值与含水率成比例	适用于中低含水率的原油实时在线监测	非接触，安装维护简单；响应速度快，便于连续监测；受油品中杂质及温度、压力变化的影响
射线吸收法	原油和水对射线的吸收系数不同，通过测量射线穿过油水混合物前后的强度衰减，可以计算出水相的含量	适用于连续在线监测，尤其是在高含水率的原油输送管道中，以及需要高精度测量的场合	非接触，精度高，不受流体物理性质变化的影响；但成本较高，需专业的防辐射措施
微波衰减法	由于油和水对微波的吸收系数不同，通过测量微波信号经过混合物后的衰减量，可以推算出含水量	适用于各种含水的原油实时监测，尤其适合复杂工况下的在线测量	非接触式，响应速度快，实时性强；抗干扰能力强，不易受油品中其他成分影响

根据测量介质含水变化大、连续检测、管理便捷等需求，结合电学法不适应高含水测量、易受杂质干扰，射线吸收法放射源管理困难、投资成本高等问题，选取微波衰减法对液相含水率进行测量[10]。

2.2 工艺流程的设计

根据旋流分离器的模拟研究及气相、液相、含水测量工艺方法，文丘里管对液相流体具有截流作用[12]，通过流量计流体压力会有一定损失，其压力损失计算公式如下：

$$Q = C \cdot A \cdot \sqrt{\frac{2 \cdot \Delta p}{\rho}} \tag{1}$$

式中 Q——流体的体积流量，m^3/s；

C——流量系数，依赖于雷诺数(Re)并且通常需要通过实验确定；

A——喉颈处的横截面积，m^2；

Δp——入口与喉颈之间的压差，Pa；

ρ——流体的密度，kg/m^3。

根据式(1)可以看出，文丘里管产生的截流压差并不是固定的，而是取决于流经文丘里管的流体流量、密度、黏度以及文丘里管的具体几何尺寸(如入口直径、喉径以及扩散段的设计)。压差的大小与流体流速成正比，流速越大，产生的压差也越大。按照计量范围 10～100m^3/d 计算，产生压差在 0.1～0.3MPa，导致气相与液相出口压力不平衡，因此，在气相与液相出口分别设置自动控制阀，平衡两相压力。

根据介质的易燃特性及系统控制要求，控制阀选用电动闸板阀；为提高流体流型稳定，将电动阀安装在计量仪表后端；根据《固定式压力容器安全技术监察规程》(TSG 21—2016)中对压力容器安全阀的安装要求，对旋流分离器增加了安全泄放系统，具体工艺流程如图 4 所示。

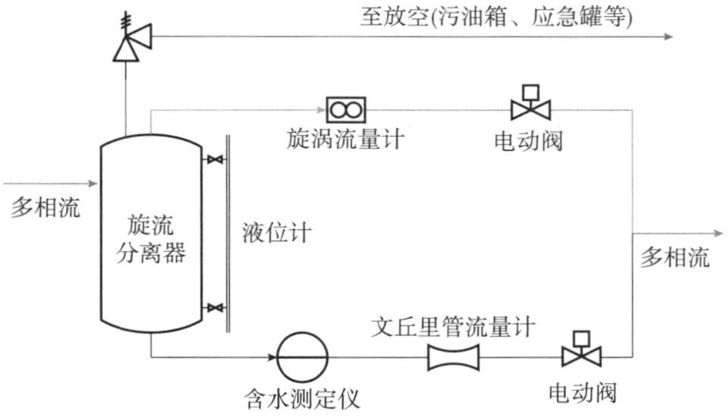

图 4 多相计量装置工艺流程图

2.3 PID 控制设计

PID 控制是一种广泛应用的闭环控制策略，以其结构简单、适应性强著称。它通过比例、积分、微分三种作用综合调节，实现对系统偏差的快速响应及精确控制，有效减小超调、消除静差，PID 算法公式计算控制输出如下[13]：

$$\mu(t) = K_p e(t) + K_i \int_0^t e(\tau)\,dt + K_d \frac{de(t)}{dt} \tag{2}$$

式中 $u(t)$——控制输出；

$e(t)$——误差；

K_p、K_i、K_d——比例、积分、微分增益。

根据式(2)可以看出，通过对 K_p 调整，增益可以加快响应速度，但可能导致系统振荡；通过对 K_i 累加误差调整，用以消除静差，但过度积分会导致系统不稳定；通过对 K_d 误差变化率调整输出，有助于提前反应，减少超调，但对噪声敏感。

根据 PID 的控制逻辑与控制特性，针对间歇出液、气体段塞流等突发情况，采用旋流分离器液位控制液相的电动调节阀开度，旋流分离器压力控制气相电动调节阀开度，通过 PID 参数的优化，确保阀门的快速响应、消除静差，且具有一定提前性，进而保障计量数据的平稳及准确性，PID 控制逻辑如图 5 所示[14]。

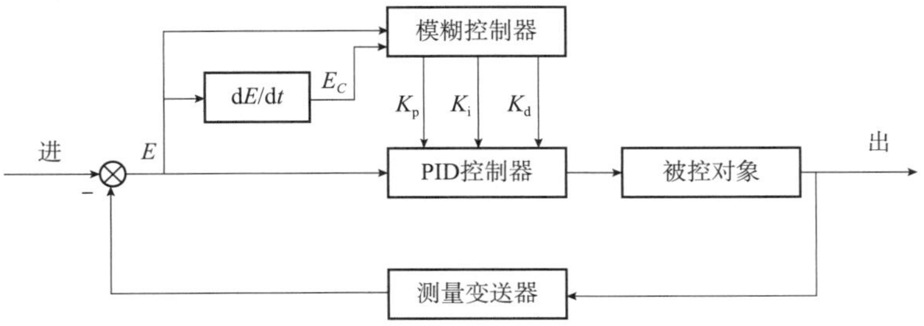

图 5 PID 控制逻辑图

3 实验研究与结果分析

3.1 实验流程

为还原现场使用环境，并准确对三相计量装置进行标定，设计检验流程如图 6 所示。

经过测试段的多相混合物回到三相分离器，油气水分离，气体经空压机橇、标准气体流量计，计量混输气体量，并流入混合器；油室原油经过离心泵、标准流量计，计量输油量，并流入混合器；水室水经过离心泵增压、标准流量计计量，流入混合器；三种流体在混合器充分混合为多相流体，经过多相计量装置计量后，返回三相分离器进行分离，通过调节电动阀门控制三相混合比例，调试各种比例下的多相计量装置准确性[15]。

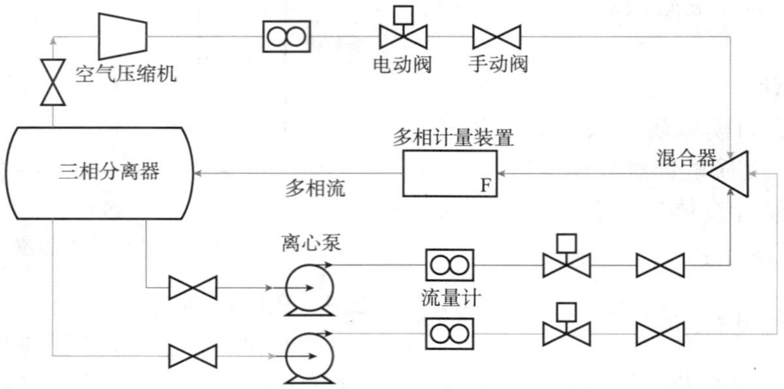

图 6 多相流标定检验系统流程图

3.2 实验设备

搭建的多相计量装置标定平台主要包含以下设备[16]：

手动阀：主要作用是控制流程打开与关闭，一般在模拟两相流或其他流型时，断开相应管道使用。

电动阀：主要作用是调节控制各相流量大小，用于调节不同比例多相液使用。

标准流量计：经过检定单位检测合格的流量计，用来实时检测记录流过管道的单相流量。

空气压缩机橇：包含空气压缩机、风冷装置等，是对气相进行压缩的增压设备。

离心泵：主要作用是为油和水提供压力动能，形成闭式循环流程。

三相分离器：根据油气水密度差异，将多相流分离为油、气、水三相供系统重复使用。

3.3 实验数据

实验内容：液相含水 50%，气油比(体积比)为 100：1 时，多相计量装置的计量误差；气液比增加对多相计量装置的影响；液相含水变化对多相计量装置的影响[17]。

实验介质：气相使用空气，密度为 1.1kg/m^3；水使用自来水，密度为 1000kg/m^3；油使用原油，密度为 830kg/m^3。

实验数据：通过对 3 套标准流量计累计流量的采集和多相计量装置三相累计数据的采集对比，实验数据如表 4 所示。

表 4 多相计量装置标定数据表

实验内容	运行时间(min)	标准流量计			多相计量装置		
		气流量(m^3)	水流量(m^3)	油流量(m^3)	气流量(m^3)	水流量(m^3)	油流量(m^3)
液相含水率 50%，气油比 100：1	30min	502	5.08	4.96	524	5.19	4.88
液相含水率 50%，气油比 150：1	30min	509	3.38	3.41	528	3.44	3.49
液相含水率 50%，气油比 200：1	30min	510	2.56	2.54	521	2.59	2.63
液相含水率 30%，气油比 100：1	30min	499	2.14	5.01	514	2.21	4.87
液相含水率 80%，气油比 100：1	30min	241	9.58	2.41	254	9.65	2.33

3.4 数据分析

根据误差计算，在液相体积含水率为 50%时，随着气油比增加，多相计量装置误差如图 7 所示。

从图 7 可以看出，随着气油比的增加，气体计量误差逐步下降，油的计量误差逐步上升，水的计量误差表现比较平稳，整体数据误差范围均在5%以内，平均误差 2.5%，实验说明，多相计量装置满足气油比大幅变化的计量条件。

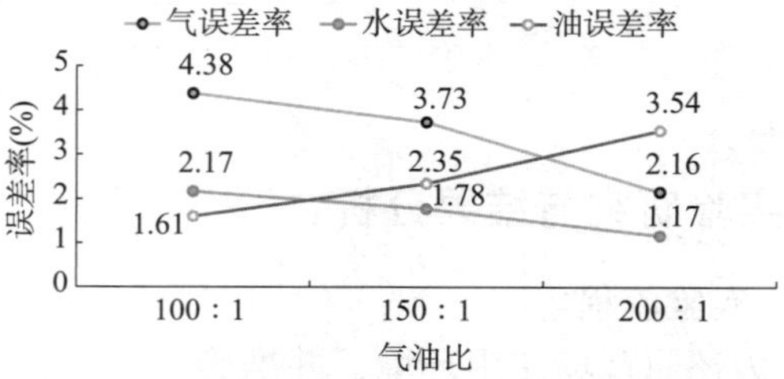

图 7 多相流气油比与测量误差关系曲线

在气油比保持100：1时，调整液相含水率，多相计量装置误差如图8所示。

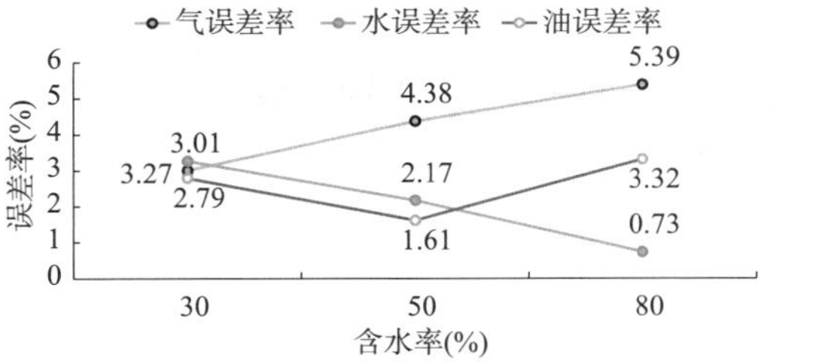

图8　多相流含水率与测量误差关系曲线

从图8可以看出，随着含水率的逐步上升，气体计量误差逐步上升，水的计量误差逐步下降，当含水达到80%时，水的计量误差下降至1%以内，油的计量误差基本维持在2%～3%左右波动，最大误差为5.39%，平均误差为2.96%，实验证明，多相计量装置气相测量误差会随着含水上升逐步变大，多相计量装置更适应中低含水的计量条件。

4　结论

研究表明基于简单分离法的多相计量装置通过旋流分离＋重力分离，将多相流体气液分离，使用涡街型流量计与文丘里管分别计量气相与液相流量，并通过微波衰减法检测液相含水率，最终通过内置计算器计量气、油、水三相流量的方法，可以实现多相流体高精度计量，测量误差基本可以维持在5%左右。

采用CFD进行数值仿真模拟，调整优化分离装置结构与参数的研究方法可有效提高旋流分离效果；采用室内模拟实验的方法，验证计量装置的准确性，并进行技术性优化调校等方式，可大幅提高装置的可靠程度及产品的稳定性。

基于简单分离的多相计量技术是适应油田发展需求的一项关键技术，具有油气混输、井组单量、单井计量、站库计量等多种应用场景，在油井分析、站库布局、设备选型等方面具有重要作用，在老油田改造、新站库建设方面具有降本增效、节约投资的显著作用，下一步要在小型化、自动化、精准度方面持续提升产品性能。

参考文献

[1]蒲浩．油气开采过程管内多相流数值模拟与测量[D]．中国石油大学(北京)，2022.

[2]周勃．油气集输工序仿真模型构建与应用研究[D]．东北石油大学，2015.

[3]姚周坤，周思柱，黄天成，等．基于相关性分析和响应面法的复合旋流器结构参数优化[J]．科学技术与工程，2024，24(11)：4479－4487.

[4]张明，孙欢，王强强，等．管式旋流气液分离器流场特性与分离性能研究[J]．过程工程学报，2024：2－11＋1.

[5]屈丹龙，李毅．油水分离水力旋流器优化设计与仿真[J]．安全、健康和环境，2020，20(06)：27－30.

[6]胡颖．新型油水分离水力旋流器的仿真模拟与结构优化设计及性能研究[D]．华北电力大学，2012.

[7]王欣，李金龙，石璐．CFD数值模拟在旋流分离器设计中的应用[J]．石油化工设备，2016，45(04)：31－34.

[8]王昌尧．低产油井多相计量橇装装置研发[D]．中国石油大学(华东)，2019.

[9]叶兵．多相计量技术新进展[J]．国外油田工程，2010，26(02)：52－54.

[10]吴应湘，郑之初，李东晖．海洋石油工业中的多相计量和多相分离技术研究[C]．中国科学院力学研究所．祝贺郑哲敏先生八十华诞应用力学报告会——应用力学进展论文集．科学出版社，2004：13.

[11]陈小红，库尔班艾力，刘俊麟，等．油气水三相计量工艺技术研究[C]．中国石油学会天然气专业委员会．第32届全国天然气学术年会(2020)论文集．，2020：7.

[12]庄强义，杨志军，王佑锋，等．油气混输三相不分离计量技术研究与试验[J]．中国石油和化工标准与质量，2013，33(12)：98＋45.

[13]马龙博，郑建英，张宏建．基于部分分离法的油气水三相流量测量的研究[J]．高校化学工程学报，2009，23(04)：587－592.

[14]马健．油井三相计量方法的研究[D]．沈阳工业大学，2009.

[15]方立德，姜庆勇，张涛，等．基于简单分离法的油气水三相流量计[J]．计量学报，2008(05)：445－448.

[16]刘晓鹏，付剑，燕中庆，等．OWG—2000三相流量计在油气自动计量中的应用[J]．油气田地面工程，2002(01)：66.

[17]刘长虹．混合器在多相计量和标定装置中的应用[J]．油气田地面工程，2001(06)：11－12.

[18]晁宏洲，祁顺仁，周明基，等．油气田开发中的三相不分离计量技术[J]．工业计量，2006(S1)：76－78.

电磁流量计在独立注水区块内产生注差的分析

史　策

（中国石油大庆油田第五采油厂数字化运维中心）

摘　要：随着油田数字化建设的持续推进，电磁流量计作为一种精度高、适应性强、性能优良的速度式仪表，其在油田注水计量中得到了广泛的应用。为保证注水合格率，同时为油田精准开发提供充足的井下数据，本文通过对检定测试、现场试验所得的数据进行分析，探究了注水井中电磁流量计对油田注水区块注差的影响，并针对区块内的实际问题，提出了能够有效改善注差的一系列措施。

关键词：电磁流量计；注差；分析

0　引言

随着数字化油田建设的深入推进，油田注水井已将精度较低的高压注水表更换改造为精度较高的电磁流量计，但随之产生了仪表管理经验不足、仪表参数不适用于现场工况、注水输差较大等较为突出的问题。针对油田注水井电磁流量计投用后产生较大注差的问题，查找产生注差的主要影响因素并制定调整措施，第五采油厂数字化运维中心于厂内某一独立注水区块内开展了专题研究。

1　独立注水区块建设现状

试验独立注水区块内共建设 141 口注水井，由第五采油厂某一座联合站内的注水站进行供液，该站于 2017 年 12 月投产使用。站内共建 6 台注水泵（其中 4 台柱塞泵排量为 $32m^3/h$，2 台柱塞泵排量为 $16m^3/h$），2 座 $500m^3$ 污水罐，7 台电磁流量计（其中有 4 台 DN50 管径电磁流量计，2 台 DN30 管径电磁流量计，1 台 DN200 管径电磁流量计），7 台电磁流量计安装于柱塞泵前端和污水罐进口处进行计量。

2　注差分析

2.1　电磁流量计采样频率与阻尼时间过大，导致流量计计量误差偏大

电磁流量计采用周期时间内抓取 100 次数据做积分的方式进行累积量计算，若采样周期越短，则越能反映该段时间内的真实流量。为验证这一想法，在实验室内对试验独立注水区块内的电磁流量计进行了 2 次调参试验，首次调参实验将被检仪表的采样时间与阻尼时间设置为 15s，其平均绝对误差为 5.4%，第二次将被检仪表的采样时间与阻尼时间设置为 3s，平均绝对误差由调参前的 5.4% 降低到了 1.4% 以内，可见流量计内部采样周期等参数的改变，也对流量计的计量误差产生了不可忽视的影响。详见表 1、表 2。

表 1　流量计调参前实验数据

瞬时流量从大到小调节	被检表（m^3）	标准表（m^3）	绝对误差（m^3）	相对误差（%）
（1.0－0.8）m^3/h 范围内进行调节	0.486	0.495	－0.009	－1.82
（0.8－0.6）m^3/h 范围内进行调节	0.334	0.330	0.004	1.21
（0.6－0.4）m^3/h 范围内进行调节	0.219	0.202	0.017	8.42
瞬时流量从小到大调节	被检表（m^3）	标准表（m^3）	绝对误差（m^3）	相对误差（%）
（0.4－0.6）m^3/h 范围内进行调节	0.081	0.076	0.005	－9.21
（0.6－0.8）m^3/h 范围内进行调节	0.131	0.123	0.008	－8.13
（0.8－1.0）m^3/h 范围内进行调节	0.137	0.138	－0.025	－3.62

表 2 流量计调参后实验数据

(0.4 - 0.6) m^3/h 流量点	初始累积量(m^3)	终止值(m^3)	累积量计数(m^3)	误差(%)
被检表 1	6.513	6.659	0.146	1.4
标准表	15.841	15.989	0.148	
被检表 2	0.01	0.09	0.08	1.0
标准表	13.179	13.267	0.088	

根据实验室内进行的变流量调参计量实验得出的结论，对试验独立注水区块内的 141 口注水井电磁流量计开展了 2 次参数调整试验，在 3 月 4 日至 3 月 13 日的连续 10 日内，第一次参数调整试验中，将采样时间与阻尼时间由出厂默认设置的 15s、15s 改为 7s、7s，区块日平均注差由调参前的 9.0% 降低至 6.6%；在 3 月 14 日至 3 月 23 日的连续 10 日内，第二次参数调整试验中，将采样时间与阻尼时间由 7s、7s 改为 3s、3s，日平均注差由调参前的 5.42% 降低至 1.89%，区块内的日平均注差有了明显的改善。

2.2 电磁流量计内部结垢，相对示值误差负向偏移

试验区块内部注水井在用的电磁流量计已投入使用超过 1 年，在拆卸电磁流量计时发现，流量计管壁内部存在挂油、结垢的现象，在其电极表面已经覆盖有油污。通过对拆卸后的电磁流量计进行结垢检测试验，在不进行内部清理情况下，直接进行第一次实验室检定；在清理完成后进行第二次实验室检定，数据表明在现场运行一段时间后的电磁流量计内部会附着污浊物，电磁流量计示值变小，电磁流量计清理前均有较大误差，误差可达 6% ~8%，待仪表内壁清理后流量计测量误差会在电磁流量计检定规程的要求之内。由此可知，流量计内部结垢导致的管径变小，流量计示值也会变小(见表 3)。

电磁流量计是一种应用法拉第电磁感应原理，根据导电流体流速的变化来测量流量的仪表。若电磁流量计内壁电极表面的结垢物质不导电，会明显影响流体的电导率，并增大管路截面的电阻值，降低电信号输出，从而影响流量计的准确性。若内壁附着的板结物过厚，也会使测量管道测量面积缩小，所产生的误差对于 1.0 级的流量计也是不容忽视的。

表 3 1.0 级电磁流量计清洁前后计量比对数据

序号	仪表编号	清洁前检定			清洁后检定		
		被检表(m^3)	标准表(m^3)	相对误差(%)	被检表(m^3)	标准表(m^3)	相对误差(%)
1	001537	0.77	0.793	-2.90	1.050	1.047	0.29
		1.89	2.028	-6.80	2.100	2.101	-0.05
		3.88	4.052	-4.24	4.020	4.017	0.07
		5.74	6.089	-5.73	6.200	6.148	0.85
		7.66	8.336	-8.11	8.150	8.130	0.25
2	001523	0.860	0.866	-0.69	0.990	0.981	0.92
		1.980	2.123	-6.74	2.250	2.255	-0.22
		3.770	4.012	-6.03	4.210	4.217	-0.17
		5.740	6.114	-6.12	6.150	6.113	0.61
		7.400	7.951	-6.93	8.380	8.307	0.88
3	001661	0.760	0.840	-9.52	0.900	0.906	-0.66
		1.900	2.028	-6.31	2.170	2.167	0.14
		3.890	4.199	-7.36	4.100	4.106	-0.15
		5.680	6.090	-6.73	6.140	6.106	0.56
		7.570	8.158	-7.21	8.450	8.442	0.09

2.3 电磁流量计在低流量点位计量误差过大

试验独立注水区块有 40 口注水井日注水量小于 $10m^3$（$0.42m^3/h$），其瞬时流量低于流量计 $0.4\sim10m^3/h$ 的使用量程。经拆卸送至数字化运维中心检定，在电磁流量计量程下限附近及以下的流量点位有较大的误差，通过分析检定数据，发现流量在 $1.2m^3/h$ 以上时，流量计具有较好的性能与检定结果，但流量在低于 $1.2m^3/h$ 时，流量越小误差越大，其误差在 $0.4m^3/h$ 时最大可达 5.79%。而试验独立注水区块有 40 口水井日注水量小于 $10m^3$（$0.42m^3/h$），所用流量计无法适应现场工况，导致单井注水产生较大误差。

表 4　1.0 级电磁流量计低流量检定数据

序号	仪表编号	检定流量点(m^3/h)	示值误差(%)	序号	仪表编号	检定流量点(m^3/h)	示值误差(%)
1	15004	1.2	0.70	6	15071	1.2	1.76
		0.8	0.60			0.8	1.09
		0.4	2.99			0.4	1.69
2	15056	1.2	0.85	7	15057	1.2	1.39
		0.8	1.09			0.8	2.33
		0.4	-4.20			0.4	1.64
3	15060	1.2	-0.30	8	15087	1.2	0.23
		0.8	-0.40			0.8	0.29
		0.4	-1.98			0.4	-3.95
4	155099	1.2	0.77	9	15093	1.2	0.67
		0.8	1.55			0.8	5.15
		0.4	3.75			0.4	5.79
5	15066	1.2	1.47	10	15069	1.2	1.43
		0.8	2.60			0.8	2.28
		0.4	4.95			0.4	2.59

在小流量点重复性试验中，发现流量计运行在 $0.4m^3/h$ 以下时，流量计计量准确性会急剧下降，单点误差最大可达到 14%，其单点重复性已不能满足流量计精度要求（见表 5）；变流量检定模拟试验，流量计运行在 $0.4\sim1m^3/h$，随着流量降低误差逐渐增加，在 $0.4\sim0.6m^3/h$ 范围内误差可达 11.8%，低于流量计下限 $0.4m^3/h$ 运行，准确性会更差（见表 6）。

表 5　流量计小流量点重复性试验

仪表编号	流量点(m^3/h)	示值误差(%)	重复性	仪表编号	流量点(m^3/h)	示值误差(%)	重复性
0312232110DC 0100607	0.925	-1.85	1.18	0312232110DC 0100274	0.971	-1.23	0.52
		-0.84				-2.05	
		-3.18				-2.18	
	0.794	-2.27	1.15		0.787	-2.22	0.21
		-2.9				-2.11	
		-0.67				-1.81	
	0.516	-1.4	0.87		0.515	1.35	2.04
		-0.71				-2.50	
		0.32				0.58	
	0.358	4.02	3.04		0.356	7.34	5.07
		-1.77				1.56	
		-0.47				-2.76	
	0.295	14.02	10.68		0.228	4.45	4.56
		-6.29				-4.54	
		-1.65				-1.35	

表6　流量计小流量点－变流性能实验数据

流量从大到小调节	累积量(检定模式)			
每组实验30min，共计1.5h	被检表(m^3)	标准表(m^3)	绝对误差(m^3)	相对误差(%)
(1.0－0.8)m^3/h范围内进行调节	0.506	0.495	0.011	2.22
(0.8－0.6)m^3/h范围内进行调节	0.347	0.330	0.017	5.15
(0.6－0.4)m^3/h范围内进行调节	0.226	0.202	0.024	11.80
流量从小到大调节	累积量(检定模式)			
每组实验10min，共计0.5h	被检表(m^3)	标准表(m^3)	绝对误差(m^3)	相对误差(%)
(0.4－0.6)m^3/h范围内进行调节	0.069	0.076	－0.007	－9.21
(0.6－0.8)m^3/h范围内进行调节	0.113	0.123	－0.01	－8.13
(0.8－1.0)m^3/h范围内进行调节	0.133	0.138	－0.005	－3.62

2.4　独立注水区块内注水站总来水流量计精度下降，无法准确计量全天输水量

该注水站2017年投入使用至今，由于总来水电磁流量计安装位置、前后闸门不严等工艺原因，导致该流量计一直未进行检定，后通过送至技术监督中心检定调试后，计量误差由2.3%降至0.7%，且与该站管理人员沟通后，调整了每日注水报表数据的填报方法，由原来柱塞泵工频排量推算全天输水量的方式，改变为总来水量＋水罐液位差的方式填报数据，但水罐内部存在30～50cm厚的油盖，对每日外输水量的核算仍存在一定的影响。

且注水站内泵房中的柱塞泵进口管线震动剧烈，不满足电磁流量计的使用要求，有4台电磁流量计因管线震动而损坏。通过与站内技术人员沟通交流得知，泵进口处电磁流量计自2018年投入使用后，每年因震动产生的故障多达7～8次，频繁的故障导致厂家不再进行维保，且站内员工平日通过柱塞泵工频排量推算全天的输水量，不能真实反映该注水站全天真实输水量。

2.5　流量计数据转储延时，影响数据统计准确性

单井每日注水量由当日12时累积量与第二日12时累积量做差所得，但发现管控平台转储数据存在延时，读取到的水井数据时间为第二日11时30分，若转储数据程序出现卡死等情况，读取到的水井数据时间会更提前，导致统计时间不满24小时，影响水井数据统计准确性，例如4月2日读取到的转储数据时间为4月3日9时。

2.6　现场员工录入数据存在人为误差

与现场员工与作业区资料员沟通发现，现场员工在录入水井数据时，会舍去数据小数部分，但并不完全遵从四舍五入原则，大部分情况会向下取整，存在一定的人为误差。

3　针对注差所采取的解决方法

3.1　针对不同流量区间选用量程适合的流量计

考虑我厂注水生产实际需求，应将注水流量为1m^3/h以下的注水井更换为量程0.3～3m^3/h的数字化流量计，并要保证小流量区间仪表的准确性，同时作业区在送检仪表的同时，也应将仪表常用的工况流量告知检定工作人员，以保证仪表在工况流量点下的准确度。

3.2　针对不同工况合理调整流量计参数设定

对于压力波动较小、流态平稳的注水井，在保证计量准确的前提下，可以将流量计参数中的采样周期、阻尼时间适当延长，以延长流量计内部电池的使用寿命；对于压力波动较大、流态不稳的注水井，应将流量计初始采样周期、阻尼时间缩短，以保证流量计测量准确，同时建议将这类流量计调整为有源供电或太阳能供电。

3.3　加强流量计的使用管理

现场员工在录入水井数据时，应录入至小数后一位，以提高录入数据准确率；在发现仪表故障后，应及时上报至作业区，由作业区联络生产厂家进行流量计维修、调试，以保证生产数据及时恢复；定期拆卸流量计进行内壁清洁，降低油污及其他附着物对电极的影响。

3.4　针对数据转储延时修改数据读取程序

调整数据读取判断条件，降低由数据转储延时带来的影响，保证水井数据统计准确性。

3.5　调整注水站工艺

针对柱塞泵进口管线震动剧烈，导致电磁流

量计频繁损坏的问题，应拆除6台柱塞泵进口处电磁流量计，并将水罐进口处DN200来水总流量计调整至水罐出口，同时应定期清理水罐内部油盖，以保证来水、输水计量准确。

4 结论

数字化油田建设正处于关键时期，如何降低工况下电磁流量计的误差，是保障油田注水计量系统精度的重点，文中提出的电磁流量计参数设置与管理方式，对降低注水输差有着一定的帮助。

通过更换超量程仪表，修改电磁流量计参数等方式，试验独立注水区块的注差由原来的9.0%下降为1.9%，区块内的注差有了明显的改善。

该区块内部注水站总来水电磁流量计经检定调试后，误差由2.3%降至0.7%，同时将每日注水报表的填写方式改变为总来水量+水罐液位差之和的方法，注水站数据的准确性有了一定的提升。

参考文献

[1]李克奇，袁维宝，何予鹏．电磁流量计测量误差分析[J]．河南农业大学学报，2000，(03)：266-268.
[2]秦王丹，谢毅．电磁流量计测量误差分析与对策研究[J]．科技创新导报，2012，(03)：91.
[3]李兆骐．基于不同条件下电磁流量计的误差分析[J]．商品与质量，2020，(37)：163-164.

双频道回声仪校准方法研究

邓潇月

（中国石油大庆油田测试技术服务分公司）

摘　要：为了提高其校准精度，选取不同厂家生产的仪器分别应用标准井法、模拟井法和标准信号法进行现场校准实验，分析探讨每种方法的优缺点，从而为优化校准方法提供依据。实验结果表明，标准井法与双频道回声仪工作现场最为相似，但方法误差来源多，干扰大，误差最大3.49%、-5.81%；模拟井法装置占地面积大、操作繁琐，误差次之0.19%、-0.06%；标准信号法操作简单，设备占地小，信号固定，干扰少，误差最小0.04%、0.15%，因此综合考虑优先选择标准信号法。

关键词：双频道回声仪；校准；标准井法；模拟井法；标准信号法

1　前言

随着试油技术的深入发展，双频道回声仪在油田勘探开发中发挥着日益显著的作用[1-4]。而油井生产分析的目的是了解油层生产能力、设备能力以及他们的工作状况，为进一步制定合理的技术措施提供依据，使设备能力与油层能力相适应，充分发挥油层潜力，并使设备在高效率下正常工作，以保证油井高产量、高泵效生产。在油井分析所需要的资料中液面与示功图资料则是必不可少的。液面测试重要性：①测动液面，可以了解油井的供液能力[5]，确定下泵深度；②根据动液面位置，可以计算井底流压[6]，判断油田注水效果；③根据动液面变化，判断油井的工作制度与地层能量的匹配情况[7]；④结合示功图和油井生产资料可以分析深井泵的工作状况[8]。双频道回声仪用于测试动液面，随着技术的发展，双频道回声仪与压力测试结合组成液面监测仪[9]进行静液面压力恢复试井；同时与位移、载荷参数结合组成综合测试仪[10]进行功图测试。液面深度测得准不准，按照校准标准对液面深度进行校准，对提高液面深度精度有着重要意义。

2　双频道回声仪工作原理

双频道回声仪利用声波在气体介质中传播时，遇到障碍物就会发生反射的原理测量抽油机井油管套管环形空间液面深度。双频道回声仪由井口连接器及主机组成，井口连接器通过使用气体爆破原理发出声脉冲传入井下，遇到障碍物（如油管接箍、液面等）时声波被反射返回井口，这些反射的声信号被声、电传感器（传声器）接收，并转换成脉冲的电信号输入放大器。这些信号经电路的共用通道分成两路，一路经高频放大电路放大后记录接箍波，一路经低频放大电路放大后记录液面波，最后在主机的液晶显示屏上呈现出清晰的记录曲线，并由存储器存储数据，终端电脑回放数据或实时将数据发送至终端电脑程序计算结果。如图1所示。

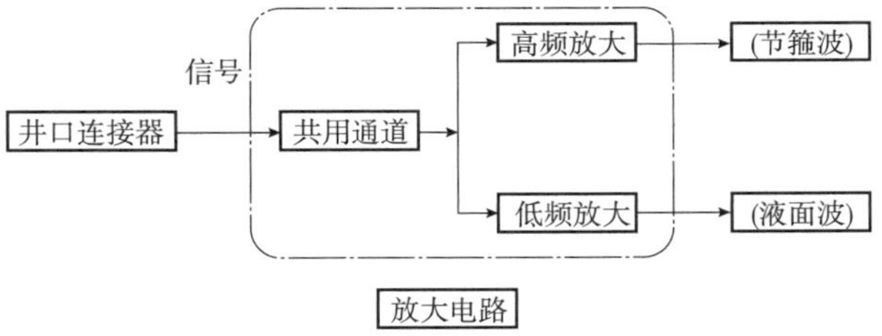

图1　双频道回声仪工作原理图

3　现场校准实验

选取两家不同公司（H公司、J公司）生产的双频道回声仪进行实验，分别用标准井法、模拟井法和标准信号法对两台仪器进行校准，分析比较三种校准方法的优缺点以确定其适用性。

3.1　标准井法

标准井法使用接箍波计算声波在标准井传播的速度，用声速计算音标深度，由于标准井音标深度已知，从而得出液面深度的测量误差。

标准井法主要配套设备技术指标：

（1）标准井液面深度大于1000m，井口设备完整；

(2)800m 以上油管长度相同且已知(建议使用同规格油管);

(3)音标在液面以上，位置确定，音标深度最大允许误差 ±0.5m。

因为没有找到专门用于液面校准的标准井，选择了一口生产井代替标准井进行实验，取多次测量液面深度的平均值作为液面标准深度739.38m。实验过程参考《气动回声仪测试油气井液面操作规程》，回放数据时选用接箍法计算，油管长度设为 9.6m。从校准结果可知抽油泵的抽吸作用、环套的气体密度、井壁的结蜡死油等因素都会影响到液面深度，从图 2、图 3 可以看出干扰波比较大。同时标准井建立需要大量的资金、时间和精力。

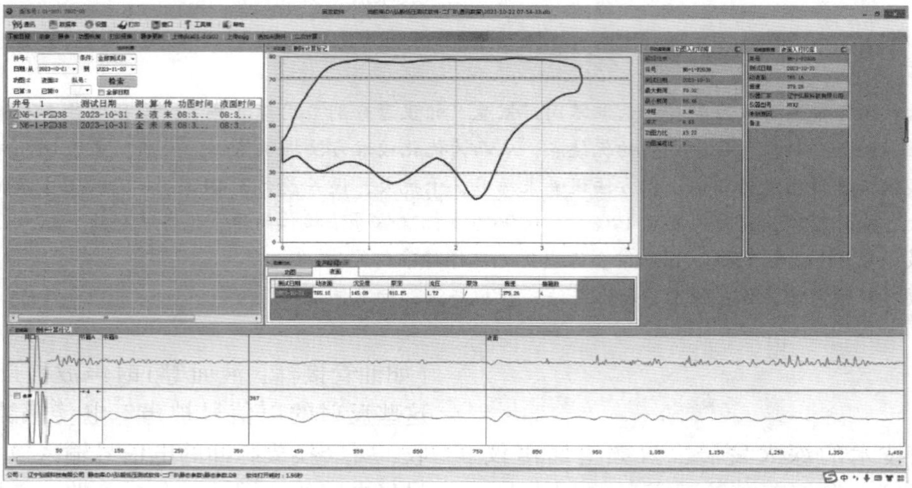

图 2　H 公司双频道回声仪标准井法液面测试回放图

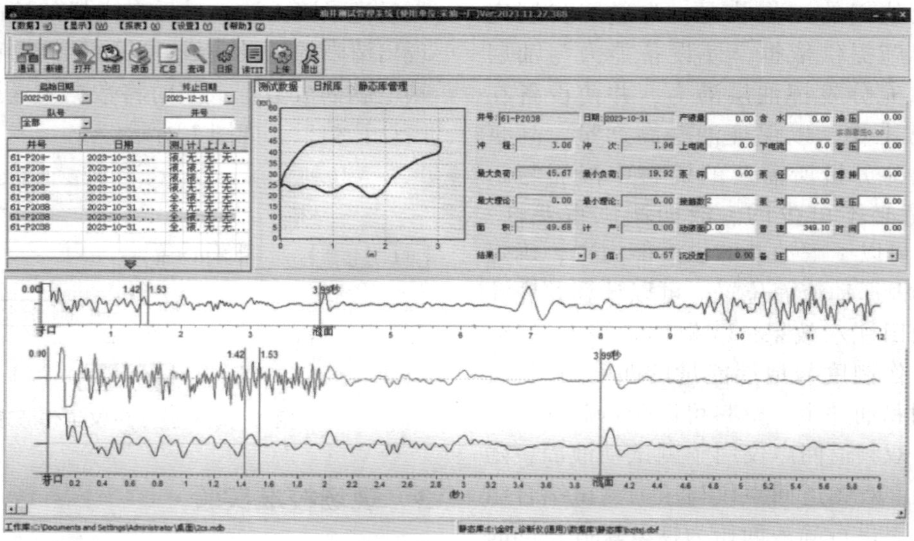

图 3　J 公司双频道回声仪标准井法液面测试回放图

H 公司仪器测试结果如图 2，选取接箍 A 和接箍 B 系统自动计算音速是 379.26m/s，读取液面深度 765.16m，则液面深度测量误差：

$$\delta = \frac{H_y - H_b}{H_b} \times 100\% = \frac{765.16 - 739.38}{739.38} \times 100\% = 3.49\% \tag{1}$$

式中　H_y——仪器测得的液面深度，m；

H_b——液面标准深度，m；

δ——液面深度测量误差,%。

J 公司测试结果如图 3 所示，仪器接收到液面反射波的时长为 3.99s。J 公司仪器在回放曲线上只能读出时间参数，因此需通过声波通过一根油管的时间计算音速。从图上找到能辨识的油管两根，传到计时起点的时间为 1.42s，传到计时终点的时间为 1.53s，油管长度设为 9.6m。

$$音速\ v = \frac{2Ln}{t_n} = \frac{2 \times 9.6 \times 2}{0.11} = 349.09\text{m/s} \tag{2}$$

式中　L——油管长度，m；

n——油管根数；

t_n——声波折返通过两根油管所用时长，s。

液面深度

$$H_y = \frac{vt_y}{2} = \frac{349.09 \times 3.99}{2} = 696.43\text{m} \quad (3)$$

式中　t_y——仪器接收到液面反射波的时长，s。

则液面深度测量误差：

$$\delta = \frac{H_y - H_b}{H_b} \times 100\% = \frac{696.43 - 739.38}{739.38} \times 100\% = -5.81\% \quad (4)$$

3.2　模拟井法

模拟井法采用一定长度的管路模拟标准井，并在其中加压有效抑制声波衰减，计算声速和液面深度的原理与标准井相同。模拟井占据空间大，操作繁琐。

模拟井法主要配套设备技术指标：

①模拟井深度大于500m；

②至少3个连续间隔的油管，油管长度已知，或者1个已知深度的模拟音标；至少3个可变液面，深度最大允许误差±0.1m；

③管路中能够设置管路内的压力，模拟油井油套环空的压力范围0MPa～1.0MPa。

实验选取的模拟井有3个油管接箍，每根油管长度9.6m，液面深度323.00m。

H公司仪器测试结果如图4，系统自动计算音速是341.33m/s，液面深度是323.60m，则液面深度测量误差：

$$\delta = \frac{H_y - H_m}{H_m} \times 100\% = \frac{323.60 - 323.00}{323.00} \times 100\% = 0.19\% \quad (5)$$

式中　H_m——模拟井液面深度，m。

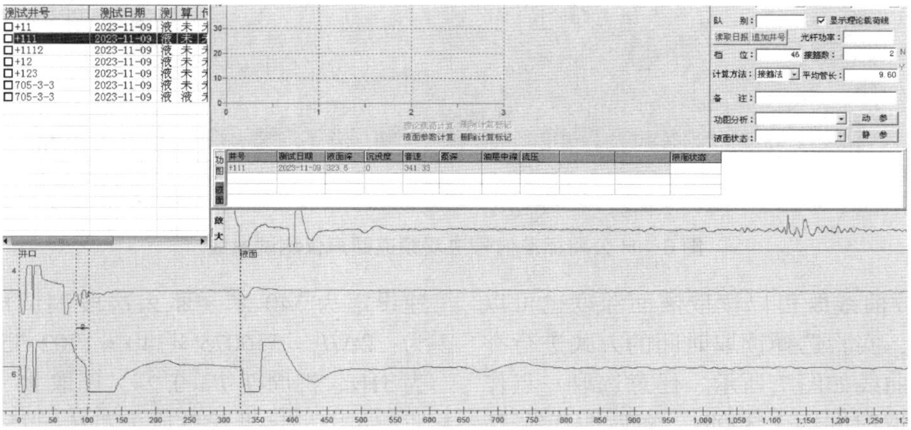

图4　H公司双频道回声仪模拟井法液面测试回放图

J公司仪器测试结果如图5，系统自动计算音速是341.33m/s，液面深度是322.81m，液面深度测量误差为-0.06%。

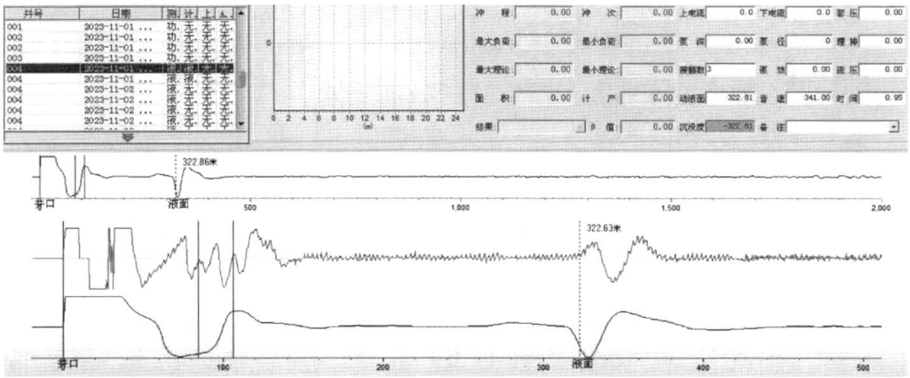

图5　J公司双频道回声仪模拟井法液面测试回放图

3.3　标准信号法

标准信号法将标准频率信号经功率放大器放大后驱动振动单元产生一个振动源，作用于液面测试仪的井口装置，通过读取一定周期的液面测试曲线的深度示值与标准深度计算误差。标准信号法操作简单，设备占地小，信号固定，干扰少。

标准信号法主要配套设备技术指标：

标准信号频率 5Hz，不低于 0.02 级；输出幅度(20 ± 1) mV。

将两台仪器分别连接标准信号装置，记录测试曲线。

H 公司回放曲线如图 6，选择音速法，输入音速为 420m/s，任意选取一个测试波的波峰作为起始点，读取液面深度为 761.46m，从这个液面波峰开始，连续第 11 个测试波波峰作为终止点，(注意 11 个波峰，中间为 10 个完整的测试波)，读取液面深度为 1181.63m，那么这段液面测试波的测量长度为 $2\Delta H_n = 2(1181.63 - 761.46) = 840.34$m。标准信号为 5Hz，则周期 $T = 0.2$s，因为选取的是 10 个测试波，则 $n = 10$，n 个周期测试波的标准长度应为：$H_b = 10 \times 0.2 \times 420 = 840$m，则液面深度测量误差为：

$$\delta = \frac{2\Delta H_n - H_b}{H_b} \times 100\% = \frac{840.34 - 840}{840} \times 100\% = 0.04\% \tag{6}$$

式中　ΔH_n——10 个测试波所对应的液面深度，m。

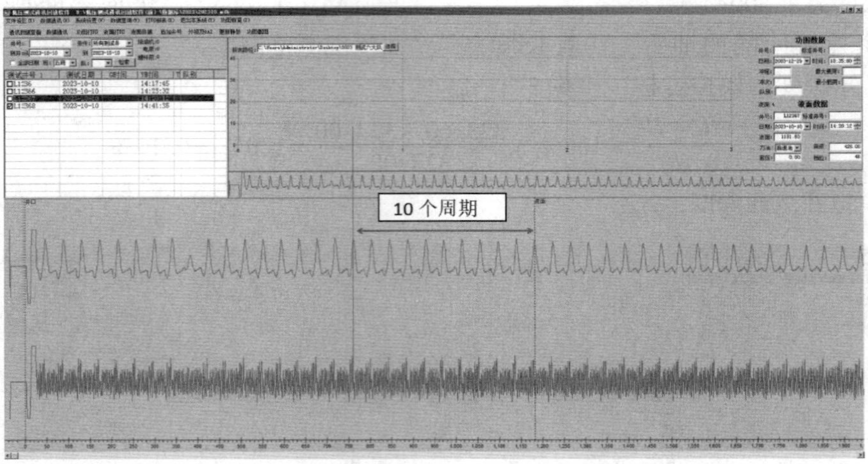

图 6　H 公司标准信号法双频道回声仪测试曲线

J 公司回放曲线既可以读取液面深度也可以读取传播时间，实验选择读取时间的方式进行举例说明，回放曲线如图 7 所示。任意选取一点作为起始点，读取时间为 2.3008s，在后面连续 25 个测试波作为终止点，读取时间为 7.3083s，系统自动显示“用时 5.0075s，波数 25 个”，如果音速设定为 340 米，那么这段测试波的测量长度为：$2\Delta H_n = 5.0075 \times 340 = 1702.55$m。标准信号为 5Hz，则周期 $T = 0.2$s，选取 25 个测试波，这段测试波的标准长度应为：$H_b = 25 \times 0.2 \times 340 = 1700$m，则液面深度测量误差为：

$$\delta = \frac{2\Delta H_n - H_b}{H_b} \times 100\% = \frac{1702.55 - 1700}{1700} \times 100\% = 0.15\% \tag{7}$$

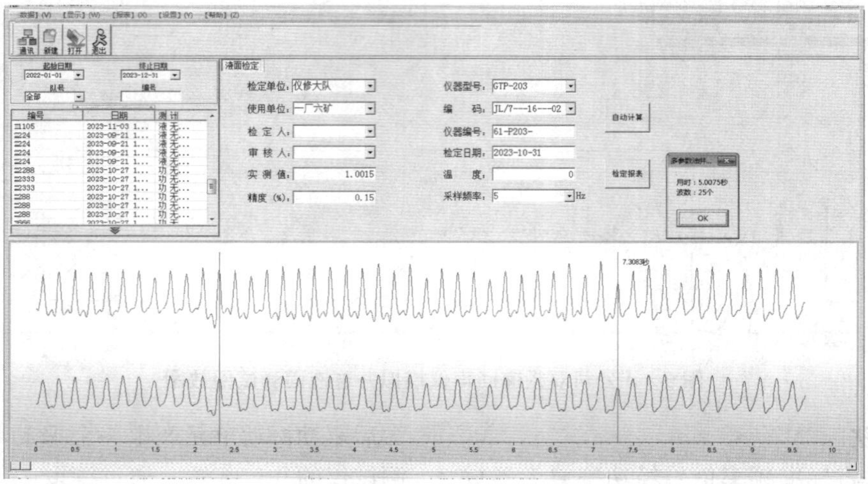

图 7　J 公司标准信号法双频道回声仪测试曲线

4 结论

通过分别用标准井法、模拟井法和标准信号法对不同厂家生产的双频道回声仪进行校准可以看出，三种校准方法都适用于给出不同参数的双频道回声仪，对比不同校准方法的使用条件和具体操作，可以得出以下结论：

①标准井法是模拟真正的双频道回声仪工作现场的校准方法，与仪器的日常工作环境最为相似，但此方法误差来源多，仪器算法、各种现场的影响因素都会对校准结果产生干扰，误差最大，为 3.49%、-5.81%，适用于有标准井的情况。

②模拟井法是采用一定长度的管路模拟标准井，在使用过程中存在装置占地面积大、操作过程繁琐等弊端，误差次之，为 0.19%、-0.06%，但模拟井装置较建标准井更易实现。

③标准信号法在室内进行校准，操作简单，设备占地小，信号固定，干扰少，误差最小，为 0.04%、0.15%。

④综合考虑优先选择标准信号法。

参考文献

[1]陈涛平. 试井手册(上册)[D]. 北京：石油工业出版社，2022，26-39.

[2]郝丽伟，苏秋涵，唐倩雯等. 井下复杂气体中的声波速度计算[J]. 长江大学学报(自然版)理工卷，2018，(015)：35-36、46.

[3]武德宁，刘平良，张少标. 物质平衡法测油井液面[J]. 油气井测试，2003，12(1)：31-32.

[4]杨坤，张进德. 地面油管漏失定量测试方法探讨[J]. 断块油气田，1998，5(5)：57-59.

[5]张进，田洪波. 深层油藏大斜度井深抽技术对策[J]. 油气藏评价与开发，2023，13(2)：247-253.

[6]王东营，汪志明王小秋等. 煤层气生产井套压控制技术研究[C]. 2021 年全国煤层气学术研讨会.《2021 年全国煤层气学术研讨会论文集》. 宜昌：中国科学技术信息研究所，2021：293-304.

[7]李翔宇，袁春华，高宪文. 抽油井示功图诊断分析方法研究[J]. 沈阳理工大学学报，2021，40(1)：88-94.

[8]张进，田洪波. 深层油藏大斜度井深抽技术对策[J]. 油气藏评价与开发，2023，13(2)：247-253.

[9]陈业亭. 液面回声仪应用问题浅析[J]. 油气井测试，2021，30(2)：56-60.

[10]周毅. 功图计产在油田应用的可行性研究[J]. 化学工程与装备，2018，000(9)：50-53.

[11]中国石油天然气集团公司标准化委员会勘探与生产专业标准化技术委员会. 气动回声仪测试油气井液面操作规程：Q/SY 1413—2011[S]. 北京：石油工业出版社，2011.

[12]石油工业油气计量及分析方法专业标准化技术委员会. 双频道回声仪校准方法：SY/T 6814—2010[S]. 北京：北京石油工业出版社，2011.

检定质量流量计的标准装置和在线测试系统

王若菲　王庆生　雷承凯　丛庆峰

（大庆炼化公司）

摘　要：一种用于检定质量流量计的标准装置和在线测试系统。检定质量流量计的标准装置包括：移动结构，移动结构具有承载区域；称重结构，称重结构设置在承载区域处；储油罐，储油罐放置在称重结构上，储油罐具有放空口和测试进口；接地线，储油罐连接有接地线；大鹤管，大鹤管的第一端与质量流量计的出口连接，大鹤管的另一端与储油罐的测试进口连接。解决了现有技术中对铁路装车付油系统质量流量计的在线检定校准存在拆装困难、安全风险大的问题。

关键词：标准装置；在线检定；准确度等级；实用新型

1　前言

目前石油炼化企业使用的质量流量计的检定、校准基本采用到期拆卸，送到检定机构进行检定的方法。但有些大口径流量计存在体积大、质量重、安装位置高、空间狭小、吊装困难、不易拆装的问题，并处在易燃易爆环境中，施工作业存在较大安全风险，容易引发安全事故。例如炼油化工企业用于贸易结算的铁路装车付油系统由质量流量计、大鹤管、液压站、数字电液阀、紧急切断阀、油品选择阀等组成的装车控制系统，只有在现场环境工作条件下进行实流检定，才能保证付油系统的准确。目前体积管流量标准装置能进行现场流量计检定，但建立体积管流量标准装置投资高，标准装置占地面积大，存在安全隐患，铁路栈桥无法满足工艺条件。也就是说，现有技术中对铁路装车付油系统质量流量计的在线检定校准存在拆装困难、安全风险大的问题。

2　原理

一种用于检定质量流量计的标准装置和在线测试系统，由无动力轨道车、电子秤、储油罐、质量流量计、鹤管、电液阀组成。执行检定工作时，首先使用吊车将无动力轨道车(铁路平车)放置在火车装车栈桥的铁轨上，再将电子秤安装在无动力轨道车上，最后把储油罐放置在电子秤上。当静电接地检测及电子秤水平调整等合格后，通过大鹤管向储油罐内注油，通过读取电子秤及质量流量计数据开展检定工作，从而确定被检付油系统的质量流量计在现场实流条件下的准确度等级，有效提高了检定工作效率。

2.1　测量依据

JJG 1038—2008《科里奥利质量流量计》检定规程。

2.2　测量对象

付油系统在线使用的液体科里奥利质量流量计，流量范围为0～800t/h。

2.3　测量方法

以标准装置中SCS－10型Ⅲ级、测量范围为(0～10000)kg电子秤为标准器，通过比较付油计量装置(质量流量计)的输出油品质量与注入标准装置中的油品质量，即可确定被测付油计量装置(质量流量计)的示值误差。检定时将标准装置固定在被测付油计量装置(质量流量计)的鹤位下，在正常付油工作流量点下进行检定，检定三次。

2.4　测量标准

2.4.1　电子秤：

测量范围：(0～10000)kg；准确度等级：Ⅲ级；检定分度值：e＝d＝2kg。

2.4.2　SY－05型石油密度计：

测量范围：(650～1100)kg/m^3；分度值：0.5kg/m^3；最大允许误差：±0.3kg/m^3。

2.5　环境条件

环境温度：(5～45)℃；相对湿度：(35～95)%；大气压力：(86～106)kPa。

2.6　测量过程

按照付油系统工艺的要求，在流量为200000kg/h时，输油量为2000kg左右，对付油计量装置(质量流量计)测量三次，测量并计算出示值误差。

2.7 测量模型

根据 JJG 1038—2008《科里奥利质量流量计》检定规程，被检质量流量计在检定流量点的相对示值误差为：

$$E=\frac{Q-Q_s}{Q_s}\times 100\%$$

式中 E——被检质量流量计在检定流量点的相对示值误差，%；

Q——被检质量流量计的累积质量，kg；

Q_s——检定装置称量的实际质量，kg。

3 概述

图 1 为检定质量流量计的标准装置和在线测试系统原理结构示意图。

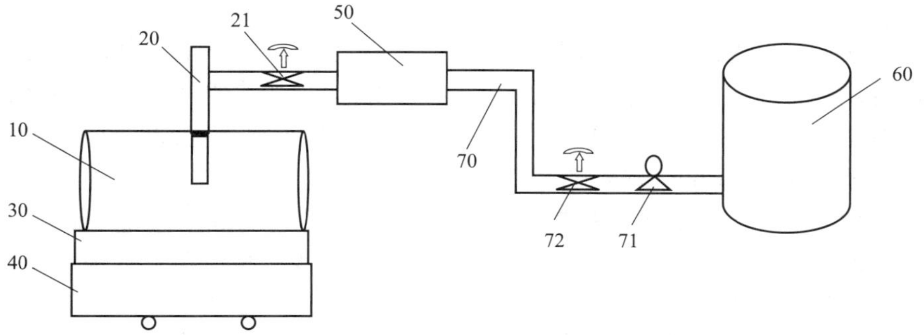

图 1 检定质量流量计原理结构示意图

10—储油罐；20—鹤管；21—电液阀；30—电子秤；40—无动力轨道车；

50—质量流量计；60—油罐；70—输油管路；71—液压泵；72—气动阀

如图 1 所示，用于检定质量流量计的标准装置包括移动结构、称重结构、储油罐 10、接地线和连接管。移动结构具有承载区域。称重结构设置在承载区域处。储油罐 10 放置在称重结构上，储油罐 10 具有放空口和测试进口。储油罐 10 连接有接地线。连接管的一端与质量流量计的出口连接，连接管的另一端与储油罐 10 的测试进口连接。

移动结构具有承载区域，称重结构设置在承载区域处，储油罐 10 放置在称重结构上，使得质量流量计 50 的检定可以在现场进行，节约了质量流量计 50 的拆装、送检的过程，大大提高了系统的工作效率，同时降低了拆装成本。通过在储油罐 10 上设置放空口和测试进口，使得在被测油品通过测试进口进入储油罐 10 时，储油罐 10 内部空气可通过放空口排出，避免了储油罐 10 内部气压过大造成储油罐 10 发生爆裂的危险，保证了检定过程中储油罐 10 内的压力稳定性，进而保证了检定过程中储油罐 10 的安全性。通过储油罐 10 连接有接地线，使得储油罐 10 感应的静电能被有效导出，防止在检定过程中储油罐 10 发生爆炸，保证了检定过程中储油罐 10 的安全性。

连接管是鹤管 20，需要说明的是，上述鹤管 20 与储油罐 10 的测试进口连接的一端是可伸缩的。称重结构是电子秤，电子秤可快速准确地显示被测油品的质量。移动结构是无动力轨道车 40，需要说明的是，上述无动力轨道车 40 为无驱动装置，需要外力牵引的无动力轨道车 40，适用于重物运输或恶劣工况。

储油罐 10 还具有回收孔。用于检定质量流量计的标准装置还包括回收管路，回收管路的第一端与回收孔连通，回收管路的第二端与回收油罐或吸油车连接。这样设置使得测试结束后储油罐 10 内的油品可通过回收孔导出，然后经过回收管路回收到回收油罐或吸油车中，可有效地将储油罐 10 中的油品进行回收，避免油品浪费，造成损失，同时能够避免油品流出污染环境，大大保证了用于检定质量流量计的标准装置的环保性。

具体的，称重结构包括称重主体部、连接线缆和显示屏。称重主体部设置在承载区域处。显示屏通过连接线缆与称重主体部电连接，以显示被测油品的重量并方便手持和查看。这样设置使得称重主体部用于承载储油罐 10，进而测量被测油品的质量得到测量数值，通过连接线缆将测量数值传输至显示屏并显示，保证了称重结构能够稳定工作。

称重结构包括固定楔和紧固件。固定楔用于将称重结构固定在承载区域处。储油罐 10 通过紧固件固定在称重结构处。固定楔用于将称重结构固定在承载区域处，这样设置保证称重结构通过固定楔能够稳定固定在承载区域处，避免了在推动移动装置过程中称重结构移动或掉落的危险，保证了称重结构能够稳定工作。储油罐 10 通过紧固件固定在称重结构处，这样设置保证了储油罐 10 通过紧固件能够稳定固定在称重结构处，避免了在推动移动装置过程中储油罐 10 移动或掉落的危险，保证了储油罐 10 的安全性。另外，本实用新型系统采用了两道固定方式，一是固定楔，二是紧固件。通过这两道固定方式，大大保证了用于检定质量流量计的标准装置的结构稳定性。

如图 1 所示，一种在线测试系统，用于检定质量流量计，在线测试系统包括质量流量计 50 和上述用于检定质量流量计的标准装置。具体的，在线测试系统还包括油罐 60、输油管路 70 和电液阀 21。质量流量计 50 与标准装置之间设置有电液阀 21，输油管路 70 的第一端与油罐 60 连接，输油管路 70 的第二端与质量流量计的入口连接。输油管路 70 上设置有液压泵 71 和气动阀 72。这样设置使得打开液压泵 71 和气动阀 72，油罐 60 中的油品通过输油管路 70 的第一端运输到输油管路 70 的第二端送入质量流量计 50，保证质量流量计 50 能够稳定工作。质量流量计 50 与标准装置之间设置有电液阀 21，这样设置使得打开电液阀 21，质量流量计 50 输出的油品能够通过电液阀 21 运输到标准装置中，保证用于检定质量流量计的标准装置能够稳定工作。

需要说明的是，图 1 中的箭头标出了油罐 60 内油品的流动方向。

通过在线测试系统可实现实时在线实流的测试，这样设置使得测试环境与实际付油装车环境条件一致，避免因测试介质和工况不同而产生误差，提高了测试结果的准确性，适用于石油石化行业油品出厂铁路装车计量工作。

在线测试系统测试过程如下：

第一步，使用吊车将无动力轨道车 40 吊至火车装车栈桥的轨道上，再将电子秤吊至无动力轨道车 40 上，并使用固定楔将电子秤稳定固定在承载区域处。

第二步，使用吊车将储油罐 10 吊至电子秤上，并使用紧固件将储油罐 10 稳定固定在电子秤上。

第三步，使用人力推动无动力轨道车 40 在轨道上运行时，推车人员应在无动力轨道车 40 运行方向后侧推车，控制无动力轨道车 40 的运行速度，确保无动力轨道车 40 安全平稳地运行到鹤管 20 处。

第四步，拆开储油罐 10 的紧固件，使电子秤达到松弛状态。

第五步，拆下电子秤固定楔，检查电子秤限位间隙，使用水平尺检查调整电子秤水平，使得电子秤处于平衡状态、电子秤的示值处于零状态。

第六步，将连接线缆至显示屏，接地线接地。

第七步，将装车系统接地线连至用于检定质量流量计的标准装置。

第八步，开机前检查：接地线、连接线缆、电子秤间隙及水平、储油罐 10 稳定。

第九步，开机、使用去皮功能，开始检定，通过鹤管 20 向储油罐 10 内注入油品，通过读取电子秤及质量流量计 50 的数据开展检定工作，从而确定被检定付油系统的质量流量计 50 在现场实流条件下的准确度等级。

需要说明的是，上述电子秤 30 为标准器，通过比较质量流量计 50 的输出油品质量与注入储油罐 10 中的油品质量，即可确定质量流量计 50 的示值误差。检定时将储油罐 10 固定在鹤管 20 的鹤位上，在正常付油工作流量点下进行检定，检定三次。

具体的，上述用于检定质量流量计的标准装置的相对扩展不确定度为 0.08%，利用用于检定质量流量计的标准装置检测到的误差为 ±0.2% 及以下的质量流量计 50 为合格品。也就是说，检测到的误差为 ±0.2% 以上的质量流量计 50 是不合格的。

4 检定记录及数据处理

付油系统质量流量计检定记录如表 1 所示。

表 1 付油系统质量流量计检定记录

委托单位	储运厂	型号规格	DS600S	浮力修正系数	1.0014
器具名称	质量流量计	出厂编号	12018329(4 线东)	检前系数	1495.34.5
制造单位	罗斯蒙特	证书编号	YZ—20190625001	检后系数	1495.34.5
检定依据	JJG1038—2008	流量范围	0～200t/h	示值误差	-0.09%
环境温度	12℃	准确度等级	0.2 级	重复性	0.06%
检定介质	柴油	大气密度	1.239kg/m^3	检定结论	合格

续表

介质密度	817.17kg/m^3	变送器型号	1700R		出厂编号			37655513	
所用主要计量器具名称及编号 电子秤/B847821516		型号规格	不确定度/准确度等级		检定/校准单位及证书号			有效期至	
		SCS-10	Ⅲ级		大庆市质量技术监督检验检测中心 Y2024Qc03-0006			2025.03.07	
计量标准考核证书									
设定量	标准器底数(kg)	标准器皮重(kg)	标准器净重(kg)	标准器修正后质量(kg)	介质温度(℃)	介质密度(kg/m^3)	被检表示值	误差(%)	重复性(%)
2000	954	2772	1818	1820.6	33.8	817.17	1819	-0.085	0
2000	2772	4690	1918	1920.7	33.8	817.17	1919	-0.088	0.01
2000	4690	6602	1912	1914.7	33.8	817.17	1915	0.017	0.06

检定员：冯淑君 核验员：孙丽梅 检定日期：2024.3.27 有效日期：2025.3.26 地点：现场

5 结论

5.1 准确性

实时在线实流检测，检定环境与实际付油装车环境条件一致，避免因检定介质和工况不同而产生的误差，提高了计量准确性。

5.2 实用性

通过现场检定，取消了拆装、送检付油流量计的过程，有效提高了工作效率，同时还降低了铁路付油系统流量计周期检定的劳动强度，便于推广，适用于石油石化行业油品出厂铁路装车计量工作。

5.3 环保性

无污染，检定完毕，油罐里的油品通过回收阀连接吸油车回收到油罐。

5.4 安全性

本标准装置配有静电接地，使得感应的静电能被有效导出，防止在检定过程中发生爆炸。储油罐配置放空阀，储油罐内部空气可通过放空口排出，保证了检定过程中储油罐内的压力稳定性，进而保证了检定过程中的操作安全可靠。

6 说明

一种用于检定质量流量计的标准装置和在线测试系统由中国石油大庆炼化分公司原计量检测中心近两年精心攻关，于2019年11月29日通过了大庆市市场监督管理局组织的专家考核，取得了移动式静态质量法油流量标准装置的计量标准考核证书，从而使石油产品出厂的火车装车付油系统进行现场实流检定取得合法资质，同时《用于检定质量流量计的标准装置和在线测试系统》，于2021年6月1日获得国家知识产权局“实用新型专利”，专利号：ZL 2020 2 2126550.1，大庆炼化公司计量检定测试技术工作实现了历史性突破。

参考文献

[1]全国流量容量计量技术委员会．科里奥利质量流量计：JJG 1038—2008.[S]．北京：中国计量出版社，2008.

[2]全国衡器计量技术委员会．数字指示秤．JJG 539—2016[S]．北京：中国质检出版社，2017.

[3]全国法制计量管理计量技术委员会．计量标准考核规范：JJF1033—2023[S]．北京：中国标准出版社，2023.

[4]中国石油天然气集团有限公司．成品油交接计量规范：Q/SY 14866—2022[S]．北京：石油工业出版社，2022.

[5]国家能源局．石油及相关产品包装、储运及交货验收规则：NB/SH/T 0164—2019[S]．北京：中国石化出版社，2020.

CCT1000K 型质量比较仪的校准

杨培富　张　雷　李　健

（大庆石化公司检测技术开发公司测试中心）

摘　要：本文介绍了依据 JJF 1326—2011 质量比较仪校准规范，对 CCT1000K 型质量比较仪进行校准的过程，通过校准，可以确保该仪器的各项技术指标达到校准规范的要求，保证仪器的测量精度和可靠性。CCT1000K 型属于自动质量比较仪，它具有三个高分辨率应变片传感器，传感器之间的大距离设计减少了潜在的偏心负载误差，提高了测量精度。相较于传统的天子天平，质量比较仪不能直接测量被测物体的质量，而是通过比较被测物体与已知质量的标准砝码之间的差值来得到被测物体的质量。因此，对质量比较仪的校准就显得尤为重要，通过校准可以确保质量比较仪测量结果的准确性和可靠性。

关键词：大质量比较仪；校准；安全；误差；数据处理；不确定度评定

1　引言

CCT1000K 型质量比较仪是一种基于 ABA 或 ABBA 循环方式测量质量差值的先进高精密计量仪器，它主要用于计量检定机构和校准实验室进行大砝码质量量值传递工作，以全量程或电子称量范围加配衡的称量方式的高分辨率电子设备。校准人员必须严格执行 JJF1326—2011 质量比较仪校准规范进行校准，按照仪器使用说明书进行操作，确保每个校准步骤、操作程序准确无误。通过校准，可以发现仪器带来的误差，如传感器不稳定性、温度变化的影响以及仪器不水平所产生的误差等。CCT1000K 型质量比较仪有三个校准结果，通过数据处理，出具校准报告，以供计量检定机构和校准实验室评定使用。在质量比较仪校准过程中我们一定要注意安全问题，由于 CCT1000K 型质量比较仪，校准所用砝码质量比较大，校准时需要用叉车、天吊进行操作，操作时砝码对质量比较仪的冲击很大，操作不当很容易造成质量比较仪秤体变形、传感器出现故障，造成很大的经济损失。吊装作业必须专职专人操作，平稳作业。

2　计量特性

2.1　重复性误差

重复性误差是评估质量比较仪计量性能的关键指标之一。它反映了在相同条件下，同一载荷被多次衡量时结果的一致性。在实际应用中，重复性误差越小，说明质量比较仪的测量结果越稳定、越可靠。为了获得可靠的重复性误差。我们采用 ABA 的称量方式，对同一载荷进行 30 次重复测量，算出平均值，利用贝赛尔公式，用测定列的单次测定结果的标准偏差来表示最终校准结果。CCT1000k 型质量比较仪用 500kg 标准砝码和 1000kg 标准砝码进行重复性测量。

2.2　偏载误差

对比较仪进行偏载误差测量时，载荷加在秤盘的不同位置上，用各点与中间点之差绝对值中的最大值表示。由于质量比较仪秤盘的结构不同，标准砝码放置的位置也有所不同，我们采用 ABBA 的称量方式对质量比较仪前、后、左、右进行测量。质量比较仪偏载误差需要测定两个载荷点：1/2 载荷和 100% 载荷，对于 CCT1000K 型质量比较仪我们需要检定 500kg 和 1000kg 两个载荷点，通过数据处理，取误差值最大的作为测量结果不确定度评定。

2.3　局部示值误差

CCT1000K 质量比较仪，最大承载量：1200kg；实际分度值 1g、5g；实际分度数：1.2×10^6。

试验载荷：P_{t1}——二分之一最大载荷，即：500kg。

P_{t2}——最大载荷，即：1000kg。

局部示值误差添加的标准砝码：E_2 等级、1kg 标准砝码、修正值 0.5mg；

在某一试验载荷下添加一测量误差的小砝码，记下显示数值。CCT1000K 型质量比较仪，载荷 1200kg，分度值是 1kg。那么，我们采用 ABA 的测量方式进行校准，把 500kg 标准砝码放在比较仪中间位置，读数，加 1kg 标准小砝码，读数，拿下 1kg 标准小砝码，读数，以上步骤反复做三次，每次必需把 500kg 砝码拿下来，清零再放上。三次循环测量完，把 500kg 标准砝码从比较仪上拿下来，清零，再把 1000kg 标准砝码放在比较仪中间位置，操作步骤同 500kg 标准砝码操作步骤一致。比较仪显示结果与标准小砝码折算质量值之差就是局部示值误差。

3　校准环境条件

校准实验室温度 20℃，校准时的温度变化每 4h 最大变化 1℃，变化量 0.5℃；相对湿度 45%，校准时的相对湿度变化 4h 最大变化 10%，变化量 5%。除了温度和相对湿度外，校准实验室还必须满足其他一系列条件要求，首先，实验室内的气流应保持稳定，避免强风或气流紊乱对校准结果产生影响。其次，实验室应远离强磁场区域，以防止磁场干扰对质量比较仪的性能造成不良影响。此外，实验室还应避免阳光直射，以减少光照对校准结果的影响。以上所有条件必须符合校准规范要求。

4　校准前的准备工作

在质量比较仪的校准工作之前，充分的准备工作是至关重要的。这些准备工作确保了校准过程的顺利进行。

首先，以目力察看和手动检查的方式，对比较仪的外观进行全面检查，这一步骤是为了确保比较仪的外观是否符合校准规范 4.3 的相关规定。检查内容包括：名牌上的厂家、编号、型号规格、电压、准确度等级等，要符合比较仪校准规范的要求。检查比较仪秤体是否有破损、变形、各部件是否安装正确，校准开始前，应对被校比较仪作合法性和工作正常性检查，使其不得存在影响校准结果的缺陷。比较仪在工作及校准时，应处于水平状态，水平调整是通过比较仪三个底角旋转螺栓进行调整直至水平，这一步至关重要，如果比较仪不处在水平状态，会导致测量结果不稳定，出现大的偏差，对质量比较仪的不确定度评定产生影响。此外，质量比较仪校准过程中，不得使用自动零位调整装置和零位跟踪装置。因为，这些装置的使用会影响结果的准确性。质量比较仪在校准前，应在室内通电存放 24h 以上，以确保其内部电子元件的稳定性，已达到最佳的工作状态，再开机预热半小时以上方可进行正式校准工作。

校准比较仪时，应配备符合 JJG 99—2022《砝码》相应等级的标准砝码。准备 F_2 等级 500kg 标准砝码两个；E_2 等级标准小砝码 1kg 一个。2t 吊装带一根，天吊操作人员一名，校准人员两名。操作人员、校准人员必须持证上岗，佩戴好安全防护用品，做好安全保护措施。

5　校准项目和校准方法

5.1　重复性的校准

采用 ABA 的称量方式，用 500kg 标准砝码循环测量 10 次，记录显示器数值：

测量序号	试验载荷：500kg			
	载荷点 A：		载荷点 B：	
	读数 ΔI		ΔI_i	重复性
	A	3		
1	B	3	−1	
	A	5		
	A	5		
2	B	4	−0.5	
	A	4		
	A	4		
3	B	2	−1	1.3g
	A	2		
	A	2		
4	B	4	2	
	A	2		
	A	3		
5	B	3	−1	
	A	5		
	A	5		
6	B	5	0.5	
	A	4		
	A	4		
7	B	2	−1.5	
	A	3		
	A	3		
8	B	3	−1	1.3g
	A	5		
	A	5		
9	B	6	2	
	A	3		
	A	3		
10	B	2	−1.5	
	A	4		

$$\Delta I_i = I_{Bi} - \frac{I_{Ai} + I_{Ai+1}}{2} \quad \Delta \bar{I}_i = -0.35$$

用 1000kg 标准砝码循环测量 10 次，记录显示器数值：

测量序号	试验载荷：1000kg				测量序号	试验载荷：1000kg			
	载荷点 A：		载荷点 B：			载荷点 A：		载荷点 B：	
	读数 ΔI		ΔI_i	重复性		读数 ΔI		ΔI_i	重复性
1	A	3	−0.5	0.7g	6	A	1	1.5	0.7g
	B	3				B	3		
	A	4				A	2		
2	A	4	1.0		7	A	4	−0.5	
	B	3				B	5		
	A	3				A	3		
3	A	2	1.5		8	A	2	0.5	
	B	4				B	3		
	A	3				A	3		
4	A	3	−1.0		9	A	4	−0.5	
	B	2				B	3		
	A	3				A	3		
5	A	4	2.0		10	A	3	−0.5	
	B	6				B	2		
	A	4				A	2		

$$\Delta I_i = I_{Bi} - \frac{I_{Ai} + I_{Ai+1}}{2} \qquad \Delta \bar{I}_i = 0.35$$

5.1.1　500kg 标准砝码循环测量 10 次的标准偏差 S_{i1}：

$$S_{t1} = \sqrt{\frac{\sum_{i=1}^{n} (\Delta I - \Delta \bar{I}_i)^2}{n-1}}$$

$$= \sqrt{\frac{\sum_{i=1}^{n} (-1+0.35)^2 \times 4 + (-0.5+0.35)^2 + (2+0.35)^2 \times 2 + (0.5+0.35)^2 + (-1.5+0.35)^2 \times 2}{10-1}}$$

$$= \sqrt{\frac{16.1}{9}} = \sqrt{1.8} = 1.3g$$

5.1.2　1000kg 标准砝码循环测量 10 次的标准偏差 S_{i2}：

$$S_{t2} = \sqrt{\frac{\sum_{i=1}^{n} (\Delta I - \Delta \bar{I}_i)^2}{n-1}}$$

$$= \sqrt{\frac{\sum_{i=1}^{n} (-0.5-0.35)^2 \times 4 + (1.0-0.35)^2 + (1.5-0.35)^2 \times 2 + (-1.0-0.35)^2 + (2.0-0.35)^2}{10-1}}$$

$$= \sqrt{+(0.5-0.35)^2} = \sqrt{\frac{10.525}{9}} = \sqrt{1.17} = 1.1g$$

5.2 偏载误差的校准

采用 1/2 500kg 和 100% 1000kg 试验载荷下进行：

测量序列	试验载荷 $P_{t1}=500\text{kg}$				试验载荷 $P_{t2}=1000\text{kg}$			
	读数 ΔI		ΔI_i	偏载误差	读数 ΔI		ΔI_i	偏载误差
前	中	10	-1.0	-1.0	中	15	-1.5	-1.5
	前	8			前	13		
	前	9			前	14		
	中	9			中	15		
后	中	11	0.5		中	14	1.0	
	后	11			后	15		
	后	11			后	15		
	中	10			中	14		
左	中	12	-0.5		中	15	-0.5	
	左	11			左	15		
	左	11			左	14		
	中	11			中	15		
右	中	8	0.5		中	14	1.0	
	右	9			右	16		
	右	9			右	15		
	中	9			中	15		

$$\Delta I_i=\frac{I_{B1i}-I_{A1i}-I_{A2i}+I_{B2i}}{2}$$

5.3 局部示值误差的校准

局部示值误差的校准采用 ABA 的方式，在 1/2 500kg 和 100% 1000kg 试验载荷下进行：

测量序号	试验载荷 $P_{t1}=500\text{kg}$				试验载荷 $P_{t2}=1000\text{kg}$			
	砝码 A：500kg		小砝码：	1000.0005g	砝码 B：1000kg		小砝码：	1000.0005
	读数 I		ΔI_{ms}	$\Delta \bar{I}_{ms}$	读数 I		ΔI_{ms}	$\Delta \bar{I}_{ms}$
1	A	500.008	1.0005	0.9993	A	999.990	1.0005	1.0005
	$A+m_s$	501.009			$A+m_s$	1000.990		
	A	500.009			A	999.989		
2	A	500.007	0.9995		A	999.988	1.002	
	$A+m_s$	501.007			$A+m_s$	1000.991		
	A	500.008			A	999.990		
3	A	500.008	0.998		A	999.998	0.999	
	$A+m_s$	501.005			$A+m_s$	1000.997		
	A	500.006			A	999.998		

局部示值误差 500kg 校准结果：-0.7g

局部示值误差 1000kg 校准结果：0.5g

6 测量结果不确定度的分量

6.1 校准实验室内温度波动的影响不确定度的分量

该比较仪的温度影响平均特性 $TK=1\times10^{-6}\text{K}^{-1}$，温度变化 $\Delta T=0.5℃$

$$\alpha_T=\frac{1}{12}(\Delta T\times TK)^2=\frac{1}{12}(0.5\times1\times10^{-6})^2$$
$$=2.1\times10^{-14}$$

则：$\alpha_T P_{t1}^2=2.1\times10^{-14}\times(5\times10^5)^2$
$$=5.2\times10^{-3}\text{g}$$

$\alpha_T P_{t2}^2=2.1\times10^{-14}\times(1\times10^6)^2=0.021\text{g}$

6.2 显示分辨力的影响不确定度的分量

该比较仪的读数能力为1g，采用一个标准砝码与空载进行重复性测量时，显示分辨力引起的不确定度分量为：

$$u_d = \frac{1}{2\sqrt{3}} d(I) = \frac{1}{2\sqrt{3}} \times 1 = 0.29\text{g}$$

6.3 测量局部示值误差用标准砝码的影响不确定度的分量

小砝码 $m_s = 1000.0005g$，$U_s = 5.3 \times 10^{-4} (k=2)$

$$\alpha_s = \left(\frac{U_s}{2m_s}\right)^2 = \left(\frac{5.3 \times 10^{-4}}{2 \times 1000.0005}\right)^2 = 7.0 \times 10^{-14}$$

则：$\alpha_s m_s^2 = 7.0 \times 10^{-14} \times (1000.0005)^2 = 7.0 \times 10^{-8}$

7 CCT1000K 型质量比较各扩展不确定度的评定

7.1 重复性测量的扩展不确定度 U_R

$$U_{R1} = 2 \times \sqrt{\alpha_T P_{t1}{}^2 + u_d{}^2} = 2 \times \sqrt{0.0052 + 0.29^2} = 0.3\text{g}$$

$$U_{R2} = 2 \times \sqrt{\alpha_T P_{t2}{}^2 + u_d{}^2} = 2 \times \sqrt{0.021 + 0.29^2} = 0.3\text{g}$$

7.2 偏载误差测量的扩展不确定度 U_E

$$U_{E1} = 2 \times \sqrt{S_{t1}{}^2 + \alpha_T P_{t1}^2 + u_d^2} = 2 \times \sqrt{1.3^2 + 0.0052 + 0.29^2} = 2.7\text{g}$$

$$U_{E2} = 2 \times \sqrt{S_{t2}{}^2 + \alpha_T P_{t2}^2 + u_d^2} = 2 \times \sqrt{1.1^2 + 0.021 + 0.29^2} = 2.3\text{g}$$

7.3 局部示值误差测量的扩展不确定度 U_s

$$U_{s1} = 2 \times \sqrt{S_{t1}{}^2 + \alpha_T P_{t1}^2 + u_d^2 + \alpha_s m_s^2} = 2 \times \sqrt{1.3^2 + 0.0052 + 0.29^2 + 7.0 \times 10^{-8}} = 2.7\text{g}$$

$$U_{s2} = 2 \times \sqrt{S_{t2}{}^2 + \alpha_T P_{t2}^2 + u_d^2 + \alpha_s m_s^2} = 2 \times \sqrt{1.1^2 + 0.021 + 0.29^2 + 7.0 \times 10^{-8}} = 2.3\text{g}$$

8 质量比较仪校准结果

校准项目	校准结果(P_{t1})	不确定度(P_{t1})	校准结果(P_{t2})	不确定度(P_{t2})
重复性	1.3g	0.3g	1.1g	0.3g
偏载误差	-1.0g	2.7g	-1.5g	2.3g
局部示值误差	-0.7g	2.7g	0.5g	2.3g

最大承载：1200kg
衡量范围：(1~1200)kg
实际分度值：1g
外观检查：合格

校准说明：
试验载荷砝码 $P_{t1} = 500$kg
$P_{t2} = 1000$kg
校准局部示值误差用砝码 = 1kg

9 校准常见问题及解决方法

9.1 局部示值误差过大或过小

我们在校准过程中，加上标准砝码时，显示值过大或过小，这种情况对示值误差的校准结果会产生很大影响，如我们放上500kg标准砝码，显示520kg，这个问题，是由于比较仪零点漂移长期积累产生的误差，解决办法，根据CCT1000K质量比较仪使用说明书对比较仪进行校准，校准所用质量可以是500kg砝码，也可以用1000kg砝码。

9.2 重复性测量误差

重复性测量时，两组数据之间变化过大，有粗大误差出现，首先，要检查秤体是否有刮碰，气流是否过大，比较仪基础是否牢固，秤体是否水平，秤台是否变形等都会对校准结果产生影响。我们在校准前必须对比较仪进行水平调整，随着校准的进行质量的增加，比较仪的水平会发生变化，我们在操作过程中，时刻注意比较仪是否水平，要及时进行调整，以免影响校准结果。

9.3 偏载误差过大产生原因

①比较仪不水平；②传感器电流输出不一样，输出阻值不一致，调水平更换传感器。

10 小结

本文着重探讨了 CCT1000K 质量比较仪的校准过程，校准记录格式，涵盖了校准的重要性、计量特性、校准的环境条件、校准前的准备工作、校准项目和校准方法以及数据处理等。强调了校准对于确保测量结果的准确性和可靠性的关键作用，为判定质量比较仪的性能和精度提供了科学的依据。也为各种检定机构和计量检定校准人员提供了有益的参考和指导。最后对比较仪测量结果出现的问题进行简单的分析与解决。

参考文献

[1]国家质量监督检验检疫总局，质量比较仪校准规范：JJF1326—2011[S]. 北京：中国质检出版社，2012：2.

[2]国家质量监督检验检疫总局：测量不确定度评定与表示：JJF1059—2012[S]. 北京：中国计量出版社，2012.

[3]国家市场监督管理总局，砝码检定规程：JJG99—2022[S]. 2022：12.

[4]JJG(铁道)109—2006 大质量比较仪检定规程[S]，2006.

[5]丁振良. 误差理论与数据处理[M]. 哈尔滨：哈尔滨工业大学出版社，1987.

关于计量数字化管理模式构建的研究

王　博　庞　晨　于晓龙

（中国石油辽阳石化分公司）

摘　要： 随着市场竞争日益严峻，企业管理必然从粗放型向精细型转变，精益管理、精准计量已经成为企业生存发展过程中必须秉持的管理理念。辽阳石化公司作为一家大型炼化生产企业，结合集团公司数字化转型智能化发展的需要，精心组织，全力推进计量平台建设，构建计量管理新模式。通过对特一级物料、特一级能源、一级物料和一级能源仪表实施接口改造，实现了计量表数据的在线采集和监控管理，实现对计量表的全方位监控。通过信息化手段进一步强化了计量监督和数据应用，降低计量风险，提高计量管理的时效性，为安全环保、平稳生产、优化运行、降本增效、采销经营、产业升级等都提供了准确的计量数据支撑。

关键词： 计量管理；计量监控；计量器具；在线采集；炼化企业；数字化；精细化管理

1　背景

随着时代的进步，社会的发展，市场竞争日益严峻，企业管理必然从粗放型向精细型转变，精益管理、精准计量已经成为企业生存发展过程中必须秉持的管理理念。如何进一步提高计量管理水平，应对新时代企业生存发展的挑战，计量管理数字化转型升级势在必行。计量监控就是把分布在厂区内外的不同地点、多台智能计量仪表进行联网，实现计量表数据和运行情况的在线实时监控和管理[1]。从管理上杜绝跑、冒、滴、漏和偷盗现象的发生，真正实现“向生产管理极限挑战，向精细管理要效益”的目标，实现计量管理的信息化、自动化。

计量仪表逐渐由模拟化向数字化、智能化，以及网络化发展。计量监控管理系统也由分散监控系统向网络监控系统过渡。以可编程工业计算机控制器为处理核心，以数字通信为变送方式的新一代计量监控管理系统应运而生。采用可进行简单连接的双绞线、同轴电缆、光纤等作为联系的纽带，把挂接在总线上作为网络节点的多个现场级计量仪表连接成网络，并按公开、规范的通信协议，使现场计量仪表与服务器之间实现数据传输与信息交换，形成满足实际需要的计量监控管理系统。新一代的计量监控管理系统拥有很多的优点，其中最为突出的就是系统具有很好的开放性。一个开放的系统可以与世界上任何地方遵守相同标准的其他设备和系统连接，不同厂家的设备之间可实现信息交换。

1.1　公司计量数据采集与记录应用管理现状

目前，公司所属大部分二级单位计量采集还是传统的手工抄表和纸质台账记录相结合的方式。但由于公司计量面积大、幅度广，最远的计量仪表在50公里以外，手工抄表消耗的人工和交通费用成本较高，造成经营利润与管理成本不匹配。计量月报采用人工统计，参与的人员较多，人为因素多，数据量大，容易出现统计错误而且不容易发现的问题。计量仪表内参数没有监控和记录，如被人为修改，就会出现计量不准确、不能查看参数修改历史，甚至造成公司大幅度损失的问题，容易出现计量纠纷。

1.2　公司计量表监控与管理应用现状

公司计量仪表数量庞大，型号各异，计量表的增加、取消、检定、检修流程不完善，存在管理脱节的问题。计量设备运行状态采用人工巡检，智能巡检接线、外观是否正常等外部问题，而影响计量准确性最主要的内部参数设置是否正确，在人工巡检时不能被发现。计量数据都是人工上报，不方便进行数据查询、统计分析、历史数据查看。

1.3　计量交接数据管理方式现状

公司月底统计结算数据采用线下结算方式，各单位抄表员现场手工抄表，记录的交接数据人工录入MES系统，结算时多采用电子表格编制方式，容易产生差错。目前，公司级计量采集点已有614个纳入计量监控系统，交接数据已实现远传采集，但开发新的系统功能模块，未能进行数据的深度利用。

1.4　公司计量管理发展的需要

公司产品质量和生产经营过程受计量管理工作水平直接影响。目前，公司的计量管理模式不能满足日益增长的计量结算精细化要求。为适应建设智能化、数字化工厂的思路，遵循公司对计量监控管理系统项目建设的统一部署，需通过信息化手段对计量仪表实施接口改造，实现仪表数据的在线采集和监控管理。计量管理水平直接影响着企业的生存与发展，因此，开发计量监控管理系统对于提升管理能力，增强安全管理水平，增加企业效益，都有着积极的现实意义。

2 主要措施及做法

2.1 现场计量仪表调研与整理

现场核查公司涉及公司级(物料和能源)对外贸易计量仪表和厂际间(物料和能源)内部核算计量仪表的分布、数量、网络分布、运行等基础情况。共计调研674台计量仪表，具体分布为炼油厂74台、芳烃厂75台、聚酯厂16台，油化厂86台、动力厂186台、热电厂61台、烯烃厂60台、尼龙厂65台、储运厂14台、铁运厂6台、监测部1台、研究院22台、检修厂2台、仪表厂2台、销售部4台。梳理计量表的物料转供信息、结算信息，计量级别、一次仪表规格型号、厂家、仪表上下限、现场供电、输出形式、通信协议、二次仪表的累计方式、端子接线、输出协议、温压补偿、安全栅、采集器位置、协议规划、供电分布、网络接口等129项信息。对674台计量表进行梳理，其中4－20mA输出210台占比31.2%、4－20mA＋HART输出330台占比49%、4－20mA＋BRAIN输出38台占比5.6%、4－20mA＋RS485输出9台占比1.3%、RS485输出62台占比9.2%、RS232输出5台占比0.7%、脉冲输出20台占比3%。提出优化运行和管理的有关改造建议，适应辽阳石化计量仪表管理。开展上层计量管理平台的需求调研和落实采集器网络接口和数据链路情况，建立和更新公司计量管理信息。

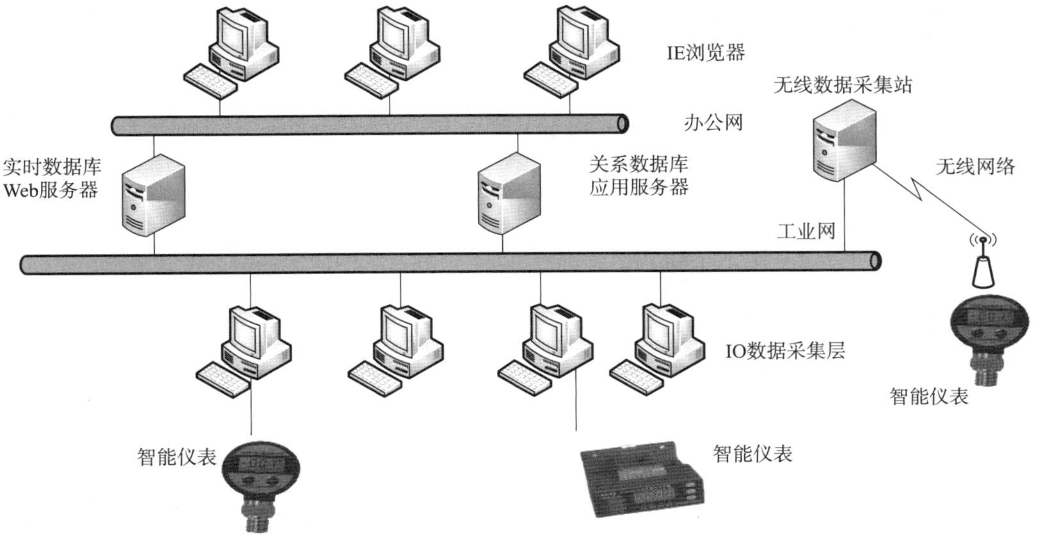

图1 计量监控管理系统总体架构

2.2 计量表网络采集地点整理

现场仪表调研完成后，为合理规划采集地点，节省投资和加快采集速度，项目组对各个采集地点实地考察，精确测量，与各个属地负责人对接安装位置与安装方案，同时实地调研施工接电、接线等技术方案和采集主材具体材料数量，以确保采集信息安全准确，上传数据稳定快捷。根据现场仪表分布、网络分布以及属地划分等条件，将674台计量仪表分成163个采集器，并分布于129个采集箱里。

2.3 开发计量表现场通信测试软件

通过自主研发的一款特殊的HART数据抓包工具，对从现场抓取的HART数据包进行了数据包的解析工作，并针对这些类型的HART数据包进行HART协议转换器的组态配置[2]，对公司各个二级单位控制室，现场抓取不同厂家、不同类型的计量仪表的HART数据包22种类型，对以上从现场抓取的HART数据包进行了数据包的解析工作，提取瞬时量、累积量、测量范围以及读各种参数命令等，并完成数据测试[3]。针对公司计量表品种多，通信接口、通讯参数不规范，仪表说明书、通信协议不齐全的特点，开发RS485计量表现场通信测试软件。测试软件可以对具有RS232、RS485和非标准通信接口的计量表进行通讯测试和数据解析，并根据测试结果制定完成计量表监控通讯方案的设计工作。

2.4 流量累积仪远程管理程序开发

开发累积仪参数远程设置及校对程序，430台流量累积仪的仪表参数、输出参数、装置参数、介质参数、贸易参数数据通过软件录入并存储到数据库中，形成累积仪数据档案。

在满足通信条件下，可以远程读取流量累积

仪的配置数据，与数据库数据比对，参数设置不正确通过软件窗口报警提示。在有效授权情况下，可以通过通信网络远程设置流量累积仪配置参数。

2.5　完成协议转换器和采集器组态配置调试

按照现场计量表的类型，对 700 多块 HART 协议转换器，进行了相应的组态配置，并进行了仿真调试，检查下载到的协议转换器的模块的组态配置是否正确[4]，RS485 端口路输出的转换数据是否正确。对 163 个采集器进行用户组态配置和调试：每个采集器需要监控的计量仪表的种类不一样，数量也不一样，所以，需要对每一台的数据采集器进行单独组态配置，在针对每台数据采集器组态配置中，我们需要填写该采集器监控的相应仪表的基础信息、辅助信息和数据上传转换信息等。

3　计量管理工作取得的成效

2018 年，辽阳石化委托吉化集团信息网络技术有限公司开发了“计量管理平台”，实现了“器具管理、监控管理、衡器管理、数据管理、计量网络图”的信息化、网络化，显著提高了计量管理的工作效率和工作质量。

3.1　实现计量器具系统全流程信息化管理

解决计量器具基础台账不全、器具增减无痕迹、无审批等问题，实现计量器具检定到期提醒，检定计划审批、执行、统计等系统管理，能够对检定方式、检定单位进行二次审批，确保内部能够检定的器具绝不外委。切实加强了计量器具的基础工作管理到实际应用管理，实现计量器具的全过程管控。

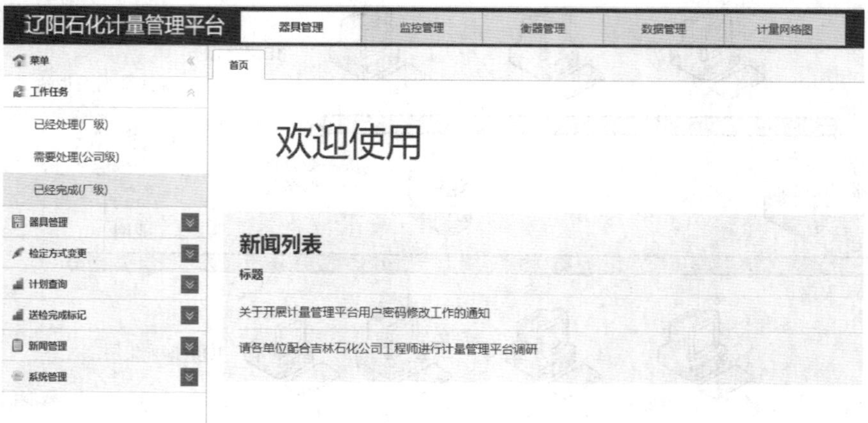

图 2　计量管理平台展示图

3.2　实现计量数据自动采集，实时监控

解决未进入 DCS 系统或无 MES 系统数采及网络，以及偏远、零散计量表的数采问题，系统采用通信方式进行计量数据采集，支持多种协议方式，与现场计量表测量数据完全相同，可直接用于计量结算。系统实现公司级、厂级 674 台计量表的数据采集，代替现场人工抄表，大幅缩减人工成本。系统通过协议采集计量表参数多达 16 项，能够及时监测计量表异常状态；系统具备参数修改、通信中断报警功能；系统可分类查询实时数据、历史数据，具有多台计量表的趋势分析功能。实现计量表异常报警，对计量纠纷的调查、计量数据的追溯及核算具有指导意义，应用计量管理平台为公司挽回经济损失 1000 万元以上。

序号	归属单位	介质	仪表类型	仪表位号	送料单位	收料单位	瞬时流量	累计流量	密度	温度	压力	一次表量程 上限	一次表量程 下限	二次表量程 上限	二次表量程 下限	小信号切除
1							-----	-----	-----	-----	-----	-----	-----	-----	-----	-----
2				FT-042			-----	-----	-----	-----	-----	-----	-----	-----	-----	-----
3	动力厂	生产水	电磁流量计	FT-FKF02	聚酯厂	空分二车间聚空	0.797 t/h	307880.406 t	1000.000 kg/m3	20.000 ℃	1.000 MPa	0.000	0.000	50.000	0.000	0.100 %
4	动力厂	生活水	电磁流量计	FT-FKF03	聚酯厂	空分二车间聚空	0.000 t/h	494.557 t	1.000 kg/m3	20.000 ℃	1.000 MPa	0.000	0.000	30.000	0.000	0.100 %
5	动力厂	氮气	差压变送器	FT-903	空分二车间	芳烃厂	528.349 Nm3/h	6171089.500 Nm3	1.000 kg/m3	20.000 ℃	1.664 MPa	0.000	0.000	100.000	0.000	0.000 %
6	动力厂	仪表风	差压变送器	FT-904	仪表风管网	空分二车间	338.761 Nm3/h	13713748.000 Nm3	1.000 kg/m3	20.000 ℃	0.800 MPa	0.000	0.000	4.000	0.000	0.200 %
7	动力厂	循环冷却水	电磁流量计	FT-01	万立凉水塔	万立空冷塔	0.000 t/h	4782634.000 t	1.000 kg/m3	20.000 ℃	1.000 MPa	0.000	0.000	300.000	0.000	0.100 %
8	动力厂	循环冷却水	电磁流量计	FT-02	聚酯厂	空二万立	3561.965 t/h	61457800.000 t	1.000 kg/m3	20.000 ℃	1.000 MPa	0.000	0.000	6000.000	0.000	0.100 %
9	动力厂	氮气	旋进旋涡流量计	FT-002	空分二车间	烯烃厂	529.395 Nm3/h	26109696.000 Nm3	1.000 kg/m3	20.000 ℃	1.600 MPa	0.000	0.000	2000.000	0.000	0.000 %
1	动力厂	氮气	旋进旋涡流量计	FT-008	空分二车间	大塑整	123.261 Nm3/h	9966658.000 Nm3	1.000 kg/m3	20.000 ℃	1.000 MPa	0.000	0.000	3602.000	0.000	0.100 %
1	动力厂	氮气	差压变送器	FT-0101	空分二车间	烯烃厂	8482.233 Nm3/h	401052896.000 Nm3	1.000 kg/m3	31.076 ℃	2.592 MPa	0.000	0.000	10.000	0.000	0.200 %
1	动力厂	氮气	旋进旋涡流量计	FT-0102（902）	空分二车间	氮气管网	10388.725 Nm3/h	566054464.000 Nm3	1.000 kg/m3	30.000 ℃	1.850 MPa	0.000	0.000	40000.000	0.000	0.100 %
1	动力厂	低压蒸汽	涡街流量计	FT-0103	芳烃厂	空分二车间	0.000 t/h	2684.510 t	1.000 kg/m3	270.000 ℃	1.000 MPa	0.000	0.000	1100.000	0.000	0.200 %
1	动力厂	工艺风	差压变送器	FT-415	芳烃空压站	公用风管网	13586.289 Nm3/h	414703744.000 Nm3	1.000 kg/m3	20.000 ℃	0.679 MPa	25.000	0.000	25.000	0.000	0.200 %
1	动力厂	非净化风	差压变送器	FT-416	芳烃空压站	芳烃厂	1076.834 Nm3/h	4592361.000 Nm3	1.000 kg/m3	20.000 ℃	0.709 MPa	0.000	0.000	3.924	0.000	0.200 %
1	动力厂	仪表风	差压变送器	FT-417	芳烃空压站	仪表风管网	7681.869 Nm3/h	310657920.000 Nm3	1.000 kg/m3	20.000 ℃	0.709 MPa	0.000	0.000	9.000	0.000	0.200 %
1	动力厂	生产水	电磁流量计	FT-174	公司生产水管网	动力厂公用车间	0.107 t/h	1300577.250 t	1.000 kg/m3	20.000 ℃	1.000 MPa	0.000	0.000	600.000	0.000	0.000 %
1	动力厂	脱盐水	差压变送器	FT-315	空一综合工段	尼龙厂	33.949 t/h	1662135.125 t	1.000 kg/m3	20.000 ℃	1.235 MPa	80.000	0.000	80.000	0.000	0.200 %
1	动力厂	脱氧水	差压变送器	FT-317A	空一综合工段	烯烃厂	15.128 t/h	946810.500 t	1.000 kg/m3	105.000 ℃	5.000 MPa	0.000	0.000	16.000	0.000	0.200 %
2	动力厂	脱氧水	差压变送器	FT-317B	空一综合工段	尼龙厂	0.504 t/h	36700.453 t	1.000 kg/m3	20.000 ℃	4.300 MPa	0.000	0.000	58.800	0.000	0.000 %

图 3　实时数据模块

3.3　实现衡器的集中管理

解决汽车检斤操作软件不统一、修改无审批、无记录，数据未统一管理等问题。衡器管理操作界面简单明了，直接采集称重数据，不可修改，实时存储，自动上传，实现远程展示。系统记录18项检斤信息，自动判断皮重、毛重，实现一键磅单打印，无需过多人为干预。解决了轨道衡车号、重量采集不能自动关联、数据未统一管理等问题。系统实现轨道衡远程操作，数据集中进行管理，记录18项检斤信息，支持多种组合条件查询、统计功能，切实提高销售人员、检斤操作人员工作效率。

图4　衡器管理模块

通过计量监控信息系统开发与应用项目的实施和在公司计量专业日常管理上的应用，解决了计量表运行状态无法监控、故障不能及时发现、仪表参数修改无报警的问题，实现了公司级、厂级计量交接的实时监控、自动计算，与MES系统实现互联互通，以装置级计量为核心，厂级计量为监督，充分发挥系统实时监控的优势，确保公司生产经营数据一致性。近几年通过使用计量管理平台，陆续发现外供辽宁销售汽油计量表异常、外购国产热电蒸汽计量异常等问题，避免了公司贸易交接计量损失。

4　结语

通过计量监控信息系统开发与应用项目的实施，实现了计量器具日常和检定的动态管理，解决了计量表运行状态无法监控、故障不能及时发现、仪表参数修改无报警的问题，实现了公司级、厂级计量交接的实时监控、自动计算，与MES系统实现互联互通，以装置级计量为核心，厂级计量为监督，充分发挥系统实时监控的优势，确保公司生产经营数据一致性，实现计量基础管理的精细化和信息化，为公司数字化转型和大集中ERP系统集成计量数据奠定基础。

炼化企业数字化转型是顺应时代潮流的必然要求，更是企业打造新时代竞争力的必然选择，以人工智能、云计算、大数据为核心技术的共享经济、数字经济迅猛发展，在减少人为误差、改善产品品质、降低成本、提高效率及增加营收等方面发挥着重要作用[5]。辽阳石化在计量信息化和数字化转型中只迈出了一小步，愿与各领域专家相互交流、取长补短，共同在数字计量的探索与实践中不断前行。

参考文献

[1] 赵隽，关力，付建伟．计量仪表实时监控系统及其应用[J]．化工自动化及仪表，2018，45(02).

[2] 孙明革，关波，徐松梅．HART智能仪表通用组态软件开发[J]．吉林化工学院学报，2014，31(3)：56－60.

[3] 路伟，李云鹏等．HART现场仪表计量监控系统，CN204740731U[2015.11.04].

[4] 郑南华．仪表维护中HART智能终端协议的应用分析[J]．电子世界，2013，2：12－13.

[5] 刘微，刘仁，郭彦良．兰州石化公司计量信息管理平台与ERP系统的集成开发[J]．中国计量，2022(09).

智能化技术在计量检定中的应用

张兴伟　陈光伟　王道芬

[中国石油天然气股份有限公司吉林石化分公司电仪中心(检测中心)]

摘　要：随着科学技术的不断发展，计量校准新设备不断出现，为实现计量校准技术的信息化管理创造了必备条件。文章探讨了计量器具的检定(校准)技术现状，并给出了利用智能化技术对计量校准数据进行采集的技术方案，将校准设备、校准方法、标准器具、原始记录有效地集成和关联，实现计量器具全过程智能化管理。

关键词：智能检定；自动校准；通信接口

1　引言

在检定技术中借助物联网，提升智能化鉴定效果，促进计量检定技术的发展[1]。目前，大多数企业计量器具的检定(校准)实行人工模式运作，计量器具的信息管理是纸质基础台账、检定(校准)信息、原始资料构建。在具体实施过程中，计量器具的收发和检定器具需要逐台登记与核实，手工填写检定(校准)原始记录，依靠传统的手工计算给出检定(校准)结果，一旦人为填写或者计算错误，直接影响判定结果。石化公司计量器具信息数以万计，数量庞大，型号各异，信息各不相同，检定(校准)信息的录入是一个庞大、系统的工程，各一线车间很难做到对检定证书、校准证书、检定结果通知单进行分类存贮，同时以纸板保存，造成保存、归档和查找难等问题。参与的人员较多，人为因素多，数据量大，容易出现重复录入错误和不容易发现的问题。检定证书、校准证书、检定结果通知书打印数量大，造成纸张浪费。目前的检定(校准)信息管理方法，不便于查询和统计，不符合现代化计量体系管理要求。因此对计量器具检定数据的实时性、全面性、准确性及检定数据的精度提出了更高的要求。而计量器具管理的质量和水平，直接影响到计量管理系统对企业物流数据的准确性和可靠性，利用智能化技术建立一个计量器具检定(校准)管理系统，能够将计量器具统一进行监督和管理，避免错检、漏检、重复检定和检定效率低等现象发生，逐步提高检定数据的自动化采集率，提升企业综合竞争力。

检定(校准)管理系统能实现对以上所有检定室装置的检定(校准)项目、检定(校准)数据的录入和检定(校准)证书的出具的智能化管理。通过对具备自动检定(校准)功能的检定(校准)装置通信接口进行协议转换，实现检定(校准)过程自动读取检定(校准)数据，将不同检定(校准)装置产生的检定证书、检测证书、校准证书以及检定结果通知书按照标准格式进行出具，从而实现检定设备检定(校准)数据的自动采集，自动生成检定(校准)证书或检定结果通知书。

智能检定(校准)管理系统整合了检定(校准)全过程业务流程，实现计量器具信息管理、收发管理、检定(校准)过程管理、检定(校准)证书出具及模板管理、器具送检状态管理、计量标准管理、人员管理、维护管理、查询管理和检定(校准)的体系管理。该系统适应各类检定(校准)系统数据接口，实现与其他系统的交互。检定(校准)数据和检定(校准)证书均由检定(校准)管理系统集中统一管理，增强数据安全性和可维护性。

2　技术方案

2.1　总体架构

系统共分成三层，系统的总体架构见图1。

最底层是数据采集层：本层次主要是硬件设备、数据采集服务。数据采集分两种：手工录入方式和自动采集方式。对于智能型的检定(校准)设备，采用自动采集方式。在每个智能检定(校准)设备和数据采集客户端的通信链路之间，进行协议转换，采集检定(校准)数据，并且把采集的检定(校准)信息上传到数据采集客户端。对于非智能型的检定(校准)设备、外检的计量器具采用手工录入方式，在数据采集客户端直接录入检定校准数据。

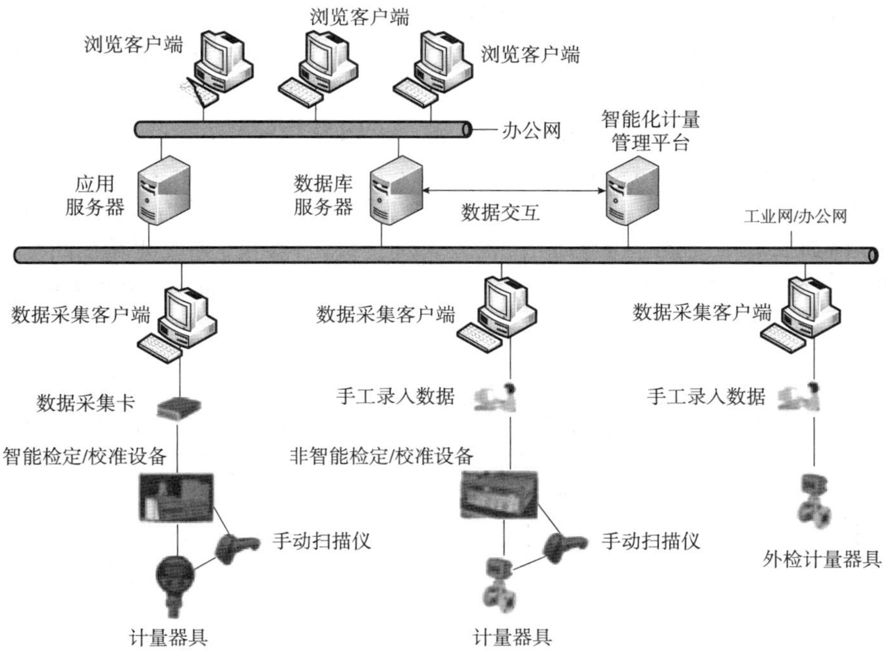

图 1　系统的总体架构

中间层是数据库：数据库是整个系统的核心部分。它负责整个系统数据的管理功能，并对外提供数据服务。它的功能主要包括：存储数据采集客户端检定(校准)计量器具信息；对原始数据进行加工、各类证书进行归档存储；提供数据访问接口，满足客户数据需求；提供数据同步功能，实时更新计量管理平台计量器具相关数据并在平台上显示相应电子证书。

最上层是数据展现层。用户能够通过浏览客户端访问系统的各项数据，并处理各种应用。浏览客户端是可定制的，根据不同的检定(校准)装置的检定流程和管理流程，定制不同的浏览客户端。

2.2　系统硬件设计

在设计中，在综合各项因素的权衡下，遵循“基本检定单元组合扩展法”的原则，改进需要人工大量并繁琐操作的一系列工序，并重新开发出新技术支持的功能模块，随后将两者进行结合与适应，最后完成智能化的计量检定[2]。检定(校准)数据自动采集系统支持 RS232 接口、RS485 接口、RJ45 接口、IEEE488 接口，通过与具有以上接口的标准器具和计量器具进行通讯，实现仪器控制、数据采集、数据整理、数据输出功能。无通信接口检定(校准)装置；检定(校准)过程中产生的原始数据通过手动方式录入检定(校准)管理系统中，实现(校准)数据的手动采集；收发室及通信接口检定(校准)装置配置扫描仪，手持扫描仪实现扫描二维码(QR Code 类型)标签，并自动解析二维码上的信息，进行信息录入。

(1)GPIB 接口卡。

GPIB 接口卡将 IEEE488 接口仪器集成到采集系统网络中。GPIB 接口卡符合 IEEE 488.2 接口标准，是完整的 Talker/Listener/Controller 工业标准的 32 位 PCI 总线，超过 1.5MB/S 的数据传输速率，1024 字节 FIFO 缓冲区高速状态设备总线管理器，7 条中断线，共享中断功能透明中断启用/禁用，包含 GPIB 库软件。

(2)RS232 接口分配器。

RS232 接口分配器 1 分 4，实现 1 台主机控制 4 台仪器设备。接口符合 EIA－RS232 和 CCITTV2.4 异步协议，异步，全双工传输模式，传输速度快。

(3)RS485 接口。

RS485 接口将电脑端 USB 信号转换为平衡差分的半双工 RS485 信号。符合 USB2.0 标准，支持热插拔和即插即用，符合 TIA/EIA RS－485 标准。串行传输速率：300bps ~ 921.6Kbps，15KVESD 防静电保护。

(4)RJ45 接口。

符合 IEEE 802.3，IEEE 802.3ad，IEEE 802.1U，IEEE 802.1bz 网络标准。传输速率 10/100/1000 自适应，支持远程唤醒功能，全双工/半双工自适应[3]。

2.3　系统软件设计

2.3.1　系统软件架构

软件系统采用 C/S 架构模式，又称 Client/Server 或客户/服务器模式。C/S 模式基于企业内部网络的应用系统，不依赖企业外网环境，即无论企业是否能够上网，都不影响应用。服务器采用高性能的 PC，并采用大型数据库系统。C/S 的优点是能充分发挥客户端 PC 的处理能力，很多工作可以在客户端处理后再提交给数据服务器，并且客户端响应速度快。

2.3.2　检定（校准）的工作管理流程方案

系统按照器具送检明细进行归类，具体分为自检器具和外送器具，其中：

自检器具，按系统检定（校准）流程，自动生成器具检定（校准）信息，存入系统数据库。

外送检器具，集中送检到省（市）计量院，外送检器具需要手工录入器具检定信息，存入系统数据库，支持计量器具信息实时查询、状态管理、检定（校准）完成情况查询及报表。

2.3.3　检定（校准）的信息管理流程设计

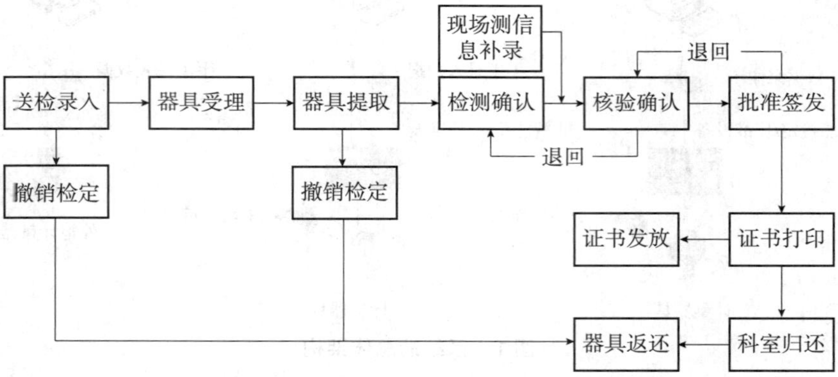

图2　检定（校准）的信息管理流程

（1）送检录入。

器具收发员接收送检计量器具检定，进行外观检查，在系统收发工位通过二维码扫描进行录入，信息须填写齐全，包括：送检单位、联系人、联系电话、仪器名称、规格型号、仪器编号、计量编号、数量及附件等。如发现器具损坏或缺少必要附件或其他不满足检定的条件，则退检，并给出退检理由。

（2）器具受理。

由收发人员核对器具及信息是否一致，受理确认。收发工位器具受理后，按照计量器具的类型给各检定室分类，将任务提醒信息发送至相应检定室工作人员账号，同时检定室人员可随时查询是否有送检器具待检。

（3）器具提取。

当检定室人员取走送检器具后，受理工位确认，系统上完成后即形成一条记录，标识为已受理，流程进入检定（校准）阶段。此时该送检器具进入检定（校准）状态，将不会在待检器具查询中出现。

（4）检定确认。

受理工位确认后，检定室开始检定（校准）过程。完成检定（校准）后根据检定（校准）原始记录，通过证书模板数据库提取相应检定（校准）证书，填写检定（校准）结果数据，检定（校准）合格器具生成检定（校准）证书，检定不合格器具生成检定结果通知书，校准器具生成校准证书，同时，受理工位确认，提交核验人复核。

（5）核验确认。

核验员查询未确认的检定（校准）结果，进行审核确认后进入下一流程。

（6）批准签发。

批准人查询未确认的检定（校准）结果，审核确认签发，该处完成后证书所需的信息全部完成，检定（校准）工作完成。同时，批准签发的检定校准数据送入计量管理平台数据库，生成待确认数据表。计量管理平台系统监测到待确认数据后，生成提醒信息，待计量管理人员确认后更新平台计量器具信息。

（7）证书打印。

证书发放工位，查询送检产品的发放许可后，如果为可发放的产品，则生成证书，打印成册，电子版证书以只读方式保存进入数据库。

（8）证书发放。

收发工位，查询送检回执单，经领取人确认后，加盖检测专用章，进行证书发放，并形成证书发放记录，存入系统数据库。

（9）器具返还。

收发工位，对已生成证书的器具，领取人确认后，进行器具返还，在数据库中生成器具返还记录，送检任务完成。

2.3.4　二维码设计

（1）计量器具上的二维码。

通过计量管理平台中计量器具的计量编号自

动生成唯一可标识的二维码，并能够打印出二维码标签，二维码的信息与计量平台器具台账信息一一对应，打印的二维码标签由各二级单位粘贴到对应的计量器具上。

用手持扫描仪直接扫描被检计量器具上的二维码标签，然后，系统对读取到的二维码上的信息进行解析，在系统上自动显示该标签计量器具的计量编号、计量器具的管理单位、器具名称、出厂编号和内检/外检标识号等。同时，将这些信息发送至数据库服务器，实现自动从数据库服务器中调取被检计量器具的基础信息，实现前端数据与服务器数据库的实时交互。

(2)检定证书上的二维码。

对于内检的计量器具，系统通过检定证书上的编号，自动生成检定证书上的二维码，连接普通打印机即可打印出带有二维码的检定证书。通过扫描证书上的二维码，能够自动更新计量管理平台上的计量器具信息，同时具有防伪功能。

(3)二维码与计量管理平台的关联。

系统能够通过计量器具上的二维码信息和检定证书上的二维码信息，与计量管理平台实时进行数据交互。

2.3.5 检定(校准)数据表的模板设计

根据辽阳石化公司被授权检定项目明细表(见附表2)，按照检定(校准)项目的检定规程和校准规范(见附表1)，设计出对应的检定(校准)数据表电子模板。对于自动采集检定(校准)数据方式，系统会自动选择对应的数据表电子模板，自动填写数据表里的内容。而对于手工录入检定(校准)数据方式，系统会根据检定(校准)项目，自动调出检定(校准)数据表电子模板，由检定(校准)人员填写检定(校准)数据表内的数据信息。对于常规的压力、温度、电工三表等建立规程的数据模型，系统能够利用模型算法自动判定检定结果。

2.3.6 检定(校准)证书的模板设计

依据国家质量检验检疫监督总局文件，国质检量函[2005]861号《关于印发新版〈检定证书〉和〈检定结果通知书〉封面格式式样的通知》要求，对证书的电子模板统一进行合规化设计。按照标准格式设计各种类型计量器具的检定证书、检定结果通知书和校准证书的电子模板。所有被检计量器具的证书均以电子版方式存到数据库统一管理。实现检定(校准)证书模板创建、修改、删除、更新功能，自动生成证书模板数据库。

2.3.7 检定(校准)数据的读取设计

2.3.7.1 自动读取检定(校准)数据

(1)自动读取检定(校准)数据的流程。计算机与检定(校准)装置、被检计量器具进行网络连接。计算机按检定流程通过接口采集程序控制标准器产生标准信号给被检计量器具，同时通过通信网络将被检定(校准)结果数据传递到数据采集终端计算机。数据采集终端计算机自动把采集到的检定(校准)数据，填写到检定(校准)数据表电子模板中。检定(校准)数据自动采集流程见图4。

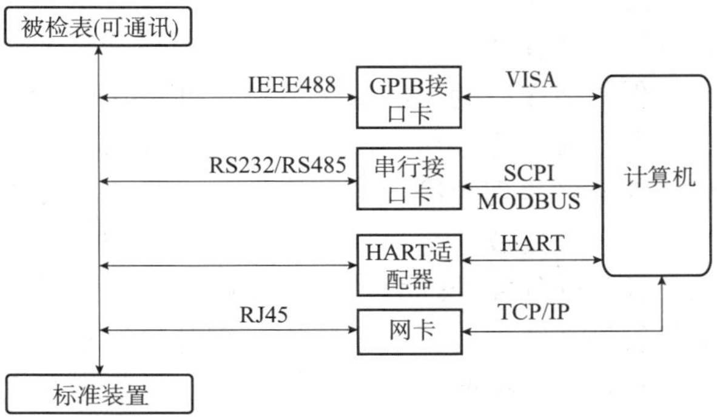

图4 检定(校准)数据自动采集流程

(2)自动读取检定(校准)数据。检定(校准)数据采集软件驱动程序执行检定校准主程序的命令，按照命令对应的检定校准模板，分步骤、按流程自动控制不同接口、不同厂家、不同协议的标准器具和被检器具，自动完成检定(校准)过程。检定(校准)过程中驱动程序缓存检定(校准)数据。检定(校准)完成后，并向主程序发出检定校准流程结束信号。然后，系统自动把所有的检定(校准)数据记录到检定(校准)数据表中。系统再根据检定(校准)数据表的信息，自动生成检定证书。检定(校准)数据采集软件驱动程序支持MODBUS、SCPI、VISA、HART协议，支持GPIB标准函数、支持标准设备厂家自定义协议。检定(校准)数据采集软件驱动程序支持数据库、电子表格、文本文件等数据存储方式。

2.3.7.2 自动读取检定(校准)数据表和检定证书

对于已经配备了自动检定(校准)系统的装置，通过以太网的方式，从该自动检定(校准)系统中读取被检计量器具的检定(校准)数据表和检定证书。

2.3.7.3 手工录入检定(校准)数据

检定(校准)人员选择检定(校准)项目，在数据采集终端计算机界面上，调出对应的检定(校准)数据表电子模板。检定(校准)人员按照检定(校准)数据表电子模板上的格式，手工填写检定

(校准)数据信息。手工录入完毕后，系统会自动生成检定(校准)数据表，并根据检定(校准)数据表的信息，自动生成检定证书。开发黏度计检定装置智能手持终端(平板电脑)App，通过无线网络与终端计算机连接，实现检定过程数据的远程录入。对于常规的压力、温度、电工三表等建立规程的数据模型，系统能够利用模型算法自动判定检定结果。

3 结语

通过计量校准管理系统的运行，解决了原有管理模式存在的管控力度不强、差错率高、工作效率低等诸多问题，实现了计量校准工作基于人工管理到流程化控制的网络化运行，确保校准工作从任务创建到校准设备、原始记录生成、报告生成、报告发放等全过程的在线过程管控，让自动化计量软件在处理数据后，可以直接送入计量业务管理系统中进行数据分析，提升数据对接效果，让检定、校准工作可以实现全自动化运行大大提高校准工作的管控力度和工作效率[4]。最后，技术创新需要以完善的硬件体系作为支撑，尤其数字化和信息化检定技术，需要配备计算机、打印机等先进的硬件设备，检定机构要加大资金投入，更新设备，以满足技术创新的工作需求[5]。

参考文献

[1]黄金娟．让智能检定中国标准国际化[J]．工会博览，2019(21)：13.
[2]孙钢．基于物联网的智能化计量检定技术研究[D]，北京：华北电力大学(北京)，2017.
[3]赵焕兴，温文博，徐新文，等．手持式数字多用表自动计量检定系统方案设计[J]．国外电子测量技术，2020，39(09).
[4]宋冀红，计量检定校准自动化系统标准接口研究和实现探讨[J]．新型工业化，2022，12(04)：176.
[5]李鸿恺，付嘉，黄瑞思．强化计量检定标准化管理的对策研究[J]．石油石化物资采购，2022(17)：232－234.

计量器具检定校准管理系统开发与应用

张一鸣　刘静宇　刘　畅

［中国石油天然气股份有限公司吉林石化分公司电仪中心（检测中心）］

摘　要：石油化工企业越来越重视计量检定校准的管理，很多企业在此方面存在很多问题。企业急需建立计量器具检定信息录入自动化和检定流程规范化。针对以上问题和需求，设计出一套计量器具检定校准管理系统。该系统通过扫描编码，自动将被检器具信息读取到检定软件中，自动记录原始数据，利用模型算法自动判定检定结果。证书电子版化，实现网络共享，将计量器具统一监督和管理。

关键词：二维码；数据模型；计量数据采集器；计量预警；检定状态；计量大数据

1　背景

1.1　生产需求

目前，很多企业的计量器具信息是靠基础台账、检定校准信息、原始资料、个人经验构建的，收发和检定计量器具需要逐台登记与核实，再填写检定校准原始记录，并依靠传统的手工方式给出检定校准的结果。企业内的计量器具信息数以万计，数量庞大，计量器具的数量和型号各异，信息各不相同，检定校准信息的录入是一个庞大的工作，如果全部使用人工方式进行处理，必定要增加人员，降低工作效率，降低计量数据准确性和可靠性。并且，各基层单位很难做到对检定合格证、检定结果通知单、校准证书进行分类存贮。测试报告信息以纸板保存，造成保存、归档和查找难等问题。检定证书、校准证书、检定结果通知书打印数量大，造成纸张浪费。

1.2　计量器具检定智能化与管理的需求

企业急需改变现有依赖人工方式录入检定信息，建立计量器具检定信息录入自动化，自动生成检定计划、自动获取检定信息，自动生成、留存和打印证书。规范检定流程，实现数据共享，杜绝人为因素干扰，减少数据误差，降低管理成本，提高员工的工作效率，提高计量管理的信息化和自动化水平，实现计量系统信息化管理。

1.3　企业生存发展的需要

随着企业面临的国际原料价格不断动荡以及国际市场竞争的严峻挑战，实现企业精细化管理已势在必行。ERP、MES 系统已在大型企业先后实施，因此对计量器具检定数据的实时性、全面性、准确性及检定数据的精确度提出了更高的要求。

而计量器具管理的质量和水平，直接影响到企业能源计量方面的准确性和可靠性。因此，建立一个计量器具检定校准管理系统，逐步提高检定数据的自动化采集率，避免发生漏检、错检、重复检定和检定效率低等现象，将计量器具统一进行监督和管理。

如果企业计量检定校准管理系统采用自动化技术、网络通信技术、实时数据库技术，借助智能数据采集传输网络获取检定过程的参数和信息，对计量检定校准系统各环节实施动态监控和信息化管理，消除检定和管理的信息孤岛，充分利用大数据的真实性、可靠性和实时性，减少浪费，降低计量检定、校准和管理的成本。

1.4　需要解决的关键技术问题

在关键技术上，系统能够与在用的计量管理系统数据关联和读写。设置计量器具信息的编码技术和自动识别编码技术。计量器具收发过程的流程设计技术。开发符合检定规程的检定模型，每个规程都有特定的检定项，对原始数据的记录都有特定要求的技术。原始记录、计算过程的开发也是关键技术。

2　计量器具检定校准管理系统设计

2.1　系统的整体设计

计量检定校准管理系统软件，与在用计量管理平台有机结合，将企业需要的检定校准的计量器具信息按规则进行编码，通过扫描编码，自动将被检器具信息读取到检定软件中。检定校准过程实现自动检定。常规的压力、温度、电工三表等要建立规程的数据模型，系统自动记录原始数据，并利用模型算法自动判定检定结果。检定校准结果能输出系统审批流程，审批后形成不可修改的电子版证书，并实现网络共享。将检定结果信息与计量管理平台中的器具系统关联，检定结论自动反馈到被检器具检定信息内容中。整体结构如图 1 所示：

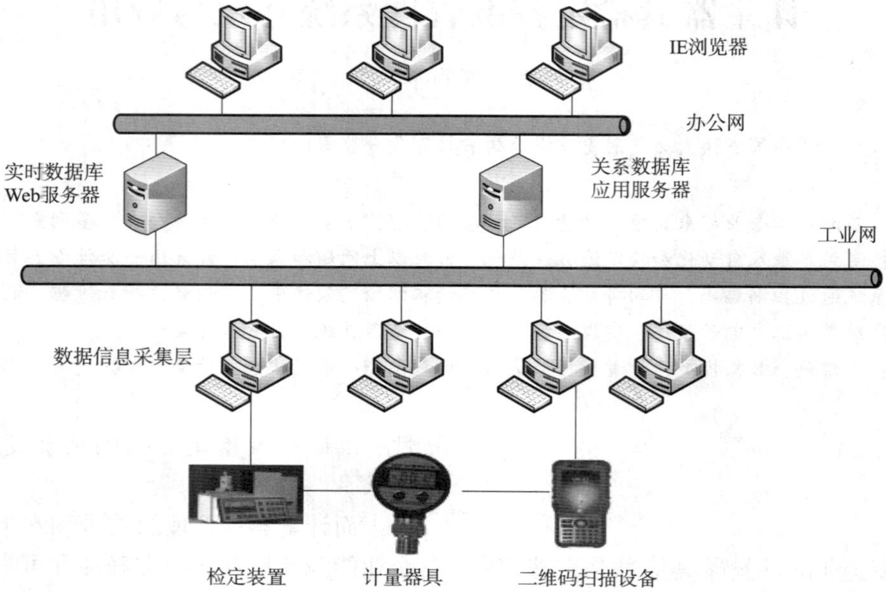

图 1　系统总体结构

从系统的总体结构方面，分为：数据信息采集层、数据库应用层、计量管理平台展示层。

①数据信息采集层。本层主要是硬件设备和数据采集服务。数据采集器安装在各装置中，负责数据的采集和向上传输。二维码扫描设备通过扫描被检设备的二维码，把扫描信息传递给数据采集器。智能检定装置检定校准计量器具后，把检定数据信息上传给数据采集器。

②数据库应用层。数据库是整个系统的核心部分，包括实时数据库和关系数据库。它负责整个系统数据的管理功能，并对外提供各项服务。它的功能主要包括：从数据采集器采集被检定设备信息；对原始数据归类并负责压缩存储；对原始数据进行归一化并加工成用户需要的数据；生成各种证书；前端数据输入处理；WEB 服务管理。

③计量管理平台展示层。用户通过 IE 浏览器或其他浏览器，可以浏览系统的各个功能界面的数据信息，并处理各种应用。

2.2　系统的实施方案

2.2.1　二维码模块设计

①二维码标签的生成：系统通过客户端模板自动生成唯一、可标识的二维码标签，作为计量器具的身份证，一次生成，永久使用。系统通过标签打印机自动连续地打印出二维码标签。输入的基础数据同步上传至数据库服务器。

②检定证书上二维码的生成：通过客户端模板可以自动生成检定证书上的二维码，连接普通打印机即可打印出带有二维码的检定单据。

③计量信息的自动调取：手持设备直接扫描二维码信息，通过对二维码上的信息进行解析并将信息发送至数据库服务器，实现前端数据与服务器数据库的实时交互。

④二维码模块设计系统图，如图 2 所示。

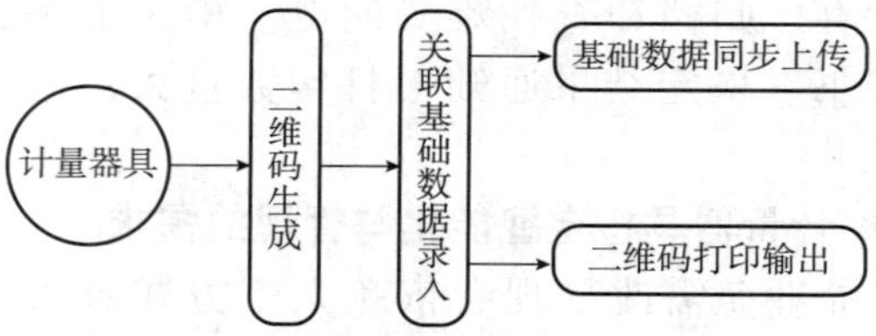

图 2　二维码模块系统图

2.2.2　计量检定数据采集设计

检定装置、被检仪表、协议转换器和计量数据采集器通过通信网络连接，检定装置产生信号给被检仪表，同时通过通信接口将被检表输出信号传递到计量检定数据采集器。计量检定数据采集器进行运算、分析和判断，形成最后的检定数据，发送并存储到数据库服务器。对于没有通信接口的检定仪表采取手工录入方式形成检定数据。如图 3 所示。

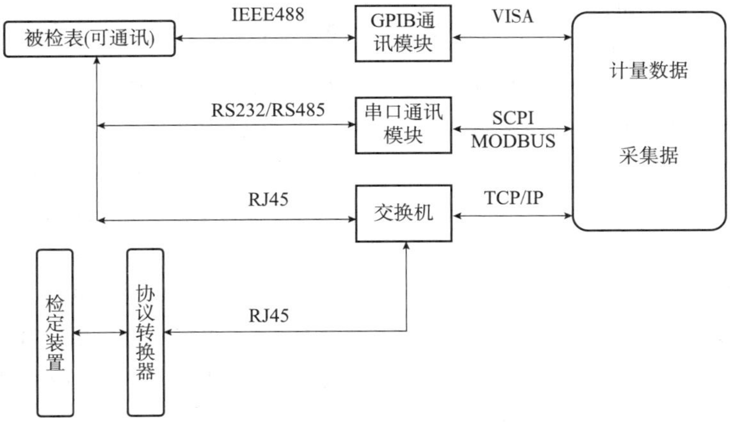

图3　计量检定数据采集流程图

计量数据采集器支持RS232、RS485、IEEE488、RJ45以太网通信接口，通过MODBUS、SCPI、VISA协议与被检表进行通讯。协议转换器将不同接口和通信协议的检定装置统一转换成RJ45以太网接口，采用MODBUS－TCP协议与计量数据采集器通讯。计量数据采集器根据主机指令，按流程自动进行检定控制，同时，计量数据采集器把采集到的检定数据信息通过网络传递给数据库。一个检定流程结束后，系统自动判断检定结果，给出检定结论，生成检定报告和检定证书。

2.2.3　计量人员管理功能

设置操作人员和管理人员权限，实现检定员、核验员、主管及其电子签名。

2.2.4　计量预警管理

①任务类预警：包含超期未检、加急、超期任务、所有未检和当日受理等。

②合同预警：客户合同有效期预警和加急任务提醒。

③证书预警：包含证书记录编制、审核和修改等提醒。

④质量预警：包含仪器设备、计量标准、CNAS、技术依据和人员资质等有效期提醒。

2.2.5　计量检定管理功能

对于周期检定的计量器具，收发人员通过扫描二维码，即可从数据库中获取计量器具信息，将其收入库，生成送检编号，形成送检记录，完成收表。对于那些首次检定的计量器具，需要收发人员补充该计量器具的有关信息，打印二维码，并把二维码贴在计量器具上，作为以后周期检定使用。然后再按照周期检定的计量器具的方法进行操作。当检定和核验全部完成，并且检定证书打印完毕后，允许进行发表操作。收发人员还可以实时对送来的计量器具进行状态查询，便于获得被检计量器具所处的状态，从而提前通知送检单位取表。

2.2.6　证书形成功能

被检计量器具的检定证书、检验证书、测试证书、检定结果通知书和校准证书，均统一通过管理平台进行出证。所有形式的证书能够单独或者统一批量打印，同时，各种证书打印格式统一化，实现实验室无纸化操作。该系统允许填写和补充被检计量器具的基本信息。检定仪表的收发人员能查询所有检定过的计量器具的检定证书和计量检定信息，便于核对、比较和统计。

2.2.7　检定状态管理功能

①具有对计量器具的检定状态进行管理的功能。检定状态有：在库房待检、在实验室待检、在检、检定完毕/待核检、核验完毕/待批准和已审批/待取回。

②计量器具的初始状态为《在库房待检》，待检计量器具在完成收发室的收表入库工作后，由收发人员将其专业分组，然后送到各专业实验室与实验室人员进行交接，交接完成后待检计量器具的状态由《在库房待检》状态变为《在实验室待检》状态。

③当检定人员对待检计量器具检定时，计量器具的状态变成《在检状态》。对于首检仪表，检定员可以调用现有的模板补充检定数据；对于周检仪表，数据录入页默认上一次检定的模板。检定完成后，系统自动将各种检定证书上传到局域网，状态变为《检定完毕/待核验》。此时，允许核验人对检定证书进行核验，核验完成后，在证书上签上电子签名，计量器具的状态变为《核验完毕/待批准》；若发现错误，证书被打回到检定人员任务里，由检定员修改后重新提交审核，其

状态再次变更为《检定完毕/待核验》。下一个流程为主管登录检查检定信息和证书，无误后再签上电子签名，此时状态为《已审批/待取回》。如果主管在审核过程中发现错误，可以将证书再次打回到检定员任务中，由检定员修正后，重新进行提交审核。

2.2.8　计量器具的信息管理功能

具有对计量器具的信息进行管理的功能。计量器具的基础信息包括：使用部门、计量器具制造厂家信息、计量器具型号信息、精确等级信息、计量等级、检定方式等信息。计量器具的维护信息包括：维护类别、外观检查维护信息、检定周期、检定结果和计量器具的参数等。计量器具的管理信息包括：送检单位信息、计量检定人员、检定部门等信息。

2.2.9　送检计划管理功能

系统根据计量器具的检定周期和状态，年底按生产各个作业部门，生成每月度周检计划，同时向各部门发布周检通知单，并对每月计量器具计划，发出超期报警和预期报警提醒。各使用部门按照生成的计划要求进行送检，检定完成后，自动更新计量器具数据库中相应的器具档案内容。

2.2.10　综合查询功能

实现各种查询功能以及查询条件的设置，便于实验室人员调取多年的证书数据，进行数据分析。具有按照类别名称分组进行查询的功能，有使用状态查询、器具厂家查询、器具类别查询、检定方式查询、检定周期查询、检定部门查询、录入人查询、检定类别查询、检定人员查询和负责人查询等。

2.2.11　计量大数据功能

所有检测相关原始数据分类上传至数据库，保证数据的完整性和可追溯性。提供标准数据接口供其他应用平台对数据进行调用，实现数据的互联互通。用户通过对计量核心数据进行多维度挖掘和分析计算，采用图表和地理信息等呈现方式提供计算分析报表结果，为企业提供计量器具的性能趋势和预判断，同时对计量器具名牌质量分析、委托单位工作计量器具的总体性能等情况，进行计量延伸增值服务，为企业决策提供有说服力的数据支撑。

3　实际应用效果和预期应用前景

3.1　实际应用效果

计量检定校准管理系统建成后，能够通过该管理系统对送检的计量器具进行检定校准。该系统通过采用二维码扫描方式，自动从数据库中调取计量器具信息，在检定中，由系统自动采集检定信息，提高所在岗位的工作效率和准确性，为管理者提供监控和决策的工具和依据；大数据的汇总成为未来企业规划和决策的数据来源和准确的依据。整个管理系统实现安全性、准确性、实用性、流程化和标准化。而且，该系统整合计量检测机构内部的管理业务，为计量技术机构业务信息集成和综合管理提供完整的解决方案。

3.2　预期应用前景

开发计量检定校准管理系统，能够充分利用信息化技术，具有功能多、管理规范、准确性高和稳定性强等优势，能够应用于石油化工企业的计量检定管理部门。

随着我国经济的快速发展，计量器具的检定工作在石油、化工、电力、能源等系统中的重要性日益显现。准确可靠和公平公正的计量器具的检定，既确保各个行业中使用的各类系统的安全稳定，又为了加快发展各个行业的经济，提供合理的量化秤杆。计量检定校准管理系统应用，使得计量环节高效规范化，提高检定的正确率和高效率，逐步减少由于计量器具的准确性而带来的外供损失，提高外供经济效益。

参考文献

[1]盛胜利．计量器具的检定校准与网络化管理系统[J]．计量技术，2008，(10)：60－62.

[2]荆臻，王莉，姜荣华．计量检定管理系统的开发研究[J]．电子世界，2014，(22)：158－158，159.

[3]许方平，曹剑秋，梁庆凡．计量器具数据采集可视化系统设计与实现[J]．计量技术，2019，(1)：53－56.

[4]陈乔溪．关于加强衡器计量检定管理工作的探索[J]．科技创新导报，2013(32).

[5]李惠珍．对于加强衡器计量检定管理工作的探索[J]．化工管理，2014(26).

[6]尹国臣，罗翔宇．浅谈衡器计量检定管理[J]．黑龙江科技信息，2012(18).

流量计量技术在页岩油气生产中的应用

李鹏杰　杜元凯　景　超　王崇军　朱维鹏

（中国石油集团测井有限公司长庆分公司靖边项目部）

摘　要： 页岩油气生产中，流量计量至关重要。通过分析流量计量技术在页岩油开采中的应用情况，采用数据表格展示不同流量计的效果。结果表明，合理选择和应用不同的流量计量技术能够提高生产效率、保障生产安全，为页岩油气开采提供了可靠的技术支持。结论指出，计量技术在实际生产中发挥着重要作用，对于推动页岩油气产业的发展和提高能源利用效率具有重要意义。

关键词： 页岩油气；非常规流体；计量技术；生产效率；安全生产

1　流量计量技术概述

在能源行业中，计量技术被定义为一种通过各种手段对物质或能量进行量的测量、检测和控制的技术体系，其核心作用直接关系到生产效率、产品质量以及能源资源的合理利用和安全生产。随着现代工业的不断发展，流量计量技术已成为不可或缺的重要环节，其应用广泛覆盖了石油、天然气、电力、化工等多个领域。

1.1　确保了生产过程的稳定性和可靠性

通过对流量的精准测量，企业能够实时监控生产过程中关键物质的输送量，进而保障设备的正常运行。例如，在石油行业中，流量计量技术用于监控输油管道中的油量，确保石油运输过程中的安全与稳定；在化工行业中，流量计量技术则用来控制化学反应过程中的物料配比，确保反应的精确度和产品质量的一致性。流量计量技术的准确性直接影响着整个生产过程的顺畅进行，从而维持产品质量的稳定性。

1.2　提高了生产效率和资源利用率

通过精准的流量控制，企业能够实现生产过程的精细化管理，减少资源浪费，降低生产成本。例如，在电力行业中，流量计量技术可以用于监控发电厂的冷却水流量，优化冷却过程，减少能源消耗。通过精细化的流量控制，企业可以更好地调配资源，实现资源的合理利用，最大限度地提高生产效率。此外，精准的流量计量还能够帮助企业识别并优化生产中的薄弱环节，进一步提升整体的生产效益。

1.3　确保安全生产

在能源生产过程中，任何一个环节的流量异常都可能引发安全事故。通过实时监测各类物质的流量，流量计量技术能够及时发现异常情况，并采取相应的应对措施。[1] 例如，在天然气输送过程中，流量计量技术可以监测管道内的气体流量，及时发现泄漏风险，预防爆炸事故的发生。流量计量技术不仅在事故防范中起到关键作用，还能够在事故发生后提供精准的流量数据，帮助事故分析和应急处理。

1.4　支持科学决策

通过对流量数据的长期积累和分析，企业能够获得宝贵的生产数据，支持管理者进行科学决策。比如，企业可以根据历史流量数据分析出生产过程中的规律和趋势，优化生产流程，提高能源利用效率，并制定出更加合理的生产计划。流量计量技术不仅为生产管理提供了数据支撑，还能帮助企业应对市场变化，增强市场竞争力。

流量计量技术在能源行业的应用具有多方面的重要作用。其不仅确保了生产过程的稳定和安全，还通过精细化管理提高了生产效率，减少了资源浪费。此外，流量计量技术还为科学决策提供了数据支持，助力企业优化生产流程，提升竞争力。因此，深入研究和巧妙运用流量计量技术，将有助于推动能源产业的发展，提高能源利用效率，为企业的长期发展打下坚实的基础。

2　流体流动特性的研究与评价

2.1　流量测量原理与方法

流量是指流体在单位时间内通过管道或通道的体积或质量，是衡量流体流动的重要参数之一。为了准确测量流体的流量，工程中采用了多种方法，每种方法具有不同的适用范围和精度。

2.1.1　*差压法*

差压法是一种经典且广泛应用的流量测量方

法，其基于流体在管道中流动时产生的压力差来间接计算流量。根据伯努利定理，流体在管道中流动时，由于管道内径变化或障碍物的存在，会在上下游产生压力差，通过测量这一差值可以计算出流量。[2] 差压法的优势在于其结构简单、可靠性高，适用于各种流体和较宽的流量范围。常见的差压流量计包括孔板流量计、喷嘴流量计和文丘里流量计等。其中，孔板流量计应用最为广泛，其通过在管道中插入一个带有小孔的薄板，迫使流体流经小孔处，产生压力差来测量流量。然而，差压法也有其局限性，如对流体的压力损失较大，且测量精度受限于流体的黏度和流速的波动。

2.1.2 速度法

速度法通过直接测量流体的流速来计算流量，结合管道截面积即可得出体积流量。该方法的优势在于直接性强、精度高，特别适用于流速变化较大的场合。速度法流量计的种类多样，其中涡轮流量计、电磁流量计和超声波流量计是较为常见的代表。涡轮流量计通过流体驱动涡轮叶片旋转，旋转速度与流速成正比，从而计算出流量。电磁流量计则利用法拉第电磁感应原理，测量流经磁场的导电流体产生的感应电压来确定流速。超声波流量计采用超声波传播时间差法或多普勒效应法，通过测量超声波在流体中传播的速度变化来计算流量。速度法适用于大多数液体和气体流量的测量，且对流体的物理性质影响较小，但对安装环境和管道内壁的要求较高。

2.1.3 质量法

质量法主要用于直接测量流体的质量流量，特别适用于需要精确控制流体质量的场合，如化工过程、气体测量等。质量流量计包括热式质量流量计和科里奥利质量流量计。热式质量流量计通过加热流体，并测量流体温度变化来推导出流体的质量流量；科里奥利质量流量计利用流体在振动管道中的惯性力变化来直接测量质量流量。质量法的优势在于精度高，特别适用于低流速、低密度流体的测量，以及需要严格控制流体质量的工艺流程，但其结构复杂，成本较高，对流体的流动状态要求较高。

2.2 流动速度分布的分析

流动速度分布是评价流体在管道内流动状态的重要指标，不同的流动状态会影响到管道的流量、压力损失和传热效率。常见的流动状态主要包括层流和湍流，理解这些流动状态对工程设计和操作具有重要意义。

2.2.1 层流

层流是指流体在管道内沿着规则的流线平行流动的状态，其流速分布具有明显的规律性。层流的特点是流线之间无交叉或扰动，各层流体相对独立，速度分布呈现为管道中心最大，逐渐向管壁减小。泊松方程可用于描述层流中的速度分布，这种分布通常表现为抛物线型。层流适用于低流速、低雷诺数的情况，通常在实验室或精细化工流程中较为常见。层流状态下的流动摩擦损失较小，但传热效率较低。

2.2.2 湍流

湍流是指流体在管道内发生不规则、无序的流动状态，其流速分布复杂多变。湍流状态下，流体流速剧烈波动，存在大量的涡流和湍流涡，这种复杂的流动行为使得流速分布难以用简单的公式描述。普拉斯定律常用于估算湍流状态下的速度分布，湍流的主要特征是管道中心流速较大，而靠近管壁的流速迅速降低。湍流广泛存在于工业应用中，特别是在高流速、高雷诺数的场合。湍流状态下，流体的摩擦损失较大，但具有较高的传热效率。

2.3 流动压力损失的计算

流动压力损失是指流体在管道或通道中由于摩擦阻力、弯头、阀门等因素而导致的压力降低。压力损失的准确计算对泵的选型、管道设计及能耗评估至关重要。

2.3.1 达西公式

达西公式是用来计算流体在管道中的摩擦压力损失的方法。[3] 其公式如下：

$$\Delta P = f \times \frac{L}{D} \times \frac{1}{2} \times \rho \times \vartheta^2$$

其中，ΔP 是压力损失，f 是摩擦系数，L 是管道长度，D 是管道直径，ρ 是流体密度，ϑ 是流速。达西公式适用于层流和湍流的摩擦压力损失计算，但摩擦系数 f 需要根据流动状态、管道粗糙度和流体特性通过经验公式或实验数据来确定。

2.3.2 海森堡公式

海森堡公式是用来计算流体在管道中的局部阻力压力损失的方法。其公式如下：

$$\Delta P = K \times \rho \times \vartheta^2$$

其中，ΔP 是压力损失，K 是局部阻力系数，ρ 是流体密度，ϑ 是流速。局部阻力通常发生在管道的弯头、阀门、突然扩张或收缩等部位。海森堡公式简单易用，适用于局部阻力的快速估算，但 K 值需根据具体结构通过实验或参考手册获得。

通过上述方法对流体流动特性进行研究与评价，可以为工程设计提供准确的数据支持，优化系统的运行效率，减少能耗并确保系统的安全性。

3 计量技术在实际生产中的应用

3.1 气体计量技术在页岩气开采中的应用

页岩气是一种重要的非常规天然气资源，其开采对于满足能源需求具有重要意义。在页岩气开采过程中，气体计量技术起着至关重要的作用，主要包括气体流量测量、气体成分分析和气体压力监测等。在气体流量测量方面，常用的气体流量计有涡轮流量计、超声波流量计和差压流量计等。这些流量计能够准确测量页岩气在管道中的流量，并通过数据记录和实时监测，帮助生产企业掌握生产过程中的气体流量变化情况，从而保障生产的稳定性和连续性。除了流量测量外，气体成分分析也是页岩气开采中的重要环节。通过对页岩气中各种组分的分析，可以确定其物性参数，如热值、相对密度等，为生产过程的优化提供重要数据支持。常见的气体成分分析方法包括色谱分析、质谱分析和红外分析等。此外，气体压力监测也是页岩气开采中必不可少的环节。通过对井口和管道中的气体压力进行实时监测，可以掌握气体开采的压力变化情况，及时调整生产参数，保障生产的安全和高效。长宁—威远国家级页岩气示范区位于四川盆地腹地，以复杂的地质构造和丰富的页岩气资源闻名。该区块自2010年开始页岩气开发，具有丰富的天然气储量，是中国首个实现商业化生产的页岩气田之一。在该气田中进行了不同气体流量计的应用，应用效果见表1。

表1 不同气体流量计在页岩气开采中的应用效果

流量计类型	测量精度（%）	使用范围（m^3/h）	应用效果	实际测量流量范围（m^3/h）	误差范围（m^3/h）
涡轮流量计	1.5	100～10000	精度高，适用于中小流量范围	500～9500	±7.5～±142.5
超声波流量计	1.2	500～50000	非接触式测量，适用于高流速环境	1500～48000	±18～±576
差压流量计	2.0	1000～100000	简单可靠，适用于大流量范围	3000～90000	±60～±1800

通过对比不同类型流量计的测量精度、使用范围和应用效果，可以选择合适的流量计技术，提高页岩气开采过程中的流量测量准确性和生产效率。

3.2 液体计量技术在页岩油开采中的应用

与页岩气相似，页岩油也是一种重要的非常规石油资源，其开采对于能源行业具有重要意义。在页岩油开采过程中，液体计量技术的应用同样至关重要，主要包括液体流量测量、液体含水率分析和液体压力监测等。在液体流量测量方面，常用的液体流量计有正置式涡轮流量计、电磁流量计和超声波流量计等。这些流量计能够准确测量页岩油在管道中的流量，并通过数据记录和实时监测，帮助生产企业掌握生产过程中的液体流量变化情况，从而保障生产的稳定性和连续性。除了流量测量外，液体含水率分析也是页岩油开采中的重要环节。通过对页岩油中水含量的分析，可以确定油水比例，为生产过程的调整和优化提供数据支持。常见的液体含水率分析方法包括介电常数法、核磁共振法和红外分析法等。此外，液体压力监测同样是页岩油开采中必不可少的环节。通过对井口和管道中的液体压力进行实时监测，可以掌握液体开采的压力变化情况，及时调整生产参数，保障生产的安全和高效。松辽盆地的扶余油层区块油田位于大庆油田的一部分，是中国页岩油开发的重点区域之一，地质条件复杂，油藏类型多样化，具备丰富的页岩油资源。在该油田中进行了不同液体流量计的应用，应用效果如表2。

表2 不同液体流量计在页岩油开采中的应用效果

流量计类型	测量精度（%）	使用范围（m^3/h）	应用效果	实际测量流量范围（m^3/h）	误差范围（m^3/h）
正置式涡轮流量计	0.8	50～5000	精度高，适用于中小流量范围	100～4500	±0.8～±36
电磁流量计	0.5	100～10000	高精度，适用于大中流量范围	300～9500	±1.5～±47.5
超声波流量计	0.3	500～50000	非接触式测量，适用于高流速环境	1000～48000	±3～±144

通过对比不同类型流量计的测量精度、使用范围和应用效果，可以选择合适的流量计技术，提高页岩油开采过程中的流量测量准确性和生产效率。

气体计量技术和液体计量技术在页岩气和页岩油开采中的应用对于提高生产效率、保障生产安全具有重要意义。通过合理选择和应用不同的计量技术，可以有效地优化生产过程，实现资源的高效利用和能源的可持续发展。

4　结论

本论文探讨了在页岩油气开采中计量技术的应用。通过对气体和液体计量技术在页岩气和页岩油开采中的实际应用进行分析，合理选择和应用不同的计量技术能够提高生产效率、保障生产安全。计量技术在实际生产中发挥着重要作用，对推动页岩油气产业的发展和提高能源利用效率具有重要意义。随着技术的不断发展和完善，计量技术将在页岩油气开采中发挥更加重要的作用，为产业的可持续发展贡献力量。

参考文献

[1]王红岩，周尚文，刘德勋，等．页岩气地质评价关键实验技术的进展与展望[J]．天然气工业，2020，40(06)：1－17.

[2]汪晓雯．页岩气测试过程分离器设计及验证研究[D]．中国石油大学(北京)，2020.

[3]中华人民共和国自然资源部．页岩气资源量和储量估算规范：DZ/T 0254—2020[S]．北京：地质出版社，2020.

控压钻井流量监测系统在 PS 区块的应用

黄亚楼 何贤增 雷 雨

（中国石油集团川庆钻探工程有限公司钻采工程技术研究院）

摘 要：PS 区块上嘉陵江组—茅口组—栖霞组存在多压力系统，无安全密度窗口，漏溢转换风险大。目的层灯影组裂缝发育，漏、溢同存，常规钻井难度大。应用控压钻井流量监测系统所提供的丰富钻井工程信息，不仅可对钻井工况及有关参数进行实时监测，而且可预报可能出现的溢流、井漏复杂情况，为井底压力的自动控制提供可靠的实时资料，对保障井控安全、提高作业效率和固井质量有着重要的工程意义。

关键词：井控风险；控压钻井；流量监测系统；井控安全；固井质量

1 PS 区块钻井、固井难点

PS 区块气藏位于四川盆地川中古隆北斜平缓构造区。储集空间以次生的粒间溶孔、晶间溶孔、中小溶洞为主，空隙裂缝发育。区域上部雷口坡组、嘉二段、长兴组、茅口组等层系可能存在局部异常高压，且地层、储层非均质性强。下部沧浪铺、筇竹寺、灯影组裂缝发育易井漏，易造成漏喷转换。面临油气显示活跃，安全密度窗口窄，地层压力敏感，井漏、气侵频繁发生等难题。钻井、固井难度极大。

2 流量监测系统原理

控压钻井流量监测系统（以下简称系统）采用科里奥利质量流量计对返出钻井液流量、密度进行实时测量并计算累计量，并采集入口流量、密度数据、液面数据，通过算法识别流量、密度特征，并在实钻过程中通过实际数据修正算法（图 1）。一旦流量、密度、累积量、液面等特征或特征导数发生明显变化，系统能够迅速捕捉到这一信号，实现报警提示。一般来说，如果出口流量增大，可能意味着出现了井涌等危险情况；出口流量减小则可能提示有井漏发生；密度变化则可能发生了气侵等现象。

系统还与压力监测与控制等其他系统紧密结合，综合流量、压力等数据，可更准确地评估井下状况。当流量和压力同时出现异常变化时，能更确切地判断是地层因素还是钻井工艺环节出现了问题。此外，流量监测系统还具备数据存储和分析功能，可以将采集到的流量数据进行存储，迭代更新模型，以便后续分析和研究。

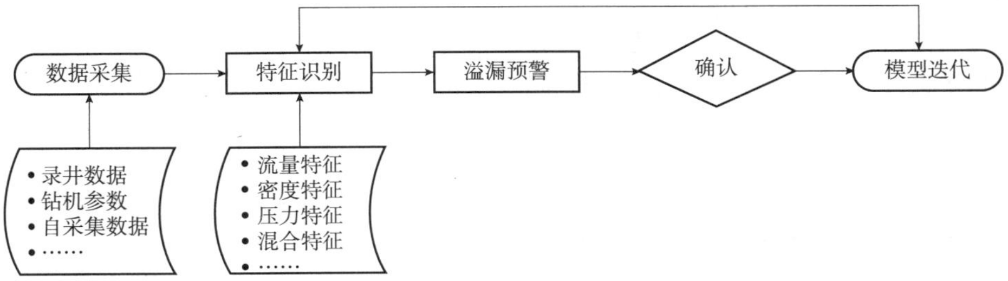

图 1 流量监测系统识别流程

3 现场应用

通过实钻验证，PS 区块上部茅口组、栖霞等层位多存在局部高压，下部沧浪铺、筇竹寺易漏，易造成漏喷转换。灯影组主要为藻凝块白云岩和藻砂屑白云岩，储集空间主要为藻格架溶孔、溶洞，其次为粒间溶孔、裂缝，堵漏效果差。灯影组若发生井漏，可尝试堵漏一、两次，若地层承压能力提高不明显，可采用“微过微漏”状态控压钻进，并结合精细控压流量监测系统准确及时监测出口，发现异常及时处理，有利于迅速控压保障井控安全。

2022—2023 年通过持续完善流量监测系统配套硬件和软件，精细控压作业人员溢漏监测做到了及时发现，在 PS 区块共计 10 井次监测到发生溢流 12 次，溢流量控制在 0.8m^3 以内；28 井次监测到井漏 49 次，未出现一起溢漏发现不及时导致的井控事件，在探井地层压力系数存在不确定性较大的情况下，为保障井控安全发挥了重要作用。

表 1　PS 区块溢流统计表

井号	井深(m)	层位	出口流量(L/s)	液面上涨(m^3)	备注
PS1 井	6289.94	梁山组	29 上升至 30.5	0.6	/
PS7 井	7304.64	灯四段	失真	0.5	/
PS6 井	7711.23	筇竹寺	24 上升至 28	0.4	漏转溢
PS10 井	5763.01	茅三段	28.5 上升至 29.2	0.4	/
PS101 井	6145.18	茅一段	30 上升至 32	0.8	淡水溢流
	6154.81	茅一段	30 上升至 38	0.8	/

表 2　PS 区块灯影组井漏统计表

井号	层位	设计地层压力	实钻密度(g/cm^3)	复杂类型
PS4 井	灯影组	1.12	1.61	井漏
PS7 井	灯影组	1.27	1.40	井漏
PS8 井	灯影组	1.27	1.39	井漏
PS11 井	灯影组	1.27	1.45	井漏

3.1　及时发现溢流

PS9 井是一口预探井，邻井油气显示活跃，在长兴组～茅口组钻遇酸性气体且普遍含硫化氢，风险较大；同时茅口组存在高压气，也是区域漏层，安全密度窗口仅 2.0～2.07。该井采用密度 2.04g/cm^3 有机盐聚磺钻井液钻进至井深 5668.55m(茅三段)，流量监测系统监测到精细控压出口流量 27.7l/s 上升至 31.5l/s，循环罐面液面上涨 0.2m^3，系统综合判断发出溢流预警，关井后立压先升至 15.13MPa 后降至 13.08MPa 稳定，套压先升至 15.44MPa 后降至 14.70MPa 稳定，地层当量密度折合 2.2755g/cm^3，随后采用 2.35g/cm^3 钻井液通过工程师法压井成功，提前发现溢流缩短了复杂处理时间，保障了井控安全。

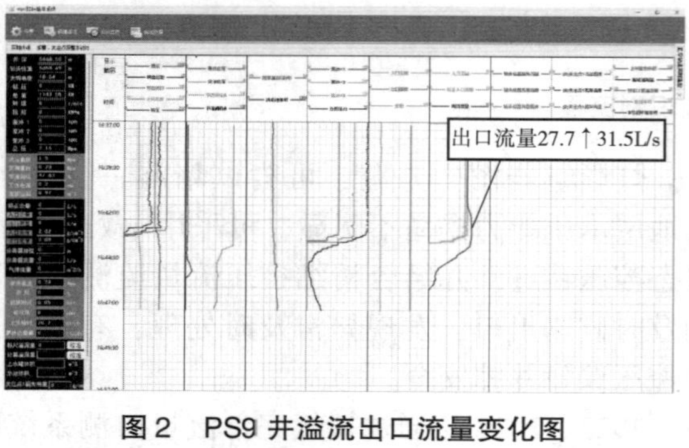

图 2　PS9 井溢流出口流量变化图

PS10 井采用密度 2.36g/cm^3 的有机盐聚磺钻井液控压 1.0MPa 钻进至井深 5763.01m(茅三段)，流量监测系统监测到出口流量 28.5L/s 上升至 29.2L/s，液面上涨 0.4m^3，停泵，关井套压为 2.8MPa，及时发现溢流并关井减少了井控风险，避免了高套压的形成。关井使用憋压法求立压，求得关井立压 2.8MPa，折算地层当量密度 2.40g/cm^3，随后采用工程师法成功压井，从出现复杂到恢复正常仅用 12 小时，及时发现溢流开关井大大缩短了处理复杂时间。

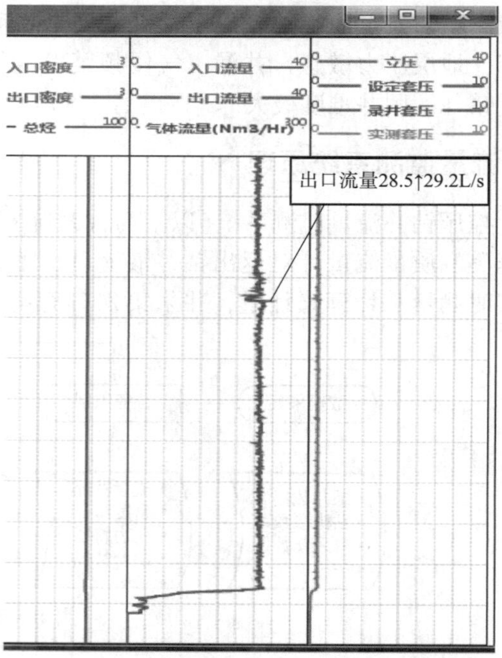

图 3　PS10 井溢流出口流量变化图

3.2　及时发现井漏

PS101 井采用密度 1.40～2.27g/cm^3 的钻井液在井段 2705.00～7950.00m 进行了控压钻井作业。通过控压钻井流量监测系统全程对返出流体的流量和密度监测和追踪，及时发现复杂并处理，作业期间共发现 4 个低压裂缝漏层，在无安全密度窗口条件下，通过堵漏提高储层承压的方式重建安全密度窗口，实现了井段安全钻井作业。

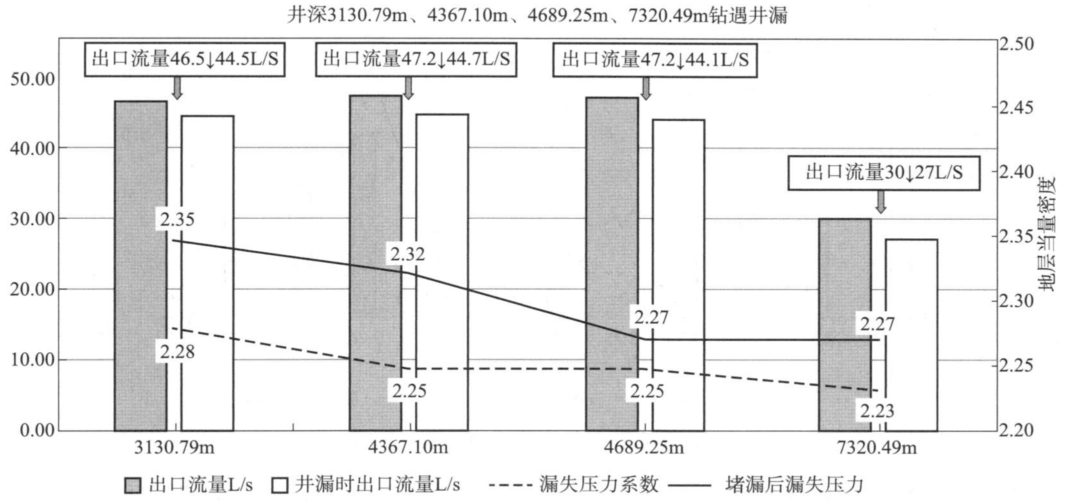

图 4　PS101 井井漏统计图

PS101 井采用密度 2.26 ~ 2.27g/cm³ 钻井液在井段 3130.79m（须四段），装置监测到出口流量从 46.5L/s 降低至 44.5L/s，判断发生井漏，漏速最大 6.0m³/h，降排量至 17L/s，井漏自止，计算循环压耗 0.3MPa，自然截流 0.3MPa，分析漏失压力系数为 2.28 ~ 2.29。（采用浓度 7% 随钻堵漏剂成功堵漏，堵漏后地层承压能力提升至 2.347，未漏）。

采用密度 2.26g/cm³ 钻井液钻进至井深 6845.00m（筇竹寺组），装置监测到出口流量 28L/s 降低至 21L/s，判断发生井漏，漏速约为 1.4m³/h，计算循环压耗 2.0MPa、地面回压 0.3MPa，折算井底当量密度约为 2.30。在配堵漏浆完成后，逐步提排量至 30L/s，出口正常，液面平稳，井漏自止。循环压耗 3.5MPa，自然节流 0.5MPa，计算井底当量大于 2.32g/cm³，分析可得井漏自止后地层漏失压力系数大于 2.32。

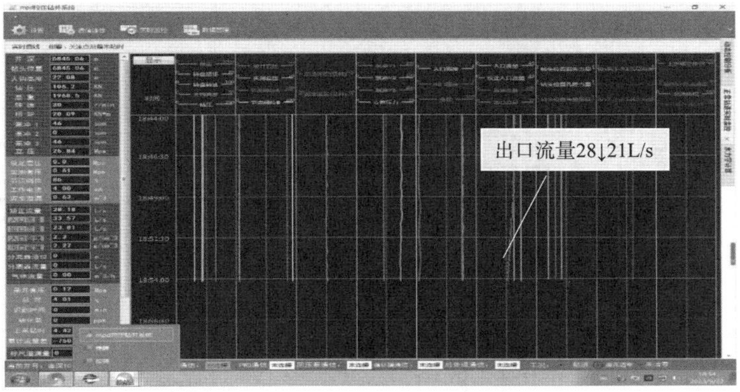

图 5　PS101 井 6845m 井漏出口流量变化图

3.3　排气降压重建安全密度窗口

PS15 井上部龙谭组地层压力高，下部筇竹寺组易漏，容易出现“喷漏同存”复杂。两次井漏采用常规方式堵漏累计漏失钻井液 468.7m³，堵漏浆 83.3m³，处理时效 341.5 小时；后采用流量监测系统监测流量循环，6 次降压排气、11 次释放地层压力，降低井底压差 6.37MPa 后再进行堵漏施工，累计漏失钻井液 24.5m³，堵漏浆 25m³，复杂处理时效 90.5 小时，重建井下密度窗口恢复钻进。通过常规堵漏与排气降压对比堵漏材料节约 91%，复杂处理时效提升 73%，再次验证 PS 区块对于井漏未失返并存在“喷漏同存”地层使用控压钻井流量监测系统的技术优势，也为 PS 区块筇竹寺组探索实际安全密度窗口提供了有力依据。

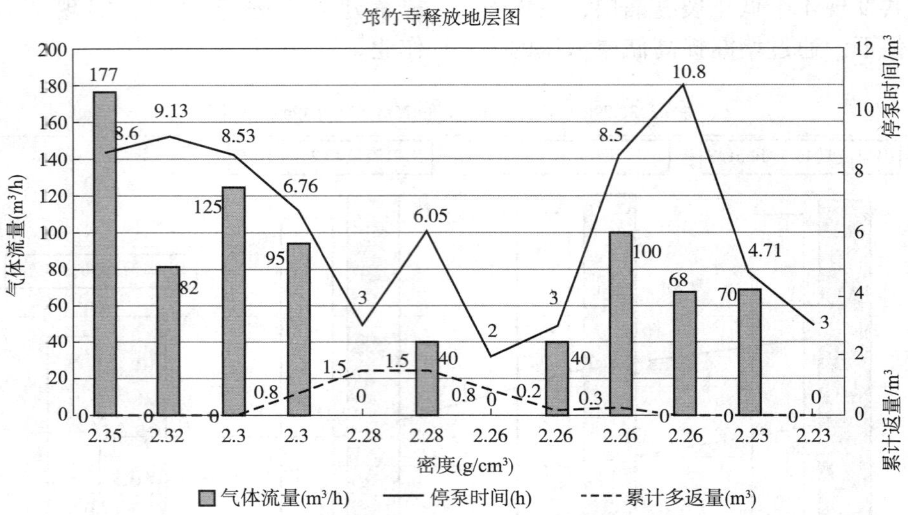

图6 PS15 井筇竹寺组排气降压图

3.4 解决窄安全密度窗口固井难题

2022—2023 年在 PS 区块开展精细控压固井现场服务 15 井次，其中自动控压固井 7 井次，平均合格率达到 78%，最高达到 99.79%，采用控压固井装置进行自动控压固井，通过流量监测系统实时监测固井作业中流量变化情况，实现对井下实时状态进行追踪，实时调整系统控制，实现了固井施工中井底压力平稳和不溢不漏状态，有效解决了窄安全密度窗口压稳防漏以及固井排量受限的难题，对于提高固井质量发挥了重要作用。

PS10 井裸眼段长达 1111m 以上，纵向上存在多套压力系统，上部茅口组地层压力系数在释放地层压力后依然高达 2.30，采用常规固井难度大，为更精确提高固井过程中控压值，保证固井质量，首次运用全自动精细控压固井技术，结合系统全自动压力调节，设备远程人员控制、井下数据地面图视化等一系列特色技术，全自动控制密度窗口在 2.31 ~ 2.45，实现全过程井筒压力、自动、高效、精密准确控制套压。整个过程电脑完全控制模式，减少人为操作导致压力控制波动。实现了固井过程自动化、人员操作简易化，不仅提高了固井压力平衡控制精度，更保证井下安全防控风险，作业中固井过程中严格按照固井施工设计，自动控制井筒当量在安全窗口范围内，通过人不干预的控压固井方式，实现了固井碰压，固井质量“中、优”达到了 98.04%。

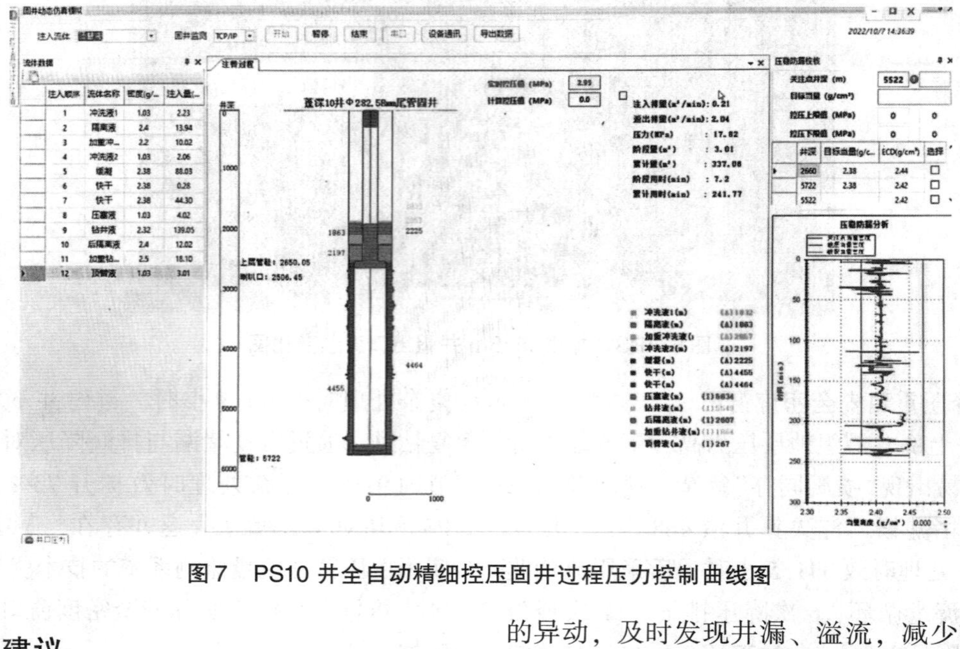

图7 PS10 井全自动精细控压固井过程压力控制曲线图

4 结论与建议

①控压钻井流量监测系统可实时监测到流量的异动，及时发现井漏、溢流，减少漏失量、降低复杂处理时效，是在深井、超深井同一裸眼段多压力系统、高密度钻井液无法满足下部钻进等

难题下保证井控安全的利器，建议进一步在其他区块推广应用。

②通过堵漏提高地层承压能力以及采用排气降压方式降低高压地层压力系数是重建安全密度窗口、解决溢流同存井下复杂难题的有效技术手段，具有广泛应用前景。

③控压固井流量监测系统可解决窄安全密度窗口固井难题。

参考文献

[1]孙海芳，冯京海，朱宽亮，等．川庆控压钻井技术在NP23－P2009井的应用研究[J]．钻采工艺，2012，35(3)：1－4.

[2]徐吉，吴艳，许婧，等．微流量控压钻井技术在冀东油田的研究与应用[J]．钻采工艺，39(6)：21－23.

[3]史玉胜，何世明，林文秀，等．微流量控压钻井技术研究现状[J]．钻采工艺，2011，34(3)：12－14.

[4]马勇，郑有成，徐冰青，等．精细控压压力平衡法固井技术的应用实践[J]．天然气工业，2017，37(8)：61－65.

[5]叶小科，控压钻井中气体溢流识别与排气降压技术[J]．化工管理，2023，19：83－87.

[6]左星，杨玻，海显贵等．控压钻井技术在磨溪－高石梯海相地层应用可行性分析[J]．钻采工艺，2015，40(4)：15－17.

[7]左星，周井红，刘庆．控压钻井技术在高石001－X4井的实践与认识[J]．天然气勘探与开发，2016，39(03)：70－72＋10－11.

井筒液面监测录井技术规范测量方法的解析及应用

妥　红[1]　刘华阳[2]　张文生[1]

（1. 中国石油西部钻探地质研究院；2. 中国石油西部钻探市场与生产协调处）

摘　要：井筒液面监测录井技术及时发现预报溢流、井涌，是保障井控安全的重要技术。依据井筒液面监测录井技术规范，分析了井筒液面监测仪在钻井现场的安装、测量、资料应用和注意事项。使录井作业现场的所有相关人员都能灵活掌握规范的详细条款和具体要求，使规范得到更好、有效的实施，并在实际工作中得到认真地执行。希望规范对井下修井、油田测试（采油厂）、钻井试油和相关科研项目等有所帮助。

关键词：录井现场；井筒液面；测量流程；数据准确性

录井在保障井控安全方面最核心的任务是及时发现和预报溢流、井漏。井筒液面监测录井技术就是在解决井漏失返时，及时捕捉井筒液面信息来弥补录井参数失真的缺点。对井筒液面高度实时连续监控，就是及时掌握井筒液面动态，减少钻井液漏失，节约材料成本，降低储集层的伤害，预防钻井事故发生，为工程预警提供技术保障。因此，根据生产需求，开展了井筒液面监测业务，编制发布了 Q/SY 02036—2023《井筒液面监测录井技术规范》。对录井井筒液面监测在不同位置进行测量及应用，并对数据的准确性完成了验证，使得新标准贯彻落实具有一定指导意义。

1　井筒液面监测仪性能及测量位置要求

1.1　设备原理

利用回声原理，通过外爆井口发声装置进行监测[1]。为气枪充满一定压力的氮气，通过控制装置控制气枪，向井筒内瞬间释放氮气，产生声波，声波向井筒内传输，当遇到液面时即可产生回声反射，反射声波被微音器接收，已知声波传递速度和回声发射时间，计算出障碍物和声源之间的距离，通过处理软件即可计算出液面位置。如图 1 所示。

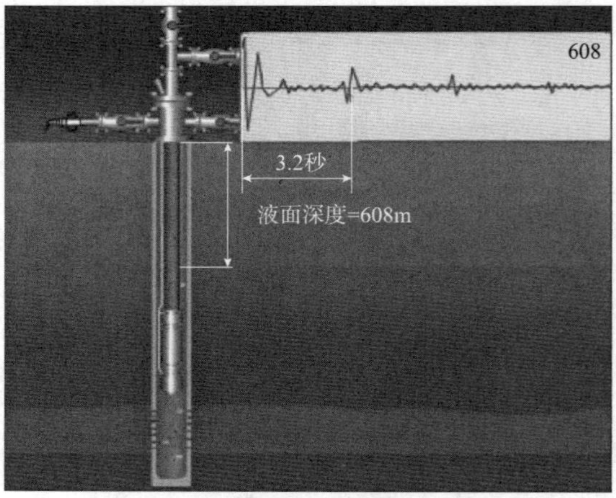

图 1　井筒液面监测仪工作原理图

1.2　设备性能

标准要求仪器测量深度为 20m ~ 3500m，测量深度小于等于 1000m，误差不应超过 ± 10m；测量深度大于 1000m，误差不应超过 ± 1%[2]。监测压力范围为 1 ~ 2.5MPa，工作相对湿度为 5% ~95%，满足测量需求。

1.3　数据传输

标准要求液面监测采集系统应具有与第三方数据链接的 WITS 接口。数据传输有三种模式：①远距离无线模式连接，可视距离 200m；②近距离 Wifi 信号模式连接，可视距离 50m；③传统网线连接，直通网线将电脑与设备控制箱的连接，三种传输模式可相互切换使用，满足综合录井仪数据平台传输。

1.4　测量位置解析

录井井筒液面测量作业分别在钻机的压井管汇、钻井四通 1#阀门、钻台、防溢管 4 处位置安装外爆井口发声装置[3]。标准要求：井口发声装置的安装位置应能满足测量要求，采用不同测量压力进行作业，为钻井工程准确计算地层压力系数和实时决策提供科学依据。如图 2 所示。

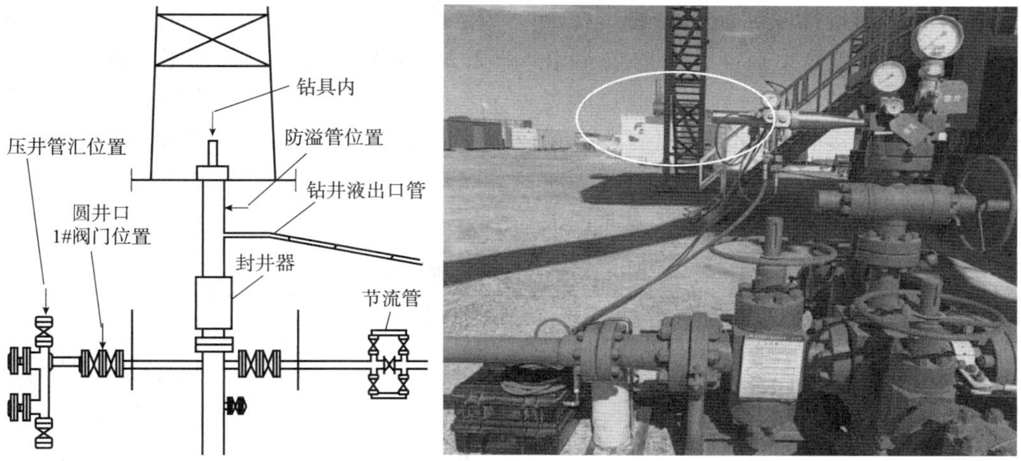

图2 作业位置测量解析及现场安装图

2 测量流程解析与应用

2.1 压井管汇位置测量

如图1所示，当井漏失返时，检查压井管汇高压表、低压表显示为零，标准要求井口发声装置在关井状态下应安装在压井管汇位置。

通过计算高度与实际测量数据对比，理论高度由地质资料和邻井漏失井段计算得出，如表1所示。从测量数据表分析，序号1、2、3，在相同压力下对井漏井段进行3次测量，测量高度为246.21～247.42m，与实际计算高度对比，最大误差为0.99%，说明钻井液液面继续在下降；序号4、5、6，使井筒灌注0.5m^{3}钻井液时，进行3次测量，测量高度为236.62～237.15m，说明环空液面升高10.27m，与实际计算高度对比，最大误差为0.90%；序号7、8、9，使井筒连续灌注4.0m^{3}钻井液时，进行3次测量，测量高度为161.26～161.41m，使环空液面又升高75.41m，与实际计算高度对比，最大误差为0.88%。通过此位置测量得知，说明在关井状态下，录井井筒液面监测能完成“单次/连续”精准测量，符合标准规范测量深度小于等于1000m，误差不应超过±10m的要求。

表1 压井管汇位置测量数据表

序号	测量压力(MPa)	测量接收回波幅度(mv)	测量高度(m)	计算高度(m)	误差(%)	备注
1	1.5	330	246.21	245.00	0.49	压井管汇位置
2	1.5	330	246.65	245.00	0.67	
3	1.5	330	247.42	245.00	0.99	
4	1.5	330	236.62	235.00	0.69	灌注0.5m^{3}钻井液
5	1.5	330	237.11	235.00	0.90	
6	1.5	330	237.15	235.00	0.91	
7	1.5	330	161.26	160.00	0.79	灌注4.0m^{3}钻井液
8	1.5	330	161.38	160.00	0.86	
9	1.5	330	161.41	160.00	0.88	

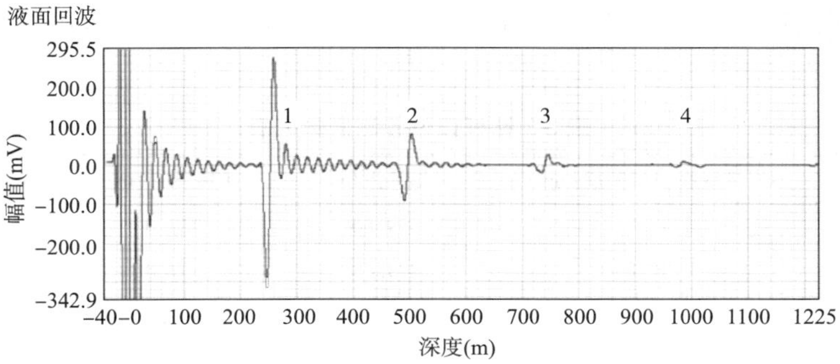

图3 压井管汇位置测量接收回波图

如图 3 所示，从测量接收回波图分析，在测量压力 1.5MPa 时，回波显示有 4 个回波，回波幅度在 330mv 左右，回波清晰易分析。通过测量回波图得知，造成测量接收回波多，幅度逐渐由大变小，等距有规律，说明关井以后，封井器密封性好，出现 4 次接收回波。标准要求液面回波应不少于 2 组，符合 Q/SY 02036—2023 规范。

2.2　钻井四通 1#阀门位置测量

如图 1 所示，当井漏失返时，标准要求井口发声装置在关井或开井状态下应安装在钻井四通 1#阀门位置，进行“单次/连续”监测。

表 2　钻井四通 1#阀门位置测量数据表

序号	测量压力(MPa)	测量接收回波幅度(mv)	测量高度(m)	计算高度(m)	误差(%)	备注
1	1.6	350	632.52	630.00	0.40	同一位置进行 3 次测量
2	1.6	350	632.34	630.00	0.37	
3	1.6	350	632.85	630.00	0.45	
4	1.6	350	581.78	580.00	0.31	灌注 $2.5m^3$ 钻井液
5	1.6	350	582.41	580.00	0.42	
6	1.6	350	583.25	580.00	0.56	

如表 2 所示，在关井状态下，采用 1.6MPa 测量压力下对不同漏失井段进行测量，从测量数据表分析，序号 1、2、3，在相同测量压力下对井漏井段进行 3 次测量，测量高度为 632.52 ~ 632.85m，与实际计算高度对比，最大误差为 0.45%，说明环空液面未降，钻井液液面稳定在此位置；序号 4、5、6，使环空灌注 $2.5m^3$ 钻井液时，进行 3 次测量，测量高度为 581.78 ~ 583.25m，说明环空液面升高 49.60m，与实际计算高度对比，最大误差为 0.56%，通过此位置测量得知，说明在关井状态下，录井井筒液面监测能完成“单次/连续”精准测量，符合标准规范测量深度小于等于 1000m，误差不应超过 ±10m 的要求。

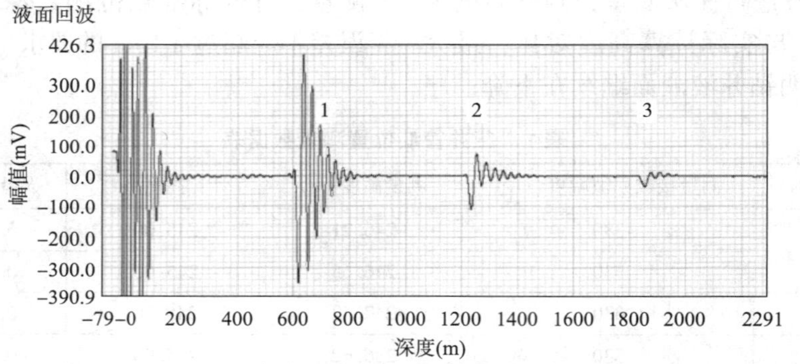

图 4　钻井四通 1#阀门位置测量接收回波图

如图 4 所示，从测量接收回波图分析，在测量压力 1.6MPa 时，回波显示有 3 个回波，回波幅度在 350mv 左右，回波清晰完整。通过监测回波图得知，造成监测接收回波 3 个是因为监测压力大、漏失井段浅，所以监测出现了 3 次接收回波。标准要求液面回波应不少于 2 组，符合 Q/SY 02036—2023 规范。

2.3　钻台位置测量

如图 2 所示，标准要求在钻台位置监测水眼液面时，钻杆口无气体溢出，井口发声装置垂直放置在钻杆口。此位置在开井和关井状态下均能测量，实时掌握钻杆(水眼)液面高度，为工程处理复杂问题提供技术保障。

表 3　钻杆口位置测量数据表

序号	测量压力(MPa)	测量接收回波幅度(mv)	测量高度(m)	计算高度(m)	误差(%)	备注
1	1.0	650	339.50	337.0	0.74	同一根钻杆 4 次测量
2	1.0	650	339.60	337.0	0.77	
3	1.0	650	339.40	337.0	0.71	
4	1.0	650	339.55	337.0	0.76	

续表

序号	测量压力(MPa)	测量接收回波幅度(mv)	测量高度(m)	计算高度(m)	误差(%)	备注
5	1.0	650	337.12	337.0	0.75	序号5、6、7是1立柱
6	1.0	650	337.26	337.0	0.9	
7	1.0	650	337.35	337.0	0.52	
8	1.0	650	229.62	228.6	0.45	灌注1.0m^3钻井液
9	1.0	650	229.73	228.6	0.49	
10	1.0	650	229.81	228.6	0.53	

如表3所示，在井漏过程中，采用1.0MPa测量压力对钻具内进行测量，从测量数据表分析，序号1、2、3、4是同1根钻杆，同一位置进行4次测量，液面平均高度在339.51m，与理论计算高度最大误差为0.77%；序号5、6、7单根，是1立柱，往井内下1立柱后，进行3次测量，环空液面高度从339.55m升高337.35m。按照理论计算，5寸加重钻杆，外径149.22mm、内径129.90mm，在套管内径250.14mm的环空内下1立柱，液面升高2.50m，通过监测数据分析液面升高2.20m，符合理论计算要求；序号8、9、10是同1根钻杆，钻杆内灌注1.0m^3钻井液时，进行3次测量，平均测量高度229.72m。按照理论计算钻杆内灌注1.00m^3钻井液时，钻杆液面升高108.40m，测量钻杆内液面高度平均107.54m，平均误差为0.53%。通过此位置测量得知，说明录井井筒液面监测能完成“单次/连续”精准测量，符合标准规范测量深度小于等于1000m，误差不应超过±10m的要求。

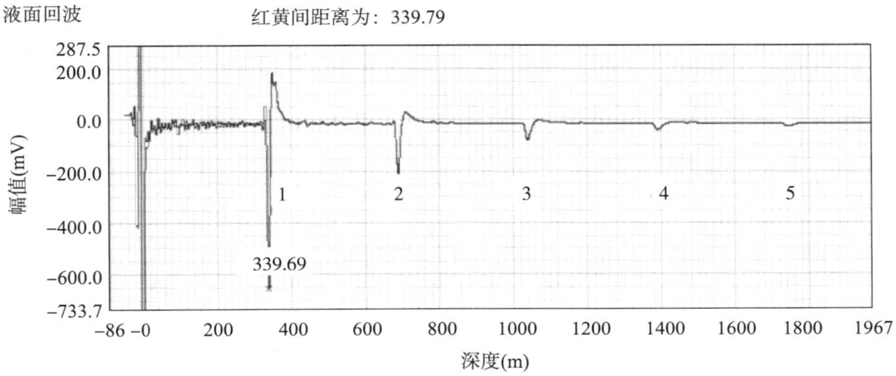

图5　钻杆口测量接收回波图

如图5所示，从测量接收回波图分析，在测量压力1.0MPa时，有N个回波，回波幅度在650mV左右，回波清晰完整。通过监测回波图得知，造成监测接收回波幅度大、回波多，是因为钻杆内径小、规格一致、内径无障碍，所以测量回波幅度大，出现N个测量接收回波。标准要求液面回波应不少于2组，符合Q/SY 02036—2023规范。

2.4　防溢管位置测量

如图1所示，标准要求在防溢管位置监测时，导声接头应高于钻井液出口管40cm，夹角在30～35°之间，实现测量作业[4]。

依据不同钻机防溢管高度不同，如果防溢管过长，应控制防溢管上部的距离，60cm以下均可焊接，确保发射枪内微音器不被钻井液飞溅遮挡。

表4　防溢管位置测量数据表

序号	测量压力(MPa)	测量接收回波幅度(mV)	测量高度(m)	计算高度(m)	误差(%)	备注
1	1.5	11	404.74	402.00	0.68	同一位置进行3次测量
2	1.5	11	405.12	402.00	0.78	
3	1.5	11	405.65	402.00	0.91	

续表

序号	测量压力(MPa)	测量接收回波幅度(mV)	测量高度(m)	计算高度(m)	误差(%)	备注
4	1.5	11	433.51	430.60	0.68	下2立柱
5	1.5	11	433.57	430.60	0.69	
6	1.5	11	433.61	430.60	0.70	
7	1.5	11	461.72	459.20	0.55	
8	1.5	11	461.76	459.20	0.56	
9	1.5	11	461.82	459.20	0.57	

在开井工况下，套管内径为250.14mm，对环空进行测量，如表4所示，从测量数据表分析，序号1、2、3，在测量压力1.5MPa时，同一位置进行3次测量，测量高度为404.74～405.65m，与计算高度对比，最大误差为0.91%；序号4、5、6是1立柱，下1立柱，在测量压力1.5MPa时，进行3次测量，测量高度为433.51～433.61m，与计算高度对比，最大误差为0.70%；序号7、8、9是第2立柱，下第2立柱，在测量压力1.5MPa时，进行3次测量，测量高度为461.72～461.82m，与计算高度对比，最大误差为0.57%。通过测量得知，录井井筒液面监测能在此位置完成“单次/连续”精准测量，及时性强，准确率高，符合标准规范测量深度小于等于1000m，误差不应超过±10m的要求。

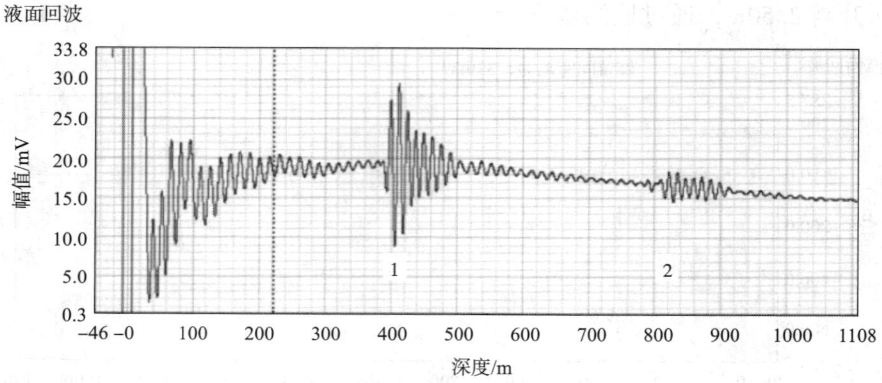

图6　防溢管位置测量接收回波图

从图5所示，从测量接收回波图分析，在开井状态下，环空内无钻杆，在测量压力1.5MPa时，有2个回波，回波幅度在11mV左右，回波清晰完整。通过监测回波图得知，造成测量接收回波幅度小、回波少是因为套管内径大，井口无密封的影响。标准要求液面回波应不少于2组，符合Q/SY 02036—2023规范。

通过现场应用得知，套管直径不同，测量回波幅度也不同，录井现场依据漏失深度和套管直径大小及时调节测量压力，以满足标准要求。

3　数据准确性验证

在钻井工程下钻作业期间，将井口发声装置垂直放置在钻杆口进行测量[5]，如表5所示，下钻20立柱完毕后，在同一位置进行6次测量，平均测量钻杆内液面高度为583.23m。为了验证测量准确性，往钻杆内灌注钻井液5.42m^3时，钻井液返出钻杆口，说明钻井液已注满钻杆。计算验证，钻杆内径108.62mm，每米体积计算为0.0093m^3，即为0.0093m^3 × 583.23m = 5.42m^3。通过体积法验证，钻杆测量液面深度与钻井液灌注量高度相符，说明该设备钻杆口位置能在井漏时，第一时间准确捕捉钻杆液面信息，为录井“早发现、早报告、早处理、早控制”、溢流和井漏等情况提供了科学依据，符合标准规范测量深度小于等于1000m，误差不应超过±10m的要求。

表5　钻杆口位置测量液面数据表

序号	测量压力(MPa)	测量接收回波幅度(mV)	测量高度(m)	注水量(m^3)	备注
1	1.0	200	583.11	灌注5.42钻井液	钻杆口应用
2	1.0	200	583.19		
3	1.0	200	583.22		
4	1.0	200	583.31		
5	1.0	200	583.27		
6	1.0	200	583.29		

4　结论

Q/SY 02036—2023《井筒液面监测录井技术规范》于2024年2月1日发布实施，成为中国石油天然气集团有限公司新的企业标准，标准的各项内容条理清晰，具有可操作性和通用性。

井筒液面监测录井技术应用后，使录井现场井筒液面监测数据与综合录井采集数据相结合，形成了一套集综合录井液面监测、预警为一体的配套录井技术，确保了井控安全，保障了从业人员与国家石油资源安全，技术效果良好，使得新标准得到了广泛贯彻落实，并在塔里木油田、新疆油田、吐哈油田、西南油气田已经大力推广应用。

参考文献

[1]中国石油天然气集团有限公司．井下作业现场监督规范：Q/SY 01330—2020[S]．北京：石油工业出版社，2020.

[2]中国石油集团工程技术研究院有限公司．储气库井井筒液面回声法检测技术规范：Q/SY CPET－J030022—2019[S]．北京：石油工业出版社，2019.

[3]张绪亮，夏天果，张鑫磊，等．新型在线井筒液面监测系统的研发与测试[J]．录井工程，2022，33(2)：78－82.

[4]中国石油集团工程技术研究院有限公司．综合录井井筒液面监测技术规范：Q/SY TZ 0813—2022[S]．北京：石油工业出版社，2022.

[5]妥红，宋晓晟，杨明清，等，井筒液面高度监测试验与现场应用[J]．录井工程，2021，32(3)：107－112.

电力计量采集数据的数据要素 X 效应研究

张逢蓉　崔碧娟

（中国石油天然气股份有限公司新疆油田分公司）

摘　要：本文基于电力计量采集的数据，重点研究了计量采集数据要素 X 对电力系统线损管理的影响，即数据要素 X 效应。通过深入分析电力计量数据要素 X 的特性及其与线损的关联，深入挖掘海量数据存在的用电异常情况，从而自动锁定疑似用电异常用户，并提供异常类别的诊断，及时排除故障，及时处理线损异常情况，有效降低线损。本文采用了统计分析和数学建模的方法，构建了用电异常算法模型及精细化线损统计数学模型，探究了计量采集数据要素 X 线损的效应表现及其潜在优化空间。研究结果为新型电力系统的智能化管理和运行优化提供了理论支持和实践指导。

关键词：电力计量；计量采集；数据要素 X；效应研究；统计分析；数学建模；新型电力系统；线损管理

1　引言

2023 年 12 月 15 日，国家发改委发布了《关于向社会公开征求〈“数据要素 X”三年行动计划（2024—2026 年）〉（征求意见稿）》的公告，旨在通过挖掘数据要素的潜能，充分发挥其放大、叠加和倍增的作用，构建以数据为核心要素的数字经济，推动其实现高质量发展[1]。

电力行业的数据要素作为国家基础设施的一部分，是能源领域和国家经济的“晴雨表”，从宏观角度来说，其在揭示经济发展趋势和评估经济政策执行效果方面起着重要作用[2]。从微观角度来说，电力数据对集团公司的综合能源的发展具有决策支持效用，并且对公司节能降耗、绿电、绿证交易和能源调度具有辅助决策支持，推动公司节能降碳，降低生产成本。

电力数据要素是指在电能的生产、存储、传输、交易和消费等各个生产经营环节中，与其他生产要素相互结合、不断更新，其目的以提高电能生产和消费效率的数据资源。这些数据要素包括数据集、数据模型、数据产品和数据服务等形式[3]。新型电力系统将传统电网与现代传感测量技术、通信技术、计算机技术、控制技术、新材料技术高度融合，以确保能源电力安全最大化消纳新能源，具有清洁低碳、安全可控、灵活高效、智能友好、开放互动等基本特征[4]。

随着新型电力系统的不断发展，电力计量数据的采集和分析在电力系统的运行和管理中扮演着越来越重要的角色。电力计量采集数据包含了丰富的电力系统运行信息，这些数据要素反映了电力系统的实时状态、负荷变化、能源效率等多方面信息。数据要素 X 作为其中的一项重要指标，具有独特的变化规律和潜在应用价值。本文旨在揭示计量采集数据要素 X 线损管理的效应，为电力系统的智能化管理和运行优化提供新的视角和方法。

2　研究背景与目的

随着大数据技术的不断发展，各行各业都在积极开展大数据价值的变现，从大数据赋能 + 到数据要素的 X 乘数效应。电力计量采集数据作为电力行业的重要数据源，其蕴含的信息量巨大，具有极高的挖掘价值。电力采集数据作为电力系统的核心信息，不仅反映了电网的运行状态，也包含了丰富的用户用电行为和能源使用规律。因此电力计量采集数据也从大数据赋能 + 转变为数据要素 X，数据要素 X 作为电力采集数据的重要应用，其研究对于提升电力系统的智能化水平、优化资源配置、保障电力安全以及促进电力行业的可持续发展具有重要意义。本文以数据要素 X 精细化线损管理为案例进行研究。

3　研究方法

本文研究采用了统计分析和数学建模相结合的方法。首先，通过对大量电力计量采集数据的整理和分析，提取出影响线损的电量异常样本的特征和变化规律。然后，利用统计方法对计量采集数据要素 X 与电力系统线损之间的关系进行量化分析。最后，通过数学建模对计量采集数据要素 X 线损的效应进行深入研究和预测。精细化线损统计数学模型如图 1 所示。

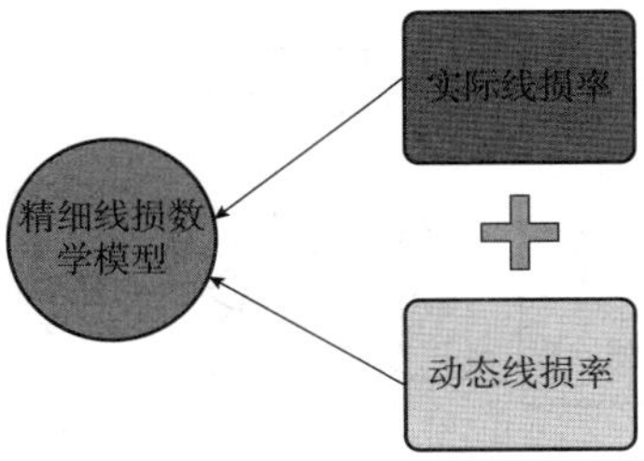

图 1　精细化线损统计数学模型

线损统计模型主要分为两部分，第一部分为实际线损统计，这部分主要根据各馈线之间的转供关系，判断各环网对应的线路，并根据环网线路间的开关闭合或断开状态，识别各线路下的用户。继而依据线损计算公式，精细化统计出各线路的实际线损率。如图 2 所示。

第二部分为动态线损率统计，通过新型电力系统的营销采集一体化系统实时获取用户电能量数据，再结合电网主网、配网拓扑图和厂站、线路开关状态数据，计算出每一条馈线线路的实时动态线损、日线损、周线损、月线损等指标，以加权的形式计算出每一条线路线损异常用电的用户嫌疑系数，初步识别异常用电用户嫌疑用户[6]，如图 3 所示。

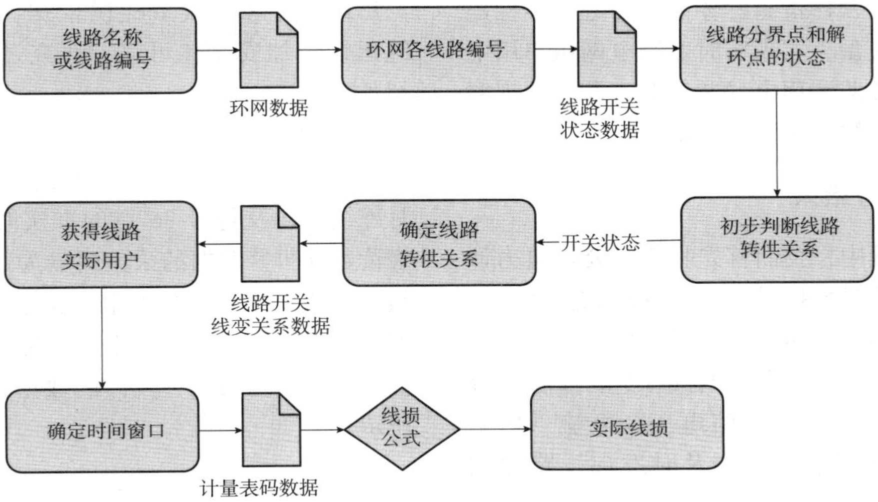

图 2　实际线损统计图解

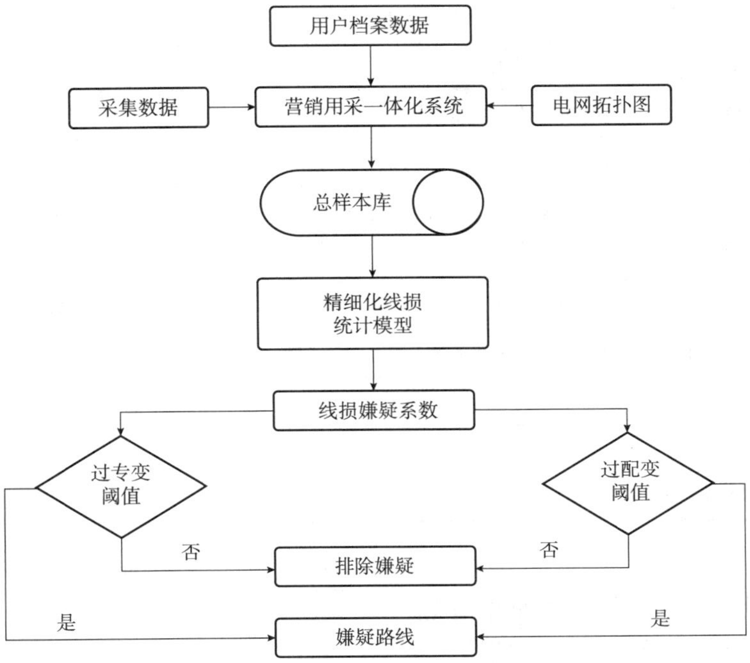

图 3　动态线损统计图解

根据实际线损和动态线损构建精细化线损数学模型，如图 4 所示。

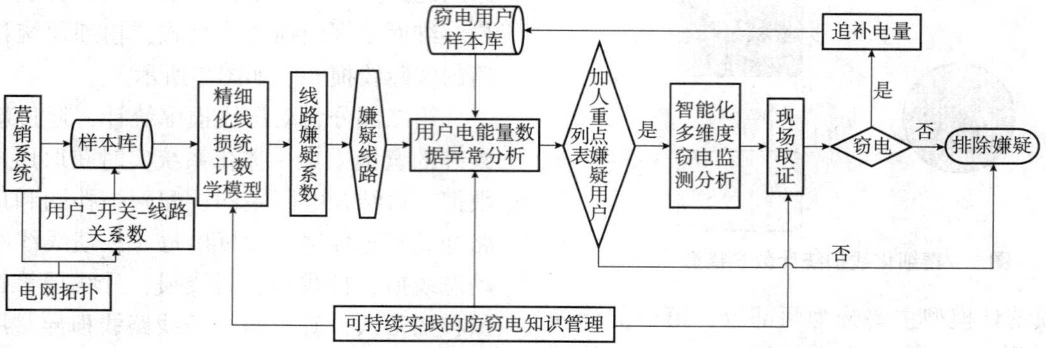

图4 精细化线损统计图解

通过对历史用电异常行为及相关数据进行分析，建立用电异常评价指标体系，并进一步构建用电异常评价模型，实现实时监测电网用户用电异常情况，高效监测用电异常行为，及时发现漏抄、计量故障等情况导致线损异常。

4 研究过程与结果

在研究过程中，我们首先收集了公司电力计量采集数据，并对数据进行了预处理和清洗。然后，利用统计学中的相关性分析和回归分析等方法，对计量采集数据要素X与线损进行了关联分析。结果表明，通过对线路电压、电流、功率因数等参数的实时监测，可及时发现线路存在的损耗异常情况，找出线损产生的根本原因，为后续的管理和改造提供依据，让新型电力系统运行更加安全、可靠。研究过程本章详细介绍如下：

4.1 数据抽取及清洗

配网用户档案、计量告警、电表的日冻结和月冻结，以及每天96点的准实时数据，其中电表读数和告警数据的采集间隔为每15分钟一次。然后以历年来异常电力用户及部分正常用户的典型数据作为样本数据，并使用2024年5月的用户数据作为预测数据，具体的数据提取内容如表1所示。

表1 记录连续缺失插补示意

系统	抽取内容
营销用采一体化系统	用户基本信息：用户编号、用户名称、用电类别、用户状态、用电地址等
	计费相关信息：报装容量、电价类别、生产班次等
	其他相关信息：行业类别、联系人、联系电话用户类型
	异常用电行为、业扩工单
	实时负荷：时间点、计量点、测点、总有功示数曲线、峰/平/谷/尖/深谷有功示数曲线、A/B/C相有功示数曲线、A/B/C相电流曲线、A/B/C相电压曲线、A/B/C相功率因数曲线。
	每日电量：时间、计量点、有功总量、峰值/平值/谷值/尖值/深谷值、无功电量、需量值、最大需量发生时间。
	报警：包括表计报警，终端报警与主站报警
数据粒度	负荷：15分钟
	表码：1小时
数据时长	异常用电时间段前后推移一个月

4.2 数据清洗

对缺失数据进行插补以及异常数据的处理，对数据为空判定为属性缺失记录缺失，按照完整率连续缺失个数采用拉格朗日插值进行插补，插补示意如表2所示。

表2 记录连续缺失插补示意

用户编号	数据时间	A相电压	B相电压	C相电压
116	2023/11/24 0:00	224	227	228
116	2023/11/24 2:00	226	225	226
116	2023/11/24 3:30	228	228	229

4.3 特征提取

线损异常根据专家经验，有以下几种情况，线变关系不正确、存在窃电行为、漏抄、缺失计量、电能表故障、二次回路故障、电流互感器线路连接错误、电能表出现接线错误等，因此特征提取是从计量采集的告警数据、电量和负荷提取相应的特征。

4.3.1 告警特征

识别计量采集告警数据与异常用电的关系，提炼历史客户样本，总结如表3所示。

表3 计量异常数据与异常分类匹配关系表

数据表现 异常分类	欠压	欠流	扩差	移相	计量故障	其他
失压	√					
电压不平衡	√					
电流趋势下降		√				
失流		√				
电流不平衡		√				
电流逆相序				√		
电流过负荷			√			
CT二次侧开路		√				
示数下降	√	√	√	√		√
电能表停走	√	√	√	√	√	√
电能表飞走					√	
电能量超差			√			
计量互感器倍率更改		√				
费率时段更改						√
电能表编程时间更改						√
电表脉冲常数更改						√
电能表离线后无法上线					√	
电能表示数不平衡					√	

注意：每一种异常分类都可能引发一组或多组计量数据异常的出现。

4.3.2 电量特征

用户正常用量的日用电量，其电量移动平均几乎在一条直线上，如图5所示，该用户用电量比较平稳，没有很大的波动。

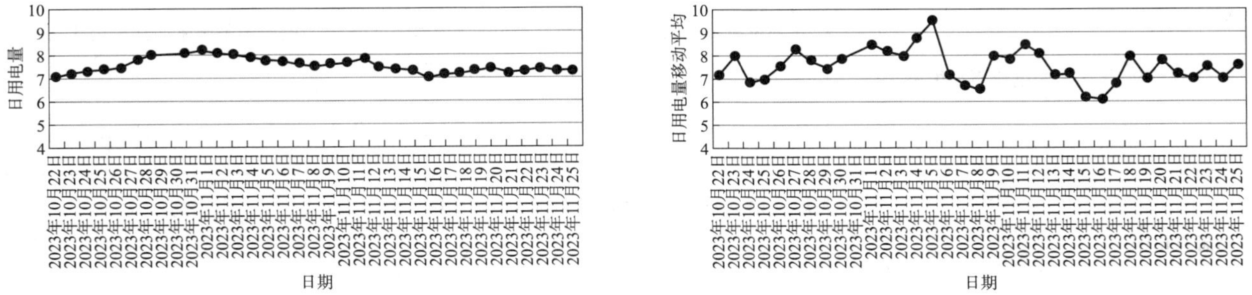

图5 正常用户电量特征分析图

从正常用电状态变为用电异常状态时，用电量呈现出持续下降的趋势。因此，移动平均数据明显表现出下降趋势，这正是用户开始窃电或出现异常行为的重要特征。

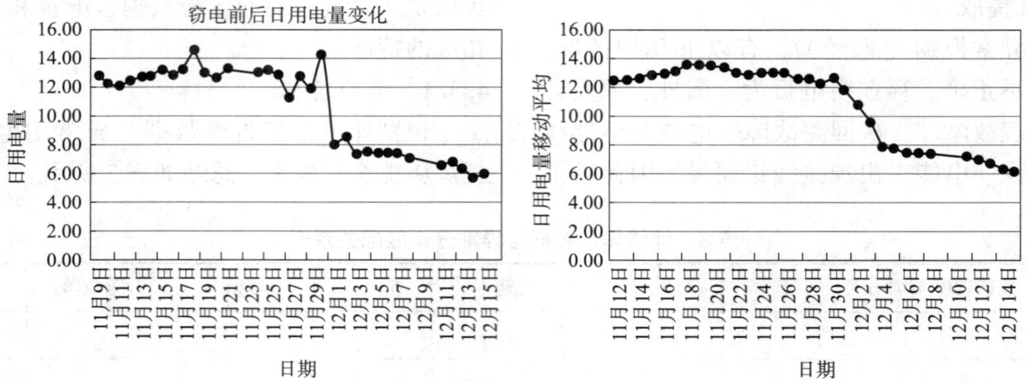

图6　异常用户电量特征分析图

考虑某个周期数据或时点数据的电量变化，计算电量的直线拟合得到斜率及截距作为电量斜率指标，拟合方程如下：

$$F=I+Kl$$

$$F=\lfloor f_{t-5},f_{t-4},\dots f_t\rfloor l=[t-5,\ t-4,\ \cdots,\ t]$$

其中：F 为用电量，I 为时间，k 为电量变化趋势，i 为截距(可作为某个数据周期或时点的平均电量估计量，即移动平均电量的估计值)。

4.3.3　负荷特征

负荷特征的确定是根据数据表现归纳出可能出现的计量异常，负荷特征表现如表4所示。

表4　负荷特征分析表

负荷异常	识别指标	规则
失压	是否失压	其中，$U=\begin{cases}1，满足条件E_1\\ \cdots\cdots\\ 0，不满足条件E_1\end{cases}$　$E_1=\begin{Bmatrix}本相电流小于90\%额定电压；\\ \cdots\cdots\\ 本相电流大于0.1\%额度电压；\\ \cdots\cdots\\ 持续时间大于4个数据点\end{Bmatrix}$
电压不平衡	电压不平衡率	Ru 为电压不平衡率的均值与常态不平衡率的比值，计算公式为：$Ru=\frac{\max_u-\min_u}{\max_u}$ 常态电压不平衡率指用户正常用电状态下的电压不平衡。
失流	是否失流	$U=\begin{cases}1，满足条件E_1\\ \cdots\cdots\\ 0，不满足条件E_1\end{cases}$　$E_1=\begin{Bmatrix}一相电流小于0.05额定电压；\\ \cdots\cdots\\ 其余一相电流大于0.1倍额度电压；\\ \cdots\cdots\\ 持续时间大于4个数据点\end{Bmatrix}$
电流不平衡	电流不平衡率	RI 为电流不平衡率的均值与常态电流不平衡率的比值，电压不平衡率的计算公式为： $RI=\frac{\max_u-\min_u}{\max_u}$ 常态电流不平衡率指用户正常用电状态下，由于负载不均衡导致的正常的电流不平衡。
电流逆相序	功率总与各项功率总和差值的百分比	R_p 为有功总与各项功率总和差值的百分比，计算公式为： $R_p=\frac{P_总-(P_A+P_B+P_C)}{P_总}$
电流过负荷	电流过负荷的百分比	$R_f=\frac{I-I_额}{I_额}$
电流趋势下降指标	5L	类似5E

4.4 构建用电异常判别模型算法

4.4.1 构建用电异常判别模型算法

对计量采集的失压、失流、电压或电流不平衡、过负荷、计量故障等用电异常情况下的电流、电压、相位角等关联数据进行深度挖掘和分析，觉察从正常态到异常态的态势，从电量、负荷、告警多个维度提取异常特征，并基于神经网络的方法构建用电异常判别模型算法，如图 5 所示。

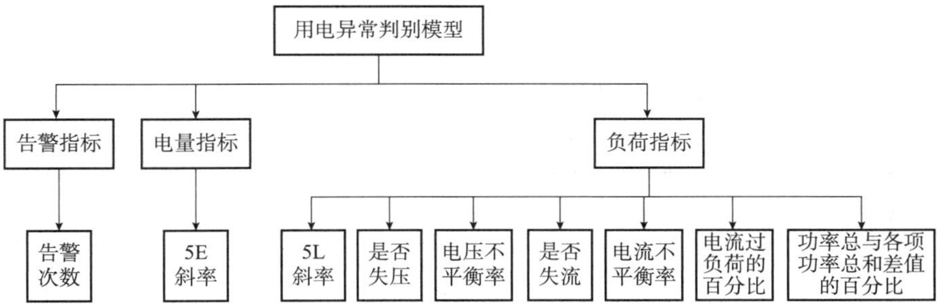

图 7　用电异常判别模型

4.4.1.1　电量变化斜率连续下降次数

在采集数据周期内，计算每日电量的移动平均值，通过分析电量的变化斜率，分析电量连续下降的次数。其中 i 天电量变化斜率为：

$$K_i^e = \frac{\sum_{t=i}^{i-9}(e_t - \bar{e})(t - \bar{t})}{\sum_{t=i}^{i-9}(t - \bar{t})2}$$

式中，$\bar{e} = \frac{1}{10}\sum_{t=i}^{i-9} e_t, \bar{t} = \frac{1}{10}\sum_{t=i}^{i-9} t, e_t$ 为第 t 天的移动平均电量 。

4.4.1.2　电流斜率连续下降次数

在采集数据周期内，计算 A/B/C 各相电流的每日最大值的移动平均值，并通过电流斜率统计电流连续下降的次数(不考虑三相三线中的 B 相)。其中第 i 天某相电流斜率的计算公式为：

$$K_i^c = \frac{\sum_{t=i}^{i-9}(c_t - \bar{c})(t - \bar{t})}{\sum_{t=i}^{i-9}(t - \bar{t})^2}$$

同理，$\bar{c} = \frac{1}{10}\sum_{t=i}^{i-9} c_t, \bar{t} = \frac{1}{10}\sum_{t=i}^{i-9} t$，$c_t$ 为第 t 天的移动平均最大电流。

4.4.1.3　线损斜率连续上升次数

在采集数据周期内，计算日线损的移动平均值，并通过线损变化的斜率来统计线损上升的次数。计算公式如下。

$$K_i^l = \frac{\sum_{t=i}^{i-9}(l_t - \bar{l})(t - \bar{t})}{\sum_{t=i}^{i-9}(t - \bar{t})2}$$

同理，$\bar{l} = \frac{1}{10}\sum_{t=i}^{i-9} l_t, \bar{t} = \frac{1}{10}\sum_{t=i}^{i-9} t$，$l_t$ 为第 t 天的移动平均线损。

4.4.1.4　电流不平衡率

在采集数据周期内，获取所有记录的电流不平衡率的平均值，并计算每条记录的电流不平衡率。其计算公式如下。

$$\gamma c = \frac{max_c - min_c}{max_c}$$

$\max_c$、$\min_c$ 为三相电流中的最大值和最小值(不考虑 B 相)。

4.4.1.5　电压不平衡率

在采集数据周期内，采集所有记录的电压不平衡率均值，并针对每条记录计算电压不平衡率。其计算公式如下。

$$\gamma v = \frac{max_v - min_v}{max_v}$$

max_v、min_v 为三相电压中的最大值与最小值(不考虑 B 相)。

4.4.1.6　相位角异常次数

统计采集数据周期内，统计分析各相电压与对应相电流的夹角出现异常的次数。如表 5 所示：

表 5　相位角异常判断条件

接线方式	异常条件
三相四相	大于 120 度相位角小于 270 度(指的是每个相电压与其相应相电流之间的夹角，基准为每相电压，顺时针方向视为正)。[7]
三相三线	A 相：大于 120 度相位角小于 300 度(以 UAB 作为基准，UAB 与 IA 的夹角顺时针方向为正)；C 相：大于 60 度相位角小于 240 度(以 UCA 为参考，顺时针方向计算 UCA 与 IC 之间的夹角)；B 相不进行判断。[7]

4.4.1.7　告警信息

在数据周期内，统计营销采用一体化系统中各表计、终端设备发出的电压缺相、电压断相、电流反极性、计量装置离线以及电能表示数异常等用电异常告警的信息。

4.4.2　模型识别结果

基于计量采集的数据要素，结合异常用电判别算法模型，以日为单位对计量点的用电情况的数据要素进行融合应用，输入告警次数、负荷指标、电量指标等数据要素，输出用电异常结果，进行数据要素 X 的应用。数据要素 X 应用实例如表 6 所示。

表 6　模型识别结果

客户编号	日期	告警次数	5E 斜率	5L 斜率	电压不平衡率	是否失流	电流不平衡率	负荷百分比	功率总和差值百分比	嫌疑系数
0000000116	2023/11/30	0	-0.02	-0.02	0.45	否	8.32	0	0	0
0000000116	2024/12/1	0	-0.24	-0.24	0	否	7.49	0	0	1
0000000116	2024/12/2	0	-0.56	-0.56	0.9	否	8.56	0	0	1
0000000116	2024/12/3	0	-0.93	-0.93	0.45	否	8.11	0	0	1
0000000116	2024/12/4	0	-1.32	-1.32	0	否	7.95	0	0	1

4.4.3　优化学习

用电异常判别模型基于两个自适应闭环应用机制的设计，见下图，通过用电异常判别模型优化完善和异常用电处理反馈，实现判别模型的自我优化学习，有效保证了用电异常判别模型的鲁棒性和准确性。如图 8 所示。

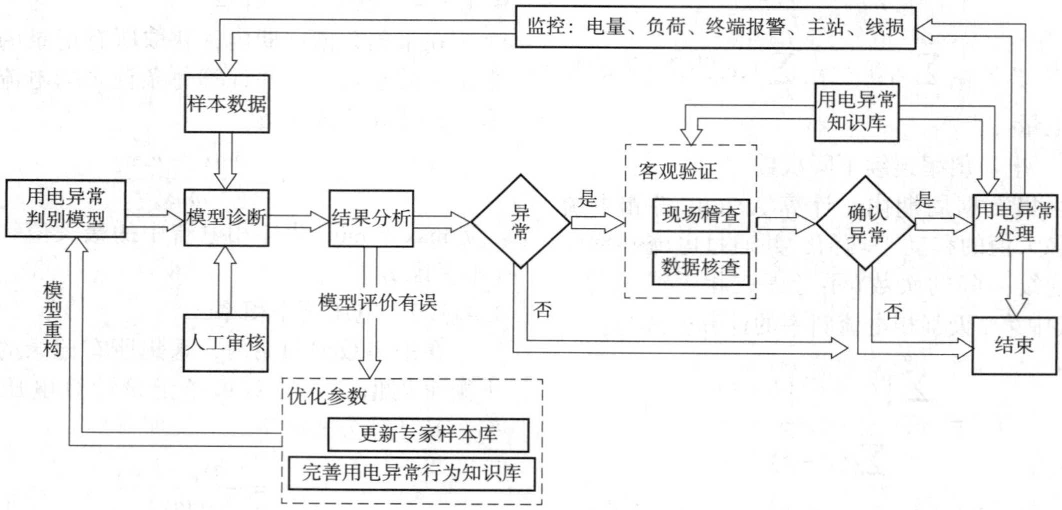

图 8　自适应闭环优化学习应用机制

第一个闭环：用电异常判别模型优化完善

第一个闭环机制，首先需要将历年来累积的用电异常样本收集整理，通过对欠压、欠流、移相、扩差、计量故障及其他类别的异常进行分类，对用电异常行为的特征进行了识别与提取，找出了用电异常行为的普遍规律(如电流和电压的变化特性等)。基于这些样本数据，建立了用于判别用电异常的模型，通过该模型主动检测到用电异常用户，发挥计量采集数据要素 X 效应，从而缩小风险疑点指标的范围，提升用电异常评估的效率。在模型应用初期，利用计量采集数据要素具有准实时性的优势，对不同线路、区域和电压等级的日线损率、动态线损率进行准确预警，并在线排查用户用电异常、计量装置故障等情况，并辅以常态化的现场巡检，及时反馈用户用电异常、现场计量故障，确保终端在线率、抄表成功率和数据完整性，以确保数据要素 X 效应。

第二个闭环：异常用电处理反馈

模型诊断系统输出异常用电疑似结果，通过专家知识判断或者异常规则筛查漏斗对结果进行分析，并追溯“失压失流”“表码停走”“电流不平衡”等计量异常报警数据及电能量数据要素一生，包括客户计量点有关的电流、电压、功率数据情况等，开展在线数据核查验证，检查用电户是否存在异常用电行为，必要时需要进行现场稽查，并将在线数据核查和现场处理结果反馈回模型诊断系统进行优化学习，系统完善用电异常行为知识库，为下次提供更加精准的模型诊断模块。

4.4.4 模型评价

利用智能用电异常算法模型对计量采集数据进行监控预测，同时与传统模型预测结果进行对比，即通过比对两种模型算法的预测结果的准确率、误报率和漏报率来评价模型。

$$准确率 = \frac{TP + TN}{TP + TN + FP + FN} \times 100\%$$

$$误报率 = \frac{FN}{TP + FN} \times 100\%$$

$$漏报率 = \frac{FP}{TP + FP} \times 100\%$$

其中，

无误报：TP 为实际为用电异常，同时也诊断为用电异常的记录数；TN 为实际和诊断均没有用电异常；

漏报：FP 为实际为用电异常，但被诊断为无用电异常的记录数；

误报：FN 为实际无用电异常但被诊断为用电异常的记录数。如表7所示。

表7 两种模型评价统计结果

模型	准确率	误报率	漏报率
本模型	91.3%	6.56%	6.47%
传统模型	80.4%	16.57%	21.83%

4.4.5 线损率异常监测

利用营销采集一体化系统数据实时性高的优势，进行分线、分区域、分电压等级的日线损率的准实时监测，结合动态线损异常实时监测分析，实现在线用户用电异常排查和计量装置故障排查，并辅以常态化计量现场检查，及时发现用户用电异常和现场计量差错，确保终端上线率、抄表成功率和数据完整率。

5 研究结果

根据精细化线损数学模型统计公司各馈线的实际日线损率、月线损率、区域线损率，对线损率异常的区域和线路进行实时告警。针对高损线路，系统根据异常用电行为判别模型算法，从采集数据的电能量数据要素中通过判别模型算法定位出用户用电异常情况，并提供异常类别的诊断结果及处理方法，有效降低线损。

进一步地，我们建立了基于计量采集数据要素X的智能化多维度监测模型，根据计量采集数据进行实时监测，匹配相应电力运行模式，及时发现线路线损异常情况并及时进行异常诊断、异常定位、异常排查和反馈排查结果。通过引入大数据模型算法和优化技术，模型能够实现对线损异常监测、用电异常监测、户变关系异常监测。实验结果表明，该模型在电力系统精细化线损管理方面具有较高的准确性和可靠性。

6 总结与展望

本研究通过深入分析电力计量采集数据中的数据要素X线损效应，揭示了其在电力系统运行管理中的重要作用。研究结果为电力系统的智能化管理和运行优化提供了新的理论支持和实践指导。然而，本文的研究仅对计量采集数据要素X线损效应进行了初步探索，未来还可以从更多维度和角度对其进行深入研究，以进一步挖掘计量采集数据要素X在电力系统中的潜在应用价值。

参考文献

[1]问舟．国家发改委：推进智能汽车创新发展，支持自动驾驶汽车试运营试点[D]．IT之家．2023.
[2]刘涓钰，闫松，贾超冉，等．面向价值变现的电力大数据应用[J]．电子技术与软件工程．2021.
[3]李文华．南网为能源电力数据资产精准画像[N]．中国能源报，2021-12-27(023).
[4]美克生能源．新型电力系统的顶层设计和底层逻辑[J]．北极星储能网．2022.
[5]张俊杰，刘燕．探讨当前电网规划工作的几个问题[J]．中国电子商务，2011(2).
[6]罗辑．用电数据挖掘技术与应用[D]．中国电力出版社，2015(11).
[7]李培，胡国平，黄耀廉，等．基于集成ELM的配电网窃电嫌疑用户智能识别[J]．科技通报．2018，34(12)：159-163.
[8]曾剑豪．电网企业营销管理中降低管理线损的措施[J]．设备管理与维修．2018，(24)：15-17.
[9]许佐坤．信息化背景下浅谈预防云浮石材行业违约、窃电的方法[J]．科学与信息化．2018.
[10]朱强．电能计量自动化系统建设及其在电力营销中的应用实践[J]．电气技术与经济．2020，(4).
[11]亓立博，白泽洋，兰丹阳，等．同期线损管理诊断模型的构建与应用[J]．农电管理．2024，(3).
[12]张恒超，沈秋英，沈杰，等．基于深度学习的线损异常诊断系统研究[J]．农村电气化．2023，(11).
[13]夏武，黄聪，梁诚宁，等．基于神经网络和网络爬虫技术的计量自动化系统数据挖掘研究[J]．无线互联科技．2023，(7).

[14]黄谟蛟．探析计量自动化系统电能量数据应用的提升策略[J]．电力设备管理．2020，(8)．

[15]叶林青．电能计量自动化系统在电力计量装置异常时的应用[J]．机电信息．2020，(24)．

[16]荆树君．电能计量自动化系统在电力营销中的应用成效[J]．电子技术与软件工程．2017，(12)．151.

[17]任晓晖．多种防窃电技术在降损中的综合应用[J]．武汉电力职业技术学院学报，2008，6(3)：54，55.

[18]张良均，云伟标，王路，等．R语言数据分析与挖掘实战[M]．北京：机械工业出版社，2015.

[19]刘彩红．BP神经网络学习算法的研究[D]．重庆师范大学．2008.

[20] Huang GB，Zhu QY，Siew CK. Extreme learning machine：theory and applications [J]. Neurocomputing，2006，70(1)：489－501.

[21] Rumelhart DE，Hintont GE，Williams R J. Learning representations by back－propagating errors[J]. Nature，1986，323(6088)：533－536.

高压电能计量设备整体校准研究

李英杰

（大庆油田技术监督中心计量及仪器仪表检测检定中心）

摘　要：高压电能计量设备主要由电能表、电流互感器、电压互感器（或组合互感器）以及计量二次回路等部分组合而成，对于油田各采油厂内部使用的高压电能计量设备仅作为企业母线电量平衡考核用，不涉及贸易结算，可不进行强制检定。高压电能计量设备需要长期连续的工作在高压电网上，很多设备安装在油田现场后由于拆卸不方便，需要在现场实际环境中进行校准；本文提出一种整体校准方法，将油田现场使用环境中的高压电能计量设备作为一个整体，不考虑其在实际电网运行中各部分之间的相互影响，把电能表、电流互感器、电压互感器以及二次回路之间的阻抗匹配，以及实际电网的电压和电力负荷的动态变化等所引起的误差全部纳入高压电能计量设备的误差中，得出高压电能计量设备整体的误差。

关键词：高压电能；计量；整体；校准

1　引言

高压电能计量设备主要由电能表、电流互感器、电压互感器（或组合互感器）以及计量二次回路等部分组合而成[1]。电能表并不是直接接入高压电网的，它通过电压互感器和电流互感器接入到电网中，用来计量高压线路的电能量，它的实际电量是将电压和电流的变比相乘后再乘以电能表的读数。选择合适的计量评估方法，能够确保计量数据的准确可靠及满足预定用途或客户要求[2-4]。国家有明确的要求，规定用于贸易结算的高压电能计量设备，其内部的电能表及互感器都属于强制检定计量器具[5]；本文针对大庆油田各采油厂内部使用高压电能计量设备进行分析，此类高压电能计量设备不涉及贸易结算，仅作为企业母线电量平衡考核使用，可不进行强制检定。

高压电能计量设备是一种测量高压电力线路传输的有功电能与无功电能的测量装置，通常还具备电流、电压、谐波和功率因数等电网参数测量功能，它分为高压电能计量箱和高压计量柜两种形式，工作原理见图1。

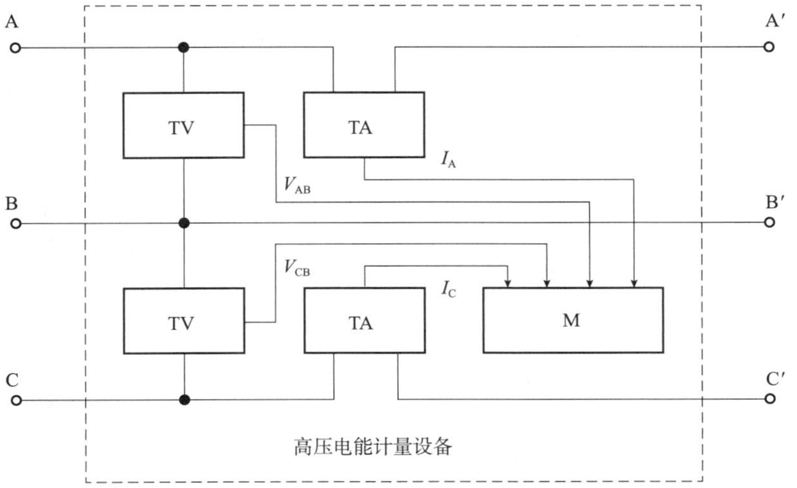

图1　高压电能计量设备工作原理图

TV V_{AB}、V_{CB}—电压互感器及其次级输出电压；T^A、I_A、I_C—电流互感器及其次级输出电流；M—三相电能表

电能表、电流互感器以及电压互感器这三种计量器具在计量管理控制中是相互独立分开的，国标/IEC/IEEE对于三种计量器具的准确度都有相应的标准[6]，目前高压电能计量管理状态如图2所示，对高压电能计量设备中的电能表、电流互感器、电压互感器以及二次回路各部分进行分

项检验，然后按相关公式计算出整个设备的“综合误差”，用综合误差的方法来评估设备的准确度[7]。按照国际电工委员会（IEC）和国家标准规定的基本原则：“所有的仪表和测量装置的误差都要进行实际的测量，未经测量，仅以其他的测量中计算出来的和引用电压、电流和功率因数组合的误差，不能作为评价装置基本误差的依据”[8]。很明显这种分项检验的方法对由它们组合成的高压电能计量设备的整体准确度还没有进行计量评估，由此计算得到的“综合误差”是不能准确评价整套高压电能计量设备的基本误差的[9-10]。

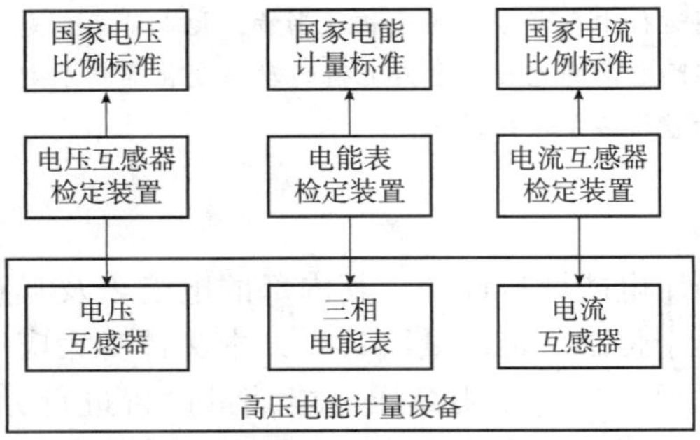

图2　高压电能计量管理现状图

由此可见，分项检验的方法不能有效地反应高压电能计量设备的基本误差．本文提出了一个整体校准方案，在高压电能计量设备的现场使用环境中，把它作为一个整体考虑，不考虑高压电能计量设备在实际电网运行中各部分之间的相互影响，把电能表、电流互感器、电压互感器（或组合互感器）以及二次回路之间的阻抗匹配，以及实际电网的电压和电力负荷的动态变化等所引起的误差全部纳入在高压电能计量设备的误差中，采用比较测量法，将标准器和被校高压电能计量设备置于同等条件下，对同一量值进行测量和比较，以此来确定高压电能计量设备整体的误差。

在实际操作中，高压电能计量设备的整体校准思路是将高压电能计量设备作为一个整体，不考虑设备内部各部分的关联和影响，研究一个标准装置，将被校准的高压电能计量设备与标准装置通过高压电缆连接在一起，形成回路，由标准装置的功率源输出标准功率，将标准装置测得的标准电能值与被校准的高压电能计量设备显示的电能值进行比较分析，从而得出被校准高压电能计量设备的误差。

2　整体校准方案

目前高压电能计量设备整体校准技术研究的主要方向是采用高压大电流功率源提供满足试验要求的高电压、大电流[11-12]，而本文考虑到大庆油田实际情况，高压电能计量设备需要在现场进行校准，那么高压电能计量现场校准装置[13]（如图3所示）的使用条件恶劣，所以为确保装置能够稳定运行，使用高压三相标准功率源作为核心，增加了一个多功能标准表与标准的电压互感器、电流互感器结合起来使用。多功能标准表主要作为三相标准功率源的测量部分使用，在日常的工作中还有两个作用：一个是作为传递标准，由于多功能标准表体积小，重量轻，可替代，便于送到上一级计量部门校准来实现量值溯源，并把量值传递给高压三相标准功率源；另一个是作为核查标准，日常将多功能标准表与高压三相标准功率源组成核查标准体系，便于监控装置短期和长期的稳定性。

图3　高压电能计量现场标准装置

三相标准功率源是高压电能的实物标准，它本质上是一个等效的标准电网，其“标准”表现在它输出的电压、电流、功率、相位，乃至谐波都是准确的、可控的。任何工作在这个电压层次、最大容量在上述范围内的电能计量和电网测量设备，包括传感器都可以接到它的输出端，按照其参比条件，接受和电网中等同状态下的计量校准和检定，实现其量值溯源。

高压电能计量现场校准装置的原理框图见图4，以嵌入式计算机通过D/A变换器、信号源、功率放大器、升压器，产生输出电压为高压电能计量设备回路电压互感器供电，输出电压同时作用于标准V/V变换器，比如输出电压的电压信号通过A/D变换器采样返回嵌入式计算机，嵌入式计算机从定义出发计算并锁定输出电压（包括频率、幅值、波形、相位），整体环路构成一个标准电压源。同时以嵌入式计算机通过D/A变换器、信号源、功率放大器、升流器产生输出电流为高压电能计量设备回路电流互感器供电，输出电流同时流过标准 I/V 变换器，比如输出电流的电压信号通过 A/D 变换器采样返回嵌入式计算机，嵌入式计算机从定义出发计算并锁定输出电流(包括频率、幅值、波形、相位)，整个环路构成一个标准电流源。

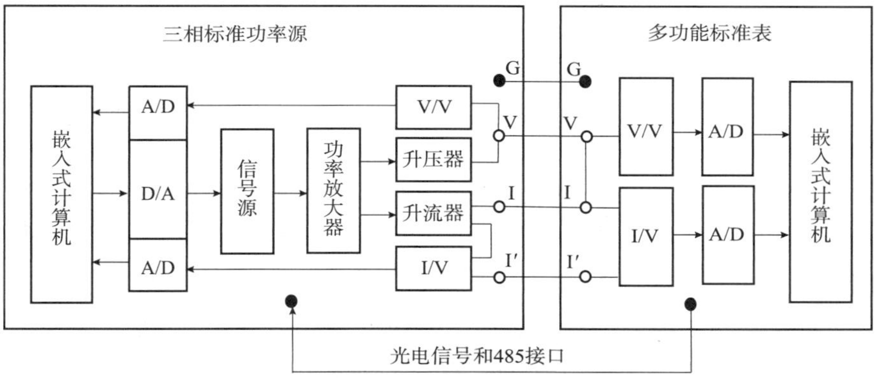

图 4　高压电能计量现场校准装置原理框图

工作时，高压电能计量设备中电能表发出的电能脉冲和其他信息通过 485 接口送到嵌入式计算机，嵌入式计算机将多功能标准表测得的标准电能值与被校准的高压电能计量设备显示的电能值进行比较，实现对高压电能计量设备的计量校准。

现场校准时，先将高压电能计量设备与现场供电电网断开连接，把高压电能计量现场校准装置的三相输出高压电缆接到高压电能计量设备的组合互感器对应的进线端，并把校准装置的三相电流回线接到组合互感器的负载连接端。检查并固定高压电缆的连接，保证连接的正确和牢固。首先进行直观检查和通电检查；启动试验；潜动试验；常数试验。然后由校准装置输出符合要求的三相电压和电流，通过电能表的输出脉冲端子将脉冲信号接入到校准装置的对应接口，按规定流程操控校准装置。通过校准装置的功率源输出标准功率，将多功能标准表测得的标准电能值与被校准的高压电能计量设备显示的电能值进行比较，从而得出被校准的高压电能计量设备的误差。校准完成后，断开校准装置与组合互感器及电能表的接连，恢复组合互感器初始连接。

整体校准方法使用功率乘时间的测量法(瓦秒法)，即标准功率源法，高压电能计量现场校准装置通电预热时间(含潜动和启动试验时间)30min 后，在参比频率和参比电压下，通常应在表 1 规定的负载功率下测定基本误差。根据需要可增加误差测试点。

表 1　校准高压电能计量设备应调定的负载功率

cosφ	负载电流
0.5C	$0.1I_n$，$1.2I_n$
0.5L	$(0.02I_n)$，$0.1I_n$，$0.2I_n$，$0.5I_n$，I_n，I_{max}
0.8C	$(0.02I_n)$，$0.1I_n$，$0.2I_n$，$0.5I_n$，I_n，I_{max}
1.0	$(0.01I_n)$，$0.05I_n$，$0.1I_n$，$0.5I_n$，I_n，$1.2I_n$

括号内的负载点可按实际需要决定是否校准。
I_n 为被校高压电能计量设备的额定电流。

被校高压电能计量设备设定适当的脉冲数，每个校准点的校准时间不少于 10 秒，在此脉冲数产生的时间段，高压电能计量现场校准装置输出标准电能(标准功率乘时间)和被校准高压电能计量设备同时测得的电能值相比较，确定被校准高压电能计量设备的相对误差，按式(1)计算：

$$\gamma = \frac{E_T - E_s}{E_s} \times 100\% \tag{1}$$

式中　E_T——被校准高压电能计量设备在对应时间段测定的电能值(kWh)；

E_s——高压电能计量现场校准装置在对应时间段输出的电能值(kWh)。

被校准高压电能计量设备在对应时间段测定的电能值 E_T 按式(2)计算：

$$E_T = \frac{NK_IK_U}{C} \tag{2}$$

式中　N——校准脉冲数，即被校准高压电能计量设备电能脉冲数；

K_I——被校准高压电能计量设备使用的电流互感器变比；

K_U——被校准高压电能计量设备使用的电压互感器变比；

C——被校准高压电能计量设备脉冲常数（imp/kWh）。

选择控制量限、最大负载，在功率因数为 1.0、0.5L 时分别确定被校准高压电能计量设备的基本误差，进行不少于 5 次测量，按式(3)可计算标准偏差估计值 $s(\%)$：

$$s(\%) = \sqrt{\frac{\sum_{i=1}^{n}(\gamma_i - \bar{\gamma})^2}{n-1}} \tag{3}$$

式中　γ_i——第 i 次测量时被校准高压电能计量设备未修约的基本误差,%；

$\bar{\gamma}$——各次基本误差 γ_i 的平均值，即：$\bar{\gamma} = (\gamma_1 + \gamma_2 + \cdots + \gamma_n)/n$,%；

n——重复测量的次数。

3　应用实例

本文以油田常用的高压电能计量设备为背景，校准一套 0.5 级高压电能计量设备。设备由 0.5 级的电能表以及 0.2S 级的三相组合互感器组合而成，具体铭牌信息如图 5 所示。从铭牌给出的信息可以得到，电压比 6kV/100V，电流比 30A/5A，电能表规格 3×100V，3×1.5(6)A。其中，电能表通过电流互感器连接，它的最大电流为 I_{max}=6A，额定电流为 I_n=1.5A。

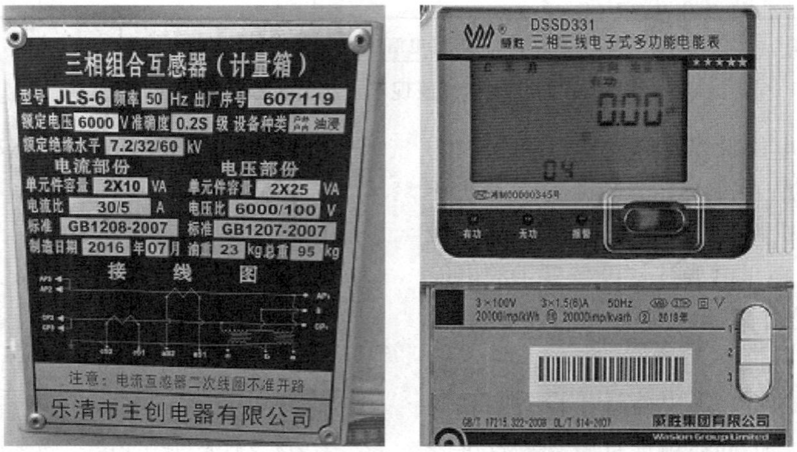

图 5　常见组合互感器和电能表铭牌

高压电能计量设备的基本误差用相对误差表示，其有功电能允许的基本误差最大值如表 2 所示。

表 2　高压电能计量设备基本误差限值

电流值	功率因数	高压电能计量设备准确度等级			
		0.2S	0.5S	0.5	1.0
		有功电能误差限值(±%)			
$0.01I_n \leq I < 0.05I_n$	1	0.4	1.0	1.0	1.5
$0.05I_n \leq I \leq 0.2I_n$	1	0.2	0.5	0.5	1.0
$0.02I_n \leq I < 0.1I_n$	0.5 滞后 0.8 超前	0.5	1.0	1.0	1.5
$0.1I_n \leq I \leq 1.2I_n$	0.5 滞后 0.8 超前	0.3	0.6	0.6	1.0
用户特殊要求时： $0.1I_n \leq I \leq 1.2I_n$	0.25 滞后 0.5 超前	0.5	1.0	1.0	2.0

I_n 为高压电能计量设备的额定电流。

经校准，高压电能计量设备的准确度等级为 0.5 级，其各测量点的基本误差数据如表 3 所示，取其中最大值 0.27% 作为高压电能计量设备的误差。

表 3　高压电能计量设备的基本误差

功率因数 PF	基本误差(%)			
	I_{max}	$0.5I_{max}$	I_n	$0.2I_n$
1.0	0.26	0.23	0.24	0.25
0.5L	0.21	0.23	0.26	0.27
0.5C	0.24	0.25	0.24	0.25

由高压电能计量设备的准确度等级为 0.5 级可知它的最大允许误差为 ±0.5%。通过上述测量结果得出，该套高压电能计量设备整体是合格的，并且能够得出该套高压电能计量设备的误差为 0.27%。

下面采用重复测量的方法对整体校准方法进行验证。用高压电能计量现场校准装置校准图 5 所示高压电能计量设备，选取不同的校准点（6kV/30A、6kV/20A、6kV/10A、6kV/5A），不同的功率因数（PF=1.0、0.5L、0.5C），每个校准点测量 10 次，计算出高压电能计量设备测量结果的基本误差(%)，并计算出误差的平均值(%)，所得结果如表 4 所示，选取最大的误差平均值为 0.309%，可以得出该套高压电能计量设备整体是合格的。

表 4　高压电能计量设备重复测量误差结果

测量点	功率因数 PF	测量结果基本误差(%)	误差平均值(%)
6kV/30A	1.0	0.22，0.19，0.21，0.21，0.19 0.19，0.21，0.20，0.20，0.22	0.204
	0.5L	0.22，0.24，0.22，0.21，0.22 0.22，0.21，0.24，0.22，0.22	0.222
	0.5C	0.28，0.29，0.26，0.28，0.26 0.26，0.26，0.28，0.29，0.29	0.275
6kV/20A	1.0	0.21，0.21，0.21，0.20，0.22 0.20，0.21，0.22，0.21，0.20	0.209
	0.5L	0.26，0.25，0.26，0.25，0.26 0.25，0.26，0.25，0.26，0.25	0.255
	0.5C	0.24，0.26，0.24，0.26，0.24 0.24，0.25，0.26，0.24，0.24	0.247
6kV/10A	1.0	0.22，0.22，0.20，0.22，0.20 0.22，0.20，0.23，0.21，0.21	0.213
	0.5L	0.27，0.28，0.28，0.27，0.27 0.28，0.28，0.28，0.27，0.27	0.275
	0.5C	0.21，0.24，0.25，0.21，0.21 0.25，0.21，0.21，0.24，0.25	0.228
6kV/5A	1.0	0.22，0.19，0.23，0.21，0.19 0.23，0.21，0.21，0.19，0.20	0.208
	0.5L	0.31，0.29，0.31，0.32，0.29 0.31，0.31，0.31，0.32，0.32	0.309
	0.5C	0.20，0.18，0.19，0.20，0.19 0.19，0.19，0.20，0.18，0.19	0.191

4　总结

从高压电能计量设备整体校准方法的表述、测量结果及实际应用可以看出，采用整体校准方法有以下几点优势：

首先，从整体校准的思路来看，根据国际电工委员会(IEC)和国家标准规定的基本原则，对高压电能计量设备进行整体的校准是符合规定要求的。整体校准方法是将高压电能计量设备作为一个整体来进行校准，已经考虑到设备内部各部分的影响，也就是说，整体校准方法是依据高压电能计量设备的实际运行情况来进行的。

其次，从整体校准的测量结果来看，整体校准方法充分地考虑到了高压电能计量设备的各方面的影响，最终测量结果是可以作为整个高压电能计量设备整体的误差的。

再者，从整体校准的实际应用来看，大庆油田高压电网现场运维中，高压电能计量设备是需要长期连续的工作在高压电网上的，不能像其他的计量器具一样通过定期或不定期的送检来实现其计量保证，采用现场整体校准更符合油田的实际需求，能够方便地得出被校高压电能计量设备的误差。

参考文献

[1]郭小妍．高压电能计量装置整体误差多参量控制方法研究[J]．自动化与仪器仪表．2020(07)：69－72.

[2]吴东风．仪器设备检定/校准确认方法[J]．汽车维修与保养，2018(12)：86－87.

[3]宋焕亭．浅议实验室检定、校准和检验检测方法的选择、确认和验证[J]．中国检验检测，2022，30(03)：83－85.

[4]康婕．实验室检测与校准的方法验证和方法确认[J]．农产品加工，2018(09)：60－62.

[5]市场监管总局．市场监管总局关于调整实施强制管理的计量器具目录的公告[ED/OL]．2022.10.26[2023.09.28]．https://www.samr.gov.cn/zw/zfxxgk/fdzdgknr/jjjzs/art/2023/art_d095685b12544ed3aa6dbc3aaf7c136e.html.

[6]中华人民共和国国家质量监督检验检疫总局中国国家标准化管理委员会．高压电能表通用技术要求：GB/T 32856—2016[S]．北京：中国标准出版社：2016(10).

[7]马雪锋，李文强，金涌，等．浅议高压电能表检定装置[J]．电测与仪表，2013(z1)：22－24，29.

[8]于彩霞，张伟，尚皓．10kV 高压一体化检测技术[J]．机械工业标准化与质量，2022(10)：23－26.

[9]叶建伟．电能整体计量思路在 10kV 配网中的体现[J]．中国新技术新产品，2014(5)：97－98.

[10]赵东芳，赵伟，荣潇，荣博，黄松岭．高压电能计量设备及其检验技术[J]．电测与仪表，2019，56(23)：1－10.

[11]尚秋峰，黄显，陈青钦，赵东明．高压计量装置一体化误差校验系统设计[J]．计量与测试技术，2016，43(2)：33－34，36.

[12]杨勇波，王海燕，羊静，岳长喜，朱凯，蒋映霞．6kV－35kV 电能计量装置整体检定系统的研制[J]．电测与仪表，2016(22)：123－128.

[13]中国石油天然气集团公司，大庆石油管理局．车载式高压电能计量现场标准装置[P]；中国专利：ZL2016 2 0852892.2，2017－03－08.

油田示功图监测技术现状与未来研究方向分析

王秀男

（大庆油田技术监督中心）

摘　要：示功图是一种判定抽油机井工况的重要技术指标，随着数字化油田建设的逐步推进，示功图实时监测技术在国内各油田得到了普遍应用。文章对国内油田数字化建设中广泛使用的示功图监测技术的现状进行了研究，探讨了现有监测技术存在的难点和问题，分析了两种示功图监测技术的未来发展前景，以保障示功图监测计量溯源准确性为前提对示功图监测技术未来研究方向进行了分析。

关键词：数字化油田；示功图监测；溯源准确性；现状；分析

1　示功图监测技术现状

示功图是一种判定抽油机井工况的重要技术指标，随着数字化油田建设的逐步推进，示功图实时监测技术在国内各油田得到了普遍应用。目前，示功图监测主要通过力参数据和电参数据两种方式进行。

1.1　力参监测方式

国内油田广泛使用力参监测方式，此种方式的优点在于直接在悬绳器测量悬点载荷与位移，测量准确度高。但由于抽油机井24小时处于运动状态，且传感器安装在室外，环境恶劣，此种技术所使用的无线载荷位移传感器内置的应变片式载荷传感器在使用一段时间后由于腐蚀伤害、机械疲劳等原因会出现漂移，三年后无法保证准确度，需要更新设备，运行成本过高。

1.2　电参监测方式

电参监测方式是通过监测抽油机井驱动电机的电参数变化，经过计算机数据分析与处理，生成示功图。此种方式的优点在于只监测电参数，避免了力参传感器漂移。但是，电参示功图监测目前主要有两种实现方式，都有其明显不足。

1.2.1　加装硬件方式

一种方式需要在抽油机井配电箱处安装电参监测与数据处理装置，在电机轴安装电机转速测量传感器，在电机平衡块安装光电开关。针对每口井的地面基础数据和井下数据建立数学模型，同时利用力参检测数据对模型参数进行修正，从而完成电参数据向功图数据的转化过程。因为安装了部分传感器，此种间接计算功图的方式相对准确。但缺点是增加的传感器和数据处理设备也需要投资改造费用，并且每口井都需要单独进行针对性调试，当井矿发生变化后需要再次进行调试。

1.2.2　软件升级方式

另一种方式是基于现有的A11数字化油田物联网设备，通过单井采集的功图数据与电参数据的关系，基于深度学习、边缘计算，专家控制等算法来计算示功图数据。此种方式的优点在于只需在软件方面进行投入，不产生升级改造带来的设备成本和相关费用，但由于数字化油田传输的电参数据并非连续数据，缺少传感器的部分实时监测数据，且没有位置传感器辅助定位，上、下死点定位不准，所以准确性和可靠性不足。

1.3　国内外相关技术现状

国内各油田在使用力参监测为主要方式的同时，都在大力开展电参示功图方面的研究。美国对于示功图的监测方式与国内基本相同，主要采用力参方式进行，但由于其材料方面的优势，应变传感器的机械疲劳与衰减相对缓慢，传感器漂移并不严重。

2　力参功图监测方式发展前景分析

2.1　力参功图准确性测试方法

2.1.1　传统分部测试方法

力参功图监测方式采用的无线载荷位移传感器由载荷传感器和位移传感器两部分组成，位移传感器有线加速度传感器和角加速度传感器两种。在进行准确性测试时线加速度传感器一般采用标准长度轨道运动测试方式，角加速度传感器尚无实验室测试装置。

采用示功仪实验室校准装置，进行载荷量和位移量的单量值分开校准，只能对线加速度式位移传感器进行冲次冲程的位移测试，对载荷值进行静态测试。该方法目前使用较多，但该方法只能实现单台校准，校准时间长，工作效率低，很难满足数字化油田大批量周期校准需求。并且，大批量仪器拆卸安装需要停井打卡，操作复杂、人工成本高，对生产影响大。综上，此种功图准确性测试方法难以大规模推广。如图1所示。

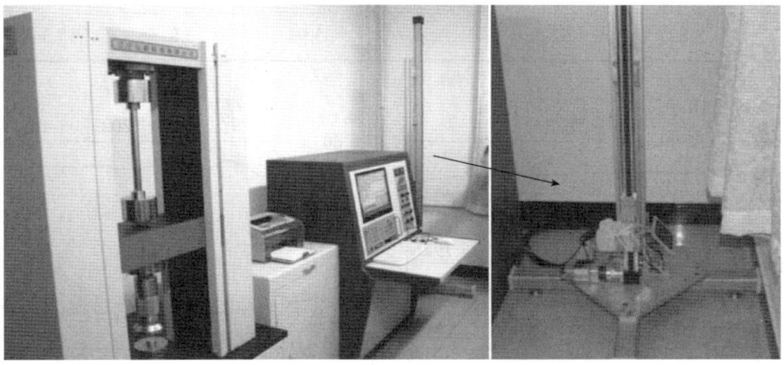

图1　传统的示功仪实验室校准装置

2.1.2　一体化同步动态测试方法

动态测试方法运用载荷位移一体化校准装置将高精度载荷传感器、位移传感器与伺服加压系统、位移控制系统相结合，实现载荷、位移分别校准和同步校准功能，并可按照校准流程自动进行示功图准确性评价。该方法目前处于技术推广应用阶段，但该技术经过验证已较为成熟。如图2～图3所示。

图2　卧式载荷位移一体化校准装置

图3　立式载荷位移一体化校准装置

两种力参功图准确性测试方法比较如表1所示。

表1　两种力参功图准确性测试方法比较

测试方法	测试过程	测试单台耗时
传统分部方法	静态测试、不形成功图	20 分钟
一体化同步方法	动态测试、同步生成功图	5 分钟

2.1.3　载荷位移一体化校准装置

载荷位移一体化校准装置具有载荷、位移、速度、加速度分别校准和同时校准功能，测控系统具有按照设定的校准流程和参数自动完成校准，自动生成示功图和校准报告的功能。

载荷位移一体化校准装置工作时根据电控系统工控机的指令驱动伺服直线位移运动系统带动测试滑块机构沿滑块导轨做往复运动，冲程0～8m，冲次(0～15)次/min，上位机实时读取磁栅尺上的位移量(标准值，误差≤±1mm)和滑块结构上示功仪的位移量(被测值)，通过系统自动计算可得速度、加速度的标准值和被测值，通过计算可知示功仪的位移误差。

液压控制系统控制伸缩油缸向被校示功仪和压力传感器施加压力(0～150kN)，上位机实时读取滑块机构上压力传感器的载荷量(标准值，误差≤±3‰F.S)和示功仪的载荷量(被测值)，通过计算可知示功仪的载荷误差。压力传感器应能实时反馈给PLC控制器压力值，形成闭环控制，保证施加的压力准确稳定。如图4所示。

标准				被测			
冲程/m	冲次/min	最大载荷/kN	最小载荷/kN	冲程/m	冲次/min	最大载荷/kN	最小载荷/kN
3.95	3.89	62	22.4	3.94	3.8	57.34	22.64

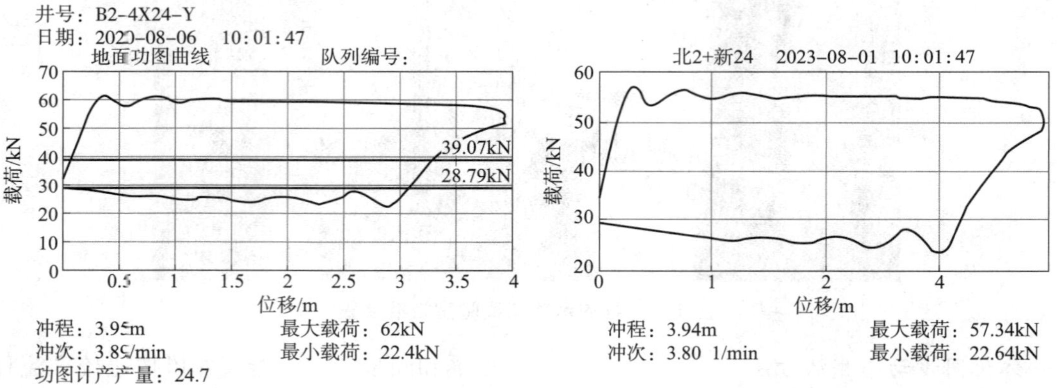

图 4　载荷位移一体化校准装置校准结果

2.2　力参功图发展潜力分析

力参功图的准确性测试技术已经较为成熟，对于力参功图监测数据准确性可以提供可靠的技术保障，但是定期测试虽然可以及时发现传感器漂移趋势，及时进行维护保养，减缓传感器老化损坏速度，却不能从根本上阻止传感器老化损坏。目前应用的传感器长期安装在井口，经历风吹雨淋日晒、四季温度变化等外界因素，传感器初值、系数等参数均会发生漂移。因此，力参功图要保持在功图监测方式上的主流地位，必须解决传感器老化带来的成本过高问题。一种方式是开发更为廉价的应变传感器，使定期更换的成本降到可接受范围，另一种方式是保持现有价格成本采用更为耐用的材料，使设备更换的周期延长，两种方式都对传感器的制作材料提出了严格的要求，就目前国内材料市场研发速度来看，短期内恐无法实现。由此看来，力参功图未来发展前景不容乐观，一旦电参功图或者其他功图监测方式被验证技术可行、准确可靠，力参功图将被迅速取代。

3　电参功图监测方式发展前景分析

3.1　电参功图监测性能评价

3.1.1　加装硬件方式方法评价

采用加装硬件方式虽然可以获得较为准确的功图数据，但是该方法建立的数学模型需要利用力参检测数据对模型参数进行修正，本质上无法摆脱力参数据的测量需求，并且每次调整都需要力参数据作为支撑，也就是说，一旦井况发生变化，需要进行一定时间的力参数据测量，再运用力参数据修正电参数学模型，实质仍然是对力参数据的运用，若是调整频次高，加之硬件成本过高，此方法在技术和经济上反而不及直接采用力参功图的监测方式。

3.1.2　软件升级方式方法评价

采用软件升级方式虽然减少了硬件方面的成本，但是现有数据无法实现功图数据与电参数据的对应关系，AI 算法只能减轻软件开发在数据处理时的工作量，无法找到功图数据与电参数据的实质对应关系，无法建立准确的数学模型，因此这种方式获得的电参功图还不能真正应用于油田生产中对井况的监测和地层的分析。

3.2　电参功图发展潜力分析

电参功图无论是依靠加装硬件方式实现还是依靠软件升级方式实现，目前技术都还不够成熟，在技术和经济成本上比之力参功图都不具备优势，除非能够找到经济合理，技术可行、准确可靠的实现方式，否则电参功图可能很快就会被淘汰。

4　示功图监测技术未来研究方向分析

目前，力参功图和电参功图在发展中都遇到了瓶颈，笔者认为只有将力参数据和电参数据有机结合才能实现技术突破，这种结合不同于加装硬件方式的电参功图监测方式，而是先将力参数据和电参数据进行同步测量，积累大量的试验数据，形成规模数据库，在已实现数据同步的前提下进行数据分析，利用 AI 智能进行模型推演，生成标准电参功图，再利用标准电参功图对一般测量进行准确性评价和参数调整，以保证电参功图的监测准确。

4.1 现有研究基础

运用电参功图进行井况监测首先要保障电参采集数据的准确性。目前，大庆油田已研发出力参–电参同步检测装置，此装置除具有力参采集功能外，还具备电参数检测功能，对于生成电功图的电流、电压、功率因数、频率进行误差计算的功能。通过对大庆油田16家生产单位进行现场和实验室测试，共测试222台功图仪，运行良好，现场与实验室测试符合率91.72%。如图5～图6所示。

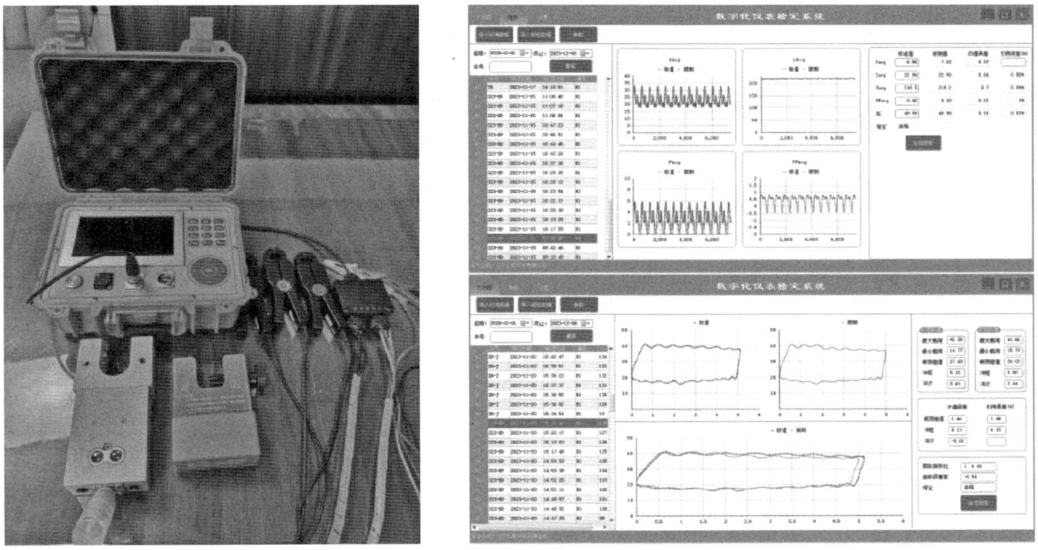

图5　力参–电参检测装置及检测软件

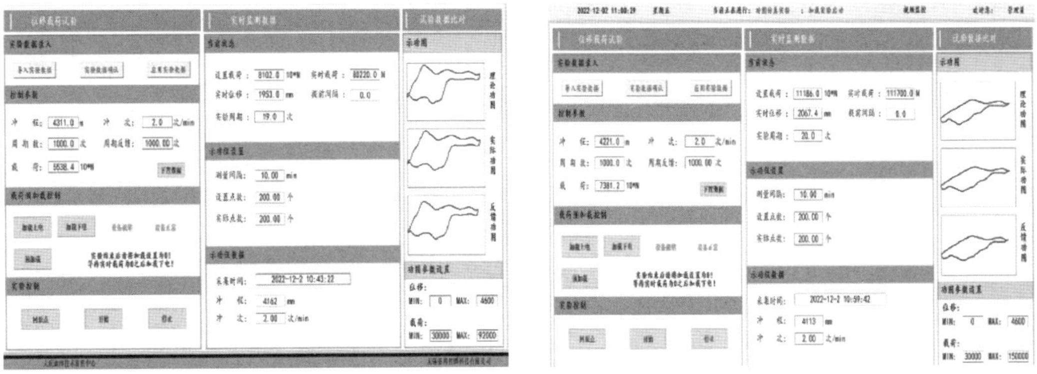

图6　供液不足状态和游动凡尔故障功图反演

4.2 未来研究方向

在已有力参–电参同步检测装置的基础上进行力参–电参同步分析及综合评价软件开发。开发的软件需要能够实现基础采集数据在时间轴的对齐，能够智能判别各参数变化之间的相关性，并能将数据及相关性变化模型进行存储。在存储了大量数据及模型后，将功图的工况进行智能分类，对同类数据和模型进行综合分析，得出各种工况下的标准数据模型。当被检电参及功图数据采集后录入软件，依据标准数据模型对其进行准确性评价。如图7所示。

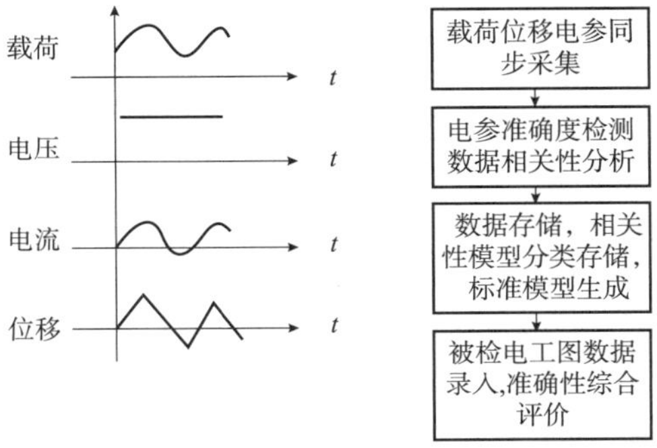

图7　力参–电参同步分析评价软件研发思路

5 示功图监测技术发展前景展望

示功图监测技术是监控井况、探知地层情况的重要技术手段。如果能够以力参－电参同步检测装置为基础，开发出力参－电参同步分析及综合评价软件，建立使用电参数据形成示功图的可靠方式，突破力参功图和电参功图的发展瓶颈，就可以既有效保障抽油机井井下工况判定准确性、可靠性，又降低设备维护、更新成本，适应数字化油田生产运维模式。如此，示功图监测技术必将为数字油田、智慧油田发展提供强有力的技术保障。

参考文献

[1]刘宝和．中国石油勘探开发百科全书工程卷[M]．北京：石油工业出版社，2008.
[2]刘宝和．中国石油勘探开发百科全书勘探卷[M]．北京：石油工业出版社，2008.
[3]国家发展和改革委员会．电子示功仪校准方法：SY/T 6678—2007[S]．北京：石油工业出版社，2008.
[4]国家能源局．示功仪校准装置校准方法：SY/T 6759—2009[S]．北京：石油工业出版社，2010.
[5]国家能源局．抽油机井综合测试仪校准方法：SY/T 7080—2016[S]．北京：石油工业出版社，2016.

气井差压流量计误差原因分析及优化措施

刘　婷　黄双林　贾连超　沈光远　赵轩刚　李　莹

（长庆油田分公司第二采气厂榆林市榆阳区高新技术开发区）

摘　要：榆林气田南区气井井口流量计主要采用两种类型：超声波流量计和差压流量计。超声波流量计成本较高，计量准确，但受外界干扰明显，受管线内液体影响大，设备稳定性差，现场应用较少。差压流量计成本较低，受外界干扰小，受管线内液体影响大，现场故障率低，计量较准确，现场应用广泛。本文旨在对气井井口差压流量计数据不准确原因进行分析，通过对差压流量计的工作原理、计量环境以及使用条件的总结分析，评价影响测量精度的主要因素，提出相应的优化改进措施，以期提高气井差压流量计的计量准确性和稳定性，为气田精细开发提供准确的原始生产资料。

关键词：井口流量计；差压流量计；计量误差；优化措施；计量精度

差压流量计作为目前榆林气田南区气井井口常用的流量计量仪器，在现场应用过程中，受各种因素影响，往往会出现不同程度的计量误差，影响因素包括安装方式、运行环境、介质特征以及仪表本身等多个方面。本文将针对这些因素进行深入分析，找出对单井差压流量计造成计量误差的主要原因，提出相应的优化措施及改进建议。

1　差压流量计的计量原理

差压流量计是一种基于流体流动的节流原理，利用流体流经节流装置时产生的压力差来实现流量计量的流量计。在封闭管道中，流体遵循质量守恒（连续性方程）和能量守恒（伯努力方程）两个定律。流动流体的能量有静压能和动能两种形式，流体具有静压能是因为有压力，具有动能是因为有流动速度，在一定条件下，这两种形式的能量是可以相互转化的[1]。根据能量守恒定律，在没有外加能量的前提下，流体所具有的静压能和动能，再加上用以克服流体流动阻力的能量损失，其能量总和是相等的[1]，如图 1 所示。

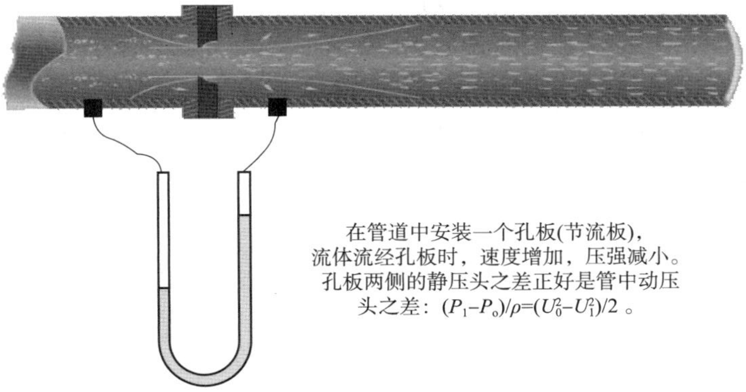

图 1　差压流量计计量原理

差压流量计在现场应用时，测量误差往往会增大，原因主要有：一是被测量流体的组成成分发生变化，如天然气井生产时带液，液体含量增加；二是孔板安装不正确，方向相反；三是孔板入口边缘磨损，流体携带杂质，长时间的冲刷；三是孔板表面结垢，造成流通截面发生变化；四是应用现场为室外环境，受冬夏热胀冷缩影响，孔板截面发生变化。

2　气井井口流量曲线异常特征及分析

通过对气井智能生产管控系统数据分析，井口流量计量计量结果的实际曲线，主要有四种异常形式：

2.1　流量曲线不连续或波动较大

图 2 ~ 图 6 为气井生产曲线图，上部绿色曲线为开井状态，上开下关；中间粉色曲线为套压压力，蓝色曲线为油压压力；下部红色曲线为流量数据。

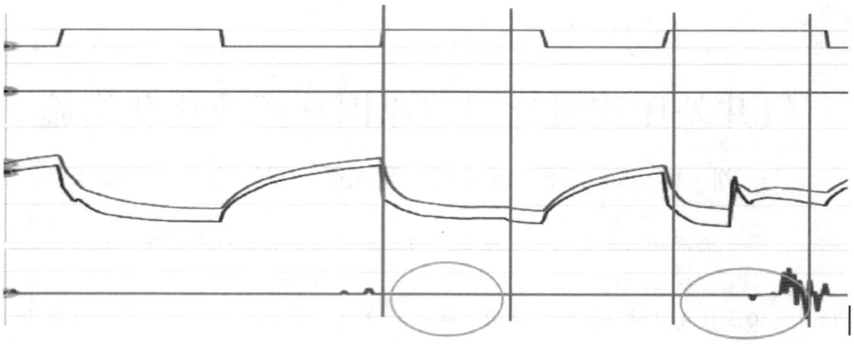

图 2　榆 A－1 井井口流量曲线部分无计量

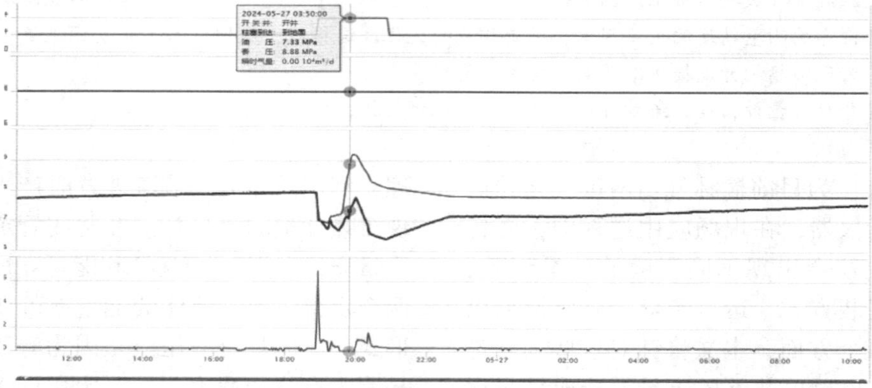

图 3　榆 A－2 井井口流量曲线不连续

计量特征：榆 A－1 井（图 2）开井状态气井产量不计量，或者产量计量波动大。榆 A－2 井（图 3）开井状态下，计量波动大。

原因分析：以上两种现象多发生于气井投产初期和井筒排液作业期间，主要因管道内排液量大，形成连续液柱，差压流量计设计结构由节流元件、差压计（一般用差压变送器）、引压导管和流量显示记录仪（多功能流量计算仪）构成，实际计量原理是流体的流动速度加快，压力降低，在阻拦体前后产生一个较大的压力差。这个压力差随流量变化，流量越大，差压越大。连续的液柱可能导致节流元件中的阻拦体堵塞，无法产生压差，最终导致计量失效。

2.2　流量曲线整体稳定，局部波动过大

计量特征：榆 A－3 井（图 4）开井状态气井产量整体稳定，局部波动大。

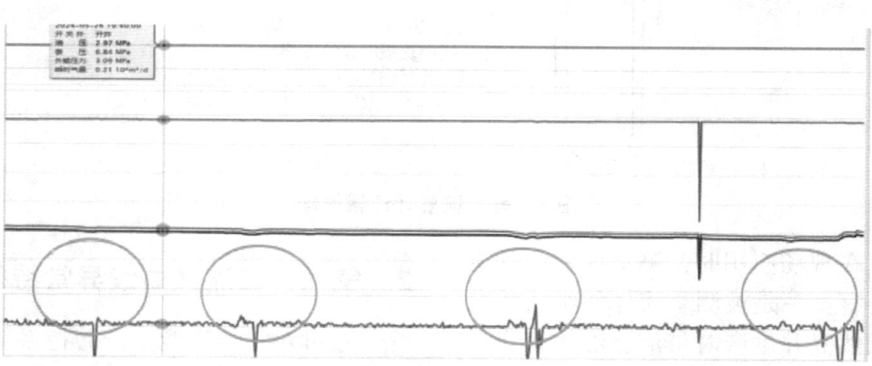

图 4　榆 A－3 井井口流量曲线局部波动大

原因分析：这种现象与下游外输管道压力变化有关，下游管线泄漏冻堵会导致外输压力和流量骤变，井场并线井中其他气井的开关也会造成井口流量大幅波动的情况。

2.3　流量曲线数据明显低于实际井口生产气量

计量特征：榆 A－4 井（图 5）井口流量曲线稳定持续与实际不符。

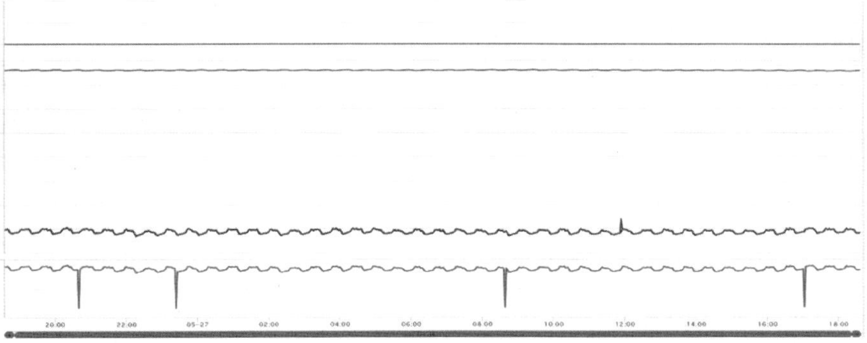

图5 榆A－4井井口流量曲线稳定持续与实际不符

原因分析：该井因下井下节流器，导致流量计瞬气量只计量5万方，实际该井产量单量气量可发挥至7万方。气井投产初期产量较好，流量计节流元件(即标准孔板)选择了相应产量孔径参数的孔板。由于地层压力持续降低等原因，产量也持续递减，新井投产后，两年左右井口生产气量已低于原流量计设计测量范围，原流量计孔板已无法满足现生产条件，会出现长时间气量计量较低现象，也从而最终导致和实际站内单井计量结果产生出入。

2.4 流量曲线无计量数据

计量特征：榆A－5井(图6)井口流量曲线无计量数据，开关井均为0，开关井状态下压力数据曲线正常，开井时压力下降，关井时压力上升，反应气井生产正常。

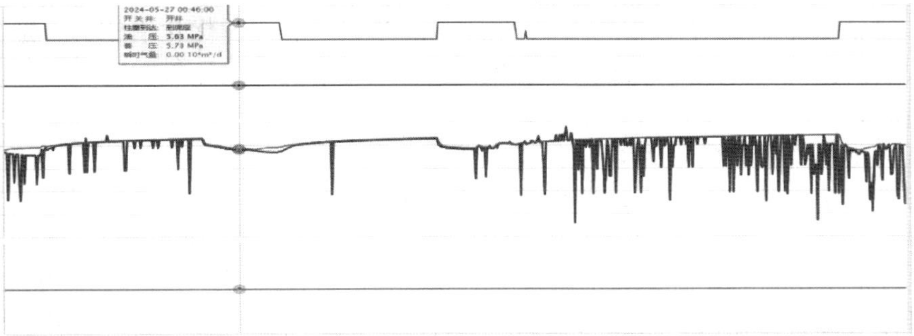

图6 榆A－5井井口流量曲线开关井均为0值

原因分析：异常低温天气阴雨天气，会造成仪表差压管路堵塞，影响正常计量。连续阴雨天气会导致井口太阳能发电板不能正常工作，流量计会因供电不足无法正常工作。流量计差压表等设施，维护保养不及时，会出现仪表故障情况，影响正常计量工作。

3 差压流量计计量不准确优化措施

3.1 制定对策

针对日常生产的四种异常计量曲线开展了原因分析，根据产生原因，采取四项针对性措施。

一是及时开展流量计的校验及维护保养，保证流量计处于良好的运行工况。定期对单井差压流量计进行校验和维护是保证测量精度的重要手段。通过定期校验，可以及时发现仪表的偏差并进行调整；同时，定期维护可以确保仪表处于良好的工作状态，延长使用寿命确保常规状态下数据计量准确。

二是针对投产两年后的气井或投产时间短，但产量下降明显气井，技术人员应根据实时工况和运行数据，重新核准流量计运行参数，及时调整孔板和运行参数。另外，流体介质的变化是影响单井差压流量计测量精度的重要因素。因此，应实时监测流体介质的温度、压力、密度等参数，并根据实际情况调整仪表参数，以减小误差。

三是合理安装与布局，单井差压流量计的安装与布局对其测量精度具有重要影响。在安装过程中，应确保仪表与管道的连接紧密、无泄漏；同时，应避免将仪表安装在振动、冲击较大的位置，以减少外界因素对测量精度的影响。

四是管路问题如堵塞、泄漏等也会导致单井差压流量计测量误差的产生。因此，在日常生产中，应定期检查管路状态，及时发现并解决管路隐患问题，确保流体顺畅通过仪表。

3.2　实施效果

通过以上四项措施近一年的实施改进，井口100余台差压流量计总体上计量准确，如图7所示，能够反映气井真实的生产能力，与气井的开关状态及压力变化完全保持一致，每天的计量结果异常井数由10井次异常减少到2井次以下，单井计量数据合格率由62%提升至95%以上。从而为气井的生产动态跟踪，生产情况分析提供了准确的原始数据，为气井生产措施制定提供了数据支撑，促进了气井合理高效开发。

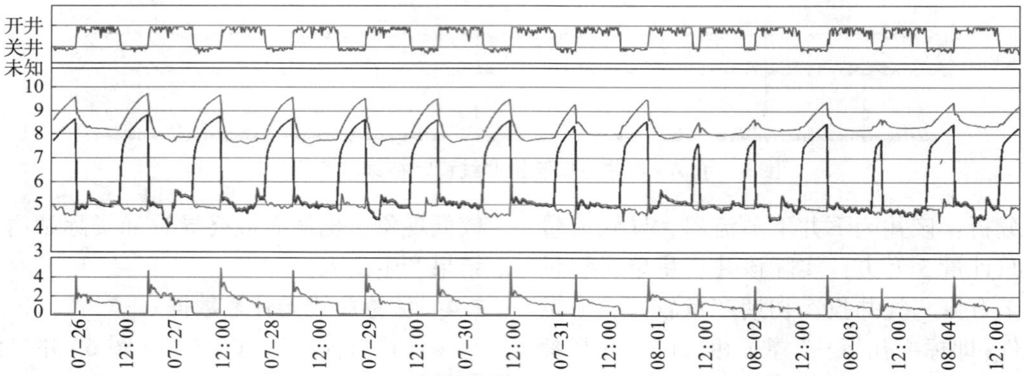

图7　榆A–6井井口流量曲线能够反映气井真实的生产能力

4　结论与认识

通过对单井差压流量计进行实际测量异常情况分析和改进，验证了上述优化措施的有效性。实际生产试验结果表明，在采取相应优化措施后，流量计的测量准确性和稳定性得到了显著提高。同时，差压式孔板流量计的误差控制，要从装置的设计、制造、安装等方面入手，严格按照配套标准进行参数的设定，这样才能保证测量的准确度。并且在日常生产过程中加强检查与维护保养，及时核对各项参数，如遇到某项参数与规定参数有误差须检查原因，及时更换设备硬件或者进行校正，以保证天然气计量的准确性[2]。

本文简单分析了单井差压流量计计量误差产生原因，并提出了针对性的优化措施，还需要进一步研究和探讨优化措施，以适应不同条件下的计量需求。

参考文献

[1]张春仙，张功国．转子流量计与差压式流量计的区别[J]．济宁学院学报，2014，35(03)：25–29.

[2]周中强，张卫敏，钱国梁．差压式孔板流量计的误差来源与控制措施分析[J]．中国石油和化工标准与质量，2013，33(09)：130–131.

关于数智化转型计量管理模式的创新与实践探讨

刘雪梅　李　鑫

（抚顺石化公司质量检验中心计量一车间）

摘　要：随着信息技术的迅猛发展，数智化转型已成为企业提升管理效率和核心竞争力的关键路径。计量管理作为企业运营的基础支撑，其数智化转型对于优化资源配置、提高生产效率和保障数据安全具有重大意义。本文将深入探讨数智化转型背景下计量管理模式的创新与实践，分析当前面临的挑战与机遇，并提出相应的策略建议。

关键词：数智化转型；计量管理；模式创新；实践

1　引言

近年来，云计算、大数据、物联网、人工智能等技术的快速发展，为企业提供了前所未有的数据处理能力和业务创新机会。这些技术的融合应用，使得企业能够更加高效地收集、存储、分析和利用数据，从而实现业务流程的优化和决策的智能化。数智化转型不仅是技术革新的必然趋势，更是企业适应市场变化、提升竞争力的战略选择。计量管理作为企业运营的重要环节，其数智化转型对于实现精细化管理、提高运营效率和降低成本具有显著效果。本文将从理论和实践两个层面，探讨计量管理数智化的内涵、重要性、实施策略以及面临的挑战，为企业的计量管理数智化提供思路和参考。

2　计量管理数智化的内涵与意义

2.1　数字化和数智化

“数字化”和“数智化”是两个不同概念，“数字化”是技术概念，其核心是将许多复杂多变的信息转变为可以度量的数据，从而建立数字化模型实现内容的在线化；而“数智化”属于数字技术的应用，是在数字化的基础上，运用大数据、AI、云计算等新兴技术，深度挖掘数据的可塑价值，实现智能化分析与管理，提升应用数据的水平和效率，帮助企业优化现有业务价值链和管理价值链。

“数智化”包含数字智慧化、智慧数字化、人机的对话三个方面。数字智慧化，相当于云计算的算法，即在大数据中加入人的智慧，使数据真正产生价值，提高大数据的效用；智慧数据化，即运用数字技术，把人的智慧管理起来，相当于从人工到智能的提升，把人从繁杂的劳动中解脱出来；人机的对话，是把上述两个过程结合起来，构成人机的深度对话，使机器继承人的某些逻辑，实现深度学习，甚至能启智于人，即以智慧为纽带，人在机器中，机器在人中，形成人机一体的新生态。1994 年，内森·谢左夫在信息设计中提出的 DIKW 层次结构，它可以很好地区分数据和信息的关系。如图 1 所示。

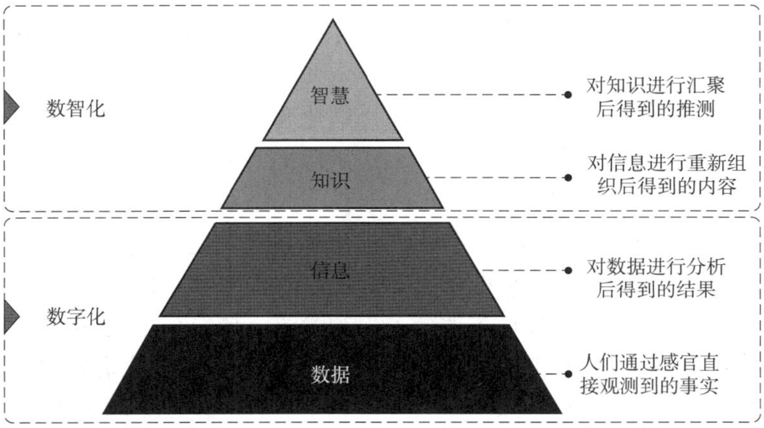

图 1　用 DIKW 模型解释数字化和数智化的区别

2.2 计量管理数智化的内涵和意义

计量管理数智化是指通过应用数字技术和智能技术，对计量数据进行采集、传输、处理、分析和应用，实现计量管理的数字化、自动化和智能化。实现计量管理数智化具有深远的意义。首先，计量数据的数字化能够利用传感器、物联网等技术，实现计量数据的实时采集和传输。它有助于提升计量数据的准确性和可靠性，为企业的决策提供更加科学、可靠的依据。其次，计量数据的智能化能够运用大数据、人工智能等技术，对计量数据进行深度挖掘和分析，能够减少人工干预，提高工作效率，优化业务流程，降低运营成本。最后，计量管理数智化通过智能算法、机器学习等技术，提取有价值的信息，实现科学管理，企业可以发现新的商业机会和潜在风险，从而做出更加精准的市场预测和风险控制。如图 2 所示。

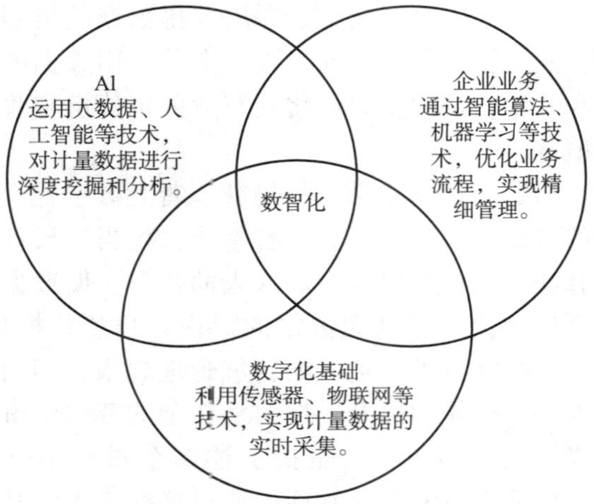

图 2 计量管理数智化的内涵

2.3 企业计量管理的现状与数智化转型的迫切性

数据已经成为一种与资本、土地等要素并列的新的生产要素。中国企业的数字化转型已经进行较长时间了，中大型企业在业务和管理数字化过程中积累了大量的数据，但这些数据还没被有效地利用起来。我国企业的计量管理相对还比较落后，大多还只停留在最基础的对计量器具的管理上面，计量数据只是被采集、保存起来，其价值还没有得到真正释放。如何将这些数据用起来，让数据能够赋能业务是我们要面临的问题与难题。

2021 年 12 月国务院印发的《计量发展规划(2021—2035 年)》中，提出要创新智慧计量监管模式。充分运用大数据、区块链、人工智能等技术，探索推行以远程监管、移动监管、预警防控为特征的非现场监管，通过器具智能化、数据系统化，积极打造新型智慧计量体系。鼓励计量技术机构建立智能计量管理系统，推动设备的自动化、数字化改造，打造智慧计量实验室。推广智慧计量理念，支持产业计量云建设，推动企业开展计量检测设备的智能化升级改造，提升质量控制与智慧管理水平，服务智慧工厂建设。由此可见在今后的 10 年中，国家将从制度和技术两方面大力推进企业计量管理的数智化转型工作，这为企业今后计量工作的开展指明了方向、提供了动力。

3 数智化转型计量管理模式的创新路径

3.1 建立智能化的计量数据采集系统

传统的计量数据采集方式往往依赖于人工记录和手动输入，这种方式不仅效率低下，而且容易出错。在数智化转型的背景下，建立智能化的计量数据采集系统成为了提升计量管理水平的关键。通过物联网技术，可以实现对计量设备的远程监控和数据实时采集，大大提高了数据的准确性和时效性。例如，智能电表和水表的应用，使得电力和水资源的计量更加精确，为企业的能源管理提供了有力支持。

3.2 构建大数据驱动的计量分析平台

大数据技术的兴起为计量数据的分析和应用提供了广阔的空间。通过构建大数据驱动的计量分析平台，企业可以对海量的计量数据进行深度挖掘和分析，发现数据背后的规律和趋势。这些分析结果可以帮助企业优化资源配置，提高生产效率，降低运营成本。例如，通过对历史计量数据的分析，企业可以预测设备的故障周期，提前进行维护和保养，避免意外停机造成的损失。工艺技术人员还可以通过对计量数据曲线的分析，找出生产操作的规律，实现对工艺过程的精准控制，提高产品质量，降低不合格率。

3.3 实现计量管理的标准化和规范化

在数智化转型的过程中，实现计量管理的标准化和规范化是至关重要的。通过制定统一的计量标准和规范，可以确保数据的可比性和一致性，为企业的决策提供可靠的支持。同时，标准化和规范化的计量管理也有助于降低人为错误和提高工作效率。例如，引入国际通用的计量单位和术语，使得企业在国际交流和合作中更加便捷。

3.4 加强数据安全和隐私保护

在数智化转型的过程中，数据安全和隐私保护是不容忽视的重要环节。随着计量数据的电子化和网络化，数据泄露和篡改的风险也随之增加。因此，企业需要加强对数据的加密和备份，建立完善的数据安全防护体系。同时，还需要制定严格的数据隐私保护政策，确保用户数据的合法合规使用。例如，采用先进的加密技术对敏感数据进行加密存储和传输，建立完善的访问控制机制防止未经授权的访问。

4　数智化转型计量管理的实践

4.1　项目背景

抚顺石化公司隶属于中国石油天然气股份有限公司炼化新材料板块，是集“油化塑洗蜡剂”为一体的大型石油化工联合企业，具有 96 年的发展历史。

目前我国炼化行业正处在转型升级的新阶段，炼化行业面临着更加严峻的形势与挑战，按照中油集团公司建设世界一流综合性能源公司的目标，炼化新材料公司努力实现业务发展高质量、发展动力高质量、发展基础高质量、运营水平高质量的总体要求，重点实施减油增化、结构调整、科技创新“三大工程”，以信息化建设支撑安全、绿色、创新、智能和有效发展。深化体制改革，降低成本提高运营管理水平，提升化工营销能力，强化资本运营，夯实安全环保发展基础，推动智能化建设。

集团公司 MES 系统历经 1.0 与 2.0 建设，还未完全实现自主可控，现 MES 软件核心功能采用美国霍尼韦尔公司 Uniformance MES 套件，在中美竞争加剧的大环境下，存在限制向中国企业提供软件许可和技术服务的“卡脖子”风险。因此，应用新技术实现 MES 自主可控势在必行。抚顺石化公司于2022 年 7 月被集团公司数字和信息化管理部选择作为昆仑 MES 试点企业。抚顺石化成为首家正式通过贯标的中国石油炼化企业。基础设施方面，抚顺石化生产专网物理上与办公网相隔离，已经达到双核心、冗余安全部署以及至各生产厂的两条千兆冗余链路。

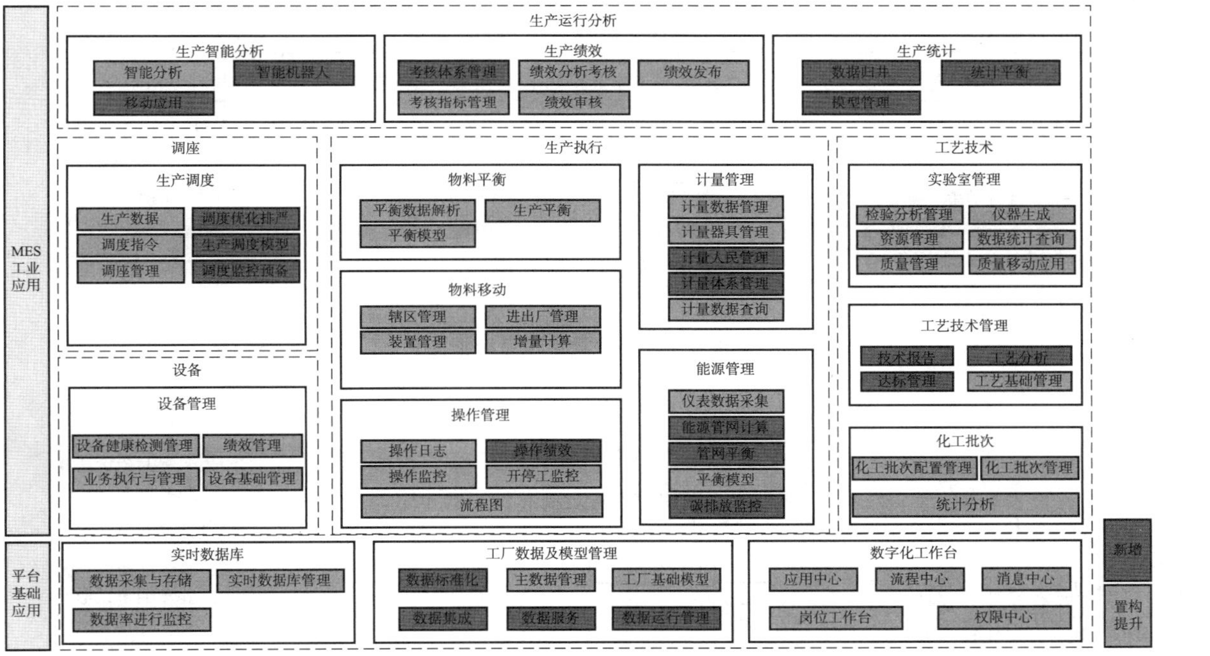

图 3　MES 系统实现功能图

4.2　项目建设理由

抚顺石化作为昆仑 MES 系统建设试点企业，为支撑昆仑 MES 在抚顺石化顺利实施，保障昆仑 MES 试点企业应用在原企业 MES 基础上，实现重构提升物料移动、物料平衡、操作管理、计量管理、公用工程、生产调度、设备管理、实验室管理、工艺技术管理、化工批次、生产智能分析、生产绩效 13 个工业应用，新增生产统计、数字化交付中心工业应用。升级后的 MES 系统所能实现的功能如图 3 所示。

4.3　项目目标

抚顺石化的昆仑 MES 基础建设设施配套项目设施后，实现以下目标。

在基础设施硬件上：可实现进一步完善生产数据自动采集的覆盖范围，使公司计量仪表、汽车衡、门禁具备物联网集成的基础条件。

在专业管理上：一是，提升油品罐区一体式计量手段，克服人工检尺时效低，多测量参数时间不同步，计算复杂易错问题，重要油品进出储罐实现实时自动精准计量。二是，衡器运行实现无人值守模式，真正意义解决人为因素作弊或干扰计量数据公正性，降低人工管理成本，避免非法乱纪想象。三是，完善部分重要计量器具配置，解决公司进出界面交接计量失准、估量结算问题。四是，解决重点管控计量数据无网络、无通讯远传问题，为实现计量数据在线实时监控及历史数据分析追溯夯实基础。

储罐液位检测选用多功能伺服液位计，液位计具有间断式测温功能。可以检测储罐液位、温度监控储罐液位流速储量等数据。

厂域间高精度流量计量仪表选用智能质量流量计。

储罐容量计量选用智能多功能型一体化计量仪。

汽车衡、轨道衡系统改造后具备无人值守功能，数据统一进入公司生产网，通过 MES 由计量中心上位系统统一管理。集中计量管理系统如图 4 所示。

改造后的汽车衡计量系统拓扑图如图 5 所示。

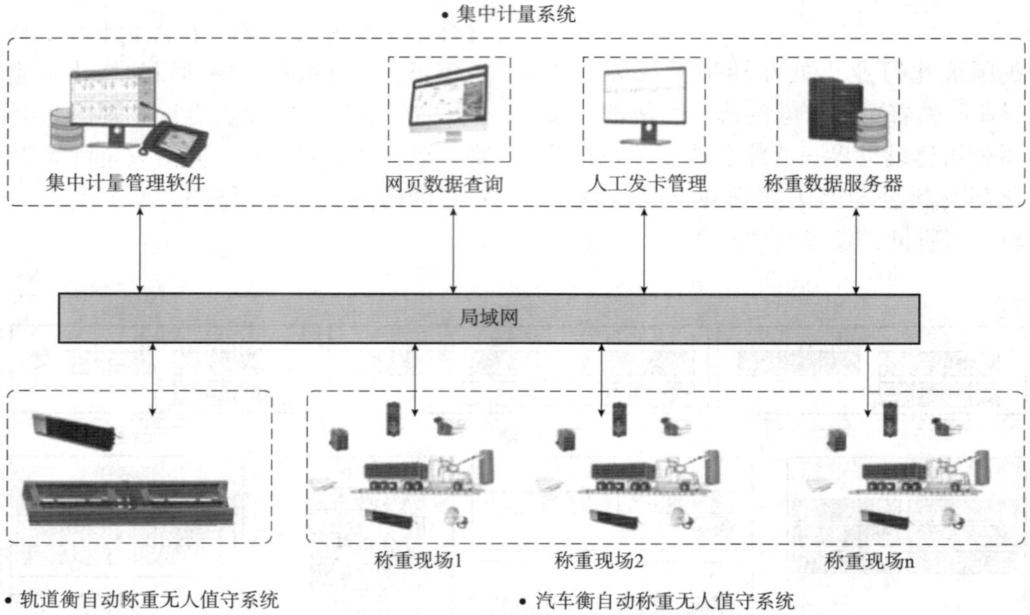

图 4　集中计量管理系统框图

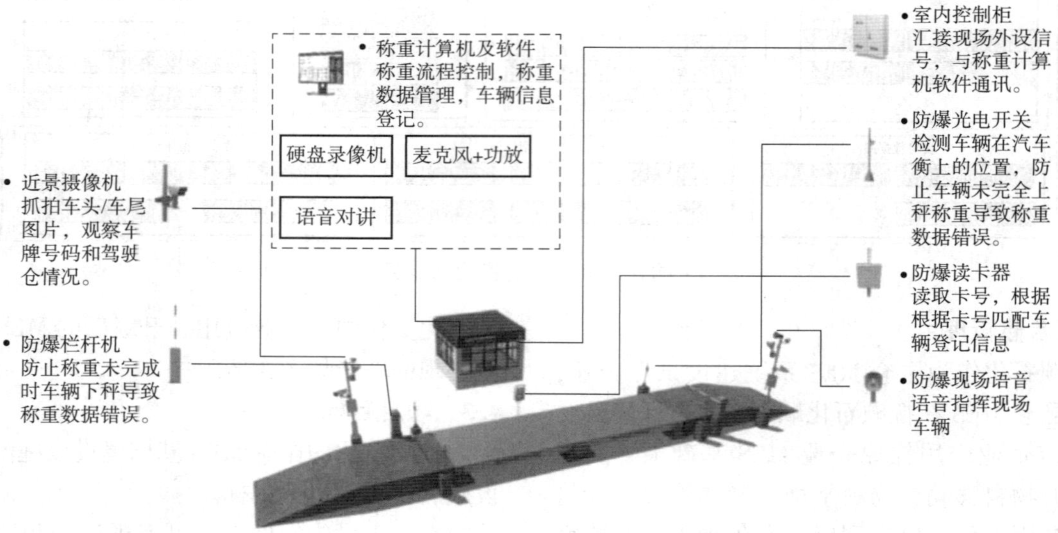

图 5　汽车衡自动称重无人值守系统组成

4.4 项目效益测算或效果评估

4.4.1 直接经济效益

通过抚顺石化昆仑 MES 配套工程项目的实施，可通过计量仪表的完善发现物料损耗问题、优化生产，减少跑冒滴漏和计量损耗，降低企业物耗；通过门禁、汽车衡设备实施，提升企业原料产品进出厂汽车衡称重计量自动化水平，减少人员线下工作量；通过智能远传计量仪表的改造升级，减少岗位人员线下抄表记录计量数据，配合业务管理手段，每年通过节约降本可带来经济效益 1532 万元/年。测算中人力资源成本按照 40 万元/年(参考中国石油天然气股份有限公司 2022 年年报员工费 1630.73 亿元和员工人数 398440 人计算)。

表 1　节约降本核算明细表

序号	降本项目	降本方法	计算方式	核算基准	直接增(万元/年)
1	减少物料储运损耗	通过计量仪表的完善发现物料损耗问题、优化生产，减少跑冒滴漏和计量损耗，降低企业物耗	平均加工损失降低率×原油加工量×吨油平均单价	平均加工损失率可减少 0.025%；原油吨油平均单价按照 3700 元/吨。	740
2	汽车进出厂计量自动化	通过门禁、汽车衡设备实施，提升企业原料产品进出厂汽车衡称重计量自动化水平，减少人员线下工作量。	衡器集中管控减少员工数量×工时单价	从现有 37 人减少到 20 人，人力资源成本标准按 15 万元/人年计算。	255
3	减少人员线下抄表	通过智能远传计量仪表的改造升级，渐少岗位人员线下抄表记录计量数据	减少员工数量×工时单价	从现有抄表人员 17 人减少到 5 人；人力资源成本标准按 15 万元/人年计算。	180
合计					1175

4.4.2 间接经济效益

支撑昆仑 MES 建设实施。通过配套工程项目的实施，支撑昆仑 MES 在抚顺石化的顺利建设，保障昆仑 MES 在抚顺石化应用达到预期效果，提升企业生产管控能力，促进业务转型升级。

提升企业生产数据管理水平。通过新增计量仪表、数采网络设施，升级控制系统等配套工程提升企业生产数据采集率、入网率，实时监控生产运行情况，并可对外提供标准化生产数据。

提升员工素质。通过新增计量仪表、门禁、汽车衡等设备以及数采网络的完善，提升进出厂汽车衡自动化水平，实现数据自动采集，有效降低人工操作、线下抄表等工作量，节省时间，提升综合素质水平。

促进企业管理更加精益化。完善相关计量点位，通过昆仑 MES 数据采集实时监控、联动分析和基于大数据的预测预警，促进企业管理由分散处理向集中监控转变，提升企业协同处理水平。

4.5 信息安全保密方案

根据国家相关规定，按照系统安全等级和国家《信息系统安全等级保护基本要求》，设计系统的物理安全、网络安全、主机安全、应用安全、数据安全及备份恢复信息系统安全整体技术方案。安全保护能力共分为四级，能够防护来自个人、外部小型组织、外部有组织的团体和来自国家级别的恶意攻击，以及不同程度的自然灾难。

4.6 项目进展情况及困难

目前衡器智慧管控第一阶段项目已经开始实施，计划对烯烃厂汽车衡、轨道衡进行改造，实现自动检斤、数据上传至 MES 供生产、计划、销售等各专业数据分析管理使用。第一阶段实施后根据使用情况进行优化，然后拓展到所有衡器。自动采集生产计量数据，升级储运系统计量方法，两项工作已经进入详细设计阶段，该项目实施后可实现关键生产数据日统计、日盘点，为生产调整提供计量数据支撑。

项目实施主要在存在两方面困难。一是人员素质问题，计量工作数智化转型需要员工具备新的技能和知识，我们企业中的很多年龄偏大员工基础素质比较薄弱，难以理解数智化转型的需求和方法，这可能导致即便转型的蓝图规划很好，但无法有效落地。二是转型动力不足。对涉及计量专业的管理技术人员，数智化转型期间大多数员工的工作量要大幅度上升这使得很多人对转型缺乏动力。

在转型工作实施期间，我们要明确转型的目

标和意义，加强宣传和推广，提高员工的积极性和认识，并系统的组织培训和学习活动，提升员工的技能水平。

5 结论与展望

计量管理数智化是企业转型升级的重要方向之一，具有广阔的应用前景和巨大的发展潜力。企业应积极探索和实践计量管理数智化，提高计量管理水平，为企业的可持续发展提供有力支撑。同时，企业也应关注数智化转型中可能面临的挑战和问题，制定相应的策略和措施，确保转型工作的顺利进行。

参考文献

[1]“博文视点 Broadview”. 从『数字化』到『数智化』，真风口还是玩概念？[GB/OL]. 2023-10-09.
[2]国务院关于印发计量发展规划(2021—2035 年)的通知[J]. 中华人民共和国国务院公报. 2022(05)：52-62.

数字孪生体在检定流量智能化的应用

黄冠文　韩　旭　李雪健　金钟翔　岳　陶

（国家管网集团西气东输公司南京计量研究中心）

摘　要：为了提升智能检定系统的数字化水平。本文在分析智能检定数字孪生可行性基础上，运用水力模型实现检定全过程三维流体展示；联合智能控制器采用神经网络算法控制调节阀，实现精准智能控制，减少人工操作；运用三维激光扫描与 BIM 建筑信息模型技术对检定场站进行数字还原，实现场站资产台账可视化。打造了智能检定数字孪生系统，经过现场实际运用达到了良好的效果，对数字孪生体在天然气流量计量检定站的智能化落地具有参考意义。

关键词：数字孪生；智能检定；天然气流量计量检定站；BIM 高仿真建模

1　前言

双碳目标的提出，天然气是一种环保清洁型的能源，使用越来越广泛，天然气的准确计量越来越关键。由于天然气是一种易燃易爆气体，天然气管道的数字化、信息化可以有效提升天然气站场管控的安全化水平。目前天然气站场对管道信息的大多表现为二维图形场景，无法准确地模拟天然气站场的真实运行状态，给实际的应用带来了一定的障碍和局限。

随着中国能源结构的变化，天然气作为主要能源消耗份额的逐年增加，流量计作为天然气贸易交接计量的关键仪表，并伴随流量计检定需求逐年增多，这也对流量计计量检定站的安全、质量和效率提出了更高的要求。近年来，聚焦制约天然气计量检定过程中流量精确调节及质量精密管控的实际问题，将物联网、人工智能、大数据分析引入天然气计量检定领域，实现了天然气计量检定的智能化。智能算法作为智能检定中的核心，如何更好地与底层水利仿真模型的数据联动、对算法执行和数据反馈进行展示分析，成为提升智能检定的数字化水平的关键。

数字孪生是数字化的终极形态，数据以数字孪生体对象化的形势存在，可读取、调用、分析，通过构建计量检定站数字孪生体。

2　数字孪生可行性分析

典型天然气计量检定指的是以管输的天然气实际运行工况及在接近实际运行工况的条件下对天然气流的压力、温度、气质组分和流量总量进行动态值溯源。某站检定工艺流程如图 1 所示。

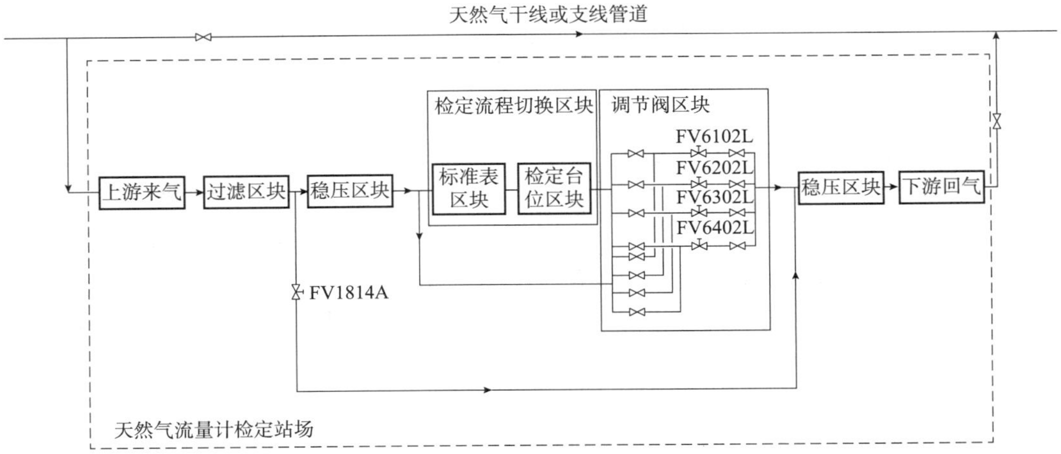

图 1　天然气计量检定工艺流程

从图 1 可知，天然气计量检定站工作人员关于检定工作主要涉及工作包括：检定流程切换区块、调节阀区块。其中检定流程切换区块涉及众多流程与子系统切换，尚无统一操作系统人机交互界面，操作繁琐；调节阀区块对于操作时序性、准确性、快捷性要求很高，需要工作人员实时监屏，人工操作。随着定检工作量增大，典型检定流程已难以适应要求。

数字孪生是以数字化方式创建物理实体的虚拟模型，利用实测、航空拍摄测量、数字化三维建模等技术对数据进行收集，结合新一代数字孪生技术，将现场实景、智能检定过程、智能策略、实时系统状态等真实还原至数字化三维虚拟场景中，通过多套系统的融合，深度挖掘数据价值，实现智能检定过程的可视化运行，利用水力仿真模型、大数据分析来实时感知、诊断、预测智能化检定过程中设备的运行状态，确保设备实体在生命周期内的精准决策。见图2。

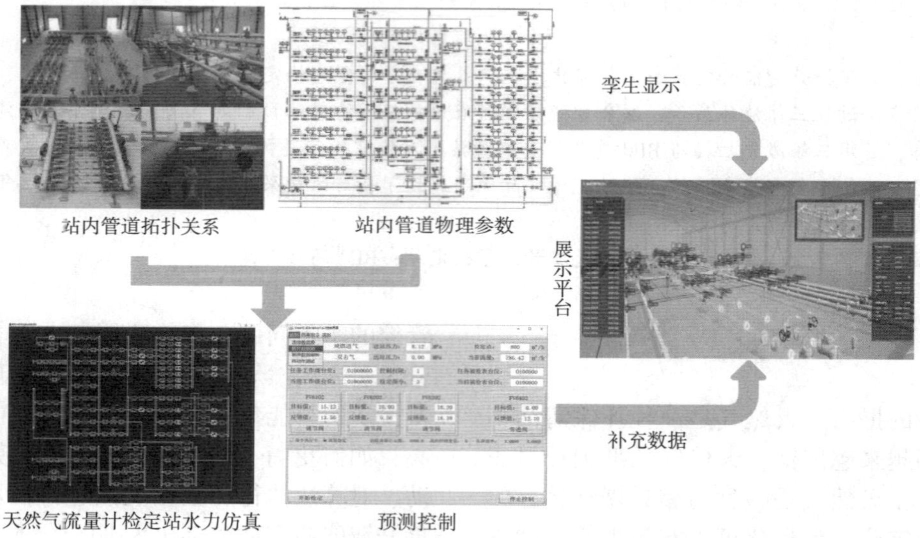

图2　天然气流量计量检定站建模方式

因此考虑针对天然气计量检定过程，构建数字孪生体，实时反馈检定全过程，让现实中难以实时观测的气体流动以三维着色方式在数字孪生系统中展示，准确实时甚至超前反馈现场行为；采用神经网络模型，动态跟踪检定过程，智能调节阀门状态，实现一键检定。

通过天然气计量检定数字孪生系统可动态反馈现实的数字化镜像，以数字模型逼真的模拟实际定检过程，实现全要素、全流程、全数据的集成和融合，达到系统“感知—判断—决策—执行”的智能模式。

3　数字孪生智能检定系统搭

某站数字孪生智能检定平台采用了尖端三维激光扫描与BIM建筑信息模型技术，对全站工艺管道、设备设施等进行了1∶1高精度还原，平台数字化模型共建设管段3451段，设备1021个。计量检定站数字孪生智能检定系统功能架构如图3所示。

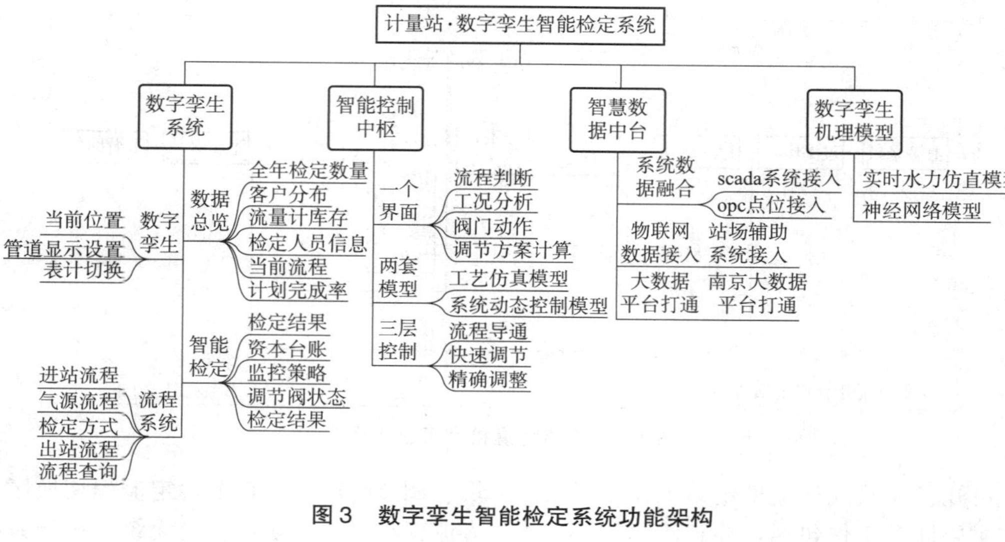

图3　数字孪生智能检定系统功能架构

从图 3 可知，该系统主要由数字孪生系统、智能控制中枢、智慧数据中台和数字孪生机理模型构成。

3.1 数字孪生系统

数字孪生体基于三维态势地图技术及图纸数据构建，可以加载显示高精三维建筑结构数据，以及管道、阀门、流量计、变送器等要素信息，完整、详尽地对工艺运行状态进行全方位复现，实现对现场设备的全面监控。数字孪生场景高仿真自由漫游，结合全站核心数据动态可视化图表，实现全站场概况总览，如图 4 所示。

图 4　全站场概况总览

通过与 Deltav 系统通信实时三维图形化展示流量、压力和温度等信息，整个总图状态实时处于流动状态。通过点击或触摸等方式，选中的为逻辑分组，通过 UI 控件等调整选择逻辑分组的层级。为各逻辑分组预设视角，选中逻辑分组后自动过渡到预设视角，通过缩放、平移等操作脱离预设视角。其场景切换/管道流态示意图如图 5 所示。

图 5　数字孪生系统管道流态意图

3.2 智能控制中枢

传统调节阀的控制采用的是 PID 控制原理，即通过设置 PID 控制参数实现调节阀控制，该方法具有较好的工程稳定性。但参数设置合理性，直接关系调节阀控制准确性，需要工作人员经验判断和参数调节配合工作。一旦参数设置不合理，将导致调节阀控制不到位，对计量检定工作造成很大影响；甚至在参数调节过程，阀门开关反复动作，造成事故。

智能检定是平台中枢控制的决策中心，通过智能控制器六层神经元网络的后台精确计算，实时输出自动调节指令至数字孪生体，数字孪生体结构化模型与内置的水力计算模型实时映射，调节阀动作在数字孪生体中实时还原，全自动的检定过程与数字孪生体一致动作，调节阀的目标值与当前值变化动态呈现，实现神经元网络指令水利模型的三维映射验证以及执行过程的完整精准呈现。神经网络算法逻辑图如图 6、图 7 所示。

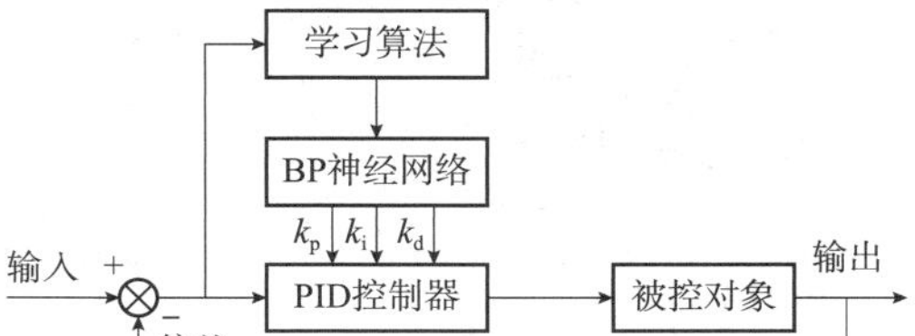

图 6　智能控制中心调节阀 PID 控制逻辑图

通过上述控制，能精准控制调节阀，避免反复动作调节阀，减少检定时间；此外智能控制中枢打破原定检过程工控和数据处理系统之间的通信障碍，将多系统数据与指令融合互联、实时交互，实现实时控制与超前预警。

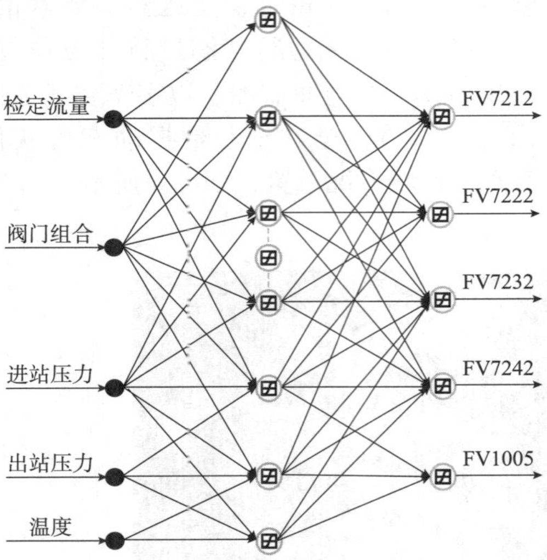

图 7　神经网络输入输出参数

为了加快调阀速度，解决在达到目标流量范围后，流量不稳定的情况。通过确定大旁通阀的开度，来使整个调阀系统完整且闭环。在其中需要对目标点下的大旁通阀前的压力值进行预测，从而使得大旁通可控。因此构建了如图 8 所示的神经网络：

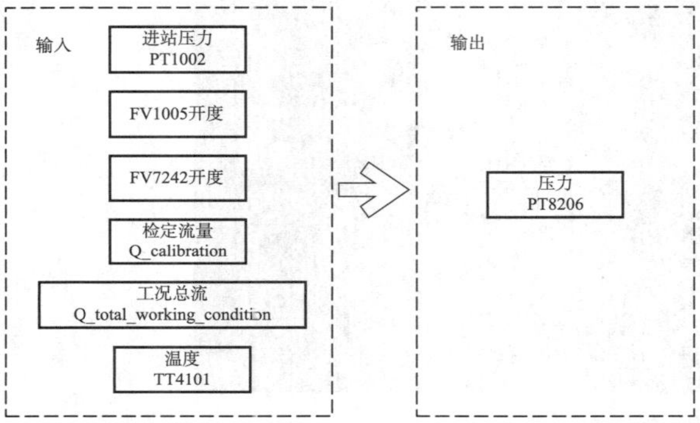

图 8　出站压力预测网络数据说明

为了加快调阀速度，解决在达到目标流量范围后，流量不稳定的情况。通过确定大旁通阀的开度，来使整个调阀系统完整且闭环。为了结合预测旁通阀前的压力值的神经网络可用。因此构建了如图 9 输入输出的神经网络：

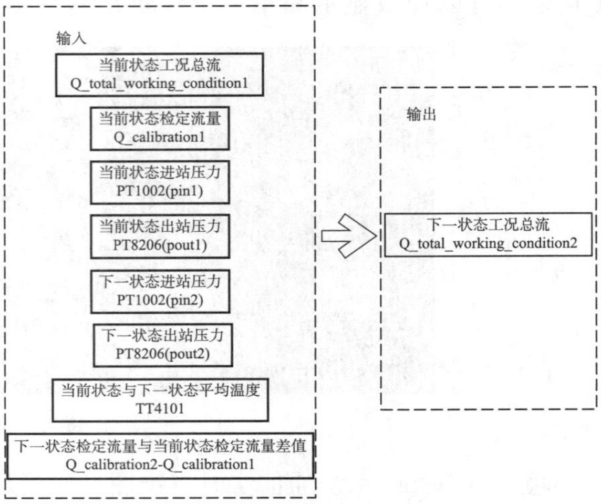

图 9　干线总流预测网络数据说明

上述两个神经网络从数据角度解决了大时滞系统的控制预测困难，作为机理模型与神经网络模型的辅助数据源，起到了降低控制时滞和提高预测精度的作用。

3.3　智慧数据中台

智慧数据中台与智能检定管理平台深度融合，可以实时调用其系统数据库数据，对已检流量计、库存量、检定人员动态表、客户分布、检定计划完成率等检定业务进行综合全面数据分析，辅助检定人员全面掌握检定业务运行趋势，实现可视化展示和动态查询服务等功能，其数据架构如图 10 所示。

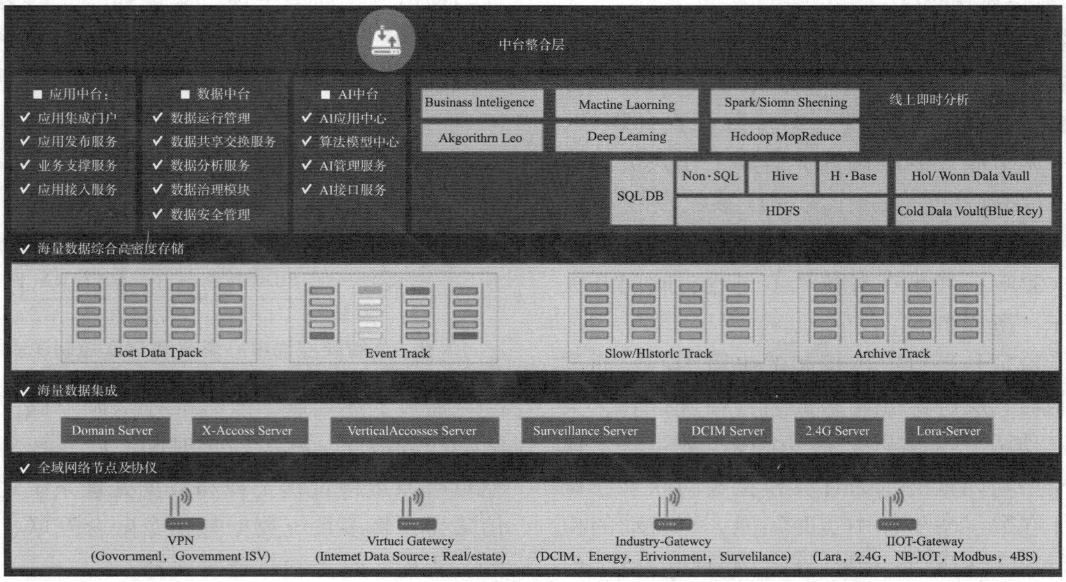

图 10　数字孪生智能检定系统智慧数据中台架构

3.4 数字孪生机理模型

数字孪生机理模型主要包括：水力仿真模型与神经网络模型。其中神经网络模型主要用于智能控制中心，在此不再赘述。水力仿真模型准确程度关系检定准确性，平台用 SPS 水力仿真软件，通过现场瞬态数据分析与校准，构建出与检定站现场精度水平一致的仿真模型，其模型如图 11 所示。

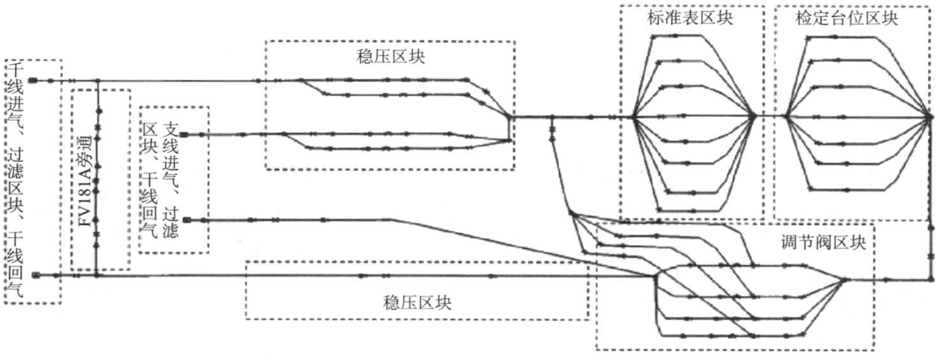

图 11　数字孪生智能检定系统水力模型图

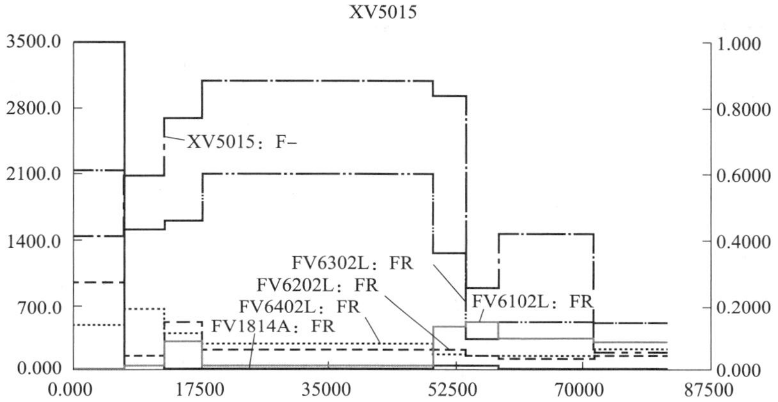

图 12　数字孪生智能检定系统水力模拟策略

数字孪生智能检定系统通过调用上述水力模型数据，进行可视化展示，能三维立体展示整个检定过程气流情况，有效辅助工作人员检定工作。

4　现场运用

某站通过智能检定系统的丰富成果，结合新一代数字孪生技术，将现场实景、检定方案、智能策略、实时系统状态等真实还原至三维虚拟场景中，应用可视化仿真技术将智能策略完整呈现，为智能检定系统提供三维可视化输出端，大幅提升了检定效率、检定准确度和检定安全性。

4.1　场站建筑可视化运用

场站建筑可视化主要运用三维激光扫描与 BIM 模型建模，对计量站主体结构实行全景复制，实现数字孪生体中场站三维建模，实现高精度还原。高精度的数字化模型为场站后续维护、改建、检测提供了准确的依据。数据采集后，通过标靶点进行点云数据拼接和坐标纠正以提高精度，构建场站总览三维可视模型如图 13 所示。

图 13　场站总览三维可视化

4.2　检定流量智能化的运用

天然气流量计智能检定系统通过多种智能算法，实现多系统间数据的采集、存储、计算、分析、控制等互联共享，对工艺流程、目标流量点、进出站压力与调节阀门开度等参数进行智能判断，完成流量计检定。为进一步确保智能检定过程中系统运行的本质安全，部署了安全连锁逻辑，时刻监控流量、压力、温度的变化，其展示图如图 14 所示。

以智能检定 DN200 超声流量计为例，通过被检流量计的口径、流量计的目标流量、进出站压力、工艺流程等输入参数，检定与旁通调节阀门的开度等输出参数之间的复杂智能控制器模型，决策出多路流量调节阀门开度组合，反馈策略不断使模型学习优化，并下发站控系统进行智能调节，实现了“能理解、会思考、有认知”。

图 14　送检资产可视化展示

5　结束语

通过构建数字孪生智能检定系统，将传统人工检定工作转变为数字孪生智能检定流程，实现全过程质量监控，提高了检定可靠性，实现了智能检定“数字驱动 + 业务场景化”，也标志了数字孪生技术在计量检定领域得以成功应用。根据实际运行情统计，通过数字孪生智能检定平台完成流量计检定的时间由 1.5 小时提高至50 分钟，效率提升约 50%；由传统实时监控、实时检定转变为数字孪生系统一键检定，提升了智能化水平，有效解放人力资源，具有较强的推广意义。未来，数字孪生实现智能控制的模式可推广至天然气管道分输计量控制，其应用场景广阔，将为天然气管道行业数字化、智能化、智慧化进程发挥关键作用。

参考文献

[1]郑宏伟，刘喆，吴岩．天然气计量检定智能化技术探索与展望[J]．油气储运，2021，40(03).

[2]李娟莉，沈宏达，谢嘉成，等．基于数字孪生的综采工作面工业虚拟服务系统[J]．计算机集成制造系统，2021，27(2).

[3]易扬，冯锦丹，刘金山，等．复杂产品数字孪生装配模型表达与精度预测[J]．计算机集成制造系统，2021，27(2).

[4]李柏松，王学力，王巨洪．数字孪生体及其在智慧管网应用的可行性[J]．油气储运，2018，37(10).

[5]税碧垣．智慧管网的基本概念与总体建设思路[J]．油气储运，2020，39(12).

[6]葛世荣，张帆，王世博，等．数字孪生智采工作面技术架构研究[J]．煤炭学报，2020，45(6).

[7]杨林瑶，陈思远，王晓，等．数字孪生与平行系统：发展现状、对比及展望[J]．自动化学报，2019，45(11).

[8]熊明，古丽，吴志锋，等．在役油气管道数字孪生体的构建及应用[J]．油气储运，2019，38(5).

[9]温凯，殷雄，郭哲，等．天然气大流量计量检定工艺主动控制方法研究[J]．油气田地面工程，2019，38(10)：57－63.

[10]刘喆，王多才，蒋兴鹏，等．天然气计量检定智能化研究与实践[J]．工业计量，2020，30(02)：9－11.

[12]韩旭，孙楠，张熙然，等．天然气流量计检定站仿真模型及工艺操作优化[J]．油气储运，2021，40(02)：208－214.

[13]吴岩，宋超凡，刘喆，等．天然气流量计检定过程智能化质量控制技术实践[J]．油气储运，2021，40(06)：637－642.

[14]温凯，韩旭，李灿，等．基于神经网络的天然气流量计检定工艺智能控制系统[J]．天然气工业，2021，41(07)：124－133.

[15]Yin Xiong，Wen Kai，Wu Yan，et al. A machine learning－based surrogate model for the rapid control of piping flow：Application to a natural gas flowmeter calibration system[J]. Journal of Natural Gas Science and Engineering，2022，98.

[16]黄和，徐刚，余汉成，等．国内外天然气流量计量

检测技术现状及进展[J]. 天然气与石油，2009，27(02)：42－47.

[17]韩巍，陈行川，郑传波，等. 智能化流量计检定系统的应用初探[J]. 工业计量，2018，28(05)：80－83.

[18]夏诗园. “工业4.0”和“中国制造2025”战略背景下中国制造业发展研究——以中国九江石化智能工厂为例[J]. 工业经济论坛，2016，03(05)：503－509.

[19]王海龙. 九江石化：流程型智能制造样本[J]. 中国工业评论，2016(06)：72－77.

[20]马铭. 石化智能工厂发展与展望[J]. 中国石油和化工标准与质量，2020，40(13)：159－160.

[21]董峰. 建设智能工厂 推进智能方案落地[J]. 中国工业和信息化，2022(01)：44－47.

新戊烷处置方法影响验证

吴世杰　徐健航　彭　娇

（国家石油天然气管网集团有限公司西气东输分公司武汉计量研究中心）

摘　要：目前国内天然气均存在一定比例的新戊烷成分，但相应的各类标准，包括 GB/T 17747/ISO 12213 和 AGA 8 方法计算压缩因子，以及 GB/T 30491.1/ISO 20765－1 和 AGA10 计算声速的标准都没有新戊烷的参数，本文介绍了针对天然气中新戊烷组分的不同处理方法对流量计测试的影响，并通过计算进行了验证，最终得出结论：在天然气计量过程中，把新戊烷含量加到性质相近的异戊烷中，把新戊烷含量加到正戊烷中，不考虑新戊烷这三种处理方法，均不会对最终计量结果造成较大影响。

关键词：天然气；计量；压缩因子；量值传递

1　概述

天然气资源因为其自身所具备的低污染、绿色、低碳以及洁净等优势成为我国能源领域开发工作中的佼佼者，随着国家管网集团公司的成立，天然气管输业务更是得到了进一步的快速发展。目前国内管输天然气气源主要来自中亚、塔里木盆地、四川盆地、中海油海洋气田等，由于气源地的区别，各处气源天然气的组分存在着较大区别，准确分析天然气组分并计算对应的压缩因子是天然气贸易交接中的重要一环。目前国内天然气均存在一定比例的新戊烷成分，但相应的各类标准，包括 GB/T 17747/ISO 12213 和 AGA 8 方法计算压缩因子，以及 GB/T 30491.1/ISO 20765－1 和 AGA10 计算声速的标准都没有新戊烷的参数，如何处理天然气中新戊烷组分，确保天然气计量结果准确，是一个需要探讨的问题。

2　关于正戊烷、异戊烷和新戊烷

正戊烷，异戊烷和新戊烷的物理性质差别并不大，化学性质因其结构差异有所差异。正戊烷有 2 种同分异构体：异戊烷和新戊烷，“戊烷”一词通常指正戊烷，即其直链异构体。正戊烷（n－Pentane），化学式为 $CH_3CH_2CH_2CH_2CH_3$，烷烃中的第五个成员。正戊烷的沸点为 36.1℃。异戊烷（Isopentane、2－Methylbutane），又称 2－甲基丁烷，化学式为 $CH_3CH_2CH(CH_3)_2$。无色透明的易挥发液体，有令人愉快的芳香气味，沸点为 28℃。主要用于有机合成，也作溶剂。新戊烷，别称 2，2－二甲基丙烷、季戊烷，化学式为 $C(CH_3)_4$，是一种有毒的化工产品，沸点为 10℃。目前国内管输天然气中新戊烷的占比大概在万分之零点一至零点二之间，远小于正戊烷和异戊烷的含量，其中新戊烷的性质更接近于异戊烷。

3　天然气组分对量值传递的影响

根据 JJG 2064—2017《中华人民共和国国家计量系统检定系统表》，目前我国的计量系统量值传递体系遵循着计量基准器具至计量标准器具，计量标准器具至计量工作器具的顺序，层层进行量值传递。本文具体探讨了在量值传递溯源过程中承担着承上启下作用的临界流文丘里喷嘴装置以及标准表法气体流量标准装置在进行量值传递过程中天然气组分的不同计算方法对最终量传结果的影响。

3.1　临界流文丘里喷嘴法气体流量标准装置工作原理

根据音速喷嘴的临界流特性，当气体通过临界流喷嘴时，在喷嘴上、下游气流压力比达到某一特定数值的条件下，喷嘴喉部形成临界状态，气流达到最大速度（当地音速），流过喷嘴的气体质量流量 q_m 也达到最大。此时 q_m 只与喷嘴入口处的滞止压力和滞止温度有关，而不受其下游状态变化的影响。

流经临界流喷嘴的质量流量 q_m 可按下式计算：

$$q_m = \frac{\pi d^2}{4} C C_R \sqrt{p_0 \rho_0} = \frac{\pi d^2 C C_{\times} p_0}{4\sqrt{\frac{RT_0}{M}}} \tag{1}$$

式中　d——喷嘴喉部直径，m；

C——喷嘴流出系数；

C_R——临界流系数；

p_0——滞止压力，Pa
T_0——滞止温度，K；
ρ_0——滞止条件下的密度，kg/m^3；
R——通用气体常数，J·mol^{-1}·K^{-1}；
M——天然气的摩尔质量，kg/mol。

临界流喷嘴的滞止条件下的体积流量可按下式计算：

$$q_v = 900\pi d^2 C C_R \sqrt{p_0/\rho_0} \tag{2}$$

式中 q_v——喷嘴滞止条件下体积流量，m^3/h。

在标准装置使用中，都是采用多支临界流文丘里喷嘴组合的，其标准流量为每支组合喷嘴的流量之和，即：

$$q = \sum_{i=1}^{12} q_i \tag{3}$$

式中 q——组合喷嘴总质量流量或滞止条件下体积流量，kg/s 或 m^3/h；
q_i——组合喷嘴中第 i 支喷嘴质量流量或滞止条件下体积流量，kg/s 或 m^3/h。

3.2 标准表法气体流量标准装置工作原理

标准和被测流量计工作条件下的体积示值流量计算公式如下：

$$q_i = 3600\frac{N}{Kt} \tag{4}$$

式中 q_i——流量计测得的示值流量，m^3/h；
N——流量计测得的脉冲数；
K——流量计的仪表系数，1/m^3；
t——流量测量时间数，s。

标准流量计处工作条件下的体积标准流量计算公式如下：

$$q_s = q_{s,i} M_f \tag{5}$$

式中 q_s——标准流量计处工作条件下的体积标准流量，m^3/h；
$q_{s,i}$——标准流量计处工作条件下的体积示值标准流量，m^3/h；
M_f——标准流量计的流量计系数，使用校准证书中的数据插值计算。

被测流量计处工作条件下的标准体积流量计算公式如下：

$$q_{s,m} = \frac{P_s Z_m T_m}{P_m Z_s T_s} q_s \tag{6}$$

式中 $q_{s,m}$——被测标准流量计处工作条件下的体积标准流量，m^3/h；
p_s——标准流量计处绝对压力，MPa；
Z_m——被测流量计处压缩因子；
T_m——被测流量计处温度，K；
p_m——被测流量计处绝对压力，MPa；
Z_s——标准流量计处压缩因子；
T_s——标准流量计处温度，K。

(2)示值误差和重复性计算方法

流量计检定示量误差计算公式如下：

$$E = \frac{q_{m,i} - q_{s,m}}{q_{s,m}} \times 100\% \tag{7}$$

式中 E——流量计检定示值误差；
$q_{m,i}$——被测流量计工作条件下的体积示值流量，m^3/h；

流量计检定重复性计算公式如下：

$$E_{r,i} = \sqrt{\frac{\sum_{j=1}^{n}(E_{i,j} - E_i)^2}{n-1}} \tag{8}$$

式中 $E_{r,i}$——第 i 流量点检定重复性,%；
$E_{i,j}$——第 i 流量点第 j 次检定示值误差,%；
E_i——第 i 流量点平均检定示值误差,%；
n——第 i 流量点检定次数。

根据上述标准装置工作原理及公式我们可以得知，临界流文丘里喷嘴标准装置在进行量值传递的过程中，其量传结果会受到滞止条件下的天然气密度 ρ_0、被测流量计压缩因子 Z_m 以及标准装置处压缩因子 Z_s 的影响；标准表法气体流量标准装置在进行量值传递的过程中，其量传结果会受到被测流量计压缩因子 Z_m 以及标准装置处压缩因子 Z_s 的影响。由于天然气密度和压缩因子与天然气气体组分相关，对于新戊烷成分的处理方法不同，在理论上是会对最终量传结果造成一定的影响。

4 新戊烷处置方法验证

由于新戊烷含量小，一般有如下处理方法：

①把新戊烷含量加到性质相近的异戊烷中。

②把新戊烷含量加到正戊烷中。

③不考虑新戊烷。

为了确认不同处理方法对流量计测试结果的影响，分别采取上述三种方法进行计算验证。

4.1 临界流文丘里喷嘴标准装置验证

验证方法如下(见表 1)：

①分别在某国家站现场通过次级喷嘴装置对 DN100 涡轮标准流量计的校准数据中选择标准流量计和被测流量计之间温度差别最小、居中和最大的一个测试数据。

②分别使用加到异戊烷中、到戊烷中和不考虑的归一后组成数据，以及喷嘴和被测流量计处的温度和压力计算压缩因子以及滞止条件下的天然气密度。

③分别使用式(2)计算喷嘴滞止条件下体积流量。

④分别用式(6)计算在被测流量计处的 3 个标准流量。

⑤分别用式(7)计算 3 个示值误差。

⑥比较 3 个示值误差的差异。

表 1　临界流文丘里喷嘴测试涡轮标准流量计验证结果

流量 (m^3/h)	流量计	验证结果												偏差			
		新戊烷加入异戊烷				新戊烷加入正戊烷				不考虑新戊烷							
		q_f (m^3/h)	Z	ρ_0 (kg/m^3)	E(%)	q_f (m^3/h)	Z	ρ_0 (kg/m^3)	E(%)	q_f (m^3/h)	Z	ρ_0 (kg/m^3)	E(%)	q_f (m^3/h)	Z	ρ_0 (kg/m^3)	E(%)
394.57	MUT	394.57	0.8827	49.8651	-0.37	394.57	0.8827	49.8652	-0.37	394.57	0.8827	49.8626	-0.36	0.0000	0.00001	0.00262	0.00301
	PZ6501	244.15	0.8827	49.8258		244.15	0.8827	49.8258		244.14	0.8827	49.8232		0.0072	0.00001	0.00264	
	PZ6601	121.72	0.8827	49.8366		121.72	0.8827	49.8365		121.72	0.8827	49.8339		0.0039	0.00001	0.00264	
	PZ6801	30.16	0.8826	49.8615		30.16	0.8826	49.8615		30.16	0.8826	49.8589		0.0009	0.00001	0.00264	
157.49	MUT	157.49	0.8819	50.2637	-0.13	157.49	0.8819	50.2637	-0.13	157.49	0.8819	50.2610	-0.13	0.0028	0.00001	0.00265	0.00280
	PZ6601	120.24	0.8824	49.6871		120.24	0.8824	49.6870		120.24	0.8824	49.6844		0.0027	0.00001	0.00266	
	PZ6801	29.90	0.8819	49.9107		29.90	0.8819	49.9107		29.90	0.8819	49.9081		0.0026	0.00001	0.00266	
	PZ6902	7.56	0.8822	49.8606		7.56	0.8822	49.8606		7.56	0.8822	49.8580		0.0026	0.00001	0.00267	
37.77	MUT	37.77	0.8807	51.1342	-0.10	37.77	0.8807	51.1342	-0.10	37.77	0.8808	51.1315	-0.10	0.0028	0.00001	0.00265	0.00265
	PZ6801	30.18	0.8800	51.2251		30.18	0.8800	51.2250		30.18	0.8800	51.2223		0.0027	0.00001	0.00266	
	PZ6902	7.63	0.8803	51.1741		7.63	0.8803	51.1741		7.63	0.8803	51.1714		0.0026	0.00001	0.00266	

4.2　标准表法气体流量标准装置验证

验证方法如下：(见表 2、表 3)

①分别在某国家站建标测试期间的第 1、2 和 3 次建标测试数据中选择标准流量计和被测流量计之间温度差别最小、居中和最大的一个测试数据。

②分别使用加到异戊烷中、到戊烷中和不考虑的归一后组成数据，以及标准和被测流量计处的温度和压力计算压缩因子。

③分别用式(6)计算在被测流量计处的 3 个标准流量。

④分别用式(7)计算 3 个示值误差。

⑤比较 3 个示值误差的差异。

表 2　标准表法 DN200 涡轮标准流量计验证结果

测试次序	流量 (m^3/h)	流量计	验证结果									偏差		
			新戊烷加入异戊烷			新戊烷加入正戊烷			不考虑新戊烷					
			$q_{s,m}$ (m^3/h)	Z	E(%)	q_f (m^3/h)	Z	E(%)	q_f (m^3/h)	Z	E	q_f (m^3/h)	Z	E(%)
1	1592.97	MUT	1586.14	0.9112	-0.43	1586.14	0.9112	-0.43	1586.14	0.9112	-0.43	0.0000	0.00001	0.00001
		STM	1579.79	0.9105		1579.79	0.9105		1579.79	0.9105		0.0000	0.00001	
	643.93	MUT	640.51	0.9116	-0.53	640.51	0.9116	-0.53	640.51	0.9116	-0.53	0.0000	0.00001	0.00001
		STM	640.41	0.9107		640.41	0.9107		640.41	0.9107		0.0000	0.00001	
	82.79	MUT	82.38	0.9116	-0.49	82.38	0.9160	-0.49	82.38	0.9160	-0.49	0.0000	0.00440	0.00004
		STM	81.73	0.9107		81.73	0.9130		81.73	0.9130		0.0000	0.00232	
2	1560.99	MUT	1555.27	0.9146	-0.37	1555.27	0.9146	-0.37	1555.27	0.9146	-0.37	0.0000	0.00001	0.00001
		STM	1547.77	0.9138		1547.77	0.9138		1547.77	0.9138		0.0000	0.00001	
	657.68	MUT	653.76	0.9146	-0.60	653.76	0.9146	-0.60	653.76	0.9146	-0.60	0.0000	0.00001	0.00001
		STM	654.59	0.9140		654.59	0.9140		654.59	0.9140		0.0000	0.00001	
	82.69	MUT	82.32	0.9160	-0.45	82.32	0.9160	-0.45	82.32	0.9160	-0.45	0.0000	0.00001	0.00001
		STM	82.27	0.9149		82.27	0.9149		82.27	0.9149		0.0000	0.00001	

续表

测试次序	流量 (m^3/h)	流量计	验证结果									偏差		
			新戊烷加入异戊烷			新戊烷加入正戊烷			不考虑新戊烷					
			$q_{s,m}$ (m^3/h)	Z	E(%)	q_f (m^3/h)	Z	E(%)	q_f (m^3/h)	Z	E	q_f (m^3/h)	Z	E(%)
3	1555.68	MUT	1550.95	0.9180	-0.30	1550.95	0.9180	-0.30	1550.95	0.9180	-0.30	0.0000	0.00001	0.00001
		STM	1538.33	0.9169		1538.33	0.9169		1538.33	0.9169		0.0000	0.00001	
	651.30	MUT	647.43	0.9175	-0.59	647.43	0.9175	-0.59	647.43	0.9175	-0.59	0.0000	0.00001	0.00001
		STM	647.76	0.9167		647.76	0.9167		647.76	0.9167		0.0000	0.00001	
	81.89	MUT	81.41	0.9209	-0.59	81.41	0.9209	-0.59	81.41	0.9209	-0.59	0.0000	0.00001	0.00003
		STM	80.99	0.9184		80.99	0.9184		80.99	0.9184		0.0000	0.00001	

表 3　标准表法 DN300 涡轮标准流量计验证结果

测试次序	流量 (m^3/h)	流量计	验证结果									偏差		
			新戊烷加入异戊烷			新戊烷加入正戊烷			不考虑新戊烷					
			q_f (m^3/h)	Z	E(%)	q_f (m^3/h)	Z	E(%)	q_f (m^3/h)	Z	E	q_f (m^3/h)	Z	E(%)
1	3477.42	MUT	3479.77	0.9157	0.07	3479.77	0.9157	0.07	3479.77	0.9157	0.07	0.0000	0.00001	0.00001
		STM	3443.28	0.9150		3443.28	0.9150		3443.28	0.9150		0.0000	0.00001	
	1600.26	MUT	1600.72	0.9113	0.03	1600.72	0.9113	0.03	1600.72	0.9113	0.03	0.0000	0.00001	0.00001
		STM	1594.42	0.9107		1594.42	0.9107		1594.42	0.9107		0.0000	0.00001	
	402.56	MUT	401.89	0.9113	-0.17	401.89	0.9124	-0.17	401.89	0.9124	-0.17	0.0000	0.00109	0.00001
		STM	400.82	0.9107		400.82	0.9113		400.82	0.9113		0.0000	0.00058	
2	3356.22	MUT	3361.86	0.9165	0.17	3361.86	0.9165	0.17	3361.86	0.9166	0.17	0.0000	0.00001	0.00033
		STM	3322.99	0.9156		3322.99	0.9156		3322.99	0.9156		0.0000	0.00001	
	1594.13	MUT	1596.11	0.9167	0.12	1596.11	0.9167	0.12	1596.11	0.9167	0.12	0.0000	0.00001	0.00000
		STM	1589.32	0.9163		1589.32	0.9163		1589.32	0.9163		0.0000	0.00001	
	406.22	MUT	405.38	0.9153	-0.21	405.38	0.9153	-0.21	405.38	0.9153	-0.21	0.0000	0.00001	0.00001
		STM	405.22	0.9148		405.22	0.9148		405.22	0.9148		0.0000	0.00001	
3	3706.68	MUT	3712.02	0.9186	0.14	3712.02	0.9186	0.14	3712.02	0.9186	0.14	0.0000	0.00001	0.00001
		STM	3668.08	0.9181		3668.08	0.9181		3668.08	0.9181		0.0000	0.00001	
	1595.76	MUT	1597.36	0.9195	0.10	1597.36	0.9195	0.10	1597.36	0.9195	0.10	0.0000	0.00001	0.00000
		STM	1591.73	0.9192		1591.73	0.9192		1591.73	0.9192		0.0000	0.00001	
	410.34	MUT	409.20	0.9191	-0.28	409.20	0.9191	-0.28	409.20	0.9191	-0.28	0.0000	0.00001	0.00000
		STM	409.55	0.9187		409.55	0.9187		409.55	0.9187		0.0000	0.00001	

4.3 验证结果

通过对新戊烷三种处置方法的验证，由表 1 ~ 表 3 可以看出：新戊烷三种处置方法，对天然气压缩因子、示值误差均较小，相较于标准表法气体流量标准装置，临界流文丘里喷嘴受到的影响相对较大，对于标准表法气体流量标准装置，天然气压缩因子最大偏差为 0.00001，示值误差最大偏差为 0.0003%，对于临界流文丘里喷嘴，天然气压缩因子最大偏差为 0.00001，示值误差最大偏差为 0.00301%。综上，对于天然气计量中的新戊烷组分，在实际贸易计量中，采用把新戊烷含量加到性质相近的异戊烷中，把新戊烷含量加到正戊烷中，不考虑新戊烷这三种处理方法，均不会对最终计量结果造成较大影响。

5 小结

本文结合临界流文丘里喷嘴标准装置及标准表法气体流量标准装置的工作原理，对天然气量值传递过程中与天然气组分相关的参数进行分析，通过改变新戊烷的处理办法，结合现有相关测试数据进行计算，从而定量的分析了新戊烷不同处理方法对计量结果示值误差的影响。根据验证结果推断，新戊烷的不同处理方法对计量结果较小，因此，作为天然气的固有组分，在贸易计量中将新戊烷含量加到性质相近的异戊烷中作为一种常见的处理方法是可行的。

参考文献

[1]中华人民共和国国家质量监督检验检疫总局．用临界流文丘里喷嘴测量气体流量：GB/T2118—2007/ISO9300：2005[S]．北京：中国标准出版社，2008.

[2]国家质量监督检验检疫总局．临界流文丘里喷嘴：JJG 620：2008[S]．北京：中国标准出版社，2008.

[3]国家质量监督检验检疫总局．气体流量计量器具：JJG 2064—2017[S]．北京：中国质检出版社，2017.

[4]国家质量监督检验检疫总局．天然气压缩因子的计算第2部分 用摩尔组成进行计算：GB/T 17747.2：2011[S]．北京：中国标准出版社，2011.

[5]国家质量监督检验检疫总局．天然气 发热量、密度、相对密度和沃泊指数的计算方法：GB/T GBT 11062：2014[S]．北京：中国标准出版社，2014.

天然气计量系统准确性探究

倪昭孟

（国家管网集团广东省管网有限公司）

摘　要：流量计量是天然气长输管线分输站的重要功能，分输站通过计量撬对下游进行贸易交接计量。计量撬中设置若干支路，常规输气工况中一用一备运行，或多用一备运行。流量较大时，会开启备用流路以满足计量需求。本文以某分输站计量回路流量相差较大的计量实况为切入点，探讨如何判断天然气计量系统运行是否准确，探究排查天然气计量系统准确性方法的“金标准”。

关键词：计量撬；偏差分析；实流检定；声速核查；准确性

1　引言

我国天然气计量的标准参比条件为101. 325kPa和293. 15K，天然气计量系统是将输气工况下的压缩天然气转化为标准参比条件下的天然气进行贸易交接。天然气计量系统由4个检测因素组成，压力、温度、流量、天然气组分，将4个参数输入流量计算机，通过ISO 6976标准可将工况下的天然气，转换为计量参比条件下的天然气。按照GB/T 18603—2014《天然气计量系统技术要求》将检测设备安装配套为一座天然气计量撬（图1）。

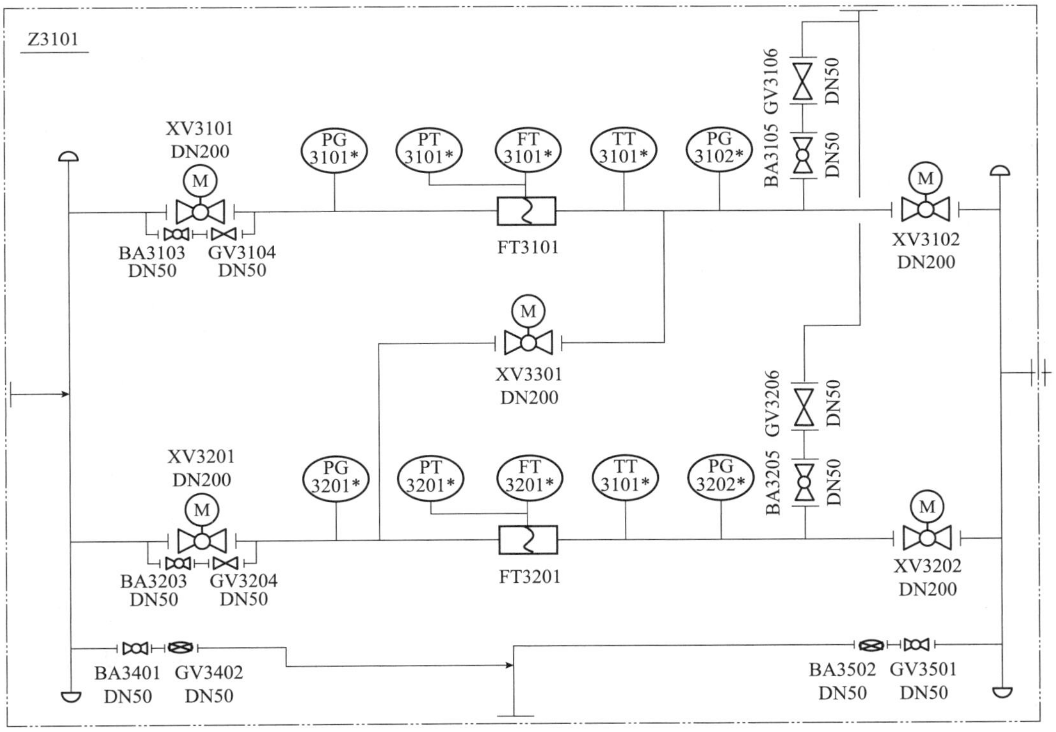

图1　典型计量撬工艺图

2　项目概况

南方地区某分输站，计量撬有两路计量流路，设计压力9. 2MPa，运行压力7～8. 5MPa之间，流量计口径为DN400超声波流量计，*Q*t（分界流量）为1200m³/h，*Q*max（最大流量）为12000m³/h，每日上游接气1250万标方，需同时开启两路进行计量，超声波流量计的运行流量都在 Qt ~ Qmax 之间，两路并联计量前后阀门开度 100% 时，标况流量相差 7% ~10%（图 2），且偏差率比较稳定。实际运行并联工况中，大部分分输站偏差不大于 1%。因下游无站场进行比对计量，故无法进行上下游数据分析确定原因，初步判定，两路计量流路有一路或全部存在故障，无法准确计量。

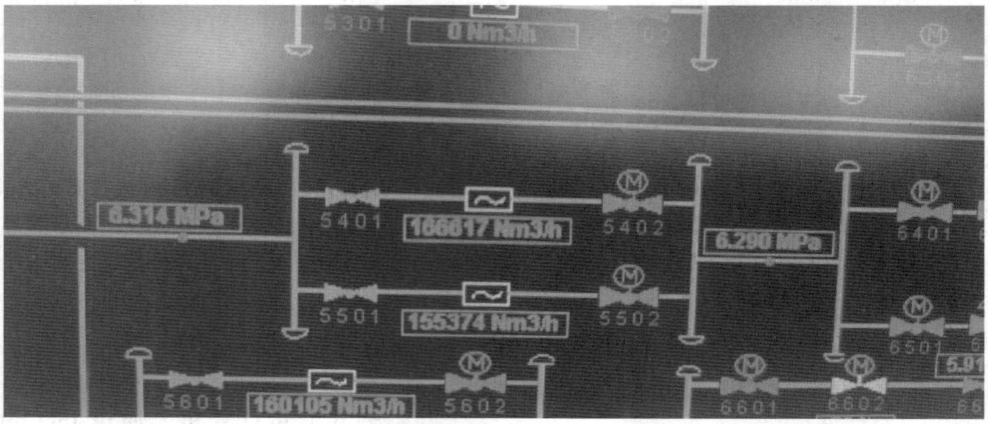

图 2 上位机显示流量

3 现场设备安装和运行环境排查

提取两台流量计算机中历史数据，数据显示两路计量流量从投产至今一直存在稳定偏差，故该偏差为系统偏差并非偶然偏差，可排除计量系统因故障运行不稳定因素，根据超声波流量计的测量原理，当现场设备安装不规范或存在长期稳定干扰时有可能导致计量出现异常。

3.1 现场设备安装排查

根据《GB/T 18604—2014 用气体超声波流量计测量天然气流量》中的管道安装要求，超声波流量计上游至少需要 30D 的直管段，且流动调节器宜安装在流量计上游 10D 处，流量计下游直管段至少应为 5D。此项安装标准到现场用钢卷尺测量即可验证，公称直径为 DN400 的超声波流量计到整流盘前直管段两法兰面距离为 4m，计量撬支路阀门到整流盘两法兰面距离为 8m，后直管段为 2m，经测量两台超声波前后直管段长度皆满足要求。

3.2 现场设备运行环境检查

超声波流量计是通过测量高频声脉冲传播时间得出气体流量的速度式流量计，当声学噪声的频率范围与流量计的工作频率相近时，就可能会干扰到声脉冲检测，从而干扰传播时间测量，现场运行中声学和电磁噪声会干扰到超声波流量计的测量结果。常见的声学噪声有天然气在高速流经管道时的噪声、湍流噪声、阀门动作噪声。其中，对超声波流量计计量影响较大的是调压阀、控制阀等节流装置产生的噪声：一类是经过节流的天然气，在节流装置后部湍流混合过程中产生的喷注噪声；另一类是在节流装置后部，湍流与复杂流场相互作用产生的冲击噪声。针对此项影响，需到现场进行噪声频率检测，计量撬在天然气计量后并无进行调压外输，也无压缩机等气流脉动源，无较大流动噪声和振动，两台超声波流量计周围亦无不同噪声源，因此，现场运行环境无法引起两路计量流量出现不同计量偏差。

4 计量准确性排查

标准参比条件下瞬时体积流量计算式中计算

$$Q_n = \frac{Q_f \times P_f \times T_n \times Z_n}{P_n \times T_f \times Z_f}$$

式中 Q_n——标准参比条件下瞬时体积流量，m^3/h；

Q_f——工作条件下瞬时体积流量，m^3/h；

P_n——参比条件下的绝对压力，Mpa；

P_f——工作条件下的绝对静压力，Mpa；

T_n——标准参比条件下的热力学温度，K；

T_f——工作条件下的热力学温度，K；

Z_n——参比条件下的压缩因子，按 GB/T 17747 计算得出；

Z_f——工作条件下的压缩因子，按 GB/T 17747 计算得出。

根据计量系统的组成的 4 个检测因素，在流量计算机中确认 4 个检测因素输入值与现场设备检测值一致后，流量计算机和流量计也不存在故障报警，每个设备都在法定检定合格有效期内，从控制偏差变量的角度由简单到复杂，逐一开展排查，以确定导致如此大偏差原因。

4.1　温度准确性排查

分输站计量撬每一流路配置进口高精度温度变送器，精度等级0.2℃，经过测算，当工况温度为25℃时，如温度偏差0.3℃，则出现0.1%偏差(图3)。造成7%的偏差，管道中的天然气温度几乎一致，两路温度变送器测量偏差至少21℃。现场检查两路温度变送器相差0.3℃，显然该偏差不是温度检测引起。

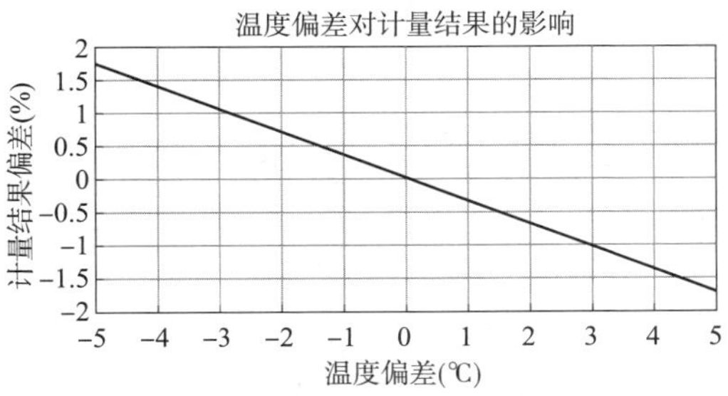

图3　温度偏差与计量偏差曲线

4.2　压力准确性排查

分输站计量撬每一流路配置进口高精度压力变送器，精度等级0.04%，经过测算当工况压力为10MPa时，如压力偏差10KPa，则出现0.2%偏差，造成7%的偏差，管道中的天然气压力存在一定区别，两路压力变送器测量偏差至少0.35MPa。现场检查两路压力变送器相差0.12MPa，进一步检查两路计量流路压力变送器前后压力表数值，发现两块压力表PG5101和PG5102压力基本一致，与本支路压力变送器差值0.1MPa，故排除压力变送器检测不准确因素。

4.3　天然气组分准确性排查

按照分输站设计规范，一座计量撬只配置一个计量取样点，配套一台气相色谱分析仪，即两路计量流路输入流量计算机的组分是完全一致的，不存在可导致偏差因素存在，排除气相色谱分析仪故障导致偏差。不可排除流量计算机中，组分被设定为两个不同的“keypad”值，因组分的不同导致标况体积计量7%的偏差，现分析天然气组分差别，与计量偏差的关系。依据GB 17820—2018《天然气》一类气标准，天然气中甲烷含量为85%～100%之间，甲烷含量低于85%，流量计算机默认为无效值。取临界数值，85%的甲烷、15%的丙烷和100%甲烷，100%甲烷的计算压缩因子为$Z_{max}=0.998$，85%的甲烷、15%的丙烷的计算压缩因子为$Z_{min}=0.996$，两者几乎无偏差。从体积计量的角度，天然气组分数值不会造成超过1%的偏差。在对流量计算机检查中也未发现组分输入值错误，故排除该偏差为组分不准确产生。

4.4　超声波流量计准确性排查

对两路超声波流量计进行现场检查，发现工况流量两路偏差7.6%，明显偏差是由流量计造成，进一步确认两台超声波流量计流速分别为8.1m/s和7.5m/s，偏差值为8%，则偏差的原因在于管道气体流速的测量。

4.4.1　超声波流量计探头故障检查

超声波流量计由流量计表体、超声换能器、信号处理单元(SPU)三部分组成。其中超声换能器是测量超声波沿声道传播时间的关键部件，由于传播时间非常短(单位为μs)，故换能器的安装准确度及稳定性对流量计的测量准确度有很大的影响。

超声波流量计通过一组RS－485线与流量计算机通讯，将故障报警传至流量计算机，当探头出现故障时，流量计算机上会出现相应的提示。在GB/T 18603—2014《天然气计量系统技术要求》中，规定多声道气体超声波流量计各声道间的最大声速差为0.5m/s，由图4和图5可以看出各通道声速非常相近，最大和最小没有超过0.5m/s。查看换能器使用状态，当表现值(Performance)＞90%属于正常，＜70%属于故障范围，信噪比＞5属于正常范围，＜2为故障范围；增益控制值50－800为正常范围，＜50为故障。经过排查各通道表现值、信噪比、增益控制值都在正常范围，排除换能器存在故障。

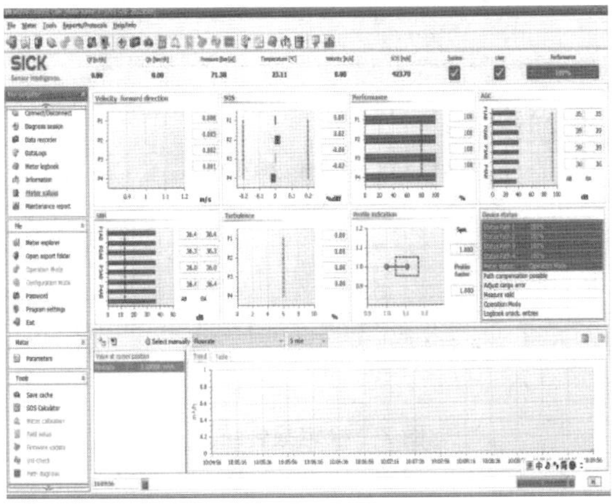

图4　FT5401性能参数

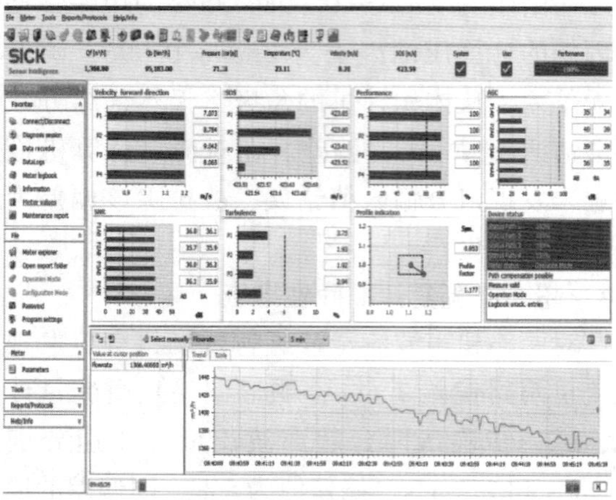

图 5　FT5501 性能参数

4.4.2　检定修正系数植入检查

排除超声波流量计存在故障原因，按照JJG1030—2007《超声波流量计检定规程》要求，需要定期将流量计送至国家大流量检定中心进行实流标定，在检定完成后会植入相应的校准系数，当植入系数出现错误时就会出现计量不准确情况。经检查，超声波流量计中的检定系数与检定报告中数值完全一致(图 6 和图 7)，排除因检定系数导致出现该偏差。

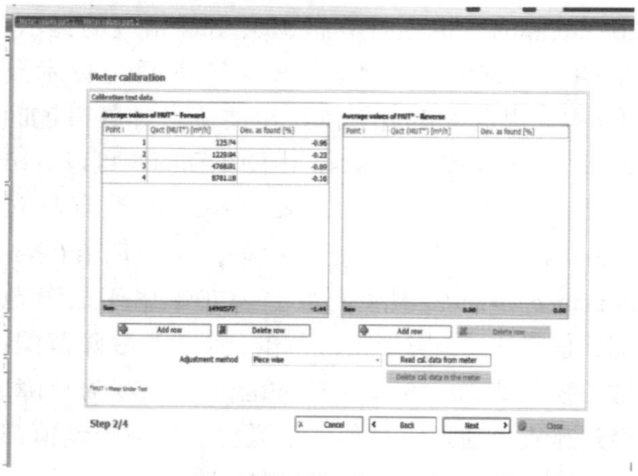

图 6　超声波流量计植入修正系数

六 检定结果

序号	检定流量 Q (m³/h)	检定示值误差 E_1 (%)	检定前流量计系数 MF_0	检定流量计系数 MF	流量计系数调整量 (%)	重复性 (%)
1	8781.18	-0.16	1.0000	1.0016	0.16	0.05
2	4768.91	-0.09	1.0000	1.0009	0.09	0.04
3	1229.94	-0.23	1.0000	1.0023	0.23	0.02
4	125.74	-0.96	1.0000	1.0097	0.97	0.16

根据检定结果，被检流量计仪表最大示值误差 E=（-0.96 ）%。

图 7　检定报告结果

4.4.3　声速核查

超声波流量计计量系统中，判断准确性还可根据 GB/T 30500—2014《气体超声波流量计使用中检验 声速检验法》开展声速核查检验，将 FT5401 和 FT5501 的压力、温度、组分输入至 CBM 软件中得到结果为 0.07%（图 8）和 0.13%（图 9），满足不大于 ±0.2% 的要求。因此，整个计量系统的准确性是可以保证的。

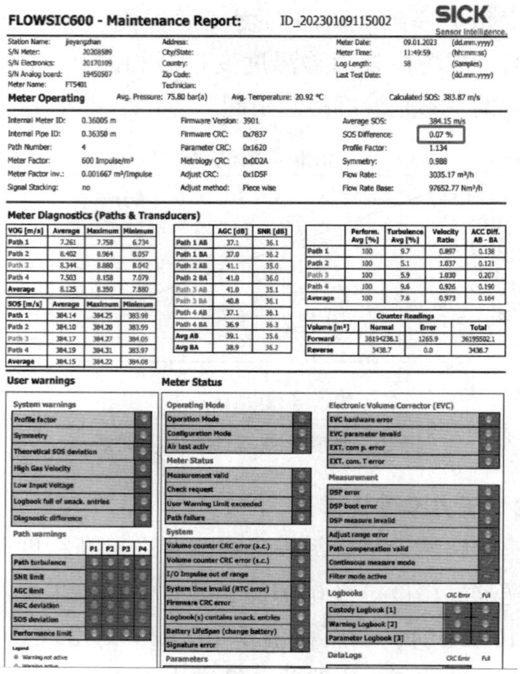

图 8　FT5401 性能报告

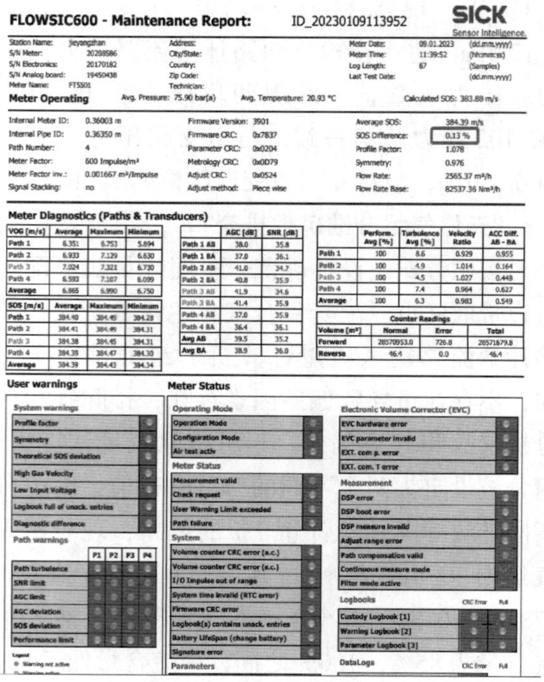

图 9　FT5501 性能报告

5 分析总结

经过上述一系列排查，可确定该分输站计量撬与计量设备满足准确计量要求，因此该偏差根源并非计量偏差，为管道实际运行流量。造成该流量偏差原因可能为工艺设备，阀门开度未达到显示值 100%，或者过滤分离器堵塞等，需要进一步验证。通过本文论述，明确了天然气计量系统准确性的排查方法，系统的检查可查找计量偏差原因，进而处理计量设备故障，避免产生计量纠纷影响企业效益。

参考文献

[1]梁国强，黄富君，吴非．影响天然气计量仪表准确性因素的探讨[J]．内蒙古石油化工，2014(6)：47－48.

[2]白其祥．影响天然气计量准确度的因素探讨[J]．天然气工业，1996，16(3)：99－100.

[3]曹耀准．影响天然气计量仪表现场准确度因素的分析及解决办法[J]．科技信息，2009(29)：834，1056.

[4]张晓楠．超声波流量计在天然气计量中的应用[J]．工业控制计算机，2017，30(3)：152－153.

[5]穆海辉．超声波流量计计量精度影响因素研究[J]．化学工程与装备，2019(6)：203－205.

高准确度成品油输差统计系统研发与应用

蔡浩晖

（国家管网集团西部管道公司　新疆多介质管道安全输送重点实验室）

摘　要：输差是管输企业重要的经济指标之一，针对传统输差统计法因管存计算不准确导致输差统计量有误差的问题，利用成品油管道批次顺序输送，油品界面分明，以及进出管道的每一个批次的油品均由流量计准确计量的特点，将输差统计方法优化为批次输差法，该方法不需要计算管存就可以准确统计成品油管道输差，同时可以计算准确的管存数据，采用批次输差法便于开发自动化的输差统计系统，可以提高输差统计准确度和效率，节省人力成本，可以在成品油管道全面推广应用。

关键词：成品油；管道；批次输差；管存

1　引言

管道运输是成品油最主要的运输方式之一，作为运输企业，长输管道不生产成品油，主要任务是确保输送的各批次成品油的质量，以及收油、销油计量的准确，长输管道从上游委托客户接收油品，在沿途的输送过程中不断交付下游用户，管道成品油计量具有“线长、点多、面广”的特征，受计量系统差异、混油处理、经营管理等多方面影响，不可避免产生输油差量（简称输差）；如果输差超过委托客户指定的指标，管输企业就要以成品油价格赔付超出输差指标的油量，将直接影响管输企业的利润，可以说输差是管输企业重要的经济指标之一，输差直接衡量管道企业管理水平和技术水平的高低。

某管网集团成立后，委托承运客户的成品油输差指标为0.06%，如何使用管道沿线多个不确定度为0.35%（$k=2$）的计量系统来实现管道0.06%的输差指标是个难题，各管输企业从计量人员、计量系统、计量方法、计量管理模式等方面对影响油品管道输差的各个方面进行了分析，并研究了一些对策，但对输差统计方法没有提出改进建议，依然采用传统的输差统计方法，由于传统法管存计算不准的缺点，输差统计存在一定的误差[1-6]；也开发了一些输差自动统计系统[7][8]，但也因为管存计算不准确，系统的输差统计效果没有达到预期。输差统计不准确必将影响输差分析，有可能误导计量工作，为此，有必要研究成品油管道管存准确计算的方法，或脱离管存的输差统计方法。

2　传统输差统计法的缺点

成品油管道采用“从泵到泵”密闭顺序输送工艺，即在同一条管道内，按一定顺序连续输送多种油品，其输差一般以月和年为统计周期，传统法统计长输管道在某一统计周期中的输差见式（1）：

$$输差=(本期收油+上期库存)-(本期外销+本期库存) \tag{1}$$

其中，成品油管道外销油量和收油量一般通过质量流量计进行计量交接，正常情况下，数据准确；库存包含地面油库的罐存和地下管道的管存，罐存可以通过人工检尺、取样化验和油量计算等方法准确获得，但管存计算涉及油品的温度、压力、密度，以及管道物理管容等参数，计算结果很难准确。

长输管道密闭埋在地下，无法直接测量其中的油量，管存只能通过计算得到。成品油是顺序输送的，管存就是通过管道内各批次油品的体积乘以密度得到的，温度升高会导致管道中的油品体积增加、密度减小，相反，温度降低会导致油品体积减小、密度增加，同时油品是具有一定的可压缩性的流体，在较高的输送压力下，油品体积变小、密度变大，管道中油品的温度、压力、密度参数相互影响，同时，温度和压力还会影响管道的物理管容，这几个参数对管存计算结果的影响程度如图1所示。

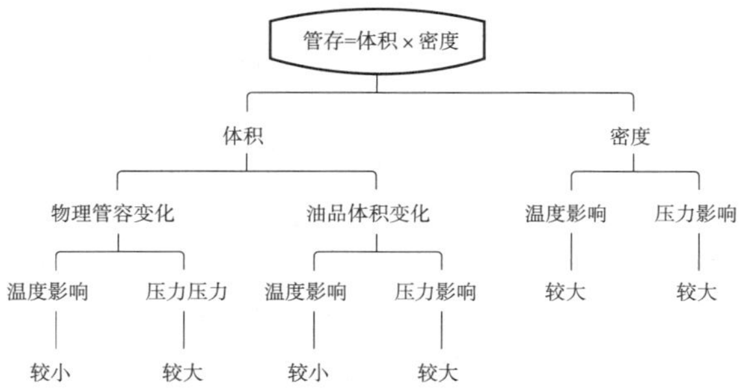

图1　管存影响因素图

崔艳雨等人[9]针对压力和温度对管容、油品体积造成的影响等方面改进了成品油批次跟踪计算，提高了油品批次跟踪的准确度。梁永图等人[10]基于成品油管道沿线的温度分布规律，完善了的批次界面跟踪模型，这些研究能在一定程度上改善管道中各批次油品体积量的计算精度，但由于长输管道安装的温度仪表和压力仪表数量有限，沿线温度数据和压力数据采用经验公式计算的数据，不是实测数据，代表性不强，影响了修正效果，目前成品油管道输差计算用的管存一般直接采用管线进口各批次油品的平均密度和物理管容相乘，物理管容采用设计值，与实际的物理管容有差异，而且基本不考虑沿线的温度、压力对管存的影响，管存计算结果误差更大，这就导致了传统法计算输差有较大偏差。立式金属罐静态油量计算的不确定度为0.35%（$k=2$），管存计算除了静态油量计算需要的容积和密度参数，还涉及压力参数，且为高压，对油品有较大的压缩性，故管存计算结果的不确定度大于0.35%（$k=2$）。

3　高精度输差统计法原理

针对传统成品油管道输差统计法需要计算管存、输差结果误差大的问题，利用成品油管道批次顺序输送，油品界面分明的特点，且每个油品批次均能够在首站、注入站、分输站和末站进行区分和准确计量，见图2，即每个油品批次进入管道后，均能完整地从分输站和末站下载，且能够用流量计准确计量，采取批次输差统计法，按批次编号计算各批次油品的批次输差，具体见公式1。统计周期内各批次输差数据相加，就是该统计周期内整个管道的输差。

$$\Delta m_x = \sum mi_x - \left(\sum mo_x + m_{hx}\right) \qquad (1)$$

其中，Δm_x 为第 x 批次油品输差；$\sum mi_x$ 为第 x 批次油品进入管道的总量；$\sum m_{o_x}$ 为第 x 批次油品出管道的总量；m_{hx} 为第 x 批次油品对应的混油量。

批次输差率为批次输差除以该批次油品进入管道的总量，具体见公式2。

$$m_x\% = \left(\Delta m_x / \sum mi_x \times 100\%\right) \qquad (2)$$

其中，m_x——第 x 批次油品输差率，%。

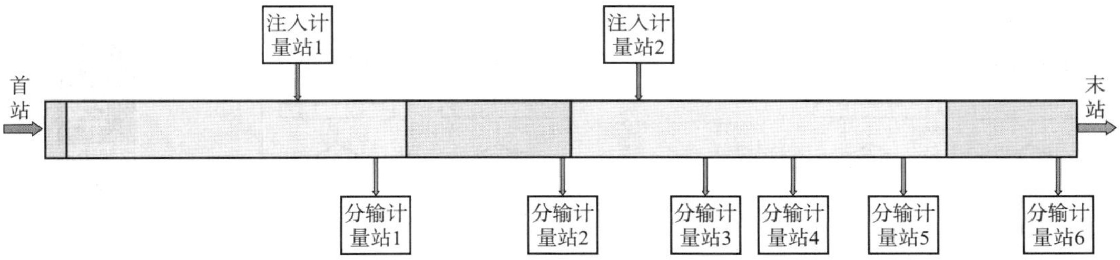

图2　成品油管道注入和分输计量示意图

由于不同品种油品的相互扩散会产生混油现象，不同品种的油品在密闭管道中顺序输送时，在不同品种油品的接合面处出现了一段混油区，混油的密度介于相邻两种油品密度之间(见图3)，随着输送距离的增加，混油区体积也会不断增加。在成品油管道生产运行中，一般采用首站不同品种油品连续注入、中间站场纯油分输或注入、末站统一处理混油的工艺流程，其中不同标号的柴油或不同标号的汽油之间的混油不做处理，直接切入各自的油罐中，而汽油和柴油之间的混油要切入专门的混油罐中，回掺或回炼处理。混油中汽油和柴油的比例一般按式3和式4确定。

$$柴\% = \frac{\rho_{平} - \rho_{汽}}{\rho_{柴} - \rho_{汽}} \qquad (3)$$

$$汽\% = 1 - 柴\% \qquad (4)$$

其中，柴%为混油中的柴油质量比例；汽%为混油中的汽油质量比例。

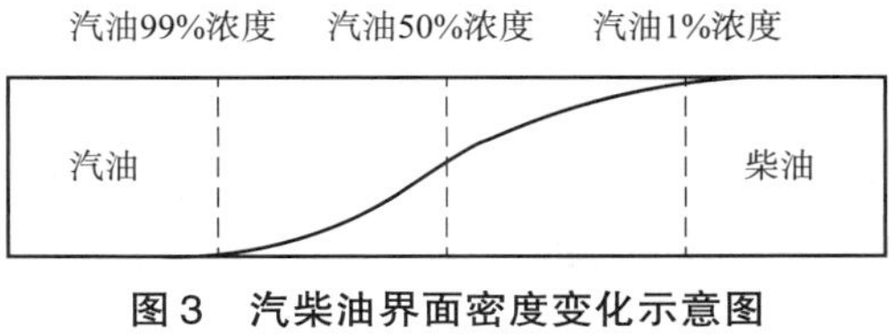

图3　汽柴油界面密度变化示意图

每个油品批次的前行混油区和后行混油区（见图 4）分别按式 3 和式 4 计算混油中的柴油质量比例和汽油质量比例，分别乘以前行混油量和后行混油量后，得到前行混油区的柴油含量和汽油含量，以及后行混油区的柴油含量和汽油含量；如果该批次是柴油，则该批次油品对应的混油量为前行混油区的柴油含量加后行混油区的柴油含量；如果该批次是汽油，则该批次油品对应的混油量为前行混油区的汽油含量加后行混油区的汽油含量。

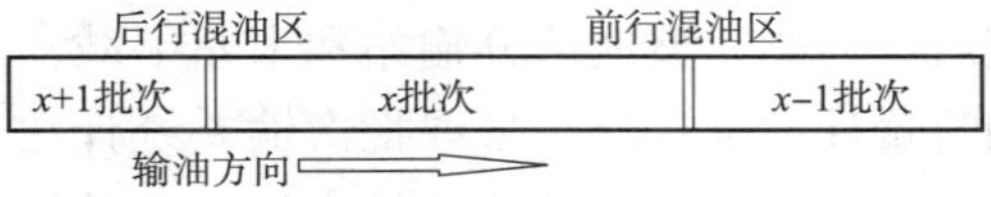

图 4　x 油品批次混油区示意图

统计周期内各批次输差数据相加，就是该统计周期内整个管道的输差，由于不考虑管存的误差，批次输差统计法直接采用质量流量计的数据进行统计，式 1 中的批次油品进入管道的总量和出管道总量的统计量的不确定度为零，该批次油品对应的混油量采用立式金属罐人工检尺取样化验的方式进行油量计算，混油量的不确定度为 0.35%（$k=2$），由于每个油品批次的混油量在（400～950）t 之间，而每个油品批次的进线量在（40000～2800000）t 之间，混油量在批次进线量中占比较小，取最大占比为 2.4%，公式 1 中的批次输差统计量的不确定度为 0.009%（$k=2$）。

同时，此方法还可以准确计算管存，按油品的批次编号计算各批次的收油量和已经发生的销油量，两者相减就是该批次油品在管道中的存油量，管道中各批次的存油量相加即为管存，此方法计算的管存只采用了进线流量计和分输流量计的计量交接数据，不涉及油品的温度、压力、密度，以及管道物理管容等参数，管存计算结果的准确度等同于计量交接级，大幅提高了管存计算精度，也就提高了传统月底、年底盘库数据的准确度。

4　高精度输差统计系统开发

根据高精度输差统计法的原理，开发了输差统计系统，系统由现场质量流量计、流量计算机、网络及网络交换通信设备（交换机、路由器、信号转换器等）、输差统计系统服务器、控制中心数据服务器及 Web 客户端等构成，系统架构框图见图 3。

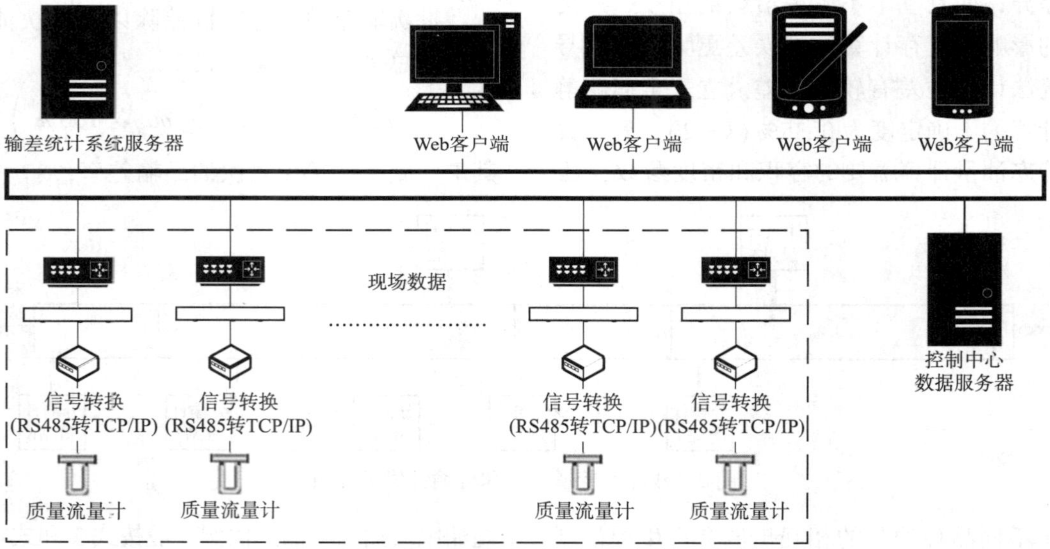

图 5　输差统计系统架构图

如图 3 所示，现场质量流量计通过脉冲信号将流量上传至流量计算机，通过一个转换模块将 RS485 信号转换成 Modbus TCP/IP 信号，然后将流量计算机接入到生产网络中，从而将数据传输到系统服务器上。

其中，输差统计系统服务器是用于支撑输差统计系统的服务器硬件，其主要负责采集现场设备和中控数据中心的数据；该服务器安装输差统计系统核心运算服务程序，根据采集到的各项数据根据业务逻辑进行计算，最后将数据更新到数据库中；该服务器发布输差统计系统的网站，用于为使用者提供访问的各项网页功能。

Web 客户端，任何安装有浏览器的设备均可访问输差统计系统。

控制中心数据服务器作为一个中控数据的提供来源，用于满足输差统计系统其他数据的采集要求。

输差统计系统运行后，可以动态显示管道中各油品批次的界面位置，每个批次油品在末站分输完毕后，自动计算该批次油品的批次输差，自动存储和显示批次输差，系统总貌见图4。

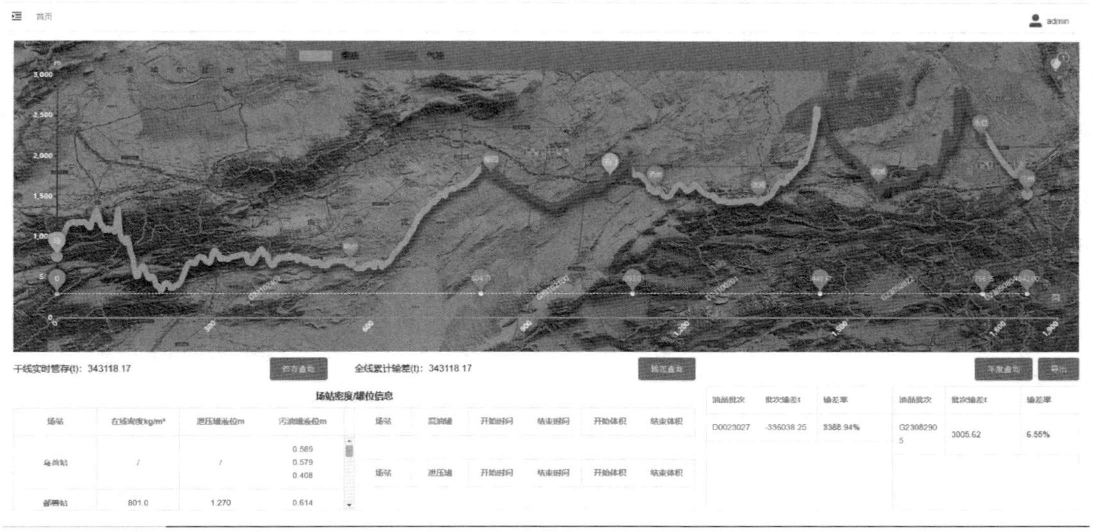

图6　输差统计系统总貌图

5　高精度输差统计法的应用

某管道企业在2月底盘库时发现该公司管辖范围内的一条成品油管道月度输差达815吨，输差率为0.26%，远超委托客户0.06%的要求，经多方排查没有发现异常，用批次输差法进行分析后，输差只有72.5吨，输差率只有0.02%，主要原因是传统法计算的干线管存有误差，两种方法计算的期初管存和期末管存的具体数据见表1和表2。

表1　期初干线管存　　单位：t

油品批次	批次法计算管存	传统法计算管存	传统法－批次法
D0023040	174327	172514	－1812
G9223041	46054	45864	－190
D0023042	25329	25302	－27
D3523043	24703	24580	－122
D0023044	76532	77162	630
合计	346944	345422	－1521

表2　期末干线管存　　单位：t

油品批次	批次法计算管存	传统法计算管存	传统法－批次法
D3523043	1960	516	－1445
D0023044	132679	131859	－820
G9224001	49225	49101	－124
H24002	2441	2429	－12
D0024003	161258	161268	10
合计	347563	345171	－2392

从表1和表2可以看出传统法计算管存相比批次法计算管存，管道内各批次油品差异有大有小，总量也差距较大，主要原因是传统法计算管存所用的各批次油品体积和密度参数的代表性不强，导致管存计算不准确，传统法计算的期初管存偏小15211t，传统法计算的期末管存偏小2392t，传统法的计算结果均偏小，导致传统法计算期初与期末的管存差达到871t，这是导致月度输差统计错误的主要原因。而错误的输差统计结果可能导致耗费大量人力物力进行排查却没有查

出原因。

6 结论

批次输差法利用成品油管道批次顺序输送，油品界面分明，以及每个油品批次进入管道后，均能完整地从分输站和末站下载，且能够用流量计准确计量的特点，可以准确统计管道输差，批次输差法的输差统计量的不确定度为零，管存计算结果的准确度等同于计量交接级，便于开发自动化的输差统计系统，可以提高输差统计效率，节省人力成本，可以在成品油管道全面推广。

参考文献

[1]潘丕武．石油计量技术基础[M]．北京：海洋出版社，2001.

[2]王海滨，马贵俊，侯志忠，等．浅析如何降低管道原油输送的输差[J]．中国石油和化工标准与质量，2017，37(11)：153－154.

[3]谢跃辉 吴东容 卫绫．成品油管道输差计算存在的问题及改进措施[J]．中国计量，2021(01)：118－119.

[4]樊勇，郭泽立，孙绿叶．提升成品油管道计量管理降低管道输送损耗[J]．石化技术，2019(05)：241.

[5]潘友生．加强成品油长输管道计量管理降低管输损耗[J]．石油商技，2008(03)：1006－1479.

[6]李文浩．原油外输计量误差分析及改善措施[J]．内蒙古石油化工，2014，(11)：74－76.

[7]刘北，田赤勇，王云峰．基于SCADA的成品油管输自动计量系统的开发与应用[J]．石油化工自动化，2021，57(4)：26－30.

[8]任小龙，王志学，李姣姣，等．油品输差计量管理系统开发[J]．科学管理，2020(01)：92－95.

[9]崔艳雨，吴明，朱云等．压力和温度影响下的油品输送批次界面跟踪[J]．油气田地面工程 2008，10：16－7.

[10]梁永图，郝丰斐，张晓海．温度影响下的成品油管道油品批次界面跟踪[J]．油气储运 2013，32(02)：121－4.

FMEA 在计量标准管理中的应用研究

李雪健　岳　陶　黄冠文　金钟翔　周振东

（国家管网集团西气东输公司南京计量研究中心）

摘　要：对天然气计量检定机构而言，保证每一套计量标准装置量值传递准确可靠非常重要。目前，国家石油天然气大流量计量站各分站对各套计量标准装置均采用定期开展重复性稳定性测试、期间核查等传统的质量监控手段，这些措施能切实检测计量标准装置准确性的稳定性状态，但难免存在滞后性。因此，本文考虑将 FMEA（失效模式及效应分析）方法运用到天然气流量标准装置质量控制中，对失效模式的严重度、发生度、可探测度进行定量分析并有针对性地提出改进措施，最后对改进措施进行验证和效果评价，提高计量标准质量控制水平。

关键词：检定机构；标准装置；质量控制；FMEA

1　前言

天然气作为最清洁低碳的化石能源，是我国新型能源体系建设中不可或缺的重要组成部分，2022 年全国天然气消费量 3646 亿立方米[1]，随着管网的高速建设，可以预计天然气管输量将会继续升高。为了确保计量标准量值传递准确，天然气计量检定机构对各套计量标准装置定期开展重复性稳定性测试、期间核查等质量监控工作，如果通过上述测试发现计量标准装置量值产生了偏差，除了消除偏差，也需对量值传递影响量进行评估，必要时进行质量追溯。以上传统的质量监控手段能够切实检测出计量标准装置的准确性的稳定性状态，但难免存在滞后性，无法第一时间掌握计量标准性能的变化，需要结合装置量值失效风险和测试成本合理制定计量标准质量监控测试周期，一旦发现偏差，需对周期内量值传递结果进行质量追溯；如果量值传递涉及其他检定机构，影响将更加复杂。因此有必要将标准装置的质量管控关口前移，提前制定风险控制策略，达到计量标准量值传递的质量管理由被动处置变为主动控制目的。

2　FMEA 基本原理及实施流程

2.1　FMEA 基本原理

FMEA 是失效模式与影响分析方法和工具（Failure Mode and Effects Analysis）的简称，是一种前瞻性的可靠性分析方法[2]。FMEA 主要用来确认和评估某一生产过程潜在失败的因素分析，并量化这些因素的严重度（S）、发生度（O）、可探测度（D）。采用 FMEA 的目的是在故障发生前发现、评价产品/过程中一切潜在的失效模式，并采取有力的预防措施来及时对潜在的故障及其后果进行有效控制。

FMEA 分为 D－FMEA 与 P－FMEA，D 即 Design 是指产品的硬品、功能、系统上的可能失效或故障时的问题因果分析与改善对策，P 则是指流程、制程、步骤上的不良所造成不良后果的改善与因果分析。经多个行业和组织实践证明 FMEA 是一种非常可靠的保障技术。

2.2　FMEA 实施流程

FMEA 的实施，主要有以下四个步骤，即成立分析小组、进行任务分解、开展风险分析、实施防控措施。

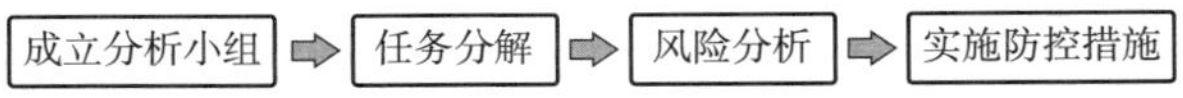

图 1　FMEA 分析流程图

（1）成立分析小组。

分析小组的成立对 FMEA 的实施结果的准确性和全面性至关重要，应至少包括待分析活动的本单位技术人员、安全管理人员、现场操作人员，必要时可以邀请行业的安全专家，FMEA 分析技术人员等。成立分析小组后，应进行工作内容分工，由 FMEA 技术人员（或发起人）负责向小组成员介绍 FMEA 流程和方法，各小组成员进行基础资料收集、工作流程梳理和危险源辨识工作，并对分析结果进行整理。

（2）任务分解。

任务分解，是将整个工作过程由粗到细，逐

层进行分解直到无法分解为止；对于生产设备来说，任务分解也可以按照功能区域划分，可以按照某一设备的各功能部分、子功能部分、功能部件逐级划分，直到无需再进行分解为止。这样分解可以提高分析的准确性和全面性。

(3)风险分分析。

小组分别对分解出的任务失效原因从严重度(S)、发生度(O)、可探测度(D)三个维度进行分析[3-5]，并将严重度(S)、发生度(O)、可探测度(D)进行分别量化赋值，每名成员可以得出一组风险度RPN值，将各成员给出的RPN值取平均，再对RPN值从高到低排列，就可以清晰的得出失效原因的影响的优先级别。本文将严重度(S)、发生度(O)、可探测度(D)进行1-5分赋值，其中1分为严重度、发生度最低，可探测度最高；5分为严重度、发生度最高，可探测度最低。

(4)实施防控措施。

根据上一步骤中得出的RPN值的分布，选取适当的标准来明确本次分析需要制定控制措施的风险范围。可以是按比例或按平均值等方式。标准的选取要考虑任务的紧急程度、分析小组人员的工作强度等。

3 FMEA在某分站计量标准管理中的应用

3.1 某分站标准装置组成

某国家石油天然气大流量计量分站配备了一套标准表法气体流量标准装置，由8台并联安装的涡轮标准流量计、前后汇管、色谱分析仪、数据采集及处理系统、控制系统等组成。每条标准装置台位由前后直管段、整流器、伸缩器、涡轮流量计、超声流量计、压力变送器和温度变送器构成，其中安装在每台涡轮标准流量计的上游同样口径的超声流量计用于核查涡轮标准流量计的计量性能，安装在涡轮标准流量计和超声核查流量计上游的压力变送器、下游的温度变送器用于测量状态转换所需的压力值和温度值。每台涡轮标准量计的上下游安装有强制密封球阀，与前后汇管连接形成标准表法气体流量标准装置。

装置配备了DN80～DN400共7路检定台位，每条检定台位配备1台温度变送器，每两条检定台位共用3台压力变送器。通过8路涡轮标准流量计组合提供不同的标准流量，可以检定/校准安装在检定台位上的天然气流量计。

3.2 某分站标准装置原理

装置的工作原理是，在一段时间内，经过一路或多路工作级标准涡轮流量计和核查超声流量计的天然气全部通过被检流量计的天然气，那么被检流量计测得的天然气流量应等于标准涡轮流量计测得的天然气流量。

标准表法气体流量标准装置示值误差按照式(1)计算：

$$E=\left(\frac{Q_M}{\sum_{k=1}^{n}Q_{f,k}}-1\right)\times 100\% \text{ 或 } E=\left(\frac{q_M}{\sum_{k=1}^{n}q_{f,k}}-1\right)\times 100\% \tag{1}$$

式中　Q_M——被检流量计测得的体积量，m^3；

$Q_{f,k}$——第k路标准流量计测得的体积量换算至被检流量计处的量值，m^3；

q_M——被检流量计测得的瞬时体积流量，m^3/h；

$q_{f,k}$——第k路标准流量计测得的瞬时体积流量换算至被检流量计处的量值，m^3/h；

标准涡轮流量计累积量或流量值换算至被检流量计处计算见式(2)：

$$Q_{v,k}=Q_{s,k}\frac{T_M p_s Z_M}{T_s p_M Z_s} \text{ 或 } q_{v,k}=q_{s,k}\frac{T_M p_s Z_M}{T_s p_M Z_s} \tag{2}$$

式中　$Q_{s,k}$——标准流量计在其所在位置处测得的体积量，m^3；

$q_{s,k}$——标准流量计在其所在位置处测得的瞬时流量值，m^3/h；

p_s——标准流量计位置处压力，MPa；

T_s——标准流量计位置处热力学温度，K；

Z_s——标准流量计所在位置处压缩因子，1；

p_M——被检流量计位置处压力，MPa；

T_M——被检流量计位置处热力学温度，K；

Z_M——被检流量计所在位置处的压缩因子，1。

3.3 FMEA应用实例

(1)成立分析小组。

FMEA分析小组可以由分站的质量负责人、技术负责人，一名或多名证书签发人、检定员等组成。需要收集资料由于篇幅限制，本文不做赘述。

（2）任务分解。

由式（2－1）、（2－2）和日常人员管理经验可以得出对工作级标准检定/校准结果存在影响的因素包括管理类和技术类两项，其中管理类有：人员是否持有操作资格证、是否具备操作能力（即后续培训及考核）、人员开展标准装置管理的经验；技术类有：标准流量计和被检流量计处温度、压力和气质组分等物性参数测量的准确性，以及压缩因子计算准确性、管路密封性等。

综合以上，汇总梳理工作级标准装置计量准确性影响因素并进行分类编号，得出表1数据。

（3）风险分析。

分析小组利用以往的管理经验和头脑风暴法，对各影响因素的失效模式进行列举，详见表2。

表1　工作级标准装置影响因素

序号	标准装置	类别	影响因素识别
1	工作级标准装置	管理类（A）	人员持证（A1）
2			培训考核（A2）
3		技术类（B）	流量计准确性（B1）
4			温度变送器准确性（B2）
5			压力变送器准确性（B3）
6			色谱仪分析结果准确性（B4）
7			整流器脏污、堵塞（B5）
8			阀门内漏（B6）
9			（法兰面）外漏（B7）
10			气质携带粉尘、水分、油脂（B8）
11			气质压力（B9）
12			气质温度（B10）
13			整流器型号（B11）

表2　工作级标准装置影响因素失效模式列表

序号	标准装置	影响因素识别	失效模式编码	失效模式描述
1	工作级标准装置	人员持证（A1）	A11	持证人员数量不满足要求
			A12	检定人员及标准装置负责人资质不满足要求
2		培训考核（A2）	A21	检定人员及标准装置负责人技术能力不满足要求
			A22	未按期进行人员能力考核，对检定员技能水平不掌握
3		流量计准确性（B1）	B11	流量计未按期校准
			B12	流量计法兰、接口漏气未被发现
			B13	流量计系数未置入检定系统
			B14	流量计计量偏差未被发现
4		温度变送器准确性（B2）	B21	温度变送器未按期校准
			B22	现场数据与远传数据不一致
			B23	修正因子未置入检定系统
			B24	温度变送器数据错误未被发现
5		压力变送器准确性（B3）	B31	压力变送器未按期检定
			B32	压力变送器管路漏气未被发现
			B33	压力变送器数据错误未被发现
6		色谱仪分析结果准确性（B4）	B41	色谱未按期校准
			B42	色谱分析仪标气、样气、载气及气路漏气未被发现
			B43	标气超出有效期未被发现
			B44	色谱分析数据错误未被发现
7		整流器情况（B5）	B51	整流器脏污、堵塞未被发现
			B52	整流器选择错误
8		阀门情况（B6）	B61	阀门内漏未被发现
			B62	阀门外漏没被发现
10		气质携带粉尘、水分、油脂（B7）	B71	气质脏污未被发现

对表 2 得出的失效模式进行风险度 RPN 测评，并按风险度从高到低顺序进行排序，得到表 3 数据。

表 3　工作级标准装置影响因素 RPN 值

排名	失效模式编码	失效模式描述	严重度(S)	发生度(O)	可探测度(D)	风险度(RPN)
1	B14	流量计计量偏差未被发现	5	2.75	3.25	44.69
2	B61	阀门内漏未被发现	4.5	3.25	2.75	40.22
3	B71	气质脏污未被发现	4.25	2.5	3.5	37.19
4	B51	整流器脏污、堵塞未被发现	4	3.25	2.5	32.50
5	B44	色谱分析数据错误未被发现	4	2.75	2.75	30.25
6	B24	温度变送器数据错误未被发现	5	2.75	2	27.50
7	B34	压力变送器数据错误未被发现	4.75	2.75	2	26.13
8	B52	整流器选择错误	4.5	1.75	3	23.63
9	B12	流量计法兰、接口漏气未被发现	4	2.5	2.25	22.50
10	B23	修正因子未置入检定系统	5	1.75	2.5	21.88
11	B33	压力变送器管路漏气未被发现	3.5	3	2	21.00
12	B42	色谱分析仪标气、样气、载气及气路漏气未被发现	3.75	2.75	2	20.63
13	B22	现场数据与远传数据不一致	4.75	1.75	2.25	18.70
14	B13	流量计系数未置入检定系统	5	2.25	1.5	16.88
15	B32	现场数据与远传数据不一致	4.75	1.75	1.75	14.55
16	B62	阀门外漏没被发现	4.5	2.5	1.25	14.06
17	B11	流量计未按期校准	4.25	2.25	1.25	11.95
18	A12	检定人员及标准装置负责人资质不满足要求	3.25	2.25	1.5	10.97
19	B43	标气超出有效期未被发现	3.5	2.5	1.25	10.94
20	B31	压力变送器未按期检定	4.25	2	1.25	10.63
21	B21	温度变送器未按期校准	4.25	2	1.25	10.63
22	A11	持证人员数量不满足要求	3.75	2.25	1.25	10.55
23	A21	检定人员及标准装置负责人技术能力不满足要求	3.5	2	1.5	10.50
24	A22	未按期进行人员能力考核，对检定员技能水平不掌握	3	2.25	1.5	10.13
25	B41	色谱未按期校准	4.25	1.75	1.25	9.30

(4)实施防控措施。根据图 1 可以看出，工作级标准装置在质量管控过程中，标准流量计的偏差及阀门内漏两项描述风险级别较高，RPN 值超过 40 分，而 RPN 值超过 20 分的描述共 12 项，基本占总描述的 50%，本文将对 RPN 值超过 20 分的风险制定管控措施来加强管理，详细管控措施如表 4 所示。

表 4　失效模式管控措施的制定及新旧风险度对照

失效模式编码	失效模式描述	管控措施
B14	流量计计量偏差未被发现	①查看在线核查超声流量计核查结果； ②期间核查，分析历史核查结果； ③重复性稳定性测试，分析历史测试结果； ④不同标准表间进行比对； ⑤开展校准，比较历史校准数据，分析测试结果
B61	阀门内漏未被发现	①每日检定前开展阀门内漏专项测试，确定阀门状态 ②利用春秋检等将阀门上游或下游管线放空，看压力变化
B71	气质脏污未被发现	①查看流量计过滤网前后压差； ②确认流量计内部是否存在异响； ③拆卸流量计进行检查； ④拆卸过滤网进行检查； ⑤对流量计内部进行清理； ⑥对管线内的脏污进行吹扫； ⑦安装流量计后开展性能测试
B51	整流器脏污、堵塞未被发现	①查看整流器前后压差； ②核查超声流量计进行声速核查，确认流体对称性。 ③拆卸检查 ④重复性稳定性测试，分析历史测试结果 ⑤期间核查，分析历史核查结果 ⑥比对测试，分析测试结果
B44	色谱分析数据错误未被发现	①检查色谱分析仪标气、样气、载气及气路情况； ②检查标气有效期； ③检查未归一组分值、组分完整性等色谱分析结果； ④检查色谱分析组态、报警情况； ⑤手动标定； ⑥重新校准
B24	温度变送器数据错误未被发现	①检查温变组态配置； ②检查温变、铂电阻接线情况； ③检查温变现场示数与系统采集的一致性； ④检查温变修正因子置入情况，手工验算确认系统计算准确性； ⑤重新校准，确定温变准确性； ⑥送实验室比对测试
B34	压力变送器数据错误未被发现	①检查压变组态配置； ②检查压变接线、引压管及针形阀情况； ③检查压变现场示数与系统采集的一致性； ④重新检定，确定压变准确性 ⑤压力平衡比对测试
B52	整流器选择错误	①对整流器进行编号，结合整流器堵塞情况检查工作，确认整流器选用是否正确，严格按照厂家要求安装配套整流器； ②同一时间只拆卸一路标准管路，避免整流器回装时装错
B12	流量计法兰、接口漏气未被发现	①日常巡检时加强流量计的法兰面、取压口外漏检查； ②采用激光甲烷探测器等新兴技术对整个标准装置进行 24 小时不间断漏气检查； ③当压力波动较大时，组织人员对标准装置区、检定台位区进行重点检查
B23	修正因子未置入检定系统	校准完成后，由标准装置负责人将修正因子置入检定系统，由另一人确认，截图发上级部门再次确认

续表

失效模式编码	失效模式描述	管控措施
B33	压力变送器管路漏气未被发现	①日常巡检时加强压力变送器取压口、放空口外漏检查； ②采用激光甲烷探测器等新兴技术对整个标准装置进行 24 小时不间断漏气检查； ③当压力波动较大时，组织人员对标准装置区、检定台位区进行重点检查。
B42	色谱分析仪标气、样气、载气及气路漏气未被发现	①日常巡检时加强色谱分析仪标气、样气、载气及气路漏气检查； ②采用激光甲烷探测器等新兴技术对色谱分析小屋进行 24 小时不间断漏气检查； ③当压力波动较大时，组织人员对色谱及各气路进行重点检查。

管控措施模拟实施后，原分析小组成员对各失效模式再次评分，以此检验管控措施的有效性，新旧风险度对比如图 2 所示。通过图 2 可以发现原评价出的高风险度值的风险项在实施一系列措施后 RPN 值已有显著的下降，且均控制在较低数值范围内，说明控制措施的制定有效，整个标准装置管理的风险得到了有效的预防和控制。

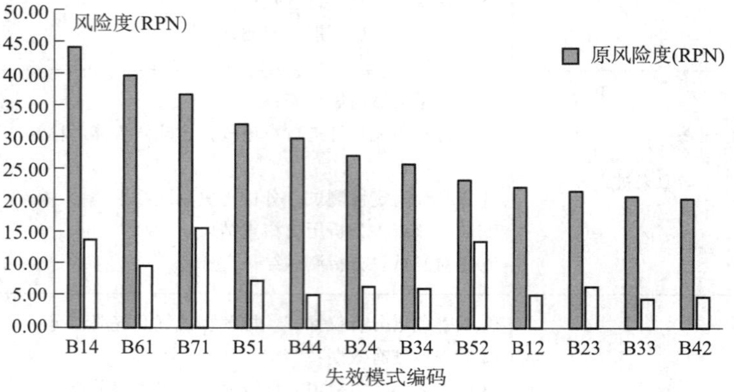

图 2　新旧风险度对比

4　结语

文章将失效模式与影响分析（FMEA）技术引入天然气流量计量标准装置质量管控工作中，大大提升了质量控制的及时性与准确性，确保量值传递准确可靠。

①当标准装置产生偏差时，应优先从标准流量计计量性能、装置阀门内漏、气质脏污、各配套设备的数据正确性入手排查。

②FMEA 方法有利于标准装置质量管控的事前控制，对失效模式进行定量分析，科学准确的评价某一失效模式对整个标准装置的管控产生的影响，并对风险度较高的失效因素提出改进措施，可以有效地预测风险、规避风险，确保整个标准装置在质量管理过程中的风险得到了有效的预防和控制，为计量标准装置管理人员在日常管理中提供有效的数据支持及理论的导向。

③探索了 FMEA 的风险管理方法用于计量检定机构标准装置的质量管理的方式，为标准装置的质量管理提供新的思路，但仍需要在实践中不断探索完善，从而更好地为天然气量值传递的准确可靠。

参考文献

[1]国家能源局．中国天然气发展报告（2023）[J]．天然气勘探与开发，2023，46（03）：32.

[2]陈全，周浩．FMEA 在天然气生产企业安全管理中的应用[J]．价值工程，2017，36（03）：14－16.

[3]杜虹．浅谈 FMEA 在风险管理中的应用[C]//天津市电子学会．第二十八届中国（天津）2014IT、网络、信息技术、电子、仪器仪表创新学术会议论文集．2014：75－79.

[4]范宗平．浅析失效模式和影响分析（FMEA）在石油化工产品质量风险管理中的应用[J]．当代化工研究，2022（10）：107－109.

[5]郝大娟．基于 FMEA 模型改进的系统风险分析法在消毒供应中心器械清洗质量管理中的应用[J]．黑龙江中医药，2021，50（06）：134－135.

天然气计量系统性能评价的应用及展望

刘泽文　牛锦皓　符少权　黄冠文　许潘文　闻相军　李雪健

（国家石油天然气管网集团有限公司西气东输分公司南京计量研究中心）

摘　要：天然气在能源结构优化转型中迎来重要发展机会，而天然气贸易计量是多参数、多组分气体的连续测量，其测量结果受诸多因素的影响。因此，有必要按照 GB/T 18603《天然气计量系统技术要求》的要求对天然气计量系统开展性能评价。结合现场实际工作经验，本文对天然气计量系统性能评价进行了全面概述，主要包括评价内容分析、实施应用措施及相关运用案例，旨在为提升未来天然气计量系统性能评价质量提出参考建议。

关键词：天然气；计量；计量系统；性能评价

1　前言

天然气是一种优质的燃料和化工原料。作为燃料，由于它燃烧完全，单位发热量大，燃烧后的产物对环境污染小，因而被人们视为清洁能源，深受青睐。作为化工原料，由于它洁净、质优、成本较低，可用它生产种类众多的精细化工及高附加值产品。天然气使用安全性高，对环境的污染小，对我国大幅削减 CO_2 等温室气体排放具有重要价值。由于能源资源禀赋呈现“富煤、缺油、少气”的特点，我国一直在积极研究煤制天然气、焦炉气甲烷化以及电转甲烷储能等甲烷化工艺技术，提升天然气自我供给能力。

近年来，我国的能源工业一直以较高的速度持续发展，目前已跻身于世界能源生产和消费大国的行列，中国的能源消费已跃居世界第二位。同时随着“双碳”战略持续推进，天然气已进入快速发展阶段，天然气在能源结构优化转型中迎来重要发展机会[1]。天然气更加清洁高效，天然气燃烧产生单位热值的二氧化碳排放量约为原油、无烟煤的 76.5% 和 57.1%[2]，在实施双碳战略的过程中，天然气可以作为煤炭替代能源，帮助降低能源消耗中的碳排放[3]。天然气在能源转型中具有重要的衔接作用。随着可再生能源如太阳能和风能的快速发展，天然气可以作为可再生能源的备用能源，弥补其不稳定性和间歇性的特点[4]。可以与可再生能源进行协同发展，如利用天然气发电来平衡电网负荷，提供可靠的供电保障；还可以推动天然气与其他能源形式的混合利用，如生物天然气、合成天然气等新型能源的开发应用[5]。天然气应用领域广泛，包括工业燃料、城市燃气、交通燃料等。在实施“双碳”战略的过程中，天然气的利用可以帮助替代传统的高碳能源，并推动相关行业向低碳发展转型。2023 年我国天然气表观消费量为 3945.3 亿立方米，预计 2035 年将达到 6000 亿立方米[6]。公平、公正天然气的贸易计量，为各大天然气运营公司和用户所关注。而天然气计量系统的准确性，更是天然气贸易计量的关键，也成为了贸易双方的最为关注的焦点。

2　概况

2.1　必要性

天然气贸易计量是多参数、多组分气体的连续测量，其测量结果受诸多因素的影响，其计量系统应包含用于实现专门计量的全套计量仪表和其他设备，通常由流量计、温度变送器、压力变送器、色谱分析仪、流量计算机等组成[7]。用于分输工况流量的测量，采集分输时天然气温度和压力，分析天然气组分及压缩因子、发热量等参数计算，以及标况流量的换算。按照 GB/T 18603《天然气计量系统技术要求》的要求进行设备配置，定期开展单体设备的维护和检定校准工作。天然气计量系统按照 GB/T 18603 的技术要求进行设计、施工、调试、投产，经上下游用户进行技术功能、合规性验收，没有对整个系统的计量性能进行评价[8]。运行单位为保证天然气贸易计量的公平、公正、合法，都需对计量器具及二次仪表进行量值传递或溯源，通常是定期对流量计、色谱仪、温度变送器及压力变送器进行检定或校准，但通过国家法定计量检定机构的检定的流量计、温变压变及色谱仪，也不等于整个计量系统就是准确、可靠的。

天然气计量系统评价是由具备专业能力和技术资源的第三方技术机构开展，在对压力温度测量仪表、流量计及在线色谱仪等组成部分分别独立评价的基础上进行，通过检查、测试、比对等管理或技术的手段对计量器具和辅助仪表进行分析，旨在对投运前和运行中的天然气计量系统进行综合评价，判断是否符合 GB/T 18603 的要求，从而实现对整个计量系统的计量准确性和运行可靠性的评价，满足国内快速发展的天然气贸易交接计量的监管需求，对于确保天然气计量的公平、科学、准确、可靠，具有重要的经济和社会意义。

2.2 国内外现状

对于天然气计量系统性能评价，GB/T 35186—2017《天然气计量系统性能评价》发布实施前，需要按照供需双方签订的合同/协议中规定的评价方法开展。GB/T 35186 发布实施后，由供需双方委托第三方参照标准规定的评价方法实施，以提高天然气贸易计量的准确性和可靠性。国外没有天然气计量系统评价标准，需要规定评价方法都是在合同上体现。对于天然气分析系统性能评价，国内外天然气管输行业可依据 ISO 10723 Natural gas – Performance evaluation for analytical systems（在线色谱仪的评价国际标准）GB/T 28766—2012《天然气在线分析系统性能评价》（参照国际标准制定）开展天然气在线分析系统性能评价。

为了保障西气东输等国家重点工程在天然气计量专业上有标准可依，2000 年开始制定国家标准 GB/T 18603《天然气计量系统技术要求》，2001 年发布。根据我国天然气管道计量系统的建设部和运行经验，于 2014 年进行了第一次修订。为了提高计量系统管理质量，保障投产前和运行中的天然气计量系统的性能评价有科学和标准的方法[9]，南京计量研究中心主持起草了 GB/T 35186《天然气计量系统性能评价》，于 2014 年立项，2016 年报批，2017 年 12 月 29 日发布，2018 年 7 月 1 日实施。

3 实施应用

3.1 评价内容

计量系统评价主要对计量设备及辅助设备、计量管理进行评价。计量设备及辅助设备评价包括流量计、流量计计算机、温度变送器、压力变送器和色谱分析仪等设备；计量管理评价包括管理体系管理、人员管理、流量计管理、流量计算计管理、温度变送器管理、压力变送器管理、色谱分析仪管理。

3.1.1 前期准备

为高效开展计量系统性能评价，第三方委托单位在赴现场开展评价前与客户详细沟通，提前获取计量系统的设计资料、运行资料和管理资料。评价人员根据客户提供的计量系统基础信息，列出相应标准、规范清单，携标准规范赴现场开展计量系统性能评价。

3.1.2 现场查验

通过查阅设计文件、采购验收资料、检测报告，现场查验，得到流量计上、下游直管段长度、内径和内壁粗糙度、温度套管插入长度和位置、取压位置和(或)流动调整器类型及安装的资料数据，必要时也可打开计量回路管道测量确认；查阅流量计算机的设置，得到数据采集和处理方法的资料数据；通过现场查验判断流量计的流量及温度压力测量是否符合相应标准的要求。

3.1.3 检查测试

使用第三方携带的过程校验仪等标准设备对计量系统所用温度变送器、压力变送器、脉冲采集通道开展测试；对流量计算机组态、参数设置进行检查，在常用流量点下开展声速核查，模拟输出对流量计算机计算准确性进行验证测试。

3.1.4 分析系统

对取样探头位置设定、取样管线状态、样品预处理模块等进行现场查验；对色谱分析仪运行情况、标气配置情况进行检查，对样品组分分析结果进行数据分析和核验；对色谱分析仪进行有效性、定量重复性、相邻组分的干扰等测试分析。

3.1.5 不确定度评定

根据现场检查测试结果和数据开展不确定度评定，给出温度、压力、工作条件下压缩因子、标准参比条件下压缩因子、标准参比条件下高位发热量、工作条件下体积流量、标准参比条件下体积流量、标准参比条件下能量流量等测量参数的相对扩展不确定度/准确度等级。

3.1.6 报告出具

评价人员根据资料检查、现场查验、检查测试等的结果，依据 GB/T 35186 的内容出具计量系统性能评价报告，给出评价结果和建议。

3.2 实施应用

3.2.1 开展情况

天然气计量系统性能评价需委托具备人力、

技术资源的第三方检定/检测机构(国家石油天然气大流量计量站/分站、计量研究中心、天然气研究院)开展，南京计量研究中心作为GB/T 35186《天然气计量系统性能评价》标准的主持起草单位，取得了法定计量检定机构授权、CNAS实验室认证和CMA中国计量认证等资质，从2016年开始对外开展计量系统性能评价，目前已为深港天然气管道有限公司、中石油大连LNG公司、清远中石油昆仑燃气有限公司、东莞深能源樟洋电力有限公司、广东运维中心等10余家企业/单位提供了计量系统性能评价服务，并取得了较好的成效。

3.2.2 典型案例

结合南京分站多年开展计量系统性能评价及公司内部计量系统检查等工作情况，梳理总结了流量计量值溯源、流量计算机设置、设备工艺安装、气质组成分析等四方面典型的问题。

(1)流量计量值溯源。

①使用条件与检定条件不符合标准要求，检定介质为空气、压力为常压。

②流量计算机上植入修正系数，修正系数未启用。

(2)流量计算机设置。

①流量计算机压力、温度未设置极限报警值。

②声速偏差限值、声速、压缩因子及发热量计算依据等设置值不符合标准要求。

(3)设备工艺安装。

①过滤分离器与计量设备之间无隔离阀门，计量撬工艺安装不规范。

②温度变送器、整流器等安装不正确。

③温度套管内的导热油不足，温变维护不到位。

④压力/温度采集通道测试超差。

(4)气质组成分析。

①取样位置设置不合理，未获得足够量的有代表性的气体样品，取样不准确。

②标气浓度不符合不低于样品中组分浓度的一半，也不大于该组分浓度的两倍的要求，标气配备不合理。

3.3 结果运用

全面评价：计量系统性能评价报告将按照GB/T 35186—2017《天然气计量系统性能评价》给出结果与建议，给出关于计量系统的客观、全面的评价；

决策支撑：让客户直观地了解和掌握目前计量系统的状况，可以为客户在计量系统运行维护、技术升级改造、计量器具更新换代等重要决策提供技术支撑和理论依据；

整改建议：对评价过程中发现不符合项逐一进行分析，提出建设性意见和整改方案，可以指导客户进行问题整改，消除计量系统偏差；

管理提升：对客户现用计量系统的日常维护内容、管理文件及规定与国家标准规范进行对标检查，针对不符合项提出改进措施，提升计量管理水平，完善计量管理体系；

人员培训：评价人员可以针对客户需求对报告内容进行解读、培训，提升管理人员计量技术能力。

4 未来展望

天然气计量系统评价实用性强、操作简便、应用面广及效果显著，在所有贸易计量的天然气站场都可以应用和推广，随着国家天然气管道事业快速发展，有非常广阔的应用前景，也必将取得很好经济效益、社会效益。为了进一步做好天然气计量系统性能评价，结合目前开展情况和发展形势还可以从以下几个方面进行提升。

(1)推进认证评价。

天然气计量系统性能评价方法和内容可依据国家标准、国际标准进行执行，但对技术服务/检测服务的委托的第三方机构资质要求，国内外尚未开展相关的认证，相关标准规范中也尚未明确要求，南京计量研究中心将持续发挥计量技术机构的平台优势，通过CNAS扩项、CMA认证、仪器仪表认证评价等多种方式探索推进天然气计量系统性能评价项目的认证评价，进一步提高评价报告和结果应用的规范性和公信力。

(2)完善标准体系。

结合计量系统性能评价的开展情况、现场发现的典型问题、计量设备设施的技术特点等不断总结和完善，将输差损坏系统排查、气质离线检测等服务作为可选项加入评价内容，及时开展GB/T 35186的修订工作，从客户需要的角度进一步提升计量系统性能评价的价值；同时随着能量计量的不断推广和实施，南京计量研究中心等计量技术机构已建立了全要素的能量计量实验室，将结合科研项目开展天然气能量计量系统性能评价等技术研究，推进能量计量系统评价标准的制定，进一步完善计量系统性能评价标准体系。

(3)增强机构建设。

天然气管网加速建设，计量设备检定/校准、气质分析检测、技术支持服务等业务需求不断增长，而天然气计量技术机构一般由国家市场监督总局授权国家管网、中石油、中石化等国企建立，伴随着国企改革，机构的数量虽在不断增加，但仍无法全部满足市场需求，目前能开展此项技术服务项目的机构较少，计量技术机构将持续增强机构功能、提升人员素质、做好队伍建设，培养一批专业高效、服务精湛的计量系统性能评价队伍。

(4)突出作用发挥。

经统计分析，目前计量系统性能评价服务多由计量输差问题显著的客户提出，问题的解决、系统的提升存在一定的滞后性，大部分客户不太了解计量系统性能评价的必要性和作用发挥。在开展收费服务之外，计量技术机构可通过技术交流、现场调研等形式多样的方式到现场开展技术服务、计量培训，多深入典型站场，进一步发现并解决复杂的系统问题，多为客户提供惊喜式的服务，推进计量站计量管理水平的整体提升。

参考文献

[1]余晓钟，刘梦薇，白龙，等．“双碳”背景下油气企业高质量发展的内涵、挑战及路径[J]．油气储运，2024，43(04)：457－463.

[2]高振宇，赫曼求，杨飞，等．“双碳”目标下中国天然气发展的分析与建议[J]．油气与新能源，2023，35(4)：7－11.

[3]许传博，赵云灏，王晓晨，等．碳中和愿景下考虑电氢耦合的风光场站氢储能优化配置[J]．电力建设，2022，43(01)：10－18.

[4]王闯．天然气站场计量管理关键点探讨[J]．商品与质量，2019，000(039)：26.

[5]黄维和，宫敬．天然气管道与管网多能融合技术展望[J]．油气储运，2023，42(12)：1321－1328.

[6]黄维和，段继芹，常宏岗，等．中国天然气能量计量体系建设探讨[J]．天然气工业，2021.

[7]国家质量监督检验检疫总局．天然气计量系统性能评价：GB/T 35186—2017[S]．北京：中国标准出版社，2017.

[8]国家质量监督检验检疫总局．天然气计量系统技术要求：GB/T 18603—2023[S]．北京：中国标准出版社，2017.

[9]郑宏伟，刘喆，吴岩．天然气计量检定智能化技术探索与展望[J]．油气储运，2021(040－003).

浅谈质量管理体系流程化方法探索与实践

曹然伟　陈曦宇　陈开智

（国家石油天然气管网集团有限公司西气东输分公司武汉计量研究中心）

摘　要：质量管理体系是组织内部建立的、为实现质量目标所必需的、系统的质量管理模式，是组织的一项战略决策。质量管理如何进行数字化转型是我们面临的一全新课题。文章阐述了质量管理体系流程化的方法，通过整合这两个体系，组织能够更好地应对市场变化，提高客户满意度，同时提高内部操作的透明度和可持续性。

关键词：数字化；质量管理体系；流程化

0　引言

在数字化转型的背景下，企业面临着前所未有的挑战和机遇。这种转型不仅涉及技术的更新换代，更关键的是对企业管理模式和运营流程的根本性改革。质量管理体系，作为企业保证产品和服务质量的基础框架，历来是企业管理的核心部分。它通过一系列标准化的程序和指南，确保企业在生产和服务过程中能够持续满足客户需求和法规要求。然而，在数字化转型的浪潮中，传统的质量管理体系面临着诸多挑战，如如何快速适应市场变化、如何处理大数据带来的信息洪流、如何在保证质量的同时提高效率等。

流程管理作为一种更为动态和灵活的管理方法，强调通过优化和改进业务流程来提高企业的运营效率和市场反应速度。在数字化转型的背景下，流程管理的重要性日益凸显，它能够帮助企业更好地适应数字化带来的快速变化，实现业务流程的自动化、智能化。

因此，将质量管理体系与流程管理有效融合，不仅能够帮助企业在保证产品和服务质量的同时提高运营效率，还能够使企业在数字化转型的过程中更具竞争力。这种融合不仅是技术层面的结合，更是管理理念和方法的深度融合，它要求企业在保持质量管理体系的稳定性和可靠性的同时，引入流程管理的灵活性和创新性，从而实现在快速变化的市场环境中的持续成长和发展。

1　管理架构对照分析

通过对比质量管理体系与流程管理的架构对比分析，找出相似与差异点，明确架构要素对应关系，寻找融合点，明确融合方向。

（1）相似点。

两者都旨在提高组织的效率和效果，质量管理体系注重提高产品或服务的质量，而流程管理侧重于优化操作流程以提高效率；质量管理体系和流程管理都强调持续改进的重要性，它们通常采用PDCA（计划－执行－检查－行动）循环或类似的方法来实现这一目标；两者都重视客户满意度，质量管理体系通过提供高质量的产品或服务来实现这一点，而流程管理通过优化流程来提高客户服务的速度和质量；在决策过程中，两者都依赖于数据和事实，而不是直觉或假设。

（2）差异点。

质量管理体系主要关注产品或服务的质量标准和客户满意度，而流程管理侧重于优化和改进业务流程以提高效率和效果；虽然两者都使用类似的工具和技术，如统计分析，但质量管理体系更多地使用质量控制和质量保证的工具，如六西格玛和质量审核，而流程管理则使用流程映射、流程重设计等工具；流程管理通常需要跨部门合作和整体流程视角，而质量管理可能更多地集中在特定产品或服务的质量控制上；质量管理体系通常在产品开发、生产和服务交付等领域中应用更为广泛，而流程管理则涵盖了组织的所有业务流程，包括非生产领域。

（3）融合点。

两者都致力于提高客户满意度，融合时可以通过将流程管理的效率和质量管理的高标准结合起来，更好地满足客户需求；质量管理体系和流程管理都强调持续改进，融合时可以共享改进方法和工具，如PDCA循环，以实现更全面的业务优化；两者都依赖于数据分析来指导决策，在融合时可以共享数据资源和分析工具，以提高决策的准确性和效率；在两个体系中，风险管理都是一个关键组成部分，融合时可以共享风险评估工具和策略，以更全面地识别和缓解风险。

(4)融合方向。

将流程管理的优化方法应用于质量管理体系，确保流程的高效运行同时满足质量标准；在两个体系中共享和应用工具和技术，如统计过程控制和流程映射，以提高效率和质量；促进跨部门的协作和沟通，以确保流程管理和质量管理的有效整合。

(5)结论。

尽管质量管理体系和流程管理在目标和方法上有所不同，但它们都致力于提高组织的整体性能。质量管理体系与流程管理的融合应着重于利用两者的共同优势，以提高组织的整体效率和质量。这种融合需要战略规划和跨部门合作，以确保两个体系的无缝整合和协同工作。通过这种融合，组织可以更有效地满足客户需求，同时提高内部操作的效率和效果。

在实际操作中，找到融合点需要深入理解组织的流程和质量管理需求。通过分析和应用流程管理和质量管理的原则和工具，可以有效地整合这两个领域，从而提高组织的整体效率和质量水平。

2 管理文件目录对照分析

在进行质量管理体系与流程管理的管理文件目录对照分析时，关键在于理解和对比两个体系中文件的层级和类型，以及它们在组织中的作用。

(1)理解文件层级。

质量管理体系文件通常包括质量手册、程序文件、作业指导书、质量记录等。这些文件从策略层面到操作层面提供了如何管理和保证质量的指导。

流程管理文件包括流程图、流程说明、作业指南、流程记录等。这些文件描述了业务流程的运作方式，以及如何执行特定任务。

识别两者之间的共通点和差异，特别是在流程管理文件中可能补充或增强质量管理体系的方面。在融合过程中，应明确两者对应文件层级，确保流程文件与质量管理体系文件在层级上对应，例如高层级的流程说明应与质量手册或策略文件相对应；应明确文件类型和用途，确保每个文件的类型和用途清晰，避免重复或冲突。

(2)文件类型对应。

在策略层面，质量管理体系的质量手册可以与流程管理的流程图或流程说明对应，这些文件都描述了整体的管理框架和方法；在程序层面，质量管理的程序文件可以与流程管理的详细流程说明或作业指南对应，它们都提供了特定任务或流程的具体执行方法；在操作层面，作业指导书和流程管理的作业指南可以直接对应，它们都是指导员工如何具体执行任务的文件；在记录层面，质量记录和流程记录也相对应，它们都用于记录和追踪实际操作的结果。

(3)分析文件内容。

对比两体系中相应层级的文件内容，找出它们在目标、要求、步骤等方面的相似之处和差异。识别在质量管理体系中可能缺失的流程管理元素，或在流程管理中缺失的质量控制措施。

(4)建立对应关系。

基于对比分析，建立文件之间的对应关系。例如将流程管理中的某个流程步骤与质量管理中的相应质量控制点对应起来。确定如何将流程管理的方法和工具整合到质量管理体系中，以及如何在流程管理中加入质量控制的要素。

(5)制定融合策略。

根据文件对应关系，制定融合策略，如修改或合并文件，以确保两个体系的有效整合。若分析得出能直接合并文件，则将流程管理文件直接合并到质量管理体系文件中，例如将特定流程的流程图和步骤整合到相关的质量程序文件中。若分析得出修改和更新文件，则根据需要修改质量管理体系文件，以包含流程管理的关键元素，确保文件反映了流程和质量控制的最佳实践。

(6)结论。

通过对质量管理体系和流程管理文件的层级和类型进行对照分析，可以有效地建立两者之间的对应关系。这有助于识别融合点，确保两体系的有效整合，从而提高组织的整体效率和质量水平。

3 文件条款差异分析

进行差异分析与风险评价时，特别是在文件条款级别上的细化对照分析，是一个详尽且细致的过程。这一过程涉及对质量管理体系和流程管理文件中的具体条款进行深入比较，以识别差异、潜在的冲突和风险。

(1)详细审查文件条款。

仔细审查质量手册、程序文件等中的具体条款，特别是那些涉及质量标准、操作流程、记录保持等方面的条款。同样仔细审查流程图、作业指南等文件中的具体条款，特别关注流程步骤、操作指南、性能指标等。

（2）对照分析。

对照质量管理体系文件条款与流程文件的对应关系，逐一进行分析判断。判断质量管理体系文件中规定的内容，是否有相应流程文件；如有，判断是否一致，流程是否需要优化，质量管理体系文件相应条款是否可以被精简或补充，存在风险及防范措施；若无，判断条款内容是否需要开发流程进行固化，是否能够补充到流程支持文件、管理体系手册中。

（3）风险评估。

识别任何可能导致操作冲突或不一致的条款，例如一个流程的快速执行可能与另一个文件中规定的质量检查程序不一致。评估潜在风险，评估这些差异和冲突可能带来的风险，如质量问题、流程延误、不符合法规要求等。

（4）调整与实施。

制定策略来解决识别出的冲突，如修改流程以确保质量控制，或调整质量标准以适应更高效的流程。为潜在风险制定缓解措施，如增加检查点、改进培训程序、引入额外的监控步骤等。实施后，应持续监控操作，确保调整有效，同时留意任何新出现的问题或风险。

（5）结论。

通过细化对照分析，可以确保质量管理体系与流程管理的有效融合，同时识别和缓解由此产生的任何潜在风险。这一过程要求对文件内容有深入的理解，并需要持续的关注和调整，以确保两个体系的和谐共存和组织目标的实现。

4 形成“一体化”管理模式

在基于前面的差异分析和融合工作之后，形成一个“一体化”管理模式涉及将质量管理体系和流程管理优势结合起来，创造一个更加高效和有效的整体管理框架。

（1）综合差异化分析。

将之前的差异分析和风险评估结果汇总，明确两个体系之间的主要差异和融合点。识别互补优势，确定质量管理体系和流程管理体系各自的优势，如质量管理体系的严格标准和流程管理体系的效率优化。

（2）设计一体化框架及文件清单。

结合优势设计一个管理框架，结合质量管理体系的质量控制和流程管理体系的流程效率，框架要素应确保覆盖质量管理体系和流程管理体系的所有要素，如领导承诺、员工参与、持续改进、风险管理等关键要素。创建整合了质量管理体系和流程管理体系要素的体系文件，确保流程的连贯性和质量的一致性。

（3）IT 支持和数字化转型。

实现管理模式的数字化转型是现代企业管理中的一个关键步骤，特别是在质量管理体系和流程管理的融合过程中。利用信息技术（IT）可以显著提高效率、透明度和响应速度。

企业应评估当前的 IT 系统和技术，确定它们是否能支持新的数字化需求。明确数字化转型的具体需求，包括数据处理、存储、分析和报告等方面。选择合适的 IT 解决方案，研究市场上可用的 IT 解决方案，如 ERP（企业资源计划）、CRM（客户关系管理）、BPM（业务流程管理）等，根据企业特定需求选择或定制解决方案。将现有的质量和流程管理流程映射到 IT 系统中。开展数据管理和分析，确保从不同来源和系统中收集的数据能够集成和统一管理，利用数据分析工具提供洞察力，支持决策制定。同时应确保 IT 系统符合数据安全标准、相关法规和行业标准。

在系统运行过程中，应对员工进行 IT 系统的培训，确保他们能有效使用新系统；提供持续的技术支持和维护，确保系统稳定运行；建立反馈机制，收集用户意见，不断优化系统；跟踪最新的 IT 发展，定期更新系统以保持其先进性和有效性。

通过这些步骤，企业可以有效地实现管理模式的数字化转型，从而提高管理效率和决策质量。数字化转型不仅是技术上的升级，也是组织文化和运营方式的转变，需要全员的参与和持续的努力。

5 监督检查与持续改进

过程监督和检查是确保质量管理体系与流程管理融合有效性的关键环节。这些活动帮助识别和解决实施过程中的问题，确保融合策略按预期工作。

企业应设定监督指标，确定用于评估融合效果的关键绩效指标，如计量标准合格率、计量器具周检率、客户满意率等；根据历史数据或行业标准设定基准值，以便比较和评估。

制定监督检查计划，安排定期的过程检查，以监控关键流程和活动。体系审核和流程遵从度测试是评估管理运行有效性和实用性的重要工具。它们帮助组织确保其管理体系不仅符合标准和规定，而且在实际操作中有效。

统计分析和持续改进是任何管理体系成功实施的关键组成部分，企业应在日常运营中系统地收集有关问题的数据，包括错误、缺陷、延误、客户投诉等，并记录完整、准确，根据问题的性质、来源、影响等将数据分类，识别问题出现的模式和趋势，使用统计工具和技术分析问题数据，深入了解问题背后的原因，制定针对性的改进措施，并监控其效果，确保问题得到解决。

通过这种系统的问题统计与分析，组织可以不断识别和解决问题，推动管理体系的持续改进。这不仅有助于提高效率和质量，还能增强组织的适应性和竞争力。

6　结论

质量管理体系与流程管理的融合是质量管理体系在数字化转型中一种方法探索与实践，实践表明它不仅是提高当前业务管理的手段，更是提高企业运营效率和竞争力的关键，可为行业企业质量管理提供参考。

参考文献

[1]焦志强，郑朔，何瑞恒．从ISO 9001：2015核心思想的变革谈质量管理体系与流程管理体系的整合[J]．质量与认证，2016(8)：3.

[2]熊瑛，丁雪丹，王会东，等．基于流程的质量管理体系构建与实施[J]．中国质量，2014(1)：3.

[3]朱海萍，王茹．如何实现质量管理体系与业务流程的有效融合[J]．中国认证认可，2017(3)：2.

[4]张建宏．试论企业质量管理体系与业务流程融合[J]．花溪，2021(20)：1.

[5]陈婧．中国传统企业数字化转型中的组织惯例重塑[M]．南京：南京大学出版社，2020：1－137.

[6]常冠华，金刚，王洪礼．企业数字化转型智能化发展方法探讨[J]．信息技术与标准化，2021，05：46－50.

[7]华为公司数据管理部．华为数据之道[M]．北京：机械工业出版社，2020：1－320.

[8]李君，邱君降，成雨．数字经济时代的企业创新变革趋势[J]．中国信息化，2018(4)：12－14.

荷兰高压天然气环道标定系统对我国环道标定系统建设的启示

冯春辉　刘义茜

（国家管网集团西部管道）

摘　要：随着天然气环道标定技术逐步发展，环道标定系统在我国逐渐应用。然而，我国在高压天然气环道标定系统建设和运行中还存在一些问题。荷兰高压环道标定系统建设较早，具有多项技术创新，经过多年运行管理，积累了大量经验。文章通过对荷兰高压环道标定系统工艺及量传情况介绍，旨在分享其建设和运行经验，帮助我国环道标定系统建设和运行。

关键词：环道标定系统；量值传递；标准装置；高压天然气

1　前言

我国高压天然气管道近年来迅速发展，西气东输管道，中缅管道，中俄东线管道陆续建成，LNG资源量和工程规模不断扩大，随之天然气流量计标定需求连年增长。早期，我国天然气标定工艺通常采用直排方式（见图1），标定站与分输站并联建设，即从高压天然气管道引入天然气，经过滤、调压、调流后进入标定系统，标定系统完成标定后将降压后的天然气排放至附近的低压分输站。直排工艺无动力设备，工艺相对简单，后期运行能耗相对较低，但标定用气体必须依托高压天然气管道取气和低压分输站排气，标定压力、温度、流量受制上、下游工艺。天然气环道标定系统能够降低标定对外部气源及排气管道的依赖（见图2），标定压力和流量可灵活控制，同时能基本实现接近仪表操作条件下标定的技术要求，保障流量计在现场操作条件下使用的准确性。因此，天然气环道标定技术飞速发展，国外已广泛并长期采用，例如美国西南研究院（SWRI）气体研究学会（GRI），荷兰EUROLOOP实验室，德国RMA、Pigsar、Qbig实验室，丹麦FORCE实验室都建设了高压天然气环道标定系统[1][2]，我国国家石油天然气大流量站成都分站建设了中压天然气环道标定系统，中船重工、上海真兰仪表正在开展低压天然气环道标定系统建设，此外南京分站、乌鲁木齐分站等也正在开展高压环道标定系统建设的可研工作。

但目前我国环道标定系统在温压控制、流量控制、运行经验、量值传递方面还有一定提升空间，如温压控制稳定性与国外具有一定差距，运行中能耗过高，环道系统受量值传递的影响、量程受限等问题。

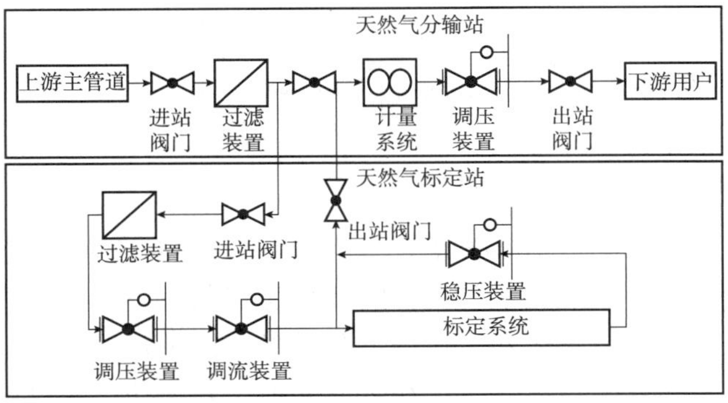

图1　直排工艺

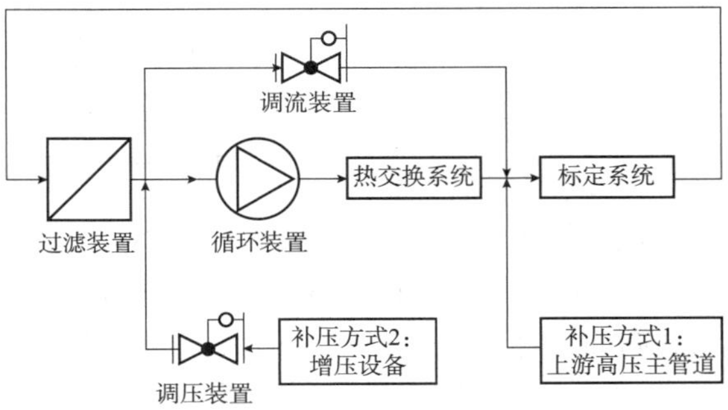

图2　环道工艺

2　荷兰高压天然气环道标定系统介绍

2.1　工艺介绍

荷兰高压天然气环道标定系统从2只3500立方米的储气罐（最大压力3kPa）中取气，经增压泵增压后，进入过滤装置过滤，经变频循环风机循环，热交换系统温控，经过调流装置调流后，进入标定系统实施流量计标定（见图3）。该系统中，工作级标准装置运行压力(0.9～6.1)Mpaa，流量(20～30000)m^3/h，最小不确定度0.16%，温度稳定性优于0.05℃，压力稳定性优于0.1%。

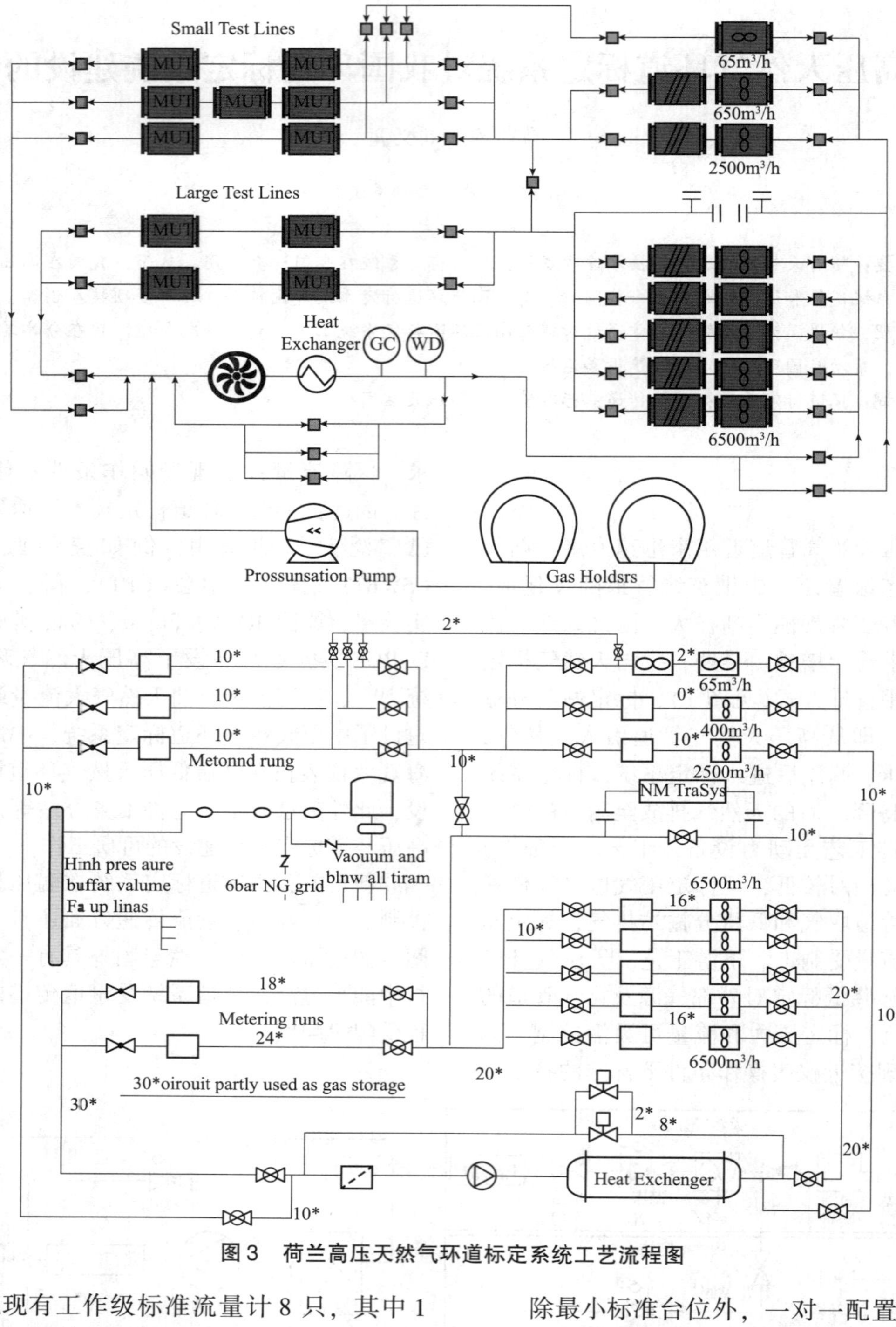

图3　荷兰高压天然气环道标定系统工艺流程图

该系统现有工作级标准流量计8只，其中1只6寸(最大流量650m^3/h)、1只10寸(最大流量2500m^3/h)，5只16寸(最大流量6500m^3/h)ELSTER生产的SM－RI－X型涡轮流量计和1只ELSTER生产的IRPP型4寸旋转容积式流量计(最大流量400m^3/h，该只为后期更换，原设计为1只2寸涡轮流量计)。现有被校台位5只，3只10寸、1只16寸和1只24寸，通过变径，实现不同口径被校流量计标定。

除最小标准台位外，一对一配置核查超声流量计，该流量计为ELSTER生产的Q.SONIC IV型，该系统为了降低工艺对涡轮流量计的影响，将核查超声置于工作级涡轮流量计下游。此外，日常校准中在大口径被校台位上游安装核查超声流量计，用于核查被校支路，该方式有别于国内标定站，国内标定站通常将工作级核查超声放置于涡轮流量计的上游，被校支路未设置核查流量计。大口径流量计通常用于大宗贸易交接，因此在被校支路设置核查流量计，有助于保障数据准确性。

被校流量计在拆装期间需要放空被校支路中的天然气，荷兰标定站采用真空泵将管道内气体抽至2kPa，将降压后管道内剩余气体排放，天然气排放量较小。目前，国内标定站被校流量计拆装时主要采用高压直排方式，低压放空与高压直排放空量差异见表1，由下表数据可知，采用低压放空损耗较低，节能、经济、环保。

表1 降压排放与高压直排放空差异对比表

压力 管径	2kPa（Nm^3）	2MPa（Nm^3）	4MPa（Nm^3）	6MPa（Nm^3）
DN250	0.024	25.215	52.643	82.392
DN300	0.063	65.357	136.451	213.561
DN400	0.111	116.191	242.580	379.664

注：以上数据为假设温度20℃，依据管路长度和内径，采用物理管容计算获得；

此外，系统配置热交换装置，主要冷却动力来自约50米处的河水，环保节能，同时辅助液氨制冷。由于氮气置换中残余的氮气进入天然气管道，会对环道内气质产生影响，该标定系统配置ELSTER产的ENACAL3000型色谱一台，为了监测管道内气体质量，配置水露点仪器一台。

2.2 量值传递介绍

荷兰高压天然气环道标定系统量值传递见图4[3]。

2.2.1 原级标准

油气分离活塞标准测量范围(3～230)m^3/h，不确定度0.07%。主要由速度式离心泵、油气储罐、活塞、仪表组成。离心泵启动，使活塞中的油品以极低的流速运行进入油气储罐，储罐内随着油品增加，气体受挤压进入管道，气体经过被测流量计DUT(IRPP)后进入活塞装置，气体推动活塞以极低的速度向左缓慢移动。通过比较活塞与被测流量计流量偏差获得被测流量计的误差。离心泵停止，油品从油气储罐返回活塞油缸，活塞右移至起点，装置可再次开展测量[4]（见图5）。

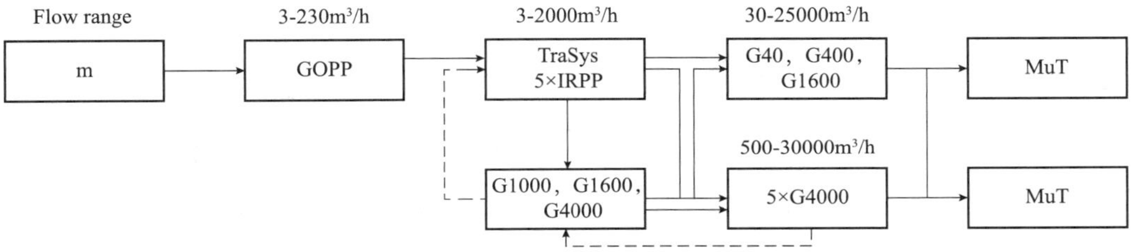

图4 荷兰高压气体流量量值溯源图

图中：m为荷兰国家标准实验室（VSL）的长度标准，等同计量基准；GOPP为24寸油气分离活塞标准（Gas Oil Piston Prover），该装置隶属VSL，等同原级标准；IRPP为5只旋转活塞式流量计（Instromet Rotary Piston Prover）组成的传递系统（TraSys），用于校准小口径工作级标准和传递标准，等同次级标准；G1000/G1600/G4000为3只传递涡轮流量计，用于校准工作级标准，等同传递标准；G40/G400/G1600/G4000为8只标准流量计，等同工作标准；MuT为被校流量计

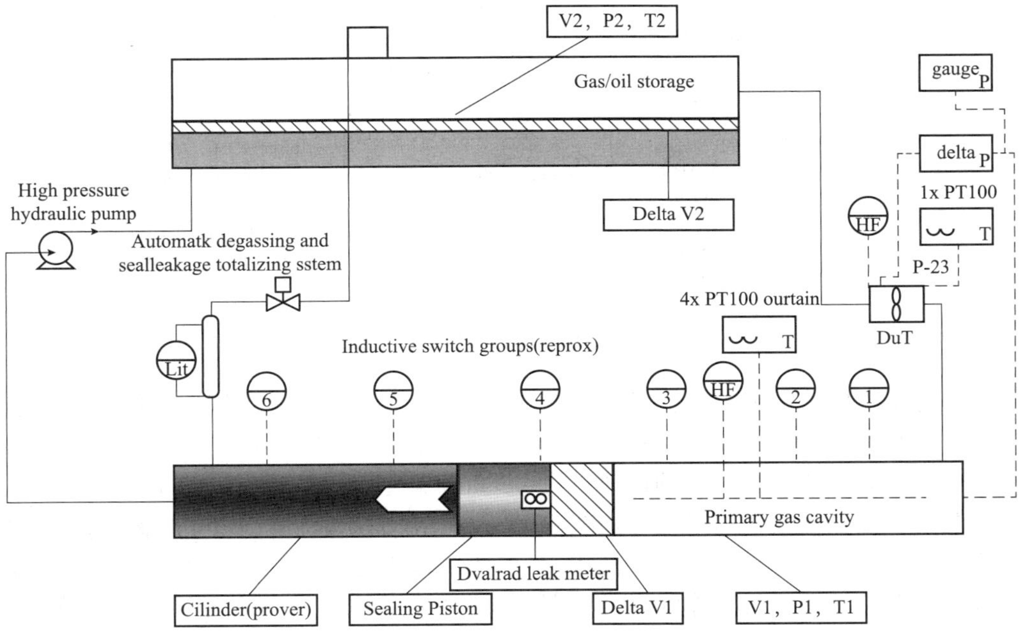

图5 油气分离活塞标准

2.2.2 次级标准

次级标准(TraSys)由5只IRPP(≥10% Qmax，即≥40m^3/h范围内线性度优于0.05%)流量计组成(见图6)，单只测量范围(2～400)m^3/h，该装置不确定度为0.1%。由于受油气分离活塞标准(GOPP)影响，单只IRPP校准最大量为200m^3/h。因此，采用2组TraSys系统，使用自举法(利用小样本推测总体的统计法)扩展TraSys系统量程，即使用GOPP分别校准一个TraSys中的每只IRPP，每只IRPP在200m^3/h范围内具有已知的误差和不确定度，再使用该组中2只IRPP组合，对另一组TraSys中的每只IRPP进行校准，另一组每只IRPP在400m^3/h范围内具有已知的误差和不确定度，5只IRPP流量范围可达2000m^3/h(见图7)，此外，可将GOPP校准IRPP数据与两组IRPP自校结果进行比对评估，验证结果的一致性。

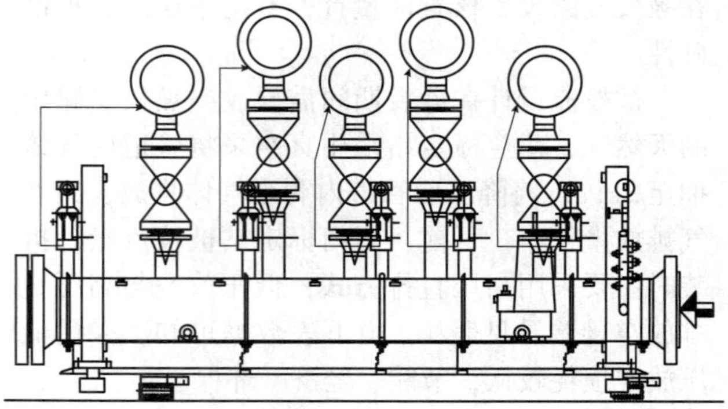

图6　传递系统(TraSys)5×IRPP

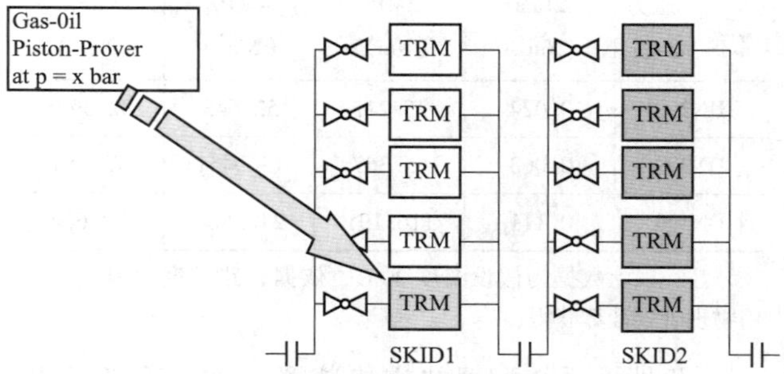

图7　TraSys自举法示意图

图8是荷兰三条独立的量值传递图，可见TraSys系统链路最短，减少了在不同标准装置间传递产生的由标准装置引入的不确定度，因此该链路不确定度相对较小。

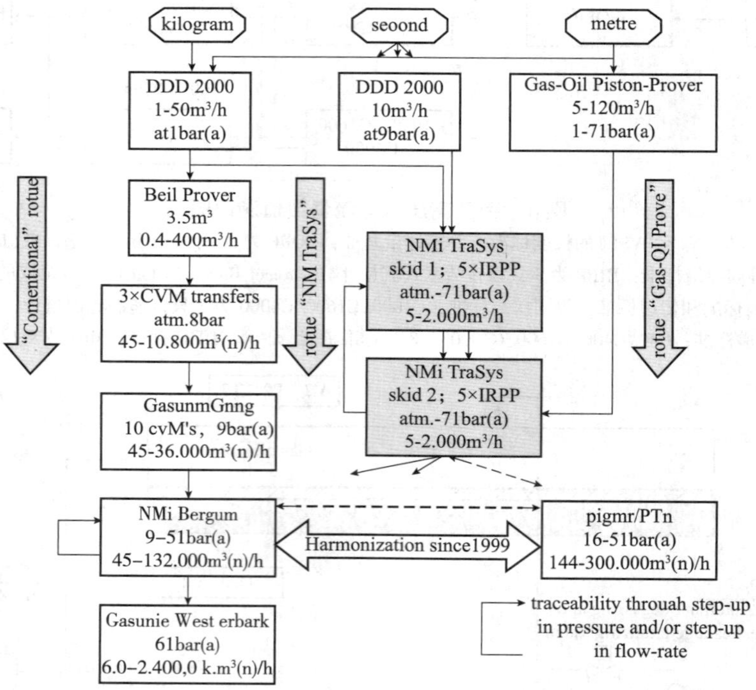

图8　荷兰三条独立量值传递图

TraSys标准高度集成、占地较小，可整体溯源；传递链短，实施校准时不确定度相对较小；该装置具有万向移动和液压升降功能的底座，可适配不同管道装置；独立集成数据采集和接线系统，可接入不同标准设施进行量值传递以及用于各实验室间计量比对；该装置与工作级标准装置都是体积法，降低组分变化对计量结果的影响；此外，该装置可减少因工作级标准送校造成的停校时长(以往约为4～5周)[5]。

2.2.3 传递标准

由于次级标准(TraSys)最大量程为2000m^3/h，TraSys无法实现16寸工作级涡轮流量计(最大量程6500m^3/h)全量程校准，因此使用TraSys对G1600传递涡轮进行校准，使传递涡轮最大值可

达 $2000m^3/h$，再使用传递涡轮分别校准 5 只工作级涡轮，5 只工作级涡轮经校准后最大流量达 $10000m^3/h$，再使用 5 只工作级涡轮校准 16 寸(G4000)传递涡轮，G4000 涡轮在 $6500m^3/h$ 范围内具有已知的误差及不确定度，用该传递涡轮分别校准 5 只 16 寸工作级标准，实现工作级最大流量达 $30000m^3/h$。

由于传递涡轮的安装位置固定，在次级校准传递涡轮和传递涡轮校准工作级涡轮中，仅考虑一次装置引入的不确定度，后续使用传递涡轮反复量值叠加传递中，仅考虑传递涡轮重复性引入的误差，因此装置的不确定度相对较小。

次级和传递涡轮通过使用自举法，将高精度、小量程标准装置叠加传递到大量程标准装置，降低投资，灵活方便，溯源链短、不确定度高，该方式得到欧洲各国认可，因此荷兰高压天然气环道标定系统与德国 PTB/Pigsar、法国 Cesame－Exadebit s. a. / LNE－LADG，丹麦 Force Technology 的标定系统，共同用于欧洲流量量值统一，参考值确定。国内，目前采用该方法校准工作级标准的标定站极少，可参考学习。

2.2.4 工作级标准

荷兰高压天然气环道标定系统的工作级标准情况在 2.1 中已阐述，此处不再赘述。为了保证工作级标准数据的可靠性，定期对工作级关键设备开展核查，每 3 年对涡轮流量计校准，每 3 年使用 TraSys 开展一次欧洲参考量值统一测试比对，每 2 年对温变校准、每年对压变校准、每季度对标准装置进行期间核查，每天使用标气对色谱进行自标定，每天校准前对比核查流量计与标准流量计差异是否满足数据库内记录规律，通过以上方式保证标准装置设备准确可靠。

3 启示

3.1 设计方面的启示

①设计阶段融入节能环保的理念。目前国内标定站被校流量计拆装中产生的放空气体主要采用高压直排方式，造成天然气放空损失以及大气污染，荷兰采用抽至低压后放空可有效降低该影响，该方式值得借鉴学习。

②装置预期效果和功能在设计阶段应充分考虑。可行性研究阶段对装置不确定度进行预估，同时对预期功能进行预设，开展不确定度预测分析和功能设计，在理论设计达到预期、进行仿真验证后开展建设，可有效保证装置达到预期要求。

c)标准装置温度控制对保证计量准确性非常重要。该系统标定工艺设置在室内，为减少地下环境不可控影响，运行管道均设置在地上，主工艺管路和标准装置外部设置保温。此外，在死气段设计多个温度传感器，掌握管道内温度变化。由于大口径被校台位，如 16 寸和 24 寸管道在低流量运行时可能会存在温度分层情况，因此在管道管顶和管底分别设置温度传感器进行温度补偿。

3.2 运行方面的启示

①由于环道中存在动力设备，对压力稳定性有一定影响，因此环道主工艺管道容积建议尽可能大(例如图 3 右侧，橙色部分，采用 30 寸管道)，作用是降低低频振荡效应和气流脉动影响。此外，大容积的主管道还可以封存高压气体，用于后续标定，降低能耗。例如，可在校准计划安排时将校准压力大致相同的流量计安排在一批，并从低压批次流量计开始校准，在一周内逐渐升至最高压力，利用停机时间(如周末、节假日)将气体重新输送到高压腔封存，有效降低压缩机增压能耗[3]。

②在土地资源紧缺的地区，为充分提高土地资源利用率，标定站除流量计安装台位外其余部分可设计紧凑。目前，国内标定站设备安装，主要采用单层与地面平行安装的方式，占地面积较大，欧洲标定站的设计相对紧凑，例如主管道高空沿墙面布置，考虑到工作级标准拆装相对较少，因此标准流量计与墙面平行并联放置，空间充分利用，该方式对后续操作、维修上会带来一定的不便，在设计时应充分考虑设备的吊装、维修空间。因此，对于用地资源紧张的地区可参考设计。

③服务贴近客户。具有现场和远程线上校准见证服务。标定站设置客户见证室，客户可参观现场后在见证室通过大屏见证流量计标定过程；此外，也可远程线上见证，登录网页账号，对流量计安装现场、校准工艺、流量计诊断情况和校准数据进行远程查看，便于客户掌握标定过程和进展，极大的服务客户。

④数据留存尽可能完善，保证被测仪表的可追溯性。荷兰标定站在仪表收发时会留存仪表状态照片，校准过程中工业摄像头可对安装现场进行录像，会在每个流量点及零流量点使用流量计厂家提供的核查软件开展流量计声速核查，并留存核查原始数据，以上做法便于后续追溯、还原原始状态以及后续数据分析。

⑤严格的过程控制有助于保证数据质量。荷兰标定站对校准过程压力、温度的控制要求（每个流量点标定中压力稳定性优于 0.1%，温度稳定性优于 0.05℃，）非常严格，远高于 ISO 17089 和国内检定规程的要求。对于温度控制，荷兰标定站在校准过程中保持环境温度与校准气体温度温差小于 2℃，正常情况下标定间关闭大门，特别是流量低于 1500m^3/h 时，防止空气流通对标定温度产生影响。

3.3 量值传递的启示

①利用自举法开展量值传递，实现高精度小量程仪表向大量程仪表量值传递，节约成本，溯源链短，不确定度较小，有助于提高标准装置精度。

②高精度次级标准高度集成、灵活方便的设计，可串联进入各种计量及标准装置有助于装置整体量值传递和比对，提高量值传递和比对的准确性。

③采用环道标定，气体在封闭管道内循环，气质相对稳定，减少了组分变化对标定结果的影响。

④协调统一参考量值可推动天然气流量计量值传递进一步统一、准确。欧洲各国紧密相邻，跨国管道、跨国贸易交接频繁，由于欧洲各国的计量标准存在差异，可能导致计量结果偏差，1999 年德国、法国和荷兰等国家标准研究中心，根据各国校准结果的不确定度进行加权平均计算，协定了一个统一的量值，即所谓的统一参考值，同时各国定期开展比对，确保量值统一，数据准确。我国幅员辽阔，管道跨省、跨地区、跨公司交接频繁，国内标定站目前数量较多，例如成都、南京、武汉、广州、乌鲁木齐、北京、榆林、塔里木等，在用原级标准 3 套，工作级标准数十套，其量值间也存在一定差异，若能参考欧洲开展协调统一参考量值，可进一步在该领域实现量值统一数据精准与国际接轨。

4 总结

荷兰高压天然气环道标定系统在设计、运行、量值传递方面，对我国环道标定系统建设具有借鉴意义，当然环道标定系统也存在一定缺陷，例如，环道增加了动力设备，能耗相对直排工艺略高，同时运行工艺相对复杂，温度及压力控制、流量计稳定难度相对较高。因此，评估是否采用环道工艺，要衡量整体利弊，综合考虑。

参考文献

[1]龚磊，王硕，詹娇，等．基于环道式技术的高压气体流量装置研究[J]自动化与仪器仪表，2017，(05)：214 − 215 + 218.

[2]彭利果，王强，段继芹，等．天然气流量环道检测装置影响因素分析[J]石油与天然气化工，2016，45(05)：80 − 84 + 94.

天然气流量计检定的数字化和智能化

伍开成　李婉婉

（国家石油天然气管网集团有限公司西气东输分公司南京计量研究中心）

摘　要：本文介绍了某天然气计量技术机构，基于自身的运行情况与业务特点，于数字化、智能化助推天然气流量计检定入手，从检定业务、检定、维护、证书、数据数字化角度分析了数字化、智能化的技术优势。从天然气计量的发展以及流量计检定管理的要求，通过实施天然气流量计检定的数字化、智能化应用，解决机构和客户迫切需要的快速、准确、安全、高效方面的需求，进行了探索及研究。

关键词：天然气流量计检定；智能化；数字化；智能检定

1　前言

某天然气计量检定机构，主要开展天然气流量计检定、校准和计量技术研究工作。建有高压天然气流量原级标准1套、次级标准2套、工作级标准2套，其中原级标准测量不确定度为万分之五，达到国际领先水平；次级标准测量不确定度为千分之一点六五，具备检定0.5级流量计能力；工作级标准测量不确定度为千分之二点三，至今已为国内外客户检定、校准流量计超过13000台次。

国家《“十四五”数字经济发展规划》要求推进数字技术、应用场景融合创新，大力推进产业数字化转型；国家《“十四五”信息化规划》要求加快数字化发展，深化数字化、智能化转型升级；国家《计量发展规划》要求坚持创新突破、改革引领，大力加强计量与现代数字技术联动。国家管网集团更是将“科技数字化”作为四大发展战略之一。

在此背景下，该检定机构与计量行业各技术机构、科研院所及企业一道深化计量技术攻关，通过近几年的探索及研究，实现了天然气流量计检定的数字化、智能化应用，解决了“流量计送到什么样的检定机构去溯源会更快速便捷，准确可靠，服务优质”“怎么样的计量技术机构能够安全、精准、高效”的机构和客户迫切地需要。

2　天然气流量计检定过程的数字化和智能化应用

如何成为快、准、优，安全、精准、高效的检定技术机构，同时满足客户需要下面就该机构在天然气流量计检定过程数字化、智能化应用中的“检定业务管理数字化”“检定数字化”“维护数字化”“证书数字化”和“数据数字化”五个方面依次介绍。

2.1　检定业务管理数字化

客户送检流量计涉及的流程较多，包括检定申请、合同签订、样品送检、样品领取、证书领取等，耗时较长，且人员需要多次出差，资料需要来回邮寄，为提高各流程工作效率，利用互联网+技术开发了数字化管理平台，实现了检定业务的全流程数字化管理，且平台具有网页、手机客户端及公众号版本，客户可随时随地在平台上完成检定业务的全部操作，大幅提高了检定业务管理效率，如图1所示。

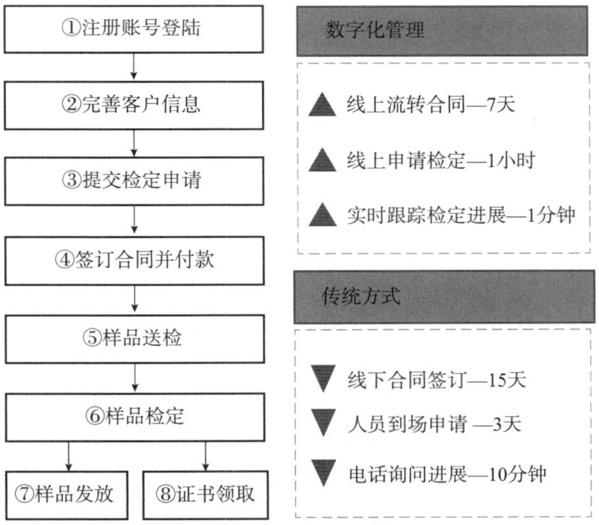

图1　数字化管理流程及与传统方式比较图

通过对比，在实施检定业务数字化管理以后，单台流量计检定周期至少缩短10天，而且有效地解决了来回邮寄资料、人员往复出差，尤其是智能计划安排和电子证书发放客户极为关心的等待时间长、邮寄证书不及时等痛点问题。

2.2　检定数字化

为提高检定的准确性，降人工操作风险，将数字孪生技术、人工智能技术、大数据分析技术与天然气检定技术相结合，实现了中高压天然气流量计检定的数字化应用，检定数字化应用由智能控制器、数字孪生体、智能检定客户端及站控安全联锁逻辑构成。

智能控制器是整个检定数字化的核心，它以454 万组数据进行模型训练，以227 万组数据进行模型验证和测试，实现了流量计检定全工况的自动适应、自主调整，流量覆盖 8 ~ 15000m^3/h，压力覆盖 4.5 ~ 9.8MPa，口径覆盖 DN50 ~ DN450 九种口径，且不同工况条件下，流量调节精度均能达到 96% 以上，高于流量计检定规程要求。

数字孪生体是根据检定站工艺管线布局、设备技术参数和运行工况数据，在虚拟空间中构建与实际检定站精准映射、行为一致数字实体，可对智能控制器给出的控制策略进行仿真和迭代运算，同同时将运算结果反馈给智能控制器，智能控制器根据反馈结果自适应调整，实现控制精度的持续优化，目前数字孪生体运算结果与现场参数比较精度已经达到 99.3% 以上，如图 2 所示。

数字孪生

战场管道

当前启用"智能检定"模式

图 2　站场实物与数字孪生体三维展示图

数字孪生体的三维展示，它可以实时显示当前的位置、流量状态、设备状态，同时也可快速切换不同场景、不司显示模型，当前展示的是使用工作级标准检定被检流量计，天然气在管道内的流动图。

为提高检定过程数据的有效性，保障检定质量，将检定规程的判断准则增加到检定数字化应用当中，实现检定过程中温度、压力、流量等参数的自动核验，检定结果的自动判断，由"人工决策"转换为"系统智能判断"，实现检定全过程的质量监控，确保每次检定结果的准确可靠，如图 3 所示。

图 3　智能检定客户端

通过检定数字化的应用，流量计检定效率、流量调节精度、检定数据质量和操作安全性均得到有效提高。

检定效率方面，实现检定流程的一键操作，单台流量计的检定时长由90分钟缩短至50分钟。

流程操作方面，提高了流量调节精度，同时解决了小流量调节难度大、耗时长难题，以往 $40m^3/h$ 以下流量，人工调节需要20分钟以上，现在智能数字化调节只需要4～10分钟即可完成。

质量管控方面，由“人工决策”转换为“系统智能判断”，以往，检定过程中流量计的温度、压力、流量等参数是否满足检定规程要求，数据点的勾选均是人工完成，存在误操作、误判断的风险，现在均由检定数字化应用完成，避免了人为因素影响，确保了每次检定结果的准确可靠。

安全保障方面，设置了超速、超压、防流程中断。

2.3　维护数字化

维护数字化包括站场设备和标准装置维护数字化两方面。

站场设备维护数字化是通过对站场生产基础数据、运行操作数据以及事件处置数据的应用，实现设备运行状态、设备故障原因、故障处理方法的综合分析，并对分析结果进一步利用，从而为设备管理、预防性维护、维修提供决策依据，保障现场设备安全运行平稳。

对于检定机构而言，通常采用定期开展标准装置重复性、稳定性测试、期间核查等传统方式进行质量管控，通过测试结果来评估标准装置量值是否准确，但无法第一时间掌握计量标准性能的变化，为此，通过温度、压力测量仪表、气相色谱仪等计量器具的定期比对，核查超查流量计历史数据分析，以及标准装置量传影响因素分析，实现装置性能变化趋势预测，进而根据预测结果为标准装置完整性管理提供数据支持，为视情维护提供科学的决策依据，实现标准装置维护数字化，保障装置量传的准确可靠。

2.4　证书数字化

为解决证书流转慢、邮寄耗时长等问题，让客户能在第一时间拿到证书，创新性的采用电子化检定证书，客户可在智能检定管理平台上直接下载使用。实现证书从出具开始到客户手中，三天内完成，如图4所示。

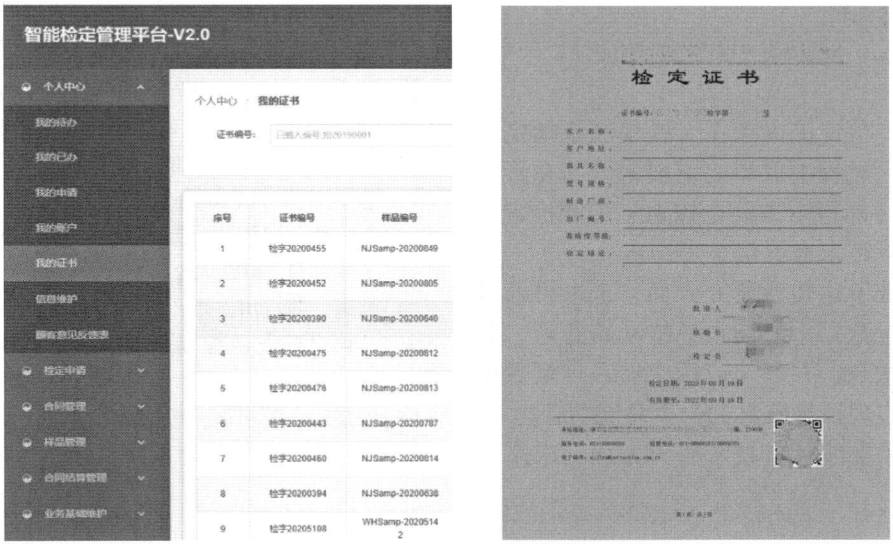

图4　证书流转电子化

2.5　数据数字化

该天然气计量检定机构运行维护着5套天然气流量标准装置，对8个站点标准装置进行量传，并且已完成流量计检定校准13000余台，为归集积累的计量检定数据、工艺流程数据，利用大数据分析等技术，实现了数据数字化，建立了流量计性能、检定人员能力、检定业务管理多维评价机制，如图5所示。

流量计性能评价是从示值误差、调整量、稳定性、合格率、重复性、使用年限等多维度建立数学分析模型，实现对7种品牌、20余种型号流量计的全生命周期运行状况分析、评价。而且，由当前已有数据分析可知，不同品牌、型号流量计的性能确实存在差异，因此利用流量计性能评价模型充分挖掘大数据内在价值，可为客户提供流量计选型、使用、维护保养、送检等方面的建议。

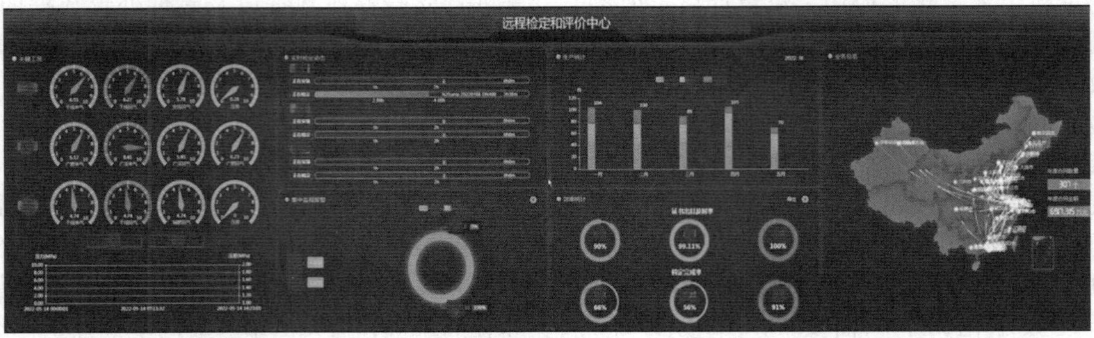

图5　远程检定与评价中心

检定人员评价是基于人员操作熟练程度、温度、压力、流量稳定度等维度建立数学分析模型，实现对流量计检定操作的核查，评价流量计操作是否有效以及检定人员检定操作能力，从而减小人为操作影响因素，提升流量计检定结果可靠性。

检定业务管理评价是基于各个环节用时、人员提醒等维度建立数学分析模型，评价各业务环节是否及时有效执行，并以此作为管理提升决策依据，保障高质量服务目标的实现，即检定申请完成后，7 天内完成合同签订；流量计到场现场后，3 天内完成检定、校准；流量计检定完成后，3 天内证书完成流转。

3　结束语

近几年来，检定机构除在天然气流量检定的数字化与智能化过程中取得一定成果外，在天然气流量计实流智能检定方面也探索了智能检定工业化应用，以下是未来展望。

开展计量数字化转型研究方面，未来可通过进一步加强计量数据中心建设，推动跨行业、跨领域计量数据融合、共享与应用，加强计量数据统计、分析，实现计量器具的全生命周期管理。

开展远程和在线计量技术研究方面，未来可通过整合计量仪表设备数字模型、工艺及计量仪表设计参数、工程施工的装置信息、计量仪表的检定校准数据以及生产现场实时工况数据，实现在线核查仪表运行状态，横向类比同型号计量仪表状态，纵向比较仪表输出结果变化趋势，进而给出在线检定、校准结果。

开展支撑产品质量提升研究方面，未来应加强计量检定、校准、测试数据的采集、管理和应用，聚焦测不了、测不全、测不准难题，进行关键计量测试技术、测量方法研究，为产业发展提供全溯源链、全寿命周期，并且具有前瞻性的计量测试服务。

参考文献

[1]郑宏伟，刘喆，吴岩．天然气计量检定智能化技术探索与展望[J]．油气储运．2021，40(03).

[2]徐发锐．数字化智能化助推天然气计量分析[J]．智慧中国．2022(10).

[3]赵联毅．智能化计量系统在专业整合中的应用[J]．工业计量．2022，32(04).

[4]韩巍，陈行川，郑传波，刘译文，孙楠．智能化流量计检定系统的应用初探[J]．工业计量．2018，28(05).

[5]周宗琼．数字化、智能化、网络化技术在企业计量检定/校准中的应用[J]．中国计量．2003(06).

天然气流量计算机能量计量系统软硬件开发

郭 婧 张 岩 赵永辉

（国家石油天然气大流量计量站）

摘 要： 流量计算机是实现天然气的能量计量的关键设备，在我国的天然气计量领域具有广阔的应用空间。根据前期市场调研分析了流量计算机的功能需求，并结合软硬件开发技术设计了通用流量计算机系统的框架，进行了系统的功能设计。流量计算机由计算管理系统和实时采集系统两部分组成，结合通信技术可以实现单机和分布式应用场景的需求。基于所提出的框架和功能设计，并结合嵌入式系统开发了流量计算机系统，实现了系统配置、数据采集和流量计算功能，验证了所提出系统架构的可行性。

关键词： 流量计算机；天然气；能量计量

引 言

天然气作为清洁能源在我国的能源供给中占有重要地位，然而天然气的供给呈现出多元化的特点。在天然气的输送与使用中，其单位发热量会因为组分变化而不同，会受到气源、时间以及混合输送等多种因素的影响。因此能量计量更能体现贸易的公平性与合理性。在国际贸易中，天然气往往采用能量计量方式，近些年来随着我国天然气计量体系标准、计量技术与设备的不断发展，国内天然气贸易从流量计量转向能量计量已经成为必然发展趋势[1]。随着我国加入 WTO，天然气贸易交接中已经使用了大量的流量计算机。国内常见的具有能量计量功能的现役流量计算机主要以国外品牌为主。但对于天然气能量计量标准与方法、能量计量评价与实施影响、计量装置与系统的研究已有很多报道。陈瑞钦等[2]基于 WinCE 实现了孔板流量计算机系统，具备数据库以及 Modbus 通信功能。刘涵[3]在嵌入式 Linux 平台上实现了具有能量计量功能的流量计算机。裴全斌等[4]探讨了天然气流量计算机的计量测试方法，杨延平[5]利用多元回归模型评价了天然气流量计算机的测量误差。王海同[6]研究了基于声速核查方法的天然气能量计量标准装置，对能量计量标准装置的不确定度进行了评定，陈赓良[7]研究了天然气能量计量的溯源性与不确定度评定方法。这些研究为我国实现天然气能量计量奠定了基础。

1 功能分析

天然气的能量计算公式为：

$$E = HV_0$$

其中 H 为天然气发热量，V_0 为天然气的流量（体积或质量流量）。其中天然气流量通过计量仪表获得，根据不同流量计的类型，可以通过信号采集或者通讯方式获得，如采集脉冲/频率、差压/压力、电流等信号，或者使用 HART、串口等通讯方式获得。例如超声流量计、涡轮流量计常采集脉冲/频率方式，孔板采集差压信号，临界喷嘴采集压力信号，与此同时还需要采集温度、压力信号，这些采集的信号通过流量计算机或上位机系统进行处理。对于带有通信功能的仪表，可以直接获得流量。对于天然气发热量，可以通过直接测量或者间接测量或者赋值的方法获得。其中直接法是测量天然气燃烧值，间接测量通过天然气的组分或者相对密度等计算出热值，流量计算机通过 ModBus 通信读取色谱仪或站控的组分数据。通过以上分析，流量计算机需要具备模拟量、脉冲采集以及通信功能，各种数据来源及数据项如表 1 所示。

表 1 流量计算机数据采集传输方式

传输方式	数据项
模拟量	温度、压力、流量
脉冲采集	流量
通讯	流量、温度、压力、组分、相对密度

在天然气输送和使用的上下游都需要实现对能量的计量，但各使用场景所使用的数据来源及要求会有所不同。在实际使用时，应用场景分为单机、本地分布式、远程分布式三种情况。单机

模式适用于对单一管路进行计量，本地分布式适合存在多个管路的情形，如计量站/分输站往往含有多条管路，需要同时采集多条管路的数据并进行计算。而远程分布式适用于在大范围内进行计量的场景，如城镇终端用户，这时只采集流量信号，而温度、压力和色谱数据通过通讯方式进行赋值。由于上下游不同场景使用仪表的精度不同，各场景的计算结果的不确定度也不同。因此在设计流量计算机系统时，需要适应不同的应用场景，对于数据来源相同的场景，采用统一的计算标准与方法，并考虑上下游计量数据的相容，验证各个计量点的数据。为了计量数据的验证，流量计算机还需要具备通信功能。

2 系统架构

根据上一节的分析，流量计算机一方面需要实时采集数据，完成流量和能量的计算，另一方面需要进行配置管理、数据分析和通讯功能。其中实时数据采集部分对实时性要求较高，功能相对单一和独立，适合采用单片机实时系统实现。而管理部分功能相对丰富，对不同的应用场景需要有不同的功能需求，并且需要较强的扩展性，适合在嵌入式操作系统上实现。因此流量计算机的架构可以分为实时采集系统和计算管理系统两个模块，同时考虑应用场景的需求，一个计算管理系统可以连接多个实时采集系统，整个系统的架构如图 1 所示。

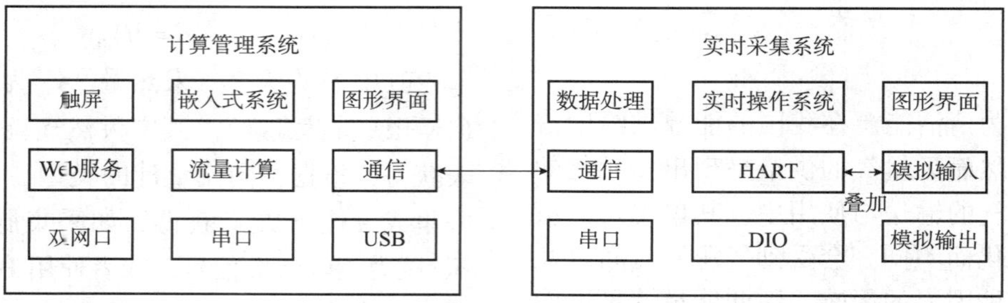

图 1 流量计算机系统架构

2.1 实时采集系统

负责采集实时数据(温度、压力、流量)，根据采集的数据和通讯获得的数据计算瞬时流量、能量并进行累积。为了提高通用性，实时采集系统的典型配置需要包含 3 路电流信号、2 路脉冲信号、4 路串口通讯和 1 路与上位机通信接口，如表 2 所示。对于温度和压力信号的采集，可以通过(4－20)mA 电流方式采集，也可以通过叠加 HART 协议的电流获得，或者通过串口通信获得，其中串口通信又可以分为按字节通信或 ModBus 通信方式，有些变送器支持串口数据发送。对于超声流量计、涡轮流量计等，流量信号可以通过采集脉冲获得，有时流量计同时发送 2 个脉冲信号，用于流量的对比核查，因此需要两路脉冲。对于差压型流量计，如孔板、喷嘴等，其流量信息是通过压力变送器测得的电流信号。目前很多流量计都具有 ModBus 通信功能，通过 ModBus 发送流量和流量计的诊断信息。天然气的组分可以通过连接色谱仪或站控系统获得，通常采用 ModBus 方式通信。在一个采样周期内，实时采集系统完成数据采集，并传输给上位机。根据需要，实时采集系统可以计算流量、物性等数据，也可以传给上位机，由上位机完成相关计算。

表 2 流量计算机数据项

数据项	传输方式
温度信号	电流，通讯
压力信号	电流，通讯
流量信号	脉冲，电流、通信
组分、物性	通讯
采集数据、配置信息	上位机通讯

2.2 计算管理系统

计算管理系统负责汇总实时采集系统的数据并对实时采集系统进行配置和管理。一个计算管理系统可以连接多个实时采集系统，汇总实时采集的数据，承担物性计算、流量计算、流量累积等工作。计算管理系统通常基于高性能低功耗的 ARM 芯片实现，如 ARM－A53，能够支持历史数据存储、数据维护和管理功能。计算管理系统应具备与站控或色谱仪通信功能，可以从色谱仪和站控获取组分数据，也可以为站控系统提供流量数据。这些功能通常基于 ModBus 实现，可以采用串口 ModBus 通信或者基于网络的 ModBus TCP 实现。计算管理系统的应具有图形操作界面，实现系统配置和数据维护功能，也应当提供网络远程访问和配置功能，方便流量计算机的管理。

2.3 系统通讯

实时采集系统和计算管理系统之间需要进行通讯，传输流量计数据和配置信息。根据不同的情景，两个系统间的通讯可以采用不同方式，如I2C、SPI、RS－485、RS232、RS422以及网络通信等。当实时采集系统和计算管理系统安装在一起，作为一个整体使用使用时，两个系统间的通讯可以采用高速I2C、SPI进行通信，也可以使用RS－422、485、232通信。如果采集系统分散在同一工作区域的多个地点并最终汇总与同一个计算管理系统，如在计量站的多个计量之路上配置实时采集系统，并把各采集系统的数据汇总与同一个计算管理系统。这时系统间的通信可以采用RS－485、RS232或RS422通讯。当各实时采集系统分布范围较广且距离较远时，实时采集系统可以通过通信网络与计算管理系统通讯，根据通信范围的大小可以采用有线网络、无线局域网或移动数据网络。从硬件实现来讲，系统通信功能都集成在实时采集模块和计算管理模块上，

3 功能设计

流量计算机要实现数据采集、流量计算和维护管理等功能，根据不同的应用场景，这些功能可以在实时采集系统或计算管理系统实现。

3.1 流量计算

流量计算机采集所需数据并进行处理，根据标准计算天然气物性、发热量，进而得到流量和能量。对于单机场景，由于实时采集系统和计算管理系统之间通讯速度很快，可以将实时采集的数据全部发送给计算管理系统，由计算管理系统完成各种计算。这种情景实时采集系统只需要负责采集，不需要进行大量计算，因此在硬件选择上可以降低对CPU运算速度的要求。这种情形下实时采集系统不需要计算气体物性，只需要将采集的数据发送给上位机。对于本地分布式情形，一个计算管理系统会与多个实时采集系统连接，各实时采集系统的数据汇总到计算管理系统。由于场站一般只通过一台色谱仪分析气体组分，可以由计算管理系统采集气体组分，并根据各实时采集单元的温度、压力数据完成计算。对于远程分布式情形，由于远程通信数据通信速录受限，并且实时采集单元有可能采用电池供电方式，这时一般不会将所有采集的数据都上传到计算管理系统。如在城镇终端用户，燃气表一般只采集流量，而温度、压力由楼宇节点的计算管理单元采集，而组分数据由远程站点测量管网数据获得，并传送给计算管理单元，由计算管理单元算出发热量，再赋值给终端用户。这样终端用户可以根据计量的流量和发热量算出使用的天然气能量，并在终端设备上显示。

3.2 数据源选用与模拟运行

流量计算机在使用的时候可能会遇到数据采集或通信故障，此时通常手动输入数值或选用采集数据的历史值。有时为了验证流量计算算法或者对比不同算法的计算结果，都需要在给定温度、压力或组分数据对情形下进行计算。因此流量计算机需要具有数据来源的选用功能，对参与计算的数据设置数据来源，可以设置数据源通过采集、历史值或手动输入等方式。流量计算机在不采集实际数据的情况下，也可以通过模拟的数据进行计算，从而验证计算结果是否正确。与此同时，为了方便对比与验证结果，流量计算机需要具备输入数据和计算结果的导入导出功能。

3.3 配置管理

流量计算机在使用时需要对采集端口、数据来源、流量计信息、通信接口和计算标准进行配置，可配置的参数很多。同时为了追溯流量计算机的状态，也需要对配置信息进行管理，能够保持和加载配置信息，便于快速配置。比如在采集温度、压力时，需要配置数据来源和端口，是采用模拟量通道、Hart协议或者ModBus通讯采集。对于流量计的配置包括流量计类型，采集信号类型、参数以及修正参数等，例如在采集脉冲的时候，需要采集累积量还是频率，并且配置K系数和修正系数。如果采用ModBus通讯方式采集流量，则需要根据流量计的ModBus通讯点表读取相应信息，不同流量计的通讯点表往往不一样，因此需要针对不同的流量计产品灵活配置读取点表。对于常用流量计的ModBus通讯点表信息，系统应当提供缺省配置，方便连接各种流量计，而不需要重新输入点表。

4 系统运行流程

流量计算机在使用时需要先进行各项配置，在完成各项配置后进入工作状态，对采集的数据进行计算并获得结果，各部分的主要流程总结如图2所示。

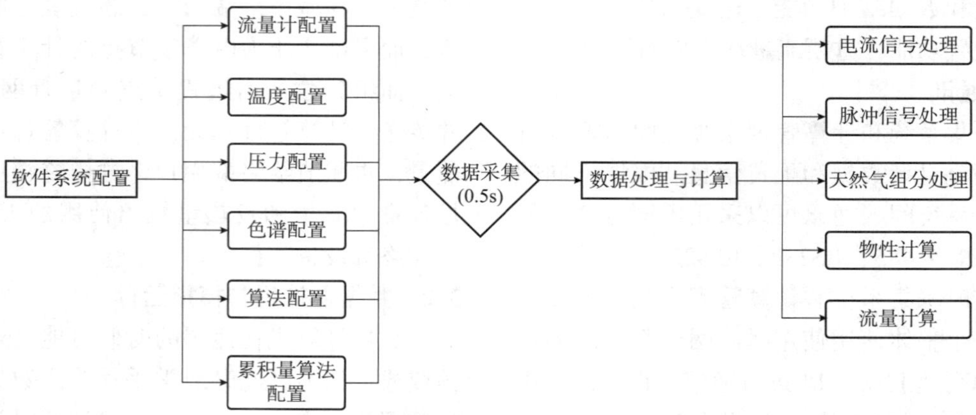

图 2　系统运行流程图

4.1　系统配置

系统配置需要完成流量计、采集方式和算法对相关配置，主要配置过程如下：

①确定流量计类型和流量信号采集方式，如采用脉冲、电流或 ModBus 通讯方式采集。对于脉冲方式，需选择脉冲采集通道和采集方式(累积量、频率)，对于电流信号(如孔板、喷嘴、槽道式流量计或电流型流量计)，需要确定电流代表的压力还是流量信号，并确定(4－20)mA 电流对应的压力和流量范围，对于 ModBus 通讯方式，需要根据流量计厂商提供的通讯点表配置 ModBus 采集点表，确定流量信号及其他需要采集信息的数据地址。

②配置温度、压力采集信号的采集方式。温度、压力信号通常通过电流采集，需要配置模拟采集通道和信号范围。对于温度和压力变送器，通常需要在校准后使用，因此需要设置修正系数。某些流量计可能会通过 ModBus 方式提供温度和压力值，此时可以直接使用流量计提供的压力和温度数值。

③配置天然气组分的采集方式，根据流量计算机的接口配置和应用场景，天然气组分一般采用 ModBus 串口通信方式采集，可以通过直接连接色谱仪或从站控系统采集，或者直接输入手动值代替。

④配置计算标准和方法，天然气计量的涉及的主要标准包括天然气物性计算和各种流量计的计量标准，需要配置压缩因子、发热量等物性计算的方法，设置物性的参考条件，如标准状态的温度和压力。对于温度、压力等数据，设置报警界限和替代值方法，例如使用手动值或历史平均值代替采集的数据。

⑤配置累积量计算方法，对于在流量计的使用中，根据流体流向，通常分为正向和反向，根据是否需要使用累积量进行贸易解算设定贸易和非贸易状态。

4.2　数据采集

根据系统的配置，数据采集工作主要在实时采集系统完成，实时采集系统接收计算管理系统传输的配置，对脉冲、模拟量以及串口进行配置。对于脉冲和模拟量，通常以 0.5 秒或 1 秒间隔进行采集，获得实时数据。对于串口 ModBus 通讯，可以根据 ModBus 服务端的数据更新频率来调整采集频率，如色谱数据更新较慢，可以每分钟进行一次通信，当发现数据有变化时再更新计算用到的组分数据。而对于流量计 ModBus 通讯，可以使用 1 秒的采样间隔。

4.3　数据处理与计算

流量计算机根据系统的配置采集实时数据并进行处理，按照计算标准完成计算，主要计算过程包括：

①对于电流信号，通过模数转换获得电流值，根据温度和压力测量范围转换为温度和压力值，并根据变送器修正数据修正，获得实际的温度和压力值；

②对于脉冲信号，根据配置获得脉冲数或频率，同时记录采集时间，用于流量计算；

③对于天然气组分数据，判断组分是否满足归一化条件，若不满足，需对组分进行归一化处理；

④天然气物性计算，根据天然气组分、温度和压力，计算压缩因子、密度和发热量等物性参数；

⑤流量计算，根据流量计类型和计算方法配置完成工况流量计算，并根据物性转换成标况数据，同时计算流量和能量的累积量。这一部分需要根据不同流量计类型完成计算。

5 系统开发与功能验证

根据前面进行的功能分析和系统设计，研发出一台流量计算机，硬件上采用了 ARM 开发版和自主设计的实时采集电路板，并配有集成 7 寸触摸屏，实现了流量计算机的能量计量功能。该流量计算机在硬件上主要由外壳、触摸屏、计算管理单元和实时采集单元构成。其计算管理系统采用 ARM 开发板实现，具有双核 Cortex - A72（1.8G）+ 四核 Cortex - A53（1.4G）处理器，2GB 内存，16GB 存储空间，具备双 1000M 以太网口、4 个 RS232/RS485 接口以及 2 个 USB3.0 端口，包括显示屏在内最大功耗为 15w。实时采集单元如图 2 所示，采用了 Cortex™ - M4 内核的 STM32F407 芯片，频率为 168MHz，在电路上集成 2 路脉冲输入、4 路模拟量输入、4 路模量输出，在模拟通道上集成了 Hart 功能，同时具有 3 路 RS485 端口、8 路数字输入和 6 路数字输出，在实时采集电路上还集成了晶振与电源模块，配置了 GPS 校时模块接口。实时采集板和 ARM 就开发板之间采用 RS232 通信。

在软件方面开发了实时采集系统和计算管理系统，在实时采集系统中实现了脉冲采集和模拟量及数字量的输入输出功能，通过 485 串口实现了与色谱和流量计的 ModBus 通信功能。实时采集系统和计算管理段之间通过自定义数据格式进行串口通信，传输配置和采集数据。在计算管理系统中实现了系统配置、流量计算和数据服务功能，能够支持脉冲型、电流型、孔板和喷嘴等多种流量计的计量，支持国标天然气物性和发热量计算方法，其中发热量计算结果如表 3 所示。计算管理系统的程序分为计算和 Web 服务两部分，其中计算部分负责和实时系统通信、数据传输和流量计算，Web 服务部分实现了数据图形显示和管理配置界面，可以从本地或远程的浏览器进行系统运行管理，其中配置界面如图 3、图 4 所示。

表 3 发热量计算结果

根据标准 T11062—2020，p29，附录 D.2 计算示例				
燃烧参比条件	温度（℃）	15	压力 kPa	101.325
计量参比条件	温度（℃）	15	压力 kPa	101.325
组分				
甲烷	0.933212		氮气	0.01035
乙烷	0.025656		二氧化碳	0.015414
丙烷	0.015368			
计算结果				
摩尔质量 M（g/mol）		17.38843	压缩因子 Z（288.15，p2）	0.998263
摩尔体积（m^3/mol）		0.0236037	高位体积发热量（MJ/m^3）	38.391356
高位摩尔发热量（kJ/mol）		906.17996	高位质量发热量（MJ/kg or kJ/kg）	52.113961

图 3 实时采集电路板

图 4　系统配置界面

6　结论

流量计算机特别是带有能量计量功能的流量计算机在我国有着很广阔的应用前景，本文针对流量计算机的开发给出了系统架构及功能要求，提供了通用流量计算机开发方案。流量计算机的开发涉及到计量标准、多流量计适配、数据采集与通讯以及硬件性能等多方面的因素，具有较高的复杂度和开发难度。论文通过流量计算机样机的研发，验证了系统的框架结构、功能设计和硬件实现，但愿论文的研究工作能够为流量计算机产品的研发提供指导，也能够推动流量计算机产品标准的建立，并希望天然气能量计量在我国早日实现。

参考文献

[1]陈永主．国内常见天然气流量计算机能量计量功能现状分析[J]．中国计量，2022(09)：92－93.

[2]陈瑞钦．基于 WINCE 的天然气流量计算机系统的设计与实现[D]．西南交通大学，2015.

[3]刘涵．气体流量计算机的研究[D]．浙江大学，2012.

[4]裴全斌，青青，陈正文等．天然气流量计算机计量测试评价方法探讨[J]．计量科学与技术，2021，65(12)：35－39.

[5]杨延平，裴全斌．多元回归模型评价天然气流量计算机的测量误差[J]．中国测试，2020，46(S2)：150－155.

[6]王海同，李春辉，李梦娜．基于声速核查方法的天然气能量计量标准装置[J]．计量学报，2022，43(09)：1186－1191.

[7]陈赓良．天然气能量计量的溯源性与不确定度评定[J]．石油与天然气化工，2017，46(01)：83－90.

[8]朱安庆．基于摩尔组成的天然气流量计算机能量计量检定方法及符合性评定研究[J]．中国计量，2023(06)：123－128.

利用信息化技术解决测深钢卷尺检定中的问题

郭丽宏　黄亚辉

［中石化(天津)石油化工有限公司化验计量部］

摘　要：本文针对 TJ－Ⅵ型钢卷尺检定台检定测深钢卷尺适应性差、效率低、数据处理不完善等问题，提出了利用信息化技术，使功能性电子版检定记录与计量管理信息系统联动，建立数据和信息互动平台，实现信息和数据的非录入式转移，完成检定台加计量管理信息系统数据处理和数据转移的信息化全流程操作，弥补了检定台不适用测深钢卷尺检定的同时，减轻了检定员出具检定记录和检定证书的劳动强度，达到准确、高效完成测深钢卷尺检定的目的。

关键词：测深钢卷尺；影像；数据处理；数据互动

测深钢卷尺又称量油尺，是一种由尺带和尺砣组成用于测量液体深度的专用计量器具，广泛应用于石油石化行业油品计量工作，测深钢卷尺的主要部件是一条钢制尺带和一个规定的尺砣，尺带的一面蚀刻或印制刻度及相应的数字，测深钢卷尺的零位就在尺砣顶端。

1　测深钢卷尺检定存在的问题

测深钢卷尺的检定依据 JJG 4—2015《钢卷尺》检定规程(以下简称规程)，规程规定，“检定Ⅰ级普通钢卷尺和测深钢卷尺，受检点的偏差值应采用 0.01mm 的读数显微镜进行读数”[1]，测深钢卷尺示值误差检定无论首次检定还是后续检定都要估读到 0.01mm，规程要求使用分度值为 0.01mm 的读数显微镜，也可以采用满足不确定度要求的其他方法进行。我单位使用的金色方圆公司生产的 TJ－Ⅵ型 5 米钢卷尺检定台，利用位移传感器在保证 0.01mm 读数前提下，采用相机和液晶显示屏配合放大了尺带刻线，极大减轻了检定员读数的劳动强度，该检定台在钢卷尺检定中得到广泛应用，但在测深钢卷尺的检定中，由于前 500mm 在零位检定器上检定，使用该检定台进行 500mm 以后的全长示值误差检定就会存在以下问题：

①以标准钢卷尺零点对齐被检测深钢卷尺 500mm 刻线，依照检定台操作程序，全长都以每 0.5m 一段开展检定，比整米检定多出一倍的检定点，检定效率极低；

②按照检定台操作程序计算打印出的检定结果没有代入 500mm 以前的零值误差，也没有按规程要求修约，不是最终检定结果。

③证书中需要给出每一米修正值，检定记录中数据结果录入检定证书的工作量大，大批量检定测深钢卷尺时效率低、易出错的问题很突出。

针对测深钢卷尺检定存在的上述问题，我们经过一段时间的策划、实施，在检定过程中进行数据验证和完善，利用信息化手段配合计量管理信息系统，探索出一套简单高效的检定操作流程在此与同行一起分享。

2　测深钢卷尺检定数据采集和数据处理的解决方法

2.1　测深钢卷尺在检定台操作程序的修改

TJ－Ⅵ型钢卷尺检定台有一套检定测深钢卷尺的检定操作程序，如图 1 所示，在测量开始时点击“0.5”即表示进入每隔 0.5m 一点检定，移动至需测量的刻线点，先对准标准尺刻线清零，再对准被检尺刻线，点击“打印”，该点的测量完成，以此类推完成所有测量点的检定。

修改后的操作是：在检定一开始不进入该操作程序，即不按“0.5”按键，对齐标准尺刻线“清零”，对齐被检尺刻线后不点击“打印”键，仅读出数显的偏差值，修改后的操作步骤如图 2 所示。

这样修改的目的是放弃进入预定的测量程序，仅利用读数放大和显示功能得到任意选择刻线偏差值。修改后的操作使测深钢卷尺的检定速度提高了一倍，并达到检定最主要的目的——利用放大读数功能(位移传感器)得到整米检定点的偏差值。

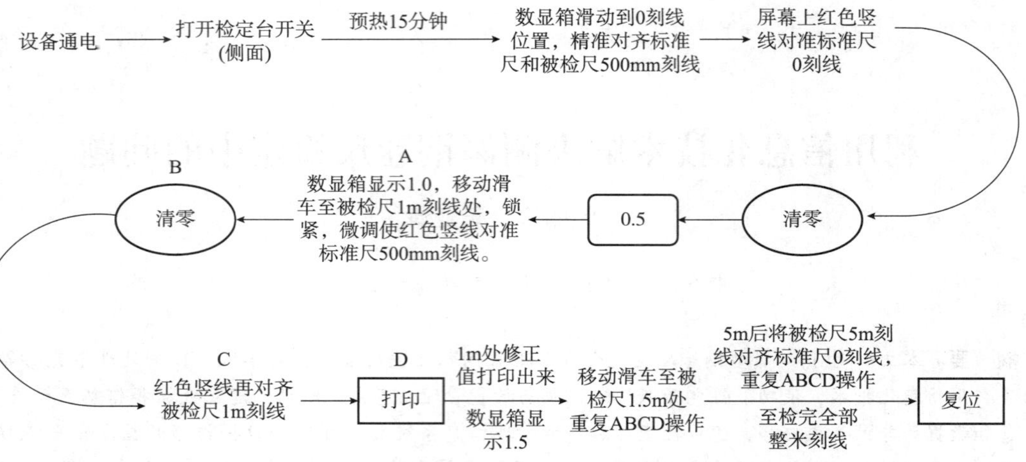

图 1　原检定测深钢卷尺操作步骤示意图

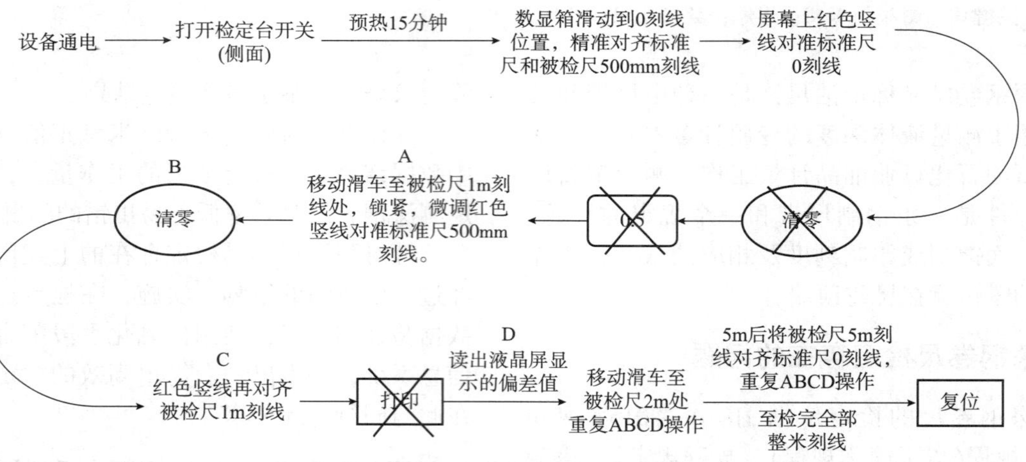

图 2　修改后检定测深钢卷尺操作步骤示意图

2.2　数据处理的解决方法

上述程序的修改直接切掉了检定台数据处理功能，把这一环节放入检定记录是完全可以达到完整处理检定数据目的的。利用 wps 电子表格处理检定数据已经广泛应用于各专业检定工作，测深钢卷尺的检定点偏差值通过计算和修约得到最后的检定结果，更适合使用带有计算功能的电子版检定记录。由于检定台为 5m，大于 5m 的测深钢卷尺需要分段检定，其检定数据处理的步骤分为：

①5 米之内的修正值 = 偏差值 − 零值误差 + 标准钢卷尺修正值；

②5 米以上的修正值 = 偏差值 + 前段修正值 + 标准钢卷尺修正值。

其中：零值误差是指 500mm 处偏差值与零位检定器修正值之和的相反数；前段修正值是每 5 米一段检定时，与标准尺零刻线对齐的被检尺刻线所对应的修正值。例如检定(6 ~ 10)m 段时，以被检尺 5m 刻线对标准尺零刻线，需加上 5m 处的修正值，以此类推。制作出来效果如图 3 所示。

使用电子版检定记录实现数据的简单计算不难，但涉及计量专业的数据修约和记录的规范填写需要注意以下几点：

①数据修约的实现。规程要求检定结果保留 1 位小数，最后的修正值要进行数据修约，遵循“四舍六入五考虑，奇进偶舍”的修约规则，即拟舍弃位数的最左一位数字大于 5 进位，小于 5 舍掉，等于 5 看 5 前面的数字，奇数进位偶数舍弃。[2]

解决方法：修约的思路如图 4 流程图所示，针对图 3 检定结果中“修正值”进行修约，在“修约后”的单元格中，分别使用 IF、AND 条件函数进行条件判断，使用 TRUNC、ROUND 和 ROUNDDOWN 三个不同意义的取整函数满足不同需求的数据修约，使用 ISEVEN 函数进行偶数判断，它们分别用于解决哪一个部分问题，“数据修约公式解析图”如图 5 所示，表中“X”表示未被修约的两位小数修正值。

②计算数据“ + ”“ − ”号的保留。选择单元格格式为“自定义”类别中的“ +0.0， −0.0”格式可

以达到保留效果，在“修约后”一列由于 ROUNDDOWN 函数的 bug，对于 -0.05 的修约会出现 -0.0，所以在 ROUNDDOW 前再叠加一个 ROUND 函数，避免出现此种错误情况。

小观及各部位相互作用	合格	零值误差(mm)	读数值	0.00	+0.01
			标准器修正值	+0.01	
		温度			
线纹宽度	合格		毫米分度和厘米分度		合格
受检段	读数值	标准钢卷尺修正值	前段修正值	检定结果	
(m)	(mm)	(mm)	(mm)	修正值(mm)	修约后(mm)
0~1	+0.11	+0.02	+0.01	+0.10	+0.1
0~2	+0.28	+0.00	+0.01	+0.29	+0.3
0~3	+0.39	+0.05	+0.01	+0.45	+0.4
0~4	+0.22	+0.06	+0.01	+0.29	+0.3
0~5	+0.05	+0.12	+0.01	+0.18	+0.2
0~6	+0.19	+0.02	+0.18	+0.35	+0.4
0~7	+0.38	+0.00	+0.18	+0.56	+0.6
0~8	+0.26	+0.05	+0.18	+0.49	+0.5
0~9	-0.12	+0.06	+0.18	+0.12	+0.1
0~10	+0.33	+0.12	+0.18	+0.63	+0.6
/	/	/	/	/	/
/	/	/	/	/	/
/	/	/	/	/	/

图 3　测深钢卷尺检定记录数据部分示意图

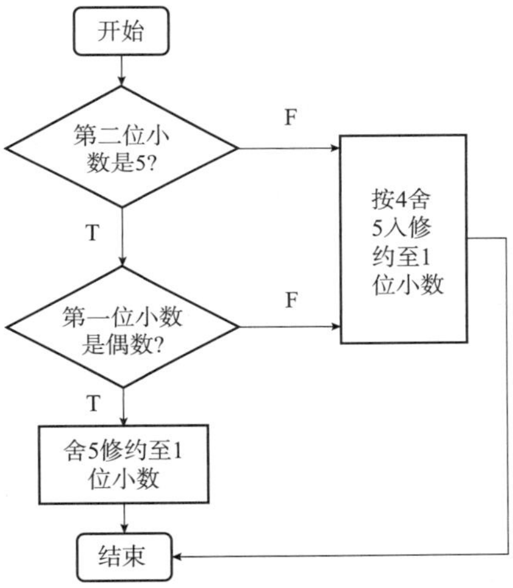

图 4　数据修约思路流程图

③应适合不同测量范围测深钢卷尺的记录。5 米以下的空白格都默认填写“/”，或者在写入公式时由前面“受检段”情况判断是否划“/”。图 5 中的“Y”表示“受检段”列的代码。

④前段修正值的填写。前 5m 的“前段修正值”来自“零值误差”，5m 以后$(0\sim n)$米至$[0\sim(n+4)]$米的“前段修正值”是第$[0\sim(n-1)]$米的修正值，例如 6～10m 的“前段修正值”是第 5 米的修正值，见图 3 所示。

公式做好后，只需将检定台比较测量读取的偏差值(读数值)录入检定记录，就能得到最终修约后的检定结果，注意记录中标准钢卷尺修正值和零值误差标准器修正值在下一次溯源后要进行及时更新。

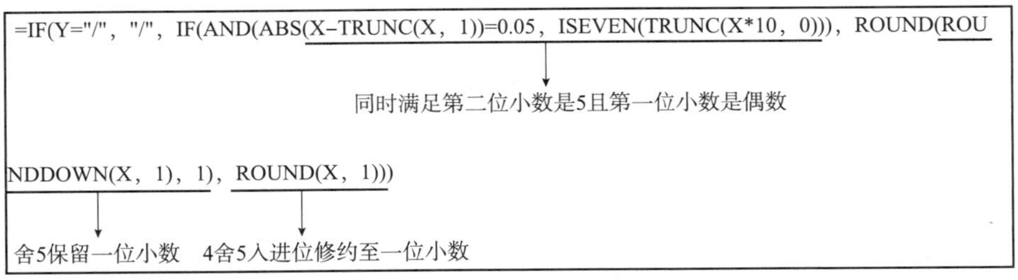

图 5　数据修约公式解析图

3　利用计量系统数据互动平台完成记录和证书数据转移

数据计算仅是检定测深钢卷尺工作的一小部分内容，全部的检定记录和证书的编辑还需要将计量系统内测深钢卷尺的基本信息、标准器信息等转移到检定记录中，同时要把记录中的数据结果录入到证书内页，若要快速完成它们双向数据和信息的相互转移，就要建立一个检定记录模板，利用计量系统记录模板功能建立的数据互动平台完成非录入式的数据转移，制作的宗旨是尽量少的手动录入信息和数据。

3.1　检定记录模板的制作

在已有的检定记录的基础上建立记录模板，由于需要进行数据计算和提取，该记录模板不仅有一个检定记录的工作表，还附带一个证书模板工作表，因此记录模板是具有两个工作表的 WPS 电子表格文件。

图 6 是在测深钢卷尺已经完成的电子记录基础上制作出的检定记录模板，其中的 1 区是尺子在计量信息系统委托过来的基础信息提取部分，由计量系统开发单位的程序员提供相应的信息提取码，按照相应位置填写到记录中，对应的检定依据、主标准器信息都提取自计量系统，只要器具信息在系统中得到妥善维护，这些信息的有效性就能够得到保障；环境条件的信息在检定时录入证书，上述信息只需要在检定操作前提交审核生成一次检定/校准证书就可以完成信息的提取。

2 区的检定数据必须手动录入到检定记录，准确地说“受检段”一列按照尺子的长度下拉即可，录入的数据仅限于“读数值”，即在钢卷尺检定台上被检尺与标准钢卷尺的偏差值；“标准钢卷尺修正值”来自标准钢卷尺检定证书，随读数值的写入，5 米修正值按米数次序自动出现并参与计算。3 区是数据处理区，对 2 区检定数据进行公式编辑计算，能够在录入检定数据同时得到最终需要的修正值结果。

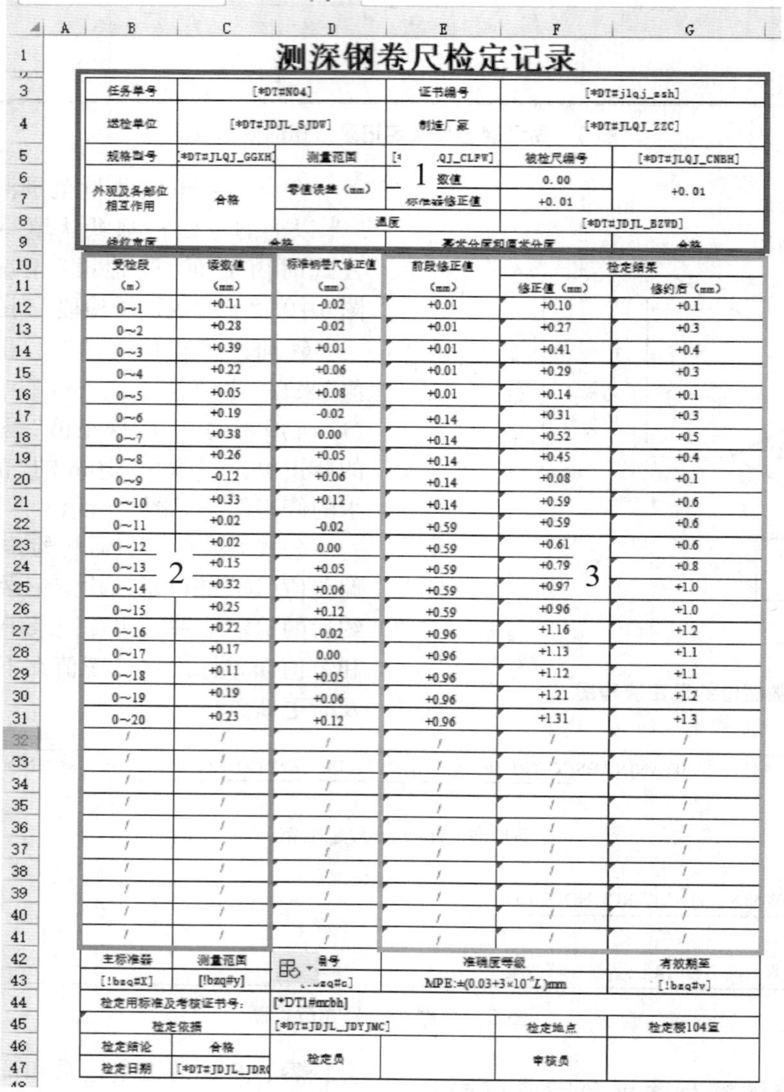

测深钢卷尺检定记录

任务单号	[*DT#N04]		证书编号	[*DT#jlqj_zsh]	
送检单位	[*DT#JDJL_SJDW]		制造厂家	[*DT#JLQJ_ZZC]	
规格型号	[*DT#JLQJ_GGXH]	测量范围	[?…QJ_CLFW]	被检尺编号	[*DT#JLQJ_CNBH]
外观及各部位相互作用	合格	零值误差（mm）	数值	0.00	+0.01
			标准器修正值	+0.01	
		温度		[*DT#JDJL_BZWD]	
[illegible]	合格		毫米分度和厘米分度		合格
受检段（m）	读数值（mm）	标准钢卷尺修正值（mm）	前段修正值（mm）	检定结果	
				修正值（mm）	修约后（mm）
0~1	+0.11	-0.02	+0.01	+0.10	+0.1
0~2	+0.28	-0.02	+0.01	+0.27	+0.3
0~3	+0.39	+0.01	+0.01	+0.41	+0.4
0~4	+0.22	+0.06	+0.01	+0.29	+0.3
0~5	+0.05	+0.08	+0.01	+0.14	+0.1
0~6	+0.19	-0.02	+0.14	+0.31	+0.3
0~7	+0.38	0.00	+0.14	+0.52	+0.5
0~8	+0.26	+0.05	+0.14	+0.45	+0.4
0~9	-0.12	+0.06	+0.14	+0.08	+0.1
0~10	+0.33	+0.12	+0.14	+0.59	+0.6
0~11	+0.02	-0.02	+0.59	+0.59	+0.6
0~12	+0.02	0.00	+0.59	+0.61	+0.6
0~13	+0.15	+0.05	+0.59	+0.79	+0.8
0~14	+0.32	+0.06	+0.59	+0.97	+1.0
0~15	+0.25	+0.12	+0.59	+0.96	+1.0
0~16	+0.22	-0.02	+0.96	+1.16	+1.2
0~17	+0.17	0.00	+0.96	+1.13	+1.1
0~18	+0.11	+0.05	+0.96	+1.12	+1.1
0~19	+0.19	+0.06	+0.96	+1.21	+1.2
0~20	+0.23	+0.12	+0.96	+1.31	+1.3
/	/	/	/	/	/
/	/	/	/	/	/
/	/	/	/	/	/
/	/	/	/	/	/
/	/	/	/	/	/
/	/	/	/	/	/
/	/	/	/	/	/
/	/	/	/	/	/
/	/	/	/	/	/
/	/	/	/	/	/
主标准器	测量范围	编号	准确度等级		有效期至
[!bzq#X]	[!bzq#y]	[!bzq#c]	MPE:±(0.03+3×10⁻⁵L)mm		[!bzq#v]
检定用标准及考核证书号：		[*DT1#mcbh]			
检定依据		[*DT#JDJL_JDYJMC]		检定地点	检定楼104室
检定结论	合格	检定员		审核员	
检定日期	[*DT#JDJL_JDRQ				

图 6　测深钢卷尺检定记录模板示意图

检定记录录入和计算结果后，会提取至另一个工作表中的证书数据中，如图 7 所示，此表中的格式与证书内页检定/校准结果一样，导入记录同时完成数据导入证书的工作。图中每个数据提取自“记录”工作表中的对应数据，H 列“检定记录”的数字对应计量系统中该条器具的检定记录编码，导入检定记录时就会自动将这里的检定内容填充到该条器具证书内页相应位置。

E9　=IF(记录!C32="/","",记录!G32)

	A	B	C	D	E	F	G	H
1	检定内容							
2	序号	检定值A	检定值B	检定值C	检定值D	检定值E	检定值F	检定记录编码
3	1	受检段(m)	修正值(mm)	受检段(m)	修正值(mm)			[*DT#IDIL_BM]
4	2	0～1	+0.1	0～16	+1.2			[*DT#IDIL_BM]
5	3	0～2	+0.3	0～17	+1.1			[*DT#IDIL_BM]
6	4	0～3	+0.4	0～18	+1.1			[*DT#IDIL_BM]
7	5	0～4	+0.3	0～19	+1.2			[*DT#IDIL_BM]
8	6	0～5	+0.1	0～20	+1.3			[*DT#IDIL_BM]
9		0～6	+0.3					[*DT#IDIL_BM]
10		0～7	+0.5					[*DT#IDIL_BM]
11		0～8	+0.4					[*DT#IDIL_BM]
12		0～9	+0.1					[*DT#IDIL_BM]
13		0～10	+0.6					[*DT#IDIL_BM]
14		0～11	+0.6					[*DT#IDIL_BM]
15		0～12	+0.6					[*DT#IDIL_BM]
16		0～13	+0.8					[*DT#IDIL_BM]
17		0～14	+1.0					[*DT#IDIL_BM]
18		0～15	+1.0					[*DT#IDIL_BM]
19								

图 7　测深钢卷尺检定记录模板中证书数据提取模板工作表

3.2　计量系统中数据互动平台的搭建

搭建数据互动平台的步骤是：首先建立检定记录模板的导入功能，如图 8 所示，建立模板导入上传入口，将制作好的检定记录模板上传至计量系统。

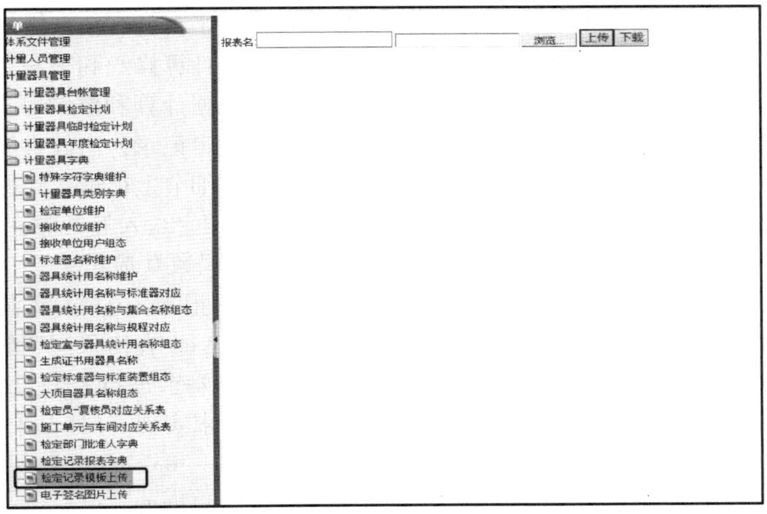

图 8　计量系统检定原始记录模板上传页面示意图

图 9 是证书编辑界面设置的记录导出功能，这里导出了计量器具或计量仪表的基础信息，即图 6 带有器具信息 1 区的该条器具的检定记录，在此记录进行检定数据的填充后，就完成了该器具出检定员审核员签字的所有内容。

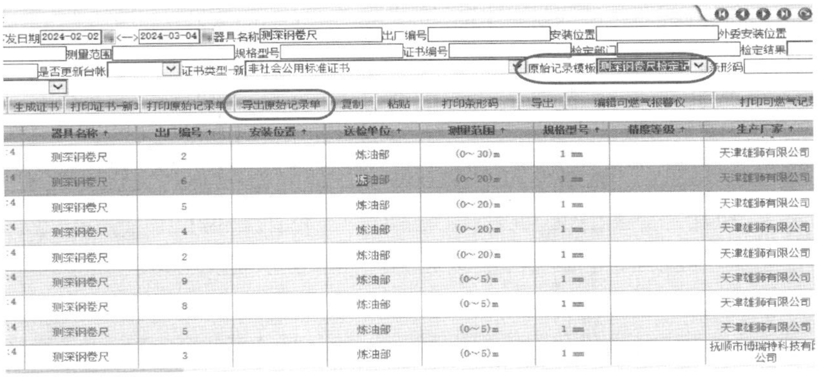

图 9　计量系统检定记录编辑页面检定原始记录导出功能示意图

在检定记录编辑页面的检定内容中设置“导入”功能，如图 10 所示，导入已完成的检定记录，将记录中的证书工作表内容导入系统中的检定证书内页，只要记录数据完整、计算正确，模板制作到位，可以保证证书数据的提取与记录数据百分百一致。

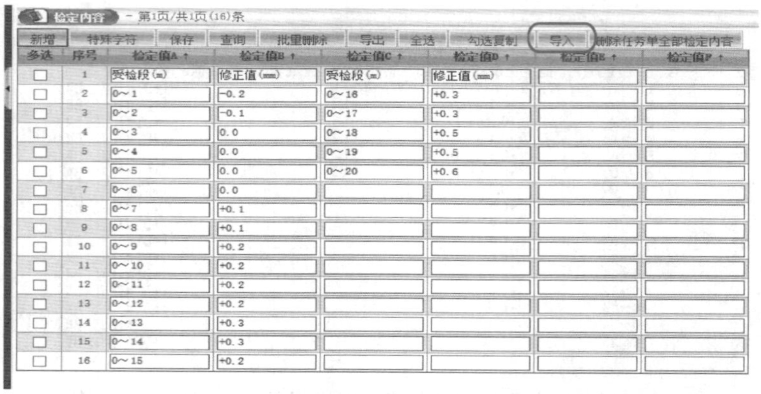

多选	序号	检定值A ↑	检定值B ↑	检定值C ↑	检定值D ↑	检定值E ↑	检定值F ↑
□	1	受检段(m)	修正值(mm)	受检段(m)	修正值(mm)		
□	2	0～1	−0.2	0～16	+0.3		
□	3	0～2	−0.1	0～17	+0.3		
□	4	0～3	0.0	0～18	+0.5		
□	5	0～4	0.0	0～19	+0.5		
□	6	0～5	0.0	0～20	+0.6		
□	7	0～6	0.0				
□	8	0～7	+0.1				
□	9	0～8	+0.1				
□	10	0～9	+0.2				
□	11	0～10	+0.2				
□	12	0～11	+0.2				
□	13	0～12	+0.2				
□	14	0～13	+0.3				
□	15	0～14	+0.3				
□	16	0～15	+0.2				

图 10　计量系统检定记录编辑的“检定内容”中导入检定记录功能示意图

3.3　检定操作流程及效果

当记录模板制作并导入计量系统之后，日常计量器具的检定工作流程为：接收任务单——补充编辑器具信息中的环境条件和检定日期——生成检定证书(选择标准器)——导出检定记录——在检定台上进行比较测量读出偏差值——在检定记录中写入检定数据(读数值)——导入检定记录——重新生成一次检定证书——记录和证书全部完成。

全部过程，没有检定人员数据计算环节，手动录入一次检定数据，计算结果自动生成并在导入系统后自动写入检定证书内页。计量器具基础信息(证书首页及标准器信息)全部提取自系统并导出到检定记录. 没有检定人员写入环节，数据和信息实现了线上线下的互动共享。

在此之前，测深钢卷尺的检定记录曾经设置在计量管理信息系统中，并设置了可以更新的标准钢卷尺修正值维护页面，与之相比检定记录模板数据互动平台具有很大优势：

①数据计算修约和书写格式更规范。计量检定专业在数据计算和修约等方面有专业要求，嵌入系统的检定记录，由软件开发商程序员制作的数据处理在细节上很难达到这些要求，例如图 11 所示，对“四舍六入五考虑，奇进偶舍”的修约规则，5 前是偶数 0 应舍去，正负数的修约应相同的，系统中记录有许多漏洞，(如 a 中灰框所示)；线下 WPS 表格采用逻辑函数叠加判断，完全达到了按要求进行修约。包括正负号位置等，都能够按要求实现。(如 b 中灰框所示)

受检段(m)	读数值(mm)	标准钢卷尺修正值(mm)	前段修正值(mm)	检定结果	
				修正值(mm)	修约后(mm)
0—1	0.0	−0.01	0.00	−0.01	0.0
0—2	0.0	+0.01	0.00	+0.01	0.0
0—3	0.0	+0.05	0.00	+0.05	0.0
0—4	0.0	+0.06	0.00	+0.06	+　0.1
0—5	−0.1	+0.10	0.00	0.00	0.0
0—6	0.0	+0.02	0.00	+0.02	0.0
0—7	0.0	+0.04	0.00	+0.04	0.0
0—8	0.0	+0.08	0.00	+0.08	+　0.1
0—9	−0.1	+0.09	0.00	−0.01	0.0
0—10	−0.2	+0.13	0.00	−0.07	−0.1
0—10	0.0	+0.02	−0.07	−0.05	−0.1
0—12	0.0	+0.04	−0.07	−0.03	0.0
0—13	−0.1	+0.08	−0.07	−0.00	−0.1
0—14	−0.1	+0.09	−0.07	−0.08	−0.1
0—15	−0.2	+0.13	−0.07	−0.14	−0.2
0—16	0.0	+0.02	−0.14	−0.12	−0.1
0—17	0.0	+0.04	−0.14	−0.10	−0.1
0—18	0.0	+0.08	−0.14	−0.06	−0.1
0—19	0.0	+0.09	−0.14	−0.05	−0.1
0—20	−0.2	+0.13	−0.14	−0.21	−0.2
/	/	/	/	/	/
/	/	/	/	/	/
/	/	/	/	/	/
/	/	/	/	/	/
/	/	/	/	/	/
/	/	/	/	/	/

(a)原系统嵌入的测深钢卷尺检定记录数据结果示意图

图 11　原嵌入系统的检定记录与 WPS 制作的检定记录数据表达差异比较图

受检段(m)	读数值(mm)	标准钢卷尺修正值(mm)	前段修正值(mm)	检定结果	
				修正值(mm)	修约后(mm)
0—1	+0.11	−0.02	+0.01	+0.10	+0.1
0—2	+0.02	−0.02	+0.01	+0.01	0.0
0—3	+0.03	+0.01	+0.01	+0.05	0.0
0—4	−0.12	+0.06	+0.01	−0.05	0.0
0—5	−0.05	+0.08	+0.01	+0.04	0.0
0—6	+0.12	−0.02	+0.04	+0.14	+0.1
0—7	−0.10	=IF(C18="/", "/", IF(AND(ABS(F18−TRUNC(F18, 1))=0.05, ISEVEN(TRUNC(F18*10, 0))), ROUND(ROUNDDOWN(F18, 1), 1), ROUND(F18, 1)))			
0—8	/	/ /	+0.04	/	/
0—9	/	/ /	+0.04	/	/

ASD(逻辑值1，[逻辑值2，…])

(b)线下制作的测深钢卷尺检定记录数据结果示意图

图 11　原嵌入系统的检定记录与 WPS 制作的检定记录数据表达差异比较图(续)

检定证书内页数据结果部分的格式也更规范，如图 12 所示，线下记录模板的启用，使数据正负号位置和排列顺序上都完美呈现，把计量系统难以实现的部分轻松完成，并为今后的调整和维护打下了基础。

检定结果

测量范围：　(0~30)m

受检段(m)	修正值(mm)	受检段(m)	修正值(mm)	受检段(m)	修正值(mm)
0—1	−0.1	0—2	−0.4	0—3	−0.3
0—4	−0.3	0—5	−0.3	0—6	0.0
0—7	+ 0.3	0—8	+ 0.2	0—9	0.0
0—10	−0.1	0—11	+ 0.1	0—12	−0.1
0—13	0.0	0—14	0.0	0—15	0.0
0—16	+ 0.1	0—17	+ 0.1	0—18	+ 0.2
0—19	+ 0.4	0—20	+ 0.3	0—21	+ 0.3
0—22	+ 0.3	0—23	+ 0.4	0—24	+ 0.3
0—25	−0.1	0—26	+ 0.2	0—27	+ 0.4
0—28	+ 0.4	0—29	+ 0.6	0—30	+ 0.8

(a)原系统嵌入记录提取至证书的效果

检定结果

测量范围：　(0~30)m

受检段(m)	修正值(mm)	受检段(m)	修正值(mm)
0—1	−0.2	0—16	+0.2
0—2	0.0	0—17	+0.2
0—3	0.0	0—18	+0.3
0—4	+0.1	0—19	+0.3
0—5	−0.2	0—20	+0.3
0—6	−0.0	0—21	+0.3
0—7	−0.2	0—22	+0.4
0—8	+0.1	0—23	+0.4
0—9	−0.2	0—24	+0.4
0—10	+0.1	0—25	+0.1
0—11	+0.1	0—26	+0.3
0—12	+0.1	0—27	+0.3
0—13	−0.2	0—28	+0.6
0—14	+0.2	0—29	+0.4
0—15	+0.2	0—30	+0.6

以下空白

(b)利用数据互动平台导入至证书的效果

图 12　测深钢卷尺检定证书内页数据打印效果前后对比图

②减少了信息、数据写入和核对的工作量。信息的导入导出，节省了手动录入的时间，也保证了信息的准确性，对于检定、审核、监督各个环节都节省了劳动强度和时间。

③降低了系统维护成本，提高了维护的效率。检定记录中的内容和格式不是一成不变的，

检定规程、校准规范更新、CNAS 等标准更新、标准器修正值更新等经常导致的记录内容、格式发生变化时，记录模板的使用使得记录的更新由系统软件开发商维护改为客户自己维护，相比线上维护更高效快捷，也降低了维护成本。

4 结论

利用信息化技术解决测深钢卷尺检定数据处理问题的方法在我单位已应用于测深钢卷尺的现场检定，有效解决了 TJ－Ⅵ型钢卷尺检定台不适用测深钢卷尺检定的问题，并在提高检定效率、检定数据处理的准确性、提高记录证书的编辑效率方面效果突出。检定记录模板的引入和数据互动平台的建立使计量系统增加了检定数据共享功能，也适合扩展至有此需求的各专业检定、校准工作。

参考文献

[1] 中华人民共和国国家质量监督检验检疫总局．钢卷尺：JJG 4—2015[S]．北京：中国质检出版社，2015.
[2] 中华人民共和国国家质量监督检验检疫总局．数值修约规则与极限数值的表示和判定：GB/T 8170—2008[S]．北京：中国标准出版社，2009.
[3] 肖素琴．油品计量员读本[M]．北京：中国石化出版社，2020.
[4] 中华人民共和国工业和信息化部．钢卷尺：QB/T 2443—2011[S]．北京：轻工业出版社，2012.
[5] 中华人民共和国国家质量监督检验检疫总局．石油和液体石油产品 储罐液位手工测量设备：GB/T 13236—2011[S]．北京：中国标准出版社，2011.

基于逻辑判断的决策树在加油站风险防控方面的应用

杨晓楠　倪庆旭

（中国石化销售股份有限公司计量管理站）

摘　要：加油站确保计量准确性是维护消费者权益及品牌信誉的需求，需要通过落实各项计量风险防控措施，来确保加油站计量风险可控。但是目前，计量风险防控很大程度上依赖人员管理，缺乏有效的技术防控手段，是制约加油站计量风险本质安全实现的重要因素。本文通过基于逻辑判断的决策树，对加油站规范化业务进行分析，基于进货、保管、销售三个环节大数据分析进行计量风险筛查模型构建，结果导向、问题导向，从每月、每日损溢平衡，向阶段性损溢平衡推进，建立特征化数据筛查模型，对计量风险进行精准定位。变人防为计控，切实提高加油站计量风险防控能力。

关键词：决策树；逻辑判断；大数据分析；计量风险；加油站

1　引言

1.1　加油站计量风险防控现状分析

1.1.1　落实计量风险防控是维护消费者权益及品牌信誉的需求

加油站为各种机动车辆提供必要的能源补给，通过加油站进行能源销售，在全社会能源供应链中占据重要地位，也是直面消费者的一个能源供应环节。对每一位消费者而言，通过加油站进行能源补给，是一种正常的消费行为，消费者需要确保得到与支付相符的能源供给量，这就要求加油站通过落实计量风险防控措施确保能源销售量的准确性。

2019年开始，成品油零售经营资格审批权限的下放措施逐步落地实施[1]，成品油销售市场更加开放，包括国有、民营以及外资企业在内的多元竞争主体参与到成品油零售经营市场。在计量上可靠的加油站品牌，会在消费者心中建立起正面的品牌形象，是企业宝贵的无形资产。

1.1.2　落实计量风险防控需要技防手段升级

加油站成品油业务主要包括进货验收、油品存储、油品销售三个环节[2]。进货验收过程，涉及到加油站与承运商两方面责任主体，进货验收超耗油品赔付落实以及进货油品的接卸完全性，直接影响到加油站的损益，对企业创效有影响。油品存储过程，若发生油品泄漏，会导致燃油外泄，不仅增加加油站的损耗，而且可能引发火灾、环境污染等风险；也存在加油站员工为了一己私利，偷窃加油站油品的情况，增加加油站损耗。油品销售过程，是直面消费者的环节，关键风险是计量准确性的风险，加油机作为加油站的核心设备，可能存在设备稳定性问题，导致计量超差；或者不法分子通过高科技作弊手段影响加油机准确性，损害消费者权益及加油站利益的情况。

随着加油站液位仪的推广应用，加油站的计量操作实现自动计量；随着站级管控系统的推广应用，加油机销售流水实时传输，加油站进货验收损耗计算、日(班)结盘点损溢实现系统自动计算，在降低加油站员工劳动强度的前提下，损溢数据也一定程度上减少了人为干预。但是，前述人员操作规范性、异常损溢风险以及加油机风险监管，更多仍依赖加油站员工按照制度要求来落实，风险不可控。

1.2　决策树在加油站计量风险防控方面应用分析

决策树是一种在不确定因素下进行风险评估和决策分析的有效工具，通过树状图的方式，对不同的情况进行逻辑梳理，帮助决策者进行方案选择[3]。决策树是一种“流行”的机器学习算法，通过逻辑特征实现数据分类，在不同的领域，从金融风控到医疗诊断，再到商业决策支持，决策树因其直观性和有效性而受到青睐。

随着信息化应用水平提升，加油站积累了大量经营数据；并且对于加油站标准的、规范的业务流程，借助大数据分析工具进行标准化模型梳理，偏离标准化模型的情况就是计量风险防控的“风险点”。通过决策树，基于逻辑判断，可对加油站计量风险防控的“风险点”进行直观展示、针对性提醒。

2 研究方法

2.1 加油站规范化业务分析

加油站计量业务开展的基础是，两套计量器具：①加油站卧式油罐。通过磁致伸缩碳棒进行油罐内油高、水高、温度三项基础数据测量；根据油罐的容量表，进行油罐存油量计算。②加油机。加油机为强制检定计量器具，一般不超过半年进行强制检定，确保计量准确性。在确保两套计量器具计量准确性的前提下，按照决策树逻辑，进行模型梳理，见图1。

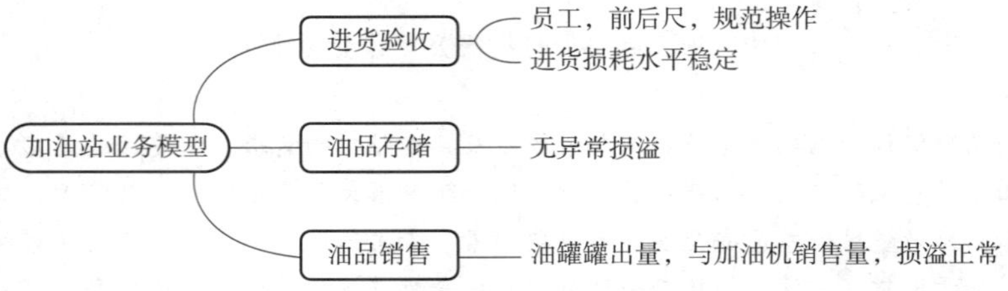

图1　加油站规范化业务决策树

进货验收环节，员工进行进货验收检尺操作规范，不存在边销售、边检尺的影响前后尺数据准确性的情况，在油库发货准确度平稳、承运商运输作业规范、加油站余油接卸完全的情况下，加油站进货损耗水平在一定区域内应该居于合理位置，且在一定时间段内加油站的进货损耗率离散性水平应该较稳定。

油品存储环节，通过液位仪系统实现秒级数据监控，无销售行为的情况下，罐存体积不应该有除温度变化所影响的罐存体积变化之外的其他变化。且罐存温度对罐存体积的影响量，可以通过 V20[4] 实现损溢还原。

油品销售环节，油品从油罐抽出，通过加油机销售给消费者，油罐的罐出油品体积（罐出量）与销售给消费者进行计费的体积（销售量）比较，损益情况应该是在合理范围内，且维持稳定。

2.2 模型建立

基于2.1规范化业务逻辑梳理，在充分考虑计算机运力的情况下（按照1个省市，1500座加油站进行示例），建立两级加油站计量风险筛查模型。第一级为风险初筛，综合考虑进货损溢、保管损溢、阶段性罐出量－销售量损溢。风险初筛对本省市加油站进行全覆盖计算，触发初筛报警阈值的油站进行标记，仅针对初筛标记油站进行第二级风险细筛。第二级风险细筛，对各类典型风险模型进行逻辑梳理或算法建立，根据特征性偏离阈值情况，进行针对性风险提醒。

2.2.1 风险初筛

以油站、油品（油罐）为分析对象，统筹考虑账面损耗（进货损耗、油站全环节损耗）以及销售过程中的罐出量－枪出量损耗波动，进行风险初步筛查。见图2。

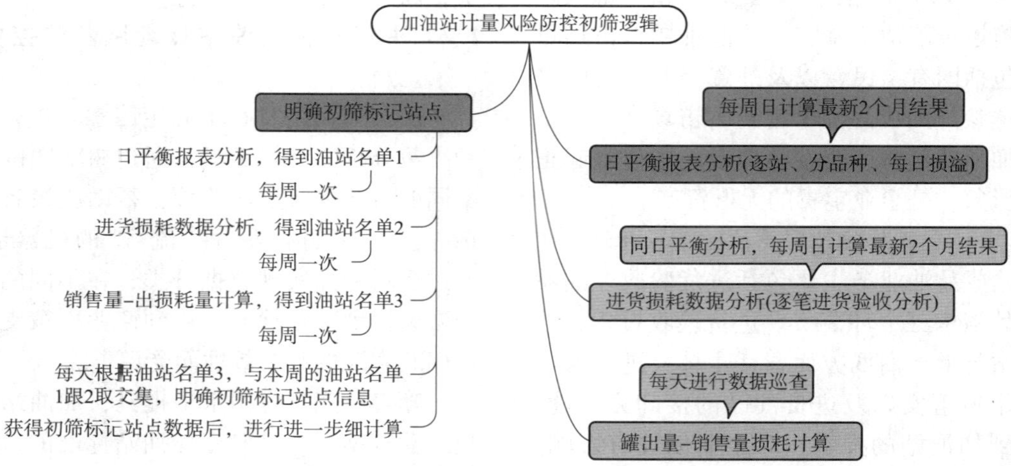

图2　加油站计量风险防控初筛决策树

（1）账面损耗。

根据油站分品种每日日平衡报表数据，在明确销量阈值、剔除异常值的情况下，按照一定区域进行平均损耗率以及离散性排名，对排名靠前、风险较大站点进行优先筛查整改。

根据油站进货验收数据，一方面对异常损溢

数据进行统计，按照一定区域进行异常损溢率排名，对排名靠前、风险较大站点进行优先筛查整改；二是在明确销量阈值、剔除异常值的情况下，按照一定区域进行平均损耗率以及离散性排名，对排名靠前、风险较大站点进行优先筛查整改。

按照一定的时间周期，对账面损耗筛查过程中发现的排名靠前、风险较大站点进行优先筛查整改。根据油站整改工作推进，不断进行逻辑优化、阈值调整，持续推进风险管控水平。

(2)销售行为。

根据加油站销售的开始加油时刻、结束加油时刻进行时刻定位，对具备条件的销售过程进行罐出量—销售量损耗计算，针对达到风险推送阈值的站点进行优先筛查整改。

根据数据传输实现，可设置时间阈值，每天对具备条件的日期进行销售行为风险初筛，对销售行为筛查过程中发现的排名靠前、风险较大站点进行优先筛查整改。根据油站整改工作推进，不断进行逻辑优化、阈值调整，持续推进风险管控水平。

2.2.2 风险细筛

针对初筛标记站点，从基础数据核查、在用油罐容量表准确度核查(笔者在其他项目中有专项论述，本文不作详细描述)、特征性风险模型核查三方面进行第二级风险细筛。见图3。

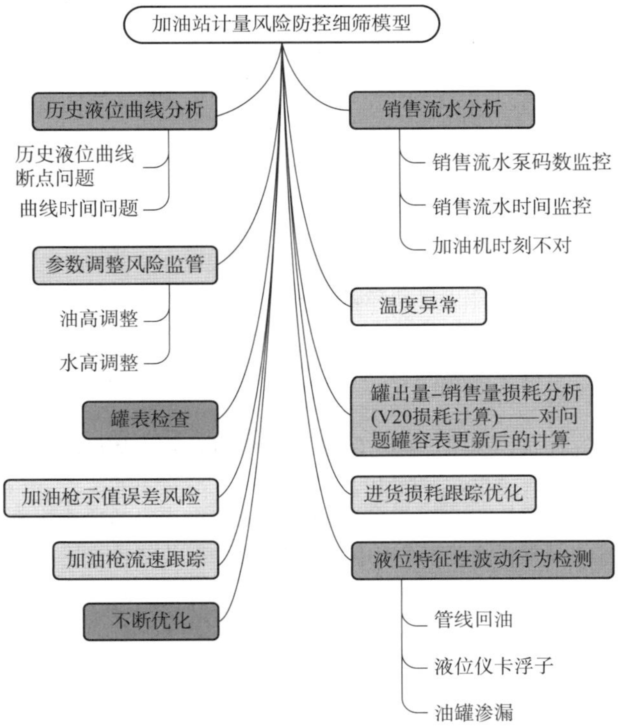

图3 加油站计量风险防控细筛模型决策树

(1)基础数据核查。

a. 历史液位曲线分析。基于加油站进销存数据核对的加油站计量风险防控模型，是基于加油站统一的时刻来实现的。一旦发生库存时刻与销售时刻差距超过阈值的情况，会对分级筛查结果造成影响。在通过现场时间核对的方法之外，可以通过入库库存时刻点数据与0时、24时北京时刻进行风险匹配。针对超过时刻阈值的油站进行风险提醒、整改；并且随着算法升级，推进库存数据还原计算，消除时刻不一致的影响。

对历史液位曲线的数据完整性情况进行分析，对液位中断的频次、时刻进行数据统计、特征性风险筛查，并且对数据中断时间超过阈值的油罐保管损溢情况进行重点风险筛查。

b. 销售流水分析。销售流水以加油枪为分析对象，累计泵码数生成是基于本加油枪上一笔销售流水的累计泵码数与本次销售量合计生成。基于此逻辑，对泵码数跳变，或者销售流水丢失的情况进行主动推送，进行风险核查。

c. 参数调整风险监管。液位仪油高、水高参数调整，对油罐存油量的变化有显著影响，会表现为阶段性异常盈余(亏损)。如果存在液位仪比对超差，参数调整，有明确的审批手续，并且在系统中会形成参数调整记录。通过对碳棒参数结果的识别，以及系统参数调整对应，对参数调整风险进行监管。

d. 温度异常。根据碳棒分布在不同高度的温度传感器显示温度与罐存温度对应关系，对温度传感器故障风险进行推送。

(2)特征性风险模型核查。

a. 进货损耗跟踪优化。基于更新后的罐容表，对进货损耗数据进行还原优化。通过对加油站接卸油时间行为、不同承运商损耗行为、对进货验收完成后液位异常变化行为等进行针对性识别，风险推送整改。

b. 罐出量—销售量损溢分析。温度还原后，基于20℃进行罐出量-销售量损溢分析。基于更新后的罐容表进行损耗数据计算还原，对异常损溢变化风险进行重点推送。

c. 加油枪流速跟踪。通过对加油枪实际流速的分析比对，对潜油泵工作性能风险提醒以及防水滤芯堵塞性风险进行提醒。

d. 液位特征性波动行为检测。通过对特征性液位仪波动行为的识别，对管线回油、油罐渗漏以及液位仪浮子卡顿的情况进行主动识别，落实设备整改。

3 数据分析

本章对初筛标记–细筛定位的两个典型案例进行数据分析应用进行描述。

3.1 液位仪时刻异常案例

核查某加油站 1 号罐，6 月 5 日阶段性罐出量—销售量损耗异常，存在油罐存油量无变化、油罐有销售，以及大量销售量与罐出量不匹配的情况。见表 1。

表 1 液位仪时刻异常销售量—罐出量损耗

罐号	日期	开始时刻	结束时刻	开始液位	结束液位	销售量	罐出量	损耗量	损耗率
1	6 月 5 日	0:07:52	0:17:58	1413.6	1413.6	237.11	0	–237.11	–100.0%
1	6 月 5 日	8:30:57	8:32:52	1405.07	1405.05	35.21	0.21	–35	–99.4%
1	6 月 5 日	13:28:41	13:39:13	1363.9	1361.88	33.15	38.36	5.21	15.7%
1	6 月 5 日	16:00:29	16:02:50	1311.6	1309.7	26.08	36.31	10.23	39.2%
1	6 月 5 日	16:17:04	16:20:24	1306.08	1305.4	75.1	12.9	–62.2	–82.8%
1	6 月 5 日	17:11:46	17:52:45	1291.58	1278.37	123.87	248.94	125.07	101.0%
1	6 月 5 日	18:34:46	18:37:16	1275.32	1275.3	65.19	0.36	–64.83	–99.4%

对库存液位曲线进一步核查发现，该站库存曲线按照北京时刻 24:00 对应时刻对应站内时刻为 13:17，液位仪对钟存在不同步问题。

3.2 液位仪卡浮子案例

核查某加油站 1 号罐，7 月 2 日阶段性罐出量–销售量损耗异常，连续两个阶段异常盈余，后一个时间段异常亏损。

对库存液位曲线进一步核查发现，库存液位曲线在 13:32 达到 1305.4mm 后，液位一定时间维持不动；直到 14:19 分左右，液位忽然快速下降。核实确认为液位仪浮子卡顿导致损溢异常。见表 2。

表 2 液位仪卡浮子销售量—罐出量损耗

罐号	日期	开始时刻	结束时刻	开始液位	结束液位	销售量	罐出量	损耗量	损耗率(%)
1	7 月 2 日	13:28:41	13:39:13	1306.08	1305.4	75.1	12.9	–62.2	–82.8
1	7 月 2 日	14:00:29	14:02:50	1305.4	1305.4	63.87	0	–63.87	–100.0
1	7 月 2 日	14:17:04	14:20:24	1305.32	1295.76	65.19	192.36	127.17	195.1

4 结论

本文通过对加油站规范化业务的梳理，建立了加油站计量风险溯源、核查的标准化方案。通过基于逻辑判断的决策树方法应用，对加油站计量风险管控两级筛查模型进行了逻辑明确。通过两个加油站运营过程中实际发生的案例分析，对针对性风险管控应用进行了进一步论述。基于两级风险筛查的加油站计量风险防控系统的应用，可以解决加油站分析需要依赖“专家”人员才有能力进行风险分析的窘境，为加油站计量风险管控提供了标准化计算工具。并且随着算法主动学习，进一步案例模型梳理，不断提升计量风险防控算法的精准性，推进加油站计量风险本质安全逐步实现。

参考文献

[1] 国务院办公厅关于加快发展流通促进商业消费的意见[J]. 中华人民共和国国务院公报，2019(25)：4.

[2] 雷友曦，唐宇博. 成品油销售企业实现油品损溢精细管理的措施[J]. 石油库与加油站，2023，32(3)：25–27.

[3] 徐鹏，林森. 基于 C4.5 决策树的流量分类方法[J]. 软件学报，2009(10)：13.

[4] 周铭德，朱云龙，蔡玉宗. 基于 V20 平台的加油站油品损耗管理体系应用[C]//2010 中国油气计量技术论坛. 中国计量协会，2010.

关于 VSP 测井项目计量分析系统的探讨

汪丛兵　陈　瑶

（中石化地球物理有限公司胜利分公司）

摘　要：随着计算机技术和井中地球物理技术的不断发展、成熟，大型 VSP 采集设备软、硬件系统的不断升级，计量测试的跟进，为进一步促进 VSP 测井新发展提供了坚实基础。为此，他们结合多年 VSP 施工计量分析质量控制经验，从 VSP 测井的整个项目流程出发，开展现场计量，多参数综合等相关测试方法建立起一套相对科学、完善的 VSP 测井计量分析系统。

关键词：VSP 测井；质量控制；计量分析系统；VSP 资料

1　VSP 测井计量分析系统

1.1　建立 VSP 测井计量分析系统

建立 VSP 测井计量分析系统，从 VSP 测井整个施工过程流程（施工设计—设备检测—震点测量—绞车深度系统—激发系统—观测系统参数试验—现场记录质量控制—资料整理）出发，通过系统分析将观测系统设计、试验参数系统论证、数据整理、VSP 专用地震仪和井下系统管理作为计量分析的主要要素。

确定了 VSP 测井整个施工过程流程的“计量分析”工作内容后，接下来就要针对每一项内容进行针对性的分析。

1.1.1　VSP 观测系统设计

VSP 观测系统的主要内容包括观测点距、时间采样间隔、井源距的选择、观测井段的选择、子波和 τ 值检波器的布设、激发方法选择等。这些因素都必须进行“定性分析和定量确认”，例如：观测点距的大小由最小层速度和地震波主频所决定，只要甲方要求的点距小于参数论证观测点距就行；零井源距的大小按行标要求执行，非零井源距大小由正演模型和射线模型定量确定井源距范围，再结合井场踏勘实际，要求部署在垂直主构造测线方位上，并且在勘探目的层上倾方向，踏勘时要求用 GPS 进行测量。

当然在做 VSP 观测系统设计时，是根据现有资料进行观测系统设计，很多参数需要在实际施工时经过定量处理和定性分析后，选择合理的施工参数。因此会设计很多试验。

1.1.2　试验参数系统论证

为了选择科学、合理的选择施工参数，按照设计试验方案，对井源距、子波深度、激发参数等进行定量处理定性分析是优化观测系统的进一步工作，它为获取高质量的 VSP 测井原始资料奠定了基础。

（1）低速带的定量测量和激发试验深度的确定。

做 VSP 激发试验和子波深度试验，都必须有一定的激发点表层地质条件的定量的测定，从而保证激发试验在高速层中进行，减少试验的盲目性。使用微地震测井法测定井旁低降速带，根据潜水面和高速层的对应关系，也可以在施工地区丈量 3 口井以上潜水面深度，来大致确定高速层的深度，来代替微地震测井。浅层地表调查就是要定量控制激发试验深度的选择，确保了激发试验工作的科学性。

（2）“点试验”定量处理和定性分析。

将整个 VSP 测井井段按固定（常设 500m）的间隔确定若干个试验点，这些点同时作为观测深度的校验点，用于校验电缆设备下放和上提到同一深度的相对误差，误差值不能大于 1 个采样间隔。某井校验点记录解编图见图 1。

（3）子波布设及具备条件的量化。

经过多年的方法试验，一致认为 VSP 子波的最佳布设方法，应具备以下条件：

①保证激发环境和激发点稳定。这是采集稳定子波的前提。

②子波检波器与震源的距离等于或接近一个子波主波长度。公式 $\lambda = v/f$，其中：v 为子波检波器以上地层速度；f 为子波主频；λ 为子波主频波长。当震检距过小时，理论上认为子波检波器处于震源破坏的塑性形变圈内，子波不稳定。震检距也不易过大，因为子波检波器距震源太远时，子波易受其他反射波的干扰，造成子波畸变。正常布设子波，记录解编后见图 2。

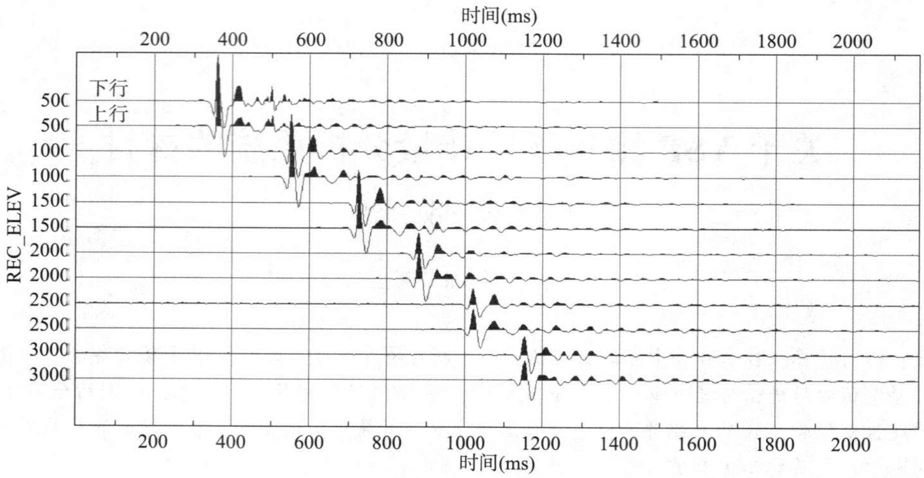

图1　某井校验点记录解编图

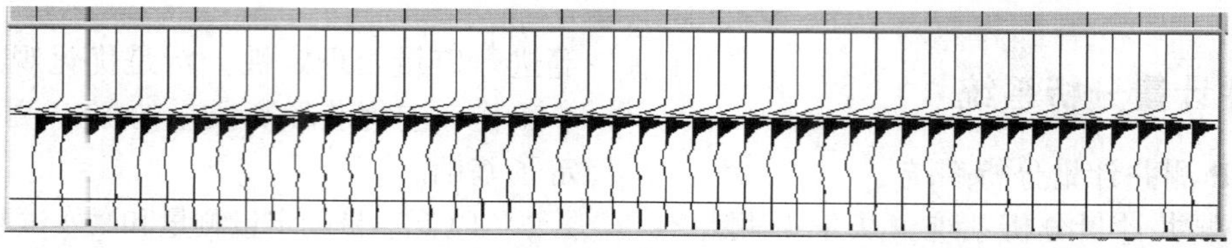

图2　某井子波点记录解编图

(4)激发参数的定量处理与定性确认。

在井底按照单一参数进行激发参数(井深、药量、扫描长度、扫描频率、叠加次数)试验，将单炮记录用质量监控软件选择好时窗，按主频、频宽、能量和信噪比进行量化，对比分析，要求确保震源产生的记录频带宽、主频高、信噪比 20dB 以上。再结合施工效率和地质任务研究的需要，选取适当参数。见表1，见图3。

表1　激发参数试验分析表

震源出力	扫描频率(Hz)	扫描长度(s)	叠加次数(次)	信噪比(dB)	主频(Hz)	频宽(Hz)
75%	3－118	28	1	47.7	22	7－84
		26		45.7	22	7－84
		24		46.9	22	7－84
		28	1	47.7	22	7－84
			2	48.3	22	7－84
			4	49.1	22	7－84

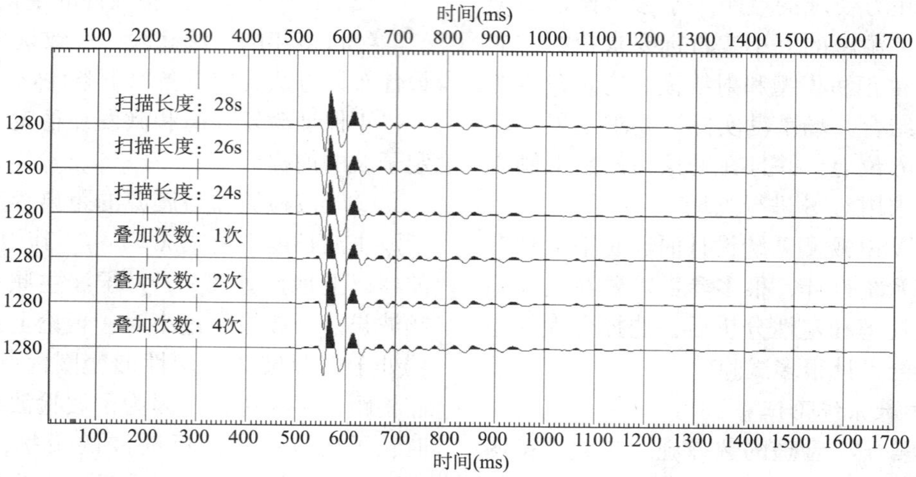

图3　激发参数试验记录解编图

（5）井源距的定量确认。

由于甲方给出的地质任务难度大，大井源距施工时，设计的观测系统存在初至倒转早、能量下传弱等问题，这就需要根据正演模型验证主要目的层段的初至波和上行波信息，需要进行一定量的试验段生产，确保主要目的层不存在初至倒转和上行波组干涉，并且保证足够大的成像范围，确保地质任务有效完成。见图4、图5。

表2 某井不同井源距的成像范围

井源距(m)	1400	1600	1800	2000	2200
百口泉组底成像范围(m)	778	878	975	1071	1162

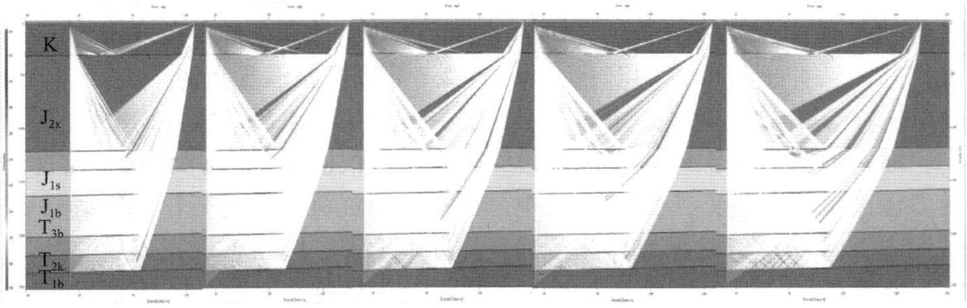

图4 某井不同井源距射线模型

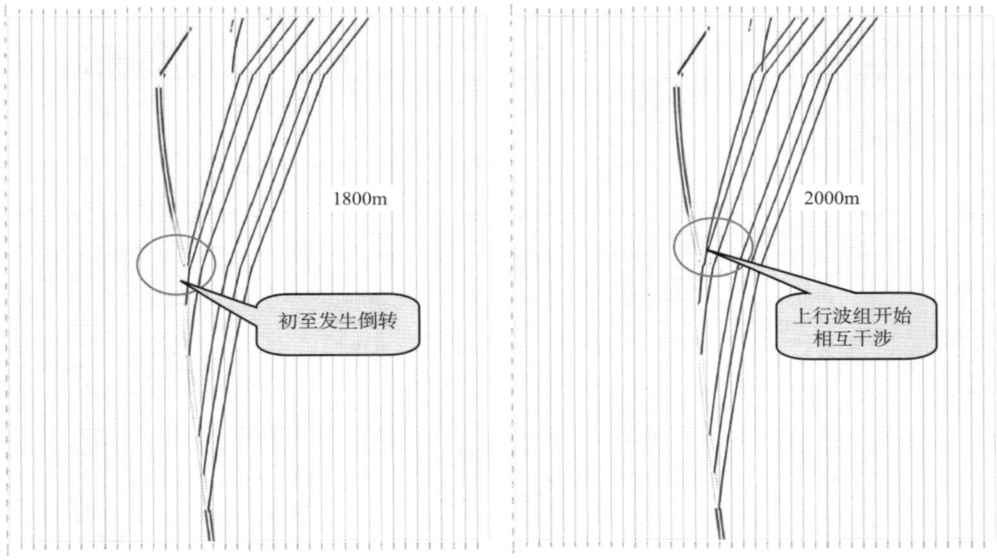

图5 某井不同井源距正演记录

2 VSP施工过程精确的观测系统保障

科学、合理的原始资料采集是建立在科学的观测系统和合理的生产因素之上。因此，试验参数选定后，保持观测系统的准确就成为了整个VSP施工过程的关键。为此必须从以下几个方面进行控制。

2.1 VSP观测系统的精确测量

测量工作非常重要，在VSP处理时，建立精确的观测系统，进行准确静校正，抽取准确的地震过井剖面，能够使VSP处理成果和地震剖面进行准确的对比。测量设备保证年检合格，并做好日常的维护工作。VSP施工测量时，首先要对测量设备进行检查，其次测量过程要按照标准要求做好施工过程的标点工作、并做好数据的测量和记录工作。在数据处理计算时，要求保存中间过程，验证计算处理无误后方可进行成果的编制。

2.2 井下仪（井下检波器）深度控制系统的精确控制

为了确保绞车电缆下沉系统的准确，仪器车内使用两套深度控制系统。施工时，下缆速度严格按照设计和电测下井的实际经验，控制好速度，并利用井下CCL进行套管接箍深度定位，在确定套管接箍深度后进行二次计数校准。施工过程中严格执行观测点的零误差停靠，每次提缆必须仪器和绞车一起核对。同时在施工过程中做好校验点的准确定量对比分析工作。存在问题时，找出原因，下放到下一个校验点进行重新校准，并保证连续三个物理点满足误差要求时，方可进行生产。日常维护保养时，要加强计数器系统的维护保养工作，并在特殊环境时采取措施(如加热防止电缆结冰计数器打滑)保证电缆计数器系统的正常工作。

2.3　震源激发系统的深度控制

震源定位时要求震源必须准确，并给出了具体指标要求。需要打井时，井深必须满足具体的指标要求，要求打井的钻杆进行准确的测量，保证设计井深的要求。在 VSP 施工时，要求震源激发深度高度准确，即试验时不同深度激发的深度准确和生产时激发深度的一致性。为此，通过电缆拉直测量后做标志，激发下药时爆炸杆测量后准确做好标识、研制高效的下药器、建立地面防塌陷系统等来保证激发深度的准确。同时做好炸药药量的准确控制，出现能量异常时，重新补炮。当出现炸药可能上浮时要加装防浮冒，确保激发深度的一致。

2.4　现场 VSP 记录的定量评价

在施工的过程中，针对凭经验进行评价的缺点，要求每一个记录的评价都要按照标准规定的条款逐条进行定量对比分析。依靠现场处理软件随时监控记录的能量大小、信噪比值、初置时间等，对数值大小进行结合记录进行定量处理定性分析，保证能量正常、信噪比 20dB 以上、初至时序变化符合正常变化规律。

2.5　数据整理及上传

施工结束后，需要对各类数据进行整理，首先按照仪器 LOG 记录信息、监视记录、爆炸班报对原始资料信息进行核对，确保仪器班报内容的准确无误。资料整理完成后，针对 VSP 项目进行系统的数据统计上传，方便勘探 VSP 测井资料查询及计量工作。

图 6　EPBP 计量数据录入截图

2.6　加强 VSP 专用地震仪和井下接收系统管理

VSP 专用地震仪和井下接收系统是 VSP 记录和现场 VSP 记录特征数字化、定量化的基础，是整个 VSP 项目施工的关键。因此，为了保证仪器设备计量的准确，保证得到有效的 VSP 记录，必须对 VSP 专用地震仪和井下接收系统实施专业管理。

2.6.1　在仪器系统规定的环境条件下使用

任何仪器设备都有它自身正常使用的环境。因此，保证仪器系统在规定的环境中使用，才能确保地震仪和井下接收系统的稳定、正常工作。也只有这样，得到的资料才是有效的。如果没有达到这个规定的环境，就很有可能出现仪器故障，如：地面仪器启动不了、工作过程中死机、仪器采集软件状态栏异常错误、井下仪器发卡不工作、排列突然断掉找不到井下系统、井中的温度过高井下系统工作不正常、井下压力过大造成井下仪外壳压坏而报废等，这些都很有可能造成巨大的、无法挽回的损失。

2.6.2　按设计参数要求合理选择地震仪和井下仪

仪器系统在正常工作时，都有一定性能参数范围。每套仪器系统自身都有级数和采样率以及传输速率的关系制约。为了完成 VSP 地质任务要求，结合工区地球物理参数，设计出一定的采样间隔和点距的观测系统，需要相应的仪器系统来满足采样率和点距采集的要求。如果选择了性能达不到设计要求的仪器系统，满足不了生产要求，就很有可能出现仪器系统经常死机、处理变得迟钝、经常错误报警等，严重影响生产进度，需要重新选择仪器系统。

2.6.3 加强VSP专用地震仪和井下系统的日常管理

首先建立地震仪和井下系统的年月日检制度。根据日月检数字化、明确显示错误信息的特点，按标准、规程定时录制年月日检，实行检测签字制度，确保仪器检测的项目合格。出现故障时，查找原因采取措施及时排除故障，要求各项检测正常后方可投入生产。其次，加强地震仪和井下系统的日常维护保养工作；建立、健全仪器档案的规范填写，确保仪器档案记录数据准确、可靠。最后，建立地震仪和井下系统的定人定机制度，确保重要设备专人管理、专人使用、保证仪器操作的正常运行，不会因为不懂仪器操作而误操作引起故障。

2.6.4 加强仪器操作人员的计量知识和操作技能培训

组织人员参加计量管理培训班，听取有关计量专家讲座和有关计量技术的理论宣讲，进行计量管理工作经验交流。并利用各种机会请外方(Avalon公司、Sercel公司、OYO公司等)专业技术人员讲解仪器系统性能和使用特点，掌握先进仪器系统及各类计量仪表在设备检测、维修保养中的应用等技术问题，不断提高仪器操作人员的技术水平。

3 “VSP测井计量分析系统”的应用及效果

3.1 提高资料采集的一级品率

为了巩固建立起来的“VSP测井计量分析系统”成果，将本系统全面应用于每口井的VSP测井项目中，使每口VSP测井都能优质高效完成目标，资料一级品率由以前的83%左右提高到现在的90%以上，达到用户满意。

3.2 实用性强

该系统是依据《井中地震资料采集技术规程》(SY/T 5454—2017)标准建立起来的计量分析系统，集地震资料采集设计、野外施工、质量检验与评价，资料整理等工序，满足技术要求，适应地质研究人员的需要。

3.3 体会感受

“VSP测井计量分析系统”仍然有待于进一步细化、专业化，最终形成一个能够全面控制VSP项目“计量分析”的量化控制平台。当然，这也有待于VSP技术的进一步发展和施工技术人员技术水平的提升。简而言之就是将计量测试这一工作方法和VSP项目整个过程质量量化控制紧密结合在一起，不断提高“VSP测井计量分析系统”的科学性、合理性，让钻研国家能源勘探开发的技术人员满意。

参考文献

[1]刘荣. VSP近波场采集方法研究[J]. 天然气工业，2001，(S1)：83-84+113.
[2]顾培城. 大井源距VSP记录的波场异常剖析[J]. 石油地球物理勘探. 1991(04)：514-522+546.
[3]王恩华，李庆忠. 炸药激发子波信号记录与研究[J]. 石油地球物理勘探. 2001，(03)：352-363+382.
[4]胡东海. VSP资料地震属性的提取和应用. 石油物探. 2004，(S1)：3.
[5]崔汝国，王尚旭，宁鹏鹏，等. 炸药震源在济阳坳陷粘土介质中的激发理论初探[J]. 石油物探，2009，48(06)：606-610+17-18.
[6]谢明道. 各类型井场的VSP采集及冬季施工方法. 石油仪器. 1989，(04)：194-196.
[7]范晓南，曹立斌，钟萍. VSP激发方式选择分析[J]. 天然气工业. 2009，29(12)：26-28+138-139.

计量检定数据处理自动化在计量管理信息系统中的应用

黄亚辉　郭丽宏　卢　晗

[中石化(天津)石油化工有限公司化验计量部]

摘　要：在计量技术机构中，计量管理信息系统的使用越来越普遍。在全面规范计量工作的同时，也在一定程度上提高了工作效率。但在计量仪表检定/校准记录和证书的数据处理过程中，还是存在着计量仪表信息和数据处理结果重复录入的问题，影响工作效率。本文提出了充分利用系统资源简化数据处理过程的方案，提高了工作效率。这为提高行业内计量系统效率提供了借鉴和参考。

关键词：计量系统；检定记录；证书；简化数据处理流程，提高效率

0　引言

中石化工业计量站作为中石化的计量机构，是经过中石化和本地区计量管理部门授权的计量技术机构。负责授权范围内的计量仪表强制/周期检定业务。于 2008 年开始上线了计量系统，它的功能包括：测量体系管理、计量人员管理、计量器具管理、器具检定/校准(以下简称检定)管理、计量数据管理、数据展示分析、计量纠纷管理、计量数据整合、储运损耗管理、计量生产报表等模块。随着计量系统运行，经过不断地发现问题，提升系统，解决问题，现在的计量系统运行效率逐步提高。随着计量系统的不断完善，工作流程越来越合理，但在检定记录的数据处理和检定证书打印等环节，一直存在着数据信息重复录入、数据处理出错率高和工作效率低等问题。由于一些技术方面的原因，这些问题一直无法解决。

1　方案设计的原因及架构

1.1　计量仪表检定的工作流程

①检定员收到计量仪表；

②开展计量仪表检定工作；

③检定的同时，出具检定记录；

④按照相关检定规程对检定记录上的数据进行计算处理，得到检定结果；

⑤将检定记录上的检定结果录入计量系统，并打印证书；

⑥将检定记录和检定证书送到收发室。

1.2　计量系统存在的问题

天津石化计量系统器具检定模块于 2008 年上线，2009 年正式使用，至今已运行 14 年。计量仪表检定管理流程是：天津石化各作业部将计量仪表录入到计量系统的台账中；根据仪表检定周期生成仪表检定计划并委托计量检定站开展检定；计量检定站开展仪表检定，填写检定记录，在记录中经过数据处理得到检定结果；将检定记录中的检定结果录入计量系统，打印检定证书；将纸版检定记录、检定证书送到收发室保存；使用单位领取证书，对证书进行确认，最后在计量系统中更新台账。

当需要检定的计量仪表数量不多时，以上流程运行很流畅。但是，当短时间内需要检定的计量仪表数量达到几百台，甚至上千台时，整个计量仪表的检定管理流程就会暴露出许多问题，甚至达到崩溃的边缘。主要问题就集中在计量仪表检定管理流程的运行效率上。

首先，计量检定站开展仪表检定，需填写纸版检定记录，经过数据处理得到检定结果，在这个流程中，数据的录入和计算的工作量太大。以温度变送器为例(见图 1)，在温度变送器校准记录中，需要录入的数据和需要计算得到的检定结果一共有 106 条。在工作量较大的情况下，数据录入和计算的工作量会呈指数级增加。而且这么大的数据处理工作量，在时间紧、任务重的条件下，出现录入和计算错误的可能性是很大的。

其次，将检定记录中计算后得到的检定结果录入计量系统(见图 2)，去打印检定证书(见图 3)时，存在同样的问题。还是以温度变送器为例，把校准记录中的校准结果录入到计量系统的过程中，需要录入的数据达 44 条(完成整个温度变送器数据处理过程，共需要手工录入 150 条数据)。当需要校准的温度变送器数量比较多时，极容易出现个别数据录入错误的现象。而且这种错误是很难发现的。

温度变送器校准记录

编码：TJSH-T6.HJJD.00.015.2019		编号：	RWB2023-0084
客户单位	化验计量部	证书编号	RWB2023-0084
生产单位	天津欧迪公司	任务单号	71062
型号规格	SBWZ	样品名称	温度变送器
出厂编号	1202291	测量范围	(0~50)℃
环境温度	21.3℃	环境温度	48%RH
校准用标准及考核证书号：/	1		
校准依据：	参照	JJF 1183-2007 温度变送器校准规范	
校准用主标准器：			

主标准器名称	测量范围	准确度等级	溯源机构	证书编号	有效期至
开关式精密直流电阻箱	(0.01~111111.11)Ω	0.01级	天津市计里监督检测科学研究院	FDXz123020040	2024/4/5
/	/	/	/	/	/

校准结果

被测点(℃) 输入值(Ω)	理论输出值(V)	实际输出值(V)						平均值(V)	误差(V)	扩展不确定度(℃) k=2
		第一次		第二次		第三次				
		上行程	下行程	上行程	下行程	上行程	下行程			
0.0 100.00	1.000	1.004	1.004	1.004	1.004	1.004	1.004	1.004	0.004	0.1
10.0 103.90	1.800	1.805	1.805	1.805	1.805	1.805	1.805	1.805	0.005	0.1
20.0 107.79	2.600	2.605	2.605	2.605	2.605	2.605	2.605	2.605	0.005	0.1
25.0 109.73	3.000	3.006	3.006	3.006	3.006	3.006	3.006	3.006	0.006	0.1
30.0 111.67	3.400	3.407	3.407	3.407	3.407	3.407	3.407	3.407	0.007	0.1
40.0 115.54	4.200	4.207	4.207	4.207	4.207	4.207	4.207	4.207	0.007	0.1
50.0 119.40	5.000	5.008	5.008	5.008	5.008	5.008	5.008	5.008	0.008	0.1

绝缘电阻	大于20mΩ	供电情况	24V
补偿导线修正值	/	外观	符合要求
备注	检定地点：检定楼403室	接收日期：	2023/8/30

图1 检定/校准记录

基础信息 | 检定内容 | 检定证书打印 | 检定内容自定义录入 | 检定内容自定义拆分 | 钢卷尺原始记录

检定内容 - 第1页/共1页(10)条

新增 特殊字符 保存 查询 批量删除 导出 全选 勾选复制 导入 删除任务单

多选	序号	检定值A ↑	检定值B ↑	检定值C ↑	检定值D ↑	检定值E ↑
□	1	名义值(℃)	输入值(Ω)	基准值(V)	平均值(V)	误差(V)
□	2	0.0	100.00	1.000	1.004	0.004
□	3	10.0	103.90	1.800	1.805	0.005
□	4	20.0	107.79	2.600	2.605	0.005
□	5	25.0	109.73	3.000	3.006	0.006
□	6	30.0	111.67	3.400	3.407	0.007
□	7	40.0	115.54	4.200	4.207	0.007
□	8	50.0	119.40	5.000	5.008	0.008
□	9	扩展不确定度	<I>U</I>=0.1℃,			
□	10	建议校准周期	1年			

图2 计量系统 检定/校准结果录入位置

中国石油化工股份有限公司天津分公司化验计量部

证书编号：　RWB2022-0065

校 准 结 果

测量范围:	(0～50)℃			
名义值(℃)	输入值(Ω)	基准值(V)	平均值(V)	误差(V)
0.0	100.00	1.000	1.004	0.004
10.0	103.90	1.800	1.805	0.005
20.0	107.79	2.600	2.605	0.005
25.0	109.73	3.000	3.006	0.006
30.0	111.67	3.400	3.407	0.007
40.0	115.54	4.200	4.207	0.007
50.0	119.40	5.000	5.008	0.008
扩展不确定度	U=0.1℃, k=2			
建议校准周期	1年			
以下空白				

图 3　计量系统　打印的证书数据页

最后，Excel 打印一张检定记录大约需要 10 秒钟，计量系统打印一张检定证书大约需要 50 秒钟。一分钟看起来好像不多，但当仪表数量达到成百上千时，打印检定记录、检定证书的工作就会非常耗时。而且这么大的打印量，打印机也会经常出现各种故障，这又大大增加了仪表检定的工作时间。

鉴于以上种种原因，对于检定工作量比较大的仪表，有的采取了把检定记录直接做到计量系统中的方式。这样检定此类仪表时，只需要打开计量系统，直接将数据录入系统，然后由计量系统直接进行数据处理，并生成检定证书并打印。这样就大大提高了工作效率，完美解决了以上问题。

但这种方式有几个弊端：它需要检定人员提供记录表格模板和详细的数据处理公式，由计量系统的编程人员通过后台编程的方式完成计量系统的升级。整个过程需要申请费用、提出需求、与项目单位对接、系统升级、测试、修改维护等很长的一个过程。这种方式的运行中，一旦出现检定规程变更，整个系统升级过程就得重新再来一遍。如果系统升级不能及时完成，整个检定过程就得回到原来的样子。还有个问题，因为每一种仪表的检定记录表格和数据处理方式都不同，要想采取这种方式，就都得重复这个过程。这将是一个非常复杂的过程，而且成本非常高，注定不可能广泛采用。

1.3　系统解决方案设计

通过对工作中影响效率的问题进行汇总，结合工作实际，对多种解决方案进行综合分析，最终确定了解决方案。

第一，尽可能减少手工录入检定记录的数据。鉴于检定记录(见图 1)中方框 1 内的计量仪表信息在计量系统内已经存在，可以在计量系统内提前设计并上传相应的检定记录模板(见图 4)，从系统中导出电子版检定记录的同时，在计量系统中自动提取计量仪表的信息，填写到检定记录中，避免手工录入，提高工作效率，减少出错概率。

温度变送器校准记录					
编码：TJSH-T6.HJJD.00.015.2019				编号：	[*DT#jlqj_zsh]
客户单位	[*DT#JDJL_SJDW]		证书编号	[*DT#jlqj_zsh]	
生产单位	[*DT#JLQJ_ZZC]		任务单号	[*DT#N04]	
型号规格	[*DT#JLQJ_GGXH]		样品名称	温度变送器	
出厂编号	[*DT#JLQJ_CNBH]		测量范围	[*DT#JLQJ_CLFW]	
环境温度	[*DT#JDJL_BZWD]		环境湿度	[*DT#JDJL_XDSD]	
校准用标准及考核证书号：/					
校准依据：	参照 [*DT#JDJL_JDYJMC]				
校准用主标准器：					
主标准器名称	测量范围	准确度等级	溯源机构	证书编号	有效期至
[*bzq#X]	[*bzq#y]	[*bzq#z]	[*bzq#jddw]	[*bzq#zsh]	[*bzq#v]

图 4　新设计的检定/校准记录模板

检定记录(图 1)中方框 2 内的“输入值”和“理论输出值”，跟被检计量仪表的测量范围是一一对应的。可以建立单独的信息数据库，列举所有可能测量范围的输入值和理论输出值。生成检定记录时，自动在数据库里查询到相应的数据并提取到检定记录中，尽最大可能减少需要检定人员手工录入的数据量。

方框2内其他的数据，是计量仪表检定过程中的实测数据(共42条)，这些数据原则上是必须手工录入的，无法简化。但是根据工作经验：当前的这个计量仪表，在检定过程中得到的实测数据，与此计量仪表上一周期检定时所得的实测数据，有很大的一部分是相同的。有的计量仪表的实测数据甚至会与上一周期的实测数据完全相同。鉴于这种情况，可以充分利用计量系统这种信息化手段，通过单击某个按钮，弹出一个空表格，使其自动继承被检计量仪表上一个周期的实测数据(如果存在)。因此，根据此计量仪表当前的实测数据，只需要部分修改其继承的数据即可(根据经验，平均下来需要手工录入的实测数据约是其总量的总量的1/2，即21条)。这样就可以最大限度地减少实测数据的手工录入，既可以减少手工录入带来的人为误差，又可以减少录入的工作量。随着计量系统使用的时间越来越长，会有越来越多的计量仪表自动携带上一个周期的实测数据，从而提高整体工作效率。

检定记录(图1)中方框3内的数据，是依据相应检定规程/技术规范，通过对计量仪表检定过程中得到的实测数据进行计算得到的检定结果。人工计算的工作量大且容易出错，可以通过表格软件自带的公式功能，提前编辑好相应公式，使其自动得到计算结果。避免人为的计算错误，提高数据处理的准确性和效率。

第二，将检定记录中的检定结果自动导入计量系统。为了打印检定证书，需要将检定记录中通过计算得到的检定结果录入到计量系统中。之前，为了减少因手工录入数据带来误差的可能，也为了降低劳动强度，计量系统自带了继承功能，可以继承此计量仪表上一周期的检定结果。这样，只需要把上周期检定结果与本次检定结果中不同的地方进行修改即可。通过这种方式，最大限度地减少手工录入数据。

虽然这种方式已经减少了手工录入的数据量，提高了工作效率。但是还是需要检定人员对两次数据进行逐一比对，当被检计量仪表数量很多时，还是容易出现输入错误。且要发现这种错误所需的工作量是非常大的。原来的通过人工比对、手工录入的工作方式，已不能适应现在检定人员少、工作量大的环境了。

之前曾经考虑过在计量系统中以导入的形式，把记录中的指定检定导入到系统中。但是由于不同种类的计量仪表的记录格式都不相同，证书上的检定结果的格式也各不相同。在计量系统中，如果每一种计量仪表都相应的设计一种导入方式又很繁琐。而且检定记录或者证书的格式一旦发生变化，还要修改计量系统，这种方式带来的维护成本会很高。所以问题一直未得到解决。

本方案提出了一种新的方式，它不需要修改计量系统，仍然可以用导入的方式把各种计量仪表检定记录中的检定结果导入到计量系统中，即便是计量仪表的检定记录格式不同、证书格式不同，也都可以通用。具体解决方案是：在每一种计量仪表的检定记录表格中，分别增加一个专门的“证书”工作表(见图5)。在其中按照此类计量仪表的检定证书上所需要的格式排好版，并使用表格软件的公式功能，把相关数据与原检定记录表格中的检定结果建立链接。然后利用计量系统的导入功能，把“证书”工作表内排好版的检定结果自动导入到系统内，代替检定人员手工录入数据。彻底解决检定证书数据需要手工录入，录入数据容易出错，工作效率低等一系列问题。在导入检定结果数据的同时，还可以把检定记录一起导入计量系统保存，实现检定记录电子化保存。

D4　=记录!D19

	A	B	C	D	E	F	G	H
1	检定内容							
2	序号	检定值A	检定值B	检定值C	检定值D	检定值E	检定值F	检定记录编码
3	1	名义值(℃)	输入值(Ω)	基准值(V)	平均值(V)	误差(V)		270182
4	2	0.0	100.00	1.000	1.004	0.004		270182
5	3	10.0	103.90	1.800	1.805	0.005		270182
6	4	20.0	107.79	2.600	2.605	0.005		270182
7	5	25.0	109.73	3.000	3.006	0.006		270182
8	6	30.0	111.67	3.400	3.407	0.007		270182
9	7	40.0	115.54	4.200	4.207	0.007		270182
10	8	50.0	119.40	5.000	5.008	0.008		270182
11		扩展不确	<I>U</I>=0.1℃,<I>k</I>=2					270182
12								

证书　记录

图5　检定/校准记录中的证书上传工作表

第三，实现检定记录、检定证书电子化保存。检定证书电子化已经是一个大趋势，各省院、国家院都已实行证书电子化。所以使计量系统具有单独、批量下载检定证书的功能是必不可少的。这样可以减少证书打印，提高工作效率，进一步做到无纸化办公。

以前检定记录打印后，必须送到收发室统一保存。这样做不但工作量很大，还会消耗很大的打印成本，而且查询起来不方便。纸质版的检定记录保存周期到了就会销毁，造成不小的浪费。将检定记录进行电子化保存，可以完美地解决这个问题。

以温度变送器的检定为例，本方案使整个计量仪表检定和数据处理过程变更为：

①在计量系统中选定被检定的温度变送器和相应的检定记录模板，导出该温度变送器的校准记录表格，表格中有两个工作表，分别是："证书""记录"。

②在校准记录表格的"记录"工作表(图 1)数据区域 1 中，温度变送器的测量范围、规格型号、出厂编号等全部信息均已自动完成填写。

③校准记录表格的"记录"工作表(图 1)数据区域 2 中，左侧的'被测点"和"理论输出值"数据列，也已通过在数据库中查询自动完成填写的。区域 2 中其他数据是继承的此计量仪表上一检定周期的实测数据，并在仪表检定过程中，根据实际情况进行手动修改好的。

④"记录"工作表(图 1)的数据区域 3 中的检定结果，通过表格软件的公式功能自动计算得到。

⑤在检定记录"证书"工作表(图 6)中，自动提取"记录"工作表相应位置的数据，完成检定结果格式转换，为检定证书所需数据上传做好准备工作。

⑥通过计量系统的导入功能，自动将温度变送器检定结果导入到系统中，生成电子版检定证书，同时检定记录也被电子化保存。

整个数据处理过程，只需要再手动录入数据约 21 条，相比原来共需要手动录入数据约 150 条来说，在工作强度、出错概率方面都大为减少，同时也不需要打印纸质版证书和检定记录，工作效率得到大幅提高。

2 方案设计的合理性检验

本方案在整个数据处理过程中，需要手工录入的数据，只有检定计量仪表时的部分实测数据，占全部数据的约 1/7。极大地减少了数据处理的工作量，也减少了人为出错的概率。这种优势在被检计量仪表数量较多时，尤为明显。而且不同种类的计量仪表，只需要设计不同的检定记录模板并上传到计量系统即可，方法通用，操作非常方便。

如果遇到某种计量仪表的检定记录或证书格式因检定规程/校准规范更新而需要修改的情况，也只需要部分修改检定记录模板即可，不需要调整计量系统，极大地降低了系统维护成本，提高了灵活性。

3 结语

经过一年的运行，本方案在不需要大幅度修改计量系统的条件下，实现了计量仪表检定数据处理过程的自动化，提高了计量系统仪表检定管理的准确性和工作效率。有很大的推广价值。

本方案还有进一步优化的空间，如果可以实现批量导出/导入检定记录、将多条计量仪表信息导入到一张检定记录表格中，那么将会更大地扩展系统的应用范围、提高计量仪表检定和数据处理过程的准确性、降低工作强度、提高工作效率。

参考文献

[1] 国家质量监督检验检疫总局．工作用玻璃液体温度计检定规程：JJG 130—2011[S]．北京：中国计量出版社，2011.

[2] 国家质量监督检验检疫总局．恒温槽技术性能测试规范：JJF 1030—2010[S]．北京：中国计量出版社，2010.

[3] 国家质量监督检验检疫总局．双金属温度计校准规范：JJF1908—2021[S]．北京：中国计量出版社，2011.

[4] 国家质量监督检验检疫总局．工业铂铜热电阻检定规程：JJG 229—2010[S]．北京：中国计量出版社，2010.

[5] 国家质量监督检验检疫总局．温度变送器校准规范：JJF 1183—2007[S]．北京：中国计量出版社，2007.

CCUS 关键过程碳计量技术现状与分析

姜兴伟　刘　杰　宋长山

（胜利油田技术检测中心）

摘　要：本文梳理了胜利油田 CCUS 技术现状，对 CCUS 全流程计量节点进行打开分析，摸清注入环节、用能环节、输送环节、逸散放空环节以及核算环节的碳计量现状与问题，通过管理制度细化、标准制修订、新型计量器具研发、科技攻关等手段，进一步提升 CCUS 全流程、全环节、全覆盖的数据获取能力和数据质量，提高 CCUS 碳减排量核算水平，为碳交易提供有效的数据支撑。

关键词：CCUS；碳计量；碳减排；CO_2 计量

1　碳捕集、利用与封存技术（CCUS）概况

碳捕集、利用与封存技术（CCUS）是将二氧化碳从工业过程、能源利用或大气中分离出来，直接加以利用或注入地层以实现二氧化碳永久减排的过程。本文提及的 CCUS 技术是石油石化行业内上游企业的主要 CCUS 技术，以下统称为 CCUS[1][2][3]。

1.1　国内首个百万吨级 CCUS 项目建成投产

目前全球 CCUS 产业取得重要成果和进展，用于驱替储层油气、深部咸水层高附加值资源等，实现减碳、固碳的同时促进了油气增产及地层资源开发利用[4]。胜利油田持续开展 CCUS 相关技术攻关，历经"室内实验研究、关键技术攻关、先导试验、工程示范"四个发展阶段，构建了覆盖全链条、可工业化推广的 CCUS 技术、装备系列，这为 CCUS 产业化发展奠定了理论基础和技术支撑。目前已建成"齐鲁石化 - 胜利油田百万吨级 CCUS 项目"，投产国内首条百公里 CO_2 密相输送管道，是国内最大的 CCUS 全产业链示范基地，预计未来 15 年，可累计注入 $CO_2$1068 万吨，实现增油 296.5 万吨，具有行业引领作用。

1.2　CCUS 技术对于石油石化行业碳减排意重大

作为国际认可的重要负碳技术，CCUS 技术及产业发展兼顾绿色低碳转型和保障能源安全两大核心目标，是石油石化行业实现"碳达峰碳中和"的重要途径。根据国际能源署（IEA）评估，在可持续发展情景中，全球于 2070 年二氧化碳实现净零排放，CCUS 将贡献 15% 的累积减排量。如果没有 CCUS 技术，缓解气候变化的成本平均将升高 138%，最多可达两倍[5]。因此，CCUS 技术具有减少整体减排成本和增加温室气体减排灵活性的潜力，是碳减排主要途径之一，也是我国实现碳中和的兜底技术。

2　CCUS 项目碳计量现状与问题

2.1　CCUS 项目减排量核算概述

CCUS 项目通过捕集高纯度 CO_2 注入地下进行封存利用，其减排的核心在于地质封存量可核实、量化与验证。分析不同情景下 CCUS 项目的工艺用能结构和泄漏路径（图 1），CO_2 减排量可表示为：

CO_2 减排量 = CO_2 注入量 -（用能环节的 CO_2 排放量 - 用能环节的 CO_2 基准排放量） - CO_2 输送损失量 - CO_2 逸散放空泄漏量。

其中，用能环节减排量计算需考虑基准线情景，即以项目未投用时的原始 CO_2 排放量和泄漏量作为参考。

CO_2 注入是指将 CO_2 注入到目标地层。主要是从炼厂、电厂端捕集 CO_2，通过汽车拉运、管道输送等方式将 CO_2 输送至注气站并泵送至地下，在提高原油采收率的同时实现 CO_2 封存。CO_2 注入量计量节点在每口注入井。

CO_2 排放是指能源消耗造成的直接和间接 CO_2 排放。包括 CO_2 捕集、输送、注入，采出液处理，CO_2 回注等工艺流程消耗化石燃料、电力、蒸汽等产生的排放。

CO_2 输送损失是指从捕集端到注入端（采用输送管线、拉运罐车等输送手段）输送过程中，因密封不严、工艺放空产生 CO_2 直接排放导致的损失。计量节点在输送过程可能发生密封不严的阀门、法兰仪表连接件或装卸车放空点等部位。

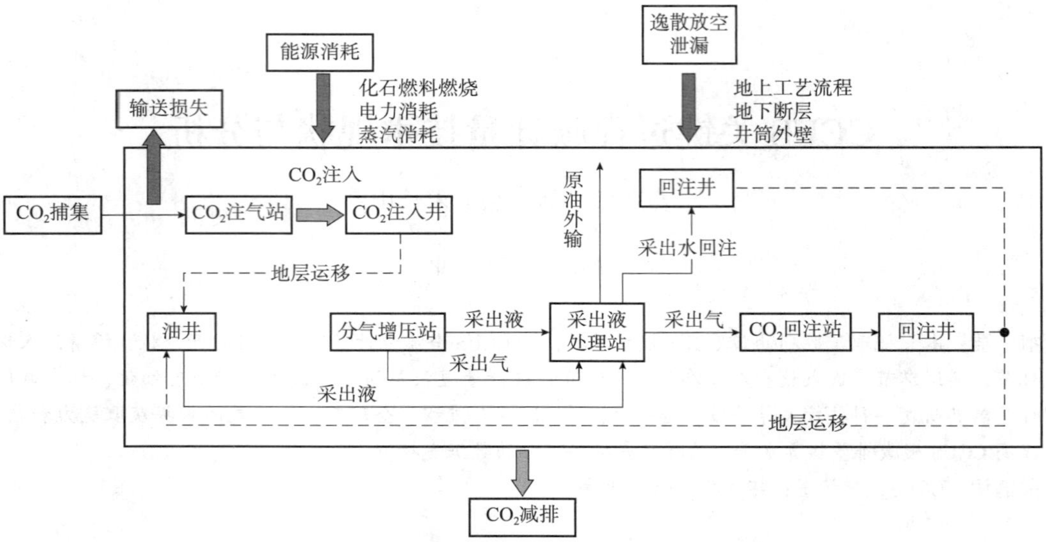

图 1 CCUS 工艺流程及减排量示意图

CO_2 逸散放空泄漏中，逸散是指注入、处理工艺流程密封不严等发生的连续、长期无组织排放；放空是指因设备检修、故障发生等情况将管线或设备中 CO_2 排空；泄漏是指注入地下的 CO_2 从地层裂缝、井筒泄漏至地面或浅层土壤、地下水中；逸散、放空计量节点在注入、处理工艺流程，泄漏计量节点在 CO_2 封存区域所在的地质空间。

2.2 CO_2 注入量计量现状分析

CCUS 项目采取集中建站、分布到井的地面配套模式建设注气站，通过分配式计量橇进行气源分配和计量，实现橇装化设计、工厂化预制、模块化施工、信息化监控。图 2 为 CCUS 项目需要对 CO_2 进行计量的点位示意图(图中 Q 为计量仪表点位)。

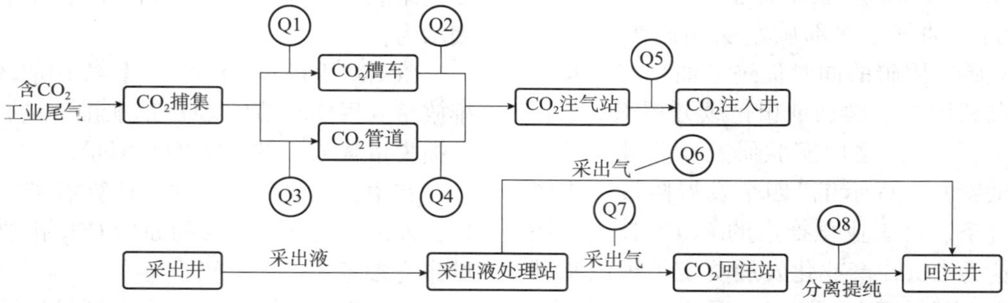

图 2 二氧化碳计量点位示意图

Q1—称重式计量；Q2—储罐计量，Q3、Q4、Q5、Q6、Q7、Q8—流量计量

CO_2 计量实现了 CCUS 项目 CO_2 注入量的核证和输送损耗测算。目前主要采用 V 锥流量对各注入井、回注井注入量进行在线计量，其中 Q1 ~ Q4、Q6 ~ Q8 为项目工艺控制计量节点，Q5 为注入量计量节点。CO_2 计量存在的主要问题有：

①罐车计量方面(Q1)：主要通过罐车称重数据进行核定 CO_2 交接量，计量数据比较准确。工艺过程中的核查数据采用 SCADA 系统采集储罐液位高度变化数据，与罐车卸液前后称重数据进行比对，由于储罐液位计精度较低，导致核查数据误差仅能控制在 3% 左右。

②管道输送端计量方面(Q3)：主要采用质量流量计作为 CO_2 计量器具，但高压、低温特殊工况下，超临界状态 CO_2 管输流量计的适用性有待验证。主要是由于质量流量计还未突破高压、低温条件下芯片级自动补偿功能，同时临界状态 CO_2 会引发计量装置“共振”，影响计量准确性和装置寿命。

③井口注入端计量方面(Q5)：主要采用 V 锥流量计作为 CO_2 计量器具，临界状态下 CO_2 计量存在测量精度低(仅能达到 10% ~15%)、寿命短的问题，难以满足减排量核算要求。需研发适用于临界、超临界 CO_2 的高精度流量计量器具或者装置。

针对以上 CO_2 注入量计量存在的问题，需研制高压、低温特殊工况下适用于超临界 CO_2 的高精度流量计量装置；研究高等级溯源装置，解决新型仪器仪表量值溯源问题；梳理完善 CO_2 注入量计量器具配备制度与选型方法。

2.3 用能环节 CO_2 排放量计量现状分析

CO_2 捕集、输送、注入与回注，采出液举升，集输处理工艺中消耗能源将产生直接和间接 CO_2 排放，如柴油、LNG、天然气等化石燃料燃烧，电力、蒸汽消耗等。目前用能环节 CO_2 排放主要基于能源消耗量，根据排放因子折算 CO_2 排放量。能源消耗计量点位如图 3 所示，从图中可以看出，各节点均安装了能源计量器具，但还存在以下问题：

①能源计量器具配备规范无法满足 CCUS 精准碳计量要求。目前用能环节的计量器具配备按照 GB/T 20901《石油石化行业能源计量器具配备和管理要求》执行，缺少碳计量直接相关的配备要求。同时，CCUS 项目能源计量按照用能设备功率进行仪表配备，对于流程中各环节用能设备未做到全覆盖单体设备监测及用能劈分，碳排放量无法精准核算。

②井口伴生气和采出液处理后的燃气在线监测技术不完善。在燃气组分方面，伴生气和处理后燃气组分复杂多变，目前没有 $C_1 \sim C_4$、CO_2 等组分的在线监测技术；在燃气消耗量方面，缺少低成本稳定的在线计量技术。

针对以上用能环节碳计量存在的问题，需推进能源计量和碳计量的有效衔接，研究制定《石油石化行业碳计量器具配备和管理要求》等计量技术规范，完善器具配备、运行维护、管理等技术要求；攻关非标燃料气体流量计量与组分在线分析等新型器具，研发低成本稳定的在线计量技术。

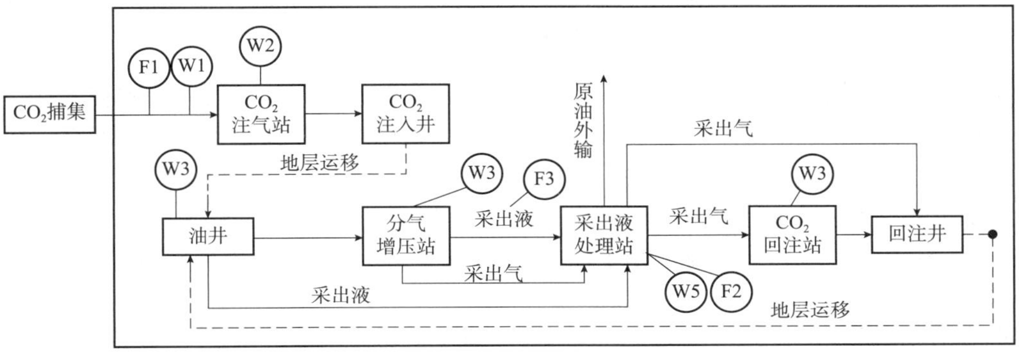

图 3 能源消耗计量点位示意图

W1—二氧化碳管输电力消耗；W2—二氧化碳注气站电力消耗；W3—油井生产电力消耗；W4—分气增压站电力消耗；W5—采出液处理站电力消耗；W6—二氧化碳回注站电力消耗；F1—二氧化碳车辆运输 LNG、柴油消耗；F2—采出液处理站天然气消耗；F3—单井拉油车、柴油消耗

2.4 CO_2 输送损失量计量分析

CO_2 输送过程存在逸散到大气中的风险。如管线输送时，因密封不严会导致 CO_2 从阀门、法兰等连接件处逸散到大气；罐车装卸车作业完成后，管线内残存少量 CO_2 将放空到大气等。目前对于 CO_2 输送损失量计量计算方面主要存在以下问题：

①管输过程 CO_2 逸散量缺少有效计量手段。目前对于 CO_2 逸散仅能实现逸散浓度的人工监测，缺少逸散量在线监测计量手段。

②罐车装卸 CO_2 损耗量无法有效计量。管线内残留的 CO_2 放空量缺少有效测试方法。

2.5 CO_2 逸散放空泄漏计量分析

CO_2 生产地面注采和集输工艺各环节的逸散、放空和泄漏包括注采工艺流程中阀门、法兰等连接件存在的 CO_2 逸散；因设备检修、故障排除等因素泄压放空 CO_2 至大气；因井筒腐蚀、密封不严、地质体裂缝等产生的 CO_2 井筒泄漏和地层泄漏等(图 4)。

逸散测试计量方面，目前主要采用固定式气体泄漏报警仪或便携式 CO_2 泄漏检测仪检测 CO_2 浓度，判断场站、重点设备是否发生泄漏。放空测试计量方面，根据待放空段管线放空流速、管径、放空时间估算放空量。泄漏测试计量方面，主要通过布设地下水监测井，开展浅层地下水和土壤气取样 CO_2 浓度测试。可以看出，在 CO_2 逸散放空泄漏计量方面，目前以检测 CO_2 浓度或估算为主，在逸散放空泄漏量的测试计量方面还缺少成熟的装置和方法。主要问题有：

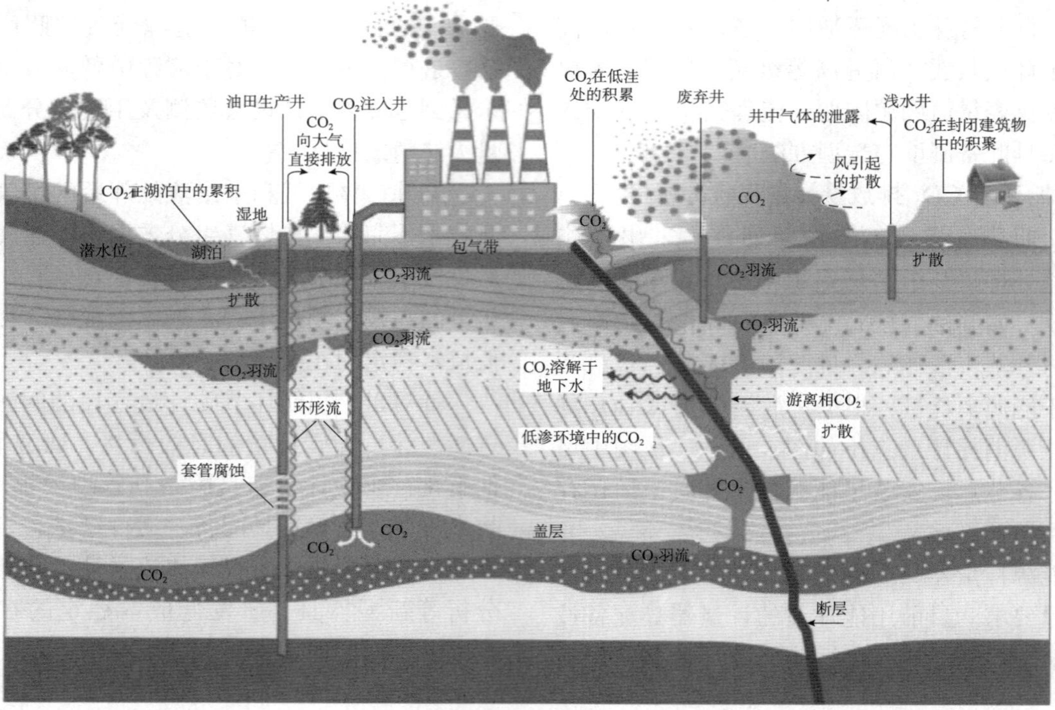

图4　二氧化碳地质泄漏示意图

①逸散排放缺少有效的核算方法。逸散排放主要有两种测算方式，一是通过 CO_2 监测仪进行重点部位、设备 CC_2 浓度监测或定期巡检，仅能实现 CO_2 浓度测试．无法获取逸散量；二是采用排放因子法进行核算，但现行逸散排放因子由于未考虑生产条件的差异性等特点，与工艺现状脱节，无法实现精准核算。

②工艺放空量核算准确度有待提高。注气站、油井放空过程中急剧的压力变化导致 CO_2 相态变化快，多相态精准计量技术是尚未攻克的难题；目前主要通过二艺流程内储存的液相 CO_2 体积估算放空量，准确度不高。联合站内呼吸阀呼气放出 CO_2 等节点尚无成熟的在线监测计量手段。

③泄漏排放以取样浓度测试为主，泄漏量核算缺少成熟的装置和方法。目前泄漏测试主要通过大气通量法、土壤气通量法、浅层地下水 CO_2 取样监测等手段，只有目标封存层位发生大面积大量泄漏且上升至近地表处才能发现异常；且仅能实现 CO_2 浓度监测，无法对泄漏量准确获取。

针对以上问题，需开展土壤气/地下水 CO_2 泄漏量监测技术体系，工艺放空重要节点在线监测及多相态 CO_2 精准计量等系列技术研究；抢建基于逸散规模、核算边界明确、可动态更新的本土化逸散泄漏排放因子库；进一步梳理工艺流程环节逸散排放泄漏重要节点，建立完善碳计量器具配备与选型方法，研究编制相关计量标准；借助于遥感遥测等技术手段，开展空天地一体化监测核算技术攻关，形成多源数据核查互印的核算体系。

2.6　CCUS 项目减排量核算方法

CCUS 项目减排量核算在确定核算边界的基础上，考虑基准线情景，利用项目 CO_2 注入量扣除用能环节 CO_2 排放量、输送损失量及逸散放空泄漏量。但在 CCUS 减排量核算领域只有一些指导性、框架式的规范和方法指南，存在着核算边界不明确、核算方法不具体等问题。

针对 CCUS 项目减排量核算方法中存在的问题，需根据我国 CCUS 工艺流程特点、排放特征，开展核算边界、排放源、数据获取及核算方法研究，开发 CO_2 – EOR 碳减排量核算方法学和体系，推动标准或指南建立。

3　结论

针对 CCUS 项目全流程计量现状与问题，拟通过管理制度细化、标准制修订、新型计量器具研发、科技攻关等手段，进一步提升 CCUS 全流程、全环节、全覆盖的数据获取能力和数据质量，提高 CCUS 碳减排量核算水平，为碳交易提供有效的数据支撑。

3.1　管理制度与标准制修订

进一步梳理完善 CCUS 全流程注采输节点计

量器具配备与选型方法；推进能源计量与碳计量的有效衔接，研究编制碳计量器具配备和管理、在线监测设备校准等相关计量技术规范；完善计量器具配备、运行维护、管理等技术要求。

3.2 新型计量器具研制

研发适用于超临界 CO_2 的高精度流量计量、CO_2 逸散泄漏量定量计量等新型器具，研制非标燃气流量计量与组分在线分析等计量装置，解决各环节 CO_2 精准计量、低成本稳定在线测试等问题。

3.3 计量器具溯源

开展 CO_2 气体报警器检定装置、多组分气体流量校准装置等计量标准建设，研究高等级溯源装置，解决新型仪器仪表量值溯源问题；建设新型计量器具(传感器)型式评价能力，提升计量比对能力。

3.4 技术攻关方向

泄漏量核算方面，开展土壤气、地下水 CO_2 泄漏量在线监测技术研究，形成配套 CO_2 泄漏量核算方法；排放因子库方面，搭建基于逸散泄漏规模、核算边界明确、可动态更新的本土化逸散泄漏排放因子库，为 CCUS 精准碳计量提供支撑；碳排放遥感遥测方面，研究空天地一体化高连续、全覆盖、高精度监测技术体系，形成多源数据核查互印的核算体系，为行业碳排放大范围扫查与核算提供可靠的计量数据保障。

参考文献

[1]张磊，张哲，等.“碳中和”背景下油气田碳捕集技术发展方向[J]. 油气与新能源，2022，02：12.

[2]刘石慧. 基于 CCUS 的二氧化碳价值链评价体系研究[J]. 中国国土资源经济，2021，09：23.

[3]李锐，杨捷，等. 油气田企业碳资产开发重点方向及路径研究[J]. 天然气技术与经济，2022，12：28.

[4]李月清. CCUS 产业如何破局[J]. 中国石油企业，2023，03：15.

[5]薛华，于景琦. 碳捕集与封存作为我国石油行业发展机遇的探讨[J]. 油气田环境保护，2018，06：20.

基于随机森林算法的油气回收装置出口浓度预测研究

郑华俊 汪佳奇 李华骐

（浙江油品储运有限公司）

摘 要：本文基于油库运行参数，筛选出合适的工艺参数，构建数据驱动模型预测油气出口浓度。利用 Spearman 系数进行特征分析发现除了入口油气温度、入口油气压力、制冷机组出口温度和两个吸附罐炭床温度对出口油气浓度有影响，压缩机出口温度也会对出口浓度产生影响。基于随机森林算法建立模型，将上述参数输入模型中，计算结果表明该模型可以较好地预测油气出口浓度，引入压缩机出口温度能使模型的拟合优度 R2 达到 0.75 以上，预测的归一化平均绝对误差在 23% 以下，出口油气浓度的平均误差为 $1g/m^3$。本文通过机器学习的方法，利用多种工艺参数可以预测出口油气浓度，为油库降本增效提供指导。

关键词：油气回收；工艺参数；随机森林算法；出口浓度；预测

0 引言

近年来，国内对于环保问题越来越重视，对石油化工产业废气排放的审查也越来越严格，环保标准也越来越完善。为了应对处理石油化工产业内废气排放超标的问题，油气回收装置逐渐在油库中普及起来，但在不同的油库环境采用的油库回收技术也不相同。目前主要使用的技术有吸收法、吸附法、冷凝法、膜分离法[1,2]，这四种方法各有特点和优劣，在发展过程中需要结合实际遇到的问题，针对性地优化油气回收装置，多组合和多级油气回收系统的应用在国内已是主流[3,4]。

虽然油气回收装置的传统工艺路线能满足 $25g/m^3$ 的排放指标要求[5,6]，但随着油库发油量的增多以及夏季高温工况的影响，原油气回收装置排放波动较大甚至偶尔出现超标的情况。为解决以上问题，冷却装置能够很好地降低吸收塔油气喷淋温度[7,8]，但长时间的开启会导致能耗的增加。随着信息技术的发展，油库为了降本增效开展了各项油气回收工艺参数的监测与研究[9,10]，通过监测数据对油气回收的运行状态进行把控，并借助数据模型对排放浓度进行预测，以达到优化工艺参数，减少油气排放并减少油库能耗的目的。

在油气排放浓度的预测研究中，多是研究单一变量如入口油气流量[11,12]、入口油气温度[13,14]对出口油气浓度的影响。多变量对出口油气浓度影响的研究不足，而且油气回收系统中的装置繁多，工艺参数复杂且参数之间的关联并不明确，很难通过机理方面展开参数之间的研究，本文通过在 A 油库提取的工艺参数进行机器学习，了解各参数对排放浓度的影响，对相关工艺参数做出优化。

1 模型基础

1.1 油气回收装置运行流程

本文研究的油气回收装置是以 A 油库的装置为研究对象。该油气回收装置采用的是“低温吸收 + 高效聚结 + 级配吸附”的工艺，也就是吸收法和吸附法的联用，并在吸收塔和吸附塔之间添加了聚结器，图 1 为 A 油库油气回收装置的流程图。在该装置提供的仪表中对出口油气浓度有显著影响，入口油气温度（T101）、入口油气流量（FI101）、入口油气压力（PI101）、制冷机出口温度（TT301）和两个吸附罐的炭床温度（TI121、TI131）。

在实际的运行过程中，考虑到该装置的平稳运行，油库将入口油气流量按照发油台的鹤管信号作为启动信号，避免出现在发油量较小时，油气回收装置不启动，从而出现排放浓度超标的情况，因此在运行过程中入口油气流量均为 $118.2m^3/h$ 的倍数。由于这个原因，在后续的数据集中并不会将入口油气流量作为输入变量放入计算模型中。

在运行过程中，不仅要考虑各个参数的变化，还需要考虑吸附罐的切换。不同的吸附罐对应的吸附效果是不同的，所以在数据集的整理中需要将处于吸附状态的吸附罐的炭床温度筛选出来，作为输入变量放入计算模型中。

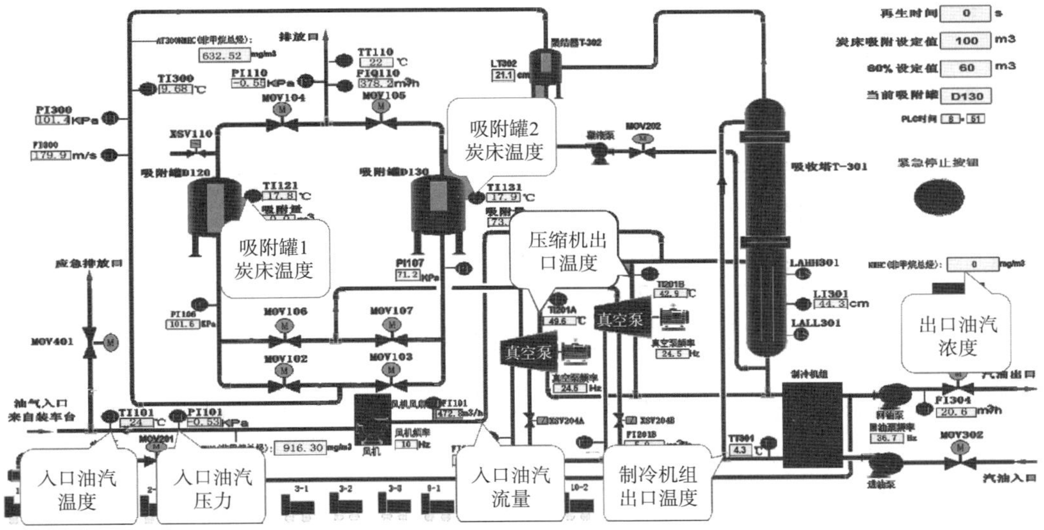

图 1　现场油气回收装置工艺流程

1.2　随机森林

随机森林(Random Forest)算法是一种广泛应用于分类和回归任务中的集成学习算法。该算法通过结合多棵决策树的预测结果，提升模型的准确性和稳定性。随机森林可以其主要的工作原理主要分为以下几个部分：①样本选择②特征选择③决策树构建④投票或平均。

根据随机森林模型的工作原理，在让模型进行训练之前最重要的是样本范围和重要特征的选择，之后决策树的构建与投票是优化模型的重要环节，可以进行常规的布置，确认模型稳定运行后再做调整。因此，本文先是分别对样本选择和特征选择做了以下处理：

样本选择：根据油库提供的趋势图，可以了解到该装置的运行时间为早上五点到晚上五点，因此提取的数据样本为 5:00～17:00 的油气回收装置运行参数，由于在该装置中吸附罐是随着罐内活性炭的吸附量变化而来回切换的，因此在数据处理的过程中需要判断处于工作状态的吸附罐，以便于提取合适的吸附罐工艺参数运用到模型中。

特征选择：在做完样本的选择后，需要对样本特征进行选择，选取合理的特征有助于去除冗余和不相关的特征，以便于减少无用信息对模型的影响以提高模型的准确性。并且过多特征会导致模型过拟合，具体表现为模型在训练数据上表现良好，而测试集上表现较差，这就会导致模型的泛化能力很弱，无法利用新数据做出良好的预测。也就是说做出合理的特征选择，可以提高模型的稳定性。

为了选择合适的特征，对以往的油气浓度研究进行归纳总结，发现对排放油气浓度影响较大的工艺参数有：入口油气浓度，入口油气流量，入口油气压力，入口油气温度，吸收塔油气喷淋温度，吸收塔油气喷淋流量，炭床温度。根据油库提供的参数，对出口油气浓度的预测能起到明显作用的是入口油气压力、入口油气温度、炭床温度、制冷机组出口温度(等效于油气喷淋温度)，在油气回收装置运行过程中，压缩机出口温度在一定程度上会影响入口油气进吸收塔时的温度，本文研究压缩机出口的温度是否对模型的预测有影响，为此创建了两个数据集，一个含有压缩机出口温度(数据集 1)，一个不含压缩机出口温度(数据集 2)。

2　数据测试效果

2.1　工艺参数数据集

根据 A 油库提供的数据中挑选，将入口油气温度、入口油气压力、吸附罐炭床温度、制冷机组出口温度和压缩机出口温度作为输入量，出口油气浓度作为输出量。其中吸附罐炭床温度的选择是根据参与吸附环节的吸附罐确定的，为此本文将以上提到的参数与吸附罐内压力放到同一时间轴下，比对各参数变化，依照油气回收装置的使用说明，可以观察到图 2 蓝线框内，吸附罐 1 罐内压力为最高值时，吸附罐 1 温度在升高，这表明吸附罐在参与吸附环节，当炭床温度开始降低说明吸附罐已不再处于吸附状态，开始进行真空解吸。由此，借助吸附罐内压力和炭床温度划分吸附罐的运行状态为吸附状态或解吸状态。

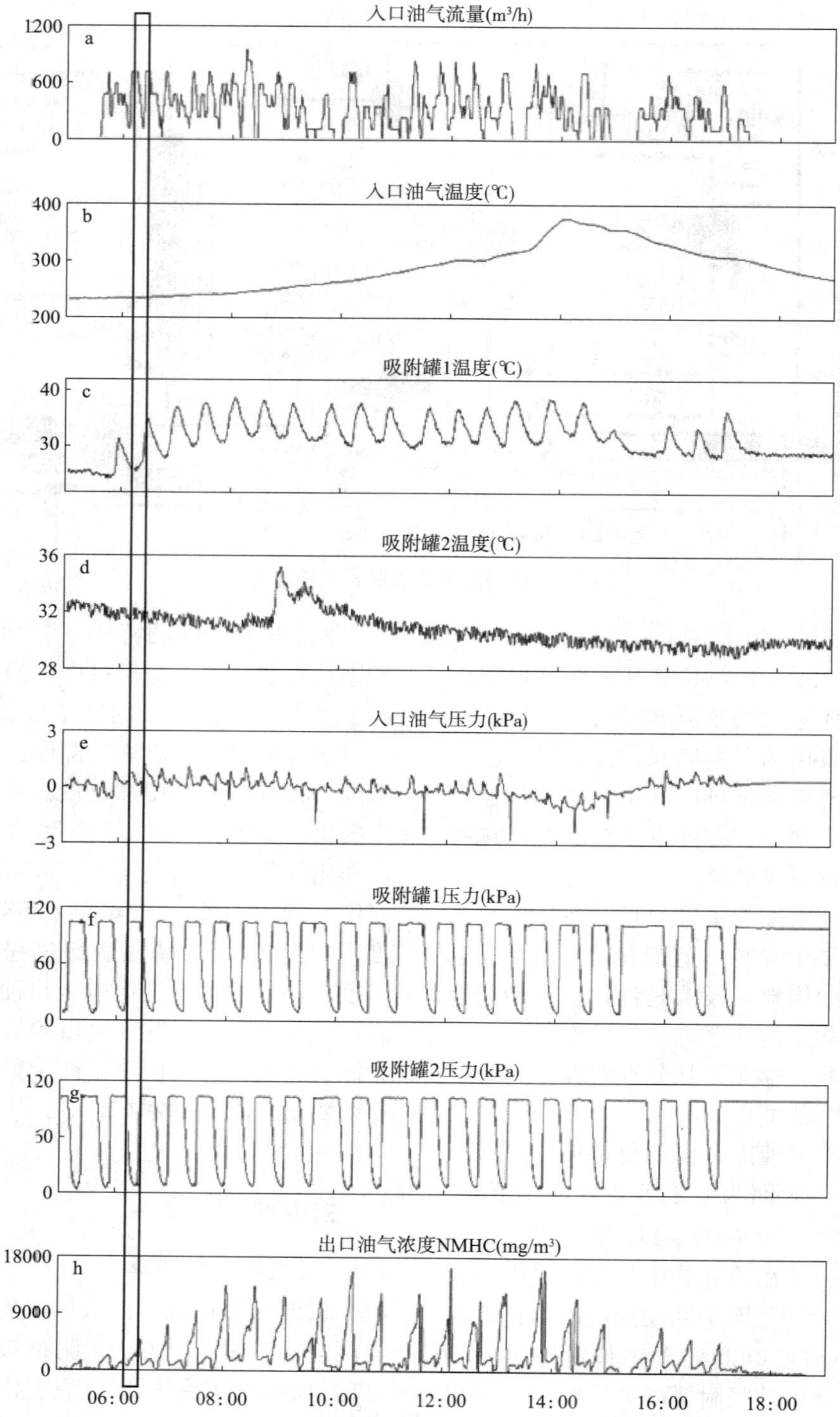

图 2　油气回收装置工艺参数变化

在确认完模型训练所需要的数据类型和数据整理的方法后，归纳整理获取数据 498 条，将数据集按照 7∶3 的比例分配给训练集和测试集，数据集内部分数据和指标如表 1 所示。

表 1　数据集内部分数据

	入口油气温度(℃)	入口油气压力(kPa)	吸附罐温度(℃)	制冷机组出口温度(℃)	压缩机出口温度 1(℃)	压缩机出口温度 2(℃)	出口油气浓度(mg/m^3)
	42.85	99.99	33.51	6.77	69.98	68.86	19657.99
	40.72	100.32	33.61	7.55	72.54	71.86	15027.15
	42.75	100.35	33.51	6.42	69.74	74.12	14419.43

续表

	入口油气温度(℃)	入口油气压力(kPa)	吸附罐温度(℃)	制冷机组出口温度(℃)	压缩机出口温度1(℃)	压缩机出口温度2(℃)	出口油气浓度(mg/m³)
	……	……	……	……	……	……	……
	29.81	100.96	33.71	12.68	59.72	60.86	2000.48
最大值	45.74	102.66	40.10	27.3	80.22	81.26	19657.99
最小值	23.22	98.51	21.87	3.98	43.40	39.56	2000.48
平均值	31.60	101.10	31.37	13.09	70.04	68.86	4424.22
标准差	5.89	0.48	3.85	4.37	7.46	8.43	2485.15

2.2 特征分析

油气回收装置的出口油气浓度受到各种工艺参数的影响，而且各变量之间并不呈现线性关系，这一点符合 Spearman 相关性分析的适用条件，为了挖掘参数之间的联系，利用 Spearman 系数和热力图表明各工艺参数与出口油气浓度(NMHC)的相关系数，通过双侧显著性检验系数判断其相关性，计算结果如图3和表2所示。其中入口油气温度(TI101)、入口油气压力(PI101)、吸附罐1温度(TI121)、吸附罐2温度(TI31)、压缩机出口温度(TI201A、TI201B)和制冷机组出口油气温度(TI301)均小于0.05，即达到了5%的显著性水平，因此将压缩机出口温度这一因素考虑到模型中，是合理可行的。在各参数中，对出口油气浓度影响最为直接的是入口油气温度和吸附罐1的温度，且呈正相关说明入口油气温度和吸附罐温度升高会提高出口的油气浓度。

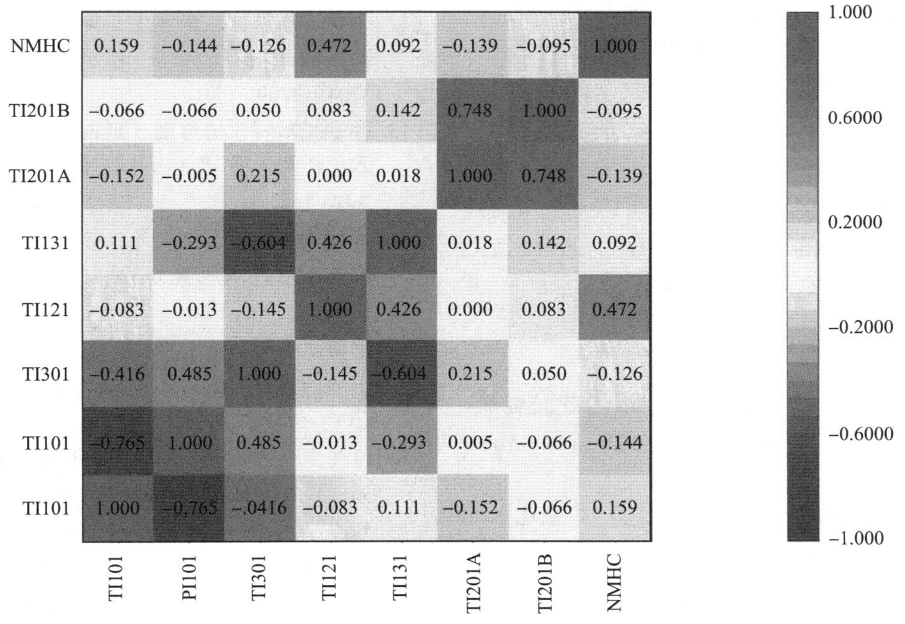

图3 Pearson 相关系数热力图

表2 各参数与出口油气浓度之间的相关系数

与出口油气浓度的相关性	TI101	PI101	TI301	TI121	TI131	TI201A	TI201B
Spearman 系数	0.159	−0.144	−0.126	0.472	0.092	−0.139	−0.095
双侧显著性检验系数	0.000	0.000	0.001	0.000	0.019	0.000	0.015

2.3 基于随机森林算法的出口油气浓度预测

模型的性能指标如表3所示，通过建立模型计算出数据集1(含有压缩机出口温度)的 R_2 高于数据集2(不含有压缩机出口温度)，说明压缩机出口温度对出口油气浓度有一定的影响。从工艺上分析，这是由于压缩机出口油气温度会对进入吸收塔前的油气温度产生影响，因此对于模型的预测上该参数能够提升模型的精准度。

平均绝对误差(MAE)表示预测值与真实值之间的平均绝对差异，反映了模型预测结果的准确性。MAE会根据样本目标特征大小而改变，在利用该指标进行模型准确率的评估之前，可以对其进行归一化的处理[15,16]，即将平均绝对误差(MAE)与样本目标特征的平均值做比值。经过归一化处理后的平均绝对误差(MAE)在两数据集上均能达到小于23%的水平，表明该模型的平均预测精度能达到77%以上。

表3　性能指标参数

	$R2$	MAE	归一化MAE
数据集1训练集	0.8654	743.4526	16.1%
数据集1测试集	0.7611	1029.7651	22.7%
数据集2训练集	0.8565	750.7937	16.3%
数据集2测试集	0.7564	1048.3586	22.9%

3　结论

压缩机出口温度能够对出口油气流量产生影响，能提升模型的性能，以更好地预测出口油气浓度。基于随机森林算法建立的模型能拟合各项工艺参数得到出口油气浓度，评估模型的指标拟合优度 R^2 能达到0.75以上，正规化平均绝对误差达到23%以下，出口油气浓度误差达到1g/m^3。通过本研究说明多种工艺参数可以通过机器学习的方法预测装置的出口油气浓度，能为之后利用机器学习完成降本增效提供指导。

参考文献

[1]张善泽．基于响应面分析的冷凝油气回收工艺能耗优化[J]．石油石化节能与计量，2024，14(5)：62－67.

[2]刘思炜．涉苯储罐挥发性有机物治理[J]．广东化工，2024，51(9)：137－138＋141.

[3]李镇．化工生产过程中的尾气处理技术[J/OL]．当代化工研究，2024(8)：71－73.

[4]盛金辉．罐区VOCs治理改造技术应用[J]．当代化工研究，2018(2)：57－58.

[5]黎海琳，黄嘉莉．“看得见闻得到摸得着”的绿色——广东石油开展绿色服务助力碧水蓝天纪实[J]．中国石化，2014(3)：31－32.

[6]孔昭瑞．对《加油站大气污染物排放标准》等三个国家标准的解读及建议[J]．中国石油和化工标准与质量，2008(11)：10－13.

[7]刘珍珍，方梦祥，夏芝香，等．基于高浓度MEA的CO_2化学吸收工艺优化[J/OL]．中国电机工程学报，2021，41(11)：3666－3676.

[8]严东寅，张新庆，唐君伟，等．含杂环胺复合溶剂对天然气中酸性组分吸收效果实验研究[J]．石油与天然气化工，2022，51(1)：20－26.

[9]邢巍巍，姜峰，李玉璞，等．油气回收在线监测系统在加油站中的应用[J/OL]．当代化工研究，2023(23)：102－104.

[10]张武强，周顺意，邵光荣．青兰山码头油气回收技术应用分析[J]．当代化工研究，2019(6)：74－77.

[11]樊晓翠，田红兵，李金莹，等．油气回收多参数检测仪性能测试方法的探究[J/OL]．工业计量，2023，33(6)：26－29.

[12]朱玲，陈家庆，张宝生，等．膜分离法处理加油站油气的研究[J/OL]．环境科学，2011，32(12)：3704－3709.

[13]孙宇，郑岩，胡勇刚．延迟焦化在炼油工业中的技术优势及进展[J]．石化技术与应用，2012，30(3)：260－264.

[14]王劲，韩续增，刘庆龙，等．基于流程模拟的油气回收工艺技术风险分析[J/OL]．当代化工，2021，50(2)：390－394.

[15]李博凯，吴从中，项柏杨，等．微表情峰值帧定位引导的分类算法[J]．中国图象图形学报，2024，29(5)：1447－1459.

[16]LI Y，HUANG X，ZHAO G. Joint Local and Global Information Learning With Single Apex Frame Detection for Micro－Expression Recognition[J/OL]. IEEE Transactions on Image Processing，2021，30：249－263. https://doi.org/10.1109/TIP.2020.3035042.

"1+2+N"模式构建计量数智化信息平台

朱　雁

(中国石化安庆石化公司质管中心)

摘　要：随着企业业务能力提升和炼油转化工项目转型发展，进出厂物料种类和数量不断增加；与此同时，计量检定职工大幅退休减员，人力资源稀缺，在这种情况下，每个计量点留人全天候驻守这种传统的人工计量模式已经难以满足生产需要。为此，企业推出"1+2+N"计量管理新模式，实现衡器、质量流量计集中管控；开启计量数智化新时代。

关键词：衡器；质量流量计；集中管控

1　引言

在传统的炼化企业进出厂计量模式中，计量点随着计量仪器而建立，比如质量流量计、汽车衡、轨道衡等旁边有计量间，基本都是一个计量点一个计量间。为适应不间断生产的需要，大多数磅房都是24小时轮班工作，部分工作地点还存在环境恶劣、距离生产装置较近等情况。随着工业控制技术的发展，进出厂计量业务可以通过整合优化，实现计量集中管控，适应岗位人员缩减现状，达到提质增效的效果。

2　存在问题

集中管控技术应用前，某企业使用衡器进出厂的计量点共计7个，分别为3#门汽车衡、4#门汽车衡、8#门汽车衡、焦炭汽车衡、热电汽车衡、铁路轨道衡和水路煤炭进厂电子皮带秤，均分别设置磅房，采用现场人工方式过衡计量；使用质量流量计进出厂的计量点共计4个，分别为铁路油品出厂计量点、水路进出厂计量点、管输进出厂计量点、液化汽产品出厂计量点，现场设置有简易的开票系统，对汽车衡、质量流量计实时数据仅有显示和获取功能，无法记录仪表数据及形成曲线。轨道衡和皮带秤都采用现场厂家数采系统，驻点计量员进行操作，数据信息传递到计量系统开票。

进出厂计量方式为计量员现场计量开票，存在的问题主要有：

①进出厂计量点分散且全部采用人工计量方式，纸质单据流转，效率低、易出错。

②作业环节人为干扰多，现场技术监控设施不完善。

③涉及部门多，跨部门协调和沟通困难，没有统一规范流程管控，部分业务存在漏洞及风险。

④现场计量点多，因自然减员导致的人员压力大。

3　系统方案设计

3.1　信息系统一张网

由于计量检定业务"范围广、种类多"的特点，数据集成不是一件易事，光是物料进出厂就包括水路、公路、管输和公路多条路径，随着这些不同的业务也衍生出多个计量系统。如何实现计量信息一站式管理，实现计量数据融合与交互，避免这些计量系统成为"信息孤岛"，急需一个适配的信息化平台来整合资源，保障系统有效运行，计量管理信息系统就这样应运而生。一键查询进出厂信息，快速生成计量单，这些原来可能需要员工辗转几个系统才能做到的事情，如今只需要在计量管理信息系统中用鼠标轻点就能完成，计量管理信息系统像一张大网，将多个下属计量系统串联到一起，极大地方便了计量员工的日常工作和信息管理，保障了计量体系的有效运行。

3.2　集中管控两手抓

为实现业务流程集中管控，某企业建设开发了衡器集中管控平台和质量流量计进出厂集中计量管控系统。

为了保证正常生产，某企业拥有7个衡器计量点，4个质量流量计计量点，在原有工作模式下需要每个计量点至少一个倒班班组值守，且每个计量点各有各的运行系统，不仅信息难以集中管控，每次人员调动也需要重新培训，对人力资源需求较大。集中管控平台的建成规范了进出厂计量业务管理，通过对所有进出厂计量业务进行制码管理，掌控进出厂车船真实情况。同时集中管控后节约了人力成本，只需在计量集中控制室设置一个倒班班组，就能实现异地过衡，所有衡器均能全天候使用，提高了进出厂载荷，也为企业节约了至少二十五人的人力成本，优化了人员配置。

此外，企业物料进出厂业务范围较广，拥有水路、公路、管输和铁路多种途径，质量流量计进出厂计量集控系统实施前流量信息较为混杂，每台计量设备都有各自的运行软件，且很多是厂家专用软件，数据采集和维护都较为困难。技术实施后，各个计量点的流量计数据全部汇聚到集控平台内，进出厂流量一目了然，并能提供二次表历史曲线查询功能，加强了流量审核功能，提高了历史数据追溯能力。

3.3 数智化管理 N 步走

目前企业涉及计量检定相关的系统还包括码头计量 DCS 系统、电子提卸货系统、液化气定量装车系统、丙烯腈定量装车系统、铁路定量装车系统、流量检定系统等系统。企业计量数据在这些系统中传输，计量管理信息系统起到数据枢纽的作用，汇总检定数据用于检定证书出具，汇总计量数据传输到生产控制 MES 系统和 ERP 系统，所有数据都是企业生产管理的基础。多种子系统并行，将数智化贯穿整个生产、销售、计量过程，推动数智化按照分散到集中、集中到集成的方向迭代跨越，不断满足转型发展新需求。

4 系统总体结构

基于信息化系统的“平台 + 数据 + 应用”的建设思路及新版信息安全三网隔离要求，按照业务基础、自动化系统条件、数据集成、业务及自动化系统接口服务、业务应用、用户访问、应用集成等不同层面，构建了进出厂计量集中管控系统，采用分层分布式架构对系统进行了总体设计。

某企业计量集中管控系统由衡器子系统、质量流量计子系统构成，按照分层分布式构建。集控室有操作站、大屏幕及座席电话构成，其中大屏幕显示设备运行列表监控、曲线监控、视频监控，实现了分级报警及视频联动，即最高级报警时声音、报警文字弹框、报警对应的列表衡器红色标底、自动切换到报警衡器配置的视频相机实时预览。

4.1 汽车衡集中管控

汽车衡集中管控子系统分两大块，包括自助称重计量终端及现场设备，以及集控室进出厂集中公路衡器进出厂集中管控软件及设备。系统结构见图 1。

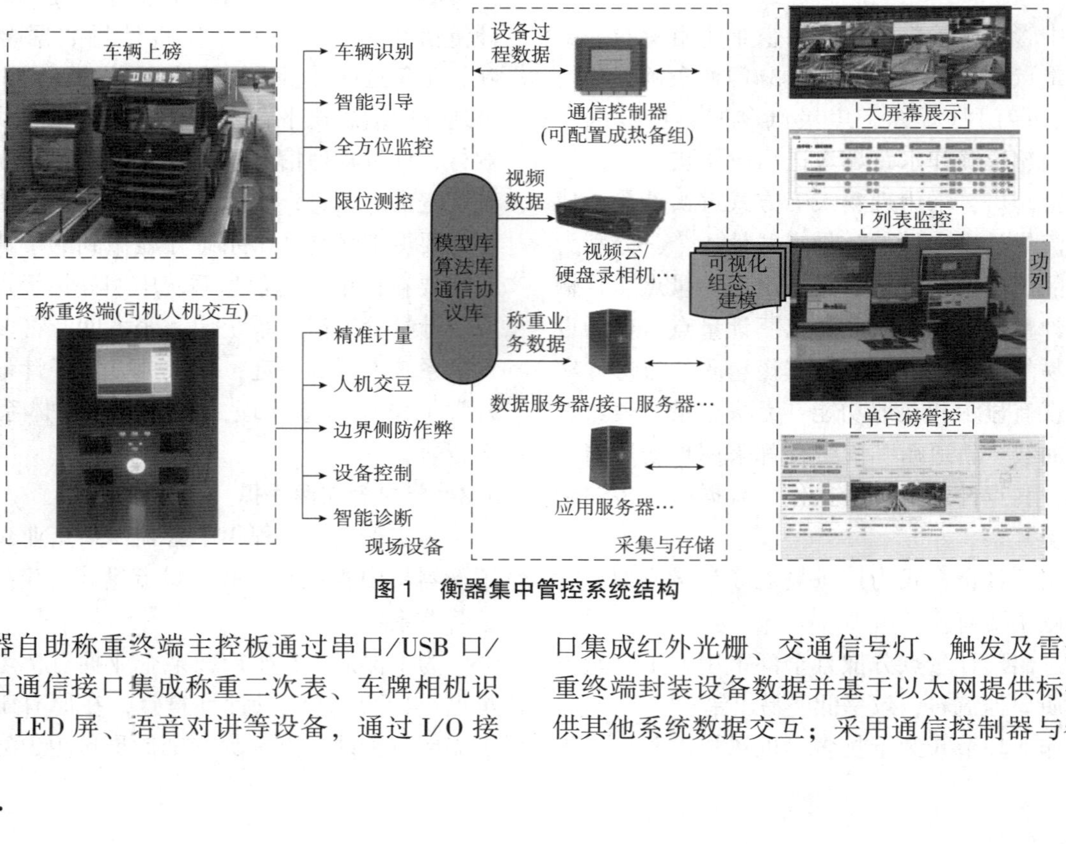

图 1 衡器集中管控系统结构

衡器自助称重终端主控板通过串口/USB 口/以太网口通信接口集成称重二次表、车牌相机识别车号、LED 屏、语音对讲等设备，通过 I/O 接口集成红外光栅、交通信号灯、触发及雷达，称重终端封装设备数据并基于以太网提供标准协议供其他系统数据交互；采用通信控制器与各台衡器自助称重终端双向设备数据及报警日志缓存，基于毫秒级实时通信交互；采用硬盘录像机或者视频云平台实时采集视频相机及存储；采用语音服务器实现集控各座席电话与各衡器自助称重终端语音对讲分类匹配及语音交互；基于 WIN Server 系统数据服务器、应用服务器及接口服务器，实现各类数据库存取、接口运行及应用发布。

汽车衡集中管控方面通过新增七个模块：进出厂业务自助处理终端、视频监控模块、语音对讲与指挥模块、车号识别模块、车辆行驶指示模块、车辆限位模块、数据传输模块，以及通信电缆、光缆的敷设。

①汽车衡称重自助处理终端：此终端与地磅系统、装车系统、进出厂业务二维码处理系统互联，司机通过刷二维码实现与上述系统的数据调用，实现二维码识别、人脸抓拍、自助称重、自动打印计量票等功能。

②视频监控模块：通过网络视频实现对过衡现场的远程集中监控。

③语音对讲与指挥模块：提供现场与集中管控室的双向对讲功能。

④车号识别模块：在现场各衡器上、下衡位置部署具备车号识别功能的摄像头，在称重时自动识别衡器上车号，并核对与二维码内车号是否一致，同时实现称重图片抓拍。

⑤车辆行驶指示模块：该模块由部署在现场各衡器上下衡位置的红绿灯和四行四字显示屏组成，一方面可引导司机安全有序称重，避免多车上秤，同时还提醒司机控制上秤车速，起到保护汽车衡，提高汽车衡使用寿命的作用。

⑥车辆限位模块：通过在衡器上、下衡位置部署红外光栅，称重时自动检测车辆是否完全停放在衡器称重区域，检查结果与称重软件进行联动，可有效防止车辆在称重过程中不完全上秤。

⑦数据传输模块：实现现场终端设备信号转换为网络信号。

目前尽管各汽车衡计量点已连通企业管理网，但难以满足现场监控设备，尤其是视频监控信号对数据传输速度和安全的要求，需要从计量集中控制室敷设专用光纤分别至各个汽车衡现场，保障数采信息和视频监控信息通畅。

衡器现场仪表设备层含自助称重计量终端、手工称重操作站、车牌识别摄像机、语音对讲，通过以太网汇聚到衡器侧办公网交换机。进出厂集中计量管控平台通过通信控制器采集控制现场设备，通过语音对讲服务器实现电话与现场语音对讲实现通话功能。新增的车牌识别摄像机用于车牌识别异常时，管控平台通过直接采集摄像机视频预览实现人工判断车牌号及关联操作，接入衡器侧交换机。

4.2 皮带秤集中管控

皮带秤厂家的系统基本构成为皮带秤设备、皮带秤二次表及皮带秤操作软件，系统结构见下图，其中皮带秤操作站与二次表基于 RS485 通信、采用 Modbus RTU 协议。见图 2。

图2 皮带秤原数采流程

因取消现场操作站，人员移至集控室集中计量管控，原厂家皮带秤软件无法满足新的需求，所以需要重新开发皮带秤操作程序，但是皮带秤检定时需要厂家软件标定。考虑到这些因素，采用开关切换 485 总线分支思路，集控操作站部署 2 套软件系统。

皮带秤现场仪表设备层含皮带秤数据采集网关、皮带秤厂家仪表及操作站，通过以太网汇聚到办公网交换机。核心数据采集存储层由语音服务器、冗余热备型通信控制器组成及数据库/接口服务器构成。新的系统中采用串口服务器，实现 Modbus Tcp/Ip 与 Modbus Rtu 总线协议的透明转换，避免了集控操作站新的软件运行必须依赖于操作站的 485 分支硬连接问题。见图 3。

系统调试过程中，遇到了厂家皮带秤二次表需要调零及校准操作，但是这两个操作厂家无法提供资料说明对应这两个操作的通信报文，导致项目的实施遇到了技术瓶颈，最终采用操作厂家软件，侦听及解析调零与校准的通信报文。见图 4。

集中管控操作软件按照解析的报文匹配，实现了调零及校准操作，运行界面见图 5。

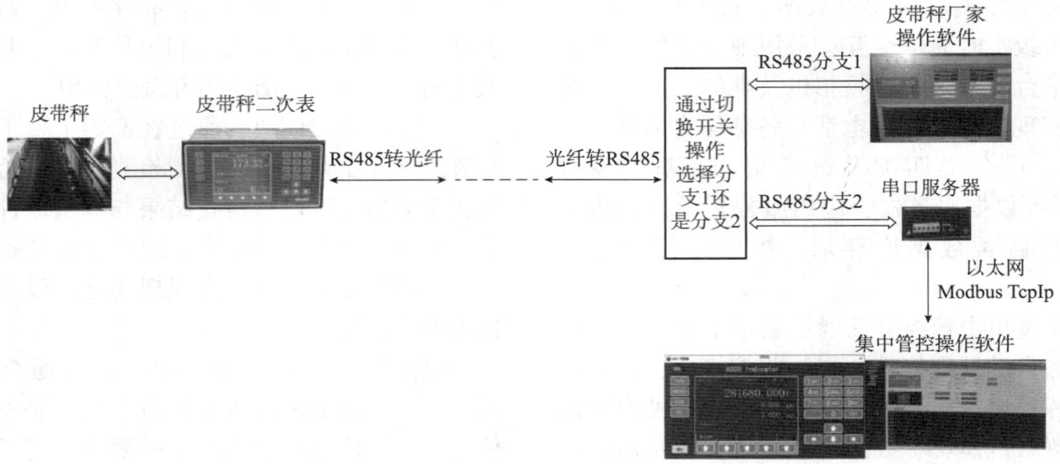

图 3　皮带秤集控系统改造流程

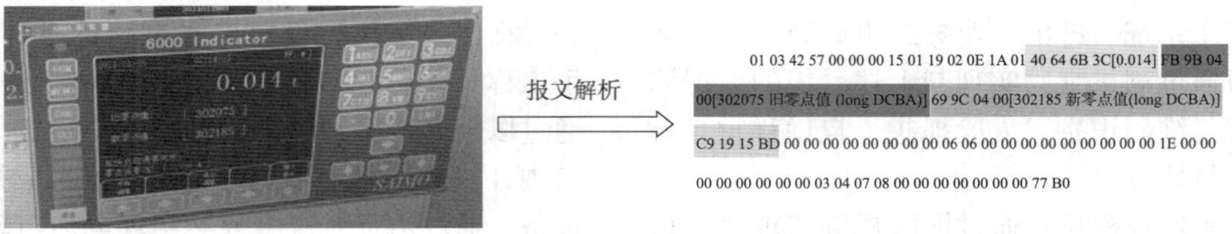

图 4　皮带秤二次表报文解析

图 5　皮带秤零点校准图

4.3　轨道衡集中管控

轨道衡现场仪表设备层含轨道衡数据采集网关、轨道衡厂家仪表及操作站，通过以太网汇聚到轨道衡侧办公网交换机。基于轨道衡数采系统，采用定时发送报文的方法，集中管控平台从轨道衡系统及时获得铁路车辆过衡数据。为充分赋予计量员审核能力，计量员在过衡数据界面需要对车号和过衡信息进行审核，以排除轨道衡车号识别系统所带来的偶发性车号识别错误。同时根据在轨道衡附近设立的摄像头，实现对过衡车辆的有效监控。见图6。

车列详情信息

列车流水码：10008052　车辆数：11　方向：->　过衡时间：2022-05-24 10:31:49

	打印	车型	识别车号	人工车号	自重(吨)	载重(吨)	速度(Km/h)	总重(吨)	修正值(千克)	修正原因	修正后总重(吨)	到站	品名	发货单位	收货单位	备注
1	☐	TC70E	1721696	1721696	23.500	70.000	10.600	93.040	0.000		93.040	2205-0511	燃料煤		运输部	匹配成功
2	☐	TC70	1664793	1664793	23.500	70.000	11.000	91.460	0.000		91.460	2205-0511	燃料煤		运输部	匹配成功
3	☐	TC64K	4926984	4926984	22.500	61.000	11.000	85.850	0.000		85.850	2205-0511	燃料煤		运输部	匹配成功
4	☐	TC64K	4874124	4874124	22.500	61.000	11.100	86.500	0.000		86.500	2205-0511	燃料煤		运输部	匹配成功
5	☐	TC64K	4932750	4932750	22.500	61.000	11.400	85.770	0.000		85.770	2205-0511	燃料煤		运输部	匹配成功
6	☐	TC70E	1692248	1692248	23.500	70.000	11.600	91.230	0.000		91.230	2205-0511	燃料煤		运输部	匹配成功
7	☐	TC70E	1786310	1786310	23.500	70.000	11.800	91.240	0.000		91.240	2205-0511	燃料煤		运输部	匹配成功
8	☐	TC70E	1718368	1718368	23.500	70.000	11.900	92.650	0.000		92.650	2205-0511	燃料煤		运输部	匹配成功
9	☐	TC70E	1765955	1765955	23.500	70.000	12.200	92.580	0.000		92.580	2205-0511	燃料煤		运输部	匹配成功
10	☐	TC70	1595986	1595986	23.500	70.000	12.300	91.660	0.000		91.660	2205-0511	燃料煤		运输部	匹配成功
11	☐	TC70E	1801654	1801654	23.500	70.000	12.100	92.620	0.000		92.620	2205-0510	燃料煤		运输部	匹配成功

图 6　轨道衡车次人工审核界面

根据过衡重量，自动实现皮重、毛重的区分。计量员审核确认，系统按时间顺序实现皮重、毛重的自动匹配，并将匹配好的内容发送给计量系统以便开票时选用。

4.4　质量流量计集中管控

企业建立进出厂仪表集中计量业务平台，根据主流系统的总体设计，结合当前成熟的分层架构设计理念，采用前后端分离 B/S 架构系统部署，对于管输、水路和铁路进出厂的液体物料计量业务进行集中管控。按照《网络安全法》对信息系统的等级保护要求，增设防火墙并做好多套基层系统之间互联配置，实现控制网与企业办公网信息连接规范、安全有效隔离。

进出厂仪表计量软件运行后，提高了企业进出厂计量仪表监视的集成度和计量业务的可靠性，主要在以下方面取得了较为明显的应用效果。

①同一平台集成了管输、水路和铁路进出厂液体物料计量仪表的实时数据和业务数据，消除了信息孤岛，配置防火墙完成各系统间隔离，规范网络连接，打牢信息安全基础。

②从系统上规范取数流程，计量员使用仪表量作为结算量时，必须检查确认仪表曲线，确保在进出厂期间仪表运行在工况条件，保障了仪表计量准确。

③建立了统一的、便于拓展配置的仪表计量平台，在化工转型、原料和产品不断增多的情况下，为后续进出厂计量业务配置打好基础。

④人员层面，保障了轨道衡磅房 5 名人员集中到计量集中控制室，管输成品油出厂和铁路油品出厂计量业务的正常进行。

5　应用效果及改进措施

5.1　应用效果

计量集中管控技术实施后，将质量流量计、汽车衡、皮带秤、轨道衡计量业务合并融入同一个计量管控平台，并实现远程计量集中管控。借助全方位的视频监控设备、自助打印设备、车号识别设备和扫码设备，实现了现场无人值守，司机自助打印，提高了企业进出厂计量的运行效率和服务水平，主要在以下方面取得了较为明显的应用效果。

①通过对所有进出厂计量业务进行制码管理，便于掌控进厂车船真实情况，提高作业计划的准确性，规避安全风险。

②技术应用前，各计量点基本 24 小时值守，8#门汽车衡与焦炭汽车衡白天有人值守，4#门汽车衡因人员不足无法投用。集中管控后，所有进出厂计量业务均能全天候高效执行，大大缓解 3#门汽车衡拥堵状况，减少车辆因过衡导致的来回调头，减少安全隐患。

③数智化管理计量系统。企业计量数据在装车、检定各个专业系统中传输，计量管理信息系统起到数据枢纽的作用，汇总检定数据用于检定证书出具，汇总计量数据传输到生产控制 MES 系统和 ERP 系统，所有数据都是企业生产管理的基础。多种计量子系统并行，将数智化贯穿整个生产、销售、计量过程，推动数智化按照分散到集中、集中到集成的方向迭代跨越，不断满足转型发展新需求。

④统一管控平台。技术实施前，每台计量设备都有各自的运行软件，部分还是厂家专用软件。技术实施后，实现了轨道衡皮重、毛重的自动匹配，并融入远程集中管控平台；实现了皮带秤日常运行数据通过集中管控平台采集，同时在平台提供盯表摄像头实时关注仪表运行情况；实现了汽车衡现场无人值守，全部在集中管控平台操作，并能提供二次表历史曲线查询功能，提高了历史数据追溯能力。

5.2　改进措施

某企业持续针对衡器集中管控平台报警情况持续开展专项分析，根据车牌匹配失败具体分析报警原因，每月建立分析台账，逐条查清报警时车号识别摄像头拍摄情况及报警原因，规范现场车辆管理，修改识别触发逻辑程序。见图 7。

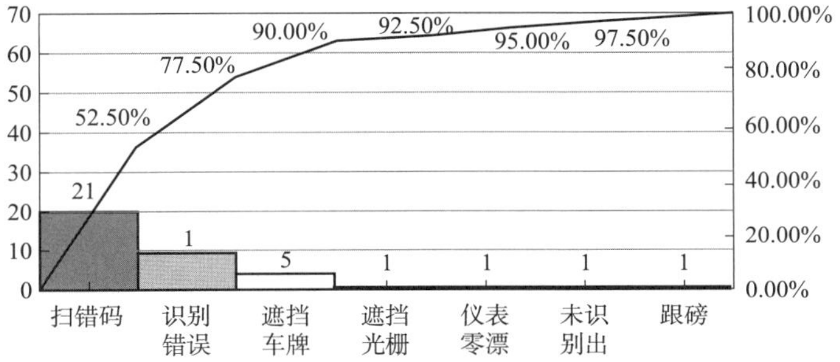

图 7　2024 年 6 月车号匹配失败原因排列图

新版车号识别程序改为上衡雷达触发后，等待二次表称重数据稳定，再等待 5 秒，然后触发车牌摄像头拍照识别。因为要等待二次表称重稳定，液体罐车等待识别的时间略有延长，从车辆上衡到识别大约需要半分钟。

经过不断修正，系统中车号匹配失败报警从 2022 年 5 月份的 378 笔逐步降低到 2024 年 6 月份的 40 笔，匹配失败情况减少了 88.4%。

参考文献

[1]汪素娟，汪洋．汽车衡远程集中司磅计量系统的开发与应用[J]，宝钢技术，2020，6(6)：71－78.

[2]苗风明．一种汽车衡远程集中计量系统设计[D]．上海：上海交通大学，2012.

[3]孙学凯．车辆自动化称重管理系统的设计与应用[D]．青岛：青岛大学，2020.

[4]刘红霞．远程集中计量终端系统的设计与实现[D]．湖南：湖南大学，2013.

[5]马普涛，刘全波，张兵．基于 MODBUS 协议的赛摩皮带秤 DCS 数据采集[J]．现代矿业，2022，4(4)：161－163.

[6]梁广柱，吕志德，周泽满等．轨道衡设备运行状态监控系统设计[J]，铁道技术监督，2021，49(8)：14－17.

关于油田回注水水质检测标准中含油量测试方法改进的几点建议

夏凌燕　胡玉辉　王　倩

（胜利油田分公司石油工程技术研究院）

摘　要：针对油田回注水水质评价标准中含油量测试方法中过程繁杂、影响因素多而导致的检测结果的平行性和重复性较差等问题，结合文献调研，在大量室内试验的基础上，对取样的完善、标准曲线的质量以及其他影响因素给出了详实的建议，切实提升检测结果的质量以及方法实用性和先进性。

关键词：回注水；含油；标准曲线；波长

1　前言

油田回注水中含油量超标，将会降低注水效率，过量的油类物质会在地层中形成乳化堵塞，堵塞油层空隙通道，导致地层吸水能力下降，而且它还可以作为某些悬浮物很好的胶结剂，进一步增加堵塞效果，所以控制回注水中的含油量极为重要。目前，材料检测中心承担着胜利油田半数采油厂及采油管理区的油田水分析工作，工作量非常大，提升检测结果的准确性以及检测效率意义重大。目前，含油量检测标准为油田回注水水质检测评价方法 SY/T 5329—2022 中 5.4，通过大量的室内试验发现，该标准不够细致，可操作性较差，导致检测结果的准确性的重复性和平行性不好，以及检测效率较低等情况。主要表现在：

取样方式以及取样量影响检测结果：标准中取样方式没有特殊的说明，但由于原油的不溶于水，静止时和流动时的含量肯定会有差别，所以取样点的不同以及开阀门后取样的时间点都会影响检测结果。

标准曲线的质量影响检测结果及检测效率：标准油含水率、标准油的称取量、梯度标准油的移取量、检测波长的选择都会影响标准曲线的绘制质量以及检测结果的准确性。

安全环保注意事项不明确：实验所用的石油醚或者溶剂油等溶剂，挥发性极强，对人体健康、环境均有危害和污染，而标准中对于劳动防护等没有明确的要求。

2　方法的改进和优化

2.1　含油量的测试原理及测试步骤

2.1.1　实验原理

在规定条件下，每单位体积的水中所含烃类物质的质量，称为含油量。在酸性条件下，回注水中的油可以被汽油、石油醚等有机溶剂萃取出，萃取液在一定浓度范围内与含油量呈线性关系，比色测得吸光度或浓度，通过计算得到含油量。

2.1.2　测试步骤

含油量检测流程图见图 1。

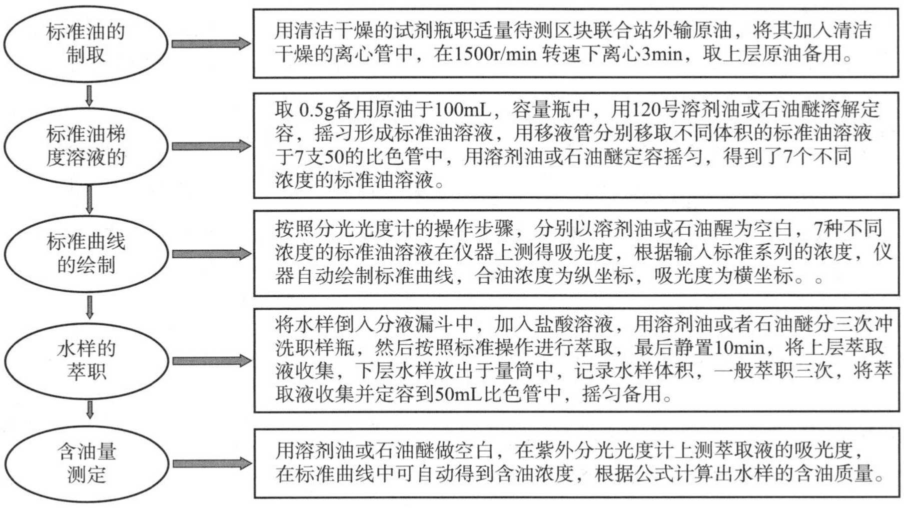

图 1　含油量检测流程图

2.2 取样方式和取样量的优化

含油量分析取样时，标准中规定直接取样，但是因为原油不溶于水，而且是浮于水面之上，所以在取第一瓶样时，含油量最高，通过对五个不同区块连续取五个水样的含油测试，证明了此种情形，见表1。

表1　不同区块连续取样五次含油测试结果

序号	第一个取样含油测试结果(mg/L)	第二个取样含油测试结果(mg/L)	第三个取样含油测试结果(mg/L)	第四个取样含油测试结果(mg/L)	第五个取样含油测试结果(mg/L)
区块一	15.32	11.23	8.62	7.35	6.15
区块二	10.25	7.05	5.20	4.28	4.02
区块三	13.78	9.35	7.45	5.26	4.89
区块四	14.02	10.22	7.55	5.52	5.10
区块五	8.25	6.25	4.85	4.30	4.20

由表1看出，连续五个水样的含油测试结果呈下降趋势，所以直接取样不可取，等到第四个样时，含油测试结果较为稳定，取一瓶的水样200m大约需要15s，所以建议开阀后畅流1min后开始取样。

2.3 标准曲线的优化

2.3.1　控制标准油的含水

取目标区块原油(标准油)时，尽量取联合站外输处理好的原油，含水量控制在5%以内，如果取不到处理好的原油，建议不能单纯地离心，需要去专业的原油脱水机构处理。

2.3.2　优化检测波长

通过对所有标准油进行不同波长下的吸光度扫描，确定最佳的检测波长。以石油醚为溶剂和空白时，选取不同的四个区块的原油制成的标准油溶液在190～440nm波段扫描，见图2。

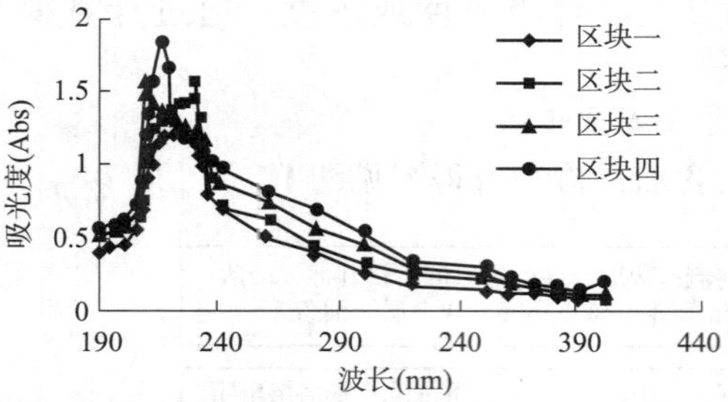

图2　不同区块标准油溶液波段扫描(石油醚)

由图2看出，不同区块标准油溶液的最高吸光度在205～235nm，与标准中给出的210～230nm稍有出入，不同区块的标准油最高吸光度差别较大，建议每次做标准曲线时都要进行不同波长的扫描，必须在最高吸光度下开展标准曲线的建立。

以溶剂油为溶剂和空白时，选取不同的四个区块的原油制成的标准油溶液在190～590nm波段扫描，见图3。

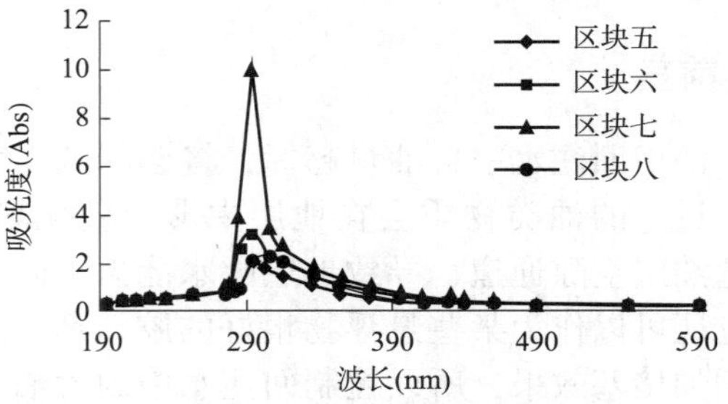

图3　不同区块标准油溶液波段扫描(溶剂油)

由图3可以看出，溶剂油为溶剂时，最高吸光度在290nm左右，其吸光度的值远远大于标准中规定的410～430nm，410～430nm间的吸光度很低，以此区间作为检测波长，会造成灵敏度低，检出限低，尤其在低含油量(3mg/L以下)时检测结果准确性差。

2.3.3　优化标准油的称量以及梯度标准溶液的移液量

按照标准规定，分别称取是三个区块标准油0.5g，用石油醚溶解后放入100mL容量瓶中，分别移取(0，0.1，0.2，0.3，0.4，0.5，0.6)mL的标准油溶液到50mL刻度量筒中，拿最高含量的标准油溶液在紫外分光光度计中205～235nm(最高吸光度)波长下测试吸光度，发现吸光度值达到了0.999见表2，这是由于标准油含量过高导致吸光度达到了顶峰，这种情况下无法得到准确的标准曲线，必须调整含油量。

表2　石油醚做溶剂时最高吸光度(标准油0.5g)

区块名称	205nm处吸光度	215nm处吸光度	225nm处吸光度	235nm处吸光度
区块一	0.999	0.999	0.999	0.999
区块二	0.999	0.999	0.999	0.999
区块三	0.999	0.999	0.999	0.999

为了减少优化的工作量，首先明确移取的梯度体积不变，则只需改变称取的标准油质量即可，以区块一为例，分别称取0.25g，0.3g，0.35g和0.4g标准油制成不同浓度的梯度溶液，拿最高含量的标准油溶液在紫外分光光度计中205～235nm(最高吸光度)波长下测试吸光度，见表3。

表3 区块一不同取样量

序号	取样量(g)	浓度(mg/L)	205nm处吸光度	215nm处吸光度	225nm处吸光度	235nm处吸光度
1	0.25	30	1.139	1.405	1.368	1.202
2	0.30	36	2.135	2.422	2.215	2.105
3	0.35	42	3.568	3.985	3.668	3.602
4	0.40	48	9.999	9.999	9.999	9.999

由表3可以看出，当取样量为0.4g时，最高吸光度仍然达到了9.999，标准油含量超标，无法得到合适的标准曲线，其他三个取样量最高吸光度达到了较为合适的范围，根据目标水样的含量情况任选一个取样量。

2.4 优化后的效果

通过开展大量的室内优化实验，确定了最佳的检测波长，提升了检测的灵敏度，优化后的标准曲线建立成功率为100%，相关系数均大于0.99，线性范围良好，提升了检测结果的准确性以及检测效率，分别以石油醚和溶剂油为溶剂统计，结果如表4和表5所示。

表4 优化后石油醚为溶剂的标准曲线

区块	最佳波长(nm)	最高吸光度	标准曲线	相关系数
区块一	205	2.325	Abs = 0.02371 * (C) - 0.10011	0.9979
区块二	210	2.578	Abs = 0.0252 * (C) + 0.01578	0.9991
区块三	230	1.958	Abs = 0.0213 * (C) + 0.02814	0.9985
区块四	235	2.025	Abs = 0.0272 * (C) - 0.07852	0.9982

表5 优化后溶剂油为溶剂的标准曲线

区块	最佳波长(nm)	最高吸光度	标准曲线	相关系数
区块五	290	2.226	Abs = 0.0315 * (C) + 0.00814	0.9995
区块六	292	2.070	Abs = 0.0321 * (C) + 0.01114	0.9986
区块七	295	2.314	Abs = 0.0356 * (C) + 0.01244	0.9980
区块八	290	2.170	Abs = 0.0301 * (C) + 0.01614	0.9965

开展优化实验以后，先后进行了200次实验测试，并对实验数据准确率进行了统计，统计结果见表6。

表6 优化效果统计表

日期	水样个数	重复测试	检测效率(%)	日期	水样个数	重复测试	检测效率(%)
2023.6.2	10	1	90	2023.2.25	10	1	90
2023.6.6	10	0	100	2023.2.26	10	1	90
2023.6.8	10	1	90	2023.2.27	10	0	100
2023.6.9	10	1	90	2023.3.5	10	0	100
2023.6.10	10	0	100	2023.3.9	10	0	100
2023.6.14	10	0	100	2023.3.11	10	1	90
2023.6.16	10	1	90	2023.3.13	10	0	100
2023.6.17	10	2	80	2023.3.15	10	0	100
2023.6.20	10	0	100	2023.3.22	10	1	90
2023.6.22	10	0	100	2023.3.25	10	0	100

从近一年的统计结果来看，通过对含油测试实验过程中的重点影响因素开展改进及完善活动，检测效率达到了95%，节约的大量的人工和耗材成本，且对整个行业的水质含油检测起到重要的指导意义。

3 结论

针对油田回注水检测过程中出现的问题，结合大量室内实验，明确水样的取样方式以及优化了标准曲线的建立过程，大大提升了检测结果的准确性及检测效率。在以上工作基础上，积极参与油田回注水水质检测评价方法的修订工作，切实提升检测标准的实用性和可操作性。

参考文献

[1]国家能源局．碎屑岩油藏注水水质指标及分析方法：SY/T 5329—2022[S]．北京：石油工业出版社，2022.
[2]中国石油化工集团公司．油田回注水水质检测评价方法：Q/SH 0583—2014[S]．北京：中国石化出版社，2014.
[3]王虎子等．海上油田回注水悬浮固体含量检测方法的研究[J]．石油化工应用，2020，39(06)：36－38.
[4]刘星．油田回注水水质的问题与应对[J]．化工管理，2020，25(14)：15－18.
[5]全国海洋标准化技术委员会．海洋石油开发工业含油污水分析方法红外分光光度法：GB/T 17923—2017[S]．北京：中国标准出版社，2017.

沥青定量装车系统的应用和研究

唐伟丽　侯建强

（中国石化镇海炼化分公司仪表和计量中心，北京美航自控系统工程有限责任公司）

摘　要：沥青是一种非牛顿流体，因其高温、高黏、流动性差的介质特性，如何实现精准计量是一大难题。在公路充装沥青的实际应用中，一般是以汽车衡计量交接，而本文所述的沥青定量装车系统，通过采用高温型科氏力质量流量计，同时使用电伴热控制介质温度，利用先进的数字通信技术实现了装车设备的全过程监控，能及时发现并排除工艺或设备的异常对流量计产生的计量影响，满足流量计准确测量的运行条件，从而提高装车系统的安全稳定性和计量可靠性。

关键词：沥青；定量装车；批控器；电伴热

1　引言

某公司沥青装车站投用多年，存在设备老旧、场地小、异味重、车辆易超装或少装等缺陷和问题，长期以来一直采用落后的人工充装方式，并使用汽车衡来进行计量结算。不仅车辆过磅耗费时间长，而且单一的计量结算方式缺少监督手段，难免存在不可测计量风险。此外，罐车内的物料液位需要充装员实时监控，极易发生超装或少装的情况。超载运输易发生事故，少装又引起客户不满意，而充装员需频繁在罐车人孔处观察液面，存在人身安全隐患，同时物料挥发的成分对充装员身体健康也会造成伤害。装车站的智能化程度低，达不到高效准确的计量水平，浪费很多的人力和物力。随着公司生产经营规模的不断扩大，对装车站的充装能力、安全生产以及环保水平提出了更高的要求，对计量数据的及时性和准确性要求也更高，急需应用一套自动化水平更高的安全、可靠且精准计量的定量装车系统。

针对以上这些情况，该公司重新规划立项，设计了一套沥青定量装车系统，最终实现了公路沥青的自动化充装，摆脱了老旧的人工模式，并实现了流量计交接计量出厂。该定量装车系统不仅提高了充装效率，减少了人工成本，增加了发货的精确度，从安全性能上也得到很大的提升。同时，通过公司各信息管理系统实现计量数据溯源和大数据比对等分析功能，为精准计量提供了强有力的技术支撑。

2　新建沥青装车站的简介

新建沥青装车站共有 6 个沥青鹤位、3 个液硫鹤位和 1 个油浆鹤位。装车沥青共有 4 种牌号，分别是 30#、50#、70#和 90#沥青，主要以 70#沥青出厂为主，3 台沥青装车泵 2 开 1 备运行，每台沥青装车泵出口设置循环线和回罐线。每台沥青泵对应 3 个鹤位，不区分牌号输送。装车站内有 1 台汽车衡，用于称重计量。

3　定量装车系统设备构成

整套定量装车系统构架采用“分布控制，集中管理”的模式，是当前最先进的装车控制系统。系统分为三层：现场仪表层、网络通信层、上位机管理层。现场仪表层主要由批量控制器、质量流量计、V 型调节球阀、静电溢油保护器、电伴热等设备组成。网络通信层主要包括串口服务器、工业以太网交换机及网络机柜；上位机管理层主要有上位机操作站、数据库服务器等。

3.1　批量控制器

批量控制器（以下简称批控器）是实现定量装车的核心设备，其主要功能是对装车过程进行定量控制和安全联锁控制。首先经上位机系统下发批控器订单的预装量，通过调节阀实现自动精准控制，并根据静电溢流信号、实际充装量、流量计诊断状态实现联锁保护，确保装车过程安全。

3.2　质量流量计

因沥青的高温特性，本装车选用的质量流量计为高温型传感器，准确度优于 0.1 级，同时采用电伴热对质量流量计进行控温。在鹤位停用时，流量管内沥青温度会降低，电伴热可维持住介质温度，保证沥青的良好流动状态，防止黏稠凝固引起流量计零点漂移。对比采用蒸汽伴热，电伴热不容易受气温和蒸汽温度高低的影响，还可以实现自主设定的伴热温度，控温精度、稳定性较高。

3.3　调节阀

装车站的阀门选用气动 V 型调节球阀，配置智能阀门定位器实现了装车流速的平稳控制，电磁阀用于异常工况下的联锁触发，承担紧急切断阀的功能。运用调节阀更能达到防止“水击”现象，提高装车精准控制的效果，在装车领域已经十分普及。

3.4　静电溢油保护器

静电溢油保护器用于检测罐车接地情况，提供接地回路泄放装车过程中产生的静电；提供对槽车内物料液位安全高度的监测，实现启动条件联锁和阀门联锁，防止因静电造成的危害及防止槽车冒装。

装车系统选用了顶装式静电溢油保护器，具有现场声光报警的功能，同时相应的触发信号接入批控器进行联锁控制，并通信至上位机系统中声光报警，确保装车的安全。

3.5　上位机管理系统

上位机管理系统包括数据服务器、操作站、防火墙等设备，其目的是用于完成现场设备状态采集、装车过程数据采集和存储，实现工艺流程操作及监视，设备状态、设备故障的监视及联锁，远程监控装车过程，同时实现如业务报表的生成、查询和打印等功能，满足装车业务的各种需求。

此外，上位机系统把采集到的现场数据进行加工处理，通过多个数据接口与各第三方信息管理系统进行数据交互，如与 DCS 系统、ERP 系统、物流系统、计量系统等通信，实现智能化管理。

4　定量装车系统网络架构

如图 1 所示为本装车系统网络架构。每个鹤位安装一套批控器，批控器接收质量流量计的脉冲输出信号，实现定量装车控制；批控器根据设定程序对阀门定位器传输 4～20mA 模拟信号，实现阀门调节控制；批控器接收静电溢流保护器、人体静电释放报警器的开关量信号进行装车安全联锁。

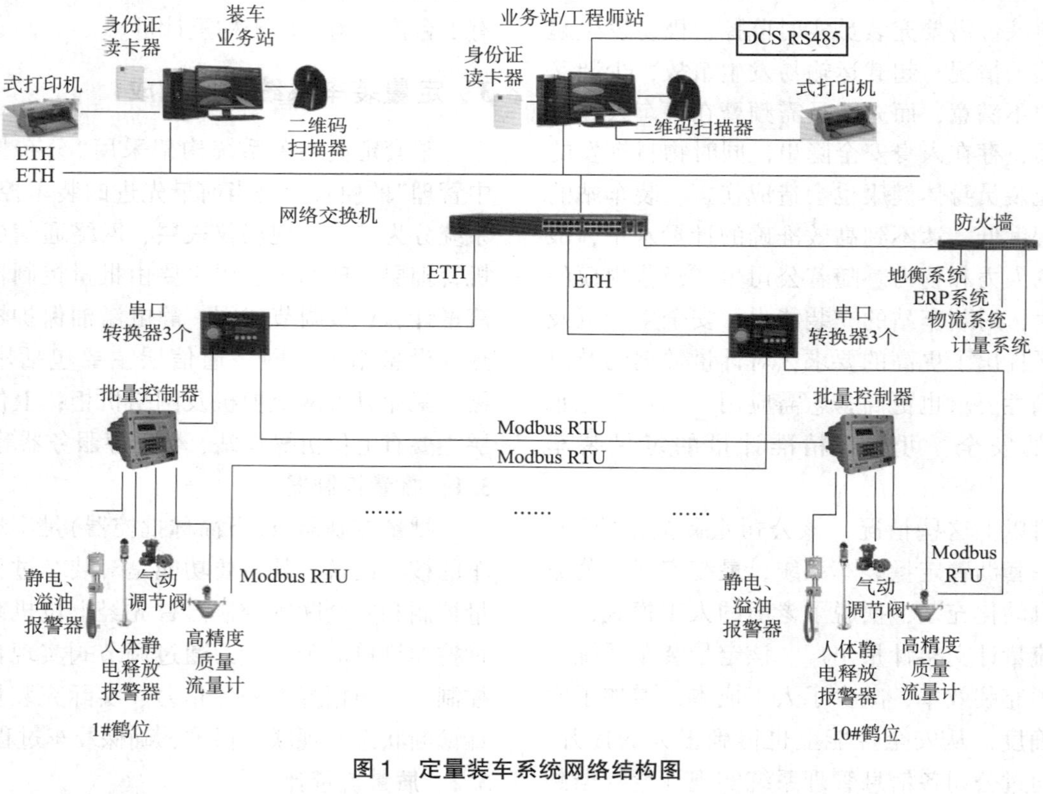

图 1　定量装车系统网络结构图

每个鹤位配置 1 台质量流量计，每套流量计通过 1 组 RS485 通讯线连接至串口服务器，另 1 组脉冲信号连接至批控器，质量流量计和批控器均通过 RS485 通讯方式实现与上位机系统的数据传输。为了防止仪表通讯的相互干扰，提高数据采集速率，质量流量计和批控器均以一对一的独立电缆接入串口服务器，并分配独立的通讯端口。

装车系统通过网络交换机与公司信息管理系统（如物流系统、计量系统和ERP结算系统、地磅系统等）进行数据交互共享，满足公司信息化需求，最终实现槽车进出厂业务的一码通功能。

5　定量装车系统的优化功能

在具备定量装车系统通用功能的基础上，利用先进的智能化技术对装车系统进行了功能优化，不断提升装车管理水平，优化的功能如下：

（1）装车系统将质量流量计的运行参数、组态参数以及重要的报警信息采集到上位机系统中，同步通信至DCS系统，再经DCS系统上传至企业应用层，加入仪表设备智能平台集中统一管控，管理人员能随时掌握现场装车设备或工况的异常信息，如图2所示。

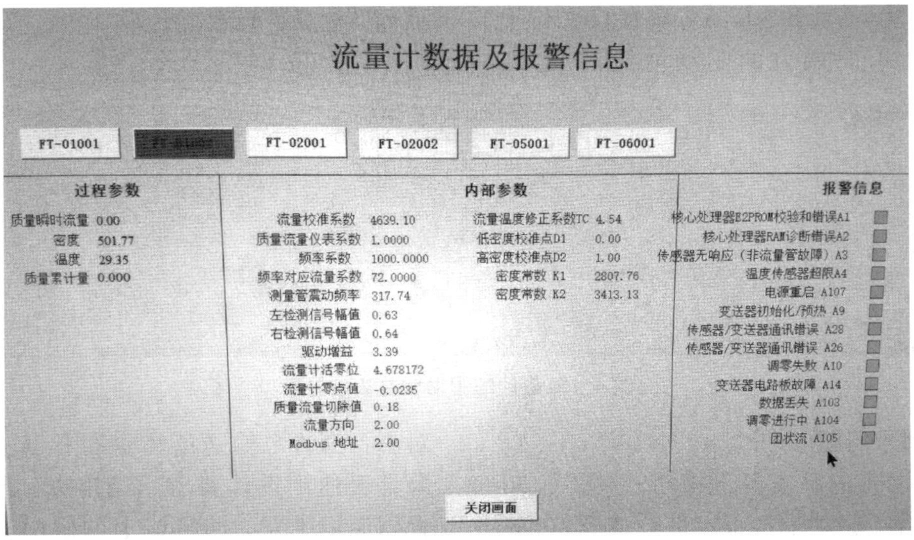

图2　流量计数据及报警信息画面

（2）将质量流量计的重要故障信号引入上位机系统中显示，并通信至批控器，参与到装车联锁条件中，能在流量计出现故障时及时停止装车和安排维修，预防超装，增加了安全可靠度。

（3）当工艺管线内物料严重气液两相或流量计故障时，极易导致脉冲量和流量计累积量之间发生较大偏差，如果流量计累积量提前到达预装量，批控器立即停止装车，达到预防超装的目的，系统安全性进一步提升。

（4）当公司信息网络出现异常，装车系统无法自动下单时，装车系统具备手工制单功能，仍可下发批控器实现自动装车，采集到现场设备数据，并在上位机中存档装车数据，避免现场手动充装人工录数、计量失控的各种隐患。

6　装车系统的问题和措施

本定量装车系统的目标是实现流量计进行贸易交接，提高出厂效率，装车系统的准确度要求优于2‰。项目建设时对现场质量流量计的安装、调试和投用都严格把关，包括对质量流量计的电伴热的规范施工等，但从装车系统投用后的运行状况看，虽然应用了高准系列的质量流量计，经过对地磅量和流量计量进行长时间的跟踪比对，发现比对结果并不十分理想，如图3所示。

图3　流量计与过磅量的比对差率

图中采集了 2#鹤位一段时间内共计 35 车次的连续装车数据，纵坐标为比对差率，波动范围近 2‰，容易超出允差范围。

根据对整个装车过程中设备的运行状态的监控研究，在实际应用中质量流量计的计量准确度受到了以下几个因素的影响。

6.1　流量计的沥青挂壁问题

自装车站投用以来，对于 70#沥青和 90#沥青，6 台质量流量计的驱动增益一直都在 50% ~ 60% 波动，而 30#沥青和 50#沥青均在 60% 以上，如图 4 所示。有时鹤位的驱动增益甚至会到 100%，流量计进行自动调零后和汽车衡的比对偏差很大，这 6 台质量流量计安装前均进行了第三方检定。为了进行准确性验证，对其中 1 台流量计安排下线切出，进行了严格的化学清洗后再送到检定机构发现驱动增益降低至 11% 左右，最终判断为因沥青挂壁引起驱动增益偏大，沥青的黏度越大，驱动增益越大。因此开启了质量流量计的黏度补偿，并适当提高了电伴热维持温度。介质温度越高，沥青黏度越小，驱动增益相对就更低，测量准确度则更高。

		流量	密度	温度	累积量	FLOWCAL	零点值	活零位	驱动增益
201F	1#鹤位	66.602	951.308	155.258	18415.801	4566.3	-0.054	67.6475	100.000
201E	2#鹤位	64.475	950.098	156.823	18044.320	4585.2	-0.014	65.2081	53.169
201D	3#鹤位	65.847	951.768	154.764	15949.616	4557.1	-0.049	65.8222	54.925
201C	4#鹤位	0.000	949.756	157.087	14780.582	4583.4	-0.053	0.62289	51.815
201B	6#鹤位	0.000	951.965	160.409	13655.313	4594.1	-0.019	0.53662	52.252
201A	7#鹤位	0.000	954.088	155.73	12556.162	4594.5	-0.064	0.52174	52.263

图 4　流量计的驱动增益参数异常

6.2　沥青的牌号问题

每种牌号沥青的黏度各不相同，尤其是 30#沥青和 50#沥青，驱动增益很可能会达到 100%，流量计的计量偏差相对增大，从现场数据上看，70#沥青和 90#沥青的比对数据相对比较稳定。因鹤位不区分牌号输送，用同一台质量流量计是无法满足 4 种牌号沥青的准确测量，考虑公司以 70#沥青出厂为主，所以先实现了 70#沥青以流量计交接的目标。

6.3　沥青的温度问题

沥青输送时介质温度一般在 150 ~ 160℃，但气温下降后，工艺伴热不足，各个储罐内沥青温度出现较大波动，有时介质温度会低至 140℃ 左右，温度越低，沥青的黏度越大，从而加重沥青的挂壁问题，要求工艺控制物料温度，维持在 150℃ 以上，从而保证介质的性状不发生太大的改变。

6.4　沥青的流量和背压问题

实际工况沥青输送流量在 45 ~ 80t/h 之间波动，但设计规格书中正常流量是 80t/h，最大流量是 124t/h，装车泵设计最大流量是 250m^3/h，三个鹤位同时装车时，单个鹤位最大流量难以达到 80t/h。为了达到稳定装车流量的目标，需要对三台沥青泵输送能力进行核算，以确定输送泵是否达到设计要求。经排查，最终发现是沥青回流量过大，回流线上的阀门为两位式气动阀，不能进行调节，一直处于全开状态，测试将其全关后，三个鹤位流量基本能同时接近 80t/h 左右，但此操作容易引起管线憋压的风险，最终将两位式回流阀改为调节阀从而解决了流量问题。

三个鹤位一起充装时，有时会出现质量流量计的驱动增益大幅度波动，尤其是流量偏低时极易出现，如下图 5 所示。现质量流量计安装于平台上，位置高于罐车，设计阶段曾提出建议移至地面，但会形成袋形结构不利于沥青流动，如发生沥青凝固则极难疏通，建议未被采纳。现流量调节阀出口后就是充装鹤管，又因物料经沥青泵输送到装车站有较长的距离，压损严重，怀疑流量计存在背压不足的问题。安排工艺在装车站管线上安装临时压力表，记录装车前后的现场压力变化，实测压力最低时只有 0.1MPa 左右，不满足流量计正常测量的背压条件。测试将流量计后调节阀进行卡量提升背压，驱动增益逐渐平稳至 50% 左右，背压不足问题得以验证。如图 5 所示。

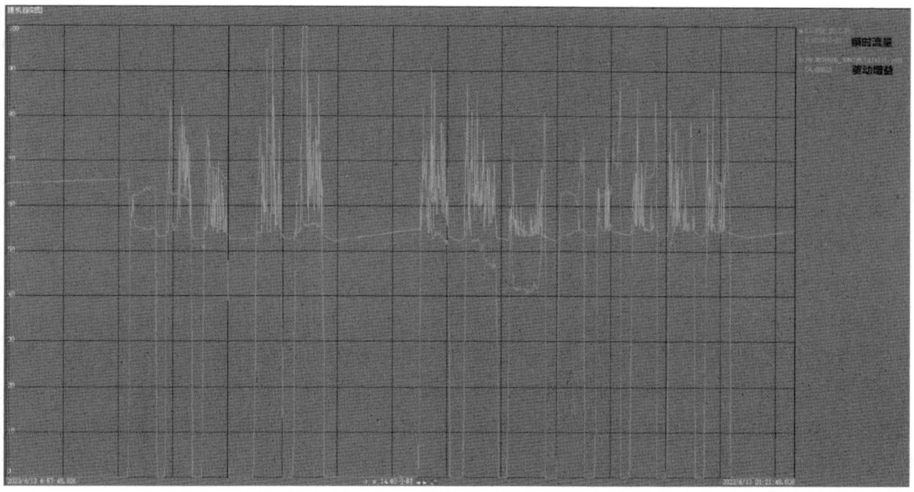

图5　PI 系统中流量计流量和驱动增益的趋势图

6.5　沥青夹气问题

沥青黏附性较强，在生产、存储和运输过程中都可能会夹裹气泡且较难排出，同时在切罐过程中极易引起串入气体，导致流量计出现 A33 严重夹气报警，无法准确测量。另外，还曾经出现沥青泵伴热夹套泄漏，蒸汽串入沥青。针对这些情况，通过对物料升温和输送流程上打循环，达到排气以减少气泡，能提高流量计测量准确度。

6.6　流量计电伴热问题

沥青质量流量计的电伴热设定温度是 140℃，但装车站开始投用时，发现各鹤位电伴热温度均未达标，有时甚至只有 100℃左右，直接导致每天首车的计量偏差很大。经拆除保温和电伴热带，发现是因为电伴热的伴热带不够长且缠绕不规范引起，还存在保温棉厚度不足等问题。经全面整改后，电伴热温度基本达标，但每天首车仍偶有超差现象，分析为输送管道中沥青温度偏低引起，需要工艺改善管道的保温伴热，即可避免首车超差问题。

6.7　静电溢流开关误动作问题

装车过程中，有时因误触发静电溢流联锁而停止装车，导致流量计多次处于小流量启动和不稳定状态而加大了计量偏差，原因是静电夹松动、溢流开关被沥青油气黏附造成误动作，对于此异常问题，已通过更换新开关、仪表增加日常维护以减少沥青黏附等相关措施后得以解决。

综上所述，在工况平稳的前提下，采取以上各类措施后，流量计与汽车衡的计量差值明显减小，计量误差控制在 2‰的范围内，已满足流量计进行贸易交接的条件。

7　结束语

沥青装车站投用以来，装车系统的自动化和智能化技术得到充分应用，在优化了生产工艺，满足质量流量计运行条件后，流量计已用于贸易计量。统计装车站投用后 24000 多车次的沥青装车数据，平均计量比对差率仅为 0.1‰，趋近零误差。通过对流量计参数信息的实时监控和报警提醒，还及时发现工艺切罐和切泵引发的介质倒流、夹气、流量计异常等问题，避免了计量纠纷的发生。

此定量装车系统为生产安全、计量精准提供了强有力的技术保障，不仅有效提高了沥青装车出厂效率，而且明显降低了由于计量误差造成的产品出厂损失，也对维护公司的贸易形象起到了积极的作用。

参考文献

[1]崔广伟，质量流量计远程智能诊断系统的开发和应用[J]. 石油化工自动化. 2018，54(6)：59－62.

[2]蒋庆渊，定量自动装车技术在液态类物料鹤管装车系统中的应用[J]. 当代化工，2007，(01)：53－55＋59.

搭建信息“桥梁”助力计量器具检定

金 晟

(中国石化上海高桥石油化工有限公司)

摘 要：随着企业生产力的不断提升，计量器具的管理与检定面临诸多挑战。本文探讨了通过建立信息“桥梁”来助力计量器具检定的实践与成效。通过与外部检定机构建立业务系统集成共享通道，实现了检定业务的数字化转型，显著减少人工工作量、提高工作效率、提升数据交互准确性及计量检定管理水平，为企业的长期发展奠定了基础。

关键词：计量器具；检定；数据交互接口；计量院；计量管理信息系统

1 引言

随着企业生产力的提升，计量器具种类繁多、收发送检业务繁重、检定结果维护量大、容易出现错误等问题日益突出。中国石化上海高桥石油化工有限公司(简称高桥石化)目前计量器具总数23000台件，平均每月外送检定计量器具900台件左右，迫切需要与外部检定机构、产业计量测试中心建立业务系统集成共享通道，改善双方工作业务流程，通过信息通信取代人工录入、减少人力成本、提高工作效率，提高数据准确率。2023年市场监管总局办公厅、工信部办公厅发布《工业和信息化部办公厅关于实施中小企业计量伙伴计划的通知》，要求加强企业计量技术联合攻关和成果应用，鼓励联合科研院所、计量技术机构、产业计量测试中心等共同建设计量协同创新平台，梳理产业链计量薄弱环节和企业配套需求，开展计量共性关键技术联合攻关，加速大中小企业计量需求能力的有效对接。高桥石化与多家计量技术机构一直保持着长期、紧密、友好的合作关系，其中上海市计量测试技术研究院(简称上海市计量院)作为上海地区由国家授权的法定计量检定机构，也是高桥石化定点计量检定机构，承担的高桥石化检定业务占比约49%。经与上海市计量院协商确定，结合高桥石化2023年计量管理信息系统升级改造，与其建立检定信息交互接口。该接口的建立是本次项目的重点创新工作，是上海市检定业务与检定机构信息化互联第一家。

2 现状分析

目前，我公司计量器具检定业务流程如下：

每月通过计量管理信息系统生成下月周检计划，计量专业检定班组人员按照检定计划，向公司各部门收集、核对需要送检的器具。

外送检定前，需人工逐台填写器具名称、型号、序列号、测量范围等信息，形成上海市计量院委托检定申请清单。

计量专业检定班组人员将整理好的委托检定申请清单以及器具送到上海市计量院，由上海市计量院前台人员进行现场核对、打印标签，最后将委托检定申请清单中计量器具信息录入检定系统。

检定完成后，上海市计量院生成检定信息、检定证书等，通知高桥石化。公司前往上海市计量院收取、核对已检定器具，取回器具及其证书。

计量专业检定班组人员通知各部门人员领回器具及最新检定证书。

各部门人员需人工在计量管理信息系统中逐条根据检定证书维护检定日期、有效期、检定结果，并人工逐一扫描纸质证书，上传计量管理信息系统，用于后续使用和检查。

经测算，每月检定业务主要工作耗时见表1。

表1 每月检定业务主要工作耗时表

阶段	主要工作	耗时
送检前	计量检定组整理、核对本月送检器具，班组人员每台器具填写纸质委托申请	5天/月
送检时	检定机构整理、核对委托单及器具，机构人员人工录入委托单信息至检定系统	1小时/次
检定结果获取台账更新	作业部人员根据检定证书，人工逐条维护台账，逐一扫描纸质证书，上传计量管理信息系统	10～15天/月

3 研究目标与解决方案

3.1 研究目标

通过痛点分析，我们发现原检定流程最大的问题就是人工工作量大，造成效率低下、容易出错。每月除计量系统自动生成周检计划外，其余步骤均需人工完成。收齐器具外送检定前，需要人工逐台填写纸质检定委托申请，900 台/月就是 900 条申请信息；器具送到计量院后，前台收发又需核对申请，再人工逐条录入系统；最大的困难就是检定信息的维护，检定完成后作业部需逐台根据纸质检定证书，更新计量器具台账中的检定日期、有效期等信息，并逐一扫描纸质证书，上传系统以备后续使用与检查。随后我们以问题为导向，确定研究目标就是通过信息共享数字接口，实现“线上发送委托、一键获取证书、自动维护台账”，最大限度降低人工工作量，从而提高工作效率、确保数据有效应用。

3.2 解决方案

要实现以上目标，首先就要建立交互接口，结合本次计量管理信息系统升级改造，我们建立了与上海市计量院以主流 API 为方式的接口，作为信息“桥梁”用于双方委托的发送、检定信息的获取，交互接口示意图见图 1。

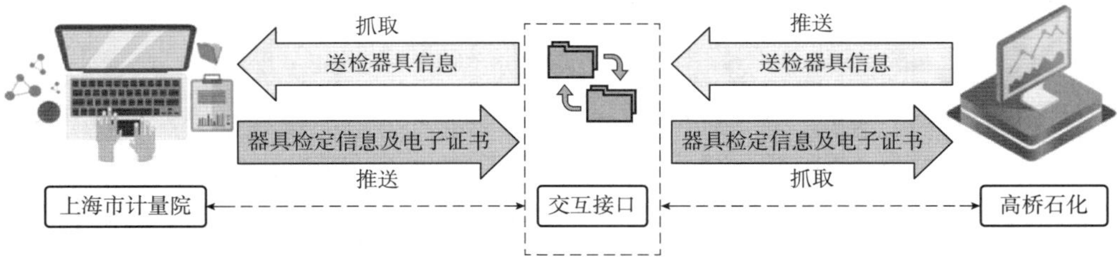

图 1 交互接口示意图

第二步，设置检定业务信息交互规则。

(1)在建立计量器具台账时，计量系统便赋予每台计量器具唯一设备编码，作为双方系统间“钥匙”；

(2)送检前，以一个委托单绑定多条器具明细(含器具唯一设备编码)的形式在接口进行委托申请推送，推送成功后返回预约单号同时短信提醒报检人，失败则返回原因；

(3)送检时，计量院抓取委托申请，自动导入检定系统，用于检定工作；

(4)检定完成后，计量院对应“钥匙”出具检定信息及检定证书，将检定结果及证书推送至交互接口；

(5)公司从交互接口一键获取器具检定信息及证书，对应“钥匙”自动匹配，维护至各条器具台账；

(6)考虑到存在报检器具异常无法送检等情况，集成接口推出撤销报检单功能，对于已经提报未受理的报检单可以直接在高桥石化计量系统一键撤回。

3.3 技术保障

在建立接口的同时，我们也非常注重信息安全。信息安全是数据交互的前提，不仅关乎业务的正常开展，也关乎企业的命脉。我们通过以下 5 种方式作为我们实现数据交互的技术保障，从而可以最大程度确保信息安全。

双方通过“白名单”授权、身份认证，确保只有经过验证的用户才能访问 API 资源，防止网络攻击；接口形式采用主流的 API 接口(Application Programing Interface，应用程序接口)方式，由上海市计量院提供，公司调用。

双方均采用“我送我取”数据交互方式，主动推送、主动获取，而不是被动获得信息，防止信息攻击；

使用 BASE64、AES 等多重加密处理，双方共同确定密钥；加密传输：发送的消息参数需要经过加密，先 BASE64 加密，再用 AES 加密，密钥为登录密码的 MD5 密文防止数据篡改、泄露；

检定结果获取时 采用循环采集机制，而不是同时采集多个数据。防止进程堵塞、数据丢失；

建立委托撤回功能，防止重复委托造成信息获取混乱。

通过上述 5 种不同的方式，有效保障双方系统数据的安全、可靠。

4 应用及成效测算

结合计量管理信息系统升级改造，在计量器具检定模块中增加线上发送检定委托申请、检定结果获取及维护环节。

4.1 线上发送检定委托申请

每月根据周检计划，系统会生成后包含唯一设备编码的检定委托申请，选择送检日期、服务类型后，通过“发送计量院”按钮完成线上发送，并可获得发送成功信息，见图2。

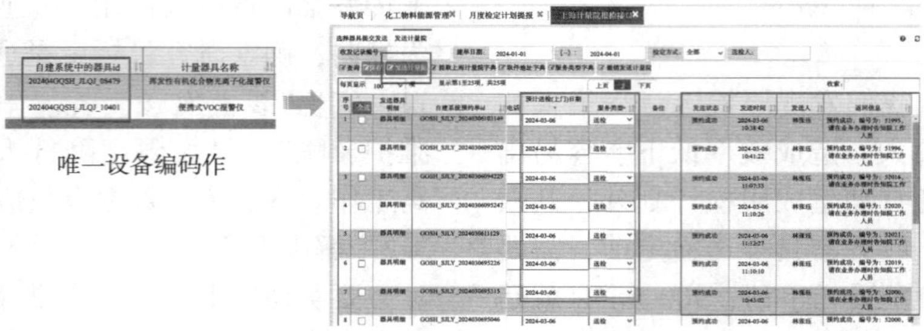

图2 检定委托申请发送

4.2 检定结果获取及维护

检定完成后，通过“获取计量院证书”按钮，自动对应唯一器具编码获取检定信息，如检定日期、周期、有效日期、通过与否的结论、证书编号等信息，见图3。

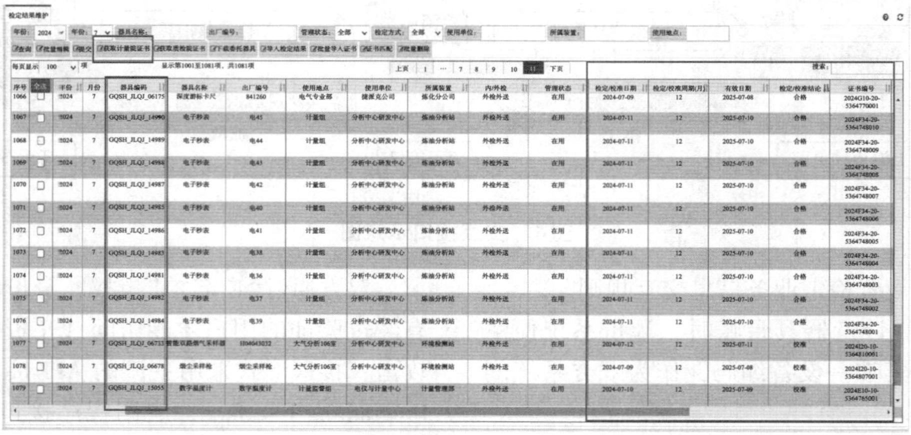

图3 检定结果维护

同时检定证书电子版也会对应维护进器具台账，便于随时查看、检查，流程简单、操作便捷。见图4。

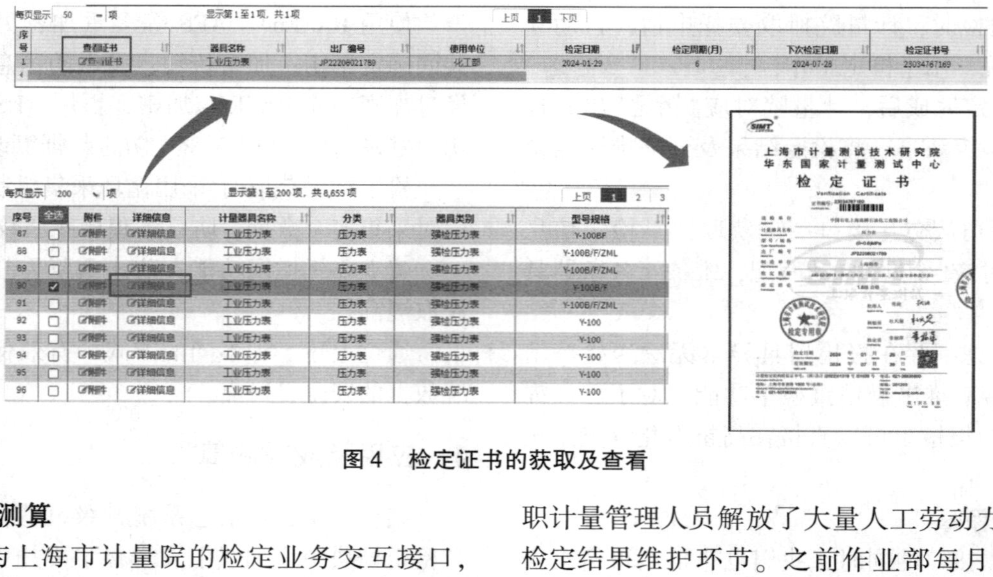

图4 检定证书的获取及查看

4.3 成效测算

公司与上海市计量院的检定业务交互接口，经过3个月的联合调试及优化提升，正式于今年3月投用，距目前已交互1500余条检定信息，实现了“线上发送委托、一键获取证书、自动维护台账”这个目标，为我中心检定班组、作业部兼职计量管理人员解放了大量人工劳动力。特别是检定结果维护环节。之前作业部每月至少需90小时，折合约(10~15)个工作日。目前仅需(1~3)个工作日即可完成，同时还实现了证书电子化。送检时，检定机构收发人员也提高了工作效率，企业与机构实现了双赢，见表2。

表 2 成效测算

阶段	升级前流程	升级后流程	升级前耗时	升级后耗时	节省工时
送检前	计量检定组整理、核对本月送检器具，班组人员每台器具填写纸质委托申请	整理、核对送检器具后线上发送电子委托单	5 天/月	1 天/月	4 天/月
送检时	检定机构整理、核对委托单及器具，机构人员人工录入委托单信息至检定系统	核对电子委托单及送检器具	1 小时/次	0.5 小时/次	0.5 小时/次
检定结果维护	作业部人员根据检定证书，人工逐条维护台账，逐一扫描纸质证书，上传计量系统	一键获取各项检定信息、电子检定证书，自动逐条上传系统	(10 ~ 15)天/月	(1 ~ 3)天/月	10 天/月

5 推广应用与经验启迪

建立与上海市计量院以主流 API 为方式的接口，作为信息“桥梁”的实践，优化了企业内部的计量管理流程，减少了人工工作量、提高了工作效率及数据准确性，与检定机构实现了双赢，也为行业提供了数字化转型的参考。

经过总结，满足以下应用场景，与外方系统搭建交互接口，就有利于数据的流转与深化应用。通过信息化赋能，使信息交互更迅捷、数据应用更深入，网络安全更有保障、数字化水平更高效，从而实现提质增效、管理提升。

外部系统固定、单一。一对一的接口沟通成本更低，更容易实现；

数据格式固定、交互频繁。如同检定结果信息，固定需要检定日期、周期、有效期、检定结论、证书编号、电子证书，数据量大且频繁；

数据有后续应用。获取的数据不光是看，要使用，如检定信息用于台账维护，检定证书用于查看及检查；

有利于共赢。要对信息共享双方都有益处。

创新思维的迸发离不开工作实践中的思考，要在人工工作量大的业务中思考是否有数字化的需求，特别要关注最终使用者的减负需求，跳出思维定式寻找创新的可能。最后，每项新做法的产生肯定会伴随着缺陷，要持续改进、不断优化，从而实现系统间有效结合，起到 1 + 1 大于 2 的效果。下一步我们正思考将贸易交接流量计的诊断数据与生产厂家实现共享，助力远程诊断服务，为专业管理和决策第一时间提供参考。

原油储罐自动计量仪研究与应用

陈胜宜[1] 滕志芳[2] 刘 忠[3]

（1、2. 中国石化镇海炼化分公司仪表和计量中心）
（3. 北京均友欣业科技有限公司）

摘 要：原油储罐静态计量的各项操作大多由人工完成，技术上客观存在测量不确定度较大的问题，人工上罐检尺计量作业也存在较大的安全和职业健康隐患。本文主要研究基于伺服机构及多功能浮子的储罐静态自动计量技术应用，以原油储罐

关键词：原油储罐；人工检尺；自动计量仪

1 概述

原油是现代工业的灵魂，是现代经济发展的强力支撑，对保障社会发展、国家安全有着重要作用，是事关国计民生的战略性资源。近年来，我国经济发展迅速，对原油的需求也与日俱增。2019 年中国原油进口 50572 万吨，全年原油加工量 65198.1 万吨；2020 年中国原油进口 54238.6 万吨，全年原油加工量 70355.4 万吨。从两年统计数据看，国内全年原油加工量约 78% 源自进口原油，绝大多数进口原油到岸后，海关采用船舱计量交接，受船舶舱容表、升温温度、原油含水、海上环境等诸多因素的影响，原油途耗难以控制；岸罐依赖雷达液位计或人工检尺，受液位测量、采样代表性等因素的影响，罐量失准的现象较为普遍，无法为原油计量交接提供及时、准确、有效的数据支撑，原油交接出现较大损耗后，向供货方成功索赔的概率极低，给国家造成经济损失。同时，原油罐量失准也给原油途耗、储耗甚至加工损失的管理造成极大的困扰，难以满足企业精细化管理的要求。

因此，研究一种可以应用于原油储罐的自动计量仪，实现原油液位、温度、密度、油水界位一体化自动测量，以替代原油储罐人工检尺计量实在必要。

2 测量原理

传统伺服液位计通过伺服机构驱动轮毂带动钢丝和浮子跟踪液位，采用的是阿基米德浮力原理测量液位，原油等黏稠烃类会在浮子产生严重黏附影响浮子配重从而影响液位的准确测量。而抵达储罐指定的高度测量密度和温度离不开伺服机构的支持，为此，需要研究开发一种非浮力原理测量液位的多功能伺服液位计，既能克服原油挂壁对液位测量的影响，又能分层测量指定高度的密度和温度，从而实现原油相关参数的自动测量，打破原油只能使用雷达液位计不能使用伺服液位计的传统认知。

储罐自动计量仪的主体结构由伺服机构、多功能浮子和连接电缆组成，多功能浮子内集成了液位传感器、温度传感器、密度传感器、油水界面传感器、含水率传感器，连接电缆连接伺服机构和多功能浮子，并缠绕在伺服机构的轮毂内。轮毂的旋转运动带动多功能浮子上下运动，实现对储罐内原油的液位、温度、密度、水高、含水等参数的测量。

3 研究目标

研究一种可以应用于原油储罐的多功能自动计量仪，实现原油液位、油温、密度、油水界位一体化测量，以替代原油储罐人工检尺计量。研究目标如下。

3.1 计量技术机构校准示值误差：

液位≤±1mm、温度≤±0.2℃、密度≤±0.5kg/m^3、油水界位≤±2mm；

3.2 罐区油罐人工比对误差：

液位≤±2mm、温度≤±0.2℃、密度≤±0.5kg/m^3、油水界位≤±2mm；

3.3 原油水含量测量用于生产监控，不作定性指标要求。

4 研究过程

原油储罐自动计量仪的研发，可适用于不同黏度原油油种液位、温度、密度、水位、水分的测量。与成品油储罐自动计量仪不同的是原油易挂附在测量机构上，从而影响测量结果。为此，

需设计研制一套对传感器等部件消除原油挂附的装备，可以自动清除原油挂附；设计研制一套设备自动温控装置，保证原油在轮毂腔内不凝固，根据不同的原油品种，温度可以设定并自动调节；设计研制一套人工检尺与自动计量转接装置，以方便人工使用多功能量油尺及采样操作。

4.1 工厂测试数据

4.1.1 液位（长度）检验结果（误差≤±1mm 为合格）

表 1 长度测试数据

参考点（m）	实际液位值（m）	设备显示值（m）	误差（mm）
23	23.0032	23.0025	-0.7
21	21.0030	21.0030	0
18	18.0025	18.0024	-0.1
15	15.0017	15.0017	0
12	12.0008	12.0010	0.2
9	9.0005	9.0008	0.3
6	6.0003	6.0005	0.2
3	3.0000	3.0002	0.2

4.2.2 密度检验结果（密度误差值≤±0.5kg/m³为合格）

表 2 密度测试数据

油品	标准器密度（kg/m³）	标准器温度（℃）	被检器密度（kg/m³）	被检器温度（℃）	密度误差（kg/m³）
黏度 4 白油	813.11	20	813.5	20.08	-0.39
黏度 15 白油	831.44	20	831.9	20.07	-0.46
黏度 50 白油	843.79	20	844.2	20.08	-0.41
黏度 100 白油	853.69	20	853.4	20.08	0.29
沙特原油	868.28	20	868.6	20.09	-0.32
阿曼原油	859.46	20	859.9	20.08	-0.44

4.2.3 温度检验结果（温度误差值≤±0.2℃为合格）

表 3 温度测试数据

校准点（℃）	标准器温度（℃）	被检器温度（℃）	误差（℃）
5	5.1	5.14	-0.04
10	10.2	10.26	-0.06
20	20	20.08	-0.08
30	30.5	30.6	-0.1
40	40.2	40.29	-0.09

4.2.4 水位检验结果（误差值≤±2mm 为合格）

表 4 水位测试数据

实际水高（mm）	测量次数	计量仪读数（mm）	误差值（mm）
42	1	43	-1
	2	42	0
	3	43	-1
85	1	85	0
	2	84	1
	3	85	0
138	1	139	-1
	2	138	0
	3	138	0

4.2.5 含水率检验结果（含水率误差≤±0.1%为合格）

表 5 含水率测试数据

实际含水率	测出含水率（%）	误差（%）
15 号白油 1994g+6g 水勾兑含水率 0.3% 液体	0.28	0.02
15 号白油 1986g+14g 水勾兑含水率 0.7% 液体	0.76	-0.06
15 号白油 1974g+26g 水勾兑含水率 1.3% 液体	1.33	0.03
15 号白油 1964g+36g 水勾兑含水率 1.8% 液体	1.72	0.08
15 号白油 1944g+56g 水勾兑含水率 2.8% 液体	2.88	-0.08

4.2 第三方测试校准

4.2.1 液位长度测量校准

虽然国内已经制定了 JJG 971—2019《液位计检定规程》，但国内无相应的液位检定装置，故而目前大量程、高精度的液位计还无法进行第三方检定或校准。研究采用的是国家检定规程中规定的横式液位检定模拟装置，其中标准钢卷尺送中国计量院进行检定溯源，自行开展原油储罐自动计量仪液位（长度）的检验和校准，校准示值误差≤±1mm(见表1)。

4.2.2 原油储罐自动计量仪的多功能浮子密度、温度校准

则委托具备社会公用计量标准授权的第三方检定机构对密度、温度进行第三方校准，密度示值误差≤±0.2kg/m³、温度示值误差≤±0.1℃。

4.2.3 水位测试

测试介质冷湖原油和水、阿曼原油和水

表6 水位测试数据

	冷湖原油和水			阿曼原油和水		
人工(mm)	99			46		
计量仪(mm)	第一次	第二次	第三次	第一次	第二次	第三次
	99	99	98	48	48	48

通过各项测试和校准，原油储罐自动计量仪出厂技术指标如下：液位：≤±1mm，温度：≤±0.2℃，密度：≤±0.5kg/m³，水位：≤±2.0mm，均已达到研究目标的指标要求。

4.3 现场安装测试

经工厂及第三方测试合格的原油储罐自动计量仪计划在某公司选择2台原油储罐应用验证，并尽可能选择最常加工十大油种的储罐，收集相关数据进行测试比对。2022年8月1日、11月8日，先后在某公司的T16、T52罐完成安装，每台储罐安装原油储罐自动计量仪一套，底部安装罐前显示器一台，数据进入中心控制室测试比对，如图1所示。

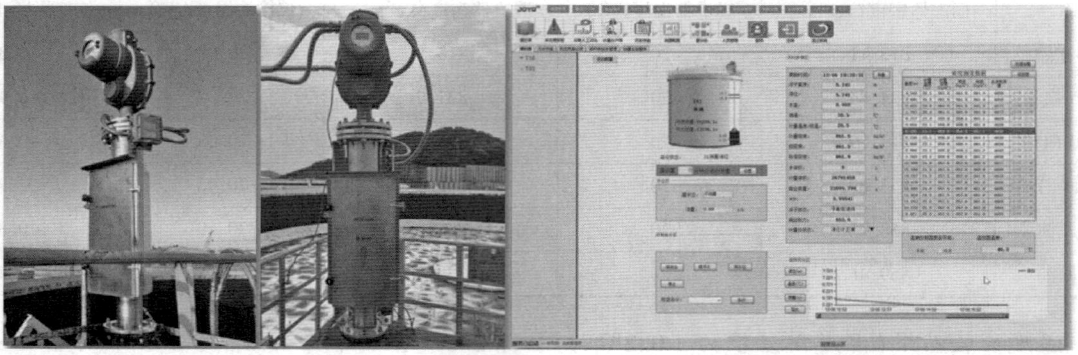

图1 原油储罐自动计量仪现场安装照片及上位机软件截图

液位测试参照标准：GB/T 21451.1—2015《石油和液体石油产品储罐中液位和温度自动测量法 第1部分：常压罐中的液位测量》；温度测试参照标准：GB/T 21451.4—2008《石油和液体石油产品 储罐中液位和温度自动测量法 第4部分：常压罐中的温度测量》；密度测试参照标准：GB/T 1884—2000《原油和液体石油产品密度实验室测定法(密度计法)》、GB/T 2013—2010《液体石油化工产品密度测定法》等。

4.3.1 液位比对测试

人工检尺采用第三方商检计量，但由于提浮子到放浮子自动计量与商检、采样作业的时间存在较大的不确定性，其间储罐脱水液位发生变化或温度变化导致液位比对数据产生偏差，见表7、表8数据。

表7 T16液位比对数据

序号	日期	罐号	数据比对				
			商检液位(mm)	储罐自动计量仪液位(mm)	雷达液位(mm)	计量仪和商检对比(mm)	计量仪和雷达对比(mm)
1	2022/11/23 1:30	T16	16549	16547	16545	-2	2
2	2023/3/3	T16	5239	5240	5242	1	-2
3	2023/3/4	T16	17273	17275	17276	2	-1
4	2023/4/28 6:40	T16	16216	16215	16219	-1	-4
5	2023/6/26 10:00	T16	2478	2480	2481	2	-1
6	2023/6/29 5:30	T16	2741	2741	2744	0	-3
7	2023/7/13 8:37	T16	16875	16873	16870	-2	3

续表

序号	日期	罐号	数据比对				
			商检液位（mm）	储罐自动计量仪液位（mm）	雷达液位（mm）	计量仪和商检对比（mm）	计量仪和雷达对比（mm）
8	2023/8/7 8:45	T16	17327	17327	17325	0	2
9	2023/8/14 4:30	T16	17306	17306	17300	0	6
10	2023/8/24 9:10	T16	17416	17325	17412	9	13

表 8　T52 液位比对数据

序号	日期	罐号	数据比对				
			商检液位（mm）	储罐自动计量仪液位（mm）	雷达液位（mm）	计量仪和商检对比（mm）	计量仪和雷达对比（mm）
1	2023/7/3 6:30	T52	15599	15601	15600	2	1
2	2023/7/26 4:30	T52	3275	3278	3276	3	2
3	2023/7/27 10:00	T52	19360	19355	19364	-5	-9
4	2023/8/09 04:00	T52	18745	18743	18746	-2	-3
5	2023/9/5 7:30	T52	2360	2367	2364	7	3
6	2023/9/6 10:21	T52	19214	19211	19211	-3	0
7	2023/9/22 1:22	T52	18788	18789	18791	1	-2
8	2023/10/4 2:32	T52	7285	7289	7288	4	1

通过液位比对数据表可见，原油储罐自动计量仪和商检检尺液位部分比对数据偏差超过2mm，查询期间工艺操作记录均有脱水操作，同时液位计记录显示液位呈下降趋势。

解决的办法是尽可能避免在脱水期间进行液位比对，在储罐处于静止状态时，在短时间内对原油储罐自动计量仪液位测量数据和人工检尺（UTI）液位数据进行比对，液位比对≤2mm，如表 9 所示。

表 9　静止状态液位比对数据

测量方式	T16		T52	
	原油储罐自动计量仪	人工检尺	原油储罐自动计量仪	人工检尺
第一次	2023/9/6 15:16	2023/9/6 15:20	2023/9/6 13:53	2023/9/613:59
	17.29mm	17.289mm	19.342mm	19.342mm
第二次	2023/9/13 14:11	2023/9/13 14:05	2023/10/27 14:36	2023/10/27 14:30
	8.331mm	8.333mm	19.249mm	19.250mm
第三次	2023/10/2514:11	2023/10/25 14:05	2023/10/26 14:36	2023/10/26 14:30
	15.252mm	15.252mm	2.430mm	2.429mm

4.3.2　密度温度比对测试

原油储罐自动计量仪对原油分层密度和分层温度测量的灵敏度较高，数据梯度变化趋势明显且符合逻辑，而人工采样分析密度及测量温度很难取得类似的数据和效果，采样代表性问题导致密度数据比对产生一定的偏差。

为此，一方面针对收油后存在分层的工况，采取根据收油罐原油底油密度、油轮所有油舱平均密度按体积加权计算的平均密度作为人工原油平均密度的计算方法，而非直接采用收油罐人工采样分析的平均密度直接计算，以减小与人工采样的密度比对偏差；另一方面，积极探寻更为科学且可溯源的密度比对方式，尝试便携式计量仪测量原油密度、温度的可行性，取得了较好的效果。

4.3.2.1　密度分层对人工采样分析数据的影响

通过 2023 年 8 月 4 日 T16 储罐罐底油每间隔

10cm 原油储罐自动计量仪测量的密度数据，可以看出，在 1.4 米至 2.4 米区间，密度分层达到 70kg/m³，密度最大相差 9%；人工采样位置相差 10cm，密度最大可能相差 15kg/m³，约 2%。原油储罐自动计量仪平均密度 854.0kg/m³、人工采样平均密度 864.7kg/m³，二者相差 10.7kg/m³，见表 10。

表 10　T16 储罐底部油密度

高度（m）	温度（℃）	视密度（kg/m³）	标准密度（kg/m³）	数据分析
2.500	28.74	798.9	805.4	
2.400	29.09	804.2	810.9	每 10cm 分层密度差 10～15kg/m³
2.300	29.58	818.5	825.4	
2.200	30.13	827.2	834.4	
2.100	30.61	840.7	848.2	每 10cm 分层密度差 4～6kg/m³
2.000	31.11	846.7	854.6	
1.900	31.58	852.0	860.2	
1.800	32.13	855.7	864.3	
1.700	32.79	860.2	869.2	每 10cm 分层密度差 1～3kg/m³
1.600	33.43	863.0	872.4	
1.500	33.98	864.7	874.5	
1.400	34.20	865.7	875.7	
1.300	34.30	866.0	876.0	密度趋于稳定
1.200	34.34	866.0	876.1	
1.100	34.24	866.4	876.4	
平均	32.02	846.39	854.9	

通过 2023 年 9 月 6 日 T52 储罐满罐油每间隔 10cm 原油储罐自动计量仪测量的密度数据，可以看出，即使是用来掺炼的俄罗斯轻质原油，顶部区域密度分层 50kg/m³，密度最大相差 6.9%；人工采样位置相差 10cm，密度最大可能相差 2%，见表 11。

表 11　T52 储罐上部密度

高度（m）	温度（℃）	视密度（kg/m³）	标准密度（kg/m³）	数据分析
18.339	26.35	734.4	739.5	每 10cm 分层密度差 1～3kg/m³
18.204	24.56	738.6	742.2	
18.109	29.16	746.1	753.5	
18.001	29.46	761.5	768.9	
17.901	31.42	766.7	775.6	
17.802	32.97	780.9	790.8	
17.701	32.95	781.0	791.0	

通过这几组颇具代表性的数据，不难看出，依靠人工采样分析密度很难取得类似原油储罐自动计量仪的数据，因人工采样代表性问题导致密度数据偏差从而导致罐量偏差的可能性很大。

4.3.2.2　采用便携式计量仪比对的可行性

由于最初我们采取人工采样实验室分析密度与原油储罐计量仪自动测量的数据进行比对，效果不理想，尤其是在原油密度分层时差异明显。为此，我们开始研究通过量值溯源和原油实液标定，采用 DH－60 手持储罐计量仪替代人工采样分析密度比对的可行性。

首先，将编号为 2305－0043－2201 型号 DH－60的手持储罐计量仪送某第三方检定机构对密度、温度进行第三方校准，密度示值误差≤±0.2kg/m³、温度示值误差≤±0.1℃。

其次，采用检定合格的标准器编号为 546461 精密级 DMA－4500 振动式液体密度仪对手持储罐计量仪进行实液标定，油种方面选择进口量较大的阿曼、沙中两个高硫低酸中质原油以及加拿大冷湖重质原油，具备一定的代表性。从标定数据来看，标准密度的偏差率≤0.05%，手持储罐计量仪可以满足现场比对的要求，数据见表 12。

表 12　手持计量仪密度标定数据

标定点（kg/m³）	原油	标准器型号 DMA4500 振动式液体密度仪 编号 546461			被检器 DH－60 手持计量仪 编号 2305－0043－2201			标准密度	
		视密度（kg/m³）	温度（℃）	标准密度（kg/m³）	视密度（kg/m³）	温度（℃）	标准密度（kg/m³）	偏差（kg/m³）	偏差率（%）
850	阿曼	854.76	28.02	860.4	854.5	28.02	860.1	0.3	0.035
870	沙中	866.21	27.19	871.2	866.0	27.19	871.0	0.2	0.023
920	冷湖	922.15	28.3	927.5	922.6	28.3	927.9	－0.4	－0.043

4.3.2.3　现场温度密度测试数据

T16 罐温度密度测试（测试时间 2023 年 10 月 30 日），数据见表 13。

表 13　T16 罐现场温度密度测试数据

储罐自动测量仪				手持储罐计量仪				比对结果	
高度(m)	计量温度(℃)	视密度(kg/m^3)	标准密度(kg/m^3)	高度(m)	计量温度(℃)	视密度(kg/m^3)	标准密度(kg/m^3)	温度偏差(℃)	密度偏差(kg/m^3)
11.269	26.6	884	888.4	11.3	26.2	888.6	892.9	0.4	-4.5
10.702	26.51	883.8	888.2	10.7	26.3	884.9	889.2	0.2	-1
10.135	26.46	885.1	889.4	10.1	26.3	884.5	888.8	0.2	0.6
9.569	26.44	885.5	889.8	9.5	26.3	884.4	888.7	0.1	1.1
9.002	26.42	885.1	889.4	8.9	26.3	884.4	888.7	0.1	0.7
8.435	26.41	885.1	889.4	8.3	26.3	884.4	888.7	0.1	0.7
7.868	26.41	884.8	889.2	7.7	26.3	884.4	888.7	0.1	0.5
7.301	26.42	885	889.4	7.1	26.4	884.4	888.9	0.0	0.5
6.735	26.69	885.3	889.8	6.5	26.7	884.7	889.3	0.0	0.5
5.601	27.28	884.7	889.6	5.8	27.5	885.2	890.4	-0.2	-0.8
5.034	27.44	885.9	890.9	5.2	27.6	885.3	890.5	-0.2	0.4
4.468	27.55	885.7	890.7	4.4	27.7	885.3	890.7	-0.1	0
3.901	27.62	885.9	890.9	3.8	27.7	885.3	890.7	-0.1	0.2
3.334	27.66	886.1	891.3	3.2	27.7	885.3	890.7	0.0	0.6
2.767	27.69	886.1	891.3	2.7	27.7	885.2	890.6	0.0	0.7
2.2	27.7	885.7	890.9	2.2	27.7	885.2	890.6	0.0	0.3
1.634	27.71	885.9	891.1	1.7	27.7	885.2	890.6	0.0	0.5
1.067	27.67	886.2	891.4	1.1	27.6	885.2	890.4	0.1	1
平均	27.0	885.3	890.1	平均	27.0	885.1	890.0	0.0	0.1

由于比对操作过程中，手持储罐计量仪放置的液位高度存在偏差，与原油储罐自动计量仪自动测量的实际高度非完全一致，特别是个别密度严重分层的点存在一定偏差。

平均温度及平均密度的比对数据则非常理想，平均温度比对偏差 0.0℃，平均密度比对偏差 0.1kg/m^3，远优于与人工采样平均密度比对曾经相差 10.7kg/m^3 的情况。

同样，T52 罐温度密度测试数据见下表 14。

平均温度比对偏差 0.07℃，平均密度比对偏差 0.16kg/m^3，远优于与人工采样平均密度比对数据。

表 14　T52 罐现场温度密度测试数据

储罐自动测量仪				手持储罐计量仪				比对结果	
高度(m)	计量温度(℃)	视密度(kg/m^3)	标准密度(kg/m^3)	高度(m)	计量温度(℃)	视密度(kg/m^3)	标准密度(kg/m^3)	温度偏差(℃)	密度偏差(kg/m^3)
17.776	22.29	781.2	782.9	17.8	21.3	778.9	779.9	1.0	3.0
16.816	26.66	880.5	885	16.8	25.3	874.1	877.8	1.4	7.2
15.857	28.8	914.8	920.5	15.9	28.6	915.9	921.6	0.2	-1.1
14.897	28.95	916.9	922.7	14.9	29.2	918.1	924.3	-0.3	-1.6
13.937	29.09	917.6	923.4	13.9	29.3	918.3	924.5	-0.2	-1.1
12.977	29.19	917.8	923.8	13	29.4	918.3	924.6	-0.2	-0.8
12.017	29.26	918.1	924.1	12	29.4	918.3	924.6	-0.1	-0.5
11.058	29.31	918.1	924.1	11	29.5	918.2	924.5	-0.2	-0.4

续表

储罐自动测量仪				手持储罐计量仪				比对结果	
高度(m)	计量温度(℃)	视密度(kg/m^3)	标准密度(kg/m^3)	高度(m)	计量温度(℃)	视密度(kg/m^3)	标准密度(kg/m^3)	温度偏差(℃)	密度偏差(kg/m^3)
10.098	29.36	918.4	924.4	10.1	29.5	918.3	924.6	-0.1	-0.2
9.138	29.39	918.4	924.5	9.1	29.5	918.3	924.6	-0.1	-0.1
8.178	29.41	918.4	924.5	8.2	29.4	918.4	924.7	0.0	-0.2
7.219	29.41	918.4	924.5	7.2	29.4	918.4	924.7	0.0	-0.2
6.259	29.41	918.6	924.7	6.3	29.4	918.5	924.8	0.0	-0.1
5.299	29.4	918.6	924.7	5.3	29.4	918.5	924.8	0.0	-0.1
4.339	29.38	918.6	924.7	4.3	29.4	918.5	924.8	0.0	-0.1
3.379	29.35	918.6	924.6	3.4	29.3	918.6	924.8	0.1	-0.2
2.42	29.31	918.6	924.6	2.4	29.3	918.7	924.9	0.0	-0.3
1.46	29.25	918.8	924.8	1.5	29.2	918.8	925.0	0.1	-0.2
平均	28.34	901.54	906.97	平均	28.27	901.26	906.81	0.07	0.16

4.3.2 综合数据比对

2023年9月6日对液位、温度、密度进行综合比对测试，见表15。

表15 T16、T52数据比对

罐号	项目	液位(m)	平均温度(℃)	平均标准密度(kg/m^3)	商检加权密度(kg/m^3)
T16	计量仪	17.290	34.9	920.8	921.9
	手持/人工	17.289	35.1	921.0	
	比对偏差	0.001	-0.2	-0.2	1.1
T52	计量仪	13.342	34.7	788.9	789.1
	手持/人工	13.342	34.6	789.1	
	比对偏差	0	0.1	-0.2	-0.3

备注：上表中手持/人工液位、温度为人工检尺、测温数据；商检加权平均密度为收油罐罐底和油船船舱分析密度的体积加权平均值。

数据分析：原油储罐自动计量仪液位、温度、密度与人工检尺、手持计量仪数据偏差均符合指标要求；T52加权平均密度与储罐自动计量仪偏差小于0.5kg/m^3，T16加权平均密度与储罐自动计量仪偏差大于0.5kg/m^3、主要罐底油密度分层分析密度偏差，从而使加权平均密度偏差。

4.3.4 水高测试

采用标准器对手持储罐计量仪进行原油实液标定时，同步采用冷湖、阿曼原油进行了油水界面的测试验证，数据如表6所示。

4.3.5 含水率测试

通过含水率测量数据可以看出，含水率与高度成反比，呈现一定的规律性，符合逻辑。在不做定量指标要求的情况下，能够为生产监控提供定性参考。

表16 含水率数据测试

T16		T52	
高度(m)	含水率(%)	高度(m)	含水率(%)
11.267	0.13	18.739	0.06
10.7	0.14	17.779	0.11
10.134	0.14	16.819	0.33
9.567	0.14	15.859	0.41
9	0.13	14.899	0.42
8.434	0.14	13.939	0.42
7.867	0.13	12.979	0.42
7.3	0.14	12.019	0.41
6.734*	0.14	11.059*	0.42
平均	0.14	平均	0.38

*注：该液位以下含水率数据省略，与表中最低液位时含水率基本一致。

4.3.6 重复性测试

为验证原油储罐自动计量仪的数据重复性，安排T16、T52两座储罐连续一周处于静止罐状态，期间分别进行了十余次温度密度梯度的自动测量，平均密度偏差均在0.4kg/m³以内，平均密度数据重复性良好，如图2、图3所示。

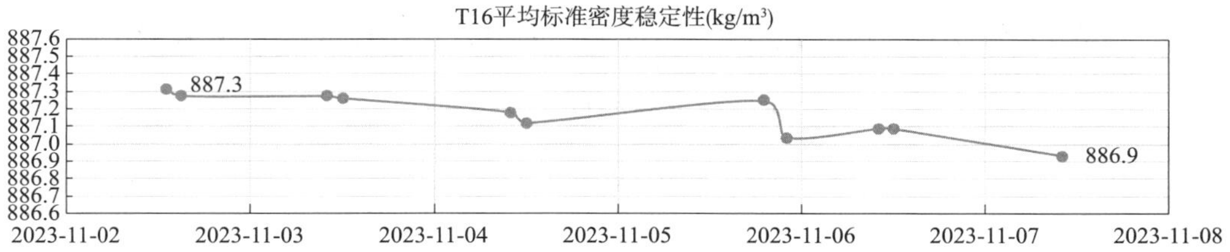

图2 T16原油储罐自动计量仪重复性测试曲线

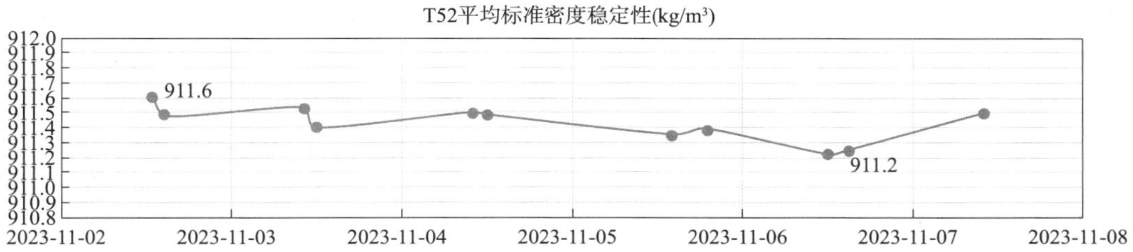

图3 T52原油储罐自动计量仪重复性测试曲线

综上，原油储罐自动计量仪测得的液位、温度、密度、油水界位等数据与人工检尺测得的液位、手持储罐计量仪测得的温度及密度、原油实液测得的油水界位等数据比对偏差均能满足“液位≤±2mm、温度≤±0.2℃、密度≤±0.5kg/m³、油水界位≤±2mm”等项目制订的罐区油罐人工比对误差技术指标的要求。

5 结论

原油储罐自动计量仪采用伺服机构、多功能浮子(内设谐振筒密度传感器、温度传感器、油水界面传感器和含水率传感器)及配套辅助装置，实现对原油等高黏度液体的液位、密度、温度、油水界面、含水率等多参数高精度测量功能。同时，原油储罐自动计量仪采用自动刮油装置，对多功能浮子上的各种传感器附着的原油进行自动清除；采用自动温控装置，根据不同的原油品种自动调节温度，确保原油在设备轮毂腔内不凝固；采用人工检尺与自动计量仪转接的装置，方便使用多功能量油尺进行人工检尺和采样操作。

本研究为国内首次将基于伺服液位计及多功能浮子的储罐静态自动计量技术应用于原油储罐并取得了成功。实践数据表明，原油储罐自动计量仪完全可以替代人工上罐检尺计量作业，且分层密度测量的灵敏度和重复性等远优于人工采样分析的测量效果。打破了原油只能使用雷达液位计不能使用伺服液位计的传统认知；同时，通过项目研究，对原油储罐的分层特性也有了更深的认知。

参考文献

[1]甘丛笑等．石油和液体石油产品立式金属罐交接计量规程：SY/T 5669[S]．北京：石油工业出版社，2019.

[2]魏进祥等．石油和液体石产品油量计算 静态计量：GB/T 19779[S]．北京：中国标准出版社，2005.

[3]王金涛等．立式金属罐容量检定规程：JJG 168[S]．北京：中国计量出版社，2005.

[4]金德玺等．石油和液体石油产品液位测量法(手工法)：GB/T 13894[S]．北京：中国标准出版社，2023.

[5]薄艳红等．石油和液体石油产品温度测量(手工法)：GB/T 8927[S]．北京：中国标准出版社，2008.

储存损耗动态管控在液体化工产品罐区的实现

郝　磊　高海燕　赵德军

（中国石化股份有限公司齐鲁分公司）

摘　要：为解决企业液体化工罐区计量自动化程度低、安全风险大、罐存量无法实时动态测算等问题，对 35 台液体化工产品储罐，增设高精度多功能智能化伺服液位计等计量设施，并将液体化工产品数量计算方法应用于储罐自动计量软件开发，整合收、付、存计量数据资源，打造储存损耗智能动态管控平台。

关键词：整合；智能；管控

0　引言

为响应国家加快推进国有企业数字化转型工作的部署，2020 年底，集团公司提出以数字化转型促进能源化工产业高质量发展的工作要求。各企业紧锣密鼓，实施以信息化、智能化为主线的智能化工厂建设，以适应新时期石化企业生产经营管理的需要。集团下属某分公司液体化工产品罐区，始建于 20 世纪 80 年代，储罐储存的产品有辛醇、正丁醇、异丁醇、甲苯、混合二甲苯、石油苯、30% 氢氧化钠、45% 氢氧化钠（液碱）、石脑油、苯乙烯等。近年来，随着公司人员的逐步减少和专业管理的精细化，每月通过人工对罐存产品进行上罐检尺、测温、测密、算量，方法落后、劳动强度大、人工成本高、安全风险大、数据准确度低，尤其是无法实现罐存量的实时动态测算，出现问题发现不及时、管控不到位。

为解决液体化工罐区计量自动化程度低、罐存量无法实时动态测算等问题，尝试对 35 台储罐增设储罐自动计量仪，应用先进测量技术完成对储罐液位、温度、密度的实时同步测量，自动计算出储罐液体的体积和质量。在此基础上，依据《集团公司液体化工产品损耗内控标准》关于储存损耗率的定义及计算公式，整合生产厂管输至罐区的液体化工产品收入量、销售出厂的产品付出量，以及储罐自动计量仪计算出的罐存量，实时测算化工产品的储存损耗率，实现储存损耗率在液体化工产品罐区的动态管控。

1　必要性分析

1.1　降低安全风险，增强本质安全

随着企业减员增效的深入，操作人员老龄化是普遍趋势，贮运、公用工程等部门尤为突出。在复杂天气及人员状态不佳的情况下，人工计量作业工作量大、作业环境差，人员上罐作业安全风险大。某些液体化工产品罐如苯类产品储罐在开启采样口进行检尺时极易发生人身伤害及中毒等事故事件，OSHA 统计及职业体检数据堪忧，安全、职业健康隐患较为突出。以储罐计量自动化技术替代人工作业就显得越来越迫切。该项目实施可大幅减少上罐作业频次，降低上罐作业风险，减少人身伤害。

1.2　赋智赋能转型，提升管理水平

增设储罐自动计量系统，减少人工操作，实现计量业务数字化智能化转型。自动计量同时出具多个参数、多组数据，实现自动盘库、出具报表、分析差率，为生产经营优化提供全面、可靠、可追溯的数据，为智能工厂建设和提高管理水平提供技术支撑。

1.3　减少挥发损耗，实现绿色计量

上罐检尺、采样、测温操作需要打开采样口，某些化工产品挥发性强，尤其是氮封罐，采样口打开期间将有大量的挥发物从采样口溢出，既增加了产品的挥发损耗，又释放了 VOC，造成了环境污染，同时加大了作业人员的职业危害程度，不利于职工身心健康，项目的实施将减少或避免上述问题的发生。

1.4　降低用工成本，实现减员增效

液体车间计量人员上罐检尺、测温、测密、算量操作约 3500 次/年，此项目的实施基本可以替代人工操作，大幅度减少劳动用工，降低企业人工成本。

2　项目的实现

2023 年初，公司开始在液体化工产品罐区实施储罐自动计量技术改造。项目主要包括在 35

台储罐上安装储罐自动计量仪，仪表机柜间内配套增加一台液位计计量控制系统柜及监控操作站，依托集成自动盘库软件实现罐区液体产品实时液位动态监控，定时测量密度、温度、液位，计量储罐收付量，按时自动盘库等。同时，在智能化计量监控平台上，将罐区收、付、存计量数据，外销管道运输产品计量数据以及铁路、汽车外销运输统计等多渠道数据资源整合，打造储存损耗智能动态管控平台。

2.1 储罐自动计量仪工作原理

将伺服液位计升级成储罐自动计量仪，由原来只测量液位的设备通过技术改进和集成，采用钢丝带动密度浮子测量温度密度，实现液位、温度、密度、水高、罐底沉降测量功能于一身。储罐自动计量仪可以应用在各种储罐，对于浮顶罐的安装必须有稳液管保护，对于没有稳液管的浮定罐，密度浮子要通过浮盘，必须对浮盘开孔或借用原来的人工计量孔。由于采用钢丝的浮子重量较轻，对于人工计量孔存在密封胶皮的情况时，必须处理胶皮。

多功能浮子是北京某科技公司采用多项专利技术打造的一款高精度密度、温度测量设备，与伺服液位计组合使用，可以测量液体内各个高度点的温度、密度，同时还可以通过自带的三脚探针测量油水界面的高度，测量罐底沉降量等多个参数。浮子通过底部自带的 3 根探针，可实现对罐内油水界面高度和罐底沉降量的高精度测量，同时可避免浮子本体黏附罐底油泥，给参数测量带来误差。伺服液位计完成液位测量，在伺服液位计的带动下多功能浮子实现油品温度、密度、油水界面测量。多功能浮子采用有线通信方式与伺服液位计进行数据交互。多功能浮子执行测量温度和密度的操作。平时浮子自动跟踪液位变化，实现液位的自动测量，在需要时，由人工通过计算机管理软件发送指令给计量仪液位计，或定时由管理软件发送指令，通知计量仪浮子测量温度和密度，根据液位高度自动按照国标要求进行上、中、下三点(1/6、1/2、5/6)测量密度和温度，在发现有密度分层时可按需求增加测量点，最大测量点数为 20 个点。也可以通过人工干预，让浮子停留在任意高度，实现定点温度和密度的测量，并通过电阻测量原理实现油水界面的精确测量。见图 1、图 2。

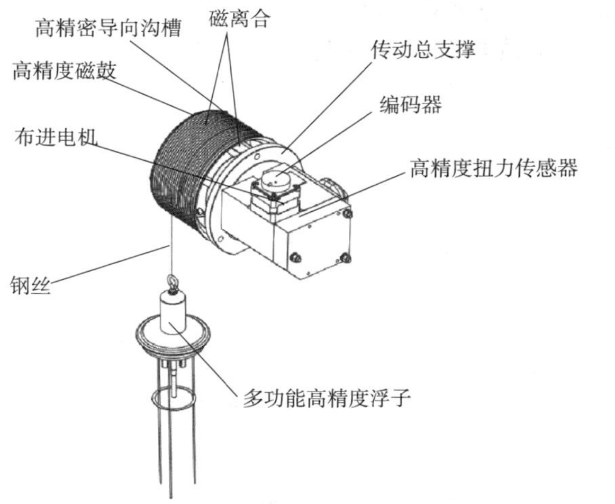

图 1 浮子液位计结构

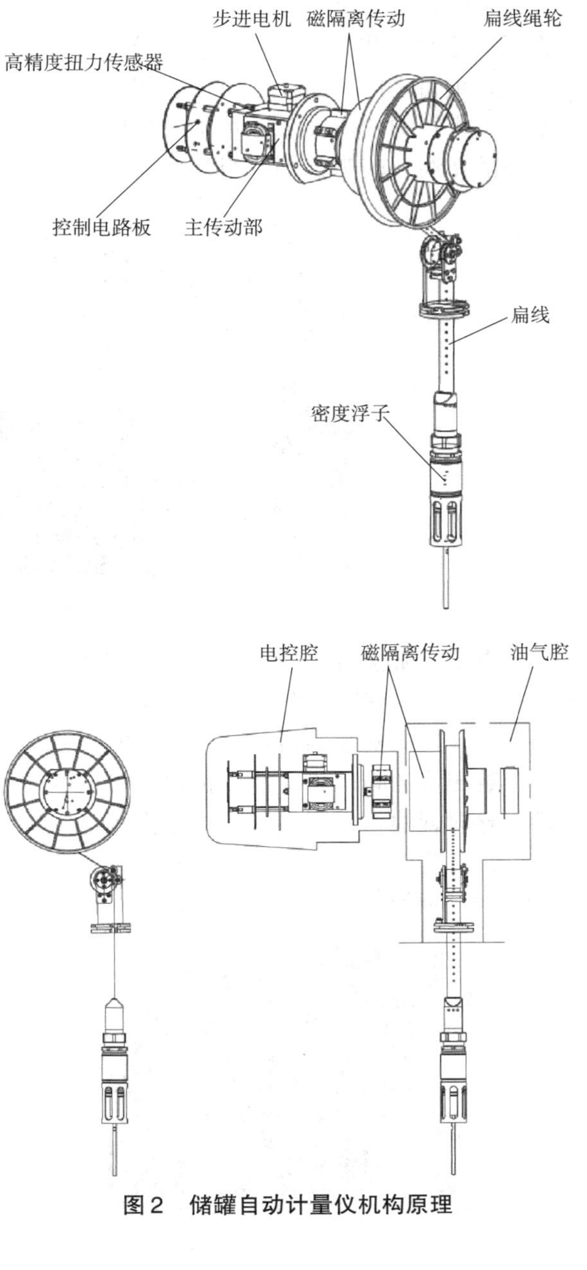

图 2 储罐自动计量仪机构原理

2.2 设备改造安装

储罐自动计量系统，是由位于现场的测量仪表、罐前显示仪表、供电和信号通信线缆、通信器、计量监控计算机和计量监控软件构成。见图3。

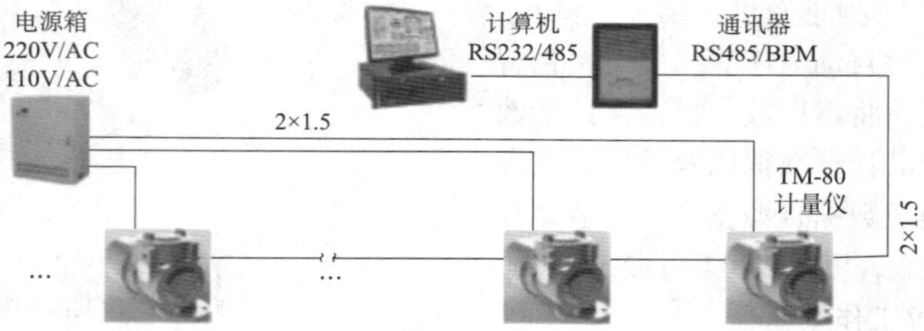

图3 储罐自动计量系统构成

储罐自动计量技术的核心硬件支持，是多功能自动伺服液位计。自动伺服液位计的安装必须符合行业的相关安全管理要求，对于新建储罐可以在设计之初就将自动伺服液位计及其附属设备设施融入项目之中。而公司的储罐都是在原有储罐基础上进行的改造安装，特别是供电和信号通信线缆的布线，较为繁琐。当然，能在原有储罐基础上进行改造后安装使用才恰恰是产品能不能得到推广应用的关键。在项目基础设计阶段考虑到储罐存料，罐区尽量少用火作业的要求，与设计对接时就提出采用沿储罐爬梯外侧安装仪表管线的方案。为减少爬梯承重力，尽量减少仪表管线和线缆数量，连接处采用防爆软管连接，既保证其安全还兼顾美观(如图4所示)。

图4 仪表管线敷设外景图

该自动伺服液位计应用于液体化工产品，首先材质要克服液碱高腐蚀、苯类易结晶等的特点。利用检尺口安装的液位计，罐顶安装前检尺口的参数测量务必准确，特别是检尺口的水平度和检尺导向管的垂直度参数，这很大程度上决定着液位计安装能否成功。图示为检尺口水平度检测(如图5所示)。

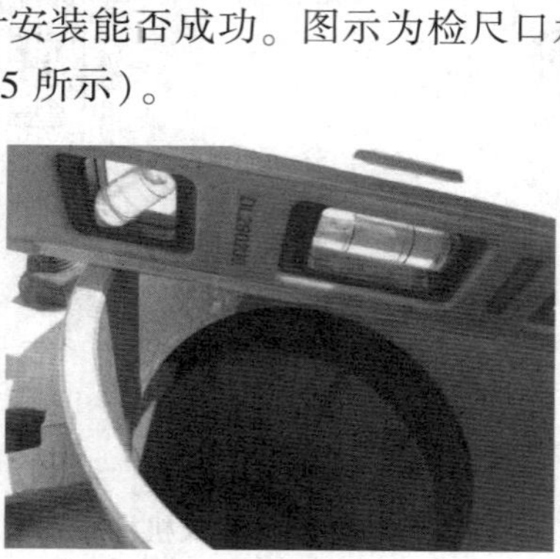

图5 检尺口水平度检测

公司碱类的储罐检尺导向管只在罐顶设计，并没有深入至罐体，影响最小，而大多数储罐检尺导向管延伸至罐底，且导向管直径多为DN150，受垂直度影响很大，可能出现卡浮子现象。浮子，系决定系统测量精度和可重复性的关键性高精密度部件，在安装、使用过程中，必须始终得到良好的保护，严禁受到外力的冲击，否则可能造成不可修复的损坏；这种情况通过在检尺口上部加装弹性连接器也可以解决见图6～图8。

考虑到特殊情况时人工检尺和取样的需要，自动伺服液位计安装时，采取Y型接口安装的模式(如图9所示)，这样既能保证液位计的正常使用，也能兼顾人工检尺、取样的操作需求。

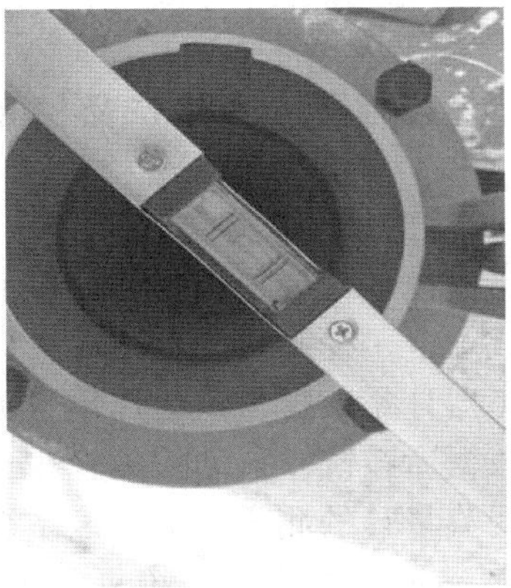

图 6　储罐检尺导向管

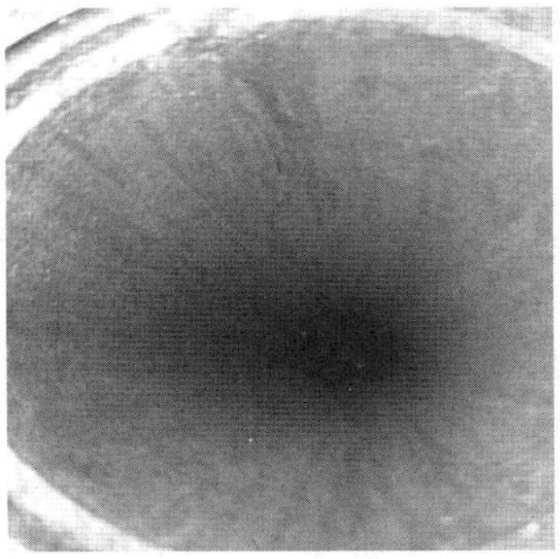

图 7　储罐导向管至罐底

图 8　检尺口上部弹性连接器

图 9　液位计 Y 型接口

2.3　自动盘库

2.3.1　软件简介

通过自动伺服液位计测量罐介质的液位、各点视密度、视温度、油水界面、罐底沉降等数据，自动盘库软件对计量仪进行配置、调试，以及对采集数据进行处理，实现自动计量、监控、软报警、报表处理等功能，实现罐区自动化管理（见图 10）。

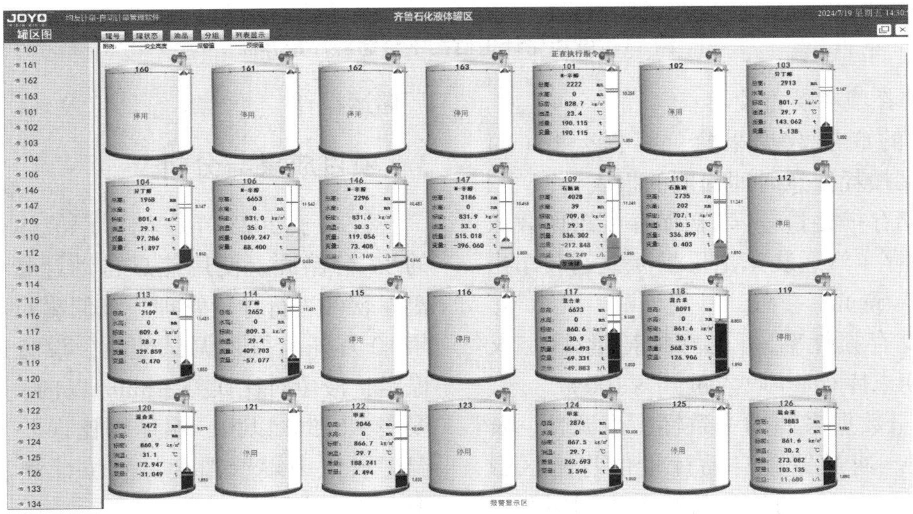

图 10　自动盘库软件显示界面

2.3.2　软件功能

（1）具有单罐、罐区图和数据列表等多种形式的计量数据显示，其中罐区图可依据罐号、油品、罐状态、罐分区、罐列表对罐进行多种形式分类显示。

(2)可对计量仪发送[测液位][提浮子][降浮子][停止][测水高]等命令，可选择定点测试、标准三点、标准多点、普通多点等多种测量密度模式。

(3)可对罐的各类进、出油作业进行实时监控，可显示油品流速、进、出油实时量和进、出油的流量，并具有进、出油的限量报警功能。

(4)可显示实时液位、油温、质量曲线和历史数据曲线。

(5)可在线同时存储计量仪和手工计量数据(标密、体积、质量等参数自动计算)，自动生成自动计量和手工计量数据比对表，并可导出打印。

(6)可直接一键导入电子表格的罐表，并可一键下传至计量仪等设备。

(7)具有密级操作设置功能，提高了系统运行的安全稳定性。

(8)具有多种报警监测能力，如：液位高、低报警、液位高、低预报警、罐状态异常等报警。

2.4 智能化计量监控平台集成产品储存损耗管理

2.4.1 智能化计量监控平台简介

智能化计量监控平台为公司目前使用的计量管理系统，集成了电子提卸货、衡器无人值守系统，可以实现衡器计量数据、铁运计量数据的共享；集成实时数据库系统，自动采集管输进出厂能源物料计量用流量计的测量数据。该系统集成了 MES、LIMS、储运生产管理系统等多个系统，消除了信息孤岛。

2.4.2 整合收、付、存数据资源

在储罐自动计量系统上线运行后，在智能化计量监控平台上现有架构中，新增了储罐计量功能模块，将储罐期初库存、期末库存、收入量(流量计)、出厂量(轨道衡、汽车衡、管输用流量计)多系统来源数据进行了整合(见图 11)。

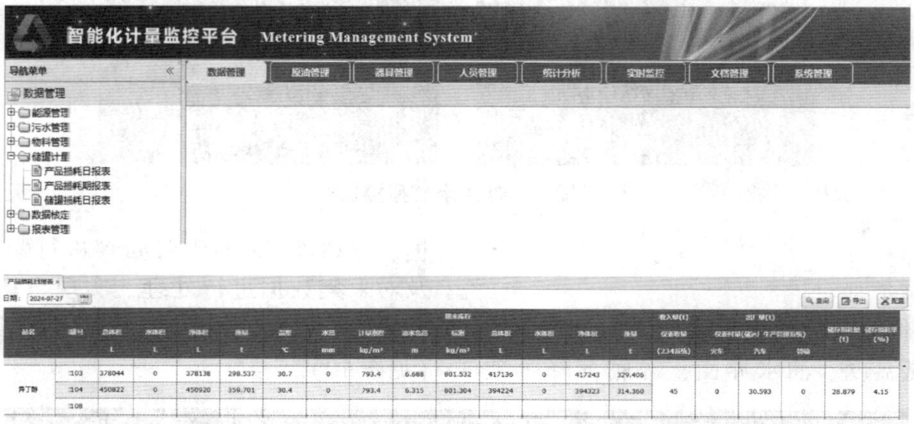

图 11　智能化计量监控平台储罐计量界面

2.4.3 打造储存损耗动态管控

通过实时的底层数据采集，根据公式(1)(2)，生成产品损耗任意时间周期的报表：

(1)产品储存损耗量 =(期初库存 + 罐区收入量) -(期末库存 + 汽运装车出厂量 + 铁运装车出厂量 + 管输出厂量)

(2)产品储存损耗率 =[储存损耗量/(0.5 ×(期初库存 + 期末库存) + 收入量)] ×100%

以上各计量数据来源的一致性、溯源性、及时性得到保证。通过储罐自动计量仪将罐区数据、出厂流量计、衡器的计量数据采集到实时数据库，在智能化计量监控平台以直观的方式显示出来，形成一个完整计量数据链条，监控产品出厂储运损耗。

3 项目成果与分析

公司于 2023 年在储运厂液体化工产品罐区的 35 台储罐上使用储罐自动计量仪并使用自动盘库软件进行计量管理。该储罐自动计量仪 2023 年 10 月开始投入调试使用。设备运行至今数据稳定，液位对比误差 ±3mm 以内，标准密度对比误差 ±0.5% 以内，温度对比误差 ±2℃ 以内(罐温度取值为罐壁温度，液位计测温点在导向管内，故产生偏差)。

比对数据见表 1。

表1　多功能自动伺服液位计与之前测量手段获取数据比较

罐号	介质	手工检尺（mm）	液位计液高（mm）	差值（mm）	人工密度（kg/m³）	液位计密度（kg/m³）	差值（kg/m³）	罐温度（℃）	液位计温度（℃）	差值（℃）
103	异丁醇	4836	4836	0	802.0	801.8	0.2	27.3	27.3	0
104	异丁醇	1977	1980	-3	802.0	802.4	-0.4	29.2	29.2	0
106	辛醇	6426	6427	-1	832.0	832.0	0	28.0	29.1	-1.1
146	辛醇	6413	6412	1	832.0	832.0	0	27.6	26.5	1.1
147	辛醇	4561	4560	1	832.0	831.9	0.1	32.2	32.3	-0.1
113	正丁醇	2097	2099	-2	809.3	809.6	-0.3	29.3	29.2	0.1
114	正丁醇	2872	2870	2	809.0	809.0	0	30.0	31.2	-1.2
117	混苯	2394	2396	-2	860.6	860.1	0.5	26.9	27.2	-0.3
118	混苯	2190	2188	2	860.6	860.6	0	30.8	31.2	-0.4
124	混苯	2816	2818	-2	867.4	867.5	-0.1	28.2	27.4	0.8
126	混苯	2386	2387	-1	860.8	860.6	0.2	27.5	27.7	-0.2
120	二甲苯	2340	2340	0	860.7	861.0	-0.3	30.0	30.3	-0.3
122	甲苯	2161	2160	1	867.1	866.9	0.2	27.0	27.2	-0.2
144	石油苯	3392	3392	0	878.8	878.4	0.4	30.1	30.3	-0.2
145	石油苯	2870	2868	2	880.0	880.1	-0.1	32.2	30.4	1.8
134	液碱	1969	1970	-1	1345.8	1346.0	-0.2	19.9	20.0	-0.1
109	石脑油	2130	2127	3	709.8	709.8	0	28.7	29.2	-0.5
110	石脑油	2820	2822	-2	707.1	707.0	0.1	29.8	30.0	-0.2

通过数据比对可见，该套储罐自动计量仪的应用实施基本可以替代人工操作，可以大幅度降低人工上罐的劳动强度，实现计量人员从操控向管控的提升和转变。经过测量液位、温度、密度以及综合计算，使用过程中能够依据国家标准自动修正液位，解决了储罐计量需人工采集样品、化验分析密度、人工参与计算容易出现错误的难题，长期使用无需维护和干预，符合罐区环保管理的要求，能够实现多点密度测量，减少因密度分层造成的计量误差。根据已有的高精度数据及储罐容积表自动计算出产品体积、水体积、产品重量、标准密度等常用参数，提高库区智能化计量管理水平，用精准的计量数据为罐区智能化管理赋能，为降低储运损耗率提供有力支撑。

综上所述，采用储罐自动计量新技术，实现液位、温度、密度、含水、算量等储罐计量全过程的自动化操作，进一步提升了罐量测量的准确度及自动化水平，最大限度地防范企业计量、安全和职业健康风险，实现企业经济及社会效益最大化。

4　推广

与传统的储罐依靠液位计测量液位、多点测温系统测温、人工采样或自动采样人工分析密度、采集或录入MES系统进行罐量计算不同，该系统依靠专利的多功能智能浮子按照国标方法完全模拟人工检油尺/水尺，在规定高度测温、测密度，内置罐容表，集液位、温度、密度、含水、算量于一体，并达到贸易交接精度要求，具备较强的推广应用价值。

参考文献

[1]张博书．油品储罐自动计量系统研究与应用[J]．安全、健康和环境，2020，20(10)：22-25.

[2]张培春，李忠林，魏恪．伺服式密度计在油罐自动计量中的应用分析[J]．计量科学与技术，2021，65(03)：44-48.

[3]周安川．自动密度计与储罐自动计量系统[J]．云南化工，2019，46(07)：89-91+94.

[4]缪伟华．伺服电子密度计混合式储罐自动计量系统的应用[J]．石油库与加油站，2018，27(04)：30-32+6.

[5]曹兵．浅谈储罐自动计量研究及系统实现[J]．化工管理，2015，(18)：2.

信息化条件下能源计量管理的研究与应用

周　璇　刘建华　周　亮

（中国石化江汉采油厂科技信息管理中心）

摘　要：随着信息技术的飞速发展，能源计量管理在油田生产中的应用越发重要。本文以油田电加热远程控制为例，详细阐述了在信息化条件下利用自动化控制和远程通信技术，实现了电加热器智能化控制与管理。同时，通过能源管控中心数据统计分析和优化调整，实现精细化管理，从而达到节能降耗、降本增效的目的。通过对背景和意义、技术方案和系统架构、应用效果等4个方面进行了深入分析，详细阐述了在信息化应用的大背景下，能源计量管理在提高生产效率、降低能耗成本、保障安全等方面的显著成效。

关键词：信息化；能源计量管理；能源管控中心；电加热器；远程监控

1　引言

在油田生产中，高效的能源管理和精确的计量手段对于实现可持续发展和降低成本至关重要。油田作为能源生产的重要领域，其生产过程中的电力消耗。占到总成本的30%以上，特别是在电加热环节，更是需要控制的重点。传统的管理方式往往存在管理粗放、效率低下、能耗过高、监控不及时等问题。随着信息化自动化技术的不断发展，通过信息化仪表将实现电加热的远程控制和精细化能源管控成为了可能。

油田能源管控中心作为集成数据采集、处理、分析、监控于一体的综合系统，找准了供电－用电数据差异，增强了系统能耗分析的针对性和对比性，集成整合 EPBP、PCS、电力系统等数据资源，打通供电—用电信息孤岛，消除数据壁垒；依托日/度实时数据对比与穿透式查询分析，像管理产量一样管理电量，实现“信息管电、治理降电、管理省电、科学节电、经济用电”目标。具有实时性、准确性、智能性和远程性等显著特点。将油田能源管控中心数据分析功能，应用于电加热器的管理，不仅可以提高电加热器的运行效率和安全性，还能显著降低能耗成本，促进油田的可持续发展。

2　研究背景与意义

2.1　电加热器现状

目前使用的电加热器主要有三种类型：高架油罐电加热器、管道电加热器及压力沉降罐电加热器。在传统管理中，电加热器大多采用人工凭经验操作的方式进行控制，即操作人员根据现场情况手动开启或关闭电加热器。由于时长和温度是经验判断，无法精确量化评估，受工作环境和员工素质影响，电加热器工作时间随意性较大，无法实时精准监控和管理，存在现场加热到预定温度后又反复加热，造成能源浪费。同时受环境因素影响，无法充分享受到“错峰”电价所带来的红利。这种方式不仅效率低下，管理粗放，且难以实现实时监控和快速响应，易因人为因素导致操作失误，存在安全风险。

2.2　远程控制与能管中心结合的优势

远程控制技术允许操作人员通过远程控制系统对电加热器进行远程启停操作和预约定时启停功能。无需现场固定人员值守，大大提高了管理效率。能管中心则通过分析采集的温度、液位、电参等生产数据，为加热系统的优化调度提供科学依据。将两者结合，可以实现对电加热器运行时间的精准控制，根据生产实际需求动态调整加热功率和运行时间，从而达到节能降耗、降本增效的目的，实现精细化管理。

2.3　信息化智能仪表在能源管理中的作用

信息化智能仪表是能源管理的基础和关键。它们能够实时、准确地测量和监测电加热器运行、使用情况。准确可靠的智能仪表能够实现能源的量化管理，智能电表能够准确记录电加热器的能耗，为用电管控提供数据支持。

先进的智能仪表和计量器具通过 PLC，借助信息化网络，将生产数据实时传输到油田生产信息化平台（PCS）系统中，再转发到能源管控中心数据库，实现信息化数据采集。为能耗数据的收集、分析和比较，制定合理的能源消耗指标，评估能源管理的效果为节能措施的制定提供明确的方向和依据。这些仪表和计量器具所提供的数据，对于分析能源使用效率、优化能源分配以及发现电力消耗异常具有重要意义。

智能二次仪表还要具备一定的控制功能。在电加热器使用过程中，温度智能仪表能够精确测量加热介质的温度，防止油罐过度加热；液位智能仪表准确判断液位高低，防止油罐干烧。同时保证在网络异常情况下，能自主独立运行，保障设备的安全稳定运行。

3 技术方案与系统架构

3.1 技术方案概述

这套技术方案涵盖了电加热器的信息化、自动化升级及能管中心的数据共享与分析功能。首先，我们对传统电加热器进行了信息化、自动化升级，使其具备数据采集和传输功能，同时具有本地自主运行功能，防止断网情况下，发生安全事故。通过加装可编程序控制器(PLC)，实现对电加热器的远程启停功能；通过上位机软件升级开发，实现远程操作功能。能管中心实时采集到的温度、液位、电参数等生产数据进行深入分析，以准确把握加热需求。运用数据统计分析算法，生成了优化调整方案，包括调整电加热器的加热时间等参数，通过实施这些优化策略，降低能耗成本，从而在保障生产需求的同时，实现节能降耗的环保目标。

3.2 远程加热实现方式

远程加热的实现主要依赖于先进的自动化控制和通信技术。具体来说，是将温度数显调节仪更换为智能二次仪表，新增磁致伸缩液位计 + 数显智能二次仪表，新增 PLC 负责数据采集和远程传输、控制，智能二次仪表具备 RS485 通信能力和上下限保护功能。首先，智能二次仪表分别采集温度、液位传感器信息，经过仪表分析比较，实现温度高、液位过低本地自动控制功能。防止信息化断网后存在安全隐患。PLC 通过 RS485 通信接口，与智能仪表 RS485 通信接口通信，采集液位、温度、智能电表实时数据，通过网络传回管理区中控室。同时，中控室也可通过网络，向 PLC 下发控制指令，实现远程控制功能。

3.3 能管平心的数据采集与优化

能管中心是实现能耗精细管理的核心，在用电数据管理方面发挥着“智能眼”的监控分析作用，实现了从传统的人工周期性统计向数据自动实时采集的转变，提升了统计精准度，极大提高了工作效率。

同时，能管中心在数据分析与策略优化方面发挥着关键作用。其精确的数据分析能力为合理实施节电措施提供了依据。能管中心通过智能化手段，分析、计算出“尖、峰、平、谷”不同时段用电情况，形成电耗曲线，便于专业技术人员分析用电情况，制定错峰用电管理措施，优化了电力资源使用，从而确保了能源使用的高效性和合理性。能管中心在运用中有以下三点优势：

3.3.1 实时数据监控

在全厂各种能耗设备上安装智能远传电表并将数据传输至生产信息化应用服务器，能管中心实时从数据库抓取全厂的耗电等数据，使技术人员能够及时发现各用电设备能耗变化。

3.3.2 数据分析与优化

能管中心具有电能监控、报警预警、能效评价、能效优化、统计分析等五大功能模块。在首页可了解全厂能耗构成分析，掌握全厂耗电趋势；通过 5 大功能模块，可详细了解各供电线路，单井、单设备的用电变化趋势，对能效进行评价和优化，对结果进行统计分析。

技术人员可以利用这些工具对数据进行分类统计和汇总分析，进而优化策略，制定个性化的方案。例如通过现场传感器和仪表进行数据采集，实时监测温度、液位、电参等关键参数，依托能源管控平台，摸索出最优加热时长与时段，建立一罐一策限时加热制度。

3.3.3 异常检测与预警

能管中心具备自动分析数据的能力，能够在发现异常波动或超标情况时，及时向相关人员发出预警。例如，当电量出现异常波动时，平台会向管理单位发出预警，帮助技术人员及时发现并分析问题，采取相应的处理措施。

4 应用及效果

4.1 应用

对采油厂现有高架油罐电加热器、井场管道电加热器及压力沉降罐电加热器控制回路进行改造升级。通过信息化改造后，可远程实时监控电加热器运行状态、温度、液位、加热时长和累计用电量等数据，实现温度上下限连锁控制，达到数据可视化，远程可控化，极大提高了生产效率和安全可靠性。

通过数据采集，能管中心可对趋势预测、功能变化、波动异常诊断等进行分析，预测可能存在的问题与后果，构建能耗管控通道，分线路、分单位进行用电情况统计汇总及原因分析，便于制定切实可靠的降耗措施。

4.2 使用情况

4.2.1 各单位可在区级生产指挥系统远程监视高架油罐液位、温度，电加热器运行状态；并可远程启停电加热器；同时可使用预约功能预约电加热器启停时间。厂级以上生产指挥系统可通过平台实时监测到各设备运行情况。监控界面(见图1)。

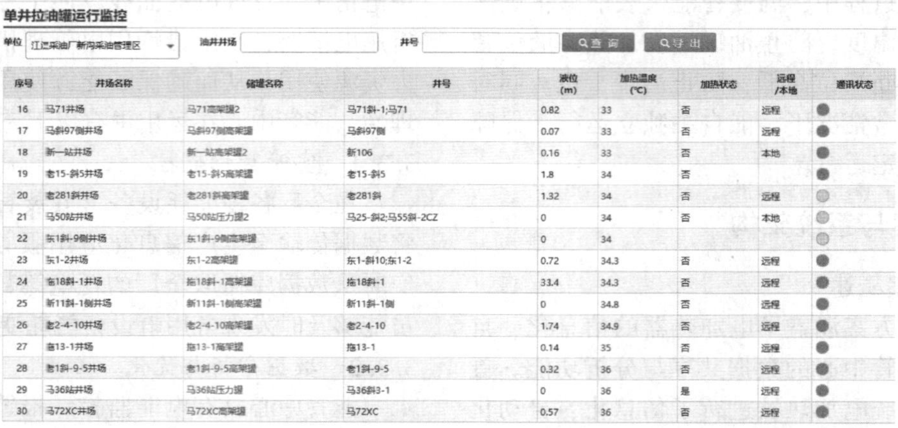

序号	井场名称	储罐名称	井号	液位(m)	加热温度(℃)	加热状态	远程/本地	通讯状态
16	马71井场	马71高架罐2	马71斜-1;马71	0.82	33	否	远程	
17	马斜97侧井场	马斜97侧高架罐	马斜97侧	0.07	33	否	远程	
18	新一站井场	新一站高架罐2	新106	0.16	33	否	本地	
19	老15-斜5井场	老15-斜5高架罐	老15-斜5	1.8	34	否		
20	老281斜井场	老281斜高架罐	老281斜	1.32	34	否	远程	
21	马50站井场	马50站压力罐2	马25-斜2;马55斜-2CZ	0	34	否	本地	
22	东1斜-9侧井场	东1斜-9侧高架罐		0	34			
23	东1-2井场	东1-2高架罐	东1-斜10;东1-2	0.72	34.3	否	远程	
24	拖18斜-1井场	拖18斜-1高架罐	拖18斜-1	33.4	34.3	否	远程	
25	新11斜-1侧井场	新11斜-1侧高架罐	新11斜-1侧	0	34.8	否	远程	
26	老2-4-10井场	老2-4-10高架罐	老2-4-10	1.74	34.9	否	远程	
27	拖13-1井场	拖13-1高架罐	拖13-1	0.14	35	否	远程	
28	老1斜-9-5井场	老1斜-9-5高架罐	老1斜-9-5	0.32	36	否	远程	
29	马36站井场	马36站压力罐	马36斜3-1	0	36	是	远程	
30	马72XC井场	马72XC高架罐	马72XC	0.57	36	否	远程	

图1　电加热设备监控

4.2.2 生产指挥系统采集的数据，转发到能管中心，中心通过数据分析，能够识别出高耗电时段和低耗电时段，为调整措施提供数据支持。依照“尖、峰、平、谷”电价策略，对单台用电设备情况实现在线跟踪。基于实时监控和数据分析，将高耗电设备安排在低谷时段运行，降低高峰时段的用电负荷。同时，对设备进行精细化管理，通过调整设备的用电时间和运行参数，降低整体能耗，从而降低用电成本(见图2)。

图2　能耗运行概括图

4.2.3 根据湖北省电力系统“尖、峰、平、谷”运行特性和电价策略，合理制定电加热器启停措施，将加热时段由原来的20:00—次日9:00调整至现在的0:00—10:00，将用电负荷从高峰时段转移到低谷或平时时段，实现错峰运行，从而优化用电结构，降低用电成本。

表1　湖北省分时电价时段调整对照表

时段	老分时	新分时(2024年5月1日执行)	电价(元)
尖峰时段(2小时)	20:00—22:00	20:00—22:00(7、8月) 18:00—20:00(其他月份)	0.93
高峰时段(6小时)	9:00—15:00	16:00—20:00；22:00—24:00(7、8月) 16:00—18:00；20:00—24:00(其他月份)	0.78

续表

时段	老分时	新分时（2024 年 5 月 1 日执行）	电价(元)
平时段（8 小时）	7:00—9:00；15:00—20:00；22:00—23:00	6:00—12:00；14:00—16:00	0.54
低谷时段（8 小时）	23:00—次日 7:00	0:00—6:00；12:00—14:00	0.28

4.3 效果

通过能管中心单位用电下提升系统运行情况，可明确电加热具体加热时间、时长、温度变化和用电情况（见图 3），以严 10 斜 -1 高架罐电加热为例，通过优化精细参数管控，加热温度可降低 5℃，单井拉油罐电加热器由尖峰时段的 11 个小时，缩短至低谷时段和平时段 13 小时，单日总电价节约 103.2 元。（电加热器为纯电阻负载，可计算为 1kW/h/1Kwh）

表 2 高架罐电加热时段调整前后对比

类别	加热时段	谷时电费(元)	峰时电费(元)	平时电费(元)	总电价(元)
高架罐电加热（2×20）kW	调整前 20:00—次日 9:00	67.2	124.8	64.8	256.8
	调整后 00:00—10:00	67.2		86.4	153.6
前后对比					103.2

优化单井拉油罐电加热器运行制度后，高架罐日耗电数据曲线大幅下降，拉油站点节电效果较好。目前对 82 个拉油站点高架罐电加热器精细温控和时长，日节电 2950kW·h。见图 3、图 4。

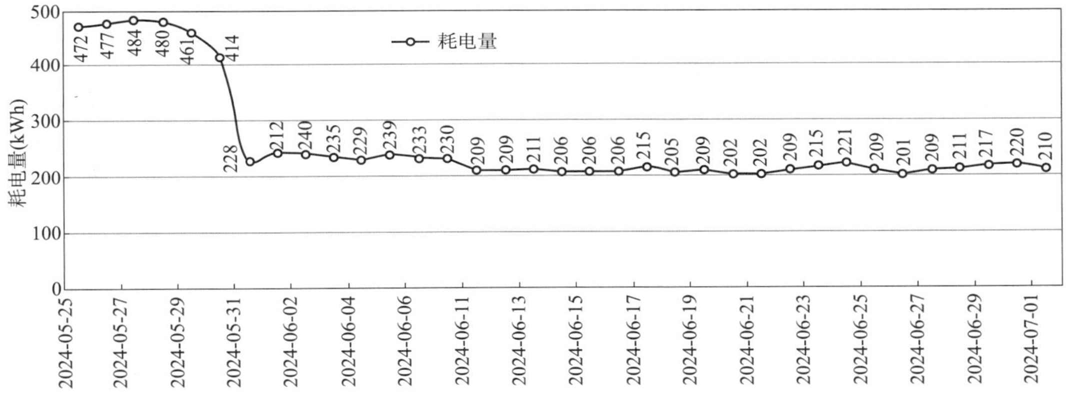

图 3 严 10 斜 -1 电加热器耗电量图

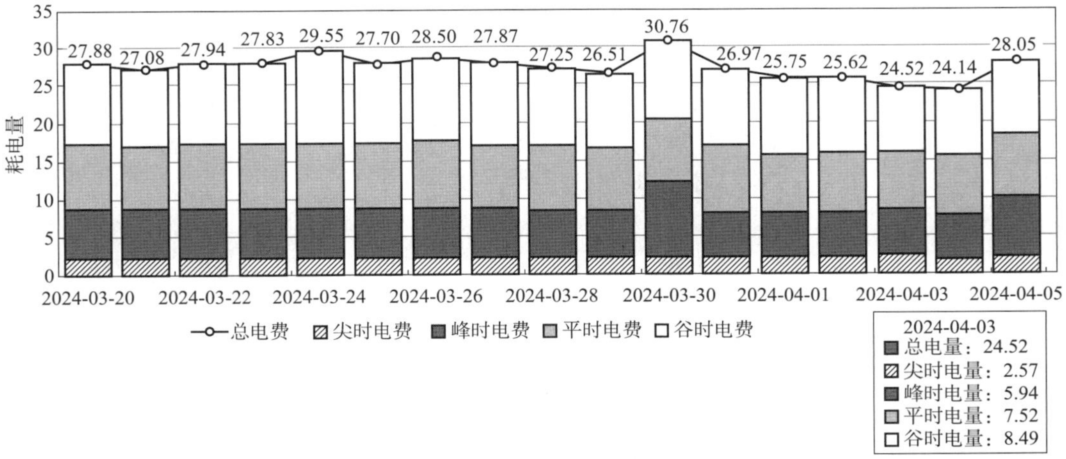

图 4 2024 年 3 月至 4 月能管中心日耗电曲线图

5 结论

通过引入信息化的能源计量管理技术，实现了远程加热的精确控制和能源的有效管控。电加热器远程启停技术与能源管控平台融合，实现了电加热器能耗管理的智能化与精细化。通过能管中心实时监控、趋势预测、主动预警和能耗诊断，利用电加热器的精准控制，优化了节能措施，有效降低了能耗。这一技术的成功应用，不仅提高了生产效率和安全性，降低了能耗成本，还为油田的可持续发展提供了有力的支持。随着信息化建设和应用的不断深入，未来，将根据原油品质，智能调整原油加热时间，进一步优化电加热器工作时长；根据各油罐液位、温度情况，智能分析油罐车拉油时间和路线，以减少运输成本，提高运输效率。

参考文献

[1]于洪斌．油田新能源管控平台架构设计及应用[J]．通信管理与技术．2023(03)．
[2]谭光兴．油田单拉井罐加热远程管理系统与应用研究[J]．今日科苑．2014(07)．

关于提升压裂用支撑剂破碎率测定准确度的探讨

王 佳[1,2*] 杨文静[1,2*] 任 娟[1,2*]

(1. 中国石化西南油气分公司石油工程技术研究院；
2. 中国石化页岩油气勘探开发重点实验室)

摘 要：依据标准 SY/T 5108—2014《水力压裂和砾石充填作业用支撑剂性能测试方法》开展支撑剂破碎率性能检测，平行测定值差值在1%～2%，影响对产品质量的判定。本项目为了提高支撑剂破碎率测定准确度，以不确定度为技术支撑，采用人机料法环分析方法，确定出“体积密度测定重复性”和“破碎率测定重复性”是两大 A 类影响因素。因此提出“直尺以45°角推移圆筒边缘减小检测值离散度”、“使用找平器铺平破碎室样品量化操作”两种举措，使得平行测定值差值减小至1%以下，为支撑剂质量检测数据的更加精准提供了支持。

关键词：支撑剂；破碎率测定；不确定度；准确度

1 引言

川渝区块的非常规气藏普遍位于复杂构造区，储层致密，渗透率低，近年来采用体积压裂作为非常规储层的主要开发技术手段。体积压裂是指采用分段工具/材料对井筒进行多段、大排量、大规模压裂施工，包含套管桥塞分段、固井滑套分段、暂堵材料分段等，以及大排量、大规模油管滑套分段压裂。该技术具有排量大、砂比高的特点，排量 18～20m^3/min，砂比最高到30%以上，加砂强度一般大于 2.0m^3/m。据统计，2023 年中石化西南油气分公司主力改造区块为川西中浅层、须家河及页岩气，加砂压裂 146 口井，累计压裂液量200 万方以上，砂量超过 20 万方。压裂液主体采用一体化变粘压裂液，低＋中粘加砂，支撑剂主体采用 70/140＋40/70＋30/50 目 3 种类型产品，石英砂平均占比 64.6%。

在储层改造过程中，支撑剂易受高地层应力等因素影响而破碎，质量差的产生大量细小碎屑，无法起到支撑作用，而且碎屑的运移和再次铺排会减小缝隙宽度，甚至有的碎屑会堵塞通道阻碍流体运移[1]，从而降低裂缝导流能力，所以支撑剂的质量关系油气田压裂工艺技术能否成功。为了保障现场使用的支撑剂质量，各检测实验室开展大量、多种类支撑剂检测，其中破碎率是支撑剂质量分析的关键指标，支撑剂破碎率越低，油气导流能力越好。

支撑剂破碎率因检测过程繁琐，涉及计量仪器多等多种因素影响，平行测定值差值在1%～2%之间，当检测数据处于合格边缘时，这些影响因素将对产品质量的判定起到关键作用[2]。为了得到更为准确、可靠的检测结果评价支撑剂质量，需要提高支撑剂破碎率测定准确度。本文在大量室内实验总结的基础上，以不确定度为技术支撑，对支撑剂破碎率测定过程中引入的不确定度分量[3]进行分析，确认主要影响因素，提出改进举措，通过降低不确定度，减小平行测定值差值，提高支撑剂破碎率测定准确度，为支撑剂质量分析提供可靠的数据支撑。

2 影响因素分析

2.1 操作步骤

SY/T 5108—2014《水力压裂和砾石充填作业用支撑剂性能测试方法》适用于水力压裂和砾石充填作业用“支撑剂”，包括天然砂子、陶粒、树脂覆膜支撑剂、砾石充填介质以及其他支撑剂材料的实验评价[4]。本文使用粒径 425～250μm(40～70 目)、抗破碎强度 86MPa 的陶粒作为测定破碎率的实验样品，具体操作流程：体积密度测定——破碎样品(筛析后)称量——破碎率测定。实验室从检测过程中分析不确定度来源，通过实验和计算来评定各个不确定度分量对破碎率检测结果的影响。

2.2 实验分析

2.2.1 体积密度测定引入的不确定度分量

支撑剂体积密度是指单位质量的支撑剂与其堆积体积之比，堆积体积除支撑剂体积外还包括自然堆积形成的空隙[5]。支撑剂体积密度能否准确测量关系到用于破碎率实验的支撑剂质量。实验室使用体积密度仪进行测量：称出干燥空桶（容量 v_{cyl} 约100mL）的质量 m_f；将圆筒置于漏斗出口的正下方，堵住出口后把测试样品倒入漏斗中，开放出口让支撑剂自由落体进入圆筒内，待圆筒充满支撑剂且微溢时，用烧杯接走漏斗中多余的支撑剂；用直尺推移圆筒边缘，使支撑剂与圆筒口的表面齐平；称出圆筒和内部支撑剂的质量，记作 m_{f+p}，按照式(1)计算体积密度 ρ_{bulk}。

$$\rho_{bulk}=\frac{m_{p1}}{v_{cyl}}$$

$$mp1=mf+p-mf \qquad (1)$$

式中 ρ_{bulk}——体积密度，g/cm³；

m_{p1}——支撑剂的净质量，g；

测定体积密度过程中引入3个不确定度分量，分析各项不确定度分量详见表1。

表1 体积密度测定不确定度分量综合表

序号	不确定度分量	评定方法	uri 的值(%)	相对合成标准不确定度 ur(%)
1	体积密度测量的重复性	A类	0.12	0.12
2	干燥空桶体积引入的不确定度	B类	0.0082	
3	电子天平的精度引入的不确定度	B类	0.0037	

①体积密度测量的重复性引入的相对标准不确定度分量

对样品开展6次体积密度测定，得到6个测定值(单位：g/cm³)：1.5473、1.5451、1.5438、1.5503、1.5410、1.5372，取平行测定值的算术平均值 $\overline{\rho_{bulk}}=1.5441\text{g/cm}^3$ 为被测量的最佳估计值，标准不确定度按 $u(\rho_{bulk})=s(\overline{\rho_{bulk}})=s(\rho_{bulk})/\sqrt{n}$ 计算，相对标准不确定度按 $u_{ri}=u(\rho_{bulk})/\overline{P_{bulk}}$ 计算，得到 $u_{ri}=0.12\%$。

②干燥空桶体积引入的相对标准不确定度分量

平板玻璃板盖住干燥空圆桶的质量 m_{f+gp} 为569.46g，标准不确定度为0.0058g，平板玻璃板盖住充满水的圆桶总质量 m_{f+gp+1} 为669.17g，标准不确定度为0.0058g，按照测量模型圆桶的体积 $\nu_{cyl}=(m_{f+gp+1}-m_{f+gp})/0.9971=100.00\text{mL}$，干燥空桶体积引入的相对标准不确定度 $u_{ri}(\nu_{cyl})=\sqrt{c_i^2u(m_{f+gp+1})^2+c_i^2u(m_{f+gp})^2}/\nu_{cyl}=0.0082\%$。

③天平最大允许误差引入的相对不确定度分量

天平最大允许误差的值为区间的半宽度 a 值：$a=0.01\text{g}$，设在区间内均匀分布，$k=\sqrt{3}$，标准不确定度 $u_i=a/\sqrt{3}$，相对标准不确定度 $u_{ri}=u_i/\overline{m_{p1}}$，$\overline{m_{p1}}$ 值为圆桶内支撑剂的平均质量154.41g，得到 $u_{ri}=0.0037\%$。

由于各分量间不相关，体积密度测量结果的相对合成标准不确定度 $u_r=\sqrt{\sum_{i=1}^{3}u_{ri}^2}=0.12\%$。

2.2.2 破碎样品(筛析后)称量引入的不确定度

SY/T 5108—2014《水力压裂和砾石充填作业用支撑剂性能测试方法》规定使用内径为 Φ50.8mm 的破碎室，需要24.7cm³的支撑剂，所以体积密度不同的支撑剂，破碎样品(筛析后)质量不同，按式(2)进行计算。

$$m_{p2}=24.7\rho_{bulk} \qquad (2)$$

式中 m_{p2}——破碎样品质量，g；

ρ_{bulk}——体积密度，g/cm³。

表2 破碎样品(筛析后)称量引入的不确定度分量综合表

序号	不确定度分量	评定方法	u_{ri}的值(%)
1	电子天平的精度引入的不确定度	B类	0.015

待破碎样品(筛析后)的质量 $m_{p2}=24.7\times1.5441=38.14\text{g}$，天平最大允许误差的值为区间的半宽度 a 值：$a=0.01\text{g}$，设在区间内均匀分布，$k=\sqrt{3}$，标准不确定度 $u_i=a/\sqrt{3}$，相对标准不确定度 $u_{ri}=u_i/m_{p2}$，得到 $u_{ri}=0.015\%$。

2.2.3 破碎率测定引入的不确定度分量

支撑剂破碎率值[6]是压碎后通过规定筛网，落在底盘上的支撑剂质量占待破碎样品质量的百分比，检测中使用的主要设备是压力试验机[7]、标准筛、振筛机和天平。具体操作：称出质量 m_{p2} 的样品全部倒入破碎室里，铺置支撑剂表面；将活塞插入破碎室后按顺时针方向旋转180°一次；将破碎室放入压机内(本文使用的是上海华龙测试仪器有限公司WHY－300型全自动压力试验机，加压和稳压全过程都由电脑程序控制[8])，按照实验压力值进行承压测试；压力卸载后，将破碎室从压力机中取出，用毛刷小心地将样品全部倒入70目筛网与底盘的组合筛中；将组合筛放入振筛机内振筛10min，称出底盘中破碎微粒的质量 m_{pan}，按公式(3)计算破碎率。

$$m'_{pan}=\frac{m_{pan}}{m_{p2}}\times100\% \qquad (3)$$

式中 m'_{pan}——支撑剂破碎率,%;

m_{pan}——实验中产生的微粒质量，g;

m_{p2}——破碎样品的质量，g。

破碎率测定过程中引入4个不确定度分量，分析各项不确定度分量详见表3。

表3 破碎率测定引入的不确定度分量综合表

序号	不确定度分量	评定方法	u_{ri}的值(%)	相对合成标准不确定度u_r(%)
1	破碎率重复性测定引入的不确定度	A类	3.7	4.4
2	压机引入的不确定度	B类	0.0067	
3	筛子引入的不确定度	B类	2.4	
4	电子天平的精度引入的不确定度	B类	0.20	

①破碎率重复性测定引入的相对标准不确定度分量

对筛析后的支撑剂样品开展6次实验，得到6个破碎率测定值：8.18%、8.00%、7.26%、6.82%、6.50%、7.66%，取平行测定值的算术平均值$\overline{m'_{pan}}=7.40\%$为被测量的最佳估计值，标准不确定度按$u(m'_{pan})=s(\overline{m'_{pan}})=s(m'_{pan})/\sqrt{n}$计算，相对标准不确定度按$u_{ri}=u(m'_{pan})/\overline{m'_{pan}}$计算，得到$u_{ri}=3.7\%$。

②压机引入的相对标准不确定度分量

实验压力值为86MPa，压机精度$a=1\%$，设在区间内均匀分布，$k=\sqrt{3}$，标准不确定度$u_i=a/\sqrt{3}$，相对标准不确定度$u_{ri}=u_i/86$，得到$u_{ri}=0.0067\%$。

③筛子引入的相对标准不确定度分量

70目筛子的孔径d=0.212mm，试验筛尺寸偏差$a=0.0087$mm，设在区间内均匀分布，$k=\sqrt{3}$，标准不确定度$u_i=a/\sqrt{3}$，相对标准不确定度$u_{ri}=u_i/d$，得到$u_{ri}=2.4\%$。

④天平最大允许误差引入的相对标准不确定度分量

天平最大允许误差的值为区间的半宽度a值：$a=0.01$g，设在区间内均匀分布，$k=\sqrt{3}$，标准不确定度$u_i=a/\sqrt{3}$，相对标准不确定度$u_{ri}=u_i/\overline{m_{pan}}$，值破碎微粒的平均质量$\overline{m_{pan}}=2.823$g，得到$u_{ri}=0.20\%$。

由于各分量间不相关，承压、振筛、称重引入的相对合成标准不确定度$u_r=\sqrt{\sum_{i=1}^{4}u_{ri}^2}=4.4\%$。

2.2.4 破碎率检测结果

将三项检测流程中各个不确定度分量合成$u_r=\sqrt{\sum_{i=1}^{3}u_{ri}^2}=\sqrt{(0.12\%)^2+(0.015\%)^2+(4.4\%)^2}=4.4\%$，该样品的破碎率检测结果为：$m'_{pan}=7.40\%$；$U_r=8.8\%$，$k=2$。

2.3 主要因素分析

将三个实验环节引入的不确定度分量按照显著性影响情况排序[9]：基于实验设备精度，B类中筛子和破碎微粒称量时天平引入的不确定度很高；其次是A类中体积密度测定重复性和破碎率测定重复性导致破碎率不确定度高。A类可以通过规范操作进行改善，本文将对这两个重要因素进行分析。

2.3.1 体积密度测定重复性的影响

漏斗内的支撑剂样品自由下落充满圆筒后，用直尺沿圆筒边缘推移，发现每次操作后仍有或多或少的支撑剂留在圆筒上缘。实验人员进一步剖析：①从不同的角度刮平时，直尺受支撑剂圆度、球度影响程度不同，受影响大会留较多的支撑剂颗粒在圆筒上缘；②直尺从不同的角度刮平时，给到圆筒表层的支撑剂压力不同，受影响大表层颗粒会重排减小空隙，让更多溢出圆筒上缘的支撑剂进入桶内。

2.3.2 破碎率测定重复性的影响

破碎率计算式(3)表明，当支撑剂的质量一定时，破碎率与实验中产生的微粒质量正相关，微粒质量越大，破碎率越高；微粒质量越低，破碎率越低。操作过程中发现破碎室内样品铺置情况与破碎率相关：支撑剂种类多，颗粒形状规则程度不同，铺置会令颗粒重排，铺置得均匀平整会减小表层颗粒的孔隙率，优化表层颗粒体积密度，令其结构更加紧密，这样在承受压力时不容易破碎。与之相对，铺置不够均匀会导致颗粒受力不均，样品更易破碎。

3 改进对策及效果

针对上述两个因素，反复开展实验，提出改进对策并进行验证。

3.1 直尺以45°角推移圆筒边缘减小检测值离散度

实验探索直尺从不同角度推移，观察残留圆

筒上缘的支撑剂数量并称量桶内支撑剂质量，计算对测定值的影响(见图1)。

图1　不同角度推移

表4为直尺在圆筒边缘分别以0°、90°和45°角推移，体积密度测量的重复性引入的不确定度对比结果：推移的角度不同，支撑剂的体积密度测定值离散度不同。0°时直尺容受圆度、球度高的支撑剂颗粒影响导致测定结果不稳定；90°时表层的支撑剂容易受直尺质量和力度影响导致空隙减小而令更多的支撑剂被流入圆筒，测量值偏高；45°左右时，直尺的下缘与圆筒的上缘贴合度更紧密，圆筒上缘残留的样品少，检测值的离散度小。当推移角度为45°时，体积密度测量的重复性引入的相对标准不确定降至0.054%，检测结果的相对合成标准不确定度 $u_r = \sqrt{\sum_{i=1}^{3} uri^2} = \sqrt{(0.054\%)^2 + (0.0082\%)^2 + (0.0037\%)^2} = 0.055\%$，即从0.12%减小至0.055%。

表4　推移角度对体密度测定结果的影响

实验编号	体积密度 ρ_{bulk} (g/cm^3)		
	0°	90°	45°
1	1.5414	1.5483	1.5411
2	1.5468	1.5452	1.5373
3	1.5401	1.5464	1.5426
4	1.5405	1.5438	1.5382
5	1.5383	1.5501	1.5387
6	1.5455	1.5511	1.5410
平均值 $\overline{\rho_{bulk}}$ (g/cm^3)	1.5421	1.5475	1.5398
相对标准不确定度(%)	0.088	0.075	0.054

3.2　使用找平器铺平破碎室样品量化操作

将称出的样品倒入破碎室里，手动摇晃铺平受肉眼影响，不确定性大；改进为使用找平器，将长度调整合适的平尺伸入破碎室，慢慢滑动贴合着破碎室上缘的平尺支撑，令平尺底端轻轻推动样品，至平尺推动时样品无明显移动且与破碎室内壁无空隙，样品表面铺置平整。实验表明使用找平器铺平破碎室样品更为精准有效，破碎率平行测定值差值小于1%，破碎率重复性测定引入的相对标准不确定度降至1.1%，检测结果的相对合成标准不确定度 $u_r = \sqrt{\sum_{i=1}^{4} uri^2} = \sqrt{(1.1\%)^2 + (0.0067\%)^2 + (2.4\%)^2 + (0.20)^2} = 2.6\%$，即从4.4%减小至2.6%。

图2　样品铺置器

表5　铺置方式对破碎率测定结果的影响

实验编号	破碎率 m'_{pan} (%)	
	手动摇晃	使用找平器
1	8.18	7.08
2	8.00	7.26
3	7.26	6.95
4	6.82	7.16
5	6.50	7.37
6	7.66	6.87
平均值 $\overline{m'_{pan}}$ (%)	7.40	7.11
相对标准不确定度 u_{ri} (%)	3.7	1.1

3.3　对破碎率检测结果的影响

改进对策后，将三项检测流程中各个不确

定度分量合成。$u_r = \sqrt{\sum_{i=1}^{3} u_{ri}^2} = \sqrt{(0.055\%)^2 + (0.015\%)^2 + (2.6\%)^2} = 2.6\%$，该样品的破碎率检测结果为：$m'_{pan} = 7.11\%$；$U_r = 5.2\%$，$k = 2$。

4 结论

（1）压裂用支撑剂破碎率测定三个环节引入的不确定度因素中，体积密度测定重复性和破碎率测量重复性是导致支撑剂破碎率相对不确定度高的两大A类因素，可以通过提高检测人员对检测标准和操作方法的认识，规范操作进行改善。

（2）通过“直尺以45°角推移圆筒边缘减小检测值离散度”、“使用找平器铺平破碎室样品量化操作”等改进举措，降低了压裂用支撑剂破碎率测定相对不确定度，平行测定值差异从1% ~2%降低至1%以内，为支撑剂质量分析提供可信的检测数据支持。

参考文献

[1]接叶楠．压裂支撑剂研究进展[J]．山东化工，2022(007)：051.

[2]张贵玲．影响压裂支撑剂破碎率检测结果的因素分析[J]．中国石油大学胜利学院学报，2012，26(4)：3.

[3]JJF 1059.1—2012，测量不确定度评定与表示[S].

[4]石油工业标准化技术委员会采油采气专业标准化委员会．水力压裂和砾石充填作业用支撑剂性能测试方法：SY/T 5108—2014[S]．北京：石油工业出版社，2015.

[5]胡科先，谷怀栋，杨红英．压裂支撑剂(陶粒)破碎率测定影响因素分析研究[J]．石油工业技术监督，2014，30(8)：2.

[6]杨能宇，梁天成，邱金平，等．压裂支撑剂性能测试方法不确定度评定[J]．新疆石油天然气，2022，18(3)：38－43.

[7]宣杨．不同检测方法对支撑剂破碎率检测结果的影响初探[J]．石油工业技术监督，2023，39(6)：11－14.

[8]杨永钊，魏登封，韩超，等．压裂支撑剂破碎率测试影响因素分析[J]．石油与天然气化工，2010，39(2)：4.

[9]宋恩鹏，蔡克，靳权，等．陶粒支撑剂破碎率测定结果的不确定度评定[J]．石油工业技术监督，2022，38(8)：42－46.

蒸汽计量常见问题及解决对策

辛吉霞

[中石化(天津)石油化工有限公司化验计量部]

摘　要：蒸汽在公司生产中具有重要的应用，随着公司对节能降耗工作的精细化管理，蒸汽的指标越来越受到公司的重视，但准确测量蒸汽流量的难度较大。本文指出了影响公司蒸汽计量的常见问题，并从蒸汽流量计的选型、安装、运维等方面，来探讨如何确保蒸汽计量数据的准确性。

关键词：蒸汽计量；常见问题；解决对策

1　引言

当前公司 1.0MPa 蒸汽管网，是由热电部通过两条 DN600 的碳钢管主管线，将生产的蒸汽分别输送给公司其他各二级单位，共有 31 条分支，用于公司各作业部及居民生活区的生产、生活用蒸汽。计量表大多是传统的差压式标准孔板流量计。

根据公司管理制度，热电部自产蒸汽供出的计量仪表和各二级单位入口的计量仪表维护及数据管理，由化验计量部集中管理。并对蒸汽管网检测率有严格的控制指标要求，由于居民生活区采用厂区蒸汽供暖，因此冬夏季蒸汽总量相差较大，导致夏季总管计量表在大管径小流量条件下计量不准，甚至计量不上，导致蒸汽计量失准。

2　当前现状及存在的问题

2.1　流量计的选型、安装不规范

(1)量程问题。蒸汽流量计量出现数据不准确，主要是由于仪表选型时量程选择不准确造成的。冬季公司承担给居民生活区供暖，用汽量增大，而春夏季停暖后用汽量又骤减，因此冬夏季蒸汽总量相差较大，造成蒸汽计量仪表的测量范围不能满足计量要求，造成计量数据失准。

(2)现场的差压式流量计多为分体式安装，由于施工人员的技术能力有限，导致导压管、冷凝罐及伴热安装不规范，安装过程中会出现未将伴热和导压管隔离、冷凝罐未水平安装等问题，致使冷凝液回流不畅，或冷凝效果不佳，产生凝液带汽现象，严重影响数据的准确，甚至在停止供汽情况下，流量计仍有小流量显示，造成主辅计量表比对差率增大，引起供需双方的计量数据争议。

2.2　现场温压补偿不严格

随着工艺的调整，蒸汽管网的压力，随时会受各装置用汽量的影响，而压力的波动会影响温度，从而造成蒸汽在管线内发生冷凝，引起气液两相流的现象，造成计量失准。而在蒸汽测量过程中的现场工况条件，多数会不同于设计条件，那么将产生较大的计量误差，同时选用的孔板流量计本身计量精度偏低，为了避免计量误差，测量蒸汽流量时务必要进行温压补偿。

2.3　流量计的运行管理不到位

针对蒸汽高温、高压的特性，目前公司蒸汽计量主要选用的是差压式流量计。其中应用最多的是标准孔板和标准喷嘴节流件，仪表连续运行时间较长。由于孔板流量计压损大，长期运行可导致孔板与设计尺寸产生较大偏差，出现变形，因而造成端面积污染，无法保证测量系统的测量精度。

2.4　流量计检定的不规范

流量计应在蒸汽标准装置上实流标定后，才可以用于蒸汽流量的计量。但目前公司存在用水或空气标准装置上实验得到或所谓理论计算得到，这类流量计存在量值溯源不规范或缺少合法依据，并且与实际工况流量范围不一致，供需双方出现计量数据争议后，很难得到可靠的溯源支持。

2.5　数据采集系统故障

截止到 2023 年 5 月公司数据采集依托的是 GE 公司开发的 HMI/SCADA 自动化监控组态软件 IFIX，该软件提供了数据的实时采集，并且提供了可靠的人机接口界面，主要实现公司所有计量点数据的采集。但是由于化验计量部负责的计量仪表点数多，分散区域广，传输距离长，挂接系统多。计量仪表测量数据的采集及传输，需要经

过各控制室工作站、总数采服务器，其中任何一个环节出现故障，都会影响到蒸汽计量数据的正常采集，并影响到蒸汽管网检测率，并给计量数据报送造成难度。当数采故障时，岗位人员就不能对测量设备的运行情况及时分析，进行处理，也不能核实工艺调整后的参数变化，造成数据的失准。当操作人员未能及时发现仪表故障、工艺调整、气液两相流等情况，并做出相应处理时，哪怕仅是部分蒸汽的测量值失准，也会影响公司整个蒸汽管网的平衡工作，从而降低蒸汽管网检测率。

3 解决对策

3.1 流量计的选型与安装

3.1.1 流量计的正确选型

流量计的测量流量应与现场实际工况流量相符，工况流量不应大于仪表的测量范围，避免计量过程中差压变送器超量程现象，因此必须明确流量测量范围，在此基础上选择符合相关运行参数的蒸汽计量仪表，使其能充分发挥作用。

通过查看公司实时数据库上的蒸汽历史曲线，热电部自产 1.0 蒸汽出口温度为 250 度到 350 度。由于涡街流量计在高温条件下使用寿命较短，针对此工况应选用技术成熟、经济实用的差压式流量计。其中应用最多的是标准孔板和标准喷嘴节流件。对比起来。标准喷嘴不易变形、压损较小，其使用寿命长，可节能降耗。喷嘴价格要比孔板高很多。但喷嘴不易变形，能较好地保证计量的准确度。由于二级单位蒸汽的入口温度在 200 度到 280 度之间，可以选用价格相对较低，性价比高的涡街流量计进行计量。

关于蒸汽流量计的选型，温度相对较低，管道口径略小时可以选用涡街流量计；温度较高、管道口径较大时，可选用标准喷嘴流量计。用于测量蒸汽的流量计有很多，选型时务必要根据被测量蒸汽的正常流量区间、工况压力温度范围、现场管线口径、安装环境等进行配备。

3.1.2 流量计的规范安装

在生产中，要想准确计量蒸汽流量，仪表的安装也至关重要，蒸汽计量仪表必须按照标准规范安装。避免在蒸汽流量波动较大处、阀门、管道弯头、管道的最低处安装计量仪表，要重点关注直管段要求以及管道与垫片内径是否匹配，避免由此产生计量误差。

差压式流量计的两个冷凝罐必须水平安装，使导压管中蒸汽充分冷凝，并使正、负导压管中冷凝液面稳定保持在相等高度，确保正、负导压管与伴热无贴合，温度一致，保证计量仪表各部件密封良好，无渗漏。

另外压力和差压变送器投用前要到现场进行调零作业。仪表投入使用后要及时核查仪表温度、压力等参数是否符合工艺指标，若数值异常及时分析查找原因，进行仪表调校，避免参数的原因造成流量计算的错误。

3.2 流量计的温压补偿

温压补偿就是二次仪表用工况下的温度、压力输出信号，计算出工况密度，以保证准确计量。若使用设计的温度压力参与计算，且与现场工况相差较大时，温压补偿时就不能计算出实际的工况密度，无法保证计量的准确性。所以工况密度必须根据工况温度压力，在水蒸气密度表中查出相应的密度值，或者可以用软件，根据工况温度压力来计算出蒸汽的工况密度。在数据监督时，当发现蒸汽数据异常时，应首先确认温压补偿是否正常，以保证数据的准确，真实。

目前公司蒸汽的结算单位是“吨”。由于工况温度、压力时刻影响着蒸汽的密度，从而影响计量数据的准确性。因此，一定要选择具有对流量信号进行实时温压补偿功能的二次表。针对公司已实现信息化数据采集功能，所以二次表还要有通信功能。对于贸易结算的蒸汽计量二次表，为保证数据安全可靠，应具备仪表参数记录和加密保护功能，便于存计量争议时的核查。

3.3 流量计的运维管理

公司应对每台计量仪表分别在使用前、运行中严格按照公司制度和国家规程进行周期检定校准，并将结果录入系统，形成台账，对于高度控制的测量过程和设备，进行重点监视，确保计量仪表符合计量要求。

当主辅计量表出现较大差率时，应该首先要核查双方测量设备是否按期检定，未按期检定的设备不具备准确计量的条件，也不能作为贸易结算的依据。在实际工作中会有部分测量设备由于工艺的原因，无法拆卸检定，虽然按照流程办理了变更手续，择期检定，不给准确计量留下风险。同时应充分利用远程智能诊断系统，以及可实时监督仪表运行状态、异常实时报警的数采系统，及时发现仪表问题，实时跟踪处理，为准确计量保驾护航。

计量仪表是否符合计量要求，对保证蒸汽计量数据的准确、可靠十分重要。所以要根据公司测量管理体系制度要求，每月及时对测量过程和测量设备的各项信息及现场运行情况进行计量确认，确保在检定后 30 天内对台账进行更新，以保证每台测量设备符合计量要求，保证蒸汽数据的计量准确。

3.4 计量数据的信息化管理

为了计量出准确的蒸汽流量，我们不仅要加大计量仪表的管理，还要重视计量数据的管理，其中包括数据采集、数据比对分析以及数据报表的编制发布，每一环节都影响着公司的能耗指标。

充分利用公司数据采集系统为支撑提取仪表相关数据，以生产执行系统(MES)为操作平台进行数据修正与平衡，以能源管理客户端为媒介进行报表的提取与发布。通过对数据进行信息化的管理，减少人工和时间成本，提高数据报送的准确性，以及仪表异常问题的发现处理速度，减少经济损失。

通过数采系统 24 小时不间断的实时监控报警功能，及时监测现场仪表运行状态，形成现场仪表实时监测，循环监测。当现场仪表的温度、压力、流量、密度等重要参数发生改变时，系统会根据提前设置好的监测阈值，通过分析运算，触发工艺、设备、管网平衡异常的实时报警。计量人员听到报警提示音，第一时间发现仪表的异常，及时进行报警信息查询，并可根据每种报警产生原因及专家解决方案，进行及时高效的分析处理，保证计量仪表计量的准确性。见图 1、图 2。

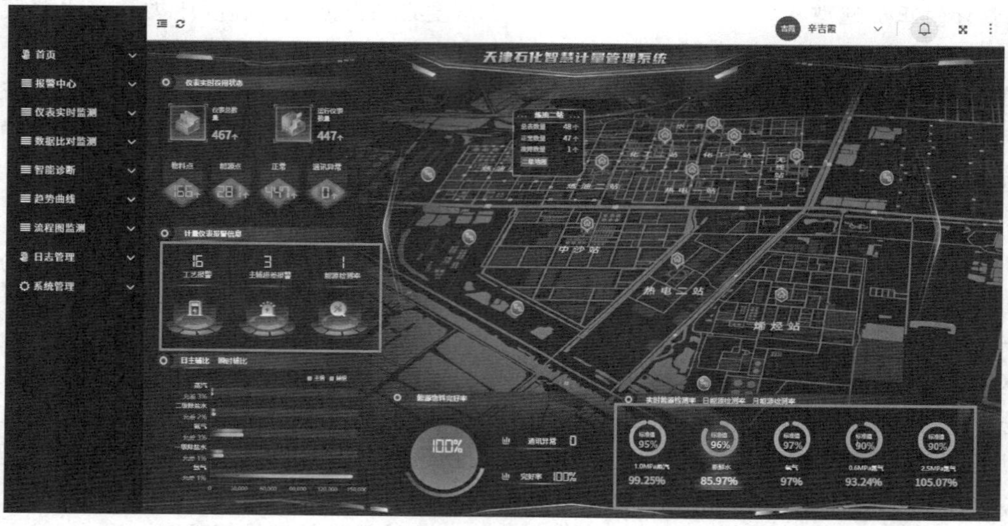

图 1　系统报警

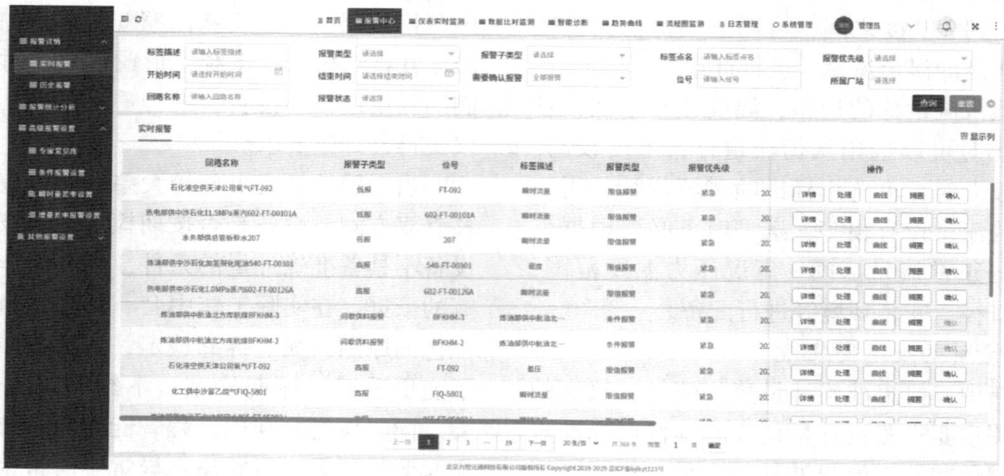

图 2　工艺、设备报警展示

另外加强利用数采系统和计量管理信息系统进行主辅仪表的在线比对功能，根据每日主辅比对情况，对仪表状态进行跟踪，当比对差率超出规定范围系统自动报警。对连续出现主辅比对报警或蒸汽检测率异常情况，及时对仪表运行情况进行核查。见图 3、图 4。

图3　系统主辅比对

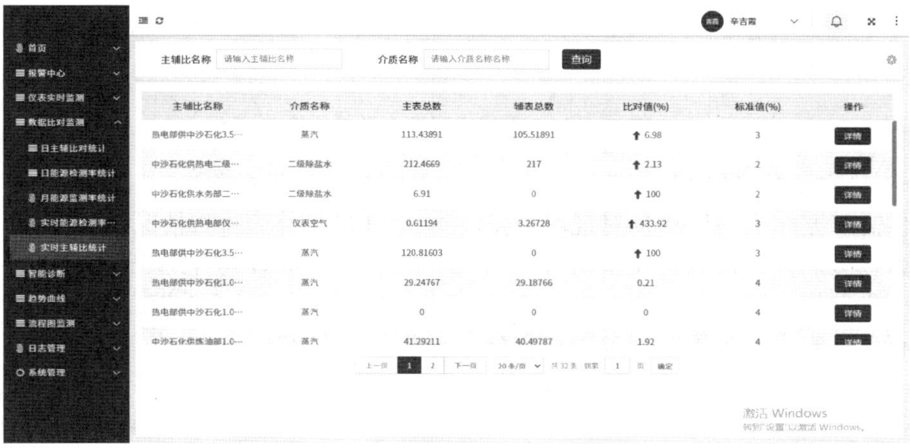

图4　主辅比对报警

通过计量实时监控比对，为生产调度和生产统计平衡提供数据支持。通过计量数据的准确可靠传递，实现对计量仪表运行的全过程动态监控。达到监控计量器具运行状况，及时发现工艺管线跑、冒、滴、漏等异常的效果。提高蒸汽计量数据的实时准确性和计量管理的效率，保证公司经济效益不受损失。

4　案例分析

4.1　供中沙石化3.5MPa蒸汽116A比对超差分析

自2023年11月蒸汽管线投用伴热后，通过数采系统报警和信息系统数据比对分析，发现双方计量表数据对比差率明显增大，具体数据如表1所示。

表1　3.5MPa蒸汽116A主辅数据比对情况

日期	中沙监督表量(t)	石化结算表量(t)	差量(t)	差率(%)	备注
9月	78300	83687	-5387	-6.44	
10月	79571	84679	-5108	-6.03	
11月	13056	13876	-820	-5.91	11月1日至5日数据对比，双方均未投用伴热
	7367	8144	-777	-9.54	11月7日至9日数据对比，石化投伴热，中沙未投伴热
	42240	46098	-3858	-8.37	11月12日至28日数据对比，双方均投用伴热

序号	对比名称	能源介质	结算表量	监督表量	差量	差率%	允许差率	日期	数据来源
51	热电部供中沙石化3.5MPa蒸汽602-FT-00116A	高压蒸汽(指等于或大于3.5MPa)	2734	2498	-236	-8.63	3	2023-11-11	系统提取
52	热电部供中沙石化3.5MPa蒸汽602-FT-00116A	高压蒸汽(指等于或大于3.5MPa)	2716	2476	-240	-8.84	3	2023-11-10	系统提取
53	热电部供中沙石化3.5MPa蒸汽602-FT-00116A	高压蒸汽(指等于或大于3.5MPa)	2785	2555	-230	-8.26	3	2023-11-09	系统提取
54	热电部供中沙石化3.5MPa蒸汽602-FT-00116A	高压蒸汽(指等于或大于3.5MPa)	2735	2473	-262	-9.58	3	2023-11-08	系统提取
55	热电部供中沙石化3.5MPa蒸汽602-FT-00116A	高压蒸汽(指等于或大于3.5MPa)	2624	2339	-285	-10.86	3	2023-11-07	系统提取
	热电部供中	高压蒸汽							
合计			173202.000	159561.000	-13641.000	-7.88			

主辅比名称 116A　介质名称 请输入介质名称名称　查询

主辅比名称	介质名称	主表总数	辅表总数	比对值(%)	标准值(%)
热电部供中沙石化3.5MPa蒸汽-116A	蒸汽	107.79723	99.81986	↑ 7.4	3

图 5　116A 主辅比对情况及系统报警

供中沙石化 116A 的主辅比对超差，在系统中频繁报警，供需双方在 11 月 30 日对现场计量仪表进行了双方核查。计量仪表均在检定有效期内使用。差压变送器零点稳定，符合要求。仪表参数检查设置正确，未出现报警等现象。双方分别在 1 月 3 日、1 月 4 日对仪表各自下线检定，检表后比对差率没有较大变化。

针对检表前后主辅比对没有较大变化，随即核查供暖期伴热对双方流量计造成的影响，双方通过拆保温排查整改，排查结果如下：

(1)结算表排查情况。

1 月 24 日与中沙石化双方一起现场拆除 3.5MPa 蒸汽 116A 保温，验证冷凝罐、导压管和伴热现场情况。

如图所示，116A 导压管与伴热均未贴合，正压冷凝罐稍高于负压，经过调试，两冷凝罐水平安装。针对中沙提出部分伴热与导压管距离较近的现象，已进行填充保温棉进行隔离。见图 6～图 11。

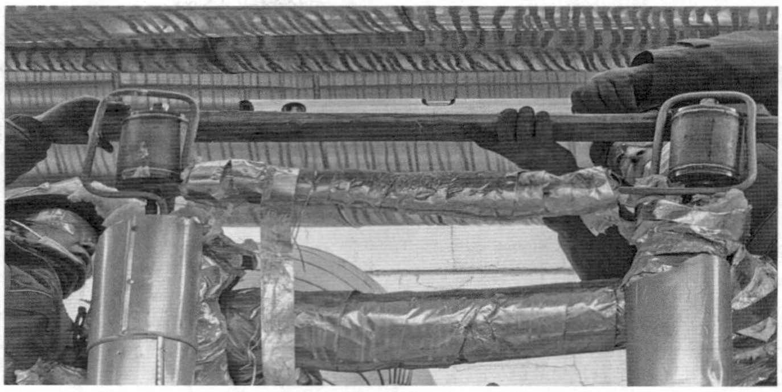

图 6　116A 冷凝罐正压冷凝罐稍高于负压

图 7　导压管与伴热均未贴合

图 8　冷凝罐位置调试前指示气泡靠左

图 9　冷凝罐位置调试后指示气泡居中

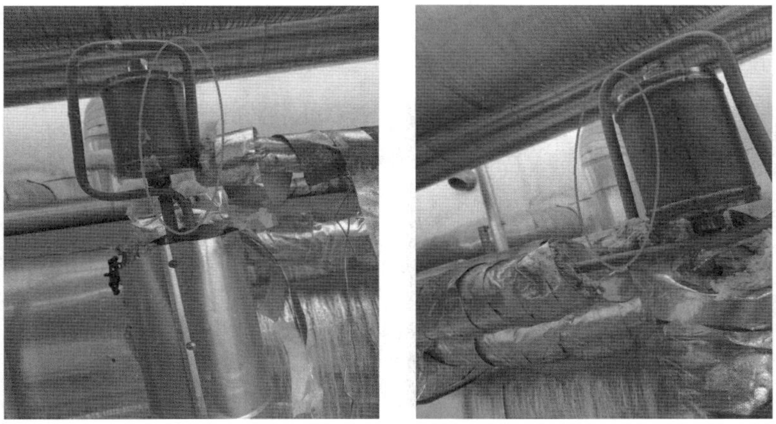

图 10　冷凝罐、伴热距离较近

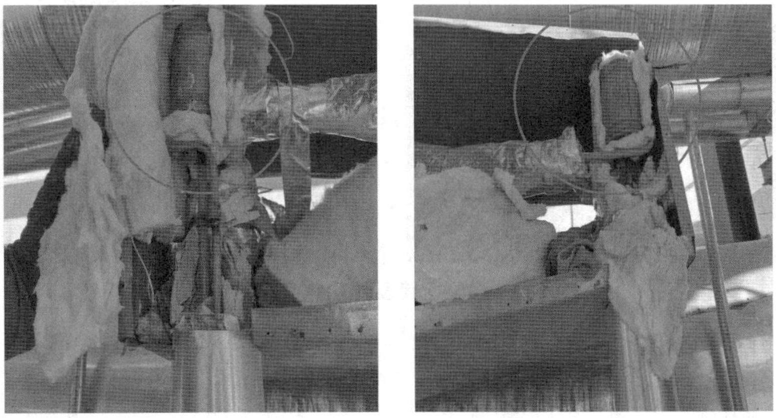

图 11　冷凝罐、伴热隔离后

(2)监督表排查情况。

2 月 5 日上午 9:00，与中沙石化双方一同，对供中沙石化 3.5MPa 蒸汽 116A 监督表，现场拆除保温验证伴热、冷凝罐等影响准确计量因素。见表 2。

表 2　3.5MPa 蒸汽 116A 监督表拆保温前后数据比对情况表

时间	结算表(t/h)	监督表(t/h)	差量(t/h)	差率(%)
描述	jhgDRD_ FC05_ F	jhgDYX2_ FC86_ F		
2024/2/5 6:00	127.783	120.946	-6.837	-5.35
2024/2/5 7:00	122.879	115.416	-7.463	-6.07
2024/2/5 8:00	122.014	114.771	-7.243	-5.94
2024/2/5 9:00	115.569	107.848	-7.721	-6.68

续表

时间	结算表(t/h)	监督表(t/h)	差量(t/h)	差率(%)
描述	jhgDRD_ FC05_ F	jhgDYX2_ FC86_ F		
2024/2/5 10:00	115.261	120.095	4.834	4.19
2024/2/5 11:00	126.526	120.611	-5.915	-4.67
2024/2/5 12:00	120.962	117.25	-3.712	-3.07
2024/2/5 13:00	116.871	126.593	9.722	8.32
2024/2/5 14:00	109.39	120.496	11.106	10.15
2024/2/5 15:00	127.94	136.906	8.966	7.01

如图12~图14所示，116A监督表两冷凝罐水平安装，导压管与伴热均存在贴合现象。针对伴热与导压管贴合现象，立即要求其进行隔离整改。

图12　116A监督表冷凝罐水平安装

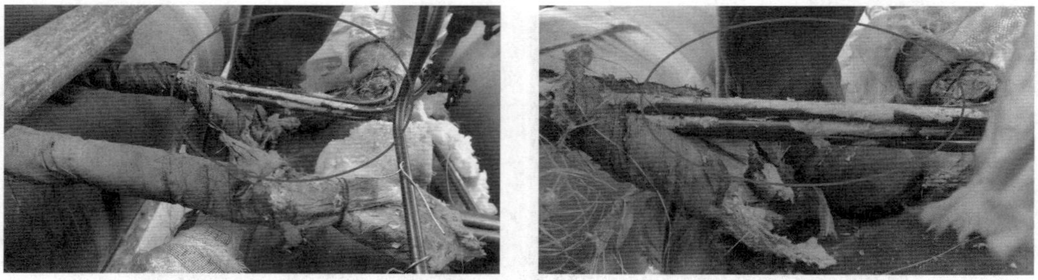

图13　导压管及伴热存在贴合

图14　导压管、伴热进行隔离后

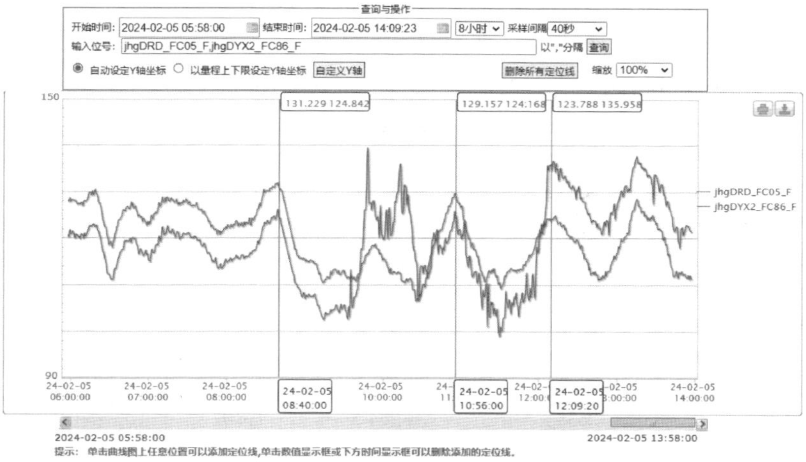

图 15　主辅计量表瞬时量比对情况

比对结果：通过数据比对分析，拆保温后，主辅计量表比对差率，由于监督表数据的增大，呈现正偏差。针对比对正偏差的情况，立即联系中沙核查现场情况，中沙对监督表进行调零、排凝操作后，比对差率恢复负偏差。

3 月 19 日 15:00，与中沙石化一同，对供中沙石化 3.5MPa 蒸汽监督表进行检查，先后对仪表零点、保温伴热、冷凝罐等影响准确计量因素进行确认，发现导压管正压排液带水严重，期间监督表曲线波动较大，由此分析判断，导压管正压排液带水是影响主辅比对差率的主要原因。见图 16、图 17。

图 16　导压管排液带汽

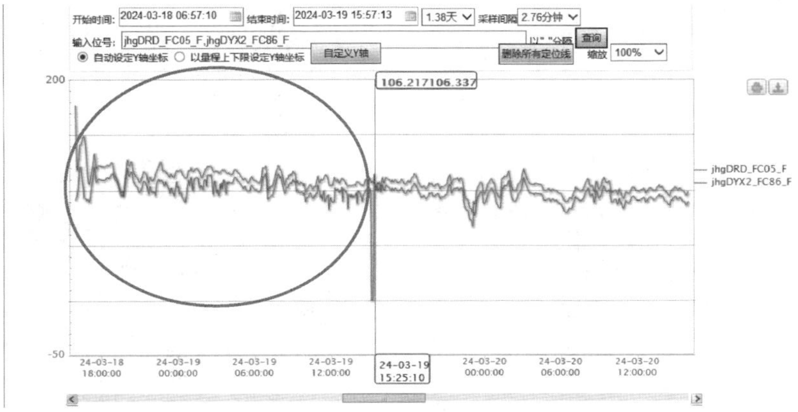

图 17　监督表瞬时流量波动较大

4.2 供中沙石化11.5MPa蒸汽比对超差分析

自2023年11月蒸汽管线投用伴热后，通过数采系统报警和信息系统数据比对分析，发现双方计量表数据对比差率明显增大，具体数据如表3所示。

表3 11.5MPa蒸汽数据

日期	中沙监督表量(t)	石化结算表量(t)	差量(t)	差率(%)	备注
9月	127934	132471	-4537	-3.42	
10月	116942	121727	-4785	-3.93	
11月	18375	19006	-631	-3.32	11月1日至5日数据对比，双方均未投用伴热
	11884	12638	-754	-5.97	11月7日至9日数据对比，石化投伴热，中沙未投伴热
	66433	73377	-6944	-9.46	11月12日至28日数据对比，双方均投用伴热

经过双方现场核查仪表，下线检定等工作后，比对差率未发生较大变化。3月22日上午9:00，与中沙石化、热电部三方一同，对供中沙石化11.5MPa蒸汽监督表再次进行检查，先后对仪表、保温伴热、冷凝罐等影响准确计量因素进行确认，排查结果如下：

(1)监督表差压变送器三阀组正压侧泄漏严重(见图18~图20)。

图18 差压变送器三阀组泄漏情况

图19 差压变送器三阀组正压侧泄漏情况

图 20 仪表箱外泄漏水渍蒸发痕迹

如图所示差压变送器三阀组正压侧泄漏，泄漏速度比较明显，且发现在仪表箱内差压变送器下有较明显的滴漏锈蚀痕迹，仪表箱外形成小面积的水蒸发后留下的痕迹，泄漏时间较长。

(2)伴热线与导压管存在部分贴合现象(见图 21)。

(3)冷凝罐不水平(见图 22)。

图 21 两根导压管，四根伴热管均存在贴合情况

图 22 正压冷凝罐稍高

基于上述情况分析，自入冬以来，热电供中沙 11.5MPa 蒸汽结算表在热电部厂房内，无伴热，因此不受伴热影响，且无泄漏，运行稳定。但供中沙 11.5MPa 蒸汽监督表存在诸多问题，无

法满足准确计量要求，是造成比对差异的主要原因。

通过线上、线下问题的排查，最终找到了影响蒸汽计量的超差原因，并进行及时处理，解决了双方的计量争议，避免了计量争议的发生。

5 结束语

蒸汽的准确计量是企业的一大难点，随着科技的进步，能准确计量的流量计种类越来越多，但每种流量计都有它的使用特性，所以合理选择蒸汽计量仪表对蒸汽的准确计量至关重要，而通过科学的使用信息化技术辅助计量监督，加强网络巡检，及时发现上报异常数据，并熟练掌握应急处理，才能提高蒸汽计量的准确性。

参考文献

[1]王红涛．蒸汽流量测量存在的问题及改进[J]．传感器与仪表仪器，2019，(05)：54－58.

[2]郑建中．蒸汽计量存在的问题及对策[J]．仪器仪表标准化与计量，2019，(01)：31－33.

[3]郑兆喜．蒸汽计量中存在的两大难题[J]．石油化工自动化，2021，(02)：85－88.

[4]高文清，焦艳芳．蒸汽计量存在的问题及解决办法[J]．中国计量，2010.

[5]张宝良．计量数据诊断系统在能源物料计量方面的应用[J]．中国计量，2009(8).

质量流量计+豁免源含水仪在原油交接计量中的应用

张绍炀　魏　钢　谢兴华

（胜利油田石油开发中心有限公司）

摘　要：本文旨在浅析质量流量计+豁免源含水分析仪在高含水原油交接点的应用情况。首先介绍了传统的体积流量计+人工化验含水在高含水原油交接是面临的难点。接着阐述了质量流量计和豁免源含水分析仪的原理及特性。在数据分析部分，以两座高含水原油交接点为例，进行了多种计量方式的对比分析。最后根据研究结果进行结论总结。

关键词：高含水原油交接计量；质量流量计；豁免源含水分析仪；质量流量；含水率

在高含水原油交接计量过程中，流量和含水率计量的准确性十分重要，直接影响到技术人员对油田开发态势的分析和公司的运营成本。

1　高含水原油交接计量难点

原油交接时，要根据原油的物性选择合适的流量计，而对于高含水原油计量，流量计的选择除了要具备高精度和强稳定性外，还要克服高含水带来的挑战，例如水的干扰、腐蚀等问题。目前油田上大部分高含水原油交接点的计量方式与常规原油计量方式相同，采用容积式流量计+人工化验含水，这种方式4小时一计产，缺乏连续性，还要根据温度、压力的变化对流量计流量进行修正，人工化验工作量大，频繁取样增大了硫化氢中毒风险，产生废弃油。

1.1　高含水的波动性与传统含水计量非连续性导致油量计量的偏差

高含水原油含水波动大，如何测准水含量是关键问题，传统的人工化验2小时一次取样，4小时一次化验，测量频次不能满足含水变化需求，人工常用的离心法、电阻率法也会受到水中矿化度的影响产生偏差。目前全球成熟的在线含水检测仪厂家如斯伦贝谢、艾默生、海默科技等，主打产品都是基于射线技术，这类产品一般具备测量精度高、连续性好等优点，但是由于放射源的潜在风险，一定程度上限制了放射性含水检测仪的大范围推广。而基于微波、红外线、电容电导等非射线技术的产品，虽然无射线辐射风险，但其缺点也很明显，如相分率测量非常容易受油水乳化、油水连续相变化的影响，测量范围有限，其次这类仪表往往需要接触测量介质，布置的探头、探针等需伸入到管道内部，会阻挠流体，受结蜡、油稠等影响，当流体中有杂质时，有时甚至引起阻塞，从而使得测量失效。

1.2　高含水原油质量计量受温度、压力、原油物性、含水等导致换算偏差

传统的双转子容积流量计为典型的体积流量计，其工作原理为流体通过时，内部的转动部件产生旋转，将流体由入口排向出口，在这个过程中，流体一次次地充满流量计的“计量空间”，然后又不断地被送往出口，“计量空间”的体积是确定的，只要测得转子的转动次数，就可以得到流体体积的累积值。这种计量方式的难点在于质量的换算，这一过程需要根据流体温度、压力等因素对密度进行修正，而修正用到的GB1855—1998《原油计量表》对含水的要求为小于0.5%，并不适用于高含水原油的修正。

针对以上两个难点，部分高含水原油交接点开始尝试新的计量方式，将质量流量计和豁免源含水分析仪组合使用，规避了人工换算和人工化验，从而解决连续计量含水和液量计量的修正误差问题。

2　质量流量计+豁免源级含水分析仪

2.1　质量流量计原理及特点

质量流量计是一种利用流体在振动管中流动产生与质量成正比的科氏力的原理来直接测量质量流量的仪表，可以同时测量流体的流量、密度、温度，科氏力是地球自转产生的惯性力，利用惯性只与质量有关的物理特性，质量流量计直接测得质量流量，不用参考所测流体的流动状态、压力、温度、黏度、密度等因素，舍去了中间繁琐的计算步骤，受外部影响较小，抗干扰性强。在流体受到污染的情况下，油、水、气和其他杂质混合，质量流量计仍能有效地开展计量工作。

2.2　豁免源含水分析仪原理及特点

豁免源含水分析仪利用伽马射线连续测量气

和液的相分率以及液相的含水率。伽马射线是放射性同位素发射的一种电磁辐射，它有很强的穿透介质的能力，当一束从放射源发射的伽马射线穿过介质时，它的强度将因介质的吸收作用而减弱。不同介质对伽马射线的吸收能力不同，不同能量的射线通过相同液体时透射系数也不同，因此对比两条不同能量的射线通过同一液体时的衰减程度可以确定其相分率。从表 1 中可以看出双能射线法无论是在含水波动影响下，还是在稠油计量方面，都是成熟的技术。同时豁免源换水分析仪中使用放射源是豁免级放射源 133Ba，对人体的辐射可以忽略不计，符合绿色油田建设标准。

表 1　基于不同测量方法的含水率分析仪对潜在影响因素的适应性

影响因素	双能射线法	电容法	射频法	微波法	红外光谱法	密度法
压力高低	√	√	√	√	√	√
温度高低	√	√	√	√	√	×
液量高低	√	√	√	√	√	√
油水乳化	√	×	×	×	×	×
含游离气	√	×	×	×	×	×
0 ~ 100% 含水	√	×	×	×	×	×
稠油	√	×	×	×	×	×

注：√—有成熟的方法，×—无成熟的方法。

2.3　质量流量计 + 豁免源含水分析仪组合使用

高含水原油计量的核心难点在于含水率的精准把控，质量流量计虽然可以用来检测原油含水，但其原理是间接测量，内部安装的密度传感器测量流体的密度，利用水和原油的密度差异较大进行计算，但对于高含水原油，特别是高含水稠油，其密度接近于水的密度，通过测量原油微小的密度变化，很难推算出含水值。为了提高含水率的准确性，将豁免源含水分析仪与质量流量计配合使用，将每分钟的质量流量和测量含水代入计算公式，就可以得出纯油的质量，这一连续性过程不受密度、温度、压力等因素的影响，

此外，通过分析质量流量计和豁免源含水分析仪两个分体设备运行情况，可以更全面和准确的故障诊断。例如，质量流量计显示质量流量异常，同时豁免源含水仪也显示水分含量异常，这可能意味着流体分析系统、管道的故障，降低了设备本身出现故障的可能性，结合这两个设备的数据，可以更好地定位故障原因并采取相应的维修或调整措施，可以识别潜在的优化机会，改进流程工艺，提高效率和质量。

3　质量流量计 + 豁免源含水分析仪现场实践

选取两座高含水原油交接点，站库信息如表 2 所示，A 站交接点直接对高含水原油进行计量，计量液量 2700 ~ 3300m³/天，含水在 82% ~ 91%，原油黏度 2500mPa · s 左右，原计量方式为 0.5 级精度双转子容积流量计 + 人工每 2 小时化验含水，升级后改用千分之二级精度的质量流量计 + ±2% 级精度的豁免源含水分析仪；B 站交接点首先将高含水原油分水处理，再对油路进行计量，油路液量为 400 ~ 700 立方米/天，含水在 5% ~ 15%，原油黏度 40000mPa · s 左右，现计量方式为千分之一级精度的质量流量计 + ±2% 级精度的豁免源含水分析仪，选择 2.0 级精度的文丘里流量计 + 人工每 4 小时化验含水的方式与其对比。下面将两座站库多种计量方式的对比情况结合进行分析(见表 2)。

表 2　交接站点基本信息表

	液量范围(m^3)	含水范围	黏度(mPa · s)	计量方式	对比方式
A 站	2700 ~ 3300	82% ~ 91%	2500	质量流量计量 (800 ~ 4500t) 精度千分之二 + 豁免源含水仪 (0% ~ 100%) 精度 ±2%	双转子流量计 (800 ~ 4500m^3) 精度千分之五 + 人工含水 (每 2 小时化验)

续表

	液量范围(m^3)	含水范围	黏度(mPa·s)	计量方式	对比方式
B站	400~700	分水后 5%~15%	40000	质量流量计量 (0%~1500t) 精度千分之一 + 豁免源含水仪 (0%~100%) 精度±2%	文丘里流量计 (10~3000m^3) 精度2.0级 + 人工含水 (每4小时化验)

3.1 液量的计量

3.1.1 质量流量计与双转子容积流量计对比

在A站点升级初期，将双转子容积流量计与质量流量计串联使用，对比数据如表3所示，8天质量流量计读数质量均高于双转子容积流量计计算质量，测量3000方的高含水原油时，出现了100t左右的差异，液量计量偏差率4.2%。现场发现双转子容积流量计在质量换算时使用GB 1855—1998《原油计量表》修正的密度约为0.946g/cm^3，而高含水原油实测密度大约在0.995~1.006g/cm^3，判断质量换算过程中修正密度与实际密度存在差异导致双转子容积流量计出现较大偏差。将修正密度改用实测密度后，对比数据如表4所示，两台设备平均偏差率从4.2%减小至0.52%，符合设备参数指标。

综上所述，质量流量计测量流量时直接得到质量流量，不受温度、压力、密度等中间因素影响，可以避免换算过程中因高含水原油质量修正不准造成的偏差。见表3。

表3 质量流量计与双转子容积式流量计测量高含水原油数据(质量换算使用修正密度换算)

		双转子容积式流量计		质量流量计		
介质	批次	测得体积(m^3)	计算质量(t)	测得质量(t)	差值(t)	偏差率(%)
含水86%~90%原油	1	3264	3088	3206	118	3.68
	2	3267	3091	3226	135	4.18
	3	3263	3087	3224	137	4.25
	4	3246	3071	3226	155	4.80
	5	2949	2790	2890	100	3.46
	6	2707	2561	2652	91	3.43
	7	3232	3057	3198	141	4.41
	8	3233	3058	3195	137	4.29

表4 质量流量计与双转子容积式流量计测量高含水原油数据(质量换算使用实测密度换算)

		双转子容积式流量计		质量流量计		
介质	批次	测得体积(m^3)	计算质量(t)	测得质量(t)	差值(t)	偏差率(%)
含水86%~90%原油	9	3225	3209	3214	5	0.16
	10	3288	3272	3296	24	0.74
	11	3362	3345	3362	17	0.50
	12	3389	3372	3384	12	0.35
	13	3267	3251	3292	41	1.27
	14	3108	3092	3112	20	0.63
	15	3309	3292	3298	6	0.17
	16	3405	3388	3401	13	0.38

3.1.2 质量流量计与文丘里流量计对比

在B站点分离器油路出口串联安装质量流量计和文丘里流量计，文丘里流量计作为压差式流量计的代表，量程范围大，但量程下限高，本次选用的文丘里流量计量程范围10～3000方/天，精度等级2.0级，现场在用的质量流量计量程0～1500吨/天，千分之一精度等级，对比数据如表5所示。

表5 质量流量计与文丘里流量计不同工况下的数据对比

	量程(t/d)	不同工况计量结果	
		400t/d	700t/d
质量流量计	0～1500	440t	782t
文丘里流量计	400～800	345t	767t
偏差率		21.60%	6.70%

首先按正常分油工况400t/天运行，文丘里流量计计量液量345t/天，质量流量计液量440t/天，偏差95t/天，液量计量偏差率21.6%，讨论该工况运行时存在某些时刻瞬时流量低于该型号文丘里流量计的量程下限，导致液量计量数据不准。又改为混油700t/天的工况下运行，在该工况下文丘里流量计计量液量768t/天，质量流量计计量液量782t/天，偏差14t/天，液量计量偏差率1.7%，符合设备参数指标。

在实际交接过程中，由于高含水原油含水的不稳定性导致分离器分水运行不平稳，油路流量可能出现激增或激减的情况，因此在安装计量设备时应充分考虑量程范围，以该站为例，文丘里流量计和质量流量计的计量准确性都符合交接计量标准，但质量流量计量程大的特点，更适用于计量液量波动较大的高含水原油。

3.2 含水的计量

A站原油交接点直接对高含水原油进行含水检测，人工化验两小时检测一次，豁免源含水分析仪每分钟检测一次，通过30天的数据对比，曲线如图1所示，其中22天人工化验含水高于豁免源含水，8天人工化验含水低于豁免源含水，含水差值在－0.43%～0.3%之间，平均含水偏差率为0.074%，大部分天数含水变化趋势吻合。使用三个月后，对比曲线如图2所示，人工含水开始低于豁免源含水，含水差值在－1.64%～0.12%之间，平均偏差率为0.86%，虽然偏差增大，但计量结果仍然在仪器的误差规定范围内，豁免源换水分析仪与人工检测结果的变化趋势始终是一致的(见图1)。

在B站原油交接点对分离器油路出口含水量进行检测，豁免源含水13.72%，人工含水12.97%，含水偏差0.75%，运行三个月的对比曲线如图3所示，豁免源含水分析仪的检测结果与人工化验结果变化趋势一致，符合计量要求。

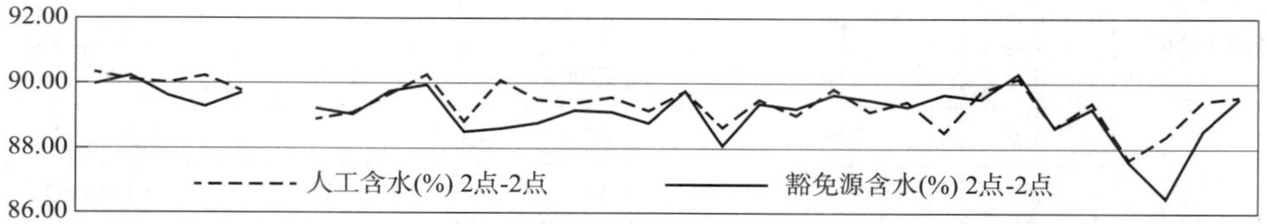

图1 第一座交接点人工含水与豁免源含水对比曲线(第一个月)

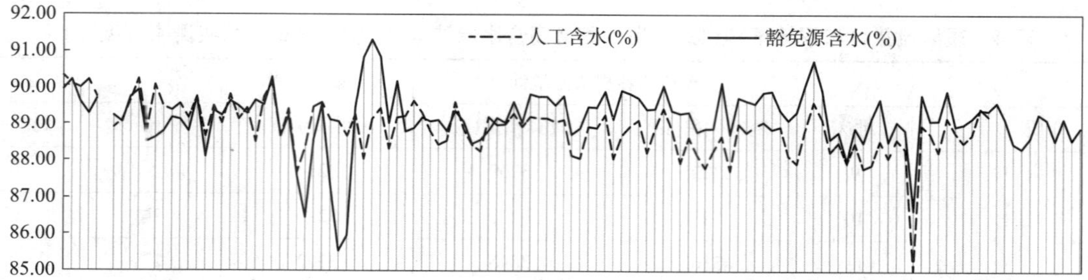

图2 第一座交接点人工含水与豁免源含水对比曲线(三个月)

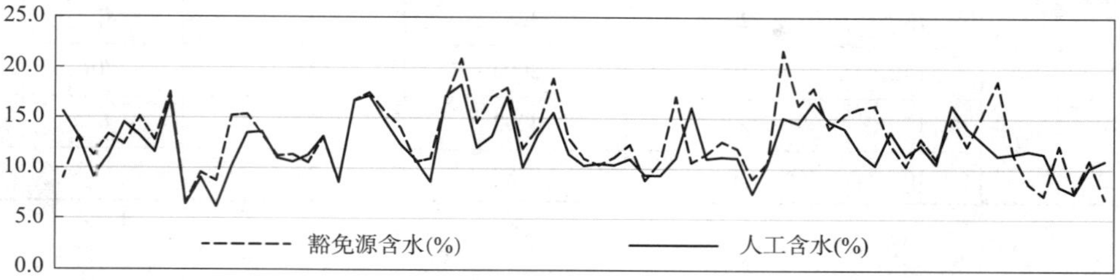

图3 第二座交接点人工含水与豁免源含水对比曲线(三个月)

综上所述，从曲线可以看出含水仪能够准确反映出高含水原油含水的变化趋势，两种方式之间偏差是客观存在的，面对不同工况，需要将两种计量方式进行阶段对比试验，找出该工况下两种方式之间的对应关系，从而替代人工检验。

4 结束语

通过质量流量计+豁免源含水分析仪在两座高含水原油交接点的应用，与传统计量方式对比得到以下结论：

①质量流量计直接读出质量流量，避免了质量换算过程中因高含水密度修正不准导致的偏差，液量计量的准确性进一步提升；

②豁免源含水分析仪连续性强，弥补了人工取样频次不足，取样含水代表性不强的问题，含水的准确性进一步提升。

③质量流量计+豁免源含水分析仪的应用，舍去人工质量换算，减少人工取样化验，降低员工劳动强度，提高工作效率，同时减小取样过程中的中毒风险和环保风险。

④任何计量方式之间的偏差都是客观存在的，我们需要通过阶段试验来发现每种工况下的偏差规律，以将计量偏差降到最小。

参考文献

[1]李娜，安小风，全立军. 原油计量的质量流量计在线标定[J]. 数字化用户，2019，25(6)：75.

[2]沈浩. E+H 质量流量计计量精度的优化设计探讨[J]. 化工管理，2018(34)：92-93.

[3]肖传林. 如何提高原油交接计量准确性[J]. 科技促进发展，2011，(S1)：225+238.

[4]韩春红，马庆万. 高含水原油交接计量存在问题及量值溯源分析[J]. 工业计量，2023，33(03)：19-22+40.

[5]高玉进，朱磊. 质量流量计在稠油外输交接计量中的应用[J]. 石油仪器，2011，25(04)：26-27+30+8.

基于鱼骨图的油品静态计量方法及误差问题分析

胡耀东

（中国石化销售股份有限公司浙江温州石油分公司）

摘　要：本文对我国油品计量误差问题进行了深入探讨。随着中国经济的快速发展和私家车的广泛普及，对石油产品的需求不断上升，因此确保油品计量的准确性至关重要。文章首先概述了油品计量的定义、类型及其在当前社会中的重要性。接着，详细探讨了油品静态计量的不同方法、所需工具以及相关的使用指南。此外，文章还深入分析了计量误差的潜在来源，如计量容器的精度、计量工具的可靠性、计量方法的合理性和计量法规标准的完善程度等，并通过鱼骨图法对这些因素之间的关系进行了可视化呈现。最后，文章提出了一系列切实可行的策略来降低计量误差，这些策略涵盖了设备和方法的升级、员工技能的提高以及环境的改善等多个方面。

关键词：计量误差；鱼骨图；静态计量

0　引言

随着我国经济的持续发展，我国对油料的需求量不断攀升，据统计2022年我国原油加工量达到了67590万吨。随着私家车的普及，各地加油站的消费量不断增大[1]。从油库往加油站运输油品愈发频繁。而由于油品计量管理中存在一些误差问题，这使得每年因此造成的经济损失不计其数。油品计量误差是在油品运输中不可避免的问题，绝对的油品计量是不存在的，油品计量的影响因素是由众多的定性元素和错综的定量元素组成的，这些元素之间又存在着复杂的关系。因此，对油品计量误差影响因素展开研究是十分必要的。

1　油品计量

1.1　油品计量的概念

油品计量是指对原油及其一些衍生产品（汽油、柴油、润滑油等）的数量进行精准测量。由于石油具有易蒸发性，这导致油品在生产、运输、销售等环节可能会发生量上的变化，而由于油品的高价值性以及易爆性质。从经济性和安全性方面考虑，必须在各个环节保证油品计量的准确性。油品计量在石化产业中具有十分重要的地位，其贯穿于石油产品的生产、运输、销售等各个环节，行业内不少学者、工程师在油品计量方面作出了不懈努力，改进油品测量的技术、工具，减少油品储运过程中的计量误差。

1.2　油品计量的分类

油品计量的方法简单来分可以分为人工计量和自动化计量，人工计量操作简单，可靠有效，目前仍是计量的主流方法。自动化计量现在系统复杂，成本较大，前期投入成本高，后期使用成本低，是未来油品计量发展的主要方向。油品计量按目的来分可分类为：交接计量、盘点计量、中间计量等。油品计量的方法从动静态的角度又可分为静态计量以及动态计量[2]。静态计量方式较为古老传统，是测量静止油品的一种方式，动态计量则是相对静态计量而言的，可以通过一定容器测量接连不断通过的油品的量（质量或者体积），如表1所示。

表1　油品计量方法分类

类别	具体方法
静态计量	①容器计量
	②衡器计量
动态计量	①流量计检测
	②电子轨道衡检测

2　油品静态计量方法分析

2.1　容器的分类及结构

石油产品最主要储运和计量容器主要为储罐、罐车以及油轮油驳。从几何形状上看，储罐主要有圆柱体和球形两种，这主要是因为圆形结构能够更均匀地分担内部油品施加的压力。由于油气的易燃易爆易性质，在储运过程中，需要关注储罐内部的压力、温度变化。下面简述如下几个附件来保证油品储运的安全。

2.1.1　机械呼吸阀

其主要是通过自重来控制油罐内外的压力平

衡，当罐体内压力达到阀的控制压力的时候，阀门顶起，内部气体外溢，而内部气体压力不够的时候，罐外气体注入，从而使得内外压力达到平衡状态。这有效地保证了储罐内外压力的平衡，但由于内外气体的交换，这不可避免的造成了油品质量的损耗。因此，机械呼吸阀开启关闭的过程中造成流场的扰动。

2.1.2 油罐机械搅拌器。

石油组成成分复杂，主要由碳氢元素组成，以不同的排列方式组成不同的碳氢化合物，统称为烃。而烃按其结构不同，大体分为烷烃、环烷烃、芳香烃和不饱和烃等[3]。在长期储运过程中，会发生分层现象，为了保证油品的正常使用，需要设置搅拌器来使得罐内油品混合均匀。而搅拌器的使用破坏了油品液面的蒸汽浓度大的气体层，也增大了液表面蒸发面积。这会导致油品蒸发速度大幅上升。

球形罐比起圆柱形储罐，其受力更加均匀，且液面面积更小，优势明显，但其制造安装难度较大，成本较高，因此目前尚未大规模铺开使用。

2.2 容器计量中的器具及使用要求

在容器计量中，我们常用如下表所示的工具进行测量。

2.2.1 量油尺

量油尺是由具有确定精准度的尺砣、挂钩、尺带、尺架等部位组成，其技术要求符合 GB/T 13236，是测定容器内油品的专用仪器，其全长和最大允许误差必须符合下表的规定。

表2 量油尺误差规定表

量油尺长度(m)	新量油尺的最大允许误差/mm	使用中量油尺的最大允许误差/mm
0.000～30.000	±1.5	±2.0
30.000～60.000	±2.25	±3.0

在使用过程中必须注意尺砣的尖部没有损坏，尺带拉出收起无迟滞现象且表面刻度无损坏、使用前需要校对零点。

2.2.2 温度计

由于油气产品的物理性质，尤其是密度和体积会随着温度的变化而变化，因此对油品温度的测量显得十分的重要。温度计的使用中必须注意玻璃棒内的水银柱无断裂，感温泡无裂痕，刻度值应清晰明确等。

2.2.3 石油密度计

石油密度计的使用对于石油产品的计量、质量控制和科学研究等都具有显著的影响。密度计又称为浮计，其由躯体、压载室、干管三部分组成，是根据阿基米德原理设计的，密度越大的时候，其浸没深度越小。在使用过程中必须注意密度计的分度标尺刻线和数字要清晰可见，压载物需要固定在压载室内，不得有明显的移动。

2.3 容器的计量方法

2.3.1 容器内油品液位测量方法

由于储运容器均是按一定国家标准制作，因此可以直接测量油品的高度来确定罐内油品的量，这种方法称为油高测量。由于不同油品物理性质的不同，测量不同的油品需要选用合适的量油尺，对于轻油，如汽油、柴油、润滑油等应选检实尺。对于原油、重质燃料油等应检空尺。另外在油轮油驳测高时，需要对倾斜角度进行修正，避免因船舶晃荡对油品高度测量产生影响。

2.3.2 容器内油品温度测量

储油罐中的温度与石油产品的质量存在着直接的关系，当容器内的温度高于设定范围的时候会影响罐内油品的品质，因此容器内油品温度测量十分关键。一般选用便携式电子温度计或者油罐取样法测温装置。便携式测温计工作原理与一般家用温度计原理类似，在此不再赘述。油罐取样法测温装置可以选择杯盒温度计或者充溢盒温度计[4]。其均是通过放入容器内指定的测温部位来获取固定高度的油品测量其温度，通过不同高度的几组油品求得平均值。

2.3.3 油品密度测定

储油罐中油品的密度与运输的安全性、稳定性息息相关，密度过大或过小可能会导致储罐容器过载或者发生泄漏，因此容器内的油品密度测量也至关重要。采样方法可分为手工采样以及自动采样两种，手工采样方法简单，便于操作，但必须保证罐内为常压状态，且油品的温度不宜过高并未液态。自动采样适用于管线储运油品的连续采样，其克服了手工采样存在的一些不足之处。手工采样中需注意采样玻璃瓶塞子不得沾染不同种类油品，不宜从未打孔的静止管或者导向管中采样。选用密度计量筒、密度计以及恒温浴，将油品加热致使其能够充分流动状态后，利用阿基米德原理来进行密度测量。

2.4 衡器的分类和结构

衡器主要是通过比较物体与被称重物体来确定物体质量的一种仪器方法[5]。根据特征或者使用方法的不同可将其分为不同的种类。如通过精准度来分的话可分为秤（普通精准）、天平（高等级精准）等。通过操作方式来分可分为人工衡器和自动衡器，表 2 列举了从精准度角度对静态的秤和天平进行分类：

在衡器称重中，基本原理主要有杠杆原理、弹性元件变形原理、液压原理、力—电转换称重传感器原理等。

2.4.1　杠杆原理

杠杆主要是一种中段固定，两端转动的装置，平衡的时候，作用在杠杆上的外力矩为零，通过比较法即可得到被称物体的重量信息。

2.4.2　弹性元件变化原理

在重力作用之下，弹簧拉伸变形，通过确定弹簧的拉伸系数，从而可以测得被称物体重力的大小。

2.4.3　液压原理

根据帕斯卡原理，液体在密闭空间中受到等大的压力传递，通过传感器传递压力信号可以测得被测物体的重量信息。

2.4.4　力 – 电转换称重传感器原理

该原理通过力 – 电转换感件将被称重物体的重力转换成电信号后在仪表盘上显示出来。

3　油品静态计量误差原因分析

通过第二节对油品静态计量的相关认识，我们发现在其中存在着许多操作步骤可能会导致计量误差的产生，此节采用鱼骨图法从计量容器、计量器具、计量方法、计量法规标准等方面来分析总结归纳计量过程中产生误差的环节。

3.1　计量容器

选用符合一定标准的容器储运油品对油品计量至关重要，随着石化行业的不断发展，储罐、油罐车、油轮油驳是最符合当下需求的容器，如图 1 所示。

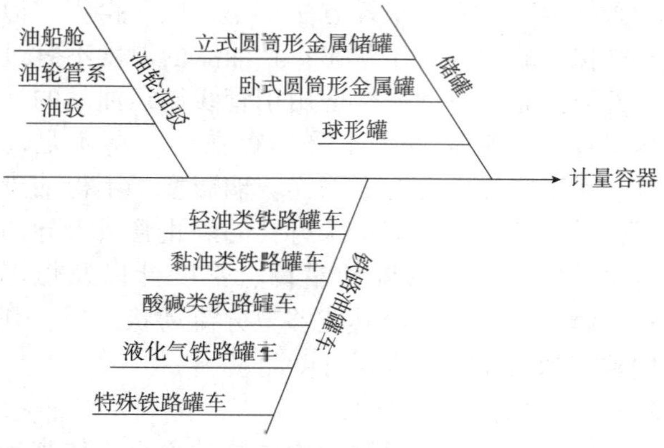

图 1　计量容器分类

3.2　计量器具

计量器具是用于进行测量油品量的工具，通过对石油及其产品物理性质的把握，人们通过量油尺、石油密度计、温度计等工具来组合完成油品计量。如图 2 所示。随着时代的发展，越来越多新型的计量器具正在投入使用中。

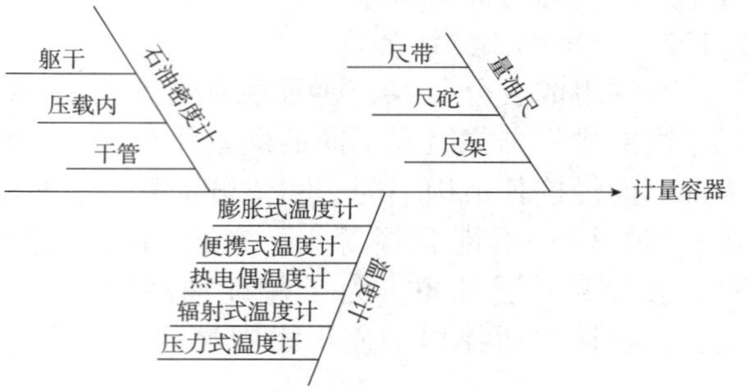

图 2　计量器具分类

3.3　计量方法

随着行业的不断发展，为了公平公正地进行油品交易，油料行业制订了一系列简单有效的计量方法标准化流程，包括油品液位测量、油品温度测量、油瓶密度测量等，如图 3 所示。

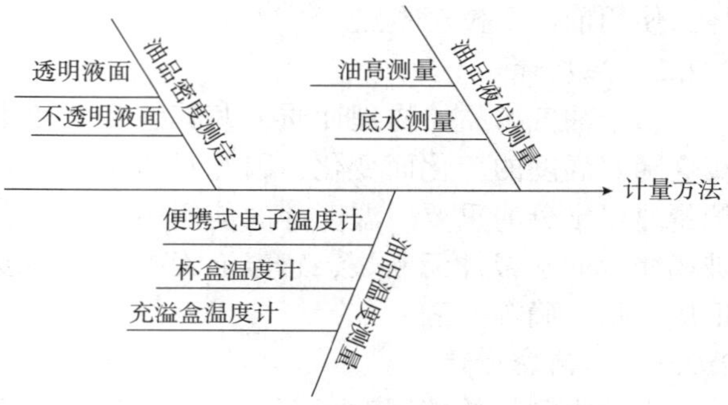

图 3　计量方法分类

3.4　计量法规标准

油品计量工作是安全生产和公平经营的重要保障，因此必须从法律法规的层面对计量工作进行规范，我国实行计量法，由于其只对计量工作中的一些重大问题做出了规定，因此仍需一些细则和地方性的法规对其进行补充说明，我国的计量工作法律规章制度体系如图 4 所示。

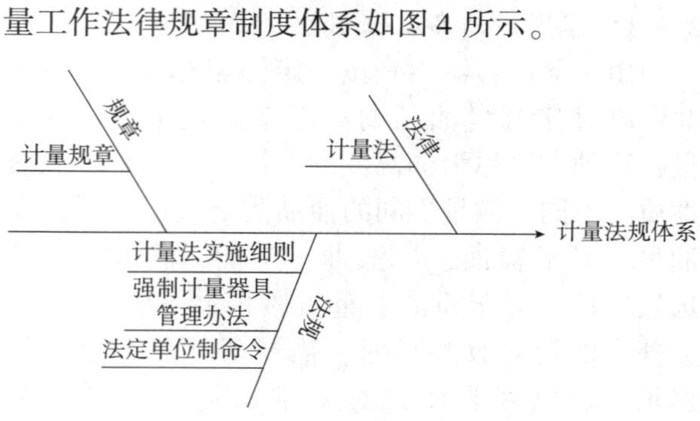

图 4　计量法规体系

4 油品计量误差改进措施

在油品静态测量的各个过程中，误差归根结底主要是设备方法、人员、环境三个因素[6]，如何降低在这三个方面可能出现的一些问题成为了油品计量改进的重要思路，本节将从这三个方面提出一些能够帮助减小误差的改进措施。

4.1 设备及方法因素

(1)合理设计能够满足行业发展需要的计量容器、计量方法。

提升计量器具精度对于企业大规模油品计量具有重要意义，器具精度的提升可以最大程度降低日积月累使用中造成的油品误差。随着众多石油衍生品的合成与使用，不能够依靠老的计量方法对新产品进行计量，需要根据产品的性质，有针对性的计量。

(2)定期对现有计量容器、计量器具进行检查养护[7]。

计量容器以及计量器具的使用均需按照规定时间进行检查养护，容器和器具使用较长时间后会产生一定程度的老化以及形变，从而会影响到计量工作的精准度。

4.2 人员因素

(1)加强对计量从业人员的培训。

目前计量工作的严谨完成仍少不了人员的参与，企业应该对从业人员进行岗前培训，确保计量员熟悉了解计量的每一个环节，避免可能会产生误差的操作。另外企业需定期组织计量员之间的交流，让大家沟通交流工作中发现的实际问题，共同进步。

(2)减少计量过程中非专业计量人员接触油品的可能性[8]。

在油气储运的过程中，避免不了非计量人员的参与，如转运油品司机，设备检修养护人员等，由于油品的高价值性以及人员的非专业性，在此过程中可能会对油品的量产生一定的影响，应减少非专业人员接触油品的可能性。全程GPS、视频方式监督油品的储运环节，加强对接触人员的职业训练以及道德培训等。

4.3 环境因素

(1)政府严格制定计量相关法律法规细则，细化计量行业的管理措施。

良好的计量氛围离不开合理上层建筑的保障，政府应积极听取行业专家以及一线计量员的建议，设计合理有效的计量法规来指导计量行业工作的有序进行。

(2)企业健全计量模式，完善管理体系。

只有建立合理完善的管理体系，才能够减少油品储运过程中计量误差产生的可能性，并且完善的管理体系可以使得责任细化到人，及时发现产生问题的环节。因此完善的管理体系是保障企业经济效益的有效手段。

5 结论

油品计量是石化产业安全运营和公正交易的核心环节。误差的出现通常与设备方法、人员技能和环境条件等因素密切相关。为了有效降低误差率，必须精心设计计量容器和流程，提高计量设备的精度，并定期对设备进行检查和维护。同时，加强对从业人员的专业培训，限制非专业人士接触油品，并建立完善的计量管理体系至关重要。政府和企业需携手合作，通过制定科学合理的法规和管理制度，不断提升计量工作的精准度，进而推动油品计量行业的稳健前行。

参考文献

[1]陈美峰．加油站信息化建设对企业管理水平提升的作用[J]．现代商业，2020(09)：104－105.

[2]慕慧娟．中哈计量体系对比及中哈原油管输计量发展研究[J]．中国石油和化工标准与质量，2022，42(21)：121－123.

[3]马蕊燕，何军，周勇等．变压器油组成与氧化安定性相关性研究[J]．润滑油，2022，37(05)：24－27.

[4]臧涛，王世凯，任鹏．手提式石油数字温度计的实际应用研究[J]．科技风，2009，(24)：220.

[5]张海霞．新型便携式电子秤研究[D]．湖南大学，2005.

[6]马媛，李燕军，杨文，许晓康，王小航．油品在计量过程中存在的问题及对策[J]．辽宁化工，2021，50(05)：660－661＋664.

[7]林兴洋，李柯，郭恩宏等．油库油料损耗及盈余油产生的原因和管理分析[J]．石化技术，2022，29(05)：199－201.

[8]夏楠．降低加油站油品损耗的措施[J]．化工管理，2023，(02)：7－9.

用信息化技术使检定管理规范化

郭春梅

（化验计量部）

摘 要：依托计量管理信息系统，规范计量检定管理，对现场检定仪表的原始记录的电子化进行设计开发，并将电子版原始记录导入计量管理系统，将原始记录上的检定结果与检定证书相关联，提高工作效率。

关键词：信息化；计量检定；规范化；提高效率

计量检定站是中国石化集团公司工业计量站主体实验室，建立了包括长、热、力、电等七大类33项计量标准，可开展检定项目近百种，其中17项计量标准由国家市场监督管理总局直接考核，作为中国石化集团公司企业最高计量标准使用，四项计量标准被天津市市场监督管理委员会授权作为天津市社会公用标准使用。2011年通过中国合格评定国家认可委员会（CNAS）认可，可在全国范围内开展25个项目的校准工作。

1 实施背景

1.1 石化企业推进信息化技术管理的必然选择

化验计量坚持“化验计量为效益、化验计量创效益”的理念，以抓安全保数据质量为核心，将信息技术与检定工作深度融合，信息化技术无疑是企业不断创新、实现生存、获得发展的重要手段。于是本部门将信息化与计量检定充分结合，实现现场检定过程信息化，电子原始记录和检定证书信息化，检定与计量器具台账关联效应，计量标准装置信息动态化管理。

1.2 打造石化特色计量检定管理模式

本部门依托计量管理信息系统，将全部检定工作纳入系统管理模式。从检定计划开始，从人、机、料、法、环五个方面构建计量管理信息系统。人主要指计量管理人员、计量检定人员；机指各专业的计量标准设备与仪器，从计量设备台账或计量标准仪器台账搭建，料主要指检定任务，其中包括计划内检定任务和计划外检定任务。法主要指各专业的计量检定规程、规范等。环境指实验室的环境。计量检定工作从接收任务开始，所有工作在计量管理信息系统上操作，确保体系外无业务。

2 主要内容

2.1 现状分析

2.1.1 工作量大，时间紧

随着南港项目逐步开车，计量器具的检定任务量逐年递增，截至2023年年检定任务量已突破2万台件，计量检定工作需要在规定的时间内完成，常规是10个工作日，围绕计量检定工作，需要对相关的计量标准装置进行管理、维护、计量标准、标准器的溯源，日常的监督复检等工作。

2.1.2 手写记录，重复性工作量大

车间目前有计量标准装置33项，可开展近百种检定项目。目前大部分检定项目的原始记录需要手写，试想2个检定员一天能检多少台，能出多少张原始记录，那么500张原始记录需要多长时间？

2.1.3 错误率高，核验检查费时

手写原始记录出错率高，一张原始记录有多余2处错误需要划改就需要重新抄写出具一张新的原始记录，记录由检定人员出具后，需要核验监督人员审核通过，手写板记录由于人员的字体不规范，核查起来非常困难，并且需要耗费大量的人力，直接影响仪器的检定效率。

2.2 方案设计

信息化是一个系统工程，它涉及面宽、技术性强、要求高，统筹规划非常重要。本部门对检定管理进行分项管理，主要分为计量标准规范化，计量检定证书规范化，计量检定原始记录规范化，计量检定过程规范化。

2.2.1 计量标准规范化

车间目前有计量标准装置40项，可开展100多个检定项目。按照计量标准的建标不同分为国家考核标准，市局考核标准，企业考核标准。每

项计量标准按照标准装置名称，测量范围，考核单位，计量特性，发证单位，负责人，标准状态，标准代码等列表，每项标准装置指定负责人，根据标准装置的有效期预警，提前准备标准复查工作。标准复查通过后，通过及时更新计量标准装置台账，实行动态管理。见表1。

表1　计量标准档案维护

序号	标准名称	标准分类	证书号	测量范围	准确度等级	所属单位	发证单位	发证日期	有效日期	负责人	标准状态	标准代码

2.2.2　计量检定过程规范化

计量检定室将车间计量检定工作流程如下，送检单位编制年检定计划，分配到各个月份，委托计划(同时将计量器具送检)，计量部门检查送检的计量器具同时接收委托单，依据专业下发到计量检定员，计量检定员检查仪器，接收任务单开始检定工作，出具原始记录和证书，完成检定工作，生成检定台账，生成检定报表，送检单位取回仪器并更新检定台账，形成一个闭环，具体操作如图1所示。

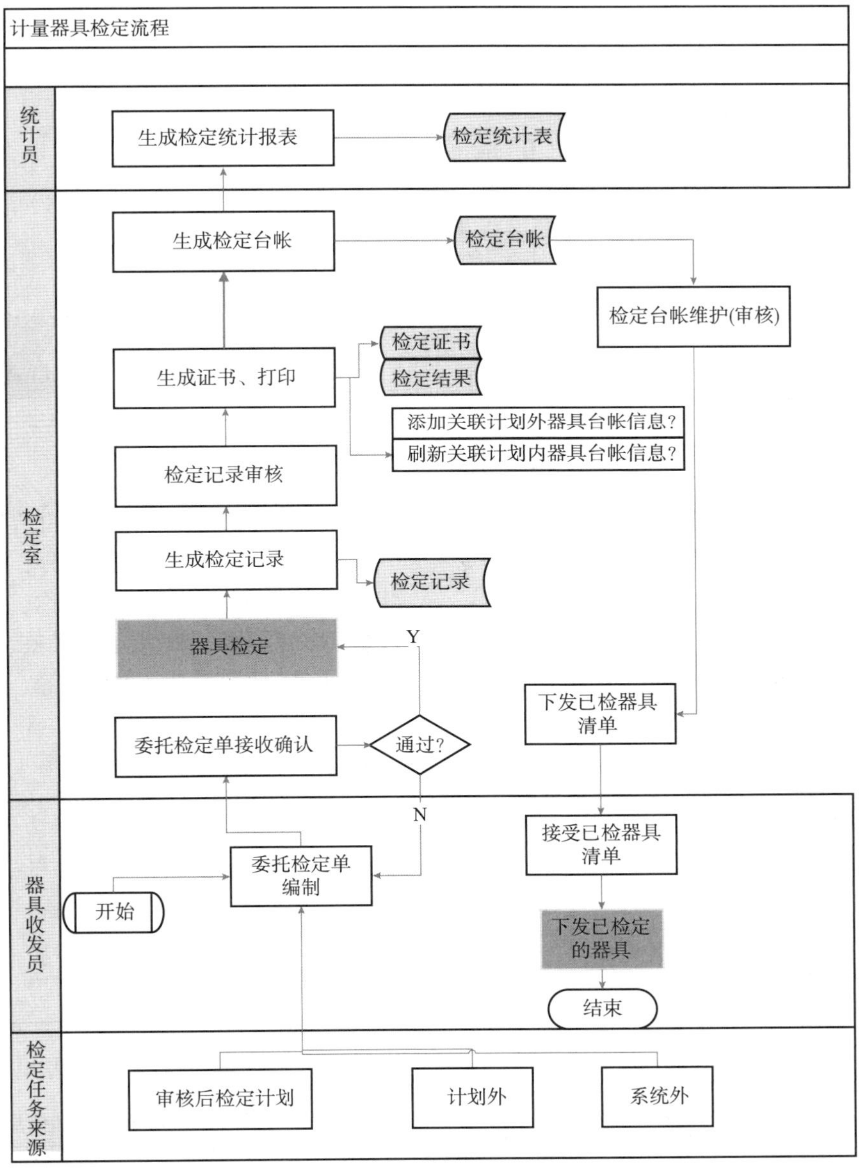

图1　计量器具检定流程图

计量检定室将检定工作按工作场所不同分为实验室检定和现场检定，按照检定专业分为长、热、力、电、化等计量专业。专业流程化管理，流程规范化管理。采用信息化的技术来管理检定专业和检定流程。检定工作专业的分类图见图2。

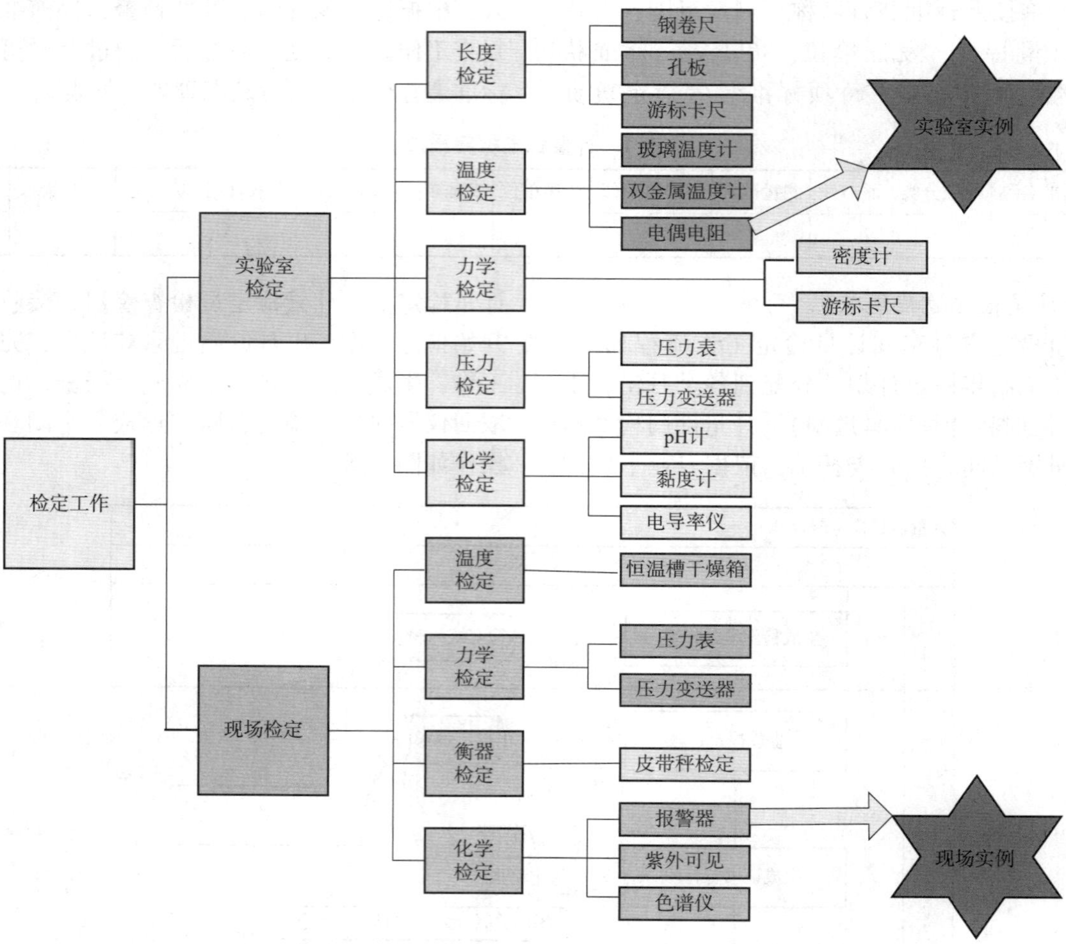

图 2　检定专业分类图

计量检定室对于不同专业，根据各专业的特点，编制各专业的检定过程流程图，规范各个专业的检定操作。

2.2.3　检定原始记录规范化

原始记录首先依据各专业的计量检定规程，编制符合计量检定规程的记录格式，原始记录包括基础信息部分，表 2 所列的信息内容。

原始记录包含标准器部分，标准器包括标准装置的名称或是标准器的名称，标准值，计量特性(准确度等级、最大允许误差、不确定度)，出厂编号(样品编号)，有效期等。见表 3。

表 2　原始记录基础信息部分

任务单		送检单位				证书编号	
型号		生产厂家				仪器名称	
出厂编号		检定地点				量程	
检定温度		湿度		压力	模板自带	检定依据	
标准装置名称及考核证书号					安装位置		

表 3　原始记录标准器部分

标准器名称	标准值(% LEL)	不确定度	样品编号	有效期
空气中异丁烷标准物质	10.1			
	40.5			
	60.2			

原始记录包含检定数据部分，所用标准器的标准值，依据计量检定规程检定的测量值，平均值及检定处理的结果等。见表 4。

表 4　原始记录基础信息部分

标气浓度(% LEL)	1	2	3	平均值	示值误差/重复性

各专业的原始记录以 word 或 excel 表格的形式先制成模板，再导入计量管理信息系统，通过唯一性标识进行查询，打开原始记录界面，进行检定数据编辑。

对于自检的计量器具，可以通过计量管理信息系统中的计量器具台账进行关联。

2.2.4　检定证书规范化

(1)检定证书必须符合相应专业计量检定规程的要求。

(2)检定证书的封面必须包含送检单位名称，计量器具名称，型号/规格，出厂编号，制作单位，检定依据，检定结论，检定单位名称，证书编号，检定员，核验员，批准人的签名，检定日期及有效期等必要信息。

(3)检定证书内页格式包括检定环境条件及地点，检定所使用的计量基(标)准装置或主标准器的信息，检定结果的内容主要有测量范围，标准器，检定温度，外观检查，检定结论等信息。

2.3　实施

2.3.1　计量标准的规范化

首先建立计量标准台账作为支撑，下设计量标准装置维护，计量标准装置查询，标准考核证书预警，标准装置汇总查询四个部分。

①计量标准装置维护。可以对标准装置的基础信息，进行实时维护，动态更新计量标准的相关资料。

②计量标准装置查询。通过锁定关键词如标准名称、标准分类、标准有效期，标准的状态等可以查询某一项计量标准装置所包含的全部信息。

③计量标准证书预警。计量标准装置有考核周期，按照计量标准考核管理办法的要求进行设置，在考核周期到来前 6 个月，进行预警，提醒相关人员准备计量标准客户的资料。只有需要进行计量标准复查的标准在此显示。如表 5 所示为预警界面。

④计量标准装置汇总查询。可以查询所有计量标准的信息。(见表 6)

表 5　计量标准证书预警

计量标准证书预警 - 第1页/共1页 (6)条

标准名称 应检年 2017 月 01

查询 导出

序号	标准名称	标准分类	证书号	测量范围	准确度等级	发证单位	发证日期	有效日期
1	一等直流电阻标准装置	国家考核标准	[1991]国量标石化证字第010号	$(10^{-3}\sim10^{5})\Omega$	一等	国家质量监督检验检疫总局	2013-07-15	2017-07-14
2	计量罐容积检定装置	国家考核标准	[1987]国量标石化证字第002号	$\geqslant 10m^{3}\sim100000m^{3}$	$\pm(10\sim1)\times10^{-4}$	国家质量监督检验检疫总局	2013-12-31	2017-12-30
3	0.02级活塞式压力计标准装置	国家考核标准	[1987]国量标石化证字第008号	(0.04～60)MPa	0.02级	国家质量监督检验检疫总局	2013-09-09	2017-09-08

表 6　计量标准装汇总查询

标准名称 标准分类 市局考核标 所属单位 有效日期 <--> 标准状态 在用

查询 导出

序号	标准名称	标准分类	标准证书号	测量范围	准确度等级	所属单位	发证单位	发证日期	有效日期
1	秒表检定装置	市局考核标准	[2014]量标津证字第0004号	1s～1h	频率准确度：3×10^{-8}	计量中心	天津市质量技术监督局	2014-7-17 0:00:00	2018-7-16 0:00:00
2	天平检定装置	市局考核标准	[2014]量标津证字第0001号	20kg～1mg	E_2等级, F_1等级	计量中心	天津市质量技术监督局	2014-7-17 0:00:00	2018-7-16 0:00:00
3	精密压力表检定装置	市局考核标准	[2014]量标津证字第0006号	(-0.1～60)MPa	0.01级、0.05级	计量中心	天津市质量技术监督局	2014-7-17 0:00:00	2018-7-16 0:00:00

2.3.2　计量检定过程的规范化

①建立计量器具台账，将本部门的所有计量器具分类汇总到计量器具台账中。以不同的颜色来区分不同的状态。绿色代表计量器具到期准备检定；红色代表超期未检(已送检，仪器未取回)；黄色代表器具已报废；蓝色代表器具封存，棕色代表器具停用。(见表 7)

②对于到期需检定的计量器具，通过颜色预警提示应检计量器具 - 下发计量器具委托单 - 检定人员开始接收检定任务单 - 从事计量检定工作 - 检定完成出具原始记录和检定证书 - 检定完成关闭任务单 - 更新计量系统台账 - 完成整个过程的管理。

③检定和校准采取的过程控制方法有很多，依据不同专业的特点用好不同的过程控制方法，加强对计量标准器具管理，加强过程监督与检查，确保计量检定全过程受控，量值传递准确可靠。

对于计量检定原始记录、检定证书实行三级审核，日常监督，抽检等方式的过程控制方法；对于计量标准器具的溯源实行对检定证书、校准证书、测试证书确认的过程控制方法；对于具备稳定的核查标准的计量标准专业采用对计量标准进行重复性试验、计量标准稳定性考核的过程控制方法；对于比较重要的计量标准装置，如果可以找到合适的核查标准，可以考虑用计量标准的期间核查或质量控制图来对该标准进行长期的过程质量控制。

表7　计量器具台账

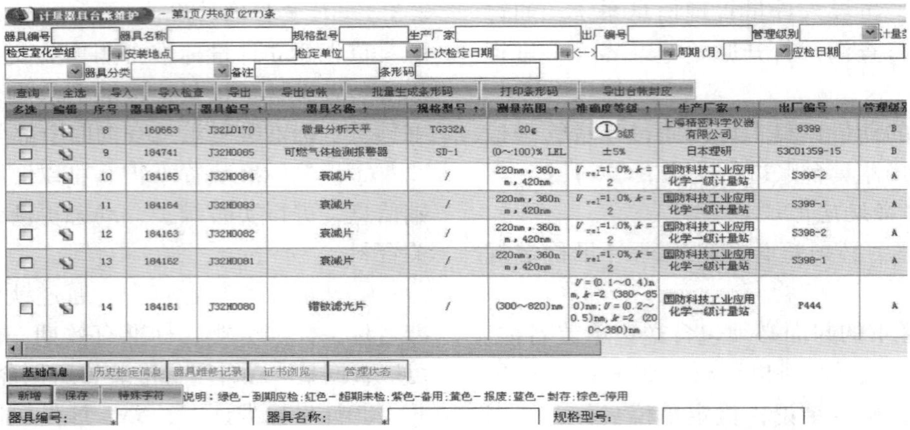

多选	编辑	序号	器具编码	器具编号	器具名称	规格型号	测量范围	准确度等级	生产厂家	出厂编号	管理级别
☐		8	160663	J32L0170	微量分析天平	TG332A	20g	①3级	上海精密科学仪器有限公司	8399	B
☐		9	184741	J32H0085	可燃气体检测报警器	SD-1	(0～100)% LEL	±5%	日本理研	53C01359-15	B
☐		10	184165	J32H0084	衰减片	/	220nm，360nm，420nm	U_{rel}=1.0%，k=2	国防科技工业应用化学一级计量站	S399-2	A
☐		11	184164	J32H0083	衰减片	/	220nm，360nm，420nm	U_{rel}=1.0%，k=2	国防科技工业应用化学一级计量站	S399-1	A
☐		12	184163	J32H0082	衰减片	/	220nm，360nm，420nm	U_{rel}=1.0%，k=2	国防科技工业应用化学一级计量站	S398-2	A
☐		13	184162	J32H0081	衰减片	/	220nm，360nm，420nm	U_{rel}=1.0%，k=2	国防科技工业应用化学一级计量站	S398-1	A
☐		14	184161	J32H0080	镨钕滤光片	/	(300～820)nm	U=(0.1～0.4)nm，k=2 (380～850)nm；U=(0.2～0.5)nm，k=2 (200～380)nm	国防科技工业应用化学一级计量站	P444	A

2.3.3　原始记录的规范化

①设计各专业的原始记录模板，将模板导入计量管理信息系统。

②对于现场检定的计量仪器，需要准备一台笔记本电脑，将数据库提前做好，下场检定前根据实际检定的器具在计量管理信息系统中先核对基础信息，核对无误后，在检定任务接收中接收任务单，然后将笔记本电脑连接计量管理信息系统，将待检定的现场仪器的基础信息同步到笔记本电脑。这样下厂检定就可以携带笔记本电脑去工作了。

③到现场控制室内，检定人员打开笔记本电脑，找到当天需要检定的任务单，打开原始记录界面，随着与现场检定员的沟通及时将检定数据填写在电子版的原始记录中。原始记录填写完毕及时保存信息，关闭该页面，依据出厂编号查找下一台报警器的编辑页面，重复上述实时录入记录环节，直至一个装置区的报警器全部检定完成为止。检定完成后，再将该任务单同步到计量管理信息系统，进行后面的操作。

④原始记录的预览、打印。通过勾选，可以预览整个任务单内的任一台原始记录。如发现错误可以编辑修改。若没有问题，可以通过勾选直接打印。

2.3.4　检定证书的规范化

①将各专业的计量检定证书模板设计好，导入计量管理信息系统。

②从计量管理信息系统的接收窗口，接收任务单。

③在计量管理信息系统编辑窗口，对任务单进行编辑，与原始记录进行关联，将原始记录上的检定数值及检定结果链接到检定证书中的检定结果栏，保存，提交，审核，生成证书。

④通过证书预览页面对编辑完的检定证书进行核查，核对无误后进行勾选打印。系统可以实现批量打印原始记录和检定证书的功能。

3　效果及效益

3.1　直接效果

通过实行信息化技术以来，规范了车间的管理工作。车间规范细化岗位职责，职工明确自己的任务目标。重点任务责任到人，严格按照时间节点考核、兑现。原始记录、检定证书规范了格式，让职工进一步规范了计量检定操作行为，同时细化、量化了各项日常工作标准。时间紧，任务重，计量检定站合理安排人员，优化标准器的配置，充分发挥信息化技术优势，大幅提升了检定效率，使压力表、双金属温度计的日检定能力由400台件提高到近800台件，实现日最大检定800余台件的历史新高，创造了历史最大检定量。

3.2　经济效益

通过强化信息化管理，本部门圆满完成了车间各项阶段性任务目标。2023年本部门全年的检定数量为21960台件，对外检定创收100多万元。通过规范日常检定工作，公司内的检定证书改为计量系统内浏览，节省易耗成本约5万元。

3.3　社会效益

本部门计量数据准确率达到100%，证书/报告合格率达到100%，客户满意率100%，全年未发生一起计量投诉；计量检定员持证上岗率100%；全面实现实验室管理体系目标、指标。计量标准复查工作全部顺利通过。实验室能力验证工作结果均为“满意”。在保证计量标准装置准确开展量值传递的同时进一步提高了实验室的检定和校准测量能力。提高了本部门在中石化系统内和天津市范围内的影响力。

一种加油站卧式油罐容量表大数据在线校验方法

韩亚军　杨晓楠

（中国石化销售股份有限公司江苏石油分公司）

摘　要：近年来，成品油销售企业全面推进加油站地罐交接，成品油零售损溢管理水平持续提升。加油站油罐作为一种计量器具，其容量表的准确性直接关系到地罐交接数据的准确性和异常损溢的准确分析、判断。传统的几何测量法（包括光电测距法）检定的容量表，其总不确定度达到0.40%，无法满足加油站地罐交接允差不大于±0.30%的要求，且只有在清罐的条件下才能开展。近几年大面积推广的容量比较检定法，存在作业时间长、带油检定作业风险大的问题，主要适用于新建、改造加油站的开业前检定，且检定费用较高。本文介绍了一种以加油站液位仪深化应用平台大数据为基础，进行加油站油罐容量表准确度校验的方法。基于加油站液位仪系统销售流水以及历史液位数据等核心数据，明确在线校验逻辑关系，进而对加油站卧式油罐容量表的测量模型进行研究，并通过不确定性分析，确保所得结果满足计量管理工作的要求。考虑到人工计算从人员素能要求、工时需求、重复计算错误率上都存在较高风险。本文通过明确取数逻辑、细化计算过程，对加油站卧式油罐容量表的在线校验模型进行算法开发，最终达到系统计算代替人工计算的目的，让信息技术切实服务于基础管理，以期进一步提升加油站油罐容量校验工作的安全性、时效性、准确性。

关键词：加油站；油罐容量表；在线校验；方法分析

1　加油站油罐容量表管理现状

加油站油罐容量表是加油站地罐交接和损溢规范管理的基础[1]，且油罐首次检定[2-5]后，仍需要通过后续检定（校验）来对由于油罐使用过程中的位移、变形等导致的失准容量表进行调校[6,7]。传统的几何测量法（包括光电测距法）检定的容量表，其总不确定度达到0.40%，根本无法满足加油站地罐交接允差不大于±0.30%的要求，且只有在清罐的条件下才能开展。近几年大面积推广的容量比较检定法，存在作业时间长、带油检定作业风险大的问题，主要适用于新建、改造加油站的开业前检定，且检定费用较高。急需一种安全、经济、便捷、高效、准确、可靠的容量表准确度校验方法。本文借助加油站液位仪深化应用平台[8-11]，以加油站油罐、加油枪数据比对为基础，对加油站油罐容量表大数据在线校验方法进行研究[12,13]。

2　加油站油罐容量表大数据在线校验方法

2.1　测量方法

通过系统自动的提取加油站液位仪平台油罐历史液位和加油机销售流水数据，建立加油站油罐内油品液位高度与加油枪发出油品体积量之间的对应关系，在对罐存油品和销售油品体积等进行补偿修正后，建立油罐高度与累计体积量的对应关系，通过系统拟合，生成以厘米为间隔的对应校验区间的新容量表。

2.2　测量模型

$$V_{20}=\left[V_0(1+\beta_y(t_1-t_0))+\frac{V_j(1+\beta_y(t_1-t_j))}{1+E_j}\right](1+\beta_g(20-t_1)) \tag{1}$$

式中　V_{20}——卧式油罐内液位高度 h 时对应的20℃时的容积值，L；

V_0——卧式油罐容积校验下起点高度 h_0 对应的原油罐容积表容量值，L；

V_j——卧式油罐内液位高度 h_0 到 h 区间内对应的加油机实际发出油品体积量，L；

β_y——校验油罐罐存油品温度体积膨胀系数，汽油0.0012、柴油0.0008，℃$^{-1}$；

β_g——卧式油罐罐体温度体积膨胀系数，碳钢：33×10^{-6}℃$^{-1}$；

t_0——卧式油罐内液位高度 h_0 对应的罐内油品平均温度，℃；

t_1——卧式油罐内液位高度 h 对应的罐内油品平均温度，℃；

t_j——卧式油罐内液位高度 h_0 到 h 区间内对应的加油机发出油品加权平均

温度(加油机发出油品温度取加油时对应的油罐油品的实时平均温度),℃;

E_j——加油机校验误差,%。

3　测量不确定分析

本文中的不确定度分析，数据基于所在省(市)公司实际环境条件，罐存油品温度变化情况，特别是加油枪发出油品温度与罐存油品差异，对校验结果不确定度有较大影响。

3.1　测量不确定度 A 类评定

以加油站常用 30m^3 油罐为例，对同一油罐进行三次校验，由于各次校验，液位起点高度不一致，三次校验生成的厘米容量表区间分别为(360 ~ 2080) mm、(700 ~ 2060) mm、(610 ~ 2040) mm，取三次校验都有覆盖的区间(700 ~ 2000) mm 进行比对，将 700mm 的累计容量都设置为零，累计容量差量数据见表 1。(取 100mm 间隔)

表 1　累计容量差量统计

高度(mm)	累计容量(L)			区间差量(L)			极差量(L)
	1	2	3	1 - 2	1 - 3	2 - 3	
700	0	0	0	0	0	0	0
800	1355. 036	1354. 647	1354. 171	0. 388	0. 865	0. 476	0. 865
900	2764. 845	2764. 795	2762. 757	0. 050	2. 087	2. 038	2. 087
1000	4217. 365	4218. 222	4214. 354	-0. 857	3. 011	3. 868	3. 868
1100	5701. 164	5703. 433	5697. 775	-2. 269	3. 389	5. 658	5. 658
1200	7205. 235	7209. 334	7201. 981	-4. 100	3. 253	7. 353	7. 353
1300	8718. 817	8724. 977	8716. 011	-6. 160	2. 806	8. 966	8. 966
1400	10231. 241	10239. 386	10228. 922	-8. 145	2. 319	10. 464	10. 464
1500	11731. 789	11741. 455	11729. 739	-9. 666	2. 050	11. 716	11. 716
1600	13209. 579	13219. 925	13207. 407	-10. 345	2. 172	12. 518	12. 518
1700	14653. 473	14663. 431	14650. 754	-9. 958	2. 719	12. 677	12. 677
1800	16052. 004	16060. 634	16048. 460	-8. 630	3. 544	12. 174	12. 174
1900	17393. 322	17400. 418	17389. 032	-7. 096	4. 290	11. 387	11. 387
2000	18665. 170	18672. 172	18660. 788	-7. 002	4. 382	11. 384	11. 384

区间内累计容量最大差值 12. 677L，用极差法计算标准不确定度，取极差系数 1. 69 得：

$$S(x) = 12.677/1.69 = 7.502\text{L}$$

3.2　测量不确定度 B 类评定

校验结果受到油品体积膨胀系数、油罐罐体膨胀系数、油品计量温度、液位仪设备误差、油品液面波动、加油机检定结果不确定度、加油机油品发出温度等不确定分量影响。

3.2.1　*方差和传播系数*

方差由式(1)可得合成方差

$$[u_c(V_{20})]^2 = c_1^2[u(V_0)]^2 + c_2^2[u(\beta_y)]^2 + c_3^2[u(t_1)]^2 + c_4^2[u(t_0)]^2 + c_5^2[u(V_j)]^2 + c_6^2[u(E_j)]^2 + c_7^2[u(t_j)]^2 + c_8^2[u(\beta_g)]^2 + c_9^2[u(V_m)]^2 \tag{2}$$

3.2.2　*标准不确定度分量*

(1)由于低液位起点液位高度的不确定性引起的不确定度分量。

起始点液位高度受到液位仪自身测量不确定性和液面波动的影响，液位仪最大允许误差 ± 0. 5mm，系统取数条件要求液面波动小于 ± 0. 2mm，服从均匀分布，正常起点液位较低，对应容量约 12L/mm 则：

$$u(V_0) = 12 \times ((0.5\sqrt{3})^2 + (0.2\sqrt{3})^2)^{1/2} = 3.7310\text{L}$$

考虑油罐容量表校验用液位仪与实际使用液位仪一致，在此忽略由于设备安装引起的不确定度。

(2)卧式罐内油品膨胀系数引起的不确定度分量。

查相关资料，汽、柴油体积膨胀系数的不确定度为 5×10^{-6}℃$^{-1}$($k=2$)

$$u(\beta_y) = (5 \times 10^{-6}℃^{-1})/2 = 2.5 \times 10^{-6}℃^{-1}$$

(3)由于高度液位起点温度的不确定性引入的不确定度分量。

卧式油罐内油品输出平均温度允差为±0.5℃，服从均匀分布，则

$$u(t_1)=0.5\sqrt{3}=0.2887℃$$

(4)由于低液位起点温度的不确定性引入的不确定度分量。

卧式油罐内油品输出平均温度允差为±0.5℃，服从均匀分布，则

$$u(t_0)=0.5\sqrt{3}=0.2887℃$$

(5)由于加油机累计泵码的不确定性引入的不确定度分量。

加油机泵码最小跳变量为0.01L，区间半宽为0.005L，服从均匀分布，则

$$u(V_j)=0.005\sqrt{3}=0.0029\text{L}$$

(6)由于加油机检定(校验)结果的不确定性引入的不确定度分量。

根据现场检定及相关资料，加油机检定(校验)不确定度一般不大于0.07%($k=2$)，则

$$u(E_j)=\times0.07\%/2=0.035\%$$

国家检定规程规定的加油机最大允差是包含了量程比范围内的各流量点误差，而实际加油过程中一般都是大流量加油，其不确定因素相对较少，且在数据计算时按最大流量点检定(校验)误差对加油机发出体积量进行了修正，在此采用加油机检定(校验)不确定度进行不确定分量计算相比采用国家检定规程的最大允差进行不确定分量计算显得更为合理

(7)加油机发出油品温度测量引起的不确定分量。

加油机发出油品温度采用了油罐罐存油品温度，当加油间隔时间较长时，与加油机发出油品实际温度存在一定不一致性，根据现场观测数据，非连续加油时，平均单次加油量50升及以上时，温度差异约1.5℃，服从均匀分布，则

$$u(t_j)=1.2\sqrt{3}=0.6929℃$$

(8)由于油罐罐体体积膨胀引入的不确定度分量。

加油站油罐体积膨胀系数的不确定度采用3.3×10^{-6}，服从均匀分布，则

$$u(\beta_g)=3.3\times10^{-6}\sqrt{3}=1.9054\times10^{-6}℃^{-1}$$

(9)数据模型简化引入的不确定度分量。

根据实际应用数据分析，数据模型的简化引入的不确定度分量约1.5L，服从均匀分布，则

$$u(V_m)=1.5\sqrt{3}=0.8661\text{L}$$

3.2.3　B类标准不确定度汇总(见表2)

表2　容量比较法B类不确定度一览表

标准不确定度分量 $u(x_i)$	不确定度来源	标准不确定度值 $u(x_i)$	传播系数 $C_i=\partial V/\partial x_i$	合成标准不确定度分量 $\|C_i\times u(x_i)\|$
$u(V_0)$	校验起点液位	3.7310L	1.0027	3.742L
$u(\beta_y)$	油品体积膨胀系数	$2.5\times10^{-6}℃^{-1}$	36409	0.092L
$u(t_1)$	油品计量温度	0.2887℃	30.4268	8.785L
$u(t_0)$	油品计量温度	0.2887℃	−3.146	0.909L
$u(V_j)$	加油机泵码数	0.0029L	1	0.003L
$u(E_j)$	加油机校验	0.035%	−23564	8.248L
$u(t_j)$	加油机发出油品温度	0.8661℃	−28.2742	19.592L
$u(\beta_g)$	油罐体积膨胀系数	$1.9054\times10^{-6}℃^{-1}$	−80745	0.154L
$u(V_m)$	数据模型	0.8661L	1	0.867L
uc=23.337L				

3.3　合成标准不确定度评定

$$u=\sqrt{S(x)^2+u_c^2}=24.514\text{L}$$

3.4　扩展不确定度

取包含因子$k=2$，则卧式罐容量校验结果的扩展不确定度为：

$$U=2\times24.514\text{L}=49.028\text{L}$$

对于常用30m³，23599.577L的区间容量，校验结果相对扩展不确定度为：

$$U_{rel}=49.028/23599.577=0.208\%\quad(k=2)$$

3.5　不确定度结果验证

采用本校验方法与省计量科学研究院用二等标准金属量器检定方法对一油罐进行容量校验，取常用高度区间700~2000mm，进行验证，结果如下：

表3　与标准金属量器检定结果比对

校验机构	700mm	2000mm	区间累计容量
省计量科学研究院	6508L	25185L	18677L
大数据校验方法	6516L	25177L	18661L

$|18661-18677|=16L\leq((18677\times0.00063)^2+(18661\times0.00208)^2)^{1/2}=40L$，结果得以验证。

采用经过校准的准确度等级为0.1级的重力自垂式涡轮流量计卸油体积与用本方法校验的油罐实际收货体积进行比对，结果见表4。

表4　与流量计计量结果比较

计量方法	收货体积(V_{20})		
流量计	13259.26L	11748.35L	7975.12L
大数据校验方法	13244.86L	11754.30L	7963.60L
差值	14.40L	-5.95L	11.52L

如果以流量计作为标准，校准证书给出的不确定度约0.05%，优于本方法，不考虑流量计不确定度影响，$14.40L\leq13244.86\times0.00208=27.54L$；$5.95\leq11754.30\times0.00208=24.44L$；$11.52\leq7963.60\times0.00208=16.56$。结果得到验证。

4　系统开发

4.1　数据下载

以加油站进货验收历史数据为依据，通过相连进货批次液位高度差，自动识别指定时间区间内可满足校验条件的数据区间。

下载液位仪系统油罐历史趋势线、加油机销售流水数据；针对现阶段液位仪系统加油机销售数据不完整的情况，增加了管控销售流水上载和自动补数功能。

4.2　校验点确定

4.2.1　静态液位点

以油罐液位仪历史趋势线为依据，连续12次(液位仪系统取数间隔5s/次)及以上液面波动小于0.2mm的判定为静态液位点，系统自动识别校验区间内所有判定符合条件的静态液位点。

4.2.2　高液位起点

以加油站液位仪油罐进货验收完成时点为依据，向前5分钟寻找最高静态液位点。

4.2.3　校验点位

从最高液位点向下，以间隔(80～120)mm，在静态液位点中取连续静态50次及以上的静态液位点依次取点，最低液位点与前一液位点间隔不小于50mm；当无法满足正常取点条件时，在间隔区间优先的前提下，寻找其他静态液位仪点替代(由于中间静态液位点高度引起的微小差异，在系统进行数据拟合时，可以找回)；当在正常间隔区间内，无静态液位点时，适当放宽间隔上限到150mm。

表5　系统自动识别的校验点

油高(mm)	温度(℃)	记录开始时间	记录结束时间
2043.8	22.4	2022-05-23 16:31:07	2022-05-23 16:37:01
1945	22.3	2022-05-23 18:00:27	2022-05-23 18:08:23
1863.3	22.2	2022-05-23 19:37:34	2022-05-23 19:58:13
1782.2	22.2	2022-05-23 22:09:13	2022-05-23 22:16:16
1696.3	21.9	2022-05-24 07:56:20	2022-05-24 07:59:34
1586.4	21.9	2022-05-24 09:09:40	2022-05-24 09:13:52
1502.4	21.9	2022-05-24 10:12:24	2022-05-24 10:20:06
1418.8	21.9	2022-05-24 11:37:49	2022-05-24 11:42:12

4.3　加油机发出数据确定

以校验静态液位点记录开始时间和加油机发出流水中的加油开始时间为依据，自动对加油机销售与油罐发油数据在时间一致性上进行匹配。

4.4　数据处理

4.4.1　累计罐容计算

系统根据给定的数据模型，输出各对应校验点的液位高度及其对应油罐累计容量。

表6　校验点对应的油罐容量

高度(mm)	温度(℃)	修正后罐容(L)
2043.8	22.4	25708.638
1945	22.3	24487.893
1863.3	22.2	23419.605
1782.2	22.2	22318.2
1696.3	21.9	21114.842

4.4.2 校验数据核查

通过对各校验点液位高度及其对应的累计容量进行高次拟合后，重新计算各校验高度点对应的拟合容量，并对拟合前后的累计容量进行差异比对，差值一般在 ±2L 以内，当差值大于 ±5L 时，判定为数据存在异常，系统会自动进行一次二次找点，重新选择校验点。

表 7 系统取数准确性核查(一)

高度(mm)	拟合计算罐容(L)	修正后罐容(mm)	差值
2043.8	25709.04212	25708.63776	-0.404362526
1945	24486.47333	24487.89312	1.419786287
1863.3	23420.34198	23419.6053	-0.736676638
1782.2	22319.4448	22318.19989	-1.244909484
1696.3	21114.02248	21114.84172	0.819235852
1586.4	19524.14001	19524.26117	0.121159746
1502.4	18281.448	18281.59797	0.149970552
1418.8	17028.26105	17028.31072	0.049676772

当最终输出容量数据核查差值超差 ±5 升时，从已运行情况分析，主要问题有：

①加油站液位仪系统油罐与油枪匹配错误；

②加油站存在数据采集时间段内存在油品回罐；

③加油站存在油罐渗漏或液位卡浮子、安装不稳定等设备故障；

④加油站在数据采集期间对加油机进行了误差调整；

⑤当差值明显偏大时，较达可能性加油站存在内部偷盗油问题等。

4.4.3 罐容表生成

系统根据各校验点的高度、容量关系，通过高次拟合生成对应校验区间的容量表。

4.4.4 对原油罐容量表失准情况的分析

系统通过新、旧容量表各校验点间隔区间内的油罐油品发出量进行比对，给出了各区间容积表偏差，方便使用单位更好地进行分析、核查。

4.4.5 数据分析应用

根据统校验容量表进货数据分析，可以及时发现加油站存在的设备、管理缺陷，如曾经出现某油罐容量表校验后，进货明显损耗，后经排查为加油站油气回收罐通气管 PV 阀失效，挥发损耗增加所致。

4.6 应用效果展示

以下为某一油罐容量表校验后的地罐交接损溢情况，近半年时间未出现损溢率超 ±0.15% 情况。见图 1。

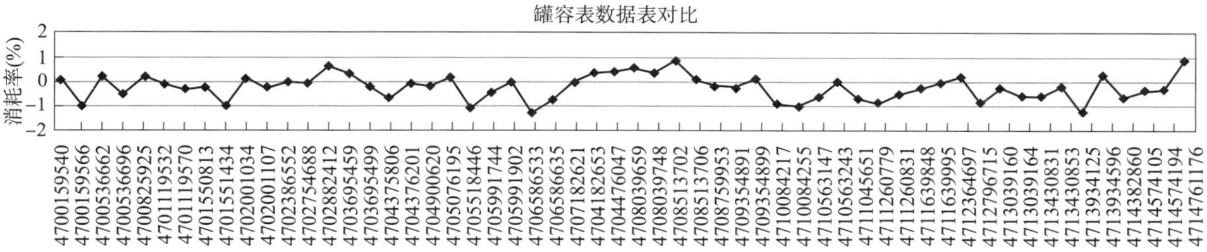

图 1 罐容表数据比对

5 结语

由于加油枪发出油品温度采用了油罐温度，因此加油机销售油品温度与油罐内油品温度的一致性是影响油罐容量表校验不确定度的重要因素。对于连续加油或单次加油量较大的油罐，这种影响很小；同时，这种不一致受季节影响较明显，在 4、5 月、9、10 月影响较小；因此从技术上可以探讨在加油机流量测量变换器位置增加温度传感，实时监测销售油品的真实温度，这样可以大幅检定现有校验数据的不确定性，提升校验结果的准确性。从管理上合理安排油罐容量表校验时间，也可以在一定程度上降低这种不确定因素对校验结果的影响，如：对于销售量较小的加油站，将校罐时间安排在每年的 4、5、9、10 月。

另外，加油机受到环境温度变化的影响，其误差会发生偏移。通过大数据观测，进口计量器这种偏移较小，检定周期内一般不大于 0.05%。从技术上，加油机生产商需要不断提升加油机计量稳定性。从管理上，建议严把物资采购关，稳定的计量设备是计量信息化推进过程中大数据模型有效性的重要保证[14]；同时，建议在确定校验时间时，应当尽量避免在校验数据采集期间出现环境温度的突升、突降，对校验周期较长的加油站，建议在开始数据采集前和结束数据采集后分别进行加油机误差校验[15]，取两次校验数据的中间值作为代入系统计算的加油机误差数据。

参考文献

[1]肖悦春，汪绪伟．基于地罐交接方式的加油站油品损耗管理研究[J]．全国商情，2013(12X)：6.

[2]全国容量技术委员会，卧式金属罐容量检定规程：JJG266—2018：中国标准出版社，2019.

[3]刘子勇．JJG266—2018《卧式金属罐容量检定规程》解读[J]．中国计量，2019(10)：3.

[4]汤志彪，钱永安，肖翀．卧式金属罐几种检定方法的比较[C]// 中国计量测试学会．中国计量测试学会，2017.

[5]王显铭．关于加油站埋地储油罐容积表差异校正问题的研究[C]// 中国油气计量技术论坛．中国计量协会，2012.

[6]林新华．卧式油罐容积表偏差调整的研究[C]// 中国计量协会；中国石油化工集团公司；中国石油天然气集团公司．中国计量协会；中国石油化工集团公司；中国石油天然气集团公司，2014.

[7]胡永刚．全站仪测量加油站地埋卧式油罐容量探讨[C]// 中国计量协会；中国石油化工集团公司；中国石油天然气集团公司．中国计量协会；中国石油化工集团公司；中国石油天然气集团公司，2014.

[8]何家惠，曾勇昭，黄闯．基于液位仪系统大数据的加油站油品计重密度研究与应用[J]．石油化工自动化，2021(006)：057.

[9]梁浩．基于网络大数据的智能化加油站建设探析[J]．品牌研究，2022(024)：000.

[10]刘立茹．大数据时代油品销售企业数据化运营体系的构建[J]．石油库与加油站，2019，28(2)：7.

[11]钟云环，张路，王睿，等．大数据背景下智慧加油站创新管理与服务研究[J]．科技创新与应用，2022(014)：012.

[12]包星震，当前解决加油站油罐容积表问题的有效途径，石油库与加油站，2009，第 18 卷 第 3 期：20－23.

[13]曾勇昭，何家惠．加油站液位仪系统大数据的经营管理应用研究[J]．石油化工自动化，2021，57(3)：4.

[14]张万蕊，何新民，王仁强，等．设备综合数字化管理平台对质量，设备，计量的积极作用[C]// 新疆石油学会．新疆石油学会，2014.

[15]张艳琼．影响燃油加油机数据的误差分析[J]．计量与测试技术，2017，44(7)：2.

声光热值仪在天然气能量计量中的应用

姜 琛 林 敏 路 双

（中国石化天然气分公司）

摘 要： 本文介绍了一种利用声光关联法测定天然气发热量的新方法，用声光热值仪测定了气体标准物质和管输天然气的发热量，计算了压缩因子等参数。声光热值仪测定标准物质发热量重复性的相对标准偏差在0.01%以内，压缩因子相对标准偏差在0.1%以内；与标准物质理论值进行比较，发热量平均值的测量相对误差在0.5%以内，压缩因子在0.3%以内。用声光热值仪与在线气相色谱仪同时测定管输天然气发热量的相对误差在0.5%以内，工况压缩因子在0.2%以内，瞬时能量在0.7%以内。验证了利用声光热值仪测定天然气发热量及用于能量计量的可行性。

关键词： 声光关联法；声光热值仪；天然气；发热量；能量计量

1 引言

体积计量是传统的天然气计量方式，是我国当前采用的主要贸易交接方式[1~5]。而能量计量目前是国际上普遍采用的贸易交接方式，天然气终端消费同样也采用能量计价[6~11]。我国现行的体积计量方式无法体现天然气优质优价的原则，难以与国际接轨，因此实现能量计量是我国天然气计量发展的大势所趋。

目前，天然气能量计量相关的国家标准是GB/T 22723—2008《天然气能量的测定》[12]。本文根据GB/T 22723—2008中提供的发热量赋值方法，介绍了利用可见光光谱－超声波关联法（以下简称“声光关联法”）的声光热值仪测定天然气标准物质发热量、相对密度的实例，并与气相色谱法测定管输天然气发热量、相对密度进行比较，同时将计算得到的压缩因子也进行了比对。

2 原理

2.1 能量计量公式

天然气的能量计量是通过两个参数的测量完成，即体积流量的测量和体积高位发热量的测量，见式（1）：

$$E = Q \times H \tag{1}$$

式中 E——天然气的能量，MJ；

Q——天然气的体积，m^3；

H——天然气高位发热量，MJ/m^3。

由式（1）可知，天然气能量计量的关键参数在于天然气体积流量和发热量的测定。

计量参比条件下（标况：101.325kPa，20℃），能量瞬时流量为：

$$e_n = q_n \cdot H_n = q_f \cdot \frac{P_f}{P_n} \cdot \frac{T_n}{T_f} \cdot \frac{Z_n}{Z_f} \cdot H_n \tag{2}$$

式中 e_n——计量参比条件下的能量流量，MJ/h；

q_n——计量参比条件下的体积流量，m^3/h；

H_n——计量参比条件下的高位发热量，MJ/m^3；

q_f——工作条件下的体积流量，m^3/h；

P_f——工作条件下的压力，kPa；

P_n——计量参比条件下的压力，kPa；

T_f——工作条件下的温度，K；

T_n——计量参比条件下的温度，K；

Z_f——工作条件下的天然气压缩因子；

Z_n——计量参比条件下的天然气压缩因子。

2.2 发热量的测定

目前，天然气体积计量比较成熟，能量计量要解决的问题就是发热量的测定。按照GB/T 22723—2008的规定，发热量有直接测量、间接测量、关联技术等3种测量方式[12]。

目前天然气场站主要是用气相色谱仪间接测量发热量，利用气相色谱仪测定天然气组成，然后依据GB/T 11062—2020《天然气 发热量、密度和相对密度的计算》，通过组成数据计算得到发热量、相对密度，同时利用组成数据依据GB/T 17747.2—2011《天然气压缩因子的计算 第2部分：用摩尔组成进行计算》进行压缩因子的计算，用于天然气计量[13,14]。

2.3 关联法测定发热量

关联法测定是利用天然气的一个或多个物理性质与发热量之间的关系测定，同时还可以测定相对密度、沃泊指数等物性参数。

声光热值仪是利用声光关联法测定发热量的设备，目前较多用于发电厂等过程监测中，而在国内并未用于天然气输气场站的计量。目前天然气输气场站使用的在线气相色谱仪测量周期至少为 100 秒，有的甚至达到 5 分 20 秒，而声光热值仪可以实现秒级的测量，可见声光热值仪在测量周期上的优势，故其在组分波动大的场站的计量上有一定的应用前景。图 1 所示为声光热值仪测定天然气发热量的原理示意图。

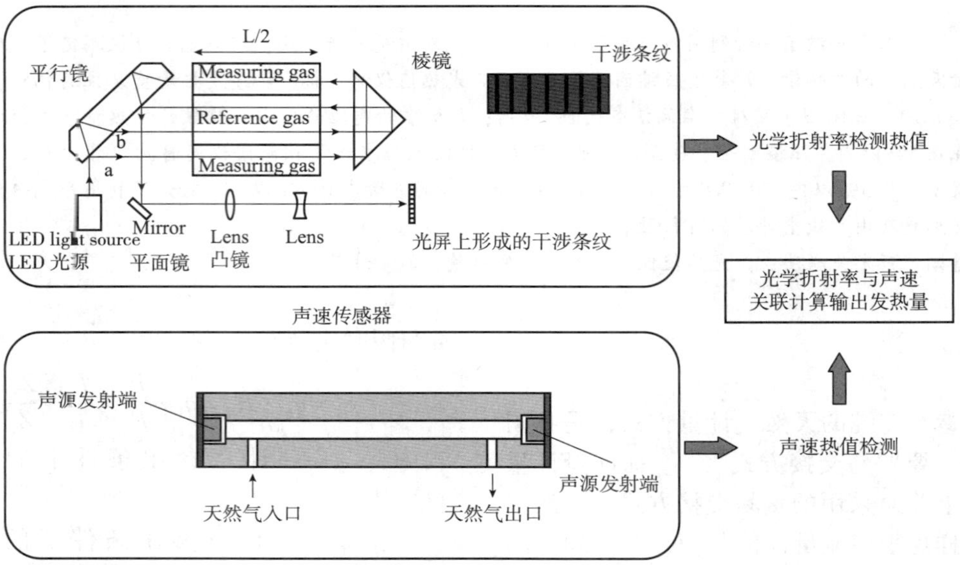

图 1　声光关联法测定天然气发热量原理示意图

天然气发热量分别与可见光折射率和声波传播速度呈线性关系，分别通过光学传感器和声速传感器测定天然气的折射率和声波传播速度，并测定其对应的发热量。通过检测光学传感器检测到的发热量和声速传感器检测到的发热量并互相补偿，从而得到准确的发热量检测结果。光学折射率和声波传播速度与天然气发热量 H 的比率关系计算见式(3)、式(4)。

$$H = H_{\mathrm{OPT}} - \sum k_i x_i \tag{3}$$

$$H = H_{\mathrm{SONIC}} - \sum k'_i x_i \tag{4}$$

式(3)和式(4)中　H_{OPT}为通过光学折射率测定的发热量，MJ/m^3；H_{SONIC}为通过声波传播速度测定的发热量，MJ/m^3；x_i 为测定气体的体积浓度；k_i、k'_i为干扰系数。

k_i 和 k'_i成一定比例关系，设 $k'_i = \alpha \times k_i$，结合式(3)、式(4)得到式(5)。

$$H_{\mathrm{OPT}} - \sum k_i x_i = H_{\mathrm{SONIC}} - \alpha \sum k_i x_i \tag{5}$$

由式(5)得到式(6)：

$$\sum k_i x_i = \frac{H_{\mathrm{OPT}} - H_{\mathrm{SONIC}}}{1 - \alpha} \tag{6}$$

将式(6)带入式(3)，得到式(7)，即声光关联法测定天然气发热量的计算公式(8)：

$$H = H_{\mathrm{OPT}} - \frac{H_{\mathrm{OPT}} - H_{\mathrm{SONIC}}}{1 - \alpha} \tag{7}$$

同样方法，该方式还能同时测量相对密度。利用的是碳氢类气体的相对密度与可见光折射率成正比、同时与声波传播速度成正比的原理。计算公式如式(8)：

$$d = d_{\mathrm{OPT}} - \frac{d_{\mathrm{OPT}} - d_{\mathrm{SONIC}}}{1 - \beta} \tag{8}$$

将热值仪测定的发热量、相对密度输入至流量计算机，流量计算机可以根据温度、压力，依据 GB/T 17747.3—2011《天然气压缩因子的计算　第 3 部分：用物性值进行计算》来计算出相应条件下的压缩因子，然后用于计量[15]。

3　测定过程与数据处理

3.1　声光热值仪测定标准物质重复性实验

利用日本理研株式会社生产的型号为 OHC－800 型的声光热值仪开展试验，在用纯甲烷对仪器进行校准后，将 4 瓶不同发热量的天然气标准物质(标准物质含量见表 1)通入声光热值仪进行测量，每隔 1min 记录一次数据，连续记录 11 组。发热量、相对密度为热值仪测量得到，压缩因子为在温度为20℃，压力为4MPa下依据GB/T 17747.3—2011计算得到。天然气标准物质的发热量和相对密度的理论值为依据GB/T 11062—2020计算得到，压缩因子的理论值为上述相同工况条件下依据GB/T 17747.2—2011计算得到。

比较测得的11次发热量、相对密度、压缩因子的平均值与理论值，计算其相对误差，测得的数据分析如表2和表3所示。标况下的压缩因子接近于1，热值仪测定值与理论值只在小数点后第5位有所差别，测定误差很小，此处未进行比较。

表1　4瓶标准物质组分含量

组分	1	2	3	4
N_2(%)	0.547	0.322	1.14	0.493
CH_4(%)	92.4886	88.3204	83.8339	77.4489
CO(%)	0.845	0.370	0	0.202
CO_2(%)	0.567	1.21	1.03	0.620
C_2H_6(%)	3.41	5.88	9.72	14.7
C_3H_8(%)	1.65	2.19	2.60	4.38
iC_4H_{10}(%)	0.0967	0.620	0.572	0.715
nC_4H_{10}(%)	0.100	0.592	0.634	0.762
iC_5H_{12}(%)	0.100	0.200	0.198	0.296
nC_5H_{12}(%)	0.0978	0.199	0.178	0.285
nC_6H_{14}(%)	0.0979	0.0966	0.0941	0.0981

表2　4瓶标准物质测量值

编号		测试结果												
		1	2	3	4	5	6	7	8	9	10	11	平均值	RSD
1	发热量(MJ/m^3)	38.9483	38.9438	38.9416	38.9390	38.9447	38.9471	38.9417	38.9415	38.9407	38.9437	38.9440	38.9433	0.007%
	相对密度	0.6087	0.6087	0.6087	0.6087	0.6087	0.6086	0.6087	0.6087	0.6087	0.6086	0.6087	0.6087	0.008%
	压缩因子	0.8943	0.8943	0.8941	0.8940	0.8938	0.8937	0.8936	0.8936	0.8935	0.8935	0.8933	0.8938	0.038%
2	发热量(MJ/m^3)	41.0338	41.0348	41.0353	41.0330	41.0346	41.0361	41.0351	41.0334	41.0293	41.0324	41.0288	41.0333	0.006%
	相对密度	0.6495	0.6495	0.6495	0.6494	0.6494	0.6495	0.6495	0.6495	0.6495	0.6494	0.6495	0.6495	0.007%
	压缩因子	0.8774	0.8775	0.8774	0.8772	0.8770	0.8769	0.8767	0.8766	0.8766	0.8765	0.8765	0.8769	0.043%
3	发热量(MJ/m^3)	42.1840	42.1866	42.1852	42.1887	42.1886	42.1881	42.1857	42.1862	42.1844	42.1838	42.1832	42.1859	0.005%
	相对密度	0.6723	0.6723	0.6723	0.6723	0.6723	0.6723	0.6724	0.6724	0.6723	0.6724	0.6724	0.6723	0.005%
	压缩因子	0.8662	0.8662	0.8662	0.8661	0.8660	0.8659	0.8657	0.8658	0.8658	0.8655	0.8654	0.8659	0.032%
4	发热量(MJ/m^3)	45.3752	45.3717	45.3679	45.3664	45.3679	45.3709	45.3665	45.3662	45.3628	45.3662	45.3652	45.3679	0.008%
	相对密度	0.7181	0.7180	0.7181	0.7181	0.7181	0.7182	0.7182	0.7181	0.7181	0.7181	0.7182	0.7181	0.009%
	压缩因子	0.8366	0.8366	0.8366	0.8365	0.8363	0.8359	0.8359	0.8357	0.8355	0.8353	0.8352	0.8360	0.064%

表3　4瓶标准物质测量值与理论值的相对误差

编号	发热量理论值(MJ/m^3)	发热量测量值(MJ/m^3)	相对误差(%)	相对密度理论值	相对密度测量值	相对误差(%)	压缩因子理论值	压缩因子测量值	相对误差(%)	能量相对误差(%)
1	38.7775	38.9433	0.43	0.6079	0.6087	0.13	0.89424	0.8938	−0.04	0.47
2	40.8606	41.0333	0.42	0.6474	0.6495	0.32	0.87551	0.8769	0.16	0.26
3	42.0357	42.1859	0.36	0.6696	0.6723	0.40	0.86429	0.8659	0.19	0.17
4	45.2093	45.3679	0.35	0.7137	0.7181	0.62	0.83483	0.836	0.14	0.21

从表2和表3中可以看出，声光热值仪测定发热量和相对密度的重复性好，相对标准偏差都在0.01%以内，压缩因子相对标准偏差在0.1%以内；发热量平均值的测量误差在0.5%以内，压缩因子在0.2%以内，满足GB/T 18603—2014中A级计量站对在线发热量仪表准确度的要求（在线发热量最大允许误差0.5%，压缩因子为0.3%）[16]。而相对密度误差较大，有两瓶标准物质的测量结果不满足A级计量站最大允许误差在0.35%以内的要求。假设标准物质为流动的天然气，其瞬时能量的误差根据公式(2)可以得出，在体积流量、温度、压力和标况压缩因子相同时，可以用热值仪测定的发热量与工况压缩因子之比与两者理论值之比的相对误差来计算，经计算其相对误差在0.5%以内。

3.2　声光热值仪测定标准物质稳定性实验

每月重复2.1中的实验，连续测量6个月，记录设备的稳定性实验数据，由于数据量太大，只在图2中表示出。从图2中可以看出，发热量在第4个月开始有所漂移，至第6个月数据误差最大，在第6月对仪器用纯甲烷进行重新校准后测量，数据如图2所示，发热量的误差变小，控制在0.5%以内，但相对密度及压缩因子误差并未变小。从图中数据可以看出，建议每季度用纯甲烷对仪器进行校准。

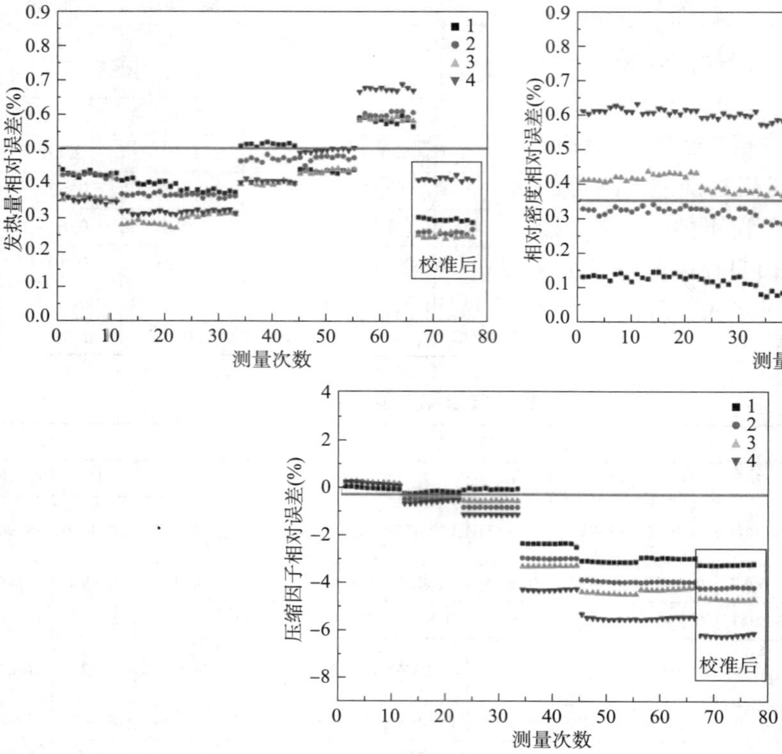

图2　声光热值仪测定标准物质稳定性实验图

3.3　声光热值仪测定管输天然气实验

用声光热值仪与在线气相色谱仪同时测量管输天然气的发热量，相对密度以及工况下的压缩因子，每小时记录一次数据，每天记录24组，连续记录一个月，见图3和图4，由于数据量太大，取每天24组数据的平均值列于表4中。

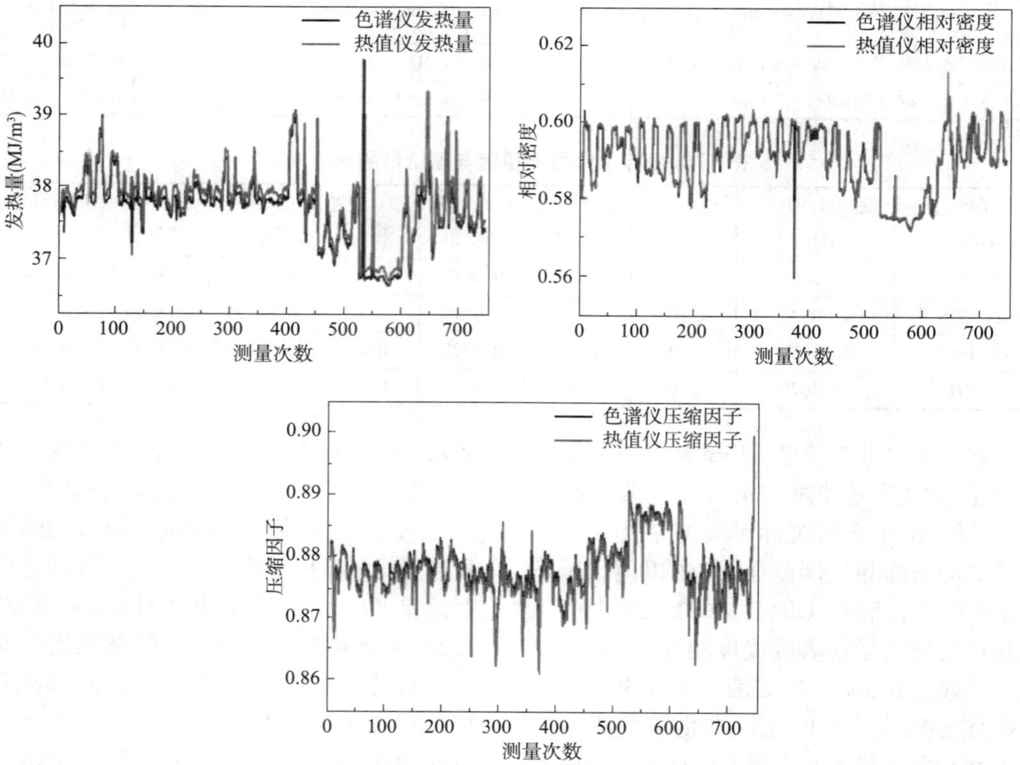

图3　声光热值仪测定管输天然气实验图

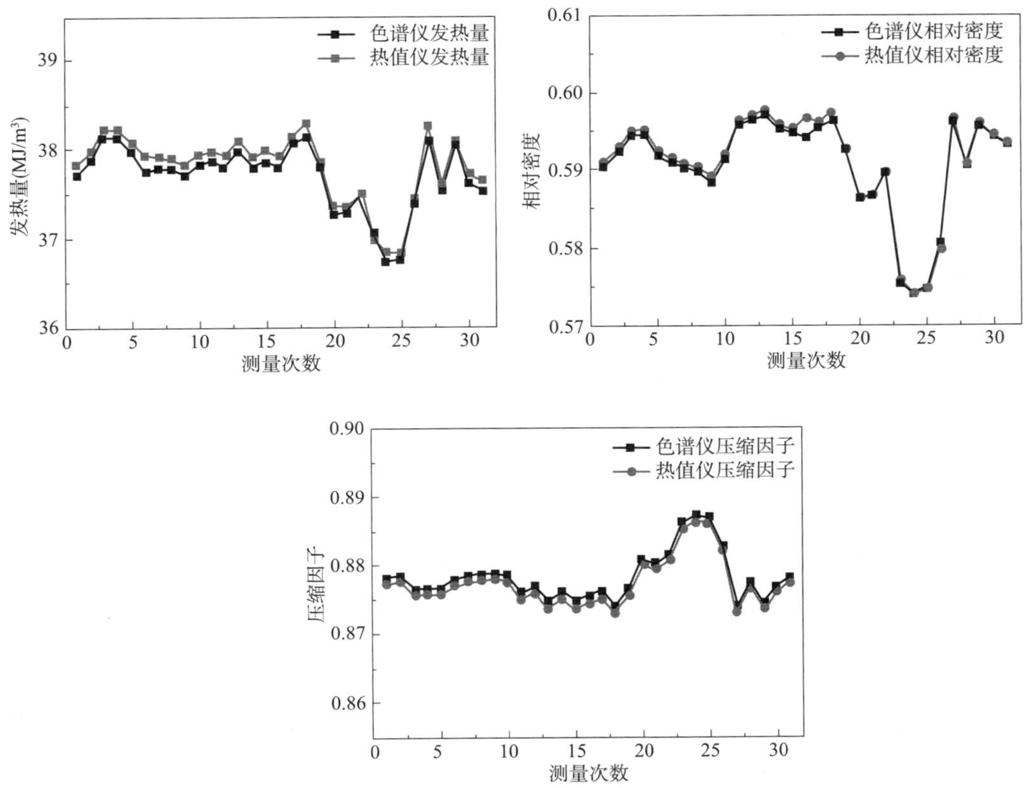

图 4　声光热值仪测定管输天然气平均值实验图

表 4　声光热值仪和在线气相色谱仪测量管输天然气发热量数据对比

序号	色谱仪测定发热量（MJ/m³）	热值仪测定发热量（MJ/m³）	相对误差（%）	色谱仪测定相对密度	热值仪测定相对密度	相对误差（%）	色谱仪测定压缩因子	热值仪测定压缩因子	相对误差（%）	能量相对误差（%）
1	37.7007	37.8325	0.35	0.5904	0.5909	0.08	0.8782	0.8772	-0.11	0.46
2	37.8846	37.9710	0.23	0.5922	0.5926	0.07	0.8784	0.8776	-0.10	0.32
3	38.1268	38.2316	0.27	0.5944	0.5949	0.07	0.8765	0.8756	-0.11	0.38
4	38.1226	38.2217	0.26	0.5945	0.5951	0.10	0.8765	0.8757	-0.09	0.35
5	37.9644	38.0726	0.29	0.5916	0.5926	0.18	0.8766	0.8756	-0.12	0.40
6	37.7458	37.9279	0.48	0.5908	0.5913	0.08	0.8779	0.8768	-0.12	0.61
7	37.7776	37.9083	0.35	0.5903	0.5908	0.09	0.8784	0.8774	-0.11	0.46
8	37.7653	37.8829	0.31	0.5896	0.5902	0.10	0.8788	0.8779	-0.10	0.41
9	37.6913	37.8128	0.32	0.5882	0.5892	0.17	0.8789	0.8780	-0.10	0.43
10	37.8320	37.9270	0.25	0.5913	0.5920	0.11	0.8784	0.8776	-0.10	0.34
11	37.8712	37.9731	0.27	0.5956	0.5962	0.10	0.8759	0.8749	-0.12	0.38
12	37.7958	37.9256	0.34	0.5964	0.5967	0.05	0.8768	0.8759	-0.10	0.45
13	37.9750	38.0945	0.31	0.5969	0.5977	0.14	0.8746	0.8734	-0.13	0.45
14	37.8076	37.9148	0.28	0.5952	0.5957	0.08	0.8761	0.8751	-0.11	0.40
15	37.8650	37.9792	0.30	0.5946	0.5951	0.07	0.8749	0.8734	-0.16	0.47
16	37.7832	37.9153	0.35	0.5941	0.5966	0.42	0.8755	0.8744	-0.13	0.48
17	38.0726	38.1495	0.20	0.5953	0.5959	0.11	0.8762	0.8752	-0.12	0.32
18	38.1444	38.2984	0.40	0.5962	0.5972	0.16	0.8740	0.8729	-0.12	0.53

续表

序号	色谱仪测定发热量（MJ/m^3）	热值仪测定发热量（MJ/m^3）	相对误差（%）	色谱仪测定相对密度	热值仪测定相对密度	相对误差（%）	色谱仪测定压缩因子	热值仪测定压缩因子	相对误差（%）	能量相对误差（%）
19	37.7758	37.8468	0.19	0.5925	0.5925	0.01	0.8766	0.8756	-0.11	0.30
20	37.2362	37.3454	0.29	0.5862	0.5864	0.04	0.8807	0.8798	-0.09	0.40
21	37.2749	37.3639	0.24	0.5866	0.5863	-0.04	0.8800	0.8793	-0.08	0.32
22	37.4324	37.5126	0.21	0.5896	0.5896	0.00	0.8815	0.8806	-0.10	0.32
23	37.0519	36.9566	-0.26	0.5754	0.5759	0.08	0.8859	0.8851	-0.09	-0.17
24	36.7189	36.8279	0.30	0.5740	0.5740	0.00	0.8870	0.8863	-0.08	0.38
25	36.7459	36.8373	0.25	0.5748	0.5746	-0.04	0.8866	0.8860	-0.07	0.32
26	37.3761	37.4295	0.14	0.5805	0.5797	-0.13	0.8826	0.8819	-0.08	0.22
27	38.0803	38.2440	0.43	0.5959	0.5967	0.15	0.8739	0.8728	-0.12	0.56
28	37.5118	37.6148	0.27	0.5905	0.5908	0.05	0.8775	0.8766	-0.09	0.38
29	38.0378	38.1026	0.17	0.5954	0.5960	0.10	0.8744	0.8734	-0.10	0.29
30	37.5962	37.7054	0.29	0.5941	0.5943	0.04	0.8769	0.8760	-0.10	0.39
31	37.5315	37.6392	0.29	0.5932	0.5934	0.03	0.8782	0.8775	-0.09	0.37

从图3和图4可以看出，无论是每小时值还是平均值，热值仪测定的数据与在线气相色谱仪的数据具有很好的一致性，从表4中可以看出声光热值仪测定发热量与在线气相色谱仪测定发热量的误差在0.5%以内，相对密度除第16天的相对误差为0.42%外，其余相对误差在0.2%以内，工况压缩因子在0.2%以内，满足GB/T 18603—2014中A级计量站对在线发热量仪表准确度的要求。瞬时能量误差除其中3天的相对误差在0.5%～0.7%，其余数据相对误差皆在0.5%以内。

4 结论

(1)介绍了一种新的天然气发热量的测定方法-声光关联法，与气相色谱法相比，具有测定速度快的特点、测量不受气体组分的限制和校准简单等优势。

(2)声光关联法测定天然气标准物质的发热量、相对密度、压缩因子，数据重复性较好，发热量和相对密度的相对标准偏差都在0.01%以内，压缩因子相对标准偏差在0.1%以内；与按GB/T 11062—2020及GB/T 17747.2—2011计算的理论值进行比较，发热量平均值的测量相对误差在0.5%以内，相对密度在0.7%以内，压缩因子在0.3%以内，能量相对误差在0.5%以内。除相对密度数据误差较大之外，发热量和压缩因子满足GB/T 18603—2014中A级计量站对在线发热量仪表准确度的要求。建议下一步可以采用更多的标准物质开展试验研究。

(3)用声光热值仪与在线气相色谱仪同时测定管输天然气，发热量的相对误差在0.5%以内，相对密度误差在0.2%以内，工况压缩因子在0.2%以内，满足GB/T 18603—2014中A级计量站对在线发热量仪表准确度的要求。

(4)本文初步验证了利用声光热值仪测定天然气发热量及用于计量的可行性，利用声光热值仪测定发热量，相对密度，然后依据GB/T 17747.3—2011计算压缩因子，该计量方式与传统的计量方式的能量误差在0.7%以内。虽然GB/T 22723—2008中提供了该种方法的可行性，但是声光关联法测定天然气热值还未形成国家标准或者行业标准，建议国家起草相关标准方法及相应仪器的检定规程。

参考文献

[1]常宏岗，段继芹．中国天然气计量技术及展望[J]．天然气工业，2020，40(1)：110-118.

[2]黄黎明．中国天然气质量与计量技术建设现状与展望[J]．天然气工业，2014，34(2)：117-122.

[3]李鹭光．中国天然气工业发展回顾与前景展望[J]．天然气工业，2021，41(8)：1-11.

[4]曾文平，常宏岗，罗勤，等．中俄东线天然气管道天然气质量分析与计量技术[J]．天然气工业，2020，40(10)：111-119.

[5]黄维和，段继芹，常宏岗，等．中国天然气能量计量

体系建设探讨[J]. 天然气工业，2021，41(8)：186－193.
[6]徐孝轩，李奇，荆栋. 多气源天然气输配管网的能量计量方法[J]. 天然气工业，2018，38(01)：116－122.
[7]韩玲莉；张福元. 天然气能量计量不确定度评定方法[J]. 中国计量学院学报，2012，23(02)：131－135.
[8]陈赓良. 天然气能量计量的溯源性与不确定度评定[J]. 石油与天然气化工，2017，46(1)：83－90.
[9]王池，李春辉，王京安，等. 天然气能量计量系统及方法[J]. 计量学报，2008，29(5)：403－406.
[10]李春辉，徐明，沈超，等. 天然气能量计量不确定度评估[J]. 计量学报，2020，41(12A)：22－27.
[11]蔡浩晖，蒋金生. 实施天然气能量计量对管道企业的影响研究[J]. 石油工业技术监督，2019，35(03)：20－23.
[12]中华人民共和国国家质量监督检验检疫总局，中国国家标准化管理委员会. 天然气能量的测定：GB/T 22723—2008[S]. 北京：中国标准出版社，2009.
[13]国家市场监督管理总局，国家标准化管理委员会. 天然气 发热量、密度、相对密度和沃泊指数的计算方法：GB/T 11062—2020[S]. 北京：中国标准出版社，2020.
[14]中华人民共和国国家质量监督检验检疫总局，中国国家标准化管理委员会. 天然气压缩因子的计算 第2部分：用摩尔组成进行计算：GB/T 17747.2—2011[S]. 北京：中国标准出版社，2012.
[15]中华人民共和国国家质量监督检验检疫总局，中国国家标准化管理委员会. 天然气压缩因子的计算 第3部分：用物性值成进行计算：GB/T 17747.3—2011[S]. 北京：中国标准出版社，2012.
[16]中华人民共和国国家质量监督检验检疫总局，中国国家标准化管理委员会. 天然气计量系统技术要求：GB/T 18603—2014[S]. 北京：中国标准出版社，2015.

关于乙炔气测量误差影响因素的探讨

戴启锋

[中国石化长城能源化工(宁夏)有限公司]

摘　要：乙炔气作为重要的生产工艺物料消耗指标，目前乙炔气的供出量与接收量误差偏大，直接影响生产工艺的消耗值及相关生产装置的成本核算，不能准确指导工艺生产。为降低乙炔气供出量与接收量的测量误差，因此本文重点从流量计的参数设置、温度、压力、使用维护及生产工况等方面分析影响乙炔气测量误差的因素，采用更换流量计、增加温压补偿、流量计移位消除水分等处理措施，通过供出量与接收量数据比对，降低乙炔气测量误差，提高乙炔气的测量准确性，为工艺生产及成本核算提供准确可靠的数据支持。

关键词：参数设置；温度压力的影响；气体含水的影响；误差分析；处理措施

目前，某公司乙炔气测量的准确性是物料管理的重中之重，随着“精细化”管理的深入，乙炔气的消耗指标控制越来越严格，每年再不断地降低指标，但因流量计参数设置存在问题、准确度不一致、温度压力对气体测量的影响、生产工况对测量的影响、使用过程中出现的故障等因素，导致乙炔气流量计测量不准，严重制约生产优化的准确性，为破解这一难题，从 5 个方面分析影响乙炔气测量误差的因素，并制定处理措施，降低乙炔气的测量误差。

1　流量计参数设置对测量误差的影响及处理措施

1.1　差压式流量计重复开方的影响

差压流量计的变送器现场进行开方后，DCS 控制系统组态中再开方一次，就会产生相当大的误差，具体见表 1 重复开方后的理论输出对照表。

表 1　重复开方后的理论输出对照表

差压值（%）	开方后流量（%）	重复开方后输出值（%）	重复开方后示值偏高（%）
0	0	0.00	0.00
1	10	31.62	216.20
4	20	44.72	123.60
9	30	54.77	82.57
16	40	63.25	58.13
25	50	70.71	41.42
36	60	77.46	29.10
49	70	83.67	19.53
64	80	89.44	11.80
81	90	94.87	5.41
100	100	100	0.00

通过以上表中发现，差压变送器重复开放后显示数值偏高的(零点、满量程除外)，而且偏高的数值各点之间也不是成正比的关系，相对的差压变送器差压值数值越小，重复开方后的显示数值偏高的就越大。

因此在差压流量计开方设置时，确认现场差压变送器与 DCS 控制系统组态中是否重复开方。

1.2　差压流量计的量程设置不一致的影响

当 DCS 控制系统组态设置量程大于现场差压变送器量程时，差压流量计瞬时流量测量偏大；当小于现场差压变送器量程时，差压流量计瞬时流量测量偏小。

例如：某运行部外送至某运行部乙炔气平衡流量计的量程为 5200Nm³/h，差压变送器的量程为 6.67kPa 时，当测量温度、测量压力与设计一致时，$Q = K \times \sqrt{\Delta P}$，$K = 2013.47$，当差压变送器测量的差压值为 3.52kPa，输出电流为 $I = \frac{\Delta P}{\Delta P\ 上限} \times 16 + 4 = 12.44\text{mA}$，测量瞬时流量 $Q = 3777.60\text{Nm}^3/\text{h}$。

①当 DCS 控制系统组态中差压量程设置为 8.67kPa，输出差压值为 $\Delta P_1 = \frac{I-4}{20-4} \times \Delta P_1\ 上限 = 4.57\text{kPa}$，测量瞬时流量 $Q_1 = 4305.72\text{Nm}^3/\text{h}$，相对误差为 13.98%。

②当 DCS 控制系统组态中差压量程设置为 9.67kPa，输出差压值为 $\Delta P_2 = \frac{I-4}{20-4} \times \Delta P_2$ 上限 = 5.10kPa，测量瞬时流量 $Q_2 = 4547.06 Nm^3/h$，相对误差为 20.37%。

③当 DCS 控制系统组态中差压量程设置为 10.67kPa，输出差压值为 $\Delta P_3 = \frac{I-4}{20-4} \times \Delta P_3$ 上限 = 5.63kPa，测量瞬时流量 $Q_3 = 4777.49 Nm^3/h$，相对误差为 26.47%。

④当 DCS 控制系统组态中差压量程设置为 5.67kPa，输出差压值为 $\Delta P_4 = \frac{I-4}{20-4} \times \Delta P_4$ 上限 = 2.99kPa，测量瞬时流量 $Q_4 = 3481.62 Nm^3/h$，相对误差为 -7.83%。

⑤当 DCS 控制系统组态中差压量程设置为 4.67kPa，输出差压值为 $\Delta P_5 = \frac{I-4}{20-4} \times \Delta P_5$ 上限 = 2.43kPa，测量瞬时流量 $Q_5 = 3158.00 Nm^3/h$，相对误差为 -16.40%。

⑥当 DCS 控制系统组态中差压量程设置为 3.67kPa，输出差压值为 $\Delta P_6 = \frac{I-4}{20-4} \times \Delta P_6$ 上限 = 1.94kPa，测量瞬时流量 $Q_5 = 2804.44 Nm^3/h$，相对误差为 -25.76%。

通过以上计算数据可以得出，若现场差压变送器量程与 DCS 控制系统组态中差压量程设置不一致时，导致流量测量不准，并且随着差压量程设置偏差越大，测量的相对误差就越大。

因此，检查现场差压变送器差压量程与 DCS 控制系统组态中差压量程设置的量程是否一致、是否按照差压流量计制造厂家提供的计算书中差压量程设置，若不一致按照差压流量计计算书中的差压量程进行设置。

2　温度压力对测量误差的影响及处理措施

对于乙炔气流量测量时，随着温度、压力的变化，乙炔气的工况亦发生变化，流量测量也随之变化，因此乙炔气流量测量需要补偿至标准气体状态下的体积，即 101.3125kPa，0℃标准状态下。

2.1　温度对测量误差的影响

当工况温度大于设计温度时，流量计标准状态下的体积流量越小；小于设计温度时，流量计标准状态下的体积流量越大。

①某运行部外送至某运行部乙炔气平衡流量计设计工作温度 10℃，标准状态下的温度 0℃。当前压力与设计压力相同时，乙炔气外送体积流量为 $Q = 2000 Nm^3/h$，$Q_x = Q \times \sqrt{\frac{P+P_0}{P_{设}} \times \frac{T_{设}+273.15}{T+273.15}}$，温度变化与误差之间的关系见表 2 差压流量计温度变化与误差关系表。

表 2　平衡流量计温度变化与误差关系表

序号	温度(℃)	流量(Nm^3/h)	相对误差(%)	序号	温度(℃)	流量(Nm^3/h)	相对误差(%)
1	10	2000	/	6	5	2017	-0.8
2	20	1972	1.4	7	0	2036	-1.8
3	25	1949	2.6	8	-5	2055	-2.7
4	30	1933	3.4	9	-10	2075	-3.6
5	35	1917	4.3	10	-15	2094	-4.5

②某运行部接收乙炔气涡街流量计设计工作温度 10℃，当前压力与设计压力相同时，乙炔气接收体积流量为 $Q = 2000 Nm^3/h$，$Q_x = Q \times \frac{P+P_0}{P_{设}} \times \frac{T_{设}+273.15}{T+273.15}$，温度变化与误差之间的关系见表 3 温涡街流量计度变化与误差关系表。

表 3　涡街流量计温度变化与误差关系表

序号	温度(℃)	流量(Nm^3/h)	相对误差(%)	序号	温度(℃)	流量(Nm^3/h)	相对误差(%)
1	10	2000	/	6	5	2036	-1.8
2	20	1945	2.8	7	0	2073	-3.5
3	25	1899	5.3	8	-5	2112	-5.3
4	30	1868	7.1	9	-10	2152	-7.1
5	35	1838	8.8	10	-15	2194	-8.8

通过表2、表3中数据可见，温度的变化对差压流量计和涡街流量计的影响较大，温度变化值越大，相对误差就越大。通过数据对比，在温度变化值相同情况下，涡街流量计比差压流量计的影响更大，相对误差更大，见图1。

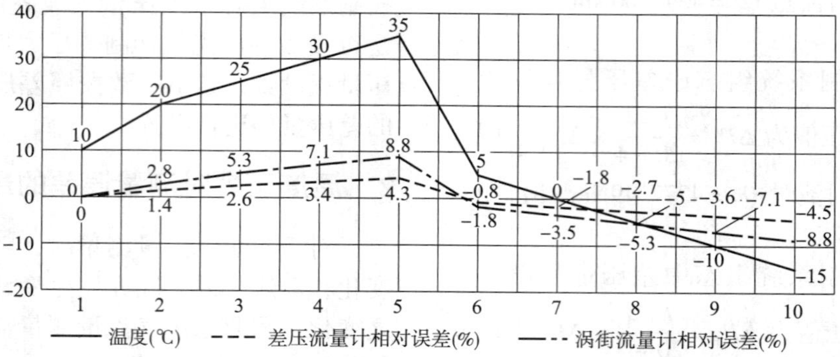

图1 温度补偿对差压及涡街流量计误差图

2.2 压力对测量误差的影响

当工况压力大于设计压力时，流量计标准状态下体积流量越大；小于设计压力时，流量计标准状态下体积流量越小。

①某运行部外送至某运行部乙炔气平衡流量计设计工作压力55kPa，标准大气压力101.3125kPa，当前温度与设计温度相同时，乙炔气外送体积流量为$Q=2000\mathrm{Nm^3/h}$，$Q_x=Q\times\sqrt{\frac{P+P_0}{P_{设}}\times\frac{T_{设}+273.15}{T+273.15}}$，压力变化与误差之间的关系见表4差压流量计压力变化与误差关系表。

表4 差压流量计压力变化与误差关系表

序号	压力(kPa)	流量($\mathrm{Nm^3/h}$)	相对误差(%)	序号	压力(kPa)	流量($\mathrm{Nm^3/h}$)	相对误差(%)
1	55	2000	/	6	52	1981	1.0
2	58	2019	-0.9	7	50	1968	1.6
3	60	2032	-1.6	8	47	1948	2.7
4	63	2050	-2.4	9	45	1935	3.4
5	65	2063	-3.1	10	42	1915	4.4

②某运行部接收乙炔气涡街流量计设计工作压力55kPa，标准大气压力101.3125kPa，当前温度与设计温度相同时，乙炔气外送体积流量为$Q=2000\mathrm{Nm^3/h}$，$Q_x=Q\times\frac{P+P_0}{P_{设}}\times\frac{T_{设}+273.15}{T+273.15}$，温度变化与误差之间的关系见表5涡街流量计压力变化与误差关系表。

表5 涡街流量计温度变化与误差关系表

序号	压力(kPa)	流量($\mathrm{Nm^3/h}$)	相对误差(%)	序号	压力(kPa)	流量($\mathrm{Nm^3/h}$)	相对误差(%)
1	55	2000	/	6	52	1962	1.9
2	58	2038	-1.9	7	50	1936	3.3
3	60	2064	-3.1	8	47	1898	5.4
4	63	2102	-4.9	9	45	1872	6.8
5	65	2128	-6.0	10	42	1834	9.1

通过以上表4、表5中数据可见，压力的变化对差压流量计和涡街流量计的影响较大，压力变化值越大，相对误差就越大。通过数据对比，在压力变化值相同情况下，涡街流量计比差压流量计的影响更大，相对误差更大，见图2。

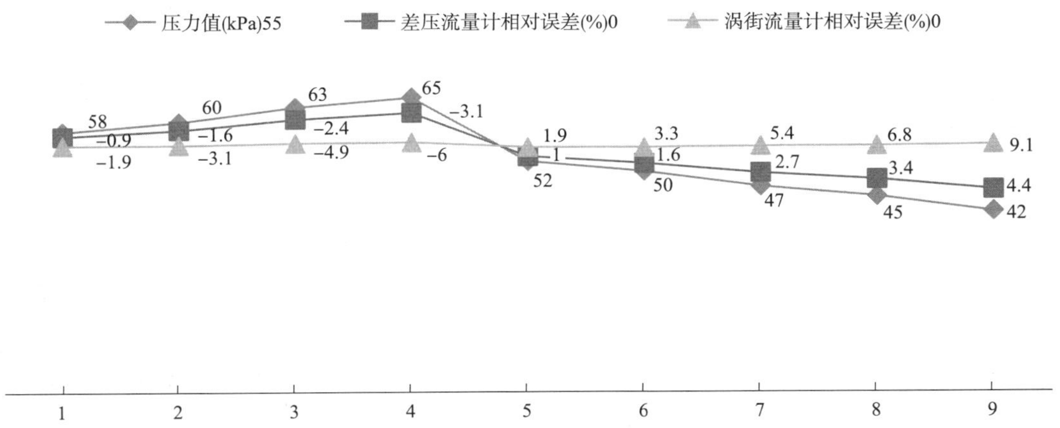

图2　压力补偿对差压及涡街流量计误差图

通过以上数据计算，温度、压力对乙炔气流量计测量影响较大，因此检查DCS控制系统组态中是否做温度、压力补偿公式，公式是否使用标准气体状态(101.3125kPa，0℃)，并且差压流量计一定使用开方的温度、压力补偿公式。

3　流量计使用维护方面对测量误差的影响及处理措施

3.1　差压流量计使用维护方面

差压流量计在使用过程中最主要影响测量准确性的因素就是堵塞和泄漏，特别是导压管及差压变送器三阀组的位置会出现堵塞和泄漏的现象。

①在流量计使用过程中，导压管正压侧根部阀和三阀组正压阀门未全开时，流量测量偏小；负压侧根部阀和三阀组负压阀门未全开时，流量测量偏大；三阀组平衡阀打开，流量测量偏小。

②在流量计使用过程中，导压管正压侧堵塞时，流量计测量偏小；负压侧堵塞时，流量计测量偏大。

③当差压变送器三阀组中正压侧泄漏时，流量计测量偏小；负压侧泄漏时流量计测量偏大，平衡阀泄漏时流量计测量偏小。

3.2　涡街流量计使用维护方面

涡街流量计在使用前检查参数设置，特别是流量计内的压力、密度等数据参数，设置小信号切除消除管道振动引起的干扰，检查仪表接地是否良好等方面，在使用过程中主要常见以下4种故障情况：

①涡街流量计安装在新投用或是检修完后的管道上，在投用的过程中出现流量计无显示。存在这种情况主要原因，一是管道内没有乙炔气或是乙炔气流量很低，涡街流量计没有产生旋涡，因此流量计无显示；二是由于涡街流量计的灵敏度参数设置过低，导致无流量显示；三是前期施工过程中在管道留下的杂物，在吹扫过程中将杂物卡在旋涡发生体与壳体之间，使探头不发生振动，导致流量计无显示。

②管道内没有乙炔气流量，但涡街流量计却显示流量。存在这种情况主要原因，一是由于流量计接地不良，导致流量计受外部干扰显示虚数据；二是由于流量计灵敏度参数设置过高，导致流量计显示波动较大。

③涡街流量计安装位置附近有较大功率的设备或是生产工艺在调整的过程中过大，引起管道振动和较大的流量波动，导致流量计测量不准确。因此在涡街流量计安装时选择远离机泵等动力设备处进行安装，在使用过程中注意生产工艺调整，避免出现生产负荷调整过大的情况，影响涡街流量计的测量准确性。

④涡街流量计的旋涡发生体与壳体之间的距离很小，在使用过程中容易被乙炔气体中细小杂物堵住，不能产生旋涡较少或者没有，导致流量计测量偏低或是显示零。一般发生此种情况，在乙炔气管道输送安全的情况下，增大管道内乙炔气的流量，使用高速流体将细小杂物带走，若仍存在堵住的现象，需要利用检修的机会拆卸清洗传感器。

4　生产工况对测量误差的影响及处理措施

4.1　小流量对测量误差的影响

差压流量计的量程比较小，存在固有缺陷，这是由差压流量计的测量原理决定的，差压流量计的工作原理可用公式 $Q=K\times\sqrt{\Delta P}$，差压与流量开方的关系，当 $Q=100\%$ FS 时，$\Delta P=100\%$ FS；$Q=50\%$ FS 时，$\Delta P=25\%$ FS；$Q=10\%$ FS 时，差压只有上限的1%。目前在用差压变送器准确度等级最高可达到0.075%，示值误差=引用误差/测量值，随着流量越小，误差就越大，如表 6 流量百分比的误差变化。

表 6 流量百分比的误差变化

流量百分比(%)	差压百分比(%)	示值误差(%)
100	100	±0.075
90	81	±0.09
80	64	±0.11
70	49	±0.15
60	36	±0.21
50	25	±0.30
40	16	±0.47
30	9	±0.83
20	4	±1.88
10	1	±7.50
5	0.25	±30.00

由以上数据可见，差压流量计测量范围在低量程时，流量计测量不准，从而加大差压流量计的系统误差，导致流量测量准确度不高。

涡街流量计根据制造厂家(恩德斯豪斯，型号 prowirl 72)提供的流量计说明书中规定在保证测量准确度的情况下最小测量流速 $V_{\min}=\frac{7}{\sqrt{\rho}}$(m/s)。某运行部选择 DN300 的涡街流量计，设计工作密度为 1.35kg/m^3，因此此流量计最低测量流量 $Q_{\min}=\frac{\pi}{4}D^2\times V_{\min}\times3600=1526\text{m}^3/\text{h}$，经过温度、压力压补偿公式计算最低标准状态下流量为 1831Nm^3/h。

因此，为确保流量计测量准确性，差压流量计的测量流量不得低于量程的 30% 以下，若长期流量低于测量下限，就要考虑更换流量计或在制造厂家允许情况适当减小量程(此时必须制造厂家提供新版计算书)；涡街流量计的测量流量不得低于 1831Nm^3/h，若长期低于测量下限，就要考虑更换其他测量方式流量计，此时不能考虑进行缩径减小量程，因为考虑乙炔气在管输过程的安全性，进行缩径后容易形成自聚，易引发管道爆炸事故。

4.2 气体中含水对测量误差的影响

在乙炔气的生产及使用过程中，气体中含水直接影响差压流量计和涡街流量计的测量导致流量计测量不准。

(1)气体含水对差压流量计的影响。

某运行部某某装置使用浓硫酸未将乙炔气中的水分脱除，并且为确保乙炔气在管输过程中的安全性，导致乙炔气中含水量较大。含水气体经过差压流量计测量元件时，部分水分进入差压流量计的导压管内引起管路积水，特别冬季气温较低，引起导压管堵塞，并且差压流量计的测量元件开孔处腐蚀、杂质、结垢较多，导致流量计测量不准。

并且在检修期间下线经查流量计时发现节流元件迎流面有积水痕迹，节流元件前积水会改变流量系数，即节流元件前积水管道有效截面积减小，引起流量系数增大，输出差压减小，导致流量测量偏低。

(2)气体含水对涡街流量计的影响。

某运行部涡街流量计安装在阻解塔之后，因生产工艺需要在阻解塔加水产生湿乙炔气进行生产，因此气体中含有大量的水时，涡街流量计会出现“漏脉冲”的现象，因液相水滴在乙炔气中所占体积比可以忽略不计，故认为涡街流量计的输出完成时均由乙炔气相部分所引起，所以输出中没有液相部分的脉冲，并且在含水严重的情况下少了许多脉冲，最严重的时候时完成没有脉冲，这是因为体积较大的液相撞击漩涡发生体上，导致旋涡发生体不产生旋涡有关。

因此，在某运行部与某运行部流量计的测量位置均含水的情况下，重新更换其他测量方式的流量计，并变更安装位置。选择插入式毕托巴流量计，测量元件的测量点在管道上部，水分影响较小，并且安装位置选在经过除水器后的管道最高点处，此处含水最小，从而消除乙炔气中含水对流量计测量不准的影响。

通过以上 5 个方面分析影响乙炔气测量误差的因素，全方位准确判断乙炔气流量测量不准的原因，对出现的问题制定处理措施，并一一进行整改，确保乙炔气流量测量的准确性，保障生产工艺运行的稳定性，为工艺生产及成本核算提供准确可靠的数据支持。

参考文献

[1] 中华人民共和国国家质量监督检验检疫总局. 用安装在圆形截面管道中的差压装置测量满管流体流量 第 2 部分：孔板. GB/T 2624.2—2006[S]. 北京：中国标准出版社，2006.

[2] 流体流量的测量 不确定度的评估. 1998. ISO/TR 5168—1998[S].

[3] 纪纲. 流量测量仪表应用技巧[M]. 2 版. 北京：化学工业出版社，2009，256-258.

一种基于大数据分析的罐区液位误差修正

戴歌云飞

（中国石化扬子石油化工有限公司）

摘　要：本文对某厂公用工程贮运装置罐区两种液位测量仪表进行了介绍，针对部分储罐的雷达液位计与单法兰液位计测量存在误差较大的情况，进行了误差分析，并通过大数据回归拟合的方式，将采集到的液位测量数据建立回归分析模型，分析出两种液位量仪表之间的数学关系，并对误差进行修正。最终将修正前与修正后的测量曲线进行比较，通过比对修正前后的测量最大误差百分比，以判断修正公式对于单法兰液位计的测量值修正是否准确。通过修正传统法兰液位计的测量误差，有效地降低了储罐液位数据因设备老化导致的计量偏差，使老设备通过数智化赋能达到新设备的效能，延长设备运转周期，使得工艺操作人员可以获得的储罐液位数据更加可靠。

关键词：液位测量；MATLAB；大数据分析；回归拟合；DCS

1　前言

在现代工业自动化中，液位计广泛应用于各个行业。储罐液位是油品贮运工艺的重要参数之一，需要根据储罐具体情况合理选择液位计，满足工艺的计量需求，确保工艺的安全生产。单法兰液位计和雷达液位计是某厂罐区近年来应用最广泛的液位测量仪表。由于装置投产时间久远，部分储罐计量设备出现老化问题，导致计量性能下降，部分储罐两种液位计的测量数据出现较大偏差，导致工艺操作工在进行收付料时，无法准确判断储罐实际液位。为了不影响装置长周期运转，在拆卸设备困难的前提下，就亟需一种新的方法来修正老化的单法兰液位计的计量数据。本文将对这两种液位计的工作原理、特点、应用领域及优缺点进行比较分析，并通过依托大数据训练的方式搭建拟合回归模型，探寻合适的修正公式，去消除两种液位计的计量偏差。

2　液位测量仪表的原理及特点

2.1　雷达液位计

雷达液位计的工作过程由三部分组成，包括发送、反射和接收。首先是发出电磁波信号，然后是被检测到的液位表面对该信号产生反射，最后是对返回的电磁波信号进行捕捉。雷达液位计通过内部传感器进行数据计算，从而得到精确的储罐内的液位数据。电磁波到达液位的高度与微波发出到返回所需的时间呈线性比例，这样就可以实现对于储罐内液位的准确度量。具体公式如下：

$$D = CT/2 \tag{1}$$

式中　C——光速，m/s；

D——雷达液位计到液面的距离，m；

T——电磁波运行时间，s。

雷达液位计在石油储罐液位计量的应用中具有以下特点：①以非接触式方式测量；②精确度高，不受外部环境的影响；③价格便宜、维护简便并且操作容易；④适应能力强，适用于各种类型的石油储罐，可测量高温、高压、易燃、易爆、易凝等介质的液位。

2.2　单法兰液位计

单法兰液位计本质为静压式液位计，被测液体的静压力作用在变送器的膜盒上使膜盒产生位移，通过内部的放大板和电路将位移量转换为4－20mA输出信号，所测得的液位与液体静压力成正比。具体公式如：

$$P = P_1 + \rho g h \tag{2}$$

式中　P——单法兰所受压力，kPa；

P_1——罐内气相压力，kPa；

h——液位高度，m；

ρ——介质密度，kg/m^3；

g——重力加速度，m/s^2。

在实际采用法兰液位计进行液位测量时，往往无法满足法兰变送器的正、负压室与取压点在同一水平面上，因此需要对法兰液位计进行迁移操作。

当被测容器敞口时，气相压力为大气压，差压计的负压室通大气即可，此时也可用压力计来测量液位；若容器是密闭的，则需将单法兰液位计的负压室与储罐的气相相连接。

单法兰液位计需要设置位号、单位、零点、量程、阻尼等，其中零点和量程的组态设置直接影响到DCS系统内储罐液位的实时测量值，可用475手操器或TREX对变送器进行组态设置。

单法兰液位计在石油储罐液位计量的应用中具有以下特点：①安装方便，只需安装在液位测量点的法兰上即可；②可靠性高、稳定性好；③维护工作相对简单；④结构简单、组态修改方便。

3　存在问题及原因分析

3.1　问题现状

贮运装置有部分储罐的液位被两种液位计测量时存在较大误差，故现在选择液位误差较大的储罐四个，对所选储罐的两个液位测量仪表数据进行采集，在储罐不同液位采集数据时，同时要求工艺对储罐的实际液位进行检尺，将检尺结果与仪表测量结果对比，发现检尺测量液位与雷达液位计测量液位基本吻合，与单法兰液位计测量液位有少量误差。

表1为FA2605罐在不同液位下的工艺检尺液位、雷达表测量液位和单法兰测量液位，从表中可以看出，雷达表与实际液位偏差较小，而单法兰液位计偏差较大，最大误差高达9.75%。在其他储罐进行液位数据采集，经数据比较，雷达液位计的液位测量值与实际工艺检尺液位基本一致，而单法兰液位计的液位测量值与实际液位始终存在偏差，并且经过几个储罐的横向比对，投用周期越长的单法兰液位计和雷达液位计的偏差呈正相关。

表1　FA2605罐液位数据

工艺检尺实际液位	雷达表液位(m)	雷达表误差	单法兰液位(m)	单法兰误差
1.20	1.15	0.625%	0.99	2.625%
1.48	1.43	0.625%	1.23	3.125%
1.99	1.95	0.500%	1.67	4.000%
2.72	2.66	0.750%	2.26	4.500%
3.64	3.54	1.250%	3.02	7.750%
3.97	3.87	1.250%	3.31	8.250%
4.61	4.54	0.875%	3.86	9.370%
4.96	4.88	1.000%	4.18	9.750%

3.2　原因分析

单法兰液位变送器零点漂移、线形变差、膜盒老化等，导致单沄兰液位计测量值不准；

储罐液位在不同区间内，对单法兰液位计老化的膜盒压力不同，并且在高液位长时间静止时，储罐液体内介质会有沉降现象，此现象会导致罐内液体密度发生不均匀变化，导致雷达液位计和单法兰液位计的测量值有较大偏差；

储罐内有浮盘，浮盘的重量会使单法兰液位计受到的压力增大，使测量液位偏高；会使雷达液位计雷达波的反射时间变短，从而使传感器计算出的液位高度变高，但两者的偏差无法通过零点迁移来得到，故会存在一定程度的偏差。

4　解决方案及效果

故现将雷达液位计的测量值定为真实液位，比对单法兰液位计测量值进行修正，通过数据拟合对单法兰液位计的测量液位添加修正系数，以修正在不同液位范围时单法兰液位计与雷达液位计的偏差。

4.1　回归分析法简介

回归分析法指利用数据统计原理，对大量统计数据进行数学处理，并确定因变量与某些自变量的对应关系，建立一个相关性较好的回归方程(函数表达式)，并加以外推，用于预测今后的因变量的变化的分析方法。

回归分析法不仅可以表明因变量和自变量之间的显著关系，它也可以表明多个自变量对因变量的影响强度，所以此方法得到广泛应用。

4.2　修正公式计算

现通过MATLAB软件对雷达液位计与单法兰液位计的测量值进行回归拟合，计算出回归方程，即单法兰液位计和雷达液位计的修正公式，使单法兰液位计的测量值通过修正公式可以得到与雷达液位计测量液位更加接近的液位，以消除两个液位计测量值的误差，使工艺日常操作更加便捷，能够更加准确地查看到储罐液位。

本次选择贮运装置中雷达液位计和单法兰液位计数值偏差较大的储罐进行修正，其中包括FA2604、FA2605、V3009、V3006B 四个储罐，其中最大偏差达到了8.8%，四个储罐的单法兰液位存在较大计量偏差，对工艺操作有较大影响，会影响工艺操作工判断储罐真实液位，故需要对单法兰液位计进行修正。

首先在DCS上对储罐在不同液位时两种液位计的测量值进行数据采集，数据样本为每个储罐40－60组不等，将采集的数据样本分为训练集和测试集，训练集用于对数据的回归分析，测试集用于验证建立的模型准确性。采集完液位计测量数据后，使用MATLAB软件对雷达液位计和单法兰液位计的测量数据(训练集)进行回归分析，计算出回归系数，得出两组数据之间的关联计算表达式。

图1为所选四个储罐雷达液位计与单法兰液位计的回归分析拟合图，其中 x 为单法兰液位计的测量值，y 为雷达液位计的测量值，从图中可以看出储罐的两种液位计的测量结果基本符合一次函数线性关系。

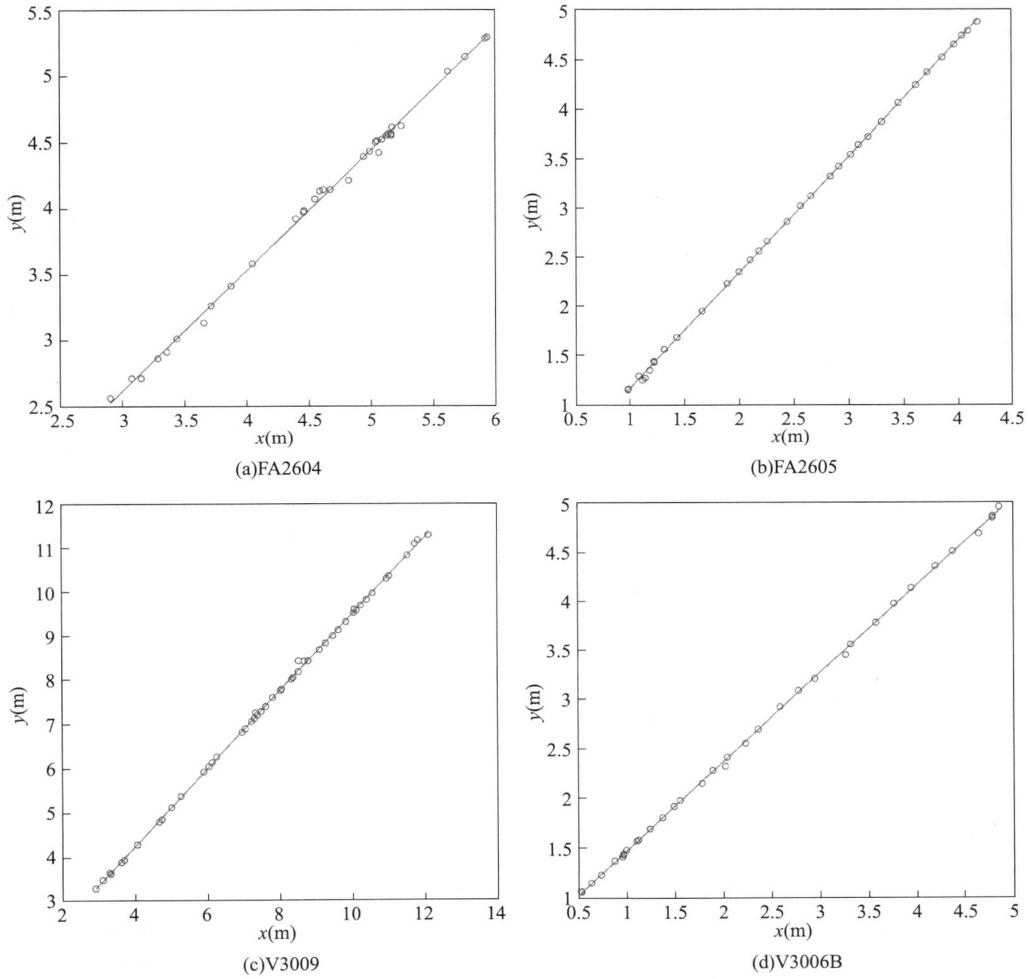

图1　四个储罐雷达液位计测量值与单法兰液位计测量值回归拟合图

图2为所选储罐单法兰液位计与雷达液位计的一次回归拟合残差图，通过观察可以发现只有极少部分数据在拟合情况下有较大误差，大部分数据满足所建立模型关系。

通过上文可得出单法兰液位计与雷达液位计之间的关系更加符合一次函数关系，故现在对单法兰液位计通过计算出的修正公式进行修正，并将修正过的单法兰测量值与雷达液位计的测量值进行对比，计算出修正后与雷达表的误差。具体情况如表2所示。

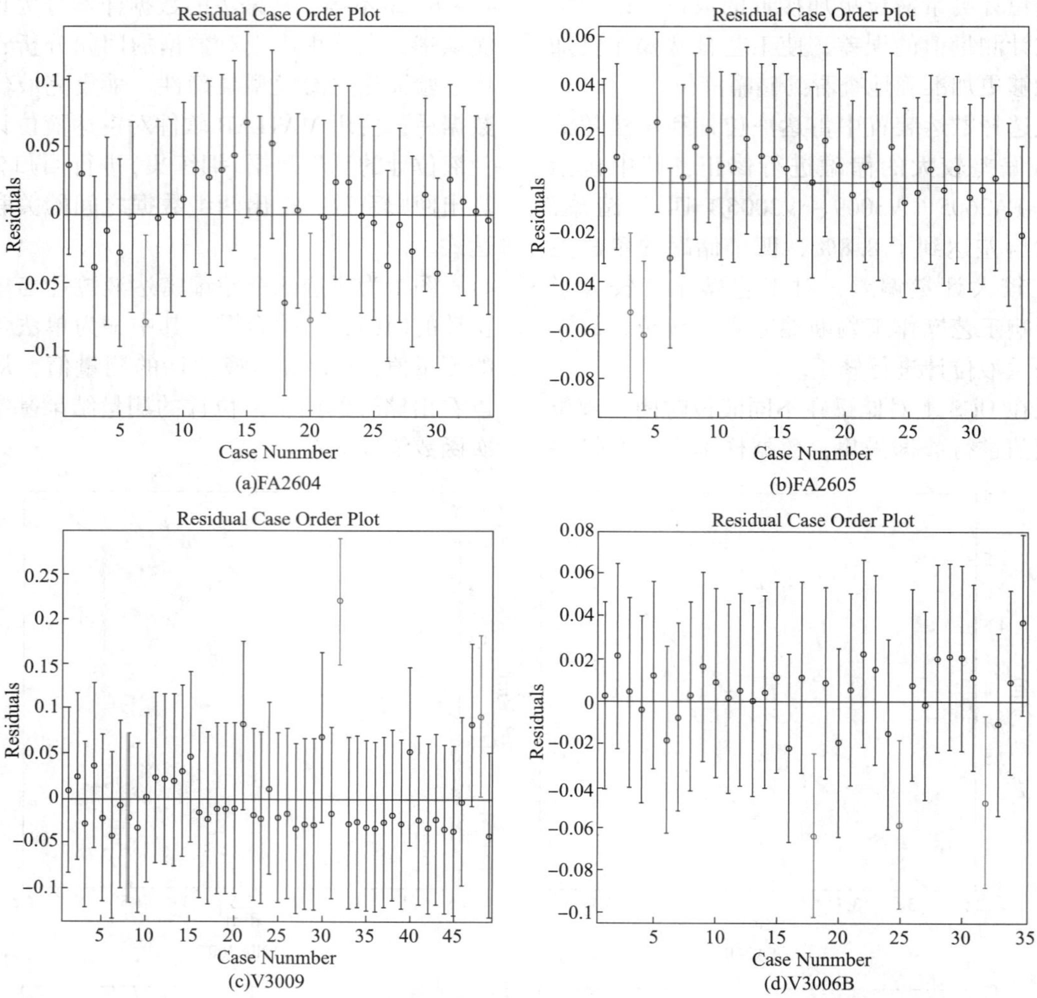

图2　四个储罐雷达液位计测量值与单法兰液位计测量值拟合残差图

表2　储罐单法兰液位测量的修正结果

测试集序号	储罐位号	修正公式	修正前最大误差(%)	修正后最大误差(%)
1	FA2604	$y=0.917x-0.1477$	8.09	0.99
2	FA2605	$y=1.1784x-0.0217$	8.78	0.77
3	V3009	$y=0.8749x+0.7341$	8.27	1.10
4	V3006B	$y=0.9238x+0.7806$	4.73	1.71

本次研究所选四个储罐的修正公式、修正前最大误差、修正后最大误差如表2所示，从表中可以看出，修正前单法兰与雷达表的误差最高高达8.78%，通过回归拟合计算出的修正公式可以将雷达表与单法兰的液位测量值误差降低到2%以内，大大提高了单法兰液位计测量的准确性。

4.3　DCS内应用

贮运装置使用的DCS系统为CENTUM VP，现将上文得到的单法兰修正方法在DCS系统内实现。在DCS系统内建立新变量，新变量为单法兰通过修正公式计算后得到的值，并给此修正值在原雷达表和单法兰液位计所在的趋势组内添加历史趋势，以便于观察与雷达液位计之间的偏差。

图3～图6为单法兰液位计、修正值与雷达液位计的液位变化趋势图，从图中可以看出，修正过的液位指示与雷达液位计的偏差明显比未修正过的单法兰液位计与雷达液位计的偏差较小，通过多次收付料后对比观察，此单法兰液位计的修正值基本与雷达液位计一致，误差基本控制在百分之2%以内。

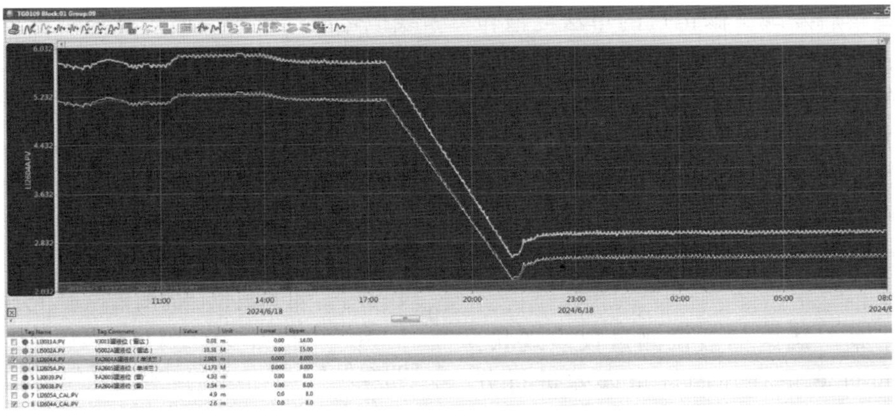

图 3　FA2604 单法兰液位计修正后曲线

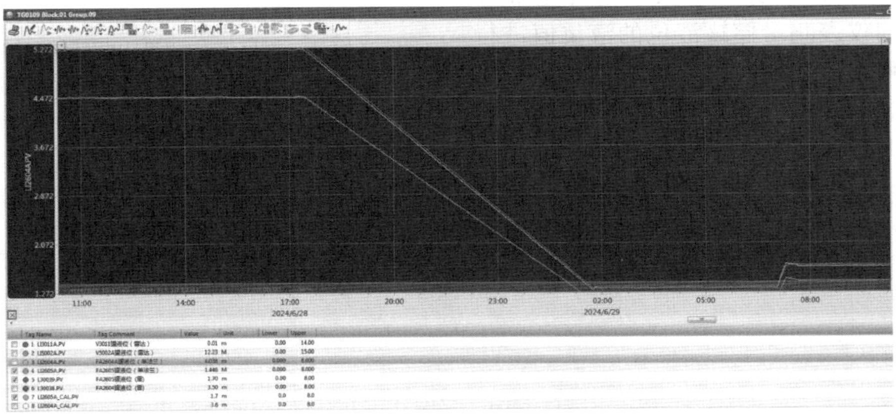

图 4　FA2605 单法兰液位计修正后曲线

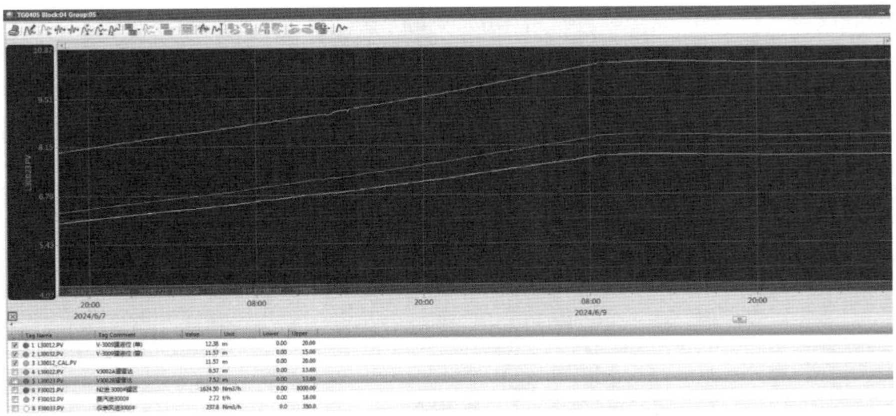

图 5　V3009 单法兰液位计修正后曲线

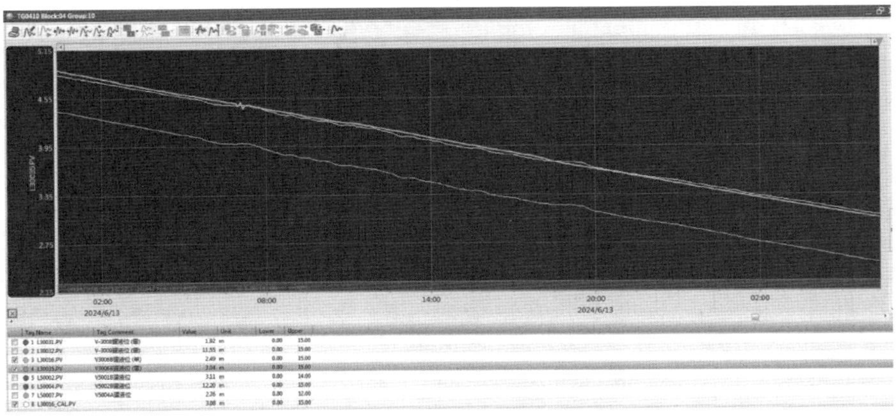

图 6　V3006B 单法兰液位计修正后曲线

通过长期观察后发现，修正过的单法兰液位计指示与雷达表无较大偏差，后期可以通过修改单法兰液位计的零点和量程来实现修正公式的功能，为工艺提供了稳定可靠的计量数据，方便储罐液位数据比对，有效降低了生产管理系统因罐位数据偏差而产生的报警。

5 总结

本文介绍了某厂罐区的液位测量仪表现状，针对单法兰液位计测量存在的计量误差进行分析，探究在不更换设备的情况下，通过大数据分析应用来提高老装置现有计量仪表的计量准确性。通过对不同仪表测量储罐液位的液位值进行数据采集，分析雷达和单法兰两种液位计测量值与真实液位之间的关系，通过数据训练建立回归模型，计算出回归系数并得到修正公式，将修正公式应用到单法兰液位计上，监控修正过后的测量值与实际液位的误差，计量偏差明显降低，曲线拟合情况较好。通过计量数据分析结合大数据智能训练的应用，有效提高了单法兰液位计的计量准确率，为老设备赋能焕新，进一步延长了设备的使用周期，节约了维护成本，为工艺精细化操作提供了更可靠的储罐液位数据。

参考文献

[1]彭宁．雷达液位计的测量原理、分类及应用[J]．中国仪器仪表，2022，(11)：57－60.

[2]纪保军．雷达液位计在油品储罐上的应用[J]．天津化工，2023，37(S1)：235－239.

[3]杨力．石化装置罐区液位仪表的选择和应用[J]．山西化工，2023，43(09)：125－127.

[4]张煊赫．罐区液位测量中雷达液位计的选型与安装研究[J]．中国设备工程，2021(10)：90－91.

[5]张海薇．双法兰液位计应用及工程实例分析[J]．石油化工自动化，2023，59(06)：91－93＋97.

[6]尚峰．雷达液位计在石油储罐液位计量中的应用[J]．化工设计通讯，2020，46(11)：79－80＋93.

基于背景噪声数据的地震仪器检定技术研究

包 雪 李国锋 付 凡

（中石化经纬有限公司华东测控分公司）

摘 要：计量工作是保证科研生产准确可靠的重要技术支持与保证。在石油勘探过程中，地震信号拾取的真实性决定了勘探的成功率，因此，提高地震仪器精度的计量技术已成为近年来的研究发展趋势。本文基于地震仪器采集到的背景噪声信号，将特征提取方法应用于地震仪器性能的计量检定，对于地震背景噪声互相关函数的相位和幅度计量检测精度达0.025s、10^{-14}%，旨在提高地震仪器的采集精度和准确度，为地震仪器的计量技术方法提供新的思路。

关键词：地震仪器；特征提取；地震背景噪声；幅度；相位

1 引言

计量与国家法律、法规和行政管理紧密结合，其目的和基本任务是实现单位统一和量值的准确可靠，是国民经济的一项基础性工作。作为国民经济发展血液的石油与天然气能源一直受到国家政府的重视与关注。目前，随着大规模油气的开发，油气勘探难度也在日益增大，勘探技术主要通过研究、处理地下的微弱信号，为后期勘探开发提供基础的可行性数据。由于目前在勘探过程中使用的仪器设备种类、型号不尽相同，因此，各工区测量和数据采集等工作都涉及了量值统一这一问题。

为了减小测量误差、提高采集精度，地震仪器通常会采用现场检定方法，一般使用电测法对地震仪进行原位快速检定，该方法通过向校准线圈施加校准电流（阶跃信号、正弦信号以及随机二进制信号等）驱动地震仪摆锤运动模拟地面运动，通过分析地震仪输出的电压信号与输入校准电流之间的关系得到相应参数，完成对仪器响应函数的检定[1]-[4]。现场检定按照《测震台网运行管理细则》规定，宽频、宽频观测系统每月进行一次脉冲检定，短周期观测系统每周进行一次脉冲检定，并且各类台站每年进行一次正弦检定[5][6]。

现场检定方法存在滞后性，为了能够更加准确、便捷地对地震仪器性能进行计量检定工作，本文提出利用采集到的地震背景噪声互相关函数来对地震仪器进行检定，围绕互相关函数、因果和非因果分量的相位和幅度变化，通过采用不同的时频处理方法分别对互相关函数的幅度、相位变化进行检测，从而实现对地震仪器性能的计量检定。

2 基于特征提取的地震仪器性能检定方法

为了有效利用互相关函数中包含着的相位和幅度信息，本文通过采用不同的分解和度量方式分别对互相关函数的相位、幅度变化进行特征提取并探究检测精度。由于仪器性能变化对互相关函数波形的影响是整体的[7]，在检测到互相关函数出现相位、幅度改变后，还需对因果、非因果分量进行检测来验证该相位、幅度变化是由仪器性能变化导致的。如图1所示，在检测互相关函数整体相位变化时采用LMD－VMD－MMFEPM（Multivariate Multiscale Fuzzy Entropy Partial Mean，MMFEPM）方法，检测互相关函数整体幅度变化时采用WPD－WFSE（Wavelet Feature Scale Entropy，WFSE）方法。此外，在检测因果、非因果分量的幅度变化时采用与检测信号整体幅度变化时相同的WPD－WFSE方法；由于因果、非因果分量中包含的相位信息与互相关函数信号整体相比较少，因此，在检测相位变化时采用与互相关函数不同的WPD－MMFEPM（见图1）。

背景噪声互相关函数是一种随机、非平稳信号，其中包含着丰富的相位信息，因此为了提取互相关函数中的相位信息，减小噪声的干扰，本文首先利用LMD方法对互相关函数的时频局部特性进行分析。该方法首先计算互相关函数$x(t)$的局部均值函数$m_{11}(t)$和包络估计函数$a_{11}(t)$；随后将$m_{11}(t)$从$x(t)$中去除，得到一个新的信号，并将其进行解调至一个纯调频信号；将迭代过程中的局部包络函数相乘得到包络信号，则互相关函数分解得到的第一个 PF 分量（Product function，PF）即为包络信号和纯调频信号的乘积，其中包含了原始互相关函数中频率最高的分量；最后将该 PF 分量从原始信号中分离得到一个新的信号，重复上述步骤，直到残差为单调函数。最终得到：

$$x(t) = \sum_{p=1}^{k} PF_p(t) + u_k(t)$$

其中 k 为 PF 分量的个数，PF_p 为第 p 个 PF 分量，$u_k(t)$ 为残差。

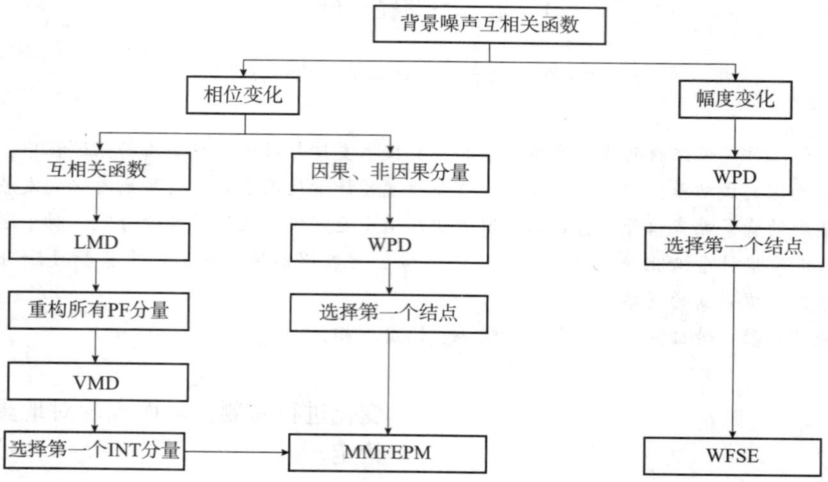

图 1　相位、幅度检测方法流程图[8]

由于 LMD 方法无法避免分解过程中存在的模态混叠问题，简单地舍弃某些特定分量可能会导致互相关函数中相位信息的损失和部分干扰噪声的保留，因此，本文将 LMD 分解得到的所有 PF 分量进行叠加得到一个新信号记为 $X(t)$。为了进一步剔除噪声干扰，提取互相关函数中的相位信息，同时避免模态混叠问题，本文采用 VMD 方法进行处理，该算法能够根据实际情况确定分解的 IMF 分量个数，从而避免出现模态混叠问题。首先令信号 $X(t) = \sum_{p=1}^{k} PF_p(t)$，假设其 VMD 分解的 IMF 个数为 k，其变分约束模型可表示为：

$$\min_{\{u_k,\omega_k\}} \left\{ \sum_k \left\| \partial_t \left(\delta(t) + \frac{j}{\pi t}\right) u_t(t) \left| e^{-j\omega_t t} \right| \right\|_2^2 \right\} \quad s.t. \sum_{k=1} u_k = x$$

其中，$\{u_k\}$ 为分解得到的 k 个 IMF 分量，$\{\omega_k\}$ 为每个 IMF 分量的中心频率。随后引入惩罚因子 α 以及拉格朗日乘法算子 $\lambda(t)$，将该约束变分问题转换为非约束变分问题：

$$L(\{u_k\},\{\omega_k\},\lambda) =$$

$$\alpha \sum_k \left\| \partial_t [(\delta(t) + j/\pi t) \times u_k(t)] e^{-j\omega_k t} \right\|_2^2$$

$$+ \left\| f(t) - \sum_k u_k(t) \right\|_2^2 + \langle \lambda(t), f(t) - \sum_k u_k(t) \rangle$$

最后，通过迭代优化 u_k、ω_k 以及 $\lambda(t)$，求出变分模型的最优解，得到包含着互相关函数各个频段信息的 IMF 分量。

为了描述这些 IMF 分量中包含着相位信息，本文采用 MMFE 这一方法[9]，与传统模糊熵相比，该方法能够在多个通道上对 IMF 分量进行不同尺度上的度量。多元多尺度模糊熵由粗粒化和多元模糊熵这两部分构成，在计算时首先需定义 IMF 分量的物理模糊熵隶属度函数 $K(x)$，求其中任意两个复合延迟矢量的切比雪夫距离 $d[Y_m(i), Y_m(j)]$，当 $0 \leq d[Y_m(i), Y_m(j)] \leq r$ 时，所有的 $K(x)$ 记为 M_i；当 $d[Y_m(i), Y_m(j)] > r$ 时，所有的 $K(x)$ 记为 N_i，令 $E_i = M_i + N_i$，E_i 出现的频率为 $L_i^m(r)$，其中，r 为给定阈值，则多元多尺度模糊熵可表示为：

$$IMSE(M, \lambda, r, N) = -\ln\left[\frac{L^{m+1}(r)}{L^m(r)}\right]$$

由于多元多尺度模糊熵值随尺度因子的不同，其变化趋势也不同，为了综合分析其整体趋势，本文引入了 PM 这一概念，利用熵均值和偏斜度来对上述方法所得 IMF 分量熵值的集中趋势和偏斜程度进行描述，其中 S_{ke} 为偏斜度，H_{mp}^{m} 为熵均值：

$$H_{mp}^{pe} = 1 + \left(\left|\frac{S_{ke}}{3}\right|\right) \times H_{mp}^{m}$$

通过分析 MMFEPM 能够说明互相关函数的相位变化。

对于因果、非因果分量来说，其中包含的信息与互相关函数相比较小，为了尽可能保留其中的有用信息，本文选择利用小波包分解来对因果、非因果分量进行处理，该方法能够很好地分解和表示包含大量细节信息的信号。WPD 是从 WD（Wavelet Decomposition，WD）的基础上发展而来的，将原始因果、非因果分量进行高低频滤波，得到两个高低频信号，再对这两个高低频信号分别进行高低频滤波，以此类推，从而实现对因果、非因果信号从高、低频角度的分解。为了度量小波结点中包含着的相位信息，还需对分解得到的小波结点进行 MMFEPM 计算，通过分析小波结点的 MMFEPM 能够获得因果、非因果信号的相位走时检测结果。

互相关函数幅度中同样包含着大量信息，但其干扰因素多，例如噪声源等，随着噪声源的季节性变化，互相关函数因果、非因果分量的幅度也会随之改变。因此，为了能够更好地针对互相关函数幅度进行分解，本文首先选择 WPD 方法对互相关函数从频域的角度进行处理，该方法分别从高低频对信号进行分解，从而能够尽可能地保留互相关函数的信息；随后为了获得小波结点中包含的幅度信息，选择使用 WFSE 来对小波结点进行度量，该方法能够体现信号能量分布的均匀程度。

首先对小波结点 $d_j(k)$ 进行小波系数的测度计算：

$$p_{jk} = \frac{d_{Fj}(k)}{\sum_{k=1}^{N} d_{F(j)}(k)} \tag{6}$$

其中 $d_{F(j)}(k)$ 为 $d_j(k)$ 的傅里叶变换，随后根据信息熵定义 WFSE：

$$W_{FSE_j} = -\sum_{k=1}^{N} P_{jk}\log P_{jk} \tag{7}$$

其中 W_{FSE_j} 为序列第 j 个尺度的 WFSE。

3 地震仪器性能检定方法验证

本文使用开源共享的地震背景噪声数据（www.iris.edu）进行验证，首先设置一个长度为 40 天、步长为 1 天的滑动时间窗口来计算噪声互相关函数，随后分别针对噪声互相关函数及其因果和非因果分量这三个信号的相位和幅度变化情况进行特征提取，其中，模拟相位变化的范围为 0.025 ~ 1s，幅度的变化范围为 $10^{-11} \sim 10^{-9}$。在剔除部分缺失背景噪声数据后，共获得了 200 个噪声互相关函数，部分噪声互相关函数及其因果和非因果分量的特征提取结果如图 2 所示。

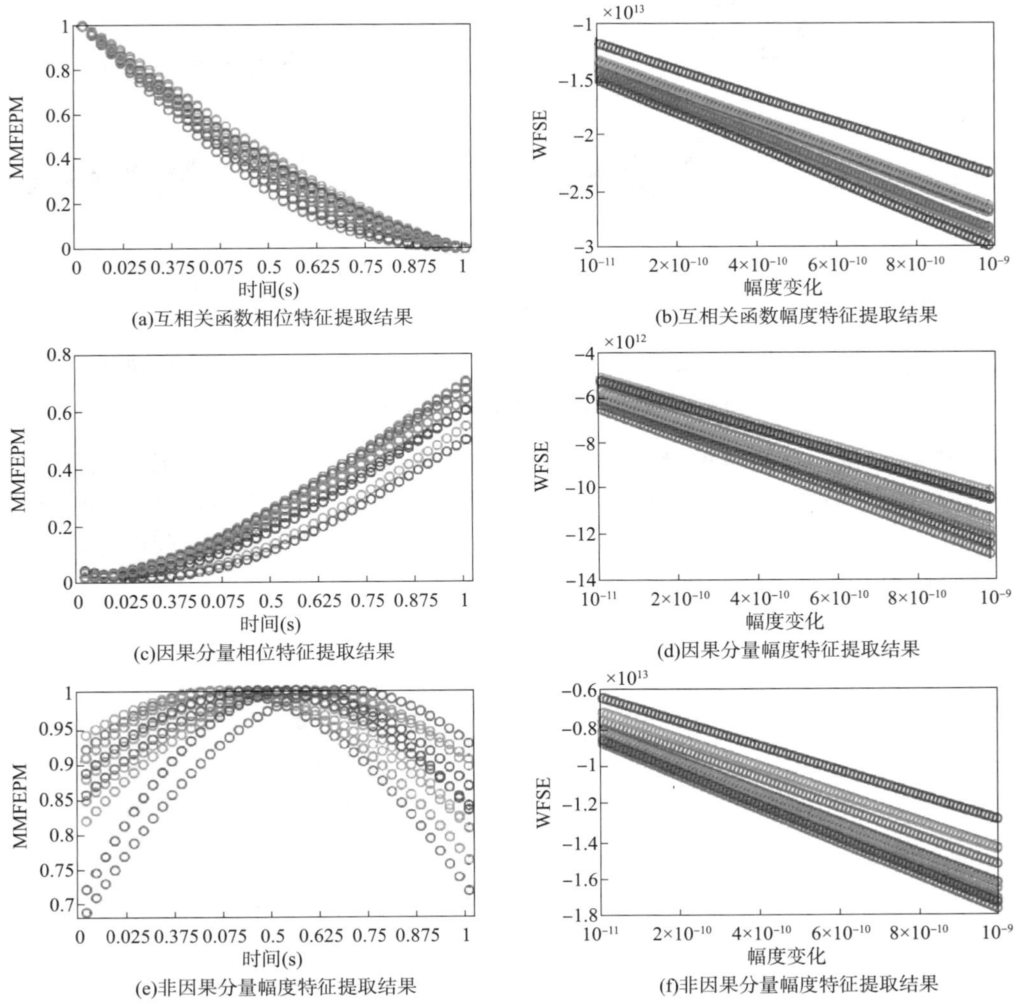

图 2 噪声互相关函数及其因果和非因果分量的相位和幅度特征提取结果

为了验证本文提出方法的正确性，首先需对这些互相关函数整体进行相位、幅度变化的检定，随后改变某段时间窗的相位、幅度，若检测结果能够区分出不同的变化，则能够说明本文提出方法能够检测到互相关函数整体相位的变化。

针对相位变化，将第 56 至第 110 时间窗内噪声互相关函数的相位移动 10 个数据点，即 0.25s 走时偏移，再将第 111 至第 197 时间窗内信号的相位移动 25 个数据点，即 0.625s 走时偏移。计算每个时窗与第一个时窗 MMFEPM 值之间的差值，噪声互相关函数及其因果和非因果分量相位数据的处理结果分别如图 3 和图 4 所示，数据在第 55 与第 56 时间窗之间以及第 110 与第 111 时间窗之间出现断点。

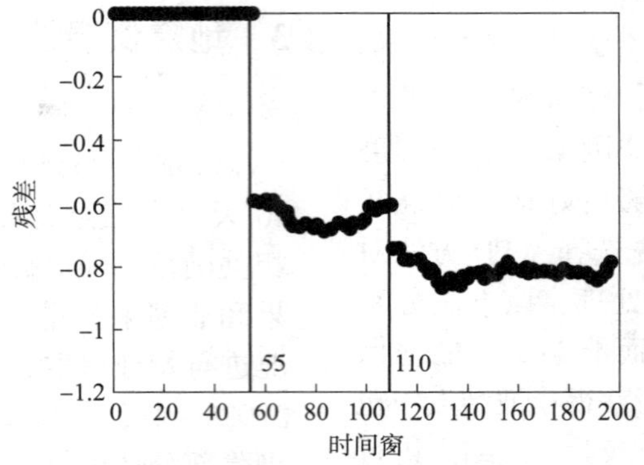

图 3　噪声互相关函数相位数据的处理结果

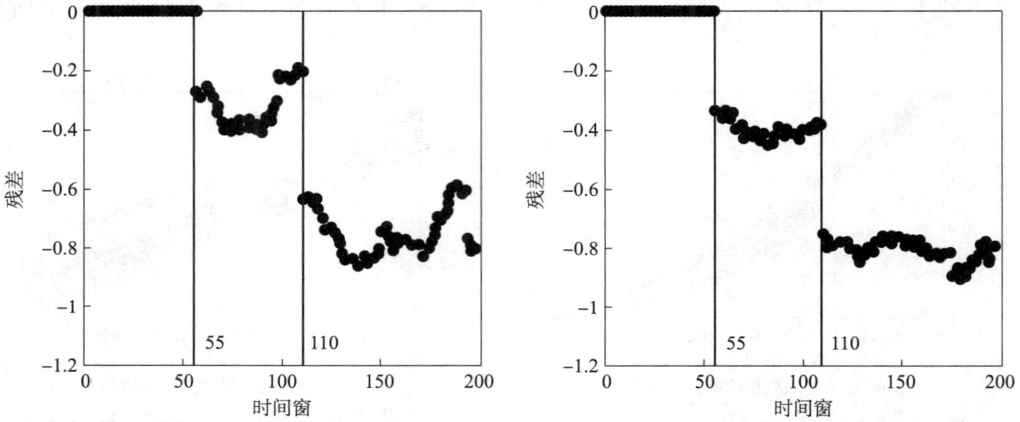

(a)OSI-SDD台站对因果分量　　(b)OSI-SDD台站对非因果分量

图 4　因果和非因果分量相位数据的处理结果

针对幅度变化来说，与相位的处理方法相同，将第 56 至第 110 时间窗内噪声互相关函数的幅度变化 2×10^{-10}，再将第 111 至第 197 时间窗内信号的幅度变化 5×10^{-10}。噪声互相关函数及其因果和非因果分量的幅度处理结果分别如图 5 和图 6 所示，都在第 55 与第 56 时间窗之间以及第 110 与第 111 时间窗之间出现断点。

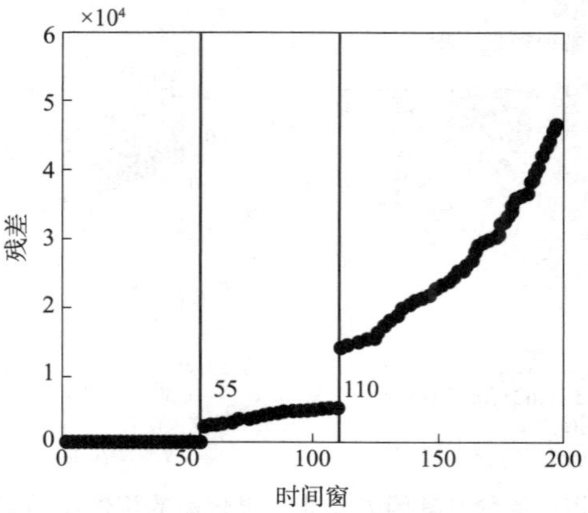

图 5　噪声互相关函数幅度数据的处理结果

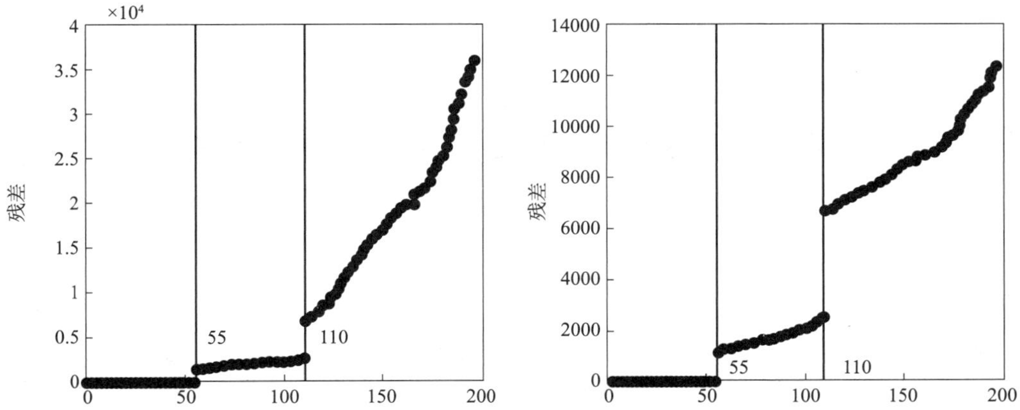

(a)OSI-SDD台站对因果分量　　(b)OSI-SDD台站对非因果分量

图6　因果和非因果分量幅度数据的处理结果

通过上述方法测量得到背景噪声互相关函数及其因果和非因果分量的相位、幅度都分别在相同的时间窗发生改变，且测量到的变化程度相同，表明本文提出的相位检定方法能够适用于地震背景噪声互相关函数的相位变化测量中，能够对地震仪器性能进行计量检定工作。

4　结论

地震仪器的计量技术对石油勘探行业至关重要，本文针对背景噪声互相关函数及其因果和非因果分量的幅度和相位，提出不同方法来对地震仪器的性能进行计量检定。

利用 LMD－VMD－MMFEPM 方法，检测噪声互相关函数的相位变化，获得了 0.025s 的相位检定精度，随后利用 WPD－MMFEPM 方法对因果和非因果分量的相位变化进行验证，说明了该相位检定方法的正确性。

利用 WPD－MMFEPM 方法，检测噪声互相关函数的幅度变化，获得了 $10^{-14}\%$ 的幅度检定精度，随后利用 WPD－WFSE 方法对因果和非因果分量的幅度变化进行验证，表明该幅度检定方法能够检测到互相关函数的幅度变化，为地震仪器性能的计量方法提供新的方向。

地震仪器的计量技术对石油勘探行业至关重要。随着科技的进步，未来地震仪器的数字化计量技术将会更加智能化、自动化，能够更好地适应复杂的勘探环境，为石油勘探提供更加精准的数据支持，从而提高油气资源的开发效率。

参考文献

[1] Fels J F. 1994. Calibration of the STS－1 seismometer; preliminary results[J]. Physics of the earth and planetary interiors, 84(1－4): 299－304.

[2] Peter W Rodger, Aaron J. 1995. Signal－coil calibration of electromagnetic seismometers, Bull. Seism. Soc Am, 85(3): 845－850

[3] Bormann P, Wendt S, Giacomo D D. Chapter 3 Seismic Sources and Source Parameters[M]. 2013.

[4] Wielandt E. 2012. Seismic sensors and their calibration [M]//New Manual of Seismological Observatory Practice 2(NMSOP－2). Deutsches GeoForschungsZentrum GFZ, 1－51.

[5] 周云耀．甚宽频带地震计频域标定的噪声数据处理方法[J]．大地测量与地球动力学，2004(01)：121－126.

[6] 林湛，崔仁胜．用叠加正弦信号标定地震计的方法[J]．中国地震，2015，31(04)：738－748.

[7] Stehly L., Campillo M., Shapiro N. M. Traveltime measurements from noise correlation: stability and detection of instrumental time－shifts[J]. Geophysical Journal International, 2007, 171: 223－230.

[8] X. Bao, F. Ye, H. Zhang and C. Jin. Using the Features Extracted From the Ambient Noise Cross－Correlation Function to Evaluate the Performance of Broadband Seismograph[J]. IEEE Access, 2022, 30224－130232.

[9] Mosabber A, Theerasak C, Sudhin T, et al. A Multivariate Multiscale Fuzzy Entropy Algorithm with Application to Uterine EMG Complexity Analysis[J]. Entropy, 2016, 19(1): 10002－10020.

油库管道在线密度计比对误差分析

刘凯能

（宁波分公司三官堂油库）

摘　要：油库管道在线密度计作为一种在油库发油工作中广泛应用的关键设备，能通过实时监测油品密度，为贸易交接计量提供准确的密度信息，从而避免经济损失和数量纠纷。在线密度计的应用有助于油品数量控制和风险管理。此外，在线密度计自动化的测量和数据记录功能不仅提高了发油操作的效率，还杜绝了人为误差，同时为油库运行管控提供了可供溯源的历史数据和分析依据。在线密度计与发油自动化系统的集成进一步推动了油库管理的智能化和管控水平。尽管在线密度计提供了高度自动化的解决方案，但定期的维护和比对校准仍然是确保其长期稳定运行和测量准确性的关键。油库管道在线密度计在提升油库发油工作的质量和效率方面发挥着至关重要的作用，是现代油库管理不可或缺的技术之一。本文通过统计分析实际使用中的在线密度计比对误差数据，深入分析误差产生原因。针对存在的误差原因，进一步探讨相应解决方案。

关键词：在线密度计；误差；比对；校准；贸易交接

1　引言

在油品行业中，油品的密度是衡量其质量和价值的关键参数之一。密度直接影响油品的体积和重量计算。因此，准确测量和控制油品密度对于确保油品数量准确性和优化作业流程至关重要。

在线密度计在这一过程中发挥着至关重要的作用。它能够在油库发油过程中实时监测油品的密度，为油品的贸易交接提供即时的密度数据。这些数据能够用于计算油品的体积和重量，确保贸易计量的准确性。

误差控制是在线密度计的应用中的重要环节。密度测量误差，可能在贸易计量中导致经济损失。此外，密度误差可能影响企业市场信誉。因此，精确的密度测量和严格的误差控制对于油库的正常运作至关重要。

为了实现误差控制，必须定期对在线密度计进行比对和校准，确保其测量精度符合相关要求。同时，操作人员需要接受专业培训，以正确使用和解读在线密度计的测量结果。通过这些措施，可以最大限度地减少误差，确保油品质量和贸易计量的准确性，从而维护企业和消费者的利益。

A 油库公路发油系统目前安装有 10 台在线密度计，生产厂家为 B 公司，型号为 DM－50，测量范围为 0～2000kg/m^3，测量精度为 ±0.2kg/m^3，重复性为 ±0.1kg/m^3，工作温度为 －40℃—+70℃，校准稳定性为 ±0.1kg/m^3，温度测量精度为 ±0.1℃。

在日常的在线密度计定期人工比对工作中，有时会发现某个在线密度计示值误差超过最大允许误差或者重复性不符合要求的情况。对于这种情况，大部分在线密度计在经过维护保养或者校准以后，示值误差和重复性都能够满足要求，并且长期稳定运行。但是个别在线密度计经过校准，一段时间后又出现示值误差超过允许误差的情况，在后续对其进行校准的过程中发现重复性也不能满足要求，对于这些情况，需要进一步查明原因，并针对性地提出解决方案和改进办法。

2　在线密度计的工作原理与应用

2.1　工作原理

在线密度计采用谐振筒式密度测量传感器，传感器浸入油品中，驱动器驱动振动陶瓷棒，使谐振筒按一定的固有频率和特定的模态振动。当谐振筒振动时，振动筒内的油品随之振动并产生谐振，谐振改变了原有振幅。通过测量振动筒在最大谐振振幅下的固有频率，即可计算得到管道内的油品密度。谐振筒的容积固定不变，其振动频率与油品密度存在严格的对应关系，同时利用温度传感器测定的温度进行自动温度补偿，使其测量密度不受外部环境温度的影响。其测量油品密度的关系式为：

$$\rho = K_0 + K_1 T + K_2 T^2 \tag{1}$$

式中　ρ 为油品密度，kg/m^3；K_0、K_1、K_2 均为经标定得到的参数；T 为谐振周期，s。标定时，使用不同的液体测量其谐振频率的变化，绘制一条谐振频率随密度的不同而变化的曲线，找出式(1)的 3 个参数，即可通过谐振频率的测量直接计算出液体密度。

2.2 发油系统应用

在线密度计安装在发油泵房油泵出口处直管段，能够实时监测并读取相应管道发油时的油品密度，数据可通过仪表在现场读取，也可通过软件远程读取，同时，数据接入发油系统。

3 密度比对方法和数据收集

3.1 比对方法

根据公司有关规定，需要定期对在线密度计的数据进行人工比对。经查阅相关资料，谐振筒式在线密度计还没有相应的检定规程或校准规范，这里参考 JJG 370—2019《在线振动管液体密度计检定规程》中对密度的比对方法。

在发油泵房在线密度计出口下游附近设有人工取样口，对人工取样的油样采用 GB/T 1884—2000 规范的方法测量密度。所测得的密度与在线密度计仪表所显示的数据进行比对并记录。

比对数据填写在如图 1 所示的示例表格中。

日期	货位	油品	泵是否在运行	试密	试温	标密	试密	试温	标密	试密比对	试温比对	标密比对	检测人
1月26日	密度计-1	0号车柴	否	850.1	3.9	838.8	847.4	7.5	838.8	2.7	-3.6	0.0	
2月1日	密度计-1	0号车柴	否	839.2	10.8	832.7	839.0	10.9	832.8	0.2	-0.1	-0.1	
2月4日	密度计-1	0号车柴	是	835.7	11.9	829.9	836.3	10.0	829.4	-0.6	1.9	0.5	
2月5日	密度计-1	0号车柴	否	835.3	11.4	829.2	835.0	11.0	828.7	0.3	0.4	0.5	
2月14日	密度计-1	0号车柴	否	845.0	14.9	841.4	846.0	12.8	841.0	-1.0	2.1	0.4	
2月15日	密度计-1	0号车柴	是	837.6	13.0	832.6	837.4	12.4	832.2	0.2	0.6	0.4	
2月17日	密度计-1	0号车柴	是	843.7	13.5	839.1	842.5	14.8	838.9	1.2	-1.3	0.2	
2月18日	密度计-1	0号车柴	是	844.8	14.5	841.0	844.8	14.2	840.8	0.0	0.4	0.2	
3月12日	密度计-1	0号车柴	是	823.4	16.6	820.9	822.8	17.6	821.0	0.6	-1.0	-0.1	
3月14日	密度计-1	0号车柴	是	825.9	13.2	821.0	825.5	13.2	820.8	0.4	0.0	0.2	
3月16日	密度计-1	0号车柴	是	825.4	14.1	821.2	824.0	15.4	821.0	1.4	-1.3	0.2	
3月24日	密度计-1	0号车柴	是	831.4	13.1	826.5	830.2	14.1	826.0	1.3	-1.0	0.5	
3月30日	密度计-1	0号车柴	是	829.2	13.6	824.6	827.9	15.2	824.6	1.3	-1.6	0.0	
4月4日	密度计-1	0号车柴	是	831.3	15.8	828.2	829.7	18.0	828.3	1.6	-2.2	-0.1	
4月7日	密度计-1	0号车柴	是	831.4	15.6	828.2	830.6	16.1	827.9	1.0	-0.5	0.3	
4月7日	密度计-1	0号车柴	是	830.8	16.1	828.0	829.7	17.5	828.0	1.1	-1.4	0.0	
4月8日	密度计-1	0号车柴	是	831.4	15.5	828.2	830.2	17.0	828.1	1.2	-1.5	0.1	
4月15日	密度计-1	0号车柴	是	825.5	18.7	824.6	824.5	20.8	825.0	1.0	-2.1	-0.4	
4月18日	密度计-1	0号车柴	是	823.3	19.2	822.7	821.0	22.8	822.9	2.3	-3.6	-0.2	

图 1 在线密度计比对表示例

本文对 A 油库 2023 年度 10 台在线密度计的所作的比对记录数据进行统计，并检查确认数据，剔除明显的粗大误差、人为误差等原因造成的不真实数据。以便下一步对数据进行分析。

4 误差分析

总体来说，大部分在线密度计的示值误差均在最大允许误差 ±0.5kg/m³ 以内。对于同一台在线密度计，误差也能持续稳定在一定区间内，重复性也能维持在稳定区间。

图 2 为 2023 年密度计 -1 的人工比对示值误差情况。

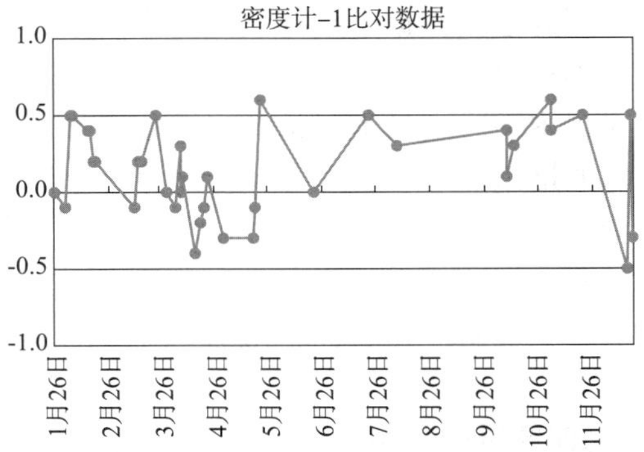

图 2 2023 年密度计 -1 的人工比对比对示值误差折线图

5 误差原因分析及应对措施

5.1 空气温度的影响

空气温度的变化会影响液体的物理性质，包括密度。大多数物质的密度随温度升高而降低，这是因为物质的体积随温度升高而膨胀。在线密度计如果不能有效地补偿温度变化，就会导致测量结果偏离真实值。因此，对于温度敏感的应用，密度计应具备温度补偿功能或在恒温环境中使用。

5.2 空气湿度的影响

空气湿度的变化可能会影响密度计的电子部件，如传感器和电路板，尤其是在高湿度环境中。此外，如果被测液体的表面受到湿度的影响，可能会形成一层水膜或吸收水分，从而改变其密度。因此，确保测量环境的湿度控制在适当范围内是必要的。

5.3 密度计安装位置的影响

在线密度计的稳定性对于获得准确的测量结果至关重要。如果密度计安装位置不合适，可能会影响仪器内部部件的平衡，从而产生误差。因此，应确保密度计放置在经过水平校准的稳固平台上。

同时，在线密度计安装在泵房，周围有诸多振动源，也可能对在线密度计产生影响，造成误差。

5.4 仪器误差的来源

仪器误差可能来源于制造过程中的公差、材料的不均匀性或长期使用导致的磨损。这些误差可能导致不同密度计之间的性能差异。为了减少这种误差，应选择质量可靠、精度高的密度计，并定期进行校准。

5.5 气泡或杂质的影响

被测油品中气泡或杂质的存在会改变液体的密度，因为它们占据了液体的一部分体积。在进行密度测量时，应确保样品纯净无杂质，且无气泡。对于容易产生气泡的液体，可能需要采取消除气泡的措施。

同时，加强在线密度计上游安装的过滤器的维护保养，杜绝杂质对在线密度计测量结果的影响。对于在线密度计本体也应进行定期保养，清除杂质。

5.6 流体气压的影响

虽然液体的密度对气压变化不敏感，但在高精度测量中，气压变化可能会影响测量结果。特别是在气压变化较大的环境下，在线密度计增加气压补偿功能就显得尤为重要。

5.7 油品黏度的影响

油品黏度的变化可能会影响密度计的测量原理，尤其是对于依赖液体流动或振动原理的密度计。黏度较高的液体可能会导致测量值偏高，因此，密度计需要具备自动黏度补偿功能，以确保测量结果的准确性。

5.8 人工测量误差的影响

人工取样测量密度时，取样操作、密度读数、温度读数都可能进一步引入误差。此外实验室的温度、湿度环境也会对人工测量造成一定影响，特别是气温较高时，汽油挥发较为强烈，取样后若未及时测量读数，油样中轻组分挥发减少，必然导致测量结果偏大。因此，要保证计量人员专业能力的同时，改善实验室环境，以确保测量结果真实准确。

6 结语

在线密度计作为油品计量控制的关键设备，在油库的自动化和数字化转型过程中扮演着至关重要的角色。通过实时监测油品的密度，不仅提高了贸易交接的效率和准确性，还有助于减少人力劳动和降低运营成本。然而，为了充分发挥在线密度计的潜力，确保其测量结果的准确性和可靠性，必须对其可能产生的误差进行全面的分析和严格的控制。

误差分析是一个复杂的过程，需要综合考虑多种因素。环境因素如温度、湿度、气压和振动都可能对测量结果产生影响。例如，温度的变化会影响液体的物理性质，包括密度，因此在线密度计必须具备有效的温度补偿功能。操作条件，如设备的安装位置、流体的流速，也会影响测量的准确性。设备本身的误差，包括传感器的精度、电子元件的性能和机械部件的稳定性。人为因素，如操作人员的技术水平、维护习惯和校准方法，也对测量结果有着直接的影响。此外，测量原理相关因素，如传感器的信号处理算法和数据解析方法，也需要不断优化以提高测量精度。

在线密度计应该不断改进升级，比如设置自动温度补偿和压力补偿功能，以减少环境因素的影响。同时，定期的校准和维护工作是确保设备长期稳定运行的关键。这包括对传感器进行定期检查、更换磨损部件、更新软件和校准设备，以确保测量结果的一致性和准确性。

在误差控制的基础上，可以进一步探索在线密度计的应用场景，如将其与定量装车系统、地罐交接流程和其他自动化模块相结合。通过集成这些系统，可以实现更高效的数据管理和分析，提高油库的整体运营效率。例如，通过实时监控和分析油品密度数据，可以及时发现和解决潜在的问题，减少损耗或数量纠纷。

总之，在线密度计的误差分析和控制是确保油品计量准确性的基础。通过采用先进的技术和管理策略，不仅可以提高测量精度，还可以推动油库向自动化和数字化转型，为油库的计量管理和运营效率带来显著的提升。随着技术的不断进步和应用的不断深化，在线密度计将在油库运行中发挥越来越重要的作用。

参考文献

[1]国家质量技术监督局．原油和液体石油产品密度实验室测定法（密度计法）：GB/T 1884—2000[S]．北京：中国标准出版社，2000.

[2]中国国家质量监督检验检疫总局．计量检定规程：在线振动管液体密度计检定规程．JJG 370—2019[S]．北京：中国标准出版社，2019.

[3]李玉杏．油库发油管道在线密度计的研制与应用[J]．油气储运，2017，(11).

[4]魏奕．如何实现油品密度在线准确计量[J]．石油工业技术监督，2017，(1).

[5]耿平，孙世亮，周健．微振筒数字密度计在油品质量计量管控上的应用[J]．化工管理，2017，(3).

[6]吴德贵，赵海超，冯海平．在线密度计校准及计量应用[J]．石油工业技术监督，2006，(7).

[7]李占宏，韩春红，王泽来．在线振动管液体密度计静态压力修正试验分析[J]．油气田地面工程，2020，(6).

轻质原油与中质原油混合输送对计量准确度影响研究

张 谦 鲁 炜 马 倩

（中石化河南油田分公司工程院原油计量检定站）

摘 要：本文通过对生产实例中混合原油均匀性的检验和流量计检定数据的分析，从原油的体积计量、密度和含水率三个方面，定量地说明了轻质原油和中质原油混合后的物性改变对计量准确性的影响，提出了均匀混合的参考方案。

关键词：混合原油；均匀性；密度；含水率

1 前言

在原油的生产、运输与加工过程中，不同种类的原油因为不同目的和需要以各种方式进行混合是常见的现象。为了保证生产过程的安全，专业人员对混合原油的物性研究较多，但对计量准确度影响的研究较少。本文通过对生产实例中混合原油均匀性的检验和流量计检定数据的分析，从原油的体积计量、密度和含水率三个方面，定量地说明了轻质原油和中质原油混合后的物性改变对计量准确性的影响，提出了均匀混合的参考方案。

2 混合原油的产生和特点

2.1 原油与混合原油概念和特点

原油是指未经加工的石油天然产物；混合原油是指不同油田、不同质地的原油因为各种需要而人为地混合后形成的一种原油品种。来自于单一产地的原油一般成分较为相似，其物性如密度、黏度、硫含量等指标接近。但原油混合后，成分相对复杂，物性指标也可能发生较大改变。

2.2 混合原油的目的

2.2.1 原油处理过程的需要

重质原油因为黏度大，脱水和提纯无法完成，加入轻或中质原油后，实现原油净化的工艺变得简单，成本低廉。

2.2.2 原油销售价格的考虑

原油贸易中依据质量的好坏确定价格。国际原油市场按照相对密度、硫含量和酸值高低对原油进行分类。卖方操控混合原油密度来获得最大利益。

2.2.3 原油加工的需要

由于炼油厂加工流程复杂，原油性质的微小变化都可以引起加工装置运行的波动，因此，加工的原油最好是组成和性质均匀、稳定的原油。同一油田不同区块的原油混合后，利于保证性质稳定。

2.3 原油混合的方式

2.3.1 温度调节

将两种原油加热到相同温度，然后缓慢混合，温度提高减小了原油黏度，便于融合；或冷却至较低温度，冷却过程中，油的密度变得更加相似，使两种原油更容易混合。缺点是时间长，能耗高。

2.3.2 搅拌混合

使用搅拌器或搅拌棒将两种原油充分混合。搅拌可增加接触面积，加速混合过程。混合方式根据输油流程的部位分为储油罐混合和泵后混合。储油罐混合是将两种原油按比例输入后用罐内搅拌器搅拌后输送。泵后混合是将两种原油按比例通过给油泵或管道混合器送给外输泵输出。优点是混合耗时短，额外增加的能源少。缺点是混合均匀性需要验证。

2.4 混合原油的计量挑战

按照国际分类，轻质原油密度小于852kg/m^3，中质原油密度范围为852～930kg/m^3，两者最大的差异可达9.2%，如果混合不均匀，在管线长途输送和加工时，不仅由于参数不稳定带来工艺运行的安全风险，而且由于取样的代表性差而造成较大的计量误差。同时由于黏度、含蜡量的变化，改变了原油的输送温度和流量计的漏失量，对流量计检定和运行也带来一定的影响。

3 混合原油计量实例

2023年6月，河南油田原油外输方案优化，由中质原油单独输送改为轻质原油与中质原油需按 1∶10 的比例外输。由于已有设备设施条件的限制和分产计量的要求，原油混合方式选用的是泵后混合。两种原油在外输泵后通过管线静态混合器输入流量计进行计量。

3.1　河南油田两种原油的基本物性和混合原油的物性

表 1 为河南油田轻质、中质和混合原油的基本物性。

表 1　原油物性统计表

序号	原油类别	原油产地	原油物性				
			密度(kg/m³)	含水率(%)	50℃黏度(mPa·s)	凝点(℃)	析蜡点(℃)
1	中质原油	双江地区	888.3	0.01	76.5	31	56.0
2	轻质原油	魏岗地区	852.7	0.52	48.0	40	55.5
3	混合原油		885.9	0.61	79.8	34	56.0

3.2　混合流程图

从图 1 可以看出：魏矿轻质原油经过流量计计量后与中质双江原油混合，经管线静态混合器去外输计量流程。混合前轻质原油流程长 500m，混合后流程长 50m。测试方案中使用的 1#和 4#流程相距 6m，自动取样器和手动取样器口的距离为 20cm。

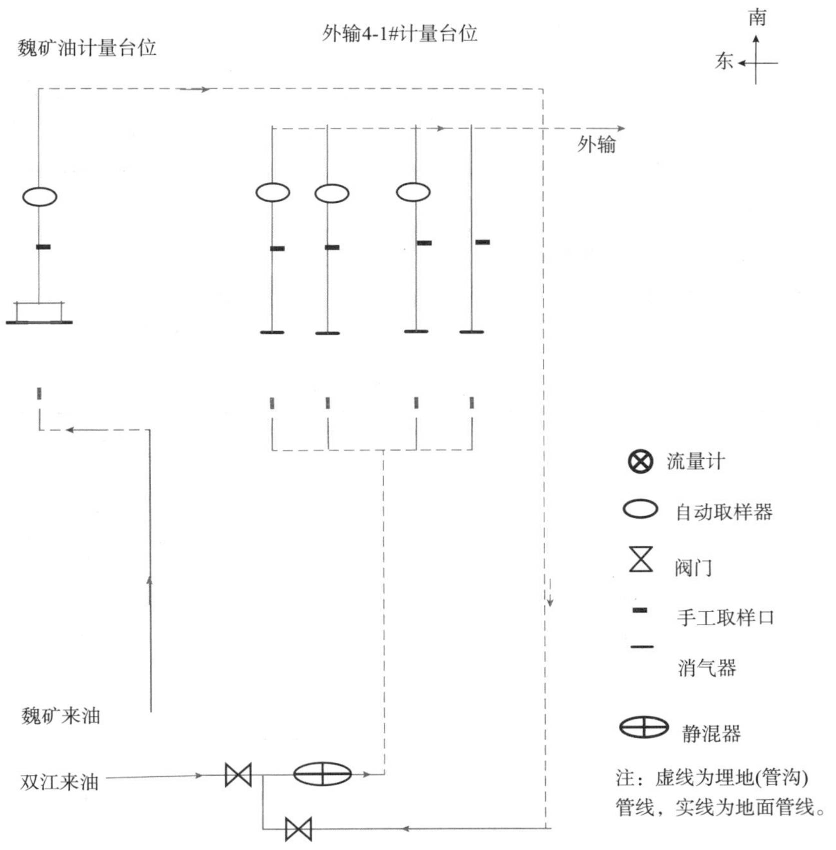

图 1　混合流程图

3.3　混合相关设备参数

表 2 为混合相关设备参数。

表 2　混合相关设备参数表

序号	设备名称	型号	类别	工作原理
1	管线静态混合器	DX200－SX	菱形流道	利用流体的湍流和旋转动能混合
2	流量计	LL－100	腰轮容积式	有辅助搅拌作用

4 计量准确性影响测试方案

测试方案分为两部分：一是测试混合原油的均匀性；二是检验其对流量计检定和运行的影响。

4.1 均匀性测试方案

4.1.1 方案设计思路

按取样方式和地点分为4组，每组取对比样品6对，共42个样品（第四组取了6对样品，人工按1∶10比例混合，形成了6个样品），测试样品密度和含水率，对比测试数据以及相关生产数据的差异，得出混合的均匀性。

4.1.2 样品获取方式设计

表3为样品获取方案。

表3 样品获取方案

序号	对比方式	取样方式	取样地点	取样要求	单次取样量（mL）	总取样量（mL）	取样次数	对比数量	备注
1	4小时混合样	自动取样器	4#流程	1min	5	1200	1	6	
		手工取样	1#流程	1h间隔	300	1200	4		
2	2小时混合样	手工取样	4#流程	30min间隔	300	1200	4	6	
			1#流程		1200	1200	1		
3	点样	手工取样	4#流程	同时取样	1200	1200	1	6	
			1#流程		1200	1200	1		
4	点样	手工取样	1#流程	同时取样	120	120	1	6	两种原油按输油比例人工混合
			联合站外输泵出口		1080	1080	1	6	

4.2 流量计影响方案设计

使用非混合原油和混合原油两种不同介质检定流量计，对获取的数据分析其误差，从而得出其影响的大小。

5 方案实施

5.1 均匀性测试数据

5.1.1 数据表（见表4）

表4 混合油样品检测数据统计表

组别	序号	A组标准密度（kg/m^3）	B组标准密度（kg/m^3）	A组含水率（%）	B组含水率（%）
第一组	1	886.9	887.0	0.95	0.95
	2	885.8	885.9	0.60	0.75
	3	884.0	884.0	1.00	0.90
	4	886.1	886.9	0.75	0.70
	5	886.3	886.7	0.60	0.70
	6	885.4	885.9	0.60	0.60
第二组	7	884.1	884.1	0.55	0.55
	8	884.4	884.8	0.30	0.30
	9	885.0	885.5	0.55	0.50
	10	886.1	885.8	0.45	0.45
	11	886.7	885.0	0.70	0.65
	12	885.4	886.8	0.60	0.60
第三组	13	881.1	881.1	0.60	0.55
	14	881.8	882.2	0.35	0.40
	15	884.7	884.8	0.30	0.30
	16	884.2	884.0	0.55	0.55
	17	883.9	884.2	0.60	0.60
	18	884.1	884.3	0.65	0.65

续表

组别	序号	A 组标准密度(kg/m^3)	B 组标准密度(kg/m^3)	A 组含水率(%)	B 组含水率(%)
第四组	19	885.0	884.6	0.65	0.80
	20	884.0	884.7	0.35	0.70
	21	883.9	886.5	0.60	0.75
计算数据	平均值	884.7	885.0	0.59	0.62
	标准偏差	1.46	1.51	0.18	0.17

5.1.2 数据分析

(1)测试数据的对比。

A、B 两组密度和含水率各有 21 个数据，A 组密度的平均值为 884.7kg/m^3，B 组为 885.0kg/m^3，误差为 0.03%，标准偏差分别为 1.46 和 1.51；两组的平均含水率分别为 0.59% 和 0.62%，误差为 0.05%，标准偏差分别为 0.18 和 0.17。误差符合原油计量交接相关国家标准要求，各组别中数据离散程度也基本一致。

(2)测试数据与生产数据对比。

2023 年 6 月混合原油开始输送，6 月至 12 月平均密度为 885.9，平均含水率为 0.54%。与 A，B 组测试数据误差密度为：−0.13% 和 −0.1%，含水率为 0.09% 和 0.15%。

(3)测试数据与理论计算对比。

表 5 轻质与中质原油数据统计表

序号	类别	时间	密度(kg/m^3)			含水率(%)		
			平均值	最大值	最小值	平均值	最大值	最小值
1	轻质原油	2023 年 1 ~ 6 月	852.7	853.1	852.1	0.10	0.15	0.00
2	中质原油	2023 年 1 ~ 6 月	888.3	888.9	887.5	0.58	0.40	0.28

根据轻、中质原油 1 : 10 配比理论计算

理论密度值为：$888.3\times\frac{10}{11}+852.7\times\frac{1}{11}=885.1$

理论含水率为：$0.58\times\frac{10}{11}+0.10\times\frac{1}{11}=0.54$

测试值与理论计算值的误差为，密度为 −0.05% 和 −0.01%，含水率为 0.09% 和 0.15%。

5.1.3 数据结论

通过测试方案中对比组数据对比、测试数据与生产大数据和混合比例理论计算值对比，可以看出，密度值误差小，含水率误差相对大一些，这与实际生产情况相符。因为密度属于物质属性，较稳定。含水率除原油性质本身条件外，外部条件如生产工艺状况、操作员水平、责任心也是含水率变化的主要因素，在实际生产中常有变化。三种对比的误差均小于国家相关标准要求，因此可以得出，混合原油的均匀性符合要求。

5.2 流量计运行分析

5.2.1 流量计运行条件变化的影响

流量计运行的准确性主要与介质的温度、压力和黏度有关。

①压力因素。介质改为混合原油后，因为计量的总量不变，日均输量与小时输量基本相同，流程压力不变。

②温度因素。平均温度由 54.6℃ 降低到 51.4℃，减少了 3.2℃，流量计材质的膨胀系数改变极小。对流量计运行的影响忽略不计。

③黏度因素。黏度主要影响流量计的漏失量，改变流量计系数。将在流量计检定中研究

5.2.2 流量计检定的影响

表 6 流量计检定数据统计表

序号	编号	介质	检定日期	介质密度(kg/m^3)	检定温度(℃)	检定压力(MPa)	流量计系数			最大差值	备注
							30(m^3/h)	50(m^3/h)	70(m^3/h)		
1	2	双江原油	4 月 19 日	899.0	53.2	0.37	1.0017	1.0000	0.9983	0.0003	
		双江原油	5 月 19 日	899.4	53.4	0.34	1.0014	0.9999	0.9985	0.0003	
		混合原油	6 月 20 日	886.5	52.9	0.25	1.0019	1.0003	0.9989	0.0005	
		混合原油	7 月 25 日	887.1	52.8	0.29	1.0015	1.0004	0.9989	0.0004	

续表

序号	编号	介质	检定日期	介质密度（kg/m^3）	检定温度（℃）	检定压力（MPa）	流量计系数			最大差值	备注
							30（m^3/h）	50（m^3/h）	70（m^3/h）		
2	4	双江原油	4月19日	899.0	53.2	0.37	1.0007	1.0001	0.9993	0.0002	
		双江原油	5月19日	899.4	53.4	0.34	1.0009	1.0000	0.9993	0.0002	
		混合原油	6月20日	886.5	52.9	0.25	1.0015	1.0004	1.0000	0.0007	
		混合原油	7月25日	887.1	52.8	0.29	1.0012	1.0005	1.0002	0.0003	

5.3 数据分析

表6统计了介质变化前后的连续四次流量计的检定数据。从表格中可以看出，每台流量计检定了三个流量点，检定温度最大相差了0.4℃，压力0.09MPa，密度相差1.4%。介质变化前或后系数变化比较小，而5月与6月介质变化时，两台流量计系数最大变化值分别为0.0005和0.0007。流量计的误差为±0.2%，系数变化均在误差允许范围之内。

5.4 数据结论

从两台流量计四次检定数据分析，介质对流量计系数有影响，但影响在误差允许范围之内，且原油计量中使用流量计系数进行修正，进一步抵消了介质性质变化带来的影响。

6 结论与建议

结论：通过对河南油田轻、中质混合原油对计量准确性影响的测试和分析，目前采用的管道静态混合器能够保证两种原油混合均匀，使用流量计系数能够抵消原油物性改变带来的流量计运行误差。

建议：在轻、中质原油密度差值等于或小于4%，含水率差值小于90%，可以参考本混合方案。方案具有经济、流程改动小的优点，混合均匀性误差符合原油贸易国际标准要求。

计量云平台管控技术的研究与应用

蒋天静 王 渐 杨 超

（中国石化股份有限公司金陵分公司）

摘 要：2021 年 12 月 31 日，国务院印发《计量发展规划（2021—2035 年）》，把数字计量摆在更加突出的位置，加快计量数字化转型，加强计量和数字技术深度融合是当前的主要任务，如何让计量在数字经济时代焕发出勃勃生机是我们需要解决的议题。按照“新基建”的信创要求总部提出的“上云上平台”的工作思路，炼化企业积极利用云计量管控技术推进异常数据，异常流程以及智能监测与远程计量管理的提升，通过“数据 + 平台 + 应用”的新模式，构建新架构、新模式、平台化的计量系统，实现计量管理体系信息化、智能化、全方位、全过程、立体化计量管控模式，进一步夯实计量基础工作，持续推行一体化计量体系管理，让计量乘云而上。

关键词：计量管理；“十四五”规划；云计量；信创；大数据；国产化

0 引言

当前国内计量管理系统正处于发展阶段，少数炼化企业构建了综合应用比较强的系统，把计量基础数据、计量过程数据、计量结果数据集成到一起，基础数据按标准、按流程统一管控，结果及过程数据综合分析、诊断、汇总，做到了统一、专业管理，海量数据智能分析，充分挖掘数据价值。但大多数企业计量管理系统功能都较为单一，综合性智能管理系统很少，数据分散不能实现业务全域贯通与数据共享，所以利用传统计量平台的基础发展计量云平台管控技术，让“计量乘云而上”，是顺应时代必然趋势。

按照“数据 + 平台 + 应用”的新模式，本文根据国务院 2021 年发布的《计量发展规划（2021—2035 年）》的指导思想，结合计量信息化“十四五”发展规划与数字化转型发展需求，提出构建一体化的“计量智能云平台”。结合国家“信创”要求和现有信息技术发展的现况，以“大平台 + 小应用”模式建立新的计量系统架构，建立容灾性、兼容性、扩展性、灵活性、集成性都相对较高的计量云平台，实现计量信息数据的互联互通，实现计量信息的采集、处理、统计、校验、反馈、预警等全过程数字化管控，实现测量管理体系信息化、智能化、全方位、全过程、立体化计量管控模式，实现绿色、效益、数字化、智能化计量。

1 计量云平台研究

1.1 云平台新架构

云平台新架构应具备复杂度低、耦合度低、独立性强、处理能力强、容错性高、扩展性高的特点；需使用部分国产化技术，以模块化研发，企业资源池私有云部署，运维方便；可提供报表工具、流程工具、可视化组态工具等基础技术支持，方便用户全方位、立体化、多维度地进行数据分析。

1.2 “数云”结合深度纳管

计量云平台通过计量基础数据统一在私有云里管理，“数云”结合实现多种通信方式，采集现场数据入“云”，现场设备及采集信息能自由扩展，采集频率达到“秒级”。采集的信息可以解析转换，具备数据模型来判断数据是否异常，异常数据提醒并提示处置建议应用信息平台发送到相关用户，提升设备异常处置实效，让数据更好地服务于安全生产。应实现监测系统的国产化，通过平台的通信服务，做到对水路收付油的流量计进行全方位、全时段、多角度监控，设备状态同步显示，对设备的测量数据、过程数据、组态数据、系统数据、报警数据等数据实时解析并展示，可建立多种报警规则，当设备异常或数据异常时，系统警示并可推送到维护人员；采集数据定时存储，可对数据进行追溯，让用户更便利地对设备进行维护、保养和使用。

1.3 多维可视化管控

计量云平台提供多维集成方式，集成视频监控，多维融合相关系统的计量数据，以计量角度建立可视化界面，建立收付流程，以平台基础技术支持，计量“云”数据为核心，实现对收付油流程的设备、计量数据、人员、现场等远程集中“云”管控，降低业务风险、操作风险和技术风险。

2 计量云平台实现

2.1 云平台系统设计架构

2.1.1 平台设计

计量云平台以平台基础，数据为中心，轻量化应用的“数据 + 平台 + 应用”的新模式建设，结合当前主流技术，选择以企业资源池私有云为载体，使用国产银河麒麟操作系统。见图 1。

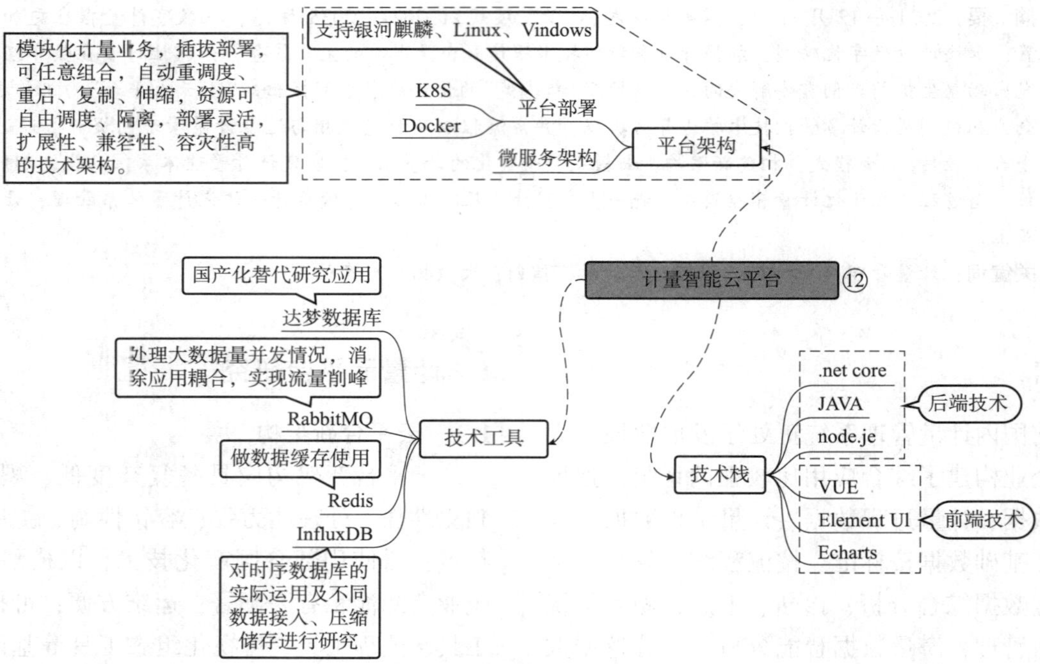

图 1 计量智能云平台

2.1.2 平台架构

平台以微服务架构进行开发，在平台中包含众多松散耦合且可单独部署的小型服务组层，服务较小且可独立部署，修改及运维只需对单个组件操作，降低了平台的开发及运维的复杂度；组件可以相互独立地扩展，从而减少与必须扩展整个应用相关的浪费和成本，独立性和扩展性高，各个服务直接耦合度低，如果有一个服务组件有问题，不会影响到其他服务组件，容灾性强。平台界面采用 B/S 架构，使用 VUE. js、elementUI、Echarts 开发，支持石化窗、chrome、IE 浏览器，方便简单，同时系统更新也方便，后端技术使用 . net Core 开发各个模块化的服务。访问层分为 PC 端石化窗浏览器和通过接入中石化移动应用平台建立的移动 APP 两种访问方式。见图 2。

2.2 部署与数据库设计

2.2.1 部署模式

平台选择使用 Docker 容器发布，容器发布不依赖任何具体的操作或云平台，可以从私有云或公有云随意迁移，移植性高；容器只需其应用程序以及它需要运行的所有容器和库的依赖清单，不需要将所有的依赖库都打包在一起，不同的容器可以共享依赖库，进一步节省了空间，占容量小。

部署在容器里的微服务管理使用 K8S 工具，进行对微服务的运行状态监测，有简洁明了的可视化界面，可以对服务进行管理，查看服务运行日志，方便用户开发和运维，降低开发和运维难度。

2.2.1 数据库设计

根据数据类型划分，大数据量数据经过 Rabbit MQ，存入 InfluxDB；固定数据及缓存数据以键值对的形式存入 Radis，基础数据与业务数据存入达梦数据库，不同的业务模块，安装业务细分数据库实例。见图 3。

图2　平台架构

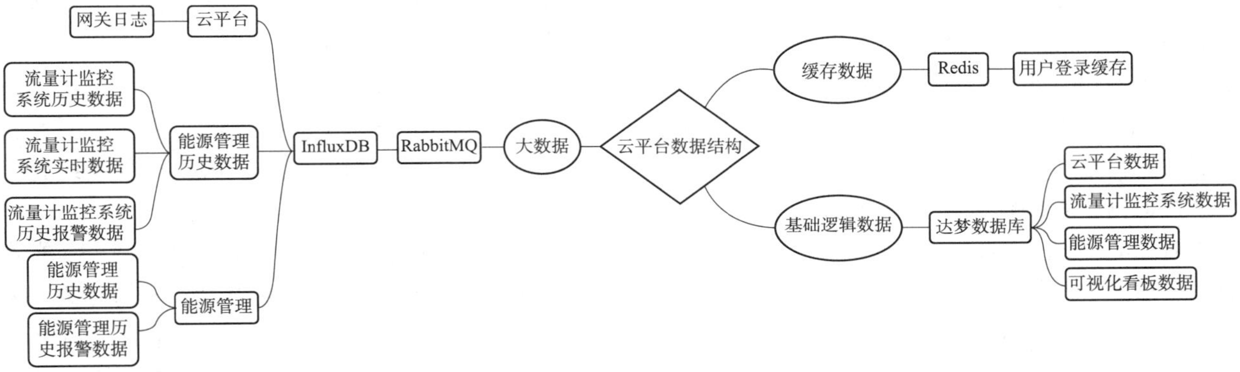

图3　大数据与云平台数据结构

2.3　模块划分

根据业务划分各个模块，前端界面主要为：云平台管理模块、流量计监控模块、能源管理模块、可视化看板模块等；后端服务主要为：平台管理服务、数据采集服务、数据集成服务、流量计监控服务、能源管理服务、可视化看板服务、基础技术服务等。见图4。

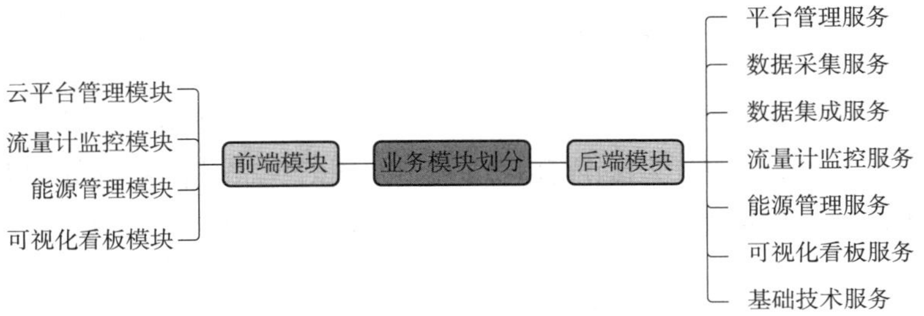

图4　业务模块划分

3 计量云平台创新应用

3.1 多维融合资源，高效计量监管

计量云平台通过大数据技术的应用，可将企业生产网数据整合成具有计量专业特色的数据资产，涵盖几乎所有形式的数据采集服务与各生产类别的系统集成服务，实现计量管理的全面化与高效化，见图5。

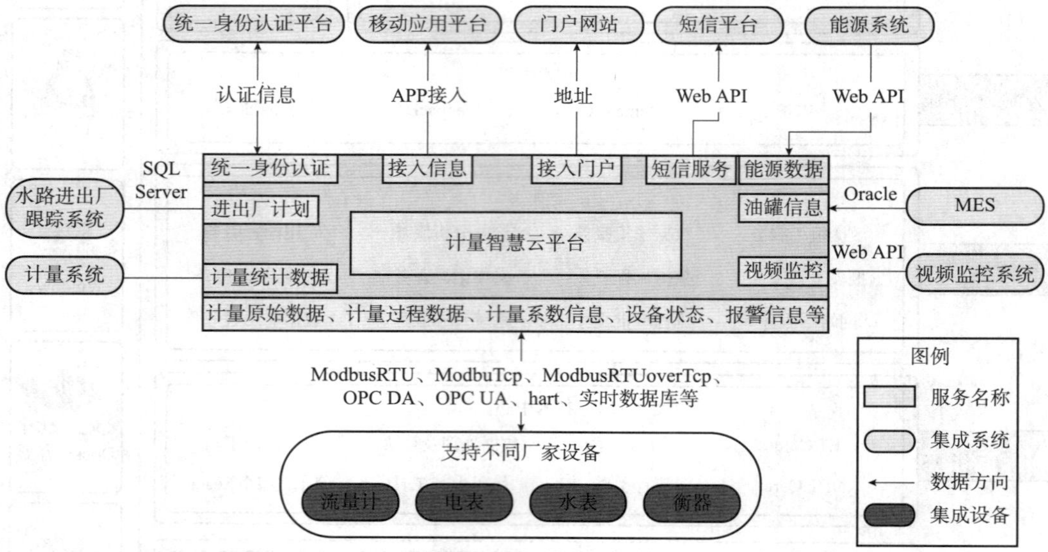

图5 计量智慧云平台

3.1.1 多种数据高效采集

计量云平台自研多种通信协议微服务，支持多种采集方式，支持 Modbus RTU、Modbus Tcp、Modbus RTU Over TCP、OPC DA、OPC UA、实时数据库等多种方式采集数据，基本涵盖了所有智能仪表的通讯，也支持通讯现场 DCS 或实时数据库。集成方式的多样性，提高了平台的集成和兼容能力。

在通信正常的情况下，采集服务收发一次命令用时 28ms 左右，采集 15 个参数，按照一个参数一个命令，读取一个设备的所有参数需 420ms 左右，采集微服务实时轮询现场设备或服务，用户可以根据参数的重要性自主定义每个参数的采集频率，每台流量计有 15 个点位左右，每 5 秒写入 1 次 15 条数据，一天写入 34473600 条数据。运行稳定可靠，同时可以横向拓展，继续添加计量设备，提升平台的扩展性。信创探索方面，各种软件工具在银河操作系统运行稳定，数据库数据响应速度和存储能力都和常见数据库一个水平。

3.1.2 多维资源深化集成

集成系统包括：统一身份认证、移动应用平台、企业门户、水路进出厂跟踪系统、MES、计量管理信息系统、实时数据库、视频监控系统。

集成系统包括：用户信息、组织架构信息、水路进出厂计划、油罐数据、流量计数据、能源数据、视频监控等数据。

集成方式包括：Web API、MySql、SQL Server，所有集成数据保存到平台云服务器里的达梦数据库或实时数据库里，可对数据进行追溯或者对比，确保数据同步正常。

第三方集成该平台接口时，需要平台提供对应微服务的资源 ID 和资源密钥，该平台所有接口都可以通过授权对外开放，解决以往系统封闭导致的信息孤岛。

当前大部分主流开放语言都支持部署在 Docker 上，平台使用的开发语言，大部分为 . net core 和 vue，还有 Java、node. js。界面响应速度在 3 秒内，部分大数据界面 10 秒内也能加载完成。通过 K8S 管理服务，可以直观地看到服务的状态，也可以看到服务运行的日志，操作简单方便。

3.2 云 +5G 赋能计量数据，深层穿透

平台通过云 +5G 模式对计量数据采集全面覆盖，所有采集数据和集成数据，通过各个微服务，实时存入企业资源池里的私有云服务器中，所有数据应用及服务都从私有云服务器里统一输出。同时集成其他系统数据及视频监控，结合平台基础数据及维护的数据，实现收付油过程的“云”计量、“云”记录、“云”管控。平台可对能源数据进行定时结算，生成对应能耗数据，用户从数据库中提取相关信息，并以报表的形式展示

出来。数据通过报表微服务可生成、分析和展示图表，对计量管理深层穿透到基础数据，它们帮助用户从各种数据源中提取相关信息，并以报表的形式展示出来，可以打印、导出 PDF 或 Excel 等。数据通过可视化服务将数据以图形、图表或其他视觉形式展示的工具，用户可通过可视化组态界面，以 Web API、数据库、Excel 等方式获取数据，选择对应的图形化组件，根据需求用户自组态可视化界面，图形化展示出来，让用户更直观地理解和分析数据。见图 6。

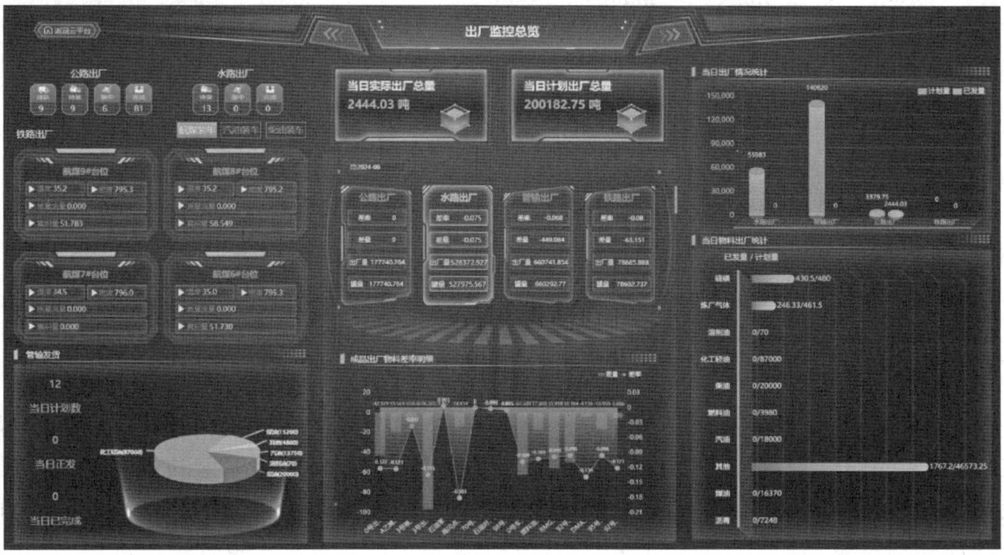

图 6

3.3 “1 + N”集成，可视化业务管控

云平台通过一个中心多维集成的“1 + N”数据集成强大能力，再结合平台基础数据及维护的设备数据、流程数据、采集数据等，实现了对整个收付油的设备、状态、数据、现场的全流程、全方位、的可视化管控。可视化微服务可供用户自主添加展示页面的图表，脑图。

平台可动态展示水路收付油流程，在地图图片上展示出罐、总表、末表、码头、船的流程关系，展示当前装船码头的实时视频监控，更直观地监控收付油情况。可展示统计付油罐数据、总表数据及末端表数据，计算总表与末端表、付油罐与末端表数据差量及差率，差率超允差指标及时推送提醒信息。也可以根据同一物料、船号、码头横向查看差量、差率趋势。用户可通过选择码头、物料或者船号进行自主统计并展示。也可区域化统计每个区域的流量计状态信息及正常率，展示每个区域的实时视频监控，流量计实时数值，收付流程图等。见图 7、图 8。

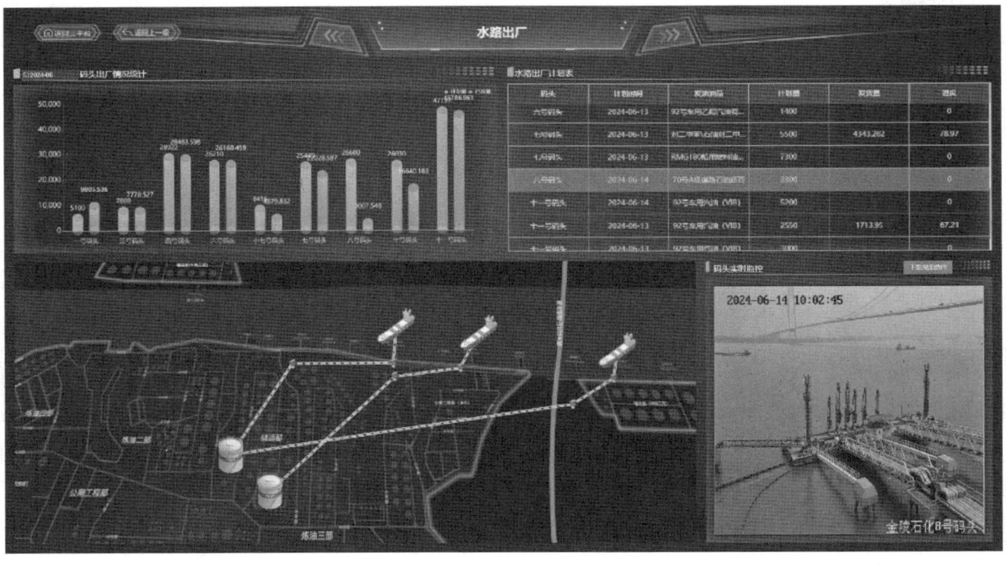

图 7

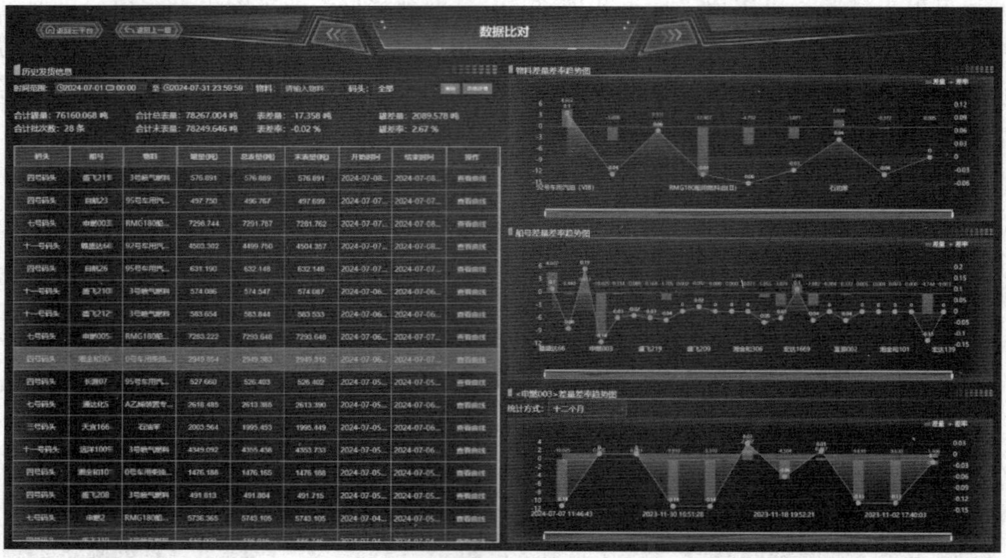

图 8

3.4　全生命感知，状态检测“智慧”预警

云平台集成了计量仪表运行监控、状态数据统计分析、故障报警管理和智能决策等高级功能实现了高度协调的“智慧”计量。云平台利用信息化智能监测技术（对报警自动判断、智能诊断），实现计量仪表故障自诊断、形成诊断案例库进行智能决策；构建了企业级计量仪表监控中心，对计量仪表进行集中管控。消除信息孤岛，打破信息系统间壁垒，流量计监控系统管理还需提供数据接口与其他系统实现数据的共享。

状态监测微服务对计量仪表的数据进行解析，对报警代码转换形成对应的文字描述，并附带对应的专家知识库里的处理建议，便于及时处置异常设备，提高工作效率。平台对流量计运行是否正常，自研了多种报警规则，当流量计参数超出正常范围、流量计系数发生变化，平台生成报警信息推送到相关人员。当有新的计量设备进入平台，首先准备对应设备的连接信息及参数信息，在平台中维护好对应的计量设备信息、通信方式、参数点位包信息等，就可以监控该设备状态及设备，使用方便灵活。见图 9。

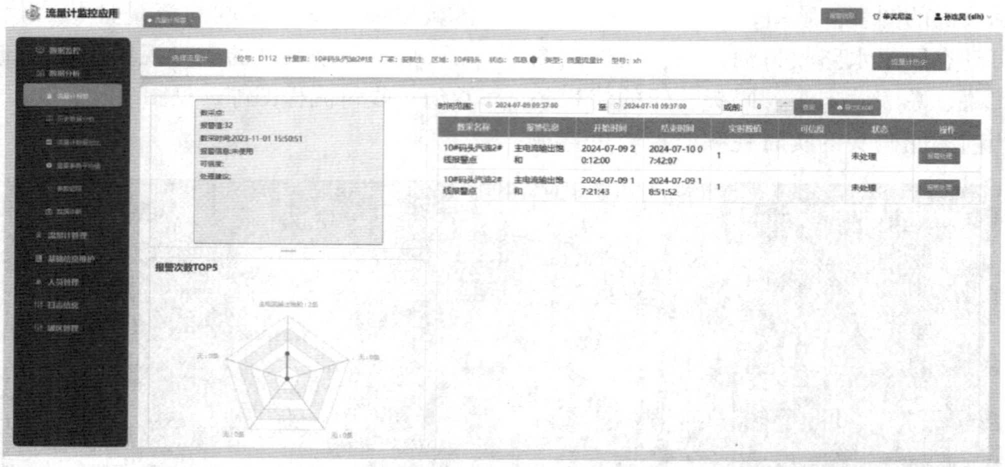

图 9

3.5　应用效果

减少时间成本：新架构发布和运维简单，查询平台日志方便，若出现问题，可直观显示出问题日志，且单个微服务不会影响其他服务，避免一个问题影响所需业务，重启服务方便，大大减少了系统的运维时间。

提高管理能力：收付油流程通过看板直接显示当前状态、实时数据及现场监控视频，对收付油作业的设备状态、计量数据实施全流程、全方位的可视化监控。

提高工作效率：对流量计的状态、数据进行监控，按照报警规则及专家知识库对数据进行解析，当设备出现异常信息时，通过信息平台及时推送到相关人员，从被动处置变成主动进行预防性维护，提升工作效率，保障设备安全稳定运行。

降低工作难度：平台提供多种基础技术支持，把采集和集成的数据汇总到云平台，数据统一输出，加上平台提供的报表工具及可视化工具，对海量数据进行自由分析，具备基础开发能力就能对数据制作可视化看板或报表，降低了对数据分析的难度。

强化数据分析：加强流量计状态监控及测量体系管理，实时监控测量过程，对流量计系数、重要参数、报警实时监控并记录信息，确保数据可以追溯，同时根据收付油流程获取相关量信息，实施总表、末端表及付出罐等数据实时比对，按照物料、船号、码头进行多维度分析，确保计量数据准确。

4 结束语

随着社会发展，相关的软硬件技术也在提升，信息化建设要求也在提高，加强计量数字化转型技术利用，可推动跨行业、跨领域计量数据融合、共享与应用，可加强计量数据统计、分析和利用，可强化计量数据的溯源性、可信度和安全性，有效地推动数字化转型。计量云平台管控技术利用数据帮助企业做出更好战略决策，优化企业内部运营，科技创新，创造新的业务价值，持续提高企业竞争优势随着云计算、物联网、移动通信、大数据和智能化等新一代信息技术的发展和应用，使企业智能化成为可能，计量“上云”的发展将成为一种必然趋势。

参考文献

[1]刘正伟，文中领，张海涛．云计算和云数据管理技术[J]．计算机研究与发展，2012，(S1)：49.

[2]李玉全，荆书典，傅尔权，等．基于物联网的智慧计量信息服务平台[J]．工业计量．2017(04)．

[3]王雪．互联网＋先进计量——综述与展望[J]．中国计量．2017(01)．

[4]董天强，钟雯倩，周克．基于云计算的智能计量平台研发[J]．电气应用．2016(17)．

[5]李洪波，李伟，张泽光，等．“互联网＋”时代的计量产业平台[J]．计测技术．2015(05)．

[6]张泽光，李少壮，李伟．智能制造时代的计量——云计量[J]．计测技术．2015(04)．

[7]钟新明．计量支撑质量提升 助力经济社会高质量发展[J]．中国计量．2021(10)．

关于成品油升级线上交接所遇到的问题及解决方法

孙秋娟

（中石化济南分公司检验计量中心）

摘　要：中国石油化工股份有限公司某公司与多个客户有油品交接业务。其中与客户 A/客户 B 用于油品交接计量的仪表为质量流量计，其仪表信号均为 4～20mA 传输。每次油品计量交接均需要双方人员到现场对计量数据进行确认，计量交接程序繁琐。某公司通过对计量信息系统进行升级改造，实现远程无纸化办公；通过系统进行线上计量交接数据确认以及计量单打印，实现计量交接智能化。同时针对升级中存在的数据不一致、人员权限设置等问题进行分析，提出相应的解决方法，实现了计量交接智能化，提升了企业的经济效益和社会效益。

关键词：数据传输；数据采集；电子计量单

1　现状概述

某公司北罐区付客户 A 汽油、柴油出厂管线上现有两台质量流量计（G1FT105、G1FT106）。目前这两台质量流量计不具有 RS485 通信功能，采用 4～20mA 输出信号至北罐区 DCS 系统。

某公司北罐区付客户 B 汽油、柴油出厂管线现有三台流量计（G1FT101、G1FT102、G1FT103），采用 4～20mA 输出信号至北罐区 DCS 系统，由于该类型流量计不具备通信功能，同时也不具备增加通信功能的条件，所以计划将三台质量流量计更换为具备 RS485 通讯功能的仪表。

当前某公司使用的计量系统具备数据采集功能，但采集数据与现场表头数据不一致，计量人员需要每天将结算数据人工录入到计量系统中、并发送 MES，不具备线上流转审核功能。

2　升级思路

通过之前人工去现场抄表头数据，再录入系统中升级为从计量系统获取各流量计的流量数据，将当天需要结算的流量数据发送至客户处，客户计量人员确认数据后生成电子签名及电子印章，生成电子计量单。最后通过登录计量系统，某公司的各个部门及客户均可快速查看并打印所需计量单，完成线上计量交接流转。

2.1　现场硬件情况

某公司北罐区 DCS 机柜室东侧铁路旁现有一台信息中心光缆分线箱，分线箱目前已有接入某公司内网的硬件及光缆路由。需要敷设两根自光缆分线箱至客户 A 和客户 B 的光缆，光缆利用光缆分线箱及现有的光缆路由接入某公司内网。客户 A 和客户 B 分别增设网络交换机，从而实现客户 A 和客户 B 与电子计量单管理系统的数据交换。

3　实施过程及项目功能实现

3.1　现场硬件改造及流程图权限分配

硬件改造部分主要包括分别敷设两根光缆进行通讯，同时更换付客户 B 的三块质量流量计，将 4～20mA 电流输出信号改造成 RS485 通讯输出。同时考虑到提高管道输送能力，将付客户 B 的 95 号汽油质量流量计的口径由 DN80 升级为 DN100。至此，付客户 B 的三台质量流量计都可以达到 200t/h 的输送能力。另外，将付客户 A 的柴油流量计更新为 5700R 系列，提高了计量仪表的使用界面功能。

硬件完成升级改造后，某公司对各相关方需要接收信息进行分配权限，并绘制流程图，做到不同客户只能看到与自己相关的数据，各相关方的流程数据表格界面如图 1、图 2 所示。

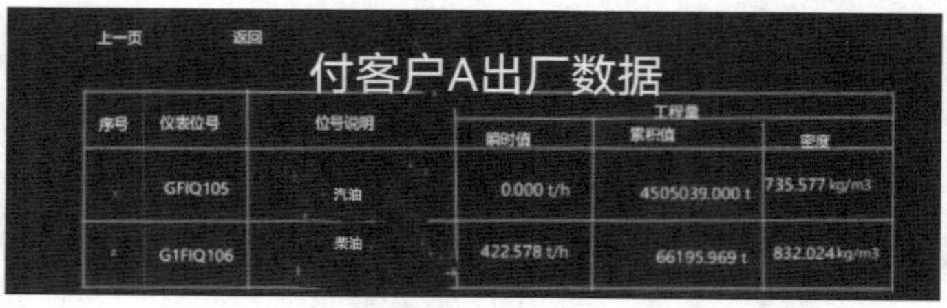

图 1　付客户 A 出厂数据

图2　付客户 B 出厂数据

3.2　软件功能开发

硬件升级改造及现场配套完成后，着手对计量信息系统进行升级改造，软件升级内容主要包含以下几个方面：

①实现线上汽油、柴油、3 号喷气燃料的计量交接。运行模式为：首先某公司计量人员根据物料启停时间，在计量系统中形成电子计量单发送给运行部，运行部门计量人员根据出库量判断是否满足出厂条件，若满足则审核通过，流转到收方(客户 A 或者客户 B)。客户方计量人员根据流程图的数据及趋势判断此次交接量是否无误，如果无误则审核通过，计量交接线上手续完成，形成完整电子计量单。以 95 号汽油付客户 B 为例，线上流转完成后，形成的某公司产品出厂电子计量单如图 5 所示。

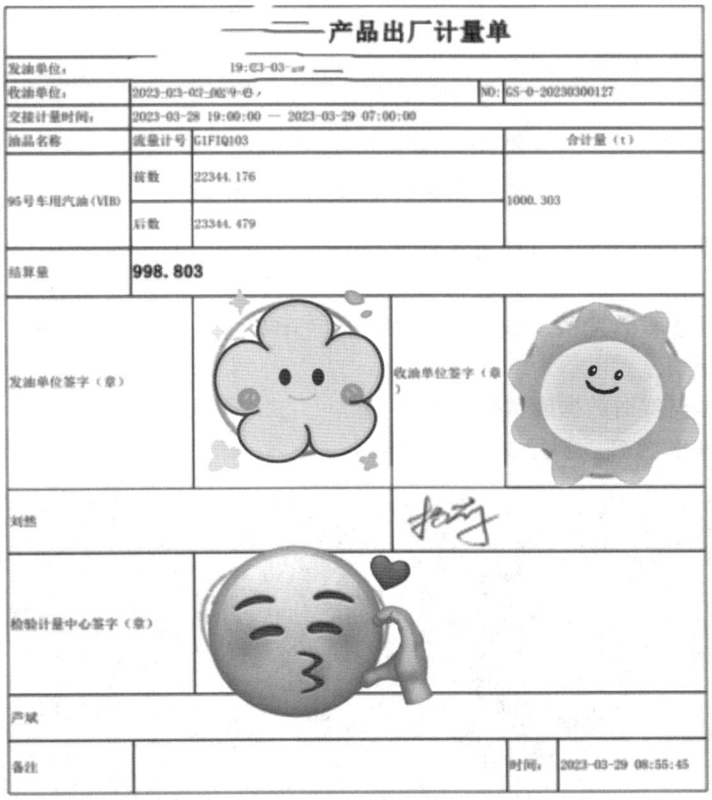

产品出厂计量单

发油单位：	19:03-03-			
收油单位：	2023-03-02		NO:	GS-0-20230300127
交接计量时间：	2023-03-28 19:00:00 — 2023-03-29 07:00:00			
油品名称	流量计号	G1FIQ103	合计量（t）	
95号车用汽油(VIB)	前数	22344.176	1000.303	
	后数	23344.479		
结算量	998.803			
发油单位签字（章）		收油单位签字（章）		
刘然				
检验计量中心签字（章）				
严斌				
备注			时间：	2023-03-29 08:55:45

图3　某公司 95 号汽油出厂电子计量记录

②管输出厂查询页面增加合并计量单功能。根据收货单位、物料品种的不同，将多条计量单合并成一条，有利于同一个收方可以查看截止到当前任意时间段所交接的某一种物料的总量，便于数据统计与比对。

③增加月度计量单页面。页面显示合并后的计量单，支持人工修改和计量单打印功能。除了汽油、柴油、煤油等产品外，同时参与出厂计量交接的还有基础油、白油、液化气、蜡等产品，只不过结算方式是月结。根据结算方式的不同，同时增加月度计量单功能。流程完善为：运行部人员每天早上 7:00 将出厂数据录入到计量系统中，月结时，计量人员根据物料名称及进出厂点形成月度计量单，然后提交运行部计量人员审

核，审核通过后，收据流转到收方，收方确认数据无误后，审核通过实现流转完成。月计量单格式与图 3 一致。

4　系统升级后遇到的问题

4.1　现场流量计数据与数据库数据不一致

进行试运行过程中，计量人员在检查后发现，实时数据库的数据与现场表头数据不一致，示值误差较大，无法达到计量交接的要求，如表 1 所示。

表 1　某公司航煤出厂数据对比表

序号	仪表位号	位号说明	瞬时值（t/h）	累计值（t）	备注
1	FIQ1501	付某油库（西）	0. 000	354792. 063	
2	FIQ1502	付某油库（东）	0. 000	472436. 938	

如表 1 所示，实时数据库显示编号为 1501 流量计的累计量是 354792. 063 t，流量计现场累计数据为 354792. 076t，（见图 4）两者相差 13kg。

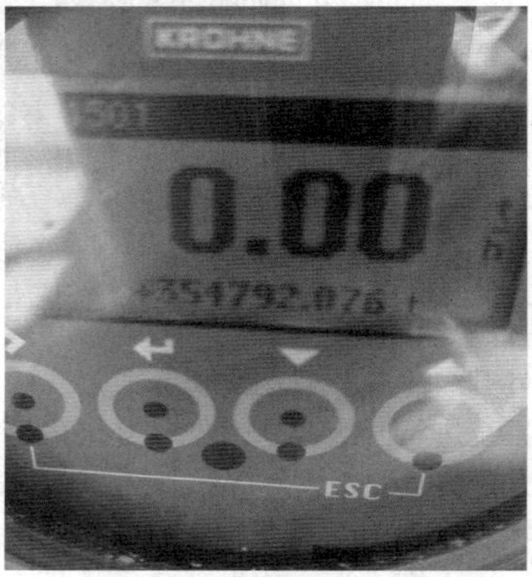

图 4　流量计现场表头数据

经过计量系统现场提取数据，形成的计量单数据如图 5 所示。

序号	多选	仪表位号	仪表TAG	开始时间	结束时间	前读数	后读数	读差	系数	原始量	补扣量	确认量
1	☐	FIQ1501	G1FIQ1501B	2023-03-27 14:50:00	2023-03-28 02:30:00	350885.406	354792.063	3906.657	0.9986	3901.188	-0.006	3901.182
2	☐	FIQ1502	G1FIQ1502B	2023-03-27 14:50:00	2023-03-28 02:30:00				0.9986			
												3901.182

图 5　计量系统现场采集数据截图

现场表头读取数据 3901. 182t 与计量系统实时采集数据 3901. 188t 相差 0. 006t，无法做到数据一致，不能满足集团公司下发的《成品油交接计量管理规范》的计量需求。

4.2　计量系统采集数据与实时数据库数据不一致

从图 6 趋势图上可以看到，3 月 7 日 07：16 实时数据库的数据为 19127. 887t，3 月 8 日 4：00 实时数据库的数据为 20599. 262t，当天从计量系统中采集的数据如 7 图所示。

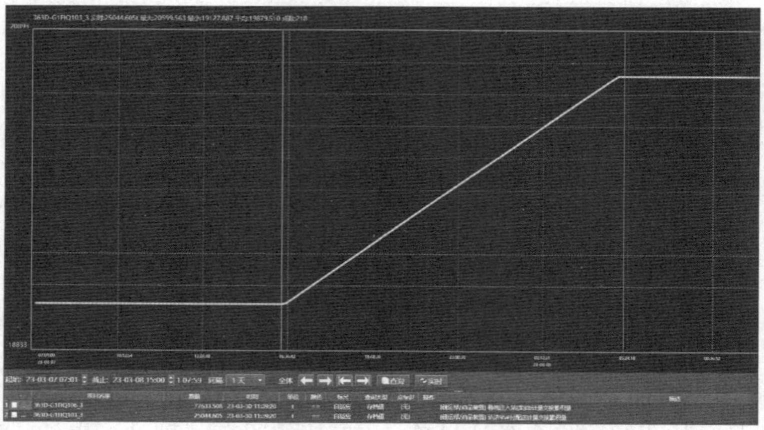

图 6　3 月 7 日实时数据库采集数据趋势图

我方表量 - 第1页/共1页(1)条

序号	多选	仪表位号	仪表TAG	开始时间	结束时间	前读数	后读数	读差	系数	原始量	补扣量	确认量
1	☐	G1FIQ103	G1FIQ103_3	2023-03-07 07:16:00	2023-03-08 04:00:00	19127.86	20483.54	1355.68	0.9985	1353.64648	115.82152	1469.468
												1469.468

图 7　3 月 7 日计量系统采集数据截图

通过实时数据库和计量系统采集数据情况，形成累计数据对比表，见表2。

表2　实时数据与计量系统采集数据误差对比表

单位：t

数据来源	实时数据库	计量系统采集数据	示值误差值
前数	19127.887	19127.86	0.17
后数	20559.262	20483.54	75.722
累计量	1431.375	1355.68	75.795

从前后底数对比可以清楚看出，单位时间内两者提取的前数与后数计量数据都不一致，说明计量系统采集数据方式存在问题。

4.3　系统人员权限分配的问题

系统上线进行试运行期间发现，系统中人员权限未分配到位，尤其是月结计量单的人员权限，在本该出现在月计量单审核界面的权限，却出现在了管输出厂日计量单审核界面，系统分配的人员权限存在混乱现象，对相关方登录界面进行计量交接产生较大影响，造成月结流转不畅、无法顺利实施结算的后果。

5　解决方法

5.1　现场流量计数据与数据库数据不一致的解决方法

针对现场流量计表头数据与实时数据库采集不一致的现象，通过现场调查，经与仪表工程师沟通，最初判断原因为仪表采集数据的地址不准确。经过咨询流量计生产厂家，重新提供仪表采集的地址信息，仍然出现类似问题，故排除了地址信号采集错误的因素。后来与相关厂家技术人员及仪表人员详细沟通后，发现在传输过程中，该质量流量计表头机构的数据传输信号与某公司仪表采集数据的方式不匹配，解决方法只有更改数据传输的模式，或者将表头的累计数据定时清零。

解决方法：鉴于更改数据传输模式涉及单位较多，且硬件重新配备较为复杂，在无法完全具备这些改造条件的前提下，只有将流量计表头数据周期清零，保证采集数据的准确性。

5.2　计量系统采集数据与实时数据库数据不一致的解决方法

经过工程技术人员反复测试，计量系统采集数据与实时数据库不一致的问题仍然无法一致。通过及时向技术部门反馈，在公司内部进行层层问题排查后发现，某公司的数据库正在进行升级改造，由之前老版本的PI系统向新的中控系统升级，目前，某公司数据库是由两套系统并行阶段。计量系统建立之初，采数逻辑规则是通过老版本的PI系统读取数据，而实时数据库此时由新版中控系统运行，也就是说计量系统采集老版本PI系统的计量数据，而流程图实时数据则采用新版中控系统的数据，这是造成两者取数不一致的主要原因。

解决方法：在计量系统当中更改原有采数规则，将从老版本PI系统上取数更改为自新版中控系统读取计量数据信息，取数规则统一后，所采的数据也达到协同一致。如图8所示。

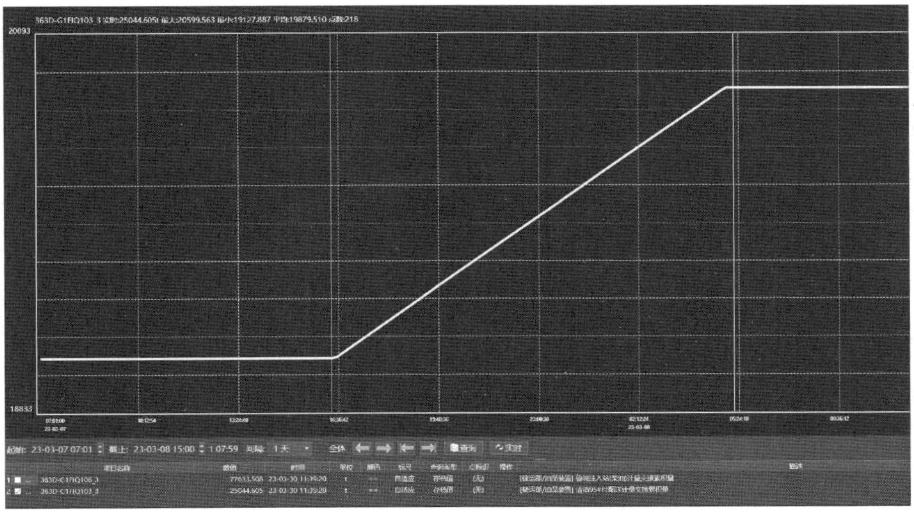

图8　老版本PI系统中计量数据图

3月29日19:18，计量系统采集的前读数是23344.479t，3月30日10:13，计量系统显示后读数是25044.605t。计量系统采集数据如图9所示。

图 9　计量系统采集数据截图

通过对比实时数据库和计量系统采集的数据，形成的前后数据比对表，如表 3 所示。

表 3　计量系统采集数据对比表 单位：t

数据来源	实时数据库	计量系统采集数据	示值误差值
前数	23344.479	23344.479	0.000
后数	25044.605	25044.605	0.000

从表 3 中可以看出，数据库数据与计量系统采集数据一致，消除了不同版本系统存在的信号误差值，做到了精准采集。

5.3　系统人员权限分配问题的解决方法

针对系统中人员权限未分配到位，人员权限存在混乱等问题，某公司计量人员重新将需要参与的业务人员进行梳理，并委托承包商公司提供了系统程序的解析与编制，修改了影响系统人员权限的逻辑程序，有效解决了人员权限归属分配问题，实现了月结流转通畅，各相关方能够顺利实施结算。

6　总结

经过计量信息系统项目升级改造，对原生产流程、电控设施和计量设备进行更新，首先通过统一数据源，实现数据共享，有效减少了产品的计量交接重复性工作量，强化了各业务部门之间的协同工作能力，极大提高了交接工作效率。

其次，规范了企业的进出厂数据比对业务流程。原有的手工业务存在处理方式不同的弊端，通过对该部分业务流程进行规范和优化，通过系统进行计量交接数据确认以及计量单打印，保障了各类数据处理结果的一致性，实现计量交接智能化和标准化。

第三，对实时数据库、MES 接口统一了数据源，实现了计量、生产管理数据的共享，具备了为 MES 平衡数据和计量系统数据比对提供支撑的条件。

第四，计量系统升级后，企业用户和外单位用户可以在线上流转审批管输出厂，能够线上打印带有电子签名和电子章的计量单，严格控制外单位人员查看进出厂数据的权限，不仅减少人为干扰因素，提高了用户的满意程度，还降低了人员在极端天气下现场读数造成的安全风险。

最后，本次计量交接升级改造，为计量、生产管理业务部门提供了多方位的高效信息支撑和技术手段，有效杜绝了计量交接人员互相串通，故意漏结或者不结出厂产品等现象，避免造成企业效益流失，通过管理改进生产为企业带来了可观的经济效益和社会效益。

基于高斯过程回归和 BP 神经网络的油储地罐容积表标定研究

王彩玲　程　叶　倪庆旭

（西安石油大学，中国石化销售股份有限公司计量管理站）

摘　要：石油作为中国重要的能源资源之一，广泛应用于发电、运输、工业生产等各个领域。准确的油储地罐容积表标定对于确保各类石油产品储存、运输和交易的精确计量至关重要。传统的标定方法通常高度依赖于静态测量和经验公式，易受时间、环境条件及人为因素的影响。为了解决这一问题，本文提出了一种基于高斯过程回归（GPR）和反向传播神经网络（BPNN）的标定验证方法。在真实加油站数据构建的数据集上进行实验，结果显示，高斯过程回归模型和 BP 神经网络模型的平均预测误差 RMSE 分别为 3.435、8.409，模型的预测效果相对较好，研究结果可为容积表的标定工作提供有价值的参考。

关键词：容积表标定；BP 神经网络；高斯过程回归；数据挖掘

1　引言

油品在接卸过程中因各种因素造成的损耗一直是影响加油站运营效率和盈利能力的一大难题。这些损耗可能来源于温度变化[1]、蒸发损失[2]、计量误差[3]、操作失误[4]以及运输途中液体晃动[5]等多种因素。其中，容积表的准确性是损益分析不可或缺的基础，任何测量上的微小误差都可能在损益分析中被放大，导致对实际损耗情况的误判。

中华人民共和国国家计量检定规程中 JJG 266—2018《卧式金属罐容量检定规程》明确规定，加油站通常采用几何测量法和容量比较法进行容器计量。虽然上述方法具有精度高，可靠性好等优点，但易受到人为操作误差的影响。同时，上述方法还依赖于高精度的容量计量设备、成本较高，且只适用于大型金属罐的容量计量。

近年来，随着机器学习和统计建模技术的发展，众多学者积极开展机器学习在石油行业中的应用研究。Erkan Cakir 等人[6]提出了通过决策树[7]（DT）和树增强朴素贝叶斯（TAN）方法分别采用溢油变量选择和分类来预测溢油的严重程度，减少事故风险和海洋污染发生的概率；潘诗元等人[8]和卢晨辉等人[9]分别利用遗传算法和长短记忆神经网络对加油站的销量进行预测，前者的模型精度保持在 90%，已经能够投入实际应用，而后者则对于 95% 以上的加油站站点销量预测误差都在 10% 以内；陶涛等人[10]则着眼于加油行为的异常检测，提出了双向 LSTM 的 Seq2Seq 模型来识别加油行为异常的车辆，相对于现有方法在加油数据集上均方根误差（RMSE）降低了 21.1%，在信用卡欺诈数据集上检测异常的准确率提高了 1.4%；A Sagheer[11]提出了基于深度 LSTM 循环网络的石油产量时间序列预测，解决了传统预测方法的局限性。

高斯过程回归作[12]为一种非参数回归方法，能够自然地处理不确定性和非线性关系，已在多个领域展现出强大的预测能力。BP 神经网络[13]凭借其强大的非线性映射能力和自适应学习机制，已被广泛应用于工程和科学领域中的预测和分类任务[14]。本文提出了一种基于高斯过程回归（GPR）和反向传播神经网络（BPNN）的标定验证方法。通过对比分析两种模型的预测结果与实测数据，评估现有容积表的可靠性，进一步探讨机器学习方法在提高石油地罐容积计量准确性上的潜在价值。

2　实验数据与预处理

2.1　数据简介

本研究采用真实加油站接卸数据，构建用于训练和测试的数据集，具体细节如表 1 所示。

表 1　各加油站详细信息

罐号	加油站 1				加油站 2	加油站 3
	1 号	2 号	3 号	4 号	5 号	6 号
油品种类	98 号	95 号	92 号	92 号	车用柴油	95 号
接卸数量	285	2631	2132	2630	127	1326
采集日期	2020.1.1—2024.1.8				2020.1.1—2024.2.27	2022.1.2—2024.2.4

如表1所示，加油站1包含4个油罐，1号油罐对应98号油品，有285条接卸数据；2号油罐对应95号油品，有2631条接卸数据；3号油罐对应92号油品，有2132条接卸数据；4号油罐对应92号油品，有2630条接卸数据。加油站2设有1个油罐，油品类为车用柴油，有127条接卸数据。加油站3设有1个油罐，油品类为95号油品，有1326条接卸数据。

2.2 数据预处理

本研究首先对上述数据进行清洗，包括修正错误、填补缺失值、删除重复项以及识别并处理异常值。此外，本研究依据加油站实际情况发现并纠正数据集中的无效数据、不一致数据、不完整数据以及格式错误数据。具体地，针对异常数据，例如各表中实发温度、实发体积为"－999"的数据记录，则进行替换数据操作。对于数据中的异常值，根据下述计算公式对相关数据进行替换：

①实收标准体积：实收标准体积＝卸后升数－卸前升数＋期间付油

②损益率：损益率＝损益量/实发体积，损益量＝实发体积－实收标准体积

③标准体积计算方法。在加油机检定、进加油站的油品运输损耗计算、快速判断、简易计算等情况用式(1)计算，计算公式为：

$$V_{20}=V_t[1-f(t-20)] \tag{1}$$

其中V_{20}是油品20℃体积；V_t是油品t℃体积；f是油品体积温度系数，1/℃，f取值：汽油取0.0012/℃、柴油取0.0008/℃；t是油品计量温度。

3 算法的基本原理

3.1 BP神经网络

BP神经网络的误差反向传播算法是一种训练多层前馈神经网络的方法，使用梯度下降法来最小化损失函数。BP神经网络模型由三层结构组成，如图1所示，最左边的一列称为输入层，最右边的一列称为输出层，中间的一个或多个层称为隐藏层。BP神经网络的训练是一个迭代过程，主要有前向传播、计算误差、反向传播、权重更新几个步骤。

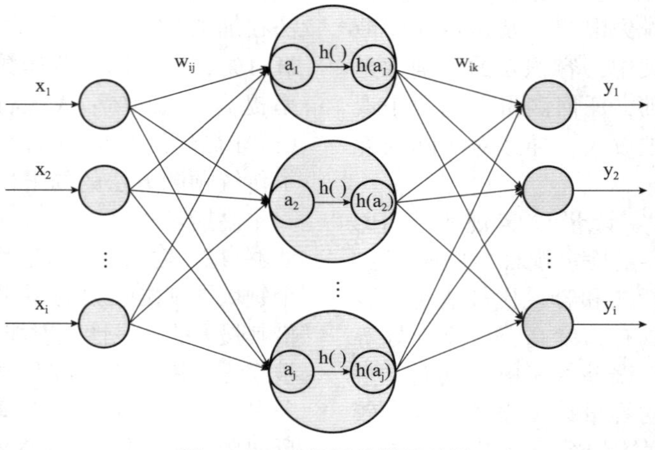

图1 BP神经网络模型结构

前向传播从网络的输入层开始，沿着网络的层次结构向输出层方向传播。在前向传播中，输入层接收到输入信号后，每一层的神经元计算其加权输入$a_j^{(l)}$，计算过程可以通过式(2)描述，再使用激活函数$g(\cdot)$来计算每个神经元的输出$g(a_j^{(l)})$，将计算的结果作为输入传递给下一个节点，直到得到最终的输出值$\hat{y}_i$。

反向传播从网络的输出层开始，沿着网络的层次结构向输入层方向传播。在前向传播的过程中，每一个输出结果与实际结果之间会产生一个误差，这个用来量化模型预测结果与实际结果之间的误差的概念被称为损失函数，其中均方误差(MSE)就是常用的损失函数，见式(3)。为了最小化损失函数$L(y_i,\hat{y}_i)$，达到最佳的预测结果，使用梯度下降法来寻找L的最小值，计算损失函数关于每个权重的梯度，也就是损失函数相对于权重的变化率，通过迭代法来更新权重和偏置，见式(4)和式(5)。每产生一次权重更新就进行一次前向传播，直到损失函数达到预期的结果为止。

$$a_j^{(l)}=\sum_j w_{ij}^{(l)}x_i^{(l-1)}+b_i^{(l)} \tag{2}$$

其中$w_{ij}^{(l)}$是权重，$x_i^{(l-1)}$是前一层的输出，$b_i^{(l)}$是偏置，$a_j^{(l)}$是加权结果。

$$L(y_i,\hat{y}_i)=\text{MSE}=\frac{1}{n}\sum_{i=1}^{n}(y_i-\hat{y}_i)^2 \tag{3}$$

其中y_i是真实值，$\hat{y}_i$是神经网络的预测结

果，$L(y_i, \hat{y}_i)$是损失函数。

$$w_{\text{new}} = w_{\text{old}} - \eta \cdot \frac{\partial L}{\partial w} \tag{4}$$

$$b_{\text{new}} = b_{\text{old}} - \eta \cdot \frac{\partial L}{\partial b} \tag{5}$$

其中η为学习率，$\frac{\partial L}{\partial w}$、$\frac{\partial L}{\partial b}$分别是损失函数$L$关于权重$w$和偏置$b$的梯度，$w_{\text{old}}$和$b_{\text{old}}$是更新前的权重和偏置，$w_{\text{new}}$和$b_{\text{new}}$是更新后的权重和偏置。

3.2 高斯过程回归

3.2.1 基本原理

高斯过程回归是一种基于高斯过程理论的非参数机器学习方法，适用于回归分析任务通过利用高斯过程对目标函数进行建模，实现对输入输出关系的建模和预测。

在高斯过程回归中，假设目标函数$f(\ )$是一个服从高斯过程的随机函数。高斯过程由均值函数和协方差函数(也称为核函数)完全描述。均值函数表示对应输入的期望输出值，协方差函数描述了不同输入之间的相关性。在训练阶段，使用已知的输入－输出数据对来拟合高斯过程模型，确定均值函数和协方差函数的参数。利用拟合的高斯过程模型对新的输入数据进行预测，得到预测的输出值极其不确定性。对于给定的测试输入，预测值通过计算该输入与训练数据的协方差矩阵和协方差向量，然后利用贝叶斯定理计算得出的条件概率分布来获得。在高斯过程回归中，需要优化均值函数和核函数的超参数，最大化对观测数据的拟合程度。

3.2.2 超参数的估计

(1)最大似然估计。

在最大似然估计的实施步骤中，首先需要根据问题的性质选择一个适当的概率分布，并假设其参数化形式。其次，根据选定的概率分布和参数化形式，写出数据的联合概率密度函数或概率质量函数。接着通过对似然函数取对数，转换为对参数的优化问题，并将最终得到的参数值作为最大似然估计下的参数估计值。最大似然估计方法简单直观，尤其在大样本情况下通常具有良好的统计性质，但在应用最大似然估计时，需要确保选定的概率分布和参数化形式与实际数据的分布相符合，否则估计结果可能会出现偏差或不准确等问题。

(2)贝叶斯优化。

在贝叶斯优化的实施过程中，每一步迭代中贝叶斯优化根据当前的概率模型，通过“采样策略”的方法选择下一个点进行目标函数的评估。当选择了下一个点后，贝叶斯优化会计算当前目标函数在该点处的值，并将这个新的观测结果加入到之前的数据中，并根据新的观测结果使用贝叶斯推断来更新高斯过程的后验分布。贝叶斯优化通过不断地建立和更新对目标函数的概率模型，并结合选择合适的点进行评估，以最小化迭代次数来寻找最优解，该方法通常应用于目标函数复杂或难以解析求解的优化问题。

4 实验设计与结果分析

4.1 实验设计

首先，对表1中的数据进行了预处理和分段处理。将损溢率小于3‰的油高和对应升数数据作为训练集和测试集，使用学习到的模型预测损益率大于3‰的油高对应升数。利用两部分损溢率小于3‰的油高和对应升数数据，使用三次样条插值重新建立容积表。比较预测的容积表与实际的容积表之间的差异，评估模型的性能。

4.1.1 BP神经网络的模型

建立BP神经网络结构，隐藏层的个数为3层。神经网络训练参数的设置分别为：迭代次数60次，误差阈值为10^{-6}，学习率设置为0.01。使用留出法(Hold－Out)进行数据分割，其中30%的数据作为测试集，70%的数据作为训练集，对于油高和体积这类取值类型为连续型数值变量的原始特征，为消除不同特征存在的不同规模取值范围的影响，采用了归一化的方法把原始数值转化为[0，1]中的数值。同时根据训练结果对模型参数及节点数量进行调整。反复试错后获得最佳模型结构。对训练后得到的结果进行反归一化后，得到预测结果后用三次样条插值重新建立容积表，再计算出结果与标准结果的相对误差。

4.1.2 高斯过程回归模型

模型建立：选择合适的高斯过程描述数据的分布，常用的有线性核函数、多项式核函数、径向基核函数、Matérn核函数等核函数，核函数决定了输入空间中数据点之间的相关性，在该实验中选择线性核函数进行高斯过程回归，线性核函数的参数较少，简化了模型的训练过程，减少了对超参数调优的需求，能够加快模型建立的速度。

划分数据集：采用5折交叉验证对数据集进行划分，通过多次验证模型在不同数据子集上的表现，能够更好地评估模型在未知数据上的泛化能力，减少单次划分数据而引入的偶然性。

模型训练：通过已知的训练数据来估计高斯过程的参数，通常通过最大似然估计或者贝叶斯推断的方法，本次实验中选择的是最大似然估计，求解出的高斯过程回归模型的超参数包括均值函数、协方差函数和噪声函数等。

模型预测：通过对已知的观测数据和模型的参数，来计算预测数据。

4.2 实验结果

下图分别是 BP 神经网络模型、高斯过程回归模型对各个罐表的容积表预测结果与原始容积表的比较图，BP 神经网络模型的比较图如图 2、图 3 所示，由于高斯过程回归模型的拟合效果更好，便于看清楚，在这里只展示部分细节图，如图 4、图 5 所示。

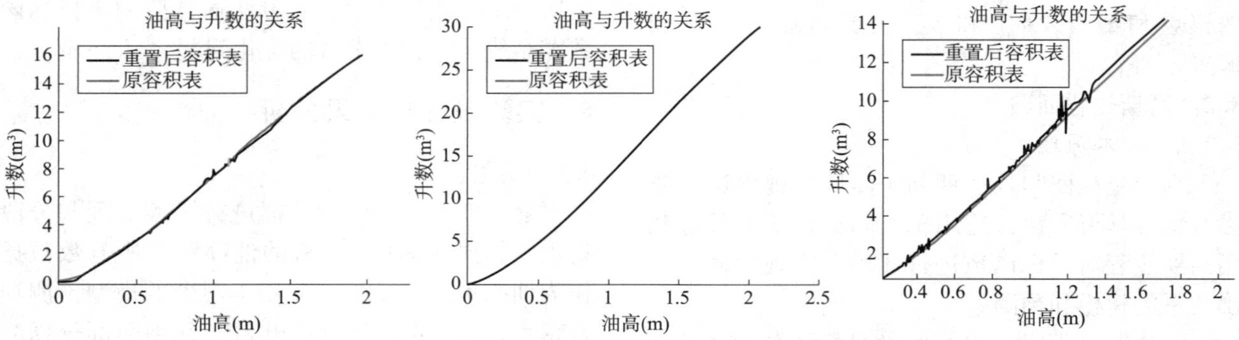

图 2 加油站 1 的 1、2、3 号罐的 BP 神经网络比较图

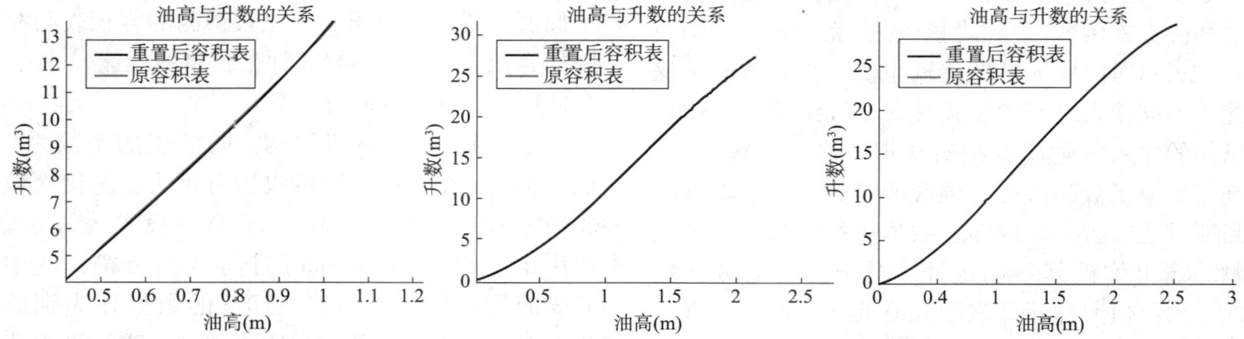

图 3 加油站 1 的 4 号罐和加油站 2、3 的 BP 神经网络比较图

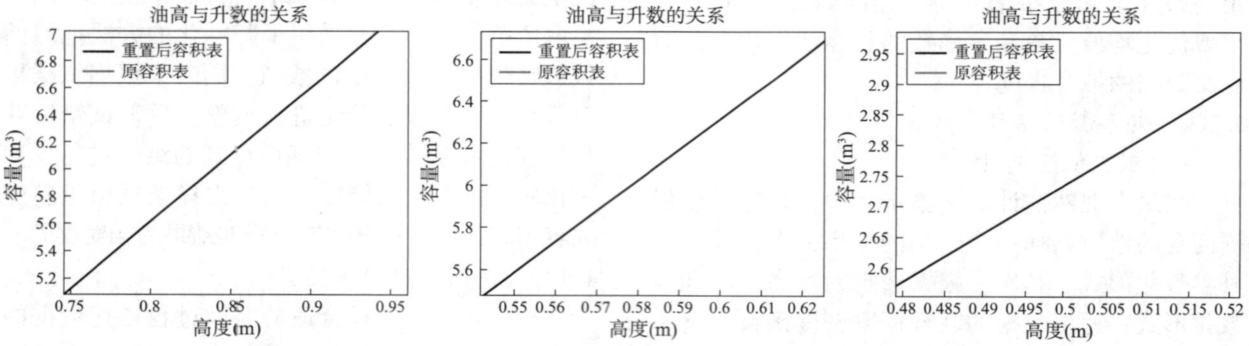

图 4 加油站 1 的 1、2、3 号罐的高斯过程回归模型比较图

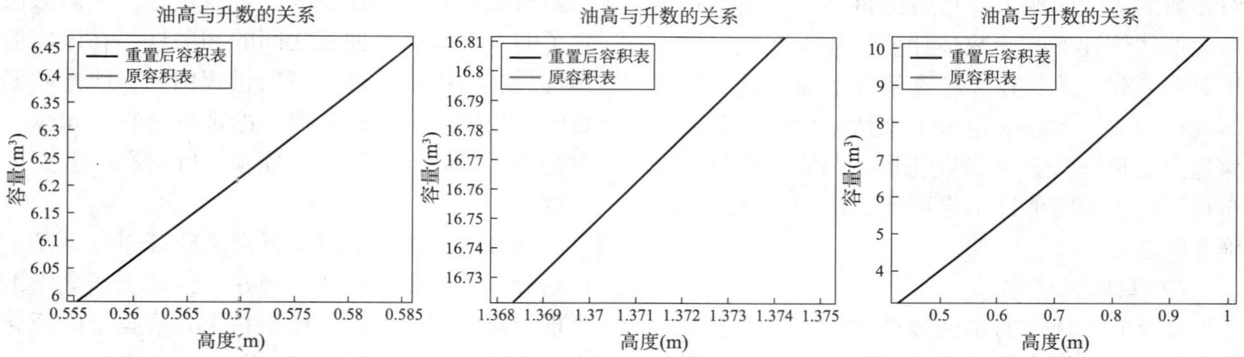

图 5 加油站 1 的 4 号罐和加油站 2、3 的高斯过程回归模型比较图

考虑评测结果的准确性和有效性，本文采用了均方根误差(RMSE)对实验结果进行评估。均方根误差是预测值与实测值偏差的平方与样本数量比值的平方根，能更好地反映预测值与实际值的离散程度，对数据中的异常值较为敏感，计算方式如式(6)所示。

$$RMSE = \sqrt{MSE} = \sqrt{\frac{1}{n}\sum_{i=1}^{n}(y_i - \hat{y}_i)^2} \quad (6)$$

其中 y_i 是真实值，$\hat{y}_i$ 是预测值，n 是样本数量，RMSE越小表明预测值越接近真实值。两种模型的RMSE值如表2所示。

表2 RMSE比较表

罐表		加油站1				加油站2	加油站3
		1号	2号	3号	4号	5号	6号
RMSE	BP神经网络	6.621	5.312	24.271	5.462	5.738	3.231
	高斯过程回归	1.445	3.301	3.180	2.795	5.366	4.527

4.3 实验结果分析

由上述两个模型对于预测的容积表和实际容积表的对比图看出，预测的结果与实际的容积表差异不大。高斯过程回归模型的平均预测误差RMSE值为3.435，BP神经网络模型的平均预测误差RMSE值为8.409，两者相差4.974，说明高斯过程回归模型在对采样的油品接卸数据进行容积表预测时相较于BP神经网络模型具有较低的预测误差，证明高斯过程回归模型具有更好的预测性能。预测模型通过处理不同超参数，以及选择关键特征，降低了容积表预测的误差。

5 结论

本文验证了GPR和BPNN两种模型均能以较低的误差预测出容积表数据，通过计算RMSE可得模型的预测结果与实际容积表的差异较小。尽管两种模型的预测效果整体上都较为理想，在某些特定点上，预测误差可能会有所增加，这与数据集的质量、模型参数的选择以及训练过程中的随机性有关。因此，在应用模型进行预测时，仍需对这些潜在的误差来源进行细致地分析和考虑。未来的研究可以进一步探索模型参数优化、特征选择等方法，以提高预测精度。

参考文献

[1]李想．简析加油站优化油品温差控制对损耗的影响[J]．化工管理，2020(26)：48－49.

[2]肖开喜．基于VR技术的储罐油品蒸发损耗研究[D]．中国石油大学(北京)，2022.

[3]赵宁．浅议油品计量误差问题[J]．内蒙古石油化工，2019，45(10)：53－55.

[4]李玉柱，孙秋菊．油品计量中不规范操作引起的误差分析[J]．计量科学与技术，2022，66(01)：70－72.

[5] Mir H, Abdul Hussain Ratlamwala T, Hussain G, et al. Impact of sloshing on fossil fuel loss during transport [J]. Energies, 2020, 13(10): 2625.

[6] Cakir E, Sevgili C, Fiskin R. An analysis of severity of oil spill caused by vessel accidents[J]. Transportation Research Part D: Transport and Environment, 2021, 90: 102662.

[7] Quinlan J R. Induction of decision trees [J]. Machine learning, 1986, 1: 81－106.

[8]潘诗元，易万里，李翔宇．基于遗传算法和长短记忆神经网络组合模型的加油站销量预测[J]．化工自动化及仪表，2022，49(02)：207－214.

[9]卢晨辉，冯硕，易爱华，等．基于深度学习的加油站销量预测与营销策略应用研究[J]．郑州大学学报(工学版)，2022，43(01)：1－6.

[10]陶涛，周喜，马博，等．基于双向LSTM的Seq2Seq模型在加油站时序数据异常检测中的应用[J]．计算机应用，2019，39(03)：924－929.

[11] Sagheer A, Kotb M. Time series forecasting of petroleum production using deep LSTM recurrent networks [J]. Neurocomputing, 2019, 323: 203－213.

[12] Rasmussen C E. Gaussian processes in machine learning [M]//Summer school on machine learning. Berlin, Heidelberg: Springer Berlin Heidelberg, 2003: 63－71.

[13] Rumelhart D E, Hinton G E, Williams R J. Learning representations by back－propagating errors[J]. nature, 1986, 323(6088): 533－536.

[14]白生勇．基于大数据的抽油机井硬件匹配技术研究[J]．石油石化节能与计量，2024，14(05)：21－24.

蒸汽能量计量与折标核算对装置能耗的影响

侯劲松

（检验计量中心东区工作站）

摘　要：本文通过对比中石化蒸汽能量核算方法－折标法与实际能量计量对装置能耗的影响，阐述出蒸汽能量计量是势在必行，只有采用蒸汽能量计量，才能完全反映装置能耗，为装置降本减费提供有力支撑。

关键词：折标；能耗；热能；蒸汽

1　背景

中石化对能源煤、油、燃气、蒸汽、水、风的计量普遍采用质量或体积量计量，再按国家标准或中石化企业标准，对每一种介质用统一的折标系数折算成热量，再进行能耗核算。由于煤、油、燃气等各种能源质量不同，所含热值不同，为了便于对各种能源进行计算、对比和分析，首先选定某种统一的标准燃料作为计算依据；然后用能源折标系数（即各种能源实际热值与标准燃料热值的比值），计算出各种能源折算成标准燃料的数量。

国际上折标系数通常采用的是标准煤、标准油等。石化炼油、化工装置采用标准油。标准油就是将不同品种、不同品质的能源按照各自不同的热值，以 10000kcal 为一个计量单位换算成标准燃料。在实际的能源统计工作中，所有的能源消耗都要折算成标准油再进行计算，也就是所消耗的能源实物量乘以各自的实际折标系数折算成标准油，再进行加总计算。

在装置生产中，由于原料、工艺等变化，能源的种类、组分也在变化，热值也在发生变化，按固定折标系数折算的能量与实际的能量会发生偏离。蒸汽只规定了 10MPa、5MPa、3.5MPa、2.5MPa、1.5MPa、1.0MPa、0.7MPa、0.3MPa、＜0.3MPa 压力等级，其他压力等级按压力区间归入相应的等级进行核算。同时没有规定温度限值，温度变化导致的热值变化，进而导致实际能耗与按折标系数计算的能耗不同。

能量计量可以准确反映能源能量的变化。国家市场监督管理总局、国家标准化委员会已经制定了《GB/T 34060 蒸汽热量计算方法》，对能量计量进行了规定，对蒸汽等影响能耗大的因素有了计量依据。XX 石化乙烯装置引入了能量计量，下面对该装置能量计量与折标方法对能耗的影响进行分析。

2　XX 石化乙烯装置能源消耗统计数据分析

XX 石化乙烯装置共消耗 4 种水介质：新鲜水、循环水、除氧水和除盐水；4 个等级蒸汽：10.0MPa、1.5MPa、1.0MPa、0.3MPa 的蒸汽；3 种燃料气：尾气、甲烷氢、回收干气；另消耗电和其他气体；同时输出 1.5MPa 蒸汽和凝液。

装置能耗的折标系数按照中国石化集团有限公司下发的《综合统计报表制度》中附表 1.《中国石化能源及耗能工质折标油系数》进行换算。

依据中石化现行的统计制度（标准折标系数法）核算出的 2023 年 1 月乙烯装置能耗数据如表 1 所示。

表 1　2023 年 1 月乙烯装置能耗统计表

序号	项目名称	实物量		折标系数	对比耗能量（kg 标油）	对比单耗（kg 标油/t）	对比单耗（%）
		单位	数值				
一	乙烯产量	吨	72095				
二	能耗合计				41711428	578.562	
1	尾气	吨	1362	450	612900	8.501	1.469
2	甲烷氢	吨	23010	1000	23010000	319.162	55.165
3	回收干气	吨	8049	700	5634300	78.151	13.508

续表

序号	项目名称	实物量		折标系数	对比耗能量(kg 标油)	对比单耗(kg 标油/t)	对比单耗(%)
		单位	数值				
4	10.0MPa 蒸汽	吨	124336	92	11438912	158.664	27.424
5	1.5MPa 蒸汽	吨	-93481	80	-7478480	-103.731	-17.929
6	1.0MPa 蒸汽	吨	404	76	30704	0.426	0.074
7	0.3MPa 蒸汽	吨	29532	66	1949112	27.035	4.673
8	电	千瓦时	7887072	0.23	1814026	25.162	4.349
9	循环水	吨	32675417	0.1	3267541	45.323	7.834
10	除盐水	吨	19427	2.3	44682	0.620	0.107
11	除氧水	吨	300548	9.2	2765041	38.353	6.629
12	新鲜水	吨	4958	0.17	842	0.012	0.002
13	氮气	km^3	2493	150	373950	5.187	0.897
14	净化压缩空气	km^3	744	38	28272	0.392	0.068
15	非净化压缩空气	km^3	3100	28	86800	1.204	0.208
16	汽机凝液	吨	-210638	3.65	-768828	-10.664	-1.843
17	加热设备凝液	吨	-71052	7.65	-543547	-7.539	-1.303
18	中水	吨	-2103	0.07	-147	-0.002	0.000
19	热输出	千克标油	-554652	1	-554652	-7.693	-1.330

从单月的统计核算数据分析，乙烯装置的能源消耗结构比例为：燃料气(尾气+甲烷氢+回收干气)所占比重最大，为70.14%，其次为蒸汽(10MPa、1.5MPa、1.0MPa、0.3MPa)消耗14.24%，第三为循环水消耗，为7.83%，第四为电的消耗，占比4.35%，其他占到3.43%。见图1。

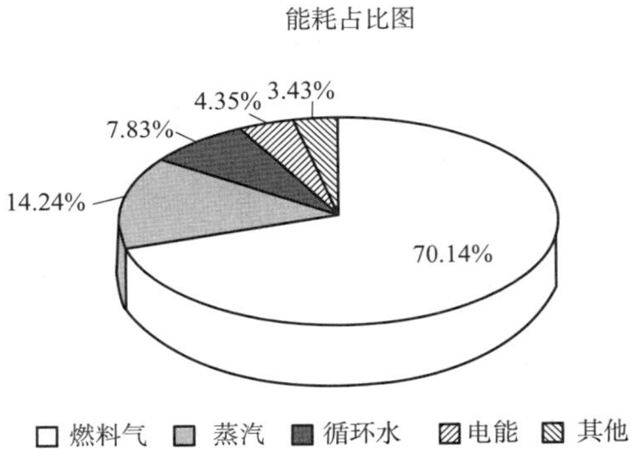

图1 乙烯装置能耗比例图

2 乙烯装置蒸汽计量设备配备情况

乙烯装置共有4块蒸汽计量表，计量设备配置情况如表2所示。

表2 乙烯装置蒸汽计量设备情况

序号	仪表位号	介质	器具名称	精度	补偿			热能计量
1	FIQ701	10.0MPa 蒸汽	喷嘴流量计	1.0	流量计算机	压力	热电阻	是
2	FIQ1174	1.5MPa 蒸汽	喷嘴流量计	1.0	流量计算机	压力	热电阻	是
3	FIQ004	1.0MPa 蒸汽	喷嘴流量计	1.0	流量计算机	压力	热电阻	是
4	FIQ9024	0.3MPa 蒸汽	喷嘴流量计	1.0	流量计算机	压力	热电阻	是

乙烯装置计量设备配置符合《GB 17167—2006 用能单位能源计量器具配备和管理通则》的相关要求。

3 蒸汽能量实测与折标核算能耗对比

3.1 蒸汽能量测量原理

乙烯装置现场使用的流量计算机，通过对蒸汽体积测量，依据GBT34060—2017，运用温度、压力测量原件数据对焓值进行补偿计算，从而实现热量实时计算。

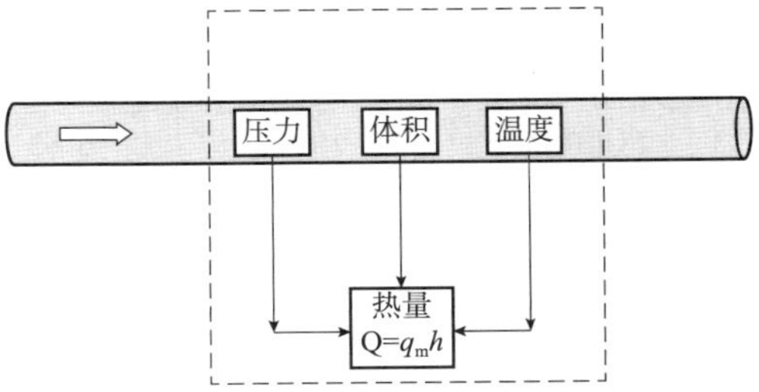

图2 流量计算机计算蒸汽能量原理图

3.2 蒸汽能量计量实测值

表3为乙烯装置1月份蒸汽能量计量数据。

表3 乙烯装置1月份蒸汽能量计量数据

计量仪表	前表底(GJ)	后表底(GJ)	计量热能(MJ)
FIQ701	4734.776	428596.2	423861424
FIQ1174	5342.987	283542.443	278199456
FIQ004	454.8	1649.428	1194628
FIQ9024	1789.679	88377.503	86587824

3.3 蒸汽能量折标值

按照1kg标准油=41.868MJ的换算关系，得到1月份乙烯装置的各等级蒸汽的实测折标系数如表4所示。

3.4 能量计量与折标对比核算装置能耗

3.4.1 蒸汽热值实测与折标统计对比

依据蒸汽计量表直接计量出装置的热能输入和输出计算蒸汽的实测折标系数，得到2023年1月份乙烯装置的能量计量能耗为679.528kg标油/t，具体数据如表5所示。

表4 乙烯装置1月份蒸汽实测折标系数

计量仪表	标准折标系数(kg标油/t)	计量热能(MJ)	实物量(t)	实测折标系数(kg标油/t)	差率(%)
10.0MPa蒸汽消耗FIQ701	92	423861424	124336	81	-11.96
1.5MPa蒸汽输出FIQ1174	80	278199456	7193481	71	-11.25
1.0MPa蒸汽消耗FIQ004	76	1194628	404	76	0
0.3MPa蒸汽消耗FIQ9024	66	86587824	29532	70	6.06

表5 蒸汽热值实测与折标统计的乙烯装置能耗

序号	项目名称	实物量	采用标准折标计算能耗			采用能量计量计算能耗		
		吨/千瓦时/千立米/千克标油	标准折标系数(kg标油/t)	耗能量(kg标油)	对比单耗(kg标油/t)	实测折标系数(kg标油/t)	耗能量(kg标油)	对比单耗(kg标油/t)
一	乙烯装置产量	72095					72095	
二	能耗合计			41711428	578.562			679.5
1	尾气	1362	450	612900	8.501	631	859422	11.921
2	甲烷氢	23010	1000	23010000	319.162	1188	27335880	379.165
3	回收干气	8049	700	5634300	78.151	1087	8749263	121.357
4	10.0MPa蒸汽	124336	92	11438912	158.664	81	10071216	139.694
5	1.5MPa蒸汽	-93481	80	-7478480	-103.731	71	-6637151	-92.061
6	1.0MPa蒸汽	404	76	30704	0.426	71	28684	0.398
7	0.3MPa蒸气	29532	66	1949112	27.035	70	2067240	28.674
8	电	7887072	0.23	1814026	25.162	0.23	1814026.56	25.162
9	循环水	32675417	0.1	3267541	45.323	0.1	3267541.7	45.323
10	除盐水	19427	2.3	44682	0.620	2.3	44682.1	0.620
11	除氧水	300548	9.2	2765041	38.353	9.2	2765041.6	38.353
12	新鲜水	4958	0.17	842	0.012	0.17	842.86	0.012
13	氮气	2493	150	373950	5.187	150	373950	5.187
14	净化压缩空气	744	38	28272	0.392	38	28272	0.392
15	非净化压缩空气	3100	28	86800	1.204	28	86800	1.204
16	汽机凝液	-210638	3.65	-768828	-10.664	3.65	-768828.7	-10.664
17	加热设备凝液	-71052	7.65	-543547	-7.539	7.65	-543547.8	-7.539
18	中水	-2103	0.07	-147	-0.002	0.07	-147.21	-0.002
19	热输出	-554652	1	-554652	-7.693	1	-554652	-7.693

3.4.2　采用蒸汽能量对能耗的影响程度

蒸汽采用热能计量与实测折标系数对能耗的影响程度如表6所示。

表6　蒸汽能耗的影响分析

项目	固定折标(kg标油/t)	能量计量和实测折标(kg标油/t)	能耗增减	增减比例
能耗合计	578.562	679.5	100.938	17.45%
燃料气	405.814	512.442	106.628	26.28%
其中：尾气	8.501	11.920	3.419	40.22%
甲烷氢	319.162	379.165	60.003	18.8%
回收干气	78.151	121.357	43.206	55.29%
蒸汽	82.394	76.706	-5.688	-6.91%
其中：10.0MPa蒸汽	158.664	139.695	-18.969	-11.96%
1.5MPa蒸汽	-103.731	-92.061	11.670	-11.25%
1.0MPa蒸汽	0.426	0.398	-0.028	-6.58%
0.3MPa蒸汽	27.035	28.674	1.639	6.07%
电	25.162	25.16		
循环水	45.323	45.32		
除盐水	0.620	0.62		
除氧水	38.353	38.35		
新鲜水	0.012	0.01		
氮气	5.187	5.19		
净化压缩空气	0.392	0.39		
非净化压缩空气	1.204	1.20		
汽机凝液	-10.664	-10.66		
加热设备凝液	-7.539	-7.54		
中水	-0.002	0.00		
热输出	-7.693	-7.69		

从1月份数据来看，采用蒸汽热能计量实测计算，装置的能耗降低了17.45%，其中蒸汽热能计量降低装置能耗，使能耗下降100.938个单位。

3.4.3　热能计量与折标全年对比

3.4.3.1　蒸汽热能折标10MPa与实际测量对比，如表7所示。

表7　FIQ701蒸汽表折标系数比较表

统计期	月累积(t)	标准折标系数(kg标油/t)	计量热量(MJ)	实测折标系数(kg标油/t)	差率(%)
2023.1	124336	92	423861424	81	-11.96
2023.2	118014	92	403843908	82	-10.87
2023.3	131832	92	453633912	82	-10.87
2023.4	130213	92	446500377	82	-10.87
2023.5	125333	92	425630868	81	-11.96
2023.6	114538	92	390001890	81	-11.96
2023.7	130504	92	446454184	82	-10.87
2023.8	131734	92	446578260	81	-11.96
2023.9	121182	92	411291708	81	-11.96
2023.10	125984	92	428597568	81	-11.96
2023.11	127340	92	434102060	81	-11.96
2023.12	131118	92	447899088	82	-10.87

2021 全年 10.0MPa 蒸汽实测折标值小于标准折标值，如果采用能量计量，则会降低装置能耗。

3.4.3.2　蒸汽热能折标 1.5MPa 与实际测量对比，如表 8 所示。

表 8　FIQ1174 蒸汽表折标系数比较表

统计期	月累积(t)	标准折标系数(kg 标油/t)	计量热量(MJ)	实测折标系数(kg 标油/t)	差率(%)
2023.1	-93481	80	-278199456	71	-11.25
2023.2	-92700	80	-276246000	71	-11.25
2023.3	-99136	80	-297705408	72	-10.00
2023.4	-104902	80	-313761882	71	-11.25
2023.5	-108703	80	-325891594	72	-10.00
2023.6	-101341	80	-299462655	71	-11.25
2023.7	-106642	80	-320245926	72	-10.00
2023.8	-123524	80	-372671908	72	-10.00
2023.9	-104794	80	-315115558	72	-10.00
2023.10	-110564	80	-332465948	72	-10.00
2023.11	-115824	80	-350020128	72	-10.00
2023.12	-109224	80	-328982688	72	-10.00

2023 年全年 1.5MPa 蒸汽实测折标值小于标准折标值，如果采用能量计量，则会降低装置能耗。

3.4.3.3　蒸汽热能折标 1.0MPa 与实际测量对比，如表 9 所示。

表 9　FIQ004 蒸汽表折标系数比较表

统计期	月累积(t)	标准折标系数(kg 标油/t)	计量热量(MJ)	实测折标系数(kg 标油/t)	差率(%)
2023.1	404	76	1194628	71	-6.58
2023.2	360	76	1047240	69	-9.21
2019.3	0	76	0	/	/
2023.4	0	76	0	/	/
2023.5	0	76	0	/	/
2023.6	0	76	0	/	/
2023.7	0	76	0	/	/
2023.8	0	76	0	/	/
2023.9	0	76	0	/	/
2023.10	0	76	0	/	/
2023.11	115	76	337295	70	-7.9
2023.12	389	76	1138214	70	-7.9

2023 年全年 1.0MPa 蒸汽实测折标系数小于标准折标值，如果采用能量计量，则会降低装置能耗。

3.4.3.4　蒸汽热能折标 0.3MPa 与实际测量对比，如表 10 所示。

表 10　FIQ9024 蒸汽表折标系数比较表

统计期	月累积(t)	标准折标系数(kg 标油/t)	计量热量(MJ)	实测折标系数(kg 标油/t)	差率(%)
2023.1	29532	66	86587824	70	6.06
2023.2	27650	66	81125100	70	6.06
2023.3	16202	66	47812102	70	6.06
2023.4	23166	66	68038542	70	6.06
2023.5	24701	66	72966754	71	7.58
2023.6	22099	66	64772169	70	6.06

续表

统计期	月累积(t)	标准折标系数(kg标油/t)	计量热量(MJ)	实测折标系数(kg标油/t)	差率(%)
2019.7	21183	66	62362752	70	6.06
2023.8	18380	66	53908540	70	6.06
2023.9	13685	66	40233900	70	6.06
2023.10	20283	66	59692869	70	6.06
2023.11	27553	66	81308903	70	6.06
2023.12	28139	66	83319579	71	7.58

2023年全年0.3MPa蒸汽实测折标值大于标准折标值，增加装置能耗。

3.5 乙烯装置的能耗比对分析

依据蒸汽计量表直接计量出装置的蒸汽热能输入和输出量，从而能够得到统计期间装置的能耗与现行统计的能耗结果对比。见表11。

表11　统计期间乙烯装置的能耗表

统计期	能耗(kg标油/t)		能耗增减	差率(%)
	标准折标系数	实测折标系数		
2023.1	578.56	679.5	100.94	17.45
2023.2	583.68	687.84	104.16	17.85
2023.3	570.69	670.57	99.88	17.50
2023.4	622.71	703.05	80.34	12.90
2023.5	563.95	662.15	98.2	17.41
2023.6	558.73	657.43	98.7	17.67
2023.7	568.95	664.87	95.92	16.86
2023.8	551.20	639.15	87.95	15.96
2023.9	560.81	643.63	82.82	14.77
2023.10	564.55	649.93	85.38	15.12
2023.11	554.03	644.27	90.24	16.29
2023.12	548.01	632.42	84.41	15.40

2023年1—12月蒸汽采用能量计量核算使能耗下降了6.6kg标油/t。

4 结论

通过一年的统计数据的能量计量和折标准油能耗计算对比，分析得到结论如下：蒸汽采用能量计量后，其能量小于标准折标油能量，降低了装置的能耗值。分析原因，我们对折标系数规定的各等级蒸汽温度进行了验算，其结果如表12所示。

表12　蒸汽折标系数温度验算表

蒸汽等级	单位	折算值(kgOE)	折算值(MJ)	温度(℃)
10.0MPa级蒸汽	t	92	3852	694
5.0MPa级蒸汽	t	90	3768	645
3.5MPa级蒸汽	t	88	3684	603
2.5MPa级蒸汽	t	85	3559	544
1.5MPa级蒸汽	t	80	3349	444
1.0MPa级蒸汽	t	76	3182	362
0.7MPa级蒸汽	t	72	3014	280
0.3MPa级蒸汽	t	66	2763	155

在装置中，实际蒸汽温度达不到折标值温度。乙烯锅炉出口温度控制在 520℃、压力 10.0MPa，各等级蒸汽经分气缸减温减压后温度降低，10MPa 级蒸汽温度在 490～500℃，1.5MPa 级蒸汽温度在 280～330℃，1.0MPa 蒸汽在 220～300℃，0.3MPa 蒸汽温度在 150～170℃附近，而且随着生产和环境变化，温度还会发生变化，热值降低，符合热值计量结果。

5 建议

5.1 蒸汽计量系统配备建议

蒸汽计量系统包括一次仪表(对于差压式流量计含差压装置、差压变送器及测量管)、补偿仪表(温度、压力)及流量积算单元，蒸汽计量系统的准确度等级应符合 GB17167—2006 表 4 中的要求，石油石化行业蒸汽计量准确度等级应符合 GB/T 20901—2007 表 3 中的要求。

流量积算单元应能计算瞬时流量和累积流量的物性值(密度、比晗、运动黏度、等熵指数)，一次表为节流装置时应能计算流量计流出系数、流束可膨胀系数，具有质量流量及能量的计算功能。同时具备数字通信功能。见表 13、表 14。

表 13 蒸汽计量配备建议

序号	计量设备	流量曲线误差修正	补偿		参数计算	能量	通信接口/协议
			温度	压力	IAPWS－IF97		
1	差压式流量计	√	√	√	√	√	2
2	旋进旋涡流量计	√	√	√	√	√	2
3	涡街流量计	√	√	√	√	√	2

表 14 蒸汽计量系统及配套仪表准确度

测量参数	最大允许误差		
	1.5 级	2.0 级	2.5 级
流量	±1.0%	±1.5%	±2.0%
温度	±0.5%	±0.5%	±1.0%
压力	±0.5%	±0.5%	±1.0%

5.2 能量计量更加准确反映装置能量消耗的真实水平，建议采用能量计量，准确反映装置能耗的真实水平，为降低能耗打好基础。

参考文献

[1]国家质量监督检验检疫总局．蒸汽热量计算方法：GB/T 34060—2017[S]．北京：中国标准出版社，2008.

[2]国家能源局．石化行业能源消耗统计指标及计算方法 乙烯：SH_ 5001.2—2013[S]．北京：中国石化出版社，2013.

[3]国家质量监督检验检疫总局．用能单位能源计量器具配备和管理通则：GB 17167—2006[S]．北京：中国标准出版社，2007.

原油计量信息化技术在油田中的探索与深化应用

高　飞　刘　鹏　唐海飞

(西北油田分公司油气运销部)

摘　要：随着油田智慧计量技术的不断发展，建设数字化、智能化油田的趋势日益凸显。针对油田单井多相流计量不准确，计量设备、计量数据、工艺参数监督管理不到位等问题，联合研制新型智能差压称重式质量装置，有效解决了单井计量问题，提高了单井管理效率；建设故障预测与健康管理平台，缩短了设备生命管理周期，实现了数据库存储和大数据分析，提高了油田数字化水平。

关键词：智慧计量；差压称重式；故障预测；健康管理

0　前言

第23个“世界计量日”主题是“数字时代的计量”，国务院发布的《计量发展规划(2021—2035年)》明确提出要创新智慧计量监管模式。智慧计量是利用数字化、网络化、自动化、智能化等现代信息技术与现代计量技术深度融合形成的现代计量服务模式。充分运用大数据、区块链、人工智能等技术，探索推行以远程监管、移动监管、预警防控为特征的非现场监管，通过器具智能化、数据系统化，积极打造新型智慧计量体系。近年来，国家级或省级重点计量检测机构、计量仪器研发企业以及石油化工、工业测量等终端用户都在积极探索和推行智慧计量新技术，致力于实现计量精细化管理，提升计量管理水平，实现计量数据、计量仪表全生命周期管理，因此推行智慧计量是实现企业高质量发展的重要一环[1]。

1　行业趋势与存在问题

1.1　行业趋势

随着5G、大数据、人工智能等技术的飞速发展，越来越多的智能计量设备应用到油气行业，油气生产正在快速摆脱“人拉肩扛”的传统生产模式，逐渐形成远程可视化操作、智慧无人巡检、智能运行分析的生产新模式。目前国内外诸多领先企业都致力于研发智慧计量新技术，并提供了诸多智慧原油田解决方案。例如伊拉克哈法亚油田建设的智慧综合监控系统通过无线网络全覆盖，实现实时监控，有效监控率达99.4%、生产数据1s上传、生产设备生命管理周期缩短90%。原油计量设备技术快速发展，光量子混相流量计、差压称重式计量装置、原油质量在线检测装置等相继问世。另外，诸多计量设备制造企业提供故障预测与健康管理系统，实现有效的可视化管理。以上行业技术的发展，为油田向数字化、智能化转型升级提供了多个方向[2]。

1.2　存在问题

当前，西北油田建立了庞大的信息网络基础，满足油田日常生产运行需求，但缺少现代化的计量技术支撑，原油计量基本采取“计量器具+人工巡检”的传统模式，仍存在多方面的问题，主要有：

①单井产液计量设备传统、数据不准确：目前单井产液主要使用流量计、计量分离器进行计量，流量计在单相流体环境计量准确度较高，但是油井产出液含有油、气、水三相，同时出液不稳定、稠油上返及掺稀波动等原因，导致流量计计量数据波动大、严重失真，甚至导致流量计卡堵，影响油井生产时效。计量分离器是单井计量使用最多的设备仍存在操作频繁、费时费力的缺点，原油含水仍由人工取样实验室检测得到，代表性不强。如果单井产液的油、水得不到准确计量，会直接影响开发技术人员对油井产能的准确分析，导致治理措施采取不及时，影响油井正常生产。

②计量交接点分布广、管理难度大：西北油田原油产区相隔较远，距离驻地最远的交接点距离达426km，常规巡检费时费力，交通成本较大，给计量器具管理带来巨大难度。由于缺少远程式在线监控技术，无法开展流量计实时诊断，无法有效预判和分析性能状态，时常发生流量计状态异常发现不及时的问题，给生产运行和平稳销售带来挑战。

③计量数据无法直达、重复工作量大：目前

原油计量数据获取主要依靠人工巡检录取、上报、汇总的方式，存在操作人员频繁往返办公室与现场、劳动强度大、数据上报不及时、数据多级填报，工作效率低等问题。

④计量数据未建立数据库、应用不充分：目前计量数据主要以日报、月报、年报的形式存档，计量数据无法自动生成可视化图表、分析曲线、异常提醒及分类汇总，技术人员无法开展系统分析研究，没有发挥计量大数据分析的作用。

2 智慧计量技术

2.1 单井智慧计量技术

2.1.1 单井生产现状

以某采油厂为例，已投入开发的主力区块均为超深层碳酸盐岩缝洞型稠油油藏，非均质性强，具有"两超三高"(超深、超稠，高含胶质沥青质、高含硫化氢、高矿化度)特点。2023 年油井产液 3.4 万方/天，油井综合含水 25.34%，伴生气产量 26 万方/天，原油水三相比例平均约为 1：10：0.34，可以看出原油中含气量较大，如果单井计量过程中伴生气不能及时分离干净，将导致计量体积偏大。

2.1.2 新型智能差压称重式计量装置

油田新型智能差压称重式计量装置旨在解决原油井开采过程中计量误差较大的痛点，为“数字化油田”以及新形势下油田降本增效开拓新思路、找到新方法。该技术历时 5 年理论研究、材料研发，并进行市场推广应用，为建成“智慧油田”和“油田大数据”奠定基础。

(1)装置特点。

新型智能差压称重式计量装置由差压称重计量装置和智能选井装置组成。智能差压称重式计量装置主要构成部件：A 组/B 组计量罐、三通换向阀、液位传感器、温度传感器、电磁截流器、差压变送器、旋进旋涡流量计、防爆控制柜等部件组成。

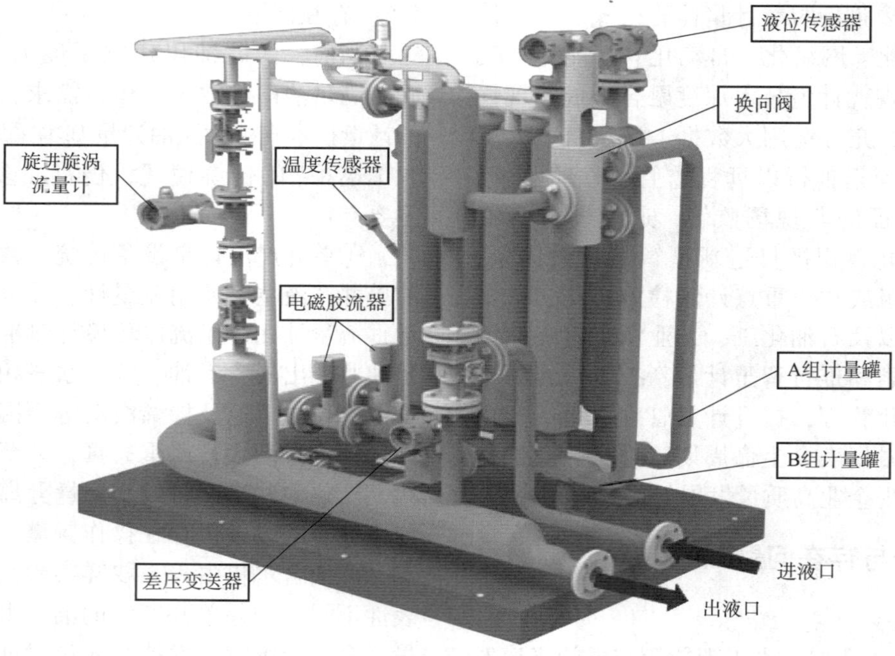

图 1 计量装置结构示意图

(2)技术原理。

油田新型智能差压称重式计量装置可用于对进入设备内的原油进行液、气两相分离，并对分离后的液和气进行计量。

液相计量：通过设置的 A/B 组计量罐交替进行进液和排液，当 A 组计量罐内的液面升至设定液面高度时，换向阀将液体导向 B 组计量罐的同时，通过设备内程序计算 A 组罐内的液体重量和含水率，记录保存后放液；当 B 组计量罐内的液面升至设定液面高度时，换向阀将液体再导向 A 组计量罐的同时，通过设备内程序计算 B 组罐内的液体重量和含水率，记录保存后放液，依次循环。

气相计量：通过设置在排气管线上的气体流量计进行测量。

通过分离器两套电控阀配合，进入中部计量腔的液体由自身重量会产生一个压差值，根据以下公式求出产液重量。

$$m = \Delta P \times \pi \times r^2 / g \qquad (1)$$

式中 m——产出液重量，kg；

ΔP——压差，Pa；

r——计量腔半径，m。

含水率计算模型如下：

$$\Delta P = P' - P_1 \tag{2}$$

$$\Delta h = h' - h_1 \tag{3}$$

$$f_w = \frac{\rho_w}{\rho_w - \rho_o}\left(1 - \frac{g\Delta h\rho_o}{\Delta P}\right) = \frac{\rho_w}{\rho_w - \rho_o}\left(1 - \frac{g(h' - h_1)\rho_o}{P' - P_1}\right) \tag{4}$$

式中 f_w——质量含水率；

ρ_w——纯水密度；

ρ_o——纯油密度；

G——重力加速度；

h_1、P_1——初始液位、差压值；

h'——进入原油后的总液值；

P'——进入原油后的总差压值。

2.1.3　新型智能差压称重式计量装置应用效果

(1)计量准确度高。

该智能计量装置在4座计转站的32口单井产液计量中进行推广试验应用，产液平均计量误差为-2.73%～2.11%，含水率平均计量误差为-2.52%～3.63%，计量误差分布稳定，准确率达到98.5%，计量准确率高，满足生产分析需要。见表1。

表1　装置计量结果对比统计表(以某井4h产液为例)

时间	产液计量结果(m^3)		含水率计量结果(%)		气量计量结果(m^3)	储罐产液计量结果(m^3)	含水率人工化验结果(%)	产液计量误差(%)	含水率计量误差(%)
	A罐	B罐	A罐	B罐					
5.16	14.5	12.2	20.02	18.71	62.3	27.1	18.95	-1.48	2.19
5.17	16.3	18.1	18.33	19.05	82.5	33.8	18.41	1.78	1.52
5.18	13.7	10.8	21.50	22.34	55.3	24.1	22.3	1.66	-1.70
5.19	15.5	17.4	20.65	20.37	70.7	33.7	19.87	-2.37	3.22
5.20	17.6	18.2	19.87	18.66	63.1	35.4	18.76	1.13	2.69

(2)准确判断油井生产状态。

该智能计量装置在某单井产液计量进行使用过程中发现，前三个计量时间段计量数据呈现该井出液相对稳定，在第四和第五个计量时间段，通过计量数据表现出该井出液量较之前呈现倍数级升高，含水率也出现较大升高，结合生产运行人员对该井井口取样观察，确为出液量增大且含水率升高，后关井，有效避免了无效开井。通过计量数据的实时记录和进出液速度的观测，能够对油井生产起到良好的生产预测和生产措施的辅助指导作用。见表2。

表2　某单井计量数据统计表

井号	化验含水(%)	记录时间	计量结果(日产液(m^3))			计量结果(日产气/m^3)			计量结果(含水率/%)		
			1#	2#	小计	1#	2#	小计	1#	2#	小计
X1	36.15 (17:00)	14:40	19.4	29	48.4	42.9	0	42.9	29.5	25.0	27.25
		15:40	20.3	27	47.3	39.1	0	39.1	31.3	26.4	28.85
		16:40	21.9	23	44.9	36.5	0	36.5	35.4	26.8	31.10
		17:40	88.3	91.9	180.2	25.2	0	25.2	37.0	42.9	39.95
		18:40	117.2	134	251.2	6.1	0	6.1	77.9	91.7	84.80

(3)实现智能远程控制。

油井实时产液量、产气量、含水率以及压力、温度等参数可实时传输到中控室，同时通过无线传输的形式发送至手机端，采油工人切换阀门、抄录油井各项参数等工作都可远程操作和查看，实现"无人值守、远程监控、故障巡检、智能辅助决策"的新型生产管理模式，为打造计量信息化油田奠定基础。见图2。

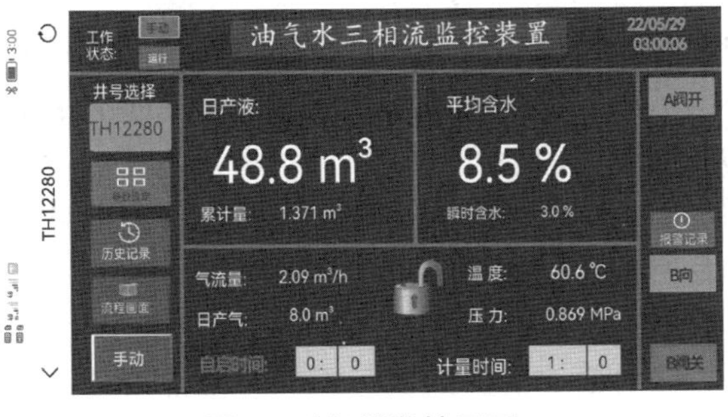

图2　手机端监控画面

2.2 原油外输系统智慧计量技术

2.2.1 原油外输系统计量现状

近几年，西北油田原油产销规模不断增加，目前投入开发的有塔河油田、雅克拉凝析原油田等9个原油田，面积约5646km²，原油计量交接呈现分布广、距离远、站点多的特点，对计量数据、计量设备的管理带来了巨大挑战。

针对以上问题，通过建设智能化设备把实体的数据集中在数字化平台中，完成数据整合。并通过数字化工具在平台中实现可视化分析和应用，加强数据和设备全生命周期管理。

2.2.2 故障预测与健康管理平台

故障预测与健康管理平台，仪表设备通过Modbus、HART等协议传输数据；通过PHM平台对数据进行规范治理，并供其他平台及终端使用。平台从仪表设备自身进行管理，保障仪表生成精准有效的测量数据，同时方便直观地对入网设备进行健康诊断、趋势预判，提供故障处理建议，达到远程监测设备状态的目的。见图3。

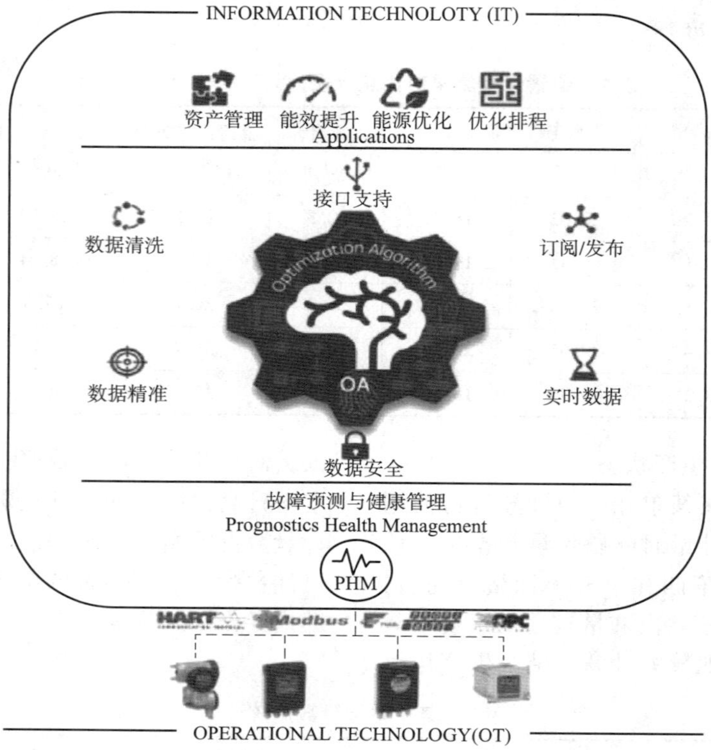

图3 PHM平台逻辑功能

(1)平台架构设计。

通过将“端、边、管、云、用”的有机结合，建立一个可伸缩的体系架构[3]。其中“端”是生产设备、仪表等能够采集的各种信息的感知层智能化部件，是物联网应用得以实现的前提。“边”是交付的边缘计算网关，它将智能化的设备的各类信息传递到物联网平台。“管”是数据传输的管道，基于特定的业务场景，提供通信技术的连接方案。“云”是物联网基础平台，IoT平台，它是物联网应用的核心，实现针对海量数据、大数据的加工处理。“用”是基于业务需求，对于物联网平台所构建的数据体系进行运用。见图4。

(2)关键技术。

针对西北油田的实际需求，重点对通用应用层中的故障预测与健康管理方面进行研究。完成从传统的被动式维护为主逐步转向未来的主动性维护(包括预防性维护、预测性维护)为主，被动式维护为辅的设备维护模式。通过设备健康可视化管理，对设备运行升温健康状态实时掌握，对偏离健康状态的设备及时预警，对出现功能故障的设备及时维护。见图5。

将深度分析算法集成在PHM平台中，通过读取流量计的测量状态参数及诊断参数进行故障分析，更深层次地反映仪表自身的健康状态。气质测量状态参数包括：流速、流量、温度、密度等10个参数，诊断参数包括：驱动增益、传感器幅值、电子元件温度等8个参数。见图6。

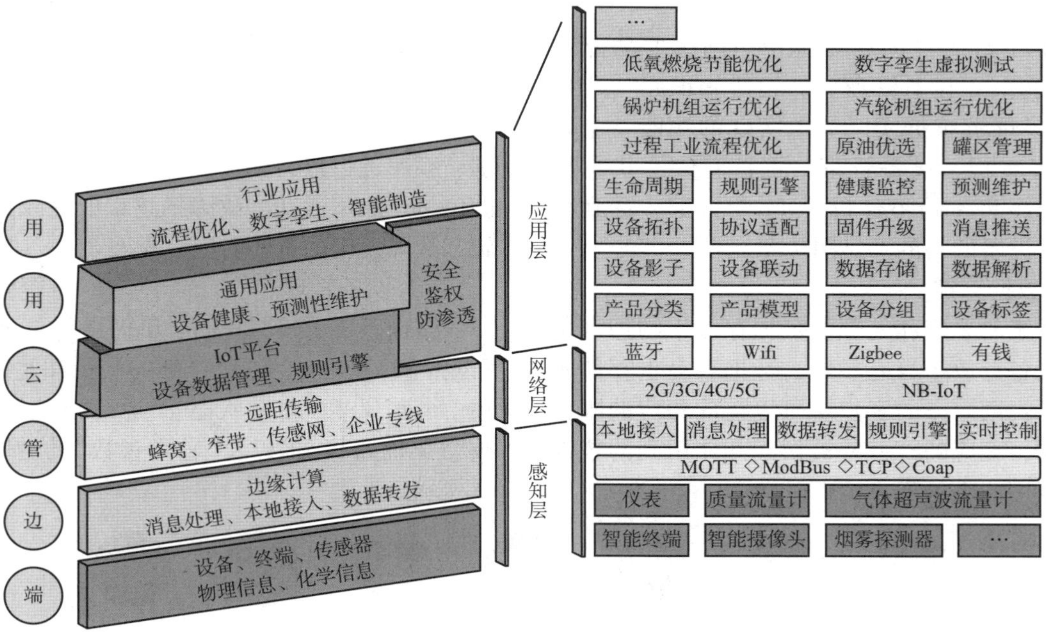

图4 平台应用架构

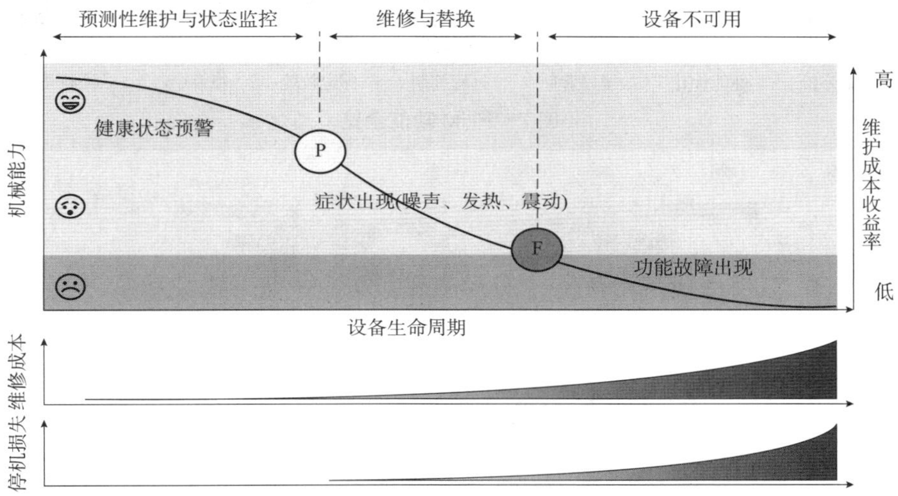

图5 维护成本收益

Measurement Status 测量状态信息					
Modbus function code "Read Input Rsgisters(0x04)" 读取输入寄存器功能码(0x04)					
Input Register	Name 名称	Type	No of registers	Value/Units	说明
30000 (0x7530)	Flow Velocity	Float	2	[m/s]	
30002 (0x7532)	Volume Flow	Float	2	[m3/s]	
30004 (0x7534)	Mass Flow	Float	2	[kg/s]	
30006 (0x7536)	Temperature	Float	2	[K]	
30008 (0x7538)	Density	Float	2	[kg/m3]	
30010 (0x753A)	Concentration 1 Value	Float	2	浓度单位	
30012 (0x753C)	Concentration 2 Value	Float	2		
30014 (0x753E)	Concentration 1 Flow	Float	2	[m3/s]或[kg/s]	
30016 (0x7540)	Concentration 2 Flow	Float	2		
39002 (0x985A)	operation time	Float	2	[s]	
Auxiliary Values 辅助测量值					
Modbus function code "Read Input Rsgisters(0x04)" 读取输入寄存器功能码(0x04)					
31000 (0x7918)	Drive Level	Float	2	[%]	
31002 (0x791A)	Sensor A Level	Float	2	[%]	
31004 (0x791C)	Sensor B Level	Float	2	[%]	
31006 (0x791E)	Strain 1	Float	2	[Ω]	
31008 (0x7920)	Strain 2	Float	2	[Ω]	
31010 (0x7922)	Tube Frequency	Float	2	[Hz]	
31012 (0x7924)	2 Phase Signal	Float	2	-	
31014 (0x7926)	SE PCB Temperature	Float	2	[K]	

图6 流量计深度诊断参数

(3)关键功能。

PHM 平台通过浏览器进行访问主要功能有“状态监测”、“设备管理”、“运维知识库”、“接口管理”。能够根据实际需求实现的功能[4]主要包含仪表看板、设备管理、维护管理、状态检测、故障报警、趋势分析等 14 个方面，达到全周期监管设备的目的。见图 7。

(4)数据管控。

该系统所采集和处理的数据存储于物理设备之上，设备存放于自有场所，数据本身也存储于自有场所；用户方的客户端可以访问相应的服务获得数据，相应的，一些被访问和使用到的数据会存放于用户方的客户机中。

2.2.3　故障预测与健康管理平台应用效果

(1)状态监测。

在监测平台上显示各站点下设备的实时健康状况以及运行状态，根据故障出现的时间、类别、频率进行热力图展示，下方用表格展示设备的位号、故障通知、故障描述以及建议的处理措施和故障发生的具体时间。见图 8。

(2)设备管理。

站内设备以设备卡的方式进行展示，点击“设备卡”可对设备进行详细的测量和健康状态描述。展示仪表“测量状态”“运行模式”“校准系数”“累加器状态”以及“辅助参数”的健康告警进行展示。见图 9。

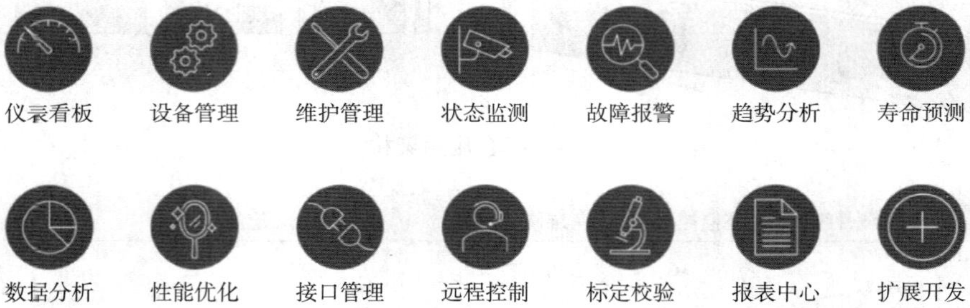

图 7　PHM 功能全览

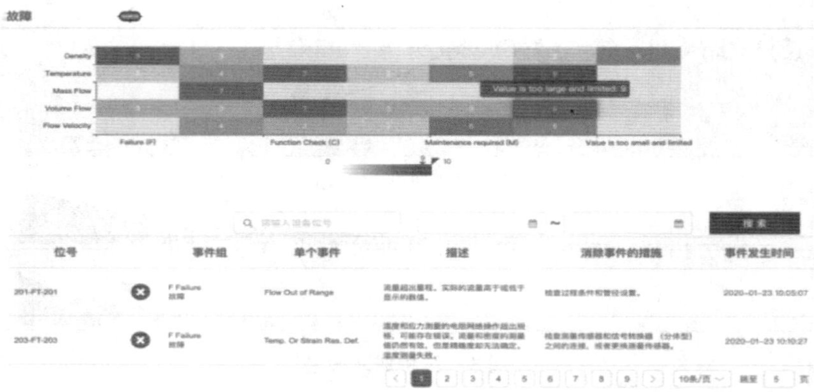

图 8　状态监测及状态描述

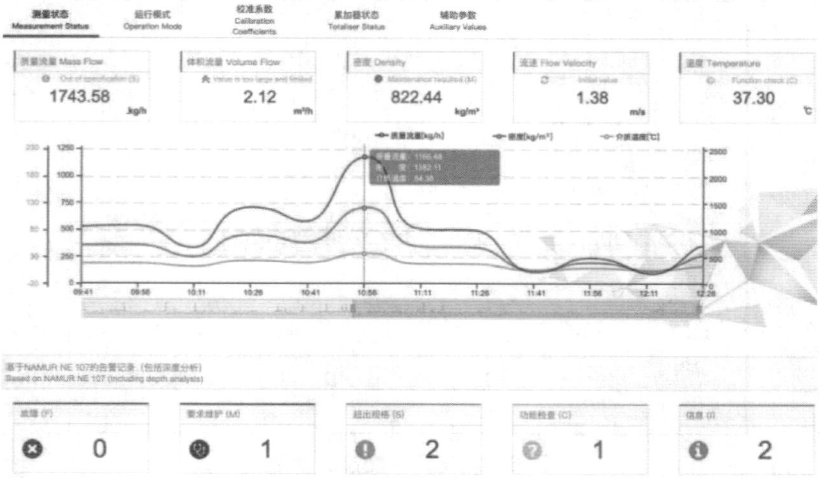

图 9　状态监测及状态描述

3 结束语

新型智能差压称重式计量装置实现对油井产液混相的精确计量，形成了单井生产参数的大数据分析与应用，提升了单井状态分析和生产制度调整效率。故障预测与健康管理平台实现了设备在线监控诊断、工艺参数录取、存储与分析，设备故障深度分析与处置，大幅提升了设备管理效率，降低人员劳动强度，助力西北油田数字化进程。

参考文献

[1]国务院印发《计量发展规划(2021—2035 年)》.

[2]韩玉华，陈露，王昱，等."5G+"智慧计量应用探索思考[J]. 中国计量，2022，30(6).

[3]黄万明. 关于加快计量数字化赋能智慧计量检测的探索[J]. 中国计量，2022，30(7).

[4]周厚源，张荔鹃，洪巧文，等. 基于大数据的智慧计量系统全性提升技术研究[J]. 计算机工程与应用，2018，54(S1)：236－139.

一种气井试气阶段产量计量工艺

吴　宇

（中国石油化工股份有限公司东北油气分公司）

摘　要：东北工区取消气井井场“分离计量”的试气放喷模式，探索应用“开井即进站生产”的新型试气方式，试气阶段气量范围为 0 ~ 10 万 m^3/天，液量范围为 0 ~ 250m^3/天，含液率范围为 0% ~ 100%，气、液产量数据对油嘴制度的调整起重要指导作用，基于单井串接地面工艺，通过实验评价优选“差压 + 微波含水仪”混相计量技术并迭代升级，引入移动气井多元分离计量撬以消除混相计量盲区，形成一种“单井串接 + 混相计量 + 移动标定”的新型试气阶段产量计量工艺。

关键词：试气；混相计量；移动标定

1　前言

气井新井试气传统的计量方式是在井场加装试气分离器及储液罐，通过分离器对气液进行就地分离器，气经过分离器气相出口的孔板、旋进漩涡流量计或涡街流量计进行计量后点火放喷，液经过分离器液相出口后进储液罐，通过定时对罐高进行测量的方式计量液产量。东北工区取消气井井场“分离计量”的试气放喷模式，新井压裂后直接碰头地面集输流程，直接进集气站生产外输，试气阶段气量范围为 0 ~ 10 万 m^3/天，液量范围为 0 ~ 250m^3/天，含液率范围为 0% ~ 100%。

地面集输工艺方面，气田前期建设时大多采用单井铺设管线单输进站的方式，通过站内计量分离器分离计量，由于单井管线铺设距离长投资大，进站阀组随逐年开发容量不足，站内计量分离器长期处于“一带多”的情况，轮井计量需人工频繁操作阀门切换，随着进站井数逐渐增加，单井轮换计量时间不断压缩，“单井单铺 + 进站计量”的工艺已无法满足地面建设和试气阶段持续计量的要求。

基于以上两点，在取消试气、地面管线串接的现状下，引入一种新的井场试气计量工艺，实现气液数据准确计量至关重要。一是通过对光量子混相计量技术、组合式混相计量技术及双差压计量技术现场实验评价，优选出“双差压 + 微波含水”混相计量技术，应用期间，针对试气阶段大范围的气液变化、前置二氧化碳的反排变化对混相计量模型进行迭代升级；二是引入移动分离计量撬装化设备，对混相计量数据进行定期核准追踪，消除混相计量盲区，形成一种“单井串接 + 混相计量 + 移动标定”的新型试气阶段产量计量工艺。

2　混相计量技术试验评价优选及应用

2.1　混相计量技术原理

引入试验三种混相计量技术，进行现场试验评价。见图 1 ~ 图 3。

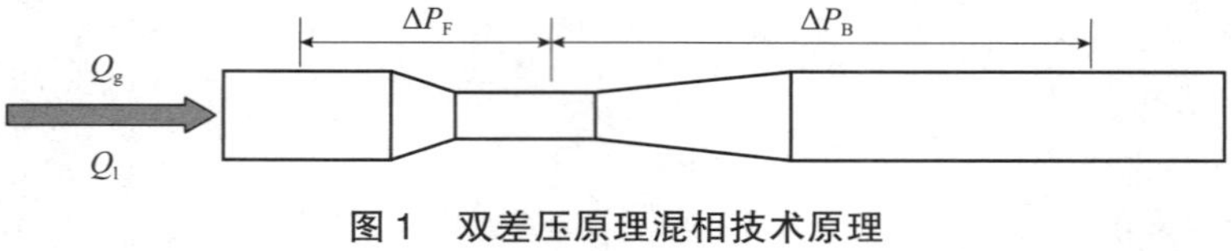

图 1　双差压原理混相技术原理

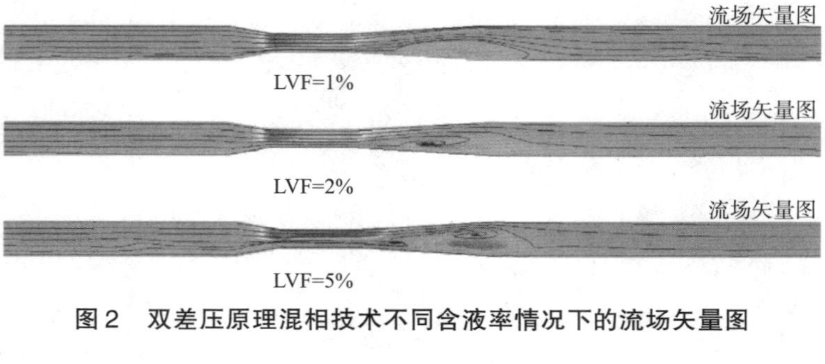

图 2　双差压原理混相技术不同含液率情况下的流场矢量图

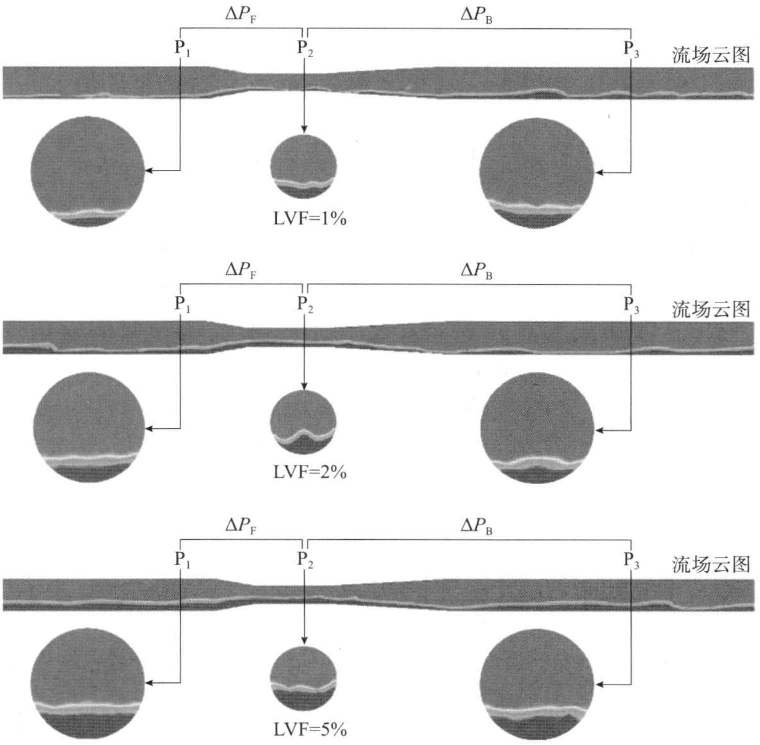

图3　双差压原理混相技术不同含液率情况下前后差压取压流场云图

一是光量子混相测量技术，气液总量基于差压测量原理，利用文丘里管(一种常用的节流装置)测量介质总流量。气液区分基于光量子技术，通过气、水、油对光量子能谱吸收强度的差异，区分三相/两相流量。通过文丘里管(一种常用的节流装置)测量介质总流量，基于光子衰减法测量介质相分率，所谓光子衰减法，即流量计内发射光量子源，而气、水、油对于光量子的吸收强度是不同的，气液混合、高含油(水)气体、低含油(水)气体对光量子的吸收强度也不同，通过多次试验得到相应的数学模型，将同一流量截面上介质对光量子的吸收量与介质含气、含水及含油比例对应起来，从而得到气、水、油的流量。流量计主要由以下几部分组成：文丘里本体、光量子探测器、光量子源、流量计算机、多参量传感器等。可进行气、油、水三相计量。

二是组合式混相测量技术，基于差压测量原理，利用长喉式文丘里管测量介质总流量。气液区分利用"平衡式孔板＋文丘里管"双测量技术，推算混合物密度，进而推算含液率，求得气液两相流量。

三是"双差压＋微波含水仪"混相测量技术，气液总量基于差压测量原理，流量的不同会导致前后差压不同，利用月形孔板装置测量求得前后差压值得出两相混合总流量；混合介质含液率的不同也会造成前后差压的不同、再通过微波含水仪测量进行辅助测量，从而求得气液两相流量。

$$Q_g = f_1(\Delta P_F,\ \Delta P_B) \tag{1}$$

$$Q_l = f_2(\Delta P_F,\ \Delta P_B) \tag{2}$$

式中　Q_g——气相流量；

Q_l——液相流量；

ΔP_F——前差压；

ΔP_B——后差压。

在含液率较高的情况下，需要微波含水仪辅助测量含液率，利用微波含水仪测量混合介电常数 ε_m，求得含水率 $LVF(\%)$，进而求得气相流量和液相流量。利用"双差压＋微波技术"，可实现含液率0%～100%混相测量。

$$LVF = \varphi(\varepsilon_m) \tag{3}$$

$$Q_t = \Delta(\Delta P_F,\ \Delta P_B) \tag{4}$$

$$Q_g = Q_t \times (1 - LVF) \tag{5}$$

$$Q_l = Q_t \times LVF \tag{6}$$

式中　Q_t——气相流量；

LVF——含液率；

ε_m——介电常数。

2.2　混相计量技术试验评价及优选

2.2.1　试验评价方法与标准

采用与传统分离器计量比对的方法进行试验。选取工区内正常生产井为样本对象，将各井分离器单相流量计作为标准表，将三种技术原理的混相流量计与各站内分离器进行串接，以分离器单相流量计数据为基准(气相为气体旋进旋涡流量计，液相为质量流量计），将混相流量计数据与之相比较，计算相对误差。考虑到现场分离器分离效果、排液周期、振动等因素影响，结合现场对计量准确度的要求，将“气相对误差 5%、液相对误差 15%”确定为评价标准，在此范围内可认为计量性能满足实际需求。

2.2.2 试验对比及数据分析

选取工区内生产状态正常的气井 17 口，进行1530 组日数据对比，评价其平均计量性能；进行560 组小时对比，评价段塞流、脉动流等特殊井况下的实时计量性能；同时，租赁实流标定车进行了 3 井次连续比对试验。将以上对比数据进行数据分析，得出平均相对误差(负偏差经取绝对值后再计算平均值)。

“光量子射线”原理混相测量技术流量计的平均气相对误差为 13.5%、水相对误差 60.0%、油相对误差 61.4%。“组合式”原理混相测量技术流量计的平均气相对误差为 14.1%、液相对误差 21.4%；“双差压 + 微波含水仪”混相测量技术流量计的平均气相对误差为 14.1%、液相对误差 21.4%；见图 4。

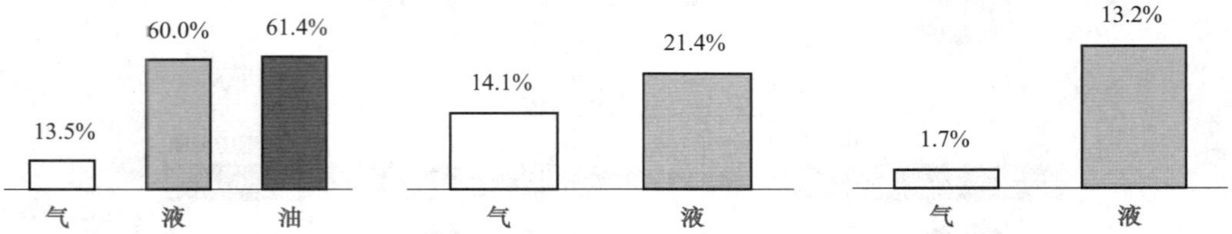

图 4 三种原理混相流量计平均相对误差图(由左至右分别为光量子、组合式、差压 + 微波三种原理)

2.2.3 评价与优选

以平均相对误差结果为评价基础，从技术原理、实验模型、现场应用三个方面，进行评价。通过对比结果，可以看出，“双差压 + 微波含水仪”混相测量技术流量计更适用于生产现场。以上三种流量计的总量测量原理基本一致，都是差压式测量原理，制约准确性的关键是如何区分气、液两相占比。

技术原理方面，“光量子射线”原理混相测量技术流量计光量子源的强度低，敏感性降低，在区分气液环节的反馈不足；“组合式”原理混相测量技术流量计是通过密度值区分气液比例，理论依据相对不充分；“双差压 + 微波含水仪”混相测量技术流量计基础原理是根据前后差压的变化推算混合物含液率，前后差压与介质含液率的映射关系经过长期的实验验证，且前后差压为直接测量数据，相对可靠。

实验模型方面，混相测量技术的测量软件模型对于数据的准确性起到关键作用。“双差压 + 微波含水仪”混相测量技术流量计在模型搭建时，含液率 0% ~20%、95% ~100% 为动态实流实验；含液率 0% ~100% 静态实验。通过实验结果找到各含液率条件下，前后差压的变化规律，模型构建时有大量实验数据支撑。在软件模型上具有一定优越性。

现场使用方面，“光量子射线”原理混相测量技术流量计的光量子能谱稳定性受电磁波干扰现象严重，能谱基值有阶段性衰减的问题需要不定期进行空管标定，由于东北工区凝析气藏较广泛，液相含油情况普遍，容易导致测量测量部位结垢，蜡质及油垢对能谱具有一定的吸收作用，影响准确度；“组合式”原理混相测量技术流量计在含液率 20% ~80% 的工况下无法完成测量，应用在试气阶段将无法满足现场条件。

综合以上评价结果，优选出“双差压 + 微波含水仪”混相测量技术流量计，在正常生产井的生产计量方面具有一定适用性，计量性能满足需求，可进一步将此技术运用在气井新井试气阶段的气液计量。

2.3 “双差压 + 微波含水仪”混相测量技术在新井试气中的应用

试气阶段气量范围为 0 ~ 10 万 m^3/天，液量范围为 0 ~ 250m^3/天，含液率范围为 0 ~ 100%，由于压裂施工前置二氧化碳的注入，试气阶段会有二氧化碳与天然气、液一起反排出来，二氧化碳含量变化范围为 0 ~ 100%。气液测量范围广且变化很大，二氧化碳含量变化大且规律性不强。现场采用常规 DN50、PN63 的“双差压 + 微波含水仪”混相流量计进行试气阶段应用，生产情况较正常生产井出现较大差异，出现了误差较大的情况，进行了应用升级，目前已能满足计量性能。

2.3.1 针对初期含液率高的应用升级

根据试气井 A、试气井 B 现场应用情况，由于新井开井即进站，根据与分离器计量对比，气液计量无法保证准确，较常规情况，气相对误差扩大到 39%，液相对误差 31.5%。见图 5。

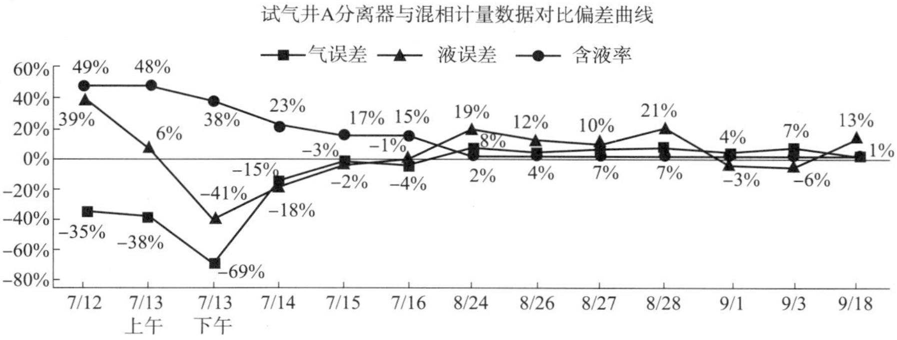

图5　试气井 A 分离器与混相计量数据对比偏差曲线图

通过现场跟踪，一是发现含液率在20%以上时，计量模型跟随性差，计量模型分为以计量气为基础的“大气计量模式”，以及以计量液为基础的“大液计量模式”，两种模式的切换节点模糊，不能根据井况迅速响应。二是初期生产时气量偏低，瞬时气量40方/时以下，液量1方/时以下，采集的原始差压信号接近于零，零点漂移影响大。

针对以上情况，进行升级，以液相计量为基础，将单相水装置改造成低压气液两相流实验装置，实验室模拟现场动态工况，根据实验结果，将“前后差压比值 K、二是含液率15%”确定为“大气计量模式”与“大液计量模式”的切换阈值。另外，修改差压变送器量程至100kPa，减小满量程误差影响（差压变送器量程500kPa，误差为0.075FS%。即每个测量点的误差为0.375kPa，初期相对误差将近30%），投产前再次校正差压变送器零点。

经过以上升级，在试气井C、试气井D进行现场验证，气液误差回落至正常标准，满足计量性能。见图6。

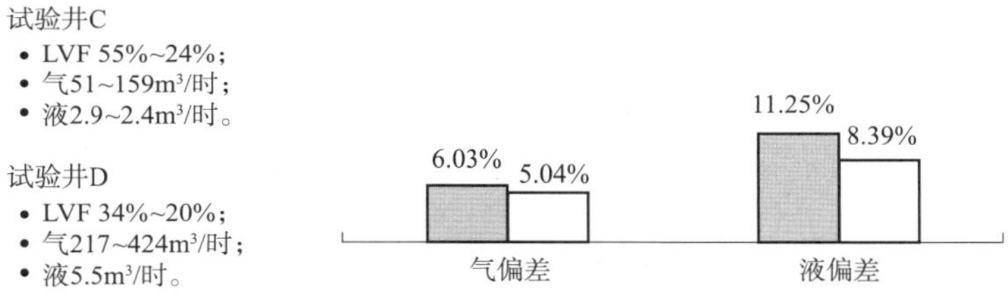

图6　试气井 C、D 分离器与混相计量数据对比偏差图

2.3.2　针对初期含前置二氧化碳的应用升级

在试气阶段前20天左右，前置压裂二氧化碳会排出，含量最高由96%降至5%以下，相对密度由1.5降低至0.65以下，差压式流量计密度变化直接影响总量计量，通过开放升级气体组分修正模块，现场加密取样，定期离线评估，及时修改气体组分，满足计量性能。

3　移动计量标定撬

在实际应用过程中，“双差压+微波含水仪”混相测量技术在某些极端井况出现时，仍然无法满足计量需要。如液量超高且供气量不足时，由于后差压取压环室容易出现引压管水堵情况，无法检测到准确的气液两相流差压数据，导致计量数据异常；又如新井试气阶段可能出现出砂情况，从而砂堵流量计，导致计量数据异常。为解决上述极端情况下的生产计量问题，在试气初期引入移动计量标定撬进行标定跟踪，试气稳定后移动至其他新井。

移动计量标定撬气液分离采用上下两个罐体的设计结构，上罐体主要进行气体过滤，下罐体主要进行液位缓冲和维持液位高度，保证液相计量。上罐体进口连接现场井口管道，介质进入气液分离器后，经过一些列气液分离手段，保证气液分离效果，天然气从气液分离器顶部气出口流出，天然气计量采用气体旋进旋涡流量计对瞬时气量，累积量，温度，压力做数据采集，并把采集的数据传递给PLC控制柜；气液分离器内存留的液体从下部的分离罐中流出，由质量流量计对液体进行计量，可以采集液体的瞬时量，累积量，温度，密度等参数，并把采集的数据传递给PLC控制柜；气相出口有一个气相调整器，调节范围为0~0.1MPa，单向结构，达到只有气体流出，不会返回的目的；液相流出主要靠气液分离器内部压力实现，并通过电动调节阀控制，当液位计显示液位较高时，调节阀开度变大，液相流量增多，流出速度大于流进速度时，液位开始逐渐下降，随着液位的下降，调节阀逐渐减小开度，对流出液体进行控制；当液位计显示液位到达设定下限时，开始关闭调节阀，避免液体流空后，气体进入质量流量计内部。

气相与液相在经过气体旋进旋涡流量计与质量流量计分别计量后，可以选择进入统一的汇管流出，也可以选择分相流出，不再进入汇管混输。见图 7。

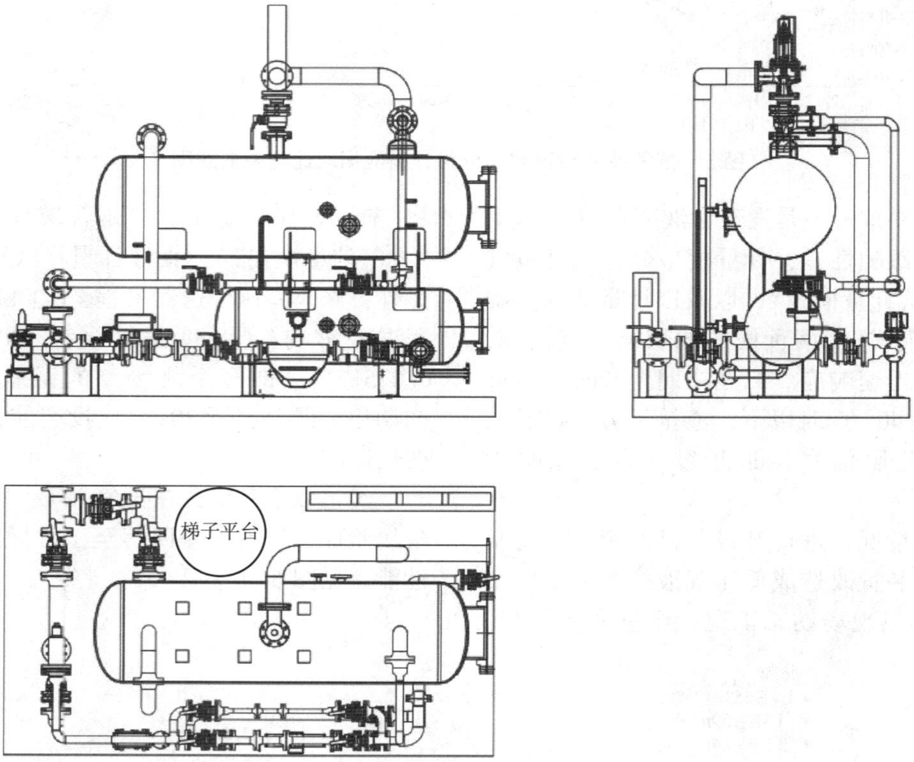

图 7 移动计量标定撬结构示意图

4 “单井串接 + 混相计量 + 移动标定”工艺的推广应用

通过混相计量技术与移动计量标定撬的试验评价优选，形成新井试采“单井串接 + 混相计量 + 移动标定”的二艺流程，目前东北工区已全面推广应用，单井管线全部以“串接已建管线”的方式铺设布置，大幅减少管线投资；井场混相及移动标定工艺代替了原试油气计量流程，省去试采放喷工作量，实现了试气阶段准确的气液计量，为试采工作制度调整提供准确依据。该工艺的试验成功与推广应用，满足了“试气、集输”双重功能，真正取代掉了试气作业环节，气井压裂后可直接进站生产，原井场点火放喷的天然气直接进站处理生产，转化为有效产量。目前已实际应用 30 余口井。

参考文献

[1]贾梅英，元爱红．多相流分离计量技术的应用研究[J]．工业计量，2006，(04)：24－26.

[2]高宝元，贺艺军，李昭辉，等．一种撬装式油气分离单井计量装置及其计量方法[P]：CN201610366714.3，2016.08.10.

[3]段北辰；AI 算法在油气混相计量中的应用[C]//2022年中国油气智能科技大会——第五届石油石化人工智能高端论坛暨第八届智能数字油田开放论坛论文集．北京：中国石化出版社，2022.

[4]文思；近混相理论的研究[J]．石油学报；1993，(03)：29.

[5]李志敏；乳化状态下的油水混相流流量计量实验研究[D]．长江大学，2014.

计量仪表准确度对于定量装车控制系统的影响

张孔石　秦　雯　耿永超

（中石化石家庄炼化分公司）

摘　要：近年来，国内的石油石化企业中，油品装车普遍采用的是定量装车控制系统，以实现油品装车过程的自动化。定量装车控制系统主要由现场测量计量仪表、批量控制器、装车控制阀、防溢油开关、数据采集传输显示系统等组成，即影响定量装车控制系统准确性的因素有很多。

本文从现场测量计量仪表分类、工作原理、测量方式、安装方式及防冻防凝方式等方面，分析计量仪表测量准确度对于定量装车控制系统的影响，减少定量装车控制系统的故障率，提高装车准确率、装车效率。

关键词：定量装车控制系统；计量仪表；测量准确度

1　绪论

1.1　定量装车控制系统中计量仪表的简介

1.1.1　定量装车控制系统在石油、石化行业中的应用

定量装车控制系统具有自动化程度高，能实现快速、高效、安全地完成装车，降低装车人员的劳动强度、减少人员计量误差，近年来，在石油、石化行业的原油、成品油的运输中，定量装车控制系统得到了普遍的应用。

1.1.2　定量装车控制系统中计量仪表的作用

定量装车控制系统由现场仪表、软件系统及上位机组成。现阶段的定量装车控制系统的现场仪表，主要包括批量控制器、计量仪表、装车控制阀等。简单地讲定量装车控制系统的工作流程是：在批量控制器内设定预装车量，油品经过计量仪表进行装车，计量仪表测量流量达到预装量后，装车控制阀关断停止装车，上位机和软件系统实时监控装车现场及流量。由此可见计量仪表的测量准确度的重要程度。

装车其中计量仪表的选择，存在多样性，针对不同的油品类型，大体存在体积式流量计和质量式流量计两种计量仪表类型。不同类型的计量仪表，应用于不同的油品计量交接方案中，造成定量装车控制系统的计量准确度、装车准确度、装车效率各不相同。因此选择适宜的计量仪表、提高计量仪表的测量准确度，是保证定量装车控制系统有效地避免人为作弊，减少装车冒车溢油，降低人工劳动强度和成本，提高定量装车控制系统的准确性、安全性和环保性的基础。

1.2　公司定量装车控制系统现状

1.2.1　定量装车控制系统中计量仪表的使用概况

石家庄炼化分公司是中石化集团位于华北地区的炼油化工企业，原油一次加工能力为800万吨/年。其储运作业部担任全公司的原油进厂、中间产品收付、产品油装车出厂等多项生产存储任务，共有各种标号汽柴油、航空煤油、液化石油气、石油焦、聚合级丙烯、己内酰胺、沥青等30余类产品。目前有动态轨道衡、静态轨道衡、汽车装车衡、大鹤管装车、小鹤管装车等装车计量系统。图1为储运部小品种油汽车装车定量装车控制系统装车现场。图2为汽车装车定量装车控制系统装车现场。

图1　小品种油汽车装车定量装车控制系统

图2 火车装车定量装车控制系统

1.2.2 存在的主要问题

目前储运作业部定量装车控制系统存在的主要问题大致有以下几种：

工艺流程的改变，导致计量仪表的设计安装方案，在实际使用过程中出现偏差，计量仪表测量准确度低，定量装车出现冒车溢油现象，增加了人工劳动强度、降低了环保指标，并伴有计量纠纷、索赔事件发生。

计量仪表的选型错误，造成仪表的侧准确度低，从而影响定量装车控制系统的正常运行。

冬季防冻防凝方式不对或者工艺介质成分改变，导致的计量仪表冻凝现象，造成测量不准确，严重时会造成计量仪表损坏，定量装车控制系统停运。

针对上述存在的问题，从各类计量仪表本身的测量准确度出发，结合仪表安装方式、地域气候、油品类型、油品计量结算方式等对于计量准确度的影响，提出计量仪表的选择、安装方案，提高定量装车控制系统中计量仪表的测量准确度，真正做到精确计量，以降低员工劳动强度，提高定量装车控制系统的装车效率及准确度，避免计量纠纷和索赔事件的发生。

2 定量装车控制系统中常用计量仪表的工作方式及测量准确度

2.1 定量控制装车系统中常用计量仪表的分类

2.1.1 按照测量方式分类

容积式流量计：以腰轮流量计和刮板流量计为代表的容积式流量计，在20世纪90年代前后，被广泛应用于生产装置和贸易交接计量中。石家庄炼化在1996年前各生产装置及储运部，测量重油及贸易交接的计量仪表，基本上都是腰轮流量计和刮板流量计。每到停工检修时，计量检定站院内满满的都是拆回来修理、检定的腰轮和刮板流量计，需要检定站员工加班加点地工作一个月，才能完成修理检定任务。但是容积式流量计对于流体的清洁度要求较高，当被测介质内中存在异物时，会出现转子卡死不工作现象，所以容积式流量计安装管线上必须加装过滤器、除气器，反复启停的重油流量计，更是容易出现卡死、计量不准等现象，维护和使用不便利，近年来已被逐渐淘汰，现仅在我公司与华北油田末站的原油交接管线上作为计量监督仪表使用。

差压式流量计：在我公司定量装车控制系统中，使用最多的差压式流量计是楔式流量计，以体积流量作为结算单位。楔式流量计属于非标准式差压流量计，其无滞留区的特殊结构，使其具有无堵塞的特点，特别适用于低流速高黏度(雷诺数可低至300)、含固体颗粒等流体的测量。在重油火车装车、渣油装车系统中被广泛应用。

质量式流量计：美国EMERSON公司1997年首次推出的Micro Motion科里奥利力质量流量计，能够直接测量出流体的质量、温度和密度，80年代中后期各国仪表厂相继开发，石家庄炼化从1996年首次在催化装置安装使用科里奥利质量流量计后，就因其测量准确度高、稳定性好、可测量介质范围广(包括高黏度介质、含固形物的浆液、含有微量气体的液体、由足够密度的中高压气体)，迅速推广至全公司各个生产装置及储运部，取代容积式流量计，大幅降低了仪表维护的工作量。

2.1.2 计量仪表的信号传输分类

4~20mA信号传输：模拟信号输出、适合较远距离传输，抗干扰能力强。

脉冲式信号传输：数字信号输出，长距离传输会有信号衰减，容易受周围的电磁场干扰。我公司定量装车控制系统中，在保证传输距离时，计量仪表首选脉冲式信号输出方式。

Modbus信号传输：数字信号传输，无需信号采集转换，传输准确度高可以进行长距离的传输(485信号可传输1000m)。

2.2 定量控制装车系统中常用计量仪表的工作方式及其测量准确度

2.2.1 容积式流量计的工作方式及其测量准确度

容积式流量计，顾名思义，就是要有计量腔，计量腔内有一对转子，转子每转动一周排出一定体积量的介质，通过计数转子的转数，即可达到计算出瞬时和累计流量的目的。普通的容积式流量计测量准确度为0.5级，作为贸易交接的流量计准确度的能达到0.2级。

2.2.2 差压式流量计的工作方式及其测量准确度

差压式流量计由一次测量元件和变送器组成，是利用节流件前后形成的差压进行流量的测量，是被普遍使用的检测仪表。差压式流量计对于设计、安装、调校要求较高。在定量装车控制系统内较常使用的是楔形流量计，经过校验的流量计测量准确度能达到0.5级。

2.2.3 质量式流量计的工作方式及其测量准确度

科里奥利质量流量计，由传感器和变送器组成，传感器内有驱动线圈驱动测量管振动，当有流体经过测量管时，测量管的振动频率、位移被检测线圈检出，送至变送器，直接测量出流体的密度和质量流量，内置的PT100铂电阻直接测量出流体温度，测量准确度高，能达到0.2级。

2.3 本章小结

本章是根据石家庄炼化公司定量装车控制系统中在使用的几种常见计量仪表的类型、分析了计量仪表的测量方式、信号传输方法、计量仪表本身的测量准确度。

3 定量装车控制系统中计量仪表的选型

3.1 不同贸易交接方式中计量仪表的选择

3.1.1 差压式计量仪表在定量装车系统中的安装使用效果

楔形流量计由一次测量元件和变送单元组成，经过单独标定的楔形流量计测量准确度最高可达0.5级，未经标定的楔形流量计的测量准确度可以达到3级。

不同油品贸易交接系统误差不相同，例如原油0.35级、柴油0.35级、液化气0.5级，但其所指的系统是整个装车系统，楔形流量计最好的测量准确度已经超标，是不符合贸易交接计量仪表的准确度要求的，但在低流速高黏度的流体测量仪表中，楔式流量计以其无滞留区的独特结构，价格低廉，成为首选流量计。

权衡利弊，在原油、蜡、渣油等重油的定量装车控制系统中，采用了楔形流量计进行装车控制，汽车装车采用汽车衡进行计量交接、火车装车采用动态轨道衡的交接方式，完美的解决了重油装车控制问题。

3.1.2 质量式计量仪表在定量装车系统中的安装使用效果

科里奥利质量流量计由传感器和变送器组成，质量流量计校验准确度能够达到0.2级，完全能够达到贸易交接的要求。但科里奥利质量流量计有体积大、测量压力损失大、测量介质挂壁容易产生零点漂移的问题存在，更有价格昂贵的问题，限制了其使用范围。在适宜的油品(包括汽油、柴油、航空煤油、液化气、苯、甲苯等多种油品)定量装车控制系统中，科里奥利质量流量计完成了装车控制和计量交接的双重任务。

3.2 国产计量仪表和进口计量仪表的选择

3.2.1 西安东风、太原航空等国产计量仪表的优缺点

在国产质量流量计刚进入石家庄炼化分公司时，就以其测量准确度高、安装使用方便、维护量小、售后服务质量好，价钱适宜等优点，在进出生产装置计量仪表和贸易交接计量仪表中得到了推广性的使用。但随着产品的升级换代，西安东风质量流量计容易死机、丢参数，太原航空质量流量计测量不稳定，容易出现零点漂移的问题日益突出，明显已不适合在贸易交接系统中使用。现阶段只在生产装置使用，使用效果良好的仍然是早期(1996年~2002年)安装投用的质量流量计。

3.2.2 Micro Motion、E+H等进口质量流量计的优缺点

美国EMERSON旗下Micro Motion质量流量计的高测量准确度、高稳定性，使之成为质量流量计中的最高标准。

表1中数据，为柴油火车定量装车控制系统中的质量流量计，在最近三年来的零点检查数据和检定结果中测量准确度的数据。数据显示每半年一次的零点检查数据稳定，测量准确度始终保持在0.2级以上。

表1 柴油装车流量计零点检查数据及测量准确度数据

柴油装车	2017年4月	2017年10月	2018年4月	2018年10月	2019年4月	2019年10月
仪表零点	0.025~0.079	0.033~0.087	0.038~0.067	0.026~0.053	0.034~0.066	0.07~0.096
测量准确度	0.088	0.066	0.104	0.074	0.059	0.069

在但其动辄几十万的价格，是 Micro Motion 质量流量计不能被广泛使用的主要因素。

德国 E + H 质量流量计的高测量准确度、稳定度，也使之具有高口碑，但零点稳定性相对于 Micro Motion 还是有差距（见表 2），近两年来价格优势不再明显。在中石化系统中被德国 KROHNE 替代。

表 2　二甲苯装车流量计零点检查数据及测量准确度数据

二甲苯装车	2017 年 4 月	2017 年 10 月	2018 年 4 月	2018 年 10 月	2019 年 4 月	2019 年 10 月
仪表零点	0.125	−0.087	−0.230	0.167	0.430	0.050
测量准确度	0.113	0.097	−0.104	0.124	0.059	0.109

3.3　本章小结

本章讲述了定量装车控制系统中各种流量计的特点、使用效果，对比了国产计量仪表与进口计量仪表的优缺点，展示了在用的计量仪表的计量数据，给出了定量装车控制系统计量仪表选择的思路。

4　计量仪表安装方式导致的测量误差对于定量装车控制系统的影响

4.1　差压式流量计的安装方式

4.1.1　测量重油的楔形流量计安装方式对定量装车控制系统的影响

在油浆定量装车控制系统中，楔形流量计的安装方式如图 3 所示。这种安装方式的楔形流量计，存在显示流量不准确的现象，甚至有时出现不显示流量的问题。装车人员需要在装车现场，观察装车量，手动控制阀门进行装车作业。时常出现罐车冒车、油浆溢出，或者装车量不够、罐车返回续装的现象，严重影响环保指标和装车效率。见图 3。

图 3　楔形流量计安装方式

拆回楔形流量计进行检查、校验，显示正常、测量准确度合格。安装投用流量计依然是显示不正确，现场拆开测量膜片发现膜片上积水，测量膜片无法正常测量到介质压力，如图 4 黄圈位置所示。

图 4　楔形流量计测量膜片处积水

改变安装位置为侧向安装，重新投用流量计，因为油浆的密度大于水，仍有冷凝水积存于测量膜片上部，使用效果仍不理想。如图 5 中黄圈所示位置为测量膜片。

图 5　改变安装方式为水平安装的楔形流量计

查看了楔形流量计的设计温度、压力、流量、综合现场工艺使用介质的黏度、流速、温度后发现，由于生产装置工艺调整，此楔形流量计所测油浆介质的温度、压力偏低，介质有带液现象，油浆介质夹带的冷凝液积聚在测量膜片处，阻碍了介质与膜片的接触导致流量计计量不精确。在查阅了流量计的使用规程后，去掉了流量计上的隔断阀门，缩短介质在流量计内的行程，避免测量膜片处的积液，流量计正常运行。见图 6。

图6　去掉隔断阀门后的楔形流量计

4.1.2　测量轻油的楔形流量计安装方式对定量装车控制系统的影响

在计量仪表的使用过程中，流量计的设计参数与现场工艺状况都不尽相符，如果想达到贸易交接标准的测量准确度，差压流量计需要增加温度、压力的补偿，测量系统的误差来源进一步增加，所以在能使用质量流量计的轻油介质定量装车控制系统中，尽量避免了楔形流量计的使用。

4.2　质量流量计的安装方式对于定量装车控制系统的影响

4.2.1　测量液体的质量流量计安装方式对定量装车控制系统的影响

质量流量计对于直管段的要求不高，测量液体的流量计安装，不能安装在管线高点，传感器冲下，以避免气体积聚，气液两相会使明显增大测量误差直至停止测量。流量计与工艺管线要同轴向安装，避免安装应力，安装应力会导致流量计零点漂移。图7所示为航煤火车装车测量使用的Micro Motion流量计，在安装之初的调试阶段，即出现红灯闪烁的高级别报警，不能正常振动的现象，装车系统无法投用。拆下传感器检查流量计进、出口管线不同轴，进行管线调整并加固支撑后，重新安装流量计，流量计报警消除，振动正常，装车系统顺利投用。

图7　调整管线并加装支撑后的流量计

4.2.2　测量气体的质量流量计安装方式对定量装车控制系统的影响

安装测量气体的质量流量计，应该传感器向上安装，避免有液体沉积，导致流量计测量误差直至不测量。如图8所示为测量气体的质量流量计的安装方式。

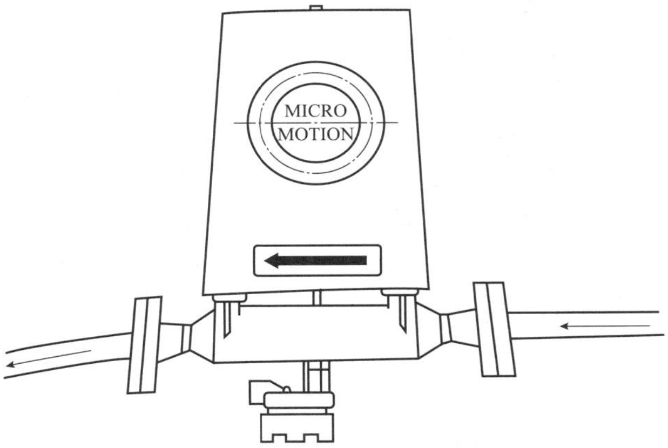

图8　测量气体的质量流量计安装方式

4.2.3　竖直管道的质量流量计安装方式对定量装车控制系统的影响

用于测量竖直管线介质的质量流量计，测量介质流向要选择从下向上，如图9所示。保证质量流量计的传感器内能够充满介质，避免介质不满管造成的传感器异常振动造成的测量误差。

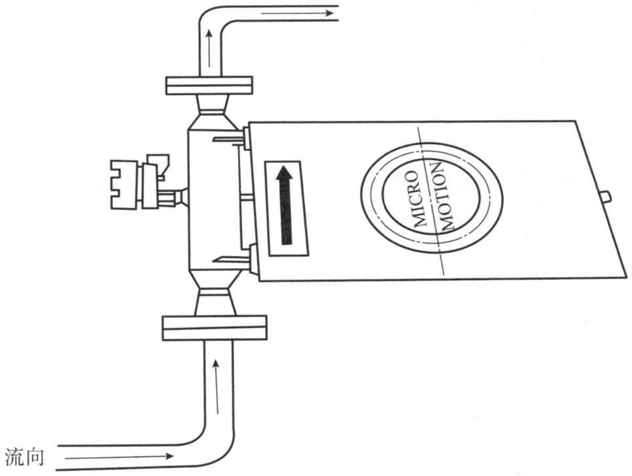

图9　竖直管线上质量流量计安装方式

4.3　本章小结

本章结合定量装车控制系统内的流量计安装方式，分析了安装方式造成的误差对于定量装车控制系统的影响。

5　计量仪表防冻防凝方式对于定量装车控制系统的影响

5.1　计量仪表防冻防凝意义

地处华北平原，冬季夜间平均温度零下10℃，极端天气零下 15℃，对于计量仪表的运行是一个极大的考验。测量介质冻凝会导致流量计测量部件不工作或者损坏，对于质量流量计，介质冻凝会造成流量计堵塞，所以冬季的防冻防凝工作必须扎实牢靠。

5.2　计量仪表防冻防凝方式

5.2.1　测量重油的计量仪表防冻防凝

图 5 所示流量计在改造安装完投用时，运行良好，但在进入冬季后又出现了装车流量不稳定，计量不准确的现象。考虑到当前生产工艺中油浆含水的状况，给流量计及前后管线加装伴热管线并加装保温，流量计的运行状态得到改善。

图 10 白色圈内所示是没有加热保温时的流量计运行曲线图。流量显示杂乱。

图 11 白色圈内所示是加装伴热保温后的流量计运行曲线图。明显装车流量平稳规律。

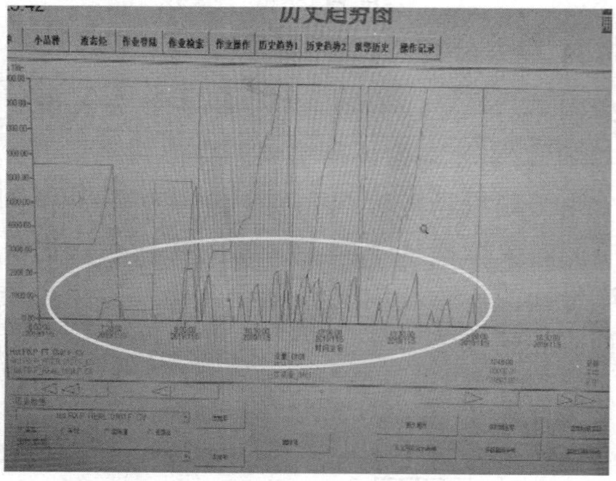

图 10　未加伴热保温的运行曲线

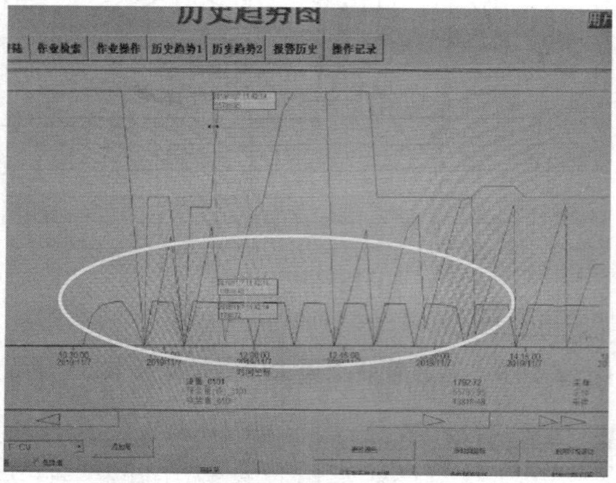

图 11　加装伴热保温后的运行曲线

5.2.2　测量轻油的计量仪表防冻防凝

测量汽、煤、柴等轻油的质量流量计，一般来讲是不用加装保温伴热管线的。尤其是测量液化气的质量流量计，加装保温伴热会使其气化，影响流量计测量。

如图 12 所示液化气定量装车控制系统中的 E＋H 质量流量计，在保证了出口管线有足够的背压以保证介质压力的情况下，不加任何伴热保温措施，一般情况下，运行良好。

这并不说明测量轻油的质量流量计不需要考虑防冻防凝工作。因为定量装车控制系统的工作是不连续的，计量仪表内经常会留存测量介质，如果有工艺改变引起的介质含水，则极易引起计量仪表的冻凝现象的发生。图 12 中所示 E＋H 质量流量计，曾出现打开介质阀门后，不显示流量的故障，检查发现流量计内积存的介质冻凝，吹扫管线及流量计后，计量仪表恢复正常。

图 12　有足够背压的液化气测量流量计

及时监测介质指标，在计量仪表入口前的工艺管线低点加装排水阀门，做好排水工作，是测量轻油的计量仪表冬季防冻防凝的重点工作。

5.3　本章小结

计量仪表的防冻防凝方式有很多，本章仅举出了两个比较典型的应用实例，以说明防冻防凝工作的必要性。测量重油的计量仪表，需要定期检查伴热管线的温度，保温有无破损。测量轻油的计量仪表，则需要在计量仪表前的工艺管线低点加装排水阀门。对于差压变送器等计量仪表，则还可以采用灌装隔离液等防冻防凝方式。

6　结论与展望

6.1　结论

计量仪表的测量准确度，对于定量装车控制系统的影响不容小觑。计量仪表的使用，从选型设计到安装投用、防冻防凝形式，每一步都要结合现场工艺实际情况，全面考虑，保证计量仪表投用后的测量准确度，以达到定量装车控制系统的准确、高效、环保的平稳运行。

6.2　展望

影响定量装车控制系统的装车精度、装车效率的因素有很多，例如控制阀门的选择，汽车衡分度值的设定、批量控制器的参数选择等等。本文只是结合日常的实际工作，分析了计量仪表测量准确度对于定量装车控制系统的影响，系统中其它因素的影响有待改进提高。

参考文献

[1]肖素琴．油品计量员读本(第二版)[M]．北京：中国石化出版社，2007.

[2]施引萱，王丹君．仪表维修工(高级工)[M]．北京：化学工业出版社，2005.

[3]王立东，肖素琴．能源计量器具(流量)应用技术指南[M]．北京：中国石化出版社．2012.

[4]孙德利，刘凤野．定量装车控制系统的设计[J]．中国仪器仪表，2019，(02)：66－70.

[5]王磊．铁路大鹤管定量装车控制系统的设计与实现[D]．哈尔滨，哈尔滨理工大学．2010.

关于海上油气田生产计量管理的探讨

徐 燕 高 卓 吕志成 杨 功 赵云峰 毕岩滨

（中海油能源发展装备技术有限公司设计研发中心）

摘 要：随着海上油气田数字化转型发展，数字化油田、数据湖及开发生产平台的全面建立，形成了以智能巡检、生产数据远程实时传输、在线监控、仿真校核与计算、实时预警等为主要形式的无人平台数字生产模式。这种模式不仅降低了出海员工的劳动强度和操作风险，而且提高了生产管理效率，是海上油气田传统生产管理模式的一次大变革。而数字化生产前端的大量控制仪器仪表、实时采集监控的信息数据、配置的计量管理技术用来适应数字化管理需求就越发显得重要。本文探讨海上油气田生产计量管理主要业务，就实时计量管理业务流程进行系统规划，以此改进公司数字化、智能化生产模式。

关键词：数字油田；智能化；实时虚拟计量；生产计量管理

数字油田是企业信息化发展的高级阶段，从信息化、数字化逐步迈向智能化[1]。在数字化转型过程中，人员配置问题、生产计量设备维护问题、数据采集终端维护问题都将影响和涉及计量管理的技术、方法和手段上。因此，有效开展计量管理工作就显得尤为重要，虚拟实时计量信息采集也是智能化生产模式下建设生产管理计量系统的客观要求[2]。生产计量管理系统功能规划构架在海油云上，基于油井计量、海管输送、生产动态工艺现状，围绕生产计量业务需求和数字化转型需求，通过自主核心技术应用、数据与模型的后台自动关联，实现全油田生产运行动态感知、集中看板展示及智能预警。

1 海上油气田新型智能化生产计量管理

海上油气田从开采到后期的加工开发再到最后的运输销售，都离不开计量技术。然而，每一个阶段都需要特殊的计量器具[3]。例如实时井下流量计量与控制技术能够实时采集井下相关数据，包括油、气、水三相流量，通过安装井下流量控制器来调整流量，实现对每个产层的流量控制。生产工艺动态监测系统涉及油气收集、分离、净化、处理、输送等多个工艺流程的监测，所需油气计量装置包括单井计量装置和流量计等，用于采集油气产量和质量等关键数据。海管输送方面油－气－水多相流测控技术用于测量和监控油、气、水的流动，以及相关的参数如流速、液温、水含量、气体比例等。

新型智能化生产计量管理是建立一个集成化的生产计量管理信息系统，用于实时监控和控制生产流程。系统通过收集来自平台、传感器和操作人员的实时数据，采用新型智能化技术，提供有关生产状态的准确和实时信息。系统功能包括数据收集、数据集成、生产产量统计、系统和设备集成、系统和工具集成、数据分析和报告输出等。也可以与其他系统，如设备设施完整性管理平台、数据湖平台、开发生产平台、数字化交付平台等集成，以实现数据交换、信息同步以及生产流程与完整性业务运营的协调。这种系统的应用不仅提高生产效率，而且通过工作流程化、规范化、自动化和数据实时化，可以为生产管理部门提供智能化决策。

2 生产计量管理目标

对于海上油气田生产管理的各个环节，油井开发、海管输送、生产实时监控、成本核算等各方面的生产计量管理直接影响到油气的技术指标与经济效益。由此可见，公司必须大力加强计量技术的研究，在节能降耗、减排增效中，提高能源利用率和经济效益[4]。

传统油井计量排队等待，产量更新不及时，油井产量异常，难以实时预警。油井工作调整时收集油藏、管道、工艺设备等多种资料工作耗时费力且综合分析难度大。油田上产提液，海管输送任务重，缺少对海管输送能力的实时监测与预警。平台工艺流程改造频繁，油水处理工艺关系复杂，分离器、注水泵等油水系统装置高负荷运行，缺少调控预警及优化分析的高效智能化支持工具。面对海上油气田生产计量管理这些现状，开展智能化生产计量管理既要考虑长远规划，又要考虑当前生产的需要[5]。智能化的生产管理计量系统顶层规划目标：

①建立油井—混输管网—处理工艺—注水管网—注水井一体化的平衡调配分析模型，融合先进的数据管理理念，对涉及计量工作的数据实行源头唯一的规范化管理。

②建立海管、工艺在线仿真应用模型，引入油井虚拟计量核心技术，实时获知油井产量，来实现更全面的产量监控。

③借助生产管理计量系统多目标优化生产调控能力的数据、模型与决策路径，助力油田安全高效、智能精细、协同一体的生产模式转变。

3 生产计量管理总体规划功能

生产计量管理规划围绕海上油气田上游集输处理系统，自主研发针对油井、海管、平台油气水生产工艺的仿真及优化计算内核，可开发 3～4 个二级模块，每个二级模块下开发多个子模块，展示油田、平台、海管、单井的生产动态信息和油田各项指标，实时获知油井产量。结合静态数据、传感器采集数据、仿真模块计算数据，准确预估调产方案，实现全油田生产过程实时数据的全面感知，以及井、管道、平台工艺业务与数据界面的关联求解。建立生产动态运行管理模式，全面精准掌控油田生产运行动态，实现一体化生产能力分析和预警，完成油水调配可行性分析和瓶颈判断、辅助方案制定，为油田提液、增输、上产等提供协同一体、科学敏捷的智能化工具。生产计量管理功能规划如图 1 所示。

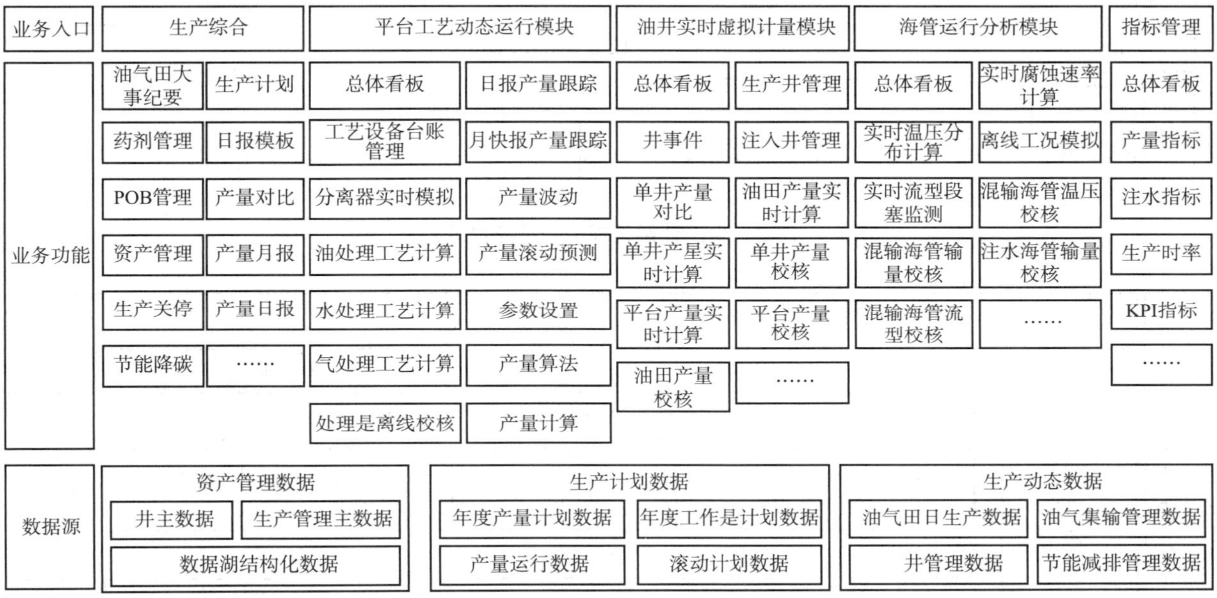

图 1 生产计量管理的功能规划

生产计量管理的核心业务数据主要在虚拟计量模块、工艺动态模块、海管分析模块、生产分析模块这 4 个子模块中管理，这四个模块间数据路线业务需求尤为重要，如图 2 所示。

生产计量管理平台基于面向服务体系（SOA）设计理念，以 Vue. js 作为模板渲染引擎、ElementUI 作为 UI 组件库、Node. js 作为 JavaScript 渲染引擎的前端技术框架，并贯穿基础设施层、服务层及前后端业务层。数据库软硬件实现主流配置，配备了数据库服务器、应用服务器、minio 服务器、大屏、PC 端设备、笔记本电脑、海油云服务等。生产计量管理平台技术架构如图 3 所示。

4 生产计量管理功能架构

基于以上生产计量管理功能规划需求，本文功能规划从实时虚拟计量、海管运行分析、生产工艺动态分析和生产综合分析四个方面开展设计。

4.1 实时虚拟计量

实时虚拟计量利用油井虚拟计量技术，实时获知油井产量，监测井筒流动，准确预估调产方案，其智能化内容包括全油田油井虚拟计量、全油田油水动态分析、智能预警推送、油水调控模拟、综合能耗优化工艺参数几个方面。油井虚拟计量模块整合数据湖平台的基础设计资料及数据，建立各油井虚拟计量多模型融合模型，开展模型算法测试调优，可开展全油田油井流体、井筒、电潜泵、油嘴、海管的运行工况自动监测及分析校核。

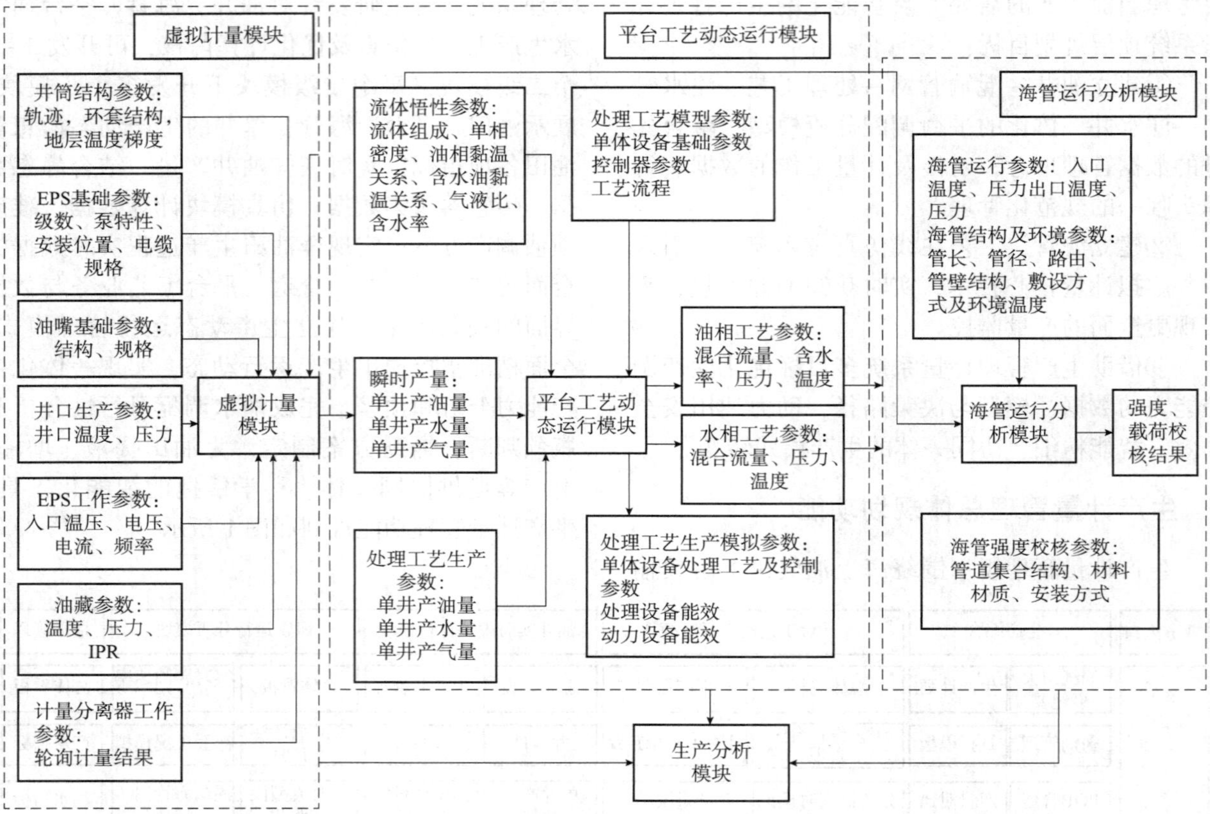

图2　生产计量管理的数据路线规划

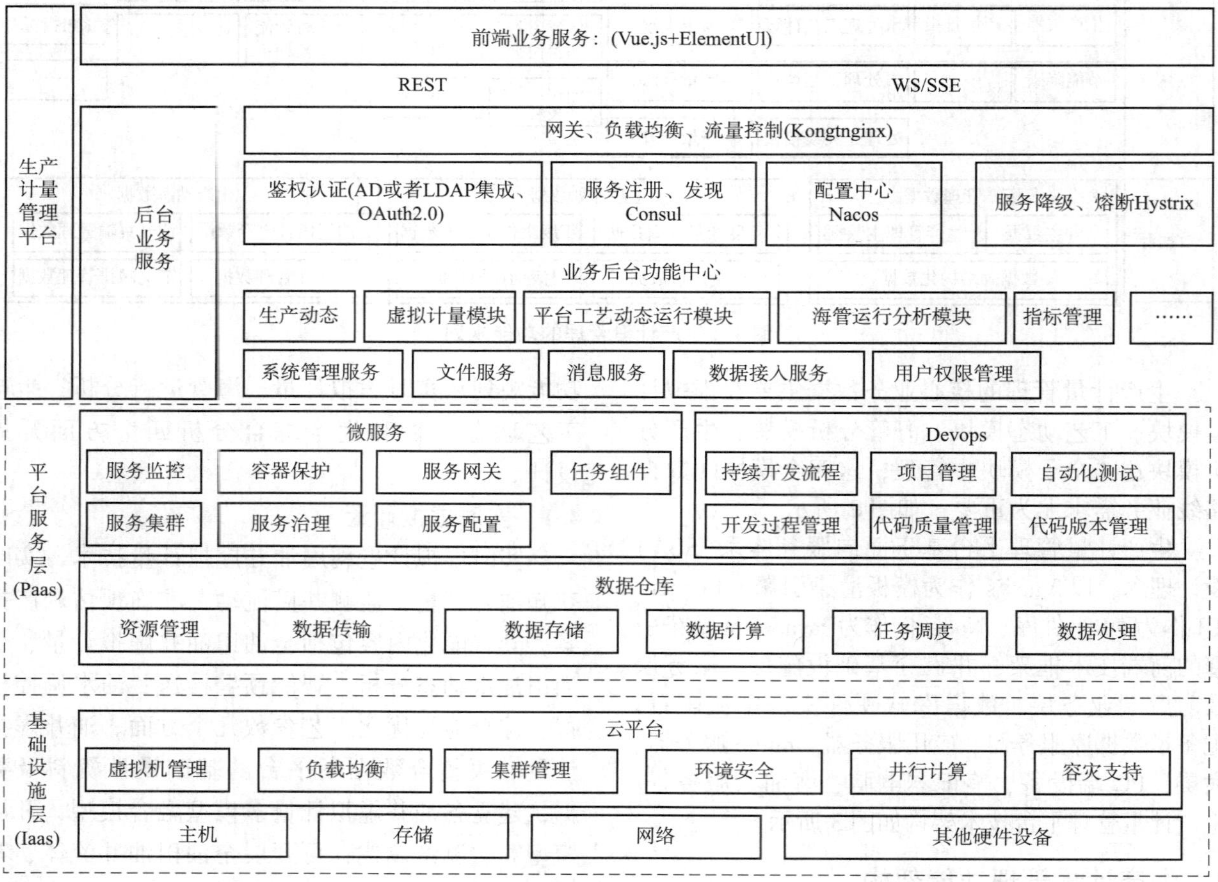

图3　生产计量管理平台的技术架构

油井虚拟实时计量模块首页展示数据看板，规划高产油井表、建议计量油井表、预警类型表、自定义表单。单井计量子模块功能一是展示实时参数变化趋势，深入到单井展示相关参数随时间的变化趋势，如油、气、水、油水混合液相的产量。功能二是实时详细参数显示，根据已有的计量设备可以计算出各平台、各井的瞬时油、气、水以及油水混合液相的流量、温度、压力等参数，并且对其进行实时显示。功能三是虚拟计量精度，根据实时的虚拟计量计算数值与较为可靠的仪表仪器数值相对比，得出实时的虚拟计量精度，用来实时观测程序运行的效果。功能四是计量参数累计显示，根据实时的计量结果，可以对所选择的数据进行累计值计算，并可以设置相应的累加间隔区间，来实现更全面的产量监控。功能五是油井调产工况分析，通过虚拟计量离线模拟，实现油井调产工况模拟，调整电潜泵频率、油嘴等参数，计算相应的产量变化。功能六是油井换泵工况分析，通过虚拟计量离线模拟，实现油井换泵工况模拟，预测油井产能。

4.2 海管运行分析

海管运行分析模块主要功能是油水物流输送能力监测分析，结合各海管实时流量及设计量，开发油田混输、注水管网的动态实时监测分析校核功能，可开展全油田海管运行状态、输送余量、运行参数的油田大物流运行动态监测提供分析能力。子功能1是动态显示海管运行工况，子功能2是海管流型识别，子功能3是海管运行监测数据显示，子功能4是实现海管工艺在线与离线模拟，可结合各海管实时流量及设计量，为全油田海管运行状态、输送余量、运行参数的油田大物流运行动态监测提供分析能力。子功能5是利用实时现场数据，实现在线与离线海管结构强度计算与分析，分别通过内压分析、外压分析、组合载荷分析和热膨胀分析角度，判别海管的结构安全性，保障物流安全运行。该功能模块可自主研发动态多相管流模型及算法，开展海管流动状态的在线和离线计算和校核，实现海管内温度、压力、流速、流型等参数的在线感知、一键分析。

4.3 生产工艺动态分析

生产工艺动态分析模块建立了油井产出、混输管网输送、处理工艺、注水泵等设备、注水管网、注水井运行动态一体化实时监测模式，可开展油田“生产、输送、处理、注水、吸水”五大能力综合分析，对运行中出现的危险工况给出智能化建议以及预警提醒。该模块功能为平台动态监测，主要为生产动态、POB动态、产量动态、管输动态、注水动态、日报管理、月报管理等子模块。该功能模块可采用平台油气水处理系统工艺过程动态仿真和控制预测技术，为平台的集输处理流程提供工艺计算功能。对油处理流程开展瞬时处理量计算、理论处理量计算、处理量异常报警及分析、分离器控制优化。对气处理流程开展瞬时处理量计算、理论处理量计算、涤气器控制优化。对水处理流程开展斜板控制优化、储水罐平衡监测、注水泵效率监测。该模块实现工艺流程软监测与仿真预测能力，辅助工程师进行生产管理及决策分析。

4.4 生产综合分析

生产综合分析模块功能主要分为数据集配置、报表配置和报表展示。数据集配置涉及根据设定的筛选条件选出满足条件的数据宽表，报表配置则是根据配置的规则进行进一步筛选，展示配置后的报表内容。该模块建立归因模型对生产异常情况进行综合分析，提出智能化决策意见和推送预警信息，辅助现场人员及时采取措施。

5 进一步建设生产计量管理系统的思考

在对业务部门的需求进行充分调研与分析的基础上，开展了以上海油气田生产计量管理系统的总体设计工作。在后续开发过程中，计算机处理实时数据的过程与实际计量管理业务有着明显的不同，而这一特点就决定了在开展生产计量管理系统开发工作时，需要建立相应的工作管理标准，以规范计量管理系统开发流程[6]。生产计量管理系统开发人员要根据主管部门的意见，打通生产计量管理业务流程、实时动态监测节点等，做好原型设计，使得开发出的生产计量管理系统更加符合实际需求。

海上油气田的生产计量管理最终成果是生产数据，要始终坚持走质量保证与技术保证路线。目前海上油气田生产计量管理功能规划覆盖了生产计量管理的业务流程，可实现无纸化操作。本文结合生产方对现有计量管理要求，合理规划了一套生产计量管理系统总体设计方案，下一步需开发系统，进一步验证生产计量管理业务流程化的可操作性、执行性，这对提升计量管理方法和规范计量业务流程具有示范意义。

参考文献

[1]李剑锋．智能油田[M]．北京：中国石化出版社，2020.
[2]鲁娆，王萍．基于数字化生产模式的计量管理系统建设[J]．露天采矿技术，2016，31(9)：65－68.
[3]陈晴．浅析计量在各领域中的应用[J]．机电技术，2014，(12)：152－153.
[4]薛兴昌．工业计量的作用和特点[J]．工业计量，2006，(16)：3－4.
[5]关福荣，朱小莉．数字化生产模式下计量管理方法的改进[J]．化工管理，2015，(2)：42－43.
[6]许诺．谈计量管理的网络化[J]．黑龙江科技信息，2015，(7)：72.

超声波流量计的标准比对应用

王宏峰　郭智强　姚玉艳

（中海石油技术检测有限公司）

摘　要： 海洋石油采油平台注水流量计现场校准具有强烈的现实需求。本文即探讨以高精度超声波流量计作为标准表，以比对的方法，进行注水流量计现场校准的技术可行性。并研究注水流量计现场校准过程中的超声波流量计保持精度和不确定度的方式和其他技术注意事项等。

关键词： 电磁；超声波；校准；比对；注水

1　前言

海洋石油采油平台注水流量计是采油平台钻井回注海水的主要计量仪表，平台需要其具有长期稳定、精度可靠、计量准确的要求。传统的流量计校准需返回陆地流量计校准实验室进行校准，其校准周期长，注水流量计拆装、运输过程安全隐患大还可能影响流量计的稳定性，故海洋石油采油平台注水流量计的现场校准具有强烈的现实需求[1]。下文将逐步探讨注水流量计现场校准的技术可行性、校准方法的选择等，并以现场注水流量计校准数据，论证高精度超声波流量计作为标准表的现场校准方式完全符合注水流量计现场校准的实际需求。

2　现场校准方法选择

流量计校准的方法有容积法、质量法、标准体积管法和标准流量计比对法[2]。海洋石油采油平台空间狭小，注水流量计管线紧凑，注水管线改造困难等特点，决定了比对校准法相对适合海洋石油采油平台注水流量计的现场校准。

比对校准法采用标准流量计作为比对标准，其形式可以是孔板、电磁流量计、涡轮流量计、超声波流量计等。因超声波流量计，尤其是外夹式超声波流量计，对注水管线的改造需求最少（这也是校准方法选择比对法的重要原因）[3]。故海洋石油采油平台注水流量计的现场比对校准采用外夹式高精度超声波流量计作为比对标准表。

3　现场校准的可行性分析

海洋石油采油平台注水流量计以电磁流量计为主，其标称流量精度0.5%，实际注水应用要求流量精度≤2%。标准流量计采用高精度外夹式超声波流量计，标称流量精度0.5%流量点，重复性0.1%。按照《电磁流量计检定规程》要求，装置测量结果的扩展不确定度应不大于被测流量计最大允许误差绝对值的1/3[4]。将超声波流量计进行实验室校准，得出超声波流量计即单台标准表的不确定度，实际作为标准流量计现场校准时，现场管路、流体要求、温度等带来的不确定度分量暂不考虑。由表1可知，超声波流量计相对扩展不确定度0.3%，满足要求。但现场校准时，流体条件、流体温度、管道腐蚀等因素也是超声波流量计校准的不确定来源，同时这些不确定度随现场条件、校准流程等改变而改变，单纯用不确定度B类评估无法保证可靠性。故还要设计现场校准实验以验证现场校准的可行性。

表1　超声波流量计校准结果

校准点（m^3/h）	相对示值误差（%）	重复性（%）	重复性不确定度分量（%）	检定装置不确定度分量（%）	相对扩展不确定度 $K=2$（%）
20	-0.47	0.1	0.1	0.2	0.3
40	-0.51	0.1	0.1	0.2	0.3

4 现场校准的实施验证

超声波流量计作为标准流量计的现场校准还要设计现场实验加以验证可行性，可按照《计量比对》原则：“在规定条件下，在相同量的计量基准、计量标准所复现或保持的量值之间进行比较、分析和评价的过程”设计超声波流量计和注水流量计(应和超声波流量计具有相同计量特性)的现场计量比对[5]。

以三台新的、刚校准流量精度0.5%的电磁流量计和超声波流量计在现场相同注水管线同时测量流量量值进行流量比对。由表2进行数据分析，按照《计量比对》的结果验证，计量精度0.5级的超声波流量计和计量精度0.5级的电磁流量计在现场实际注水流量计量的结果是一致的。其试验结果表明，计量精度0.5级的外夹式超声波流量计可以作为计量标准器用于平台注水流量计的现场校准[6]。

表2 标准电磁流量计比对(表中数值省略了+/-号)

	电磁示值	超声波示值	相对示值误差(%)	电磁重复性(%)	超声波重复性(%)
电磁1	18.98	19.04	0.47	0.2	0.3
电磁2	53.04	53.12	0.16	0.2	0.2
电磁3	11.86	11.88	0.15	0.2	0.2

第二步，再进行实际校准结果的验证。将超声波流量计作为标准表，现场校准平台注水流量计，然后选出3台注水流量计(比对流量偏差最大、最小、中间值)返回陆地流量实验室重新校准，返回的注水流量计按超声波流量计校准后的流量系数进行校准[7]。由表3可知，注水流量计校准后其精度等级可以满足流量精度≤2%的平台现场注水流量控制要求，超声波流量计校准后的流量系数可以用于注水流量计的调整、补偿。实际校准结果的验证仍然依据《计量比对》。参考值依据《附录D参考值的确定》，确定陆地流量实验室校准量值为标准参考值。依据《附录E比对结果的评价与分析》，采用归一化偏差E_n进行结果评价。由表4，$E_n \leq 1$，表明现场校准结果与流量实验室校准结果在合理的预期之内，现场校准结果可接受[8]。

表3 校准前后比对(表中数值省略了+/-号)

	超声波	校准前	相对示值误差(%)	标准流量	校准后	相对示值误差(%)
电磁1	37.34	37.25	0.25	39.96	40.41	1.13
电磁2	49.50	51.63	4.31	50.21	50.13	0.16
电磁3	7.81	5.92	24.12	8.12	8.22	1.23

表4 校准结果评价表(参考不确定度为流量实验室校准电磁流量计的标准不确定度，比对不确定度为现场校准电磁流量计的标准不确定度)

	参考值	比对值	参考不确定度	比对不确定度	E_n
电磁1	39.96	40.41	0.2	0.5	0.75
电磁2	50.21	50.13	0.2	0.5	0.2
电磁3	8.12	8.22	0.2	0.5	0.2

5 总结

注水流量计现场校准试验结果及数据分析表明，以高精度外夹式超声波流量计为标准表的比对式现场校准方法是可行的。现场校准实际实施时需注意以下事项：

校准点的选择，以现场工艺常用流量为校准点，现场校准1或2个流量点即可；

现场校准时，外夹式超声波流量计应变换安装位置及角度，对应每个校准点变换6次，以6次校准值的平均值为标准流量值计算注水流量计补偿系数或K值；

现场校准时间要相应加长，相对注水流量计正常校准所需脉冲数或时间，现场校准时间应增加5-10倍。

参考文献

[1]周树凯．关于海上石油平台注水流量计的选型和应用

[C]//2010 中国油气计量技术论坛论文集. 北京: 中国石化出版社, 2010: 593-596.
[2]国家质量监督检验检疫总局. JJG 643—2003 标准表法流量标准装置检定规程[S]. 北京: 中国计量出版社, 2003.
[3]全国流量容量计量技术委员会. JJG 1030—2007 超声流量计检定规程[S]. 北京: 中国计量出版社, 2007.
[4]中国国家标准化管理委员会. JJG 1033—2007 电磁流量计检定规程[S]. 北京: 中国计量出版社, 2007.
[5]国家质量监督检验检疫总局. JJF 1117—2010 计量比对[S]. 北京: 中国标准出版社, 2010.
[6]国家质量监督检验检疫总局. JJF 1094—2002 测量仪器特性评定[S]. 北京: 中国计量出版社, 2002.
[7]周庆, 王磊, R. Haag. 实用流量仪表的原理及其应用[M]. 北京: 国防工业出版社, 2003. 8.
[8]段慧明, 史振东. 标准流量计的计量性能评定[C]//全国流量计量学术交流会论文集. 北京: 中国计量测试学会, 2008: 62-65.

关于 LNG 船不同卸货情境的计量方法探讨

杜全华　陈海超　郑飞萍

(中海福建天然气有限责任公司)

摘　要： 液化天然气(Liquefied Natural Gas，简称 LNG)是能源行业公认的一种清洁、环保能源。随着 LNG 贸易的不断发展，LNG 船的卸货计量准确性受到重点的关注，本文从福建 LNG 卸船计量的视角出发，

深入探讨 LNG 船在满载满卸、满载半卸及半载卸货等不同情境下的卸货计量方法。通过深入分析 LNG 船舶 CTMS(贸易交接测量系统)不同卸货情境下卸货前、卸货后测量基础数据变化等因素，研究适用于不同卸货情境的计量方法，为 LNG 卸货计量的准确性和公正性提供参考。

关键词： LNG；计量准确性；CTMS；卸货情境；计量方法

1　引言

福建 LNG 全面贯彻中国海油绿色低碳发展战略，积极推动清洁、高效的天然气利用，助力国家实现碳排放和碳达峰目标贡献不竭力量。以福建 LNG 为首，拥有燃气发电、冷能空分、新能源物流基地、冷轧钢等项目的综合工业绿能港园区，形成了上下游完整的产业链，也是迄今为止我国最完整的 LNG 产业链。LNG 的产业发展在福建地区的能源结构中发挥着越来越重要的作用。在 LNG 贸易发展中，LNG 船舶到港卸货安全是保障 LNG 能源供应的关键环节，而 LNG 船卸货精准计量则是确保贸易公平、提高能源利用效率的重要手段。面对 LNG 贸易多元化发展，LNG 船不同卸货情境也越来越多，由于各种前置因素的影响，往往导致 LNG 船在不同卸货情境下的计量准确性存在一定偏差，给贸易双方带来经济损失和风险。因此，本文以福建 LNG 实际接船卸货遇到的情景，探讨 LNG 船不同卸货情境下的计量方法，对于提高 LNG 船卸货计量的准确性具有重要的现实意义。

2　LNG 船到港卸货流程

LNG 船到港卸货是一个复杂的过程，主要包括 LNG 船靠泊、船岸通信连接、气液臂连接、液相臂置换测漏、热态 ESD、卸前计量、卸料臂预冷、冷态 ESD、启泵卸料、全速卸料、卸货结束、卸料臂吹扫、卸后计量、气液臂拆卸、船岸通信解除、解缆离泊等操作环节。其中，卸前计量和卸后计量环节是确保 LNG 船卸货贸易计量的关键。

3　LNG 船卸货计量原理与常规计量方法

3.1　LNG 船卸货计量原理

LNG 船卸前计量和卸后计量，主要是通过 LNG 船各舱内安装的主辅液位计(主雷达液位计、辅浮子液位计)、压力和温度测量装置检测，由 CTMS 自动记录各船舱液位高度、液相温度、气相温度、船舱压力及船舶侧倾和纵倾数据，依据船舶货舱计量表确定卸货体积，同时结合该船次的计量贸易合同规定和 CTMS 记录的各船舱气/液温度、压力及岸方接收的船样组分结果计算 BOG 返气能量、LNG 密度、质量热值等，最后计算出卸货质量和能量。

3.2　LNG 船常规计量方法

LNG 船常规计量方法，主要是依据船舶 CTMS 主测量系统(雷达液位计)出具的卸货前的测量证书、卸货后的测量证书、卸货证书及船舶锅炉测量证书。具体做法有 5 个步骤，一是依据卸货前/后及卸货证书复核各船舱液相温度、气相温度、气相压力、液位体积及船舶侧倾和纵倾修正数据；二是结合卸货期间 LNG 样品组分数据计算出 LNG 船平均液相温度下的密度；三是通过 CTMS 卸货体积、卸货后各船舱的平均气相温度和平均压力等数据计算出返气能量；四是结合卸货体积、LNG 密度等数据计算出卸货总能量；五是通过减除锅炉使用能量和船舱 BOG 返气能量，计算得到本船次的 LNG 卸货净能量。

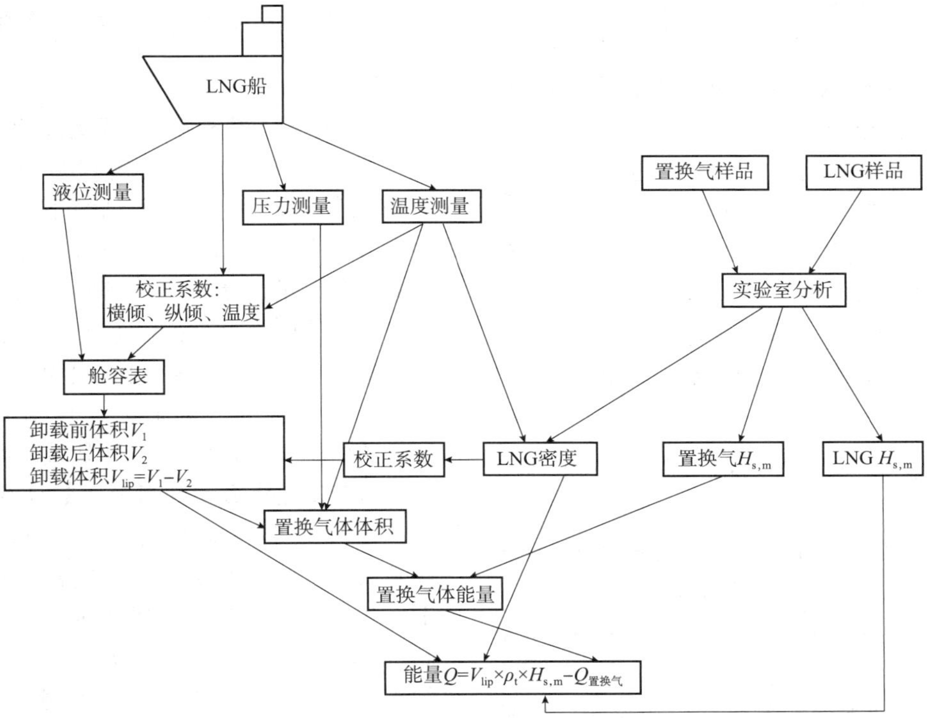

图1 LNG卸船计量流程图简述

3.2.1 LNG卸货体积计算

由船舶CTMS测量系统打印出具的卸货前的测量证书、卸货后的测量证书、卸货证书，通过核算卸货前和卸货后的液位及船舶侧倾和纵倾修正数据，再对照船舶货舱计量表确定卸货前和卸货后体积，再以卸货前体积减去卸货后体积即可得出实际卸货体积。

3.2.2 LNG密度计算

LNG的密度主要取决于其组分含量，通常在(430~470)kg/m³之间，密度还是液体温度的函数，其变化梯度约为1.4kg/(m³·K⁻¹)(参考GB/T 19204—2020《液化天然气的一般特性》)。密度通常是用气相色谱法分析得到的组分在依据ISO 6578—1991(GB/T 24962—2010)中密度计算公式确定，密度计算方法为：

$$\rho_t = \frac{\sum(X_i \times M_i)}{\sum(X_i \times V_i) - V_c} \quad (1)$$

式中 P_t——卸船当时组分和船舶平均温度(TL)状态下LNG的密度，kg/m^3；

X_i——卸船LNG提取的样本经色谱分析仪确定的组分的摩尔数，% mol；

M_i——卸船LNG提取的样本经色谱分析仪确定的组分的分子量，kg/kmol；

V_c——组分在温度t混合时的缩小体积，$m^3/kmol$；

$$V_c = \left[K_1 + \frac{(K_2 - K_1) \times X_n}{0.0425}\right] \times X_m \quad (2)$$

式中 X_n——组分氮气的摩尔分数，% mol；

X_m——组分甲烷的摩尔分数，% mol；

K_1/K_2——测量的船舶平均温度(TL)条件下应用线性插值法获得的体积校正值；

天然气的物性参数常数表参见对应合同要求。

3.2.3 单位质量热值计算

以福建LNG现有固定气源FOB计量条款为例，计量标准参比条件为15℃，101.325kPa，按对应计量条款单位质量热值计算方法为：

$$HV_m = \frac{\sum(X_i \times M_i \times HV_i)}{\sum(X_i \times M_i)} \quad (3)$$

式中 H_m——单位的i成分的单位质量热值，以MJ/kg；

H_i——卸船LNG提取的样本经色谱分析仪确定的组分的总热值，kg/kmol。

3.2.4 BOG返气能量计算

LNG船到港卸货期间，为保证船舱压力稳定，接收站部分BOG需通过气相臂返回到船舱中，返气体积参与到卸货体积，按对应计量条款中返舱BOG热值计算方法为：

$$Q_{vd} = V_{gd} \times \frac{288.15}{(273.15 + T_v)} \times \frac{P_v}{101.325} \times 37.707 \quad (4)$$

（计量标准参比条件为15℃，101.325kPa）

式中　Q_{vd}——返舱 BOG 总热值，单位为 MJ；

V_{gd}——返舱 BOG 的体积，与卸载 LNG 体积相同；

T_v——卸后船舱气相空间平均温度；

P_v——卸后船舱平均压力；

返舱 BOG 全部按甲烷体积热值计算，单位体积热值为 37.707MJ/m³。

3.2.5　LNG 船燃烧气能量计算公式

$$BOG_{Consumption} = C_b - C_a \times (55.575/1055.12) \tag{5}$$

式中　$BOG_{Consumption}$——LNG 船舶卸货期间燃烧气总能量，MMBTU；

C_b——卸货结束后船舶中 GCU 质量累积量，kg；

C_a——卸货前船舶中 GCU 质量累积量；

注：依据行业惯例船舶燃烧气以纯甲烷的质量热值计算。

3.2.6　实际卸货能量计算

LNG 船到港卸货实际结算的总能量可分为两部分，一部分为船方到岸方的 LNG 卸货总能量，另一部分为岸方返回船方的 BOG 能量，最终实际结算总能量按对应计量条款计算方法为：

$$Q = \frac{[(V_L \times \rho_t \times HV_m) - Q_{vd}]}{1055.056} \tag{6}$$

式中　V_L——卸货 LNG 总体积，单位为 m³；

P_t——LNG 密度，单位为 kg/m³；

HV_m——天然气单位质量热值，单位为 MJ/kg；

Q_{vd}——返舱 BOG 总热值，单位为 MJ；

1MMBTU 相当于 1055.056 MJ。

综上所述，LNG 船舶卸货前液相平均温度直接影响 LNG 密度计算，卸船后气相平均温度直接影响 BOG 返气能量计算，相关温度的取值方式对实际卸货能量计量的准确性影响较大。

4　LNG 船计量现状分析

目前，福建 LNG 已累计接卸 700 余船，卸船计量主要采用常规计量方法，但随着 LNG 贸易多元化发展，出现卸货期间的不同工况，即一船多港卸货的情况，伴之而来的有满载半卸、半载全卸等情境，此时采用常规的计量方法已经无法满足卸货计量准确性，需要结合卸货的实际情境择取合理的计量参数，确保 LNG 贸易的精准计量。

5　LNG 船不同卸货情境下的计量技术探讨

5.1　LNG 船满载满卸情境下的卸货计量技术探讨

当 LNG 船各船舱满载 LNG 抵达卸货港，同时采取全部卸货时，在此情境下直接依据本船次对应计量条款采用常规卸货计量方法计算。主要核算卸货前的测量证书、卸货后的测量证书及卸货证书中相关船舱液位高度、船舶平均气液温度、船舶平均压力及船舶侧倾和纵倾修正数据准确无误，再通过计量条款计算出卸货体积、密度、质量热值、BOG 返气能量及实际卸货能量。

5.2　LNG 船满载半卸情境下的计量技术探讨

当 LNG 船各船舱满载 LNG 抵达卸货港时，仅开展部分船舱卸货时，在这种非常规卸货情境下，各船舱卸货前与常规计量模式基本一致，但卸货后各船舱温度变化较大，计量平均温度参数的选择对船货密度和 BOG 返气量计算结果带来一定影响。

针对以上情境，对船舱平均温度的择取进行分析比对，再结合实际卸船计量操作，分别比对三种具有可操作性的计量方法，方法一是卸货前和卸货后均采取常规计量方法；方法二是卸货前采用常规计量方法，卸货后采用实际卸货船舱取值计量方法；方法三是卸货前和卸货后均采用实际卸货船舱取值计量方法。

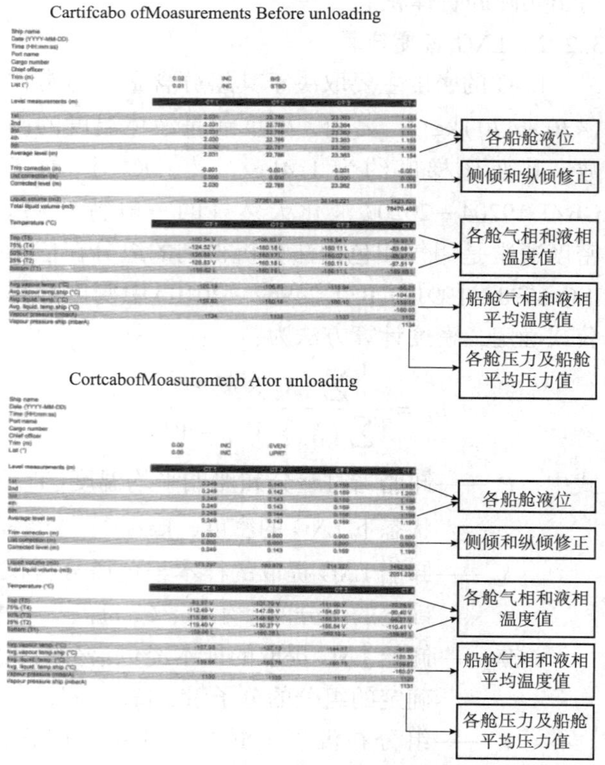

图 2　LNG 船舶 CTMS 卸货前、卸货后测量证书简述

方法一				方法二			
Before Unloading		After Unloading		Before Unloading		After Unloading	
所有船舱液相平均温度	-159.38	所有船舱液相平均温度	-159.40	实际卸货船舱液相平均温度	-159.38	实际卸货船舱液相平均温度	-159.12
所有船舱气相平均温度	-126.43	所有船舱气相平均温度	-138.99	实际卸货船舱气相平均温度	-126.43	实际卸货船舱气相平均温度	-145.93
船舱平均压力(kPa)	117.5	船舱平均压力(kPa)	118.1	船舱平均压力(kPa)	117.5	船舱平均压力(kPa)	118.1
船舶侧倾和纵倾	0.00/0.02	船舶侧倾和纵倾	0.00/0.02	船舶侧倾和纵倾	0.00/0.02	船舶侧倾和纵倾	0.00/0.02
体积(m^3)	165，963	体积(m^3)	105，803	体积(m^3)	165，963	体积(m^3)	105，803
LNG密度(kg/m^3)	432.59			LNG密度(kg/m^3)	432.59		
卸货总能量(MMBTU)	1，362，077			卸货总能量(MMBTU)	1，362，077		
BOG返气能量(MMBTU)	5，382			BOG返气能量(MMBTU)	5，676		
卸货净能量(MMBTU)	1，356，695			卸货净能量(MMBTU)	1，356，401		

图 3　LNG 船满载半卸情境下不同计量方法比对一

方法一				方法三			
Before Unloading		After Unloading		Before Unloading		After Unloading	
所有船舱液相平均温度	-159.38	所有船舱液相平均温度	-159.40	实际卸货船舱液相平均温度	-159.34	实际卸货船舱液相平均温度	-159.12
所有船舱气相平均温度	-126.43	所有船舱气相平均温度	-138.99	实际卸货船舱气相平均温度	-121.27	实际卸货船舱气相平均温度	-145.93
船舱平均压力(kPa)	117.5	船舱平均压力(kPa)	118.1	船舱平均压力(kPa)	117.5	船舱平均压力(kPa)	118.1
船舶侧倾和纵倾	0.00/0.02	船舶侧倾和纵倾	0.00/0.02	船舶侧倾和纵倾	0.00/0.02	船舶侧倾和纵倾	0.00/0.02
体积(m^3)	165，963	体积(m^3)	105，803	体积(m^3)	165，963	体积(m^3)	105，803
LNG密度(kg/m^3)	432.59			LNG密度(kg/m^3)	432.54		
卸货总能量(MMBTU)	1，362，077			卸货总能量(MMBTU)	1，361，920		
BOG返气能量(MMBTU)	5，382			BOG返气能量(MMBTU)	5，676		
卸货净能量(MMBTU)	1，356，695			卸货净能量(MMBTU)	1，356，244		

图 4　LNG 船满载半卸情境下不同计量方法比对二

由上述比对分析，三种不同温度的取值方法对卸货计量结果有一定影响，其中方法一和方法二计量结果偏差较大，方法二和方法三也存在一定偏差，所以平均温度的择取根据实际工况选择尤为重要。

5.3　LNG 船半载卸货情境下的计量技术探讨

当 LNG 船仅部分船舱载货抵达卸货港时，开展全部卸货或某个船舱卸货情境时，在这种非常规卸货情境下，因各船舱卸货前和卸货后温度变化较大，计量平均温度参数的选择对船货密度和 BOG 返气量计算结果带来一定影响。

针对以上情境，对船舱平均温度的择取进行分析比对，再结合实际卸船计量操作，分别比对两种具有可操作性的计量方法，方法一是卸货前和卸货后均采取常规计量方法；方法二是卸货前和卸货后均采用实际卸货船舱取值计量方法。

方法一				方法二			
Before Unloading		After Unloading		Before Unloading		After Unloading	
所有船舱液相平均温度	-159.07	所有船舱液相平均温度	-159.32	实际卸货船舱液相平均温度	-159.10	实际卸货船舱液相平均温度	-159.43
所有船舱气相平均温度	-107.10	所有船舱气相平均温度	-118.37	实际卸货船舱气相平均温度	-148.33	实际卸货船舱气相平均温度	-133.56
船舱平均压力(kPa)	117.6	船舱平均压力(kPa)	114.1	船舱平均压力(kPa)	117.6	船舱平均压力(kPa)	114.1
船舶侧倾和纵倾	0.05/0.03	船舶侧倾和纵倾	0.05/0.03	船舶侧倾和纵倾	0.05/0.03	船舶侧倾和纵倾	0.05/0.03
体积(m^3)	145，132	体积(m^3)	9，991	体积(m^3)	145，132	体积(m^3)	9，991
LNG密度(kg/m^3)	451.61			LNG密度(kg/m^3)	451.66		
卸货总能量(MMBTU)	3，165，281			卸货总能量(MMBTU)	3，165，632		
BOG返气能量(MMBTU)	10，125			BOG返气能量(MMBTU)	11，226		
卸货净能量(MMBTU)	3，155，156			卸货净能量(MMBTU)	3，154，406		

图 5　LNG 船半载卸货情境下不同计量方法比对

由上述比对分析，两种不同温度的取值方法对卸货计量结果影响较大，所以要根据实际卸货情境择取平均温度。

综上所述，基于LNG的易挥发特性分析，再结合LNG船舶CTMS卸货前和卸货后测量证书具体数据分析比对，因卸货改变船舱液位下降引起的船舱液相、气相温度变化较大，对船舱压力和船舶侧倾和纵倾修正数据影响较小，因此卸货前和卸货后均择取实际卸货船舱平均温度取值计量方法更具有计量准确性和公正性。

6 不同卸货情境计量方法总结

为了验证上述不同卸货情境下计量方法的合理性，本文通过对福建LNG实际卸船情况的深入研究和分析，采用实际卸货船舱平均温度取值计量方法能够显著降低计量误差，该方法不仅提高了LNG贸易计量的准确性，还有效确保了贸易计量的公平性。随着LNG国际贸易的不断发展，对卸船计量方法的研究和应用将具有重要意义。

LIMS 系统在石化计量领域内的应用与发展探讨

姜红姣　田海东

（海洋石油工程股份有限公司/中国海洋石油集团有限公司计量检测中心）

摘　要：实验室信息管理系统（LIMS）是一种用于管理和控制实验室操作和数据的信息系统。在石化产业中，LIMS 系统被广泛应用于计量领域，以提高实验室操作的效率、确保数据准确性和可靠性，并促进实验室数据的共享和管理。本文将探讨 LIMS 系统在石化产业计量领域的应用和发展，并探讨其未来的发展趋势和挑战。

关键词：LIMS 系统；计量；数据管理；人工智能

1　引言

石化行业作为国民经济的支柱产业之一，其计量工作的准确性和高效性对于保证产品质量、提高生产效率、降低生产成本具有重要意义。然而，随着石化行业的快速发展，传统的计量方法已经难以满足日益增长的需求，面临着诸多挑战，如数据量大、处理复杂、效率低下等。因此，引入先进的实验室信息管理系统（Laboratory Information Management System，简称 LIMS）成为解决这些问题的有效途径。本文旨在探讨 LIMS 系统在石化计量领域内的应用与发展前景，以期为石化行业的计量工作提供新的思路和方法。

2　LIMS 系统概述

2.1　LIMS 系统的定义

LIMS 系统是一种以实验室为核心的信息化管理系统，它通过计算机网络技术、数据库技术、自动化控制技术等手段，实现对实验室的全面管理和控制。LIMS 系统以实验室的业务流程为基础，将实验室的各个环节进行信息化处理，包括样品管理、数据管理、仪器管理、试剂管理、人员管理等方面。LIMS 系统可以帮助实验室实现数据的自动采集、处理、分析和存储，提高实验室的管理水平和运行效率。

2.2　LIMS 系统的基本功能

LIMS 系统具有多种基本功能，以满足实验室的日常管理需求。这些功能主要包括：

样品管理：实现样品的登记、入库、出库、查询等功能，确保样品的可追溯性和准确性。

数据管理：实现实验数据的自动采集、处理、分析和存储，保证数据的完整性和准确性。

仪器管理：实现仪器的登记、使用、维护、校准等功能，确保仪器的正常运行和数据的可靠性。

试剂管理：实现试剂的入库、出库、库存查询等功能，确保试剂的质量和供应。

人员管理：实现实验室人员的登记、培训、考核等功能，提高实验室人员的素质和管理水平。

2.3　LIMS 系统的技术架构

LIMS 系统的技术架构是系统设计和实现的基础，它决定了系统的稳定性和可扩展性。一般来说，LIMS 系统的技术架构包括以下几个部分：

数据库层：用于存储和管理实验室的各类数据，包括样品数据、实验数据、仪器数据、试剂数据等。数据库层采用关系型数据库或面向对象数据库，确保数据的完整性和安全性。

应用服务层：提供 LIMS 系统的各类应用服务，如样品管理、数据管理、仪器管理、试剂管理等。应用服务层采用分布式架构或微服务架构，实现系统的灵活性和可扩展性。

客户端层：提供用户与 LIMS 系统的交互界面，包括 Web 浏览器、移动应用等。客户端层采用 B/S 或 C/S 架构，实现用户的远程访问和移动办公。

网络通信层：实现 LIMS 系统内部各组件之间的通信和数据传输，采用 TCP/IP 协议或 HTTP 协议等。网络通信层采用加密技术和防火墙等安全措施，确保系统的安全性和稳定性。

通过以上的技术架构，LIMS 系统可以实现实验室的全面信息化管理和控制，提高实验室的管理水平和运行效率。同时，LIMS 系统还可以与其他信息化系统进行集成和对接，实现数据的共享和交换，为石化行业的计量工作提供有力支持。

3 LIMS 系统在石化计量领域的应用

3.1 样品管理

样品信息的录入与查询：在石化计量中，样品信息的准确录入是实验分析的基础。LIMS 系统提供用户友好的界面，允许实验室人员录入样品的详细信息，如样品名称、编号、来源、采集时间、存储条件等。同时，系统支持多种查询方式，如按样品编号、名称、采集时间等条件进行查询，方便用户快速找到所需样品信息。

样品追踪与溯源：LIMS 系统能够实现样品的全程追踪，记录样品从采集到分析、存储、处置等各个环节的信息。当需要对样品进行溯源时，系统可以快速提供完整的样品历史记录，确保数据的可追溯性。

样品状态监控：系统能够实时监控样品的当前状态，如待检、已检、存储中、已处置等，并通过可视化界面展示给用户。实验室人员可以随时掌握样品的状态，确保实验的顺利进行。

3.2 数据管理

原始数据采集与处理：LIMS 系统支持从各种实验仪器中自动采集原始数据，并进行必要的预处理，如数据清洗、转换、格式统一等，确保数据的准确性和一致性。

数据存储与备份：系统提供高性能的数据存储解决方案，确保数据的长期保存和可靠性。同时，系统支持定期备份数据，以防止数据丢失或损坏。

数据质量控制：LIMS 系统通过内置的质量控制模块，对实验数据进行严格的检查和校验，确保数据的准确性和可靠性。当发现异常数据时，系统会及时报警并通知实验室人员进行处理。

数据统计分析：系统提供丰富的数据统计分析功能，如趋势分析、对比分析、相关性分析等，帮助实验室人员深入挖掘数据背后的信息，为决策提供支持。

3.3 报告管理

报告模板定制：LIMS 系统允许用户根据实际需求定制报告模板，包括报告的格式、内容、排版等，以满足不同用户的需求。

报告自动生成与审核：系统能够根据实验数据和模板自动生成实验报告，并支持多级审核流程，确保报告的准确性和可靠性。

报告发布与存档：审核通过的报告可以通过系统直接发布给相关人员，并支持电子存档和纸质存档两种方式，方便用户随时查阅。

3.4 流程管理

计量流程设计与优化：LIMS 系统支持实验室人员根据实际需求设计计量流程，并可以通过数据分析对流程进行优化，提高实验效率和质量。

流程自动化与监控：系统能够实现计量流程的自动化执行和监控，减少人工干预和错误率，提高实验的准确性和可靠性。

异常处理与反馈：当流程中出现异常时，系统能够及时报警并通知实验室人员进行处理。同时，系统支持异常数据的反馈和分析，帮助实验室人员找出问题根源并进行改进。

3.5 系统集成与互操作

与其他企业系统的集成：LIMS 系统支持与企业内部的其他系统进行集成，如 ERP、MES 等，实现数据的共享和交换，提高整体运营效率。

标准化接口与数据交换：系统提供标准化的接口和数据交换协议，方便与其他系统进行数据交换和互操作，确保数据的准确性和一致性。

4 LIMS 系统在石化计量领域的优势与挑战

4.1 优势

提高计量精度与效率：LIMS 系统通过自动化和标准化的流程，能够显著提高石化计量的精度和效率。系统能够自动采集和处理数据，减少人为干预和误差，同时加快实验进程，提高实验室的吞吐量。

降低人为误差：人为因素往往是导致计量误差的主要原因之一。LIMS 系统通过自动化操作、实时数据监控和智能校验等功能，有效降低了人为误差，提高了数据的准确性和可靠性。

便于数据管理与分析：LIMS 系统具有强大的数据管理和分析功能，能够实现对实验数据的集中存储、分类管理、统计分析等。这有助于实验室人员快速查找和分析数据，为决策提供有力支持。

优化资源配置：通过 LIMS 系统，实验室可以实现对人员、设备、试剂等资源的优化配置。系统能够实时监控资源的使用情况，避免资源的浪费和短缺，提高实验室的整体运营效率。

4.2 挑战

技术更新与维护成本：随着技术的不断发展，LIMS 系统也需要不断更新和维护以保持其先进性和稳定性。然而，技术更新和维护需要投入大量的人力、物力和财力，对于实验室来说是一个不小的挑战。

数据安全与隐私保护：在石化计量领域，实验数据往往涉及企业的核心机密和客户隐私。因此，如何确保数据的安全性和隐私性成为了 LIMS 系统必须面对的挑战。需要采取一系列的安全措施和技术手段来保护数据的安全和隐私。

员工培训与接受度：LIMS 系统的应用需要员工具备一定的计算机和信息技术知识。然而，在实际应用中，很多员工可能缺乏这些知识和技能，导致系统的推广和应用受到一定的限制。因此，需要加强对员工的培训和指导，提高他们的接受度和使用能力。

系统集成与兼容性问题：LIMS 系统需要与其他企业系统进行集成以实现数据的共享和交换。

然而，由于不同系统之间的技术架构、数据格式和接口标准等存在差异，系统集成和兼容性成为了一个需要解决的问题。需要采取一定的技术手段和策略来解决这些问题，确保系统之间的顺畅通信和数据交换。

5 LIMS 系统在石化计量领域的发展前景

5.1 智能化与自动化趋势

在石化计量领域，LIMS 系统也正逐步迈向智能化和自动化。通过引入先进的 AI 技术和自动化技术，LIMS 系统可以更加高效、准确地完成数据的采集、处理和分析，提升整个石化计量流程的效率和精度。

5.2 人工智能在 LIMS 系统中的应用

AI 技术在 LIMS 系统中的应用主要体现在以下几个方面：

自动化数据处理：AI 技术可以自动识别、分类和处理实验室产生的数据，大大减轻了实验室人员的工作负担。

智能决策支持：基于大量历史数据，AI 技术可以预测未来的实验结果，为实验室人员提供智能决策支持。

智能异常检测：AI 技术可以实时监测实验室的运行状态，发现异常情况并自动报警，确保实验室的安全运行。

5.3 自动化计量与数据分析

自动化计量和数据分析是 LIMS 系统智能化和自动化的重要体现。通过引入先进的自动化计量设备，LIMS 系统可以实现实验数据的自动采集和上传，减少人为误差。同时借助强大的数据分析功能，LIMS 系统可以对实验数据进行深入挖掘和分析，为实验室人员提供更加准确、全面的实验结果。

5.4 云计算与大数据应用

通过云计算技术，LIMS 系统可以实现远程访问和数据共享，方便实验室人员随时随地获取实验数据和信息。同时，云计算还可以提供强大的计算能力和存储空间，满足 LIMS 系统对高性能计算和大数据存储的需求。

大数据技术可以帮助 LIMS 系统对大量实验数据进行深度分析和挖掘，发现数据之间的关联性和规律性。通过大数据分析，实验室人员可以更好地了解实验过程和产品性能，为产品质量控制和优化提供有力支持。

云计算和大数据技术的引入为 LIMS 系统的发展提供了强有力的支持。

5.5 绿色环保与可持续发展

在石化计量领域，绿色环保和可持续发展已成为重要的议题。LIMS 系统在节能减排和可持续发展方面发挥着重要作用。

节能减排中的应用：LIMS 系统可以实时监测实验室的能源消耗和排放情况，为实验室人员提供节能减排的指导和建议。同时，LIMS 系统还可以对实验数据进行统计和分析，发现节能减排的潜力并提出改进措施。

可持续发展理念的融入：LIMS 系统在设计时充分考虑了可持续发展理念，通过优化实验流程和数据分析方法等方式降低资源消耗和环境污染。同时，LIMS 系统还可以促进实验室之间的合作和交流，共同推动石化行业的可持续发展。

5.6 标准化与国际化

标准化和国际化已成为 LIMS 系统发展的重要方向。通过对国内外 LIMS 系统标准的比较和分析，可以了解不同标准之间的差异和优劣之处，为 LIMS 系统的设计和实施提供参考和借鉴。

为了适应国际贸易和全球化的需求，LIMS 系统需要实现国际化发展。这包括支持多语言、多货币、多时区等功能以及符合国际标准和规范等方面。同时，还需要加强与国际同行之间的合作和交流，共同推动 LIMS 系统的国际化发展。

6 案例分析

越来越多的石化企业开始认识到 LIMS 系统的重要性。以下是几个典型的石化企业应用 LIMS 系统的成功案例和经验所得。

(1)案例一：

某大型石化企业拥有多个实验室，负责对原材料、半成品和成品进行质量检测。由于数据量庞大，人工管理效率低下，且数据准确性和可追溯性难以保证。该企业引入 LIMS 系统，实现了从样品采集、数据录入、处理分析到报告生成的全程自动化管理。系统支持多种实验仪器的数据自动采集和预处理，减少了人工干预和误差。同时，系统提供了强大的数据分析和可视化功能，帮助实验室人员快速发现问题并做出决策。

经验所得：在项目实施过程中，该企业充分考虑了系统的易用性和可扩展性，选择了适合自身需求的 LIMS 系统。同时，企业加强了对员工的培训和支持，确保系统能够顺利运行并发挥最大效益。

(2)案例二：

某中型石化企业实验室面临资源紧张、流程复杂和数据管理混乱等问题。为了提高实验室管理效率和确保数据准确性，企业决定引入 LIMS 系统，并与现有企业系统进行了无缝集成，实现了从样品管理、数据管理到流程管理的全面优化。通过自动化和标准化的流程管理，企业降低了人为误差和成本，提高了实验室的整体运行效率。

经验所得：在项目实施过程中，该企业充分考虑了系统集成和兼容性问题，选择了与现有系统兼容的 LIMS 系统。同时，企业注重了系统实施的细节和风险管理，确保了项目的顺利进行。

(3)案例三：

某跨国石化企业，拥有遍布全球的实验室网络，面临着数据分散、管理困难和信息共享不畅等问题。为了提高全球实验室的协同能力和管理水平，企业决定引入全球统一的 LIMS 系统。实现了全球实验室数据的集中管理和共享。系统支持多语言和多货币功能，满足了不同国家和地区的需求。通过全球统一的 LIMS 系统，企业提高了实验室的协同能力和管理水平，降低了成本并提高了产品质量。

经验所得：在引入全球统一 LIMS 系统时，该企业充分考虑了不同国家和地区的差异性和需求，选择了功能全面且易于部署的系统。同时，企业注重了系统的可扩展性和可定制性，以满足不同实验室的个性化需求。

7 结论与展望

7.1 LIMS 系统在石化计量领域的应用现状

尽管 LIMS 系统在石化计量领域具有诸多优势，但其应用过程中仍面临一些挑战。例如，技术更新与维护成本、数据安全与隐私保护、员工培训与接受度以及系统集成与兼容性等问题都需要企业投入相应的资源和精力去解决。

7.2 LIMS 系统的发展趋势

随着人工智能、物联网等技术的不断发展，未来的 LIMS 系统将更加智能化和自动化。系统能够自动完成实验流程、数据分析等任务，进一步减少人工干预和误差。

云计算和移动技术的发展使得 LIMS 系统可以更加灵活地部署和使用。企业可以将 LIMS 系统部署在云端，实现数据的远程访问和共享；同时，通过移动应用，实验室人员可以随时随地查看和管理实验数据。

未来的 LIMS 系统将更加注重与其他企业系统的集成和标准化。通过统一的数据格式和接口标准，实现不同系统之间的数据共享和交换，提高整个企业的管理效率和协同能力。

7.3 对石化企业实施 LIMS 系统的建议

明确需求与目标：在实施 LIMS 系统之前，石化企业应明确自身的需求与目标，选择适合自身需求的系统。同时，企业应制定详细的实施计划和时间表，确保项目的顺利进行。

注重员工培训与支持：LIMS 系统的成功实施离不开员工的支持和参与。因此，企业应加强对员工的培训和支持，提高员工的技能水平和系统使用能力。

关注数据安全与隐私保护：在引入 LIMS 系统的过程中，石化企业应高度关注数据安全与隐私保护问题。采取必要的安全措施和技术手段来保护数据的安全和隐私，防止数据泄露和丢失。

(4)持续优化与升级：随着技术的不断发展和企业需求的变化，LIMS 系统也需要持续优化和升级。企业应定期评估系统的性能和效果，及时发现问题并进行改进和优化。

随着科技的飞速发展，智能化和自动化已成为各行各业的重要发展方向。LIMS 系统在石化计量领域具有广阔的应用前景和发展空间。通过不断的技术创新和应用实践，LIMS 系统将为石化企业带来更加高效、准确、可靠的实验室管理解决方案。

参考文献

[1]刘海涛，吴云飞．基于云计算的 LIMS 系统在石化行业的应用研究[J]．计算机技术与发展，2020.

[2]李鸿志．实验室信息管理系统(LIMS)设计与实现[M]．北京：科学出版社，2018.

[3]石油和化学工业联合会．石化行业实验室信息管理标准[S]．北京：石油和化学工业联合会，2022.